제3판

고급 스포츠 영양학

Advanced Sports Nutrition

제3판

고급 스포츠 영양학

Advanced Sports Nutrition

단 베나르도트, PhD, RD, FACSM 지음

대표 역자 김주영, 백형진

Contents

역자 서문

영양은 운동선수의 퍼포먼스 향상을 위해서 반드시 필요하다. 스포츠과학 전문가는 운동선수의 회복을 촉진하기 위해서 영양과 수분 섭취가 가장 우선적으로 고려되어야 한다고 설명하였다.

최근 스포츠 분야에서 영양에 대한 관심은 더욱 높아졌다. 이전에는 단순히 훈련의 내용이나 성과에만 집중했다면 이제는 훈련과 영양을 함께 생각하는 문화가 만들어지고 있다. 실제로 반복적인 고강도 훈련이나 경기 일정이 많은 단기 대회에서 과학적인 영양 전략을 적용한 이후 좋은 성과를 거둔 사례들도 보고가 된 바 있다.

하지만, 역자들이 스포츠 현장에서 영양과 관련된 활동을 하다 보면 영양은 여전히 어렵고 복잡한 영역이라는 시선이 많았다. 근본적인 이유는 영양 이론과 실제 적용 사이에 존재하는 커다란 괴리감 때문이었다. 그래서 지도자나 선수가 영양에 대한 접근을 많이 어려워했다. 이러한 문제를 줄이기 위한 좋은 방법 중 하나는 현장에서 쉽게 활용할 수 있는 내용이 담긴 스포츠 영양학 서적을 출판해서 보급하는 것이었다.

『고급 스포츠 영양학』(제3판)은 미국 체조 및 마라톤 올림픽대표팀 선수를 비롯하여 많은 종목의 선수를 대상으로 영양 관련 업무를 수행한 경험을 가진 스포츠영양학 전문가 단 베나르도트가 집필한 서적이다. 이 책은 운동선수를 위한 영양 공급원(에너지 영양소, 비타민과 무기질 등), 최적의 운동수행력을 위한 영양(운동선수의 위장 기능과 에너지 공급, 영양소와 수분 섭취 타이밍), 영양 요구 사항에 영향을 미치는 요인(여행, 높은 고도, 성별 및 연령 등), 그리고 영양 전략 및 계획(파워, 지구력, 팀 스포츠) 등을 주제로 관련 내용을 실용적으로 제시하고 있다.

스포츠에서 성과를 내기 위해서는 다양한 시도가 필요하다. 영양은 '저비용, 고효율'의 특성을 가진 좋은 시도가 될 수 있을 것이다. 지도자와 선수는 영양을 필수불가결한 요인으로 인식하면서, 많은 시행착오를 통해 최적화된 영양 전략을 수립해야 한다. 이 책이 현장에서 훌륭한 스포츠 영양학 교과서이자 가이드라인으로 활용되기를 진심으로 바란다.

대표 역자 김주영, 백형진

서문

이 책의 중요한 목표는 2판 이후 출판된 방대한 과학적 정보를 반영하여 내용을 업데이트하는 것이다. 또 다른 주요 목표는 스포츠를 하는 모든 운동선수들과 선수들의 성공을 위해 헌신하는 코치 및 스포츠 의학 전문가들이 과학적으로 접근할 수 있도록 돕는 것이다. 그리고 이 책의 또 다른 중요한 목표는 공중 보건에 대한 활용이다. 자동차 제조업체가 자동차가 한계에 다다랐을 때 어떤 기계적 요소가 먼저 고장날지 연구하기 위해 자동차를 시험해 보는 것과 마찬가지로, 운동선수를 극한까지 밀어붙였을 때 인체에 어떤 일이 일어나는지 영양학적 의미를 이해하는 데 도움을 준다. 예를 들어 운동할 때와 운동하지 않을 때 모두 합리적으로 좋은 에너지 균형을 유지하기 위해서 음식을 나눠서 섭취하는 것은 운동선수가 아닌 사람들의 지방 감소를 위한 중요한 방법 중 하나인 것으로 밝혀졌다. 운동선수와 비운동선수 사이에 음식을 먹는 양과 빈도는 다르지만, 실시간 에너지 균형을 유지하는 것은 둘 모두에게 중요하다. 체중 감량이나 다이어트로 인해 발생하는 심각한 에너지 불균형과 이로 인한 실패와 문제는 애초의 영양 계획과 모순된다. 이 책의 정보는 오해의 소지가 있는 일반적으로 사용되는 단어의 미묘한 차이에 민감하다. 운동선수는 종종 바람직한 '체중'을 달성하려고 노력하지만, 체중을 목표로 사용하는 것은 오해의 소지가 있고 영양 문제를 일으킬 가능성이 있다. 진짜 문제는 무게가 아니라 신체 조성 중 어떠한 조직이 무게를 구성하는지이다. 코치에게 2kg을 감량하라는 운동선수가 있다고 해 보자. 그런데 코치가 그런 주문을 한 것은 자신이 보기에 선수가 느려 보였기 때문이다. 이때 선수가 이 목표를 달성하기 위해 체중 감량을 위한 다이어트를 시작하면 지방 조직보다 근육이 더 많이 손실되어 근력 대 체중 비율이 줄어들고 오히려 더 둔해질 수 있다. 그러나 2kg의 지방을 줄이고 2kg의 근육을 늘리면 체중이 동일하게 유지됨에도 불구하고 운동선수가 더 날씬해지고(제지방량이 지방보다 적은 공간을 차지함) 근력 대 체중 비율이 증가시킬 수 있다. 이와 같이 바람직한 체성분과 체중을 달성하는 것과 관련된 문제는 10장에 나와 있다.

팀 스포츠에 참여하는 사람들의 수는 증가하고 있으며 엘리트 스포츠 수준에 참여하는 사람들의 연령과 범위는 연령 연속체의 양쪽 끝에서 확장되었다. 나이가 많은 운동선수의 요구 사항은 아직 성장 단계에 있는 젊은 운동선수의 요구 사항과 상당히 다르기 때문에 이것은 영양 문제를 나타낸다. 이들 및 다른 운동선수의 독특한 영양 요구는 성별 및 연령에 관한 장에서 논의된다(9장). 여행(7장)과 높은 고도(8장)에 관한 다른 장에서도 일정 관련 스트레스, 일 주기 리듬의 변화, 환경으로 인해 발생하는 특별한 영양학적 어려움을 다룬다. 또한 11장(파워 운동선수), 12장(지구력 운동선수) 및 13장(파워와 지구력 운동선수)에서 논의되는 스포츠 활동 유형에 따른 영양 요구 사항의 차이가 있다.

운동선수와 관련된 환경은 전통적인 방법들로 이루어져 있지만 이러한 전통적인 방법들의 대부분에는 운동수행력과 건강을 저해하는 잘못된 방법들이 포함되어 있다. 예를 들어, '영양' 제품의 추가 섭취는 성능 향상에 절대적으로 기여할 것이라고 일반적으로 잘못 알고 있다. 그러나 과학적 연구 문헌에는 이와 반대되는 연구들과 충분한 증거들이 있다. 4장에서는 영양학적 보충제와 다양한 상황에서 가장 잘 작동하는 보충제에 관해 설명한다. 그러나 영양을 위한 최선의 전략은 보충제와 같이 한 번에 많은 양의 영양소를 제공하는 것이 아니라 소량의 영양소를 빈번한 간격으로 제공하는 '음식 우선' 접근 방식임이 분명하다. 음식에서 필요한 모든 영양소를 얻으려면 계획과 지원 환경이 필요하지만, 결과는 그만한 가치가 있다. 비타민과 무기질의 최적 섭취와 분포에 대한 정보는 2장에 나와 있다.

거의 모든 운동선수 그룹과 영양 섭취에 대해서 이야기해 보면 일반적으로 탄수화물과 지방에 대해 중립적이거나 부정적인 태도를 보이지만 단백질에 대해서는 매우 민감하다는 것을 알게 될 것이다. 운동선수가 단백질의 성능 향상 특성에 깊은 인상을 받았지만 원하는 결과를 얻기 위해 단백질을 섭취하는 가장 좋은 방법에 대해서는 거의 알지 못한다. 정반대의 정보에도 불구하고 일반적인 믿음은 '많을수록 좋다'이다. 사실, 단백질은 일반적으로 좋은 에너지 균형을 유지하기 위해 탄수화물과 지방을 충분히 섭취할 때 가장 효과적으로 사용되며 한 번에 30g 이상의 단백질(120Kcal)을 섭취할 수 없다는 연구 결과와 증거들이 점점 늘어나고 있다. 또한 소변을 통해서 제거해야 하는 산화질소 때문에 탈수의 위험이 증가할 수 있다. 보충제 업체들은 종종 운동 능력을 향상시킨다고 주장하는 단백질 분말 및 아미노산 혼합물을 제조하고는 단백질 열풍을 적극 마케팅에 이용한다. 뛰어난 운동선수들이 그들의 성공을 이러한 단백질 제품에 돌리는 일은 흔하다. 그러나 그들의 성공은 훌륭한 훈련 방법, 코치진의 노력과 탁월한 유전적 요소와 잘 시행된 수분 공급 프로토콜 및 우수한 음식 섭취에 기인한다. 특정한 접근 방식 뒤에 재정적 동기가 있는 경우 편견 없는 조언을 받고 있는지 주의해야 한다. 탄수화물, 지방 및 단백질을 가장 잘 섭취하는 방법에 대한 정보는 1장에 나와 있다.

좋은 수분 섭취와 공급 전략은 운동 수행의 성공에 매우 중요하지만 많은 운동선수는 성공적인 수분 공급 계획을 따르지 않는다. 운동선수는 땀을 통해 수분과 전해질을 잃게 되며 운동 중 혈당의 저하와도 관련이 있다. 운동선수가 손실된 것을 적절하게 보충하지 않으면 기능이 저하되지만, 습관이나 근거 없는 두려움 때문에 많은 사람들이 적절한 시간에 적절한 양의 적절한 음료를 마시지 않는다('스포츠 음료에 설탕이 많이 들어 있기 때문에 나는 뚱뚱해서 주로 물을 마신다'). 이러한 문제는 부상 위험을 줄이고 훈련의 이점을 최적화하며 경기가 끝날 때까지 강력한 성능을 유지하기 위해서 극복해야 한다. 3장에서는 운동 전, 중, 후에 수분 상태를 최적화하는 것과 관련된 문제를 논의하고 6장에서는 영양소와 수분 섭취 타이밍이 건강과 수행능력에 얼마나 중요한지에 대한 정보를 제공한다. 섭취 타이밍은 5장에서 논의되는 위장(GI) 기능과 에너지 전달에 있어서도 중요한 요소이다.

이 책의 궁극적인 목표는 최적의 성과를 낼 수 있는 건강한 운동선수의 성장을 격려하는 것이다. 이를 위해 스포츠 영양에 관한 몇 가지 중요한 입장 논문의 과학이 통합되었으며 다양한 운동 환경에서 이를 가장 잘 적용하는 방법에 중점을 둔다. 이 책의 철학적 기초는 스포츠 참여가 평생의 문제가 아니라 평생 건강의 향상으로 이어져야 하며 영양 선택이 차이를 만든다는 것이다.

PART I

운동선수를 위한 영양 공급원

Chapter 1

에너지 영양소(다량 영양소)

신체 활동은 에너지(칼로리, 열량) 소비율을 증가시키고 땀을 흘려 수분 손실률을 증가시킨다는 두 가지 핵심적인 특징을 가진다. 이러한 요인들은 에너지와 수분 요구량의 충족을 위해서 단순히 음식을 더 섭취하거나 물을 더 마시는 것으로 간단하게 해결될 것처럼 보이지만, 이는 매우 복잡한 문제이다. 운동선수는 알맞은 양의 적절한 음식과 수분을 적절한 시간에 섭취하는 연습을 반드시 해야만 한다. 적절한 수분의 섭취는 에너지를 필요로 하는 조직에 에너지를 공급해 줄 수 있다. 따라서 수분과 음식 섭취는 서로 연관된 중요한 문제이다. 거기에 더해서 비타민과 무기질과 같은 다른 영양소들은 소비되는 에너지와 신진대사에 밀접하게 관여한다.

이 장에서는 운동선수의 에너지 기질(탄수화물, 단백질, 지방)들의 최적 섭취 비율을 알려주면서 운동선수의 높은 에너지 요구량을 충족시키기 위한 최선의 전략들에 대한 연구를 검토한다. 운동 강도가 높아질수록 탄수화물의 필요성이 비례적으로 커지며 에너지원으로 의존도가 높아지는 것이 분명하다. 많은 연구들이 훈련과 경기 중에 탄수화물의 가용성을 보장하고, 운동 후 근육 통증을 줄이며, 근육 회복을 증진시키기 위해 탄수화물 저장(글리코겐)을 최대화하는 최상의 소비 패턴에 대한 귀중한 통찰을 제공한다. 근육의 글리코겐이 근육의 훈련에 대한 적응력 향상에 도움을 준다는 증거도 있다.[75] 단백질과 탄수화물, 그리고 수분이 근육의 기능과 회복에 기여하는 바가 과거에 비해서 훨씬 더 많이 연구되고 있고, 이러한 기질이 정신 및 근육 기능에 어떻게 개별적으로 영향을 미치는지에 대한 상당한 연구 결과들이 있다.

최근 인기 있는 고단백, 고지방, 저탄수화물 식단은 운동선수가 관여하는 스포츠의 종류(파워, 팀, 지구력)에 상관없이 경기력에 부정적인 영향을 미칠 수 있다. 그러므로 선수와 코치는 적절한 에너지 섭취와 에너지 기질 분배가 정신과 근육의 기능을 최적화하는 데 어떻게 도움이 되는지 이해하는 것이 매우 중요하다. 이 장에서는 운동에 있어 탄수화물, 단백질, 지방 대사의 필수 성분과 더불어 이러한 기질들이 최적의 운동 활동에 어떻게 기여하는지에 대한 비판적인 과학적 견해를 제시한다(표 1.1 참조). 의학 연구소에서 제시하는 다량 영양소의 섭취 기준은 부록 A에서 확인할 수 있고, 다량 영양소 섭취에 대한 요약 지침이 포함된 복사 가능한 유인물은 부록 C에서 확인할 수 있다.

물리학에서 '칼로리Cal'라는 용어는 물 1g의 온도를 1도(섭씨) 올리는 데 필요한 에너지의 양을 나타내는 에너지 측정 단위이다. 영양학에서 '칼로리'라는 용어는 이 양의 1,000배이므로 킬로칼로리Kcal라고 한다. 이러한 차이에도 불구하고, 영양학에 관한 문제를 논의할 때 언급되는 1Kcal는 일반적으로 1킬로칼로리로 이해되어야 한다. 이 책의 주된 초점은 영양이기 때문에 이 책에서는 에너지의 측정치를 칼로리로 표기하며, 킬로칼로리 또는 약어인 Kcal과 상호 교체하며 사용한다(에너지 기질의 에너지 농도는 표 1.1을 참조)

적절한 시간에 섭취하는 적절한 간식은 경기력에 도움이 된다.

Q&A

운동선수로서, 단백질이 내가 섭취하는 가장 중요한 다량 영양소라는 것이 사실인가?

에너지 기질에서 중요도의 위계는 없다. 모든 에너지 기질은 매우 중요하며, 필수적인 생물학적 기능들을 충족시켜 준다. 그러나 단백질 활용이 성공적인 운동 수행의 중요 요소라는 일반적인 믿음이 종종 탄수화물과 지방의 손실로 이어진다. 일반적인 단백질의 과다 섭취 결과, 탄수화물의 부적절한 소모는 수행력 저하의 결과로 나타나는 경향이 있다. 또한, 제한된 양의 탄수화물만이 간(혈당 유지에 기여)과 근육(무산소성 대사 및 지방의 완전한 에너지 대사에 필요)에 글리코겐으로 저장된다. 지구력을 요하는 활동에서는 에너지 기질 중 지방의 의존도가 높음에도 불구하고, 글리코겐 저장을 줄이는 이러한 활동이 장기간 지속되면 지구력을 요하는 운동선수는 벽에 부딪히게 된다. 반면 파워와 스피드를 요하는 활동은 탄수화물 의존도가 높은 무산소성 대사에 크게 의존한다. 따라서 불충분한 글리코겐 저장량을 가진 상태로 근력운동을 하는 선수의 경우 빠른 운동 수행 실패를 경험하게 된다. 선수들의 자주 간과하지만 탄수화물 섭취는 최적의 경기력을 보장하는 데 매우 중요한 기질이다. 운동선수는 적당한 양과 적절한 종류의 탄수화물을 적당한 시기에 섭취함으로써 글리코겐 저장량을 높이고 고갈을 피하는 법을 배워야 한다.

표 1.1 에너지 기질의 기본 기능

탄수화물 (4Kcal/g)	• 활동하고 있는 근육을 위한 연료(녹말, 당분, 글리코겐) • 콜레스테롤과 지방 조절(식이섬유) • 소화 보조(식이섬유) • 영양소와 수분 섭취(당분) • 혈당 유지(소화 가능한 모든 탄수화물. 피로 지연에 중요) • 운동 후 근육 회복(소화 가능한 모든 탄수화물)
단백질 (4Kcal/g)	• 에너지원(탄수화물이 고갈된 경우. 주의: 연료로 사용하기 위해서는 단백질의 질소를 제거해야 하는데 이는 탈수 및 칼슘 손실의 추가적인 위험이 수반되며 두 경우 모두 경기력과 상해 위험에 부정적인 영향을 미칠 수 있음) • 필수 아미노산 공급(인체가 필요로 하지만 만들 수 없는 아미노산) • 새로운 조직을 발달시키는 데 필수적(성장에 중요하며, 체중 대비 섭취 비율 증가 및 부상 복구에 필요함) • 기존 조직 유지에 필수적(정상적인 마모 조절에 도움) • 효소, 항체 및 호르몬 생성에 필요한 기본 물질 • 수분 균형(세포 내부 및 외부의 수위 조절에 도움) • 혈액 내 물질의 운반체(비타민, 무기질 및 지방을 세포와 주고받음)
지방 (9Kcal/g)	• 지용성 비타민 공급(비타민 A, D, E, K) • 필수 지방산 공급(신체가 필요로 하지만 만들 수 없는 지방산) • 에너지 및 근육의 연료(저강도 활동용) • 포만감 조절(먹는 것으로부터 만족감을 느낄 수 있도록 도움) • 많은 종류의 호르몬의 구성 물질

탄수화물

탄수화물carbohydrate이라는 단어는 탄소carbon와 물hydrate의 조합의 분자 구조에서 유래되었다. 많은 운동선수들은 종종 탄수화물을 단백질보다 덜 중요하게 취급한다. 탄수화물을 덜 중요하게 취급하는 것은 부분적으로 선수들에게 탄수화물의 중요성에 대한 잘못된 정보를 야기하며, 이는 탄수화물의 정의에 대한 일반적인 오해를 불러일으킬 수 있다. 몇몇 선수들은 주로 단백질을 섭취하고 탄수화물을 피하기까지 한다고 말하지만, 그들이 무엇을 먹느냐고 물었을 때 선수들이 처음 언급하는 음식은 거의 전부가 탄수화물로 구성된 과일과 채소류들이다! 이러한 오해는 적어도 부분적으로 탄수화물이 더 높은 질병 위험과 관련이 있는 설탕과 정제된 곡물(즉, 흰 빵)을 의미한다고 생각한 결과이다. 사실은 여러 다른 종류의, 완전히 반대의 효과를 가진 탄수화물들도 존재한다. 예를 들어 신선한 과일과 채소들은 암이나 심혈관 질환 및 제2형 당뇨병과 같은 통상 질환에 걸릴 위험을 낮추는 탄수화물로 밝혀졌다.[76, 77]

통상적인 탄수화물 용어를 다루는 표 1.2는 탄수화물과 관련된 복잡한 특징들의 일부를 쉽게 보여주고 있다. 표에서 나타나듯이 탄수화물에는 다양한 종류가 있으며 신체는 각 종류마다 다르게 반응한다. 예를 들어 포도당과 식이섬유는 둘 다 탄수화물이지만, 둘은 에너지 공급 영역에서 상반된 효과를 가진다. 포도당은 비교적 빠르게 혈류로 들어와 빠르고 높은 인슐린 반응을 일으켜 조직에 빠른 에너지원을 제공하지만, 식이섬유의 잠재적 에너지는 우리가 소화하고 흡수할 수

정제 탄수화물의 장점과 단점

정제된 탄수화물이 당신을 뚱뚱하게 만들기 때문에 항상 '안 좋다'라고 생각하는 것은 흔한 오해 중 하나이다. 사실, 정제된 탄수화물은 경우에 따라 안 좋을 수 있다. 흰 빵이나 설탕과 같은 정제 탄수화물의 섭취는 운동을 하지 않을 때 제한되어야 하는데, 이는 정제 탄수화물이 과도한 에너지를 세포로 이동시켜 지방 수치를 높일 수 있는 고인슐린 혈증을 일으키는 경향이 있기 때문이다. 그러나 운동 직전과 운동 중, 그리고 운동 직후에는 정제 탄수화물이 운동선수가 정확히 필요로 하는 것일 수 있다. 만약 운동 직전에 섭취한다면, 상대적으로 섬유질이 적은 흰 빵과 다른 정제된 전분질의 음식들은 빠르게 위를 떠나 흡수되고 운동선수가 준비된 에너지를 제공하는 경향이 있다. 반면에 섬유질(소화가 잘 되지 않는 탄수화물)은 운동하는 동안 복부 팽만과 불편함을 일으킬 수 있다. 운동하는 동안 운동선수는 혈당과 혈액량을 유지하기 위해 설탕과 전해질이 함유된 음료(스포츠 음료)를 조금씩 마시는 것보다 더 나은 방법을 찾기 힘들 것이다. 이온 음료는 근육과 중추신경계가 운동을 유지하도록 작동하는 데 쉽게 사용된다. 운동 후 설탕과 탄수화물의 섭취는 소비된 탄수화물을 글리코겐으로 전환시키는 효소인 글리코겐 합성 효소의 증가를 이용하며, 이는 운동선수가 다음 운동을 준비하도록 돕는다.

없기 때문에 결코 혈류에서 에너지원으로 작용하지 않는다. 하지만 거의 소화되지 않는 탄수화물(즉, 섬유소)은 다른 에너지원이 혈류로 흡수되는 속도를 늦춤으로써 인슐린 반응을 매개하는 경향이 있다. 또한 섬유소는 물에 대한 친화력이 높아 변비를 줄이는 데 도움이 된다. 이러한 탄수화물 내 차이는 운동선수들이 모든 탄수화물 음식을 동일한 결과나 이점 또는 위험을 가지고 있다고 생각하지 말고, 그들의 특정한 요구에 가장 적합한 탄수화물의 종류와 양을 신중하게 고려하도록 권장해야 한다. 탄수화물은 에너지원으로 대사될 때 에너지, 이산화탄소, 물(세포의 물 균형에 기여)을 발생시키는 '순수한' 연료(즉, 부정적인 대사 부산물이 생성되지 않음)라는 것을 고려하는 것이 중요하다.

포도당은 아데노신삼인산(ATP)의 형태를 취하는 근육 에너지 생성을 위한 주요 연료이다. 근육의 글리코겐이나 포도당이 활동 중인 근육에 공급되지 않으면 고강도 활동이 중단된다(흔히 이를 '벽에 부딪히다'라고 표현한다). 따라서 포도당 고갈을 방지하는 방법을 이해하는 것이 선수의 영양 습관의 주요 초점이 되어야 한다. 인간은 글리코겐(저장된 탄수화물)과 유리 포도당 수용량의 제한이 있기 때문에 계획과 연습이 필요하다.

혈당은 뇌의 주 연료이다. 혈당이 낮아지면 정신적인 피로가 몰려와 근육에 에너지가 얼마나 저장되어 있든 상관없이 근육 피로가 생긴다. 만약 간의 글리코겐과 혈당이 근육의 유일한 에너지원이었다면, 이론적으로 정신적인 근육의 피로가 발생하기 전 약 18분(간 글리코겐 16분, 혈당 2분)간 운동을 지속할 수 있다. 다행히 간의 글리코겐과 혈당은 신체 활동의 유일한 에너지원은 아니지만, 고강도 활동은 혈당과 간의 글리코겐을 더 빨리 소모시킨다. 이 사실만으로도 운동선수들이 체력 고갈을 예방하기 위한 탄수화물 섭취 전략을 권장하도록 해야 한다.

표 1.2 통상 탄수화물 용어

용어	정의
포도당	분자식이 C6-H12-O6인 단순한 단당류(당분). 세포 대사에 있어 주된 에너지 공급원이며 중추신경계(뇌)에 있어 주된 연료이다. 포도당은 셀룰로오스, 녹말, 글리코겐(다당류)뿐만 아니라 자당(이당류)과 같은 더 큰 탄수화물 분자의 구성 요소이다. 식물은 광합성을 하는 동안 포도당을 생성한다.
글리코겐	체내 포도당의 주요 저장 형태를 나타내는 다당류로 주로 간과 근육에서 발견된다. 탄수화물 에너지가 필요할 때 근육의 글리코겐은 근육세포가 사용할 수 있도록 포도당으로 전환되고, 간 글리코겐은 중추신경계를 포함한 몸 전체에 사용할 수 있도록 포도당으로 전환된다.
해당과정	피루브산 또는 젖산에 대한 일련의 반응을 통해 글리코겐과 포도당을 곡률적으로(산소와 함께) 또는 혐기적으로(산소가 없이) 분해하고 아데노신삼인산(ATP)의 형태로 인체에 에너지를 방출하는 대사 과정이다. 이는 격렬한 단기 운동을 위한 주요 에너지원이다.
포도당 신생합성	젖산염, 글리세롤, 글루코오스 생성 아미노산 등의 비탄수화물에서 포도당이 생성되는 대사 과정이다. 이러한 글루코오스 생성 아미노산에는 알라닌, 아르기닌, 아스파라진, 아스파르트산, 시스테인, 글루탐산, 글루타민, 글리신, 히스티딘, 메티오닌, 프롤린, 세린 및 발린이 포함된다. 아미노산 류신과 리신은 케톤으로 변환될 수 있지만 포도당은 변환되지 않고, 아미노산 페닐알라닌, 이소류신, 트레오닌, 트립토판, 티로신은 포도당과 케톤으로 변환될 수 있다.
단당류	단당류는 탄수화물의 가장 기본적인 단위를 나타낸다. 단당류는 단일 당분자이다. 인간에게 영양을 공급하는 세 가지 주된 단당류는 포도당, 과당, 그리고 갈락토오스이다. 다른 일반적인 단당류에는 리보오스와 크실로오스가 있다.
이당류	두 개의 단당류가 서로 결합되어 뭉쳐 구성된 다양한 탄수화물. 일반적인 이당류에는 포도당과 과당으로 구성된 자당(그래뉴당), 포도당과 갈락토오스로 구성된 젖당(유당), 3개의 포도당 분자로 구성된 엿당(곡당)이 포함된다. 주목할 만한 또 다른 이당류는 트레할로스인데, 트레할로스는 포도당 분자 2개로 구성되지만 포도당 분자를 붙잡고 있는 엿당과는 다른 결합을 하고 있다.
다당류	다당류는 긴 중합체 사슬에서 많은 반복적인 당 단위를 포함하는 복잡한 분자이다. 가장 흔한 당 단위는 포도당이다. 일반적인 다당류는 녹말, 글리코겐, 셀룰로오스이다. 일부 다당류는 소화가 가능한 반면(예: 녹말), 일부 다당류는 그렇지 않다(예: 섬유소). 단당류를 결합하는 방식이 소화율을 결정한다.
탄수화물 중합체	스포츠 젤에서 흔히 사용되는 탄수화물 중합체는 일반적으로 단순당과 긴 사슬 형태의 탄수화물 중합체(다당류, 조청, 다당류, 올리고당류)를 포함한다. 스포츠 젤의 목표는 위 배출에 부정적인 영향을 미치지 않고 스포츠 음료에 공급될 수 있는 더 적은 분자로 더 많은 에너지를 포장하는 것이다. 소비된 음료의 삼투도는 분자의 크기가 아닌 단위 부피당 분자 수에 결정된다. 따라서 60Kcal를 함유한 포도당 음료 1컵(포도당 분자 15개)을 섭취하는 것은 포도당 분자 15개를 하나의 분자로 포함하는 고분자에서 60Kcal보다 더 큰 삼투성을 유발한다. 따라서 중합체는 위 배출을 그만큼 지연시키지는 않는다.
식이섬유	흔히 섬유소로 불리는 식이섬유는 세포 에너지의 공급원을 제공하기 위해 식물의 소화할 수 없는 부분으로부터 파생된 수용성(물에 용해됨)과 불용성(물에 용해되지 않음) 다당류로 구성된다. 그러나 식이섬유는 장내 미생물(박테리아)에 의해 소화될 수 있어 건강한 장과 일반 건강을 유지하는 데 도움이 된다. 또한, 식이섬유는 변비, 게실증, 제2형 당뇨병, 암 발생의 위험을 낮추는 데도 중요하다.
불용성 섬유소	주로 채소와 곡물의 겨층에서 발견되는 불용성 섬유소는 식단에 부피를 더하고, 체중의 몇 배나 되는 물을 흡수해 장 건강을 유지하는 데 도움을 준다. 주로 셀룰로오스와 헤미셀룰로오스로 구성된 겨는 불용성 섬유소 공급원에 의한 예이다. 불용성 섬유의 일부 공급원은 피틴산을 포함한다. 피틴산은 2가 무기질(예: 철, 칼슘, 마그네슘, 아연)에 높은 결합 친화력을 가지며 흡수를 감소시킨다.
수용성 섬유소	수용성 섬유는 물에 쉽게 녹고 장 안에서 부드럽고 젤 같은 질감을 갖게 된다. 펙틴, 껌, 식물의 점액, 수용성 섬유소는 주로 귀리, 겨, 콩, 완두콩 그리고 대부분의 과일에서 발견된다. 혈당치의 저하에도 관여하여 고인슐린혈증, 비만, 암의 위험을 줄여 준다. 수용성 섬유질의 일부 공급원은 옥살산을 포함한다. 옥살산은 2가 무기질(예: 철, 칼슘, 마그네슘, 아연)에 대한 높은 결합 친화력을 가지며 흡수를 감소시킨다.

모든 유형의 운동은 탄수화물 연료에 대한 의존도가 다르며, 탄수화물 고갈은 선수가 저강도 지구력 활동을 하거나 고강도 파워 운동을 하거나 관계없이 운동 실패의 흔한 원인이다. 저강도 활동은 에너지 요구량을 충족시키기 위해 많은 양의 지방을 사용하지만, 지방 대사는 케톤 생성을 피하기 위해서 탄수화물을 필요로 한다. 지구력 운동선수는 단위 시간당 지방을 더 많이 연소시켜 운동을 멈추게 하는 탄수화물 고갈 지점에 도달하기 전까지 더 오랜 시간 동안 운동을 수행할 수 있게 한다. 고강도 파워 운동선수들은 연료로 탄수화물에 대한 의존도가 높다. 그 이유는 단위 시간당 더 많은 에너지를 소모하기 때문에 탄수화물 고갈에 더 빨리 도달할 수 있고 대부분의 에너지가 탄수화물에서 나오기 때문이다. 따라서 고강도 훈련 시 요구량을 충족시키기 위해서는 탄수화물의 섭취 빈도가 높아져야 할 수 있다(그림 1.1 참조).

근지구력과 정신의 기능을 유지하기 위해서 탄수화물의 가용성을 유지하는 것이 중요하다는 것을 확인한 몇 년간의 연구들에도 불구하고, 많은 운동선수들은 여전히 단백질이 운동에서 성공을 달성하는 데 가장 중요한 영양소라고 믿고 있다. 물론, 단백질의 중요성이 낮아져서는 안 되겠지만, 적절한 시간에 적절한 양의 탄수화물을 섭취하는 것은 제한된 탄수화물 저장소를 최적화하고, 뇌에 더 나은 탄수화물 전달을 보장하며, 제한된 저장고의 영양소 고갈 가능성을 줄이고, 높은 수준의 운동수행력을 유지시켜 준다. 간단한 진실은 단백질을 더 많이 섭취할수록 식단에 필요한 탄수화물을 섭취할 공간이 줄어든다는 것이다. 단백질은 건강에 매우 중요하며 근육량을 유지 및 확대하고 근육통 감소, 근육 회복을 돕는 역할을 확실히 하지만, 탄수화물을 대체하여 과도하게 많은 양의 단백질을 섭취하는 것은 운동 능력 향상에 별 도움이 되지 않는다. 실제로 탄수화물 가용성이 부족하면 정상 기능을 위해 중추신경계와 다른 조직이 요구하는 간의 포도당 합성에 필요한 아미노산을 공급하는 근육이 파괴된다. 근육량을 늘리는 유일한 방법은 근육량을 줄이는 일을 그만두는 것이라는 점을 기억해야 한다. 왜 더 강하고 탄력 있는 근육을 발달시키는 데에 반대되

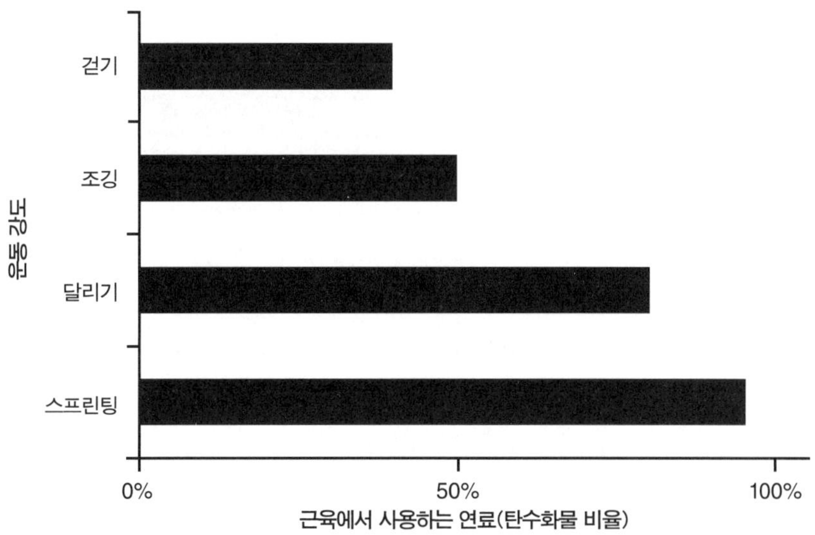

그림 1.1 운동 강도와 탄수화물 연료 사용량

탄수화물을 먹거나 마시면 살이 찌지 않을까?

인간의 시스템은 지방을 만들고 저장할 수 있는 놀라운 능력을 가지고 있다. 지방, 탄수화물 또는 단백질의 과다 섭취는 지방 저장을 더 많이 하는 결과를 낳는다. 탄수화물은 신선한 과일과 채소, 전곡물, 정제된 곡물과 당분을 포함한 많은 형태로 제공된다는 것을 기억하는 것이 중요하다. 정제된 탄수화물(당류 및 가공도가 높은 곡물)은 인슐린의 급격한 상승을 일으킬 가능성이 높아 당을 혈액에서 세포 내부로 빠르게 이동시킨다. 탄수화물의 형태는 중요하다. 신선한 과일과 채소(탄수화물 공급원)의 섭취는 높은 체지방 수치와 관련이 있는 제2형 당뇨병에 걸릴 위험을 낮춘다는 점을 고려하자. 당분을 많이 섭취하면 인슐린 반응이 훨씬 더 높아지고 빨라진다. 이 상태에서 세포는 세포에 들어간 당분을 모두 처리하지 못하고 당분을 지방으로 변환시켜 이후에 있을 신진대사를 위해 저장한다. 이러한 당분 및 정제 곡물에 대한 높은 인슐린 반응은 탄수화물 섭취가 더 높은 체지방 수치와 관련 있는 이유 중 하나이다. 그러나 인슐린 반응을 높이고 사람을 뚱뚱하게 만들 수 있는 몇 가지 다른 요소들을 고려하는 것이 중요하다.

1. 인슐린은 Kcal의 원천과 상관없이 섭취하는 Kcal 함량에 따라 기하급수적으로 생산되기 때문에, 식사를 많이 하면 적은 양의 빈번한 식사에서 제공되는 동일한 Kcal보다 체지방을 증가시킬 가능성이 높다.
2. 혈당이 낮을 때 먹으면 인슐린 반응이 높아지기 쉬우므로 저혈당을 피할 수 있을 만큼 자주 섭취하는 것이 중요하다.
3. 운동을 하면 쉴 때보다 탄수화물의 필요성을 상당히 높인다는 것을 고려해야 한다. 따라서 운동 중에 스포츠 음료를 마시는 운동선수는 세포 에너지 욕구를 충족시키고 체지방이 증가하지 않는 반면, 운동을 하지 않을 때 스포츠 음료를 마시는 운동선수는 체지방을 증가시킬 수 있다. 기본적으로 단순 탄수화물은 필수적이고 운동 중 체지방 상승과 관련이 없지만 운동을 하지 않을 때는 단순 탄수화물 섭취를 제한해야 한다.

는 식이요법 전략으로 운동을 한단 말인가?

탄수화물의 종류

모든 종류의 탄수화물의 형태와 기능이 건강에 미치는 영향이 모두 같은 것은 아니다. 모든 탄수화물의 기본 단위는 단당류 또는 단일분자 탄수화물이다. 일반적인 단당류는 모두 6개의 탄소를 가지고 있으며 수소-산소 구성이 약간 다를 뿐이지만, 이러한 미묘한 변형이 중요한 대사 차이의 원인이 된다. 인간의 세포의 기본 대사 단위는 단당류 포도당이며 다른 단당류는 포도당으로 전환될 수 있는 생화학적 경로를 가지고 있다. 함께 결합된 단당류의 수는 탄수화물을 분류하는 주요 기준을 제공한다(표 1.3 참조).

가장 일반적인 세 가지 식이 단당류(포도당, 과당, 갈락토스)는 용해성, 단맛, 그리고 그것이 발

표 1.3 탄수화물의 분류

단순 탄수 화물	당류	단당류 (단원자 탄수화물)	포도당(덱스트로스오스라고도 불림) 과당	일부 당류, 또는 단순 탄수화물은 혈당을 빠르게 상승시켜 과도한 인슐린 생성을 자극해 혈당을 빠르게 떨어뜨릴 수 있다. 포도당과 엿당은 혈당 효과가 가장 높다. 트레할로스는 엿당과 비슷하지만 천천히 소화되며(소화효소 트레할라아제는 소장에 걸쳐 분포되어 있다), 혈중 포도당의 공급은 느리지만 꾸준히 이루어진다.
		이당류 (2분자 탄수화물)	자당 젖당 엿당 트레할로오스	
복합 탄수 화물	부분적으로 소화 가능한 다당류	올리고당류 (3~20분자 탄수화물)	말토덱스트린 과당-올리고당류 라피노오스 스타키오스 베르바스코스	부분적으로 소화 가능한 다당류는 일반적으로 콩류에서 발견되며, 가스와 팽창을 일으킬 수 있지만 건강한 탄수화물로 간주된다.
	다당류	소화 가능한 다당류 (20+분자 녹말 탄수화물)	아밀로오스 아밀로펙틴 포도당 중합체	이러한 복합 탄수화물은 탄수화물 에너지의 주요 원천을 제공해야 한다. 포도당 중합체는 녹말로 만들어지며 스포츠 음료와 운동선수 젤에 종종 사용된다.
		소화가 어려운 다당류 (20+분자 비전분성 탄수화물)	셀룰로오스 헤미셀룰로오스 펙틴 수지 점액 녹조 다당류 베타글루칸 프럭탄	이러한 복합 탄수화물은 섬유소를 제공하는데, 섬유소는 위장관 건강과 질병 저항력에 중요하다.
기타		기타 탄수화물	마니톨 소르비톨 자일리톨 글리코겐 리보오스	마니톨, 소르비톨, 자일리톨(당알코올)은 충치에는 기여하지 않는 영양 감미료이다. 단맛과 수분 유지, 식품을 안정시키는 특성 때문에 제품에 많이 사용되지만 소화가 느리고 다량을 섭취할 경우 위장병을 유발하는 것으로 알려져 있다. 리보오스는 인간의 유전 암호(디옥시리보핵산 또는 DNA)의 일부인 펜토오스(5탄소) 당이다. 글리코겐은 동물의 주요 탄수화물 저장 형태이며 운동선수의 운동수행력에 특히 중요한 고려 사항이다. 글리코겐은 간(혈당을 보조하기 위해)과 근육(고강도 근육 사용 보조하기 위해)에 저장된다.

견되는 식품 환경에 대한 반응성의 다른 특성을 가지고 있다. 고과당 감미료를 함유한 다양한 가공 식품 및 음료에 존재하는 과당을 제외하고, 대부분의 단당류는 이당류(즉, 두 개의 연결된 단당류로 구성된 당)의 분해 산물로 식품 공급에 전달된다. 고과당 옥수수 시럽에서 포도당과 과당의 분포는 자당(그래뉴당)의 분포와 유사하지만, 포도당과 결합되지 않은 유리 과당의 비율이 더 높다는 것을 이해해야 한다. 이러한 차이는 과당 민감성을 가진 일부 운동선수의 경우 단당류의 섭취로

표 1.4 단당류와 이당류의 관계

이당류	단당류 함유량	이당류를 단당류로 분해하는 효소
자당(수수 또는 사탕무설탕)	포도당 과당	수크라아제는 주로 소장 앞쪽(십이지장 근위)에서 발견되며, 수크라아제의 존재로 인해 단당류 포도당과 과당이 혈중에서 비교적 빨리 나타난다.
유당	포도당 갈락토오스	락타아제는 주로 소장 앞쪽(십이지장 근위)에서 발견되며, 락타아제 존재로 인해 단당류 포도당과 갈락토오스가 혈중에서 비교적 빨리 나타난다.
엿당(맥아당)	포도당 포도당	말타아제는 주로 소장 앞쪽(십이지장 근위)에서 발견되며, 말타아제의 존재로 인해 단당류 포도당이 혈중에서 비교적 빨리 나타난다.
트레할로스	포도당 포도당	트레할라아제는 비교적 적은 양이 소장에서 발견되며, 혈중 단당류 포도당이 느리지만 꾸준한 모습을 보이게 만든다.

인해 설사를 경험할 수 있는 어려움을 초래할 수 있다. 간은 과당에 대한 세 가지 주요 경로를 가지고 있다. 첫 번째 경로는 과당을 포도당으로 변환하는 것이다(일반적으로 간 글리코겐과 혈당을 만족시키기 위함). 두 번째 경로는 혈청 중성지방 수치가 증가했을 때 과당을 지방으로 변환하는 것이다. 세 번째 경로는 통풍과 같은 관절통을 유발하는 요산 수치를 증가시키는 과당을 요산으로 변환하는 것이다.[116] 같은 양인 경우, 과당이 자당(그래뉴당)보다 단맛이 더 많이 나는 것이 과당 인기의 주 이유이다.

세 가지 주요 이당류, 즉 자당, 유당, 그리고 엿당은 각각 다른 단당류의 조합으로 함유되어 있다. 또 다른 희귀한 이당류인 트레할로스도 일부 식품에서 발견된다(표 1.4 참조). 단당류와 이당류를 합쳐 단순 탄수화물, 즉 당류라고 하는 반면 소화 가능한 다당류는 일반적으로 복합 탄수화물이라고 한다. 소화되지 않는 다당류는 일반적으로 식이섬유로 불린다. 당류(단당류 및 이당류)는 서로 다른 단맛 특성을 가지고 있으며, 과당이 가장 단맛을 내고, 그 다음으로 자당, 포도당, 유당(단맛이 가장 적은)이 그 뒤를 잇는다. 하지만 당은 종류별로 식감과 용해도에서도 차이가 있으며, 이는 모두 식품 제조업자들의 당 선택에 영향을 미친다. 이제 운동선수들은 다양한 스포츠 음료와 젤을 선택할 수 있으며, 각각은 다양한 비율의 단당류와 이당류, 그리고 여러 종류의 탄수화물 중합체를 포함하고 있다. 각 제형은 맛, 식감, 내장 내성, 위 배출, 전해질 교체, 활동 중인 근육에 대한 에너지 공급, 그리고 결과적으로 우수한 경기력 등의 최상의 조합을 달성하려고 시도한다.

탄수화물 대사

체격에 따라서 근육 글리코겐(저장탄수화물)의 인체 평균 저장량은 350g(1,400Kcal)에 근접하며 간에 약 90g(360Kcal) 정도의 추가적인 글리코겐이 저장된다. 또한 혈액에는 소량의 순환 포도당(약 5g, 즉 20Kcal)도 존재한다. 몸집과 근육량이 클수록 잠재적인 글리코겐 저장량은 커지지만 글리코겐의 잠재적 필요성도 커진다. 또한 더 많은 글리코겐 저장은 더 많은 수분 저장과 연관되며, 글리코겐 1g의 비율은 3g의 추가 수분 저장으로 이어진다.

어떤 스포츠에서는 높은 글리코겐 관련 체액의 저장이 유리하다고 여겨지지만(예: 혈액량과 땀 분비량을 유지하기 위해 체내 수분을 과도하게 필요로 하는 더운 날의 마라토너), 그러나 다른 스포츠에서는 그것이 문제로 간주될 수 있다(예: 반복 텀블링을 하기 위해 가능한 가장 높은 강도 대 체중 비가 필요한 체조 선수는 여분의 물 무게가 문제가 될 수 있지만, 근육 ATP 에너지를 빠르게 만들기 위해서는 글리코겐이 분명히 필요하다). 운동선수들은 특정한 운동에 유리한 최적화된 글리코겐 저장법을 고려해야 한다. 글리코겐 저장을 극대화하기 위해 현재 통용되는 권고 사항은 다음과 같다.[78~82]

- 저장 중인 글리코겐의 사용을 줄이는 것이 저장량을 늘리는 데 가장 필요한 전략이라는 원칙에 따라 글리코겐을 사용하는 운동량(즉, 고강도 활동)을 줄여야 한다.
- 글리코겐 저장을 최적화하기 위해 적절한 간격으로 충분한 탄수화물을 섭취해야 한다. 예를 들어 운동 중단 직후 섭취할 수 있게 탄수화물을 가지고 있는 것은 글리코겐 생성 효소를 최적으로 사용하여 더 많은 글리코겐을 생성하고 저장하게 한다.
- 글리코겐 사용을 초래하고 저장량을 낮추는 에너지 제한 기간을 피해야 한다.
- 글리코겐 저장을 증가시키는 효과적인 기질적 요인으로 밝혀진 복합 당질을 포함한 다양한 탄수화물을 섭취해야 한다.

인체는 상승작용으로 혈당을 조절하는 췌장호르몬인 인슐린과 글루카곤을 모아서 혈당을 비교적 좁은 범위(70~110mg/dL) 내에서 유지하는 시스템을 갖추고 있다. 인슐린의 과잉 생산은 저혈당을 초래할 수 있으며, 그로 인해 지방의 과잉 생산(너무 많은 에너지가 세포로 빠르게 흡수되기 때문에, 세포들이 지방을 저장해 두고 나중에 사용하기 위해 과하게 제조하게 됨)이 발생할 수 있다. 인슐린의 부적절한 생산 또는 효력이 없는 인슐린은 고혈당과 당뇨병을 초래한다. 인슐린이 없으면 포도당은 신진대사를 위해 세포에 들어갈 수 없어 혈당이 높아져 에너지를 갈망하는 세포가 생긴다. 췌장 호르몬이 혈당을 정상화하는 방법에 대한 설명은 그림 1.2를 참조해라.

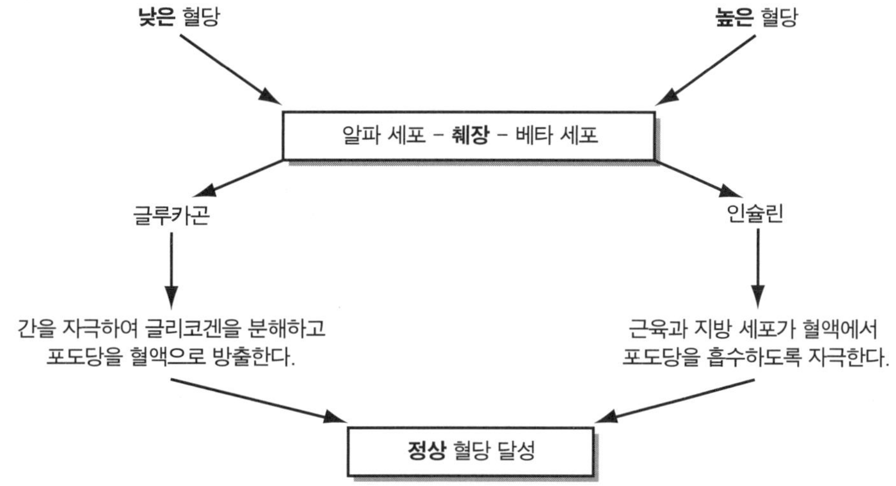

그림 1.2 췌장이 혈당 수치 정상화에 미치는 영향

인슐린은 췌장의 베타세포에서 분비되는 반면 글루카곤은 췌장의 알파세포에서 분비된다. 인슐린 분비를 위한 자극은 혈당 상승이지만(혈청 포도당이 높을수록 인슐린 반응이 높다), 췌장은 혈당이 정상 범위에 있을 때에도 적은 양의 인슐린을 지속적으로 분비하여 뇌 세포, 장기, 근육으로 포도당이 꾸준히 흐르게 한다. 인슐린은 근육, 장기, 지방 세포의 세포막에 영향을 주어 포도당을 혈액에서 세포로 수용함으로써 혈당을 낮춘다. 이러한 작용은 혈당으로부터 포도당 세포로의 이동을 유발하고, 세포가 필요한 에너지원을 받을 때 발생하는 인슐린의 혈당 감소 효과를 설명한다. 혈당이 취할 수 있는 경로에 대한 그림은 그림 1.3을 참조해라.

식사 사이 또는 운동 중에 발생할 수 있는 저혈당 상태에서 글루카곤은 간의 글리코겐을 포도당 분자로 분해하여 유리 포도당을 혈액으로 이동시킨다. 혈당 수치가 낮을수록 글루카곤 생산량이 증가한다. 또한 글루카곤은 포도당신생합성(비포도당 물질에서 포도당을 생산하는 것)을 자극할 수 있다. 예를 들어 포도당신생합성이 발생하는 동안, 아미노산 알라닌은 골격근 단백질의 분해로부터 파생되고 간에 의해 포도당으로 전환된다. 일반적으로, 혈당을 유지하기 위해 간에서 배출되는 포도당의 약 60%는 간 글리코겐 저장량에서 나오지만, 나머지는 알라닌을 포함하는 젖산, 피루브산, 글리세롤 및 아미노산으로부터 합성된 포도당에서 나온다.[1] 운동 중 혈액에 주입된 간 포도당의 비율은 운동 강도에 비례하며, 고강도 운동은 혈당을 더 빨리 낮추고 결과적으로 더 빠르게 간 포도당을 방출하게 된다.[2]

인슐린과 글루카곤 외의 두 개의 다른 호르몬도 혈당에 영향을 미친다. 에피네프린(아드레날린)은 간 글리코겐의 매우 빠른 분해를 시작하여 혈당 수치를 빠르게 증가시키는 스트레스 호르몬이다. 부신에서 분비되는 코티솔 또한 근육 단백질의 이화작용을 촉진하는 스트레스 호르몬이다(스트레스 호르몬인 코티솔은 골 질량을 분해하고 후에 이야기할 중요한 요소인 에스트로겐의 생성을 억제하기도 한다). 코티솔에 의해 활성화된 단백질 분해는 포도당신생합성에 특정한 포도당생성 아미노산[3]을 사용할 수 있게 하고, 결과적으로 혈당 증가를 초래한다. 운동 관련 스트레스를 포함한 스

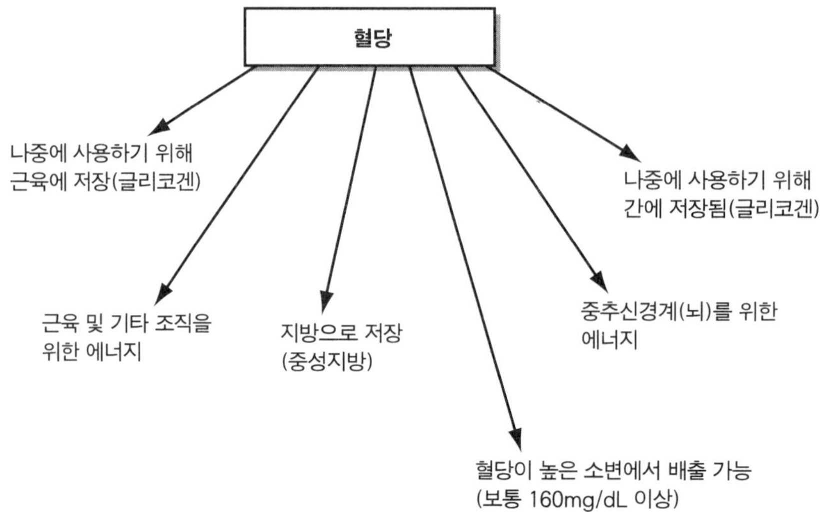

그림 1.3 혈당이 취할 수 있는 경로

트레스의 결과로 에피네프린과 코르티솔이 모두 분비되며, 둘 다 혈당 유지를 통해 매개될 수 있다. 에피네프린 생성의 제어는 간 글리코겐의 보존을 돕고, 코르티솔의 제어는 근육 단백질의 보존을 돕는다. 이 전략은 코르티솔과 에피네프린 생성을 줄이는 데 도움이 되기 때문에 운동 중에 탄수화물을 섭취해야 한다는 강력한 주장이다.[117] 이는 경기 전이나 경기 중 코치들이 침착해야 하는 이유이다. 선수들의 심리적 스트레스의 증가는 에피네프린 생성을 증가시키고, 이는 저혈당을 유발하는 간 글리코겐의 빠른 감소로 이어진다. 간 글리코겐의 빠른 감소는 코티솔과 심지어 더 많은 에피네프린의 생성을 자극한다.

혈중 순환하는 포도당은 주로 식이 탄수화물로부터 유래하며, 녹말 기반의 탄수화물이 주요 음식 공급원을 구성한다. 이러한 녹말은 혈액으로 흡수되기 위해 단당류(포도당, 과당, 갈락토오스)로 소화된다. 어떤 사람들은 유당 젖당을 단당류로 분해하는 데 필요한 만큼의 락타아제를 충분히 가지고 있지 않기 때문에 유당이 장에서 소화되지 않는다. 이는 유당불내증이라고 불리며 붓기, 복통, 설사, 탈수증으로 이어진다. 간과 근육 내의 포도당은 글리코겐으로 저장되지만 글리코겐의 포화점까지만 저장된다. 간의 최대 글리코겐 저장 용량은 약 87~100g(348~400Kcal)인 반면, 근육은 평균 약 350g(1,400Kcal), 근육질인 사람은 그 이상을 저장할 수 있다. 글리코겐 저장량이 포화상태일 때 세포에 포도당을 추가로 공급하면 과잉 포도당은 지방으로 저장된다. 간 글리코겐은 주로 혈당을 안정화시키는 역할을 하는 반면, 근육 글리코겐은 유산소성으로, 그리고 무산소성으로 대사될 수 있는 활동 근육에 에너지원을 제공하는 역할을 한다.

간 글리코겐이 고갈되면 근육의 글리코겐 저장소가 가득 차도 혈당이 쉽게 유지되지 않는데, 이는 근육의 글리코겐이 저장된 근육 내에서 근육 연료의 원천으로 국소적으로 사용되기 때문이다. 혈당은 중추신경계의 주 연료원이다. 혈당이 낮으면 중추신경계 활동과 집중력이 저하되고 과민성이 증가한다. 운동선수들에게 저혈당은 근육 피로와 연관된 정신적 피로와 관련이 있을 수 있다. 간 글리코겐과 혈당 저장량은 단기 활동에도 쉽게 고갈되므로, 운동 중 탄수화물의 섭취는 정신적, 궁극적으로 근육 기능을 유지하는 데에도 중요한 요소이다. 간단히 말해서, 혈당이 정상 이하로 떨어지면 근육에 연료가 가득 차 있더라도 손상된 중추신경계 기능 때문에 운동 능력 감소를 겪게 된다.

해당과정

아데노신삼인산(ATP)은 세포의 고에너지 화합물이다. 조직에서 즉시 사용 가능한 ATP의 저장용량이 한정적이므로 운동 중 반드시 빠르게 생성되어야 한다. 인간은 연소된 연료를 기계적인 힘으로 바꾸는 데 비효율적이다. 연소된 연료의 약 60~80%가 열로 손실되고 20~40%만이 실제로 근육을 움직이는 데 관여한다. 추가적인 신진대사 열을 얻을 수 없기 때문에(즉, 체온이 크게 상승할 수 없음), 에너지 대사가 증가하면 몸이 더 높은 수준의 열을 방출하려고 할 때 땀이 동시에 생성된다. 쉽게 사용할 수 있는 ATP 에너지의 형태인 크레아틴인산은, 시간당 생성되는 많은 양의 ATP가 너무 많은 열을 너무 빨리 생성해서 냉각이 불가능하여 급격한 과열과 죽음을 초래할 수 있기 때문에 저장량이 제한되어 있다. 따라서 크레아틴인산으로부터 급격히 생성된 ATP의 제한된 저장량(약 5~8초)은 인체의 자가 보존 메커니즘으로 간주될 수 있다. 이 저장량을 고려하면 경기 완료 시간이 10초 미만인 엘리트 레벨의 100m 단거리 선수는 전체 경기를 행할 만큼 충분한 크레아틴인산을 가지고 있지 않다. 경기 초반에는 주로 크레아틴인산에 의해 연료를 공급받는 반면, 경기 후반에는 무산소성 해당과정을 통해 연료를 공급받는다. 무산소성 해당과정은 크레아틴인산만큼 많은 시간당 ATP 에너지를 생산할 수 없기 때문에, 100m 단거리 경주는 무산소성 해당과정을 가장 효율적으로 활성화시킬 수 있고 경주 마지막 2초 동안 감속을 최소화할 수 있는 사람이 우승한다고 보고 있다.

운동 강도가 높을수록 ATP는 더 빨리 재생되어야 한다. 정상 상태의 저강도 활동에서 ATP는 탄수화물과 지방의 산화로부터 산소를 포함하여 적절히 생산된다. 그러나 운동 강도가 높아짐에 따라 선수들은 산소만으로는 완전히 공급될 수 없는 수준의 ATP 생산량이 필요하다.[4, 5] 에너지 대사 체계에 대한 요약은 표 1.5를 참조해라.

해당과정은 글리코겐이 포도당으로 빠르게 분해되어 포도당으로부터 다량의 ATP를 생성하는 과정이다. 해당과정은 산소와 함께(유산소성 해당과정), 혹은 산소 없이(무산소성 해당과정) 발생할 수 있으며 글리코겐을 매우 신축적인 연료로 만든다. 유산소성 해당과정은 무산소성 해당과정에 비해 더 많은 ATP를 생산할 수 있으며, 무산소성 해당과정과는 달리 젖산을 생성하지 않고도 ATP를 생성할 수 있다. 때문에 무산소성 해당과정은 젖산 시스템이라고도 한다. 강도가 에너지 수요를 충족시키기 위해 충분한 산소를 시스템으로 가져오는 능력을 초과하는 활동에서 무산소성 해당과정은 ATP 생성을 위한 주요 경로가 된다. 그러나 젖산 축적은 최대 1분 30초에서 2분 동안만 활동을 지속할 수 있게 해 주기 때문에 극도로 높은 강도의 무산소성 활동은 스스로 제한한다. 일반적으로, 고강도 스포츠는 회복할 시간을 가진다. 예를 들어 기계체조 마루 운동의 루틴은 1분 30초이고, 그 후에 체조 선수는 다음 강도 높은 경기를 준비하기 위해 휴식을 취하고 회복할 수 있다. 그리고 하키 선수들은 근육 회복을 위해 자주 선수 교체를 한다(하키 선수는 2분 이상 스케이트를 계속 타지 않는다).

표 1.5 에너지 대사 체계

체계	특징	기간
크레아틴인산 체계	저장된 크레아틴인산으로부터 ATP의 무산소성 생성	최고 강도 활동을 위해 사용됨
무산소성 해당과정 (젖산 시스템)	글리코겐 분해로 인한 ATP의 무산소성 생성. 이 시스템의 부산물이 젖산의 생성이다.	충분한 산소를 획득하고 사용할 수 있는 운동선수의 역량을 넘어서는 극도로 높은 강도의 활동에 사용됨. 이 시스템은 ATP를 2분 이내로 계속 생산할 수 있음
유산소성 해당과정	글리코겐 분해로 인한 대량의 ATP의 유산소성 에너지 생성	많은 양의 ATP를 필요로 하지만 충분한 산소를 획득하고 사용할 수 있는 선수의 역량 내의 고강도 활동에 사용됨
산소 체계 (유산소성 대사)	탄수화물과 지방의 분해로 인한 ATP의 유산소성 생성	시스템 억제의 부산물의 생산 없이 상당한 양의 ATP를 생산할 수 있는 장시간의 저강도 활동에 사용됨

무산소성 해당과정에서 생성된 젖산은 저장된 에너지의 형태로 가장 잘 간주될 수 있으며, 충분한 산소가 시스템에 재진입할 때까지 기다린다. 운동 강도가 낮아지고 운동선수가 유산소성 대사 과정을 위한 체계에 충분한 산소를 가지고 있을 때, 젖산은 다시 피루브산으로 전환되고 유산소로 ATP를 생산하는 데 사용된다. 참조: 극도로 격렬한 활동으로 인한 많은 양의 젖산 생산은 수분을 충분히 섭취한 선수보다 탈수 상태인 선수에게 부정적인 영향을 미칠 가능성이 더 높다. 왜냐하면 젖산 이탈 세포를 수용하는 수분 풀(혈액량)이 더 크고, 따라서 상대적인 산도의 변화에 더 잘 저항하기 때문이다. 현재 세상을 떠난 동료인 데이비드 마틴David Martin 박사가 적절하게 설명한 바와 같이, "오염에 대한 해결책은 희석이다."

포도당신생합성

포도당신생합성는 비탄수화물 물질로 포도당을 만드는 과정을 말한다. 혈당은 중추신경계 기능에 중요한 역할을 하고, 지방의 신진대사를 도우며, 활동 중인 세포에 연료를 공급한다. 그러나 저장 용량이 제한적이기 때문에 최소한의 포도당은 항상 비탄수화물 물질로부터 생성된 포도당을 통해 사용할 수 있다. 포도당신생합성에는 세 가지 주요 시스템이 있다.

1. 중성지방은 체내 지방의 주요 저장 형태이며 글리세롤 분자에 부착된 세 개의 지방산으로 구성되어 있다. 중성지방이 분해되어 유리 글리세롤(3탄소 물질)이 만들어지고, 간에서 두 개의 글리세롤 분자가 결합하면 포도당 분자(6탄소 물질) 하나가 생성된다. 결과적으로 글리세롤은 인간의 영양 처리 과정에서 탄수화물처럼 대사될 수 있는 유일한 단순 지질이다.
2. 근육 단백질이 이화되면 근육의 구성 요소인 유리 아미노산이 배열된다. 몇몇 아미노산은 포도당을 생성할 수 있으며 간에 의해 포도당을 형성하도록 전환될 수 있다. 40분간의 격렬한 활동 후에, 유리 알라닌(당생성 아미노산)은 60%에서 96%까지 증가할 수 있는데, 저혈당인 경우 훨씬 더 많이 증가할 수 있다.[6] 이는 운동선수가 신체 활동 중에 혈당이 떨어지도록 내버려두면 근육 파괴가 빠르게 일어날 수 있다는 점을 강하게 시사한다.
3. 무산소성 해당과정에서 젖산은 세포의 pH를 유지하기 위한 세포에 의해 생성되고 제거된다. 젖산은 ATP의 유산소 생산을 위해 피루브산으로 다시 전환되거나, 두 개의 젖산 분자가 간에서 결합하여 포도당을 형성할 수 있다. 젖산이 포도당으로 전환되는 것을 코리 회로(젖산염이 근육에서 제거되고 포도당이 근육으로 되돌아옴)라고 한다. 젖산염(종종 젖산과 동의어로 사용됨)은 세포 기능을 보존하고 연료로도 사용될 수 있기 때문에 해로운 것으로 간주되어서는 안 된다.

운동 중 탄수화물 활용

낮은 탄수화물 수치는 운동의 피로를 더 일찍 야기한다. 탄수화물 저장량(즉, 글리코겐 저장량)과 사용 가능한 자유 포도당은 공급이 제한적이기 때문에(간에서 글리코겐 약 350Kcal, 근육에서 글리코겐 약 1,400Kcal, 혈액에서 포도당 약 40Kcal), 운동선수들은 원하는 강도의 활동을 지속할 수 있는 충분한 글리코겐 저장량을 가지고 운동을 시작하거나 글리코겐 저장량이 고갈되는 것을 막는 루틴의 확립을 고려해야 한다. 근육 글리코겐 저장량이 충분하더라도 간 글리코겐 저장량이 낮으면 저혈당증과 정신적 피로감이 나타나 근육의 피로로 이어진다.

운동선수들은 운동 강도가 높을수록 에너지 기질로서 탄수화물에 더 많이 의존한다. 그러나 대부분의 연료를 지방으로부터 추출하는 저강도(주로 유산소 운동) 운동도 지방의 완전 연소와 혈당 유지를 위해 탄수화물을 어느 정도 필요로 한다. 그러므로 모든 신체 활동은 탄수화물에 어느 정도 의존성을 가지고 있다. 운동 중 총 연료 요구량에 대한 탄수화물이 기여하는 비율에 영향을 미치는 요인이 몇 가지 있다. 탄수화물에 대한 의존도를 증가시키는 요소들은 다음과 같다.

- 고강도 활동
- 장기간 활동
- 극한의 고온 및 저온에서의 운동
- 높은 고도에서의 운동
- 연령(나이가 젊은 선수일수록 높음)
- 성별(여성보다 남성이 더 높음)

탄수화물에 대한 의존도를 감소시키는 요소들은 다음과 같다.

- 지구력 훈련
- 좋은 유산소 환경
- 온도에 대한 적응

저강도 활동(최대산소섭취량 65% 이하)이 지방 감량의 가장 효과적인 수단이라는 흔한 오해가 있다. 사실, 많은 인기 있는 운동 프로그램들은 지방이 저강도의 유산소 운동으로 가장 효율적으로 '연소'된다는 생각을 중심으로 구성되어 왔다. 그러나 연소된 지방의 비율을 연소된 지방의 양과 혼동해서는 안 된다. 여러분이 앉아서 이 문장을 읽는 동안, 여러분은 에너지 수요의 대부분을 지방으로부터 이끌어 낼 가능성이 매우 높다. 하지만 연소되는 총 지방량(즉, 칼로리 소비량)은 매우 낮다(만약 그렇지 않다면, TV 앞에 앉아 있는 것은 지방 감량 프로그램을 시작하는 훌륭한 수단이 될 것이다). 운동 강도가 높아지면 지방 에너지의 비중이 줄어들고 탄수화물 에너지 비중은 높아지지만 일정량의 지방은 항상 연소된다. 시간당 총 열량 요구량은 저강도 활동보다 고강도 활동이 훨씬 더 높다. 또한 산소를 들여와 사용할 수 있는 좋은 역량을 가진 건강한 운동선수는 고강도 활동에서(총 열량 요구량을 충족하는 지방의 비율이 낮음에도 불구하고) 더 많은 양의 지방을 연소시킨다. 예를 들어 칼로리의 80%가 지방으로부터 나오는 상태에서 저강도의 운동을 하면서 100Kcal를 태우는 것을 상상해 보자. 이제 운동 강도를 두 배로 높여 같은 운동 기간 동안 200Kcal를 태우지만 이제는 칼로리의 60%가 지방으로부터 나온다고 상상해 보자. 100Kcal 지방의 80%(즉, 80Kcal)가 저강도 활동에서 연소되는 반면, 200Kcal 지방의 60%(즉, 120Kcal)는 고강도 활동에서 연소되고 있다. 그러므로 운동선수들은 지방 감량을 늘리고 신체 조성을 최적화하기 위해 주어진 시간 내에 가능한 한 치열하게 운동해야 한다.

우리의 몸이 다른 어떤 연료보다 더 효율적으로 탄수화물, 산소 단위당 에너지를 만들 수 있기 때문에 탄수화물은 운동선수들에게 중요한 연료이다. 1L의 산소는 탄수화물로 약 5Kcal를 생산할 수 있지만 지방으로는 4.7Kcal밖에 생산할 수 없다. 또한 유산소 해당과정은 지방의 산화보다 더 빠른 속도로 근육 활동을 위한 ATP를 더 많이 생성할 수 있다. 탄수화물의 에너지 효율 증가는 근육 글리코겐이 거의 고갈되었을 때에도 고강도 활동 동안 빠르게 발생하는 근육의 피로를 설명하는 데 도움이 된다. 운동선수는 운동량을 유지하기 위해 활동 중인 근육에 충분한 ATP를 단순히 공급할 수 없다.

중추신경계의 피로에 관한 이론

아데노신이인산(ADP)이 ATP로 전환되는 비율은 근육에 에너지를 공급하는 중요한 단계이다. 탄수화물의 불충분한 가용성은 ATP로의 ADP 전환율을 낮추어 근육이 높은 강도로 운동을 계속할 수 없게 만든다. 또한 ADP를 ATP로 변환하지 못하면 근육 피로에도 기여하는 ADP의 축적을 야기한다.[7] 중추신경계와 관련된 세 가지 주요 요인은 근육 피로를 초래할 수 있다.[8]

중추 피로 이론으로 통칭되는 이러한 요인에는 일반적인 양보다 더 많은 양의 아미노산 트립토판이 혈액뇌관문을 통과하게끔 유발하는 메커니즘이 포함되어 있으며, 이러한 메커니즘은 세로토닌(5-HT)의 생성을 증가시킨다. 신경공급물질인 세로토닌은 사람들을 편안하게 만들어 주고, 충분히 생성된 경우에는 졸리고 무기력하게 만든다. 이는 운동선수에게는 정신적 피로와 근육 피로로 이어질 수 있다.

- 요인 1. 혈당은 뇌의 주요 연료이며, 늘 기능하고 있어야 한다. 혈당이 낮아지면, 뇌는 포도당신생합성을 통해 새로운 혈당의 생성을 자극한다. 저혈당과 낮은 근육 글리코겐 저장량과 함께, 근육 분해는 포도당신생합성을 위한 기질의 중요한 원천이 된다. 이는 분지사슬아미노산(BCAA)의 이화작용을 증가시켜 혈액 순환을 감소시킨다.[9] BCAA와 트립토판은 혈액뇌관문을 통과할 수 있는 수용체 매개체를 놓고 서로 경쟁한다. BCAA가 높을 때, 트립토판이 뇌로 통하는 통로가 통제된다. 그러나 BCAA 혈중 수치가 낮을 때 (에너지를 위해 이화작용을 할 때처럼) 트립토판은 더 많은 수용체 매개체를 격리시킬 수 있고, 더 많은 트립토판이 뇌로 들어간다. 트립토판은 세로토닌 형성을 촉진시킨다. 이러한 현상을 방지하기 위해서는 혈당 및 근육의 포도당 수치를 유지하여 포도당신생합성을 피해야 한다.
- 요인 2. 트립토판이 많이 함유된 식품(예: 칠면조 또는 우유)의 섭취는 혈액뇌관문을 통과하는 트립토판의 양을 증가시켜 세로토닌의 생성을 증가시킬 수 있다. 세로토닌의 증가는 예상보다 빠른 피로로 이어진다.[10]
- 요인 3. 지방은 같은 단백질 운반체를 놓고 트립토판과 경쟁한다. 고지방 섭취는 이 단백질

운반체를 위해 우선적으로 경쟁하며, 혈액뇌관문을 통과할 수 있는 높은 비율의 유리 트립토판을 남긴다. 이는 세로토닌 증가의 원인이 되며 예상보다 빠른 피로를 유발한다.[10]

BCAA와 탄수화물의 섭취가 세로토닌 생성을 감소시켜 정신적, 육체적 피로를 억제할 수 있다는 것이 논리적일 수 있지만, 뇌와 근육이 만들어 내는 효과를 구별하는 데 어려움이 있었기 때문에 위와 관련된 연구들은 결론을 내리지 못했다.[11] 게다가, 카페인과 같은 화합물로부터의 간섭이 있을 수 있다. 카페인을 섭취할 시 일시적으로 중추 신경계가 자극되어 피로가 지연되는 것이 나타났다[12](카페인 및 카페인이 경기력에 미치는 영향에 대한 정보는 4장의 보조제에 대한 부분에 수록되어 있다).

탄수화물 요구량

의학연구소는 하루에 130g의 탄수화물을 권장하고 있는데, 이는 뇌의 포도당 최소 섭취량의 평균치이다. 탄수화물의 바람직한 섭취량(에너지 적정 비율, AMDR이라고도 함)은 총 열량 섭취의 45~65%이며, 식품 상표의 탄수화물 일일 값(DV)은 총 열량 섭취 중 권장 섭취량인 60%에 기초한다. 또한 이러한 권장 사항은 일반적으로 탄수화물 섭취의 25% 이하가 당류(단당류 및 이당류)로부터 유도될 수 없다고 조언한다.[13, 14]

50세 이하 남녀의 (소화가 잘 안 되거나 부분적으로 소화가 잘되는 다당류를 통한) 식이섬유 섭취량은 성인 남성의 경우 하루 38g, 성인 여성의 경우 25g정도여야 한다. 50세 이상의 권장 섬유소 섭취량은 남성은 30g, 여성은 21g이다. 50세 이상의 사람들에게 이 낮은 수치는 예측된 낮은 음식 섭취의 결과이다.[83] 적절한 섬유소 섭취는(흡수율을 조절하여) 정상적인 혈당 유지에 도움이 되고 제2형 당뇨병, 비만, 심장병의 위험을 줄여 주며 변비 위험을 낮춘다. 권장 섬유질 섭취에서 성별의 차이는 일반적으로 섭취하는 여성의 낮은 총 음식량과 칼로리에 기초한다.

비록 몇몇 역사적인 증거들이 인류의 조상들이 상대적으로 적은 탄수화물을 섭취했다는 것을 암시하지만, 더 최근의 연구는 초기 호모 사피엔스가 풍부한 탄수화물과 단백질원을 포함한 식단을 소비했다는 것을 암시한다.[84] 이러한 더 최근의 자료는 '고대' 식단(즉, 고단백질, 저탄수화물 식단)이 조상들의 진정한 음식 섭취를 묘사하지 않는다는 것을 제시한다. 특히 탄수화물이 사실상 모든 운동 분야에서 분명히 제한적인 기질이라는 것을 입증하는 산더미 같은 연구를 고려할 때, 운동선수들이 탄수화물 소비 패턴 감소로 어떻게 최고의 운동수행력을 내고 있는지 알아보는 것이 점점 더 어려워지고 있다. 운동선수들은 무산소부터 유산소 연속체까지 어디에 노력을 쏟는지에 상관없이 탄수화물이 필요하다. 운동선수에게 탄수화물이 필요한 이유는 몇 가지 요인에 기초한다. 운동선수는 다음과 같은 이유들로 인해 반드시 충분한 탄수화물을 섭취해야 한다.

- 칼로리 수요의 대부분을 충족시킬 수 있는 에너지를 제공한다.
- 글리코겐을 최적화한다.
- 신체 활동 후 근육 회복을 돕는다.

- 연습과 경기 중 적절한 에너지원을 제공한다.
- 혈당을 유지하기 위해 식사 중간에 빠르고 간단한 에너지원을 제공한다.
- 신체 활동 중 혈당을 유지할 수 있는 에너지원을 제공한다.

탄수화물의 적절한 섭취를 결정하는 종래의 지침은 섭취할 탄수화물의 양을 총 열량 섭취량에 비례해서 고려하는 것이었다. 일반인은 총 열량의 45~65%를 탄수화물로 공급하는 것이 권장되며, 탄수화물의 영양 섭취 기준은 남성과 여성 성인의 경우 하루에 130g(520Kcal)이다. 그러나 적절한 총 칼로리 섭취를 가정할 때, 운동선수들에게 일반적으로 권장되는 양은 총 칼로리의 55~65% 사이이다.[83] 탄수화물 요구량을 결정하는 또 다른, 그리고 분명히 더 나은 방법은 체중 1kg당 섭취될 탄수화물의 양(g)을 고려하는 것이다. 지구력 훈련을 받은 운동선수를 위한 탄수화물 하루 섭취 권장량은 체중 1kg당 탄수화물 7~8g 사이이다.[17, 18] 운동선수들의 탄수화물 섭취에 대한 현재 권고 사항은 다음과 같다.

- 선수는 훈련 프로그램에 필요한 에너지의 대부분을 충족시키고 신체 활동 중간에 근육에 글리코겐 저장량의 회복을 최적화하기 위해서 적절한 탄수화물을 섭취해야 한다.
- 운동 직후부터 최대 4시간 후까지, 선수들은 시간당 체중 1kg당 1.0~1.2g의 탄수화물을 자주 섭취해야 한다. 예를 들어 운동 후 4시간 동안 시간당 1.2g의 탄수화물을 섭취하고자 하는 체중 70kg의 선수는 신체 활동 후 4시간 동안 탄수화물로부터 1,344Kcal를 섭취할 것이다(예: 70kg×1.2g×4시간×4Kcal/g=1,344Kcal).
- 중기간의 저강도 훈련에서 매일 회복하기 위해 선수들은 하루에 체중 1kg당 5~7g의 탄수화물을 섭취해야 한다. 예를 들어 1kg당 6g의 탄수화물을 섭취하고자 하는 체중 70kg의 선수는 탄수화물로부터 1,680Kcal를 소비할 것이다(예: 70kg×6g×4Kcal/g=1,680Kcal).
- 매일 중간에서 고강도의 지구력 훈련으로부터 회복하기 위해서는 선수들은 하루에 체중 1kg당 7~12g의 탄수화물 섭취를 권장한다. 예를 들어 1kg당 10g의 탄수화물을 섭취하고자 하는 체중 70kg의 선수는 탄수화물로부터 2,800Kcal를 소비할 것이다(예: 70kg×10g×4Kcal/g=2,800Kcal).
- 매일 하루 4~6시간(또는 그 이상) 정도의 고강도 훈련이나 시합에서 회복하기 위해서는 선수들은 하루에 체중 1kg당 10~12g의 탄수화물을 섭취해야 한다. 예를 들어 1kg당 12g의 탄수화물을 섭취하고자 하는 체중 70kg의 선수는 탄수화물로부터 3,360Kcal를 소비할 것이다(예: 70kg×12g×4Kcal/g=3,360Kcal).

이러한 권고 사항들은 최소한의 컨디션 상태와 활동 지속 시간 및 활동 강도에 기초하여 선수들 개별적인 요건에 따라서 부분적으로 조절되어야 한다. 또한 선수가 수분을 충분히 공급받지 않은 상태일 경우 글리코겐 보충이 더 어렵다는 점에 유의해야 한다.

탄수화물 외에 다양한 영양소가 들어 있는 회복을 위한 식단을 구성하는 것도 매우 중요하다.[18] 예를 들어 단백질 섭취는 근육의 회복을 돕기 때문에 회복식에서 중요한 요소이다. 운동 사이

표 1.6 운동선수의 통상 탄수화물 요구량

활동 또는 타이밍	추천 섭취량	예시
운동(0~4시간) 후 즉각적인 회복	시간당 체중 1kg당 1.2g의 탄수화물(짧은 간격으로 섭취)	체중 70kg의 선수는 운동 직후 70g의 탄수화물(280Kcal)을 섭취한 후 4시간 동안 시간당 70g을 추가로 섭취해야 한다.
매일 적당한 지속 시간의 저강도 훈련 프로그램 후 회복	일당 체중 1kg당 5~7g의 탄수화물	체중 70kg의 선수는 하루 동안 350~490g의 탄수화물(1,400~1,960Kcal)을 섭취해야 한다(이는 운동 직후 회복을 위해 소비되는 양을 포함한다).
매일 적당히 높은 강도의 훈련 프로그램 후 회복	일당 체중 1kg당 7~12g의 탄수화물	체중 70kg의 선수는 하루 동안 490~840g의 탄수화물(1,960~3,360Kcal)을 섭취해야 한다(이는 운동 직후 회복을 위해 소비되는 양을 포함한다).
매일 초고강도의 운동 프로그램(하루에 4시간 이상) 후 회복	일당 체중 1kg당 10~12g (혹은 그 이상)의 탄수화물	체중 70kg의 선수는 하루 동안 700~840g의 탄수화물(2,800~3,360Kcal)을 섭취해야 한다(이는 운동 직후 회복을 위해 소비되는 양을 포함한다).

에 8시간 이하로 휴식을 취하는 선수들은 첫 운동 후 즉시 고탄수화물이나 풍부한 영양소가 든 음식을 간식으로 섭취하여 가능한 식사 시간을 최적화해야 한다(운동 사이의 간격이 길면 적응력이 올라간다). 몇몇 운동선수 그룹의 탄수화물 소비에 대한 연구는 탄수화물 섭취량의 차이를 발견했다.

이러한 데이터는 운동선수가 일반적으로 체중 1kg당 탄수화물 5~10g 또는 20~40Kcal를 소비한다는 것을 나타내고 있다. 가상의 체중 70kg의 운동선수는 탄수화물로부터 1,400~2,800Kcal를 섭취하는데, 이것은 영양 섭취 기준인 520Kcal보다 훨씬 더 많은 탄수화물을 소비하고 있음을 나타낸다. 이것이 탄수화물에서 나오는 총 열량의 약 60%를 나타낸다고 가정하면, 이 선수는 하루에 총 2,300~4,700Kcal를 소비할 것이다. 같은 논리로, 미식축구팀의 체중 136kg의 라인맨은 탄수화물로부터 매일 2,700~5,400Kcal를 필요로 하는데, 탄수화물은 상대적으로 낮은 에너지 밀도(4Kcal/g)를 가지고 있기 때문에 섭취하기 어려운 양이다. 일반적으로 권장되는 탄수화물 섭취량은 운동 강도와 지속 시간에 기초하며, 지속 시간과 강도가 늘어날수록 더 많은 섭취량을 요구한다. 짧은 지속 시간과 낮은 강도의 운동을 하고 있는 운동선수들의 경우 저탄수화물 식단을 섭취하는 것이 가능하다고 해석되어서는 안 된다. 많은 증거로부터 훈련량과 상관없이, 모든 운동선수들이 일상적으로 상대적으로 탄수화물이 많은 식단을 일상적으로 섭취할 때 더 좋은 운동수행력을 낸다는 것은 명백하다. 경기력과 회복을 최적화하기 위해 선수들이 섭취해야 하는 탄수화물의 양은 표 1.6을 참조해라.

대부분의 탄수화물은 곡류, 콩류, 과일, 그리고 채소에서 나온다. 육류에는 눈에 띄는 양의 탄수화물은 존재하지 않고 우유와 치즈에는 소량의 탄수화물만이 들어 있다. 요거트와 아이스크림과 같은 많은 유제품들은 더 널리 받아들여지도록 만들기 위해 설탕이 첨가되어 있다.

혈당지수와 혈당부하지수

혈당지수는 섭취된 탄수화물이 얼마나 빨리 혈당으로 나타나는지를 수치로 나타낸 단위이다. 음식은 소화가 필요 없고 쉽게 흡수되기 때문에 혈액으로 빠르게 들어가는 포도당의 섭취와 비교된다. 혈당지수가 높을수록 음식에 대한 혈당반응이 커지며 혈당지수가 낮을수록 음식 섭취 시 혈당반응도 낮아진다. 포도당은 다른 음식의 비교 기준이 되는 혈당지수 100점을 가지고 있다. 식품은 동일한 칼로리에 기반하여 비교된다. 이는 논리적인 방법이지만, 약간 혼란스럽게 만들기도 한다. 예를 들어 당근은 높은 혈당지수(85 이상)를 가지고 있지만, 일반적으로 섭취되는 당근의 양은 매우 적기 때문에 혈액으로 흡수되는 당근의 총 포도당 열량 칼로리는 작을 것이다.

몇몇 식품은 의외로 혈당지수가 높은 반면에, 몇몇은 의외로 혈당지수가 낮다. 예를 들어 콘플레이크 시리얼은 혈당지수가 그래뉴당[65]보다 훨씬 높다.[84] 그러나 두 음식의 탄수화물 구성을 측정해 보면 이를 이해할 수 있다. 콘플레이크의 곡물은 주로 두 개의 포도당 분자로 이루어진 이당류 엿당으로 구성되어 있다. 반면 그래뉴당은 포도당 분자 하나와 과당 분자 하나로 구성된 자당이다. 과당은 간에 의해 포도당으로 전환되며, 이러한 추가적인 전환은 과당이 혈당으로 나타나는 속도를 늦춘다.

포도당의 양과 혈중으로 흡수되는 속도는 인슐린 생성량에 영향을 미칠 수 있기 때문에, 일반적으로 중~저혈당지수를 가진 탄수화물 식품을 섭취하는 것이 바람직하다(혈당지수 70 이상은 높은 것으로 간주되고, 56~69는 중간, 55 이하는 낮은 것으로 간주된다). 그러나 운동 도중이나 운동 직후처럼 고혈당 음식이 운동선수들에게 더 좋을 때가 있다. 탄수화물 식품과 그 혈당지수 및 혈당부하지수에 대한 예는 표 1.7을 참조해라.[118]

일반적으로 섬유소가 많은 탄수화물 음식은 혈당지수가 낮기 때문에 운동선수들에게 좋은 선택이다. 그러나 식이섬유는 가스와 팽창과 같은 불편함의 원인이 될 수 있어, 경기 직전이나 경기 중에 섭취하는 것은 좋은 선택이 아니다. 수용성 섬유질 음식은 문제를 덜 일으킬 수 있지만, 운동선수들은 어떤 음식이 가장 잘 용인되는지를 결정하기 위해 실험을 해야 한다. 운동선수들은 종종 파스타와 같이 섬유소 농도가 낮은 녹말성 탄수화물이 가장 부작용이 적고 운동선수들이 필요로 하는 많은 양의 탄수화물을 제공한다는 것을 발견한다. 가용성 및 불용성 섬유소가 많은 식품 목록은 표 1.8을 참조해라.

탄수화물 섭취량은 혈당 수치와 인슐린 반응에도 영향을 미친다. 식품의 혈당부하지수는 당지수에 탄수화물의 양(g)을 곱하고, 총량을 100으로 나누어서 계산한다. 식단의 혈당부하지수는 식단에서 소비되는 모든 음식의 혈당부하의 합을 나타낸다.

요약하자면, 혈당의 상승은 다음과 같은 여러 요인에 의해 영향을 받을 수 있다.[85, 86, 82]

- 섭취된 음식에서 복합 탄수화물의 비율. 복합 탄수화물은 단순 탄수화물보다 더 느리게 소화되어, 혈액의 시간당 단순 탄수화물 사용률을 적어지게 만든다.
- 지방과 단백질은 위가 탄수화물을 소화시키는 속도를 늦추는 효과가 있다. 이렇게 소장으로의 탄수화물 전달 속도가 느려지면 혈액으로 탄수화물이 흡수되는 속도가 감소한다.

표 1.7 일반적으로 소비되는 식품의 혈당지수 및 혈당부하지수(각 식품 범주 내에서 혈당부하량이 낮은 것에서 높은 것 순으로 작성됨)

식품	제공량	탄수화물량(g)	혈당지수	혈당부하지수
채소류/콩류				
삶은 당근	1/2컵	4	33	1
말린/삶은 렌틸콩	1컵	24	29	7
말린/삶은 강낭콩	1컵	29	28	8
구운 (백색) 감자	중간 크기 1개	30	82	25
구운 (적색) 감자	중간 크기 1개	30	111	33
곡물 식품				
통곡물 호밀빵	큰 조각	21	45	5
올브랜 시리얼	1컵	21	45	10
하얀 밀가루빵	큰 조각	14	71	10
도넛	중간 크기 1개	23	23	17
뻥튀기	3개	21	82	17
콘플레이크 시리얼	1컵	26	26	20
현미밥	1컵	42	50	20
삶은 스파게티면	1컵	40	58	25
팬케이크	15cm	58	67	39
과일류				
신선한 배	중간 크기 1개	11	38	4
신선한 오렌지	중간 크기 1개	11	42	5
신선한 사과	중간 크기 1개	15	39	6
신선한 수박	1컵	11	76	8
신선한 파인애플	1/2컵	19	58	11
신선한 바나나	조각 1컵	24	55	13
말린 대추	60g	40	62	25
견과류				
구운 땅콩	30g	6	18	1
구운 캐슈넛	30g	9	25	2
당류/감미료				
일반 정제 과립당	2작은술	10	63	6
캐나다산 단풍나무 시럽	1작은술	14	54	7
꿀	1작은술	17	58	10

혈당지수 설명: 55 이하 = 낮음, 56~69 = 중간, 70 이상 = 높음
혈당부하지수 설명: 10 이하 = 낮음, 11~19 = 중간, 20 이상 = 높음
나열된 식품들의 소화 가능한(즉, 섬유소가 함유되지 않은) 탄수화물 함량을 나타낸다.

출처: University of California, San Francisco (https://Diabetes.ucsf.edu); Linus Pauling Institute (https://lpi.oregonstate.edu/mic/food-beverages/glycemic-index-glycemic-load); University of Sydney (https://www.glycemicindex.com)

표 1.8 수용성 및 불용성 섬유소 함량이 높은 식품

좋은 수용성 섬유소 공급원	좋은 불용성 섬유소 공급원
감귤류 고구마 귀리 시리얼 당근 딸기 바나나 보리 쌀겨 오트밀 완두류 콩과 채소류	껍질 있는 과일과 채소 밀 시리얼 밀기울 방울 양배추 보리 비트 순무 쌀(백미 제외) 양배추 콜리플라워 통밀빵

- 섭취한 식품의 단당류 유형은 흡수 속도에 영향을 미칠 수 있다. 유리 포도당은 위 비우기를 지연시키는 반면, 칼로리로는 동등하지만 고른 포도당과 과당의 분포는 동일한 영향을 미치지 않는 것으로 알려져 있다. 또한 단당류 혼합물은 장내 수용체와 운반체에 대한 접근을 개선하여 보다 효율적인 흡수를 가능하게 한다.

탄수화물과 신체 활동

신체 활동은 에너지 소비율을 급격히 증가시키기 때문에, 운동선수들은 성공적인 운동수행력을 발휘하기 위해서는 필요한 에너지 공급 전략을 세워야 한다. 운동선수는 정상적인 조직 유지, 성

Q&A

운동선수는 탄수화물을 얼마나 섭취해야 할까?

권장 탄수화물 섭취량은 운동선수가 참여하는 활동 유형에 따라 달라지며, 가벼운 활동의 경우 하루 3~5g/kg에서 고강도 활동의 경우 하루 8~12g/kg 범위까지 다양하다. 이러한 관점에서 단백질의 최대 권장섭취량은 하루 2g/kg에 불과하다. 선수들은 글리코겐 저장량을 최적화하기 위해 탄수화물 섭취 시기를 고려해야 한다. 특히 운동 직후의 글리코겐 생성 효소는 소비된 탄수화물을 글리코겐으로 효율적으로 전환하는 역할을 한다. 운동 후 글리코겐 생성 효소의 증가를 이용하는 것은 중요한 회복 전략이며, 하루에 한 번 이상 운동하거나 연속적으로 훈련하는 선수들에게 특히 중요하다. 글리코겐 저장량이 많을수록 경기 종료 성능이 우수하기 때문에 경기 전에 글리코겐 저장을 최적화하는 것도 중요하다. 글리코겐 저장을 최대화하기 위해서는 경기 전 약 5일 동안 고강도 활동을 피하고 많은 양의 탄수화물 섭취(하루 약 10~12g/kg의 통곡물, 신선한 과일, 신선한 채소)를 유지해야 한다. 적절한 시기에 적절히 분배된 탄수화물의 섭취는 글리코겐 저장을 강화하지만 단백질과 지방의 섭취는 그렇지 않다는 것을 기억하는 것이 중요하다.

장, 조직 복구, 활동 자체의 에너지 요구량을 포함한 총 에너지 요구량을 지원하기 위해 충분한 에너지 섭취를 확보하는 것이 중요하다. 에너지 기질의 이상적인 분포에 대해 논의하는 것은 우선 총 열량 요구량을 충족하는 최적의 방법을 개념화하지 않고서는 불가능하다. 비록 이것이 논리적이고 단순한 행동처럼 보일지 모르지만, 사실상 모든 조사는 운동선수들이 그들의 필요량을 충족시킬 만큼의 에너지를 섭취하지 못한다는 것을 발견했다. 이는 페라리를 타고 160km를 여행할 계획으로 옥탄가스를 연료 탱크에 채웠지만 실제로는 128km까지 갈 만큼만 채운 것과 비슷하다. 연료의 높은 품질에도 불구하고 페라리는 목적지에 도착하지 못할 것이고, 이와 마찬가지로 연료 공급이 부족한 운동선수들도 최적의 경쟁력을 갖추기 위해 요구되는 것을 충족하는 데 어려움을 겪을 것이다. 일단 충분한 에너지를 얻기 위한 전략이 수립되면, 운동선수와 코치는 에너지를 탄수화물, 단백질, 지방의 최적의 배열로 분석하는 방법을 합리적으로 고려할 수 있다. 일반적으로 운동선수들은 운동에 필요한 에너지 요구량의 대부분을 충족시키고 운동 사이에 근육 글리코겐 저장량을 회복하기 위해 충분한 탄수화물을 섭취해야 한다는 것을 인정하고 있다.[18]

운동선수는 가능하면 복합 탄수화물(즉, 비당성 탄수화물)을 섭취해야 하지만, 운동 중이나 운동 직후에 간단한 탄수화물을 섭취할 수 있다. 다른 에너지 기질(단백질 및 지방)도 총 영양소 요구량을 충족시키기 위해 소비되어야 하지만 탄수화물은 주요 에너지원으로 남아 있어야 한다. 탄수화물의 칼로리 밀도가 상대적으로 낮기 때문에(지방에서 9Kcal/g에 비해 4Kcal/g에 불과하다) 운동선수들은 충분한 에너지와 탄수화물을 섭취하기 어렵다. 운동선수들은 건전하고 역동적으로 연결된 영양 계획이 없는 훈련은 자기 제한적이라는 것을 기억하는 것이 좋을 것이다.

탄수화물 요약

활동 중인 근육의 가용성을 최적화하기 위해 하루 동안 탄수화물을 섭취하는 타이밍은 중요하다. 잘 분배되고 더 복합적인 탄수화물 섭취는 또한 휴식 중에 섭취할 때 지방 저장을 피하는 데 도움이 될 것이다. 본질적으로, 운동선수들은 탄수화물의 사용과 섭취 사이에 역학적인 관계가 있다는 것을 고려해야 한다. 더 빠른 활용률을 위해서는 더 빠르고 빈번한 섭취 속도가 필요하다. 사실상 모든 스포츠 활동에서, 활동 중인 세포에 탄수화물을 공급하지 못하는 것이 운동을 중단하게 되는 주요 요인이다.

권장 사항의 요약은 다음과 같다.[87, 82]

- 가벼운 활동을 하는 선수는 하루에 3~5g/kg의 탄수화물을 필요로 한다.
- 하루 약 1시간의 운동으로 중강도의 활동을 하는 선수는 하루에 5~7g/kg의 탄수화물을 필요로 한다.
- 하루 1시간에서 3시간 동안 중강도에서 고강도 활동을 하는 선수는 하루에 6~10g/kg의 탄수화물을 필요로 한다.
- 하루 4시간 이상 중강도에서 고강도 활동을 하는 선수는 하루에 8~12g/kg을 필요로 한다.
- 모든 운동선수에게는 일반적인 탄수화물 섭취와 경기 전후의 섭취를 포함하는 연료 공급

전략이 있어야 한다.

- 장기간의 경기(90분 이상) 동안 글리코겐 저장을 최적화하기 위한 탄수화물 부하를 고려해야 하며, 일반적으로 경기 전 며칠 동안 하루에 10~12g/kg의 탄수화물을 수반한다.
- 경기 전(운동 전 약 1~2시간) 섭취는 저섬유소 탄수화물에 중점을 두고 1kg당 1~4g의 탄수화물을 제공해야 한다.
- 운동 중 최대 2시간 30분까지 활동을 위한 탄수화물은 시간당 30~60g을 공급해야 한다.
- 운동 중 2시간 30분 이상의 활동에 대한 탄수화물은 일반적으로 전해질이 포함된 6~7%의 탄수화물 용액을 잘 녹인 유체를 통해 시간당 최대 90g까지 전달되어야 한다.
- 하루에 두 번 운동을 하는 운동선수는 첫 번째 운동이 끝난 직후 적절한 탄수화물 섭취를 보장하여 첫 번째 운동 세션으로부터 더 나은 회복을 가능하게 할 것이다. 첫 번째 운동 세션 후 처음 4시간 동안 1~1.2g/kg/hr, 그리고 상대적으로 낮은 탄수화물을 유지하면서 일반적인 식음료 섭취를 재개한다.

지방

탄수화물과 단백질이 1g당 4Kcal인 데 비해서 지방은 1g당 9Kcal를 제공하는 고농축 에너지원이다. 따라서 적은 양의 지방은 칼로리 공급을 증가시키고 적절한 총 열량 섭취를 보장하는 데 큰 도움이 된다. 저탄수화물, 고지방 섭취(즉, 지방으로 총 열량의 60% 섭취)의 이점을 주장하는 문헌이 있지만, 과도한 식이 지방이 경기력을 향상시킨다는 증거는 적다.[88] 이러한 유형의 식단에서 생성되는 케톤을 수용할 수 있는 운동선수의 능력은 다소 향상될 수도 있지만 적당히 잘 훈련된 자전거 선수 및 체조 선수를 포함한 다양한 운동선수들에 관한 연구는 이러한 유형의 케톤성 식단에서 운동수행력의 이점을 발견하지 못했다.[89~92]

총 지방 섭취에 대한 성인 AMDR은 총 열량의 20~35%이며, 총 열량의 25% 이상의 지방 섭취가 일반적으로 운동선수들에게 더 낫다는 과학적 정보는 없다. 그러나 크로스컨트리 스키 선수와 같이 엄청난 에너지 소비 때문에, 또는 미식축구 라인맨과 스모 선수처럼 더 높은 체중을 유지해야 해야 하는 경우에는 더 많은 지방 섭취량(AMDR 한계 35%까지, 때로는 그 이상)이 에너지 요구를 충족시키는 데 유용할 수 있다.[89] 총 열량 중 35% 미만을 지방으로 섭취하는 미국인은 거의 없기 때문에, 지방을 덜 섭취하는 것은 쉽지 않으며, 사용된 지방을 대체하기 위해 다른 기질(주로 복합 탄수화물)로부터 충분한 에너지를 공급하기 위한 조치가 취해지지 않는다면, 운동선수들은 그 자체로 해로운 에너지 결핍에 놓일 수 있으며, 이는 운동수행력에 해로운 영향을 준다. 따라서 지방 섭취를 줄이는 것이 에너지 요구를 충족시키기 위해 더 많은 탄수화물을 섭취할 수 있기 때문에 유용할 수 있지만, 지방 섭취를 줄이는 경우 충분한 총 에너지를 제공하기 위해 의식적인 노력을 기울여야 한다. 지방은 단백질이나 탄수화물보다 칼로리가 2배 이상 높기 때문에 줄어든 지방의 격차를 보충하기 위해 음식의 2배 이상을 섭취해야 한다.

지방은 혈장의 유리 지방산, 근육 세포의 중성지방, 저장된 지방을 포함한 다양한 형태로 에너지를 제공한다. 그러나 식이 지방은 단순한 에너지 이상의 것을 제공한다. 또한 지방은 필수 지방산(리놀레산과 α-리놀렌산)을 제공하고 지용성 비타민 A, D, E, K를 공급한다. 생선, 씨앗, 그리고 견과류를 포함한 특정 음식들은 EPA와 DHA를 포함한 중요한 오메가-3 항염증성 지방산을 제공한다. 식이 지방은 포만감을 강화하고 총 열량 수요를 충족시키는 데도 도움이 된다. 그러므로 운동선수들은 탄수화물과 단백질을 위한 더 많은 공간을 위해 식단에서 단순하게 지방을 제거해서는 안 된다. 오히려 운동선수들은 적절한 시기에 적절한 종류의 지방을 먹는 방법을 배워야 한다.[82] 중요한 것은, 컨디션이 좋은 운동선수들은 지방 대사를 변형시켜 더 효율적으로 지방을 연소시킨다는 것이다.[93] 마른 운동선수들조차 충분한 지방 에너지 저장소를 가지고 있지만 탄수화물 저장소는 제한되어 있기 때문에, 세포들이 더 많은 지방을 연소시키는 방법을 '배우도록' 하는 것은 운동선수들이 건강을 유지하고 건강을 유지하기 위함이다. 그럼에도 불구하고 탄수화물은 지방보다 산소당 더 많은 ATP를 생산하기 때문에, 시간당 더 많은 ATP가 요구되는 고강도 활동으로 인해 점점 더 중요한 에너지원이 된다. 따라서 운동선수(특히 지구력 운동선수)가 일반적으로 경험하는 유산소 신진대사의 개선에도 불구하고, 최적의 운동수행력을 달성하기 위해 탄수화물의 중요성을 간과해서는 안 된다.

콜레스테롤, 기름, 버터, 마가린은 모두 지방이나 지질이지만 각각 조금씩 다른 특성을 가지고 있다. 여러 지질의 한 가지 공통적인 특성은 그것들이 유기 용매에는 용해되지만 물에는 용해되지 않는다는 것이다(이탈리아 드레싱을 섞어 본 사람은 누구나 이것이 사실이라는 것을 안다. 드레싱의 기름은 결국 병을 아무리 세게 흔들어도 위로 올라간다). 지방이라는 용어는 보통 상온에서 고체인 지질

Q&A

지방은 피해야 하는 것인가?

앞에서 설명한 바와 같이, 지방은 중요한 에너지 기질이기 때문에 운동선수들이 지방을 섭취하는 것을 피해서는 절대 안 된다. 하지만 운동선수들은 특히 포화 지방, 트랜스 지방산, 그리고 오메가-6 지방산으로 인한 염증의 가능성을 피하기 위해 너무 많은 지방을 섭취하는 것 또한 주의해야 한다. 케토제닉 다이어트(고지방, 고단백질, 저탄수화물)를 하는 운동선수들은 만성 탈수가 발생할 경우 신장이 손상될 위험이 높아지면서 경기력 향상의 이점을 경험하지 못할 수 있다. 일반적으로 건강한 지방(오메가-3 공급에 중점을 둔 단분자 포화지방과 고도 불포화 유지)으로 소비되는 총 열량의 약 25%를 구성하는 것이 권장된다. 극도로 높은 에너지가 필요한 운동선수들(예를 들어 자전거 선수, 장거리 크로스컨트리 스키 선수)은 지방에서 총 열량의 35%까지를 소비할 수 있다. 많은 운동선수들이 지방에서 총 열량의 35% 이상을 소비한다고 생각했을 때, 탄수화물과 단백질에서 나오는 에너지를 자연적으로 감소시키기 때문에 이는 염려스러운 일이다. 모든 영양소와 마찬가지로, 적당한 섭취를 위해 노력의 일환으로 다량의 1회 복용량을 제한하는 것은 지방 내성을 강화한다. 또한, 운동 전에 상대적으로 고지방 식사를 하는 것은 위 배출의 지연을 초래하여 운동 중 위장의 불편함과 부적절한 체액 섭취를 초래할 수 있다는 것을 고려해야 한다. (튀긴 음식, 기름진 고기, 지방 함량이 많은 소스는 적절한 지방 섭취에서 제외한다.)

에 적용되고, 기름이라는 용어는 상온에서 액체인 지질에 적용된다. 가장 일반적으로 소비되는 지질의 형태는 트라이글리세라이드(중성지방)로, 3개의 지방산과 1개의 글리세롤 분자(따라서 트라이글리세라이드라는 이름)로 구성되어 있다. 지질에는 수많은 형태가 있지만, 우리는 그것들을 음식으로부터 얻을 수 있고, 또한 다른 물질들로부터 탄소 단위를 결합함으로써 많은 종류의 지질을 만들 수 있다. 우리 몸의 거의 모든 세포는 콜레스테롤을 만드는 능력을 가지고 있는데, 이것이 바로 사람이 저콜레스테롤 다이어트를 할 때조차도 혈중 콜레스테롤 수치가 높을 수 있는 이유이다. 사실, 혈중 콜레스테롤은 콜레스테롤 섭취보다 지방 섭취와 더 밀접한 관련이 있다. 유형에 관계없이 섭취되는 지방이 많을수록, 그것을 소화시키고 흡수하기 위해서 생산되어야 하는 유화제가 더 많아진다. 이 유화제(간에서 생성돼 담낭에 저장된 후 소장으로 이동하는 담즙)의 50%는 콜레스테롤이고, 이 콜레스테롤은 섭취한 지방과 함께 흡수돼 우리 몸의 콜레스테롤 풀을 증가시킨다. 우리 몸은 콜레스테롤을 제조하는 능력 외에도 지질, 지방, 그리고 유류도 제조할 수 있다. 필수 지방산을 제외한 필요한 지질을 효과적으로 제조할 수 있는 우리 몸의 능력은 많은 양의 식이 지질을 섭취할 필요성을 줄여 준다. 우리 몸은 모든 에너지 기질로 지질을 만들어낼 수 있다. 그러나 지질을 합성하는 대사 경로는 일방통행이다. 탄수화물로 지질을 만드는 것은 지질로 탄수화물을 만드는 것보다 훨씬 더 직접적이고 강력한 대사 경로이다.

지방의 기능

충분한 에너지와 영양 섭취를 보장하기 위해서는 총 소비 칼로리의 20~35% 사이의 일정한 양의 지방이 필요하다. 지용성 비타민 A, D, E, K는 지방으로 감싸져서 공급되어야 한다. 또한 필수 지방산인 리놀레산(오메가-6 지방산)과 알파-리놀렌산(오메가-3 지방산)은 우리 몸이 스스로 합성할 수 없기 때문에 지방을 통해 섭취되어야 한다(주: 필수라는 용어는 영양소로서 조직 건강을 위해 필요하지만 우리 몸의 조직에 의해 제조될 수 없다는 것을 의미한다. 그러므로 그것들은 우리가 먹는 음식을 통해 소비하는 것이 필수적이다). 또한 오메가-3 지방산인 EPA와 DHA는 알파 리놀렌산을 통해 합성할 수 있지만, 우리 몸이 충분히 만들 수 있는 경우는 거의 없다는 것을 고려하는 것도 중요하다. 그러므로 이러한 지방산을 얻기 위해서는 냉수성 어류의 규칙적인 섭취를 포함한 다양한 음식의 충분한 섭취가 권장된다.[95, 96] 식사 중에 포만감을 주기 위해서는 약간의 식이 지방 또한 필요하며, 이제 그만 먹을 때라는 중요한 생리학적 신호를 만들어 낸다. 식이 지방은 탄수화물보다 위를 비우는 시간이 길어 포만감에 기여한다. 우리가 장기 주변과 피부 아래에 저장하는 지방은 또한 극한의 환경 온도로부터의 단열의 한 형태로서 중요하며, 충격을 완화시켜 줄 수 있는 층을 제공하는데, 이는 직접적인 타격으로 지방 조직이 손상될 수 있는 복싱과 축구 등의 스포츠에서 특히 중요하다. 물론, 지방은 음식의 맛 또한 좋게 만든다.

지질의 구조

지질은 탄소 사슬에서 이중 결합의 수를 나타내는 용어인 포화도가 다르다. 이중 결합이 없는 지방산은 포화 상태이고, 이중 결합이 한 개인 지방산은 단일불포화 상태이며, 이중 결합이 한 개 이상인 지방산은 다불포화 상태이다. 단일 결합은 이중 결합보다 강하고 화학적인 반응이 덜하므로 이중 결합의 수가 많을수록 지방산이 화학 반응을 일으킬 기회가 커진다. 이중 결합의 수가 인간 영양의 중요한 요소인 것은 차등 반응 능력 때문이다. 포화지방산은 동물성 지방(쇠고기 지방, 돼지고기 지방, 양고기 지방 등), 야자수 기름(야자수 열매), 코코넛 오일(코코넛 야자수 씨앗)에 널리 분포되어 있다. 단일불포화지방은 올리브유와 카놀라유에 가장 많지만 동물성 지방에도 존재한다. 다불포화지방은(단일불포화 75% 이상의 올리브유를 제외한) 식물성 기름에 가장 많다.

건강상의 위험을 줄이기 위해, 포화지방산보다 다불포화지방산과 단일불포화지방산을 더 많이 섭취하는 것이 바람직하다. 포화지방은 높은 콜레스테롤 수치와 연관이 있다. 포화지방은 소화를 위해 더 많은 담즙을 요구하고 콜레스테롤이 높은 동물성 지방에서 주로 나오기 때문에 가능하면 섭취를 최소화해야 한다. 이것은 동물성 지방, 초콜릿, 튀긴 음식, 그리고 고지방 유제품의 소비를 줄임으로써 가장 쉽게 달성된다. 많은 양의 지방을 섭취하면서 지방의 원천을 바꾸는 것은 건강에 바람직한 영향을 미치지 않는다. 코코넛 오일이 건강에 이로운지에 대해서는 논란이 있지만, 코코넛 오일을 과다하게 섭취해서는 안 된다는 공감대가 높아지고 있다.[97] 대다수의 운동선수를 포함한 대부분의 사람들은 지방의 총 섭취를 줄이는 것이 좋으며, 소비되는 지방 중 단불포화 지방산과 다불포화 지방산의 비율이 더 높다. 이는 대부분의 튀긴 음식, 고지방 유제품, 동물성 지방, 가공육의 섭취를 제한하고 더 많은 신선한 과일, 신선한 채소, 그리고 통곡물 시리얼을 섭취함으로써 가장 쉽게 달성된다.

트라이글리세라이드(중성지방)

식단에는 왁스, 스테롤, 모노글리세리드, 디글리세리드, 트라이글리세라이드, 인지질, 그리고 지용성 비타민을 포함한 다양한 종류의 지방이 있다. 그러나 소비되는 지질의 대부분은 3개의 지방산과 1개의 글리세롤 분자를 포함하는 트라이글리세라이드이다. 지방은 과도한 에너지가 섭취될 때 우리가 제조하는 트라이글리세라이드의 형태로 저장된다. 우리는 트라이글리세라이드를 지방 조직(지방 세포 그룹)과 근육 세포안(근육 내 트라이글리세라이드)에 저장하는데, 두 가지 모두 필요할 때 에너지원으로 사용할 수 있지만 근육 내 트리글리세라이드는 지방 조직 내의 것과 비교했을 때 즉시 사용할 수 있다. 지방이 에너지원으로 연소되면 저장된 트라이글리세라이드는 저장소에서 제거되고, 각 분자는 구성 성분인 지방산과 글리세롤 분자로 분해된다. 그런 다음 각 지방산은 한 번에 두 개의 탄소 단위인 알파와 베타로 분해되어 ATP를 생성하기 위해 세포 용해로(미토콘드리아)에 빠져 열을 형성하고 근육 작업을 위한 에너지를 제공한다. 이러한 과정은 완전한 산화를 위해 약간의 탄수화물 외에도 지방을 태워야 할 필요가 있는데, 이 또한 산소를 필요로 하기 때문에 베타 산화 대사 경로라고 불린다.

유산소성 대사와 무산소성 대사가 모두 가능한 탄수화물과 달리, 지방산은 유산소성으로만 대사될 수 있다. 글리세롤은 지방보다는 탄수화물처럼 연소되는 독특한 특성을 가진 단순 지질이며 효과적인 보습제이기도 하다(참고: 일부 문헌에서는 글리세롤이 탄수화물처럼 대사되기 때문에 모노글

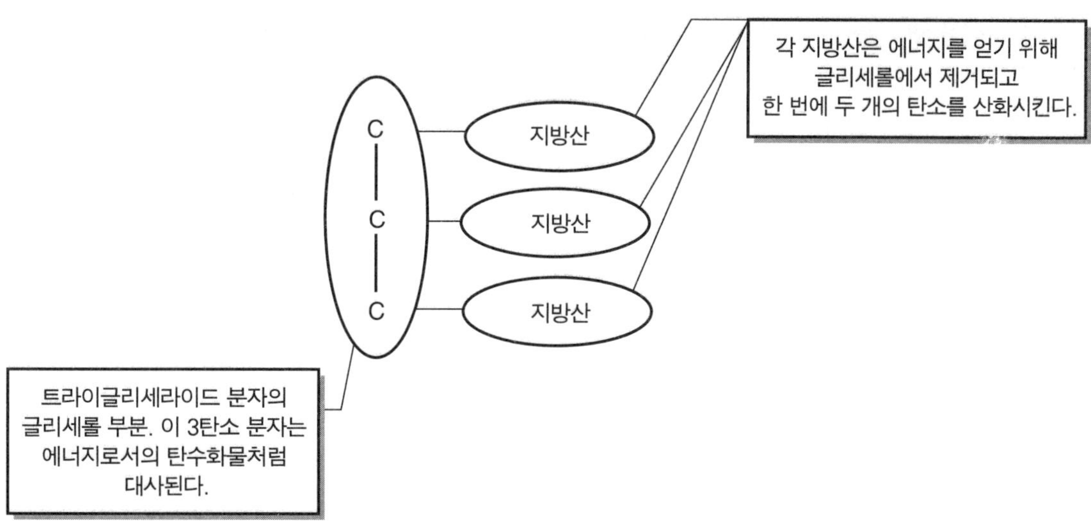

그림 1.4 트라이글리세라이드 구조

리세라이드, 디글리세라이드 및 트라이글리세라이드의 구성 요소에도 불구하고 글리세롤을 탄수화물로 지칭한다). 일부 장거리 선수들은 물에 글리세롤을 첨가하는 것이 물만 섭취했을 때보다 더 많은 수분을 유지하도록 돕는다는 것을 발견했다. 극도로 덥고 습한 환경에서는 수분 손실량이 선수의 보충액 용량보다 더 클 수 있으므로 과수화 상태에서 경기를 시작하는 것은 몇 가지 이점이 있다. 테니스와 트라이애슬론 경기 선수 연구는, 경기 전 물에다 글리세롤을 첨가한 경우, 높은 열에서 운동할 때 과수화현상을 보호했다고 보여준다.[22, 23] 글리세롤은 탄수화물로 대사되어 포도당으로 합성될 수 있고, 글리코겐으로 저장될 가능성이 있다는 사실은 글리세롤을 특히 가치 있게 만든다. 하지만 세계반도핑기구(WADA)는 글리세롤을 금지 목록에 올렸기 때문에, 기구에서 승인한 경기에서 경쟁하는 운동선수들은 글리세롤을 사용해서는 안 된다. 또한 과수화 상태는 적응이 필요한 정도의 불편함을 초래할 수 있다는 점에 유의해야 한다. 글리세롤이 함유된 액체를 섭취하는 운동선수들은 여분의 체내 수분을 머금고 있는 느낌을 '물주머니 같은 느낌', '무거운 느낌' 또는 '뻐근한 느낌'으로 종종 묘사한다.

필수 지방산

리놀레산(오메가-6)과 리놀렌산(오메가-3)은 필수 지방산이다. 모든 필수 영양소가 그렇듯이, 그것들은 신진대사 과정에 필수적이지만 우리는 그것들을 합성할 수 없기 때문에 그것들은 우리가 먹는 음식에서 섭취되어야 한다. 오메가-6 유형은 다불포화지방산이 탄소 사슬의 끝에서 이중 결합된 6개의 탄소를 가지고 있음을 의미한다. 오메가-3 유형은 이러한 지방산이 탄소 사슬의 끝에서 이중 결합된 3개의 탄소를 가지고 있음을 의미한다. 리놀레산은 지질막의 필수적인 부분이며 정상적인 피부 건강을 위해 필요하다. 리놀렌산은 신경 기능과 성장에 필수적이다. 오메가-6 지방산의 에너지 적정비율은 총 열량의 5~10%이고, 오메가-3 지방산의 경우 총 열량의 0.6~1.2%이다.[13] 두

지방산은 식물성 기름(예: 옥수수유, 홍화유, 카놀라유)과 지방이 많은 냉수성 어류의 기름에서 쉽게 얻을 수 있다. 운동수행력에 있어서 오메가-3 지방산의 잠재적인 이점에 관심이 기울여졌다. 잠재적인 이점은 다음과 같다.[22, 98, 99]

- 혈액 점도의 저하로 근육 및 기타 조직에 산소 및 영양분 공급 개선
- 세포에 공급되는 산소의 증가로 인한 유산소성 대사 개선
- 운동, 수면, 배고픔과 같은 정상적인 자극에 반응하는 소마토트로핀(성장호르몬)의 방출이 개선되어 동화작용을 일으키거나 운동 후 회복을 향상시킬 수 있음
- 근육 피로와 과로로 인한 염증 감소로 운동 후 회복을 향상시킬 수 있음
- 세포에 대한 산소 및 영양 공급을 개선하고, 혈관 확장 효과로 세포의 대사 부산물을 보다 효율적으로 제거할 수 있음

일반적으로, 오메가-3 지방산의 효과를 평가하는 연구는 내구력의 일관된 향상을 보여주지는 않는다.[27~29] 그러나 어유로 제조된 오메가-3 보충제가 엘리트 운동선수가 겪을 수 있는 운동 유발성 기관지수축(EIB)의 심각성을 줄이는 데 유용할 수 있다는 증거가 있다. 이러한 산소 공급의 향상은 유산소성 대사 과정을 강화하는데, 이는 운동 수행과 에너지 기질로서 지방을 효과적으로 연소시키는 능력 모두에 중요한 요소이다. 또한 이러한 기름들은 적혈구가 응집하는 능력을 감소시켜 혈전이 발생할 가능성을 감소시키는 것으로 나타났다. 이는 주요 심장 동맥 중 하나에 발생하는 응고 형성에 의해 가장 흔하게 발생하는 심장마비와 뇌졸중의 위험을 줄여 준다.

이러한 이점을 얻기 위해 총 지방 섭취의 증가가 바람직하거나 필요하다고 생각해서는 안 된다. 반대로 지방 섭취량이 많을수록 운동 능력이 저하된다. 그러나 운동선수들은 연어, 날개다랑어 참치, 대서양 청어, 그리고 다른 냉수성 어류를 식단에 포함시킴으로써 소비하는 지방의 종류를 바꾸는 것을 고려해 볼 수 있다. 일주일에 한 번 냉수성 어류를 섭취하는 것만으로도 심장마비와 뇌졸중의 위험을 상당히 줄이기에 충분하다.[11]

목표는 운동선수들이 하루에 평균 약 1~2g의 오메가-3 지방산을 섭취하게 하는 것이다. 오메가-6 지방산과 오메가-3 지방산의 이상적인 비율은 3 대 1이어야 한다. 대부분의 서양 식단은 오메가-6 지방산과 오메가-3 지방산의 비율이 종종 20 대 1이 나올 정도로 너무 높아서 심장병, 암, 그리고 비만의 위험을 증가시킬 수 있다.[98] 에너지 적정 비율에서 분명하게 드러나진 않지만, 오메가-3 지방산과 오메가-6 지방산의 비율을 개선하면 질병 위험을 줄일 수 있다는 것이 일반적으로 받아들여지고 있다.

오메가-6 지방산의 좋은 식품 공급원은 다음을 포함한다.

- 해바라기씨유
- 홍화유
- 옥수수유
- 참기름

- 대마유
- 호박씨 기름
- 콩기름
- 월넛 오일
- 밀 배아유

오메가-3 지방산은 고지방 냉수성 어류(EPA, DHA)와 특정 씨앗과 견과류로부터 얻을 수 있다. 오메가-3 지방산의 식품 공급원은 다음을 포함한다.

- 생선에서 나온 에이코사펜타엔산(EPA)
- 생선에서 나온 도코사헥사엔산(DHA)
- 씨앗과 견과류, 아마씨와 아마씨 기름, 콩 및 콩기름, 호두 및 브라질너트에서 나온 알파 리놀렌산(ALA),

지방 요구량

운동 관점에서, 지방 섭취량의 증가가 에너지 요구량을 충족시키는 유일한 합리적인 수단이 아니라면, 지방 섭취량의 증가가 경기력을 향상시킨다는 증거는 거의 없다. 성장, 운동, 그리고 조직 유지 등의 요구를 충족시키기 위해 매일 4,000Kcal 이상의 칼로리가 필요한 운동선수는 식이 지방의 적절한 증가가 필요하다. 지방은 탄수화물이나 단백질보다 더 농축된 형태의 에너지이기 때문에, 만약 음식에 더 많은 지방이 들어 있다면 더 적은 음식으로 더 많은 에너지를 소비할 수 있다. 운동선수가 지방을 완전히 제한하려고 한다면 필요한 에너지를 얻기 위해 충분한 시간 내에 충분한 음식을 섭취하는 것을 어렵게 만들기 때문에 훨씬 더 많은 양을 섭취해야 할 것이다. 이 경우 부적절한 에너지 섭취가 초래될 수 있으며, 이는 자체적인 부정적인 결과를 초래한다.

지질과 신체 활동

날씬하고 건강한 운동선수들조차 저장된 지질로 이루어진 상당한 에너지 풀을 가지고 있다. 지방 조직에 저장된 평균 열량은 50,000~100,000Kcal 사이로, 이론적으로 800~1,600km를 연료 보급 없이 걷거나 달릴 수 있는 충분한 에너지이다[100](1.6km를 걷거나 달리는 데 드는 일반적인 에너지 비용은 약 100Kcal이다). 덧붙여, 운동선수들은 약 2,000~3,000Kcal의 지질을 근육 조직 안에 저장한다. 이러한 트라이글리세라이드 지질은 산소와 산화효소 가용성의 적절한 조건하에서 연료로 이용 가능하다. 총 열량에서 최대 지방 산화는 최대 산소 소비량의 60~65%에서 발생하지만, 지방을 통한 에너지 이용의 상당한 비율은 최대 산소 소비량 수치보다 훨씬 더 높은 수치이다.

지방 조직에 저장된 트리글리세라이드는 글리세롤과 지방산의 성분 분자로 분해되어 혈장으로 운반된다. 글리세롤은 무산소성 또는 유산소성 에너지 대사를 위해 모든 조직에 이용 가능하며, 유리 지방산은 베타 산화 대사 과정을 통해 에너지를 제공하기 위해 산화되어 활동 중인 근육으로 운반된다. 글리세롤은 또한 작동하는 근육에서 에너지를 얻기 위해 연소되거나 다른 조직의 에너지원으로 혈장으로 운반될 수 있다. 글리세롤은 간에서 당으로 전환해 혈당 유지에 도움을 줄 수 있다는 점에서 독특한 단순 지질이다. 사실, 글리세롤은 탄수화물처럼 대사되는 유일한 지질이다.

운동 강도가 낮을수록 에너지 수요를 충족시키기 위해 연소되는 지방의 비율이 커진다. 운동 강도가 높아질수록 지방 소모량은 감소하고 탄수화물 연소 비율은 증가한다. 이 기본적인 현상이 많은 사람들이 지방을 연소시키고 체지방 수치를 낮추기 위해 저강도 활동을 하는 이유를 설명한다. 그러나 연소되는 지방의 비율은 신체 활동의 강도가 다를 때 연소되는 지방의 총 부피와 혼동해서는 안 된다. 운동 강도가 높아짐에 따라 시간 단위당 소모되는 칼로리의 총량 또한 증가한다. 고강도 활동에서는 총 열량 요구를 만족시키기 위해 지방 소모량이 감소할 수 있지만, 총 열량 요구량이 더 높기 때문에 연소된 지방의 총 부피는 더 커진다. 이 신진대사의 현상에서 얻을 수 있는 교훈은 체지방을 낮추는 데 관심이 있는 운동선수들은 연소된 지방의 총량을 최적화하기 위해 운동 시간 동안 최대 산소 소비량의 최소 62%까지 운동을 해야 한다는 것이다. 낮은 강도로 운동을 하면 더 많은 비율이 연소되지만 적은 양의 지방이 연소된다. 매주 여러 차례 고강도 운동을 비교적 짧은 시간(약 4~5분)만 해도 혈압을 낮추고 혈당을 정상화하는 동시에 최대 산소 소비량을 개선하는 효과가 있다는 흥미로운 연구들이 있다.[101] 실용적인 관점에서, 이는 4분 동안 최대 심박수의 90%로 운동할 것을 요구한다(약 4분 동안 멈추지 않고 가능한 한 빨리 달린다고 상상해 보자). 중요한 것은, 산소 공급량이 높을수록 산소 공급이 개선되어 더 나은 지방 대사가 가능해져 탄수화물(저장량이 제한적)의 상대적 필요성이 줄어든다는 점이다. 이것은 거의 모든 강도의 운동에서 지구력을 향상시킬 수 있다.

요약하자면, 신체 활동을 할 때 지방 대사에 영향을 미치는 요인은 다음과 같다.[101~105]

- 근섬유의 트라이글리세리드 가용성(Type 2a 중간속근섬유와 Type 2b 속근섬유보다 Type 1 지근섬유가 상대적으로 더 높다)
- 저장소(지방 조직)에서 활동 중인 근육으로 지방을 이동시키는 선수의 능력. 혈액 단백질 알부민이 저장소에서 작동 근육으로 전달되는 주요 지질 전달체이기 때문에 좋은 단백질 상태를 필요로 한다.
- 글리코겐 저장량이 높으면 케톤을 생성하지 않고 지방을 대사하는 능력이 향상되어 지방 대사가 더 오래 지속된다. 낮은 글리코겐 저장량은 효율적인 지방 대사를 감소시키고 지방으로부터 나오는 총 에너지를 감소시킨다.
- 잘 조절된 운동선수는 세포당 더 많은 미토콘드리아를 가지고 있으며, 각 미토콘드리아에는 더 많은 산화효소가 있다. 이는 에너지 요구량을 충족시키기 위해 더 좋고 더 많은 지방 대사를 가능하게 한다.
- 운동 후에는 글리코겐 합성효소(탄수화물로부터 저장된 글리코겐을 재구성시키는 효소)가 상승한다. 이 효소는 운동 후 섭취 가능한 탄수화물의 높은 비율을 포착하여 상대적으로 더 높

은 지방 대사를 야기한다.

- 고강도 활동은 지방의 비율을 낮추고 탄수화물의 대사 비율을 높인다. 다만 앞서 지적했듯이 지방을 태우는 비율이 지방을 태우는 양과 같지 않다는 점을 기억해야 한다. 지방을 태우는 비율과 지방을 태우는 양 둘 다 고려되어야 한다. 또한 만성 고강도 활동의 조절 효과는 고강도 활동을 하는 동안 더 나은 지방 대사를 가능하게 하는 세포 적응을 야기한다.

운동선수의 훈련과 지방 대사

규칙적인 훈련을 통해 지구력을 향상시키면 세포 내부의 미토콘드리아(및 관련된 산화 효소)의 크기와 수가 증가하는데, 이는 운동선수가 신체 활동 중에 더 많은 양의 지방을 사용하는 능력을 증가시킨다. 운동선수들이 탄수화물 칼로리보다 훨씬 더 많은 지방의 Kcal를 저장하기 때문에, 지방을 사용하는 능력을 증가하면 탄수화물 의존도가 비례적으로 감소해 지구력이 증가한다. 간단히 말해서, 만약 여러분이 더 높은 운동 강도에서 더 많은 양의 지방을 태울 수 있다면, 여러분은 지구력을 향상시키기 위해 탄수화물 저장을 더 오래 지속시킬 수 있다.

다만 운동 중 탄수화물(혈당, 간, 근육 글리코겐)이 필요 없을 정도로 지방산화가 개선될 수 없다는 점은 눈여겨볼 필요가 있다. 또한 에너지를 위해 지방을 대사하는 더 큰 능력은 운동선수가 지방의 비례적인 섭취를 극적으로 증가시키도록 동기를 부여해서는 안 된다. 식지방을 많이 섭취하여 단백질과 탄수화물 섭취가 줄어 선수가 신체 활동량과 규칙성을 줄이는 경우 동맥경화성 심장질환의 명백한 미래 위험인자가 될 수 있다. 지방 섭취 증가와 결합된 단기 탄수화물 제한의 성능 영향에 대한 엇갈린 연구 결과가 있다. 선수가 경기력, 신체 조성 및 건강 결과에 대해 주의 깊게 관찰되지 않는 한 에너지 기질의 극단적인 섭취(지방으로부터 총 열량의 60% 이상 또는 탄수화물로부터 칼로리의 50% 이하)를 피하는 것이 가장 논리적인 접근법으로 보인다.[106, 107] 탄수화물을 제한하는 극도의 고지방 식단이 경기력에 이롭다는 주장은 강력한 과학적 근거를 가지고 있지 않다.[82]

중쇄지방산류(MCT)

중쇄지방산 또는 MCT(6~12개의 탄소 원자로 구성된 지방산 사슬을 가진 트리글리세라이드)가 운동선수들에게 유익한 특성을 가지고 있다는 상반된 증거가 존재한다. MCT 오일은 섭취하자마자 바로 흡수되어 지방산과 글리세롤로 빠르게 분리된다. 에너지를 얻기 위해 쉽고 빠르게 산화되며 지방 대사보다는 탄수화물 대사의 효과를 모방하는 것으로 보인다. 또한 저장고로부터 지방의 이동을 증가시켜 에너지로 연소되고, 에너지가 연소되는 속도(즉, 더 높은 에너지 대사)를 증가시킬 수 있다는 증거가 있다.[33~35] 그러나 MCT 오일 소비의 잠재적 이점을 평가할 때의 연구 결과는 엇갈린다. 탄수화물 대 탄수화물을 첨가한 MCT 오일이 사이클링의 타임 트라이얼 수행능력에 미치는 상대적 영향을 평가한 연구에서 탄수화물은 100km 거리에 대한 성과를 향상시켰지만 MCT 오일의 첨가는 그렇지 못했다. 그러나 또 다른 연구에 의하면 MCT 오일 소비 타이밍은 지구력에 중요한 요소이다. 타임 트라이얼 전에 3.44%의 MCT 오일 용액 400mL와 타임 트라이얼 동안 10%의 포도당 용액을 섭취한 것은 타임 트라이얼 거리에 대한 운동수행력 향상과 관련이 있었다. 연구에서 관찰된 이러한 운동수행력 향상에 글리코겐에 대한 의존도 감소와 지방(MCT 오일)에 대한 의존도 증가의 영향이 있다는 결론을 내렸다. 이와 대조적으로, 규칙적인 MCT 오일 소비에 대한 연구에서는 잘 훈련된 남성 달리기 선수들의 지구력을 향상시키거나 에너지 신진대사를 변화시키지 않았다. 또한 중요한 것은, MCT 오일 보충제가 혈중 지질 농도를 나쁘게 변화시킬 수 있다는 일부 증거가 있기 때문에 심장 질환의 가족력이 있는 운동선수들은 이를 신중하게 고려해야 한다.

MCT 오일의 섭취는 바람직한 신체 조성을 유지하는 데 어려움을 겪는 선수들에게 이점을 제공할 수 있다. 45~90Kcal(5~10g)의 MCT 오일을 섭취하는 건강한 사람들은 긴 사슬 지방산(식품에서 발견되는 가장 일반적인 형태의 지방)을 섭취한 후보다 더 큰 다이어트 유도 열 발생(즉, 에너지 소비)을 경험하며, 이러한 높은 열 생성은 체중 감량을 자극할 수 있다.[41, 42]

비록 어떤 식품에도 농축된 양이 존재하지 않지만 MCT 오일은 많은 가게에서 구할 수 있으며, 포화 상태이기 때문에 안정적이고 유통기한이 길다. 충분한 총 열량을 소비하는 것이 어렵다고 생각하는 운동선수들에게 MCT 오일을 2~3작은술(30~45mL) 섭취하는 것이 도움이 될 수 있다.

MCT 오일은 잠재적으로 유용하지만 몇 가지 본질적인 한계가 있다. 운동선수는 설사를 포함한 위장병 발생 위험을 제한하기 위해 MCT 오일의 1회 섭취량이 270Kcal(30g)를 초과해서는 안 되며, 최소한 하루 복용량을 3회로 나누어야 하고, 1kg당 일일 섭취량이 1.5g을 초과해서는 안 된다.

트랜스 지방산

일반적으로 트랜스 지방이라고 불리는 트랜스 지방산은 지방이 부분적으로 수소화될 때(즉, 기름을 굳히기 위해 수소를 첨가할 때) 생산된다. 수소화는 기름으로 마가린을 만들거나 유제품으로 버터를 만들 때 사용하는 과정이다. 수소 원자가 지방산의 이중 결합에 더해질 때, 두 개의 수소 원자가 분자의 같은 쪽에 붙은 'cis' 형태가 되거나, 탄소 원자의 반대쪽에 수소 원자가 붙은 '트랜스' 형태가 된다. 트랜스 지방산은 극도로 염증을 일으키며 심장병으로 인한 사망의 위험을 극적으로 증가시키는 것으로 알려져 있다.[108]

흔히 섭취하는 음식 중 식물성 기름으로 만든 스틱 마가린이 트랜스지방산 함량이 가장 높고, 통 마가린과 버터가 그 뒤를 잇는다. 자연 상태의 비수소 지방과 기름에는 트랜스 지방산이 없다. 운동선수들은 이미 조직에 염증을 일으킬 가능성이 있는 활동에 참여하고 있기 때문에 염증을 잠재적으로 더할 수 있는 어떤 것도 먹어서는 안 되며, 모든 원인의 사망률을 증가시킬 수 있는 방식으로 음식을 먹어서도 안 된다. 그러므로 수소화 기름으로 구성되거나 함유된 음식은 피해야 한다. 트랜스 지방은 FDA가 섭취를 줄이기 위한 여러 가지 조치를 취했을 정도로 충분히 질병을 유발한다. 이러한 조치들은 2018년 6월 현재 포장 식품에서의 사용을 금지하는 것을 포함한다. 게다가, 많은 지역사회들은 이미 식당과 식료품점에서의 판매를 금지했다.

단백질

많은 운동선수들은 단백질을 성공의 열쇠로 생각한다. 단백질 보충제를 섭취하지 않는 운동선수들(특히 고강도 운동선수)을 찾는 것은 어렵고, 대부분의 운동선수들은 그들의 성공이 실질적으로 여분의 단백질에서 기인한다고 확신하고 있다. 사실, 대부분의 운동선수들은 그들이 필요로 하는 것보다 더 많은 단백질을 섭취하고 그렇게 함으로써 성공을 달성하는 데 필수적인 다른 필수 영양소의 섭취를 제한할 수 있다. 유청단백질 등 생물학적 가치가 높은 것으로 알려진 특정 단백질에도 과도한 집중이 있는 것으로 보인다. 그러나 유청단백질에 널리 퍼져 있는 아미노산인 류신의 과다 섭취는 실제로 기대 이익을 감소시킬 수 있다(더 자세한 것은 이 장의 뒷부분에서). 몇 개에만 집중하기보다는 필수 아미노산이 많이 분포되어 있는 음식을 섭취하는 것이 가장 좋다. 게다가 하루 동안의 단백질 섭취 패턴이, 섭취된 단백질이 얼마나 성공적으로 동화적으로 사용될 수 있는지에 대한 중요한 요인이 될 수 있다는 증거가 늘어나고 있다. 그럼에도 불구하고, 소수의 선수들만이 일일 섭취 패턴을 중요한 요소로 생각한다. 간단히 말해서, 단백질을 포함한 영양소를 너무 많이 섭취하는 것은 똑같이 중요할 수도 있는 다른 영양소를 덜 섭취하게 되는 것으로 해석된다. 영양소를 한 번에 너무 많이 섭취하는 것은 영양소의 활용을 최적화하는 데 실패하게 만든다. 중요한 것은, 하루에 2g/kg 이상의 단백질을 섭취하는 것이 경기력을 향상시킨다는 명확한 근거는 없으며, 오히려 골밀도를 낮추고 탈수를 일으킬 수도 있다. 단백질에 관해서 '과분함이 충분한 것보다 낫다'는 생각이 널리 퍼져 있지만, 현실은 '충분하면 충분하다.'

지구력 운동선수들은 파워 운동선수보다 더 날씬하고 덜 근육질처럼 보이지만, 실제로는 파워 운동선수들과 거의 동등한 단백질 요구량을 가지고 있다. 일부 연구들은 지구력 운동선수들이 정상적인 지구력 활동의 일부로서 에너지 요구량을 충족시키는 것을 돕기 위해 적은 양의 단백질을 대사하기 때문에, 지구력 운동선수들이 파워 운동선수들보다 훨씬 더 높은 단백질 요구량을 가지고 있다고 제시한다.[45, 46] 대조적으로, 파워 운동선수들은 일반적으로 그들이 필요로 하는 것보다 훨씬 더 많은 단백질을 섭취하고, 심지어 많은 선수들은 단백질 섭취를 더 늘리기 위해 단백질 파우더나 아미노산 보충제를 섭취한다. 고기 30g이 약 7,000mg의 양질의 아미노산을 제공하고 일반적인 아미노산 보충제가 500~1,000mg을 제공한다는 것을 고려하면, 많은 운동선수들이 따르는 단백질 섭취 전략 중 논리적인 것은 거의 없다. 게다가, 이 보충제들 중 많은 것들이 동등한 식품들보다 훨씬 더 비싸다.

단백질의 기능

섭취된 단백질은 아미노산으로 소화되는데, 이것은 신체에 의해 생성된 다른 아미노산과 결합하여 아미노산 풀을 구성한다(아미노산의 구조는 그림 1.5 참조). 조직은 필요한 특정 단백질(예: 근육, 머리카락, 손톱, 호르몬, 효소 등)을 합성하기 위해 이 풀에서 아미노산을 추출한다. 이 아미노산 저장고는 다른 연료(탄수화물과 지방)가 에너지 수요를 충족시키지 못할 경우 연소되어 에너지로 사용

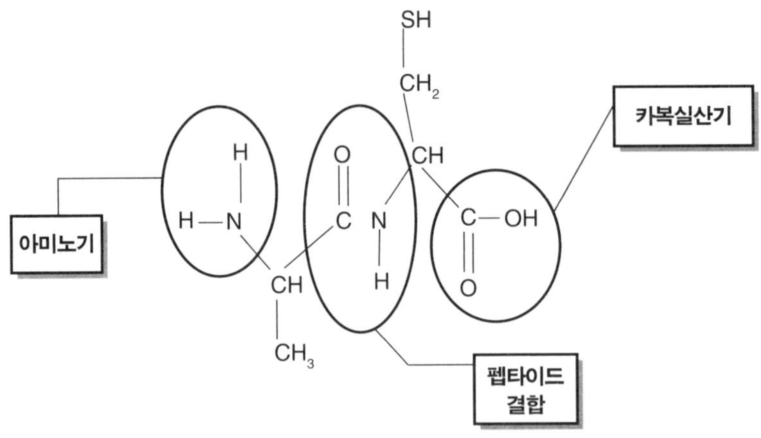

예: 알라닌의 화학적 구조(주: 두 개의 알라닌 분자는 간에서 포도당을 만들기 위해 제거된 질소와 포도당-알라닌 순환을 통해 결합될 수 있다. 새로운 포도당을 만드는 과정을 포도당신생합성이라고 한다.)

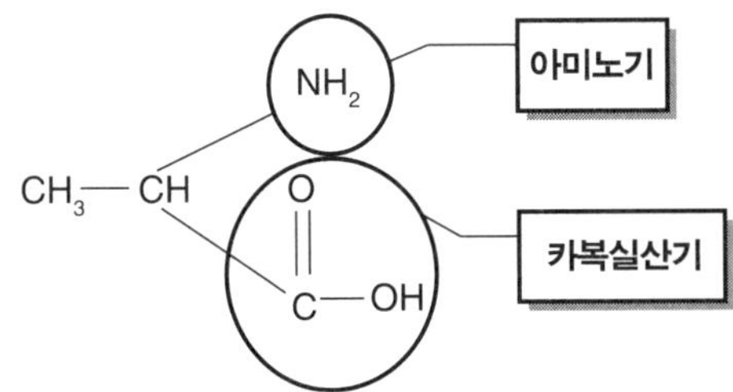

그림 1.5 아미노산의 일반적인 구조

표 1.9 아미노산과 단백질의 기능

	기능	형태
작동 중인 단백질	헤모글로빈과 효소 및 호르몬 생성, 정상적인 혈액 삼투압 유지, 항체 형성, 에너지원으로 사용	효소 항체 수송 단백질 호르몬
구조 단백질	세포 구조 구종, 조직의 발달과 복구 및 유지를 도움	근육, 힘줄, 인대 피부 뼈와 치아의 핵 머리카락과 손톱

할 수 있다. 하지만 에너지 요구를 만족시키기 위해 단백질을 사용하는 것은 가족의 보석을 태우는 것과 약간 비슷하다. 왜냐하면 단백질은 매우 많은 다른 필수적인 기능을 가지고 있기 때문이다(아미노산 및 단백질 기능에 대한 요약은 표 1.9 참조).

단백질의 주요 기능은 다음과 같다.

- 단백질은 에너지를 발생시키는 반응을 위한 탄소의 원천을 제공한다. 특정 아미노산은 포도당으로 전환되어 ATP를 제공하기 위해 대사될 수 있으며, 아미노산은 지방으로 저장될 수 있다.
- 단백질은 혈액과 신체 조직의 체액량 및 삼투압을 조절하는 데 중요한 화합물이다. 이 기능은 체내 물의 균형을 유지하는 주요 통제 요인이다.
- 단백질은 최적의 혈액 pH를 유지하기 위해 산과 알칼리 환경을 모두 완충할 수 있는 양향성(산이나 알칼리 역할을 둘 다 할 수 있는 능력을 가진 물질)이 있다.
- 단백질은 우리 몸에 필요한 화학적 최종 생성물을 생성하는 소화 및 기타 세포 과정에 관여하는 효소와 호르몬을 형성한다.
- 단백질은 장기(심장, 간, 췌장 등), 근육 및 뼈를 포함한 신체 조직의 중요한 구성 요소이다.
- 단백질은 '똑똑한' 운반체로 혈액 내 물질을 올바른 세포 내 수용 영역으로 이동시킨다. 예를 들어 트랜스페린은 철분을 운반하는 수송 단백질이다.
- 단백질은 신체 기능을 조절하는 특정 호르몬(예: 인슐린)과 신경공급물질(예: 세로토닌)로 합성된다.
- 단백질은 세균이나 바이러스 같은 이물질에 대한 보호기능이 있는 항체 생성에 필요하다. 이 면역 기능은 건강을 유지하는 데 매우 중요하다.

단백질 대사

단백질은 탄소, 수소, 산소, 질소, 그리고 몇몇 경우에는 황으로도 구성되어 있다. 단백질은 질소를 함유하는 유일한 영양소인데, 질소는 필수적이지만 독성이 있을 수 있다. 아미노산 구성 요소는 더 큰 단백질분자 구조를 구성한다. 이러한 아미노산 중 일부(비필수 아미노산)는 다른 아미노산으로부터 합성될 수 있는 반면, 일부(필수 아미노산)는 우리가 먹는 음식으로부터 얻어야 한다. 필수 아미노산과 비필수 아미노산에 대한 광범위한 혼란이 있는데, 그 이유는 비필수 아미노산이 존재하지만 실제로 필요하지 않다는 것을 암시하기 때문이다. 그러나 이는 사실과 완전히 동떨어져 있다. 필수 아미노산과 비필수 아미노산 둘 다 인간의 신진대사 과정에서 똑같이 중요하다.

개별 아미노산은 더 많은 단백질을 만들기 위해 결합한다. 아미노산의 염기서열과 단백질의 2차 및 3차 구조에 따라 단백질 기능이 결정된다. 식이 단백질이 섭취되면 그것은 폴리펩타이드로(작은 단백질 분자) 소화되고, 결국 개별 아미노산으로 소화된다. 아미노산은 혈액으로 흡수된 후 다른 조직으로 운반되어 우리 몸에 필요한 단백질로 생산된다. 조직은 아미노산을 통해 우리 몸에 필요한 단백질을 생산한다. 조직이 필요한 단백질을 생산할 수 있도록 하기 위해서는 필수 아미노산이 동시에 존재해야 한다. 건강해 보이는 모발과 손톱을 원한다면 모발과 손톱을 구성하는 1차 단백질(젤라틴)을 섭취해야 한다고 믿는 사람도 있다. 젤라틴은 필수 아미노산의 분포가 좋지 않은 저질 단백질이기 때문에 필요한 단백질의 최적의 단백질 합성을 장려하지 않을 것이다. 간단히 말해서, 머리카락과 손톱을 먹는 것은 머리카락과 손톱의 최적의 합성에 도움이 되지 않는다. 우리 몸에 필요한 단백질의 최적의 합성을 보장하는 가장 좋은 방법은 세포들이 필요한 모든 필수 아미노산을 적절한 비율로 그리고 동시에 세포들이 필요로 하는 것은 무엇이든 만들 수 있게 하는 것이다.

간은 단백질 합성을 위한 중앙 처리 장치로서 단백질의 요구를 지속적으로 모니터링하고 아미노산과 단백질을 합성하여 다양한 필요를 충족시킨다. 이러한 단백질 합성은 아미노기 전이 및 탈아미노화 반응을 통해 이루어진다. 아미노산 전이 과정에서는 한 아미노산의 질소가 다른 아미노산의 제조에 사용되고, 탈아미노화 과정에서는 아미노기가 아미노산에서 제거되어 암모니아로 전환된다(그림 1.6 참조). 남은 탄소 구조는 지방으로 재구성되어 저장되거나 포도당으로 전환되어 에너지원으로 사용된다. 일단 모든 단백질 요구가 충족되면 남아 있는 모든 아미노산은 탈아미노화한다. 탈아미노화 과정에서 발생하는 암모니아는 독성이 있지만 간의 효소는 암모니아를 요소로 전환시킨다. 요소는 소변으로 몸 밖으로 배설된다. 따라서 추가 단백질 섭취량이 많을수록 시스템에서 제거되어야 하는 암모니아(요소)의 생산량이 증가한다. 남아 있는 탈아미노화 탄소 사슬의 대부분은 일반적으로 지방으로 저장된다.

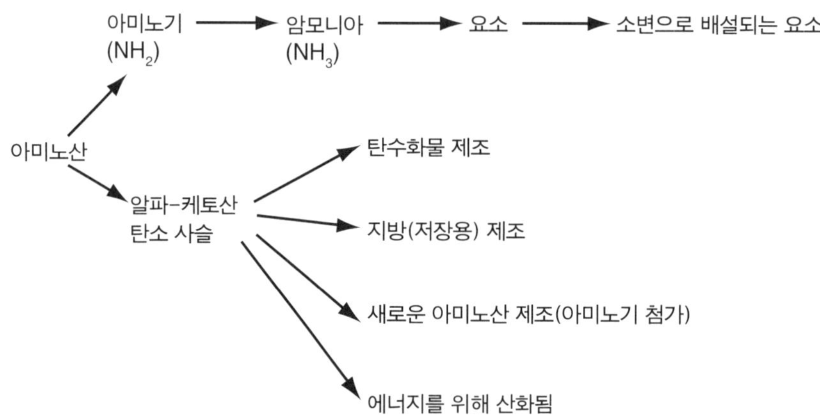

그림 1.6 탈아미노화와 남은 탄소 구조의 재구성

표 1.10 신경공급물질 생성 및 기능을 가진 아미노산

아미노산	생산물	기능
트립토판	세로토닌 멜라토닌	기분, 통증, 음식 섭취, 흥분 및 신경공급물질 세로토닌의 전구체
타이로신 페닐알라닌	도파민 노르에피네프린 에피네프린	운동 기능, 기분, 흥분, 주의력, 불안감
히스티딘	히스타민	음식 섭취, 흥분, 체온 조절
아르기닌	일산화질소	흥분, 불안, 기억. 아르기닌은 산소를 효율적으로 세포에 공급하는 혈관 확장제인 일산화질소를 만드는 데 사용된다.
트레오닌	글리신	운동 및 신경공급물질 기능. 글리신은 헤모글로빈(철분이 함유된, 적혈구의 산소 공급 성분)의 생산에도 필요하다.

몇몇 아미노산은 중추신경계에 특정한 영향을 미친다(표 1.10 참조). 일부 단일 아미노산은 이러한 특정한 효과를 목적으로 판매된다. 예를 들어 L-트립토판은 긴장을 풀어주거나 졸음을 유발하는 물질로 판매된다. 그러나 고용량의 단일 아미노산을 시스템에 주입하는 것의 위험은 충분히 크므로 의사의 세심한 감독하에 하지 않는 한 수행해서는 안 된다. 가장 좋은 전략은 음식에서만 가능한 한 가장 광범위한 필수 아미노산 배열을 공급해 개개인의 조직이 최적의 신체 기능에 필요한 아미노산을 합성할 수 있도록 하는 것이다.

단백질 품질

많은 양질의 단백질은 세포 단백질 합성을 돕는 분포된 모든 필수 아미노산(즉, 생물학적 가치가 높은 단백질)을 함유하고 있다. 단백질 품질을 결정하는 두 가지 일반적인 방법은 (1) 함유된 질소의 비율(질소의 비율이 클 수록 단백질 활용도가 높아진다)을 계산하는 것과 (2) 단백질과 계란 단백질(알부민)을 비교하는 것으로, 알부민은 필수 아미노산의 거의 완벽한 분포를 가진 것으로 알려져 있다. 또한 다른 종류의 음식을 조합하는 것이 단백질의 질에 영향을 미칠 수 있다는 것을 고려하는 것이 중요하다. 예를 들어 콩과와 곡물 알갱이는 필수 아미노산의 함량이 각각 낮다. 하지만 그것들은 함량은 낮지만 서로 다른 아미노산이 있기 때문에, 콩과 곡물을 한 끼 식사에 결합하는 것은 공급되는 단백질의 품질을 향상시킨다. 이러한 단백질 전략은 콩과 쌀, 또는 콩과 옥수수를 결합한 일반적인 음식들이 있는 많은 문화권에서 따라온다.

다음 식품 목록은 방법 1(질소 함량의 비율. 가장 적은 것부터)과 방법 2(식품 단백질이 계란 단백질과 비교되는 정도)를 사용하여 단백질 품질을 보여준다.

질소 함량의 비율

- 유청단백질: 96%
- 전지대두: 96%
- 계란: 94%
- 두유: 91%
- 우유: 90%
- 치즈: 84%
- 쌀: 83%
- 생선: 76%
- 소고기: 74.3%
- 두부: 64%
- 통밀가루: 64%
- 흰 밀가루: 41%

전란 대비 단백질 품질

- 유청단백질 농축액: 104
- 전란: 100
- 우유: 91
- 소고기: 80
- 카제인: 77
- 대두: 74
- 밀 글루텐: 64

단백질 요구량

단백질은 1g당 약 4Kcal를 생산하는 데, 이는 탄수화물과 같은 에너지 농도이다. 일반인에게 권장되는 단백질 섭취량은 총 열량의 12~15%이다. 따라서 어떤 사람이 하루에 2,000Kcal를 섭취하는 것과 240~300Kcal(60~75g)의 단백질을 섭취하는 것은 동등한 에너지량을 가지고 있다. 단백질 요구량을 예측하는 더 좋은 방법은 하루에 체질량 1kg당 필요한 단백질의 g을 기준으로 하는 것이다. 대부분의 운동선수가 아닌 사람들은 체중 1kg당 0.8g의 단백질로도 잘 지낸다. 이 지침에 따르면, 체중 75kg의 비운동선수는 하루에 60g의 단백질이 필요하다. 1kg당 기준으로 운동선수들은 일반적으로 체중 단위당 더 많은 제지방(즉, 하체 지방 비율)을 가지고 있고 조직 회복의 필요성이 더 크며, 신체 활동 중 연료의 공급원으로 연소되는 소량의 단백질 때문에 단백질 요구량이 더 높다. 따라서 운동선수의 단백질 요구량(약 1.5g/kg, 일반적인 요구량 범위는 1.2~2.0g/kg)의 약 2배로, 예를 들면 체중이 75kg의 운동선수의 경우에는 하루에 120g(480Kcal)의 단백질을 필요로 한다.[82] 일일 단백질 120g이 높은 것처럼 보일 수 있지만, 일일 총 칼로리 중 비교적 적은 부분을 차지하며, 미국인을 위한 식이요법 지침에 따라 쉽게 얻을 수 있다.[47] 이 지침은 영양소 요구가 주로 음식 섭취를 통해 충족될 수 있고 충족되어야 한다는 전제에 초점을 맞추고 있다. 그에 비해, 탄수화물의 평균 권장 섭취량은 1kg당 약 7.5g(30Kcal)이고, 1kg당 5~12g에 이르므로, 이 75kg의 운동선수는 탄수화물만으로 2,250Kcal를 섭취해야 한다. 일반적인 2,000Kcal 식사 계획의 단백질 함량은 표 1.11을 참조해라.

Q&A

운동선수가 섭취할 수 있는 최고의 단백질은 무엇인가?

단백질의 가장 좋은 생물학적 공급원 중 하나는 유청단백질인데, 이것은 필수 아미노산의 훌륭한 분포를 가지고 있고, 근육 단백질 합성을 촉진하고 근육 회복에 도움을 주는 것으로 알려진 아미노산 류신을 약간 상승시키기 때문이다. 최고의 단백질 공급원 중 하나가 유청단백질이다. 유청단백질은 필수 아미노산 분포가 우수하고 아미노산 류신을 높인다. 아미노산 류신은 근육 단백질 합성을 촉진하고 근육 회복에 도움을 주는 것으로 알려져 있다. 그러나 이러한 안정된 이점은 운동선수들이 과도한 양을 섭취하게 만들어 원하는 효과와는 정반대의 결과를 초래할 수 있다. 이러한 어려움을 피하기 위해 유청단백질 섭취량은 섭취 기회당 120Kcal(30g)를 초과하지 않아야 한다. 유청단백질의 원천인 초콜릿 우유 섭취가 운동 후 회복 음료로서 유익하다는 것을 보여주는 연구가 늘어나고 있다. 좋은 전해질 농도, 양질의 단백질, 탄수화물(당분), 초콜릿을 포함하는 초콜릿 우유는 운동 후에 유용한 여러 특성을 가지고 있다. 초콜릿은 혈관 확장제인 메틸잔틴을 함유하고 있어 세포의 영양분 공급을 강화하고 신진대사 부산물의 제거를 개선한다. 모든 단백질 소비와 마찬가지로, 섭취해야 할 단백질의 품질과 총량은 고려해야 할 문제 중 두 가지에 불과하다. 총량당 복용량, 섭취하는 다른 영양소와 음식 성분, 에너지 균형 상태 등을 고려하는 것도 최적의 효과를 얻기 위해 중요하다.

표 1.11 2,000Kcal 식사 계획의 단백질 함량

식품	양	칼로리	단백질(g)
오렌지 주스	240mL	112	1.7
구운 통곡물 빵	두꺼운 조각 2개	171	9.1
딸기잼	1큰술	56	0.1
삶은 계란(큰 것)	달걀 큰 것 1개	71	6.3
로스트비프 샌드위치:			
기름기 적은 로스트비프	60g	92	16.3
통곡물빵	보통 크기 조각 2개	138	7.3
마요네즈	1큰술	93	0.1
지방 1% 우유	240mL	103	8.2
사과	중간 크기 1개	95	0.5
채소 샐러드	3컵	66	5.2
랜치 드레싱	1작은술	73	0.2
초콜릿 칩 쿠키	30g(작은 것 3개)	120	1.5
스포츠 음료	480mL	127	0.0
껍질 벗긴 구운 닭가슴살	닭가슴살 1/2개	138	24.7
데친 브로콜리	중간 크기 줄기 1개	63	4.3
구운 감자	중간 크기 1개	160	4.3
프랑스 빵	큰 조각 1개	185	7.5
바닐라 아이스크림	1/2컵	137	2.3
합계		**2,000**	**99.6**

참고: 체중이 55kg인 운동선수는 체중 1kg당 약 1.5g의 단백질이 필요하다. kg에 1.5를 곱한다(55×1.5=82.5). 이 운동선수의 단백질 요구량은 82.5g(330Kcal)이다. 이 2,000Kcal 식사 계획은 99.6g의 단백질을 공급하는데, 이것은 이 선수가 필요로 하는 것보다 거의 17g 더 많은 양이다.

운동선수들은 여러 이유로 운동선수가 아닌 사람들보다 더 많은 단백질 섭취를 요구한다.

- (단백질에서 나온)아미노산은 운동 중 연소된 연료의 5~15%에 기여한다. 근육의 글리코겐이 감소함에 따라 에너지로 사용되는 단백질의 양이 증가한다. 일반적으로 지구력 운동은 운동 지속 시간이 길기 때문에, 근력을 요구하는 운동보다 글리코겐이 더 감소한다고 여겨져서 지구력 활동은 더 높은 비율의 단백질 사용을 초래할 가능성이 있다.
- 운동은 근육 손상을 일으킬 수 있으며, 이로 인해 조직의 복구에 필요한 단백질이 증가한다.
- 지구력 운동은 소변에서 소량의 단백질을 손실시킬 수 있는데, 일반적으로 운동 없이는 소량의 단백질이 손실되지 않다.

- 근육량을 유지하면서 체지방 수치를 낮추기를 원하는 운동선수가 일반적인 운동선수의 권장량(1.6~2.4g/kg)보다 약간 높은 단백질 섭취의 혜택을 받을 수 있다는 증거가 증가하고 있다.[94]

운동선수들을 위한 단백질 요구량 증가에도 불구하고, 대부분의 운동선수들은 그들이 필요로 하는 것보다 훨씬 더 많은 (식품만으로 획득한) 단백질을 섭취한다. 일반적으로 소비되는 음식의 단백질 함유량을 살펴보는 것은 이러한 점을 입증한다. 비록 대부분의 운동선수들이 충분한 단백질을 섭취하는 데 어려움이 없지만, 다음 그룹의 운동선수들은 충분히 섭취하는 것이 어려울 수 있기 때문에 단백질 섭취를 주의 깊게 관찰해야 한다.

- 근력 운동과 성장을 병행하는 젊은 선수
- 바람직한 체중 또는 신체 조성을 달성하기 위해 음식 섭취를 제한하고 있는 선수
- 육류, 생선, 계란 또는 유제품을 먹지 않는 채식주의자 운동선수
- 종교적 또는 문화적 이유로 음식 섭취를 제한하는 선수

비록 우리가 단백질에서 에너지(Kcal)를 얻을 수는 있지만, 이는 조직을 만들고 유지하며 호르몬과 효소를 만들기 위해 필요한 단백질의 가용성을 제한한다. 설상가상으로, 단백질이 연료로 연소될 때 아미노산 사슬에서 질소를 제거하고 배출해야 한다. 질소 배출이 늘어나면 소변으로 손실되는 물의 양도 부수적으로 증가한다. 따라서 두 가지 바람직하지 않은 일이 발생한다. 귀중한 단백질을 태움으로써 낭비하게 되고, 질소 노폐물이 배출될 때 손실되는 물의 양이 증가하기 때문에 탈수의 위험이 증가한다. 게다가, 고단백 식단은 소변 속의 칼슘 배출을 증가시키는 것으로 나타나는데, 이는 이미 다른 원인들로 인해 뼈 질환의 위험에 처해 있는 모든 사람들의 건강에 명백하게 위험하다는 점을 고려해야 한다. 또한 고단백질 식단은 소변에서 칼슘의 배설을 증가시키는 것으로 보이는데, 이는 다른 원인(예: 낮은 에스트로겐, 비활동성, 부적절한 비타민 D, 칼슘 부족)으로 인해 이미 뼈 질환에 걸릴 위험이 있는 사람에게 분명한 건강상의 위험을 고려해야 한다. 또 다른 잠재적인 문제는 고단백 식단이 심혈관 질환의 위험을 증가시킬 수 있는 지방 함량 또한 높은 경향이 있다는 것이다. 그러므로 단백질 요구량이 과소비 없이 충족되도록 하는 가장 좋은 방법은 섭취된 단백질이 여러 동화작용을 만족시키기 위해 사용될 수 있도록 식단에 통곡물, 신선한 과일과

표 1.14 단백질의 식물 공급원 목록

공급원	예
곡류	귀리, 보리, 불구르, 쌀, 옥수수, 파스타
콩과	대두, 렌틸콩, 말린 완두콩, 말린 콩
씨앗과 견과류	땅콩, 브라질너트, 참깨, 캐슈넛, 호두
채소(다른 공급원보다 단백질이 부족함)	감자, 당근, 브로콜리, 토마토

채소, 그리고 불포화지방을 많이 포함하는 것이다. 인간은 '에너지 우선' 시스템임을 고려하라. 에너지 결핍으로 인해 비단백질 공급원이 이화작용(즉, 분해) 상태에 놓이면 조직과 다른 물질을 만드는 것이 어려워진다. 또한 단백질 요구량을 충족시키기 위해 한 번에 많은 양을 섭취하는 것보다 소량(약 30g)을 자주 섭취할 때 조직이 단백질을 가장 잘 활용된다는 점을 고려하는 것이 중요하다.

단백질과 신체 활동

단백질 이용은 대체로 적절한 총 열량 섭취와 함수 관계에 있다. 부적절한 총 에너지 섭취는 운동선수들이 에너지를 위한 단백질을 대사하도록 강요하고, 다른 중요한 기능에 사용할 수 있는 단백질을 줄인다. 따라서 운동선수의 단백질 요구량(즉, 총 열량의 12~15% 또는 1.2~2.0g/kg)은 총 열량 섭취가 적절하다는 가정에 기초한다.

영양학에서는 일반적으로 탄수화물은 단백질 절약 효과가 있다고 믿는다. 이것은 만약 여러분이 연료를 위해 충분한 탄수화물을 시스템에 공급할 수 있다면, 단백질은 더 중요한 기능을 위해 사용될 수 있도록 연소되는 것을 피할 수 있다는 것을 의미한다. 연구에 따르면 비에너지 사용에 대한 단백질 이용의 최대 속도는 체중의 1kg당 단백질의 약 1.6g이다.[45~47, 109] 만약 이 양이 초과되면, 신체 조직은 초과분을 어떻게 할 것인가에 대한 결정을 내려야 한다. 초과분은 지방으로 저장될 수 있고, 초과분의 일부는 에너지로 소모될 수 있다. 어느 경우든 질소는 아미노산에서 제거되어야 하고, 이 질소 폐기물은 몸에서 제거되어야 한다. 운동선수의 총 에너지 소비량을 조사한 거의 모든 연구는 운동선수가 활동, 성장, 조직 유지의 복합적인 요구를 지원하기 위해 필요한 것보다 총 에너지를 적게 소비한다는 것을 보여준다. 단백질을 태우면 많은 양의 대사 폐기물이 발생하기 때문에 청정 연소 연료인 탄수화물 공급을 통해 상당량을 충족시켜 총 에너지 요구량을 충족시키는 것이 좋다.

대부분의 운동선수의 목표는 배출되는 만큼의 질소가 체내에 유입되는 질소 균형 상태를 유지하는 것이다. 음의 질소 균형은 소비되는 질소의 양보다 더 많은 질소가 배출되고 있다는 것을 의미하며, 이는 필연적으로 근육 손실을 초래할 것이다. 양의 질소 균형은 배출되는 것보다 더 많은 질소가 유지되고 있다는 것을 보여주며, 이 상태는 근육을 획득하고 있음을 암시한다. 운동선수가 아닌 성인의 질소 균형 상태를 유지하는 데 필요한 단백질의 양은 잘 연구되어 하루에 체중 1kg당 0.8g의 단백질 수준으로 확립된 반면에, 운동선수는 하루에 체중 1kg당 1.2g에서 2.0g의 단백질을 섭취해야 한다.[94] 운동선수와 비운동선수의 권장 사항 둘 다 에너지 요구량을 만족시키는 총 열량 섭취량에 기초한다.

운동선수에게 더 높은 단백질 권장량은 앞에서 설명한 네 가지 요인에 기초한다. 즉, 살코기, 소변 속 단백질의 더 큰 손실, 에너지 소모를 위한 단백질 연소, 근육 회복에 필요한 단백질 등이 그것이다.[45~47] 신체적으로 활동적인 사람들의 단백질 요구량에 관한 지침(RDA = 일일 권장량)은 다음과 같다.[94]

- 안정된 체중의 운동선수의 최적의 일일 단백질 섭취량은 일반 성인에 대해 설정된 단백질 RDA(0.8~1.0g/kg/일)를 초과한다.
- 체중 유지 또는 체중 증가를 목표로 하는 운동선수를 위한 최적의 일일 단백질 섭취량은 하루 1.2g~2.0g/kg 사이이다.
- 체중 유지 또는 체중 증가를 목표로 하는 운동선수를 위한 최적의 단백질 제공 범위는 한 끼에 0.3~0.4g/kg이다.
- 하루 2.5g/kg 이상의 매우 높은 단백질 섭취는 적응의 이점을 제공하지 않다.
- 양질의 체중 감량을 수행하고 있는 운동선수를 위한 최적의 일일 단백질 섭취량은 하루 1.6g/kg을 초과하며, 최고 2.4g/kg일 수 있다.
- 체중 감량 중 고단백질 식단(예: 하루 2.4g/kg)을 섭취하는 선수는 신장 질환이나 뼈 건강이 악화될 위험이 증가하지 않는다.
- 양질의 단백질이 풍부한 식품(류신 함량이 높은 식품)은 하루에 4~5회 섭취할 때 단백질 1kg당 0.3~0.4g에 상당하는 양을 섭취하면 최적의 에너지 가용성으로 선수들의 훈련 반응을 최적화할 수 있다(이 주제에 대한 자세한 내용은 사이드바, 에너지 가용성 및 10장 참조). 단백질의 소화 및 흡수 운동학을 느리게 하는 혼합 식사와 근육 단백질 합성 속도가 억제되는 에너지 부족 및 체중 감소 계획의 경우. 이 목표는 1kg당 0.4~0.5g으로 증가해야 한다.
- 체지방의 유지나 증가까지 촉진하는 효과적인 체중 감량을 원하는 운동선수는 저항력 운동을 하고 1kg당 1.6~2.4g의 식이단백질을 섭취하는 것이 좋다.

출처: Reprinted by permission from L.M. Burke et al., "International Association of Athletics Federations Consensus Statement 2019: Nutrition for Athletics," *International Journal of Sport Nutrition and Exercise Metabolism* 29 (2019): 73-84.

운동은 단백질 보유량을 증가시키기 때문에, 의학연구소는 규칙적으로 운동하는 건강한 성인들에게는 추가적인 단백질이 필요하지 않다고 말한다. 그럼에도 불구하고, 미국스포츠의학회와 미국 영양학협회는 신체적으로 활동적인 사람들에게 체중 1kg당 1.2~2.0g의 단백질을 섭취할 것을 권고한다. 실제로, 대부분의 운동선수들은 그들이 필요로 하는 것보다 훨씬 더 많은 단백질을 섭취하며, 일반적으로 1kg당 최대 권장량인 1.6g을 초과한다. 일부 근력 파워 선수는 정기적으로 일반인에게 권장되는 단백질 수준(0.8g/kg)의 300~775%를 섭취한다.[53, 54] 채식 선수 및 주관적으로 평가되는 스포츠(예: 체조 선수, 다이버, 피겨스케이팅 선수)에서 고단백질 섭취에 대한 예외가 발생할 수 있다. 이러한 권장 사항 중 실시간으로 에너지 요구를 충족하지 않는 것은 합리적이지 않다는 점을 고려하라.

격렬한 단기 운동 중의 단백질 산화는 미미하지만, 단백질은 지구력 운동 중에는 총 열량 필요량의 3~5%를 제공한다.[55, 56] 글리코겐 수치가 낮거나, 혈당이 낮거나, 운동 강도가 높거나, 운동 시간이 길면 운동 중 단백질 활용도는 총 열량 필요량의 5% 이상으로 높아진다.

고단백 식품은 위 배출에 걸리는 시간이 길기 때문에 운동 직전이나 운동 중에는 섭취하지 않는 것이 좋다. 게다가 포도당과 나트륨이 함유된 스포츠 음료에 단백질을 첨가하는 것이 지구력이나 파워 증강에 도움이 된다는 증거는 없다. 사실, 경기 중에 섭취되는 단백질이 강화된 스포츠 음

에너지 가용성

에너지 가용성(EA)은 운동선수의 무지방 질량(FFM)에 기초한 운동 관련 에너지 소비량을 뺀 값으로 정의되는 중요한 개념이다. 하루에 FFM 1kg당 45Kcal의 EA는 에너지 균형과 좋은 건강과 관련이 있는 반면, 하루에 FFM 1kg당 30Kcal의 EA는 남성에게서 더 높은 코티솔 대 테스토스테론 비율, 여성에게서 더 낮은 에스트로겐 비율 등 건강에 좋지 않다. 나쁜 에너지 가용성은 섭식 장애나 무질서한 식사, 음식이나 음료를 쉽게 섭취할 수 없게 만드는 훈련 환경, 또는 원하는 신체 조성을 달성하려는 잘못된 시도와 관련이 있을 수 있다. 에너지 가용성을 예측하는 공식은 다음과 같다.

에너지 가용성 = (총 열량 섭취량 – 운동 에너지 소모량) / 제지방 체중

선수의 특성이 다음과 같다고 가정해 보자.

- 체중: 60kg
- 체지방 % = 20%, 제지방 체중 % = 80%, 60×.80 = 48kg 제지방 체중
- 에너지 섭취량(EI): 하루 2,400Kcal
- 운동 관련 에너지 소모(EEE): 하루 500Kcal

이 운동선수의 에너지 가용성을 예측하는 공식은 다음과 같다.

에너지 가용성 = (2,400 – 500) / 48) = 하루 39.6Kcal/kg 제지방 체중

료는 위장 장애의 위험을 증가시킬 수 있고, 운동선수들이 정말로 필요로 하는 것, 즉 수분, 탄수화물, 전해질의 함량을 줄일 수 있을 뿐만 아니라 필요한 근육에 수분과 탄수화물의 전달을 지연시킬 수 있다. 따라서 운동 식사 및 운동액 대체 시 에너지의 대부분은 탄수화물로부터 얻어야 한다. 간단히 말해서, 운동 중에 탄수화물에 단백질을 첨가하는 것이 경기력을 향상시킨다는 결정적인 증거는 없다.[82]

운동 후 충분한 탄수화물을 섭취하여 글리코겐 저장을 보충하면 이점이 줄어들지만, 운동 후 음식과 음료에 소량의 단백질을 첨가하는 것이 근육 회복에 유용하다는 증거와 근거들이 증가하고 있다[53](그림 1.7 참조). 탄수화물 가용성이 낮거나 총 열량 섭취가 제한된 상태라면 운동 후 즉시 단백질을 섭취하는 것은 유용한 회복 전략이 아니다. 왜냐하면 이 전략은 글리코겐 고갈을 회복하기보다는 가속화하기 때문이다.[82, 118] 충분한 탄수화물과 이용 가능한 에너지가 있다면 회복 탄수화물에 첨가된 유청과 같은 소량의 고품질 단백질은(~50~100g) 회복을 돕고 지연성 근통증(DOMS)을 낮출 수 있다.[110~112, 119] 그러나 운동 후 단백질 보충제가 그 자체로 운동 능력을 향상시킨다는 강력한 증거는 없다.[113]

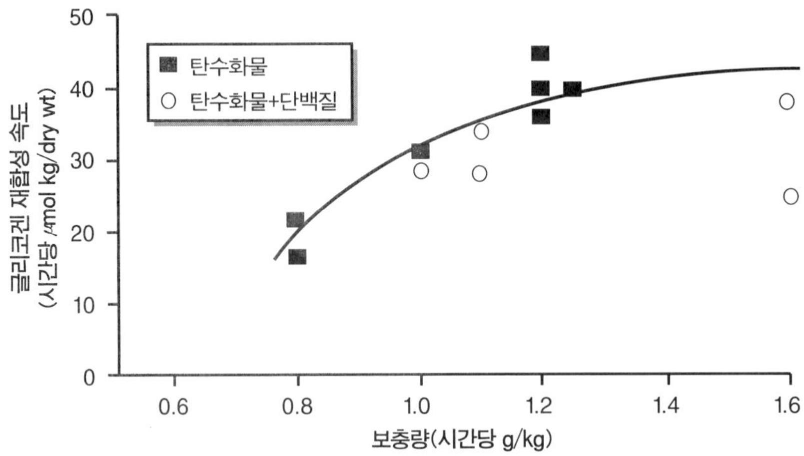

그림 1.7 글리코겐 재합성 시 운동 후 탄수화물 및 단백질 보충량

Reprinted by permission from M.J. Gibala, "Dietary Protein, Amino Acid Supplements, and Recovery from Exercise," *GSSI Sports Science Exchange* 87, no. 4 (2002): 15. www.gssiweb.com/Article_Detail.aspx?articleid=602

운동선수들과 그들과 함께 일하는 사람들이 단백질 섭취에 대해 고려해야 할 중요한 사항들이 있다. 운동선수의 최적의 단백질 섭취량이 일반인보다 상당히 높다는 것은 분명하지만(하루 0.8~1.0g/kg 대 하루 1.2~2.0g/kg), 단지 더 많은 단백질이 필요하다는 것을 아는 것만으로는 충분하지 않다. 단백동화의 사용을 최적화하기 위한 식사당 단백질 소비량은 1kg당 0.3~0.4g에 불과하며, 이는 많은 운동선수들이 흔히 초과하는 수준이다. 체중 75kg의 운동선수가 한 끼에 스테이크 180g을 먹는 것은 42g의 단백질을 섭취하는 것과 같지만, 이 운동선수를 위한 식사당 권장 단백질 섭취량은 26g(0.35×75)에 불과하다고 생각해 보자.[94] 따라서 단백질 섭취를 최적화하기 위해 운동선수는 하루에 섭취해야 하는 총량과 단백질 섭취의 잠재적인 동화학적 이점을 최적화하기 위해 여러 끼에 걸친 단백질의 최적의 분포를 고려해야 한다. 앞서 말한 바와 같이, 연구에 따르면 하루에 총 2.4g/kg 이상의 단백질을 섭취하는 것은 아무런 이점이 없다.[94] 다양한 스포츠에서 경기력을 최적화하기 위해 에너지 기질을 소비하는 방법에 차이가 있는지, 원하는 신체 조성을 달성하기 위해 단백질과 다른 에너지 기질을 소비하는 방법 등 여전히 중요한 연구 분야가 많이 남아 있다. 비록 이러한 분야들에 대한 대답은 아직 결정되지 않았지만, 여기에 제시된 단백질 섭취의 기본은 스포츠의 종류와 상관없이 모든 선수들에게 도움이 될 것이다.

단백질과 근육 발달

근력 대 체중 비율은 사실상 모든 운동에서 매우 중요하기 때문에 선수들은 근육량을 개선하거나 유지하는 방법에 당연히 관심이 있다. 일반적으로 운동선수들과 코치들은 이를 성취하기 위한 최고의 영양 전략은 단백질 섭취를 늘리는 것이라고 믿는다. 그러나 칼로리 요구가 충족된다고 가정했을 때, 단백질의 동화 최대치는 질량 1kg당 약 1.5g의 단백질 섭취 수준에 도달한다. 분명히 단

Q&A

운동선수가 얼마나 많은 단백질을 섭취해야 하는지 어떻게 알 수 있을까?

현재의 단백질 섭취 권장량은 체중 1kg당 1.2~2.0g이다. 이 양은 단백질의 질, 활동의 유형, 상대적인 제지방량, 근육량을 늘려야 할 필요성, 부상 복구, 그리고 나이와 같은 몇 가지 요인들에 의해 달라진다. 선수가 에너지 균형 상태가 상당히 양호하다고 가정할 때(예: ±300~400Kcal), 동화적으로 사용(조직의 구성 및 복구, 호르몬과 효소 합성 등)될 수 있는 최대 단백질의 양은 1kg당 약 2.0g이다. 이보다 많은 양은 운동선수의 에너지 요구량을 충족시키는 데 사용될 가능성이 높지만, 탈수의 위험이 더 클 것이다. 단백질 양이 한꺼번에 25~30g을 넘으면 과잉 단백질이 분해되기보다는 에너지로 사용되는 결과를 낳기 때문에 한 끼 식사에 섭취되는 양 또한, 중요한 고려 사항이다. 단백질 섭취와 분배를 계산하는 쉬운 방법은 운동선수의 몸무게를 kg 단위로 계산하고, 최대 권장 단백질 양을 결정하기 위해 2를 곱한 후, 필요한 단백질을 최적으로 분배하는 데 필요한 식사 횟수를 결정하기 위해 25로 나누는 것이다. 예를 들어 보자.

선수의 몸무게는 68kg이다.
68×2 = 하루 136g
136/25 = 5회 이상의 식사 기회(예: 아침 식사, 오전 간식, 점심 식사, 오후 간식, 저녁 식사, 저녁 간식)

또한, 이러한 식사 분배는 고염식 식생활 반응의 가능성을 피해서 혈당을 유지하게 해주는 좋은 방법이다.

백질 섭취와 근육량 사이에 관계가 있다면 단백질 섭취량과 종류에 따라 수행되는 운동 유형, 섭취되는 단백질의 하루 내 분포, 단백질과 다른 영양소의 공동 섭취 등 다른 요인과 관련이 있어야 한다. 물론, 최적의 영양 전략과 적절한 저항 활동이 결합되더라도, 근육 강화를 희망하는 데에는 사람들마다 한계가 있다. 노화는 저항 운동에 대한 근육 섬유의 반응과 동화적 신호 반응을 감소시킨다. 고강도 운동에 대한 젊은 여성과 젊은 남성의 근력 반응 사이에는 거의 차이가 없지만, 나이든 여성의 근력 반응은 나이든 남성보다 더 무뎌질 수 있다.[54]

단백질 섭취의 큰 편차를 피했을 때 근육의 유지와 확대가 개선되었음을 분명히 보여주는 연구 결과를 통해, 하루 동안 먹는 음식을 기반으로 단백질 섭취의 시기 분포를 평가하였다.[55] 연구 결과에 따르면 90g의 단백질(60kg의 사람에게 1.5g/kg을 제공하기에 충분한 양)은 사후 섭취되어 대부분의 단백질 섭취가 저녁 식사 중에 섭취되면 근육량을 유지하는 데 부족하다고 한다. 그러나 같은 양의 단백질이 매 끼니(아침, 점식, 저녁)마다 같은 양(30g)을 공급하기 위해 균등하게 재분배되었을 때, 연구 대상 인구는 근육량을 유지할 수 있었고 어떤 경우에는 근육량이 증가하기도 했다.[55] 영양소 섭취의 시기 또한 운동 후 근육의 동화 반응에 영향을 미친다. 아미노산 섭취는 유리 필수 아미노산과 탄수화물을 저항 운동 후보다는 전에 섭취했을 때 더 크다. 다만 유청단백질(전 식단백질) 섭취는 운동 전후에 섭취했는지에 관계없이 아미노산 균형이 음수에서 양수로 증가했다. 하루 500mg/kg 이상 섭취하면 혈중 암모니아 농도를 높이고 요로류신 배설을 증가시킬 수 있다는 증거가 있으므로 운동선수의 유청단백질 섭취 시 주의해야 한다.[114] 농축 유청단백질은 류신 함량이 상대적으로 높기 때문에(전체 아미노산의 약 20%) 한 번에 섭취하는 유청단백질의 총량은 120Kcal(30g) 이하를 유지해야 한다.

단백질의 초과 섭취만으로도 더 많은 근육량을 유지할 수 있다는 일반적인 오해가 있지만, 더 많은 근육량을 유지하기 위해서는 추가적인 총 열량이 필요하며, 단백질은 초과 섭취되는 열량과 동일한 상대적 비율을 구성해야 한다. 예를 들어 체중 75kg의 남성이 근육량을 3kg 증가시키기를 원한다면, 원하는 근육량 1kg당 약 1.5g의 단백질을 추가로 섭취해야 한다. 더 많은 근육량을 유지하기 위해 필요한 추가 단백질은 4.5g에 불과하다. 대조적으로, 더 많은 근육량을 유지하기 위해서는 1kg당 탄수화물 30g이 더 필요하다(총 90g). 다음은 추가 근육에 해당하는 총 추가 열량 요구량이다.

- 단백질 4.5g×4Kcal/g = 단백질 18Kcal
- 탄수화물 90g×4Kcal/g = 탄수화물 360Kcal
- 총 추가 열량 = 근육량 3kg의 증가를 위해서는 현재 요구량보다 높은 하루 378Kcal가 필요함

물론 이 운동선수는 적절한 체력단련 운동을 함으로써 근비대를 자극할 필요가 있다. 그렇게 하지 않는다면 추가적인 열량은 근육의 추가로 이어지지 않고 지방으로 저장될 것이다. 많은 운동선수들이 근육량을 유지하거나 늘리는 데 요구되는 추가 열량을 위해 많은 양의 단백질을 섭취할 확률이 높다. 단백질을 주요 에너지원으로 사용하는 것은 확실히 가능하긴 하지만, 단백질 산화로 생성되는 질소 폐기물 때문에 가장 바람직한 공급원은 될 수 없다. 게다가, 단백질이 보충제의 형태로 제공되면 돈이 많이 드는 열량 공급원이 될 수도 있다. 예를 들어 계란은 단백질 8g당 약 13센트인 반면, 단백질 캡슐은 단백질 8g당 약 1.20달러인 데다가 품질이 의심스러울 수 있다.

단백질과 탄수화물의 공동 섭취가 근육에 의한 단백질 흡수를 증가시키는지를 판단하기 위해 평가가 이루어졌다. 한 연구는 지구력을 향상시키기 위해 권장 수준의 상단에서 탄수화물을 섭취한(~8~10g/kg) 훈련된 남성들은 단백질의 추가 섭취로 골격근 에너지 전달의 증가를 경험하지 않았다는 것을 발견했다.[57] 반면 유산소 운동 후 회복 시 단백질이 탄수화물과 함께 섭취된 경우 탄수화물만으로 동일한 열량을 섭취한 것과 비교했을 때 근육 합성이 증가하고 전신 순단백질 밸런스가 개선되는 효과가 있었다.[58] 또한 부적절한 수준의 탄수화물 섭취가 골격근 단백질 이용과 합성을 저해한다는 것도 입증되었다.[59]

요약하자면 근육을 만들기 위해서는 단순히 단백질과 아미노산 섭취량을 늘리는 것 이상이 필요하다. 여기에는 다음이 포함된다.

- 근육량을 늘리는 데 필요한 생리학적 자극을 제공하기 위한 저항 운동의 추가. 급성 근육

발달을 유발하는 데에는 고저항 저반복 저항 운동보다 저저항 고반복 저항 운동이 더 우수하다.[60]

- 추가된 저항 활동의 추가 요구를 포함하는 충분한 총 에너지 섭취의 유지 목표는 소비된 단백질이 에너지원으로서 이화작용에 사용되는 것이 아니라 동화작용의 목적으로 사용될 수 있도록 하는 것이다. 게다가, 근육의 붕괴를 줄이기 위한 전략을 따를 때에만 근육을 만드는 것이 가능하다. 하루 동안 좋은 에너지 균형을 유지하는 것은 근육 형성의 잠재력이 향상되는 것을 가능하게 하면서 이 목표를 달성하는 데 도움을 준다.
- 새로운 근육 합성의 동화작용에 필요한 요구량을 완전히 충족시키기 위해서는 적절한 총열량 섭취와 함께 체중 1kg당 약 1.5g의 단백질 섭취가 필요하다.
- 단백질 섭취의 큰 편차를 피하는 하루 동안의 단백질 분포. 이상적으로는 근육 단백질 합성을 저해할 수 있는 상대적인 에너지 부족을 방지하기 위해 하루 동안 여러 끼에 걸쳐 단백질 섭취를 고르게 분포시켜야 한다.[115]
- 운동 전후에 양질의 단백질원(예: 유청단백질) 섭취. 이 전략은 근육 단백질 합성을 강화하는 것으로 나타난다.
- 운동 직후 탄수화물과 단백질 혼합물의 섭취. 이 전략 또한 근육 단백질 합성을 강화하는 것으로 나타난다. 운동선수들은 운동 후 단백질만 섭취하는 것을 피해야 한다. 이는 탄수화물이 필요한 글리코겐 저장량을 보충할 수 있는 중요한 기회이기 때문이다.

단백질과 채식주의 운동선수

일반적으로 채식주의는 저체중 및 지방 섭취량 감소와 연관되고 또한 심장병, 당뇨병, 고혈압, 비만 등 여러 만성질환의 위험을 감소시킨다. 채식주의 운동선수들도 좋은 성적을 내고 건강을 유지하는 것이 확실히 가능하지만, 매우 신중한 계획 없이는 불가능하다. 채식주의 선수들이 겪는 문제점들은 주요 대학에서 오랫동안 자리를 지켜 온 전직 올림픽 코치의 발언으로 요약할 수 있다. 그는 "나는 채식주의자라고 자칭하는 어떤 선수에게도 더 이상 장학금을 주지 않는다. 그들은 더 자주 다치고 부상으로부터 빠르게 회복하는 능력이 떨어진다. 나는 결국 그들에게 4년간 장학금을 지급하지만, 그들은 대학을 위해 단 한 번의 전체 시즌도 경쟁하지 못한다. 그럴 형편이 안 된다." 물론 이 코치는 수년간의 경험을 통해 겪은 현실에 대해 반응했을 뿐이다. 그러나 몇 가지 간단한 계획으로, 채식주의 운동선수들은 잡식성 운동선수들보다 높지 않은 부상 위험을 가질 수 있고 잘 경쟁할 수 있다. 필요한 식단 계획을 이해하기 위해서는 먼저 채식주의자와 채식주의자가 직면한 다음의 부적절한 섭취 위험을 포함한 매우 현실적인 식단 위험을 수용해야 한다.[63, 64]

- 에너지
- 단백질
- 칼슘
- 철분
- 아연
- 비타민 B_{12}

대체로 이러한 식이상의 약점은 고단백 동물성 식품의 회피와 관련이 있다. 그러므로 락토

채식주의자들(우유와 다른 유제품 섭취), 오보 채식주의자들(계란 섭취), 페스코 채식주의자들(생선 섭취), 락토오보 채식주의자들(유제품과 달걀 모두 섭취)은 어떤 종류의 동물성 식품도 전혀 섭취하지 않는 완전 채식주의자들이 직면하는 영양상의 위험을 덜 겪는다. 비록 몇몇 동물성 식품을 섭취하는 채식주의자들은 여전히 영양상의 위험에 직면하지만, 이러한 위험들은 신중한 식단 계획과 선택한 영양소의 신중한 섭취를 통해 더 쉽게 극복된다. 예를 들어 유제품은 철분 공급원이 낮기로 악명 높기 때문에, 유제품을 먹는 채식주의자는 에너지와 단백질 부족을 극복할 수 있지만 철분 결핍성 빈혈이 발생할 위험이 여전히 높다. 사실 육류보다 철분과 아연을 더 효율적으로 공급하는 음식은 찾기 어렵기 때문에, 계획 없이 육류를 피하는 것은 이 두 영양소의 결핍을 초래할 수 있다.

채식주의 식단은 낮은 골밀도와 더 높은 골절 위험과 관련이 있는 불충분한 에너지로 인한 생리 불순(희발월경 또는 무월경)의 위험과 관련이 있다. 유산소성 대사 과정을 손상시키는 철 결핍 빈혈, 적혈구를 생성하는 신체 기능을 약화시켜 궁극적으로 산화 능력을 낮추는 부적절한 비타민 B_{12}로 인한 악성빈혈, 비타민 D(콜레칼시페롤) 결핍, 손상된 칼슘 아연 상태와 관련이 있다. 이러한 위험들은 실제로 존재하며 채식주의 운동선수들에게 일어날 수 있음이 받아들여져야 한다. 이 점은 여성 운동선수들의 월경 불순이 확실히 보여주고 있으며, 이 위험의 상당 부분은 채식주의 때문이다.[65] 채식주의와 관련된 에너지 섭취는 충분히 열악해서 채식주의는 현재 청소년들의 섭식 장애 발생의 위험 요소로 여겨지고 있다.[66] 또한 운동수행력에 대한 우려도 있다. 크레아틴(고기를 뜻하는 그리스 단어에서 유래됨)은 채식주의자가 아닌 운동선수보다 채식주의자가 더 낮은 것으로 밝혀졌다. 그리고 비록 인간이 크레아틴을 완벽하게 합성할 수 있지만, 낮은 고기 섭취량으로는 크레아틴의 합성이 적절하게 보정되지는 않는다고 알려져 있다.

채식주의 운동선수들이 직면하고 있는 단백질 문제는 총열량 섭취 부족 때문일 수 있다. 채식주의자 선수들이 콩류, 곡물, 씨앗, 견과류의 결합된 소비로 적당한 단백질 소비를 쉽게 달성함에도 불구하고, 불충분한 에너지 섭취량은 에너지 요구량을 만족시키기 위한 단백질의 분해를 증가시킨다.[67, 68] 이러한 에너지 활용은 사실상의 단백질 부적합을 초래할 수 있다. 간단히 말해서, 인간은 에너지 우선 시스템을 가지고 있다. 에너지 요구량은 다른 동화성 근육 형성 또는 근육 회복 과정이 발생하기 전에 단백질의 분해를 통해서라도 먼저 충족되어야 한다.

고기와 유제품은 모든 필수 아미노산을 단일 식품만으로도 제공하지만, 식물 단백질 공급원은 그렇지 않다. 그러므로 채식주의 식사(즉, 동물성 단백질이 없는 식사)를 하는 운동선수들은 필수 아미노산의 가용성을 최적화하는 방향으로 음식물을 조합하는 것에 주의를 기울여야 한다. 모든 필수 아미노산의 좋은 분포를 보장하는 일반적인 규칙은 곡류와 콩류를 같은 식사에 혼합하는 것이다. 곡류와 콩류 모두 발린, 트레오닌, 페닐알라닌, 류신의 좋은 공급원이다. 옥수수와 다른 곡물들은 이소류신과 리신의 공급원으로서는 부족하지만 트립토판과 메티오닌의 좋은 공급원이다. 반대로 콩류는 이소류신과 리신의 좋은 공급원이지만 트립토판과 메티오닌의 공급원으로서는 부족하다. 곡물 알갱이와 콩과류를 결합함으로써, 한 음식의 아미노산 약점은 다른 음식의 아미노산 장점으로 보완되어 양질의 단백질을 제공한다. 체내 아미노산 풀이 일시적이기 때문에 동일한 식사의 원리가 중요하다. 한 끼에는 낮은 품질의 단백질 공급원을 섭취하고, 다른 한 끼에는 균형 잡힌 단백질이 있는 음식을 먹는 것은 단백질의 세포 대사를 돕는 양질의 아미노산 풀에 효과적으로 기여하지 못한다.

단백질과 운동 후 근육 회복

강한 저항훈련 후에 1kg당 약 0.1g의 단백질을 함유한 음료를 마시는 것(체중 75kg 선수의 경우 단백질 30Kcal)은 근육 단백질 균형을 향상시키는 것으로 보인다.[69] 지구력 운동선수들은 장시간 운동 후 첫 3~5시간 동안 매 시간 몸무게 1kg당 최소 1.2g의 탄수화물을 섭취하도록 하는 것이 일반적인 지침이다. 이 전략은 근육 글리코겐의 보충을 보장한다. 탄수화물 혼합물에 약간의 단백질을 첨가하는 것은 근육 회복에 유용할 수 있지만, 운동 후 기질의 대부분은 탄수화물에서 획득해야 한다.[94]

최근 연구에 따르면 우유는 양질의 유청단백질을 제공하기 때문에 운동 후 회복 음료로 유용할 수 있다고 한다.[70] 11명의 젊은 남녀 운동선수들을 대상으로 한 연구는 무지방 우유에 첨가된 염화나트륨(소금)을 운동 후 섭취하는 것이 표준 스포츠 음료나 일반적인 물의 섭취보다 수분 회복에 더 효과적이라는 것을 발견했다.[71] 운동 후 초콜릿 우유 섭취 또한 운동과 관련된 근육 손상을 줄이고 운동 후 회복을 개선하는 것으로 밝혀졌다.[72] 급성 근육 손상을 유도하는 운동을 수행한 팀 스포츠 선수들은 순수한 탄수화물 음료를 섭취할 때보다 저지방 우유나 저지방 초콜릿 밀크셰이크를 섭취할 때 더 나은 회복을 보였다.[73] 저항 운동 후에 무지방 우유를 섭취한 어린 레슬링 선수들은 콩이나 탄수화물을 섭취한 사람들보다 더 높은 수준의 근육량을 달성했다.[74] 분명히 유청단백질과 같은 양질의 단백질과 탄수화물과 액체류의 조합은 명백하게 개별 성분보다 근육 회복력을 상승시킨다.

중요 사항

- 에너지 기질만이 에너지를 제공한다. 비타민과 무기질은 세포들이 에너지 기질로부터 에너지를 발전시키는 데 도움을 주지만, 그것들은 에너지의 원천이 아니다.
- 에너지 기질의 분포는 다음과 같아야 하며, 선수 개개인의 활동에 따라 범위가 달라진다. 체중 1kg당 1.2~2.0g의 단백질, 체중 1kg당 5.0~12.0g의 탄수화물. 단백질과 탄수화물 섭취량이 만족되었다면 총열량 요구량을 충족할 만큼 충분한 지방을 섭취한다.
- 에너지 섭취는 생리학적 요구에 동적으로 일치해야 한다. 많은 운동선수들은 활동이 끝나고 한참 후에 활동에 필요한 에너지를 공급하면서 에너지 섭취를 연기한다.
- 운동선수는 정신적 피로를 유발하는 뇌의 주요 연료인 혈당을 낮추는 격렬한 활동이 거의 필요하지 않다는 점을 기억해야 한다. 정신적 피로는 근육의 피로를 유발하므로 운동선수들은 활동 중에 혈당을 유지하는 시스템(규칙적으로 스포츠 음료를 마시는 것)을 갖춰야 한다.
- 모든 탄수화물이 같은 것은 아니다. 높은 소화력의 녹말 기반 탄수화물을 경기 전에 섭취하

는 것이 가장 좋고, 경기 중에는 설탕 섭취가 괜찮으며, 섬유질이 중요한 전곡과 채소를 포함한 다른 탄수화물 식품은 나머지 시간 동안 섭취하는 것이 좋다.

- 단백질 섭취량은 비교적 적지만 단백질 활용을 최적화하기 위해 하루 종일(식사당 30g 내외) 단백질 섭취가 고르게 이뤄져야 한다. 단백질 섭취의 큰 변동(종종 단백질 보충제와 관련됨)은 운동선수에게 규칙적이고 고른 단위로 제공되는 동일한 양의 단백질만큼 도움이 되지 않는다.
- 지방은 고농축 에너지 형태이기 때문에 과도한 양을 섭취하기 쉽다. 그렇게 하는 것은 단백질과 탄수화물의 필수 섭취를 제한할 수 있다.
- 채식 운동선수들은 충분한 에너지, 단백질, 철분, 아연, 칼슘, 그리고 비타민 B_{12}를 얻기 위해 신중한 식단 계획이 필요하다.

Chapter 2

비타민과 무기질

비타민과 무기질은 에너지 기질을 대사하고, 조직 형성을 돕고, 세포 사이와 세포 밖의 환경에서 수분의 균형을 맞추고, 대사 작업에 필요한 산소와 다른 성분들을 운반하고, 그리고 활동 중인 조직의 대사 부산물을 제거하는 데 필수적이다. 게다가 비타민과 무기질은 운동으로 인한 산화 스트레스를 줄이는 역할도 한다. 운동선수들은 높은 에너지 대사율과 근육과 골격의 스트레스 때문에 운동선수가 아닌 사람들보다 더 많은 비타민과 무기질이 필요하다. 그러나 과학계 전반에서는 많은 운동선수들이 과도한 섭취량으로 발생할 수 있는 비타민과 무기질의 문제보다는 결핍으로 인한 경기력의 문제와 일반적으로 비타민과 무기질 섭취와 관련된 건강상의 문제에 대해서만 더 잘 알고 있다.

많은 양의 비타민이나 무기질 보충제를 한 번에 섭취할 때 발생할 수 있는 문제들에 대한 증거와 근거들이 존재한다. 게다가 몇몇 회사들의 비타민은 수분의 삼투압성[1]을 증가시키고 활동 중인 근육에 수분이 공급되는 속도를 감소시키는 것에 대한 충분한 고려 없이 스포츠 음료에 이러한 성분을 포함시키고 있다. 이러한 전략의 최종 결과는 과도한 비타민과 무기질 섭취와 낮은 수분 공급을 만들게 된다. 운동선수들은 다양한 음식을 통해 필요한 비타민과 무기질을 하루 동안 여러 끼니에 나눠서 비교적 적은 양을 적절히 섭취하는 것이 이상적이다.

비타민이나 무기질의 과다 섭취는 오히려 독성을 유발할 수 있으며, 비타민 보충제를 복용할 때 일어날 가능성이 가장 높다. 역사적으로, 지용성 비타민은 잠재력인 독성이 높다고 여겨졌다. 예를 들어 활성 비타민 A(레티놀)는 잠재적인 독성 때문에 많은 양을 섭취해서는 안 되는 비타민으로 잘 확립되어 있다. 더 최근에는 수용성 비타민도 잠재적인 독성이 있는 것으로 밝혀졌다. 예를 들어 비타민 B_6의 과도한 섭취는 만성적인 남용으로 인해 신경에 문제를 일으킬 수 있다. 과도한 무기질 섭취 또한 문제를 일으킬 수 있다. 철분은 잠재적인 독성이 있는 중금속이며 과도하게 섭취할 경우 위장관 장애 또는 더 나쁜 결과를 초래할 수 있다. 그러나 비타민의 독성은 음식 섭취에서 발생할 가능성은 없고, 거의 항상 추가적인 섭취에 의한 결과이다.

참조: 임신에 대한 DRI(데이터 준비성 지수) 값은 이 장의 빠른 가이드 표에 나열된 값보다 높을 수 있다. 임산부는 최적의 영양 섭취에 대해 의사와 상담해야 한다.

비타민이나 무기질 결핍은 조직에 비타민이 고갈될 때 발생하며, 대부분의 경우 만성적으로 단조로운 음식 섭취로 인해 필요한 영양소를 다양하게 전달하지 못할 때 발생한다. 예를 들어 비타민 C의 좋은 공급원인 신선한 과일과 채소를 섭취하지 못하면, 이 비타민의 조직이 고갈되고 괴혈병의 증상으로 이어질 수 있다. 철분을 충분히 섭취하지 않으면 결국 철분 결핍성 빈혈이 발생한다. 비타민과 무기질의 경우, 독성이나 결핍을 피하는 최선의 방법은 다양한 종류의 음식을 먹는 것이다. 이것은 조직이 결핍을 피하기 위해 필요한 모든 영양소에 노출되도록 보장하고 독성을 유발할 수 있는 영양소의 과도한 노출이 없도록 하는 데 도움이 된다. 똑같은 몇 가지 음식을 단조롭게 섭취하는 것은 문제를 일으킨다.

모든 엘리트 육상 선수들의 약 85%를 포함하여, 많은 운동선수들은 그들의 정규 훈련이나 경기 루틴의 일부로 고함량의 식이 보충제를 사용한다.[2] 그러나 비타민과 무기질을 활동 중인 조직에 최적으로 공급하는 것을 고려할 때, '과분함은 충분함만 못하다'는 증거가 증가하고 있다. 비록 비타민과 무기질 섭취가 불충분하면 건강과 성능 문제가 발생하지만, 비타민과 무기질의 과다 섭취가 어떻게 어려움을 일으키는지에 대한 예가 과학 문헌에서 증가하고 있다. 강도 높은 오랜 훈련이 면역 세포 기능의 저하와 관련이 있긴 하지만, 항산화 비타민, 글루타민, 아연, 에키네시아, 그리고 프로바이오틱스를 포함한 소위 면역 증진 보조제가 운동으로 인한 면역 장애를 예방한다는 설득력 있는 증거는 없다.[3, 4] 코나 트라이애슬론 경기 세계선수권대회 이후 비타민 E와 면역력에 대한 연구는 이러한 결론을 강조한다. 이 연구는 경기 전 위약 섭취와 비교했을 때 비타민 E 섭취(1~2개월 동안 800IU)가 실제로 지질 과산화 및 운동 중 염증을 감소시키는 데 도움이 되기보다는 오히려 촉진시켰다는 것을 발견했다. 일부 문제점은 일일 권장량에 대한 오해이다. 많은 사람들이 이러한 값을 건강 유지와 관련된 최소 일일 요구량으로 취급하지만, 실제로는 평균 요구량 위에 두 가지 표준편차가 존재한다. 게다가, 그것들은 '일상적인' 값으로 나열되기 때문에, 운동선수들은 종종 이 수준에서 한 번의 복용이 조직의 요구를 충족시킬 것이라고 잘못 믿는다. 이상적으로, 권장되는 식이 허용량은 사람들이 복용에 대한 최선의 전략을 이해하는 데 도움을 주기 위해 '얼마나 그리고 언제'에 대한 설명이 있어야 한다. 조직의 엽산(수용성 비타민) 요구량을 자동차의 연료 탱크에 비유해서 상상해 보자. 탱크가 완전히 비지 않았는데 하루에 필요한 전체 연료(또는 그 이상)를 한 번에 제공하면, 많은 연료가 탱크에서 넘치게 된다. 많은 사람들은 이 초과분이 아무 어려움 없이 소변으로 배출될 것이라고 생각하지만, 엽산은 새로운 세포 발생기이고 암세포와 같은 높은 신진대사 세포는 기꺼이 초과분을 차지할 수 있다. 현재 한 번에 과다 섭취하는 엽산이 재생성 병변의 진행을 가속화하여 대장암과 다른 암의 위험을 증가시킬 수 있다는 우려가 있다. 간단히 말해서 엽산의 하루 권장 섭취량은 400㎍이다. 한꺼번에 복용하면 질병의 위험을 높일 수 있다. 같은 양을 복용하되 100㎍를 하루 4회로 분배하면 질병의 위험을 줄일 수 있다.[146~150] 조직에 제공하는 양은 동일하지만, 분배된 복용량은 완전히 다른 결과로 나타난다.

비타민 보충에 대한 통념은 잘못되었다

영양에 대한 약리학적 복용법은 거의 효과가 없다. 운동선수들을 대상으로 하는 많은 보충제들이 있지만, 일반적으로 두 가지 기본적인 이유로 선수들이 원하는 경기력을 이끌어 내지 못한다. 첫째, 대부분의 운동선수는 비타민 결핍이 없기 때문에 비타민을 무작위로 섭취한다고 해서 존재하지 않는 문제를 해결할 수 없다. 둘째, 고용량 보충제는 비타민에 대한 조직의 민감도를 낮추고 영양소의 손실을 더 크게 하는 배설 속도를 증가시킴으로써 문제를 일으킬 수 있다. 간단히 말해서, 운동선수가 필요한 것을 얻기 위해서는 적절한 시간에 적절한 양의 음식을 먹는 것이 훨씬 더 나은 해결책이다. 보충제를 고려하기 전에, 운동선수는 그들이 먹는 방식으로 인해 실제로 결핍이 일어났는지 확인하기 위해 적절한 혈액 검사를 받아야 한다.

운동선수들에게 더 심각한 것은, 합법적으로 보이는 많은 건강 보조식품들이 국제 올림픽 위원회(IOC)와 세계반도핑기구에 의해 금지된 미신고 물질들로 채워져 있다는 것이다. 이러한 오용이 의도적인 것인지 또는 잘못된 품질 관리의 결과인지에 관계없이, 무고한 운동선수는 의도하지 않게 소비된 제품에 대해 양성 반응을 보인다는 이유로 경쟁에서 제외될 것이다. 2001년, 모든 건강 보조식품 샘플의 24%가 IOC 공인 실험실에서 난드롤론(단백 동화 스테로이드) 양성 반응을 보였고, 이러한 오염된 보조제의 원산지에는 네덜란드, 미국, 영국, 오스트리아, 이탈리아, 스페인, 독일, 벨기에 등의 많은 국가들이 포함되어 있었다.[6] 종합해 보자면, 이러한 발견들은 운동선수들이 전문가의 처방 없이 고용량 식이 보충제를 복용하는 것을 다시 한 번 생각하게 한다. 그러나 적절한 복용량을 섭취할 경우, 음식 섭취가 제한되거나 운동에 필요한 영양소를 얻기 어려울 때와 같이(예: 비타민 D 결핍을 초래하는 실내 스포츠의 제한된 햇빛 노출) 특별한 경우의 운동선수에게 도움이 될 수 있는 몇 가지 식이 보충제가 있다. 운동선수를 위한 대부분의 권고는 '음식 우선' 접근법을 규정하고 있으며, 이 영양 보충제는 실제 음식이 실용적이지 않거나 제공되지 않을 때만 사용해야 한다.

이번 장에서는 운동에 필요한 비타민과 무기질, 이 영양소들의 기능, 그리고 운동선수들이 과잉이나 결핍과 관련된 세포 스트레스를 더하지 않고 그들이 필요한 것을 확실히 얻기 위한 최적의 공급 전략을 논한다. 영양소 섭취 적정성에 대한 표준은 의학 연구소에 의해 확립되었다(표 2.1 참조).

영양소 섭취 기준(DRI)이라고 하는 이러한 표준은 평균필요량(EAR), 권장섭취량(RDA), 분섭취량(AI) 및 상한 섭취량(UL)의 평가에 기초한다. RDA(영양소 섭취 적정성에 대한 이전 기준)의 초점은 영양 결핍 질환을 앓을 위험을 낮추는 것에 기초했지만 DRI의 초점은 적절한 균형 잡힌 영양소 섭취를 보장함으로써 만성 질환 발생 위험을 낮추는 데 있다.

표 2.1 영양소 섭취 기준 정의

영양소 섭취 기준(DRIs)은 건강한 사람의 식단을 계획하고 평가하는 데 사용되는 영양 섭취량의 추정치이다. 이러한 값에는 권장 섭취량과 허용 가능한 상위 섭취 수준이 모두 포함된다. 영양소 섭취 기준은 국립과학원에 보건 정책 자문을 제공하는 비영리 단체인 의학연구소가 결정한다. 영양소 섭취 기준은 일일 권장량, 충분섭취량, 허용 가능한 상한 섭취량 및 평균필요량에 대한 과학적 평가에 기초한다.	
권장섭취량(RDA)	특정 생활 수준 및 성별 그룹에서 거의 모든 건강한 사람들의 영양 요구량(97~98%)을 충족하기에 충분한 일일 평균 식이 섭취 수준.
충분섭취량(AI)	권장 식이 수용량을 결정할 수 없을 때 적절하다고 가정되는 건강한 사람 그룹(또는 그룹들)에서 관찰되거나 실험으로 밝혀진 영양 섭취 근사치에 기초한 권장 섭취 값.
상한 섭취량(UL)	일반 인구의 거의 모든 사람들의 건강에 악영향을 미칠 위험이 없는 가장 높은 일일 영양소 섭취량. 섭취량이 UL 이상으로 증가하면 부작용의 잠재적 위험이 증가.
평균필요량(EAR)	생활 단계 및 성별 그룹에서 건강한 사람의 절반의 요구 사항을 충족하는 것으로 추정되는 일일 영양 섭취 값은 식이 적정성을 평가하고 RDA의 기준으로 사용.

비타민

비타민은 조직이 생산할 수 없지만 특정한 세포 화학 반응을 촉진하기 위해 세포가 필요로 하는 물질이다. 일부 비타민(특히 비타민 B)은 세포가 탄수화물, 단백질, 지방으로부터 에너지를 얻을 수 있게 하는 에너지 반응에 관여한다. 운동선수들은 운동선수가 아닌 사람들보다 더 많은 에너지를 소모하기 때문에, 이 책에서는 이러한 비타민들에 특히나 관심을 기울이고 있다. 다른 비타민들은 무기질의 균형 유지에 관여한다. 예를 들어 비타민 D는 식이 칼슘과 인의 흡수를 촉진한다. 비타민과 무기질의 상승작용은 비타민의 영양소 요구량을 이해하는 데 중요한 요소이다. 이러한 영양소들이 통합된 기능을 가지고 있다는 사실은 운동선수들이 세포에 가능한 가장 폭넓은 비타민과 무기질 스펙트럼을 공급하도록 만들어야 한다. 따라서 단일 비타민 또는 무기질 보충은 영양소의 균형과 이들 영양소 사이의 미묘한 관계를 손상시킬 수 있다.

식단에서 비타민 섭취를 극대화하려면 다음을 시도해 보자.

- 다채로운 과일과 채소를 다양하게 섭취해라.
- 가능하면 신선한 과일과 채소, 특히 제철 채소를 먹어라.
- 채소를 너무 익히지 말라. 긴 조리 시간은 영양소를 줄인다.
- 채소를 삶지 말고 찌거나 전자레인지에 돌려라. 채소를 삶으면 끓는 물에 영양소가 스며 나와 배수구로 버려질 뿐이다.

또한 비타민에는 수용성과 지용성이 있음을 알아야 한다. 이름에서 알 수 있듯이 지용성 비타민은 운반되기 위해서는 지방 용질이 필요하고 상주할 지방 조직이 필요하며, 수용성 비타민은 운반과 기능을 위해 수성 용질이 필요하다. 비록 서로 다른 환경이 비타민의 기능을 분리하는 것처럼 보일지라도, 이 비타민들 중 많은 것들이 실제로 상승 효과를 발휘하며 함께 작용한다. 예를 들어 비타민 E는 세포의 지방막에 있는 항산화 지용성 비타민이고, 비타민 C는 혈액의 수성 환경 내의 항산화제이다. 비타민 E가 잠재적으로 세포를 손상시킬 수 있는 산화 물질을 포획할 때, 비타민 E는 이 물질을 비타민 C에 넘겨서 운반할 수 있게 하고, 비타민 E가 또 다른 잠재적으로 손상을 줄 수 있는 산화 물질을 포획할 준비를 하게 된다. 이를 예로 들면, 모든 비타민과 무기질이 함께 작용한다고 생각하는 것이 최선이다. 그러므로 비타민이나 무기질에 단일로만 집중하는 것은 기능 저하를 일으키는 불균형을 초래할 수 있다.

우리는 모든 비타민을 저장할 수 있는 능력이 어느 정도는 있다. 예를 들어 만약 우리가 이틀 전에 많은 양의 비타민 C를 함유한 식사를 했지만 어제 먹은 음식에는 비타민 C가 없었다고 해도, 오늘 비타민 C 결핍 증상으로 고통받을 것이라고 생각하지는 않을 것이다. 비타민 C를 필요로 하는 세포는 비록 많은 양의 비타민을 저장할 수 있는 명확한 저장 창고가 없음에도 불구하고 그들이 필요로 하는 것보다 더 많은 양을 저장할 수 있다. 예를 들어 건강한 보통 사람은 하루에 약 15mg의 비타민 C를 사용하고 비타민 C의 일반적인 총 체내 저장 용량은 1,500mg이다. 이는 대부분의 건강한 사람들이(비타민 C 사용을 증가시키는 흡연과 같은 요소가 없다고 가정할 경우) 약 100일분의 영양을 비축하고 있음을 보여준다.

인간은 계절적 변화에 대응하기 위해 지용성 비타민을 저장할 수 있는 능력이 훨씬 더 크다. 예를 들어 겨울철에는 햇빛 노출이 적어 상대적으로 비타민 D 저장량이 많고, 비타민 A는 가을에는 많이 구할 수 있지만 다른 계절에는 그렇지 않은 고구마, 호박 등 노란색과 주황색 채소로부터 유래한다. 그러나 지용성 비타민은 저장 용량이 상대적으로 크다. 이러한 저장 용량의 차이는 수용성 비타민은 (아마도) 저장되지 않기 때문에 매일 섭취해야 한다는 일반적인 반복 권고에 기인한다. 수용성 비타민의 과잉 섭취분은 소변으로 배설되기 때문에 안전하다는 속설도 생겨났다. 지용성 비타민, 특히 비타민 A의 과다 섭취가 심각한 독성 효과를 일으킬 수 있다는 것은 사실이다. 수년 동안 상대적으로 낮은 독성 잠재력을 가진 것으로 여겨졌던 비타민 E도 하루에 400IU 이상 복용할 경우 모든 원인에 의한 사망률을 증가시키는 것으로 밝혀졌다.[7] 그러나 수용성 비타민을 과도하게 섭취하는 것 또한 문제로 이어질 수 있다. 대표적인 예가 비타민 B_6로, 비타민 B_6의 과잉 섭취는 말초신경장애(통증, 저림, 따끔거림을 유발하는 신경 손상)를 초래할 수 있다. 1~3년 동안 매일 500~5000mg이면 영구적인 손상을 일으키기에 충분하다.[8] 또 다른 문제는 인간이 섭취에 적응한다는 것이다. 그러므로 섭취량이 많아질수록 동일한 생물학적 효과를 얻는 데 필요한 양도 더 많아진다.

또한 우리가 섭취하는 많은 음식들이 특정한 영양소로 첨가되어 있다는 것을 고려하는 것이 중요하다(즉, 음식에서 일반적으로 찾아볼 수 없는 비타민과 무기질을 첨가하고 있는 음식). 예를 들면 우유는 비타민 A와 D가 첨가되어 있다. 또한 여성이 엽산 결핍 상태에서 임신을 할 때 발생할 수 있는 태아 신경관 결함(예: 척추 분열증)의 유병률을 줄이기 위한 시도로 곡물에 엽산을 첨가한다. 많은 음식들이 농축되는데, 이러한 농축은 가공 과정에서 손실된 영양분을 음식에 더하는 과정이다. 예를 들어 농축된 빵은 밀 곡물에서 밀가루로 가공하는 동안 제거된 비타민 B와 철분을 함유하고 있다.

Q&A

필요한 영양소를 충분히 섭취하기 위해 종합 비타민 보충제를 먹어야 하는가?

이상적으로, 운동선수는 필요한 영양소를 확실히 섭취하기 위해 적절한 양, 적절한 시간에 좋은 음식을 먹어야 한다. 올바른 음식을 먹는 것은 운동선수들이 필요한 모든 비타민을 제공하고 또한, 운동선수들이 건강을 유지하고 최선을 다하는 데 필요한 다른 중요한 식이 성분(섬유소, 열량, 식물 영양소)들을 제공한다. 보충제는 실제로 운동선수들에게서 그들이 섭취해야 하는 음식에 대한 관심을 빼앗는 안전 담요 역할을 할 수 있다. 영양학적 욕구를 충족시키는 것에 대해 관심이 줄어들면("보충제 먹었으니 음식에 신경 쓰지 않아도 괜찮아"와 같은 생각) 충분한 에너지를 섭취하지 못하는 등 경기력에 영향을 미칠 수 있다. 보충제로 섭취하는 대부분의 비타민들(예를 들어 비타민 B)이 신진대사에 중요한 도움을 준다는 것을 고려해야 한다. 관련된 에너지 없이 비타민만을 섭취하는 것은 별로 도움이 되지 않다. 또한, 일일 권장 요구량을 훨씬 초과하는 수준에서 섭취한 고영양분이 과잉 대사 세포(즉, 암 세포)에 과도한 영양분을 이용할 수 있게 하고 영양분에 대한 조직 민감도를 낮춤으로써 건강 위험을 증가시킬 수 있다는 증거가 증가하고 있다(만성적으로 너무 많이 제공하면 세포 거부 반응을 일으킬 수 있다). 보충제에 의해 제공되는 철분과 아연을 포함한 많은 양의 무기질은 독성을 초래할 수 있고, 또한 건강 문제를 일으킬 수 있다. 비타민에 대한 권장섭취량(RDA)은 24시간 단위로 제시되어 있지만 하루 동안 분배되는 식품의 섭취를 통해 충족되어야 한다고 간주한다. 보충제는 한 번 복용할 때 필요한 양보다 더 많은 양을 제공한다. 보충제에 대한 일반적인 규칙은 다음과 같다. 1) 음식 우선 접근법이 가장 좋다. 2) 알려진 생물학적 필요가 있을 때만 취해야 한다. 3) 과도함은 충분함만 못하다.

수용성 비타민

다음은 개별 수용성 비타민에 대한 논의이다. 이러한 비타민과 관련된 기능, 출처 및 발생할 수 있는 문제에 대한 요약은 표 2.2~2.11을 참조해라. 그림 2.1은 비타민 B와 에너지 대사 과정 사이의 여러 관계를 보여준다.

비타민 B_1

비타민 B_1(티아민)은 통곡물, 견과류, 콩류, 돼지고기를 포함한 다양한 식품 소재에 존재한다. 그것은 우리가 소비하는 음식의 에너지를 근육 에너지와 열로 전환시키기 위해 다른 비타민 B와 함께 작용한다. 티아민은 탄수화물 에너지 대사에 특히 중요한 효소인 활성 조효소 티아민 피로인산(TPP)과 에너지 반응에서 이산화탄소를 제거함으로써 이러한 대사 과정에 기여한다. 비타민 B_1의 일일 요구량은 에너지 섭취 및 요구량뿐만 아니라 탄수화물 섭취의 증가, 감염의 존재 및 신체 활동의 증가와 밀접한 관련이 있다. 운동선수들이 운동선수가 아닌 사람들보다 더 많은 에너지 대사를 하기 때문에, 티아민의 권장 섭취량이 증가한다. 그러나 운동선수들이 에너지 요구량을 충족시키기 위해 섭취하는 많은 음식들은 티아민을 포함하고 있기 때문에, 티아민 결핍으로 고통받는 운

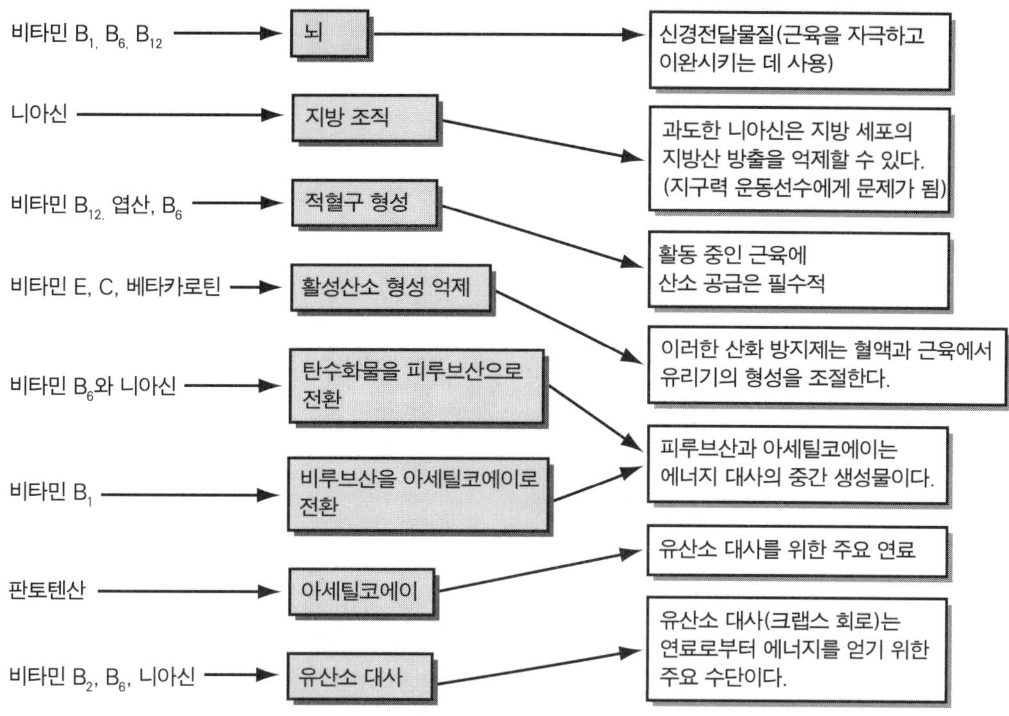

그림 2.1 에너지 대사 및 근육 기능에 대한 비타민의 관계

동선수를 보는 것은 드문 일이다.

티아민은 에너지 기질 활용에 중요한 역할을 하기 때문에, 티아민 결핍이 경기력에 부정적인 영향을 미칠 수 있다고 가정하는 것이 논리적이다. 티아민 결핍은 원하는 체중 조절을 위해 음식 섭취를 제한하는 체조 선수와 레슬링 선수를 포함한 특정 운동선수 그룹과 섭식 장애 진단을 받은 선수들에게서 발견된다. 그러나 티아민 결핍이 경기력에 미치는 부작용을 기록하기 위해 특별히 진행된 연구는 없었다.[10~14, 151] 최근 어드벤처 레이서와 산악 스키 선수들에 대한 연구는 신체적으로 활동적인 사람들의 티아민 결핍의 위험이 낮다는 것을 확인했다.[15, 16] 어드벤처 레이서의 비타민 B_1의 평균 섭취량은 남성의 경우 3.5(±3.2)mg, 여성의 경우 5.2(±6.5)mg이었다. 이 연구에서 18명의 남성 피실험자 중 14명, 6명의 여성 피실험자 중 3명이 적절한 양의 비타민 B_1을 섭취하고 있다는 것이 밝혀졌다. 산악 스키 중 비타민 B_1의 평균 섭취량은 권장량의 163%였다. 운동선수들에 대한 이러한 연구들은 티아민 섭취가 제한적으로Kcal를 섭취하는 운동선수들에게만 문제를 일으킬 가능성이 있다는 것을 시사한다.

대표적인 티아민 결핍 질환은 중추 신경계에 문제를 일으켜 균형 상실과 심할 경우 심부전을 초래하는 각기병이다.[192] 티아민은 에너지 대사에 관여하기 때문에, 결핍의 초기 증상에는 근육 약화나 통증과 혼란이 포함된다. 결핍의 다른 증상으로는 신경증상, 심장병, 피로 등이 있다.

티아민(남성 1.2mg/일, 여성 1.1mg/일)의 DRI는 운동선수에게는 부적합할 수 있다. 실제 요구량은 소비되는 1,000Kcal당 약 0.5mg의 티아민을 기반으로 하고 있고, 운동선수들은 종종

표 2.2 비타민 B_1 요약 가이드

다른 이름	티아민
영양소 섭취 기준(DRI)	성인 남성: 1.2mg/일 성인 여성: 1.1mg/일
운동선수를 위한 권장 섭취량	총 소비 칼로리에 따라 하루 1.5~3.0mg(고칼로리 = 그 이상)
기능	탄수화물 대사, 신경계 기능
좋은 식품 소재	통곡물 시리얼, 콩, 돼지고기, 농축 곡물
결핍	각기병 증상: 혼란, 거식증, 허약, 종아리 통증, 심장병
독성	알려지지 않음(안전 상한이 정립되지 않음)

3,000Kcal 이상을 소비한다(5000~6000Kcal 정도를 소비할 수도 있다). 티아민 섭취의 상한은 하루에 6,000Kcal 이상을 섭취하는 운동선수의 경우에도 3.0mg 정도이다. 그러므로 많은 양의 에너지를 소비하는 운동선수는 일일 권장량의 2배(약 2.2~2.4mg/일)를 섭취하게 권장하는 것이 타당하다. 운동선수는 보통 티아민의 좋은 공급원이 되는 풍부하고 강화된 고탄수화물 음식을 섭취한다. 이것은 영양 상태가 좋은 대부분의 운동선수들이 이미 매일 권장 섭취량 이상의 티아민을 섭취하도록 만든다. 티아민 결핍이 의심되는 경우, 적혈구 트랜스케톨레이스 활성(ETKAC)의 생화학적 평가를 통해 결핍을 신뢰성 있게 판단할 수 있다. 하루 1.0nmol의 수치는 정상으로 간주되며, 더 높은 수치는 티아민 결핍을 암시한다.

비타민 B_2

비타민 B_2(리보플라빈)는 조효소인 플라빈 아데닌 다이뉴클레오타이드(FAD)와 플라빈 모노뉴클레오타이드(FMN)를 통해 에너지 생산과 정상적인 세포 기능에 관여한다. 이러한 조효소는 주로 섭취된 탄수화물, 단백질, 지방으로부터 에너지를 얻는 데 관여한다. 리보플라빈의 식품 공급원에는 유제품(예: 우유, 요구르트, 코티지 치즈), 짙은 녹색 잎이 무성한 채소(예: 시금치, 근대, 겨잣잎, 브로콜리, 피망), 통곡물, 그리고 농축 곡물 식품이 포함된다. 우유가 불투명한 용기에 담겨 팔리는 이유 중 하나는 리보플라빈이 자외선에 의해 파괴될 수 있기 때문이다. 당신은 신선한 고기 조각을 자를 때 실제로 리보플라빈을 봤을지도 모른다. 처음에는 다양한 색깔의 무지개가 절단면에 나타난다. 그러나 리보플라빈은 빛에 노출되면 색이 사라진다.

리보플라빈 결핍 증상이 운동선수들에게서 흔하다는 연구 결과는 없다. 또한 일일 권장량보다 더 많이 섭취해도 명백한 독성 증상이 나타나지 않는다. 몇몇 연구들은 운동선수들이 1,000Kcal당 약 0.6mg에 기반하는 DRI보다 더 높은 요구량을 가질 수 있다고 제안했다. 체중 감량을 시도하는 여성과 운동 중인 여성에 대해 시행된 일련의 연구를 통해 리보플라빈 요구량은 1,000Kcal당 0.63~1.40mg인 것으로 밝혀졌다.[17~19]

신체 활동이 요구량을 1,000Kcal당 0.5mg보다 약간 높은 수준으로 증가시킨다는 증거가 있지만, 그래도 1,000Kcal당 1.6mg을 넘지 않는다.[20] RDA 이상의 섭취로 운동 능력이 향상되었다는

표 2.3 비타민 B_2 요약 가이드

다른 이름	리보플라빈
영양소 섭취 기준(DRI)	성인 남성: 1.3mg/일 성인 여성: 1.1mg/일
운동선수를 위한 권장 섭취량	1.1mg/1,000 칼로리
기능	에너지 신진대사, 단백질 대사, 피부 건강, 눈 건강
좋은 식품 소재	신선한 우유 및 유제품, 달걀, 짙은 녹색 잎 채소, 통곡물 시리얼, 농축 곡물
결핍	혓바닥, 입술, 입의 염증 또는 입, 코, 눈의 모서리에 금이 가고 건조한 피부 또는 밝은 빛 민감성, 허약, 피로
독성	알려지지 않음(안전 상한이 정립되지 않음)

연구 결과는 없다.[152] 리보플라빈 보충제의 필요성은 높지 않지만, 비타민의 저용량 보충제가 뚜렷한 독성 증상을 유발하지 않기 때문에, 운동선수들은 B-복합 보충제의 일부로 1.6~3.0mg의 리보플라빈을 제공하는 보충제를 섭취할 수 있다. 이러한 섭취 수준은 운동선수들이 극도로 높은 용량(RDA의 100배 이상)과 관련된 증상(두통, 메스꺼움, 허약)을 피하는 데 도움이 되는 적절한 예방 조치 역할을 할 것이다.[21]

채식주의 운동선수들은 특히 콩과 유제품을 포함한 리보플라빈의 좋은 공급원의 섭취를 피한다면 리보플라빈 결핍의 위험이 더 높을 수 있다.[22] 운동 요법의 강도를 증가시키는 채식주의 운동선수들은 특히 그들의 규칙적인 음식 섭취에 리보플라빈의 식물 공급원을 포함시키지 않다면 더 높은 위험에 처하게 될 것이다(공급원: 전체 곡물 및 농축 곡물, 콩 제품, 아몬드, 아스파라거스, 바나나, 고구마, 밀 세균).[23] 리보플라빈은 일반적으로 혈청 적혈구 글루타티온 환원효소 활성 계수(EGRAC)를 통해 측정되며, 정상 수치는 크레아틴 1g당 1.2, 낮은 수준은 1.2~1.4, 결핍 수준은 1.4이다.

니아신

니코틴아마이드와 니코틴산으로도 불리는 니아신은 탄수화물, 단백질, 지방으로부터의 에너지 생산, 글리코겐 합성, 활성 조효소를 통한 정상적인 세포 대사에 관여한다. 이러한 효소인 니코틴아마이드 아데닌 다이뉴클레오타이드(NAD)와 니코틴아마이드 아데닌 다이뉴클레오타이드 인산염(NADP)은 정상적인 근육 기능에 필수적이다.

니아신은 고기, 전곡 또는 농축된 곡물, 씨앗, 견과류, 콩류에서 발견된다. 신체 세포는 붉은 고기, 생선, 가금류에서 상대적으로 많은 양의 아미노산인 트립토판으로부터 니아신을 합성할 수 있다(60mg의 트립토판은 1mg의 니아신을 생산한다). 많은 음식들이 니아신이나 아미노산 트립토판을 함유하고 있기 때문에, 운동선수들이 하루에 권장 섭취량인 14~16mg 또는 섭취 열량 1,000Kcal당 6.6 니아신 등가물(NE)을 섭취하는 것은 어렵지 않다. 니아신 등가물은 니아신 1mg 또는 식이 트립토판 60mg과 같다. 니아신 등가물의 측정 단위는 이전에 형성된 니아신과 트립토판을 모두 고려해야 한다.

니아신의 결핍은 근육 약화, 식욕 부진, 소화불량, 피부 발진을 일으킨다. 과다한 니아신 섭취

표 2.4 니아신 요약 가이드

다른 이름	비타민 B_3, 니아신아마이드, 니코틴산, 니코틴아마이드
영양소 섭취 기준(DRI)	성인 남성: 16mg/일 성인 여성: 14mg/일
운동선수를 위한 권장 섭취량	14~20mg/일
기능	에너지 대사, 당분해, 지방 합성
좋은 식품 소재	트립토판이 많이 함유된 식품(니아신으로 전환될 수 있는 아미노산): 우유, 계란, 칠면조, 닭고기 니아신이 많이 함유된 식품: 통곡물, 살코기, 생선, 가금류, 농축 곡물
결핍	펠레그라 증상: 거식증, 피부 발진, 치매, 허약, 무기력증
독성	상한 섭취량: 9세 미만의 어린이: 10~15mg/일 어린이와 성인(9~70세 이상): 20~35mg/일 증상: 사지의 홍조, 화끈거림 및 따끔거리는 느낌. 만성적으로 다량 섭취 시 간염 및 위궤양.

는 독성 증상을 일으킬 수 있다. 증상에는 위장 장애와 더위먹음(얼굴이 붉어지거나 상기됨)이 포함된다. 또한 목, 얼굴, 손가락 주위에 따끔따끔한 느낌이 들 수도 있다. 이러한 증상들은 혈중 지질을 낮추기 위해 많은 양의 니아신을 복용하는 사람들에게서 흔히 보고된다. 니아신 결핍으로 인한 임상적 결핍 질환은 펠라그라(홍반병)라고 불리는데, 기본적인 주식에 가해진 유전자 변형(사실상 현재 섭취 가능한 모든 옥수수는 트립토판 함량이 높은 옥수수이다) 덕분에 이 질환은 기근으로 고통받는 인구를 제외하고는 드물다. n-메틸니코틴아마이드(NMN)의 소변 배출은 하루에 17.5~46.7umol 수준에서 양호한 것으로 간주되며, 이 수준 미만은 낮은 것으로 간주된다. 결핍의 증상에는 식욕 부진, 허약, 우울증, 빛에 대한 민감성이 포함된다. 펠라그라의 증상은 설사, 치매, 피부염, 사망의 네 가지 상태를 포함한다. 니아신은 이제 육류, 콩류, 땅콩, 통곡물과 농축된 빵과 시리얼에서 비교적 쉽게 얻을 수 있다.[153]

니아신 보충제가 경기력에 미치는 효과를 평가하는 연구에서, 과도한 니아신이 지방 대사의 감소를 야기했기 때문에 지구력이 감소되었음을 보여주었다.[24~26] 이는 신체 활동을 지원하기 위해 탄수화물 연료에 더 많이 의존하게 되는 결과를 낳았다. 글리코겐 저장량은 제한적이기 때문에 니아신 보충제를 복용하는 운동선수들은 지구력이 떨어졌다. 현재까지 신체 활동에 따라 니아신의 요구량이 증가한다는 증거는 없으며, 지방 대사에 부정적인 영향을 미치기 때문에 보충제를 통한 니아신의 과다 섭취가 운동 기능에 부정적인 영향을 미칠 수 있다는 연구 결과도 있다.[154, 155]

비타민 B_6

비타민 B_6는 모두 동일한 대사 활성을 보이는 여러 화합물(피리독신, 피리독살, 피리독사민, 피리독신5-인산, 피리독사민5-인산, 피리독사민5-인산 피리독신)을 말한다. 비타민 B_6는 육류(특히 간)에 가장 많이 농축되어 있으며 맥아, 생선, 가금류, 콩류, 바나나, 현미, 통곡물 시리얼 및 채소에서도 발견된다. 비타민 B_6는 아미노산 대사에 관여하며 단백질 소비와 밀접한 관련이 있다. 단백질 섭취량이 많을수록 더 많은 비타민 B_6 섭취가 요구된다. 일반적으로 단백질과 비타민 B_6는 자동적으로 결합한다. 왜냐하면 단백질 함량이 높은 음식일수록 비타민 B_6를 더 많이 함유하고 있기 때문이다. 성인의 비타민 B_6 하루 요구량은 단백질 1g당 0.016mg이고,[9] 일반적인 단백질을 섭취하는 사람들은 보통 이 정도면 충분하다. 그러나 많은 운동선수들이 비타민 B_6가 없는 정제 보충 형태의 단백질(단백질 파우더, 아미노산 파우더 등)을 섭취하기 때문에 보충 단백질 섭취량이 많은 운동선수들은 B_6 섭취가 부적절할 수 있다.

비타민 B_6는 아미노산과 단백질의 생성을 도와 단백질 합성과 관련된 반응(트랜스아미노화 반응)에서 기능하며, 아미노산과 단백질을 분해하는 반응(탈아미노화 반응)에 관여함으로써 단백질 이화작용에도 관여한다. 비타민 B_6는 근육, 헤모글로빈, 그리고 다른 단백질의 제조에 도움을 주기 때문에 경기력에 매우 중요하다. 또한 비타민 B_6의 주요 효소인 피리독살 인산염은 글리코겐 가인산분해효소를 통해 에너지를 얻는 근육 글리코겐의 분해에 관여한다. 비타민 B_6의 다른 기능으로는 세로토닌(수면에 중요함)의 형성과 리신으로부터 에너지를 얻기 위해 지방을 미토콘드리아로 운반하는 데 필요한 카르니틴의 합성이 있다. 일부 운동선수들이 비타민 B_6 상태가 좋지 않아 운동 성적에 부정적인 영향을 미칠 수 있다는 증거가 있다.[31~34]

비타민 B_6의 만성적인 결핍은 말초 신경염(손, 발, 팔, 다리의 신경 기능 상실), 무감각증(균형 상실), 과민성, 우울증, 그리고 경련의 증상을 일으킨다. 수산염 신장결석 또한 결핍과 관련이 있다.[153] 주로 보충제의 섭취로 인한 비타민 B_6의 과잉 섭취는, B_6 결핍에서 볼 수 있는 것과 유사한 독성 증상으로 이어질 수 있다. 여기에는 무감각증과 심각한 감각신경 병증이 포함된다. 독성 증상은 하루 평균 119mg과 동일한 영양제를 복용하는 여성에게서 보고되었다.[28, 29] 1L당 20~30nmol 이하의 혈장 피리독살 5-인산은 부적합한 것으로 간주된다.

표 2.5 비타민 B_6 요약 가이드

다른 이름	피리독신, 피리독살, 피리독사민
영양소 섭취 기준(DRI)	성인 남성: 1.3~1.7mg/일 성인 여성: 1.3~1.5mg/일
운동선수를 위한 권장 섭취량	1.5~2.0mg/일
기능	단백질 대사, 단백질 합성, 지방과 탄수화물의 대사, 신경전달물질 형성, 당분해
좋은 식품 소재	고단백 식품(고기), 통곡물 시리얼, 농축 시리얼, 계란
결핍	메스꺼움, 구강염, 피부염, 설염, 구순구강염, 근육 약화, 우울증, 경련, 면역력 저하
독성	섭취 상한선: 9세 미만의 어린이: 30~40mg/일 어린이와 성인(9~70+세): 60~100mg/일 증상: 말초신경염(사지 감각 상실), 균형 및 조정력 상실

비타민 B_6는 종종 중요한 에너지 대사와 운동으로 근육의 획득을 향상시킬 수 있는 성장 호르몬의 생성을 포함한 여러 기능을 가진 자연적이고 합법적인 물질로 판매된다.[35, 37] 그러나 운동선수들은 비타민 B_6 보충제의 복용을 고려하기 전에, 대부분의 사람들은 B_6를 적절하게 섭취하고 있고 보충제 복용량이 과하면 비타민 독성을 일으킬 수 있다는 것을 고려해야 한다.[31, 38] 중요한 것은 만약 적절한 에너지를 가진 균형 잡힌 식단을 섭취한다면 비타민 B_6 보충은 운동 능력을 향상에 필요하지 않다.[39]

비타민 B_{12}

비타민 B_{12}는 모든 비타민들 중에서 화학적으로 가장 복잡하다. 비타민 B_{12}는 화학명인 코발아민의 이름에서 알 수 있듯이 무기질인 코발트를 포함하고 있고, 적혈구 형성, 엽산의 대사, DNA의 합성, 그리고 신경학적 발달에 필요한 물질이다.

비타민 B_{12}의 주요 식품원은 동물성 식품(육류, 달걀, 유제품 등)이다. 발효된 음식을 제외하고, 일반적으로 과일, 채소, 콩류, 그리고 곡류에서는 발견되지 않다. 또한 내장 박테리아도 적은 양의 흡수 가능한 비타민 B_{12}를 생산할 수 있다.[39] 모든 육식을 피하는 채식주의자 또는 채식주의 운동선수들은 두부, 템페, 콤부차, 해초, 그리고 몇몇 종류의 사우어크라우트와 발효차와 같은 발효 음식을 정기적으로 섭취하지 않는 한 비타민 B_{12} 결핍에 걸릴 위험이 있다. 몇몇 두유 또한 비타민 B_{12}가 강화되어 있다.

B_{12} 결핍은 위 기능이 저하된 노인들에게서 가장 흔하게 발생하는 빈혈의 한 형태인 악성 빈혈을 일으킨다. 위는 보통 비타민 B_{12} 흡수에 필요한 내인자라는 물질을 생산한다. 비타민 B_{12}를 정상적으로 섭취하더라도 노화로 인한 내인자의 위 합성의 감소는 흡수 불능으로 인해 결핍증을 초래할 수 있다. 악성 빈혈의 증상에는 피로, 근육의 조정력 저하(마비로 이어질 가능성이 있음), 그리고 치매가 있다. 50세 이상의 사람들은 악성 빈혈의 위험을 줄이기 위해 입에서 용해되어 구강 점막을 통과하여 혈액으로 들어가는 B_{12}의 설하 보충제를 섭취하는 것이 권장된다.[156] 비타민 B_{12}의 투여를 평가하는 연구는 일반적인 경구 대체요법과 설하 보충제(둘 다 500mcg)를 비교했고 4주 투여 후 비타민 B_{12}의 혈청 농도에 차이가 없음을 밝혀냄으로써 설하 보충제의 효과를 시사했다.[45]

많은 운동선수들은 경기 전에 많은 양의 비타민 B_{12}(종종 1g까지)를 주입하면서 비타민 B_{12}를 남용해 왔다.[40, 41] 하지만 비타민 B_{12}를 과도하게 섭취했을 때 경기력 향상을 돕는 무언가가 일어난다는 증거는 없다.[42~44]

운동선수들이 B_{12} 결핍을 포함한 어떤 종류의 결핍도 피할 수 있도록 도와줄 음식을 먹는 것은 확실히 이치에 맞다. 비타민 B_{12} 결핍으로 인한 빈혈은 산소 운반 능력을 감소시켜 운동수행력에 분명한 영향을 미쳐 지구력 저하로 이어진다. 다만 거대적혈모구빈혈 진단을 받지 않는 한 균형 잡힌 식단을 섭취할 경우 보충제를 복용할 근거가 없다. 이상적으로는 철분 결핍성 빈혈과 악성 빈혈에 대한 혈액 검사를 정기적으로 수행하여 진정한 결핍을 기록해야 한다. 결핍과 빈혈이 발견되면, 빈혈이 해결될 때까지 의사의 감독하에 상태를 해결하기 위한 적절한 경구 보충제를 복용해야 한다.

비타민 B_{12} 상태가 나쁘면 악성빈혈이 나타난다. 혈청 또는 혈장 비타민 B_{12}가 1L당 148nmol

표 2.6 비타민 B_{12} 요약 가이드

다른 이름	코발아민
영양소 섭취 기준(DRI)	성인 남성: 2.4mcg/일 성인 여성: 2.4mcg/일
운동선수를 위한 권장 섭취량	2.4~2.5mcg/일
기능	단백질 대사, 단백질 합성, 지방과 탄수화물의 대사, 신경전달물질 형성, 당분해
좋은 식품 소재	동물성 식품(고기, 생선, 가금류, 계란, 우유, 치즈), 강화된 곡물, 발효 식품, 해초
결핍	악성 빈혈(엄격한 채식주의자한테서 발병 위험이 높긴 하지만 비타민의 흡수 부실로 인해 발병할 가능성이 높음) 증상: 정신 기능 저하를 동반할 수 있는 허약, 쉽게 피로해짐, 설염, 신경계 질환
독성	일일 권장량은 6mcg이지만 상한 섭취량이 설정되지 않음

미만, 혈장 호모시스테인 16umol 이상, 거대적혈모구빈혈(너무 적은 수의 크고 약한 적혈구)이 악성 빈혈의 특징이다. 결핍의 초기 증상에는 미묘하게 정신 기능이 저하되는 것이 포함된다. 후기 증상으로는 구강염, 대적혈구성빈혈(수가 너무 적고 크고 연약한 적혈구), 쉽게 피로해짐, 발가락과 손가락의 저림 등이 있다.[153]

엽산과 폴산

자연적으로 발생하는 형태인 엽산은 간, 효모, 잎줄기채소, 과일, 콩류 등의 식품 공급을 통해 고농도로 널리 섭취 가능하다. 합성 형태인 엽산은 또한 현재 미국 내의 곡물 제품(빵, 시리얼, 스파게티)에서 강화되며, 강화식품은 음식 100g당 약 140㎍의 엽산을 전달한다. 신선한 식품의 엽산은 오랜 보관 시간과 가정에서 흔히 사용되는 식품 준비 기술(예: 자외선, 고열 및 가열된 산 용액. 식초 또는 레몬 주스)을 통해 쉽게 파괴되므로 자연적으로 생성되는 엽산의 생물학적 가용성은 신선 식품과 가공되지 않은 식품에서 더 우수하다. 강화식품에 존재하는 엽산의 생물학적 가용성은 자연 발생 엽산보다 더 안정적이며 따라서 비타민의 더 일관된 공급원이 될 수 있다.

엽산은 아미노산 대사 및 핵산 합성(RNA 및 DNA)에서 기능한다. 임신 6~12개월 전과 임신 중 적절한 엽산 섭취는 태아의 신경관 결함(특히 척추분열)의 방지와 관련이 있다.[46, 47] 엽산은 식이 엽산 당량(DFE)으로 측정되며, 여기서 1 DFE는 다음과 같다.

- 1.0㎍의 식품 엽산
- 강화 식품 또는 식품과 함께 소비되는 보충제로서 0.6㎍의 엽산 또는
- 공복에 소비되는 0.5㎍의 엽산 보충제

또한 엽산과 비타민 B_{12}는 건강한 새로운 적혈구를 형성하기 위해 함께 작용한다. 엽산 결핍은 거대적혈모구빈혈을 포함한 세포 합성의 변화를 초래한다. 적혈구와 백혈구는 물론 위장관과 자

표 2.7 엽산 요약 가이드

다른 이름	엽산
영양소 섭취 기준(DRI)	성인 남성: 400mcg/일 성인 여성: 400mcg/일
운동선수를 위한 권장 섭취량	400mcg/일
기능	메티오닌(필수 아미노산) 대사, DNA 형성, 적혈구 형성, 정상적인 태아 발달
좋은 식품 소재	녹색 잎줄기채소, 콩, 통곡물 시리얼, 오렌지, 바나나
결핍	거대적혈모구빈혈, 신경관 결함(임신 중 섭취 부족이 원인) 증상: 허약, 쉽게 피로해짐, 신경계 질환
독성	상한 섭취량(UI): 9세 미만의 어린이: 300~400mcg/일 어린이와 성인(9~70+세): 600~1,000mcg/일 증상: 정립되지 않음

궁의 조직 등을 포함하는 회전이 빠른 조직은 엽산 결핍에 취약하다. 결핍 증상에는 위장 장애(설사, 흡수불량, 통증)와 혀가 붉게 부풀어 오르는 증상이 포함될 수 있다. 결핍의 후기 증상으로는 거대적혈구빈혈, 쉽게 피로해짐, 식욕 부진, 구각구순염(입술 주위가 갈라짐), 구강염, 수면장애, 창백해짐 등이 있다.[153]

과도한 엽산 섭취는 비타민 B_{12} 결핍을 가릴 수 있고, 일반적으로 추가적인 섭취를 통해 많은 양의 엽산에 노출되면 특정 암의 위험이 증가할 수 있음을 시사하는 여러 연구들이 있다.[48~50] 반면, 높은 엽산 섭취가 경기력에 이로운 영향을 미친다는 것을 시사하는 연구는 없다. 그러나 운동선수들은 다양한 스포츠에서 신체가 받는 타격으로 인해 평균 이상의 조직 회전율을 가지고 있고, 적혈구 회전율이 비운동선수보다 운동선수가 더 빠르다는 증거 때문에, 운동선수가 적절한 엽산 섭취를 하고 있는지를 확인하는 것은 필요하다.[51, 52] 신중한 접근법은 엽산으로 강화된 통곡물과 신선한 과일과 채소를 포함한 음식의 규칙적인 소비를 이용하는 것이다. 이것이 불가능한 경우 영양소 섭취 기준(400mcg/일) 정도의 일일 보충제는 엽산 상태를 유지하는 데 효과적이다.

적정성을 결정하기 위한 권장 조치로는 혈청 또는 혈장 엽산(최근 엽산 섭취량)과 적혈구 엽산(RBC) 엽산(장기 엽산 섭취량)을 측정하는 것이 있다. 혈장 호모시스테인 측정도 엽산 기능의 척도이다. 혈청 엽산의 나쁜 상태는 1L당 7nmol 미만, RBC 엽산의 나쁜 상태는 1L당 305nmol 미만, 호모시스테인의 나쁜 상태는 1L당 16umol 이상이다.[153]

비오틴

비오틴은 마그네슘과 아데노신삼인산과 함께 이산화탄소 대사, 새로운 포도당 생성, 탄수화물 대사, 글리코겐, 지방산 및 아미노산의 합성 등에 관여한다.[9] 비오틴의 좋은 식품 소재에는 고기, 계란 노른자, 콩가루, 간, 정어리, 호두, 피칸, 땅콩, 효모가 포함된다. 과일은 비타민의 좋지 않은 식이 공급원이다. 장내 박테리아 또한 비오틴을 합성한다. 이러한 장내 합성 때문에 비오틴의 결핍

표 2.8 비오틴 요약 가이드

다른 이름	없음
영양소 섭취 기준(DRI)	성인 남성: 30mcg/일 성인 여성: 30mcg/일
운동선수를 위한 권장 섭취량	30mcg/일
기능	포도당 및 지방산 합성, 포도당 신생합성, 유전자 발현
좋은 식품 소재	계란 노른자, 콩류, 짙은 녹색 잎줄기 채소(장내 세균에 의해서도 생산됨)
결핍	거식증, 우울증, 근육통, 피부염
독성	수용 가능한 최대 상한선이 정립되지 않음

은 드물지만 비오틴에 결합하고 흡수를 위해 사용할 수 없게 만드는 단백질인 아비딘을 함유한 날달걀 흰자의 다량의 섭취를 통해 유도될 수 있다(비오틴 대사를 방해하기 위해서는 20개의 날달걀 흰자가 필요하다).

결핍이 생기면 식욕 부진, 피로, 구토, 우울증, 피부염 등이 나타난다.[153] 비오틴 결핍에 대한 좋은 검사는 소변 바이오틴 배출량을 평가하는 것으로, 일일 18nmol 이하에서 결핍된 것으로 간주된다.[153] 운동선수들이 비오틴 결핍의 위험에 처해 있다는 증거는 없으며, 비오틴과 경기력 사이의 관계에 대한 정보는 존재하지 않다. 그러므로 제안된 DRI를 초과하는 운동선수의 비오틴 섭취는 권장될 수 없다.

판토텐산

비타민 B_5라고도 불리는 수용성 비타민인 판토텐산은 탄수화물, 단백질, 지방 대사로부터 에너지를 끌어내는 중간 생성물인 조효소 A(CoA)의 합성에 필요하다. 또한 지방산의 합성에도 필요하다. 판토텐산은 식품에 널리 분포되어 있어 판토텐산의 결핍이 드물다. 판토텐산 결핍은 2차 세계대전에서 적절한 식사를 하지 못한 포로들에게서 관찰되었는데, 그들은 발의 통증과 저림, 따끔거림을 포함한 증상들을 보였다.[157] 이러한 결핍이 발생하면 증상은 쉽게 피로해짐, 허약함, 위장 장애, 두통, 발의 따끔거림과 저림, 불면증이 포함된다.[158] 하루 11.8mmol 이상의 판토텐산이 오줌으로 배출되면 좋은 상태로 간주되며, 하루 5mmol 미만은 나쁜 상태로 간주된다. 판토텐산의 좋은 공급원에는 쇠고기 간, 해바라기씨, 생선, 요구르트, 바닷가재, 아보카도, 그리고 고구마가 포함되지만, 사실상 일반적으로 소비되는 모든 음식에는 판토텐산이 포함되어있다. 판토텐산의 보충 복용량은 일반적으로 판토텐산의 유사체인 판테놀의 형태로, 보통 하루에 10mg, 즉 영양소 섭취 기준의 2배이다. 판토텐산의 독성은 알려져 있지 않으며, 허용되는 상위 섭취 수준(UL)이 확립되어 있지 않다.

비록 판토텐산이 에너지 대사의 중요한 요소이고 운동 수행에도 중요한 요소이지만, 제한적인 섭취를 하지 않는 운동선수들은 충분한 양의 비타민을 섭취하고 있을 가능성이 높기 때문에 판토텐산을 보충할 필요는 없다. 판토텐산을 다량 보충 복용하면 세포 흡수를 위해 비오틴과 충돌할

표 2.9 판토텐산 요약 가이드

다른 이름	판토텐산염, 비타민 B_5
영양소 섭취 기준(DRI)	성인 남성: 5mg/일 성인 여성: 5mg/일
운동선수를 위한 권장 섭취량	4~5mg/일
기능	포도당신생합성과 아세틸콜린 합성, 조효소 A의 일부로서의 에너지 대사
좋은 식품 소재	가공 및 정제 식품을 제외한 모든 식품
결핍	피로감, 허약, 위장 장애, 두통, 발이 얼얼하거나 저림, 불면증
독성	일일 권장량은 10mg이지만 상한 섭취량이 정립되지 않음

수 있기 때문에, 다량 보충 복용 시 주의해야 한다.[159]

콜린

콜린은 '진정한' 비타민으로 여겨지지는 않지만, 수용성 비타민의 특성을 가지고 있고 1998년 의학 연구소[160]에 의해 필수 영양소로 분류되었기 때문에 여기에 포함한다. 가장 최근(2013~2014) 국민건강 영양 검진 조사에서 콜린의 하루 평균 섭취량이 충분섭취량(AI)[161] 이하인 것으로 나타났다. 콜린의 기능 중 특히 운동선수에게 중요한 것은 근육 조절이다. 신경전달물질인 아세틸콜린을 통한 신경전달물질 기능도 기억력과 정신력에 중요하며 지질전달과 신진 대사에 필수적이다.

인간은 간에서 콜린을 제조할 수 있지만, 이 합성 수준은 전체 신체 요구량을 충족시키기에 적절하지 않다. 그러므로 음식을 통해 콜린을 규칙적으로 섭취하는 것이 중요하다.[162] 콜린을 충분히 섭취하지 않으면 근육 손상, 심장 손상, 간 손상, 비알코올성 간 질환이 발생할 수 있다. 콜린 가용성이 낮으면 심장 질환의 요인으로 알려진 호모시스테인이 증가한다.[163] 콜린 결핍 장애는 콜린이 몸 내부에서 합성되기 때문에 드물지만, 일반적으로 콜린의 불충분한 식이 섭취가 쉽게 진단되지 않는 준임상적 질환에 걸리게 할 수 있다는 우려가 있다.[164~166] 아미노산 메티오닌이 비교적 높은

표 2.10 콜린 요약 가이드[160]

다른 이름	없음
충분섭취량 (영양소 섭취 기준은 존재하지 않음)	성인 남성: 550mg/일 성인 여성: 425mg/일
운동선수를 위한 권장 섭취량	550mg/일
기능	신경전달물질 아세틸콜린 합성, 단백질 합성
좋은 식품 소재	달걀, 생선, 십자화과 채소(배추, 브로콜리, 콜리플라워), 콩
결핍	지방간 질환, 심장 질환, 신장 질환
독성	상한 섭취량: 3,500mg/일 증상: 만성 수치 10,000mg/일 이상이면 비린내, 저혈압, 실신 발생

식품(예: 간, 달걀, 콩, 십자화과 채소)은 인체가 콜린을 제조하는 것을 돕고 결핍에 걸릴 가능성을 감소시킨다. 콜린의 적정성을 평가하기 위해 혈장 콜린의 수준은 1L당 7~20umol 범위여야 한다. 혈장 수치가 이 범위보다 낮으면 심각한 결핍을 나타낸다.

비타민 C

L-아스코르브산이라고도 불리는 비타민 C는 항산화제로 기능하며 결합 조직 단백질인 콜라겐을 형성하는 반응에 관여한다. 또한 다음과 같은 명확한 기능을 갖추고 있어 잠재적으로 운동 능력에 영향을 미칠 수 있다.[53]

- 에너지 대사를 위해 지방산을 미토콘드리아로 운반하는 운반 분자 카르니틴의 합성을 도움
- 글리코겐을 빠르게 분해하여 활동 중인 근육에 포도당을 제공할 수 있는 신경전달물질인 에피네프린과 노르에피네프린의 생성을 도움
- 과일과 채소로부터 단백 내에 함유된 철을 운반하고 흡수하는 데 도움(철분 결핍은 운동선수에게 큰 문제이기 때문에, 음식에서 철분의 가용성을 개선하는 어떤 방법이라도 바람직함)
- 강력한 이화 호르몬인 코르티솔의 합성에 도움
- 비타민 E의 활성 항산화 상태에 대한 재합성 촉진

신선한 과일과 채소는 비타민 C의 가장 좋은 공급원이다. 곡물에는 비타민 C가 첨가되어 있을 수 있지만, 강화되지 않은 곡물은 나쁜 공급원으로 여겨진다. 요리와 자연 발생 산소에 노출되면 비타민 C가 파괴된다. 비록 신선한 채소가 비타민 C의 좋은 공급원이지만, 비타민 C가 물에 녹기 때문에 물에서 요리된 채소는 비타민 C가 제거될 수 있다. 비타민 C의 불충분한 섭취로 인한 결핍증은 괴혈병이라고 불리고, 지금은 매우 드물다. 증상으로는 허약, 상처 치유 불량, 출혈, 잇몸 출혈 등이 있다.

표 2.11 비타민 C 요약 가이드

다른 이름	아스코르브산, 아스코르브산염, 데하이드로아스코르브산, L-아스코르브산
영양소 섭취 기준(DRI)	성인 남성: 90mg/일 성인 여성: 75mg/일
운동선수를 위한 권장 섭취량	200~400mg/일
기능	콜라겐 형성, 철분 흡수, 에피네프린 형성
좋은 식품 소재	신선한 과일(특히 감귤류와 체리) 및 채소
결핍	괴혈병(드묾) 증상: 잇몸 출혈, 근육과 힘줄의 악화, 돌연사
독성	상한 섭취량: 9세 미만의 어린이: 400~650mg/일 어린이와 성인(9~70+세): 1.2~2.0g/일 증상: 1일 1g 이상의 만성 섭취로 신장결석 형성 위험 증가

비타민 C를 다량(성인의 경우 하루 최대 10,000mg) 섭취하면 독성이 생긴다는 증거는 제한적이다. 비타민 C의 상한 섭취량은 일부 사람들이 겪을 수 있는 설사와 다른 위장 문제의 위험을 낮추기 위해 하루에 2,000mg으로 정립되었다. 옥살산은 비타민 C의 대사산물이고, 칼슘 옥살산 신장결석의 구성 요소이기 때문에, 비타민 C의 보충 섭취가 위험을 증가시킬 수 있다는 우려가 제기되었다. 지금까지 보충 용량(하루 1,500mg 미만)이 신장결석 형성 위험을 증가시키는지에 대한 증거가 상충된다. 일부 연구는 더 높은 위험성을 나타내며,[167, 168] 다른 연구는 위험이 없다고 보고하고 있다.[169, 170] 하루에 100~200mg을 섭취하면 신체를 비타민 C로 포화시킬 수 있지만[54] 사람들은 종종 매일 DRI 75~90mg을 훨씬 상회하는 1000~2000mg의 복용량을 섭취한다. 미국에서 음식만으로 섭취하는 성인의 비타민 C 평균 섭취량은 영양소 섭취 기준보다 높은 93~130mg이라는 점에 유의하자.[171, 172] 혈청 수치가 23mmol/L를 초과하는 비타민 C는 적절한 것으로, 이보다 낮은 수치는 낮은 것으로 간주된다.

비타민 C와 운동 능력을 평가하는 여러 연구가 수행되었지만, 그들의 연구 결과는 일관성이 없다. 하지만 조절 장치를 사용하고 비타민 C 보충제를 하루 500mg 이하로 제공한 연구는(DRI가 성인 여성의 경우 75mg, 성인 남성의 경우 90mg이라는 것을 기억하라) 운동 성적에 도움이 되지 않는다는 것을 발견했다.[55] 한 연구는 테스트 직전(4시간) 500mg의 비타민 C를 공급한 결과 근력은 향상되었지만, 최대산소섭취량은 감소되었다는 것을 발견했다. 그러나 근지구력은 영향을 받지 않는다는 것 또한 발견했다.[56] 흥미롭게도, 실험 대상자들에게 1주일 동안 같은 복용량을 제공했을 때 근력은 향상되었지만 지구력은 감소했다.

권투나 축구와 같이 근육통이나 부상이 흔히 발생하는 스포츠에서, 부상 회복은 콜라겐(결합조직 단백질)의 형성이 더 많이 필요할 수 있다. 비타민 C는 콜라겐의 형성에 관여하기 때문에, 이 운동선수들은 약간 더 많은 양의 비타민 C를 섭취하면 이익을 얻을 수 있다. 불충분한 비타민 C가 치유를 억제하는 반면 적절한 비타민 C는 치유 과정을 가능하게 한다는 것을 보여주는 동물 연구가 존재한다.[57] 또한 적당한 양의 비타민 C와 다른 산화 방지제를 섭취할 때 근육의 통증이 더 빨리 완화될 수 있음을 보여주었다.[58]

비타민 C는 철분 흡수를 촉진시키는 것으로 알려져 있다. 1993년 철분 과부하로 인해 세 명의 사망자가 보고되었는데, 그들 모두는 매일 다량의 비타민 C를 복용하고 있었다.[59] 많은 운동선수들이 신선한 과일과 채소를 충분히 섭취하고 있기 때문에 이미 음식만으로 매일 250mg 이상의 비타민 C를 섭취하고 있음을 고려해 보자. 합리적인 추천은 또한 필요한 탄수화물과 다른 많은 영양소의 훌륭한 공급원이기도 한 풍부한 양의 신선한 과일과 채소를 먹는 것이다. 만성적으로 에너지가 부족한 식단을 섭취하는 운동선수를 제외하고, 운동선수는 운동선수가 아닌 일반인보다 더 많은 비타민 C를 섭취하는 것으로 나타났다.[60] 운동선수를 위한 합리적인 권장 사항은 혈장 수치가 1L당 60mmol을 유지하기 위해 충분한 비타민 C를 섭취하는 것이다. 이것은 일반적으로 하루에 200mg의 비타민 C 섭취와 400mg의 안전상한선을 통해 달성될 수 있다.[173]

Q&A

나는 하루에 1,500mg 이상의 비타민 C 보충제를 먹기로 결정했다. 왜냐하면 주 경쟁자가 비타민 C를 복용하고 있고 좋은 성과를 보이고 있기 때문이다. 이것이 좋은 생각일까?

평균적인 사람이 약 1,500mg의 비타민 C를 저장하고, 건강한 사람의 일반적인 이용률은 하루에 약 15mg이며, 일일 권장량이 60mg(평균 요구량을 초과하는 두 표준편차)이라는 것을 고려하라. 일일 권장량 섭취로 비타민 C 문제 해결은 충분하다. 또한, 미국에서 음식으로만 섭취하는 비타민 C가 하루 평균 약 250mg이라는 것도 고려하라. 긴 항해에서 주로 죽과 생선(둘 다 비타민 C를 공급해 주지 못함)을 섭취하는 영국 선원들은 약 3개월 후에 괴혈병의 징후를 보이기 시작할 것이다. 그들은 항해 중에 가끔 라임 주스를 섭취하는 것이 괴혈병을 예방할 수 있다는 것을 발견했고, 그 이후로 영국 선원들은 라임이라고 불려 왔다. 이것은 올바른 음식을 섭취하는 것이 영양소 특이 질환을 예방하는 데 도움을 줄 수 있고 보충제를 통한 엄청나게 많은 복용량이 필요하지 않다는 좋은 징후이다. 과거에는, 대부분의 수용성 비타민이 긍정적으로 여겨졌으며, 과잉 섭취해도 단순히 소변을 통해 배출된다고 생각되었다. 이제는 다르게 알고 있다. 과도한 비타민 C(아스코르브산)는 신장 세뇨관에서 옥살산으로 침전되고, 비타민 C는 산이기 때문에 신장은 산성을 중화시키기 위해 칼슘을 유지하게 된다. 옥살산과 칼슘이 더해지면 신장결석을 만들어 낸다. 기억하라. 단지 작은 것이 여러분에게 좋다고 해서 더 많은 것이 더 좋다는 것을 의미하지는 않다. 만약 당신의 경쟁자가 좋은 성과를 내고 있다면, 그들은 훌륭한 코치가 있고, 잘 훈련하고, 수분을 유지하고, 잘 먹기 때문일 것이다. 비타민 C 보충제를 먹는 것은 경쟁자의 성과와는 큰 관련이 없을 것 같다!

지용성 비타민

지용성 비타민은 지방 용질에 함유되어 있기 때문에 선수들이 지방 섭취를 과도하게 제한하지 않게 만드는 좋은 이유가 된다. 네 가지 지용성 비타민은 비타민 A, D, E, K이며, 각각은 필요에 따라 사용될 수 있는 조직 저장 잠재력을 가지고 있다. 그러나 지용성 비타민의 저장 용량에는 제한이 있으므로 만성적으로 높은 섭취는 독성을 유발할 수 있다. 가장 잠재적으로 독성이 있는 영양소는 비타민 A이다. 이 비타민의 독성 수준은 일반 음식의 섭취로 달성되는 경우는 드물지만 보충적인 섭취로 쉽게 도달할 수 있다. 그러나 일반적으로 이러한 비타민을 저장할 수 있는 용량은 보충 섭취의 필요성을 없애 준다. 이러한 비타민과 관련된 기능, 공급원 및 발생 가능한 문제에 대한 요약은 표 2.12~2.15를 참조하라.[61, 62]

비타민 A

비타민 A는 레티놀, 레티날, 레티노산(비타민 A의 활성 형태)을 포함한 여러 화합물들과 베타카로틴, 알파카로틴, 베타크립토잔틴을 포함한 활성 형태로 전환될 수 있는 몇몇 카로티노이드 화합물들을 설명하는 데 사용되는 용어이다. 레티놀은 간, 계란 노른자, 강화 유제품(예: 비타민 A 및 D 우유), 생선 기름 등 동물성 식품에서만 추출되는 반면, 레티놀의 카로티노이드 전구체는 과일과 채소에서 발견된다. 영양소 섭취 기준은 여성의 경우 700레티놀 활성당량(RAE), 남성의 경우 900 RAE이다. 1 RAE는 다음과 같다.

- 레티놀 1μg,
- 베타카로틴 12μg,
- 알파카로틴 24μg, 또는
- 베타크립토잔틴 24μg과 동일하다.

비타민 A는 성장 조절 및 모든 신체 세포의 분화를 포함한 많은 기능을 가지고 있다. 이 기능은 태아의 발달과 청소년기의 급격한 성장에서와 같이 빠른 성장이 일어날 때 특히 중요하다. 또한 비타민 A는 정상적인 면역체계를 유지하고(원래는 항감염성 비타민이라고 불렸다) 건강한 눈 기능을 발달시키고 유지하는 데 중요하다. 비타민 A는 레티닐 팔미테이트로 간에 저장되며 필요할 때 활성 형태로 전환된다. 비타민 A의 결핍은 실명의 주요 예방 가능한 원인으로 간주되며, 어린이와 가임기 여성에게 가장 흔하게 관찰된다. 비타민 A의 저조한 섭취가 결핍의 주요 원인이지만, 셀리악, 크론스, 췌장, 담낭, 염증성 장 질환과 같은 지방 흡수를 방해하는 위장 질환의 결과일 수도 있다. 결핍의 다른 증상에는 높은 감염률과 질병률 그리고 성장 장애가 포함된다.

비타민 A 과다증이라고 불리는 과잉 비타민 A의 독성은 활성 형태의 과잉 섭취에 의해 야기되지만 활성 형태의 카로티노이드 전구체에 의한 것은 아니다. 일반적으로 섭취하는 식품으로는 독성 수준에 도달하는 것이 어려워서 독성을 보이는 경우는 흔치 않다(활성 비타민 A의 성인 상한 섭취량은 하루 3,000 MCG RAE이다). 그러나 비타민 A는 간에 저장돼 있기 때문에 만성적인 동물성 간 섭취는 독성을 유발할 수 있다. 독성 잠재력이 있는 다른 비타민과 마찬가지로, 운동선수들은 활성 형태의 보충제 복용을 경계해야 한다. 비타민 A의 독성은 건조한 피부, 두통, 과민증, 구토, 뼈 통증, 그리고 시력 문제를 포함한 여러 방향으로 나타난다. 비록 프로비타민 A 카로티노이드의 섭취가 선천적 기형의 위험을 증가시킨다는 증거는 없지만, 임신 중 비타민 A의 과다 섭취는 선천적 기형이 발생할 위험의 증가와 관련이 있다.[174] 레티놀 과다 섭취로 인한 독성은 혈장 레티놀의 양이 3.5mmol/L를 초과할 때 발생하며, 레티놀 결핍은 0.7mmol/L 미만의 혈장 레티놀과 관련이 있다.

카로티노이드(주로 베타카로틴)는 세포가 카로티노이드를 비타민 A로 전환시킬 수 있기 때문에 비타민 A의 전구체로 언급된다. 혈청 비타민 A는 간의 체내 저장량을 반영하지만 베타카로틴은 최근 섭취한 카로티노이드에 따라 달라지기 때문에 변동이 크다.[23] 베타카로틴이 함유된 음식을 섭취하는 것은 비타민 A를 얻는 간접적이고 안전한 방법이다. 베타카로틴은 빨강, 주황, 노랑, 그리고 짙은 녹색의 모든 과일과 채소에서 발견된다. 베타카로틴은 암을 유발할 수 있는 산화적 손상으로부터 세포를 보호하는 강력한 산화 방지제이고, 신체가 필요로 하는 대로 비타민 A로 전환될 수 있다. 미국 올림픽 위원회(USOC)는 베타카로틴이 비교적 낮은 독성을 가지고 있기 때문에 산화 방지제로서의 가능성을 인정했다.[69]

표 2.12 비타민 A 요약 가이드

다른 이름	레티놀(전구체: 베타카로틴, 알파카로틴, 베타크립토잔틴)
영양소 섭취 기준(DRI)	성인 남성: 900mcg/일 성인 여성: 700mcg/일
운동선수를 위한 권장 섭취량	700~900mcg/일
기능	상피세포(표면), 눈, 면역체계의 건강 유지
좋은 식품 소재	레티놀: 간, 버터, 치즈, 계란 노른자, 어간유 베타카로틴: 짙은 녹색과 밝은 색상의 과일과 채소
결핍	건조한 피부, 두통, 과민증, 구토, 뼈 통증, 야맹증, 감염 위험 증가, 실명
독성(잠재적인 독성이 높음)	수용 가능한 상한 수치: 9세 미만의 어린이: 600~900mcg/일 어린이와 어른(9~70+세): 1.7~3.0mg/일 증상: 간 손상, 뼈 기형, 사망

어린 레슬링 선수, 체조 선수, 발레 무용수들을 대상으로 한 연구는 비타민 A 섭취량이 권장량의 70% 이하인 것을 보여주었는데, 다른 남녀 선수들은 권장량을 충족시키는 전형적인 섭취량을 보였다.[63~66] 이러한 차이는 레슬링 선수, 체조 선수, 발레 무용수들 사이에서 흔히 볼 수 있는 음식 제한 때문일 것이다. 베타카로틴이 운동 유발성 천식을 감소시킨다는 사실도 밝혀졌는데, 이것은 이 질환이 더 흔히 발병하는 동계 스포츠에서 중요할 수 있다.[67]

비타민 D

최근의 연구는 비타민 D가 이전의 통념보다 인간의 건강에 더 중요한 역할을 한다는 결론을 내렸다. 비타민 D는 음식 및 UVB 광선(태양광 노출)을 통해 비활성 형태로 얻을 수 있다(그림 2.2 참조). 자외선에 노출되면 콜레스테롤의 유도체가 1-하이드록시콜레칼시페롤(일명 1-하이드록시비타민 D)이라고 하는 비활성 형태의 비타민 D로 전환된다. 이 형태를 활성화하고 기능을 발휘하려면 신장 또는 간은 25번째 탄소에 하이드록시기를 추가하여 1.25개의 다이하이드록시콜레칼시페롤(1,25-다이하이드록시비타민 D라고도 함)을 만들어야 한다. 그러나 비타민 D는 뼈에 스트레스를 주어 칼슘 흡수를 증가시켜 뼈의 미네랄 밀도를 증가시켜 칼슘을 더 많이 섭취할 수 있도록 하는 등 이러한 활성화로 자극되어야 한다. 사람들은 비타민 D 보충제를 과하게 자주 먹지만, 비타민 D의 활성화를 자극하기 위해 아무 것도 하지 않아 원하는 이점을 제한한다.

태양에 노출되는 것(자외 복사선)은 비타민 D_3의 생산을 자극한다. 피부에 약간 분홍빛을 띠게 할 정도의 햇빛 1회 복용량은 비타민 D 1만~2만 5,000IU(하루 권장 섭취량은 600~800IU)를 섭취하는 것으로 추정됐다[175](일일 권장 섭취량은 600~800IU). 이는 햇빛에 노출되는 것이 필요한 수준의 비타민 D를 얻는 매우 효율적인 수단임을 알려준다. 그러나 어두운 색의 피부는 밝은 색의 피부보다 더 적은 UVB를 통과하게 하고 자외선 차단제 또한 비타민 D 합성을 제한한다는 것을 고려해야 한다.[176] 겨울이 긴 기후에서 햇빛에 노출될 가능성은 일 년 내내 티셔츠와 반바지를 입을 수 있

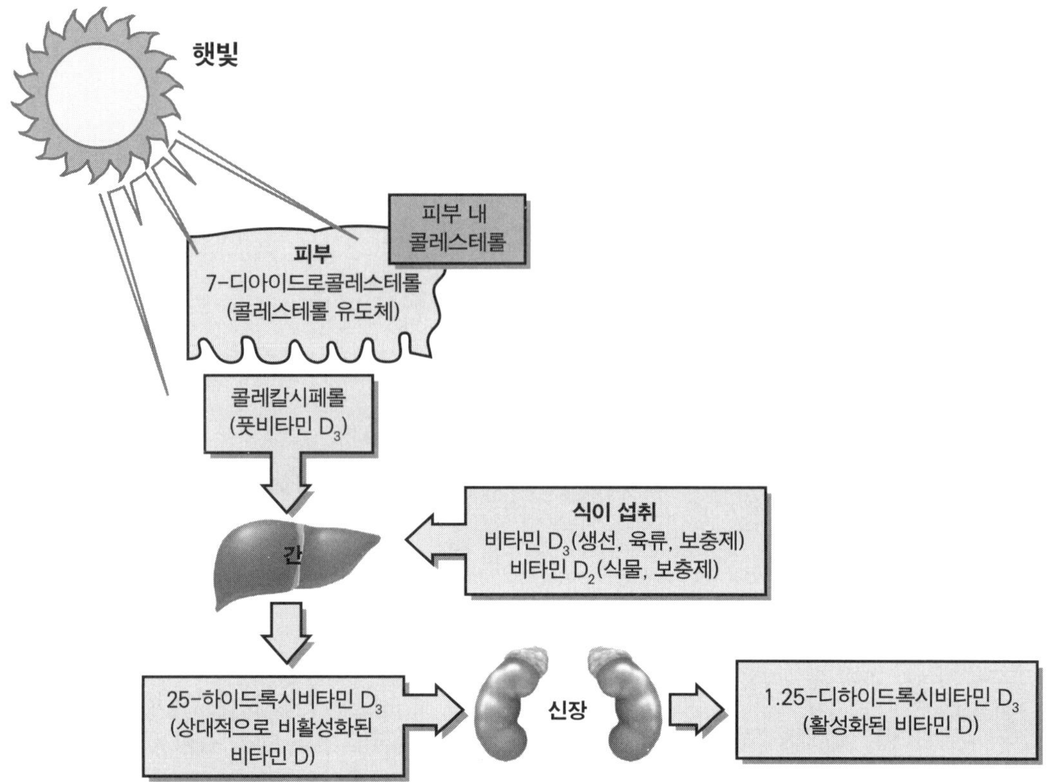

그림 2.2 비타민 D 공급원

는 기후와 비교했을 때 상당히 낮다.[177]

비타민 D의 식이 공급원에는 계란, 지방이 많은 생선, 어간유, 그리고 햇빛에 노출된 버섯이 포함된다. 모든 유제품이 그런 것은 아니지만, 우유에는 흔히 비타민 A와 D가 첨가되어 있다. 구루병을 피하기 위해 아이들에게 흔히 보충제로 제공되던 대구 간유는 농축된 비타민 공급원이다. 햇볕에 노출된 버섯과 특정 식물 식품 또한 에르고칼시페롤(비타민 D2)이라고 불리는 비타민 D의 한 형태를 제공한다. 일부 시리얼, 빵, 그리고 과일 주스 또한 비타민 D로 강화되어 있다.

비타민 D의 영양소 섭취 기준은 70세 미만은 하루에 15㎍(600IU), 70세 이상은 하루 20㎍(800IU)이다.[212] 비타민 D의 상한은 최근 하루에 100㎍(4,000IU)으로 증가했다. 혈청 비타민 D(비활성 형태)를 40nmol/L 이상의 최적 수준으로 적정성을 측정하는 것이 적절하다. 현재 연구들은 비타민 D가 칼슘과 인의 흡수를 증가시켜 성장을 촉진하고 뼈와 치아를 무기질화한다고 밝히고 있다. 비타민 D는 다음과 같이 운동선수의 건강과 경기력에 중요한 많은 기능을 가지고 있다.[70~74]

- 근육 자극에 필요한 효소의 활성화를 통한 근육 수축
- 칼슘의 장내 흡수를 촉진
- 근육 단백질 동화 작용 강화로 근육 확대
- 근육통 감소

- 면역 기능 향상
- 항염증성 사이토카인 및 인터루킨-4의 생산 증가를 통한 근육 회복 개선 및 근육 염증 감소
- 염증성 물질인 인터루킨-6, 인터페론 감마, 인터루킨-2의 생성량 감소

1920년대 중반에 독일 수영 선수들은 근육 회복을 향상시키기 위해 자외선램프를 사용했고, 그 효과는 불법 도핑으로 간주될 만큼 충분히 긍정적이었다.[71] 경기력 향상 효과 덕분에 자외선 치료는 1930년대와 1940년대에 러시아와 독일 선수들도 사용했고, 1940년대 중반 미국 선수들도 자외선을 사용하였다. 멕시코시티 올림픽 게임에서 더 높은 고도로 인해 더 많은 자외선을 쬐었던 것이 많은 수의 세계 기록에 기여했다는 주장도 제기되었다. 낮은 산소 수치는 분명히 경기력에 부정적인 영향을 미치지만, 현재는 높은 UVB 광선 노출이 긍정적인 영향을 미치는 것으로 여겨지고 있는데, 특히 밝은 피부의 운동선수와 같은 비타민 D 효과를 얻기 위해 10배의 노출이 필요한 어두운 피부의 운동선수들에게 그렇다.[58~60] 비타민 D는 부상 위험을 낮추는 역할을 할 수도 있다. 실내 환경에서 훈련하고 경쟁하는 운동선수는 햇빛 노출이 현저히 낮아져 비타민 D 합성이 감소할 가능성이 높다. 이는 근육 발달과 골밀도 모두에 부정적인 영향을 미칠 수 있다. 골밀도가 낮을수록 운동선수들의 선수 생활을 끝낼 수도 있는 피로 골절의 위험이 더 높은 것으로 알려져 있다.[75~77] 미국 국가대표 체조 선수들을 대상으로 한 조사에서 골밀도와 가장 밀접한 관련이 있는 요인은 햇빛 노출이었다. 햇빛에 가장 많이 노출된 운동선수가 골밀도가 높았다.[78] 또한 비타민 D나 칼슘 섭취보다 골밀도의 예측 변수로서 햇빛 노출이 더 중요했다. 프로 농구 선수들의 골밀도를 평가하는 연구는 겨울 동안 낮은 햇빛 노출과 낮은 골밀도 사이에 유의미한 연관성을 발견했다.[179]

비타민 D 결핍은 근육 약화 및 통증, 근육 회복 불량, 관절 통증, 면역체계 기능 저하, 골절의 원인이 되는 낮은 골밀도 등과 관련이 있다. 칼슘과 인을 적절히 섭취할 수 있는 식단일지라도 음식이나 태양으로부터 충분한 비타민 D를 획득하지 않으면 칼슘과 인의 결핍을 초래할 것이다. 소

표 2.13 비타민 D 요약 가이드

다른 이름	콜레칼시페롤, 칼시트리올, 칼시페롤
영양소 섭취 기준(DRI)	성인 남성: 15mcg/일(600IU/일) 성인 여성: 15mcg/일(600IU/일)
운동선수를 위한 권장 섭취량	15mcg/일(600IU/일)
기능	칼슘과 인의 흡수, 건강한 피부, 근육 회복 개선, 근육 통증 감소, 면역 기능 향상
좋은 식품 소재	자외선 노출, 지방이 많은 생선(메기, 연어, 고등어, 정어리, 참치). 어간유, 달걀 및 통조림 생선, 강화 우유, 마가린에도 소량 존재.
결핍	구루병(어린이), 골연화증(성인), 피로 골절 위험 증가, 골다공증 위험 증가
독성(잠재적인 독성이 높음)	수용 가능한 상한 수치: 100mcg/일(4,000IU/일) 증상: 메스꺼움, 설사, 근육 기능 상실, 장기 손상, 골격 손상

Q&A

나는 여자 대학생 농구 선수인데 방금 처음으로 피로 골절을 겪었다. 이에 대한 영양적인 이유가 있는가?

피로 골절은 반복 운동으로 인한 골절이며, 피로 골절 위험을 증가시킬 수 있는 영양적 요인은 분명히 존재한다. 피로 골절은 운동에서 상대적인 에너지 결핍(RED)이 있는 제한적인 다이어트를 하는 운동선수 또는 칼슘의 섭취가 부족하거나 비타민 D의 상태가 나쁜 사람(햇빛에 노출되지 않거나 식품을 함유한 비타민 D의 섭취가 부족함)의 경우 발생할 가능성이 더 높다. 충분한 에너지를 제공하지 못하거나 운동의 상대적 에너지 결핍을 초래하는 제한적인 식단은 뼈와 제지방 조직을 분해하는 이화 호르몬(코르티손)의 생성을 자극한다. 제지방 분해는 에너지 요구량을 낮추는 동시에 약간의 에너지를 제공한다. 제지방 분해로 생성된 당생성 아미노산은 포도당으로 전환되고, 포도당은 조직 및 신경계에서 사용할 수 있는 에너지로 바뀐다. 또한, 코티솔은 에스트로겐의 생성을 억제하는데, 이것이 일반적으로 여성 운동선수들의 부적절한 에너지 섭취가 무월경과 관련이 있는 이유이다. 에스트로겐은 뼈의 재형성을 가능하게 하기 위해 뼈를 분해하는 뼈 세포인 파골세포의 활동을 억제한다. 이러한 파골세포 억제 기능의 손실은 조골세포(뼈조직을 형성하는 세포)가 따라가기 어렵게 만들어 골절 발생에 대한 내성이 떨어지는 골밀도 저하를 초래한다. 칼슘 흡수는 비타민 D에 의존하기 때문에 비타민 D의 상태는 골밀도의 중요한 요소이다. 칼슘 흡수율이 낮다는 것은 뼈를 튼튼하게 유지하는 데 사용할 수 있는 칼슘이 적다는 것을 의미한다. 비록 비타민 D가 일부 음식에 존재하긴 하지만, 인간이 얻는 대부분의 비타민 D는 햇빛으로부터 얻은 것이다. 모든 훈련과 경기가 실내에서 열리는 운동선수가 되는 것은 적절한 수준의 비타민 D를 만들기 위해 자외선에 노출되는 것이 제한되기 때문에 우려를 일으킨다. 질문에 완전히 답하기 위해서는 세 가지 요소를 고려해야 한다.

1. 칼슘 섭취는 충분한가?
2. 비타민 D의 상태는 정상인가?
3. 에너지 섭취량이 에너지 균형의 상당한 부족을 피하기에 충분한가?

아병인 구루병과 성인병인 골연화증은 부족한 비타민 D나 비타민 D를 활성(기능) 형태로 전환하지 못하여 발생하는 칼슘 결핍 질병이다. 비타민 D의 독성은 피로, 요통, 두통, 건망증, 고칼슘혈증, 구토, 체중 감소, 신장 손상, 고혈중칼슘농도를 일으키거나 또는 잠재적으로 사망에 이르게 만들 수 있다. 비타민 D의 독성은 햇빛에 노출되어도 발생하지 않으며, 일반적으로 하루 섭취량이 1만 IU 이하인 건강한 사람들에게는 비타민 D 독성이 발견되지 않았다.[178]

비타민 E

비타민 E는 유사한 활성을 하는 몇몇 토코페롤을 총칭하는 용어이며, 측정 단위는 알파TE 또는 알파-토코페롤 당량이라고 불리는 알파-토코페롤 활성 당량 수준에 기초한다. 하나의 알파TE는 알파-토코페롤 1mg과 동일한 생물학적 활성을 갖는 것으로 정의된다. 성인의 비타민 E 영양소 섭취 기준은 하루 15mg으로 녹색 잎줄기채소, 식물성 기름, 씨앗, 씨앗 기름, 견과류, 간, 옥수수를 섭취하면 쉽게 얻을 수 있는 수준이다. 일반적으로 소비되는 식물성 기름의 비타민 E 함량은 기름의 다불포화 수치와 밀접한 관련이 있다. 흥미롭게도, 다불포화지질의 섭취가 많을수록 비타민 E 섭취량이 많아지고, 소비되는 다불포화지질을 산화로부터 보호하기 위해서는 더 많은 비타민 E가 필요하다. 충분한 채소, 견과류 또는 식물성 기름을 섭취하지 않을 경우 성인은 부적절한 섭취의 위험에 노출될 수 있다. 지방 흡수 시스템(즉, 담즙 생성, 췌장 리파아제 생성 또는 식이성 지단백질 대사)의 문제는 비타민 E 상태에 부정적인 영향을 미칠 수 있다.

비타민 E는 세포막에 상주하는 항산화제로써 기능하며 과산화물과 같은 활성산소를 산화시켜 세포를 파괴로부터 보호한다. 과산화물은 지방(특히 다불포화 지방)이 산화될 때 형성된다. 이러한 과산화물은 세포 안에서 예측불허하게 움직이며 변화하거나 파괴하기 때문에 활성산소라고 불린다. 유리기가 세포핵을 찌르면 세포의 유전자 구조를 변형시킬 수 있어 정상적으로 행동하지 못하게 된다.

비타민 E의 결핍은 드물지만, 발생할 때는 일반적으로 지방 흡수 장애에 의해 발생한다. 결핍이 발생하면 신경학적 기능 상실(균형 변화, 언어 변화), 손발의 제어 불량, 적혈구의 빠른 분해(용혈), 골격 문제, 근육 약화, 근육 이화작용, 눈의 손상을 일으킨다.[180, 79] 비타민 E를 다량으로 섭취하더라도 세포 항산화 기능을 향상시키지 못할 수도 있다는 것이 점점 명확해지고 있다. 2개월 동안 하루 800IU의 보충 복용량을 위약과 비교한 연구는 비타민 E를 먹는 것이 실제로 지구력 활동을 하는 동안 지질 과산화 및 염증을 촉진한다는 것을 발견했다.[5] 비타민 E의 고용량 보충 효과를 메타 분석한 결과, 꾸준히 하루에 400IU 이상의 보충 섭취를 하는 경우 모든 원인의 사망률을 증가시키므로 피해야 한다.[80] 독성 증상에는 두통, 피로, 설사가 포함된다. 비타민 E의 평가는 혈청 알파-토코페롤를 측정함으로써 이루어지며, 1L당 12~42umol의 알파-토코페롤이 적절한 수치다. 이보다 더 많은 양은 독성의 가능성이 있는 초과로 간주되고, 더 적은 양은 결핍 상태로 간주된다.

비타민 E와 운동수행능력에 대한 여러 연구가 수행되었지만, 비타민 E 보충제를 통해 근력이

표 2.14 비타민 E 요약 가이드

다른 이름	토코페롤, 알파-토코페롤, 감마-토코페롤
영양소 섭취 기준(DRI)	성인 남성: 15mg/일 성인 여성: 15mg/일
운동선수를 위한 권장 섭취량	15mg/일
기능	세포막의 산화 방지
좋은 식품 소재	다불포화 및 단일불포화 채소 및 곡물 오일과 마가린(옥수수, 콩, 홍화, 올리브). 강화된 시리얼 및 달걀에도 적은 양 존재.
결핍	신경 기능 상실(균형 변화, 언어 변화, 손발 조절이 어려워짐), 적혈구 파괴 증가, 골격 문제, 근육 약화, 근육 붕괴, 안구 손상
독성(잠재적인 독성이 높음)	상한 섭취량: 9세 미만의 어린이: 200~300mg/일 어린이와 성인(9~70+세): 600~1000mg/일

Q&A

나는 올림픽 선발전에 출전하는 장거리 달리기 선수이며 비타민 E와 같은 항산화제를 복용하면 산화 스트레스를 줄이고 근육 통증을 줄일 수 있다는 것을 막 배웠다. 비타민 E 보충제를 얼마나 먹어야 하는가?

비타민 E(알파 토코페롤)는 가장 중요한 산화 방지제이지만, 일반적으로 인간의 정상적인 건강한 식단에 너무 풍부해서 비타민 E 보충제가 산화 스트레스를 더 낮출 수 있다고 생각할 이유가 거의 없다. 세계선수권대회에 출전하는 트라이애슬론 경기 선수들에 대한 연구는 1~2개월 동안 매일 약 50mg을 섭취한 선수들(비타민 E의 일일 권장량은 15mg)이 위약을 복용한 선수들에 비해 경기 중 지질 과산화 및 조직 염증이 더 많다는 것을 발견했다(비타민 E 복용량이 많아 보이지만, 이는 일반적인 비타민 E 보충제에 함유된 양이다). 다른 연구들은 다량의 항산화제를 복용하는 것이 산화 스트레스를 더 잘 조절할 수 있게 하는 훈련 중에 일어나는 조직의 자연적인 적응을 힘들게 한다는 것을 발견했다. 이것은 여러분이 더 빠르고 오래 달릴 수 있도록 조직 적응을 달성하고자 하는 훈련의 주요 목적과 상충된다! 또한, 이것은 비타민이 어떻게 함께 작용하는지에 대한 전형적인 예이며, 단독으로 작용하는 영양소로 생각되어서는 안 된다. 시스템이 정상적으로 작동하기 위해서는 모든 영양소가 균형 잡혀야 한다. 세포에 들어간다면 염증과 세포 손상을 일으킬 수 있는 활성산소종(ROS)을 포착하는 세포막의 비타민 E 분자를 상상해 보라. 이럴 때는 비타민 E가 활성산소종이 세포에 들어가지 못하도록 잡아 주고 있으니 문제없다. 그러나 또 다른 활성산소종이 발생하면 어떻게 되는가? 이 비타민 E 분자는 아직 첫 번째 활성산소종을 가지고 있어서 두 번째 활성산소종을 잡을 수 없다! 다행히 문제없다. 혈액에 있는 비타민 C(수용성 산화 방지제)는 비타민 E에서 원래 활성산소종을 가져가고, 그것을 해방시켜 세포에 위협이 되는 다음 활성산종을 잡아낸다. 영양소는 함께 일한다! 단일 영양소를 다량 보충하는 것은 도움이 되지 않고 문제를 일으킬 수 있다.

나 지구력을 향상시킨 연구는 없었다.[81~84] 비타민 E 보충제가 운동으로 인한 과산화적 손상을 감소시키는지를 평가하는 연구는 엇갈린 결과를 보여주었다. 일부 연구는 과산화적 손상을 확실히 감소시켰지만,[85, 86] 다른 일부는 비타민 E가 아무런 효과가 없다는 것을 발견했다.[87] 비타민 E가 운동에 관련된 확신한 이점이 있음을 주장하기 전에 더 많은 정보가 필요한 것은 분명해 보인다. 연구들의 시사점은 반드시 비타민 E 요구 사항을 충족시키기 위해서는 '음식 우선' 접근이어야 한다는 것이다.

비타민 K

비타민 K는 필로퀴논(비타민 K_1)과 메나퀴논(비타민 K_2)이라고도 하며, 주로 녹색 잎줄기 채소(브로콜리, 양배추, 청경채, 케일, 방울 양배추), 육류, 달걀, 생선, 시리얼, 과일, 발효식품에 존재한다. 장내 박테리아도 비타민 K를 생산하는 데 산화환원 반응에서 비타민 K를 재활용하기 때문에 정확한 식이요법 요건이 제대로 갖춰져 있지 않다. 비타민 K는 혈액 응고에 필요한 프로트롬빈 형성을 돕는다.[181] 최근의 연구는 비타민 K가 뼈의 신진대사와 비타민 D 활동에도 중요할 수 있다는 것을 보여

표 2.15 비타민 K 요약 가이드

다른 이름	필로퀴논, 메나퀴논, 항출혈성 비타민
영양소 섭취 기준(DRI)	성인 남성: 120mcg/일 성인 여성: 90mcg/일
운동선수를 위한 권장 섭취량	700~900mcg/일
기능	골격 강화에 도움을 주는 혈액 응고, 골격 강화 기능 향상
좋은 식품 소재	필로퀴논: 다양한 식물성 기름과 녹색 잎줄기 채소(배추, 시금치) 메나퀴논: 위장관을 따라 늘어선 박테리아에 의해 형성됨.
결핍	쉽게 멍이 들고 출혈이 발생함(드묾)
독성(잠재적인 독성이 높음)	상한 섭취량이 설정되지 않음

준다.[182] 비타민 K의 영양소 섭취 기준은 성인 여성의 경우 하루에 90μg이고 성인 남성의 경우 하루에 120μg이다.

여러 연구에 따르면 비타민 K 결핍으로 인해 골밀도가 낮아지고 골격 골절이 증가한다고 한다. 낮은 골밀도와 연관된 비타민 K는 보충제를 통해 개선될 수 있다.[88] 110μg의 비타민 K를 섭취하는 여성은 섭취량이 적은 여성보다 엉덩이 골절 위험이 현저히 낮다.[89, 90, 91] 비타민 K 결핍의 위험이 있는 사람으로는 비타민 K 길항제(항응고제)를 복용하는 사람, 간 질환이나 흡수 장애가 있는 사람, 또는 장내 비타민 K 제조 박테리아을 파괴하는 항생제를 자주 섭취하는 사람 등이 있다. 낭포성 섬유증을 가진 사람들도 결핍의 위험이 있다.[181, 183~185] 결핍으로 인한 손상된 혈액 응고는 쉽게 멍들고 출혈이 일어나는 것과 관련이 있다. 이 비타민의 상한선은 정해져 있지 않으며 독성 또한 알려져 있지 않다.[153] 그러나 보충 투여는 항응고제를 방해할 수 있다. 와파린(혈액 희석제)을 복용하는 사람들은 비타민 K 보충제나 비타민 K가 함유된 음식이 약의 효과를 감소시킬 수 있다는 것을 알아야 한다.

게다가 비타민 K와 경기력 사이의 관계를 조사한 연구는 없긴 하지만, 비타민 K를 보충 섭취하고 탈수 상태가 되는 운동선수는 높은 혈액 점도를 가지게 되고, 비타민 K를 추가로 섭취하면 조직 손상이나 더 악화되는 결과로 이어질 수 있는 원치 않는 혈액 응고가 발생할 수 있다.[61] 이러한 가능성은 비타민 K 보충제를 복용하는 모든 운동선수에게 위험 신호를 보낼 것이다. 비타민 K는 혈장 프로트롬빈시간(PT)의 평가를 통해 측정될 수 있으며, 10.5~12.5초가 적당하다고 판단된다. 비타민 K 상태가 나쁘면 응고 시간이 길어진다.

무기질

무기질은 다른 영양소와 달리 무기질이라는 점에서 독특하다. 그럼에도 불구하고, 그들은 유기 영양소(비타민과 에너지 기질)와 함께 일한다. 이러한 무기-유기 통합의 확실한 예는 칼슘과 비타민 D 사이의 잘 확립된 관계이다. 이러한 영양소들은 개별적으로는 본질적으로 쓸모없지만, 함께 한다면 그것들은 골밀도를 유지하기 위해 함께 작용한다. 무기질은 다음과 같은 다양한 기능을 가지고 있다.

- 골격의 무결성과 강도를 유지하고 개선하여 쉽게 골절되지 않도록 함
- 혈액 및 조직의 상대 산도 또는 알칼리도 유지(강렬한 활동은 상대 산도를 증가시키는 경향이 있으므로 적절한 무기질을 충분히 섭취하면 경기력 유지에 중요한 pH 변화를 최소화하는 데 도움이 됨)
- 근육의 움직임을 자극하는 전기 임펄스를 가능하게 하는 도관 역할
- 운동 전·중·후 연료 연소율 조정에 지원

무기질은 해당과정(저장된 포도당으로 부터 에너지를 획득), 지방분해(지방으로부터 에너지를 획득), 단백질 분해(단백질로부터 에너지를 획득), 인원질 시스템(크레아틴인산으로부터 에너지를 획득)에 관여한다.[93] 또한 무기질은 단단하고 부드러운 신체 조직의 구조적 구성의 일부이며 효소 시스템, 근육 수축, 신경 반응, 혈액 응고에 관여한다. 무기질은 모두 우리가 소비하는 식품에 공급되어야 하는데, 다량무기질이라고 불리는 더 많은 양이 필요한 무기질과 미량 무기질이라고 불리는 더 적은 양의 필요한 무기질이 필요하다.

다량 무기질

몸의 총 무기질 함량은 몸무게의 약 4%이며, 다량무기질은 전체 무기질 무게의 큰 부분을 차지한다. 다량무기질은 칼슘, 인, 마그네슘, 나트륨, 염화물, 칼륨이 포함되어 있으며, 칼슘과 인은 전체 체내 무기질 무게에서 더 큰 비중을 차지한다. 다량무기질과 관련된 기능, 소재 및 가능한 문제의 요약은 표 2.16~2.22를 참조.

칼슘

칼슘은 뼈와 치아 구조, 혈액 응고, 신경전달에 중요한 무기질로 성별과 연령에 따라 하루 1,000~1,200mg의 영양소 섭취 기준이 발생한다. 결핍은 골절되기 쉬운 약하고 연약한 뼈와 관련이 있다. 운동선수의 경우 골밀도가 낮아지면 피로 골절의 위험이 상당히 높아진다. 칼슘은 혈중 pH를 안정시키고 혈압 조절의 한 요소인 혈관 수축과 팽창을 조절하는 데 도움을 주는 중요한 혈액 완충제이기도 하다. 혈중 칼슘은 부갑상선 호르몬과 비타민 D에 의해 밀접하게 조절된다. 혈중 칼슘이 부족하면(혈중 칼슘을 일정하게 유지하기 위해 뼈 칼슘을 사용하기 때문에 드물게 발생한다) 부갑상선 기능장애가 일어난다. 칼슘을 많이 섭취하면 독성이 생긴다는 보고는 거의 없지만, 칼슘 보충제를 많이 자주 섭취하면 위장의 산도가 바뀌어 알칼리성이 높아져 단백질 소화를 방해할 수 있다.[186] 소장에서 2가 무기질(칼슘, 아연, 철분, 마그네슘) 사이에 경쟁적으로 흡수되기 때문에, 칼슘이 많이 함유되어 장에 동시에 존재하면 다른 무기질의 흡수를 방해할 수도 있다.[187] 예를 들어 철분이 함유된 식사와 함께 고용량 칼슘 보충제를 복용하면 철분 흡수를 방해할 수 있으며 만성적으로

복용할 경우 결국 철분 결핍성 빈혈의 원인이 될 수 있다.

칼슘의 음식 공급원에는 유제품(우유, 치즈, 요구르트), 진한 녹색 채소(칼라드, 시금치, 겨자 채소, 브로콜리, 피망), 말린 콩과 완두콩(렌틸, 남색 콩, 콩, 쪼개진 콩), 칼슘 강화 식품과 음료가 포함되어 있다.[153] 칼슘과 다른 무기질(특히 철, 마그네슘, 아연)은 어두운 녹색 채소와 관련된 옥살산에 쉽게 결합되어 무기질을 흡수할 수 없게 한다. 그러므로 비록 짙은 녹색 채소가 잠재적으로 칼슘과 다른 무기질의 좋은 공급원이지만, 이러한 음식들이 적절하게 준비되지 않는다면 무기질은 쉽게 구할 수 없다. 옥살산은 수용성이 높아 채소를 끓는 물에 몇 초 동안 담가 두면(즉, 데치면) 옥살산이 상당량 제거되지만 무기질은 대부분 남아 있다. 그 채소들은 필요에 따라 준비될 수 있다. 데친 채소로부터 칼슘의 공급을 극적으로 향상시키며 전통적으로 유제품을 소비하지 않는 문화에서 종종 사용된다. 부작용으로 옥살산은 쓴맛이 나기 때문에 옥살산을 제거하면 채소의 맛을 더욱 즐겁게 할 수 있다는 장점이 있다.

수많은 연구들이 칼슘 섭취, 신체 활동, 골밀도 사이의 관계를 평가했다. 운동선수는 골밀도를 높여 골절 위험을 줄이기 위해 칼슘 보충제를 가장 많이 복용한다. 신체 활동은 뼈에 더 많은 중력을 가하고 뼈는 밀도를 높임으로써 반응한다. 물론 그 반대도 사실이다. 신체적인 활동을 하지 않으면 골밀도를 낮추는 결과를 낳는다. 그러나 뼈의 발달과 무기화작용은 성장기(어린 시절과 청소년기는 더 빠른 뼈 발달과 관련이 있다), 호르몬 상태(특히 여성의 경우 에스트로겐), 에너지 적정성, 비타민 D 가용성, 칼슘 섭취 등 여러 요인을 수반하는 복잡한 과정이다.

칼슘의 식이 섭취 적정성에 대한 직접적인 측정은 없지만 이중 에너지 방사선 흡수 계측법(DEXA)이라는 정확한 골밀도 측정기기의 가용성이 높아지면서 골밀도 측정과 골절 위험 판정 능력이 획기적으로 향상됐다. DEXA를 사용한 연구에 따르면 일일 권장량(최대 1,500mg)보다 약간 높은 칼슘을 섭취한 어린이와 청소년의 골밀도가 높다. 성인의 적절한 칼슘 섭취는 골밀도는 높이지 않을 수도 있지만 뼈를 안정시키는 토대를 마련해 준다. 그러므로 칼슘 섭취가 영양소 섭취 기준 수준으로 유지되고, 적절한 신체 활동을 유지하면서, 비타민 D를 적절하게 섭취하는지 확인하는 것은 신중한 것으로 보인다. 다른 무기질(예: 칼륨)이나 비타민(예: 비타민 K)의 보충 섭취가 골

표 2.19 칼슘 요약 가이드

기호	Ca
영양소 섭취 기준(DRI)	성인 남성: 1,000~1,200mg/일 성인 여성: 1,000~1,200mg/일
운동선수를 위한 권장 섭취량	1,300~1,500mg/일
기능	골상과 강도, 산-염기 균형, 신경 기능, 근육 수축, 효소 활성화
좋은 식품 소재	유제품, 짙은 녹색 잎줄기 채소, 두유, 콩류, 칼슘 강화 식품
결핍	골다공증, 구루병, 근육 기능 저하
독성	상한 섭취량: 성별과 연령에 따라 2,000~3,000mg/일 증상: 변비, 기타 2가 무기질(철분, 마그네슘, 아연) 흡수 불량, 신장 결석, 심장 부정맥

파이토케미컬

파이토(Phyto)는 식물을 뜻하는 그리스어이며, 파이토케미컬(Phytochemic 또는 phytonutrient)은 식물에서 유래한 화합물로 건강에 중요한 것으로 점점 밝혀지고 있다. 비록 파이토케미컬이 인간의 운동 능력에 미치는 영향에 대해 직접적으로 평가되지는 않았지만, 그것들은 운동 경기에 중요할 수 있다. 연구들은 많은 파이토케미컬들이 중요한 영양 효과를 가지고 있다는 것을 보여준다. 캘리포니아 로스앤젤레스에 있는 UCLA Human Nutrition 센터의 David Heber 박사는 Susan Bowerman의 도움으로 주요 식물 화학물질과 그들의 생리학적 영향을 조직하기 위해 7색 시스템을 만들었다.

- **적색(리코펜, 피토엔, 피토플루엔, 비타민 E).** 이러한 식물 영양소를 함유한 과일과 채소에는 토마토, 채소 주스, 그리고 수박 등이 있다. 이 물질들은 활성산소를 파괴하는 세포를 제거하는 데 베타카로틴보다 잠재적으로 두 배 더 효과적이다.
- **녹색(글루코시놀레이트, 엽산, 이소티오시안산염, 인돌-3 카비놀).** 이러한 식물 영양소를 함유한 과일과 채소에는 브로콜리, 방울양배추, 청경채, 콜리플라워, 양배추 등이 있다. 이 물질들은 암 예방 효과와 관련이 있다.
- **녹색/황색(루테인, 제아잔틴).** 이런 성분이 함유된 과일과 야채에는 시금치, 아보카도, 케일, 풋콩, 풋고추, 키위 열매, 콜라드 그린, 겨자잎 등이 있다. 이 물질들은 산화 방지 및 항암 효과와 관련이 있다.
- **주황색(알파카로틴 및 베타카로틴, 베타크립토잔틴).** 이 물질들은 당근, 호박, 땅콩, 단호박, 망고, 살구, 칸탈루프 등에 들어 있다. 이들은 항암 효과와 관련이 있다.
- **주황색/황색(비타민 C, 플라보노이드).** 이 물질들은 오렌지, 오렌지 주스, 귤, 노란색 자몽, 복숭아, 천도복숭아, 레몬, 라임, 파파야, 그리고 파인애플에 들어 있다. 이것들은 항암 효과와 관련된 강력한 산화 방지제이다.
- **적색/보라색(안토시아닌, 엘라그산, 플라보노이드).** 이러한 물질들은 포도, 체리, 레드와인, 딸기, 블루베리, 블랙베리, 라즈베리, 크랜베리, 자두, 프룬, 그리고 건포도에 들어 있다. 비타민 C보다 20~50배 더 효과적이며, 혈전을 줄여 주고 항암 및 노화 방지 특성이 있을 수 있다.
- **흰색/녹색(황화알릴).** 이들은 마늘, 양파, 부추에서 발견되며 항암 및 심장병 예방 특성을 가지고 있다.

비록 이러한 개별 물질들이 인간의 영양에 미치는 구체적인 역할에 대해 아직 배울 것이 많지만, 이들은 식물을 더 많이 섭취하는 사람들이 더 건강하고, 다양한 암에 걸릴 위험이 낮은 이유일 것이다. 그들은 영양소, 탄수화물, 그리고 파이토케미컬의 좋은 공급원이며, 우리는 미래에 그것들이 근육 회복과 근육 통증을 줄이는 데 중요한 역할을 한다는 것을 발견할 수도 있다. 채소를 먹어라!

밀도를 향상시킨다는 증거는 거의 없다. 엘리트 체조 선수들을 대상으로 한 조사에 따르면 햇빛에 노출되는 것이 칼슘 섭취보다 뼈의 무기질 밀도와 더 관련이 있을 수 있으며, 칼슘과 비타민 D의 통합적인 관계를 강조한다.[94] 골밀도의 20~40%가 영양과 신체 활동에 의해 영향을 받는다는 것이 점점 더 분명해지고 있으며, 이는 개인의 골 부피 획득에 대한 유전적 잠재력을 증가시킨다.[188] 낮은 칼슘 섭취는 뼈의 무기질 밀도에 영향을 줄 뿐만 아니라 고혈압, 근육 수축 장애, 근육 경련, 발작적 경련(경기) 등을 일으킬 수 있다.

많은 여성 운동선수들의 또 다른 걱정거리는 무월경(에스트로겐 생산량이 낮아져 월경이 중단됨)으로, 젊은 운동선수들의 낮은 뼈 발달이나 나이든 운동선수들의 뼈 탈무기질화와 밀접한 관련이 있다.[189, 190] 무월경증의 원인에는 복잡하고 부적절한 에너지 섭취, 섭식 장애, 낮은 체지방 수치, 낮은 철분 상태, 심리적 스트레스, 높은 코르티솔 수치, 과도한 훈련 등이 있다. 간단히 말해서, 열심히 훈련하는 엘리트 여성 운동선수들은 위험에 처해 있다. 철분 상태를 좋게 유지하고 충분한 에너지를 소비하는 것과 같이 위험을 낮출 수 있는 것은 무월경 발병 위험을 낮추는 데 유용하다. 무월경과 관련된 낮은 순환 에스트로겐 수치가 정상적인 뼈 발달과 유지를 방해하기 때문에 충분한 칼슘 섭취만으로는 건강한 뼈를 유지하거나 발달시키기에 불충분하다.[191]

인

인은 세포막과 핵산의 중요한 구성 요소이며 골 무기화, 에너지 생산, pH 조절에도 관여한다. 대부분의 식품에 존재하며, 특히 단백질이 풍부한 식품(육류, 가금류, 생선, 유제품)과 곡물류에 풍부하다. 인은 건강한 뼈와 치아를 만들기 위해 칼슘과 결합(칼슘 2 대 인 1)한다. 근육 활동을 위해 도출되는 에너지는 주로 아데노신삼인산(ATP)과 크레아틴인산(PCr)이라고 불리는 인을 함유한 화합물에서 나온다. 칼슘과 마찬가지로 인의 흡수는 비타민 D에 의존한다.

우리가 섭취하는 대부분의 음식에서 인이 발견되기 때문에 성인의 인 일일 권장 섭취량인 하루 700mg은 쉽게 얻을 수 있다. 인의 결핍은 드물며, 음식 섭취가 매우 제한적이거나 수산화알루

표 2.17 인 요약 가이드

기호	P
영양소 섭취 기준(DRI)	성인 남성: 700mg/일 성인 여성: 700mg/일
운동선수를 위한 권장 섭취량	1,250~1,500mg/일
기능	뼈의 구조 및 강도, 산-염기 균형, 비타민 B 기능, ATP의 구성 요소
좋은 식품 소재	모든 고단백 식품, 통곡물 제품, 탄산음료
결핍	낮은 골밀도 및 근육 약화(드묾)
독성	상한 섭취량: 9세 미만 어린이와 70세 초과의 성인: 3,000mg 어린이와 성인(9~70세): 4,000mg 증상: 독성이 발생할 가능성은 낮음. 칼슘 흡수에 대한 방해로 인해 골밀도가 낮아지면서 gl에 문제 발생.

미늄을 함유한 제산제를 장기적으로 섭취하여 인과 결합하고 흡수를 불가능하게 만드는 경우에서만 나타난다.[95, 96] 성인의 인 상한량은 하루에 4,000mg이다. 과도하게 보충하면 독성이 나타날 가능성이 있으며, 칼슘 흡수의 변화를 초래할 수 있다.[153] 혈청 인의 기준 범위는 0.87~1.45mmol/L이다.

인 보충제는 신체 활동을 강화하기 위해 오랫동안 사용되어 왔다. 제1차 세계대전 동안 독일은 힘과 지구력을 향상시키기 위해 효과적으로 보이는 고인성 식품과 보충제를 병사들에게 제공하였다.[97] 운동하기 1시간 전에 2g의 인산 이수소나트륨을 섭취한 육상선수, 조정 선수, 수영 선수들은 모두 경기력이 향상되었는데, 이에 비해서 이를 섭취하지 않은 선수들은 절반만 향상되었다.[98] 또 다른 연구는 단기간 동안 인 보충 후 러닝머신 테스트에서 최대 산소량이 개선되었다는 것을 발견했지만,[99] 인산염 보충이 근력에 미치는 영향을 평가한 다른 연구에서는 뚜렷한 이점이 관찰되지 않았다.[100] 인을 보충했을 때의 효과를 평가하는 최근의 검토는 산악자전거를 타는 사람들의 전력질주 시간, 사이클링 파워 출력, 지구력, 휴식 심박수가 향상되었음을 발견했다.[193]

마그네슘

대부분의 식품에 존재하는 무기질인 마그네슘은 단백질을 합성하는 수많은 대사 과정에 관여한다. 마그네슘은 인간의 신진대사와 신경과 근육세포의 전위 유지에 필수적인 무기질이다. 마그네슘은 식품이 신제품으로 합성되는 300여 가지 반응의 구성 요소로, 탄수화물, 단백질, 지방으로부터 근육 에너지를 생성하는 과정에서 중요한 성분이다.[101] 성인의 마그네슘 영양소 섭취 기준은 여성의 경우 하루 310~320mg, 남성의 경우 하루 400~420mg이다. 마그네슘의 안전 상한은 영양소 섭취 기준과 유사하지만 보충제를 통한 복용량만을 나타내며 음식과 물에서 얻은 양은 포함하지 않는다. 다른 비율의 마그네슘을 함유한 여러 보충제를 사용할 수 있다(그림 2.3 참조). 종종 과도한 알코올 섭취로 인한 마그네슘 결핍은 떨림과 경련을 일으키고 칼슘과 비타민 D 균형을 방해할

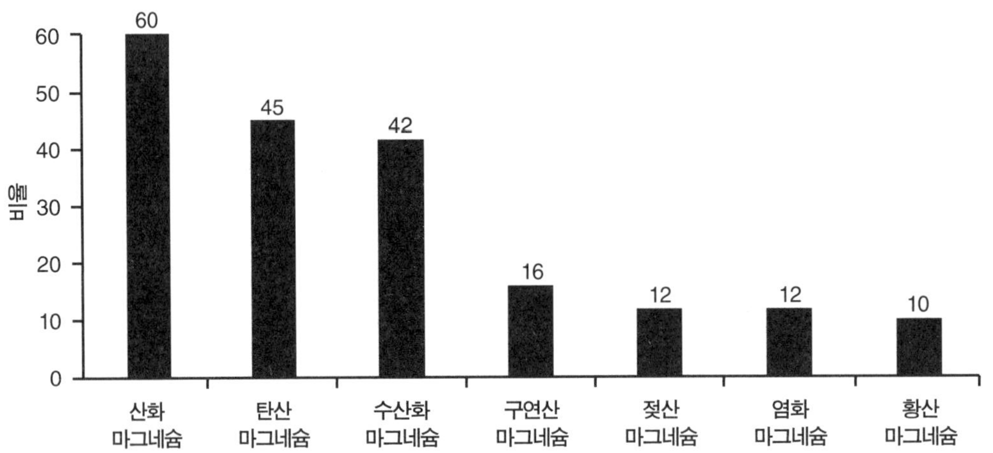

그림 2.3 구강 보충제의 마그네슘 함량 비율

출처: National Institute of Health Office of Dietary Supplements, *Dietary Supplement Fact Sheet: Magnesium*, 2009. http://ods.od.nih.gov/factsheets/magnesium

표 2.18 마그네슘 요약 가이드

기호	Mg
영양소 섭취 기준(DRI)	성인 남성: 400~420mg/일 성인 여성: 310~320mg/일
운동선수를 위한 권장 섭취량	음식을 통해서: 400~500mg/일, 보충제를 통해서: 350mg/일
기능	단백질 합성, 포도당 대사, 골상, 근육 수축
좋은 식품 소재	우유 및 유제품, 고기, 견과류, 통곡물 식품, 진한 녹색 잎줄기채소, 과일
결핍	근육 약화, 근육 경련, 심장 부정맥(드묾)
독성	상한 섭취량: 350mg(보충제에서) 증상: 메스꺼움, 구토, 설사

수 있어 골밀도와 근육 기능에 영향을 미친다. 결핍은 심혈관 질환, 골다공증, 고혈압, 대사증후군, 제2형 당뇨병과 관련이 있다.[194, 195] 결핍의 증상으로는 근육 기능 저하, 혼란, 식욕 부진, 위장병 문제가 있다. 독성은 메스꺼움과 설사를 유발할 수 있다.[153] 하루에 3~5mmol의 소변 마그네슘 또는 0.74~1.07mmol/L의 혈청 마그네슘이면 좋은 마그네슘 상태와 관련이 있다.

마그네슘 보충제가 경기력에 미치는 영향을 평가한 연구에서 개선점이 발견되었다.[102] 또한 혈중 마그네슘 수치가 정상 범위보다 낮은 운동선수의 지구력과 근력 향상에 긍정적인 영향을 미칠 수 있다는 증거도 있다.[103, 104] 잘 훈련된 마라톤 선수가 마그네슘 보충제(365mg/일)를 복용했을 때의 효과를 평가한 연구에서 보충제는 경기력에 영향이 없고, 근육 파괴 저항력을 개선하지 못했으며, 경주 후 근육 회복력도 향상되지 않았음을 밝혀냈다.[105] 체중을 유지하거나 낮추기 위해 총 에너지 섭취량을 줄이는 것으로 알려진 운동선수(레슬러, 체조 선수, 피겨스케이트 선수)를 제외하면 대부분의 남자 선수들이 영양소 섭취 기준 이상을 소비하고, 대부분의 여자 선수들은 영양소 섭취 기준의 최소 60% 이상을 소비하는 것으로 나타났다.[106, 107] 제한된 데이터는 작은 마그네슘 결핍이 격렬한 신체 활동으로 인한 해로운 결과를 악화시킬 수 있다는 것을 시사한다.[108] 일반적으로 마그네슘 보충이 운동선수의 기능적 운동수행능력에 미치는 영향을 평가하는 연구는 하루에 300~500mg의 마그네슘을 1주에서 4주 동안 섭취하는 것이 운동선수에 긍정적으로 영향을 미치고 피로 저항성을 향상시킬 수 있다는 일반적인 권고와 반드시 부합하지는 않는다고 보고하고 있다.[193] 좋은 전략은 선수들이 좋은 마그네슘 공급원이 되는 음식을 섭취하도록 하는 것이고(표 2.18 참조), 식품 전략이 불가능할 경우 소량의 주기적인 마그네슘 보충을 고려하는 것이다.

나트륨

나트륨은 소금(염화나트륨)의 중요한 부분인 필수 무기질이다. 체액-물 균형 및 산-염기 균형에 관여하며, 주요 세포외 무기질이다. 나트륨과 염화물은 혈압의 주요 요인인 세포외 부피를 조절하기 위해 함께 작용한다. 나트륨이 부족하면 혈액량이 낮아져 땀 생성에 부정적인 영향을 미칠 수 있다(제3장 참조). 일반적으로 나트륨을 유지하면 수분이 유지되고 나트륨 손실은 수분 손실을 초

표 2.19 나트륨 요약 가이드

기호	Na
영양소 섭취 기준(DRI)	성인 남성: 1,500mg/일 성인 여성: 1,500mg/일
운동선수를 위한 권장 섭취량	1,500mg/일 이상. 땀 손실이 많은 경우 요구량이 10g/일 이상까지 증가할 수 있음
기능	수분 균형, 신경 기능, 산-염기 균형, 근육 수축
좋은 식품 소재	가공 및 통조림 식품, 피클, 감자칩, 프레첼, 간장, 치즈, 200mg 나트륨/컵이 포함된 스포츠 음료
결핍	저나트륨혈증 증상: 근육 경련, 메스꺼움, 구토, 거식증, 발작, 혼수 상태(잠재적으로 매우 위험함)
독성	상한 섭취량: 2,300mg/일(약 5,800mg의 식염). 운동선수는 상한량을 훨씬 초과할 수 있음 증상: 고혈압, 심혈관 질환 및 뇌졸중 위험 증가

래한다. 나트륨은 가공되지 않은 대부분의 자연 식품에서 소량으로 존재하며 가공, 통조림, 조리, 포장, 패스트푸드에서도 훨씬 더 많은 양이 발견된다. 대부분의 사람들은 과도한 나트륨을 소변을 통해 배출할 수 있지만, 원발성 고혈압을 가진 사람들은 이 능력이 부족하다. 고혈압 환자의 경우 나트륨 보유는 세포외 액체의 과잉 축적을 초래하고 고혈압의 주요 원인이다. 나트륨에 민감한 사람들은 천연 식품으로 음식 선택을 집중시키고 상업적으로 제조된 고나트륨(즉, 짠) 식품을 피함으로써 섭취를 제한할 수 있다. 식품 라벨은 나트륨 함량을 공개하기 위해 필요하다(표 2.20 참조).

미국인을 위한 2015~2020년 식이요법 가이드라인은 나트륨 섭취를 하루 평균 섭취량인 3,400mg보다 적은 2,300mg/일 이하로 권장하고 있다. 현재 성인의 나트륨 DRI/RDA는 하루 1,500mg이다.[109] 운동선수의 일반적인 규칙은 땀과 소변에서 손실되는 나트륨을 대체하는 것인데, DRI/RDA보다 훨씬 더 많은 나트륨 섭취가 필요할 수 있다.[197] 땀으로 인한 나트륨의 손실이 많은

표 2.20 식품 라벨의 나트륨: 용어의 이해

용어	정의
무염	표준 1인분당 나트륨 5mg 미만
초저염분	• 1회 섭취당 나트륨 35mg 미만 • 1회 섭취량이 30g 이하인 경우, 식품 50g당 35mg 이하의 나트륨 • 1회 섭취량이 30g 이하인 경우, 식품 50g당 나트륨 35mg 이하
저염분	• 1회 섭취당 나트륨 140mg 이하 • 1회 섭취량이 30g 이하인 경우, 식품 50g당 나트륨 140mg 이하 • 1회 섭취량이 30g 이하일 경우, 식품 50g당 나트륨 140mg 이하
감소된 나트륨	타 식품과 비교하여 나트륨 함량이 최소 25% 낮음

덥고 습한 날에는 운동선수는 상한인 2,300mg/일을 극적으로 초과하는 10,000mg 이상의 나트륨을 필요로 할 수 있다. 이러한 높은 요구량을 충족시키기 위해, 땀이 많이 나는 운동선수들은 신체 활동을 할 때 짠 음식과 음료를 먹는 것을 꺼려해서는 안 된다. 운동선수의 높은 소금 요구량은 의학연구소에 의해 인정되고 있는데, 일반인에 대한 권고는 규칙적으로 땀을 흘리는 사람들에게는 적용되지 않는다고 한다.[110]

또한 나트륨은 갈증을 해소하고 혈액량을 유지하는 데 도움을 주기 때문에 스포츠 음료의 주요 성분 중 하나이다. 세포로의 영양분 전달, 세포 내 대사 부산물 제거, 흘리는 땀의 양 유지 등이 중요하기 때문에 혈액량 유지가 운동수행능력의 핵심 요소다. 나트륨을 충분히 섭취하지 못하면 나트륨이 함유된 음료보다 물을 많이 마시는 운동선수들에게서 흔히 볼 수 있는 문제인 저나트륨혈증(혈중 나트륨이 적음)이 발생할 수 있다.[197] 운동과 관련된 저나트륨혈증은 종종 장기간의 경기에서 나타나며 두통, 메스꺼움, 구토, 근육 경련, 피로, 방향감각 상실, 잠재적으로 위험한 뇌부종을 일으킬 수 있다.[198, 199] 임상적 척도로써, 24시간 동안의 소변 나트륨 손실은 개인이 운동을 하지 않을 때 섭취한 것을 반영한다.[153] 수화 및 나트륨에 대한 추가 정보는 제3장에 포함되어 있다.

염화물

염화물은 수분 균형을 유지하기 위해 필요한 세포 외 무기질이며, 따라서 정상적인 세포 기능을 유지한다. 또한 위장에서 소화에 관여하는 염산의 중요한 부분이다. 대부분의 염화물은 식염(염화나트륨)의 일부이기 때문에 나트륨 섭취와 염화물 섭취가 연관되어 있으며, 나트륨과 염화물 손실도 마찬가지이다. 염화물 결핍은 일반적으로 땀, 잦은 설사, 잦은 구토 등으로 체내 수분이 많이 손실될 때 발생한다. 땀 손실은 염화물과 나트륨을 칼륨과 마그네슘을 포함한 다른 무기질보다 훨씬 더 많이 고갈시킬 가능성이 있다. 일반적인 소금 섭취량은 일반인에게는 과다한 편으로 권장섭취량의 2배에 달하는 경우가 많지만, 훈련이나 대회 중 땀 손실량이 많은 운동선수들은 염화물 섭취량이 부족한 경우가 많다. 영양소 섭취 기준 염화물의 예상 요구량은 성인 남녀 모두 하루 2300mg으로 안전 상한치는 하루 3,600mg이다. 나트륨과 마찬가지로, 과도한 염화물 또한 고혈

표 2.21 염화물 요약 가이드

기호	Cl−
영양소 섭취 기준(DRI)	성인 남성: 2,300mg/일 성인 여성: 2,300mg/일
운동선수를 위한 권장 섭취량	땀 손실이 많은 경우 2,300mg/일 이상
기능	수분 균형, 신경 기능, 두정세포(복부) HCl 생성
좋은 식품 소재	식염(염화물~60%, 나트륨 40%), 가공 식품
결핍	잦은 구토 및 설사와 관련 있으며, 경련을 일으킬 수 있음(드묾)
독성	상한 섭취량: 3600mg/일(식염 약 5,800mg) 증상: 고혈압(높은 나트륨 섭취와 상관관계가 있음)

압의 원인이 될 수 있다.

칼륨

칼륨은 주요 세포 내 전해질이며 수분 균형, 신경 임펄스 전달, 근수축에 관여한다. 최근(2015~2020)의 식이요법 지침에 따르면 미국 인구의 상당수가 충분한 양의 칼륨을 섭취하지 않고 있어 공중 보건 문제가 되고 있다.[201] 미국 성인 인구의 약 45%가 고혈압을 앓고 있는데, 이는 심혈관계와 신장에 손상을 입혀 심장마비, 뇌졸중, 신장병에 걸리기 쉽게 만든다.[202] 칼륨의 섭취 부족은 이러한 질환과 밀접한 관련이 있다. 하루 약 4,700mg의 칼륨 섭취가 과도한 나트륨 섭취의 영향을 상쇄하는 데 도움을 줌으로써 고혈압을 조절하는 데 유용하다는 근거가 있다.[110, 111] 또한 뇌졸중, 골밀도 감소, 신장결석 발생 위험도 감소시킨다.[110, 203~205]

미국 국립과학원National Academy of Sciences, Engineering and Medicine은 2019년에 칼륨 권장 섭취량을 갱신하여 성인 여성의 경우 하루 2,600mg, 성인 남성의 경우 하루 3,400mg을 적절한 섭취량으로 설정했다. 안전 상한선은 없지만 칼륨 독성(고칼륨혈증)은 약 18,000mg을 섭취하면 발생하는 것으로 보이며 심정지를 일으킬 수 있다.[110, 111] 만성 신부전이나 당뇨병이 있는 사람들은 특히 고칼륨혈증에 걸릴 위험이 높은 것으로 보이며, 대부분 소금의 대체제(즉, 염화칼륨)나 칼륨 보충제의 과다 섭취로 인해 발생한다.[206] 과도한 칼륨 섭취는 갑작스런 심정지의 위험이 있기 때문에 일반적으로 칼륨 보충을 권장하지 않다. 땀으로 손실되는 상대적으로 적은 양의 칼륨은 신체 저장량에 심각한 영향을 미치지 않기 때문에 신선한 과일, 채소, 견과류, 씨앗, 유제품, 그리고 다른 좋은 칼륨 공급원을 규칙적으로 섭취하는 영양이 풍부한 운동선수의 경기력에는 일반적으로 영향을 미치지 않는다.[112]

표 2.22 칼륨 요약 가이드

기호	K
영양소 섭취 기준(DRI)	성인 남성: 3,400mg/일 성인 여성: 2,600mg/일
운동선수를 위한 권장 섭취량	3,500mg/일
기능	수분 균형, 세포로의 포도당 전달
좋은 식품 소재	감귤류 과일, 감자, 채소, 우유, 고기, 생선, 바나나
결핍	저칼륨혈증 증상: 거식증, 부정맥, 근육 경련, 고혈압
독성	알 수 없음(안전 상한선이 설정되지 않음) 상한 섭취량이 확립되지는 않았지만, 하루 18g이 부정맥, 심장 기능 변화, 사망에 이를 수 있는 고칼륨혈증을 유발할 수 있기 때문에 칼륨 보충제는 일반적으로 권장되지 않음

미량 무기질

철, 아연, 요오드, 셀레늄, 구리, 망간, 크롬을 포함한 미량 무기질(미량 원소라고도 함)은 매우 적은 양이 신체 조직에 존재하지만 인간의 영양에 매우 중요한 역할을 한다. 각 미량 무기질의 필수 섭취량은 하루 100mg 미만이며, 이들 무기질의 총 체내 함량은 5g 미만이다. 미량 무기질과 관련된 기능, 공급원 및 가능한 문제의 요약은 표 2.23부터 2.31을 참조해라.

철분

철분은 산소 운반, DNA 합성, 에너지 생성 등의 생명에 중요한 많은 단백질과 효소의 필수적인 구성 요소이다. 헤모글로빈은 적혈구의 주요 철분 함유 단백질이며 전체 체내 철분의 대부분을 차지한다.[207] 헤모글로빈은 산소를 세포로 운반하고 세포에서 이산화탄소를 제거하는 데 필요하다. 근육 세포에 철분이 함유된 유사한 단백질인 미오글로빈은 활동하고 있는 근육에 산소를 공급하기 위해 필요하다(철분 관련 용어는 표 2.32 참조).[208] 철분의 흡수는 제한적이다. 출혈 외에는 한 번 초과된 철분을 배출하는 기제가 없기 때문이다. 흡수되는 철분의 양은 저장소 내의 철분(페리틴과 헤모시데린)의 양에 의해 좌우되며, 이들은 음식에서 철분의 흡수를 차단하기 위해 철분 조절 호르몬인 헤피딘을 자극한다. 철분의 저장량이 낮을수록 철의 흡수율은 높아지지만, 전체 흡수율이 소비된 식품의 철 함량의 10~15%를 초과하는 경우는 거의 없다. 이러한 다양한 흡수 기제는 장기 및 중추 신경계 기능에 부정적인 영향을 미치는 독성을 발생시키는 과도한 철분 흡수를 피하면서 상대적으로 일정한 수준의 철분을 유지하는 것을 목표로 한다.[209] 또한 채소(옥살산)와 곡물(피질산)의 특정 성분이 철과 다른 2가 무기질(주로 칼슘, 마그네슘, 아연)을 결합하여 흡수할 수 없게 한다. 특히 칼슘의 일반적인 보충 섭취를 고려할 때 철분 흡수가 감소할 수 있다. 이러한 흡수율 조절에도 불구하고 철분 섭취량이 적은 사람들은 결국 철분 결핍과 철분 결핍성 빈혈에 걸릴 위험이 있다.

가장 쉽게 흡수되는 철의 형태는 육류 음식과 육류에서 나오는 헴철(heme iron)이다. 과일, 채소, 그리고 시리얼은 비타민 C 흡수를 증진시킬 수는 있지만, 쉽게 흡수되지 않는 비헴성 철을 함유하고 있다. 일반적으로, 붉은 고기는 가장 풍부하고 쉽게 흡수될 수 있는 철분 공급원이다. 이러한 이유로 채식주의자들은 철분 결핍성 빈혈에 걸릴 위험이 높은 것으로 여겨진다. 그럼에도 불구

표 2.23 채식주의 식단에서 철분 섭취를 극대화하는 방법

식품 종류	일반적인 흡수	흡수율 향상법
채소(모든 종류)	고기의 철분보다 흡수율이 낮은 비헴 형태의 철분 함유	먹기 전에 채소에 레몬이나 오렌지과즙을 짜서 비타민 C를 첨가한다.
진한 녹색 채소	철분이 함유되어 있지만 옥살산도 함유되어 있어 철의 흡수 능력을 감소시킨다.	옥살산을 제거하기 위해서는 끓는 물이 담긴 냄비에 채소를 넣고 5~10초간 데친다. 옥살산은 대부분 제거되지만 철분은 남아 있다.
겨 함량이 높은 고섬유질 시리얼	다량의 피틴산이 함유되어 철분과 결합하고 흡수 가용성을 감소시킨다.	흡수를 극대화하기 위해 식단에 겨가 첨가된 시리얼을 통곡물 시리얼로 대체한다.

하고 적절한 계획, 채소, 철분 강화 곡물 제품, 그리고 철분 흡수를 돕는 적절한 요리 기술을 통해 채식주의자들도 충분한 철분을 얻을 수 있다. 표 2.23은 채식주의 식단에서 철분 흡수를 개선하는 몇 가지 방법을 보여준다.

산소 운반 능력과 산화효소 기능은 신체의 지구력에 중요한 요소이기 때문에 운동선수들이 철분 상태에 대해 걱정할 만한 충분한 이유가 된다. 산소 수송과 같은 명백한 중요성 외에도, 철분은 많은 수의 에너지 수송 효소에도 중요하며 정상적인 신경과 행동 기능, 면역 기능에도 관여한다.[120] 철분 결핍은 일반인의 가장 흔한 영양 결핍 중 하나이며, 철분 결핍과 철분 결핍성 빈혈은 운동선수에서 동일한 발생율을 보인다[113](선수들의 철분 결핍의 일반적인 원인에 대한 요약은 표 2.24 참조). 그러나 운동선수들은 철분 결핍성 빈혈(적혈구는 정상이지만 혈청 철과 저장 철분이 낮음) 대비 직접적인 빈혈(적혈구 수와 크기 감소)의 존재에 대해 운동선수가 아닌 사람과 다르게 반응할 수 있다.[122] 철분 결핍성 빈혈에 대한 위험이 가장 높은 사람들은 엘리트 여성 장거리 달리기 선수인 것으로 보이지만, 이 상태는 평가된 거의 모든 운동선수 그룹에서 보고되었다.[123, 124]

많은 연구에서 운동선수의 혈관 내 용혈률이 비운동선수의 경우보다 더 높다는 것이 입증되었다.[114] 용혈은 운동력이 적혈구의 반동적이고 너무 이른 분해를 일으킬 때 발생한다. 운동선수의 경우 적혈구의 평균수명은 약 80일이며, 비운동선수의 경우는 약 120일이다. 발의 충격이 많은 육상선수와 진탕성 스포츠와 관련된 운동선수는 용혈의 연관성이 증가할 수 있지만, 용혈은 수영 선수와 무용수에서도 보고되었다. 발에 가해지는 충격이 용혈에 가지는 중요성은 명백하다. 발 충격 용혈이라는 문구는 일반적으로 이 상태를 설명하기 위해 사용된다. 일반적으로 달리기 선수가 더 열심히 운동할수록 용혈의 가능성은 더 커진다.[114, 115]

또한 운동선수들은 땀과 혈액 손실로 인해 철분을 잃을 수도 있다. 땀 속의 철분 농도는 낮지만(약 0.2mg/L) 장시간 훈련으로 인해 땀을 많이 흘린 선수들이 상당한 양의 철분(아마도 시간당 2L 이상)을 잃을 위험에 처할 수 있을 만큼 충분히 높은 양이다.[116] 그러나 다른 운동선수들은 땀을 통한 철분 손실은 미미할 것으로 보인다.[117] 혈액의 손실은 일반적으로 월경이나 위장관을 통해 발생한다(헌혈은 제외). 위장관을 통한 혈액 손실은 심각한 것으로 보이며, 강도 높은 지구력 경기에 참

표 2.24 운동선수의 철분 결핍 원인 요약

적은 철분 섭취량	운동선수는 철분 함량이 낮은 음식을 섭취할 수도 있다.
철분 흡수율이 낮은 식품 섭취	채소는 육류에 비해 철분 농도가 낮고 철분 흡수율이 낮다.
철 손실 증가(혈뇨)	적혈구는 혈관 내 압력이 높아 일어난 용혈로 인해 더 빠른 속도로 붕괴될 수 있다. 이로 인해 적혈구의 파열이 일어나 소량의 철분(헤모글로빈과 미오글로빈)이 소변을 통해 손실될 수 있다.
땀 속 철분 손실	땀의 철분 손실율은 낮지만 철분 섭취량이 적은 운동선수의 철분 부족에 기여할 수 있다.
출혈로 인한 철분 손실	GI 손실이나 비정상적인 생리로 인한 혈액 손실은 철분 결핍의 위험을 증가시킨다.
희석성 가성빈혈 (스포츠 빈혈이라고도 함)	신체 훈련은 일시적으로나마 적혈구를 희석시킬 수 있는 혈액량의 확장을 초래한다.

여하는 운동선수의 최대 85%에서 발견되다.[118] 아스피린, 이부프로펜과 같은 비스테로이드성 항염증제(NSAIDs)는 근육통 조절을 위해 운동선수들이 자주 복용하는 약물이지만 어느 정도의 위장관 자극과 혈액 손실을 초래할 수 있다.[118]

스포츠 빈혈, 또는 희석성 가성빈혈은 대부분의 운동선수들이 일반적으로 격렬한 훈련 기간 초반에 겪게 된다. 집중 훈련의 시작은 혈액량의 증가와 관련이 있으며, 이는 혈액 성분을 희석시키는 원인이 된다. 혈액 성분의 감소는 어떠한 형태의 혈액 손실에서도 일어나지 않기 때문에 산소 운반 능력은 이전의 수준으로 유지된다. 몇 주 후, 적혈구를 포함한 혈액의 구성 요소들은 그들의 농도를 정상화하기 위해 증가할 기회를 갖는다. 철저한 운동은 일반적으로 운동 후 수분 보충 후 회복과 팽창을 경험하는 혈장 부피의 감소를 초래한다.[119] 힘든 훈련, 특히 지구력 활동은 운동 중단 후 최대 5일까지 혈장 부피 증가와 관련이 있다.[119] 진짜 철분 결핍성 빈혈은 더 작은 적혈구 부피(즉, 낮은 평균 세포 부피)와 더 낮은 철분 저장량(즉, 낮은 페리틴)과 관련이 있지만, 희석성 가성 빈혈은 이러한 생물지표와 관련이 없다.

따라서 운동선수는 헤모글로빈, 헤마토크리트, 페리틴을 포함한 철분 상태를 정기적으로 검사하는 것이 좋다. 이 세 가지를 측정하면 현재 철 상태와 미래의 결핍 위험(즉, 낮은 페리틴)을 이해할 수 있다. 또한 철분 결핍은 면역 기능 저하, 주의력 저하, 과민성, 학습 능력 저하와도 관련이 있다. 미국에서는 빠른 성장을 경험하는 어린이, 가임기 여성, 채식주의자, 임산부가 철분 결핍성 빈혈에 걸릴 위험이 높다. 성장기와 임신기는 혈액량이 빠르게 팽창하기 때문에 철분 요구량이 높은 것과 관련이 있으며, 철분은 적혈구의 필수 구성 요소이다. 가임 연령의 여성들은 생리 기간과 관련된 규칙적인 혈액(그리고 철분) 손실 때문에 더 높은 요구량을 가지고 있다. 이러한 이유로, 이 여성들은 같은 나이의 남성(8mg)보다 철분(18mg)에 대한 영양소 섭취 기준이 더 높다. 철분 결핍은 가임기 여성의 약 20%에서 발견되며 남성 및 폐경 후 여성에서 발병률(1~5%)이 훨씬 낮다.[121] 빈혈을 동반하는 철분 결핍(예: 낮은 헤모글로빈, 낮은 헤마토크리트, 낮은 MCV, 낮은 페리틴)은 발병률이 낮다(인구의 1~3%). 운동선수들은 비운동선수들보다 철분 상태가 좋지 않을 위험이 더 높다.

표 2.25 철분 요약 가이드

기호	Fe(Fe2+ = 2가철, Fe3+ = 3가철)
영양소 섭취 기준(DRI)	성인 남성: 8mg/일 성인 여성: 18mg/일
운동선수를 위한 권장 섭취량	15~18mg/일
기능	산소 공급(헤모글로빈 및 미오글로빈으로서 유산소성 대사에 필수적인 산화 효소의 일부임)
좋은 식품 소재	고기, 생선, 가금류, 조개류, 달걀, 철분 강화 곡물, 콩류, 짙은 녹색 잎 채소, 말린 과일. 주철 조리 도구는 조리된 음식의 철분 함량을 증가시킨다.
결핍	철분 결핍성 빈혈 증상: 피로, 감염 저항력 저하, 에너지 대사 저하(저체온증 가능성 있음)
독성	상한 섭취량: 45mg/일 증상: 혈색소 침착증과 간, 심장 및 췌장 손상

철분이 부족한 선수들이 경기력 저하를 겪는 것으로 알려져 있지만, 철분 상태가 정상인 선수들에게 철분을 보충해 주는 것은 아무런 이득이 없는 것으로 보인다.[97] 게다가 철분 보충제는 종종 메스꺼움, 변비, 그리고 위염과 관련이 있다. 그러나 혈액 검사에서 빈혈이나 철분 저장량의 한계치를 보이는 운동선수들에게는 철분 보충이 필요하다. 일반적인 철분 대체요법은 경구용 황산철을 제공하는 것이지만, 위장병이 있는 운동선수들은 글루콘산제일철을 사용하는 것이 더 잘 견딜 수 있는 것으로 보인다. 근육간 철분 주사는 잠재적인 심각한 부작용과의 연관성 때문에 일반적으로 권장되지 않는다.[121]

철분 보충제 섭취 빈도에 대한 논쟁은 여전히 진행 중이다. 어떤 사람들은 잠재적인 부작용의 가능성을 줄이는 가장 좋은 방법은 일일 복용량 대신에 매 3일 또는 4일마다 25~50mg을 복용하는 것이라고 제안한다.[125] 이 접근법은 위장병을 예방함과 동시에 보충제를 매일 보충하는 것과 동일한 효과를 낼 수 있다. 물론 철분 결핍이나 철분 결핍성 빈혈이 없을 때는 철분 보충제를 복용하는 것은 피해야 한다. 북유럽계의 1%에게 영향을 미칠 수 있는 혈색소 침착증의 위험을 증가시키는 것 외에도, 철분 보충제는 소아지방변증과 대장암을 가릴 수 있다.[126] 과도한 철분 보충제를 습관적으로 섭취하는 전문 도로 사이클 선수들 사이에서 과도한 철분 저장량이 관찰되어 왔다.[127] 일부 사람들은 흡수를 제한하는 기제가 없기 때문에 철분의 독성이 발생할 위험에 처해 있다. 특히 어린아이들이 성인용 보충제를 섭취할 경우 철분이 가진 독성의 위험에 처할 수 있다. 어린이의 철분 영양소 섭취 기준(하루 7~10mg)은 성인과 유사하지만, 성인용 철분 보충제는 철분 수치가 기

Q&A

철분 결핍으로 인한 빈혈이 생기지 않도록 철분 보충제를 복용해야 할까?

철분 결핍과 철분 결핍성 빈혈은 모든 운동선수, 특히 여성 운동선수들이 마주하는 가장 흔한 영양 결핍증 중 하나이다. 하지만 불필요한 철분 보충은 위장에 고통과 염증을 일으키고 다른 2가 무기질(칼슘, 마그네슘, 아연 등)의 흡수를 방해하는 등의 문제들을 일으킬 수 있다. 첫 번째 단계로, 모든 운동선수들은 의사와 상담하고 혈액 검사(헤모글로빈, 헤마토크리트, 페리틴)를 받아 철분 상태를 매년 정기적으로 점검해야 한다. 만약 모든 것이 좋아 보인다면 철분 보충제를 복용할 이유가 없다. 그러나 페리틴(저장된 철)이 1dl당 20ng 이하이거나 다른 철 성분이 떨어지는 것으로 보인다면, 개입이 필요하다. 첫 번째 논리적 단계는 여러분의 철분 상태를 개선하는 데 도움이 될 음식과 그것들을 준비하는 방법을 찾는 데 도움을 줄 수 있는 스포츠 영양사를 찾는 것이다. 이러한 음식 개입 중 일부('고기는 완벽한 철분 공급원이다')는 명백하지만, 다른 것들('진녹색 채소에 레몬즙을 첨가하면 채소의 철분이 더 생물학적으로 이용 가능해진다')은 그렇게 분명하지 않을 수 있다. 식이요법은 관련된 위험이 없기 때문에 먼저 시도해야 한다. 식이요법 시작 후 2~3개월 후에 혈액 검사를 통해 혈청 철 값이 올바른 방향으로 움직이는지 여부를 밝힐 수 있다. 그렇지 않은 경우, 운동선수는 철분 보충제(의사가 권장하는 개별 용량) 섭취 후보가 된다. 최근 자료에 따르면 매주 한 번 또는 두 번 철분을 보충하면 매일 보충하는 만큼 효과적일 수 있으며 다른 2가 무기질의 흡수를 방해하지 않고 위장병의 위험을 낮출 수 있는 장점이 있다.

준의 300% 이상 함유되어 있다. 철분의 독성은 잠재적으로 치명적이다.

운동선수, 특히 지구력 운동선수의 식이 섭취는 일반적으로 육류 섭취량이 상대적으로 적고 탄수화물에 초점을 맞춘다. 이러한 섭취 패턴은 일반적으로 에너지 기질의 최적의 분포를 제공하는 데 이상적인 것으로 간주되지만, 고기는 철분의 좋은 공급원이기 때문에 부적절한 철분 섭취를 초래할 수 있다. 비록 고기가 다른 음식들보다 흡수성이 높은 철분 농도를 제공하지만, 곡물들은 최근 공공 건강 대책으로 철분 결핍성 빈혈의 유병률을 낮추기 위해 철분으로 강화되었다. 콩류, 견과류, 그리고 통곡물은 철의 다른 훌륭한 공급원이다. 채소는 철분 결합 물질 옥살산을 제거하기 위해 데쳐서 올바르게 준비된다면 철의 좋은 공급원이다. 게다가, 비타민 C(시금치에 레몬즙을 짜는 것을 상상해 보자)는 철분을 더 흡수하기 쉬운 형태로 환원시킴으로써 식물의 철분 흡수를 강하게 강화시킨다.[210] 따라서 육류가 아닌 음식을 적절하게 먹고 적절하게 준비하는 운동선수는 철분을 포함한 영양소의 균형을 제공하는 고탄수화물 식단에 대한 요구를 둘 다 충족시킬 수 있을 가능성이 높다. 철분을 정기적으로 많이 섭취하면 위장관 자극 및 기타 독성이 발생할 수 있기 때문에 철분은 조심스럽게 보충 섭취해야 한다. 운동선수는 철분을 충분히 섭취하고 필요할 때만 적절성을 보장하기 위해 주 1회 보충제를 복용하는 것이 이상적이다.[153]

아연

아연은 에너지 신진대사와 상처 치유 기능을 하는 많은 효소를 형성하는 데 도움을 준다. 아연은 또한 세포에서 이산화탄소를 제거하는 데 중요한 역할을 하고 과산화물 디스뮤타아제라고 불리는 중요한 산화 방지 효소의 일부이다. 고기, 간, 계란, 그리고 해산물은 아연의 좋은 공급원이다. 또한 통곡물과 콩과류에도 존재하지만, 이러한 원료에서 생물적으로 구할 수 있는 것은 아니다. 아연의 성인 DRI는 1일 8~11mg이며, 성인의 경우 상한 섭취량은 음식과 보충 섭취의 조합에서 1일 40mg이다.

정상 범위의 최소치, 또는 더 낮은 수치의 아연은 남녀 지구력 달리기 선수들에게서 관찰되었다. 혈청 아연 수치가 낮은 선수는 높은 수치를 가진 선수보다 훈련 주행거리가 낮았다.[129~131] 그러

표 2.26 아연 요약 가이드

기호	Zn
영양소 섭취 기준(DRI)	성인 남성: 11mg/일 성인 여성: 8mg/일
운동선수를 위한 권장 섭취량	11~15mg/일
기능	에너지 대사, 단백질 합성, 면역 기능, 감각 기능 및 성적 성숙에 관여하는 효소
좋은 식품 소재	고기, 생선, 가금류, 조개류, 달걀, 통곡물, 채소, 견과류
결핍	상처치유 및 면역 기능 저하, 거식증, 성장 불량, 건성피부
독성	상한 섭취량: 40mg/일 증상: 면역체계 손상, 상처 치유 지연, 미각 감퇴증, 후각 감퇴증, 높은 LDL 대 HDL 콜레스테롤 비율, 메스꺼움

므로 아연 상태가 좋지 않은 소수의 운동선수들은 훈련에서 약세를 나타냈다. 아연 보충이 운동수행력에 미치는 영향은 광범위하게 연구되지 않았으며, 이러한 연구에서 보충량은 매우 높았다(하루 약 135mg). 또한 실험 대상 선수들은 연구 초안의 시작 전에 아연 상태가 측정되지 않았다. 그럼에도 불구하고 이 섭취량은 근력과 지구력 둘 다의 향상으로 이어졌다.[132] 엘리트 운동선수들에 대한 최근의 연구는 정상 아연 상태와 격렬한 운동과 관련된 항산화 기제에 반응하는 선수들의 능력 사이의 중요한 긍정적인 관계를 발견했다.[133] 아마도 불충분한 아연과 관련된 가장 큰 잠재적 문제는 불충분한 식단과 함께 적절한 체중 조절을 위한 수단으로 땀 손실을 택하는 운동선수들에게 있을 것이다. 부적절한 식이요법과 심한 땀 손실을 가진 운동선수들(보통 체조 선수들과 레슬링 선수들)은 성장 장애와 아연 결핍을 가지고 있는 것으로 보고되었다.[134] 불충분한 아연 섭취는 성장을 방해하고, 임신 합병증, 상처 치유 지연, 그리고 면역체계의 실패를 포함한 다양한 건강 문제를 야기한다.[128] 아연 상태를 측정하는 일반적인 척도는 혈청 아연 농도이며, 1L당 10.7~18.4umol 사이를 정상 범위로 간주한다.[153]

비록 오랜 시간 동안 테스트를 받은 적은 없지만, 운동선수들은 만성적인 높은 아연 섭취가 부작용을 일으킬 수 있다는 것을 주의해야 한다. 칼슘, 철분 및 마그네슘을 포함한 다른 영양소의 독성 및 흡수 불량은 모두 많은 아연 보충 섭취량이 원인일 가능성이 있다.[135~137] 아연과 마그네슘을 함유한 보충제(아연 마그네슘 아스파르트산염)의 섭취를 평가한 연구는 보충제가 저항력 훈련을 받은 운동선수들의 훈련 적응을 강화시키지 않았다고 결론내렸다.[138] 과도한 섭취는 빈혈, 구토, 복통, 설사, HDL(좋은) 콜레스테롤 감소, 미각 감퇴증(미각 민감성 상실), 후각 감퇴증(후각성 상실), 면역체계 기능 상실을 초래할 수 있다. 장기간의 과잉 섭취는 철분 상태에 영향을 미치는 구리 결핍을 초래할 수도 있다.[209]

요오드

요오드는 갑상선의 주요 호르몬인 티록신을 합성하는 데 필요하며, 티록신은 신진대사율, 성장, 발달을 조절하는 데 관여한다. 요오드 결핍은 목 앞 갑상선이 붓고 정신 지체증인 크레틴증을 유발한다. 갑상선종은 미국에서 흔히 볼 수 있는 병이었지만, 요오드화 소금의 유용성과 사용이 감상

표 2.27 요오드 요약 가이드

기호	I
영양소 섭취 기준(DRI)	성인 남성: 150mcg/일 성인 여성: 150mcg/일
운동선수를 위한 권장 섭취량	120~150mcg/일
기능	신진대사 조절에 관여하는 갑상선 호르몬 티록신 형성
좋은 식품 소재	요오드화 소금과 해산물(토양에 따라 일부 채소도 좋은 공급원이 될 수 있음)
결핍	비만과 관련 있는 갑상선종(티록신 생산이 불충분한 비대해진 갑상선)
독성	불충분한 티록신 생성

선종을 대부분 없앴다. 해산물과 해초는 요오드의 훌륭한 공급원이며, 유제품, 계란, 그리고 가금류 또한 좋은 공급원이다.[211] 요오드의 과도한 섭취는 갑상선 활동을 억제하므로 보충 복용은 권장되지 않다.

셀레늄

셀레늄은 몇몇 글루타티온 과산화효소 중 인간에게 중요한 무기질 항산화제이다. 셀레늄은 생선, 고기, 가금류, 그리고 유제품을 통해 섭취할 수 있다. 특히 브라질너트는 셀레늄의 좋은 공급원이다. 운동(특히 지구력 운동)은 근육 섬유 내의 잠재적으로 해로운 산화 부산물(과산화물 및 활성산소)의 생산 증가와 관련이 있기 때문에 셀레늄이 근육 산화 스트레스를 줄이는 역할을 할 수 있다.[139] 셀레늄 결핍은 근육 약화, 쉬운 피로, 안개 같은 정신 상태, 면역력 저하, 탈모, 심장 손상, 그리고 격렬한 운동 후 회복 시간 증가를 초래할 수 있다.[97] 그러나 셀레늄의 보충 섭취가 운동수행력를 향상시킨다는 증거는 거의 없다.[140] 성인 남성과 여성의 셀레늄 영양소 섭취 기준은 하루에 55㎍이다. 셀레나이트 나트륨, 고셀레늄 효모 등 영양보충제는 셀레늄의 효과적인 공급원이지만 과도한 섭취는 독성이 있을 수 있으므로 적절한 보충제 섭취에 적절한 주의가 중요하다. 안전한 상한은 성인의 경우 하루 400㎍으로 설정되며, 부서지기 쉬운 머리카락과 손톱은 독성의 징후를 나타낸다. 셀레늄 적정성에 대한 일반적인 측정 기준은 혈청 셀레늄이며, 정상 범위는 1L당 0.58~1.82umol이다.[153]

표 2.28 셀레늄 요약 가이드

기호	Se
영양소 섭취 기준(DRI)	성인 남성: 55mcg/일 성인 여성: 55mcg/일
운동선수를 위한 권장 섭취량	55mcg/일
기능	항산화제(글루타티온 과산화효소의 일부)
좋은 식품 소재	고기, 생선, 해산물, 통곡물, 브라질너트(토양에 따라 일부 채소도 좋은 공급원이 될 수 있음)
결핍	피로, 집중력 저하, 면역력 저하, 탈모, 심장손상
독성	상한 섭취량: 성인 400mcg/일(어린이는 더 낮음) 증상: 메스꺼움, 위장 장애, 피부 발진, 피로, 과민성, 잘 부서지는 머리카락과 손톱(드묾)

구리

구리는 혈액, 뇌, 간에서 발견되는 많은 효소와 단백질에 존재하는 필수적인 미량 원소이다. 구리는 과산화물 분해효소를 통해 세포의 산화적 손상을 방지하는 데 중요하다. 구리의 좋은 공급원에는 조개류, 콩 제품, 콩류, 견과류, 씨앗, 간, 그리고 감자 등이 있다. 결핍은 헤모글로빈과 미오글로빈의 형성에 철분을 사용하지 않는 것과 관련이 있다. 성인의 구리 영양소 섭취 기준은 하루에 900㎍이고 성인의 안전 상한은 하루에 10,000㎍으로 정해져 있다. 과다섭취는 위장병이나 간 손

표 2.29 구리 요약 가이드

기호	Cu
영양소 섭취 기준(DRI)	성인 남성: 900mcg/일 성인 여성: 900mcg/일
운동선수를 위한 권장 섭취량	900mcg/일
기능	철-전달 단백질 세룰로플라스민의 일부, 산화 반응
좋은 식품 소재	고기, 생선, 가금류, 조개류, 달걀, 견과류, 통곡물, 바나나
결핍	빈혈(철분을 적혈구로 운반할 수 없음)(드묾)
독성	상한 섭취량: 10mg/일 증상: 구역질 및 구토(드묾)

상을 초래할 수 있다. 영양 균형이 왜 중요한지에 대한 또 다른 좋은 예로, 칼슘, 인산염, 철분, 아연 그리고 비타민 C의 과도한 섭취는 모두 구리 흡수를 감소시킨다. 구리와 경기력 사이의 관계에 대한 연구는 거의 실행되지 않았다. 운동선수와 비운동선수의 혈중 구리 농도에 대한 연구는 큰 차이를 보여주지 않았지만, 운동선수는 비운동선수에 비해 혈청 구리 농도가 약간 더 높다.[93] 경기 시즌 동안 수영 선수들의 구리 상태를 평가하는 연구에서, 전 시즌과 후 시즌의 구리 상태에는 차이가 없었다. 이 연구에서, 대부분의 수영 선수들은 음식으로부터 적절한 수준의 구리(하루 1mg 이상)를 섭취하고 있었다.[141]

망간

망간은 뼈 형성, 면역 기능, 항산화 작용, 그리고 탄수화물 대사에 관여하는 미량 무기질이다.[122] 비록 망간 결핍은 드물지만, 결핍은 골격 문제(낮은 골밀도와 골절의 위험 증가)와 상처 치유 지연과 관련이 있다. 결핍의 가장 큰 위험은 섭취량이 부족하거나 흡수력이 떨어지는 사람에게서 발견되는 것으로 보인다. 망간은 칼슘, 철, 아연, 인, 섬유질, 그리고 옥살산과 흡수 경쟁을 하고 있기 때문에, 이러한 다른 무기질의 과잉 섭취는 망간 흡수를 감소시키고 결핍 증상으로 이어질 수 있다. 철분

표 2.30 망간 요약 가이드

기호	Mn
영양소 섭취 기준(DRI)	성인 남성: 2.3mg/일 성인 여성: 1.8mg/일
운동선수를 위한 권장 섭취량	2.0~2.5mg/일
기능	에너지 대사, 지방 합성, 골상
좋은 식품 소재	통곡물, 콩류, 녹색 잎줄기 채소, 바나나
결핍	아동의 성장 및 발달 저해
독성	상한 섭취량: 11mg/일 증상: 신경학적 문제, 혼란, 쉽게 피로해짐

과 마찬가지로 망간 흡수는 비타민 C와 육류 섭취를 통해 강화된다. 망간의 식품 소재에는 커피, 차, 초콜릿, 통곡물, 견과류, 씨앗, 콩, 말린 콩, 간, 그리고 과일 등이 있다. 성인의 망간 영양소 섭취 기준은 남성의 경우 하루에 2.3mg, 여성의 경우 하루에 1.8mg이다. 안전 상한은 남성과 여성 모두에게 하루에 11mg으로 정해져 있고 과잉 섭취는 신경학적 증상을 유발한다.

크롬

크롬은 세포가 포도당을 사용하는 것을 돕는 데 관여하기 때문에 내당력인자(GTF)로도 알려져 있다. 극히 드문 결핍은 혈당 유지 불량(저혈당 또는 고혈당), 인슐린의 과다 생산(고인슐린혈증), 과도한 피로 및 단 음식에 대한 갈망과 관련이 있다(저혈당은 혈당이 낮은 상태, 고혈당은 혈당이 높은 상태이다). 크롬은 또한 과민성(혈당 조절 불량인 일반적인 상태), 체중 증가, 성인 당뇨, 심혈관 질환의 위험 증가와 관련이 있다.[122] 운동선수들에게 흔한 빈번한 격렬한 운동이 크롬 결핍의 위험을 증가시킬 수 있다는 약간의 근거가 있다. 또한 과한 단당류(사탕류) 섭취는 사람들을 결핍의 위험에 처하게 할 수 있다. 크롬의 식이 공급원은 육류, 통곡물 빵과 곡물이다. 일반적으로 피콜리네이트 크롬 형태의 영양 보충제는 체중이나 체지방을 위해 소비되지만, 이 보충제에 대한 연구는 엇갈린 결과를 낳았다. 피콜리네이트 크롬 보충제에 관한 초기 연구는 그것이 보디빌더와 축구 선수들의 근육량을 증가시키고 체지방을 감소시키는 데 효과적이라는 것을 시사한다.[142] 그러나 이후에 통제된 연구들은 같은 결론에 도달하지 못했다.[143, 144] 다른 보충제로는 폴리니코틴 크롬, 염화 크롬, 고크롬 효모가 있다.

성인의 크롬 영양소 섭취 기준은 여성의 경우 하루에 25㎍, 남성의 경우 하루에 35㎍이다. 안전 상한선이 확립되지 않았고 크롬은 잘 흡수되지 않기 때문에, 과도한 섭취가 독성을 초래할 수 있음을 시사하는 증거는 거의 없다. 하지만 크롬의 독성은 직접 실험되지 않았기 때문에 운동선수들은 보충제 복용에 주의해야 한다. 한 연구는 피콜리네이트 크롬이 DNA를 변화시켜 변이된 암세포를 만들 가능성이 있음을 제시한다.[145] 이와 함께, 이 미량 무기질에 대한 연구는 크롬 영양을 최적으로 유지하기 위해, 운동선수들은 설탕이 적은 음식과 통곡물과 (채식주의자가 아니라면) 약간의 고기를 포함한 식단을 섭취해야 한다고 제안한다.

표 2.31 크롬 요약 가이드

기호	Cr
영양소 섭취 기준(DRI)	성인 남성: 35mcg/일 성인 여성: 25mcg/일
운동선수를 위한 권장 섭취량	30~35mcg/일
기능	포도당 내성(포도당-인슐린 조절)
좋은 식품 소재	양조장 효모, 버섯, 통곡물, 견과류, 콩류, 치즈
결핍	포도당 과민증
독성	잘 발생하지 않음

비타민 및 무기질 관련 특별 주제

비타민과 무기질 섭취는 건강을 좋게 유지하는 데 중요하며 운동선수의 운동수행능력에 매우 중요한 여러 기능을 제공한다. 다음 장은 운동선수들이 비타민과 무기질의 부족과 함께 발생할 수 있는 문제들을 이해하도록 도와주고 이러한 문제들을 피하기 위한 최상의 식이요법 전략도 알려준다.

산소 운반 및 이용

적절한 항산화제 섭취가 없다면 충분한 산소를 흡입하고, 산소를 혈액을 통해 일하고 있는 세포로 운반하고, 전달된 산소를 효율적으로 사용하고, 산소 부산물을 효율적으로 배설하고, 과도한 부작용을 다루기 위한 완전한 기능적 기제 없이 성공적으로 경쟁하는 운동선수를 상상하는 것은 어렵다. 이러한 모든 기능은 중요한 비타민과 무기질을 필요로 하며, 철은 산소 공급과 이산화탄소 제거에 중요한 역할을 한다. 비타민 B_{12}와 엽산은 산소를 운반하는 적혈구의 건강한 형성에 중요한 역할을 한다. 그리고 산화 방지 영양소인 베타카로틴, 비타민 C, 비타민 E, 셀레늄은 세포를 손상시키는 활성 산소 종으로부터 세포를 보호한다. 운동에서 산소가 작용하는 것의 중요성의 한 예로, 고지에서 훈련하는 운동선수들의 산소를 획득하는 능력의 안정된 적응이 있다.[15] 철분 상태가 나빠 이 적응을 하지 못하면 고지에 적응하지 못하고 경기력이 저하된다.[16]

산소 흡수

공기가 폐의 좌우 기관지로 들어가기 전에 콧구멍과 입을 통해 숨을 들이마셔서 호흡한다. 폐의 가스 교환은 각각의 기관지에 있는 수백만 개의 폐포와 그들을 둘러싼 혈액 공급에서 일어난다. 일반적인 성인 남성은 숨을 쉴 때마다 약 4L의 공기를 들이마실 수 있는데, 이 호흡을 통해 들어온 산소는 폐포 속으로 확산되어 모세혈관을 통해 혈액 속으로 들어가 적혈구의 헤모글로빈으로 들어간다. 동시에 혈액 속의 이산화탄소는 폐포를 통과하면서 내쉬어진다. 공기의 산소 함유량은 약 21%이고, 호기의 산소 함유량은 약 15%인데, 이는 공기 중 산소의 일부만이 폐에 의해 확보된다는 것을 나타낸다. 공기의 일반적인 수분 함량은 습도와 온도에 따라 0.2~4.0%까지 다양하다.[35] 그러나 호기의 수분 함량은 대략 5.0~6.0%인데, 이것은 왜 빠른 호흡이 운동선수의 수분 손실의 주원인인지 설명해 준다.[17]

세포 호흡의 속도는 운동 강도에 따라 증가하며, 격렬한 고강도 운동은 일하고 있는 근육의 산소 흡수 소모를 25배 증가시킨다.[36] 산소 소모량의 증가는 호흡 속도와 깊이의 증가에 의해 충족된다. 그러나 산소 소모량의 증가보다는 이산화탄소 수치가 상승하는 것이 호흡수의 증가를 유발한다. 이산화탄소 수치가 높으면 연수에서는 늑간 근육과 횡경막 근육을 조절하는 운동신경을 자극하여 활동을 증가시킨다. 폐렴, 천식, 폐기종, 기관지염, 만성 폐쇄성 폐 질환, 폐암과 같이 폐에 영향을 미치는 질병은 충분한 산소를 얻고 충분한 이산화탄소를 배출하는 능력을 손상시킨다. 중요한 것은, 운동선수들은 산소의 흡수와 이산화탄소의 제거 둘 다에 적응할 수 있는 능력을 가지고 있다는 것이다. 이러한 적응은 훈련을 받지 않은 사람보다 2~3배 더 높은 최대산소섭취량(VO_2max)을 가진 엘리트 남성 지구력 운동선수들에게서 볼 수 있다.[18] 적절한 영양 상태와 훈련요법과 함께 운동과 관련된 신진대사 및 생리학적 적응은 운동선수들이 다음과 같은 것들을 할 수 있게 한다.[19]

- 유산소 및 무산소성 대사 과정 모두에서 가장 높은 에너지 생산량을 유지한다.
- ATP(에너지)의 요구량과 생산량이 근접하게 일치하도록 더 나은 대사 제어를 유지한다(훈련은 근육 미토콘드리아와 호흡 용량을 최대 40%까지 증가시킨다).[20]
- 근육 운동 시 산소와 관련된 잠재적 위협을 낮춤으로써 세포에 미칠 수 있는 장애를 최소화한다.
- 움직임 효율을 향상시켜 스포츠 활동의 에너지 비용을 개선한다(낮춘다). 이는 엘리트 선수와 훈련되지 않은 선수 사이에 40%까지 차이가 날 수 있다.
- 젖산 내성을 강화하여 피로 저항성을 강화한다(훈련되지 않은 사람 중에서 근육과 혈중 젖산의 증가는 최대산소섭취량의 약 60~65%에서 발생하지만 훈련을 받은 개인에서는 최대산소섭취량의 80~90%에서 발생한다).[21]

운동 유발성 천식

운동 유발성 천식(EIA)은 운동선수의 산소 공급 능력을 손상시킨다. 추운 날씨나 추운 환경에서 하는 스포츠(예: 스케이트, 스키, 하키)에 종사하는 선수들은 따뜻한 날씨의 선수들보다 EIA의 유병률이 높으며, 만성 천식을 앓지 않는 사람들에게서도 운동을 시작한 후 5~20분 이내에 증상(기침, 쌕쌕거림, 가슴 조임, 호흡 곤란, 조기 피로감)이 나타날 수 있다.[4] 증상은 운동을 중단한 직후 가장 뚜렷하게 나타나며 보통 한 시간 안에 사라진다. 운동선수의 EIA 유병률은 농구 선수의 12%에서 크로스컨트리 스키 선수의 55%까지 다양하다.[2, 3] 건강한 대학 운동선수들의 측정 결과, 42.5%가 표준 운동 테스트를 통해 운동 유발성기관지수축(EIB. EIA와 관련된 조건)을 보였다.[34] 그러나 양성반응을 보인 대다수의 운동선수들은 아무런 증상이 없다고 보고했고 상태를 호전시키기 위해 호흡기 약물을 사용하지 않았다. 따라서 EIB와 EIA를 혼동하지 않도록 주의해야 한다. 천식과 관련된 만성 폐 염증의 근본적인 원인은 알려져 있지 않지만, 유전적 요소가 있는 것으로 보이며 어떤 사람들은 그 상태를 발전시키는 성향을 가지고 태어난다. 운동선수의 경우 탈수 유발 염증으로 인한 기도 탈수 때문일 수 있다.[22] EIA를 유발하는 것은 폐로 이동되는 대량의 차고 건조한 공기인 것으로 보인다. 이것 때문에, 특히 추운 날씨에 호흡이 빨라지고 지속적인 활동이 필요한 스포츠는 EIA를 유발할 가능성이 가장 높다. 춥고 건조한 환경에서 운동하는 동안의 구강 호흡과 수영장의 염소 또한 EIA를 촉발시킬 수 있다.[5]

산소 공급 및 세포 이용

몇 가지 성분, 비타민 및 단백질 운반체는 주요 기능으로서 산소의 전달 및 세포 이용에 관여한다. 파워나 무산소성 활동에 관련된 선수들을 제외한 모든 운동선수의 목표는 가능한 최고의 작업률을 달성하는 것이다. 이는 무산소성 대사 과정으로부터의 상당한 에너지 기여에 의존하지 않고 가능한 가장 긴 시간 동안 활동이 지속될 수 있는 것을 말한다.[24]

철분. 철분은 일하는 조직에 산소를 공급하는 데 중요한 성분이고, 철분을 함유한 효소는 에너지 대사를 위한 전자 전달에 관여한다. 인체는 철에 대해 우선순위 기반 시스템을 사용하며, 헤모글로빈은 최우선순위 시스템의 맨 위에 있다. 철분의 저장량이 헤모글로빈을 떨어뜨릴 정도로 낮아지면 미오글로빈에 있는 철분과 철 함유 효소가 적혈구 헤모글로빈과 산소 운반 능력을 유지하기 위해 고갈된다. 그러나 헤모글로빈과 헤마토크리트(철분 상태의 가장 일반적인 두 가지 측정치)가 정상 범위에 있는 것처럼 보이더라도 다른 철 관련 기능이 저하되기 때문에 운동선수가 경기력 저하를 경험할 수 있다. 어떤 다이어트는 상황을 더 악화시킬 수 있다. 예를 들어 케톤 생성 식단에서 볼 수 있듯이, 단기간 탄수화물 제한 식단을 실행하는 운동선수들은 고탄수화물 식단을 적용하고 있는 선수들보다 3주 후에 혈청 페리틴이(저장된 철분) 더 많이 감소한다.[25] 전형적인 철분 결핍성 빈혈(적혈구 부족)은 미세 세포성 혈색소 감소성 빈혈이라고 불린다(미세 세포성: 작은 적혈구. 혈색소 감소성: 적혈구는 철분이 적기 때문에 색이 옅다). 철분 상태와 관련된 더 많은 용어는 표 2.32를 참조하라.

트랜스페린. 트랜스페린은 혈액을 통해 골수, 비장, 간으로 철분을 운반하여 페리틴으로 저장하거나 새로운 적혈구를 만드는 혈액 단백질이다. 비교적 짧은 반감기를 가지고 있으며 최근 단백질 상태를 나타내는 지표로 사용된다. 높은 혈중 트랜스페린은 철분 결핍의 지표이다. 낮은 혈중 트랜스페린은 단백질이나 칼로리 영양실조의 지표일 수도 있고, 신장을 통한 과도한 단백질 손실로 인해 발생할 수도 있다. 전신 감염이나 암 또한 혈중 트랜스페린의 수치를 낮출 수 있다. 만약 운동선수가 낮은 혈중트랜스페린 수치를 가지고 있다면, 체내에 철분이 풍부하더라도 헤모글로빈의 생산이 저하될 수 있어 빈혈로 이어질 수 있다.

셀룰로플라스민. 셀룰로플라스민Ceruloplasmin은 새로운 적혈구를 형성하기 위해 트랜스페린에서 헤모글로빈으로 철분을 운반하거나 새로운 적혈구에 포함시키기 위해 오래된 적혈구에서 철분을 제거하는 데 관여하는 구리를 함유한 단백질이다. 구리 결핍은 낮은 셀룰로플라스민을 초래하고 철분 결핍성 빈혈과 유사한 빈혈을 유발하여 오진을 초래할 수 있다. 셀룰로플라스민 결핍은 췌장, 간, 뇌에 철분의 축적으로 이어져 신경학적 질환을 일으킬 수 있다.

비타민 B_{12}. 비타민 B_{12}의 주요 기능 중 두 가지는 적혈구의 형성과 건강한 신경계의 보존이다. 적혈구가 형성될 때 비타민 B_{12}가 없으면 적혈구는 막이 약한 상태로 형성된다. 거대 적아구라고 불리는 이 세포들은 부서지기 쉬우며 보통 적혈구(120일)의 약 반(60일) 정도 산다(산소 수송의 중요성에 대한 자세한 내용은 이 장의 앞부분에 있는 비타민 B_{12}장 참조).

엽산. 엽산은 비타민 B_{12}와 함께 정상적인 적혈구의 생성에 필요하다. 엽산은 신경조직 발달에도

표 2.32 철분 상태 관련 용어

페리틴	페리틴은 간, 비장, 골수에서 발견되는 철분 저장 단백질로, 이와 비례적으로 혈액에는 적은 양이 존재한다. 페리틴 수치가 낮을수록, 심지어 정상 범위 내에서도, 운동선수는 철분이 부족하거나 부족해질 가능성이 높다. 선수들은 철분 결핍이나 철분 결핍성 빈혈을 확인하기 위한 모든 혈액 검사와 함께 페리틴 측정을 받아야 한다. 또한, 혈청 페리틴은 과도한 알코올 섭취, 감염, 간 질환, 류머티즘 관절염, 갑상선 기능 항진증, 그리고 일부 암으로 인해 발생할 수 있는 과도한 철분을 신체가 저장하고 있는지 여부를 판단하는 표준 검사이다. 정상 페리틴 수치(ng/mL = mL당 ng): • 성인 남성: 20~300 ng/mL • 성인 여성: 20~120 ng/mL
전혈구용적율 (헤마토크리트)	헤마토크리트는 전체 혈액에서 적혈구가 포함된 비율이며, 혈액 단위당 적혈구의 수 또는 농축세포용적(PCV)으로도 불린다. 정상보다 낮은 헤마토크리트는 적혈구 부족, 질병, 비타민 또는 무기질 결핍 또는 혈액 손실로 인한 백혈구의 과잉 농도의 징후일 수 있다. 헤마토크리트의 증가는 탈수와 낮은 혈액량의 확장적 영향(즉, 적혈구가 낮은 부피의 혈액에 더 집중되어 있음) 또는 심장 질환의 존재로 인해 발생할 수 있다. 정상 헤마토크리트 수치: • 성인 남성: 42~52% • 성인 여성: 36~48%
혈색소 침착증	혈색소침착증(혈색소증)은 철분 흡수가 억제되지 않아 철분이 과도하게 저장돼 발생하는 철분 과부하 질환이다. 철분 농도가 낮아지지 않으면 간, 심장, 췌장이 손상될 수 있으며 관절 손상으로 이어질 수도 있다. 혈색소 침착증을 바로잡기 않으면 치명적일 수 있다. 이러한 상태는 철분 흡수의 유전적 결함 때문일 수 있는데, 이는 철분 독성을 피하기 위해 일반적으로 엄격하게 통제된다.
헤모글로빈	헤모글로빈(Hb 또는 Hgb)은 적혈구에서 철분을 함유한, 산소를 운반하는 단백질이다. 낮은 헤모글로빈은 철분 결핍성 빈혈의 징후이다. 높은 헤모글로빈은 높은 고도에 살거나 탈수 상태인 사람들에게서 관찰된다(낮은 혈액량에서 더 높은 세포 농도).
혈철증 (헤모시데린증)	혈철소증은 체내의 과도한 철분 때문에 생기는 질환으로, 종종 수혈로 인해 발생한다. 또한, 지중해 빈혈 환자들에게서도 종종 나타난다. 이 용어는 철분 과부하와 함께 발생하는 단백질인 혈철소(헤모시데린)의 축적에서 비롯된다. 혈철소증과 혈색소증은 관련 질환이지만, 혈색소증은 뇌와 피부 축적으로 인해 추가적인 증상이 나타날 수 있다.
혈청 철	혈청 철은 혈청 내 철분의 총량을 나타낸다. 일반적으로, 모든 혈청 철의 약 90%는 철 운반 단백질 트랜스페린에 결합되고 10%는 페리틴에 결합된다. 혈청 철은 적혈구 내의 철분을 나타내지는 않는다. 정상 혈청 철 수치: • 성인 남성: 75~175mcg/dL • 성인 여성: 65~165mcg/dL
총철결합능력 (TIBC)	TIBC 검사는 트랜스페린이 철 분자로 완전히 포화되었을 때 혈액이 운반할 수 있는 철의 양을 측정한다. 트랜스페린은 간에서 생성되기 때문에 TIBC는 간 기능과 단백질 영양 상태를 관찰하는 데도 사용될 수 있다. TIBC 값(450mcg/dL)이 낮으면 트랜스페린이 철분을 덜 운반하므로 용량이 더 크다는 것을 의미한다.
트랜스페린	트랜스페린 검사는 혈액 내 단백질 트랜스페린(시데로필린 이라고도 불림)의 직접적인 측정이다. 트랜스페린의 포화 수준은 혈청 철 수치를 TIBC로 나누어 계산할 수 있다. 정상 트랜스페린 수치(정상 트랜스페린 포화도 수치는 30~40% 사이): • 성인 남성: 200~400mg/dL • 성인 여성: 200~400mg/dL

관여하는데 엽산 상태가 좋은 여성은 신생아의 신경관 결함 위험이 거의 없는 것으로 알려져 있다. 불충분한 엽산과 관련된 빈혈은 비타민 B_{12}의 결핍에 의해 발생하는 빈혈과 유사하며, 그 결과 산소 운반 능력의 감소는 똑같이 심각하다. 그러나 비타민 B_{12}는 주로 동물을 통해 얻어지지만, 엽산은 신선한 과일, 신선한 채소, 콩류를 통해 가장 잘 얻어진다(자세한 내용은 이 장 앞부분의 엽산 및 엽산 장을 참조).

산소-영양소와 경기력 사이의 관계

신체 활동이 혈액의 철분 상태를 변화시킬 수 있고 혈액의 철분 상태도 신체 활동 경기력을 변화시킬 수 있다는 것에는 의심의 여지가 없다. 747명의 운동선수와 104명의 훈련되지 않은 대조군을 평가한 한 연구에서는 지구력 운동선수가 근력 위주 또는 혼합 훈련을 받은 선수보다 헤모글로빈과 헤마토크리트 수치가 낮은 것으로 나타났으며, 이는 그 차이가 희석성 가성빈혈 때문일 수 있고, 어쩌면 더 높은 위력의 발 충격 용혈 때문일 수 있음을 시사한다.[6] 대학 운동선수들을 대상으로 한 연구는 20명 중 1명(5%)이 참가 전 신체검사에서 빈혈로 확인되었다.[26] 엘리트 육상선수들과 트라이애슬론 경기 선수들을 대상으로 한 연구는 트라이애슬론 경기 선수들이 지구력 운동선수들에 대한 연구에서 보고된 수치들에 비해 철분 결핍의 유병률이 더 높다는 것을 발견했는데, 이것은 일부 운동이 더 높은 철분 결핍 위험과 관련이 있다는 것을 시사한다.[27] 철분 결핍의 위험은 운동선수가 아닌 그룹보다 운동선수들(특히 여성 운동선수들) 사이에서 더 만연할 가능성이 있다.[7]

운동 지속 시간 및 운동량이 높은 선수는 저장된 철분(페리틴)도 낮은 것으로 나타난다.[28] 지구력 운동선수들, 특히 여성 선수들은, 지구력을 달성하기 위해 유산소성 대사 과정에 가장 많이 의존함에도 불구하고 나쁜 철분 상태의 위험에 처해 있다.

체중 분류나 심미적인 스포츠에 관련된 운동선수들 사이에서 흔히 있는 제한적인 섭취는 거의 항상 비타민과 무기질을 불충분한 수준으로 공급한다.[29] 따라서 운동선수 인구의 상당 부분이 최적 미만의 산소 사용 능력을 갖는 실질적인 위험에 처해 있다. 이는 최적의 경기력을 확실히 억제한다.

철분 결핍은 부적절한 섭취, 용혈, 그리고 여성의 생리혈 손실을 포함한 많은 이유로 인해 운동선수들에게 발생한다.[8] 그러나 운동선수들에게서 가장 흔한 철분 문제는 혈액 손실이 아니라 적혈구를 포함한 혈액 구성 요소들의 부수적인 증가 없는 혈액량의 확대에 의해 야기된다. 이는 선수들이 기존의 운동 프로그램에 더 많은 강도를 더할 때 또는 훈련 시즌을 시작할 때 발생할 수 있다. 적혈구보다 혈액량이 빠르게 증가하기 때문에 이 선수들이 빈혈에 걸린 것처럼 보인다. 이 상태는 일시적이기 때문에(결국 적혈구 농도가 정상으로 돌아옴), 희석성 가성빈혈이라고도 불린다(스포츠 빈혈 또는 운동성 빈혈이라고도 함. 그림 2.4 참조).[27] 달리기와 관련된 반복적인 발의 충격은 적혈구를 파괴시키고 발 충격 용혈이라고 불린다.[31] 발바닥을 통해 모세혈관을 순환하는 적혈구는 발이 땅에 닿아 으스러진다. 발 충격 용혈로 인한 적혈구 파괴 속도가 빠를수록, 운동선수들은 적혈구를 충분히 빨리 만들지 못해 빈혈을 일으키기 때문에 정상적인 적혈구 농도를 유지하는 것이 더 어렵다.

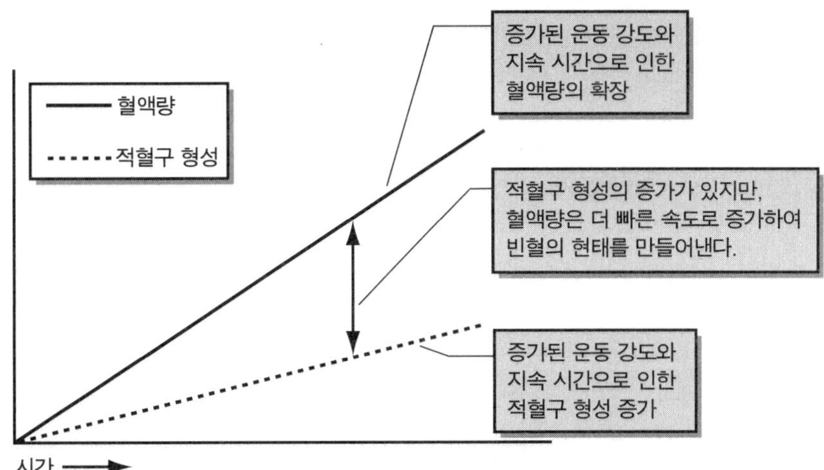

참고: 운동 지속 시간이나 강도가 증가하면 3~5일 후에 혈액량과 적혈구 농도의 차이가 두드러진다. 일정 시간이 지나면 혈액량의 증가가 멈추고 적혈구 생산이 증가하여 빈혈의 형태가 사라진다.

그림 2.4 희석성 가성빈혈(스포츠 빈혈이라고도 함. 표 2.24 참조)

철분 이외의 영양소의 과소 소비는 산소 사용에도 영향을 미칠 수 있다. 마그네슘 결핍은 최소 이하의 운동을 수행하는 데 필요한 산소 요구량을 증가시켜 지구력 성능을 감소시킨다.[9] 엽산과 비타민 B_{12}의 결핍은 기대수명이 감소된 기형 적혈구를 유발하는 거대적아구성빈혈을 초래한다. 이 줄어든 기능적 지속 시간은 운동선수들이 지속적으로 적혈구를 제조하는 것을 어렵게 하며, 또한 적혈구는 발 충격 용혈을 통해 더 빠른 속도로 파괴되고 있다. 그 결과, 산소를 운반하고 이산화탄소를 제거할 수 있는 세포 수가 줄어들기 때문에, 이는 운동 능력의 저하를 보여주는 확실한 공식이다. 과거 연구에서 얻은 데이터에 따르면 운동선수에서 혈뇨(즉, 소변 속 혈액)가 더 많이 발생했으며, 다음과 같은 여러 원인이 있었다.[10, 32]

- 발 충격 용혈. 갑작스런 모세혈관 압박과 여러 진탄성 움직임으로 인한 적혈구의 파괴.
- 신장 허혈. 신장으로 가는 혈류 불량, 탈수와 관련된 저혈액량 때문일 수 있음.
- 저산소성 신장 손상. 신장에 산소 공급이 원활하지 않아 발생하는 손상으로 철분 결핍성 빈혈 또는 신장허혈이 원인일 수 있다.
- 용혈 인자의 방출. 박테리아, 기생충, 겸상적혈구 질환, 그리고 운동선수의 혈액 pH 산성화를 포함한 여러 요인들로 인해 적혈구의 분해가 증가한다.
- 방광 또는 신장 외상. 이것은 축구나 복싱과 같은 진탕성 스포츠에서의 타격이나 다른 신체 활동에 의해 야기될 수 있다.
- 비스테로이드 소염제(NSAID) 섭취. 이는 신장 기능에 미묘한 일시적인 변화를 일으킬 수 있으며, 혈액이 소변으로 배출될 수 있다.
- 탈수. 탈수로 인한 신장으로의 혈류 감소는 이 목록의 앞부분에서 설명한 저산소 신장 손상과 신장 허혈과 관련이 있다.

- 순환율 증가. 더 빠른 심박수와 더 많은 심근경색에 의해 야기되는 더 높은 혈류 속도는 적혈구 파괴를 증가시킨다.
- 미오글로빈뇨 방출(즉 횡문근융해증). 운동은 근육의 파괴와 신장에 의해 소변으로 방출되는 철분을 함유한 미오글로빈 분자의 방출을 초래할 수 있다. 높은 수준의 근육 파괴로 인한 과도한 미오글로빈 방출은 신장 폐색 및 기능 장애와 관련이 있다.
- 적혈구의 과산화. 이것은 적혈구의 지질 막이 산화되어 신장을 통해 세포의 분해와 제거를 일으킬 때 발생한다.

잦은 고강도의 장시간 훈련으로 인해 야기되는 소변 내 적혈구의 만성 손실은 빈혈의 원인이 되어 운동선수의 경쟁력 저하의 문제로 이어진다. 그러므로 운동선수들은 손실된 것을 대체할 충분한 영양분(특히 철분)을 섭취하도록 주의해야 한다. 다행히도 적혈구 생성 과정은 운동 스트레스에 직면했을 때 눈에 띄게 회복력이 향상되는 것으로 보인다. 충분한 영양소 기반(특히 철분, 엽산, 비타민 B_{12})을 사용할 수 있다면, 많고 적절한 수의 적혈구를 생산할 수 있다.[11] 일부 운동선수들은 혈액 도핑이라고 불리는 불법 에리스로포이에틴(EPO)을 복용함으로써 적혈구 생성 과정을 강화하려고 한다. 불법성 외에도 EPO를 복용하면 혈전증 및 잠재적으로 치명적인 결과를 초래할 수 있는 혈액 점도의 증가를 일으킬 수 있다.[12]

산화 스트레스

산화 스트레스는 불충분한 산화 방지제로 인해 활성산소종(ROS)의 양이 증가하는 것을 의미한다.[13] 과산화물 및 활성산소로도 불리는 활성산소종은 세포 내부의 급진적인 움직임이 세포들을 파괴하여 '클링커'(죽은 세포)를 생성하기 때문에 세포에 손상을 입힌다. 활성산소는 또한 운동수

표 2.33 항산화 영양소

영양소	일일 권장 섭취량(19~30세)		기능
	남성	여성	
비타민 C	90mg/일	75mg/일	비타민 C는 백혈구와 폐, 위 점막에서 반응성 산화제를 청소하고, 세포에서 지질 과산화 작용을 감소시킨다.
비타민 E	15mg/일	15mg/일	비타민 E는 주로 지질의 과산화 작용을 막는다.
셀레늄	55mcg/일	55mcg/일	셀레늄은 산화 방어 효소를 형성하는 셀렌단백질을 통해 작용한다. 영양소 섭취 기준은 셀렌단백질 글루타티온 과산화효소를 합성하는 데 필요한 양에 기초한다.
베타카로틴	900mcg/일	700mcg/일	12mcg의 베타카로틴은 1mcg의 레티놀(비타민 A)을 형성할 수 있다. 인간의 영양소 요구는 베타카로틴이 아닌 비타민 A를 필요로 한다. 그러나 베타카로틴이 비타민 A의 생산의 단순한 전구체 이상이라는 것에는 의심의 여지가 없다. 신선한 과일과 채소의 섭취를 위한 중요한 생물 지표가 되는 것 외에도, 베타카로틴은 중요한 항산화 특성을 가지고 있다.

행능력을 감소시키는 조기 피로제이기도 하다.[33] 신체는 항산화 비타민과 무기질을 통해 활성산소의 생성을 억제한다(표 2.33 참조). 무기질은 활성산소 생성을 감소시키기 위해 효소 활동을 조절하고, 비타민은 활성산소를 수용하여 세포 환경에서 제거함으로써 잠재적 위험을 제한한다. 식물성 기름에서 주로 발견되는 지용성 항산화 비타민인 비타민 E에 대한 초기 연구는 처음에는 활성산소 감소에 대한 가능성을 보여주었다. 그러나 최근 비타민 E 보충제 자체가 항산화 불균형을 일으켜 인간이 활성산소를 예방하는 전반적인 방어력을 떨어뜨릴 수 있다는 우려가 제기돼 왔다. 한 연구는 산화 방지 비타민 보충제가 산화 스트레스 예방에 도움이 될 수 있지만, 어린 운동선수들의 경기력을 향상시키지는 못한다는 것을 발견했다.[213] 이러한 영양소의 불균형을 막기 위한 제안된 전략은 항산화 비타민 보충제 하나만 섭취하기보다는 음식에서 나오는 여러 항산화제를 규칙적으로 섭취하는 것이다. 그렇게 함으로써, 항산화 물질 사이의 민감한 균형은 그대로 유지되고 항산화 물질의 존재는 증가할 수 있다.

항염증 및 근육계 컨디션 전략

거의 모든 선수가 경험하는 근육통은 낮은 운동 범위와 근력 감소와 관련이 있으며, 경기력에 부정적인 영향을 주고 더 심각한 근육 손상의 위험을 증가시킨다.[1, 2, 31] 그것은 평소보다 더 많은 육체적 노력과 관련이 있으며, 비타민과 무기질의 가용성과 관련이 있다.[214] 운동선수들은 일반적으로 근육을 사용할 때만 경직과 압통을 동반하는 불분명한 근육통을 느낀다. 근육통은 운동 후 약 24~48시간 후에 최고조에 도달하기 때문에, 일반적으로 지연성 근육통 또는 DOMS라고 불린다. 일반적으로 DOMS는 2~4일 동안 지속되며 영향을 받는 근육의 미세파열과 관련된 경미한 근육 긴장 손상으로 간주된다.[3~5, 32] 관련 통증은 근육의 수축과 함께 근육을 스트레칭하는 효과가 있는 신장성 근육 운동과 가장 관련이 있다[6, 33](장거리 내리막길을 달리면 허벅지 근육이 얼마나 아플지 상상해 보라). 지연성 근육통은 또한 일반적이지 않거나 익숙하지 않은 활동과 함께 발생할 가능성이 더 높기 때문에, 자주 익숙하게 신장성 운동을 하는 운동선수들은 결국 이 활동에 적응하고 지연성 근육통의 가능성과 심각성을 줄일 것이다. 지연성 근육통을 앓는 운동선수의 경우 그 결과 발생하는 근육 손상은 활성산소종(ROS)의 더 많은 생산과 고에너지 화합물 ATP의 불충분한 사용을 유발한다. 후자는 지연성 근육통과 관련된 근육 약화의 가능성이 높은 원인이다.[7, 8]

식이 요법과 지연성 근육통(DOMS)

특정 영양소나 영양 보충제가 DOMS에 영향을 미친다는 증거는 제한적이다. 효능이 있는 것으로 평가된 영양소와 보충제에는 L-카르니틴, 항산화제(비타민 C와 비타민 E.개별적으로도, 혼합으로도 작용함), 플라보노이드, 분지 사슬 아미노산, 단백질, 오메가-3 지방산, 비타민 D 등이 있다. 오메가-3 지방산인 에이코사펜타엔산(EPA)과 도코사헥사엔산(DHA)이 많이 함유된 어유는 류마티스 관절염의 관절염증을 감소시키는 것으로 밝혀졌으며, 이러한 기름이 격렬한 운동의 염증 반응도 완화할 수 있다는 이론에 대한 연구도 수행됐다.[9, 10] 다른 연구들은 오메가-3 지방산이 지방산 대사를 증진시키고 심장으로 향하는 산소 공급을 강화시킬 수 있음을 시사한다.[34] 두 가지 항산화 비타민인 비타민 C와 E의 보충 효과를 평가하는 연구는 이 보충제가 지연성 근육통의 발생이나 심각도를 유의미하게 감소시키지 않다는 것을 발견했다.[35] 또한 이 연구는 또한 이들의 보충이 운동선수들에게 근력, 민첩성 또는 파워의 변화를 일으키지 않았다는 것을 발견했다. 비록 이 장의 초점은 아니지만, 근육통의 더 빠른 회복을 돕는 것으로 밝혀진 적절한 수면의 중요성을 고려하는 것이 중요하다.[36]

이 문헌의 검토는 두 가지를 확인시켜 준다. (1) 연구는 불충분하며, (2) 지연성 근육통과의 연관성에 대한 증거가 존재하는 경우 증거가 상대적으로 약하다. 게다가 비록 몇몇 연구가 이러한 영양소를 전달하는 시험된 보충제로 식품 섭취를 평가했지만, 그들은 영양소 전달이 어떻게(즉, 하루 동안 또는 운동 전 또는 후에 한 번에 퍼지는지 또는 더 작은 단위로 고르게 퍼지는지) 지연성 근육통에 영향을 미칠 수 있는지 평가하지 않았다.

오메가-3 지방산. 오메가-3 지방산은 항산화제와 항염증제 둘 다로 작용하기 때문에 지연성 근육통을 감소시킬 수 있다. 비타민 E나 C와 같은 다른 보충제들은 강력한 항산화제로 기능하지만 특별한 항염증 작용은 없다. 오메가-3 지방산은 에이코사노이드 생성을 위해 아라키돈산과 경쟁하여 염증을 감소시킬 수 있으며, 이는 항염증제의 생성을 촉진한다. 오메가-3 지방산은 세포막의 일부가 되어 프로스타글란딘, 트롬복산, 프로스타시클린을 포함한 이러한 염증제의 방출을 변화시킨다. 따라서 이 항염증 효과가 지연성 근육통의 감소에 기여할 수 있다.

한 연구는 오메가-3 지방산 보충과 신장성 운동 후 인식된 통증에 대해 측정한 27명의 남성 피실험자(평균 연령 33.4세)를 평가했다.[11] 피실험자들은 운동 전 30일과 운동 후 이틀 동안 하루에 한 번 324mg의 에이코사펜타에노산(EPA)과 216mg의 도코사헥사에노산(DHA)이 함유된 어유 캡슐을 섭취했다. 또한 실험 대상자들은 오메가-3 캡슐 외에 100IU의 d-알파토코페롤 아세테이트(즉, 비타민 E)를 함유한 보충제를 섭취했지만 비타민 E의 투여 빈도는 설명받지 않았다. 오메가-3 지방산을 섭취한 그룹은 신장성 운동 후 48시간 후에 통증 점수가 현저히 더 나아졌지만(즉, 낮아졌지만), 운동 후 24시간에는 그렇지 않았다. 허벅지 둘레는 염증의 지표로 사용되었으며(둘레가 길수록 붓기를 나타냄) 신장성 운동 후 24시간과 48시간 모두에서 오메가-3를 섭취한 그룹의 허벅지 둘레가 현저히 작았다. 비타민 E(강력한 항산화제)의 첨가가 활성산소종을 감소시킴으로써 지연성 근육통 감소에 기여했을 수도 있지만, 비타민 E의 효과는 결정적이지 않다.

4주 동안 오메가-3 지방산의 보충을 평가한 연구는 훈련된 남성 운동선수들에게서 지연성 근육통의 현저한 감소를 발견했다.[37] 지연성 근육통에 대한 오메가-3 지방산의 영향을 평가하는 또 다른 연구는 훈련되지 않은 남성 10명(평균 연령 22.7세)과 훈련되지 않은 여성 6명(평균 연령 24.5세)을 대상으로 수행되었다. 피실험자들은 세 개의 보충 그룹으로 구성되었다. (1) 어유 그룹(어유는 오메가-3 지방산의 우수한 공급원이다), (2) 분리대두와 비오메가-3 지방 혼합물의 조합을 받은 이소플라본 그룹, (3) 비오메가-3 지방 혼합물과 밀가루를 받은 위약 그룹. 모든 그룹은 운동 개입 30일 전과 주중에 보충하였다. 또한 피실험자들은 지방 산화를 낮추기 위해 100IU의 비타민 E를 받았다. 30일간의 보충 후, 실험 대상자들은 근육통을 유발하기 위해 신장성 운동을 수행했고, 운동 후 2, 4, 7일 후에 근육통을 측정했다. 오메가-3 지방산(즉, 어유) 그룹에서 혈청 EPA와 DHA가

유의미하게 증가했지만, 그룹 간 지연성 근육통 수준에는 유의미한 차이가 없었다.

지연성 근육통에 대한 어유와 이소플라본의 영향을 평가한 연구에서는 어유와 이소플라본 섭취에 관계없이 모든 그룹에서 통증과 팔 둘레가 크게 증가한 것으로 나타났다.[10] 이 연구는 무작위로 22명의 피실험자를 3개의 다른 그룹, 즉 여유 보충제, 이소플라본 보충 또는 위약 그룹으로 배치했다. 모든 그룹은 신장성 운동 전에 30일 동안 간섭물질과 (지질 과산화의 가능성을 줄이기 위해) 비타민 E 100IU를 받았다. 저자들은 간섭물질들이 지연성 근육통을 감소시키는 데 아무런 영향을 미치지 않았다고 결론지었다.

요점: 이러한 연구에 따르면 다음과 같은 변수를 적절히 혼합하면 지연성 근육통이 약간 감소할 수 있다.

- 특정 활동 유형(신장성)
- 특정 영양 혼합(오메가-3 지방산+비타민 E)
- 성별(근육 손상은 비슷하지만, 여성은 남성보다 염증 반응이 크지 않음[12])
- 보충제를 복용한 경우(편심 활동이 효과를 발휘하기 전에 충분히 오래 복용해야 함)

이러한 결과들을 고려할 때, 비록 이러한 물질들의 보충이 운동과 관련된 고통을 줄일 것 같지는 않지만, 운동선수들이 정기적으로 오메가-3 지방산과 비타민 E의 좋은 공급원인 음식을 섭취할 것을 신중히 제안해야 한다.

비타민 D. 오메가-3 지방산을 보충하기 위해 사용되는 에이코사펜타에노산(EPA)과 도코사헥사에노산(DHA)은 주로 냉수성 어류에게서 나온다. 이러한 생선들은 또한 비타민 D의 훌륭한 공급원이며, 비타민 D 또는 비타민 D와 EPA 및 DHA의 조합이 적어도 부분적으로 오메가-3 지방산으로 인한 근육통 감소에 연관이 있을 수 있다. 비타민 D만으로도 DOMS와 연관된 영양인자일 가능성이 있는데, 만성 근육통증과 비타민 D 결핍증이 있는 호주 원주민을 대상으로 한 연구에서 연령별, 성별에 맞는 13쌍을 선정했는데,[13] 한 쌍당 1명은 근육통을 호소하고 다른 한 쌍은 근육통이 없는 것으로 나타났다. 비타민 D 결핍의 존재를 확인하기 위해 혈액 검사를 했을 때, 혈청 비타민 D가 낮은 모든 피험자들은 근육통을 경험하는 반면 혈청 비타민 D 수치가 정상인 피험자들은 고통을 겪지 않는 것으로 밝혀졌다.

근력의 감소 또한 비타민 D 결핍과 관련이 있을 수 있다. 또 다른 연구는 비타민 D 결핍, 부족 또는 정상 비타민 D 상태를 진단 받은 976명의 노인을 평가했다.[14] 이 연구는 악력계를 사용하는 두 기간을 통해, 비타민 D 상태가 악력 점수와 유의미하게 관련이 있다는 것을 발견했다(악력 점수가 높을수록 비타민 D 상태가 좋음). 감소된 근력과 근육통의 증가 모두 지연성 근육통의 특징이기 때문에, 비타민 D 상태가 지연성 근육통을 개선하거나 확대할 수 있다고 생각할 수 있다. 요점: 실내에서 운동(예: 체조 선수, 피겨스케이팅 선수, 농구 선수)을 많이 하여 햇빛 노출이 억제되는 선수들은 혈청 비타민 D 검사를 받는 것을 진지하게 고려해야 한다. 겨울철 또는 실내에서 훈련하거나 햇빛에 노출이 제한적인 운동선수들에게 비타민 D_3를 매일 2,000~4,000IU씩 보충하는 것은 성공

적인 전략으로 보인다.[38]

항산화 비타민 E와 C. 오메가-3 지방산 보충제 및 지연성 근육통을 평가하는 두 가지 연구는 토코페롤(비타민 E)을 함유한 제품을 사용했다.[10, 11] 그 연구는 비타민 E가 지연성 근육통에 미치는 영향이 결정적이지 않거나 무시할 수 있는 것이라고 결론지었다. 항산화 비타민 E 및 C 오메가-3 지방산 보충과 토코페롤(비타민 E)을 함유한 제품을 사용한 지연성 근육통 정도를 평가한 최소 두 가지 이상의 연구는 지연성 근육통에 대한 비타민 E의 영향이 결정적이지 않거나 무시할 만하다고 결론을 내렸다. 그러나 비타민 E는 강력한 산화 방지제이기 때문에, 비타민 E는 운동으로 발생한 근육 손상으로 인한 산소 매개 세포 손상을 막을 수 있는 잠재력을 가지고 있다. 한 연구는 비타민 E의 항산화 효과를 조사했고 또한 비타민 E의 항염증 효과를 실험했다. 남자 대학생들은 비타민 E 보충제와 위약 그룹으로 분류되었고, 비타민 E 그룹은 하루에 한 번 800IU의 d-알파 토코페롤 아세테이트를 운동 후 14일 동안, 그리고 운동 후 7일 동안 복용했다.[15] 비타민 E 보충제를 복용하는 사람들은 신장성 운동요법 후 2, 4, 그리고 7일 후에 위약 그룹보다 근육통 수치가 현저히 낮다고 보고했다. 또한 비타민 E 그룹은 4일과 7일째에 위약 그룹보다 산화 손상이 상당히 낮았다. 이러한 발견들에도 불구하고, 비타민 E를 보충 섭취하는 것이 염증을 덜 일으킨다는 증거는 없었다. 요점: 운동선수들은 비타민 E의 보충 섭취가 신체의 정상적인 보호 항산화 기제를 무디게 할 수 있기 때문에 경계해야 한다(더 많은 정보를 원한다면 이 장의 초반 비타민 E 부분 참고). 그러나 만약 운동선수들이 비타민 E를 함유한 음식(주로 식물성 기름과 신선한 채소)을 만족스럽게 섭취하지 못하는 상황이라면, 가벼운 보충 섭취를 가끔 하는 것이 지연성 근육통의 심각성을 감소시킬 수 있다.

비타민 C가 지연성 근육통에 미치는 영향은 여전히 불분명하다. 훈련되지 않은 18명의 남성(평균 23세)을 대상으로 비타민 C 보충을 조사한 연구에서, 피험자들은 비타민 C 보충 그룹(아스코르브산나트륨 3g)과 위약 그룹으로 구성되었다.[16] 보충 기간은 신장성 운동 개입 전 2주, 개입 후 4일이었다. 신장성 운동 후 24시간 후, 보충 그룹의 통증 수치는 위약 그룹이 보고한 수치보다 현저히 낮았다. 또한 이 연구는 식단이 알려지지 않은 비타민 C나 비타민 E(함께 작용하는 황산화제)의 섭취를 포함하지 않았다는 것을 확실히 하기 위해 식단 회상 설문을 사용했다. 또 다른 연구는 위약 그룹과 보충 그룹으로 고르게 나누어진 훈련되지 않은 24명의 남성과 여성 피실험자들을 평가했는데, 보충 그룹은 신장성 운동 개입 전 3일 동안 그리고 그 후 5일 동안 비타민 C를 매일 3g씩 받았다.[17] 보충 그룹과 위약 그룹 사이에서 근육통의 차이는 발견되지 않았다. 비타민 C와 다른 항산화 보충제에 대한 최근의 검토는 지연성 근육통을 줄이기 위해 비타민 C를 사용하는 것을 뒷받침하는 증거가 중간에서 낮은 수준이라는 것을 발견했다.[39] 럭비 선수들을 대상으로 한 연구는 심각한 산화적 손상을 발견했지만 운동 후 회복 기간 동안 추가적인 비타민 C와 E를 제공하는 데 있어서 유의미한 이점은 없었음을 발견했다.[40] 비슷하게, 농구 선수들에 대한 평가에서 항산화 보조제를 섭취하는 것은 흔한 일이었지만, 그것들이 운동 후 근육 회복을 강화한다는 증거는 거의 없었다.[41]

분지 사슬 아미노산(BCAA). 골격근에서 산화될 수 있는 필수 아미노산(즉, 신체가 스스로 합성할 수 없기 때문에 식단에서 섭취해야 함)이다. 운동 전후에 분지 사슬 아미노산을 적절히 대체하지 않으면 운동으로 인한 근육 손상이 발생할 수 있고 근육단백질 합성이 억제될 수 있다.[18] 한 연구는 21~24세의 훈련되지 않은 30명의 남녀를 통해 분지 사슬 아미노산 보충과 지연성 근육통에 미치는 영향을 평가했다. 신장성 운동 프로토콜 15분 전에, 피실험자들은 5g의 분지 사슬 아미노산, 1g의 녹차, 그리고 1.2g의 설탕 대체물을 함유한 용액을 섭취했다[19](녹차와 설탕 대체물은 분지 사슬 아미노산의 맛을 감추기 위해 사용되었다). 여성 피실험자들은 분지 사슬 아미노산을 24시간, 48시간, 72시간에 섭취한 후 현저히 낮은 통증 수치를 기록했다. 그러나 남성 피실험자들은 제공된 분지 사슬 아미노산의 양이 체중에 비례해서 표준화되기보다는 고정되었기 때문에 이점을 경험하지 못했다. 최근의 연구는 분지 사슬 아미노산 급성 구강 보충제(0.087g/kg)가 위약과 비교할 때 등척성 근력과 근육통의 회복 속도를 높이기에 충분하다는 것을 발견했다.[42] 이러한 데이터는 에너지 요구 사항이 충족될 경우 체중 100kg 선수가 하루에 두 번 비교적 적은 양의 BCAA(총 17.2g/일)를 섭취하는 것으로 고강도 훈련에서 회복하기에 충분하다는 것을 시사한다. 다른 연구에서도 고강도 훈련 세션 전에 적은 양(5g)의 분지 사슬 아미노산을 섭취하면 같은 칼로리의 위약과 비교할 때 지연성 근육통이 크게 감소한다는 사실이 밝혀졌다.[43] 요점: 일률적인 패러다임은 분지 사슬 아미노산과 함께 작용하지 않으며 복용량은 체중에 연결되어야 한다. 그렇긴 하지만, 심지어 5g(20Kcal)의 분지 사슬 아미노산도 여성들에게 충분한 것으로 보이기 때문에 10g은 남성들에게 충분히 높은 용량일 수 있다. 분지 사슬 아미노산은 활동 전후에 탄수화물 음료에 첨가된 분리유청단백질(WPI) 섭취를 통해 쉽게 제공될 수 있다.

단백질 섭취. 운동, 특히 익숙하지 않은 운동이나 신장성 운동은 종종 근육 단백질 분해와 근육 글리코겐 저장소의 고갈과 관련된 근육 손상을 초래한다. 이러한 결과는 운동선수들이 특히 많은 양의 체력 훈련을 포함할 수 있는 새로운 훈련 프로그램을 시작할 때 식이 요법에서 단백질에 대한 필요성이 증가했음을 시사한다.[20] 그러나 단백질 활용의 최대 속도는 체중 1kg당 약 1.5g(비운동선수의 약 2배)으로 보이기 때문에, 이 수준의 섭취를 달성하기 위해서는 식단에 미묘한 변화만이 필요할 것이다. 사실, 대부분의 사람들(선수들과 비선수들 모두)은 이미 운동선수들에게 권장되는 수준 이상의 단백질을 섭취한다. 단백질이 중요한 것은 맞지만, 여러 연구에 대한 평가로는 운동 후 단백질 섭취가 회복을 향상시킬 것이라고 결론지을 수 없었다.[44] 이러한 연구는 에너지 균형 상태를 알아낼 수 없기 때문에 평가하기가 어렵다. 이 에너지 균형 상태는 단백질이 상당한 영향을 주기 위해 회복되어야만 하는 것이다. 다른 경우에 단백질은 운동 후 에너지 요구량을 만족시키기 위해 사용되며 근육 회복을 포함하는 동화 작용에는 사용할 수 없다. 하루에 다섯 끼 이상의 식사를 할 때마다 대략 20~30g의 단백질을 분배하는 전략은 지연성 근육통을 줄이고 경기력을 향상시키는 성공적인 전략임이 점점 더 밝혀지고 있다.[45] 대학의 여성 운동선수들을 대상으로 한 연구는 유청단백질과 카제인 단백질 섭취의 효과를 평가했고 운동 전, 후 단백질 보충을 통한 저항 훈련 프로그램이 경기력과 신체 조성 모두에서 긍정적인 변화를 유도할 수 있다는 것을 발견했다.[21] 초코우유는 탄수화물과 양질의 단백질이 결합되어 있어 세포를 더 빨리 정상으로 돌려놓을 수 있기 때문에 운동 후 더 빨리 회복하는 데 유용한 음료이다.[22, 23] 특정 아미노산 또한 운동 후 근육 회복에 미치는 영향을 밝히기 위해 평가되었지만, 이러한 연구 결과는 확실하지 않다. 건강한 젊은 여성에게서 아미노산 L-아르기닌이 지연성 근육통에 미치는 영향을 평가하는 최근의 연구는 이점을 시사하는 결과를 얻었지만, 완전히 결정적이지는 않았다.[46] 요점: 비록 적은 양이라도 목표가 잘 정해지고 질 좋은 단백질은 근육통을 줄이고 운동수행능력을 향상시키는 데 차이를 만들 수 있다. 단백질 관련 연구는 단일 회기의 대량 보충보다 적은 양의 단백질(식사당 약 30g)을 자주 전달하여 아미노산 풀을 유지하는 것이 훨씬 더 낫다는 것을 시사한다.

수분 섭취. 탈수는 수년 동안 더 높은 근육통과 관련이 있었다. 훈련을 받지 않은 10명의 남성들(평균 21세)을 대상으로 탈수가 지연성 근육통에 미치는 영향을 조사한 연구에서, 피실험자들은 신체 활동 전에 수분을 잘 공급받은 그룹과 탈수된 그룹으로 구성되었다. 지연성 근육통은 두 그룹 모두에서 존재했지만, 탈수된 그룹의 근육통은 수분을 잘 공급받은 그룹보다 상당히(44%) 높았다. BMX 라이더의 일일 훈련 사이에 회복을 평가하는 연구는 저항 훈련 직후에 한 시간 동안 스포츠 음료(100mL당 6% 탄수화물, 90mg 나트륨, 29mg 칼륨)를 마시는 것이 몇몇 다른 전략보다 지연성 근육통을 줄이는 데 더 성공적이라는 것을 발견했다.[47] 이 스포츠 음료를 섭취하는 것은 수동적인 회복(15분 동안 매트 위에 누워 있는 것), 능동적인 회복(운동 후 5분 동안 최대 산소 소비량의 70%로 페달링 하는 것), 운동 후 2회, 각 5분 동안 냉수 침수를 하는 것보다 더 성공적이었다. 요점: 근육통은 수분을 잘 유지해야 하는 많은 이유들 중 하나이다. 더 큰 수분 풀을 갖는 것은 운동 중에 생성된 신진대사 부산물이 희석될 수 있게 하여 운동 근육에 미치는 영향을 줄 수 있다.

연구에 따르면 알코올 섭취의 양과 빈도는 스포츠 팀마다, 그리고 남성과 여성 운동선수 사이에 차이가 있지만, 알코올 섭취는 특히 스포츠나 성별에 관계없이 특히 사교 행사에서 흔하다.[24, 25] 알코올은 잠재적 에너지원이지만(7Kcal/g) 탄수화물, 단백질, 지방으로부터 에너지를 유도하는 활성 조효소로의 비타민 B의 전환을 억제함으로써 항영양제 역할을 하기도 한다. 연구에 따르면 알코올 소비는 빈도와 양에 따라 심혈관 체제, 에너지 대사, 근육 손상 및 회복, 체온 조절 기제, 그리고 모든 것이 경기력에 영향을 미칠 수 있다.[26, 27] 알코올은 중추신경계에 영향을 미쳐 운동 기능의 저하, 인지기능 저하, 행동 변화 등을 초래하며, 이 모든 것은 운동 수행을 방해할 수 있다. 심지어 이러한 효과는 알코올에 취한 후 몇 시간 또는 며칠 동안 측정 가능한 효과를 보이면서 오래 지속될 수 있다.

알코올은 글리코겐의 신진대사와 저장, 수분 공급과 체온 조절 기능의 변화를 통해 경기력에 영향을 미칠 가능성이 가장 높다. 간과 근육에 있는 글리코겐 저장소의 재합성 작용은 알코올 섭취에 의해 극한으로 억제된다. 알코올을 섭취한 운동선수의 글리코겐 저장소를 교체하는 데는 그렇지 않은 운동선수에 비해 2배나 더 오랜 시간이 걸린다.[28] 알코올은 수화 상태를 심각하게 손상시킬 수 있는 강력한 이뇨제이다. 4%의 알코올이 함유된 음료 또한 소변 손실의 증가를 촉진함으로써 회복 과정을 상당히 지연시키는 경향이 있다.[29] 탈수와 나쁜 글리코겐 저장은 둘 다 염증과 근육 기능에 관련이 있다. 따라서 알코올 섭취와 관련된 경기력 저하 효과는 최적으로 수행하고자 하는 모든 운동선수가 고려해야 한다.

폴리페놀. 운동선수들이 신선한 과일과 채소를 섭취하는 것이 중요한 이유 중 하나는 그것들이 강력한 항산화 및 항염증 특성을 주는 폴리페놀의 훌륭한 공급원이기 때문이다.[48, 49] 또한 그들이 비스테로이드성 항염증제(아스피린, 타이레놀 등)와 유사한 방법으로 고통을 억제할 수 있다는 증거도 있다.[50] 폴리페놀이 비교적 많이 함유된 음식에는 커피, 차, 포도, 코코아, 비트, 아사이, 블랙베리, 블루베리, 체리, 석류, 그리고 다양한 견과류가 있다.[44] 이러한 폴리페놀 중 일부는 붉은 베리, 포도, 토마토, 그리고 차에서 자연적으로 발견되는 케르세틴과 같이 처방전 없이 구입할 수 있다. 운동 후 근육통을 줄이는 효과를 평가하는 여러 연구가 있지만, 결과는 엇갈린다. 가능한 예외는 석류 추출물을 섭취한 사람들이 운동 전후에 체리 주스를 섭취한 사람들처럼 근육 회복이 향상되었다는 것을 발견한 위약 통제 연구이다.[51~53] 또 다른 가능한 항염증 물질은 향신료 커큐민으로, 건강한 젊은 남성의 작은 표본에서 DOMS를 감소시키는 것으로 나타난 항산화, 항염증 및 진통 효과의 잠재성을 가지고 있다.[54, 55] 현재 구입할 수 있는 수많은 캡슐 기반의 폴리페놀들이 있지만, 이 보충제들을 많이 복용하면 원치 않는 부작용을 일으킬 수 있다.[44] 폴리페놀이 함유된 신선한 과일, 견과류, 그리고 채소의 섭취는 많은 다른 중요한 비타민, 무기질, 탄수화물, 그리고 수분의 공급을 포함한 부작용 없는 여러 이점을 가지고 있다. 탄수화물이 회복에 도움이 된다는 점을 간과해서는 안 되는데, 왜냐하면 그것이 없으면 다른 전략들이 실패할 가능성이 높기 때문이다.[56]

중요 사항

- 비타민을 너무 많이 섭취하거나 너무 적게 섭취하면 결과가 나쁠 수도 있다.
- 총 에너지 요구량을 만족하는 선수들은 비타민 요구량을 만족시킬 가능성이 더 높다.
- 운동선수들은 지방 섭취를 피해서는 안 된다. 지방으로부터 나오는 총 칼로리의 약 20~25%는 일반적으로 지용성 비타민과 필수 지방산의 요구를 충족시키기 위해 필요하다.
- 무기질 결핍은 고치는 데 오랜 시간이 걸리기 때문에(예를 들어 철분 결핍은 고치는 데 6개월 이상 걸릴 수 있다) 무기질 결핍이 발생하면 운동선수는 장기간 경기력 저하를 겪을 수 있다.
- 여러 연구에 따르면 운동선수들은 철분과 칼슘이 부족할 가능성이 가장 높다.
- 무기질은 한 번 다량으로 섭취하는 것보다 하루 동안 나눠서 섭취하는 것이 일반적으로 더 낫다.
- 고기를 먹는 것은 철분과 아연을 얻는 가장 쉬운 방법이기 때문에 채식주의자들은 결핍의 위험을 피하기 위해 잘 준비된 짙은 녹색 채소와 풍부한 곡물로 대체해야 한다.
- 나트륨은 혈액량과 땀의 양을 유지하는 데 매우 중요하다. 운동선수가 땀을 더 많이 흘릴수록, 스포츠 음료의 더 많은 나트륨이 필요하며, 정상적인 범위는 컵당 50~200mg이다.
- 비타민 D는 나이와 성별에 관계없이 운동수행력과 회복 모두에 중요한 것으로 점점 밝혀지고 있다. 운동선수들은 혈청 비타민 D의 상태를 매년 평가받아야 하며, 만약 낮은 것으로 판명되면 의사가 처방한 보충제나 햇빛 노출을 늘리는 등의 교정 조치를 취해야 한다. 피부색이 어두운 운동선수들이 같은 수준의 비타민 D를 얻기 위해서는 밝은 피부의 운동선수

들보다 햇빛에 더 많이 노출될 필요가 있다는 것에 주목해야 한다. 실내에서 훈련하고 경쟁하는 선수들은 특히 비타민 D 상태가 좋지 않을 위험이 높다.

- 철분은 산소 공급에 매우 중요하지만, 철분 결핍이 영양 결핍 중 가장 일반적이다. 가임기 여성들과 엄격한 채식주의자들은 철분 결핍에 걸릴 위험이 가장 높다.
- 정상적인 운동 활동은 철분 결핍성 빈혈을 증가시킬 수 있으며, 때문에 운동선수들의 철분 결핍 또는 빈혈 여부를 판단하기 위해 매년 검사를 받도록 권장해야 한다. 결핍 또는 빈혈이 있는 경우 결핍의 원인(예: 부적절한 섭취, 흡수 불량, 손실 증가)을 밝혀야 한다.
- 비타민 B_{12}와 엽산은 적혈구 형성에 중요하다. 적혈구 결핍은 빈혈과 낮은 산소 공급을 초래할 수 있다.
- 운동선수들은 항산화 영양제의 과도한 섭취가 정상적인 항산화 적응 과정을 방해할 수 있으므로 과도한 항산화 영양제 섭취(비타민 C, E, 베타카로틴)를 주의해야 한다.
- 탈수를 방지하고 운동 후에 빠르게 수분을 보충하는 조치를 취하는 것은 지연성 근육통을 최소화하는 입증된 전략이다. 이상적으로, 소비하는 음료에는 탄수화물, 전해질, 그리고 소량의 양질의 단백질을 포함해야 한다.
- 영양제는 근육 부상을 제거하는 데 유용하지 않지만 통증을 포함한 근육 손상의 특정 징후와 증상을 줄이는 데 유용할 수 있다. 운동선수들은 과도한 섭취에 주의해야 한다.

Chapter 3

체액 및 전해질

아마도 높은 수준의 운동 능력 유지와 관련하여 가장 중요한 요인은 운동 중 체수분과 혈당의 균형을 유지하는 것이다. 하지만 많은 운동선수들은 체수분이 충분한 상태에서도 훈련과 경기 중에 혈당이 함께 떨어지면서 불가피하게 경기력에 부정적인 영향을 미치는 수의탈수증을 경험한다(탈수 및 관련 용어의 정의는 표 3.1을 참조). 운동은 주변 환경에 의해 열에 노출되는 것과 별개로 열을 발생시키는 활동이기 때문에 운동 중 땀 증발을 통해 다량의 열을 방출해야만 한다. 운동선수들은 체수분 상태를 좋게 유지해야만 높은 경기력을 지속할 수 있다. 그러지 못하면 조기에 피로가 발생하고 생명을 위협하는 열사병이 발생할 수도 있다. 이 장에서는 최적의 수분 상태를 달성하고 유지하기 위한 전략을 논의하고, 스포츠 음료 성분의 최적 농도를 평가한 연구들을 검토한다. 해당 성분에는 혈당 유지에 필요한 탄수화물, 혈액량 유지와 세포 내 수분 및 세포 외 수분의 균형 유지에 필요한 전해질이 포함된다. 이 장에서 논의한 수화작용 전략의 개요를 포함한 유인물은 복사 가능하며 부록 C에서도 확인할 수 있다.

물은 혈액의 주요 성분으로 산소, 영양소, 호르몬, 그리고 많은 다른 물질들을 세포에 전달하는 시스템이다. 이것은 또한 세포에서 대사 부산물을 제거하는 데 필수적이다. 필수 물질의 전달과 대사 부산물의 제거는 모두 정상적인 조직 기능에 필수적이며, 운동 중 조직이 더 높은 수준의 활동을 할 때 중요한 문제가 된다. 또한 물은 조직 보호와 같은 다른 기능도 가지고 있다. 예를 들어 물은 갑작스런 충격으로 인한 부상으로부터 척추와 뇌를 완충시켜 보호하는 중요한 역할을 한다.

수분이 충분한 운동선수는 유수분 또는 정상 수분 상태라고 할 수 있고, 체수분 수치가 정상보다 낮으면 저수분 또는 탈수 상태, 체수분 수치가 정상보다 높으면 과수분이라고 한다. 우리는 혈액 삼투성을 모니터링하는 삼투 수용기와 세포 외 수분의 부피를 모니터링하는 용적 수용기가 유도한 일련의 호르몬을 통해 조정되는 체내 수분 보유 증가 또는 손실 등의 체내 수분 정도를 정상적으로 제어하기 위한 시스템을 가지

표 3.1 일반적으로 사용되는 수화Hydration 관련 용어 및 관련 증상

용어	정의
탈수	수분 손실이 수분 섭취량을 초과하여 정상적인 신체 기능을 지속할 수 없을 때 발생하는 상태다. 발한이나 설사가 초래한 영향을 없애기에 충분한 수분을 섭취하지 못한 결과일 수 있다. 전형적인 증상으로 갈증, 낮은 땀 분비량, 어두운 색의 소변, 정신 혼란, 과민, 쉽게 피로해짐 및 적은 횟수의 배뇨가 있다.
유수분	정상적인 수화 상태이다(즉, 탈수, 저수분 또는 저나트륨혈증이 없는 상태).
세포외액 (ECF)	혈액 등 세포 내부에 있지 않은 모든 체액을 나타낸다. 혈장과 혈장의 일부가 아니라 세포 외부의 체액(간질액)이 대부분의 ECF(전체의~98%)를 구성한다. 림프와 뇌혈관액은 나머지 ECF를 대부분 구성한다. ECF는 ICF보다 더 많은 양의 나트륨, 염화물 및 중탄산염을 함유한다.
과수화	이 용어는 물 중독, 과다 수분 공급 또는 물 중독증 등의 여러 다른 용어와 동의어이다. 이는 과도한 물 섭취로 인해 발생하여 비정상적인 전해질 균형을 초래하며, 저나트륨혈증의 결과일 수 있다(아래 참조). 이는 매우 높은 수준의 물을 소비해야 하는 희귀한 상태이다. 증상은 저나트륨혈증과 유사하며 여기에는 두통, 권태감, 설사, 메스꺼움 및 구토가 있다.
저수분	손실된 체수분이 차지한 정도를 나타낸다. 사람은 경증, 중등도 또는 중증의 저수분 상태일 수 있다. 심한 저수분증과 탈수증을 교체 사용하는 경우가 많으며, 심한 저수분증의 증상은 탈수증(갈증, 낮은 땀 분비량 등)의 증상과 동일하다.
저나트륨혈증	글자 그대로 혈액 내 낮은(hypo) 나트륨(Na)(혈증)을 나타낸다. 나트륨은 혈액량을 조절하는 데 도움이 되는 주요 세포 외 전해질이다. 이것은 일반적으로 운동선수가 땀을 흘리고(나트륨과 수분 모두 땀으로 손실) 수분 보충 음료로 물만 마신 경우 발생한다. 충분한 물을 마시면 혈액 내 나트륨이 희석되어(즉, 135mEq/L 미만) 체액이 혈액 밖으로 흐르고 또 간질액과 ICF 안으로 흘러 부종을 유발한다. 뇌에 부종이 발생하면 부종으로 인한 압력으로 혼수상태와 사망에 이를 수 있다. 일반적인 저나트륨혈증 증상에는 메스꺼움과 구토, 정신 혼란, 팽만감 또는 부종, 피로, 과민, 쇠약, 심할 경우 혼수상태 등이 있다.
저장액	이 조건에서 용질(일반적으로 나트륨)의 농도가 낮아 물이 ECF에서 ICF로 용질 농도를 정상화하려고 한다. 그 결과 과도한 수분으로 인해 세포가 손상될 수 있다(저나트륨혈증 참조).
간질액	세포를 둘러싼 체액을 나타내지만 혈액에는 없다. 과도한 간질액은 부종을 일으키며 이는 종종 나트륨이 함유되지 않은 물을 과도하게 섭취한 결과이다. 혈액의 나트륨 농도를 정상화하기 위해 물이 제거되어 간질 및 ICF 환경으로 이동하며 부기 및 부종을 유발한다.
세포내액 (ICF)	세포 내부의 액체를 나타내며 물은 인간의 약 50~60%를 구성한다. 근육은 ~65%가 수분으로서, 근육의 비율이 높을수록 세포내액의 비율이 높아진다. 지방은 무수(anhydrous)물이기 때문에(즉, 물을 거의 포함하지 않음), 체지방이 많은 사람은 총 체중에 기여하는 물의 비율이 더 낮다. ICF는 ECF에 비해 칼륨, 인산염, 마그네슘 및 단백질의 양이 더 많다.
삼투율	용액의 부피당 총 용질 입자 수로 농도를 결정하는 것을 말한다. 혈액 내 삼투율이 낮으면, 신장은 용질보다 상대적으로 많은 체액을 배출하기 위해 묽은 소변을 만들어 삼투율을 정상화한다. 만약 혈액 삼투율이 높다면, 신장은 삼투율을 정상화하기 위해 체액보다 상대적으로 더 많은 용질을 배출하기 위해 농축된 소변을 만든다.
삼투압	이 용어는 종종 삼투율과 동의어로 사용되며 용액의 부피당 총 용질 입자 수로 표현되는 용액의 농도를 나타낸다. 삼투율이라는 용어는 인간의 생물학적 시스템을 언급할 때 더 자주 사용된다.
삼투	이 용어는 평형(즉, 각 밀폐된 영역에서 동일한 양의 물)에 도달할 때까지 더 큰 농도의 밀폐된 영역에서 더 적은 농도의 밀폐된 영역으로 물이 이동하는 것을 의미한다. 이 물의 이동은 세포 반투막을 통해 일어나며, 평형을 만들기 위해 더 높은 농도에서 더 낮은 농도로 이동할 수 있다.

물은 어디에 있을까?

다음은 신체의 수분 성분 분석이다. 근조직이 높고 체지방이 낮을수록 전체 체질량에 대한 체수분의 기여도가 높아진다.

보통 사람의 전체 몸무게 중 57%는 물이 차지하고 있다.
전체 체내 수분의 65%는 세포 내 수분이다.
전체 체수분의 35%는 세포 외 수분이다.
수분이 많은 근육은 약 75%가 수분으로 구성되어 있다.
뼈는 약 32%가 물로 구성되어 있다.
지방은 기본적으로 무수이며, 수분 함량이 약 10%에 불과하다.
혈액은 약 93%의 수분으로 구성되어 있다.
평균 남성의 몸무게 약 60%가 물이다.
평균 여성의 몸무게 약 50%가 물이다.
비만인 사람의 경우 몸무게 약 40%가 물이다.
운동선수의 경우 몸무게 약 70%가 물이다.

고 있다.

체액과 대사 부산물의 배설은 신장의 주요 기능이며 호르몬과 효소에 의해 조절되어 물과 전해질의 양을 조절하기 위해 배설하거나 유지한다. 나트륨 농도는 좁은 범위 내에서 유지되는 세포외액의 삼투압 농도에 일차적인 영향을 미친다. 왜냐하면, 땀은 저장성이 있어 장기간 운동하면 혈장 삼투압 농도가 높아지기 때문이다(나트륨보다 상대적으로 더 많은 물을 손실). '건강해지는 것'의 특징 중 하나는 혈액량과 땀 속도를 유지하기 위해 나트륨을 가능한 한 적게 손실하려는 시도로 신장이 상대적으로 묽은 소변을 생성한다는 것이다. 이것이 바로 컨디션이 좋은 운동선수가 컨디션이 좋지 않은 사람보다 더 오래 운동할 수 있는 주된 이유이다. 따라서 혈액량을 보존하는 수단으로 운동 중 그리고 운동 직후의 소변량이 약간 감소한다.[1, 2]

혈액의 단위 유체당 나트륨, 단백질 또는 포도당 농도가 상대적으로 높으면(즉, 고장성) 전해질 농도를 정상화하기 위해 세포에서 물을 끌어온다. 시상하부의 삼투수 용기는 혈액이 항진성이라는 사실을 감지하여 뇌하수체에서 항이뇨 호르몬(ADH)을 배출한다. ADH는 더 농축된 소변을 생성하여 신장이 더 많은 수분을 보유하도록 한다(즉, 혈액 성분의 농도를 희석하기 위해 더 많은 수분을 보유).[3] 이러한 이유로 적절한 수화 상태를 검사하는 일반적인 테스트는 소변 색으로 하고, 어두운 소변의 색은 밝은 소변보다 수분의 부족함을 나타낸다. 삼투압 수용체는 갈증감을 자극할 수도 있지만, 이러한 감각은 1.5~2.0L의 물이 손실되기 전에는 거의 발생하지 않다(1리터는 1쿼트보다 약간 크다. 표 3.2 참조). 운동선수가 신체 활동 중에 체수분 수준을 유지하기 위해 충분한 수분을 섭취하는 것은 거의 불가능하므로 수분을 섭취하지 않고 갈증감이 생기길 기다린다면, 운동선수는 점

표 3.2 일반적 변환

화씨에서 섭씨로	32도를 빼고 1.8로 나눈다.
섭씨에서 화씨로	1.8을 곱하고 32도를 더한다.
쿼트에서 리터로	쿼트에 9.46을 곱한다.
리터를 쿼트로	리터에 1.057을 곱한다.

진적으로 악화되는 수분 부족 상태에서 운동을 하게 될 것임이 확실하다. '갈증'이 신체 활동 중에 충분한 수분을 섭취하여 예방해야 하는 비상 감각이라고 생각하는 것도 좋은 방법이다.

과수화 상태(즉, 혈액 성분에 비해 과도한 수분)에서 전해질, 단백질 및 포도당의 농도는 혈액 내 정상보다 낮다(즉, 저장성). 이 상태는 ADH 생성을 차단하여 묽은 소변을 생성한다. 체액은 또한 이러한 저장성 상태를 조절하기 위해 혈액에서 세포 그리고 간질 환경으로 이동하는 경향이 있다.

혈액량은 주요 세포외 전해질인 나트륨의 농도에 크게 영향을 받는다. 높은 나트륨 농도는 혈액량을 궁극적으로 증가시키는 것과 관련이 있는데, 이는 체액의 단위 부피당 나트륨 농도를 정상화하려는 신체의 시도로 인한 것이다. 나트륨 농도가 낮은 역 상황은 일반적으로 혈액량의 궁극적인 감소와 관련이 있다. 나트륨 섭취의 자연적 변화를 조절하기 위해, 저나트륨 상태일 때 알도스테론 호르몬이 생성되어 더 많은 나트륨을 유지할 수 있다. 나트륨 농도가 높으면 알도스테론 생성이 중단되어 나트륨이 정상적으로 배출된다. 고혈압(즉, 혈압이 높음)이 있는 개인은 일반적으로 알도스테론 생성을 중단할 수 없어 혈중 나트륨 농도가 높아지고, 따라서 고혈압과 관련되어 혈액량이 높아지기 쉽다.

정상적인 상황에서 용적 조절, 삼투압 수용체, 항이뇨 호르몬, 알도스테론의 조합은 수분과 나트륨 섭취의 작은 변화에도 상대적으로 안정적인 혈액량을 유지한다. 섭취한 수분에 따라, 운동은 ADH와 알도스테론의 생성을 증가시킬 수 있는데, 이 둘은 모두 수분과 나트륨을 유지한다. 이 시스템은 열사병과 같은 임상 문제로 이어지는 운동선수의 체액 결핍이 드물기에 충분히 효과적이다. 그러나 특히 덥고 습한 환경에서 고강도 또는 장기간(또는 둘 다) 운동하면 땀 손실이 운동선수의 충분한 수분 섭취 및 흡수 능력을 초과할 수 있기 때문에 운동선수가 탈수 위험에 처하게 된다. 이는 혈액량의 점진적인 감소, 땀 분비량 감소 및 운동 능력과 건강에 부정적인 영향을 미치는 다른 문제들로 이어질 수 있다. 따라서 운동선수가 적절한 수분 균형 상태를 유지하기 위해 적절한 시간에 적질한 수분을 충분히 섭취하는 전략을 수립하는 것이 중요하다. 다음은 체액 균형 유지의 구체적인 이점들이다.

- 증가된 박출량으로 인해 증가한 심박수 감소(즉, 각 심박동 시 더 많은 혈액이 조직으로 순환하도록 함)
- 지속적인 발한으로 인해 증가된 심부 온도 감소
- 피부 혈류가 개선되어 지속적인 땀 생성 가능
- 높아진 혈장 나트륨, 삼투압 농도 그리고 아드레날린을 감소시켜 체액이 적절한 세포간, 세포외 및 간질 환경에서 유지되도록 도움.
- 조직 혈류 개선으로 인한 스트레스 감소로 근육 글리코겐 사용량 감소

수분 손실 및 섭취 균형 조정

신체 활동 중에 사용되는 에너지의 대부분이 열을 발생시키고 인간은 안정적인 체온을 유지하려 하기 때문에, 운동선수가 활동을 계속하기 위해서는 열을 방출해야 한다. 그렇게 하지 못하면 결국 열사병에 걸려 사망할 수 있다. 인간이 열을 발산하는 주요 메커니즘은 땀 생산이다. 땀이 피부에서 증발하면서 관련 열을 증발시키고 몸을 식혀 준다. 충분한 땀을 내지 못하면 열이 과도하게 유지되고 체온이 상승한다. 운동선수는 엄청난 땀 생성 능력으로 물의 저장량이 한정되어 있기 때문에 운동 중에 수분을 섭취해야 땀 분비량을 유지할 수 있다. 운동선수는 섭취한 수분을 흡수하는 것보다 더 빨리 땀을 통해 잃을 수 있다는 점이 수분 섭취를 더욱 중요하게 만든다. 이는 운동선수가 수분 섭취를 최적화하더라도 신체 활동은 결국 수분을 배출하는 일이라는 의미다. 따라서 심각한 수분 부족 상태에 도달하지 않도록 충분히 수분을 섭취하는 것이 목표가 된다.

무더위 속에서 격렬하게 운동하는 운동선수는 시간당 2.5L의 땀을 흘릴 수 있다. 땀에는 전해질(주로 염화나트륨뿐 아니라 칼륨, 칼슘, 마그네슘)이 함유되어 있으며, 나트륨 농도는 리터당 20~80mmol로 식단에서 일반적인 나트륨 소비량, 땀 분비량, 열에 대한 적응도(기후 적응도가 좋아지면 나트륨 손실이 낮아짐), 나트륨의 함량과 양, 수분 보충 음료의 함량과 양에 따라 달라진다.[4]

땀의 전해질 농도는 혈장 및 세포내 수분의 농도와 다르기 때문에 격렬한 신체 활동으로 전해질 불균형이 발생할 수 있다. 이로 인한 가장 우려되는 것은 염화나트륨(즉, 소금) 불균형의 가능성이다. 땀에 함유된 나트륨과 염화물의 농도는 다른 전해질보다 훨씬 높다. 1L당 50mmol의 나트륨을 함유한 땀이 손실되면 거의 3g의 염화나트륨이 손실된다. 시간당 2.5L의 땀을 잃는 운동선수는 2시간 동안 거의 15g의 나트륨을 잃게 되는데, 이는 정상적인 일일 나트륨 섭취량을 쉽게 초과하는 수준이다.

온도 조절은 생성 또는 공급받은 열$_{heat\text{-}in}$과 제거된 열$_{heat\text{-}out}$ 사이의 균형을 나타낸다. 몸의 체온 조절 시스템이 제대로 작동하면 온열과 방열이 완벽하게 균형을 이루고 체온이 유지된다. 내부 및 외부 요인 모두 체온에 기여할 수 있다. 태양의 복사열은 에너지로 사용되는 연료(크레아틴인산, 탄수화물, 단백질 또는 지방)를 태울 때 생성되는 열과 마찬가지로 체온에 기여한다. 어떻게든 운동선수들은 일정한 체온을 유지하기 위해 신체에 더해진 것과 같은 양의 열을 발산하는 방법을 찾아야 한다.[5]

열 발산을 위한 두 가지 기본 시스템은 (1) 더 많은 혈액을 피부로 이동시켜 복사를 통한 열 발산을 허용하고 (2) 땀 생성 속도를 높이는 것이다. 이 두 시스템은 휴식 시 열 발산의 약 85%를 차지한다. 전도(뜨거운 신체에서 더 차가운 공기 환경으로 열이 자연적으로 전달됨) 및 대류(조직에서 혈액으로, 피부를 통한 열 전달)를 통한 열 손실은 열 발산의 나머지 15%를 차지한다. 그러나 운동하는 동안 거의 모든 열 손실은 땀의 증발을 통해 발생한다.

이 두 시스템은 모두 적절한 혈액량 유지를 필요로 한다. 혈액량이 적으면 피부로 혈액의 이동이 저하되고 땀샘으로 수분의 이동이 감소하여 땀의 생성을 감소시킨다. 근육은 또한 영양분을 전달하고 연소된 연료의 대사 부산물을 제거하기 위해 더 많은 혈류를 요구한다. 하지만 땀 분비량을 증가시키기 위해서는 동시에 혈액을 근육에서 피부 쪽으로 이동시킬 필요가 있다. 혈액량이 적으면 이러한 시스템 중 하나 또는 둘 모두가 손상되어 결과적으로 운동 능력이 저하된다. 실제로 혈액량 유지는 운동선수의 경기력이 높은 비율로 유지될 수 있는지를 나타내는 주요 지표로 당연하게 간주되는 경우가 많다.

에너지 대사는 약 20~40%만 효율적이며, 이는 음식에서 세포로 제공되는 에너지의 20~40%만이 근육 활동과 관련된 기계적 힘으로 전환될 수 있음을 의미한다. 세포에서 대사되는 나머지 60~80%의 에너지는 열로 손실된다. 그러나 신체 활동 중 발생하는 것처럼 에너지 대사률이 증가하면 시스템에 추가되는 열량이 급격히 증가하므로 열 방출 시스템을 '높여야' 한다. 운동 강도가 높을수록 연료 대사량이 많아지고 시간 단위당 발생하는 열이 많아진다. 사실, 격렬한 운동은 휴식 시간에 발생하는 열의 20배를 발생시킬 수 있다. 효율적인 열 제거 수단이 없으면 열이 유지되고 체온이 빠르게 상승한다. 인간 생존의 상한선은 화씨 약 110도(43.3°C), 즉 정상 체온보다 화씨 11.4도(6.3°C) 정도 높다. 체온은 5분마다 약 화씨 1도씩 상승할 가능성이 있다. 따라서 수분 부족 선수는 운동 시작 후 1시간 이내에 열사병에 걸리거나 사망할 위험이 있을 수 있다.

30분 동안 300Kcal의 에너지를 소비하는 매우 가벼운 운동을 하는 운동선수들은 근력 운동에 약 75Kcal의 에너지를 사용하고 225Kcal의 에너지는 열을 발생시킨다(25%의 근력 효율로 가정). 이 과도한 열은 정상적인 체온을 유지하기 위해 발산되어야 한다. 피부 표면에서 증발한 물 1L당 약 620Kcal의 열 에너지가 손실된다. 두 배로 격렬하게 운동하는 운동선수는 체온을 유지하기 위해 30분 동안 발산시켜야 하는 450Kcal의 신진대사 관련 열을 생성할 것이다. 1mL의 땀이 0.5Kcal를 발산할 수 있는 것으로 추정되며, 따라서 이 30분 동안 운동선수는 약 900mL(거의 1L)의 땀을 잃게 된다. 1시간의 고강도 활동으로 약 1.8L의 물이 손실된다. 햇볕이 잘 들고 더운 날 근육 운동으로 발생하는 열에 태양열이 더해지면 선수는 더 많은 땀을 흘려야 한다(그림 3.1 참조). 땀은 습할 때 피부에서 쉽게 증발하지 않으며, 이러한 방열 효율의 손실은 동일한 양의 열을 발산

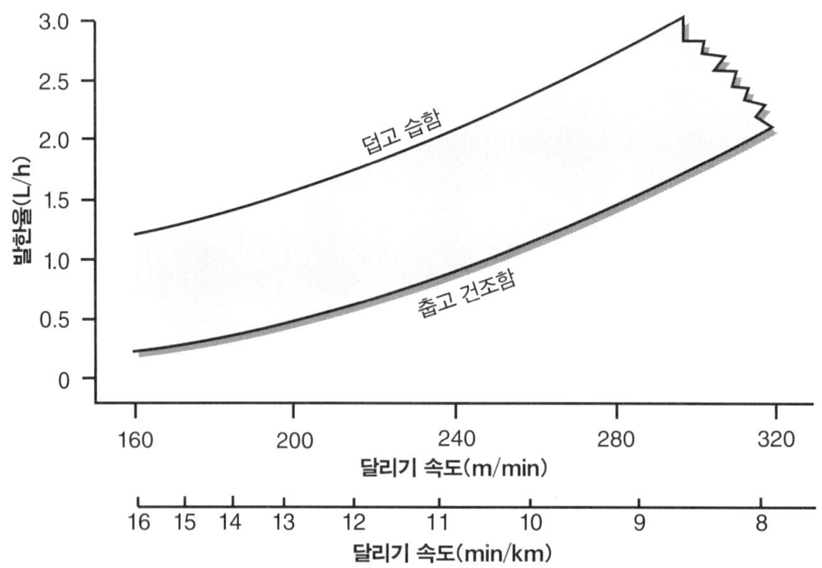

그림 3.1 기후 조건 및 운동 강도의 가열 속도

하기 위해 더 많은 땀을 생성해야 한다. 이러한 조건에서 인간은 시간당 1~2L의 수분(땀을 통해)을 쉽게 잃을 수 있다.

덥고 습한 환경에서 운동하는 숙달된 운동선수는 시간당 3L 이상의 수분을 잃을 수 있다. 운동선수가 열 스트레스 위험이 증가한 상태에 빠지지 않도록 보호하기 위해 열 지수가 개발되었다(표 3.3 참조). 이 지수는 운동 위험을 설정하기 위해 환경 온도와 상대 습도를 동시에 고려하고 있다.

표 3.3 열 지수

	환경 온도, °F (°C)										
	70 (21)	**75 (24)**	**80 (27)**	**85 (29)**	**90 (32)**	**95 (35)**	**100 (38)**	**105 (41)**	**110 (43)**	**115 (46)**	**120 (49)**
상대 습도	**열 지수, °F (°C)**										
0%	64 (18)	69 (20)	73 (23)	78 (26)	83 (28)	87 (30)	91 (33)	95 (35)	99 (37)	103 (39)	107 (42)
10%	65 (18)	70 (21)	75 (24)	80 (27)	85 (29)	90 (32)	95 (35)	100 (38)	105 (41)	111 (44)	116 (47)
20%	66 (19)	72 (22)	77 (25)	82 (28)	87 (30)	93 (34)	99 (37)	105 (41)	112 (44)	120 (49)	130 (54)
30%	67 (19)	73 (23)	78 (26)	84 (29)	90 (32)	96 (36)	104 (40)	113 (45)	123 (51)	135 (57)	148 (64)
40%	68 (20)	74 (23)	79 (26)	86 (30)	93 (34)	101 (38)	110 (43)	123 (51)	137 (58)	151 (66)	
50%	69 (20)	75 (24)	81 (27)	88 (31)	96 (36)	107 (42)	120 (49)	135 (57)	150 (66)		
60%	70 (21)	76 (24)	82 (28)	90 (32)	100 (38)	114 (46)	132 (56)	149 (65)			
70%	70 (21)	77 (25)	85 (29)	93 (34)	106 (41)	124 (51)	144 (62)				
80%	71 (22)	78 (26)	86 (30)	97 (36)	113 (45)	136 (58)					
90%	71 (22)	79 (26)	88 (31)	102 (39)	122 (50)						
100%	72 (22)	80 (27)	91 (33)	108 (42)							

열 지수	열 스트레스는 신체 활동이나 장시간 노출 시 발생할 수 있다.
90~104 °F (32~40 °C)	열경련 또는 열 소진이 발생할 수 있다.
105~129 °F (41~53 °C)	열경련 또는 열 소진이 발생할 수 있다. 열사병 가능성이 있다.
130 °F 이상(54 °C 이상)	열사병일 가능성이 높다.

주의: 이 차트는 열 스트레스의 잠재적 심각도를 평가하기 위한 지침을 제공한다. 열에 대한 개별 반응은 다양하다. 열 질환은 이 차트에 표시된 것보다 낮은 온도와 습도에서 발생할 수 있다. 예를 들어 직사광선에 노출되면 최대 15℃까지 값이 증가할 수 있다.

체액 손실에 영향을 미치는 요인

땀은 혈장보다 삼투압 농도가 낮기 때문에(즉, 땀의 염화나트륨 농도가 혈액보다 더 낮기 때문에 땀은 저장성hypotonic임), 땀을 많이 흘리면 혈장 삼투압 농도가 증가한다. 운동으로 인한 수분 부족 상태에서는 혈장 삼투성이 증가하여 혈액량 유지에 도움을 주기 때문에 심박출량과 땀 분비량을 높일 수 있다. 컨디션이 좋은 운동선수들은 어쩌면 활동을 지속하도록 돕기 위한 적응으로서 덜 농축된 땀(즉, 나트륨이 적은 땀)을 생산한다는 것이 관찰되었다.[84, 85] 증가된 혈장 삼투압 농도가 운동하는 사람의 체온이나 냉각 능력에 영향을 미치는지는 아직 확실하지 않지만 삼투압 농도가 충분히 증가하면 신장이 나트륨을 배출하도록 자극하고 더 농축된 소변을 생성하여 소변 배출량을 감소시킨다.

운동선수가 땀을 생성하는 비율에 영향을 미치는 요인은 여러 가지가 있다. 주변 온도가 높을수록 땀 생성 가능성이 높아진다. 습도가 높을수록 높은 습도의 환경으로 땀을 증발시키기 어렵기 때문에 땀 생성이 높아지게 된다. 이는 동일한 양의 땀 생성량에 대해서 냉각 효과가 떨어지는 결과를 초래한다. 동일한 문제가 피부에 붙어 땀을 막는 의류에서도 발생하는데(즉, 숨을 쉬지 않음) 결과적으로 냉각 효율이 저하되어 땀 분비량이 많아지게 된다. 땀에 흠뻑 젖은 옷은 운동선수가 체온을 효과적으로 조절한다는 의미가 아니라 땀을 통해 상당한 수분 손실이 있음을 의미한다. 운동선수를 위해 설계된 일부 신소재는 실제로 피부에서 땀을 발산하여 증발 효율을 향상시킨다. 신체 표면적이 넓은 운동선수는 땀 생산 능력이 향상되어서 증발 열 손실 가능성이 높아질 수 있다. 그러나 이러한 운동선수는 더운 날씨에 복사와 대류를 통해 환경으로부터 더 많은 열을 얻을 수도 있다. 운동선수의 컨디션도 차이를 만든다. 비록 컨디션이 좋은 운동선수 또한 혈액량과 발한성을 유지하는 데 도움이 되는 요소인 낮은 나트륨 함량의 땀을 발생시키지만, 땀 분비량이 높을수록

Q&A

수분 공급 음료로 물을 마셔도 괜찮을까요?

운동하는 동안 운동선수는 물과 전해질(주로 소금)을 잃고 혈당은 급강하한다. 물은 이것들 중 하나만 대신한다. 세 가지를 잃고 하나로만 보충해도 괜찮은 특정한 종류에 무엇이 있을까? 양질의 스포츠 음료에는 깨끗한 물, 6~7%의 탄수화물 용액을 생성하는 당질 공급원 하나 이상, 그리고 컵당 100~200mg의 나트륨이 있다. 많은 연구에 따르면 스포츠 음료는 물만 마시는 것보다 혈액량과 혈당을 훨씬 더 잘 유지하여 운동 능력을 유지하는 데 도움이 된다. 많은 양의 맹물은 흡수되겠지만, 혈액량에서 빠르게 외부 세포로 이동하여 부종을 일으킬 것이다. 운동 중 부어오른다면 섭취되는 수분에 나트륨이 없다는 좋은 신호이다. 만약 체액이 더 이상 혈액에 없다면, 땀 분비량을 유지할 방법이 없고 낮은 심박출량 때문에 심장은 조직에 영양분을 전달하고 신진대사 부산물을 제거하기 위해 더 열심히 작동해야 한다. 짧은 운동(15~20분)의 경우 물은 괜찮지만 그 이상은 갈증이 발생하기 전에 양질의 스포츠 음료를 자주 마셔야 한다.

높아진 열 스트레스 위험을 피하기 위해 궁극적으로 운동 중 더 많은 수분를 섭취하는 것을 필요로 한다.

운동선수의 체액 균형 상태는 땀 생성 및 냉각 능력에 영향을 미치므로, 수화hydration 상태가 더 좋을수록 더 큰 발한성을 초래한다. 신체 활동과 에너지 활용이 같은 속도로 계속되면 운동선수는 점차적으로 수분이 부족해지면서 땀 분비량이 감소하고 체온이 상승한다. 활동 중 수분 섭취는 시간당 2컵(480mL)을 초과하는 경우가 드물어서 일반적으로 땀으로 손실되는 수분의 30~40%만 보충된다. 이 차이는 서늘한 환경에서든 따뜻한 환경에서든 필연적으로 운동선수를 탈수 증세를 보이게 만든다.[7, 8]

수분 섭취에 영향을 미치는 요인

수분 섭취에 영향을 미치는 두 가지 주요 요인은 갈증과 미각이다. 갈증은 신체가 추가 수분을 필요로 하는 것과 관련하여 입과 목이 건조해지는 느낌이다. 갈증은 혈장 삼투질 농도가 높을수록 선형적으로 발생한다. 따라서 심한 갈증을 피하면 혈장 삼투압 농도가 정상 범위 내에서 유지될 가능성이 크다.[86] 미각은 입에 있는 물질에 대한 인간의 반응(좋든 나쁘든)이다. 인간은 맛이 좋은 것을 더 많이 섭취할 가능성이 크다. 흥미롭게도, 대부분의 운동선수는 많은 양의 물을 쉽게 구할 수 있음에도 불구하고 충분히 빨리 마시지 않기 때문에(즉, 갈증이 심해질 때까지 기다리기 때문에) 자발적인 탈수를 유발한다. 또한 맛을 좋아한다면 더 많은 수분을 섭취하는 경향이 있다. 탈수 위험을 줄이려면 두 가지 요소를 모두 고려해야 한다.

갈증의 시작은 혈장 삼투압 농도가 높아진 결과일 가능성이 높지만 혈액량, 습관, 의식 또는 온열(뜨거운 체액) 또는 냉각(차가운 체액) 효과의 필요성에 따른 결과일 수도 있다.[9] 갈증을 느끼기 위해서는 혈장 삼투압이 2~3% 증가해야 하고, 체액량 감소에 대한 민감도는 더욱 낮아져 갈증을 자극하는 10% 가까운 혈액량 감소를 요구한다.[10, 11] 운동선수들은 3% 이상의 혈장 삼투성과 함께 1.5~2.0L의 체수분을 잃을 때까지 갈증을 거의 감지하지 못한다. 따라서 갈증은 수분 필요량에 대한 불충분한 지표로 간주된다.[12] 수분 손실이 수분 흡수를 초과할 수 있기 때문에 갈증이 발생할 때(이미 너무 늦음) 수분 섭취가 시작되면 운동 중 운동선수가 적절한 수분 상태로 돌아갈 수 있는 가능성이 없다. 이 명백한 갈증 기전의 지연이 운동선수가 갈증을 느끼든 그렇지 않든 고정된 일정(예: 10~15분마다, 5km마다)대로 적절하게 구성된 수분을 섭취하도록 훈련하는 주요한 이유다. 이상적으로는 갈증이 발생하지 않도록 예방하는 것이 목표여야 한다.

색상, 맛, 냄새, 온도 및 질감은 모두 음료를 섭취할지 여부를 결정하는 데 중요한 역할을 한다. 운동선수는 약간 달콤한 맛에 시원한 음료를 선호하는 것으로 보인다. 과당이 심하게 첨가된 음료(약 12% 탄수화물 용액)는 6% 또는 7% 탄수화물 용액이 함유된 음료만큼 운동 중에 널리 허용되지 않는다.[10, 13] 그러나 운동을 하지 않을 때는 사실 그 반대일 수 있으며, 운동 중에는 음식과 음료의 맛이 다르게 난다는 현상이 드러난다. 따라서 운동선수는 운동하는 동안 운동에 가장 적합한 수분을 결정하는 것이 현명하다. 이상적으로, 운동선수는 향상된 운동 능력을 위해 체액과 나트륨 손실을 동적으로 일치시키려는 목표를 가지고 개별적으로 맞춤형 수분 공급 계획을 세워야 한다.[87]

위 배출 및 사용하는 근육으로 체액 전달

체액이 위를 빠져나가는 속도에 영향을 미치는 요인이 몇 가지 있다. 위 배출은 단위 시간당 위를 빠져나가는 음식이나 음료의 양을 나타내며 소비된 체액을 동화시키는 주요 제한 요소로 간주된다. 위 배출은 위 수용체와 소장 수용체(주로 십이지장에 있지만 돌창자에도 있음)가 제어하며, 이는 위 수축과 배출에 영향을 미치는 신경 및 호르몬 반응이 시작되게 한다.[88~91] 위 배출 시간이 느린 음식과 음료는 위를 완전히 빠져나가는 데 더 오랜 시간이 걸린다. 이는 해당 물질이 소장에 더 천천히 들어가서 일부 음식이나 음료가 위에 더 오래 남아 있음을 의미한다. 위 배출에 영향을 줄 수 있는 요인은 다음과 같다.[92]

- 위 내용물의 부피. 한 번에 섭취되는 액체의 양은 위 배출 시간에 큰 영향을 미친다. 많은 양의 수분을 섭취하면 초기에 위 배출 시간이 빨라지고, 위의 수분량이 감소하면 위 배출 시간이 느려진다. 시합이나 연습 전에 수분 상태를 유지하려면 420~660mL의 수분을 섭취해야 하며, 위의 수분량을 유지하기 위해 자주 마셔야 하므로, 이에 따라서 위 배출 시간이 더 빨라진다.[16, 17] 운동 전 많은 양의 체액은 운동이 시작될 때 위가 더 많은 양을 배출하도록 준비시킴으로 '펌프 프라이밍priming the pump(마중물 붓기)'이라고도 한다.
- 용액의 온도. 섭취한 음료의 온도는 체온과 빠르게 평형을 이루기 때문에 섭취 10분 후 위 배출에 미치는 영향은 거의 없다. 사람들이 쉬고 있을 때 체온의 액체는 매우 뜨겁거나 매우 차가운 액체보다 더 빨리 위에서 배출된다.[18] 그러나 운동 중에는 차가운 액체가 실온이나 체온의 액체보다 더 빨리 위를 빠져나간다.[19] 운동선수는 따뜻한 액체보다 차가운 액체를 더 많이 섭취할 가능성이 높고 차가운 액체는 위 배출을 촉진한다는 사실을 감안하면 운동선수가 섭취할 수 있는 차가운 액체를 갖추는 것은 중요한 고려 사항이다.
- 섭취하는 액체의 삼투압성. 이론적으로 고장성 음료(즉, 탄수화물 또는 염분 함량이 높은 음료)는 위 배출과 흡수를 지연시킨다. 그러나 포도당 중합체(즉, 단일 분자에 함께 결합된 많은 수의 포도당 분자)는 삼투압 농도가 현저히 낮음에도 불구하고 단순당을 함유하는 열량이 동등한 음료와 비교하여 위 배출에 거의 차이가 없는 것으로 보인다.
- 운동 강도. VO_2max이 70% 이상인 운동과 고강도 인터벌 트레이닝(HIIT)은 비록 그 차이가 미미하지만 위 배출을 늦출 수 있다. 또한 활동 유형(달리기, 수영, 사이클링)은 위 배출율에 큰 영향을 미치지 않는 것으로 보인다.[12]
- 혈당. 고혈당 상태는 위 배출을 느리게 하는 반면, 저혈당 상태는 위 배출을 가속화한다. 이는 미리 소량의 탄수화물을 섭취하여 정상 혈당 수치로 운동을 시작하면 좋은 이유이다.
- 음료의 탄수화물 함량. 2.5% 미만의 탄수화물 농도는 위 배출에 영향을 미치지 않는다. 대부분의 연구에 따르면 탄수화물 수치가 6~7%를 초과하면 위 배출이 느려지고, 이는 섭취한 음료의 칼로리 함량이 높을수록 위 배출이 지연된다고 한다. 운동선수가 섭취하는 스포츠 음료에는 일반적으로 탄수화물이 포함되어 있다. 탄수화물 7% 미만의 농도에서는 위 배출 시간에 큰 영향을 미치지 않기 때문에 물과 비슷한 위 배출 특성을 보인다.[14] 이런 이유

때문에 스포츠 음료의 권장 탄수화물 농도는 8% 미만이다.[15] 그러나 인간은 적응력이 뛰어나므로 약간 더 높은 탄수화물 농도로 훈련하면 내성이 향상되고 위 배출 지연을 제한하는 것으로 보인다.[14]

- 용액의 탄수화물 유형. 탄수화물은 분자 크기가 다르고 분자 결합이 다르기 때문에 모두 같은 것은 아니다. 예를 들어 포도당(포장 라벨에서 포도당이라고 함)은 단당류(단일분자 탄수화물)이고, 자당은 이당류(결합된 두 개의 단당류), 녹말은 다당류(결합된 많은 수의 단당류 분자)이다. 탄수화물 사슬의 길이가 짧을수록 삼투압 농도가 높아 위 배출 시간이 느려진다. 따라서 같은 칼로리 기준으로 순수한 포도당(단당류)은 설탕(이당류)보다 위에서 배출되는 데 시간이 더 오래 걸리고, 설탕은 단순 전분(다당류)보다 위에서 배출되는 데 더 오래 걸린다.[16]
- 음료의 탄산화. 일반적으로 탄산음료를 섭취하면 위장 장애와 위 배출 지연이 발생한다고 알려져 있지만, 이러한 발생의 과학적 증거는 거의 없다(그렇지만 연구는 일반적으로 소수의 피험자에 의존). 일반적으로 연구에 따르면 다른 모든 조건(탄수화물 농도, 부피, 온도 등)이 동일할 때 탄산화는 위 배출에 거의 영향을 미치지 않는다.[20, 21] 그럼에도 불구하고 탄산화는 운동선수가 포만감을 느끼게 하여 수분 섭취 욕구를 감소시키므로 권장하지 않는다.
- 운동선수의 상대적 수분 상태. 고강도 활동과 관련된 점진적인 탈수 및 높은 체온은 위 배출 속도를 느리게 한다.[16] 탈수는 운동 중 운동선수가 충분한 수화 상태로 돌아가는 것을 거의 불가능하게 하며, 다량의 수분 섭취를 통해 시도하는 경우, 빠른 수분 보충보다는 불편함을 유발할 가능성이 높다.
- 심리적 스트레스 정도. 더 높은 수준의 정신적 스트레스와 불안은 위 배출 감소와 관련이 있으며, 이는 경기 중 적절한 재수화 능력에 심각한 영향을 미칠 수 있다.[12, 22] 스트레스를 줄이기 위해 스포츠 심리학자로부터 배울 수 있는 정신 훈련 기술은 스포츠 관련 스트레스 및 불안의 생리적 영향을 줄이는 데 중요하다.

Q&A

아침 달리기 전에 탄수화물이 포함된 물을 마시라는 말을 들었는데 수분 섭취 후 운동하면 속이 안 좋아질까 걱정이에요. 어떻게 해야 하나요?

아침에 일어났을 때는 혈당이 낮고 수분 공급 상태가 최적이 아닐 수 있다. 저혈당과 열악한 수분 상태에서 운동을 하면 운동의 이점을 상쇄시킬 수 있으므로 "운동을 해도 효과가 없는데 왜 운동을 합니까?"라고 물어야 한다. 인간의 시스템은 적응력이 뛰어나서 아침 운동 전 먹거나 마시는 것이 익숙하지 않다면 소량으로 시작하여 맑고 투명한 소변을 내보낼 수 있는 충분한 수분과 함께 혈당과 간 글리코겐이 정상(300Kcal이면 충분)이 될 수 있도록 충분히 운동한다. 이는 더 나은 심박출량(각 심장박동이 조직에 더 많은 혈액을 공급), 더 나은 냉각 능력과 함께 지속적인 땀 배출, 더 나은 땀 생성을 가능하게 하는 피부로의 혈류 개선, 그리고 더 낮은 스트레스와 정상 혈당으로 인한 근육 글리코겐 사용 등 여러 이점을 가질 것이다. 이렇게 천천히 발전해 나가면 몸이 그 변화에 얼마나 잘 적응할지 놀라게 될 것이다.

운동선수 컨디셔닝, 적응 및 연령

인체는 훌륭한 적응 메커니즘을 가지고 있는데, 더 높거나 더 낮은 포도당 농도와 더 빠르거나 더 느린 수분 섭취 속도에 적응하는 능력도 예외가 아니다. 다음은 적응 중에 신체가 조정하는 사항이다.

- 혈장량은 총 혈액량을 증가시키기 위해 커진다. 그러면 심장은 1회 박동당 더 많은 혈액을 내보낼 수 있다.
- 더 많은 혈액이 근육과 피부로 흐른다.
- 운동 중 에너지원으로 근육 글리코겐을 더 적게 사용한다.
- 땀샘이 비대해지고 땀을 30% 더 생성한다.
- 땀의 염분이 약 60% 감소하여 혈장량을 유지하는 데 도움이 된다.
- 발한이 더 낮은 심부 온도에서 시작된다.
- 심부 온도가 비-순응 상태만큼 높거나 빠르게 상승하지 않다.
- 심리적인 스트레스 느낌은 주어진 운동 속도로 감소한다.

운동선수는 수분 섭취에 대한 일반적인 권장 사항에서 시작해 자신에게 가장 적합하게 변경하여 최적의 수분 섭취를 달성하도록 훈련할 수 있다. 예를 들어 실내 아이스 링크와 같이 직사광선이 닿지 않는 비교적 서늘한 환경에서 훈련하는 젊은 피겨스케이팅 선수는 약 15분마다 스포츠 음료를 한두 모금 마심으로써 수분 요구를 충족시킬 가능성이 높다. 반대로 덥고 습한 날 장거리 달리기 선수는 견딜 수 있도록 잘 제조된 많은 양의 스포츠 음료를 최대한 자주 마셔야 한다. 장거리 달리기 선수의 땀 양이 많을수록 나트륨 손실도 커질 가능성이 높으며, 이는 피겨스케이팅 선수가 필요로 하는 것보다 더 높은 농도의 나트륨을 보충할 필요가 있다. 지구력 스포츠 음료의 나트륨 농도는 일반적으로 240mL(1컵)당 약 150~200mg으로 장거리 달리기 선수에게 적절한 수준이다. 보통의 스포츠 음료는 일반적으로 나트륨 농도가 240mL(1컵)당 50~110mg으로 피겨스케이팅 선수에게 적절한 수준이다. 이러한 종류의 조정은 집중하고 있는 운동선수가 운동 능력을 최적화하기 위해 수행해야 하는 필수 부분이다. 중요한 것은 이 중 어느 것도 사전 계획 없이, 그리고 대부분의 경우 코칭 및 훈련 직원의 협력 없이는 이루어질 수 없다는 것이다.

내열성은 체력의 영향을 많이 받는다. 체력이 좋지 않으면 남성과 여성 모두에서 열 질환의 위험이 크게 높아진다. 하지만 운동선수들의 내열성 향상은 부분적으로 높아진 땀 분비량의 결과인데 이는 더 높은 땀 손실을 의미한다. 어린이는 땀샘이 적고 각 땀샘은 더 적은 땀을 생성하기 때문에 어린이 운동선수는 열에 대한 적응 가능성이 낮고 일반적으로 컨디션이 좋은 성인보다 내열성이 낮다고 간주된다.[23] 이는 유사한 환경 조건에서 수행하는 성인보다 어린 운동선수를 열병에 대해 더 높은 위험 범주에 있게 한다. 체지방 수치가 높고 컨디션이 좋지 않은 운동선수는 체지방이 열 손실을 억제하기 때문에 내열성이 더 낮다. 이러한 그룹은 적절한 체수분을 유지하는 것이 중요하다.

장 흡수

액체가 위를 빠져나와 소장으로 들어갈 때, 용액을 구성하는 물과 탄수화물은 혈액 내로 전달되기 위해 장 점막을 통과해야 한다. 물과 탄수화물이 흡수되는 속도에 영향을 주는 주요 요인은 장으로 들어가는 용액의 탄수화물 농도이다.[24] 혈장의 농도에 비해 약간 낮은 탄수화물과 전해질의 농도는 그 농도가 훨씬 더 높거나 낮은 용액보다 물을 더 빠르게 흡수한다.[25] 6~7%의 탄수화물 용액의 균형이 빠른 흡수를 위해서 최상인 것으로 보인다. 운동 중 고농축 탄수화물 용액을 섭취하면 액체가 일시적으로 혈장에서 장으로 이동하여 흡수되기 전에 용액을 희석할 수 있다. 이는 적어도 일시적으로 어느 정도의 혈장 및 조직 탈수를 야기할 수 있기 때문에 근육 기능 및 땀 분비량뿐만 아니라 심장 기능(일회 박출량 감소)에 부정적인 영향을 미칠 것이다. 또한 운동 중에 고농축 용액을 섭취하면 장으로 흐르는 체액 때문에 설사를 유발할 수 있다. 이는 당연하게도 선수의 경기력에 치명적일 것이다.[93]

체액 관련 문제

열 균형은 다음 방정식으로 설명할 수 있다.

$$S = M \pm R \pm K \pm C - E \pm WK$$

열 균형(S) = 대사 열량(M), 복사로 인한 순 열 교환을 보정(R), 전도(K), 대류(C), 증발(E), 수행한 운동량에 따라 추가로 보정(WK).

탈수

탈수는 소비되는 것보다 더 많은 수분이 손실될 때 발생한다. 정의상 탈수는 체내 수분의 양이 최적 수준 미만임을 의미한다. 체수분이 2%만 감소해도 운동 능력이 눈에 띄게 감소한다. 탈수의 일반적인 위험은 다음과 같다.[94]

- 구토
- 설사
- 부적절한 체액 보충
- 높은 땀 분비량 유도(사우나와 같은)
- 완하제
- 이뇨제
- 다이어트(체중감량, 절식)
- 열병
- 활동 또는 스포츠 경기 유형(예: 고온/다습 환경, 장기간 시합, 마실 것을 구하기 어려운 경기 등)

표 3.4 탈수 위험을 낮추기 위한 실용적인 전략

전략	세부사항
체중, 소변, 갈증(WUT)	아침 첫 체중, 소변 색깔, 갈증감을 관찰하여 그날그날의 수분 섭취 적절성을 관리한다.
전해질과 물	충분한 물을 마시고 나트륨과 칼륨의 좋은 공급원인 음식을 섭취하여 수분을 보충한다.
수분 손실 추정	운동 전과 운동 후의 체중 변화를 측정하여 개인의 땀 손실을 추정한다(1lb=453.6g).
훈련 = 경기	경기 중에 일반적인 수분 섭취 전략을 훈련 중에 사용한다(마라톤에서 주자는 5km마다 물을 마실 수 있으므로 훈련에도 이 전략이 포함되어야 한다).
열 관리 개선	최대한의 땀과 열을 발산할 수 있는 올바른 옷을 입는다. 하루 중 시원한 시간에 훈련한다. 극한의 더위 속에서의 훈련을 피한다. 찬 수건과 찬물 샤워를 사용하여 적극적으로 식힌다.
열 순응	고온다습한 환경에 적응할 수 있는 충분한 시간을 두고 적응 기간 동안 수분 섭취를 조정하는 방법을 배운다.

Adapted by permission from D. Casa et al., "Fluid Needs for Training, Competition, and Recovery in Track-and-Field Athletes," *International Journal of Sport Nutrition and Exercise Metabolism* 29, no. 2 (2019): 175-180.

탈수 예방이 최선책이라는 데는 이견이 없다. 탈수를 피하는 유일한 방법은 일정한 양의 체액이 배출되면 일정한 양의 체액을 보충하여 일치시키는 것이다. 운동선수가 탈수 징후를 인식하는 것이 중요하다. 갈증은 앞에서 언급한 것처럼 명백한 징후이지만 운동선수는 소변량과 색상을 모니터링하는 방법도 배워야 한다. 매일 0.5~1.0kg 이상의 체중 감소, 낮은 소변량, 갈증, 사과 주스색 또는 더 어두운 색의 소변은 모두 탈수 증상이다.[94]

일부 운동선수는 외형을 강화하거나 체급 경기에서 자신의 체급 분류를 달성하기 위해 스스로 탈수한다. 또한 수분을 쉽게 섭취할 수 있는 경우에도 수분을 섭취하지 못할 수 있다(자발적 탈수라고 함). 일부 운동선수는 적절한 수분 섭취가 어려울 때 특히 덥고 습한 환경에서 과도한 훈련의 결과로 탈수된다(불수의성 탈수라고 함). 원인에 관계없이 운동선수에게 탈수는 부정적인 운동 기록 결과와 정신적 기능 감소를 초래할 것이 확실하다(탈수 감소를 위한 실용적인 전략은 표 3.4 참조).[27, 28]

운동 관련 근육 경련(EAMC)

열경련(다리와 복부 근육의 고통스러운 경련)은 일반적으로 신경근 피로와 함께 심한 탈수로 인한 수분 및 전해질 불균형의 결과다. 이전에는 '열이 경련을 일으킨다'고 했던 이 용어는 체온 상승과 독립적으로 발생할 수 있기 때문에 이제는 부적절한 것으로 간주된다. 땀을 많이 흘리고 땀으로 나트륨 및 기타 전해질(칼륨, 칼슘, 마그네슘 포함)이 정상보다 많이 손실되는 사람에게 가장 잘 발생한다. 다음은 운동 관련 근육 경련의 징후이다.

- 운동과 관련된 근육 경련의 병력이 있는 사람
- 부적절한 나트륨 섭취(염분 제한 식단 섭취)
- 땀을 많이 흘리고 활동 초기에 땀을 흘림
- 운동 중 수분 섭취 습관이 좋지 않음

Q&A

열 경련을 예방하려면 어떻게 해야 하나요?

열 경련의 원인은 여러 가지가 있지만 일반적으로 열악한 수분 상태와 근육 피로의 결과로 나타난다. 또한, 전해질이 없는 물은 혈액량을 유지하지 못하여 영양소를 전달하거나 근육에서 대사 부산물을 제거하기 어렵게 만들기 때문에 맹물을 섭취하는 운동선수에게 열경련이 발생할 위험이 있다는 증거도 있다. 옷에 보이거나 눈이 따끔거리는 짠 땀을 내는 운동선수는 손실한 나트륨을 보충하지 못해 근육에 경련이 일어날 위험이 더 클 수 있다. 이러한 경련(여기서는 운동 관련 근육 경련이라고 함)을 경험하는 운동선수를 위한 현재 권장 사항은 나트륨(소금)이 첨가된 스포츠 음료를 마시는 것이다. 운동 중 섭취하는 수분의 양을 모니터링하면서 운동 전후에 체중을 측정하는 것은 수분 섭취의 적정성을 판단하는 좋은 전략이다. 손실된 각 lb당 453.6g의 스포츠 음료를 보충해야 한다.

- 고농축 염분으로 인한 땀(눈이 따끔거림, 짠맛)
- 몸과 의복에 붙은 눈에 보이는(백악질) 염분(많은 땀 염분 손실을 암시)
- 덥고 습한 환경에 잘 적응하지 못함
- 낭포성 섬유증의 가족력
- 이전의 근육 또는 힘줄 부상

열경련은 많은 양의 맹물을 섭취한 후 뒤늦게 발생할 수 있다.[29] 열경련을 방지하려면 운동 중에 적절한 양의 나트륨 함유 음료를 마시는 것이 특히 유용한다. 불수의성 근육 경련 또는 경미한 근육 경련의 첫 징후가 나타나면 운동선수는 1작은술의 나트륨(소금)[30]이 보충된 스포츠 음료 480mL를 섭취해야 하며, 이후 나트륨이 보충된 스포츠 음료를 꾸준히 섭취해야 하지만 열경련의 발생은 운동선수가 운동을 중단해야 함을 강력하게 암시하는 것이다.[95] 근육 신축성, 훈련 빈도와 훈련량, 키, 나이, 체질량 지수, 체중, 성별은 운동 관련 근육 경련의 좋은 예측 인자가 아니다.[95] 잦은 경련을 겪는 운동선수들의 요구를 충족시키기 위해, 음료 회사들은 주어진 양의 스포츠 음료에 첨가하기 위해 측정된 나트륨, 칼륨, 칼슘, 그리고 마그네슘 양을 제공하는 제품을 개발했다.

열사병

열사병의 증상에는 허약함, 차갑고 축축한 피부, 현기증, 피로감, 메스꺼움, 약한 맥박이 있으며 이 모든 것이 더위 속에서 운동을 할 수 없게 만든다. 이러한 증상은 심혈관 기능 부전, 저혈압, 열악한 에너지 가용성 및 중추 피로와 관련이 있을 수 있다.[96] 또한 선수가 심각하게 체수분이 감소되었을 때 발한이 멈추고 피부가 건조해지는 것을 느낄 수도 있다. 이러한 증상들은 일반적으로 몸은 점성적인 것처럼 느끼지만 의식이 완전하지 않는 환자들, 뇌로 가는 부적절한 혈액 흐름과 관련이 있다. 증상은 일반적으로 급속한 냉각에 잘 반응하므로 열사병 환자는 가능한 모든 수단을 통해 냉각해야 한다. 물에 적신 얼음처럼 차가운 천을 몸에 대거나 환자를 찬물에 담그는 것 모두 효과적이다. 의식이 완전히 돌아온 후, 운동선수에게 시원한 수분을 마시게 할 수는 있지만 메스꺼움을 유발할 수 있으므로 억지로 해서는 안 된다. 열사병을 겪은 운동선수가 같은 날 다시 신체 활동을 할 합리적인 이유는 없다. 대신 스포츠 음료와 같은 나트륨 함유 액체로 시원하고 수분이 공급된 상태를 유지하여 나머지 하루를 보내야 한다. 어떤 경우에도 발한이 멈춘 운동선수는 운동을 계속하면 안 되는데 그 이유는 급격하고 위험한 심부 온도 상승을 초래할 수 있기 때문이다.

운동성 열사병

운동성 열사병은 높은 체온(보통 105°F 또는 40.5°C 이상), 뜨겁고 건조한 피부, 빠른 맥박으로 대표되는 극도로 위험한 상태다. 이러한 조건은 체온 조절 시스템을 압도하여 더 이상 열을 발산할 수 없음을 나타낸다. 또한 운동선수가 의식을 잃거나 과민 반응과 정신 혼란을 보일 수 있으며, 이는 모두 중추 신경계 기능 장애의 징후다.[97] 최초 구조원은 119에 전화해야 하고(병원은 생명을 위협하는 이러한 상태에 대처하도록 가장 잘 갖추어져 있다) 그런 다음 선수를 식히기 위해 가능한 모든 조치를 취해야 한다(부채질, 찬물 찜질 또는 찬물에 담그기, 의복 풀기). 선수가 의식을 회복할 때까지 수분을 공급하지 말아야 한다. 운동선수의 체온을 급격히 낮추면 사망 위험이 크게 줄어든다. 열사병은 여러 요인이 복합적으로 작용하여 발생한다.

저나트륨혈증

나트륨이 없는 음료(예: 물)를 섭취하며 장기간 운동을 하면 혈장의 나트륨 함량이 희석되어 잠재적으로 치명적인 상태인 혈액 중 나트륨 감소(저나트륨혈증)가 발생할 수 있다. 저나트륨혈증(물 중독이라고도 함)이라는 단어는 문자 그대로 혈액 내 낮은$_{hypo}$ 나트륨$_{Na}$ 혈증$_{emia}$을 의미한다. 부적절한 농도의 대체 나트륨 섭취로 인한 나트륨 희석은 혈액량을 감소시켜 저나트륨혈증 및 관련 증상을 유발한다. 저나트륨혈증은 자유수가 혈액에서 세포내 공간으로 이동할 때 생리학적으로 중요해진다. 부종은 많은 조직에서 잘 견디지만 뇌에서는 잘 견디지 못한다. 따라서 저나트륨혈증의 심각한 증상은 주로 뇌부종과 관련이 있다. 저나트륨혈증 증상에는 메스꺼움, 팽만감, 구토, 경련, 불분명한 발음, 방향 감각 상실, 두통, 발작, 호흡 곤란 및 일반적인 정신 혼란을 포함한다. 저나트륨혈증이 진행된 선수는 혼수상태를 겪거나 사망할 수 있다.[98]

땀의 나트륨 농도는 운동선수마다 크게 다르지만 일반적으로 땀 1L당 나트륨 50mmol(~1g) 범위에 속하며 혈장 나트륨 농도와 비교할 때 저장성$_{hypotonic}$이다.[98] 낮은 나트륨 땀 농도는 컨디션이 좋은 운동선수들에게서 발견되기 때문에 저나트륨혈증 위험이 더 낮다. 그러나 경기 중 손실될 수 있는 땀의 양이 시간당 1L를 훨씬 초과할 수 있다는 점을 감안할 때 운동선수는 장기간 경기 중에 40g 이상의 나트륨을 손실할 수 있다. 운동선수는 충분한 나트륨 농도(컵당 100~200mg의 나트륨이 바람직하며, 땀 손실을 높이려면 농도가 더 높아야 한다)가 있는 음료만 섭취해야 하며 장기간 경기 중에는 맹물을 피해야 한다. 또한 운동선수는 수분을 과도하게 섭취하지 않도록 주의해야 한다(즉, 땀으로 손실되는 수분량보다 많은 양을 섭취). 수분의 과다 섭취는 운동 속도가 느린(즉, >4시간) 장거리 경기에서 특히 문제다.[93] 근육 경련과 같은 저나트륨혈증의 초기 증상을 경험한 선수는 짠 음식과 나트륨 함유 스포츠 음료가 증상을 만족스럽게 해결한다고 생각할 수도 있다. 그러나 불분명한 말, 방향 감각 상실, 정신 혼란은 즉각적인 의료 조치가 필요한 심각한 증상이며, 가급적이면 자격을 갖춘 의료 전문가의 도움이 필요하다.[32] 아무도 도와줄 수 없는 경우 소금 정제를 저나트륨혈증의 초기 회복 전략으로 사용할 수 있다. 단일 소금 정제는 일반적으로 1g(1,000mg)의 나트륨을 전달한다. 회복을 위해서는 증상의 중증도에 따라 15~20분마다 물 1컵당 1~2정을 섭취해야 한다. 소비한 총 체액은 운동 전 체중으로 돌아가야 하지만 선수가 체중을 그 이상으로 증가시키지 않아야 한다.[33]

2003년 보스턴 마라톤에 앞서 USA Track & Field는 저나트륨혈증 위험을 낮추기 위해 고안된 장거리 주자들을 위한 수분 보충 지침을 발표했다.[34] 이전 지침에서는 갈증 '전 상태를 유지'하기 위해 가능한 한 많이 마실 것을 권장했지만, 새로운 지침은 달리기 중 땀으로 잃는 만큼의 수분만 마시도록 하고 그 이상은 마시지 말 것을 권고한다. 특히 맹물을 많이 섭취하면 혈중 나트륨 농도가 낮아져 저나트륨혈증이 발생할 수 있다.

저나트륨혈증의 가장 높은 위험은 나트륨 농도가 상대적으로 높은 땀을 많이 흘리고 나트륨이 포함되지 않은 맹물을 많이 섭취하는 운동선수에게서 나타난다.[35] 스포츠 음료에는 약 20mEq의 염화나트륨(식염)이 포함되어 있지만 더위 속에서 장기간 운동 시 나타나는 혈장 변화를 평가한 많은 연구자는 더 높은 수준의 나트륨을 권장한다.[36, 37] 이 연구자들은 1L당 20에서 50mEq를 권장했지만, 일반적인 땀 분비량과 나트륨 농도를 가졌으며 상업용 스포츠 음료를 섭취하고 지구력 경기 중 맹물 섭취를 피하는 대부분의 선수는 상당히 잘 보호되고 있는 것으로 보인다.[38] 저나트륨혈증은 또한 마실 기회가 충분하지만 운동의 강도가 낮기 때문에 섭취하는 것보다 땀을 통해 더 적은 수분을 손실하는 레크리에이션(즉, 경쟁하지 않는) 운동을 하는 사람에게서 더욱 흔히 볼 수 있다. 따뜻한 날씨에 적응하지 못하거나 훈련이 제대로 이루어지지 않은 운동선수와 과도한 수분 섭취로 인해 경기 중 체중 증가를 경험하는 선수도 위험하다. 또한 일반적으로 섭취되는 NSAID(예: 아스피린 및 이부프로펜)와 이뇨 효과를 유도하는 물질이 신장 기능을 변화시켜 장기간 동안 저나트륨혈증 위험을 악화시킬 수 있다는 것이 밝혀졌다.[31] 운동선수들은 위험을 증가시킬 수도 있는 사용 약물을 의사와 확인해야 한다. 고혈압 진단으로 염분 섭취를 제한하는 사람들에게서 흔히 관찰되는 만성 경증 저나트륨혈증이 뼈 손실, 골다공증 및 골절과 관련이 있다는 흥미로운 증거가 새로 나왔다.[99] 이 데이터는 전해질과 수분 균형이 일반적인 건강에 얼마나 중요한지를 보여준다. 일반적으로 의학적 상태(예: 임상적 고혈압)로 인해 금지된 경우가 아니라면, 식사와 음료에 소금을 추가하는 것은 운동선수가 낮은 혈액 전해질 및 저나트륨혈증의 위험을 줄이는 데 도움이 되는 바람직한 전략이다.

운동 중 식사를 하는 경우 프레즐과 같이 소화가 잘 되는 전분질 탄수화물이 포함된 짠 음식을 선택하는 것이 좋다. 스포츠 음료는 또한 나트륨, 물, 탄수화물의 좋은 공급원이다. 장기간 운동 중 탈수는 저나트륨혈증보다 훨씬 더 위험하지만 두 상태 모두 심각하다. 따라서 충분한 수분을 섭취한 상태에서 운동을 시작하고 운동 중에 적절한 양의 수분을 섭취하는 것이 중요하다.[39] 저나트륨혈증과 관련된 매우 실질적인 위험을 감안할 때 이러한 상태를 피하기 위해 모든 합리적인 조치를 취해야 한다. 다음을 포함하여 여러 형태의 저나트륨혈증이 있다.[32]

- 저혈액량성 저나트륨혈증. 총 체수분(TBW)이 감소하고, 총 체내 나트륨은 더 많이 감소하여 세포외액(ECF) 부피가 감소한다. 이것은 장기간 지속되는 활동에서 볼 수 있는 가장 흔한 저나트륨혈증이다. 땀으로 손실된 나트륨 및 체수분이 물 또는 기타 저장성 액체로 보충될 때 발생한다.
- 혈류성 저나트륨증. 총 나트륨이 정상으로 유지되는 동안 TBW는 증가한다. ECF 부피는 최소에서 중등도로 증가하지만 부종은 없다. 혈류성 저나트륨증은 나트륨 저장이 정상이지만 몸 전체의 유리수 과잉을 나타낸다. 이는 운동선수가 과도한 수분을 섭취할 때 발생하며 운동선수가 체중을 증가시킬 수 있는 양의 수분을 섭취하지 않도록 주의해야 하는 이유다.
- 과혈량성 저나트륨혈증. 전신 나트륨이 증가하고, TBW는 더 크게 증가하여 더 높은 ECF와 부종이 생긴다. 이것은 대부분 신부전과 함께 발생하여 고혈압을 유발한다.
- 재분배성 저나트륨혈증. 물은 세포내 구간에서 세포외 구간으로 이동하여 결과적으로 나트륨이 희석된다. TBW와 전신 나트륨은 변하지 않는다. 이 상태는 고혈당증에서 발생한다.
- 위막성 저나트륨혈증. 단백질이나 지질이 과도하게 존재하면 혈액량이 희석된다. TBW와 전신 나트륨은 변하지 않는다. 이 상태는 고중성지방혈증 및 다발성 골수종을 포함한 특정 임상 조건에서 볼 수 있다.

수분 공급 전략

운동선수는 최적의 경기력을 달성하기 위한 적절한 체수분 수준 유지 및 분배 전략을 개발해야 한다. 모든 증거 자료에 따르면 약간의 수분 부족(체중의 2%)도 지구력과 운동 능력에 차이를 유발할 수 있으며 수분 부족이 클수록 부정적인 영향이 더 커진다.[40, 41] 물로 가득 찬 유리잔을 최적의 수화 상태에 있는 선수의 몸이라고 상상해 보자. 운동을 하지 않을 때는 유리잔 바닥에 아주 작은 구멍이 있는 것과 같다. 수위는 떨어지지만 매우 느린 속도라서 가끔씩 음식과 음료를 섭취하여 쉽게 보충할 수 있다. 이제 유리잔 바닥에 있는 커다란 연필 구멍에 해당하는 운동을 하면 어떻게 되는지 생각해 보자. 수분 손실 속도가 훨씬 더 빠르며, 짧은 시간에도 운동 능력과 지구력에 영향을 주기에 충분할 수 있다. 이 상황에서 수분 섭취를 하지 않고 기다리는 것은 합리적인 선택이 아니다. 운동하지 않을 때의 수분 섭취 빈도가 2시간에 한 번이라면 운동 중 빈도는 10~15분에 한 번이어야 한다. 수분 및 관련 전해질은 운동 중에 너무 빨리 손실되어 손실된 체액을 보충하는 것이 불가능하지는 않더라도 어려워지고 일단 허용 수준 미만으로 떨어지면 운동하는 동안 체수분을 증가시키는 것이 사실상 불가능하다. 운동하는 동안 체내 수분은 흡수되는 속도보다 더 빠른 속도로 손실될 수 있음을 기억하자. 운동 중 물을 자주 마시지 않거나 마시길 기다리기만 하면 체수분 정도를 현재 상태로 유지할 수는 있지만 그 상태는 너무 낮을 것이다. 물을 마시지 않고 기다린다면, 수분 부족 상태에서 운동을 하게 되어 운동을 원래보다 훨씬 더 어렵게 만드는 결과를 낳는다.

수분 섭취가 없으면 혈액량이 급격히 감소하여 땀 분비량이 떨어지고 원하는 체온을 유지하기 어렵다. 체온은 5~7분마다 약 1°C(화씨 1.8도)의 비율로 빠르고 위험하게 상승한다. 다음은 유산소 운동 능력에 미치는 탈수의 영향이다.

- 체중이 2% 이상 감소하는 저수분은 운동 능력 저하로 이어진다.
- 심혈관 기능과 체온 조절에 악영향을 미친다.
- 최대 유산소 능력은 중간 환경에서 운동하는 동안 3%의 체중 감소와 함께 4~8% 감소한다.
- 탈수와 위장 장애가 눈에 띈다.
- 근육 세포의 체액과 전해질 균형이 깨진다.
- 정신적 과정에 미치는 온열 요법의 부작용은 중추 피로를 더한다.

힘든 신체 운동 중에 충분한 수분을 섭취하는 것이 너무 어렵기 때문에 운동선수는 고정된 수분 섭취 일정을 자동적이고 필수적인 부분으로 개발해야 한다.[93, 98] 시간당 1L의 물 손실은 시간당 약 4컵의 적절하게 구성된 음료(즉, 스포츠 음료)로 보충되어야 한다. 시간당 2L의 물을 잃는 운동선수는 그 두 배가 필요하다. 이렇게 요구 사항이 알려졌음에도 불구하고 운동선수는 활동 중 수분 요구를 거의 완전히 충족시키지 못한다. 활동 중 손실되는 물의 양을 정확히 알기는 다소 어렵지만 간단한 추정 기술이 도움이 될 수 있다. 물 1L의 무게는 약 2lb이고 물 480g의 무게는 약 1lb이다. 이러한 관계를 알면 운동선수는 다음을 수행하여 신체 활동 중에 섭취해야 하는 수분의 양을 추정할 수 있다.

1. 운동 세션 직전 시간을 기록한다.
2. 체중을 lb로 적는다(가급적이면 이것은 맨몸 체중이어야 한다).
3. 정상적인 운동을 하고 운동 중 수분 섭취량을 모니터링 한다.
4. 운동 직후에는 땀에 젖은 옷을 벗고 타올로 말린다. 다 말렸으면 체중을 lb로 기록한다(다시 말하지만 이것은 맨몸 체중이어야 한다).
5. 현재 시간을 기록한다.
6. 시작 체중에서 마지막 체중을 빼서 손실된 체액의 양을 계산한다.
7. 시작 시간에서 종료 시간을 빼서 운동 시간을 계산한다.
8. 활동 중 섭취해야 하는 추가 수분의 양은 10분에서 20분 단위로 소모되는 손실된 1lb당 추가 수분 480g에 해당한다.

예를 들어 존John이 2시간의 축구 연습 후 체중이 2kg 줄었다면 그 연습 동안 추가로 2kg(8컵)의 수분을 섭취해야 한다. 이미 2컵의 수분을 섭취하였기 때문에 총 수분 섭취량은 2시간 연습당 10컵이어야 한다. 2시간 동안 시간이 10분씩 12번 증가하므로 10컵의 물을 섭취할 기회가 12번 있다. 따라서 존은 10분마다 195g의 수분 또는 3/4컵(10 / 12 = 0.8)보다 약간 더 많은 양의 수분을 섭취하거나 20분마다 390g의 수분(약 1.5컵)을 섭취해야 한다.

운동 전 수분 섭취

운동선수가 운동이나 경기를 시작하기 전에 최적의 수분 상태를 유지하는 것이 중요하다. 탈수된 운동선수가 충분한 수화 상태로 되돌리려면 24시간 이상이 소요될 수 있으므로, 연습이나 경기 직전에 수분을 공급하려고 기다린다면(또는 수분을 전혀 섭취하지 못하는 경우) 해당 운동선수는 좋지 않은 운동 결과를 얻게 될 것이다.[98]

일부 스포츠에서 운동선수는 특정 외형 또는 특정 체중을 달성하려고 할 수 있다. 리듬 체조의 고전적인 신체 프로필은 길고 우아한 라인이므로 리듬 체조 선수는 경기 전에 수분 섭취를 제한하는 것이 일반적이다. 왜냐하면 수분 섭취를 제한하는 것이 원하는 외형을 만드는 데 도움이 된다고 생각하기 때문이다.[100, 101] 레슬링 선수는 또한 특정 체급을 달성하기 위해 잘 정립된 체액 제한 요법을 가지고 있다. 그런 다음 대회 전에 약 24시간 동안 수분을 보충해야 한다. 내재된 건강상 위험 외에도(이 전략과 관련하여 사망 사건들이 잘 기록되어 있음) 탈수된 레슬러가 단 24시간 만에 적절하게 수분을 보충할 가능성은 낮다.[102] 따라서 경기력에 가장 확실히 영향을 받는다.

반대로 일부 운동선수는 운동 전에 수분으로 과수화를 시도한다. 이는 일반적인 장거리 달리기 선수 전략으로 경기 중 수분 손실이 교체 능력보다 클 가능성이 높다. 경기가 끝날 무렵 수분 상태가 가장 좋은 주자는 수분이 부족한 경쟁자보다 분명히 큰 이점이 있다. 운동선수가 지속적으로 과수화하면 혈액(혈장) 부피가 증가하여 활동 중 심부 온도와 심박수가 낮아져 지구력과 운동 능력이 향상될 가능성이 있다.[42, 43] 다량의 수분 섭취는 잦은 배뇨와 관련이 있지만 이는 나트륨 함유 수분 섭취로 어느 정도 조정할 수 있다. 또한 과수화는 운동 중 더 높은 땀 분비량 및 낮은 심박수와 관련이 있다.[44]

글리세롤(글리세린이라고도 함)은 수분을 끌어당기는 습윤제 역할을 하기 때문에 과거에 지구력 경기 운동선수들이 과수화를 돕기 위해 사용했다(그림 3.2 참조). 제한된 증거에 따르면 운동 전 체액에 체중 1kg당 1g의 글리세롤을 추가하면 극도로 덥고 습한 환경에서 지구력 성능이 향상된

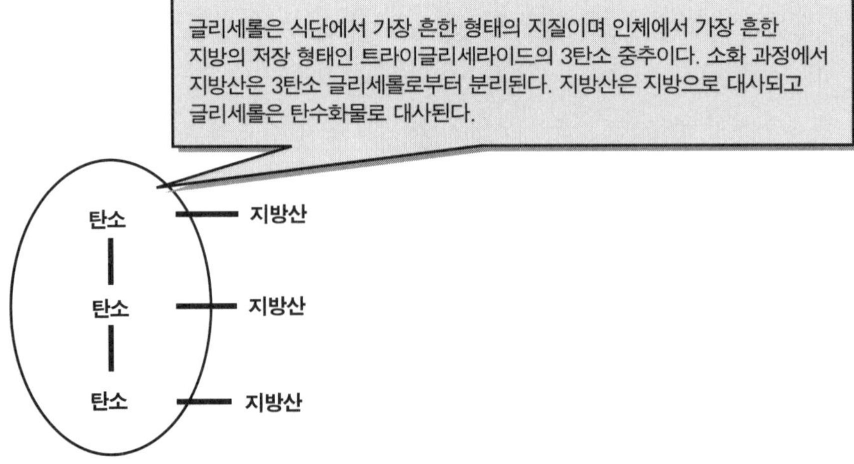

그림 3.2 글리세롤은 탄수화물처럼 대사되는 단순한 3탄소 지질이다.

다. 이러한 개선은 글리세롤이 섭취한 수분을 더 많이 보유할 수 있기 때문에 발생한다.[41, 45~47]

일반적으로 운동선수는 운동 전에 다음의 수분 섭취 지침을 따라야 한다.[93, 98]

- 갈증을 체액 요구의 지표로 의존해서는 안 된다. 갈증은 신체가 이미 1.5~2.0L의 수분을 잃었을 때 발생하는 비상 감각으로 간주되어야 한다. 운동 중에는 갈증이 지연되기 쉬우므로 갈증을 기다리면 과도한 수분 손실과 함께 전체 체수분이 떨어진다.
- 실용적인 문제로서, 운동선수는 갈증 느낌 없이 수분을 섭취하는 것에 익숙해져야 한다. 선수들이 어디에 있든 어디로 가든 수분을 섭취할 수 있는 액체를 가지고 다니면 도움이 된다. 본질적으로, 수분 용기는 유니폼의 일부로 간주되어야 한다.
- 운동선수는 운동 전 깨끗한 소변을 만들기 위해 충분한 수분을 섭취해야 한다. 사과즙이나

스포츠 젤

스포츠 젤은 탄수화물 중합체(분자 결합된 많은 단당류 중 큰 분자)이다. 위 배출은 섭취한 용액의 삼투질 농도의 영향을 받기 때문에(삼투질 농도가 높을수록 위 배출 속도가 감소함), 젤은 삼투압 효과가 낮으면서도 더 많은 탄수화물을 제공한다.[80] 이는 일반적인 6~7%의 탄수화물 스포츠 음료보다 에너지 요구량이 훨씬 높은 고강도 지구력 스포츠(예: 마라톤, 울트라 마라톤, 트라이애슬론, 아이언맨, 뚜르 드 프랑스)에 참여하는 선수들에게 실제로 가능성이 있다. 스포츠 젤은 모두 젤 팩당 약 100Kcal를 제공하며 일반적으로 말토덱스트린 및 과당, 현미 시럽, 말토덱스트린, 포도당 및 과일 주스와 같은 탄수화물 중합체의 다양한 조합을 제공한다.

이들 제품은 고농도인 240㎖당 200mg의 파워바 에너지겔부터 저농도인 240㎖당 40mg의 클라이프 샷Clif Shot까지 다양한 나트륨 농도를 갖추고 있다. 일부 제품에는 아미노산과 비타민이 포함되어 있기도 하지만, 실제 성능 결과를 제공하는 것보다 소비자의 욕구를 충족시키기 위한 것이다. 일부 스포츠 젤에는 지구력 수행 결과에 긍정적인 영향을 미치는 카페인도 포함되어 있다(4장에서 자세히 설명). 가장 높은 카페인 함량은 클라이프 샷 더블 에스프레소와 카브붐Carb Boom에서 발견된다. 더블 에스프레소(100mg)에 비해 다른 제조 업체 제품과 맛의 농도는 더 낮다.

혼합 탄수화물 용액을 포함하는 스포츠 음료(즉, 단당류의 조합을 제공하는 음료)가 같은 열량의 단일 탄수화물 공급원보다 높은 수준의 탄수화물 산화를 초래한다는 증거가 있다.[81] 그러나 탄수화물을 젤(탄수화물 중합체)로 섭취해도 동일한 산화 결과를 얻을 수 있는지 여부는 잘 알려져 있지 않다. 잘 훈련된 자전거 선수에 대한 최근 연구에 따르면 전달 시스템이 젤이든 액체 음료이든 탄수화물 전달과 탄수화물 산화는 동일하다.[82] 또한, 섭씨 32도(90℉)에서 사이클링 중 탄수화물 겔 섭취가 백혈구 및 호중구 수(면역계 반응 측정)를 떨어뜨렸다는 증거도 있다.[83] 그러나 운동선수는 운동 중 탄수화물과 함께 수분을 섭취할 수 있는 기회를 절대 놓쳐서는 안 되므로 스포츠 젤 섭취가 스포츠 음료의 적절한 대체품으로 간주되어서는 안 된다. 젤을 섭취하는 운동선수는 뒤이어 수화 상태를 유지하는 데 도움이 되도록 희석된 많은 양의 물을 섭취해야 한다.

진한 색의 소변은 부피가 작고 농축되어 있는데, 이는 가능한 많은 양의 수분을 보유하려는 필요에 의해 나타나므로 탈수의 확실한 징후다.

- 운동하기 약 1~1시간 30분 전에 운동선수는 적절한 수분 상태를 보장하고 위 배출을 개선하기 위해 많은 양의 물(최대 0.5L)을 섭취해야 하며, 그다음에는 운동 또는 경기 시작 전, 수분 상태를 유지하기 위해 계속해서 물을 마셔야 한다(10분마다 약 0.5컵). 운동선수는 수분 손실을 보충할 수 있는 만큼 자주 그리고 많은 양의 수분을 섭취해야 하지만, 저나트륨혈증 위험을 증가시키기 때문에 체중을 늘릴 정도로는 아니다. 잘 제조된 스포츠 음료처럼 섭취한 수분에 탄수화물이 포함되어 있다면 이 전략은 운동선수가 충분한 수분을 섭취하고 정상 혈당 상태에서 경기를 시작하도록 하는 데도 도움이 된다.
- 과수화 작용을 원하는 선수가 주의 깊은 관찰 없이 이 기술을 시도해서는 안 된다. 심혈관 시스템이 손상된 사람들은 과수화를 시도해서는 안 되며 대회 직전에 처음으로 시도해서도 안 된다. 실제적으로 최적의 수화 상태를 보장하는 가장 안전한 방법은 수분을 자주 섭취하는 것이다.
- 운동선수는 이뇨 효과가 있을 수 있는 음식과 음료를 피해야 한다. 예를 들어 커피, 차, 초콜릿 및 탄산음료에서 흔히 발견되는 카페인 및 관련 물질을 많이 섭취할 경우 소변의 수분 배출 속도가 증가할 수 있다. 신체 활동 전에 알코올을 섭취해서는 안 되는 이유가 여러 가지 있지만 그중 하나는 알코올이 섭취한 것보다 더 많은 수분 손실을 초래하는 이뇨 효과가 있기 때문이다.[103] 따라서 이러한 물질은 운동 전 수분 상태를 최적화하려는 측면에서 비생산적이다.

운동 중 수분 섭취

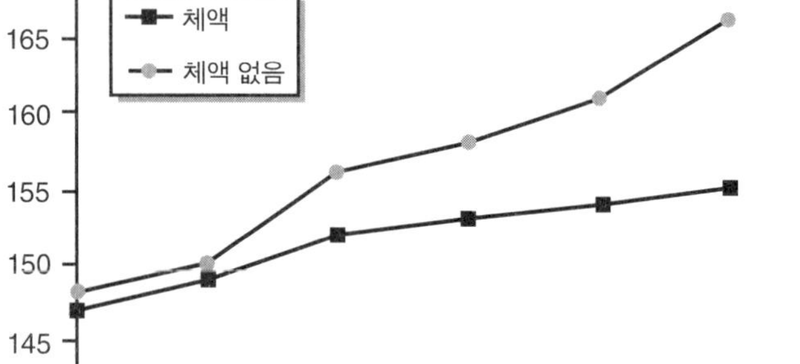

그림 3.3 운동 중 수분을 섭취하고 수분을 섭취하지 않는 운동선수의 심박수 비교.

M. Hargreaves, "Physiological Benefits of Fluid and Energy Replacement During Exercise," *Australian Journal of Nutrition & Dietetics* 53, 4 Suppl (1996): S3-S7.

운동 중에 수분을 섭취하는 운동선수는 지구력이 향상되고 운동으로 인한 심박수 및 체온 상승 속도가 느려지는 등 분명한 이점을 얻는다. 또한 피부로의 혈류가 개선되거나 유지된다. 심혈관 및 열 유지 능력이 유지되는 정도는 탈수를 피할 수 있는 정도와 직접 관련이 있다. 운동 중 충분한 수분을 섭취하지 못하는 것이 일사병 발병의 주요 위험 요소임이 분명하다.[48] 운동선수가 일사병을 피하고 운동 능력을 유지하기 위한 최선의 전략은 운동하는 동안 적절하게 제조된 수분을 마시는 것이다(참조: 그림 3.3

및 3.4).[49~51, 93, 98]

적절한 수분 공급과 운동 능력 간의 상호 작용을 평가하는 대부분의 연구는 맹물 또는 탄산수와 전해질이 포함된 스포츠 음료를 사용했다(표 3.5 참조). 이러한 연구의 결과는 운동 중 수분 섭취의 중요성을 확인하는 데 중요하다. 수행 시간은 소량의 수분 보충보다 대용량 수분 보충이 훨씬 더 빨랐다(p〈0.05,~6% 개선). 그러나 액체에 탄수화물과 전해질을 포함하면 맹물보다 선수에게 분명한 이점이 있다. 최근 연구에 따르면 재수화를 위한 용액에 탄수화물을 포함하면 운동 중 운동 결과를 유지하거나 증가시키는 운동선수의 능력을 향상시키고 탈진 시간이 증가한다.[52~55, 98] 수행 시간은 탄수화물 섭취가 없는 경우에 비해 탄수화물 섭취가 있는 경우가 훨씬 더 빨랐다(p〉0.05,~6% 개선). 탄수화물 섭취와 다량의 수분 보충은 탄수화물 없이 소량의 수분만 섭취한 것에 비해 약 12% 개선을 가져온다.[60]

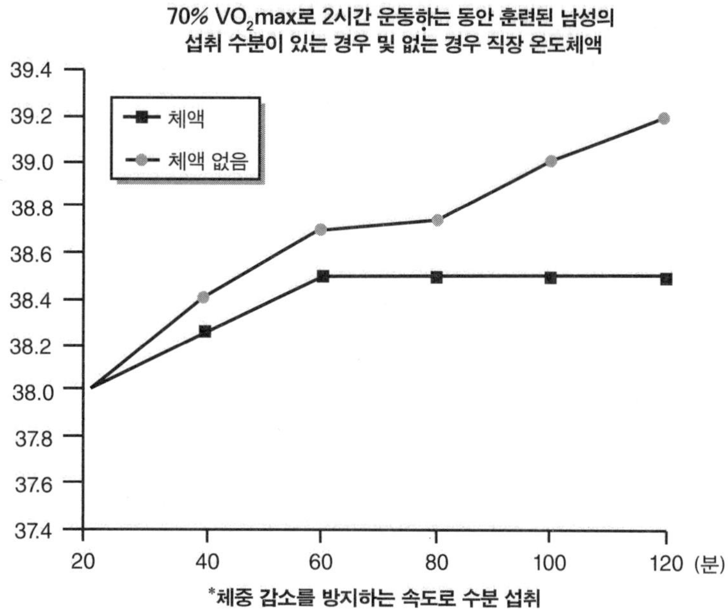

그림 3.4 운동 중 수분을 섭취하는 운동선수와 섭취하지 않는 운동선수의 코어 온도 비교.

M. Hargreaves, "Physiological Benefits of Fluid and Energy Replacement During Exercise," *Australian Journal of Nutrition & Dietetics* 53, 4 Suppl (1996): S3-S7.

탄수화물은 운동선수가 근육 글리코겐의 고갈을 피하도록 돕고 근육 글리코겐이 낮을 때 근육에 연료를 제공한다. 탄수화물은 또한 지구력을 유지하는 데 중요한 정신 기능 유지에도 도움이 된다. 근육에 글리코겐과 수분이 풍부하더라도 정신적 피로는 근육 피로로 이어진다.[93]

활동에 따라 탄수화물 이용률이 다르지만 탄수화물이 포함된 수분을 지속적으로 섭취하면 스포츠와 관계없이 운동 능력을 유지하는 데 도움이 된다. 예를 들어 격렬한 사이클링에서 탄수화물 용액을 섭취할 때 근육 글리코겐 사용률은 영향을 받지 않는다.[56] 장거리 달리기에서 탄수화물 함유 액체를 섭취하면 근육 글리코겐 사용률이 감소한다.[57] 스톱 앤드 고의 간헐성 운동에서 탄수화물이 포함된 액체를 섭취하면 근육 글리코겐 사용률이 감소하는 것으로 나타났다.[58, 59] 이러한 각 시나리오에서 탄수화물 고갈은 일반적으로 운동 능력 저하의 원인으로 간주된다. 그러나 상대적으로 짧은 활동 시간 때문에 탄수화물이 고갈되지 않을 것으로 예상되는 고강도 활동에서 탄수화물 함유 음료를 섭취하는 것은 운동 능력을 향상시키는 데 중요할 수도 있다는 좋은 증거가 있다.[60~62]

이 데이터는 모두 운동선수가 운동 중 탄수화물 함유 액체 섭취에 적응해야 함을 시사한다. 그러나 탄수화물의 농도와 유형은 중요한 고려 사항이다. 포도당, 자당, 말토덱스트린, 전분이 운동

수행력에 미치는 영향 사이에는 큰 차이가 없지만 음료에 다양한 탄수화물 유형을 포함하는 것(즉, 포도당과 자당의 조합 대 포도당만)이 운동수행력을 향상시킨다는 증거가 있다.[63~65, 104] 또한 과당을 주로 함유한 음료가 장 장애를 유발할 수 있음이 분명하다.[66, 67] 말토덱스트린은 자당 및 과당보다 덜 달기 때문에 입맛에 맞지 않는 단맛을 만들지 않고도 용액에 탄수화물 에너지를 추가하는 데 사용할 수 있다. 이러한 예외를 제외하고 탄수화물 에너지는 액체 또는 고체인지에 관계없이 운동 능력에 도움이 된다.[68] 그러나 액체 형태의 탄수화물을 제공하면 운동선수가 한 번에 두 가지 문제(에너지 및 수분)를 해결할 수 있으므로 탄수화물 함유 액체를 선호한다.

운동 중에 섭취하는 탄수화물의 양도 중요하다. 너무 빨리 너무 많이 섭취하면 위장 장애를 유발할 수 있으며, 적어도 일시적으로 근육과 피부에서 필요한 수분을 끌어내어 내장에 있는 이런 과도하게 농축된 용액을 희석할 수 있다. 대조적으로, 탄수화물이 거의 포함되지 않은 액체는 운동 능력상의 이점을 유도하지 못할 수 있다. 운동선수는 운동 1분당 약 1g의 탄수화물을 섭취하도록 노력해야 한다. 이 섭취 수준은 시간당 0.6~1.2L의 양[70, 71]으로 6~7%의 탄수화물을 함유한 용액을 마셔서 얻을 수 있다.[69] 일부 스포츠 음료의 탄수화물 농도는 정확히 이 범위 내에 있는 반면 이 범위를 벗어난 농도를 가진 음료도 있다(표 3.5 참조). 8% 이상의 농도는 위 배출을 지연시킬 수 있으며 운동 중 탄수화물 대사가 더 빠르거나 더 좋아지지는 않는다.[72] 6~7% 탄수화물 용액을 섭

표 3.5 일반 음료의 탄수화물 및 전해질 함량

음료	탄수화물 조성	탄수화물 농도			
		%	g(g)	나트륨(mg)	칼슘(mg)
엑셀레이드	자당, 포도당, 말토덱스트린	7	17	127	40
올 스포츠	고과당 옥수수 시럽	9	21	55	55
카보플랙스	말토덱스트린	24	55	–	–
코카콜라	고과당 옥수수 시럽, 자당	11	26	9.2	극미량
사이토맥스	과당 옥수수 시럽, 자당	8	19	10	150
다이어트 소다	–	–	–	극미량	극미량
게토레이	자당, 포도당	10.5	25	110	110
게토레이 프라임	자당, 포도당, 과당	6	14	110	25
MET-Rx	과당, 포도당	8	19	10	150
오렌지 주스	과당, 자당	11	26	2.7	510
파워에이드	고과당 옥수수 시럽, 말토덱스트린	8	19	55	30
에너지바	말토덱스트린, 포도당, 과당	7	17	160	10
리커버리 에너지바	말토덱스트린, 포도당, 과당	8.5	20	250	10
울티마	말토덱스트린	1.7	4	8	16
울트라 퓨얼	말토덱스트린, 포도당, 과당	21	50	–	–
물		–	–	극미량	극미량

취할 때의 또 다른 이점은 물만 섭취할 때보다 장내 흡수 속도가 더 빠르다는 것이다. 이것은 수분 상태가 보다 효율적으로 유지될 수 있고 혈액과 근육으로의 탄수화물 전달이 향상됨을 의미한다. 의사는 일반적으로 설사 증상이 있는 아기에게 페디아라이트Pedialyte(설탕 및 전해질 음료)를 처방하는데, 이는 더 빠른 수분 흡수를 유도하여 아기에게 더 빨리 수분을 공급할 수 있기 때문이다.

운동 후 수분 섭취

1시간 이상 격렬하게 운동한 운동선수는 어느 정도 수분 부족을 경험할 가능성이 있다. 거의 매일 운동하는 운동선수(즉, 대부분의 엘리트 운동선수)에게 운동 후 수분 섭취는 운동 요법의 매우 중요한 부분이다. 그 이유는 연이어 매일 충분한 수화 상태로 활동을 시작해야 하기 때문이다.[93, 98] 재수화하는 데 시간이 걸린다는 점을 기억하자. 수분을 보충할 시간이 적을수록 다음 운동 세션이 시작될 때까지 선수가 최적의 수분 상태에 있을 가능성이 낮아진다.

운동선수는 운동 중 땀 손실의 70% 이상 비율로 수분을 섭취하는 일이 거의 없으며 대부분이 이보다 훨씬 낮은 비율로 땀 손실을 보충한다.[73, 74] 따라서 대부분의 운동선수는 다음 운동 세션이 시작되기 전에 적절한 수분 공급을 위한 전략이 필요하다. 이러한 수분의 필요성에도 불구하고 운동선수는 수분을 쉽게 보충할 수 있는 경우에도 종종 수분 부족 상태를 유지한다.[75] 이 자발적인 탈수는 운동선수가 수분 보충 일정을 고정으로 배치해야 함을 시사한다. 이를 장려하는 방법으로

Q&A

시중에 아주 다양한 스포츠 음료가 있는데, 저는 무엇을 살펴봐야 하나요?

스포츠 음료의 목적은 혈당과 혈액량을 정상으로 유지하여 운동 중에도 냉각 능력, 신경 기능, 근육 기능이 유지되도록 하는 것이다. 효과를 보려면 음료에 소금(염화나트륨)과 설탕(바람직하게는 혼합물)이 포함되어야 한다. 많은 스포츠 음료가 마그네슘 및 인산염과 같은 여러 전해질이 포함되어 있다고 광고한다. 그러나 땀으로 손실되는 전해질의 양을 보면 이러한 추가 전해질이 필요하지 않다는 점이 분명해진다. 예를 들어 땀의 염분 함량은 1L당 20~80mmol이지만 마그네슘은 1L당 0.2mmol 미만이다. 삼투질 농도가 높은 음료(즉, 단위 부피당 입자가 더 많은 음료)는 위 배출을 지연시키므로 불필요한 전해질을 추가하면 실제로 필요한 양을 섭취할 수 없다. 일부 음료에는 순수한 포도당이 포함되어 있다고 광고하기도 한다. 왜냐하면 결국 포도당은 세포의 궁극적인 에너지원이기 때문이다. 그러나 칼로리가 동등한 포도당 음료는 분자가 절반이고 따라서 삼투압 농도가 낮은 자당 음료보다 위 배출 지연이 더 많이 발생한다. 약간의 유리 포도당과 충분한 자당을 혼합하여 6~7%의 탄수화물 용액을 만드는 것이 좋은 전략이다. 유리 포도당은 소화가 필요 없기 때문에 빠르게 흡수되어 혈액으로 들어가고, 그다음으로 자당이 포도당과 과당 성분으로 분해되며, 마지막으로 과당이 간에서 포도당으로 전환되는데, 이 과정은 시간이 조금 더 걸린다. 그 결과 높은 양의 포도당을 한 번에 제공하는 것보다 더 나은 지속 혈당을 얻을 수 있다. 활동 유형에 따라 혼합된 탄수화물 공급원과 1컵당 100~200mg의 나트륨 농도를 갖춘 6~7% 탄수화물 용액을 찾아야 한다(더 장시간의 지구력 경기나 더 덥고 습한 경우 더 많은 양을 사용).

운동 세션이 끝나는 즉시 시원하고 맛이 좋은 음료를 운동선수가 쉽게 구할 수 있도록 하는 것이 있다.[76] 탄수화물과 나트륨이 모두 포함된 상업용 스포츠 음료는 물 균형을 회복하는 데 맹물보다 더 효과적이다.[77] 그러나 재수화를 최대화하려면 일반적으로 대부분의 스포츠 음료가 제공하는 것보다 더 높은 수준의 나트륨이 필요하다.[78] 이렇게 보충되는 나트륨은 대부분 염분(나트륨)이 첨가된 식품의 정상적인 섭취를 통해 얻을 수 있다.[79] 일반적으로 운동선수는 운동 후 수분 섭취에 대해 다음 규칙을 따라야 한다.

- 운동 직후 많은 양의 수분(참을 수 있는 만큼, 아마도 0.5L)을 섭취해야 한다. 이 용량은 위를 확대하고 수분이 위를 빠져나가 소장으로 들어가 흡수되는 비율을 증가시킨다.
- 최초 섭취 후 운동선수는 3시간 동안 약 3L의 수분 섭취를 달성하기 위해 15분마다 약 0.25L의 수분을 섭취해야 한다. 운동선수의 체격이 크고 운동 중 땀 손실이 더 클수록, 더 많은 양의 수분을 섭취해야 한다.
- 수분은 탄수화물과 나트륨을 모두 포함해야 한다. 왜냐하면 둘 다 운동선수를 충분한 수분 상태로 되돌리는 데 유용하기 때문이다. 또한 음료의 탄수화물 함량은 저장된 글리코겐(에너지)을 근육으로 되돌려 다음 운동 세션을 준비하는 데 도움이 된다.
- 스포츠 음료는 일반적으로 액체 1L당 10~25mmol의 전해질(주로 나트륨)을 제공한다. 그러나 수분 유지를 위한 최적의 나트륨 농도는 체액 1L당 약 50mmol의 전해질이다.[41, 93] 나트륨을 더 추가하면 입에 맞지 않아 운동선수가 수분을 덜 섭취할 수 있으므로 운동 직후 운동선수는 소금에 절인 간식(예: 프레즐 또는 짭잘한 크래커)을 섭취하도록 권장해야 한다.
- 운동으로 인한 체중 감소는 다음 운동 전에 보충해야 하는 총 수분량을 결정하는 열쇠가 되어야 한다(자세한 내용은 사이드바의 운동 중 수분 손실 참조).
- 이뇨 효과를 일으키는 물질의 섭취는 피해야 한다.

중요 사항

- 운동선수는 신체 활동 약 1~1시간 30분 전에 적절하게 제조된 탄수화물 및 전해질 함유 액체 약 480g을 섭취해야 하며, 그 후 10~15분마다 약 1/2컵씩 계속 마셔야 한다. 이는 혈당과 혈액량이 좋은 수준에서 운동을 시작하는 데 도움이 된다.
- 마지막 식사 후와 운동 시작 전, 위 배출 시간이 긴 음식(즉, 지방, 단백질, 섬유질이 많은 음식)과 익숙하지 않은 음식 및 음료는 피해야 한다.
- 과수화 작용을 원하는 선수가 주의 깊은 관찰 없이 이 기술을 시도해서는 안 된다. 심혈관 시스템이 손상된 사람들은 과수화를 시도해서는 안 되며 대회 직전에 처음으로 시도해서도 안 된다. 실제적으로 최적의 수화 상태를 보장하는 가장 안전한 방법은 수분을 자주 섭취하는 것이다.
- 운동선수는 언제 음료를 마셔야 하는지 알기 위한 주요 지표로 갈증에 의존해서는 안 된다.

운동 중 체액 손실

운동 중 손실된 체액을 보충하기 위한 일반적인 지침으로, 480g의 보유 체액은 체중 1lb와 같다. 섭취한 모든 수분이 유지되는 것은 아니므로 체중 감소에 해당하는 수분을 보충하기 위해 더 많은 수분을 섭취해야 할 수 있다. 운동선수는 운동 중 섭취해야 하는 수분량을 위한 참고로 다양한 환경 조건에서 운동 전후에 체중을 재야 한다. 운동 전후 체중의 차이는 거의 전적으로 체액 손실에서 비롯된다. 덥고 습한 날의 땀 손실은 더 시원한 조건에서의 땀 손실보다 높기 때문에 세심한 기록 관리가 필요하다. 운동 후 운동선수는 운동 세션 동안 손실된 1lb당 720g의 수분을 섭취해야 한다. 이 양은 운동선수가 운동 중 손실된 체액을 보충해야 하지만(1lb≈0.5kg) 지속적인 요구도 충족해야 한다(즉, 추가 240g)는 점에 근거한다. 이러한 운동 전후 체중은 운동선수가 다음 운동하는 날에 운동 중 얼마나 더 많은 수분을 섭취해야 하는지 이해하는 데 도움이 된다. 예를 들어 운동 전 체중이 59kg이고 운동 후 57.6kg인 운동선수는 다음 운동 세션 동안 추가로 1.4kg의 수분을 섭취해야 한다. 운동선수가 이전 운동 세션 동안 960g의 수분을 섭취했다면 유사한 운동 세션에 필요한 총 수분은 실제로 총 2.4kg이다. 경쟁하는 운동선수 사이에서 과도한 수분 섭취는 드물지만, 모든 사람이 체중을 증가시키는 수분 섭취 수준을 주의해야 하는데, 이는 운동선수를 잠재적으로 위험한 저나트륨혈증에 취약하게 할 수 있다. 일반적으로 운동선수는 땀 체액 손실을 완전히 만족시키기 어렵다는 것을 알 것이다. 그러나 운동선수가 운동 세션 동안 체중의 2% 이상을 손실하지 않을 때 최적의 운동 능력이 유지된다.

갈증은 신체가 더 많은 수분 손실을 견딜 수 없음을 나타내는 비상 감각이다. 처음 갈증이 발생했을 때 이미 운동선수는 일반적으로 1.5~2.0L의 수분을 잃었다.

- 운동선수는 이뇨 효과가 있을 수 있는 음식과 음료를 피해야 한다. 예를 들어 커피, 차, 초콜릿 및 탄산음료에서 흔히 발견되는 카페인 및 관련 물질을 많이 섭취할 경우 소변의 수분 배출 속도가 증가할 수 있다. 신체 활동 전에 알코올을 섭취해서는 안 되는 이유가 여러 가지 있지만 그중 하나는 알코올이 섭취한 것보다 더 많은 수분 손실을 초래하는 이뇨 효과가 있기 때문이다.[103] 따라서 이러한 물질은 운동 전 수분 상태를 최적화하려는 측면에서 비생산적이다.
- 운동선수는 운동 중 고정적이며 잘 훈련된 간격으로 6~7%의 탄수화물 용액과 1컵당 100~200mg의 나트륨 농도를 제공하는 음료를 섭취해야 한다. 신체 활동 중에 수분, 특히 저나트륨혈증 발병 위험을 증가시킬 수 있는 나트륨이 없는 수분을 과도하게 섭취하지 않도록 주의해야 한다.
- 운동선수는 운동 후 가능한 한 빨리 좋은 수화 상태를 회복하기 위해 충분한 수분을 섭취해야 하는데, 좋은 수화 상태는 맑은 소변 색으로 알 수 있다. 운동 전후의 체중 차이는 운동 중에 보충되지 않은 수분의 양을 나타낸다(체중 1lb = 수분 453g). 좋은 훈련 프로그램은 상당한 양의 수분 손실을 피하기 위해 훈련 요법에 충분한 수분을 추가하려고 할 것이다.

Chapter 4

보충제

보충제라는 용어는 정신적, 신체적 능력을 향상시킬 수 있는 모든 물질들을 가리킨다. 특히 피로감을 감소시켜 주기도 한다고 알려져 있다. 영양적 보충제는 영양소의 형태, 영양소의 대사 부산물, 식품(식물) 추출물, 특정 식품, 또는 자연식품 공급에서 일반적으로 발견되는 양보다 더 많거나 농축된 양으로 소비되는 식품의 주요 물질(예: 카페인 그리고 크레아틴)들을 가리킨다. 가장 흔한 유형의 보충제는 영양소를 강화하거나 농축한 식품, 특수 식품에 고도로 농축된 조제 식품 등 다양한 형태로 제공되는 건강 보조식품들이다(즉, 단백질, 탄수화물). 알약이나 캡슐 형태의 농축 영양소, 영양소의 휴대와 섭취가 편리하도록 포장하고, 영양 보충제(보조제 형태로 섭취되는 비타민, 무기질, 식물 영양소)들은 운동수행력 향상 효과가 있는 경우에는 보충제로 고려된다. 단백질을 동화시키는 스테로이드와 유사 물질을 포함한 비영양성 보충제는 운동선수들에 의해 계속 사용되고 있다. 그러나 그것들은 스포츠 단체(NCAA, IOC, USOC 등)에 의해 거의 보편적으로 금지되고 영양 성분들은 포함하지 않기 때문에 이 장에서 주의 깊게 다루지 않는다. 대신에, 이 장에서는 합법적인 영양소들을 포함하고 있는 보충제에 초점을 맞추고, 이를 뒷받침하는 과학적 근거들과 연구들을 제시한다.

특정한 문제를 해결하기 위해서 다음과 같은 보조제나 보충제를 복용하는 것이 일반적이다.[85]

- 진단되거나 의심되는 비타민 또는 무기질 결핍의 해결 및 관리
- 편리한 형태의 에너지 및 영양 공급
- 운동 경기력 향상
- 강도 높은 운동 프로그램으로부터 얻을 수 있는 이익 증대

간단히 말해, 보충제는 운동수행력의 향상을 유도한다. 영양적 보충제는 잘 확립된 영양 대사 경로를 통해 작용한다. 예를 들어 성능 향상을 위해 추가 탄수화물을 섭취하면 탄수화물이 정의상 영양적 보충제

가 된다.[1~3, 85] 전속력으로 달리는 운동수행력을 향상시키기 위해 크레아틴 단일수화물을 섭취하는 것 또한 크레아틴을 영양 보충제로 만든다. 크레아틴은 식품의 정상적인 성분이며, 크레아틴의 소비는 크레아틴을 알려진 대사 경로로 들어가게 하기 때문이다. 가장 잘 알려진 비영양성 보충제는 동화성 스테로이드이다(일부 영양적 보충제는 잘못된 귀인에서 파생되었을 수 있음을 유의해야 한다). 운동선수를 대상으로 하는 일부 제품에는 라벨에 없는 금지된 동화성 스테로이드가 포함되어 있기 때문이다.[92~95] 운동선수는 비타민 제제가 성공에 도움이 된다고 믿지만, 실제로는 그들이 복용하고 있다는 것을 인지하지 못하는 금지 약물로부터 얻는 이득이다.

1994년 미국 식이 보충제 건강 및 교육법은 식이 보충제를 전체 식단에 추가하여 섭취하는 식품으로 정의한다. 이는 일반적인 식품으로 정립될 수 없으며, 일부 또는 전체 식사 대체품으로 간주해서는 안 된다.[86] 법률에서 정의된 바와 같이, 식이 보충제는 다음 중 적어도 하나를 포함해야 한다. 비타민, 무기질, 허브 또는 기타 식물성 물질, 아미노산, 총 식이 섭취량, 대사물, 농축액, 성분, 추출물 또는 이들의 조합을 증가시켜 식단을 보충하는 물질. 모범 제조 관행을 위해 보조제를 규제하는 식품의약품안전청은 보조제를 의약품, 향신료나 방부제 같은 식품첨가물, 일반식품이 아닌 제품으로 정의하고 있다. 현행 법령에 따르면, 식이 보충제의 각 제조사는 제품 안전에 대한 책임을 지지만, 제조사는 제품 안전성 검사에 대한 책임이 없으며, 보충제가 실제로 주장하는 방식으로 작동한다는 것을 입증할 책임도 없다.

이것은 운동선수들을 대상으로 하는 보충제는 종종 그들이 말하는 효능을 가지고 있다는 과학적 증거가 거의 없거나 전혀 없기 때문에 중요하다. 비록 많은 운동선수들이 특정한 보충제가 경기력을 향상시킬 것이라고 믿고 있지만, 어떤 것들은 오히려 운동선수의 건강과 경기력에 해를 끼칠 수 있다는 근거가 증가하고 있다. 운동 능력을 손상시키는 물질을 에르고리틱이라고 한다. 선수는 자신이 복용하는 보충제 섭취와 관련된 잠재적인 에르고제닉 유익성과 에르고리틱 위해성을 모두 알고 있어야 한다. 보충제로 판매되는 일부 제품은 부작용은 분명하지만 효과는 불분명하다. 예를 들어 녹차 추출물을 검토한 결과 보충제가 장거리 달리기 선수들에게서 산화 스트레스를 예방하는 데 도움이 될 수 있다는 것을 발견했다.[87] 그러나 운동으로 인한 근육 손상을 예방하지 못했고 단거리 성능을 향상시키지는 않았다. 카페인과 당분이 높고 또한 비타민, 무기질, 아미노산, 허브 혼합물을 포함하는 에너지 드링크의 최근 연구에서는 이러한 음료의 부작용이 뚜렷하니 어린이와 청소년은 복용을 제한하는 것을 강력히 권고한다.[88]

보충제를 판매하는 회사들은 종종 다른 운동선수들을 대상으로 하는데, 어떤 회사들은 힘과 파워 스포츠에 초점을 맞추고 다른 회사들은 에어로빅 지구력을 향상시키는 데 초점을 맞추고 있다. 이 장에서는 이 제품에 대한 이론(효험 및 데이터가 있는 경우 안전 포함)에 대한 중요한 정보를 제공한다. 최대한의 이익을 얻기 위한 최선의 전략에 대한 정보도 가능한 경우 설명된다. 다만 이들 제품에 대한 장기적인 안전성 연구는 드물고, 에르고제닉 특성을 갖는 것으로 광고되는 대부분의 물질은 그렇지 않다는 점에 유의해야 한다.

가장 중요한 것은 운동선수가 실시간 요구를 만족시키는 규칙적인 에너지와 영양소 섭취를 한다면 에르고제닉의 특성을 잃게 될 것이라는 점이다. 적절한 균형 잡힌 식단에서 도출된 에르고제닉 이익은 합법적이며, 훨씬 저렴하고, 병이나 알약에 제공될 수 있는 어떤 잠재적 편익보다 훨씬 더 안전하다.[89] 좋은 음식을 적절한 간격으로 적당한 양만큼 먹는 것, 그러나 계획은 선수의 교육 프로그램의 필수적인 부분이 고려되어야 한다. 이는 에르고제닉 제품을 소비해야 한다는 사회적 압력이 종종 내재되어 있는 운동선수 환경에서 어려울 수 있다.[90, 91]

대부분의 경우, 보충제가 성능을 향상시킨다는 주장은 현실을 넘어선다. 이러한 제품들 중 많은 것들이 음식, 영양소 또는 영양소 기반 제품으로 간주되기 때문에, 이러한 주장을 단속하기 위한 정부 기관의 통제는 거의 없다. 유일하게 신뢰할 수 있는 정보는 출판된 과학 저널들로부터 얻을 수 있으며, 이들 중 다수는 미국 국립 보건원의 식이 보조식품 웹사이트(http: //ods.od.nih.gov)에서 검토되고 있다. 또한 개선된 것처럼 보일 때에도 그것들은 종종 플라시보 효과 때문일 수 있다. 소비자들은 제품이 도움이 될 것이라고 믿기 때문에, 개선에 대한 알려진 생물학적 근거가 없음에도 불구하고 실제로 도움이 된다.[96]

다른 경우에는, 제품이 운동선수가 일반적으로 섭취하는 음식에서 부적절하게 제공되는 화학물질이나 영양소를 제공하기 때문에 개선이 발생한다. 예를 들어 보디빌더들은 근육량의 증가를 돕기 위해 단백질 분말이나 아미노산 분말을 종종 섭취한다. 하지만 연구는 신체가 이러한 단백질 가루를 섭취하는 사람들이 섭취하는 수준보다 훨씬 낮은 속도로 단백질을 사용한다는 것을 분명히 보여준다. 근육을 만들고 조직을 유지하기 위해 단백질을 사용하는 신체의 한계는 현재 1kg당 단백질 약 1.5~2.0g, 식사당 단백질 30g 이하로 생각되고 있다.[4~7] 그럼에도 불구하고 단백질 보충제를 복용하는 많은 운동선수들은 하루에 3g/kg을 초과하는 경우가 많은데, 이는 신체의 처리 능력을 초과하는 수치이다. 과다한 단백질은 연료로 연소되거나 지방으로 저장되지만, 그것은 의도했던 목적인 더 많은 근육을 만드는 데 사용될 수 없다. 보디빌더들이 부적절한 수준의 에너지를 소비하는 경우도 빈번한 것으로 알려졌다. 이러한 에너지 부족은 그들이 더 큰 근육량을 지탱하는 것을 불가능하지는 않더라도 어렵게 만든다(많은 운동선수들은 대체로 힘이나 지구력을 향상시키는 제품들을 소비하지만, 이 제품들 중 약속된 결과를 제공하는 것은 거의 없다). 따라서 단백질에 의해 제공되는 여분의 칼로리로부터 더 많이 얻어지도록 단백질(존재하는 조직을 지탱할 수 있도록 도와줄)을 추가로 섭취하는 에르고제닉의 이점이 나타난다.

잠재적인 조직 형성 효과보다 훨씬 나아지지만, 이 과정에서 배설되어야 하는 질소가 음의 수화 상태를 악화시킬 수 있고 신장에 스트레스를 줄 수 있기 때문에, 칼로리 수요를 지원하기 위해 단백질을 섭취하는 것은 최선의 전략이 아니다. 알려진 영양소부터 이론적인 영양소까지 다양한 보충제를 사용할 수 있다. 예를 들어 비타민 B_{15}는 이로운 영양분이 없으며, 활성 성분의 표준화가 부족하기 때문에 제조사마다 다르며, 널리 알려진 비타민이 아니다. 이와 같은 많은 보충제는 화학 성분이나 활성 성분이 알려져 있지 않다. 시장이나 탈의실 등에는 이들 제품에 대한 잘못된 정보가 너무 많아 '구매자 주의'라는 문구가 떠오를 수밖에 없다. 몇몇 에르고제닉 제품들의 합법성 또한 의심스럽다. 연구에 따르면, 이 제품들 중 무려 25%가 도핑 검사에서 탈락할 수 있는 라벨에 없는 금지 약물이 포함되어 있는 것으로 나타났다. 일반적으로 운동선수는 경기력 향상을 위해 마법의 총알에 집중하는 것을 피하고 성장과 활동, 조직 유지를 위해 적절한 간격으로 충분한 에너지와 영양을 제공하는 음식을 균형 있게 섭취함으로써 보다 현실적인 접근을 해야 한다(영양에 대한 빈번한 오해와 일반적인 영양 실수의 발생 방법에 대한 개요를 포함하는 재현 가능한 유인물은 부록 C를

보조제의 간략한 역사

고대 그리스 시대부터, 히포크라테스 철학의 주요 요소는 건강한 신체에서 건강한 마음을 얻는 것이었다. 건강 증진에는 생리적인 활동이 포함되었고, 히포크라테스는 올림픽[98]에서 경기력 향상을 위한 영양의 중요성을 강조했다. 그러나 고대에도, 어떻게 최적의 경기력을 달성할 것인가에 대해서는 의견이 분분했다. 히포크라테스는 이상적인 경기 약력을 달성하기 위해 더 많은 육류를 섭취하는 것을 지지한 반면, 피타고라스는 신체적인 '날카로움'과 더 큰 정신력을 위해 단백질을 줄이고 더 많은 채소를 섭취하는 것의 중요성을 강조했다.[99] 초기 고대 올림픽 출전 선수들은 시리얼, 치즈, 과일, 채소, 물로 희석한 와인을 기반으로 한 식단을 섭취했다는 증거가 있다. 후에 고대 올림픽 출전 선수들은 더 많은 고기(주로 염소), 그리고 보통 사람들이 규칙적으로 먹기엔 너무 비싼 콩과 식물을 첨가했다. 지금과 같이, 관련된 많은 신화들이 있었다.[100~102] 고대 올림픽 선수들이 성공을 위해 어떻게 섭취했는지와 함께. 기원전 532년부터 516년까지 연속으로 올림픽에서 레슬링 종목에서 우승했고 그리스 육상 역사상 전설적인 힘의 위업을 지닌 레슬링 선수 크로톤의 마일로가 성공을 거두기 위해 매일 고기 9kg, 빵 9kg, 와인 8.64kg을 소비했다고 한다. 간단한 계산으로는 이것이 불가능하다는 것을 알 수 있다. 설명에 적힌 음식 섭취량은 하루에 75,000Kcal를 제공했을 것이다![100, 101] 비교하자면, 올림픽 금메달리스트인 마이클 펠프스는 2008년 올림픽 전에 훈련하는 동안 하루에 엄청난 양의 음식을 8,000~10,000Kcal까지도 섭취했다.

크로톤의 마일로Milo of Croton's가 와인 섭취량은 초기 올림피아에서 보충제로 추정되는 오랜 알코올 소비 역사의 일부이다. 예를 들어 최초의 근대 올림픽 마라톤 우승자인 스피리돈 루이스Spyridon Luis는 선두를 뒤쫓고 있었고, 경주 종료 약 10km 전에 피커미 마을에서 와인 한 잔을 마시기 위해 멈췄다고 한다. 이 포도주를 마신 후, 그는 선두를 따라잡아 경주에서 이겼다(가장 중요한 것은 그가 포도주와 함께 빵을 조금 먹었다고 하는데, 성공의 원인이 포도주에 잘못 주어졌다는 것이다). 다른 초기 에르고제닉 전략들은 그다지 성공적이지 못했다. 1904년 세인트루이스 올림픽에서 미국인 육상 선수 토머스 힉스Thomas Hicks는 마라톤에서 고군분투하고 있었기 때문에 그의 조수들은 그에게 스트리크닌, 달걀 흰자, 브랜디 한 모금과 같은 초기 에르고제닉 보조 기구들을 제공하였다. 다행히도, 작은 척추동물을 죽이는 데 사용되는 매우 독성이 강한 알칼로이드인 스트리크닌은 현재 세계반도핑기구의 금지 약물 목록에 올라 있다. 1908년 올림픽에서 남아프리카 공화국 육상 선수 찰스 헤퍼론Charles Hefferon은 샴페인 한 잔을 받았고 800m 후에 알코올로 인한 심각한 위장병 증세를 겪었다. 같은 올림픽에서, 이탈리아의 도란도 피에트리Dorando Pietri는 술을 마시고 술에 취해(그가 잘못된 길로 달리게 된 원인으로 보인다!) 금메달을 받을 수 없게 되었다.[126] 알코올 소비와 운동과 관련된, 비타민 B의 정상적인 대사 억제를 통한 에너지 이용에 대한 방해와 탈수 위험과 같은 문제들은 현재 많이 연구되어 있다. 실버에 따르면,

> 근대 올림픽은 1896년에 시작되었지만 1922년까지 올림픽 운동선수들이 시작하지 않았던 식단과 과학적이고 의학적인 관심을 가지고 있었다. 근대 올림픽 경기 바로 전 1889년, 프랑스의 생리학자 찰스 에두아르 브라운-세쿼드Charles Edward Brown-Séquard는 자체 고환 추출물을 직접 주사함으로써 자신의 노화 과정을 되돌렸다고 주장했다. 이 추출

물, 테스토스테론testosterone(1차 남성 호르몬)은 1935년에 처음 합성되었고, 1940년대에 운동선수들은 근육량을 증가시키기 위해 테스토스테론 기반의 동화 스테로이드를 복용하기 시작했다. 1950년대와 1960년대 내내, 암페타민과 동화 스테로이드는 스포츠계에서 널리 쓰였다. 그러한 추세를 우려하여, 국제올림픽 위원회는 초기에 올림픽 선수들의 사용을 금지했다. 정식 약물 검사는 1968년 올림픽과 함께 시작되었다. 1988년 캐나다인 올림픽 단거리 선수 벤 존슨Ben Johnson이 테스트 후에 그의 금메달을 박탈당했다. 그가 구강 동화 스테로이드를 사용했다고 밝혔다. 그것은 금메달리스트가 마약의 불법 복용으로 올림픽에서 실격당한 첫 번째 사건이었다.

Reprinted from Silver.[47]

참조).

운동선수가 영양보충제를 섭취하는 이유는 여러 가지가 있는데, 이는 이제 흔한 관행이다. 최근 고성능 운동선수를 대상으로 한 조사에서 87%가 지난 6개월 동안 종합비타민과 무기질 조제, 탄수화물 스포츠바, 단백질 분말, 식사 대용 식품 등 3가지 이상의 건강보조식품을 섭취했다고 보고했다.[103] 이 동일한 연구는 스포츠의학 팀이 엘리트 선수들의 보충 관행에 대한 그들의 영향력을 개선하기 위한 전략을 고려해야 한다는 권고와 함께, 이러한 선수들이 보고된 제품을 복용한 이유가 신뢰할 수 없는 출처의 정보 때문이라고 결정했다.[104] 일부 제품에는 도핑이 가능한 불법 물질이 포함되어 있기 때문에 주의가 필요하다. 선수들이 보충제가 아닌 실제 음식과 음료의 적절한 섭취를 통해 최적의 경기력를 통해 필요한 것을 얻는 방법을 이해하도록 돕는 것이 중요하다. 국가 올림픽 위원회 IOC는 보충제 사용에 관한 결정이 내려지기 전에 완전한 영양 평가를 실시할 것을 권고한다.[85, 105]

보충제의 범주

보충제는 기계적 보조 장치를 포함한 여러 범주로 나뉜다. 약리학적 보조 도구, 생리학적 도구 보조 기구, 영양 보조 기구, 심리 치료제, 교정 보조 장치(표 4.1 참조). 여기서는 약리학적(영양소) 및 영양 보조제를 논의한다. 그럼에도 불구하고 많은 에르고제닉 물질들에 관련된 널리 알려진 문제들과 함께, 운동선수들은 그들의 몸으로 목숨을 건 게임을 계속하는 것과 다름이 없다. 예를 들어 동화성 스테로이드를 복용하면 되돌릴 수 없고 고혈압, 힘줄 파열의 원인이 되는 이형성증을 포함할 수 있다. 여성의 경우 파열, 간종양, 정신질환, 다모증, 음핵 비대증과 목소리 변화를 유발할 수 있고, 남성의 경우 유방 발달이나 고환 위축, 발기부전, 조숙증으로 청소년의 평균 키가 작아지기도 한다.[8] 게다가 에르고제닉 에시드는 음식이나 액체 섭취를 살짝 변화시킴으로써 더 저렴할 수 있고, 안전하고 지속적인 식단 부족에 대처하기 위해 복용된다. 예를 들어 단백질과 아미노산 보

표 4.1 에르고제닉 에시드의 예, 범주(합법, 그리고 금지된)

범주	예
기계적 보조 장치	힘을 기르기 위한 프리웨이트, 가벼운 경주화, 폐로 가는 공기 흐름을 개선하기 위한 코 스트립, 저항하는 힘을 기르기 위한 낙하산
약리학적 보조 장치	안드로겐성 스테로이드 호르몬(및 그 전구체), 고용량 영양 보충제(비타민 및 무기질), 약리학적 효과를 전달하는 준영양성 물질(즉, 정상적인 섭취에서 기대할 수 있는 영양 효과 이상)
생리학적 보조 장치	혈액 도핑, 사우나, 마사지, 물리치료의 다른 형태들
영양학적 보조 장치	탄수화물 적재, 스포츠 음료, 카페인 섭취, 식품 공급에서 흔히 구할 수 있는 영양소 섭취
심리학적 보조 장치	최면술, 이완 기술, 이미지 기술, 동기 부여 기술

충제는 동일한 단백질과 아미노산을 제공하는 작은 닭고기 조각이나 고기 조각보다 10배 이상 비싸며 자연 단백질이 더 안전하다고 알려져 있다.

물론, 특정 물질을 획득하고 소비하는 것의 합법성도 고려되어야 한다. 널리 사용 가능하지만, 아나볼릭 스테로이드는 만성적인 임상 증상을 보이는 환자에게만 의사가 합법적으로 처방할 수 있다. 안전 문제를 가볍게 여겨서는 안 된다. 카페인과 에페드린이 혼합된 제품은 수많은 사망자를 발생시켰고, 이는 미국과 다른 시장에서 에페드린 및 관련 물질의 사용을 금지시켰다.[9]

다양한 물질의 에르고제닉 이점을 내세우는 널리 퍼진 광고들을 볼 때, 코치들과 운동선수들은 무엇이 효과가 있고 없는 것뿐만 아니라 무엇이 안전하고 그렇지 않은지를 구별해야 한다. 보충제나 보충제를 구입하기 전에 몇 가지 사항을 고려해야 한다. 여기에는 다음이 포함된다.[10]

- 임신 중이거나 모유 수유 중인 여성은 영양제를 섭취할 때 주의해야 한다. 일부 보충제는 태아나 아기에게 위험할 수 있기 때문에 의사가 감독한다.
- 어떤 약물과 보충제는 함께 복용할 경우 위험할 수 있다. 약물을 복용하는 운동선수는 의사와 상담해야 한다.
- 오메가-3 지방산을 포함한 일부 보충제는 혈액 응고를 억제할 수 있다. 출혈이 흔할 수 있는 뇌진탕 스포츠를 하는 운동선수와 수술을 받는 선수들은 어떤 보충제를 복용하는지 주의해야 하며 섭취한 보충제를 의사에게 보고해야 한다.
- 너무 좋은 점만 기재되어 있는 보충제는 조심한다. 치료를 주장하거나 환불 보장을 제공하는 보충제는 유용하지 않을 수 있다.
- NSF International, U.S. Pharmacopeia 또는 Consumer Lab 씰이 표시된 브랜드를 선택하도록 한다. 이러한 표시는 보충제가 실제로 라벨에 명시된 성분을 포함하고 있으며 오염물질, 잠재적으로 유해한 성분 또는 라벨에 기재되지 않은 금지 물질을 포함하지 않음을 확인한다.
- 미국 밖에서 생산되는 많은 보충제는 규제를 덜 받고 잠재적으로 독성 물질을 함유할 위험이 높다.

식이 보충제의 주요 문제는 그 함량을 확인하는 것이 어렵다는 것이다. 연구에 따르면 운동선수들은 안전하고 합법적이라고 믿었던 건강보조식품들이 난드로론(아나볼릭 스테로이드)이나 다른 금지 약물을 함유하고 있어 도핑 테스트에 실패할 수 있다고 한다.[11] 운동선수들은 실제로 금지된 물질의 결과일 때, 그 유익한 결과를 허브나 영양소의 탓으로 돌릴 수 있다. 분명히, 운동선수들은 보충제를 복용하는 것의 위험이 잠재적인 이익보다 더 큰지 자문해야 한다. 그들은 자신들이 이 규정에 위배되는 행동을 하지 않다고 생각할 수도 있지만, 대개 금지 약물에 대해서는 무관용 정책을 펼치고 있다. 만약 선수의 몸에서 금지 물질이 발견되면, 선수가 모르고 사용했더라도, 그 선수는 검사에 실패할 것이다. 따라서 보충 영양소 섭취의 적절성 및 알려진 내용은 신중하게 평가되어야 한다. 표 4.2는 적절한 시기에 적절한 양을 섭취하면 운동 능력을 향상시킬 수 있는 일부

표 4.2 스포츠 음식, 형태, 일반적인 성분, 스포츠에 관련된 쓰임

스포츠 음식	형태	일반적인 성분	스포츠에 관련된 쓰임
스포츠 드링크	파우더 혹은 액체	표준 희석: 5~8% 탄수화물, 50~200mg/240mL 나트륨	• 운동 중 액체와 탄수화물 동시 섭취 • 운동 후 수분 보충 그리고 재충전
에너지 드링크	바로 마실 수 있는 액체 또는 농축액	• 특히 바로 마실 수 있는 일반적인 종류의 탄수화물 • 카페인 참고: 타우린, B를 포함할 수 있다. 비타민, 그리고 입증되지만 어느 정도 우려되는 다양한 다른 성분들	• 카페인 보충제를 운동 전 미리 섭취 • 운동 중 탄수화물 및 카페인 섭취
스포츠 젤 또는 스포츠 간식	젤: 30~40g 주머니 과자: 젤리형 과자, 일반적으로 40~50g 파우치	주머니당 ~25g 또는 과자당 ~5g. 참고: 일부는 카페인이나 전해질을 함유하고 있다.	운동 중 탄수화물 섭취
전해질 대체품, 보조제	파우더 주머니 혹은 알약	• 50~60mmol/L 나트륨 • 10~20mmol/L 칼륨 • 일반적으로 저탄수화물 (2~4g/100mL)	• 체중 증가를 위해 수행된 탈수 후 빠른 수분 보충 • 강한 버터내기 운동 중 큰 나트륨 손실의 교체 • 보통에서 다량의 액체와 나트륨 부족에 따른 빠른 준비 운동 후 수분 보충
프로틴 보조제	분말(물 또는 우유와 혼합), 바로 마실 수 있는 액체 또는 단백질이 풍부한 바, 보통 탄수화물 함량이 낮음	고품질 동물성단백질(웨이, 카제인, 우유, 계란) 또는 채소(예: 콩) 20~50g 단백질 참고: 다른 성분을 포함할 수 있으며, 그 중 일부는 성분을 포함한다는 증거가 없으며 성분 조작의 위험을 증가시킬 수 있다.	• 단백질 합성이 필요한 주요 교육 세션 또는 사건 이후 운동 후 회복이 필요한 경우 • 성장 중 린 메스 증가 또는 저항성 훈련 대응 달성 • 바쁜 일정이나 여행을 위한 휴대용 영양제

스포츠 음식	형태	일반적인 성분	스포츠에 관련된 쓰임
유동식 대체품	분말(물 또는 우유와 혼합) 또는 바로 마실 수 있는 액체	• 1~1.5Kcal/mL • 단백질 15~20% • 탄수화물 50~70% • 저지방~중간지방 • 비타민/무기질: 500~1,000mL 공급 RDI/RDA	• 고에너지 식단 보충(특히 심한 훈련/경기 또는 체중 증가 중) • 저불량 식사 대체(특히 사전 예방 식사) • 운동 후 회복(탄수화물 및 단백질) • 바쁜 일정이나 여행을 위한 휴대용 영양제
스포츠 바	바	• 40~50g 탄수화물 • 5~10g 단백질 • 보통 지방과 섬유질이 적다. • 비타민/무기질: 50~100% RDI/RDA 참고: 다른 성분을 포함할 수 있으며, 그중 일부는 성분을 포함하고 있다는 증거가 없고 성분 조작의 위험성이 증가될 수 있다.	• 운동 중 탄수화물 공급원 • 운동 후 회복(탄수화물, 단백질, 미량 영양소) • 바쁜 일정과 여행을 위한 휴대용 영양제
프로틴 강화 음식	우유, 요구르트, 아이스크림, 시리얼바 및 기타 식품	• 단백질 공급원을 추가하거나 제품에서 물을 여과하여 얻은 일반 식품의 다양한 단백질 함량 증가 • 일반적으로 스포츠 영양 목표를 충족하기 위해 1인당 최대 20g의 단백질을 제공한다.	운동선수의 식단에서 운동 후 사용을 위한 단백질 목표 달성 또는 기타 식사 및 간식의 단백질 함량 개선 가능 부가가치 식품

출처: R.J. Maughan et al., "IOC Consensus Statement: Dietary Supplements and the High-Performance Athlete," *British Journal of Sports Medicine* 52 (2018): 1-17. This is an Open Access article distributed in accordance with the Creative Commons Attribution Non Commercial (CC BY-NC 4.0)

식품과 보충제의 구성을 보여준다.

보충제로서의 탄수화물

탄수화물은 일반적으로 운동에서 제한적인 에너지 기질이기 때문에(즉, 지방이나 단백질 전에 고갈될 것이다), 운동선수가 표를 통해서 탄수화물을 적정량 섭취 후 신체 활동을 시작하는 것이 중요하다. 그렇게 하는 것은 운동 양식에 관계없이 운동 지구력과 힘을 도울 것이다. 고강도 운동에서 탄수화물은 근육에 의해 사용되는 주요 연료이다. 장시간 저강도 운동에서는 지방이 주요 연료일 수 있지만, 지방은 완전한 산화를 위해 탄수화물이 필요하다.[12] 게다가, 지방의 저장 용량은 심지어 가장 마른 운동선수들에서도 탄수화물보다 훨씬 더 크다.[13, 14] 어느 형태의 운동이든 탄수화물 고갈은 운동 수행의 급격한 감소를 초래한다. 다양한 스포츠 활동에서 운동수행력에 대한 탄수화물 보충을 체계적으로 검토한 결과 총 운동 시간 증가와 탄수화물 섭취 사이에 유의미한 관계가 있는 것으로 나타났다.[109] 따라서 조직이 수용할 수 있는 최대량의 탄수화물을 저장하는 것이 탄수화물

적재 기술의 의도이다.

모든 스포츠와 활동이 탄수화물 적재에 적합한 것은 아니다. 글리코겐이 저장될 때마다 신체는 약 3g의 물을 저장한다. 글리코겐과 물로 가득 찬 조직은 어느 정도 근육 경직의 원인이 될 수 있다. 유연성이 중요한 스포츠(예: 체조 및 다이빙)에서 탄수화물 부하가 어려움을 유도할 수 있다. 또한 탄수화물 로딩은 남성보다 여성에게 덜 유익할 수 있다.[15]

남성과 여성의 높은 탄수화물 섭취량을 비교한 연구에서 남성은 글리코겐과 성능 향상을 모두 보인 반면 여성은 남성보다 지질과 단백질 · 탄수화물 산화율이 낮기 때문에 같은 수준의 향상을 경험하지 못했다. 탄수화물의 종류가 차이를 만드는 것처럼 보인다. 포도당 중합체 제품(상용되는 스포츠 젤 및 폴리코스를 포함)과 말토덱스트린은 포도당으로 쉽게 소화되며, 다른 탄수화물보다 글리코겐 생산에 더 효과적이다. 주로 수분 보충 요법의 일부로 액체를 사용하는 이벤트에서 사용되는 스포츠 젤에 대한 더 많은 정보를 찾을 수 있다(157페이지의 스포츠 젤 사이드바 참조). 파스타, 빵, 쌀, 그리고 다른 시리얼의 녹말 또한 글리코겐 저장을 극대화하는 데 효과적이다.[12, 16] 일반적으로 충분한 탄수화물을 전달하지 못하는 고단백 식단은 글리코겐 저장을 장려하는 데 적합하지 않다는 것을 고려하는 것이 중요하다.

탄수화물의 종류에 따라 소화 속도가 다르고 혈중 포도당 방출 속도가 다르다. 90분 동안 자전거를 타기 2시간 30분 전에 고탄수화물 식사 후 혈당 상승을 평가하는 연구에서, 피실험자들에게 높은 혈당지수(HG) 또는 낮은 혈당지수를 가진 사탕을 제공하였다. 이때 음식 금지 통제도 진행하였다. 혈당과 인슐린은 LG 그룹에서 다른 두 조건 중 하나보다 더 높았다. 혈중 유리지방산(FFA)이 대조군에서 가장 높았다. LG 시험은 테스트 중 HG 시험보다 더 높은 혈중 유리지방산을 보여주었다. 이 연구는 낮은 혈당지수 음식이 장기간의 운동 동안 더 많은 에너지를(또한 향상된 참을성) 제공할 것이라고 시사한다.[17]

운동 전에 포도당 중합체 용액을 섭취하는 것은 최대 운동 한 시간 동안 칼로리가 전혀 없다는 음식을 섭취할 때의 플라시보 효과보다 더 적은 힘의 감소를 초래한다. 운동 중에 동일한 양의 포도당 중합체를 15분 간격으로 섭취하면 관찰된 유익성은 없다. 이는 포도당 중합체가 운동 전에 섭취하면 성능이 향상되지만 운동 중에 섭취하면 에르고제닉 유익성이 없음을 시사한다.[18]

근육 글리코겐을 다시 만들어 운동선수가 얼마나 빨리 운동량을 회복할 수 있느냐도 중요한 경기력 요소인데, 특히 선수들이 연속해서 경쟁하는 종목에서는 더욱 그렇다. 글리코겐 고갈은 2~3시간의 고강도 운동에서 발생할 수 있다. VO_2max 60~80% 및 최대 강도의 활동에서 더 빠르다. 게다가 이는 경기력 저하는 물론이고 더 높은 부상 위험을 초래할 수 있다. 경쟁 빈도와 운동 강도가 글리코겐 고갈 가능성을 높이는 축구나 하키 같은 활동에서는 대회나 연습 중에 탄수화물을 섭취하는 것이 글리코겐 고갈을 피하기 위한 논리적인 전략이다. 이러한 스포츠와 관련된 스포츠의 많은 선수들은 이벤트 동안 물만 소비함으로써 중요한 에르고제닉 기회를 계속해서 놓치고 있다.[19]

운동 후에는 단백질 분해를 줄이고 단백질 합성을 돕기 위해 탄수화물 식품(체중 1g/kg 권장)을 섭취하는 것이 논리적이다. 운동 후 탄수화물을 섭취하지 않으면 필요 이상으로 근육 파괴가 일어나 저항력 훈련에서 얻을 수 있는 이익이 감소한다.[20]

단백질 및 아미노산 보충제 에르고제닉 보조제

이 장에서 다루는 보충제는 적절한 시간, 적절한 양을 섭취할 때, 특정 스포츠에 대한 이점을 얻을 수 있다는 강력한 증거를 가지고 있다. 아미노산은 단백질의 구성 요소이다. 다양한 수의 아미노산이 다양한 서열로 결합하면 다른 특성을 가진 단백질이 생성된다. 예를 들어 머리카락의 단백질은 근육의 단백질과는 다른 아미노산 서열을 가지고 있다. 단백질이 분해될 때, 그 결과는 단백질의 구성 요소로부터 파생된 아미노산의 풀이다.

많은 운동선수들은 단백질이나 아미노산 보충제가 근육 형성을 촉진한다고 믿고 섭취한다. 그러나 식이요법 평가에 따르면, 보충제의 모든 이점은 운동선수의 에너지/칼로리 욕구를 충족시키는 데 도움을 주는 것으로부터 비롯된다. 이러한 가능성이 높기 때문에, 보충 단백질이나 아미노산으로부터 필요한 에너지를 얻는 것보다 적절한 영양 균형을 보장하기 위해 더 많은 다양한 음식을 먹는 것이 더 쉽고, 싸고, 안전할 것이다. 연구는 일반적으로 에너지 욕구가 충족될 경우 인간이 체중의 1kg당 약 1.66g의 단백질을 최대치로 사용할 수 있다는 것에 동의한다.[40, 41] 이 양 이상을 섭취하면 남아 있는 단백질이 연료의 원천으로 분해되거나 지방으로 저장될 것이다. 단백질을 연료원으로 태우는 것은 바람직하지 않은데, 이는 배출되어야 하는 독성 질소 폐기물(암모니아, 요소)을 만들어 탈수 위험을 높이기 때문이다.

최근 연구는 단백질의 분포와 단백질이 섭취될 때의 에너지 균형 상태가 둘 다 조직 단백질 요구를 충족시키는 데 중요한 요소라는 것을 시사한다. 대학 여자 축구 선수들은 일일 단백질 요구량을 예측하기 위해 충분한 빈도로 적당한 양의 단백질(15~30g)을 섭취하고 에너지 균형(±300Kcal)이 상당히 양호한 상태에서 단백질을 덜 섭취하거나 더 섭취, 심각한 에너지 결핍 상태에 있을 때 단백질을 섭취하는 선수들보다 지방량이 현저히 낮다는 것이 최근 밝혀졌다.[110] 또한 부적절한 에너지 섭취와 함께 소비되는 상대적으로 높은 단백질 섭취가 운동선수가 원하는 근육 구조를 유지하는 데 도움이 되지 않을 가능성이 높다는 것이 점점 명확해지고 있다.[111]

에르고제닉 보조제로서의 보충제

이 절에서 다루는 보충제는 적절한 시간, 적절한 양을 섭취할 때, 특정 스포츠에서 이점을 얻을 수 있다는 강력한 증거를 가지고 있다.

크레아틴 모노 하이드레이트

크레아틴, 아미노산으로 만들어진 화합물 아르기닌, 글리신, 메티오닌은 인과 결합하여 크레아틴 인산(PCr)을 만든다. 크레아틴인산은 단거리 달리기와 같은 고강도 활동 동안 세포에 의해 사용되는 고에너지 연료인 아데노신 삼인산(ATP)을 유지하기 위한 저장고의 역할을 한다. 근육을 크레아틴으로 포화시킨 운동선수는 ATP를 유지하고 고강도 운동 시 피로를 지연시키는 능력이 향상될 것으로 기대된다.[12, 21]

크레아틴의 세포 합성에 더하여, 우리는 고기로부터 크레아틴을 얻을 수 있다(참고: 크레아틴이

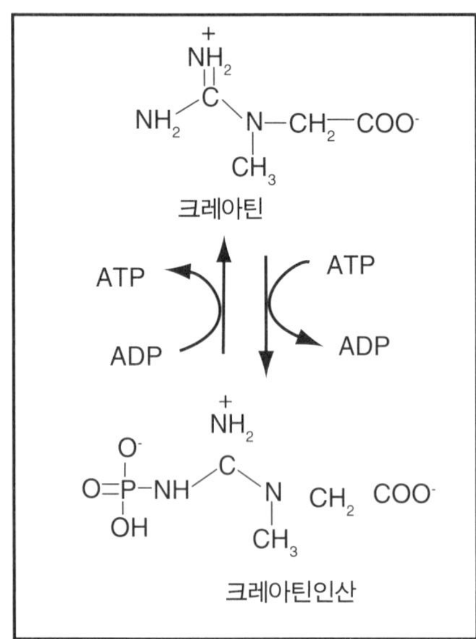

그림 4.1 크레아틴인산으로부터의 ATP 생성.

라는 단어의 어근은 고기를 의미하는 크레아스라는 그리스어에서 파생되었다). 그러나 일반적인 요리는 이 간단한 폴리페타이드 변성작용을 통해 미리 형성된 크레아틴의 양을 쉽게 줄일 수 있다. 따라서 잘 익힌 고기는 상대적으로 미리 만들어진 크레아틴 함량이 적다. 식이요법만으로 인한 불규칙한 섭취를 피하기 위해, 많은 운동선수들은 크레아틴 일수화물(CrM)의 형태로 정기적으로 크레아틴을 섭취하는데, 이는 CrM이 고강도 스포츠 성과를 작지만 현저하게 향상시킬 수 있다는 증거이다.[3, 23~25] 하루 20g 수준의 CrM을 5~7일 동안 투여하면 근육 PCr 함량이 50%까지 증가할 수 있다. 이 수준의 섭취는 크레아틴의 저장을 마른 근육의 킬로그램당 160mmol이라는 이론적인 상한에 접근하게 한다.[22]

또한 CrM은 저항 훈련의 시작 동안 강도 증가를 강화시킬 수 있으며, 이는 나중에 경기 중에 표현될 수 있는 이점이다.[26] 제한된 증거는 지구력 수행의 이점을 암시하지만, 이것은 10,000m나 마라톤의 끝에서의 단거리 달리기와 같은 지구력 경주의 더 혐기적인 부분에 대한 가능성이 있다.[27, 28] 또한 CrM에서 파생된 편익의 일부는 운동선수에서 흔히 볼 수 있는 부적절한 칼로리 섭취 때문일 수 있다.[29] 최근 반복 점프 높이에 대한 연구에서 탄수화물 250Kcal 보충제가 표준 CrM 보충제보다 최대 점프 높이를 유지하는 데 더 효과적인 것으로 밝혀졌다.[30, 31] 또한 탄수화물은 관련 체중 증가 없이 점프 높이를 유지한 반면, 보충제는 상당한 체중 증가와 관련이 있었다. 앞서 언급했듯이, 부적절한 에너지 섭취는 운동선수들이 직면하는 주요 문제들 중 하나이다. 충분한 에너지 섭취를 하는 운동선수가 이러한 보충제의 혜택을 받지 못할 수도 있다.

크레아틴 일수화물을 섭취하는 운동선수는 일반적으로 하루 동안 4회 복용(즉, 하루에 10g을 복용하는 경우, 개별 복용량은 2.5g, 매일 4회 복용)으로 나누어 10~28g을 복용한다. 체격이 작은 운동선수들은 더 적은 일일 복용량을 사용해야 한다. 매일 크레아틴 보충제를 복용하면 5일 후 근육조직에 크레아틴이 포화된다는 증거가 있다.[32] 따라서 크레아틴을 5일 이상 섭취한 후 5일간 보충을 쉬어야 한다. 한 달에 5일만 크레아틴 보충제를 복용하는 것은 근육 조직을 포화시키는 데 충분할 수 있다.[3, 33] 근육에 크레아틴을 저장하면 수분 보유를 유발하고 그에 따른 체중 증가를 동반한다. CrM 보충과 열 조절에 대한 문제가 평가되었지만, 결과는 결론적이지 않고 이전 연구에서 사용된 운동 시간은 제한적이었다.[3] 덥고 습한 환경에서 60분 이상 운동하는 사람들에게서 가장 높은 열 위험이 발생하며, CrM 섭취가 내열성에 영향을 미치는지 여부를 평가하는 연구는 운동선수들을 이러한 한계로 몰아가는 데 실패했다. 이상적으로, 향후 CrM 평가는 보충 후 근육 크레아틴 저장량의 증가를 평가하고, 열 스트레스에 대한 크레아틴의 영향을 결정하기 위해 고온다습한 환경에서 더 오랜 시간 동안 사람들에게 스트레스를 주어야 한다.

CrM 보충제의 장기적인 안전성은 어린이, 청소년 또는 성인에게 완전히 테스트된 적이 없다. 또한 크레아틴 보충제가 건강한 성인에게 안전하지 않다는 확실한 증거가 없으며, 아이들이 장기간 복용할 경우 발생 가능한 크레아틴에 대한 안전 관련 정보도 없다. 이것은 중요한데, 사춘기 운동선수의 90%가 경기력 향상을 목적으로 보충제를 사용하고 있기 때문이다.[127] 운동선수가 크레아틴 보충을 시도하기 전에, 적절한 수준의 에너지(Kcal)가 있는지를 먼저 결정하는 것이 필요하다. 그렇지 않다면, 칼로리의 단순한 증가는 반복적인 고강도 활동을 개선하는 데 도움이 될 수 있다.

크레아틴은 산화적 또는 혐기적 대사를 통해 다른 어떤 연료보다 더 많은 양의 ATP 에너지를 생산할 수 있는 연료인 크레아틴인산의 구성 성분이다. 그러나 사전 형성(저장)된 크레아틴인산의 양은 5~8초 동안만 에너지 생성을 가능하게 한다. 크레아틴 보충제 섭취에서 발생하는 것과 같이 크레아틴 저장의 개선은 크레아틴인산의 더 빠른 재형성을 가능하게 한다. 그 결과 더 적은 질량 증가와 근력과 힘을 향상시켜 고강도 운동에 더 잘 적응할 수 있다. 그러나 크레아틴 부하로 인해 수분 보유가 일어나며, 이는 지구력이나 높이뛰기와 같이 체중 대비 강도가 중요한 활동을 억제할 수 있다. 크레아틴 보충에 대한 일반적인 실시 요령은 다음과 같다.[128]

- 5g 용량으로 매일 약 20g씩 하루 4번 균등하게 분배된다(적재 단계라고 함).
- 매월 남은 3주 동안 하루에 3~5g씩 단일 투여한다(유지관리 단계로 지정됨).

탄수화물과 단백질이 혼합된 약 200Kcal(50g)의 크레아틴 보충제를 섭취하는 것은 크레아틴 섭취를 개선하는 데 도움이 될 수 있다.

카페인

커피, 차, 콜라, 초콜릿 및 다양한 다른 식품과 음료에서 발견되는 여러 메틸크산틴 중 하나인 카페인은 카페인이 함유된 제품을 섭취하는 데 익숙하지 않은 사람들의 지구력 수행능력 향상에 도움을 주는 것으로 나타났다.[42] 많은 연구에서 카페인 섭취는 혈장의 유리 지방산 농도를 크게 증가시켰다. FFA의 증가된 가용성은 지구력, 저강도 활동에서 이러한 지방을 연료로 사용하는 세포의 능력을 향상시킨다.[43] 인간은 카페인 섭취에 적응하기 때문에 빈번하고 규칙적인 섭취는 복용량 감소 효과가 있다. 간단히 말해, 더 많이 소비할수록 같은 에르고제닉 효과를 얻기 위해서는 더 많이 소비해야 한다. 카페인이 지구력 성능에 미치는 영향에 대한 최근 검토에 따르면 카페인의 에르고제닉 효과를 평가하는 연구는 평균 약 3.2%(±4.3%)의 개선 효과를 가지고 있으며, 일부 연구자는 17.3%의 개선을 보였다.[44] 이 편익의 변동성은 주관적 내성 또는 카페인에 대한 적응 때문일 가능성이 높다. 그는 선수들이 경기 전 최소 7일 동안 카페인을 섭취하지 않으면 가장 큰 경기력 혜택을 받을 수 있다고 권고했다. 카페인의 과다 섭취는 과민성, 불면증, 설사, 불안감과 관련이 있다. 게다가, 많은 양의 카페인 섭취는 탈수 상태를 악화시킬 수 있는 이뇨증을 유발할 수 있다.

많은 연구들이 신체 활동 약 1시간 전에 1kg당 3~6mg의 용량으로 카페인을 평가했다. 더 최근의 연구들은 지구력 운동의 마지막 부분 동안 1kg당 1~2mg의 용량을 사용한다. 실질적으로,

표 4.3 일반적인 음식, 음료, 약의 카페인 함유량

음식, 음료, 약	1회 제공량	카페인 함류량
커피, 우려짐	250mL	100~150
커피, 드립	250mL	125~175
커피, 인스턴트	250mL	50~70
커피, 에스프레소	250mL	50~110
그린티	250mL	25~40
블랙티	250mL	40~60
콜라	360mL	35~54
에너지 드링크	250mL	80~150
다크초콜릿	50mg	20~40
밀크초콜릿	50mg	8~16
노도즈(카페인 각성제)	1 dose 표	200
애너신(진통.두통약)	1 dose 표	64
엑시드린(편두통약)	1 dose 표	130
버퍼린(진통.해열제)	1 dose 표	0

출처: USDA National Nutrient Database for Standard Reference, Version 21.

이것은 50kg 운동선수에게 마라톤의 마지막 1~2개의 수분 공급 지점에서 커피 한 잔 분량의 카페인을 제공하는 것과 같다.[46] 1kg당 3~9mg, 또는 총 약 250mg의 용량으로 섭취된 카페인은 장기인내 활동의 성과를 돕는 것으로 보이며, 또한 보다 강도 높은 단기 운동의 성과를 향상시킬 수 있다. 원래 카페인이 교감 신경계를 자극하고 지방산의 활용도를 높일 수 있다는 가설이 있었지만, 왜 카페인이 이러한 명백한 에르고제닉 이점을 가지고 있는지에 대해서는 명확하지 않다.[47, 48] 비록 처음에는 교감 신경계를 자극하고 글리코겐의 저장을 최소화하며 지방산의 활용도를 높일 수 있다는 가설이 있었지만, 이 연구에서는 밝혀지지 않았다. 이를 란들 효과라고 한다.[49]

비록 지구력 성능에 대한 카페인의 에르고제닉 이점이 연구에 의해 점점 더 뒷받침되고 있지만, 일부 연구에서는 카페인이 고강도 활동에서 에르고제닉 효과를 유발한다고 시사한다. 몇몇 연구는 전력질주 사이클링 성능에서 카페인 이점을 발견하지 못했지만, 한 연구는 간헐적인 사이클링(2분 전력질주와 4~5분 휴식)으로 카페인 이점을 보여주었다.[50, 51] 일반적인 생각과는 달리, 카페인은 정상적으로 섭취했을 때 이뇨 효과가 없다.[52] 카페인은 액체 형태로 너무 자주 소비되기 때문에 이뇨 효과가 있다고 잘못 생각될 수 있으며, 카페인이 없어도 스스로 이뇨를 유발할 수 있다.

이제 IOC가 금지 약물 목록에서 카페인을 제거했기 때문에 운동선수들은 특히 근육과 정신적 피로가 분명할 때 지구력 경기가 끝날 때 카페인을 더 규칙적으로 사용하기 시작했다. 규칙적인 사용으로 발생하는 의존성 문제(계속하면 과민성, 두통, 기분 변화가 발생한다)를 제외하면 비교적 안전한 물질이다.[53]

Q&A

나는 100m 달리기 선수이며 경기력을 향상시키기 위해 경기 전에 카페인을 섭취하라는 제안이 있었다. 섭취하는 것이 좋을까?

카페인은 지구력 활동에 도움을 줄 수 있는 잠재력이 있는데, 평소 섭취량이 너무 많지 않은 운동선수라면 말이다. 평소 카페인을 많이 섭취하지 않는 대부분의 운동선수의 경우 운동 전 섭취하는 1kg당 3~6mg, 즉 지구력 운동이 끝날 무렵 1kg당 1~2mg 정도가 효과적이다. 카페인의 효과는 중추신경계 자극제(따라서 아침에 일어나기 위해 커피 한 잔을 하는 이유)와 근육 이완제로 작용하여 혈액 순환을 돕고 관련 산소가 활동 근육에 도달하도록 한다. 그것은 또한, 근육으로의 혈중 유리지방산 전달을 개선하여 연료로 사용될 수 있도록 한다. 좋은 소식은 이러한 효과가 특히 경기 전에 며칠 동안 카페인 제품을 섭취하는 것을 피하는 선수들에게서 지구력 운동수행능력에 분명한 향상을 가져온다는 것이다. 카페인 또한, 세계반도핑기구에 의해 더 이상 금지 약물이 아니다. 나쁜 소식은 카페인 섭취가 100m 단거리 주자의 성능을 돕는다는 증거가 없기 때문에, 평소 경주 전 단계에 카페인을 첨가할 이유가 없다는 것이다.

현재 카페인 섭취 권장량은 다음과 같다.[128]

- 운동선수는 카페인 보충 전 1~2주 동안 카페인 섭취를 서서히 끊어야 한다. 이것은 카페인의 잠재적인 성능 영향을 개선한다.
- 일반적으로 체중 1kg당 3~6mg의 카페인을 운동 60분 전에 섭취하는 것이 권장된다. 더 많은 용량은 불안, 불면증, 메스꺼움의 위험을 증가시킬 수 있고 탈수와 성능 저하의 원인이 될 수 있기 때문에 권장되지 않다.
- 카페인의 선호되는 형태는 알약(물과 함께 섭취) 또는 분말(물에 첨가)로서 무수 카페인이다. 만약 운동 중에 카페인을 섭취한다면, 탄수화물이 함유된 액체와 함께 섭취해야 한다.

카페인은 또한 다음과 같은 성능 영향과 관련이 있다.[128]

- 대부분의 활동에서 피로 시간 개선과 함께 향상된 지구력이 발견되었다.
- 단거리 자전거 경기 성능은 3~7% 향상된 것으로 나타났다.
- 최대근육펌핑, 단기 단거리달리기가 3% 이상 향상된 것으로 나타났다.
- 팀 스포츠 활동 동안의 총 작업 산출량은 1~8% 향상되었다.

질산염

자연적으로 발생하는 질산은 구강세균에 의해 아질산염(NO)의 저장고인 아질산염으로 전환되는 기질이다. NO는 미토콘드리아 호흡과 생합성, 혈류 조절, 혈관 확장, 근육 수축성, 포도당 항상성 등 여러 수단을 통해 골격근 기능을 조절하는 신호분자이다. 질산염의 가장 좋은 음식 공급원은 비트, 시금치, 상추, 로켓, 셀러리, 크레스, 셰르빌, 셀러리악, 회향, 부추, 엔디브, 파슬리 등이 있지만 사실상 모든 채소들은 자연적으로 발생하는 질산염을 가지고 있다.[112] NO는 원래 산화질소 생성 효소에 의해 촉매되는 반응인 l-아르지닌 대사 경로를 통해서만 생성될 수 있다고 믿었지만, 질산염을 아질산염으로 환원시키는 것을 통해서도 생성될 수 있다는 것이 밝혀졌다.[113] 운동할 때처럼 세포에 산소를 공급하는 것은 특히 중요하다. 흥미롭게도, 일산화질소를 생산하기 위한 l-아르지닌 경로는 성장기 동안 매우 활발하여, 이 생애주기 동안 질산염을 함유한 채소를 섭취할 필요성이 낮아진다. 그러나 완전한 성장이 이루어지면(성인에게서 혈압 상승이 관찰되지만 어린이에게서 드물게 관찰되는 이유 중 하나) 성인의 채소 섭취가 건강을 유지하는 데 중요하다는 것을 시사한다.[114, 115]

여러 연구는 운동에 대한 생리학적 반응에 대한 질산 식이 보충의 영향을 평가했다. 한 초기 연구에 따르면 3일간 질산염 보충(하루 약 0.1mmol/kg)을 하면 휴식 혈압과 최대 강도를 넘기지 않는 사이클 운동 중 산소 비용이 감소한다고 한다.[116] 다른 연구들은 비트 주스(자연적으로 발생하는 질산염의 가장 좋은 공급원 중 하나)의 식이 요법을 통해 NO 가용성을 향상시키면 혈압이 감소하고, 최소 이하의 운동으로 인한 산소 비용이 5% 감소하며, 고강도 사이클링 동안 탈진까지의 시간을 16%까지 연장한다는 것을 발견했다. 이러한 연구들이 있기 전까지, 운동의 산소 비용은 고정되어 있고 바뀔 수 없다고 믿어졌다. 스포츠 종목에 관계없이 모든 선수들에게 이러한 발견들은 매우 중요하다.[117, 118]

이러한 결과를 얻기 위한 가장 실용적인 방법은 운동하기 약 2시간 전에 0.5L의 비트 주스 또는 동등한 질산염 5~7mmol(약 0.1mmol/kg 질량)을 섭취하는 것이다. 그렇게 하면 아질산혈장이 크게 증가하고, 휴식기 혈압이 낮아지며, 운동 중 산소의 폐 능력이 개선되고, 운동 내성과 성능이 향상된다. 그러나 구강청결제를 사용하면 음식에서 유래한 질산염을 아질산염으로 전환시키는 데 책임이 있는 구강세균이 제거될 수 있으며, 그에 따라 심장은 필요한 산소를 전달하기 위해 열심히 일해야 하기 때문에 혈압이 상승할 수 있다.[119] 알약을 통해 섭취되고 고기 보존에 사용될 수 있으며 식품에서 자연적으로 발생하는 질산염과 동일한 운동 관련 결과를 생성하지 않다.[120]

일반적으로 비트 주스로 소비되는 자연적으로 발생하는 질산염의 성능상의 이점은 다음을 포함한다.[128]

- 지구력 활동 소모 시간 4~25% 향상
- 단기간 운동(〈40분)에서 1~3% 성능 향상
- 고강도 및 팀 스포츠 활동에서 3~5% 향상을 나타내는 무산소성 근섬유 기능 향상

연구된 물질은 비트 주스에서 자연적으로 발생하는 질산염으로, 일반적으로 소비되는 음식 중 가장 높은 농도의 질산염을 가지고 있다는 점에 주목한다. 질산염을 아질산염으로 전환시키는 박테리아와의 표면 접촉을 개선하기 위해 고체 비트 대신 즙이 사용된다.

Q&A

10K 경주 전에 비트 주스를 마시는 것이 좋을까?

비트 주스가 이렇게 많은 관심을 받는 이유는 비트에는 질산염이 많이 함유되어 있기 때문이다. 다른 채소들 또한 질산염이 높지만, 많은 운동선수들은 다른 진한 녹색 채소들의 주스보다 비트 주스가 더 입맛에 맞다. 소비된 질산염은 혀에 있는 박테리아에 의해 아질산염으로 전환되어야 하고, 주스는 박테리아와의 표면 접촉을 개선하여 보다 효과적인 결합을 가능하게 하기 때문에 즙을 내는 것이 중요하다. 아질산염은 일산화질소를 저장하는 저장고인데, 이것은 일하는 근육에 산소를 더 쉽게 전달하는 중요한 혈관 확장제이다. 이렇게 개선된 산소 부족은 고강도 및 지구력 활동 모두에서 탈진까지의 시간을 현저하게 향상시키는 것으로 밝혀졌는데, 이는 근육 세포로의 산소 공급이 개선되어 지방을 더 많이 연소시킴으로써 산화적으로 더 많은 에너지 수요를 충족시킬 수 있기 때문이다. 그 결과 무산소성 대사에 대한 의존도가 낮아져 글리코겐 저장량이 더 오래 유지된다. 따라서 10K 레이스에 앞서 약 0.5L의 비트 주스를 마시는 것은 컨디션에 좋을 것 같지만, 연습 전에 몇 번 시도해 보는 것이 가장 좋다. 물론, 이 모든 것은 세포가 질산염 섭취로부터 이익을 얻는 데 필요한 영양분을 완전히 만족한다고 가정했을 때이다. 또한, 항균 구강청결제를 사용하면 질산염을 아질산염으로 전환시키는 박테리아가 죽게 되므로 비트 주스를 마실 때 얻을 수 있는 이점이 없어진다.

베타알라닌

베타알라닌Beta-Alanine은 정상 세포 pH를 유지하는 데 도움을 주고 고강도 신체 활동 동안 근육 지구력에 역할을 하는 세포 완충제인 카르노신의 생성에 관여하는 비필수 아미노산이다. 만성 베타알라닌 보충제(4주 4~6g/하루)는 근육 내 카르노신 함량을 높이고 최대 25분까지 고강도 활성 성능을 향상시키는 것으로 보인다.[121]

운동선수는 일반적으로 체중 1kg당 64mg의 보충제를 섭취하는 것이 권장되며, 가급적이면 3개월 동안 매 3~4시간마다 약 1~2g의 분할 투여를 통해 섭취하는 것이 좋다. 높은 복용량은 피부 발진과 따가움, 홍조를 일으킬 수 있다. 경기력 향상은 지속적인 활동 동안 지구력 향상과 최대 10분간 지속되는 간헐적인 운동에서 모두 최대 3%의 향상을 포함한다.[128] 잘 훈련되고 잘 조절된 운동선수는 경기력 향상을 경험하지 못할 수 있다는 점에 유의한다.

중탄산염(중탄산나트륨 또는 탄산음료 중탄산염)

연구자들은 탄산수소나트륨이 무산소성 물질대사에 의해 생성된 젖산의 산성을 완충시켜 강도나 힘을 장기간 유지할 수 있도록 한다는 이론을 세웠다.[36] 많은 활동들이 주로 무산소성 물질대사 과정을 수반하기 때문에, 많은 운동선수들이 탄산수소나트륨 섭취로부터 이익을 얻을 수 있을 것으로 보인다. 그러나 연구 결과는 서로 엇갈리고 있으며, 일반적으로 수분 보충이 잘된 운동선수는 중탄산염 섭취로 이론화된 성과 이익을 얻지 못한다는 것을 보여준다.

탄산수소나트륨의 나트륨은 탄산염(산 완충제)보다 더 유용할 수 있다. 나트륨Sodium은 고강도

Q&A

저는 200m 달리기 선수입니다, 궁금한 점이 있어요. 제가 경기를 좀 더 잘 해낼 수 있도록 어떤 식습관을 가져가보면 좋을까요?

단거리 달리기는 높은 탄수화물(글리코겐)에 의존하기 때문에 선수들은 글리코겐 저장을 선택적으로 하는 방식으로 하루 종일 충분한 탄수화물 섭취를 해야 한다. 200m 경주에서 부족한 글리코겐 저장고를 극복할 수 있는 방법은 없다. 하지만 글리코겐 저장과 에너지 균형이 좋다면, 약 한 달 동안 베타-알라닌(비필수 아미노산) 4~6g의 정기적인 보충제를 복용하는 것이 세포의 카르노신 수치를 증가시키는 데 도움이 된다는 증거가 있다. 강화된 카르노신 관련 완충 작용의 결과는 최대 10분 동안 지속되는 고강도 활성에서 측정 가능한 이익이다. 하지만 운동선수는 이 규정을 따르는 일부 선수들에게서 피부 발진이 보고되었다는 것을 알아야 한다. 최근의 연구에 따르면 소량의 탄산수소나트륨(0.2g/kg)도 무산소성 고강도 활성에서 생성되는 젖산염을 완충하는 데 효과적이다. 더 많은 양(0.4g/kg)은 소화장애와 관련되어 있기 때문에 더 적은 복용량을 고려해야 한다.

활동에 의해 생성된 추가적인 산성을 배설할 수 있는 더 큰 완충 공간(즉, 더 많은 루이드)을 만들어 혈액량을 증가시키거나 유지하는 물질이다. 설탕은 근육 형성 활동으로 생성된 산이고, 물 한 잔은 혈액량이라고 생각해 보자. 만약 물 한 잔이 반쯤 차서 설탕 한 큐브를 안에 떨어뜨린다면 같은 양의 설탕을 물 한 잔에 넣는 것보다 설탕의 농도가 더 높을 것이다. 그러나 심각한 위장 장애와 메스꺼움의 가능성을 포함하여 탄산수소나트륨 섭취로 인한 잠재적인 부작용은 운동선수들이 이러한 잠재적인 보충제를 복용하기 전에 주의해야 할 이유를 분명히 제공해야 한다.

대학 선수 10명을 대상으로 한 한 연구에서 피실험자들은 2,000m 시험 전에 1시간 동안 1kg당 300mg의 중탄산나트륨($NaHCO_3$)을 섭취했다. 플라세보(위약)의 소비와 비교했을 때 사건의 전력, 총 작업량 및 속도가 모두 현저하게 향상되었다.[37] 다른 연구에서 훈련된 남성 6명이 살코기 1kg당 300mg의 $NaHCO_3$를 섭취하고 지치는 저항 훈련 전, 훈련 도중 및 후에 평가되었다. $NaHCO_3$는 뚜렷한 개선점을 만들어내지 않았다.[38] 3일 간격으로 예정된 4개의 1,600m 경기에 참가한 남녀 주자들을 대상으로 한 평가에서, 실험 대상자들은 세 경기 전에 1kg당 400mg의 $NaHCO_3$와 1kg당 500mg의 구연산나트륨 또는 위약(탄산칼슘)을 섭취했고, 한 경기는 통제제로 사용되었다. 탄산수소나트륨과 구연산나트륨은 레이싱 타임에 아무런 영향을 미치지 않았고, 대부분의 주자들은 불편한 부작용을 호소했다. 대부분의 운동선수에서 중탄산염 하중은 불편한 부작용과 관련이 있었다.[39] 최근 연구에 따르면 비교적 적은 양의 $NaHCO_3$(0.2g/kg)를 섭취한 고강도 인터벌 트레이닝(HIIT)에 참여한 운동선수는 고강도 무산소성 운동 후 무산소 성능 향상, 혈중 젖산 제거 속도 향상을 통해 훈련 효율을 향상시켰다.[122]

중탄산나트륨의 일반적인 복용량은 1kg당 0.2~0.4g이며, 운동 1~2시간 전에 섭취한다. GI 고통의 위험성 때문에 양을 여러 개의 작은 용량으로 분배하는 것이 효과적인 것으로 나타났다. 탄수화물(~1.5g/kg)이 많이 함유된 소량의 식사와 함께 탄산수소나트륨을 섭취하는 것은 위장장애를 감소시키는 것으로 보인다. 운동선수는 경기 전에 중탄산나트륨을 사용한 적이 없는 한 경기 전에 중탄산나트륨을 사용해서는 안 된다.

중탄산나트륨의 성능상 이점은 고강도 신체 활동이 10분을 넘어서면서 감소하지만 약 1분간 지속되는 단기 고강도 단거리 달리기에서 약 2% 향상되는 것으로 나타났다. 비슷한 이점이 구연산나트륨을 섭취했을 때에도 볼 수 있는데, 이는 위장장애의 가능성이 낮을 것으로 보인다.

글리세롤

글리세롤(글리세린이라고 불리기도 한다)은 탄수화물처럼 대사되는 3탄소 단순 지질이다. 글리세롤의 3탄소 구조는 식이성 지방산을 함께 결합하여 트라이글리세라이드를 형성한다. 글리세롤은 많은 양의 물을 끌어당길 수 있는 강력한 보습제이기 때문에, 많은 지구력 운동선수들이 이전에 글리세롤을 과수분(제3장 참조)으로 사용했다. 이전에 세계반도핑기구에 의해 금지되었지만, 글리세롤은 2018년 1월에 금지 약물 목록에서 삭제되었다.[123]

경기 전에 글리세롤이 함유된 액체를 섭취하는 많은 운동선수들은 적어도 처음에는 몸이 뻣뻣하고 부진하다고 불평하지만, 같은 선수들 중 다수는 경주가 끝날 때 여분의 물을 섭취하는 것의 이점이 경기 초반의 부진감보다 훨씬 더 크다고 주장한다. 다른 운동선수들이 탈수 상태이고 과열 상태인 반면, 이 운동선수들은 가장 중요한 때 더 상쾌함을 느낀다고 말한다.

주의할 점: 많은 지구력 운동선수들이 글리세롤화된 물을 사용하지만, 이 제품은 적절한 안전성 검사를 받은 적이 없다. 글리세롤은 식단의 정상적인 성분으로 신진대사가 쉽기 때문에 소량의 글리세롤 자체로는 어려움이 없을 것으로 보인다. 더 높은 선량의 경우, 두통과 흐릿한 시야가 발생할 수 있다.[34] 더욱이, 시스템에 추가 물을 저장할 때 심혈관 시스템에 얼마나 많은 추가 스트레스가 가해지는지도 불분명하다.

글리세롤은 한때 이뇨제로 분류되어 IOC에 의해 금지되었다. 왜냐하면 탈수의 해로운 영향과 이뇨제가 스테로이드와 소변의 다른 금지된 물질들의 생물학적 표지의 농도를 낮추기 위해 사용되어 왔기 때문이다. 그러나 1997년 미국 올림픽 위원회(USOC)는 글리세롤 1kg당 1.0~1.5g의 글리세롤 복용량을 넘길 가능성이 없다는 것이 널리 알려져 있었기 때문에 글리세롤의 금지를 해제했다.

글리세린수를 가장 잘 섭취하는 방법에 대한 광범위한 합의가 이루어지지 않았다. 활동 2시간 30분 전에 약 2L의 액체를 섭취하는 70kg 운동선수에 대해 확립된 규약은 다음과 같다.[35]

- 몸무게 1kg당 20% 글리세롤 용액을 5mL씩 마셔라.
- 30분 후: 몸무게 1kg당 5mL의 글리세린 물을 마셔라.
- 15분 후: 몸무게 1kg당 5mL의 글리세린 물을 마셔라.
- 15분 후: 20%의 글리세린 물 1mL를 마시고 몸무게 1kg당 5mL의 물을 마셔라.
- 30분 후: 몸무게 1kg당 5mL의 글리세린 물을 마셔라.
- 1시간 후에 운동을 시작하라.

비록 경기 중 6~8%의 탄수화물 용액을 섭취하는 것이 에르고제닉이라는 더 설득력 있는 증거가 있지만, 2시간 이상 지속되는 이벤트의 경우, 5%의 글리세롤 용액을 시간당 400~800mL를 섭취하는 것 또한 유익할 수 있다.

카르니틴(L-카르니틴)

L-카르니틴은 베타-하이드록시 부티레이트와 베타-하이드록시 메틸부티레이트의 일반적인 이름이다(HMB). 네 가지 아민은 1900년대 초에 근육에서 처음 발견되었다. 이것은 아미노산 류신의 대사산물로 주로 장쇄지방산이 대사되는 세포의 미토콘드리아 내부에 존재하는 장쇄지방산의 운반에 포함된다. 카르니틴은 동맥벽의 지방산 산화를 개선하여 혈류를 증가시키고, 조기 피로와 관련된 단백질 분해 부산물인 암모니아를 해독한다.[54] 아미노산라이신과 메티오닌으로부터 카르니틴을 합성하는데, 모든 육류 및 유제품에 풍부하게 함유되어 있어 결핍이 드물다. 결핍이 발생하는 경우, 유제품 섭취를 피하는 채식주의자일 가능성이 가장 높다.

HMB는 근육 글리코겐 분해를 방지하고 젖산 생성을 감소시키는 것으로 생각되지만, 여러 연구에서 일반적으로 저강도 지구력 활동에 이점이 없음을 보여준다.[55] 하지만 일부 연구에서 활동 직전 또는 며칠 동안 L-카르니틴을 섭취할 때 고강도 활동에 이점이 있다는 것이 입증되었다. 일반적인 복용량은 하루에 1~2g이지만 L-카르니틴 보충제의 안전성은 적절하게 테스트되지 않았다. 또한 섭취하는 카르니틴의 종류도 중요하다. DL-카르니틴 보충제(보다 저렴한 형태의 카르니틴)가 근육 약화를 유발할 수 있다는 여러 보고가 있다.[56] 정상적인 식이 단백질 섭취를 하는 개인의 경우 보충제 섭취는 불필요하고 효과적이지 않을 수 있다는 점에 유의해야 한다.[124] 하지만 순수한 완전 채식주의자가 고강도 운동을 수행하는 경우 L-카르니틴 보충제의 이점을 얻을 수 있다.

오메가-3 지방산

오메가-3 지방산은 일반의약품으로 구입할 수 있으며 연어, 청어, 정어리와 같은 냉수어류를 정기적으로 섭취하면 쉽게 얻을 수 있다(오메가-3 지방산에 대한 자세한 내용은 2장 참조). 오메가-3 지방산은 근육통을 줄이는 데 유용할 뿐만 아니라 이하를 포함한 여러 다른 이점이 있다.[43]

- 근육 및 기타 조직으로의 산소 및 영양소 전달 개선. 오메가-3 지방산은 적혈구의 '끈적함'을 줄여 조직으로의 적혈구 흐름을 개선한다(참조: 오메가-3 지방산을 과도하게 섭취하면 정상적인 혈액 응고가 억제되어 부상이 발생할 경우 과도한 출혈이 발생할 수 있다).
- 더 나은 산소 전달로 인한 개선된 유산소성 대사
- 정상적인 자극(운동, 수면, 배고픔)에 대한 반응으로 소마토트로핀(성장 호르몬)의 더 높은 방출. 동화작용을 할 수 있고 근육 회복을 향상시킬 수 있다.
- 근육의 피로와 과로로 인한 조직의 염증을 줄여 빠른 회복을 가능하게 한다.

이러한 잠재적인 이점에도 불구하고, 과학 문헌은 지구력 성능 이점이 오메가-3 지방산 보충제에서 파생된다는 것을 증명하지 않는다.[57, 58] 하지만 훈련된 운동선수와 훈련되지 않은 운동선수

사이에 오메가-3 지방산에 대한 반응에 차이가 있을 수 있다.[58] 잘 훈련된 축구 선수에 대한 연구에서 오메가-3 지방산을 섭취해도 경기력에서의 이점이 없음을 발견했다. 하지만 훈련을 받지 않은 남성을 대상으로 한 경우 오메가-3 지방산 보충제를 섭취한 사람들은 지연성 근육통과 관련하여 인지된 통증 수준이 더 낮았다.[59]

중쇄 트리글리세이드

중쇄 트리글리세이드(MCT)는 코코넛 오일과 팜 커널 오일에서 발견되며, 인간의 영양에서 가장 중요한 포화 지방산 중 하나이다. MCT는 탄소 길이가 6~12개의 탄소원자를 가지고 있는 반면, 소비되는 대부분의 트리글리세리드는 탄소 사슬이 상당히 더 길다. 이러한 차이와 수용성이 이 특정 지방이 다르게 흡수되고 대사되게 한다. 간은 쉽게 지방을 흡수하며, 여기서 지방은 세포 에너지를 위해 빠르게 산화될 수 있다.[60] 게다가, MCT 오일은 다른 지방과 마찬가지로 신진대사를 위해 에너지를 세포 미토콘드리아로 보낼 L-카르니틴이 필요하지 않다.[61] MCT 오일은 운동선수에게 이하의 몇 가지 잠재적인 이점을 제공한다.[62~64]

- 빠른 에너지원 제공
- 에너지 저장을 위한 체지방 동원에 도움
- 신진대사율 증가
- 여분의 제지방량(근육)

약국 및 건강식품 매장에서 널리 사용되는 MCT 오일은 오랜 안정성의 역사를 지니고 있다. 장(관)섭식을 하는 사람들을 위한 에너지원으로 수년 동안 사용되어 왔다. 그러나 성능에 대한 MCT의 영향을 평가하는 연구에서는 섭취의 결과로 혈청 유리 지방산 농도가 명백히 증가했음에도 불구하고 이점을 찾지 못했다.[62~64]

인삼

인삼은 피로를 줄이기 위해 아시아 문화권에서 수세기 동안 사용되었다. 제한된 수의 연구에서, 인삼의 성분이 글리코겐 사용을 줄이고 지방산의 산화를 증가시키는 것으로 나타났다.[65] 인삼 추출물을 주사한 동물은 운동 후 피로도가 감소했다.[65] 하지만 최대 2개월 동안 다양한 용량의 인삼 뿌리를 평가한 인체 연구에서 명확하게 에르고제닉(근육의 힘과 사이즈 그리고 파워 능력을 향상시키는)한 이점이 나타나지 않았다. 인삼 추출물을 보충하면 근육으로의 산소 전달을 증가시켜 지구력을 향상시킬 수 있다는 제한된 증거만 있을 뿐이다. 인삼을 체중 1kg당 8mg 또는 16mg으로 7일 동안 섭취해도 최대나 그에 준할 정도로 사이클링 성능이 향상되지 않았다.[66]

케르세틴

케르세틴은 항염증 항산화제로서 에르고제닉 특성을 가질 수 있는 식품 유래 플라보노이드 폴리페놀이다. 케르세틴이 향상된 미토콘드리아 생물 생성 및 지구력 성능에 관여할 수 있음을 시사하는 동물 데이터는 제한적이다.[85] 케르세틴이 활성산소(ROS)의 과도한 축적을 방지하고 중추신경계에 긍정적인 영향을 미치며 근육 세포의 미토콘드리아 함량을 증가시킬 수 있다는 제한된 증거도 있다(미토콘드리아는 세포의 에너지 대사 공장이다). 케르세틴은 올리브, 올리브 오일, 사과, 양파, 차 및 적포도주에서 발견되는 자연 발생 물질이다. 케르세틴의 섭취 후 조직 수준은 1~3시간 내에 최고에 도달하고 6~12시간 동안 이 높은 수준을 유지한다. 케르세틴 혈장 수치는 성별, 연령 또는 체력 수준에 영향을 받지 않는 것으로 보이며, 케르세틴 보충이 모든 그룹에서 혈장 수치를 증가시킨다는 증거가 있다. 더 높은 혈장량은 운동하는 근육과 땀샘에 혈액과 그 구성 요소를 지속적으로 전달하는 데 유용할 수 있으며, 이는 운동선수가 수분 부족의 영향에 더 잘 저항하도록 돕는다.[67] 혈장 케르세틴에 대한 음식 섭취 및 보충 효과는 케르세틴 수치를 유지하기 위해 정기적으로 섭취해야 할 수도 있음을 시사한다.[68] 케르세틴의 알려진 수준이 가장 높은 식품 공급원은 케이퍼(100g당 케르세틴 180mg)이며, 이는 원하는 항산화 효과를 제공하는 데 필요한 양보다 훨씬 낮은 수준이다. 따라서 케르세틴 함유 식품을 정기적으로 섭취하면 효과를 얻을 수 있다.

격렬한 운동은 다음을 포함한 여러 대사 사건의 가능성을 높인다.

레스베라트롤

포도, 견과류, 적포도주에서 발견되는 폴리페놀인 레스베라트롤은 대중 문헌에서 훈련 없이도 훈련된 운동선수처럼 보이게 할 수 있는 물질로 설명된다.[75] 쥐를 평가한 연구에 따르면 일반 실험용 쥐는 지칠 때까지 트레드밀에서 1km를 달릴 수 있다. 그러나 레스베라트롤을 투여한 실험용 쥐는 유산소 훈련을 받은 운동선수에게서 볼 수 있는 것과 유사하게 감소된 심박수로 두 배의 거리를 달릴 수 있었다.[76] 일반 쥐와 실험용 쥐를 대상으로 한 다른 실험에서 레스베라트롤은 항암 및 항염증 특성을 보였다.[77, 78] 또한, 혈당을 낮추고 기타 여러 가지 긍정적인 심혈관 효과가 있는 것으로 밝혀졌다. 한 동물 연구에서 레스베라트롤 주사가 관절염과 관련된 조직을 효과적으로 감소시키고 관절염과 관련된 연골 파괴를 감소시킬 수 있음을 발견했다.[83] 또한, 제한된 데이터는 레스베라트롤이 인슐린 감수성, 골격근 강도 및 미토콘드리아 생합성을 개선할 수 있음을 시사한다.[125] 설치류에게 유망하지만 이러한 결과는 아직 인간 연구에서 볼 수 없다.

레스베라트롤은 적포도의 껍질에 존재하므로 적포도주의 성분이다. 포도 주스를 포도주로 바꾸는 행위는 레스베라트롤 함량을 거의 두 배로 만드는 것으로 보인다.[79] 일반적으로 영양 보충제로 사용할 수 있는 호장근에서 합성되거나 파생될 수 있다.[80, 81] 레스베라트롤은 코코아 가루와 땅콩을 포함한 여러 식품에 존재한다.

항염증 잠재력이 아스피린 및 이부프로펜보다 더 효과적이라는 일부 증거와 함께 레스베라트롤은 운동선수들의 관심을 받고 있다.[82] 레스베라트롤은 명확한 건강 증진 특성을 가질 수 있지만 인간에 대한 레스베라트롤의 한정된 평가는 추천해 줄 가능성을 제한한다. 운동선수는 이 자연 발생 식품 성분이 진정한 에르고제닉 특성을 가지고 있는지 확인하기 위해 수행될 불가피한 인체 수행 연구를 지켜봐야 한다.

- 젖산 축적 증가, 운동 피로 및 지연성 근육통(DOMS)에 기여
- 혈당과 근육 글리코겐 현저히 감소, 운동 피로 유발, 운동 강도 감소의 필요성
- 다양한 조직 세포에서 활성 산소종(ROS)의 생산을 통해 측정된 산화 스트레스 증가, 세포 구조 및 기능 변경
- 암 위험을 증가시키는 방식으로 세포 구조와 기능을 변형할 가능성이 있는 증가된 유리기 생성(산화 스트레스와 관련된)

케르세틴은 잠재적으로 ROS의 과도한 축적을 완충하여 유리기 생성을 완충할 수 있는 항산화제이다. 그렇게 함으로써 정상적인 세포 대사가 강화되어 격렬한 신체 활동을 계속할 수 있다.[68, 69, 70] 일부 연구에서, 보충하지 않은 그룹과 비교할 때 케르세틴은 힘, 전력, 스피드 및 지구력을 향상시킨다. 이러한 케르세틴 보충제의 잠재적인 이점을 뒷받침하는 연구에도 불구하고 과학적 발견은 일관되지 않다.[73, 74] 최근의 여러 연구에서도 케르세틴 보충제가 운동 수행에 도움이 되지 않으며 수행에 해로울 수도 있다는 사실이 밝혀졌다. 한 연구에서 경주 종료 시간이 케르세틴 보충 그룹과 비보충 그룹 간에 다르지 않았으며 산화 스트레스와 항산화 활성의 지표도 다르지 않다는 것을 발견했다. 자동차 경주를 마친 39명의 참가자 중 대부분의 완주자(21명)는 케르세틴이 아닌 보충제 그룹에 속했다.

종합하면, 이러한 연구는 케르세틴이 운동선수에게 향후에 도움을 줄 수 있지만 전달 방법(음식 VS 보충제), 최적의 섭취량 및 최적의 섭취 시간이 아직 확실하게 결정되지 않았다는 것을 시사한다. 보충제의 잠재적인 부작용을 감안할 때, 운동선수는 케르세틴의 좋은 공급원인 음식(일반적으로 신선한 과일 및 채소, 올리브 또는 올리브 오일)을 정기적으로 섭취하고 고용량 보충제는 섭취하지 않는 것이 좋다.

인체공학적 선택

거의 끝없이 다양한 제품들이 성능 향상 특성을 광고하지만 대부분의 경우 영양이 풍부한 운동선수가 이러한 제품들을 소비한다고 해서 광고와 같은 이점을 얻는다는 증거는 거의 없다(반면에 제품을 제조 및 판매하는 사람들은 많은 이익을 얻는다). 운동선수는 보충제를 사용하기 전에 자신의 식단의 적절성을 신중하게 고려해야 한다. 이러한 제품은 고가이며, 안전성에 대한 적절한 테스트가 거의 이루어지지 않았고, 내용물이 알려지지 않은 경우가 많으며, 활성 성분의 실제 양이 불확실하다. 또한 이러한 보충제에 금지 물질이 포함될 가능성이 있다는 것이 현실이다.

보충제를 사용하기로 선택한 선수는 신중하게 진행해야 한다. 적절한 자격을 갖춘 의료 전문가(예: 의사, 영양사 또는 약사)와 상담하여 제품에 대한 가능한 많은 정보를 얻고 간단한 식이 요법으로도 동일한 결과를 얻을 수 있는지 확인해야 한다. 보충제를 처음 섭취하는 경우 위장 장애 또는 메스꺼움이 발생하는지 주의 깊게 관찰하고 복용 후 효과를 보았는지 기록해야 한다. 대부분의 보충제는 우리가 먹는 음식에 자연적으로 나타나는 소량으로도 쉽게 얻을 수 있는 강력한 화학 물

질이다. 그러나 에르고제닉한 이점을 얻기 위해 종종 처방된 많은 양을 복용하는 경우 신체에 미치는 영향은 완전히 다르고 예상치 못한 것일 수 있다.

이 장에서 언급한 모든 보충제 중 탄수화물이 지구력과 파워 성능 모두를 향상시킬 수 있는 가장 큰 가능성이 있다는 것은 매우 분명하다. 다른 것을 시도하기 전에 운동선수는 충분한 수분과 함께 탄수화물의 규칙적인 섭취를 고려해야 한다.

아마도, 이것은 운동선수가 적절한 총 에너지 섭취와 가장 쉽게 고갈되는 에너지 기질의 적절한 소비를 모두 보장하기 위해 할 수 있는 가장 중요한 일이다. 일부 운동선수는 혈액 도핑, 에리스로포이에틴(EPO) 복용, 단백 동화 스테로이드 또는 인간 성장 호르몬 섭취와 같은 스포츠 조직위원회와 IOC에서 광범위하게 금지한 에르고제닉 전략을 사용한다. 아나볼릭 스테로이드 및 기타 금지되거나 불법적인 보충제의 광범위한 사용으로 인해 이러한 물질을 사용하는 선수가 불공정한 경쟁 우위를 차지하는 것을 피하기 위한 시도로 세계반도핑기구(WADA)가 1999년에 설립되었다. WADA가 시작된 이래로 미국올림픽위원회(USOC)와 전국대학체육협회(NCAA)를 포함한 대부분의 국내 및 국제 스포츠 관리 기구는 다음을 수행하기 위한 WADA 코드에 서명했다.[84]

- 도핑 없는 스포츠에 참여할 선수의 기본 권리를 보호하여 전 세계 선수의 건강, 공정성 및 평등을 증진
- 도핑의 탐지, 억제 및 예방과 관련하여 국제 및 국가 차원에서 조화되고 조정되고 효과적인 도핑 방지 프로그램을 보장

이 책은 WADA의 사명을 전적으로 지지하며, 에르고제닉 보조제가 성능을 향상시키기 위해 어떻게 기능하는지에 대한 이 장의 논의는 이러한 물질의 복용을 지지하는 것이 아니라는 것을 분명히 알아야 한다. 실제로, 영양 및 에너지 요구 사항을 지속적으로 충족하는 건강한 운동선수는 훈련을 지원하는 다른 에르고제닉 물질이 거의 필요하지 않다. 현재 금지된 약물은 WADA 웹사이트 www.wada-ama.org 또는 전국대학체육회(NCAA) www.ncaa.org에서 검토할 수 있다(국제올림픽위원회는 WADA의 금지 약물 목록을 준수한다). 보충제 또는 기타 보충제 복용을 고려하고 있는 운동선수라면 위 조직의 웹사이트를 확인하여 복용하려는 보조제가 금지 목록에 추가되지 않았는지 확인하는 것을 장려한다.

중요 사항

- 믿을 수 없고 과학적 근거가 거의 또는 전혀 없는 보충제에 대한 주장은 그러한 주장을 하는 이가 유명 운동선수라고 하더라도 사실이 아닐 가능성이 크다. 그 운동선수는 좋은 훈련 프로그램, 좋은 코치, 탄탄한 영양 프로그램과 같은 다른 모든 것을 제대로 했기 때문에 성공했을 가능성이 가장 높은 것이다.
- 보충제로 판매되는 대부분의 제품은 안전성 테스트를 거치지 않았다. 운동선수는 가상의

단기 이익 때문에 장기적인 건강과 경기력을 위태롭게 할 수 있다.

- 연구에 따르면 운동선수를 대상으로 하는 보충제의 약 25%에는 라벨에 표기되지 않은 금지 물질이 포함되어 있다.
- 선수들은 의도적이든 아니든 이러한 물질을 섭취할 경우 제재를 받을 위험이 있다. 선수들은 안전하고 효과적이며 금지된 물질이 없는 것으로 확인된 보충제 및 보충제 목록을 얻기 위해 그들의 스포츠 국가 관리 기관(예: 미국 육상 경기 협회, 미국 피겨스케이팅 협회)에 확인해야 한다.
- 보충제를 섭취하는 선수들은 라벨에 USP(미국 약전) 기호가 있는 제품을 찾아야 한다. 이 기호는 제품이 함량과 순도를 보장하는 테스트를 통과했음을 나타낸다. BSC(www.bscg.org) 및 NSF 국제 스포츠 인증(www.nsfsport.com/index.php)과 같은 신뢰할 수 있는 조직들은 제품을 평가하는 추가적인 사용자 친화적 방법을 제공한다.
- 많은 보충제는 불충분한 에너지 섭취로 인해 가장 흔하게 발생하는 식이 약점을 충족시키기 때문에 효과가 있다. 적시에 적절한 양으로 충분한 에너지를 소비하는 것이 최적화된 성능을 얻기 위한 저렴하고 안전하며 효과적인 전략이다.
- 적절한 수분 섭취, 고체 영양 섭취, 적절한 훈련 요법 및 충분한 휴식을 대신할 수 있는 보충제는 없다.

PART

II

최적의 운동수행력을 위한 영양

Chapter 5

운동선수의 위장(GI) 기능과 에너지 공급

운동선수의 규칙적인 신체 활동은 비운동선수에 비해 다량 영양소(탄수화물, 단백질 및 지방)와 미량 영양소(비타민과 무기질)를 더 많이 필요로 한다. 이 많은 양의 필수 영양소는 위장관을 성공적으로 통과해야 하는데, 이는 이들 필수 영양소의 소화, 흡수 및 조직에의 공급을 필요로 하는 유익성을 얻기 위함이다. 따라서 운동선수들이 위장관을 통한 영양소 및 수분의 공급과 관련된 많은 문제에 익숙해지는 것이 매우 중요하다. 위 배출과 관련된 요인을 이해하면, 운동선수는 구역, 구토 또는 설사를 유발하지 않고 가장 많은 양의 에너지, 수분 및 전해질 공급을 위한 최선의 전략을 택할 수 있다. 다량 영양소와 미량 영양소의 소화 및 흡수와 관련된 과정과 수분의 흡수 과정을 안다면, 운동선수가 혈액량과 혈당을 유지하면서 필요한 영양소와 수분을 움직이는 근육과 다른 조직에 공급하기 위한 최적의 타이밍 전략을 수립하는 데 도움을 줄 것이다. 이 모든 것은 최적의 경기력을 달성하기 위해서 매우 중요한 문제이다. 위장관 기능에 기반한 최상의 음식 섭취 전략은 좋지 않은 식사 타이밍과 구성이 잘못된 식사로 인한 잠재적 손해 효과를 최소화하면서 경기력을 향상시키는 복합적인 이점을 가지고 있다. 사람의 기관이 현저하게 적응할 수 있다는 점을 고려하는 것도 중요하다. 이러한 적응 능력 때문에, 만약 어떠한 변화가 정상적인 생리적 적응을 감안하는 방식으로 이루어진다면, 운동선수들은 일반적으로 어려움 없이 음식 및 수분 섭취를 개선하기 위한 식이 변화를 이루어 낼 수 있다.[30] 철분 보충제, 칼슘 보충제, 또는 둘 모두를 처방받은 운동선수들의 경우, 이러한 무기질의 위장관 과정을 이해하면 운동선수들이 무기질을 그들의 식이 섭취에 포함시키는 데 있어 최상의 전략을 세울 수 있도록 도울 것이다.

이 장에서는 운동선수들이 필요로 하는 영양소와 수분 공급 시 고려해야 할 문제들을 제시한다. 운동선수들을 위한 목표는 특히 훈련 및 경기 중에 위장 장애의 위험을 낮추면서 필요한 영양소를 공급하는 것이어야 한다. 이 정보는 독자들이 다양한 상황에서 최상의 음식과 음료의 섭취를 결정하는 데 필요한 도구를 습득할 수 있도록 돕기 위해 운동을 하거나 운동을 하지 않는 상황에서의 위장(GI) 기능을 이해하는 데 도움을 주는 방식으로 제시되어 있다.

위장관(GI)

음식과 음료는 영양소의 운반체로서, 위장관에서 영양 성분(비타민, 무기질, 에너지)으로 분해한다. 일단 소화가 되면, 이들 영양소는 혈액과 림프에 흡수되어 세포로 이송되어야 한다. 사람은 영양소를 소화 및 흡수하고 흡수된 영양소를 신체 조직으로 운반하는 데 놀라울 정도로 효과적인데, 이러한 과정은 여러분이 음식이나 음료를 입에 넣을 때 시작되어 위와 장을 통과하면서 계속된다. 음식이나 음료가 위장관을 통과하면서, 음식은 기계적, 화학적으로 부서지고 영양소를 방출하기 위해 처리된다. 섭취된 식품들은 산도의 급격한 변화에 노출되고, 흡수 과정을 위해 특정 소화효소가 복합 화학 물질을 장 내강을 통과할 수 있는 더 단순한 형태로 분해한다. 잔여물은 무엇이든 흔히 장내 마이크로바이옴Gut Microbiome이라고 불리는 위장관 박테리아에게 필요한 '음식'을 제공할 수 있으며, 찌꺼기는 압축되어 배출된다.

구강과 식도

구강과 식도의 건강은 운동선수들에게 있어 중요하다. 왜냐하면, 이 둘 중 하나의 문제는 불가피하게 영양소 섭취를 제한하는 제한적인 음식 섭취로 이어지고, 이는 궁극적으로 영양실조를 초래하기 때문이다. 운동선수들이 우식(즉, 충치 유발) 가능성이 높은 음식인 간식과 스포츠 음료에서 비교적 높은 수준의 단순 탄수화물을 섭취하는 성향을 고려할 때, 건강한 치아와 잇몸을 유지하기 위해 치과를 정기적으로 방문하는 것이 좋다. 그 이유는 간단하다. 치아의 플라그에 존재하는 세균인 스트렙토코쿠스 뮤탄스Streptococcus mutans는 음식으로 당분을 '먹고' 부산물로 산을 배설하며, 이 세균의 산이 치아 에나멜을 부식시켜 충치가 생기게 하기 때문이다. 그러므로 정기적인 치아 위생 및 정기적인 치과 방문을 통해 치아 플라그 및 관련 세균에 대해 청결을 유지하는 것이 바람직하다. 또한 많은 스포츠 활동(예: 역도)에 내재하는 강한 복부 힘의 경우 운동선수들이 식도염을 유발하는 식도 열공 탈장hiatal hernias에 취약하게 할 수 있다.[34] 심하게 자극된 식도는 아프고, 삼키기 어렵게 만들며, 이는 불가피하게 음식의 제한으로 이어진다.[35]

항균 구강 세정제도 흔하게 사용되나, 이 세정제의 성능이 너무 좋아 구강의 바람직한 세균까지 씻어 낸다는 우려가 있다. 항균 구강 세정제는 구강 내 아질산염 생산량을 90%, 혈장 아질산염 수치를 25% 감소시키는 것으로 나타났다.[31] 아질산염은 산화질소의 저장고이며, 조직으로 산소를 더 쉽게 공급할 수 있게 해주는 혈관 확장제이다. 이 때문에, 심장은 필요한 산소를 공급하기 위해 더 열심히 펌프질을 해야 하며, 구강 내 세균을 교란시킨 지 하루 만에 혈압이 상승한다.[31] 채소(특히 녹색 잎이 많은 채소)는 구강 내 세균, 주로 프레보텔라 멜라니노제니카Prevotella melaninogenica와 베일로넬라 디스파르Veillonella dispar에 의해 자연적으로 아질산염으로 환원되는 질산염을 가지고 있을 수 있다.[32] 산화질소 생산에 이용할 수 있는 충분한 아질산염을 가지고 있는 것은 운동선수들에게 있어 매우 중요하다. 아질산염은 더 나은 지방 대사를 가능하게 하고, 그리하여 필요한 에너지를 공급하기 위해 탄수화물의 대사를 낮춘다(지방 저장이 왕성한 경우, 탄수화물 저장이 제한되기 때문에 탄수화물에 대한 의존도를 줄이면 경기력이 향상된다). 산화질소의 생체 이용률을 높이면 혈압이 낮아지고, 최대하 운동submaximal exercise 시 산소 비용이 5% 낮아지며, 고강도 사이클 중 소모되는 시간이 16% 연장되는 것으로 나타났다.[33]

지구력 운동선수의 30~90%가 경기력에 부정적인 영향을 미치는 운동 중 위장관(GI) 사례들로 고통받고 있는 것으로 추정되어 왔다.[36, 37] 보고된 증상으로는 트림, 설사, 배변 충동, 상복부 통증, 속쓰림, 복부 경련, 구역 및 구토가 포함된다.[36~38] 이러한 위장관(GI) 불편감에는 환경 상태에 대한 적절한 적응, 위장관으로의 혈류 감소, 좋지 않은 식사 타이밍, 그리고 내성이 좋지 않은 음식 선택 등의 다양한 이유가 있다.[36, 39] 이러한 모든 문제들은 운동 경기 중 위장관(GI) 사례의 위험을 감소시키는 방향으로 고려되어야 한다.

음식을 입에 넣으면 소화 과정을 시작하는 일련의 사건들이 시작된다. 씹는 것은 음식을 잘게 부수어서 음식물이 타액 및 소화 효소와 더 완전하게 섞일 수 있게 하며, 타액의 아밀라아제는 탄수화물의 소화를 시작한다(주로 조리된 전분을 덱스트린과 말토스로 전환).[40] 흥미롭게도, 타액과 아밀라아제의 분비는 음식에 대한 생각, 시각, 후각 및 미각에서부터 발생한다(그렇다. 음식에 대해 생각하는 것만으로도 그 과정을 시작할 수 있다!). 입 안에 있는 음식을 씹으면, 음식물은 당단백질 뮤신을 함유한 타액으로 완전히 코팅된다. 뛰어난 윤활 성질을 가진 뮤신은 음식물이 자극 없이 식도를 통해 위장으로 미끄러져 들어가는 것을 돕는다. 입 안의 pH는 대략적으로 중성이며(6.0~7.0, 표 5.1 참조), 식도 열공 탈장 또는 위 역류에 대한 다른 이유가 없다고 가정할 때, pH는 식도에서 중성을 유지한다.

입 안의 음식이나 음료의 느낌과 맛은 그것들이 먹어도 괜찮은지의 여부와 많은 관련이 있다. 흔히 관능적 특성Organoleptic Properties이라고 불리는 이러한 특성들은 운동 중에 변화될 수 있는데, 이것은 운동선수에게 있어 중요한 고려 사항이다. 소파에 앉아 텔레비전을 보면서 스포츠 음료를 마셔 보는 것은 운동 중에 이 스포츠 음료가 얼마나 구미에 맞을지를 결정하는 적절한 전략이 아니다. 간단히 말해서, 음식과 음료는 여러분이 운동을 하는 동안과 운동을 하지 않는 동안 맛과 느낌이 서로 다르다. 만약 여러분이 다음 경기를 위해 탄수화물 젤을 먹길 원하는 사이클 선수라면, 잠시 동안 사이클을 탄 후에 그것을 먹어 보라. 그렇지 않으면 여러분은 경기 중 큰 놀라움을 느낄 수 있다. 이상적으로는 음식이나 음료는 운동선수가 발생할 수 있는 모든 결과를 완전히 이해하고 경험할 수 있도록 활동 중에 여러 번 맛을 보고 느껴 보아야 한다.

표 5.1 위장관 내 pH 범위

위치	pH
구강	6.0~7.0(중성)
식도	6.9~7.1(중성)
위	2.0~2.5(매우 산성)
소장	6.9~7.1(중성)
대장	6.9~7.1(중성)

참고: 1 = 배터리 산의 pH.

위

음식은 식도에서 위까지 지나가고 소화 과정은 계속된다. 여기서, 중성(pH 6.0~7.0)에서 극산성(pH 2.0~2.5)으로 pH의 급격한 변화가 발생한다. 이렇게 높은 산성의 위 환경(배터리 산의 pH와 유사)은 입에서 시작된 혼합 작용을 계속하는 동안 일련의 단백질 소화를 촉진하는 일을 시작한다. 벽세포parietal cell라고 불리는 위의 분화된 세포는 식이 비타민 B_{12}의 흡수를 위해 필요한 내인 인자intrinsic factor뿐만 아니라, pH 강하의 원인이 되는 염산(HCL)을 생산한다. 비타민 B_{12}는 건강한 새로운 적혈구의 생산을 위해 필요한데, 이는 적혈구가 산소를 운반하고 이산화탄소를 제거하는 역할을 하기 때문에 운동선수들에게 있어 매우 중요하다.[41]

위염이라 불리는 위의 급성 자극에 대한 위험 요인에는 비스테로이드소염제(NSAIDsNon-steroidal anti-inflammatory drug)의 과다 사용, 알코올성 음료의 과다 섭취, 스트레스, 만성 담즙 역류, 세균 감염(일반적으로 헬리코박터 파일로리균), 자가면역 질환 및 연령 증가 등이 있다.[42] 위염의 일반적인 증상으로는 통증, 소화불량, 복부 팽만감, 구역, 구토 및 악성 빈혈 등이 있다.[42] NSAIDs는 처방 의약품(예: 나프로신) 및 일반 의약품(예: 아스피린 또는 이부프로펜) 형태로 나온다. 이러한 흔한 진통제들은 프로스타글란딘prostaglandin이라고 불리는 위의 보호 물질을 감소시킨다. NSAIDs는 드물게 복용하거나 짧은 기간 복용할 때, 특히 제산제나 음식과 함께 복용할 경우, 일반적으로 많은 위장 문제를 유발하지 않는다. 하지만 규칙적으로 복용하면 위염이 생길 수 있고, 결국에는 위궤양도 생길 수 있다.

운동선수들의 위염과 관련된 대표적인 요인은 다음과 같다.[43]

- 스트레스
- 익숙하지 않은 강도 및 지속 시간, 탈수, 열 스트레스를 포함하는 과도한 훈련
- 알코올 남용
- 대부분의 위궤양의 원인인 흔한 세균인 헬리코박터 파일로리균H. pylori으로 인한 세균 감염
- 코카인 사용

위 배출이란 음식과 음료가 위를 떠나 소장으로 들어가는 부피와 속도를 말한다. 위 배출 지연의 임상적 및 비임상적 원인에는 위 마비(일반적으로 위 근육의 기능을 방해하는 손상된 미주 신경에 의해 발생), 조절되지 않는 당뇨병, 마약류 및 일부 항우울제, 파킨슨병, 다발성 경화증 및 식이 요인 등이 있다.[44~46] 고지방, 고단백 식사는 소화가 더 오래 걸리며, 위에서 더 많은 처리 시간이 필요하다. 따라서 경기 전 또는 훈련 전 식사는 위 배출 시간을 염두에 두고 섭취해야 한다. 위에 고체 상태의 음식 없이 운동하는 것을 목표로 해야 하며, 이를 위해 고단백과 고지방 식사는 신체 활동 전 최소 2시간 30분 전에 끝내고, 저섬유질, 전분 탄수화물 식사는 신체 활동 전 최소 1시간 30분 전에 끝내야 한다. 이는 고강도 활동(예: 사이클링, 달리기)에 참여하는 선수들에게 특히 중요한데, 위 배출 속도가 저강도 활동(예: 걷기, 조깅)보다 더 느리기 때문이다. 따라서 운동을 시작하기 전에 음식물의 위 배출을 확실히 하는 데 더 많은 중점을 둘 필요가 있다.[47]

식사량 또한 위 배출에 영향을 미친다. 적은 양의 음식물이 위에서 더 쉽게 비워지기 때문에, 적은 양의 식사는 더 많은 양의 식사보다 운동 시간에 다소 가깝게 섭취할 수 있다. 위에 음식이 있는 상태에서 운동을 하면 구역과 구토를 초래할 수 있으며, 포만감이 적절한 수분 섭취를 저해할 수 있어 탈수와 그로 인한 열 스트레스를 초래할 수 있다. 사이클 선수는 반동을 주는 움직임이 덜하기 때문에 운동을 하는 동안 위의 고체 음식을 더 잘 견딜 수 있다. 그러나 사이클링은 더 느린 위 배출과 관련되어 있기 때문에, 적절한 수분 섭취를 저해할 수 있다. 일반적으로 모든 운동선수들은 운동 시간과 너무 가까운 시간에 식사를 하는 것을 경계해야 하며, 음식의 구성과 섭취량에 주의하여야 한다. 다음의 식이요법 및 관련 요인들은 위 배출에 영향을 미친다.[1, 2]

- 고체 식품 섭취량(양이 많을수록 위 배출 속도가 빨라지나, 배출량이 많아져 위의 음식물을 비우는 데 시간이 더 오래 걸림)
- 에너지 농도(농도가 높을수록 위 배출 속도가 둔화됨)
- 탄수화물의 종류(포도당은 다른 단당류 및 이당류에 비해 위 배출 속도를 둔화시킴)
- 고삼투성 음료(탄수화물, 전해질 등의 농도가 더 높은 음료) 섭취는 위 배출 속도가 둔화되는 것과 관련이 있다.
- 수분 섭취량이 많을수록 위 배출 속도가 둔화된다.
- pH(중성 pH에서 벗어나면 위 배출 속도를 둔화시킴)
- 스트레스(중증 심리적 스트레스는 위 배출 속도를 둔화시킴)

위 배출 및 관련 문제에 대한 추가 정보는 제3장을 참조해라.

소장

소장은 십이지장(위에 가장 가까움), 공장(중간) 및 회장(대장과 가장 가깝고 위에서 가장 멀리 떨어짐)의 3개로 뚜렷하게 구획되어 있다. 위에 의해 형성된 섭취된 음식물의 액화 덩어리는 추가적인 소화 처리와 혈액과 림프로의 흡수를 위해 소장으로 이동된다. 유문 밸브pyloric valve는 위와 소장을 분리해 내용물이 위에서 소장으로 배출되는 것을 통제하고 장 내용물이 위로 유입되는 것을 막는다. 유문 밸브에 가장 가까운 소장의 작은 부분(근위 십이지장이라고 함)은 위와 동일한 산도를 가지고 있으며, 운동선수들에게 중요한 2가 무기질 철, 칼슘, 마그네슘 및 아연의 1차 흡수 부위이다(주: 여기서 2가라는 용어는 유사한 화학 구조를 가진 무기질을 가리키며, 이러한 무기질은 동일한 흡수 부위를 공유한다는 것을 나타내기 위해 사용된다).

이러한 2가 무기질은 흡수 부위가 상대적으로 작기 때문에 경쟁적으로 흡수된다. 십이지장의 전체 길이는 28~30cm이며, 근위 십이지장의 길이는 2.5~4cm에 불과하다. 따라서 한 가지 2가 무기질을 과도하게 많이 섭취하면 이것이 전체 흡수 부위를 차지할 수 있고, 다른 2가 무기질의 흡수를 어렵게 만들어 결핍을 초래할 수 있다. 여기서 고려하는 영양소 균형의 원리는 대단히 중요하다(즉, 우리는 그것들이 필요로 하는 모든 것에 조직을 노출시키기 위해 매우 다양한 음식을 섭취해야 한다). 예를 들어 여성 운동선수들은 철분 상태에 대해 우려하나, 매일 고농도 철분을 자주 섭취하면 칼슘, 마그네슘 및 아연의 흡수를 감소시켜 일련의 다른 영양 문제를 일으킬 수 있다. 중요한 것은 철분 보충제를 매일 섭취하는 것보다 간헐적(즉, 매주 또는 격주)으로 섭취하는 것이 어린이와 생리 중인 여성의 철분 상태를 유지하는 데는 효과적이지만, 부정적인 부작용의 위험은 줄일 수 있다는 증거가 있다는 것이다.[48~50] 간단히 설명하자면, 2가 무기질 섭취 전략은 영양상의 건강을 최적화하는 데 매우 중요하며, 이러한 무기질은 근육 기능 및 뼈 건강과 매우 밀접하게 연관되어 있기 때문에, 운동선수들은 그들의 섭취 전략이 경기력에 어떻게 영향을 미칠 수 있는지 신중히 고려해야 한다.

2가 무기질이 흡수되는 근위 십이지장에서 짧은 거리에 있는 담관과 췌관이 만나 총담관을 형성하고 소장으로 들어간다. 췌장은 십이지장에 의해 분비되는 호르몬인 세크레틴에 의해 자극되는데, 세크레틴은 십이지장으로의 췌액 분비를 유발하기 위해 췌관을 통해 이동한다. 큰 부피(매일 600~810g, 약 0.75L)와 ~8.0의 높은 알칼리성 pH 때문에, 췌액은 위에서 나와 근위 십이지장을 지나는 음식물 덩어리의 산도를 중화시킨다. 췌장은 또한 다음과 같은 몇몇 소화 효소를 분비한다.

- 전분을 덱스트린과 말토스로 소화시키는 췌장 아밀라아제
- 큰 분자량을 갖는 단백질을 작은 분자량을 갖는 단백질 또는 폴리펩타이드로 소화시키는 췌장 단백질 분해 효소
- 지방을 모노글리세리드, 개별 지방산 및 글리세롤로 소화시키는 췌장 리파아제

췌장은 또한 혈당을 조절하기 위해 강력한 호르몬(베타 세포에 의한 인슐린과 알파 세포에 의한 글루카곤)을 생산한다. 혈당 상승은 인슐린 분비를 자극하여 세포가 에너지를 흡수할 수 있도록 하며, 저혈당은 글루카곤 분비를 자극하여 혈당 상승을 위해 간 글리코겐을 분해한다(인슐린과 글루카곤은 모두 뒷부분의 장에서 충분히 논의된다). 간은 담즙을 생산하며, 생산된 담즙은 필요할 때까지 담낭에 저장된다.

소장에서 생산되는 콜레시스토키닌은 담관을 따라 이동하여 담낭을 자극해 간에서 생성되어 저장된 담즙을 소장으로 분비한다. 담즙은 한 끝은 수용성이고 다른 한 끝은 지용성인 독특한 화학물질을 가진 강력한 유화제이다. 담즙의 지용성 끝은 지방 방울에 달라붙어 있고, 수용성 끝은 지방 방울을 둘러싸고 있다. 이것은 지방이 수성$_{\text{water-based}}$ 환경에서 섞일 수 있게(그리고 섞인 상태로 있을 수 있게) 한다(식초 위에 오일이 떠 있는 이탈리안 드레싱 한 병을 상상해 보라. 이제 크림이 많이 든 이탈리아 드레싱을 상상해 보라. 이 드레싱에는 오일과 식초가 섞이게 하는 유화제가 첨가되어 있다). 하루에 생성되는 담즙의 양은 500~1,100mL이며, 이는 지방을 소화시키고 흡수하는 우리의 효율성을 설명하는 데 도움을 준다. 흥미롭게도 담즙은 50%의 콜레스테롤로 식이 콜레스테롤과 구별이 안 된다. 지방을 많이 섭취하면 담즙의 생산을 증가시키고, 담즙은 그것이 유화시킨 지방과 함께 흡수된다. 이러한 높은 담즙의 생성-흡수 주기는 식이 콜레스테롤의 섭취가 0일지라도 순환하는 콜레스테롤을 증가시킨다. 그러므로 식이 지방 섭취는 종종 식이 콜레스테롤 섭취보다 순환하는 높은 콜레스테롤 수치의 주범이 된다. 담즙과 장내 미생물총$_{\text{gut microbiota}}$ 사이에는 확실한 통신 수

단이 있는데, 이것은 이러한 통신 관계가 대사 질환의 치료를 위한 미래 전략이 될 수 있음을 시사한다.[51]

소장(주로 십이지장)의 점막(경계) 세포는 이당류를 단당류로 분해하는 소화 효소를 생산한다. 특히 이러한 이당류 분해효소는 다음 역할을 수행한다.

- 수크라아제Sucrase는 자당sucrose을 포도당glucose과 과당Fructose으로 분해한다.
- 말타아제Maltase는 맥아당maltose을 포도당 2분자로 분해한다.
- 락타아제Lactase는 젖당lactose을 포도당과 갈락토스로 분해한다.
- 트레할라제Trehalase는 트레할로스trehalose를 포도당 2분자로 분해한다.

겉보기에는 작은 소화 효소는 특히 그것들이 스포츠 음료의 구성과 관련이 있기 때문에 운동선수들은 이를 중요한 요소로 고려해야 한다. 예를 들어 순수 포도당(세포의 궁극적인 에너지원)에서 에너지의 100%를 얻는 스포츠 음료는 위 배출을 지연시키고, 일단 흡수되면, 혈당이 갑작스럽게 높아지고, 비교적 짧은 시간 동안 상승할 것이다. 반면, 자당과 포도당의 조합을 함유하는 같은 칼로리isocaloric의 스포츠 음료는 더 많은 시간 동안 혈당을 유지하는 데 약간의 내재적 유익성을 가질 것이다. 음료의 낮은 포도당 농도는 위 배출을 유의하게 지연시키지 않을 것이며, 따라서 정점에 도달하지 않고 혈액에 포도당을 더 빠르게 투입할 수 있을 것이다. 자당은 포도당과 과당으로 소화되는데, 이 과정은 시간이 좀 걸린다. 이 분해로 인한 포도당은 이미 흡수된 포도당의 과정을 따르며, 과당은 혈액에 투입되기 전에 간에서 포도당으로 전환된다(더 많은 시간 필요). 최종 결과, 포도당 최고치는 낮지만 혈액에 포도당을 훨씬 더 지속적으로 투입하여 운동선수가 더 오랜 시간 동안 활력을 느끼도록 돕는다.

영양소는 다음과 같이 주로 십이지장과 공장에서 흡수되나, 회장과 대장에서도 일부 흡수된다.

- 무기질은 주로 근위 십이지장에서 흡수된다.
- 단당류와 수용성 비타민은 주로 공장에서 흡수된다.
- 지용성 비타민, 아미노산, 지방, 비타민 B_{12} 및 담즙산염은 주로 회장에서 흡수된다. 비타민 B_{12}는 회장 내 흡수를 위해 위의 벽세포에 의해 생산되는 내인 인자를 필요로 한다. 내인 인자를 생산하지 못하면 섭취된 B_{12}의 양에 관계없이 비타민 B_{12} 결핍증(악성 빈혈)을 일으킬 수 있다.

소장의 내부 표면은 흡수 표면을 극적으로 확장하는 미세 융모로 구성되어 있으며, 다음과 같이 섭취된 에너지 기질을 흡수하는 데 매우 높은 효율을 차지한다. 모든 소화성 탄수화물의 98%, 모든 지방의 95% 및 모든 단백질의 92%가 흡수된다.

대장

대장은 맹장, 상행(우측) 결장, 횡행 결장, 하행(좌측) 결장, 구불 결장 및 직장 등 6개 부분으로 이루어져 있다. 소장은 실제로 상행 결장이 시작되는 부분인 맹장에서 대장으로 연결된다. 맹장에 부착된 작은 돌출부, 즉 충수의 기능에 대해서는 아직 밝혀진 바가 없다. 그러나 충수가 감염되면 맹장염이라고 불리는 질환으로 이어질 수 있다. 대장의 주요 기능은 대변의 수분을 재흡수하여 상대적으로 건조한 찌꺼기를 배출하는 것이다. 음식과 음료의 섭취와 장내 분비물은 결과적으로 매일 약 19L의 수분을 대장에 들어가게 한다. 이 수분을 적절히 재흡수하지 못하면 탈수증을 일으킬 수 있다. 다음과 같은 요인들이 위장관을 건강하게 유지시킨다.

- 적절한 식이섬유, 점성(가용성) 및 비점성(난용성) 모두
- 최적의 세균총bacterial flora
- 적절한 수분
- 규칙적인 신체 활동
- 적절한 엽산이 포함된 균형 잡힌 식단
- 단당 섭취 감소
- 세균 오염 예방
- 미생물총microbiota을 교란시키는 불필요한 항생제의 지양(주: 감염을 해소하기 위해 항생제가 필요할 수 있으므로, 끝날 때까지 복용해야 한다. 단, 나중에, 매크로바이오틱macrobiotic), 살아있는 배양 요구르트, 그리고 신선한 과일과 채소를 규칙적으로 섭취하여 장내 미생물총을 정상 상태로 되돌리는 것이 중요하다.[52])
- 스트레스 예방, 스트레스는 장내 미생물총을 부정적으로 변화시키고 유익한 장내 세균을 감소시켜 과민성 장증후군(IBSirritable bowel syndrome)의 원인이 될 수 있다(주: 장-중추 신경계는 양방향 거리 통신을 하므로, 스트레스는 장-중추 신경계로 전달된다. 장내 미생물총Gut Microbiota은 장내 세균을 변화시킬 수 있지만, 장내 미생물총의 변화는 기분 상태를 포함한 뇌 활동에 영향을 미칠 수도 있다[53, 54]).

대장은 세균이 살고 있는데, 그중 많은 것들이 영양소 생성과 건강에 필수적이다. 이들 세균 중 일부는 비타민 K(혈액 응고에 중요한 물질)를 생산한다. 장내 미생물총 또한 연동 운동(소화되지 않고 흡수되지 않은 음식물 찌꺼기의 장내 이동)을 돕는 가스를 생산하고 특정 물질의 소화를 도움으로써 정상적인 대장의 기능을 위해 중요하다. 섭취된 일부 음식물은 장에서 살고자 하는 '나쁜' 세균을 제압도록 도울 수 있는 건강한 세균총을 만들 수 있다. 예를 들어 살아있는 배양 요구르트는 종종 발효 중에 저온 살균된 우유를 요구르트로 전환시키는 락토바실러스 불가리쿠스Lactobacillus bulgaricus와 스트렙토코커스 써모필러스Streptococcus thermophilus를 함유하고 있다. 또한 일부 요거트는 락토바실러스 애시도필러스Lactobacillus acidophilus와 비피도박테리움 비피덤Bifidobacterium bifidum을 함유하고 있다.[55] 장내 세균의 수는 식사와 항생제 사용에 따라 다르나, 배설물의 무게의 절반 이상을

표 5.2 프리바이오틱스, 프로바이오틱스 및 신바이오틱스

프리바이오틱스	부분적으로 소화 가능한 다당류(즉, 올리고당)를 함유하는 물질(식품 포함)은 위장관(GI)에서 건강한 미생물의 정상적인 성장과 발달을 돕는다.
프로바이오틱스	건강한 장내 마이크로바이옴을 유지하는 데 도움이 되는 살아있는 세균의 변종stains. 흔한 보조 변종에는 락토바실러스 람노서스gGLactobacillus rhamnosusgG, 락토바실러스 카제이Lactobacillus casei, 락토바실러스 애시도필러스Lactobacillus acidophilus, 사카로미세스 보울라디Saccharomyces Boulardii, 비피도박테리움 비피덤Bifidobacterium bifidum, 비피도박테리움 인판티스Bifidobacterium infantis 및 바실러스 코아굴란스Bacillus coagulans가 포함된다.
신바이오틱스	건강한 미생물과 미생물이 잘 자라도록 돕는 미생물 '음식'을 제공하는 프리바이오틱스와 프로바이오틱의 혼합물.

차지할 수 있다. 대장균Escherichia coli과 같은 '나쁜' 세균에 감염되면, 점액 생성의 증가와 대변의 수분을 재흡수하지 못하게 하는 자극을 일으켜 설사를 유발한다.[56] 물론, 항생제의 사용은 장내 세균총을 교란하고 건강한 세균이 돌아올 때까지 종종 비정상적인 장 기능을 초래한다.

대장의 흔한 문제로는 변비, 설사, 게실증 또는 게실염, 그리고 대장암 등이 있다. 변비, 게실 질환 및 대장암 위험은 섬유질 섭취가 적을수록 증가하며, 양호하지 못한 비타민 D 상태가 대장암과 관련이 있음을 시사하는 증거도 있다.[3] 철분을 매일 규칙적으로 보충하고, 붉은 육류와 가공육을 많이 섭취하는 것이 대장암에 원인이 된다는 증거가 있다.[57] 현재, 미국인들은 질병 위험을 줄이고, 건강한 마이크로바이옴Microbiome을 유지하며, 건강한 장 기능을 유지하기 위해 권장되는 20~35g의 식이섬유의 약 절반을 섭취한다(건강한 장내 마이크로바이옴을 만드는 데 도움이 되는 보충제는 표 5.2 참조). 권장 섬유질 수준을 얻기 위해, 운동선수들은 매일 신선한 과일과 채소를 적어도 5회, 통곡물 제품을 3회 섭취해야 할 뿐만 아니라 때때로 콩류도 섭취해야 할 것이다. 높은 섬유질 섭취에 의해 유발되는 가스와 팽만 때문에, 운동선수들은 섬유질 섭취의 타이밍을 정확하게 맞추지 않으면 경기 수행에 어려움을 겪을 수 있다. 이 책의 뒷부분에서 음식 섭취 타이밍에 대한 문제가 포괄적으로 논의된다.

음식 섭취에 영향을 미치는 요인

몇 가지 요인들이 음식 섭취와 그로 인한 총 영양소 섭취에 영향을 미칠 수 있다. 이러한 요인들은 특정 약물의 섭취에 대한 일시적인 우울증, 미각 민감도를 변화시킬 수 있는 미량 영양소 결핍 또는 독성, 많은 운동선수들에게 있어 주요한 문제로 간주되는 과도한 훈련 및 다이어트까지 다양한 상태에서 유발될 수 있는 식욕 자극이나 식욕 부진으로부터 비롯된다.

식욕 부진

원인을 불문하고 식욕 부진은 음식 섭취를 방해하며, 장기간 지속되면 영양실조로 이어질 수 있

다. 식욕은 영양 요인과 비영양 요인 둘 다에 의해 영향을 받을 수 있다. 예를 들어 가족의 죽음은 종종 아연 결핍과 마찬가지로 식욕의 감소를 초래한다. 과도한 고단백, 고지방, 저탄수화물 식단에서 발생 가능한 탄수화물의 부적절한 섭취는 구역 및 식욕 부진과 관련된 어느 정도의 케톤증을 일으킬 수 있다.[58] 케톤 생성 식사요법Ketogenic diet을 인기 있게 만드는 것은 바로 이러한 식욕 부진인데, 이는 케톤이 상승하면 총 칼로리 섭취량을 낮추기 쉽기 때문이다. 특정 약물의 섭취 또한 미각의 변화나 식욕 부진을 초래하는 것으로 알려져 있는데, 둘 다 에너지와 영양소 섭취 모두를 감소시킬 수 있다.

겉보기에는 작은 치통처럼 경미한 것이라도 음식 섭취를 줄이거나 적어도 섭취하는 음식의 다양성을 줄여 최적에 못 미치는 영양소와 에너지를 섭취하게 될 수 있다. 충치, 구순 포진, 민감한 잇몸, 그리고 부은 혀는 모두 음식 섭취를 제한할 수 있는 잠재력을 가지고 있으며, 이로 인해 영양소와 연료가 필요한 조직에 노출되는 것을 제한한다. 정기적으로 치과를 방문하면 이러한 문제들의 대부분을 해소할 수 있을 것이다. 비타민 B 결핍(특히 비타민 B_2와 B_6)은 드물기는 하지만, 음

표 5.3 식욕 부진 및 미각 변화의 발생 가능한 원인

식욕 부진	미각 변화
거식증(신경성 식욕 부진증)	암페타민
암(대장, 난소, 위, 백혈병 및 췌장)	암피실린
만성 신부전, 만성 간질환	벤조카인
간경화	클로피브레이트
울혈성 심부전	그리세오풀빈
당뇨병	리도카인
정서적 불쾌감, 신경질, 외로움, 권태감, 긴장감, 불안감, 상실감, 우울증	
HIV/AIDS	
갑상선 기능 저하증	
감염병(인플루엔자를 포함한 열성 질환)	
임신(첫 3개월)	
약물 및 길거리 약물:	
• 암페타민	
• 암포젤	
• 항생제	
• 아줄피딘	
• 화학요법제	
• 코카인	
• 콜히친	
• 코데인(또는 코데인 함유 아세트아미노펜)	
• 디기탈리스 기침 감기약	
• 데메롤	
• 헤로인	
• 모르핀	
• 에페드린 포함, 교감 신경 작용제	
• 타목시펜	

New York Times Health Section, October 30, 2010; L.K. Mahan and S. Escott-Stump, *Krause's Food, Nutrition, & Diet Therapy*, 10th ed. (Philadelphia: W.B. Saunders, 2000), 401.

식 섭취를 방해하는 입과 혀에 문제를 일으킬 수 있다.

며칠 이상 지속되는 식욕 부진은 암, 결핵, 갑상선 기능 저하증, 심장 질환, 폐 질환 및 간 질환을 포함한 더 중대한 문제의 신호일 수 있기 때문에 오랫동안 방치되어서는 안 된다.[59] 식욕 부진 및 미각 변화의 발생 가능 원인의 목록은 표 5.3을 참조해라.

미량 영양소 결핍 또는 독성

미량 영양소는 식욕에도 중요한 역할을 하여 해결하기 어려운 문제를 일으킨다. 티아민과 같은 단일 비타민 결핍은 식욕 부진을 초래할 수 있다. 그러나 이 결핍은 식욕 부진을 일으키기 때문에 결핍을 역전시키기 위해 음식 섭취를 늘리는 것이 점점 더 어려워진다. 종종 단일 영양소 결핍은 식욕 매개 음식 섭취 감소로 인해 다중 영양소 결핍으로 이어질 것이다. 과도한 영양소 섭취로 인한 독성 결과 또한 식욕을 감소시킬 수 있다. 예를 들어 과도한 비타민 A 섭취의 확립된 증상은 식욕을 직접적으로 저하시키는 메스꺼움이다. 과다 섭취 또는 결핍 섭취로 인해 식욕 감퇴를 유발할 수 있는 비타민과 무기질 목록은 표 5.4를 참조해라.

과도한 훈련

과도한 훈련은 수면 부족, 질병 빈도 증가, 그리고 식욕 부진을 포함한 일련의 문제들을 초래할 수 있다.[60] 기억해야 할 주요 포인트는 음식 섭취를 방해하는 것은 무엇이든 영양 상태와 에너지 섭취에 중대한 영향을 미칠 가능성이 있으며, 둘 다 경기력을 떨어뜨리고 운동선수를 증가된 질병 위험에 빠뜨릴 수 있다는 점이다. 불면, 지속적인 피로감, 잦은 질병, 식욕 부진, 체중 감소, 그리고 큰 감정 변화를 경험하는 운동선수들은 과도한 훈련을 할 가능성이 높다. 중요한 것은, 과훈련 증후군(OTS OverTraining Syndrome)이 회복되는 데 몇 주 또는 몇 달이 걸릴 수 있다는 것이다. 고탄수화물

표 5.4 식욕에 영향을 줄 수 있는 비타민

비타민	불충분한 섭취	과다 섭취
티아민(비타민 B_1)	식욕 부진, 우울증	
리보플라빈(비타민 B_2)	혓바늘, 구내염	
니아신(비타민 B_3)	식욕 부진, 허약	구역, 간 손상
피리독신, 피리독살, 피리독사민(비타민 B_6)	혓바늘	
판토텐산	식욕 부진, 구역(극히 드문 결핍)	
콜린		구역, GI 불편감
아스코르브산(비타민 C)	잇몸 출혈	
구리		구역(극히 드문 독성)
아연	식욕 부진, 미각 변화 또는 감퇴	

식단이 과도한 훈련 증후군의 발생을 예방하며, 또 회복을 촉진할 수 있다는 증거가 있다.[60, 61] 과훈련 증후군은 제12장에서 더 자세하게 다룬다.

다이어트

인기 있는 다이어트는 총 칼로리 섭취를 줄이기 위한 전략으로 음식의 섭취를 의도적으로 제한하는 것이다(표 5.5 참조). 어떤 식단은 다른 기질(일반적으로 탄수화물)의 섭취를 억제하면서 일부 에너지 기질(일반적으로 단백질과 지방)의 섭취를 권장하는 반면, 어떤 식단은 전체 식품군을 제거함으로써 이를 달성한다. 다이어트 계획에 상관없이, 대부분의 다이어트는 궁극적으로 제지방의 소실, 체중 대비 힘의 감소, 그리고 성능의 감소를 초래하는 엄청난 칼로리의 감소를 포함하고 있다. 제지방의 소실은 대사율을 떨어뜨리는 결과를 초래하며, 그에 상응하여 떨어지는 대사율에 적응하기 위해 사람들이 지속적으로 적게 먹게 한다. 어떤 시점에서, 저칼로리 식단은 만성적으로 부족한 영양소 섭취와 관련된 모든 잠재적 위험을 가진 저영양 식단이 된다. 체중 감량 식단을 고려할 때 다음 두 가지를 명심하는 것이 중요하다.

- 체중은 다이어트를 판단하는 잘못된 척도이며, 저칼로리 식단은 체지방보다 제지방을 더 낮춰 결국 더 적은 칼로리로 체중의 증가를 유발할 수 있다.
- 제한적 섭취는 세포가 필요로 하는 모든 영양소에 노출되도록 하는 데 필요한 다양한 음식의 섭취를 억제한다.

표 5.5 인기 있는 체중 감량 다이어트 전략

다이어트	초점
케톤 생성	총 에너지 요구량을 충족하지 못하는 단백질과 지방의 비교적 높은 섭취에 중점을 두면서 탄수화물 섭취를 제한하여 에너지 섭취 부족을 유발한다.
간헐적 단식	음식을 섭취할 수 있는 시간을 제한하고, 먹는 기회를 매일 두어 차례로 제한하여 에너지 섭취 부족을 유발한다.
저탄수화물	고단백 및 고지방 음식을 허용하면서 탄수화물 섭취를 제한하여 에너지 섭취 부족을 유발한다.
저지방	고단백 및 고탄수화물 음식은 허용하면서 고지방 음식을 제한하여, 에너지 섭취 부족을 유발한다.
팔레오	가공되지 않은 '구석기 시대의' 식품에만 음식을 제한하여 에너지 섭취 부족을 유발한다.

소화와 영양소 흡수에 영향을 미치는 요인

많은 요인들이 소화 장애 또는 흡수 장애를 초래할 수 있으며, 둘 중 하나는 영양소가 필요한 세포에 영양소 공급을 감소시킬 것이다. 위장관의 초기 부분의 문제(즉, 입이나 식도)가 더 많은 문제를 일으킬 가능성이 있음을 고려하는 것이 중요하다. 예를 들어 식도염과 관련된 통증(잦은 구토, 잦은 알코올 섭취, 위 역류 등으로 인한 식도 자극)은 정상적인 배변 습관에 부정적인 영향을 미칠 수 있는 정상적인 식사 패턴을 방해하여 변비, 장 세척은 물론 탈수증을 유발할 수 있다. 소화 및 흡수의 다른 억제제로는 식품 민감증과 알레르기, 크론병으로 인한 장염, 그리고 약물 상호작용 등이 있다. 셀리악병Celiac disease은 현재 일반적으로 가장 흔한 식품 불내증 GI 장애 중 하나로 여겨진다.

식품 민감증 및 알레르기 반응

식품 민감증은 면역체계와 관련된 알레르기 반응이나 가장 일반적으로, 효소 부족을 수반하는 식품 불내성에 기인하는 음식 내 화학 물질에 대한 독성 반응의 결과이다. 식품 알레르기의 흔한 증상에는 구토, 설사, 두드러기와 기타 피부 발진, 콧물, 그리고 혈변 등이 있다. 사람들은 서로 다른 많은 식품에 알레르기 반응을 보일 수 있으나, 우유, 밀, 조개, 계란, 딸기, 그리고 땅콩이 가장 흔한 것들 중 하나이다. 불쾌감을 주는 물질은 일반적으로 사람의 기관이 적절하게 처리할 수 없는 단백질이다. 예를 들어 소의 우유 단백질인 카세인은 우유 알레르기의 불쾌감을 주는 물질이고, 단백질 글루텐은 밀 알레르기의 흔한 불쾌감을 주는 물질이다.

셀리악병

셀리악병은 대략적으로 인구의 약 1%의 사람들에서 발생하는 단백질 글루텐(밀, 보리 및 호밀에서 발견됨)에 대한 장내 불내증이다. 그것은 글루텐으로 인한 위장관 손상 환자의 70~80%에서 발생하는 포진상 피부염dermatitis herpetiformis과 관련이 있다.[4] 이러한 형태의 피부염은 사포와 같은 작은 돌기와 물집의 극도로 가려운 발진을 일으키고, 불쾌감을 주는 물질(글루텐의 경우)을 식단에서 제거할 때까지 지속되는 경향이 있다. 다른 증상으로는 지방의 중증 흡수 장애(지방 변증), 설사, 구강 궤양, 체중 감소, 철결핍성 빈혈, 만성 피로, 낮은 골 무기질 밀도, 비정상 출혈(일반적으로 비타민 K 결핍으로 인함), 다른 비타민 결핍, 체중 감소, 우울증, 어지럼증 및 저림을 포함한 신경학적 증상들이 있다.[5, 62] 셀리악병은 강한 유전적 연관성을 가지고 있기 때문에, 셀리악병을 가진 사람의 친척들 또한 이 질환이 발병할 가능성이 더 높다.[4, 5]

흡수 장애와 관련된 체중 감소와 대단히 불편한 안녕감sense of well-being은 식욕을 더욱 감소시켜 완전한 섭식 장애로 보이는 결과를 초래할 수 있다. 사람은 이러한 증상이 발생하기 전에 몇 년 동안 증상이 없을 수도 있으며, 우유 불내증이나 철분 결핍과 같은 일부 징후는 다른 징후 없이 나타날 수도 있다. 국립 보건원National Institutes of Health(2011)에 따르면, 소화기 증상은 성인보다 영아와 어린이에게 더 흔하지만, 모든 연령대에서 발생할 수 있다(표 5.6 참조).

표 5.6 유아, 청소년 및 성인에서의 셀리악병 증상

유아 및 청소년	성인(좌열의 증상 발생 가능)
복부 팽만감과 통증 만성 설사 구토 변비 하얀 변, 심한 냄새가 나는 변 또는 지방변 체중 감소	철분 결핍성 빈혈(명백한 원인 없음) 피로 뼈 또는 관절 통증 관절염 골소실 또는 골다공증 우울증 또는 불안감 손발 저림 발작 월경 누락 입안 구내염 포진상 피부염(가려운 피부 발진)
공통 및 공유 증상	
간헐적 설사 복통 팽만감	

출처: NIH National Digestive Diseases Information Clearinghouse. http://digestive.niddk.nih.gov/ddiseases/pubs/celiac/ [August 18, 2011]; Mayo Clinic. Available: www.mayoclinic.com/health/celiac-disease/DS00319/ [August 18, 2011].

우리가 GI 장애에 대해 더 많이 배울수록, 문제는 더 커지는 것처럼 보인다. 셀리악병의 유병률은 100,000명 중 1명으로 추정되었지만, 최근의 연구는 실제로 133명 중 1명임을 시사한다.[4] 의료계가 운동선수가 모호한 증상을 보일 때 가능한 원인으로 고려할 정도로 이 GI 장애의 높은 유병률을 충분히 인식하고 있는지 여부는 확실하지 않다. 대표적인 예가 2년 이상 화장실을 사용하지 않고서는 30분을 달릴 수 없었던 달리기 선수 에이미 요더 베글리Amy Yoder Begley이다.[6] 그녀의 상태를 조사하는 의사들은 난소 낭종, 과민성 대장 증후군, 갑상선 문제, 그리고 심지어 우울증으로 잘못 진단하였다. 그녀는 결국 셀리악병을 앓고 있는 것으로 밝혀졌고, 이것은 마침내 그녀가 자신의 문제를 바로잡고 베이징에서 미국 대표로 10,000m를 달리는 올림픽 선수가 되도록 해주었다. GI 장애와 부적절한 치료에 대한 오랜 역사를 거친 후, 결국 셀리악병으로 판명된 운동선수들의 다른 사례들도 있다.[7, 8]

흡수 장애, 잦은 설사, 철분 결핍 또는 셀리악병과 관련된 다른 GI 기능 장애 증상이 있는 선수들은 글루텐 불내증 가능성을 고려해야 한다. 애트킨스 다이어트Atkins diet(빵 섭취를 제한하는 고단백 저탄수화물 다이어트)에 대해 기분이 더 좋다고 보고하는 사람들 중 적어도 일부는 애트킨스 식이요법의 다른 알려진 유익성들 중 어느 것보다 글루텐의 제거 때문에 개선될 가능성이 크다. 셀리악병의 확실한 진단을 위해, 일반적으로 혈액 검사 또는 질병의 존재를 확인하기 위한 소장 조직 검사를 포함하는 임상적으로 승인된 검사가 이용 가능하다.[63]

셀리악병으로 진단받은 사람들에게 있어 해결책은 글루텐을 완전히 피하는 것이다. 이것은 베이글, 빵, 밀, 보리, 호밀, 맥아 또는 맥아 제품을 함유한 아침 시리얼, 크래커, 파스타, 대부분의 스포츠 바, 그리고 피자를 피하는 것을 의미한다. 먹는 것은 글루텐이 여러분이 전혀 예상하지 못했

던 음식에서 종종 발견된다는 사실에 의해 훨씬 더 복잡해진다. 셀리악병을 앓고 있는 사람들에게 안전해야 하는 감자튀김은 종종 더욱 바삭바삭하게 만들기 위해 미세한 밀 스프레이로 코팅된다. 아시아 레스토랑에 가는 것은 쌀이 밀을 기반으로 한 간장으로 코팅되어 있다는 것을 깨닫기 전까지는 글루텐을 피하는 사람을 위한 완벽한 해결책처럼 들린다. 파리에 있는 프랑스 요리사는 옥수수 전분을 걸쭉하게 만드는 소스로 사용할지 모르지만, 미국의 요리사는 밀가루를 대신 사용할 것이 거의 확실하다. 그리고 에너지 바는 거의 항상 셀리악병을 앓고 있는 사람의 삶을 어렵게 만들 만큼 그 안에 충분한 밀을 가지고 있을 것으로 확신한다. 글루텐 프리gluten-free라고 표시된 식품은 글루텐이 백만 분의 20 이하(큰 음식 접시에 있는 약 두 개의 작은 빵 부스러기 정도)이어야 하며, 만약 글루텐 프리 식품이 밀, 보리 및 호밀을 가공하는 장비에 의해 가공된다면 그 기준을 충족시키기가 어렵다. 그러므로 밀 프리wheat-free로 표시된 식품이 반드시 글루텐 프리인 것은 아니다. FDA에 따르면, 만약 식품이 어떤 종류의 밀, 호밀, 보리 또는 이러한 곡물의 이종 교배를 포함하지 않거나, 또는 글루텐을 20ppm 이하로 제거하기 위해 가공된 이러한 곡물로부터 파생된 어떤 성분도 포함하고 있지 않다면, 그 식품은 글루텐 프리 표시를 할 수 있다.[70] 비타민과 약에 대해 글루텐 프리 표시를 위한 지침만 있을 뿐, 현재 요구 사항은 없기 때문에 글루텐 민감증 또는 불내증이 있는 운동선수들은 이러한 제품들에 글루텐이 없음을 확실히 하는 데 각별한 주의를 기울여야 한다.

식단에서 글루텐을 제거하는 셀리악병을 앓고 있는 많은 사람들은 처음에는 이 제한으로 괴로워했으나, 장 기능의 향상은 이전에 GI 장애를 일으켰을지도 모르는 다른 음식들을 편안하게 섭취할 수 있게 해 준다. 사실상 모든 셀리악병 환자들은 글루텐의 제한으로 기분이 훨씬 좋아져서 글루텐 프리 식사를 계속하도록 스스로 동기를 부여 받는다.[4] 또한 일반적으로 쌀이나 옥수수로 만들어진 많은 글루텐 프리 빵 제품들은 밀과 호밀 빵의 훌륭한 대체품이다. 다행히도, 글루텐 불내증, 글루텐 민감증 또는 셀리악병이 있는 사람들에게 글루텐 프리 선택권의 수가 증가하고 있으며, 식당들은 글루텐 프리 손님들의 요구에 점점 더 세심해지고 있다. 글루텐 프리 음식과 조리법에 대한 수많은 온라인 자료도 있다. 글루텐이 많이 함유된 일반 식품과 글루텐이 함유되지 않은 식품의 목록은 표 5.7을 참조해라.

유당 불내증

민족성에 따라, 유당 불내증의 유병률은 5~50% 이상의 범위에 있다. 대부분의 청소년들은 효소 락타아제를 생산하는 데, 락타아제는 유당을 구성 성분(포도당과 갈락토스)으로 소화시킨다.[9] 하지만, 락타아제 생산은 3세 이후에 일부 사람들에서 감소할 수 있는데, 이것은 유당에 내성이 있는 사람의 능력을 제한한다. 북유럽 혈통의 성인들은 유당 불내증 발병률(인구의 5~17%)이 가장 낮은 것으로 나타난 반면, 남미, 남아프리카 및 아시아 사람들은 발병률이 50% 이상이다.[10] 2010년 델리 코먼웰스 게임Commonwealth games에서 참가하는 다수(62%)의 선수들이 특별 식이요법을 따른다고 보고하였으며, 5%는 유당 프리lactose-free 식단의 섭취를 보고하였다.[64]

소장에서 락타아제의 불충분한 생산으로 인해 유당이 소화되지 않을 때, 온전한 이당류로 대장으로 들어가고, 유당이 들어간 이후 비교적 짧은 시간 내에 복통, 팽만, 가스 및 설사를 일으킬

표 5.7 글루텐 함유 및 글루텐 프리 식품 표본

글루텐 함유 식품	글루텐 프리 식품
밀(통밀, 밀기울을 빼지 않은 밀가루, 통밀가루, 밀기울, 스펠트밀)	아마란스Amaranth
보리	애로루트Arrowroot
호밀(호밀가루)	메밀
불구르	옥수수
더럼Durham 밀	감자와 감자가루
퍼리너Farina	고구마
그레이엄Graham 밀가루	쌀, 쌀겨 쌀가루
카무트Kamut(호라산 밀)	타피오카Tapioca
마초 밀Matzo meal	콩, 콩기울, 콩가루, 콩 제품
세몰리나Semolina	호미니 그리츠Hominy grits
라이밀Triticale	폴렌타Polenta
보리 음료, 맥아 음료 및 맥주, 파스타, 국수, 페이스트리, 파이, 웨이퍼 및 케이크(특별히 글루텐 프리로 표시되지 않은 경우)를 포함, 이러한 곡물로 만든 모든 식품	퀴노아Quinoa
밀을 함유한 소스, 드레싱 및 수프	계란, 우유, 크림, 버터, 치즈, 커드 치즈
밀을 함유한 귀리 시리얼	모든 과일과 채소
프라이드 치킨과 같은 빵가루를 묻힌 식품	(빵가루를 묻히거나 양념하지 않은) 신선한 고기, 생선 및 가금류
모조육 또는 해산물과 가공된 런천미트	콩(글루텐 함유 소스를 첨가한 베이크드 빈스와 콩의 특정 상표는 제외)
	차, 커피
	코코아
	대부분의 알코올 음료
	잼, 마멀레이드
	설탕, 꿀
	소금, 후추, 식초, 허브 및 향신료

참조: 밀 제품들은 종종 소비자들이 가공되었음을 깨닫지 못하는 음식에서 충전제나 증점제로 사용된다. 귀리는 원래 글루텐이 없지만 가공하는 동안 글루텐에 오염될 수 있다. 만약, 귀리를 선택하고 글루텐을 피하고 싶다면, 글루텐 프리라고 표시된 귀리를 선택한다. 라벨을 습관적으로 읽는 것은 글루텐 프리 식단을 확실히 섭취하기 위해 첫 번째 열에 나열된 곡물(또는 그것의 파생물)을 함유하는 음식을 제거하는 중요한 수단이다.

수 있다. 가스와 팽만은 장내 세균에 의한 유당 처리 증가로 인해 야기될 수 있다. 이러한 증상들은 다른 위장관 문제와 쉽게 혼동될 수 있기 때문에 유당 불내증을 가진 사람들은 이 문제를 우유 섭취의 결과로 보지 않을 수 있다. 일반적으로 유당 수소 호기 검사를 이용하여 유당 불내증이 적절하게 진단되면, 증상을 없애기 위해 유당을 함유한 식품을 엄격하게 감소 또는 제거해야 한다. 모든 사람은 개별적으로 유당 내성 역치를 가지고 있고, 그 이상에서 증상이 발생할 것이다. 모든 유제품은 유당을 함유하고 있지만, 가장 높은 유당 함유량은 음용유, 연유, 건조 탈지 우유에서 발견된다.

크론병

크론병Crohn's disease은 회장의 국소적인 염증이지만 전체 소장과 대장에 영향을 미칠 수 있다. 그것은 복통과 잦은 설사, 피로, 체중 감소, 발열, 장 폐색과 관련이 있다.[11, 65] 관절, 피부, 눈 및 간에 영향을 미치는 추가적인 문제들과도 관련되어 있다.[65] 이러한 형태의 과민성 대장 증후군(IBD)은 장벽을 두껍게 만들어 장의 영향을 받는 부분의 내부 전달 직경을 감소시켜 장 폐색을 유발한다. 크론병은 남성과 여성 모두에게 똑같이 영향을 미치며, 유전되는 것처럼 보이지만 크론 환자의 단지 약 20%만이 이 질병을 가진 친척이 있다. 흥미롭게도, 크론병을 가진 사람들에서 높은 셀리악병 유병률을 볼 수 있다.[66] 이 질병은 알려진 원인은 없지만, 세균이나 바이러스에 대한 면역체계 반응이 염증을 일으킨다는 이론이 제시되었다. 몇몇 장 질환과는 달리 크론병은 스트레스와는 관련이 없는 것으로 보인다. 크론병은 운동선수가 충분한 영양소를 흡수할 수 있는 능력을 악화시킬 수 있으며, 이와 관련된 설사는 수분과 전해질 균형에 영향을 미친다.

크론병 진단을 받은 운동선수들은 영양 결핍을 바로잡고 통증과 설사를 완화시키는 것을 목표로 하는 치료법과 함께 보통 항염증 약물(종종 메살라민을 함유, 설파살라진이 이러한 약물들 중 가장 흔함)로 치료를 받는다.[12] 수분과 전해질을 이용한 치료는 잦은 설사로 고통받는 환자에 대한 표준 치료법이다. 어떤 약들은 또한 염증의 원인을 줄이기 위해 면역 반응을 감소시킨다. 자극을 받은 위장관은 염증을 줄이고 장 폐색의 가능성을 줄이기 위해 일정 기간 동안 어떤 고체 음식도 섭취하지 말아야 할 수 있다. 액체 상태의 영양이 풍부한 식사를 종종 이 기간 동안 섭취한다.

크론병의 GI 염증을 보편적으로 증가시키는 것으로 보이는 음식은 없지만, 의사들은 종종 환자에게 내성이 좋지 않거나 자극적인 것으로 알려진 음식(예: 우유, 알코올, 매운 음식)의 섭취를 제한할 것을 요구한다.[13]

회장(크론병에 의해 영향을 받는 주요 장 부위)은 비타민 B_{12}가 흡수되는 부위이다. 비타민 B_{12}의 흡수 실패는 결국 산소 운반 능력과 경기력에 부정적인 영향을 미치는 거대혈모구 저색소성 빈혈 megaloblastic hypochromic anemia로 이어질 것이다. 비타민 B_{12}가 많이 함유된 경구용 보충제나 음식은 비타민이 혈액으로 들어가지 않을 정도로 흡수가 충분히 손상되었기 때문에 결핍을 해소하지 못할 것이다. 위장관을 우회하는 비타민 B_{12}의 주기적인 주사는 일반적으로 이 결핍을 바로잡기 위해 필요하다.

약물

어떤 약물들은 소화와 영양소의 흡수에 영향을 미칠 수 있다. 항생제는 소화 및 흡수 과정을 돕고 비타민 B_{12}와 같은 특정 영양소를 만드는 데 관여하는 장내 미생물총(세균)을 파괴한다. 예를 들어 흔히 처방되는 항생제 네오마이신은 지방, 단백질, 나트륨, 칼륨 및 칼슘의 흡수 장애를 유발한다.[14] 2가 무기질(칼슘, 철, 마그네슘 및 아연)의 경쟁적 흡수 때문에, 예를 들어 칼슘을 함유한 제산제의 다량 섭취는 흡수 부위의 대부분을 차지하여 다른 무기질의 흡수를 방해할 수 있다.[15] 앞서 언급한 바와 같이, 운동선수들이 혹, 멍, 통증, 그리고 운동 노력의 고통을 해소하기 위해 흔히 복용하는 NSAIDs는 혈액 손실과 철분 결핍성 빈혈을 초래하는 위장관 자극을 일으킬 수 있다.[16] 이것들은 약물이 어떻게 연료의 섭취와 활용을 변화시키는 결과를 가져올 수 있는가에 대한 몇 가지 예에 불과하다. 운동선수들은 처방전 없이 살 수 있는 약물을 포함하여, 사실상 모든 복용 약물이, 소화, 흡수, 또는 기능에 손상을 줄 수 있는 신진대사에 영향을 미칠 가능성이 있다는 것을 충분히 알고 있어야 한다. 그러므로 선수들은 자가 진단과 자가 처방을 추구하기보다는 적절한 의료 전문가와 상담해야 한다.

에너지 대사에 영향을 미치는 요인

섭취, 소화 및 흡수된 영양소는 신진대사를 위해 여전히 정확한 조직으로 운반되어야 한다. 영양소-영양소 상호작용, 약물-영양소 상호작용, 산소 공급 부족 및 과도한 알코올 섭취를 포함한 많은 요인들이 영양소의 정상적인 신진대사를 방해할 수 있다. 이 중 잦은 알코올 섭취가 운동선수들에게 가장 큰 어려움을 줄 것으로 예상되지만, 이 모든 것을 고려하는 것이 중요하다.

알코올

알코올은 위와 소장에서 흡수된다. 비록 1g당 7Kcal를 공급하는 영양소이지만, 과도하게 섭취하면 에너지 대사에 중요한 역할을 하는 비타민 B 및 주 에너지 기질(탄수화물, 단백질, 지방)의 정상적인 신진대사를 억제하기 때문에 항영양제로 간주되기도 한다. 가장 중요한 것은 알코올이 필수 영양소로 오해되어서는 안 된다는 것이다. 세계적인 연구에 따르면, 건강에 좋은 알코올의 양은 없다.[67] 알코올은 인간이 해독할 수 있는 능력이 제한적인 독성 물질이고, 해독 과정에서 다른 독성 물질들이 남는다.

알코올을 규칙적으로 많이 섭취하면 간경변(간의 일부가 섬유화가 진행되어 더 이상 제 기능을 할 수 없는 상태)뿐만 아니라 간, 구강, 인후, 식도의 암(후자의 3가지 암은 흡연과 결합되면 훨씬 더 가능성이 높음)을 포함, 질병 위험이 증가한다. 아울러, 알코올은 위장관의 모든 부분에 자극이 될 수 있고, 그 결과 영양소의 흡수 장애를 유발할 수 있다. 설상가상으로, 알코올은 칼슘과 마그네슘의 소변 배출을 증가시킨다. 마그네슘은 인산기를 전달하는 효소의 보조 인자이기 때문에 에너지 대사에 필요한 성분이다. 잦은 알코올 섭취는 마그네슘의 재흡수(소변 손실 증가)를 낮추고 땀 내 마그네슘 배출도 증가시킨다. 그 결과 근육경련, 허약, 심장 부정맥이 증가한다. 운동선수들은 잦은 알코올 섭취를 통해 마그네슘 결핍을 일으켜서는 안 된다.[17]

간 기능이 손상되었기 때문에, 알코올은 또한 정상적인 신진대사와 영양소 저장을 방해할 수 있다. 또한 알코올은 알코올이 야기하는 손상을 회복시키고 알코올이 만들어 내는 흡수 장애에 대응하기 위해 영양소 요구량을 증가시킨다. 만성적인 알코올 남용은 심장을 약화시키고, 뇌와 신경 기능을 변화시키며, 혈중 지질(특히, 트리글리세리드)을 증가시키고, 지방간, 간경변을 초래하고, 췌장염(혈당 조절과 소화 과정에 큰 영향을 미칠 수 있음)을 유발할 수 있다. 알코올 섭취로 인한 운동 부상의 위험 증가 외에도, 하루에 한 잔 이상의 알코올은 반응 시간, 조정 능력, 그리고 에너지 대사에 부정적인 영향을 미칠 수 있다는 증거도 있다.[18]

간 효소인 알코올 탈수소효소($ADH_{alcohol\ dehydrogenase}$)는 간에서 비타민 A(알코올의 일종인 레티놀)의 활성 형태를 탈수소화하기 위해 만들어진다. 하지만 알코올(에탄올)을 섭취하면 알코올 탈

표 5.8 알코올이 사람의 기능에 미치는 영향

영향	결과
저혈당 위험 증가	장시간 운동 시 알코올이 간 포도당 신생 합성을 억제하기 때문에 저혈당이 발생할 가능성이 높다.
열 손실 증가	저혈당은 특히 추운 환경에서 온도 조절의 장애를 초래한다.
중·장거리 달리기 경기력 저하	알코올 섭취가 증가함에 따라 중·장거리 경기에서는 경기력 저하가 나타난다.
수직 점프 높이 및 전력질주 경기력 저하	수직 점프 높이 6% 저하, 80m 전력질주 경기력 10% 저하
농도에 부정적 영향	중추 신경계 영향
시각에 부정적 영향	중추 신경계 영향
반응 시간에 부정적 영향	중추 신경계 영향
(신체) 조정력에 부정적 영향	중추 신경계 영향
탈수 위험 증가	알코올은 이뇨 작용을 한다.
운동 후 글리코겐 회복 불량	알코올은 간의 탄수화물 상태를 악화시키고 근육 글리코겐 저장에도 손상을 줄 수 있다.
운동 후 회복 불량	알코올은 손상된 조직의 회복을 악화시킨다.

Burke와 Maughan에서 각색.[71]

수소효소의 제한된 생산은 탈수소 에탄올로 전환되어 알코올 형태로 비타민 A의 잠재적인 독성 형태를 남긴다. 그 결과는 알코올과 비타민 A 사이의 역반응으로 간 독성과 암 위험을 증가시킬 수 있다.[19]

운동선수들에게 있어 알코올과 관련된 건강 영향의 위험은 현실적이다. 비록 엘리트 운동선수들이 흔히 해당 나이의 비운동선수들보다 알코올을 절반 정도로 섭취하긴 하지만, 많은 운동선수들(특히 팀 스포츠 선수)은 여전히 좋은 건강, 좋은 영양, 그리고 최적의 경기력에 도움이 되는 것보다 훨씬 더 많은 술을 섭취한다.[20] 엘리트가 아닌 청소년 운동선수 집단은 비운동선수 집단에 비해 알코올을 섭취할 가능성이 더 높다.[21] 남성 운동선수들은 여성 운동선수들보다 매일 알코올을 섭취할 가능성이 더 높다.[22] 알코올이 경기력에 미치는 주요 영향의 목록은 표 5.8을 참조해라.

영양소

영양소 섭취와 가용성은 분명히 에너지 대사에 영향을 미친다. 심지어 하나의 영양소 결핍이 에너지 사용을 위한 정상적인 대사 경로를 손상시킬 수 있으며, 그로 인해 경기력에 영향을 미칠 수 있다. 불충분한 섭취, 소화 장애, 흡수 장애 및 약물 또는 알코올 섭취로 인한 대사 과정 변화의 잠재적 위험을 고려할 때, 대부분의 영양소가 필요한 시간에 필요한 조직에 공급되는 것은 사람의 기관의 공이라 믿는다. 하지만 부족한 섭취, 과도한 알코올 남용, 또는 치료되지 않은 질병으로 인한 모든 만성적인 손상은 결국 경기력에 부정적인 영향을 미칠 것이고, 운동선수들과 그들의 코치들은 이러한 사실을 계속 명심해야 할 것이다.

신체 활동은 연료의 필요성과 그것의 이용에 관련된 대사 과정의 필요성을 증가시킨다. 세포 필요량을 지원하기 위해 적절한 칼로리 공급을 제한하거나 공급된 연료를 적절하게 대사하는 세포의 능력을 변화시키는 모든 것은 기능에 부정적인 영향을 미칠 것이다. 적절한 음식 섭취, 약물과 보충제의 신중한 섭취, 규칙적인 알코올 섭취의 지양을 포함한 일부 요인들은 운동선수가 통제할 수 있는 범위 내에 있으나, 음식 섭취나 음식 흡수를 변화시킬 수 있는 질병 상태를 포함한 다른 요인들은 그렇지 않다. 이 책에는 성공적인 운동 노력을 추구하는 데 필요한 연료를 가장 잘 공급하는 방법에 대한 정보로 가득 차 있다. 운동선수의 직접적인 통제권 내에 있지 않은 질환(예: 셀리악병 및 크론병, 기타 위장관 장애)의 경우, 선수들은 의사의 조언을 구하는 것을 주저하지 말아야 한다. 궁극적으로, 연료가 그것을 태울 수 있는 능력을 가진 세포에 도달하지 못한다면, 운동 노력은 성공적으로 추구될 수 없다.

운동선수들에 대한 GI 우려 사항

위장(GI) 장애는 많은 운동선수들에 의해 너무 흔하게 여겨져서 그들은 이러한 증상들을 훈련과 경쟁의 내재하는 정상적인 부분으로 받아들였고, 너무 오랫동안 고통을 겪었기 때문에 그들은 이러한 장애가 없는 삶을 상상할 수 없었다. 물론, 이러한 증상들을 초래하는 위장 불편감이 정상적이고 자연스러운 것은 아니며, 치료하지 않고 방치되면, 운동선수의 건강을 심각하게 해칠 수 있는 질병 상태로 이어질 수 있다.

운동선수들에 대한 많은 GI 우려 사항이 있다. 수화 상태hydration status의 잦은 변동은 소화 및 흡수 장애를 일으킬 수 있으며, 지속적인 스트레스와 적절한 휴식 부족은 위장 기능 장애(예: 구역, 위염, 대장염)의 또 다른 흔한 원인이다. 일단 스트레스와 관련된 위장병이 발생하면, 영양소 섭취는 감소한다. 이것은 운동선수가 더 스트레스를 받지 않고 휴식을 취하는 상태로 돌아갈 때에만 적절히 대처될 수 있는 수많은 영양 결핍 장애를 유발한다.

달리기 선수의 설사는 지구력 운동선수들에게 잘 알려져 있으나, 다른 운동선수들에게도 영향을 미칠 수 있다.[23~25] 마라톤 선수 중 상당수(20%)도 마라톤 완주 후 대변에 피가 고이는 것으로 보고되어 있다.[26] 달리기 선수의 설사 원인에는 다음과 같은 몇 가지가 있을 수 있다.[27]

- 전해질 불균형으로 인해 자극된 대장
- 췌장 호르몬의 더 큰 자극으로 인한 장 전달 속도의 변화
- 세균 노출의 이동과 관련된 변화
- 비타민 또는 무기질 제제의 과다 섭취

운동선수는 더 좋은 음료의 섭취, 운동이나 경기에 관련된 음식과 수분의 내용 및 타이밍의 개선, 그리고 목표로 하는 보수적인 보충제 섭취를 통해 GI 장애를 완화할 수 있을 것이다.

스포츠 음료

위장 장애의 흔한 원인은 스포츠 음료이다. 다음과 같은 3가지 흔한 시나리오가 있다. (1) 운동선수가 음료에 적절하게 적응하지 못한다. (2) 음료가 과도하게 높은 삼투질 농도(즉, 전해질, 당 또는 단백질 농도가 너무 높음)를 가지고 있다. 혹은 (3) 운동선수가 음료의 특정 탄수화물 공급원에 대한 불내증 또는 민감증을 가지고 있다.

음료 적응 부족

사람은 영양 요법에 매우 잘 적응할 수 있지만, 운동선수들은 종종 완전히 경기 환경을 모의하기 위한 훈련에서 적응에 실패한다. 예를 들어 선수들은 매일 음료수 없이 훈련을 하지만 또 5km마다 마실 음료를 가지고 경기장에 나타난다. 알려진 음료의 섭취를 시간 단위당 예상되는 양을 가지고 연습하지 않으면, 이 선수들은 그들의 내성 한계치를 알지 못한다. 필연적 결과는 탈수증, 저나트륨혈증 또는 설사를 수반하는 과다 섭취 또는 과소 섭취가 될 것이다.

음료의 삼투질 농도osmolality

음료의 삼투질 농도가 높을수록 위 배출 지연이 증가해 위장 장애가 발생할 확률이 높아진다. 대부분의 스포츠 음료 회사들은 이러한 문제를 잘 알고 있으며, 대부분의 운동선수들이 내성이 있을 것으로 생각되는 음료를 만든다.

음료의 나트륨 농도가 올라가면, 허용 가능한 삼투질 농도를 유지하기 위해 탄수화물 농도를 하향 조절해야 한다. 일반적으로, 대부분의 운동선수들은 240mL당 50~150mg의 나트륨이 함유된 6~7%의 탄수화물 용액이 허용 가능하다고 생각하는데, 이것은 대부분의 스포츠 음료에서 발견되는 탄수화물과 나트륨의 전형적인 범위이다. 여기에는 주목할 만한 다음과 같은 예외가 있다. 일부 음료는 극히 낮은 나트륨(20mg 미만/240mL)을 가지고 있으며, 지구력 음료는 달리기 선수가 마라톤 거리 또는 그 이상을 달릴 때 혈액량을 유지하고자 하는 경우 훨씬 더 높은 나트륨 농도(200mg/240mL)를 가질 수 있다. 일부 운동선수들은 단백질이 함유된 스포츠 음료를 이용할 수 있는데, 이는 많은 양을 섭취하거나 매우 덥고 습한 환경에서 위장 장애 발생 가능성을 증가시킬 수 있다. 운동선수들이 개인이기 때문에 각각의 선수들이 전형적인 내성 한계에 속할 것이라고 가정하는 것은 실수이다. 특정 음료가 GI 장애를 일으키지 않을지 여부를 알 수 있는 유일하게 확실한 방법은 경기의 환경 상태를 면밀하게 모의하는 훈련 세션에서 예측된 속도로 그것을 섭취하는 것이다.

입 헹굼swilling 음료(즉, 용액을 삼키지 않고 입에 머금고 있는 상태)에 대한 주의 사항: 시원한 멘톨 함유 용액의 입 헹굼 효과를 평가한 검색 프로젝트에서 그것은 열 스트레스를 줄이는 데 도움이 될 수 있는 것으로 나타났다.[28] 하지만, 이것은 운동선수들이 탄수화물과 전해질 용액으로 입을 헹구는 것이 수분 상태를 유지하고 약간의 GI 장애를 피하는 효과적인 수단이라고 해석되어서는 안 된다.

탄수화물 공급원에 대한 민감증

여러 탄수화물 공급원(예: 자당과 포도당)을 운반하는 스포츠 음료는 일반적으로 하나의 탄수화물 공급원을 운반하는 음료보다 더 내성이 있다. 100명의 사람들이 하나의 문에서 빨리 빠져나와야 하는 방을 상상해 보라. 이제 100명의 사람들이 3개의 문에서 빨리 빠져나와야 하는 같은 방을 상상해 보라. 탈출이 3배 더 빠를 것이다. 각 탄수화물 단당류monosaccharide/single sugar는 장 벽을 통과하여 혈액으로 들어가기 위한 서로 다른 수용체(즉, 출구)를 가지고 있다. 다른 탄수화물 공급원과 같은 칼로리 부하를 제공하는 것은 흡수를 증진시키고 설사를 초래하는 수분 유입을 일으킬 만큼의 탄수화물이 장에 오래 머물 가능성을 감소시킨다.

또 다른 문제는 어떤 사람들은 특정 당에 대한 수용체나 효소를 거의 가지고 있지 않는데, 이러한 당을 섭취하면 설사 및 팽만을 초래한다. 유당은 인구의 약 10%에서 잘 알려진 문제이며, 많은 운동선수들은 과당만 함유된 음료를 섭취하는 것으로 인한 설사와 팽만을 불평한다. 하지만 여기서 중요한 구별이 이루어져야 하는데, 이는 사람들은 일반적으로 많은 스포츠 음료의 흔한 성분인 고과당 옥수수 시럽(HFCS)을 순수 과당과 연관시키기 때문이다. 스포츠 음료에 사용되는 HFCS는 그래뉴당(자당)과 구분이 안 되며, 포도당과 과당의 농도는 거의 동일하다. (HFCS가 아닌) 고농도의 유리 과당을 함유하는 음료는 높은 빈도의 GI 장애와 관련되어 있는데, 그 이유는 대부분의 달리기 선수들은 그것에 적절하게 대처하기 위한 수용체가 충분하지 않고, 그들이 예상되는 결과인 설사와 팽만을 경험하기 때문이다.

음식과 수분 섭취의 내용물 및 타이밍

운동을 강화하고 GI 장애 위험을 줄이기 위한 최적의 수분 및 음식에 대한 논의는 종종 내용물과 양과 관련된 문제에 초점을 맞추지만, 섭취의 최적 타이밍에는 거의 초점을 맞추지 않는다. 둘 다 GI 장애 위험을 줄이고 경기력 관련 유익성을 최적화하는 데 똑같이 중요하다.

운동 전

훈련이나 경기 직전에 영양학적으로 균형 잡힌 식사는 불필요하며, 심지어 역효과를 낳을 수도 있다. 운동 전 운동선수들의 목표는 혈당을 유지하고, 수화hydration를 최적화하며, 위 배출이 되어 있는지 확인하는 것이다. 그러기 위해서는 운동 전 마지막 식사에서 전분, 저섬유질 탄수화물에 중점을 두어야 하며, 그다음으로는 스포츠 음료 한 모금씩 마시기sipping 프로토콜로 훈련 또는 경기 시작까지 혈당과 양을 유지한다. 마지막 식사를 너무 빨리하면 운동 직전에 혈당을 떨어뜨릴 수 있고, 너무 늦게 하면 활동 시작 시 위에 음식이 남아 있을 수 있다.

운동 중

아마도 신체 활동 중 가장 흔한 실수는 갈증이 나타날 때까지 수분 섭취를 지연시키는 것일 것이다. 이 시점에서의 수분 섭취는 활동하는 근육에 충분한 수분을 공급하지 못할 가능성이 있으며(제3장 참조), 갈증에 대한 자연적인 반응은 한 번에 많은 양의 수분을 마시는 것이다. 갈증은 운동선수가 이미 탈수 상태임을 암시하기 때문에 위 배출이 지연되어 그 선수는 구역을 느끼게 될 것이다. 일반적으로 운동 중 갈증이 일어나지 않도록 주의를 기울이고, 섭취한 수분은 위를 빠르게 빠져나가 수분이 필요한 근육으로 빨리 운반되도록 해야 한다. 아울러, 운동선수가 이들 음식과 음료가 위장 장애를 유발하지 않는다는 것을 알지 않는 한 신체 활동 중에 고체 음식이나 고농도 탄수화물 음료(예: 탄수화물 농도가 8%를 초과하는 음료)를 섭취해서는 안 된다.

운동 후

탈수 정도가 클수록 수분 요구량이 커진다. 그러나 탈수는 위 배출 지연을 유발하기 때문에 탈수된 선수들은 한 번에 많은 양의 수분을 섭취하는 것을 주의해야 한다. 대신, 운동선수들은 스스로 탈수가 해소되는 것을 느낄 때까지 계속해서 수분을 섭취해야 한다. 순차적 일일 연습이나 경기에 참여하는 선수들의 경우, 운동 직후 기간은 고갈된 글리코겐 저장소를 다시 채우고, 운동과 관련된 근육통을 줄이고, 수분이 풍부한 상태로 돌아갈 수 있는 기회가 된다. 글리코겐 합성 효소는 글리코겐 저장소가 가장 고갈되어 있을 때 가장 높다. 이 효소는 포도당을 글리코겐으로 전환시키기 때문에 운동 직후 고탄수화물 음식을 섭취하는 것이 바람직하다. 그러나 이는 운동선수가 경험하는 상대적 탈수 정도에 의해 억제될 수 있다(탈수 정도가 클수록, 내성이 있는 음식의 양이 줄어듦). 그러므로 이상적으로는 운동 후에도 수분이 많이 함유되어 있어야 한다. 운동 후 초콜릿 우유 또는 비슷한 음료의 섭취는 수분을 보충하기 위한 수분과 나트륨, 글리코겐 보충을 위한 당, 그리고 운동 후 근육통을 줄이기 위한 단백질 등 다양한 필요성을 충족시킨다.

의약품, 한방 요법 및 보충제

위장 장애에 대한 일반적인 반응은 어떻게든 그 질환을 완화시킬 것이라는 희망으로 비타민, 무기질, 그리고 다른 '치료제cures'의 섭취를 늘리는 것이다. 그러나 비타민, 무기질, 항생제, 그리고 NSAIDs의 다량 섭취는 운동선수가 해소하고자 하는 위장 장애를 완화하기보다는 악화시킬 수 있다.[29] 많은 흔한 비타민과 무기질 보충제는 위장관에 큰 피해를 줄 수 있다. 일반적으로 낮은 위장 증상과 관련된 보충제는 고용량 비타민 C, 마그네슘 및 철분이다. 흔히 처방전 없이 구입할 수 있는 고용량의 비타민과 무기질 제제는 미량 영양소에 충분히 농축되어 있어서 흡수되지 않은 잔류 영양소는 설사의 원인이 될 수 있는 자극 관련 수분 유입을 유발하면서 위장관에 불가피하게 남아 있을 것이다. NSAIDs는 운동선수의 출혈성 설사의 원인일 수 있는 GI 출혈과 관련이 있는 것으로 알려져 있다.

운동선수를 위한 GI 권장 사항

만약 위장 증상이 여러분의 활동을 방해하고 있다면, 더 복잡하고 아마도 불필요하거나 해로운 중재interventions로 넘어가기 전에, 여러분의 일상에 대한 가장 간단한 조정부터 시작해 보라.

과도한 훈련, 스트레스 및 불충분한 휴식이 여러분의 GI 증상의 원인인지 여부를 평가한다. 훈련이 여러분의 발전에 도움이 되는가, 아니면 점점 더 피곤해지고 있는가? 지속적으로 부상을 치료하고 있는가? 잠을 충분히 자면서도 피곤함을 느끼는가? 이러한 과도한 훈련의 징후들 중 어떤 것이라도 여러분의 자율신경계를 과열 상태로 만들어 정상적인 위장 기능에 영향을 미칠 수 있다.

예측 가능한 장을 만든다.

연습이나 경기가 여러분의 정상적인 배변 습관을 방해하지 않도록 하라. 출발 시간 전에 일어나서 아침을 먹는 것은 여러분의 신체 활동에 필요한 에너지를 줄 것이고 또한, 장 기능을 자극하여 집을 떠나기 전에 변을 볼 수 있게 해 줄 것이다. 따뜻한 음료를 추가하는 것도 도움이 될 것이다.

최적의 수화 상태를 지속적으로 유지한다.

탈수, 과수분, 그리고 수분 음료의 부적절한 선택은 위장 장애의 원인이 될 수 있다. 현저한 위장 장애는 체중의 2%의 수분 감소로 야기될 수 있다. 땀 손실을 예측하고 적절히 대체하는 데 시간을 할애하는 것만으로도 경기 중에 경련과 설사가 일어날 가능성을 최소화할 수 있다. 그러나 수분 보충은 훈련 시간 이후에도 지속적인 주의가 필요하다. 수분 보충 계획이 훈련 계획이나 음식 계획만큼 중요하다고 생각하라.

연습과 경기 동안 6~7%의 탄수화물이 함유된 스포츠 음료를 부지런히 섭취한다. 이러한 음료들은 특히 장에서 활동 근육으로의 수분 흡수 속도를 증가시키기 위해 만들어졌으며, 장에 덜 흡수된 수분을 잔류하게 하여 묽은 변이나 설사를 유발한다. 과당만 함유된 스포츠 음료를 지양한다. 주스나 탄산음료와 같은 고탄수화물 음료는 활동 근육으로부터 수분의 흡수를 이동시키고 장에 더 많은 양의 수분을 잔류하게 하여 설사를 일으킬 수 있다. 비교적 짧은 기간 또는 온도 조절 환경에서 수행되는 활동을 하는 운동선수들은 더운 환경에서 장기간 활동에 참여하는 선수만큼 많은 스포츠 음료를 필요로 하지 않을 것이다. 하지만 어떤 스포츠 활동도 혈당이 낮아지는 속도를 빠르게 하여 피로를 유발한다. 스포츠 음료는 모든 운동선수에 유용하지만, 개별 선수들은 최적의 섭취 패턴을 보장하기 위한 전략을 따라야 한다. 활동 전후 체중 측정은 개인의 필요성에 맞게 수분 섭취를 조절하는 좋은 방법이다.

운동 전 식사를 연습한다.

운동 전에 마지막으로 먹는 음식은 구역, 경련, 식도 역류, 흉통 및 구토와 같은 상부 위장 증상을 유발할 수 있다. 운동과 함께 위 배출 및 장 운동성이 증가하여 GI 증상의 기계적 기원이 된다. 하지만 여러분의 운동 전 식사의 타이밍, 양, 영양 밀도, 일관성, 그리고 온도 또한 위 배출에 영향을 미칠 수 있다. 가벼운 운동으로 위로부터 수분 배출이 증가하고, 격렬한 운동으로 고체 식품 배출이 지연된다. 식이 지방과 섬유질 또한 위 배출을 지연시킨다. 경기 전 식사를 통해 시도 및 입증된 고탄수화물, 저지방, 저섬유질 음식 목록을 개발한다.

고섬유질 음식은 연습 후를 위해 보충한다.

섬유질 섭취는 건강한 소화를 위해 중요하지만, 섬유질은 또한 위장 장애의 근원이 될 수 있다. 일반적으로 밀과 옥수수겨, 아마 씨, 견과류, 그리고 과일과 채소 껍질과 같은 불용성 섬유질의 식품 공급원은 설사의 원인이 될 가능성이 높다. 연습 후에 고섬유질 시리얼을 먹는다. 만약 경증~중등증의 가벼운 설사와 묽은 변이 문제라면, 매일 총 수용성 섬유질 섭취를 늘리는 것이 증상을 완화시키는 데 도움이 될 수 있다. 수용성 섬유질은 상당한 양의 물을 흡수하여 대변이 소화관을 통과하는 데 더 단단하고 더 느리게 만든다. 콩, 귀리, 보리, 과일, 그리고 채소는 가용성 섬유질을 함유하고 있다. 섬유질 보충제는 주의 깊게, 그리고 가급적이면 전문가의 조언과 함께 사용해야 한다. 요구르트와 같이 이전에는 섬유질이 많은 식품 공급원으로 여겨지지 않았던 많은 상업 식품들이 지금은 섬유질을 첨가하였는데, 이는 바람직할 수도 있고 그렇지 않을 수도 있다는 것을 알아둔다. 가용성 섬유질의 과부하는 가스 및 팽만이라는 또 다른 부정적인 GI 증상을 일으킬 수 있다.

모든 식이요법 및 허브 보충제를 중단한다.

증상이 사라지면, 우선 불쾌감을 주는 보충제를 영양 계획에 다시 도입할 필요가 있는지 고려한다. 필요하다면, 더 작고 더 자주 복용함으로써 장내 보충제의 양을 한 번에 줄인다.

유당 프리lactose-free 유제품을 먹어 본다.

소화 효소 락타아제는 유제품에서 자연적으로 발생하는 당인 유당을 분해한다. 사람은 제한된 양의 락타아제를 생산하며, 또한 나이, 질병, 그리고 스트레스와 함께 생산량도 감소하는 경향이 있다. 하루에 섭취된 유제품의 총량이 락타아제 용량 한계를 초과하여 설사를 일으킬 수 있다(혹은 달리기 45분 전에 마신 라떼가 원인일 수도 있다!). 유당 프리 우유, 요구르트, 그리고 다른 유제품 대체품들을 쉽게 구할 수 있다. 만약 여러분이 유당 프리 식단을 통해 증상 완화를 발견한다면, 여러분은 유당이 정말 여러분을 불쾌하게 하는 물질이라는 것을 확인하기 위해 의사에게 유당 호흡 검사를 요청하고 싶을지도 모른다.

한 번에 너무 많은 요법을 시도하지 않는다.

식이요법을 바꿀 때, 더 많은 것이 반드시 더 나은 것은 아니다. 식이 섭취에 대한 어떠한 주요한 변화도 여러분의 장에 부정적으로 영향을 미칠 수 있다. 한 번에 한 가지씩 바꾸고, 더 변경하기 전에 여러분의 기관이 적응할 수 있도록 며칠 또는 몇 주의 시간을 준다. 예를 들어 고섬유질 시리얼, 섬유질이 풍부한 요구르트, 그리고 섬유질 보충제를 동시에 추가하지 않는다. 또한, 변비 치료제로 시판되는 프로바이오틱스는 대변의 부피를 증가시키며, 상업적으로 이용 가능한 많은 식품에 매우 흔한 첨가물이다. 여러분이 여러분의 증상을 통제할 때까지 새로운 물질 첨가를 미루면, 새로운 음식에 대한 내성을 개별적으로 평가할 수 있다.

셀리악병에 대한 검사가 적절한지에 대해 의사와 상의한다.

밀, 호밀 그리고 보리 기반의 모든 음식을 금지하는 식단을 채택하는 것은 쉬운 일이 아니다. 다행히도, 현재 흔히 섭취되는 고탄수화물 음식의 적절한 대체물을 제공할 수 있는 글루텐 프리 대체품들이 많이 있다. 아울러, 완전한 검사 없이 식단을 시작하는 것은 적절한 진단을 어렵게 만들 것이다.

저-FODMAP 식단(즉, 저 발효성 올리고당류, 이당류, 단당류, 폴리올 식이)을 섭취하는 것이 운동선수의 흔한 GI 증상을 낮추는 데 유용하다는 증거가 있다.[68] 저-FODMAP 식단에 있어 피해야 할 음식은 다음을 포함한다.[69]

- 과당: 과일, 꿀 및 고과당 옥수수 시럽
- 유당: 유제품
- 프락탄(이눌린): 밀, 양파, 마늘
- 갈락탄: 콩, 렌틸콩, 대두와 같은 콩과 식물
- 폴리올: 소르비톨, 만니톨, 자일리톨, 말티톨, 아보카도, 살구, 체리, 천도 복숭아, 복숭아, 자두 함유 감미료

중요 사항

- 섭취해야 하는 음식과 수분의 양이 많을수록, 운동선수는 섭취해야 하는 식사의 횟수가 많아진다. 단순히 각각의 기존 식사에서 섭취되는 음식의 양을 증가시키는 것은 위장관 질병을 포함한 여러 질병을 일으킬 가능성이 있다.
- 음식 섭취의 타이밍은 중요하다. 어떤 고체 음식도 신체 활동 후 1시간 30분 이내에 섭취해서는 안 되며, 마지막 식사와 운동 사이에 운동선수들은 혈당을 유지하고 배고픔을 피하기 위해 스포츠 음료를 조금씩 마셔야 한다. 활동 중에 나트륨과 탄수화물이 함유된 스포츠 음료는 혈액량과 혈당을 유지하는 데 도움이 될 것이다. 운동선수들은 신체 활동 직전이나 운동 중에 섬유질이 많이 함유된 음식을 피해야 한다. 운동 후에 선수들은 근육의 글리코겐과 수분 상태를 회복하기 위해 음식과 수분을 섭취해야 한다.
- 어떤 요인들은 위 배출을 지연시킬 수 있으며, 이것은 위장병을 일으킬 수 있다. 여기에는 탄수화물 농도가 8% 이상인 음료, 높은 수치의 자유 과당을 함유한 음료, 높은 운동 강도, 그리고 높은 심리적 스트레스가 포함된다.
- 운동선수들에게 GI 장애는 통증, 설사, 가스, 구토 및 팽만을 초래하는 흔한 질병이다. 공통적이기는 하지만, 이러한 질병을 대수롭지 않게 여겨서는 안 된다. 운동선수들은 원인을 알아내기 위해 의사와 상담해야 한다. GI 장애를 가지고 있는 운동선수들은 음료의 선택, 탄수화물 공급원에 대한 민감성, 식품 알레르기, 불내증, 또는 민감증을 가능한 원인으로서 고려해야 한다.

Chapter 6

영양소와 수분 섭취 시기

에너지와 영양분의 전달에 관한 전통적인 관점은 24시간 단위로 권고 사항을 제공하는 것이다. 이런 일반적인 지침은 어떤 사람들에게는 유용할지 모르나, 경기력 향상을 위해 에너지원과 수분의 전달을 최적화하고자 하는 운동선수들에게는 그다지 유용하지가 않다. 에너지원 제공과 바람직한 신체 조성 달성이라는 두 가지 목적 모두를 위해서는 에너지 및 수분 섭취의 동역학이 에너지 및 수분 사용의 동역학과 일치해야 한다. 이 원칙에서 벗어나는 모든 전달 시스템은 이런 권고 사항들의 유용성을 감소시킨다. 신체는 24시간, 48시간이나 72시간 단위로 일하지 않는다. 우리에게는 시스템 기능의 최적화를 위해서 기존의 생물학적 수치들(혈당, 인슐린 등)에 기반해 끊임없이 미세조정을 하고 있는 내분비계와 중추신경계가 있다. 섭취와 소비의 동역학을 일치시키는 것이 운동선수들이 제지방 체중을 유지하고, 체지방 수준을 줄이고, 웰빙 의식을 개선하고, 경기력을 향상시키는 데 도움이 된다는 것을 증명하는 과학적 증거들이 늘어나고 있다.

운동은 영양 요구에 두 가지 중요한 영향을 미친다. 운동은 시간 단위당 에너지 사용률이 증가하는 결과를 가져오고, 보다 높은 에너지 대사 수준과 관련된 보다 많은 열 생성 때문에 운동 관련 열을 방사하기 위해 땀으로 손실되는 물과 전해질 비율의 증가를 초래한다. 이 추가적인 영양 부담을 충족하기 위해 운동선수들은 에너지 기질, 영양분 및 수분의 섭취를 늘려야 하지만 영양 조사는 운동선수들이 충분히 먹고 마시지 않는다는 것을 보여준다.[1~3, 51, 52] 뿐만 아니라 에너지 섭취의 타이밍이 좋지 않은 것으로 보이는데 이것이 건강, 신체 조성과 경기력에 부정적인 영향을 미친다.[4~6, 53, 54] 몸이 필요로 할 때 충분한 에너지를 이용할 수 없어 초래되는 건강 및 경기력 문제들이 많이 있다.

운동선수의 이런 만연한 영양실조의 결과는 익히 알려져 있다. 불충분한 섭취로 인한 결핍을 극복하기 위해 보충제와 운동 능력 향상 보조제에 지나치게 의존하게 된다.[51, 55, 56] 운동선수들은 다른 어떤 행동방침보다도 음식과 마시는 것에 집중할 때 더 나은 결과를 얻게 될 것이다.

영양에다 초점을 맞추는 것이 내용과 질이 의심스러운 보충제와 운동 능력 향상 보조제에 의존하는 것보다 비용이 덜 들고 더 믿을 만하고 더 안전한 전략이다.[57, 93]

이 장은 하루 에너지 균형과 식사 빈도를 고찰한 연구들의 비판적 요약, 그리고 하루 동안 에너지 과잉과 결핍의 크기를 줄이는 것이 중요함을 보이는 근본적인 생리학적 영양 원칙들을 제시한다. 또한 오전과 오후, 오후와 저녁, 또는 하루 1회의 훈련 계획에 참여하는 운동선수들이 어떻게 하루 동안 최적의 에너지 및 수분 균형을 유지할 수 있는지에 대한 실제적인 전략들을 제시한다.

수행력 향상을 위한 섭취

에너지 섭취에 관한 많은 논의는 에너지 기질의 최적 배분에 초점을 맞춘다. 고단백, 저탄수화물 식사에 대한 일반적인 권고에도 불구하고 비교적 복합탄수화물이 많고 고품질 단백질이 적당하고 지방이 적은 식사에 초점을 맞추는 것이 경기력을 향상시킨다는 것에는 의심의 여지가 없다. 그러나 에너지 섭취 부족에 직면하거나 이런 에너지 기질들이 하루 전체를 통해 어떻게 배분되는지 모를 때에는 이런 논의는 거의 의미가 없다. 간단히 말해서, 당신이 가고 싶은 곳으로 당신이 원하는 때에 당신을 데려다주기에 충분한 연료가 없다면, 시스템에 고급 연료가 투입되는지는 중요하지가 않다.

하루 동안 에너지 균형을 평가하는 것이 운동선수들에게 유용한 경기력 및 건강 정보를 제공한다는 것을 강력하게 시사하는 최근의 연구들이 있다. 장거리 여행 중에 가솔린을 사용하는 당신의 자동차를 상상해 보라. 가솔린이 떨어지면 차는 멈춘다. 인간이 쉽게 이용할 수 있는 에너지원을 소진하고 심각한 에너지 균형 부족 상태에 들어갈 때에는, 계속 달릴 수 있게는 하지만 우리가 보존하고 싶어 하는 제지방 체중을 종종 희생시키는 제2차 시스템들이 있다. 남녀 운동선수들 모두에서 비록 24시간의 일일 칼로리 요구는 충족되더라도 더 많은 시간을 심각한 에너지 균형 부족 상태에서 지내는 것은 코티솔 수준이 보다 높아지는 것과 관련 있다.[58, 59] 코티솔은 제지방 조직을 분해하고 그 결과 아미노산은 신체가 계속 달리기 위해 필요로 하는 에너지원으로 전환될 수 있다. 신체가 필요로 하는 시기 이후에 에너지를 공급하는 것은 24시간 에너지 균형 상태를 가져올지는 모르나, 에너지가 제공되기 전에는 심각한 에너지 균형 부족이 실시간으로 발생할 것이다. 코티솔 생성은 하루 에너지 균형 부족을 만들어 내는 것을 의도하는 간헐적 단식의 경우와 같이 의도적으로 발생하거나 또는 훈련 중에 에너지 소모가 많지만 보상하는 에너지를 충분히 섭취하지 않는 운동선수의 경우처럼 부실한 계획의 결과로 발생할 수 있다. 연구들은 하루 중 어느 때든 낮은 에너지 균형 상태에 도달하는 것은 여성 운동선수들의 경우에는 보다 낮은 에스트로겐 생성, 그리고 남성 운동선수들의 경우에는 보다 낮은 테스토스테론-코티솔 비율을 초래함을 확인했다. 이 모든 연구 결과는 운동선수들이 하루 에너지원 전략에 집중해야 한다는 것을 시사한다. 상승한 코티솔은 보다 낮은 골밀도 및 제지방 체중과 관련이 있고 보다 낮은 에스트로겐은 보다 낮은 골밀도와 관련이 있으며 보다 낮은 테스토스테론-코티솔 비율은 남성 운동선수의 회복이나 근육량

하루 에너지 균형

에너지 균형을 실시간으로(일반적으로 매시간) 평가하면 하루 중 운동선수가 에너지 균형을 과도하게 높이거나 낮게 유지하는 시간에 대한 정보를 얻을 수 있다. 에너지 균형은 전통적으로 24시간 단위로 평가되어 왔지만(즉, 에너지 흡수, 에너지 소비), 실시간 에너지 가용성이 운동선수의 건강과 경기력에서 중요한 문제라는 인식이 증가하고 있다. 에너지 균형은 소비한 칼로리에 대한 섭취한 칼로리의 비율이다. 그러므로 800Kcal를 섭취하고 오전 10시에 600Kcal를 소비한 사람은 200Kcal의 에너지 잉여가 있다. 연구들은 체구가 작은 편인 운동선수의 경우에는 ±300Kcal, 체구가 큰 편인 운동선수의 경우에는 ±400Kcal의 에너지 균형을 유지하는 것이 바람직한 신체 조성과 좋은 건강을 유지하는 데 도움이 된다는 것을 확인했다. WIDEB 분석을 수행하기 위해서는 섭취한 에너지와 소비한 에너지의 매시간 평가가 반드시 수행되어야 한다. 이는 스프레드 시트나 소프트웨어 NutriTiming®를 통해 할 수 있다. NutriTiming®을 이용한 WIDEB 분석의 예들이 이 책의 후반부에 포함되어 있다. 일반적인 지침은 다음과 같다.

- 에너지 기질의 적당한 섭취 및 배분을 가정하면, 앞에서 언급한 에너지 균형 범위 내에 머무는 것은 지속적인 신체 조성 및 경기력과 관련된다.
- 에너지 균형 부족보다 에너지 균형 잉여(즉, 에너지 균형 0 이상)에서 1~2시간을 더 보내면서 앞서 언급한 에너지 균형 경계 내에서 머무르는 것은 충분한 근육 자극이 적용된다고 가정할 때, 근육량을 증가시키기에 충분한 추가 에너지를 제공한다.
- 에너지 균형 잉여보다 에너지 균형 부족(즉, 에너지 균형 0 이하)에서 1~2시간을 더 보내면서 앞서 언급한 에너지 균형 경계 내에 머무르면 제지방량에 부정적인 영향을 미치지 않고 지방 손실을 가능하게 한다.

개선이 어려울 것임을 시사하기 때문이다.[60, 61]

체중과 제지방량 안정성은 에너지 섭취량과 일치할 때 필요한 훌륭한 지표이다. 충분한 에너지를 섭취하지 못하면 체중 감소로 이어지는데, 이런 체중 감소의 많은 부분은 신체가 이런 에너지 부족을 보충하고자 할 때의 제지방량 감소로부터 나타난다.[62] 대부분의 운동선수들의 경우에, 체중이 줄더라도 상대 제지방량이 보다 낮고 상대 지방량이 보다 높은 것은 바람직하지 않고 경기력 저하와 관련 있는 생리 지표이다. 이는 최적의 경기력 보장을 위해 금지되는 계속 줄어드는 에너지 섭취와 함께 대사질량(즉, 제지방량)의 손실은 불가피하게 체중 순환(요요 현상)과 관련된다는 사실로 인해 악화된다.[94] 어떤 체중 성분이 변했는지(지방의 증감, 근육의 증감) 아는 것은 음식 섭취 전략이 성공적이었는지를 아는 것에 있어서 매우 중요하다. 단순히 체중만 모니터링 하는 것은 그런 중요한 정보를 제공하지 못하고, 옳은 전략을 따르고 있다고 생각하도록 운동선수를 오해하게 할 수 있다.

종목에서 기대하는 것보다 높은 체지방량에 대한 매우 현명치 못한 반응으로 간주되어야만 하는 것은 운동선수들이 많은 지방량을 줄이려는 시도로 흔히 식사를 거르면서 에너지 섭취를 줄이는 것이다. 식사를 거르거나 다른 칼로리 제한 전략을 통해 이렇게 에너지 섭취를 끊임없이 낮추는 것의 효과는 체지방량보다 제지방량이 계속해서 더 많이 감소하는 것이고 결국 지방이 체중에서 지속적으로 더 높은 비율을 차지하게 된다.[7, 8] 칼로리 하향 조정이 일반적으로 과도하기 때문에 결과적으로 적응성 열 발생은 동일한 체중의 결과를 가져오지만, 체중의 구성에 있어서 지방이 더 많고 제지방은 더 적은 상태가 되는데, 이것은 운동선수들이 추구하는 바가 전혀 아니다.[63]

끊임없이 증가하는 상대 체지방량에 적응하기 위해 에너지 섭취를 낮추는 이런 순환은 외모가 스포츠의 주관적 채점에서 한 요인이 되는 운동선수들 중에서 매우 흔히 보이는 섭식 장애의 전조가 된다.[9] 이 점을 강조하기 위해, 신경성 식욕 부진증이 있는 사람들이 비교적 높은 체지방률을 유지함에도 불구하고 좌심실 위축을 비롯해 체중, 골밀도, 제지방량 등의 극단적인 감소를 보인다는 점에 주목해야 한다.[64] 그러므로 상당한 칼로리 감소(즉, 식이조절)가 신체 윤곽과 신체 조성의 개선을 가져온다는 생각은 철저하게 검토했을 때 성립이 되지 않는다. 단기적인 체중 감량이 경기력 향상과 일시적으로는 관련이 있을지 몰라도 그런 저칼로리 식단의 장기적인 영향에는 필요로 하는 영양소 섭취의 감소(질병 빈도와 저골밀도 위험의 증가로 나타나는 문제), 불충분한 칼로리 섭취에 의한 대사 적응으로서 근육량의 감소, 더 적은 제지방 조직과 더 많은 지방으로 구성되는 체중으로의 회귀가 있다. 설상가상으로 제지방량을 낮추는 것은 체중이 증가하는 일 없이 정상적인 식사를 하는 것을 더욱 어렵게 만들어 문제를 계속 만들어 낸다.

에너지 균형 문제에 대한 미시경제적 관점은 운동선수들이 경기력 향상을 위한 최적의 신체 조성을 달성하기 위해 어떻게 식사해야 하는지에 대한 실마리를 제공할 수 있다. 네 그룹의 국가대표급 운동선수들(리듬체조 선수, 기계체조 선수, 중거리 육상선수, 장거리 육상선수)을 대상으로 한 한 연구는 하루 동안 완벽한 에너지 균형으로부터 가장 멀리 벗어난 선수들은 에너지 편차가 과잉이든 부족이든 상관없이 체지방 수준이 가장 높다는 것을 확인했다.[5] 실제로, 에너지 부족(거의 800Kcal)이 단체로 가장 현저했던 리듬체조 선수들이 모든 평가 대상 집단 중에서 체지방률이 가장 높았던 반면에, 중거리 달리기 주자들이 하루 에너지 균형이 가장 좋았고 체지방률이 가장 낮았다. 하루 에너지 균형을 평가한 다른 연구들이 총 일일 에너지 섭취량은 충분한데도 많은 시간을 에너지 균형 부족으로 보내는 남여 선수들 사이에서 유사한 추가적인 문제들을 발견했다.[72, 73, 58, 59]

이것은 하루 끝의 푸짐한 식사를 크게 강조하면서 자주 하지 않는 식사를 특징으로 하는 운동선수들의 일반적인 식사 패턴이 주간에 많은 에너지 균형 부족을 초래하는 것이 확실하기 때문에 운동 목표 달성에 유용하지 않다는 것을 강하게 시사한다. 비록 이런 결핍이 하루를 에너지 균형 상태로 마침으로써 만회될 수도 있지만, 이런 식사 패턴은 바람직한 체지방 수준보다 더 높은 결과를 초래할 수 있다. 체지방 수준이 보다 높아지는 이유는 혈당이 어떻게 변하는지(식사 후 상승하고 안정된 다음 3시간 후에 떨어진다)를 고찰할 때 분명해진다.[74] 식사가 지연되는 경우, 혈당이 떨어지고 당생성 아미노산이 근육조직으로부터 보급되어 간에 의해서 포도당으로 변환된다. 이것이 혈당을 안정화하는 데 도움이 되고 뇌에 에너지원을 공급하지만 이는 근육량을 희생한 결과이다[75](표 6.1 참조). 또한 당생성 아미노산의 포도당 전환은 아미노산에서 질소가 제거될 것을 요구

영양 섭취 시기와 면역체계

면역체계는 호흡하는 공기와 마시는 물 속에 있는 박테리아와 바이러스를 포함한 감염 물질의 불가피한 노출로부터 사람들을 보호한다. 격렬한 훈련과 체력을 고갈시키는 경기가 운동선수의 면역 억제를 일으키고 상기도 감염증의 위험을 증가시킨다는 것을 입증하는 충분한 증거가 있다.[11, 12, 65] 또한, 지연된 식사, 과다하거나 불충분한 영양분 섭취, 불충분한 탄수화물 섭취, 영양학적으로 그리고 충분한 휴식에 의한 운동으로부터의 적절한 회복 실패, 시기를 놓친 단백질 섭취 등이 모두 운동선수의 면역체계 저하에서 역할을 수행할 수 있다.[13, 65, 66] 심한 훈련과 나쁜 영양 습관의 결합은 운동선수의 경기력을 분명히 떨어뜨리며, 발병 빈도의 위험을 높이고 심지어는 어떤 암들의 발병 위험을 더 높일 수도 있다.[14]

문제를 복잡하게 만드는 것은 많은 운동선수들이 과잉 단백질이나 불충분한 탄수화물 섭취를 제공하고 흔히는 다른 것들을 희생하고서 비타민과 무기질의 섭취를 강조하는 음식을 의도적으로 섭취한다는 것이다. 운동선수들이 경험하는 통상적인 생리적 스트레스는 영양 인자들에 민감한 면역체계에 부정적인 영향을 준다. 운동선수의 면역체계를 지원하기 위한 최상의 영양 전략은 탄수화물과 식물 기반 폴리페놀을 시기에 맞춰 규칙적으로 섭취하는 것을 포함한다.[66] 운동 후에 탄수화물을 제공하는 것은 운동 유발 스트레스 호르몬 수준과 염증을 낮추고 지방 대사를 강화한다. 탄수화물과 폴리페놀의 함량이 모두 높은 신선한 과일을 섭취하는 것이 잠재적으로 항바이러스 기능을 하고 면역체계 강화에서 중요한 역할을 하는 장내 미생물 환경을 개선한다.[66~68]

포도당과 아미노산인 글루타민이 면역체계가 사용하는 유일한 에너지원이다. 혈중 포도당의 급격한 감소는 대식세포와 림프구의 기능을 저하시킴으로써 면역 기능의 감소를 초래한다.[15] 그러므로 저혈당증을 피하기 위해 신체 활동 도중에 탄수화물 함유 음료와 식품을 적절한 시기에 섭취하는 것이 경기력과 면역 기능 모두의 관점에서 유용하다.[16] 운동선수들에게서 매우 흔히 발생하는 만성적인 에너지 공급 부족 또한 면역세포 활동을 손상시킨다는 것이 증명되었다.[17, 71] 일시적이거나 만성적인 저–에너지 섭취를 피하는 성공적인 전략은 적절한 시기에 요구에 부합하는 식사를 하는 것이다. 그렇게 하는 것은 필연적으로 하루에 6회 이상의 식사를 시기에 맞춰 할 수 있는 기회를 만들게 한다. 활동 후 음식 섭취가 아주 조금 늦어져도 면역체계에 부정적인 영향을 줄 수 있다. 예를 들면, 장시간의 격렬한 운동을 한 후 1시간이 아니라 즉시 탄수화물 및 단백질 음료를 섭취하는 것이 면역체계 저하를 막는 것으로 확인되었다.[18] 금식과 운동을 결합하는 것은 사태를 더욱 악화시키는데, 면역 및 항산화 체계를 손상시켜 운동선수가 질병에 쉽게 걸리도록 만든다.[19] 종합해서, 이런 데이터들은 저혈당증과 미량영양소 결핍을 피하는 식으로 시간 간격을 두어 탄수화물, 단백질과 영양소들을 섭취하면서 충분한 총 에너지를 섭취하는 것이 면역체계의 건강 유지에 매우 중요하다는 것을 강력하게 시사한다.[20]

하는데, 이는 소변을 통해 질소를 제거해야 할 필요성을 증가시키고 그 결과 추가적인 수분 섭취의 요구를 증가시킨다. 운동선수들은 이미 탈수 위험에 처해 있기 때문에 필요한 탄수화물 공급을 잉여 단백질에 의존하는 것은 좋지 않은 전략이다. 뿐만 아니라 저혈당과 푸짐한 식사는 모두 고인슐린 혈증과 관련이 있는데, 이것은 지방 생성을 촉진한다. 따라서 운동선수의 식사 패러다임에 전형적인 식사 지연과 뒤이은 과식(운동선수들이 원하는 바가 아닌)은 근육량을 낮추고 지방량을 늘리게 되는 방법이다. 식사를 자주하는 것은 필요한 포도당을 공급하기 위한 근육 분해를 피하는 한편, 하루 동안 에너지 부족 및 잉여의 크기를 줄여 혈당을 안정화하는 데 도움이 된다.

체중을 염려하는 많은 운동선수들이 체중 조절 제품을 소비함으로써 낮은 혈당 수치에 대처하고 있다. 이런 체중 조절 제품들은 매우 현실적인 생리적 요구는 전혀 해결하지 않지만 일시적으로 공복감을 감추고 정상적인 포도당 대사를 수정할 수도 있는 중추신경 흥분제(보통은 카페인)를 제공한다.[76, 77] 그러나 이 전략은 저혈당 수준을 유지하기 때문에 필연적으로 근육은 적어지고 지방은 많아지는 결과를 가져오게 된다. 이러한 연구들로 알 수 있는 것은 신체 조성을 개선하는 유일한 전략은 하루 동안 에너지 균형 상태로부터 약간의 편차만 일으키는 아주 적은 에너지 부족이라는 것이다.[72~74, 54, 58, 59]

에너지 균형 분석의 효과

에너지 균형과 영양분 섭취를 24시간보다 더 작은 시간 간격으로 분석하는 것이 생리적 요구를 실시간으로 더 잘 처리하기 때문에 유익하다는 것이 최근에 제시되었다.[21, 22, 54, 58, 59, 73] 뿐만 아니라 음식의 발열 효과(소비한 음식으로부터 에너지를 얻는 칼로리 사용)는 영양소 전달의 빈도와 규칙성 그리고 소비한 음식의 구성에 따라 더 높거나 낮을 수 있고, 더 잦은 빈도는 더 높은 발열 효과를 가져온다.[23, 78] 본질적으로, 에너지 섭취에 대한 신체 반응은 역동적이며, 실시간으로 발생하고 많은 조건에 매우 민감하다.

표 6.1 포도당 생성 아미노산, 케톤 생성 아미노산, 포도당과 케톤을 모두 생성하는 아미노산

포도당 생성 아미노산	포도당 및 케톤 생성 아미노산	케톤 생성 아미노산
포도당으로 변환될 수 있다.	포도당이나 케톤으로 변환될 수 있다.	케톤으로 변환될 수 있다.
알라닌Alanine 아르기닌Arginine 아스파라긴Asparagine 아스파르트산Aspartic acid 시스테인Cysteine 글루탐산Glutamic acid 글루타민Glutamine 글리신Glycine 히스티딘Histidine 메티오닌Methionine 프롤린Proline 세린Serine 발린Valine	페닐알라닌Phenylalanine 아이소류신Isoleucine 트레오닌Threonine 트립토판Tryptophan 티로신Tyrosine	류신Leucine 라이신Lysine

주: 포도당 신생 합성의 과정(말 그대로 새로운 포도당 생성)은 포도당 생성 아미노산을 포함할 수 있다. 일단 이러한 과잉(즉, 정상적인 단백질 과정에 사용되지 않음) 포도당 생성 아미노산이 간에서 포도당으로 전환되면, 포도당은 다른 모든 포도당과 마찬가지로 처리되며 탄수화물로서 세포 에너지의 원천으로 사용되거나 지방으로 저장될 수 있다.

보다 자주 먹는 행위 그 자체가 음식의 발열 효과(식사의 결과로 연소하는 칼로리 양보다 높은 연소율은 보다 낮은 체지방과 관련 있기 때문에 좋은 것으로 간주된다)에서 역할을 수행하는 것으로 보인다. 음식의 발열 효과가 불규칙적으로 더 긴 간격을 두고 먹는 피험자들에 비해 규칙적으로 짧은 간격을 두고 먹는 피험자들 사이에서 더 높다는 초기 데이터가 존재한다. 인간과 기타 동물들은 4회 식사에서 제공되는 1,000Kcal보다 1회 식사에서 제공되는 동일한 칼로리 양을 더 효율적으로 처리한다. 이것은 다른 빈도로 적은 먹이와 많은 먹이를 먹인 잡종견들 속에서 증명되었다.[24] 각 먹이를 먹인 후에 호흡률과 최고산소섭취량(VO_2 peak)을 관찰했는데, 먹이를 먹은 후 소비된 에너지 양은 먹는 빈도를 늘렸을 때 2배가 되어, 소량으로 빈번하게 먹는 것이 에너지 소모가 더 많고 따라서 신체 조성 중 제지방에 도움이 된다는 것을 시사했다. 식사 빈도를 평가한 많은 연구들이 동일한 결론에 도달했다. 식사 패턴이 더 빈번할수록 체지방은 더 낮고 근육량은 더 많다.[25~27] 뿐만 아니라 빈번한 식사 패턴은 에너지 섭취 증가를 위한 간단하고 실행 가능한 전략을 제공하는

Q&A

성장이 빠른 14세 여자 피겨스케이팅 선수가 항상 피곤한 느낌이 들지 않게 할 수 있는 일이 무엇일까?

운동선수들을 포함한 대부분의 사람들이 일상적으로 하루에 세 끼만 먹지만, 이것이 건강, 외모와 경기력에 부정적인 영향을 준다는 것은 거의 확실하다. 적절한 식사 빈도의 결정에서 고려해야 하는 몇 가지 생리학적 진실이 있다. 운동을 하지 않고 정상적인 일상 활동을 할 때에는 혈당이 대략 3시간 단위로 변동한다. 음식을 먹으면 1시간 뒤에 혈당이 최고치에 도달하고 그로부터 2시간 뒤에는 다시 식사 시간이 되거나 혈당이 정상 수준 미만으로 떨어지게 된다. 혈당은 인간의 생존을 책임지는 중추신경계의 주요 에너지원이기 때문에, 뇌는 조직을 분해하여 이 조직을 에너지원으로 사용할 수 있게 만드는 코티솔의 생성을 자극함으로써 뇌 자신의 에너지원을 공급할 방도를 찾게 된다. 이화된 조직 중 많은 것이 뇌가 계속 기능할 수 있도록 포도당으로 변환된다. 그러나 그 과정에서 인간은 근육량과 기관량을 상실하게 되고 이는 성장하고 근육을 키우고자 하는 운동선수들에게는 재앙이다! 이제부터는 빠른 속도로 혈당을 사용하기 때문에 혈당을 정상으로 유지하기 위해 3시간보다 더 자주 에너지원을 공급해야 하는 운동 중인 선수들을 상상해 보자. 성장 중에 있는 선수들은 일반적으로 운동하지 않을 때에도 3시간보다 더 빠른 속도로 혈당을 사용한다. 따라서 하루에 세 끼 먹는 것으로는 되지 않는다. 어린 선수들은 아침 식사, 오전 중반 간식, 점심, 오후 중반 간식, 저녁, 저녁 간식과 취침시간 간식으로 나눠 섭취해야 한다. 각 식사의 양은 스포츠 영양사에 의해 결정되겠지만, 적어도 이런 섭취 패턴이 운동선수가 잘 성장하도록 돕고 충분한 에너지를 실시간으로 취하지 못하여(스포츠에서의 상대적 에너지 결핍: RED-S) 건강과 경기력에 부정적인 영향을 주는 것을 피하도록 도울 것이다. 너무 자주 먹으면 살이 찔 것을 두려워하는 선수들도 있지만 실상은 보다 자주 먹고 하루 종일 상당히 좋은 에너지 균형 상태에 머무르는 사람들이 덜 자주 먹는 사람들보다 먹는 양이 적고 체지방 관련 문제가 더 적다는 것이다. 공복과 갈증이 발생하기 전에 성장과 신체 활동의 에너지 및 영양 요구를 만족시키는 계획적인 식사 및 간식 기회를 만드는 것이 최선이다.

한편, 보다 푸짐한 식사와 관련 있는 위장관의 불편을 동시에 감소시킨다.[25] 그러나 주의의 말이 한마디 필요하다. 보다 자주 먹는 것은 하루 종일 상당히 좋은 에너지 균형의 지속을 보다 용이하게 만들고 에너지 균형 과잉 및 부족의 큰 편차를 제한하기 때문에 식사 빈도 증가는 보다 낮은 체지방 수준과 관련이 있다. 따라서 신체 조성 유지에 가장 중요한 요인인 것으로 보이는 것은 식사 빈도가 아니라 에너지 균형을 ±300~400Kcal의 비교적 좁은 범위 내로 유지하는 것이다.[58, 72, 73, 80]

식사 빈도가 복싱 선수들의 신체 조성과 체중에 미치는 영향을 평가한 한 연구는 2주간 같은 칼로리량을 섭취했는데도 매일 2회 식사한 그룹은 제지방량의 상당한 감소를 경험한 반면, 매일 6회 식사한 그룹은 그렇지 않았다는 것을 확인했다.[6] 오랜 기간 동안 매우 낮은 칼로리를 섭취하는 것이 특징이었던 레슬링 선수들을 대상으로 한 또 다른 연구에서는, 주기적 체중 변화를 기록한 운동선수들의 대사율이 더 낮았는데 이는 제지방량의 손실을 시사한다.[28]

이 연구들은 하루 동안 많은 에너지 부족이 근육 이화muscle catabolism를 분명히 초래함을 시사하는데, 근육 이화는 양은 더 적지만 더 빈번한 식사로 에너지를 공급함으로써 피할 수 있다. 이런 연구 결과는 각 주요 식사 사이와 저녁 식사 후에 250Kcal의 간식이나 칼로리 없는 위약을 추가하는 것(즉, 아침 식사와 점심 식사 사이, 점심 식사와 저녁 식사 사이 그리고 저녁 식사 후에 간식으로 매일 750Kcal 제공)의 영향을 평가한, 60명의 남성 및 여성 대학생 운동선수들을 대상으로 한 최근의 한 연구와 일치한다. 이 프로토콜을 2주간 실시한 후에 칼로리 있는 간식을 섭취한 그룹은 체지방의 상당한 감소, 제지방 체중의 상당한 증가, 무산소성 파워anaerobic power와 무산소성 지구력의 상당한 향상, 체중 불변, 총 칼로리 섭취량의 불변 등을 경험했다.[29] 에너지 섭취가 변하지 않았기 때문에 체중은 동일하게 유지되었는데(에너지 열역학의 중요한 원리), 이는 흥미로운 점을 제시하는 결과이다. 다른 음식들에 관한 지시 없이 간식을 제공받았을 때 운동선수들은 다른 음식들의 양을 자발적으로 줄였다. 그렇게 하지 않았다면 총 칼로리 섭취를 증가시켜 체중 증가의 결과를 가져왔을 것이다.

그 간식은 연구 2주 후에 제거되었다. 그리고 운동선수들은 4주 후에 재측정되었다. 그들은 옛날 식사 패턴을 취하고 있었고 체지방 및 근육량의 기준치로 되돌아가 있었다. 이 연구의 결과는 새로운 패턴이 일반적인 기준이 되지 않는 한 선수의 식사 패턴은 통상적인 습관(즉, 하루의 끝에 제일 푸짐한 식사를 하는 하루 두세 끼의 식사)으로 초기화되기 마련이라는 것을 분명히 한다. 실제로 연구들은 환경(예: 선수가 주로 같이 식사하는 사람, 식품 이용 가능성)이 식사 패턴에서 중요한 역할을 한다는 것을 발견했다.[30] 환경에 반하여 운동선수들이 스스로 더 자주 식사를 하도록 하는 것은 아주 어렵다.

최근 여성 치어리더를 대상으로 한 연구에서 음의 에너지 균형에 있는 시간이 적은 여성 치어리더가 체지방이 현저히 낮았고, 에너지 균형의 ±300Kcal를 소비한 이들 역시 체지방이 더 낮았다.[72] 여성 대학축구 선수들에 관한 유사한 연구에서는 300Kcal를 넘지 않는 에너지 균형 상태에 머무른 자들이 지방량이 더 낮고 제지방량은 더 높았다. 흥미로운 것은, 300Kcal를 넘지 않는 에너지 균형 상태에 있는 동안에 단백질을 섭취한 사람들은 근육량을 유지하거나 늘리기 위해서 섭취한 단백질을 더 잘 활용하는 것으로 보였다.[73]

동물 연구들 또한 하루 에너지 부족과 과잉을 피할 수 있게 식사의 빈도를 증가시키는 것이 이점이 있음을 발견했다. 개를 이용한 한 연구는 일정한 양의 칼로리를 이따금씩 많은 양으로 먹이는 것보다 소량이지만 빈번하게 먹이는 것이 고탄수화물 먹이를 먹인 개에서도 먹이에 대한 인슐린 반응을 상당히 줄인다는 것을 확인했다. 이런 분명한 이점 외에도 보다 잦은 먹이가 보다 높은 열 발생(보다 빠른 에너지 대사 속도)과 보다 나은 지방 활용의 결과를 초래한다.[31] 이것은 운동선수들에게 무엇을 의미하는가? 인슐린 반응의 감소는 지방 생성이 더 적다는 것을 의미하고 보다 빠른 대사 속도는 단위 시간당 더 많은 칼로리가 연소되고 있음을 의미한다. 이러한 요소들과 더 효율적인 지방 활용은 모두 더 많이 먹고, 더 많은 영양소를 섭취하고, 근육량을 유지하고, 체지방 비율을 낮추는 것으로 변화된다. 하루 동안 작은 기아 상태를 일으키는 빈번하지 않은 식사는 대사율에 정반대의 영향을 미친다. 결과적으로 대사율이 낮아지면 지방량이 많아지고 정상적인 식사를 하는 것을 더 어렵게 만든다.[32~34]

하루 에너지 부족 및 과잉의 크기를 줄일 정도로 충분히 빈번하게 먹는 것의 이점들은 신체 조성, 체중과 경기력을 넘어선다. 빈번한 식사 패턴의 사람들에게서 혈청 지질 수치가 더 낮고, 혈청 콜레스테롤 수치가 더 낮았으며, 당내성이 개선되었다는 역학 증거가 존재한다.[26, 81, 82] 라마단 금식 기간 중 음식 제한의 영향을 평가한 한 연구는 렙틴(지방 세포가 생성하는 호르몬) 생성과 마찬가지로 인슐린 생성이 증가되었음을 확인했는데, 이 둘은 모두 보다 많은 지방량 생성과 관련이 있다.[35]

에너지 섭취와 소비를 역동적으로(즉 실시간으로) 평가하는 것은 다른 이점들이 있다. 영양학 대학원생의 최근 연구는 24시간 단위로 에너지 균형을 평가하는 전통적인 방식이 활동적인 여성의 무월경과 관련된 가장 중요한 요소인 에너지 부족에 하루 동안 소비한 시간과 에너지 과잉에 소비한 시간의 수를 완전히 놓쳤을 것이라는 것을 알아냈다. 에너지 균형의 경우들에도 하루 동안 에너지 부족 상태로 보낸 보다 많은 시간이 무월경과 상당히 더 많은 관련성이 있었다.[36] 한 유사한 연구 결과는 하루의 끝에 에너지 균형 상태에 도달한다 하더라도 300Kcal를 초과하는 상당한 에너지 균형 부족 상태에서 더 많은 시간을 보낸 여성 운동선수들이 에스트로겐은 더 낮고 코티솔은 더 높고 무월경 위험은 더 높았다는 것을 확인했다.[58]

운동선수들은 어떻게 해야 할까? 결코 공복이 되어서는 안 된다. 이것은 5, 6시간마다 에너지원을 재공급하기 위해 멈출 것을 규정한 전형적인 1일 3식 식사 패턴에서는 쉽지 않고 나중에 음식을 많이 먹는 전형적인 운동선수 식사 패턴은 그것을 훨씬 더 어렵게 만든다. 혈당은 전형적인 일상 활동 중에는 3시간 단위로, 보다 높은 활동의 경우에는 더 빈번하게 오르고 내리는 것으로 알려져 있기 때문에 계획적인 간식을 섭취하는 것이 현명하다. 운동선수의 체중이 안정적일 경우 이 과정을 시작하는 최상의 방법은 아침에 약간 덜 먹고 오전 중반에 나머지를 먹고 동일한 것을 점심과 저녁 식사에 섭취하는 것이다. 총 칼로리 섭취는 동일하게 유지되겠지만 운동선수는 하루 동안 급격한 에너지 부족과 과잉을 피하게 될 것이다. 이 식사 패턴 유형과 관련 있는 에너지 및 영양 배분 개선은 보다 나은 신체 조성 외에도 정신적 예민함의 개선 및 경기력 향상을 가져오게 할 수 있다. 이후의 장들은 하루 에너지 과잉이나 부족을 피하는 방법의 식이 계획들을 서로 다른 칼로리 섭취의 예시들과 함께 제공한다.

수분 섭취를 위한 고려 사항

최적의 경기력 및 지구력의 달성을 위해서는 낮은 체수분 수준은 결코 허용될 수 없다. 따라서 운동선수들은 운동 중 최적의 수분 공급을 유지하기 위한 전략이 있어야 한다. 문제는 운동선수들이 갈증 감각을 피하기 위해 이용할 수 있는 충분한 수분이 있을 때에도 언제 마셔야 하는지의 표지로 종종 갈증에 의존한다는 것이다. 갈증 감각 활성은 1~2L의 체수분이 손실된 후에만 발생하기 때문에 갈증은 운동선수가 수분을 섭취하기까지 너무 오래 기다렸다는 것을 시사하는 비상 감각으로 간주되어야 한다.[40] 그 대신에 운동선수는 결코 갈증이 나지 않는 법에 관한 전략을 세워야 한다. 이상적으로는 전형적인 한 차례의 신체 활동 중에 잃게 되는 수분 양을 보충하는 고정적인 수분 섭취 스케줄을 개발해야 하는데, 이런 신체 활동은 일반적으로 나트륨을 함유한 6~7% 탄수화물 용액의 90~240g을 10~15분마다 섭취하는 것을 요구한다.[87] 목표는 운동선수가 경기력을 저하시키는 탈수 임계치에 도달할 위험을 최소화하는 것이다. 이는 땀 손실량이 손실 보충 능력보다 커서 운동선수들은 흔히 땀 손실의 75%만 보충하기 때문에 계획과 실천을 요한다.[83] 보다 자세한 권고 사항들은 제3장의 수분 공급 전략을 참조해라.

에너지 섭취를 위한 고려 사항

운동선수들이 가장 자주 하는 질문은 경기 전에 무엇을 먹어야 하는가이다. 이것이 중요하기는 하지만 운동선수가 대부분의 시간에 어떻게 식사해야 하는지와 비교하면 상대적 중요성이 덜하다. 출발 지점에 발을 들여다 놓기 수 시간 전에 팬케이크를 몇 조각 먹는 것으로 경기를 제대로 준비한다는 것은 불가능하다. 최적의 수분 공급, 글리코겐 저장과 근육 회복을 보장하는 것은 컨디션 조절과 충분한 영양 섭취에서 일관성 있는 장기적인 노력을 요한다. 철분이 결핍된 운동선수가 경기 전날에 붉은 고기를 섭취하거나 2시간 전에 철분 보충제를 복용하여 이 상태를 마술적으로 치료할 수는 없다. 정상적인 철분 상태에 도달하려면 적절한 식이요법으로 6개월이 소요될 수도 있다. 그러므로 경기를 대비하는 가장 중요한 최우선적인 조치는 올바른 종류의 영양분과 에너지를 몸의 에너지 및 영양 요구를 최적으로 지원할 올바른 시기에 일관되게, 올바른 양으로 충분히 섭취하는 것이다. 그렇게 하지 않으면 운동선수가 경기 직전에 무엇을 하든 상관없이 형편없는 경기 결과로 불가피하게 이어질 것이다.

충분한 에너지와 영양분을 섭취하는 것 외에 몸이 그것들로부터 최대로 이익을 얻을 수 있을 때에 음식을 섭취하는 것이 마찬가지로 중요하다. 식사의 타이밍은 운동선수가 충분히 먹지 않아서 근육이 분해되어 에너지원으로 연소되는 것이 아니라 훈련 세션 중에 성장하고 더 강해지기에 충분한 에너지와 영양분을 근육이 갖도록 하기 위해 중요하다.[58, 59] 간단히 말해 충분히 먹고 제시간에 먹는 것이 중요하다. 대부분의 운동선수들은 스케줄이 매우 바쁘기 때문에 이것이 쉽지 않고, 올바른 음식이 필요한 때에 섭취되도록 하기 위해서는 전략적 사고, 좋은 일정 관리와 지원이 필요하다. 면밀한 식사 계획은 잘 개발된 훈련 계획을 갖는 것에 비해 덜 중요해 보일지도 모르지만 둘 다 똑같이 중요한 것으로 간주해야 한다. 사실, 운동선수의 운동 프로그램은 운동 프로그램이 작동하도록 하기 위해 선수들이 필요한 영양 지원을 어떻게 받을지에 관한 병행적인 논의 없이 논의되거나 고려되어서는 결코 안 된다. 그것들은 함께 작용하며, 함께 논의되어야 한다.

일반적인 음식 섭취가 훈련 계획을 지원한다면, 운동선수는 경기 당일 이전의 날들에 무엇을 다르게 해야 하는가? 경기 전 7일 동안 연속적인 사건들은 다음의 네 가지 주요 목표들을 달성해야 한다.

1. 운동선수는 점진적으로 충분한 휴식을 취해야 한다. 이것은 많은 운동선수들과 코치들에게는 문제일 수 있다. 왜냐하면 운동선수들은 (코치의 독려가 있거나 없거나) 경기 전 1주일 동안 흔히는 훈련 일정을 강화하기 때문이다. 과도한 훈련은 중대한 문제이고 질병이나 부상 위험을 증가시킬 수 있다. 그것은 다가오는 경기에서 운동선수가 최선의 역량을 발휘하는 데 도움이 되지 않는 것이 분명하다.
2. 운동선수는 근육 글리코겐(에너지) 저장을 점진적으로 증가시켜야 한다. 경기 전에 훈련 세션의 강도와 지속 시간을 점진적으로 줄이는 목적은 선수가 충분한 근육 글리코겐 저장과 함께 경기를 시작할 수 있도록 하기 위한 것이다. 글리코겐 저장 능력은 상대적으로 적은데, 운동선수들은 근육 작업을 저장 글리코겐에 크게 의존한다(그것은 운동선수가 하고 있는 운동 유형과 상관없이 근육 작업을 위한 제한적인 에너지원이다). 그러므로 많은 탄수화물을 섭취하고 작업을 줄여서 저장된 글리코겐이 경기에 완전히 투입되게 하는 것이 중요하다.
3. 운동선수는 수분이 충분히 공급되어야 한다. 운동선수가 열심히 운동할 때에는 최적의 수분 공급 상태를 유지하기가 불가능하지 않지만 어렵다. 손실된 체수분을 회복하는 데는 시간이 걸리고, 운동선수들은 훈련 강도와 지속 시간을 줄이고 많은 양의 수분을 마심으로써 그렇게 할 기회를 자신에게 부여해야 한다. 충분한 수분이 공급되는 것의 추가적인 이점은 글리코겐 저장이 강화된다는 것이다. 경기 전 7일 동안 훈련을 점진적으로 줄이는 것은 운동선수가 수분이 충분히 공급된 최적의 충전 상태에서 경기를 시작하는 것을 보다 용이하게 만든다.
4. 운동선수는 훈련하고 경기할 환경 조건에 익숙해져야 한다. 환경 조건이 전형적이고 일반적인 훈련 조건과 상당히 다를 경우, 이것은 1주 이상의 적응 기간이 걸릴 수도 있다. 예를 들어 목적이 고온다습한 환경에서 경기력을 최적화하는 것이라면, 그런 환경에서 운동선수가 성공적으로 경기하도록 도울 발한 및 심혈관 적응에 2주 이상(종종 1개월)의 기간이 필요할 수도 있다.[88] 예를 들어 하계 올림픽 대회는 종종 잠재적으로 위험한 고온다습한 환경에서 열리기 때문에 많은 국가들이 대회 개막 10~12개월 전에 자국 선수들이 이런 환경 조건에 완전히 익숙해지도록 하는 조치를 취하게 한다.

물론 많은 스포츠는 7일 사이클로 활동을 점차 줄이는 호사를 운동선수들에게 제공하지 않는다. 농구 선수와 하키 선수들은 시즌 중에 매주 여러 차례 경기를 하고 야구 선수들은 거의 매일 경기한다. 테이퍼링의 가능성을 없애는 일일 스케줄의 운동선수들의 경우에는, 비교적 높은 탄수화물의 섭취, 단백질 · 탄수화물 및 수분의 운동 후 섭취, 최적의 수분 공급 상태의 유지 등이 운동선수 경기력에 훨씬 더 중요한 요소가 된다.[70] 이런 스케줄의 운동선수들은 훈련 및 경기 계획만큼이나 알찬 식음 계획을 개발해야 한다.

매우 흔히 운동선수들은 중요한 경기가 다가오면 훈련 계획을 강화하는 것으로 경기에 대비한다. 이것은 큰 실수가 되어 운동선수 과훈련 증후군overtraining syndrome의 결과를 가져올 가능성이 있다.[89] 피겨스케이팅과 체조 같은 고도의 기술 스포츠에서 일하는 코치들은 선수가 반드시 해낼 수 있도록 경기일 전날에 루틴을 여러 차례 예행연습할 것을 요구할지도 모른다. 이것이 운동선수에게 전하는 메시지(즉, "나는 네가 준비되어 있다고 생각지 않아. 올바로 할 때까지 계속 연습할 거야.")는 역효과를 낳는다. 충분한 휴식을 취하고 경기에 임하는 것, 성공할 수 있음을 아는 강한 정신력을 갖는 것, 그리고 자신이 잘할 수 있을 것이라는 것에 코치가 안심하고 있다는 것을 아는 것보다 운동선수에게 자신감을 심어 주는 것은 없다.[90] 이것은 운동선수가 프로 선수든 리틀 리그의 티볼tee-ball 선수든 상관없이 사실이다.

운동 전 탄수화물 섭취

비교적 지방이 적고 약 20~30g의 단백질을 함유한 고탄수화물 식사를 대략 신체 활동 90분 전에 마치면 지구력 수행을 향상시키는 것으로 증명되었다.[70] 이러한 운동 전 식사 이후에는 운동선수들은 저혈당을 피하기 위해 운동 1~4시간 전부터 훈련 세션 시작이나 완료 시까지 쉽게 소화되는 탄수화물을 소량(대략 1~4g/kg) 섭취해야 한다.[70] 다음과 같은 두 가지 전략을 따를 수 있다.

1. 조금씩 마시는 전략sipping strategy을 사용하여 탄수화물을 함유한 스포츠 음료를 섭취한다. 이 경우에 대략 60~120mL의 음료를 10~15분마다 섭취한다.
2. (짭짤한 크래커 같은) 저섬유소의 전분질 음식을 15분마다 간식으로 먹고 충분한 양의 물 또한 섭취한다.

운동선수는 고혈당지수 식품의 다량 섭취에 의한 반동성 저혈당증(아래의 보충 설명 참조)을 자

반동성 저혈당증

식후성 저혈당증postprandial hypoglycemia으로 알려져 있는 반동성 저혈당증은 전형적으로는 고혈당지수 음식(일반적으로 설탕과 정제 녹말)의 과잉 섭취에 대한 반응인 과잉 인슐린 반응으로 인해 식후에 곧 발생하는 저혈당을 가리킨다. 증상은 손 발한, 공복감, 떨림, 혼돈을 포함한다. 저혈당증 상태는 사람을 '배고파서 화난 상태hangry(hungry와 angry)'로 만들어 일반적으로 같이 지내기가 좋지 않다. 저혈당증 상태에 있을 때 발생하는 공복감은 종종 과도하다는 것에 주의해야 하고, 저혈당증 달성 후에 음식이 제공되면 과잉 인슐린이 생성되고 인슐린은 섭취한 음식의 칼로리 크기에 따라 기하급수적으로 생성되기 때문에 저혈당증 상태로 들어가는 것은 지방 저장의 증가를 초래할 수 있는 다량 식사와 과잉 인슐린 생성의 순환을 만들어 낸다.

극할 수 있는 식사 패턴을 피해야 하지만, 탄수화물을 전혀 섭취하지 않거나 식사를 지연함으로써 발생할 수 있는 고혈당증도 피해야 한다. 간식과 조금씩 마시는 절차가 효과적이고 혈당 유지에 도움이 되는 것으로 보인다.

운동 중 탄수화물 섭취 유지

저혈당을 피하고 저장된 근육 글리코겐의 고갈을 피하는 것 모두가 경기력의 유지에 매우 중요하다. 운동 중 탄수화물 함유 음료(예: 스포츠 음료)와 음식을 섭취하는 것은 운동 중 피로를 지연시키고 경기력을 향상시킨다. 이 전략은 다음의 기전들을 통해 피로를 지연시킨다.

- 혈당을 유지한다. 이는 간 글리코겐을 보존한다.
- 분지사슬아미노산(BCAA) 수치를 유지한다. 이는 트립토판과 BCAA의 비율을 유지함으로써 중추성 피로를 방지한다.
- 근육조직을 이화하는 코티솔 생성을 억제한다.
- 활동 중인 근육세포에 혈액으로부터 끊임없는 포도당원을 제공함으로써 근육 글리코겐의 사용을 줄인다.

운동 중에 탄수화물은 6~7% 탄수화물 용액을 10~20분마다 120~240mL 섭취하여 얻는 것이 가장 좋다(섭취량은 땀 분비량에 좌우된다. 제3장 참조). 운동선수들은 각각 탄수화물 농도와 조성이 다른 여러 탄수화물 용액들을 이용할 수 있다. 위장통과 오스몰 농도의 문제를 고려해야 한다. 동일한 6% 농도의 포도당, 프룩토오스나 수크로스의 경우에, 프룩토스가 보다 많은 위장통을 유발하는 것으로 나타나 운동선수들은 중요한 상황에서 이것들을 섭취하기 전에 프룩토스만 함유한 음료에 대한 자신의 내성을 신중하게 확인해야 한다. 대부분의 스포츠 음료는 다수의 탄수화물 유형을 함유하는데, 이것이 바람직하다.[91] 탄수화물이 입과 빈번하게 접촉하는 것이 뇌를 자극하여 웰빙 의식을 강화하고 따라서 경기력을 강화한다는 증거가 있다.[70] 축구같이 멈췄다 가는 움직임을 포함하는 지구력 활동 중에는 시간당 30~60g의 탄수화물 섭취가 권장된다.[70]

포도당 중합체는 보다 낮은 삼투액에서 더 많은 탄수화물을 전달할 수 있는 장점이 있어, 단순당의 음료에 비해 위 배출을 개선하고 흡수를 강화한다. 이 때문에 포도당 중합체는 다량의 탄수화물에서의 칼로리를 필요로 하는 극도의 고강도 활동에 장시간 관여하는 운동선수들을 위한 훌륭한 용액이 된다. 그러나 모든 음식 및 음료의 경우와 마찬가지로 운동선수들은 경기 도중에 제품을 사용하기 훨씬 전에 내성 시험을 해야 한다.

비교적 흔한 유당불내증 문제 때문에 우유를 기반으로 하거나 유당을 지배적인 탄수화물 형태로 사용하는 스포츠 음료는 극히 드물다. 락타아제 효소의 불충분한 생성이 원인인 이 상태는 설사, 가스와 복통을 초래한다. 일부 운동선수들 중의 유당불내증 가능성을 고려할 때 운동선수들은 유당 함유 제품을 신체 활동 직전과 도중에는 피하는 것이 현명하다.[41]

운동 후 탄수화물 보충

운동 후에는 글리코겐과 수분이 대개는 어느 정도 고갈되고 단백질 요구도 근육 회복을 돕기 위해 더욱 높다. 단백질과 수분의 문제는 이 책의 다른 절들에서 논의한다. 여기에서는 탄수화물과 글리코겐의 문제들을 제시한다.

운동 후 중요한 목표들 중의 하나가 운동선수가 다음 운동을 위한 준비가 되도록 글리코겐을 보충하는 것이다. 글리코겐이 고갈됨에 따라 글리코겐 합성효소가 혈중에 상승하게 된다. 글리코겐 합성효소가 상승되는 동안 탄수화물원을 공급하는 것이 근육 글리코겐 저장을 효율적으로 일으킨다.[42] 글리코겐 합성효소는 글리코겐 최대 고갈 시점에서 최고조에 도달하는데, 이 최대 고갈 시점은 운동 직후이다.[70] 그러므로 운동선수들은 신체 활동이 끝나마자마 탄수화물을 섭취해야 한다. 이상적으로는 운동 후 처음 2시간 동안에 섭취되는 탄수화물이 상대적으로 높은 혈당이어야 하고 다음 2시간 동안에는 중간 혈당의 탄수화물 그리고 마지막으로 하루의 나머지 동안에는 중간 내지 고혈당의 탄수화물이 그 뒤를 이어야 한다. 운동선수들은 신체 활동 직후에 탄수화물(50~100g)로부터 200~400Kcal를, 그 뒤를 이어 표 1.6(운동선수의 일반적 탄수화물 요구량, 32페이지)에 제시된 지침을 충족하는 충분한 탄수화물을 섭취하는 것에 관한 계획을 세워야 한다.

탄수화물 로딩

운동 전의 탄수화물 섭취는 스포츠가 고지구력 저강도든, 많은 팀 스포츠에서와 같이 간헐적이든, 고강도 저지구력이든 상관없이 탄수화물 저장을 향상시키고 조기 피로premature fatigue의 가능성을 줄여 준다.[43~48] 탄수화물 로딩은 근육 글리코겐 저장을 늘리는 흔한 지구력 경기 전 전략이다. 일반적인 기법은 탄수화물과 수분의 섭취를 경기 전 주부터 시작해서 매일 점차 늘리는 한편 운동은 점차 줄여 가는 것이다.[49] 이 합리적이고 안전한 전략은 글리코겐 저장을 극대화한다(글리코겐 저장

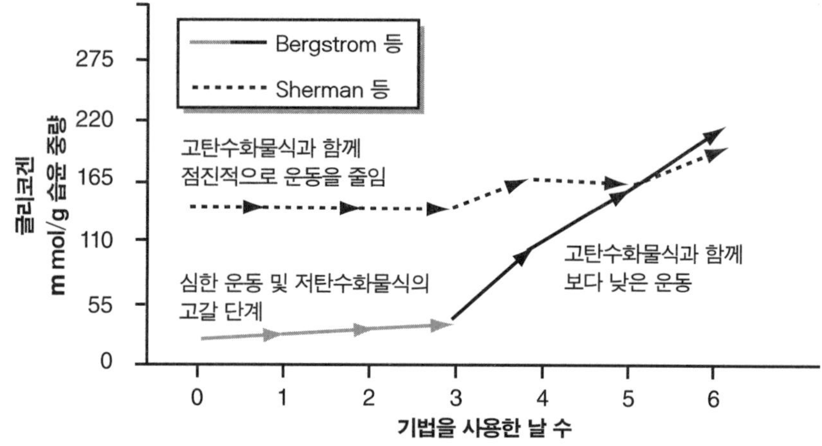

그림 6.1 Bergstrom 등[50]의 글리코겐 로딩 기법과 Sherman 등[49]의 글리코겐 로딩 기법의 비교. (주: Bergstrom 등의 고갈 단계는 잠재적으로 위험하여 권고되지 않는다.)

은 글리코겐에 대한 물의 비율 3대 1에서 추가의 수분을 필요로 한다). 글리코겐 저장을 극대화하기 위해 흔히 따르는 기법들의 비교는 그림 6.1을 참조해라.

보다 오래된 탄수화물 로딩 전략은 고강도 운동을 하는 한편 저탄수화물 식품을 섭취함으로써 탄수화물을 고갈시키는 것을 포함했다.[50] 다음 문단에서 설명하는 기법이 그 뒤를 이었다. 보다 오래된 이 탄수화물 로딩 기법은 위험하고(글리코겐 저장의 고갈은 상당한 혈압 감소를 초래할 수 있다), 그것이 글리코겐 저장을 더 잘 최적화한다는 증거가 없다.

7일 테이퍼

다음의 표들은 탄수화물 저장 극대화 원칙을 어떻게 사용할 수 있는지의 예를 제시한다. 이 표들은 운동선수들이 일반적으로 하루에 두 차례 훈련할 경우에 무엇을 어떻게 먹을 수 있을지를 보여준다. 음식이 두세 차례의 다량 식사가 아닌 여섯 차례의 소량 식사에 걸쳐 전개되는 것을 보게 될 것이다. 음식들의 칼로리 수준이 하루 끝의 저녁 식사를 강조하지 않는다는 것을 또한 보게 될 것이다. 저녁 식사가 중요하기는 하지만 훈련은 저녁 식사 전에 있기 때문에 운동선수가 에너지를 가장 많이 필요로 할 때에 충분한 에너지를 이용할 수 있어야 한다. 운동선수가 기상하면 혈당이 최저치에 가깝고 간의 에너지가 고갈되어 있어 혈당 유지가 사실상 불가능하기 때문에 아침 식사는 오전 운동 전에 한다. 오전 운동 전에 약간의 음식을 먹는 것은 근육이 훈련으로부터 이익을 얻게 하고 운동선수의 기분이 좋아지게 한다. 저혈당에서는 어느 누구도 기분이 좋지 않다.

표들에서 보듯이, 위에 남은 음식 때문에 운동선수가 불편감을 느끼지 않도록 음식은 훈련 세션보다 충분히 오래전에 섭취해야 한다. 뿐만 아니라 식사 계획은 운동 직후에 얼마간의 탄수화물을 항상 포함한다. 이것이 훈련 중에 다 써 버린 글리코겐의 효과적인 보충을 보장한다. 훈련 후에 식사를 너무 오래 기다리는 것은 근육 글리코겐 보충의 효율성을 감소시킬 수 있다. 표 6.2~6.7은 하루 종일 상당히 좋은 에너지 균형(±400Kcal)을 지속하기 위해 섭취해야만 하는 음식 및 음료의 양과 타이밍 모두에 대한 독특한 관점을 제공한다. 목표는 한꺼번에 너무 많은 에너지를 몸속으로 들어오게 해서 고인슐린혈증 반응의 가능성을 만들고 이어서 불가피하게 높은 지방 저장이 뒤따르지 않게 하는 것이다. 너무 적은 에너지를 가져서 이화 호르몬 코티솔을 증가하게 만들고 이어서 불가피하게 제지방 조직$_{\text{lean tissue}}$의 손실이 뒤따르도록 하지 않게 하는 것 역시 중요하다.[58, 59] 간단히 말해서 섭취의 양과 타이밍이 에너지 소비의 양 및 타이밍과 일치할 수 있도록 운동선수가 노력을 많이 해야 한다.

경기 7일 전

경기 1주일 전은 완전하고 총체적인 철저한 운동의 시기이다. 운동선수는 가장 약한 영역에 초점을 맞추면서 모든 기술을 완벽하게 반복 연습해야 한다. 농구 선수가 경기 중에 자유투를 하는 데 문제가 있으면 다른 모든 연습 계획을 따른 후에 파울 라인에서 슈팅하는 것에 상당한 시간을 소비해야 한다. 선수는 경기에서와 똑같이 약간의 피곤을 느끼는 것이 어떤 것인지에 대한 감을 잡아야 한다. 바꿔 말하면 경기 전 7일은 운동하는 것을 주저할 시간이 아니다. 실력을 정말로 발휘했다는 것을 알기까지 충분히 많은 운동을 신체에 시키도록 한다. 경기 7일 전을 위한 샘플 일정은 표 6.2를 참조해라.

이 운동 중에는 이 책에서 앞서 논의한 모든 프로토콜을 따라야 한다. 운동 중에 탄수화물 함유 수분을 많이 마시는 것이 중요하다(제3장 참조). 운동 후 많은 양의 탄수화물을 섭취하는 것 또한 중요하다. 훈련 직후에 탄수화물(100g)로부터 적어도 400Kcal를 섭취하는 것이 바람직하고, 뒤이어 그다음 수 시간 동안에 적어도 800Kcal(200g)를 섭취한다. 이것이 운동 중에 잃어버린 글리코겐을 근육이 보충하게 하는 첫 번째 시도이다.

표 6.2 경기 7일 전의 운동 및 식사 일정 샘플

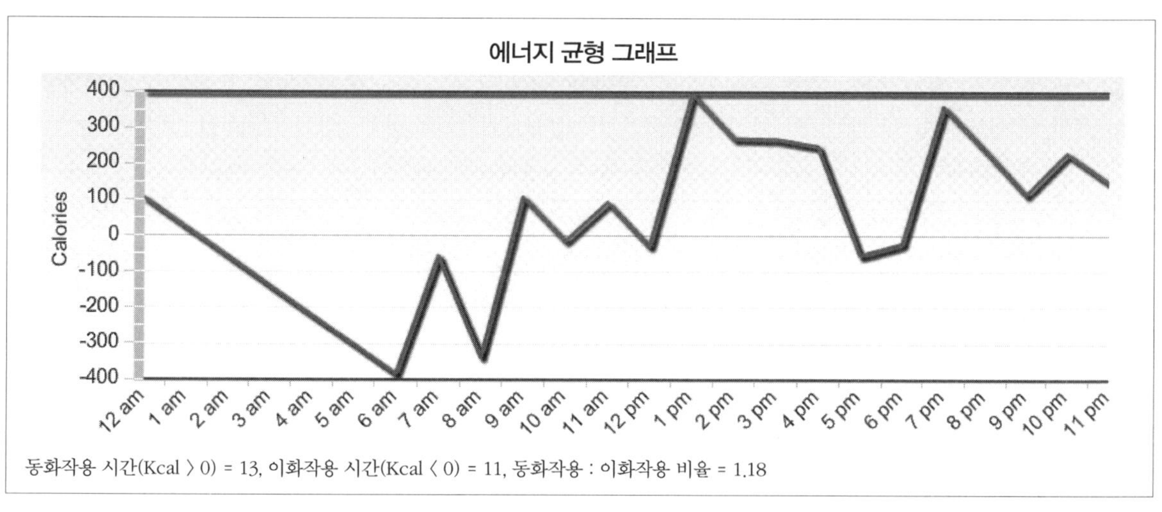

동화작용 시간(Kcal > 0) = 13, 이화작용 시간(Kcal < 0) = 11, 동화작용 : 이화작용 비율 = 1.18

에너지 기질 분포

총 칼로리: 3,216 탄수화물: 68% 단백질: 18% 지방: 14%

시간	활동	음식	양	칼로리
오전 7~8시	정상적인 일상 활동. 기상 및 조반	오렌지 주스	480mL	223
		스포츠 음료	360mL	95
		잡곡빵 토스트	2조각	138
오전 8~9시	격렬한 달리기	스포츠 음료	480mL	127
오전 9~10시	가벼운 스트레칭 및 기타 정리 운동 활동	다진 달걀 완숙	2/3컵	139
		잡곡빵 토스트	3조각	207
		오렌지	1개, 큰 것	86
		곡류, 통곡물 시리얼(토탈)	3/4컵	100
		1% 우유	240mL	102
오전 10~11시	휴식 활동	물	원하는 만큼	0
오전 11시~오후 12시	정상적인 가사 또는 직장 활동. 고탄수화물 섭취가 중요	과일 저지방 요구르트	1/2컵	121
		바나나	1개 미디엄	109

시간	활동	음식	양	칼로리
오후 12~2시	정상적인 가사 또는 직장 활동	구운 닭가슴살, 껍질 제외	120g	196
		토마토, 체리	1컵	27
		구운 감자	1개 큰 것	277
		사워크림	2작은술	46
		물	480g	0
오후 2~5시	평상시의 가사 또는 사무 활동	단단한 아몬드 그래놀라 바	1바	119
		신선한 적포도	1컵	104
오후 5~6시	보통 강도의 달리기	스포츠 음료	240mL	62
오후 6~7시	가벼운 정리 운동 활동	초콜릿 우유	240mL	195
오후 7~8시	평상시의 앉아 있기, 저녁 식사	소금으로 조리한 영양분 강화 스파게티	1컵	220
		마리나라 소스	1/2컵	111
		둥근 살코기 비프스테이크	90g	138
		스쿼시	2컵	36
		물	480g	0
오후 8~10시	평상시, 앉아 있기	물	원하는 만큼	0
오후 10~11시	저녁 간식. 간식은 정상적인 간 글리코겐을 보장한다.	에어팝 팝콘	4컵	124
		사과 주스	240mL	114
오후 11시	취침			

선택한 영양소의 총량							
총 킬로칼로리	3,216	철분(mg)	34	비타민 C(mg)	383	비타민 B_{12}(mcg)	7.96
탄수화물(g)	551	칼슘(mg)	1,428	비타민 B(mg)	3.08	엽산(DFE)	933
단백질(g)	147	아연(mg)	19	비타민 B(mg)	4.99	비타민 A(RAE)	1,041
지방(g)	52	마그네슘(mg)	658	나이아신(mg)	51.5	비타민 D(IU)	221
나트륨(mg)	3,017	칼륨(mg)	7,165	비타민 B(mg)	5.5	비타민 E(mg)	8

주: 이 예의 음식 섭취는 1일 2회의 운동 스케줄이 있는 86kg 운동선수의 요구를 충족한다. 이는 최대로 운동하는 운동일에 해당하고, 이후의 음식 섭취 예들은 글리코겐 활용을 줄이면서도 에너지 균형을 달성하기 위해 에너지 소비와 에너지 섭취를 모두 줄인다. 이보다 체중이 더 나가거나 덜 나가는 운동선수들은 비례적으로 더 많거나 더 적은 음식을 섭취하는 한편 동일한 섭취 빈도를 유지할 것이다.

경기 6일 전

경기 6일 전은 많은 수분과 함께 고탄수화물 섭취의 유지를 더한 테이퍼 운동 첫째 날에 해당한다. 활동이 줄어들기 때문에 총 에너지 섭취 역시 줄어들어야 한다. 활동은 훈련에 소비한 총시간을 줄이거나 훈련 강도를 줄임으로써 감소시킬 수 있다. 예를 들어 역도 선수는 반복을 덜 수행하거나 더 적은 중량으로 동일한 수의 반복을 수행할 수 있을 것이다. 따르는 기법과 상관없이 경기 6일 전에는 경기 7일 전처럼 철저하지는 않은 훈련 스케줄을 제공해야 한다. 표 6.3을 참조해라.

표 6.3 경기 6일 전의 운동 및 식사 일정 샘플

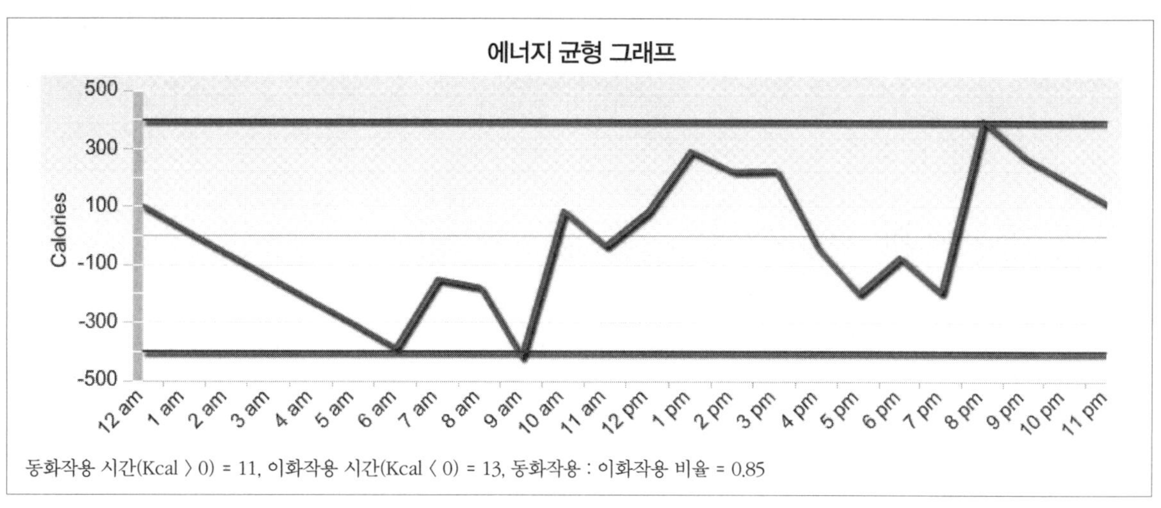

에너지 기질 분포

총 칼로리: 3,221 **탄수화물**: 70% **단백질**: 14% **지방**: 16%

시간	활동	음식	양	칼로리
오전 7~8시	오전 운동 중의 정상 혈당을 보장하기 위한 소량의 아침 식사	잡곡빵 토스트	2조각	161
		크랜베리 주스	240mL	137
		스포츠 음료	240mL	62
오전 8~9시	스포츠 음료로 조금씩 마시기 프로토콜을 시작하여 달리기 준비를 한다. 스트레칭을 하여 오전 달리기를 준비한다.	스포츠 음료	480mL	125
오전 9~10시	중간 강도의 달리기 60분. 음료수 벨트에 스포츠 음료를 가지고 다니면서 10~15분마다 섭취한다.	스포츠 음료	480mL	125
오전 10~11시	달리기 후 스트레칭을 한 다음 푸짐한 아침 식사. 근육 및 간 글리코겐을 보충할 탄수화물에 초점을 맞추고, 수분을 많이 섭취한다.	수란	큰 달걀 2개	142
		혼합곡 잉글리스 머핀	머핀 1개	155
		잼	1작은술	56
		블루베리	1컵	84
		시리얼, 브랜 플레이크$_{\text{bran flakes}}$	1컵	120
		1% 지방 우유	240mL	102
		물	480g	0

선택한 영양소의 총량

총 칼로리	3,221	철(mg)	30	비타민 C(mg)	347	비타민 B_{12}(mcg)	8.16
탄수화물(g)	578	칼슘(mg)	1,424	비타민 B_1(mg)	2.40	엽산(DFE)	987
단백질(g)	113	아연(mg)	19	비타민 B_2(mg)	3.48	비타민 A(RAE)	925
지방(g)	58	마그네슘(mg)	513	나이아신(mg)	35.45	비타민 D(IU)	211
나트륨(mg)	4,263	칼륨(mg)	5,405	비타민 B_6(mg)	4.35	비타민 E(mg)	11

주: 이 예의 음식 섭취는 1일 2회의 운동 스케줄이 있는 86kg 운동선수의 요구를 충족한다. 이날에는 운동선수가 별도의 2회 운동 세션을 갖는 것에 주의한다. 이보다 체중이 더 나가거나 덜 나가는 운동선수들은 동일한 섭취 빈도를 유지하면서 비례적으로 더 많거나 더 적은 음식을 섭취하게 될 것이다.

경기 전 5일

운동 강도와 지속 시간이 줄어든 두 번째 날에도 여전히 탄수화물과 수분 섭취량이 꾸준히 높게 유지된다. 다시 총 에너지 섭취는 필요에 맞게 줄여야 한다. 경기 전 5일의 이날은 운동선수가 익숙해져 있는 활동보다 눈에 띌 정도로 더 가벼운 활동이 그 특징이다. 표 6.4를 참조해라.

표 6.4 경기 전 5일의 운동 및 식사 일정 샘플

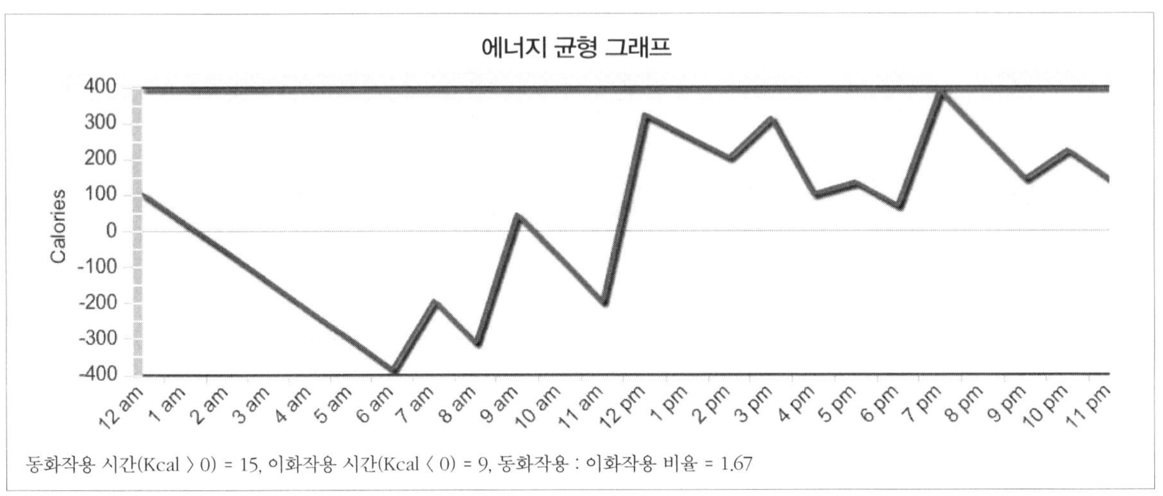

에너지 기질 분포

총 칼로리: 2,948　탄수화물: 73%　단백질: 15%　지방: 12%

시간	활동	음식	양	칼로리
오전 7~8시	깨어나자마자 즉시 탄수화물과 수분을 섭취한다.	이탈리아 빵	큰 조각 2개	163
		포도 주스	240mL	152
오전 8~9시	정상적인 간 글리코겐과 수분 섭취를 보장하기 위해 보다 많은 탄수화물과 수분을 섭취한다. 오전 8시 30분경에 중간 강도 운동을 시작한다.	스포츠 음료	480mL	125
오진 9~10시	운동 직후 오전 9:40~10:00에 아침 식사를 한다. 탄수화물, 양질의 단백질과 수분에 초점을 맞춘다.	수란	큰 것 1개	71
		잡곡빵 토스트	2조각	138
		오렌지 조각	1컵	81
		오트밀	1/3컵	102
		우유, 1% 지방	180mL	76
		크랜베리 주스	240mL	116

시간	활동	음식	양	칼로리
오전 10시~ 오후 12시	샤워 및 착의	물	원하는 만큼	0
오후 12~1시	점심 식사	이탈리아 빵	큰 조각 2개	163
		스파게티	1.5컵	330
		마리나라 소스	1/2컵	111
		파르메산 치즈	2작은술	42
		물	원하는 만큼	0
오후 1~4시	스포츠 음료를 마시고, 편안한 활동 및 오후 운동을 위해 정상 혈당과 간 글리코겐을 유지하기 위한 간식 섭취.	스포츠 음료	480mL	125
		사과 주스	240mL	114
		그래놀라 바	1개	119
오후 4~5시	45분 동안 저강도의 포괄적인 기술 훈련.	스포츠 음료	240mL	62
오후 5~6시	수분과 탄수화물 보충.	베이글, 계피 건포도	작은 1개	156
		물	원하는 만큼	0
오후 6~7시	간식	신선한 키위	작은 1개	56
오후 7~8시	저녁 식사: 양질의 단백질, 탄수화물 및 수분 섭취에 집중.	구운 닭가슴살	90g	147
		현미	1컵	216
		브로콜리 요리	1컵	80
		물	240~480mL	0
오후 8~10시	편안한 활동.	물	필요에 따라	0
오후 10~11시	저녁 간식으로 탄수화물을 섭취하여 수면 내 내 정상적인 간 글리코겐을 유지.	에어프라이 팝콘	3컵	93
		오렌지 주스	240mL	110
오후 11시	수면			

선택한 영양소의 총량							
총 칼로리	2,948	철(mg)	22	비타민 C(mg)	567	비타민 B_{12}(mcg)	1.86
탄수화물(g)	542	칼슘(mg)	1,113	비타민 B_1(mg)	3.06	엽산(DFE)	962
단백질(g)	109	아연(mg)	12	비타민 B_2(mg)	2.40	비타민 A(RAE)	851
지방(g)	40	마그네슘(mg)	558	나이아신(mg)	42.24	비타민 D(IU)	111
나트륨(mg)	3,091	칼륨(mg)	4,507	비타민 B_6(mg)	2.91	비타민 E(mg)	16

주: 이 예의 음식 섭취는 1일 2회의 운동 스케줄이 있는 86kg 운동선수의 요구를 충족한다. 이보다 체중이 더 나가거나 덜 나가는 운동선수들은 동일한 섭취 빈도를 유지하면서 비례적으로 더 많거나 더 적은 음식을 섭취하게 될 것이다.

경기 4일 전

경기 전 4일은 경기의 최종 전략 계획을 세우기에 좋은 때이다. 훈련 계획은 지치지 않게 기술을 연습하는 것에 중점을 두고 핵심 요소들에다 초점을 맞추어야 한다. 전날과 마찬가지로 탄수화물과 수분 섭취를 많이 해야 필요량을 충족시킬 수 있다.

이날은 또 조직 복구가 필요한지 확인하고 크레아틴 생산을 지원하기 위해 하루에 체중 1kg당 1.7g의 단백질을 섭취하기에 좋은 시기이다. 86kg 운동선수의 경우 이것은 146.2g의 단백질에 해당하고 이는 대부분의 다이어트의 범위 내에 있다. 단백질 요구가 권장 범위인 체중 1kg당 1.2~2.0g 하단에 있더라도 약간의 여분의 단백질을 포함하는 것이 단백질 섭취가 경기력의 제한 요인이 안 되게 할 것이다.

경기 3일 전

경기 3일 전에는 단백질에 대한 강조를 유지한 채 저강도 내지 중간 강도 운동, 고탄수화물 섭취와 저지방 섭취에 지속적인 강조가 필요하다. 신체적, 심리적 휴식을 위해 이용할 수 있는 시간을 더 많이 두면서 이날 동안 다른 활동들도 줄여야 한다. 운동선수는 어떤 활동으로부터도 과열되거나 소진되는 것을 절대로 피해야 한다. 경기 4일 전과 경기 3일 전을 위한 운동 및 식사 일정 샘플 표 6.5를 사용한다.

표 6.5 경기 4일 전 및 3일 전을 위한 운동 및 식사 일정 샘플

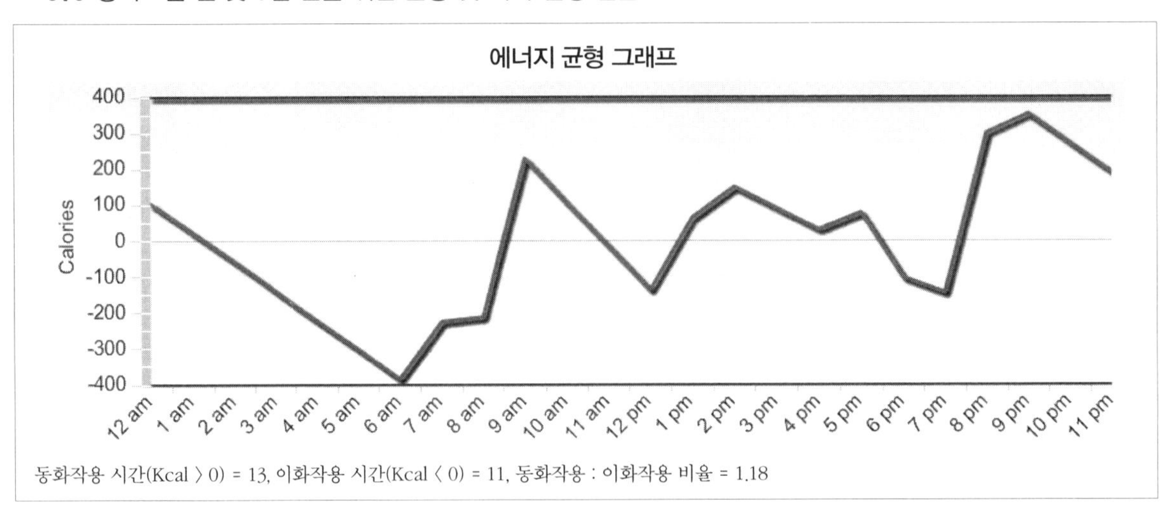

에너지 기질 분포

총 칼로리: 2,923 탄수화물: 69% 단백질: 16% 지방: 15%

시간	활동	음식	양	칼로리
오전 7~8시	30분간 스트레칭 및 준비 운동	에그 베이글 토스트	작은 것 1조각	192
		포도 주스	240mL	152
오전 8~9시	오전 8:00에 시리얼을 섭취한다. 오전 8:30~9:00에 약한 강도로 운동하고 운동 중에는 스포츠 음료를 섭취한다.	세단 소맥shredded wheat 시리얼	1/2컵	92
		스포츠 음료	480mL	125

시간	활동	음식	양	칼로리
오전 9~10시	오전 9:30까지 운동을 계속한 다음 운동 직후에 아침 식사. 양질의 단백질, 탄수화물과 다량의 수분 섭취에 초점을 맞춘다.	자몽 주스	120mL	51
		달걀 스크램블	1/2컵	184
		잡곡빵 토스트	2조각	138
		딸기	2컵	97
		통곡물 시리얼	3/4컵	100
		우유, 1% 지방	180g	76
		물	원하는 만큼	0
오전 10시~ 오후 1시	샤워와 착의. 휴식 활동	물	원하는 만큼	0
오후 1~2시	여유로운 점심	토마토, 체리	1컵	27
		로메인 상추	1컵	8
		구운 다진 닭고기	90g	147
		저칼로리 시저 드레싱	2 작은 스푼	33
		소금에 절인 계란 국수	1/2컵	110
		물	240~480mL	0
오후 2~3시	편안한 활동, 간식	빨간 포도	2컵	208
오후 3~5시	운동 준비, 오후 운동	스포츠 음료	480mL	126
오후 5~6시	운동 준비를 위한 사전 고탄수화물 및 스포츠 음료 섭취	바나나	중간 크기 1개	109
		스포츠 음료	240mL	62
오후 6~7시	45분 기술 훈련: 가벼운 강도	스포츠 음료	240mL	62
오후 7~8시	샤워 후 휴식	염분	크래커 5개	81
오후 8~9시	저녁	스테이크 구이	120g	225
		구운 감자	중간 크기 1개	145
		삶은 완두콩	1컵	44
		초콜릿 푸딩	125g	153
		물	원하는 만큼	0
오후 9~10시	탄수화물과 수분이 많은 저녁 간식	체리	1/2컵	43
		딸기	1컵	49
		블루 베리	1컵	84
오후 10시	수면			

선택한 영양소의 총량							
총 칼로리	2,923	철(mg)	40	비타민 C(mg)	565	비타민 B_{12}(mcg)	11.54
탄수화물(g)	518	칼슘(mg)	1,735	비타민 B_1(mg)	3.80	엽산(DFE)	1,376
단백질(g)	117	아연(mg)	30	비타민 B_2(mg)	4.38	비타민 A(RAE)	795
지방(g)	51	마그네슘(mg)	485	나이아신(mg)	56.93	비타민 D(IU)	171
나트륨(mg)	2993	칼륨(mg)	5584	비타민 B_6(mg)	6.06	비타민 E(mg)	21

주: 이 예의 음식 섭취는 1일 2회의 운동 스케줄이 있는 86kg 운동선수의 요구를 충족한다. 이보다 체중이 더 나가거나 덜 나가는 운동선수들은 동일한 섭취 빈도를 유지하면서 비례적으로 더 많거나 더 적은 음식을 섭취하게 될 것이다.

경기 2일 전

경기 2일 전은 더 많은 휴식을 취할 수 있는 좋은 시간이고, 이 목표 달성을 위한 좋은 방법은 오전 훈련 일정을 없애는 것이다. 오후 훈련은 중간 강도에서 저강도로 1시간 30분 이내로 줄여야 한다. 초점은 효과적으로 경기하는 데 필요할 정신 전략을 강화하고 기술을 재검토하는 것에 맞춰져야 한다. 물론 탄수화물과 수분의 섭취는 여전히 많아야 한다. 표 6.6을 참조해라.

표 6.6 경기 2일 전을 위한 운동 및 식사 일정 샘플

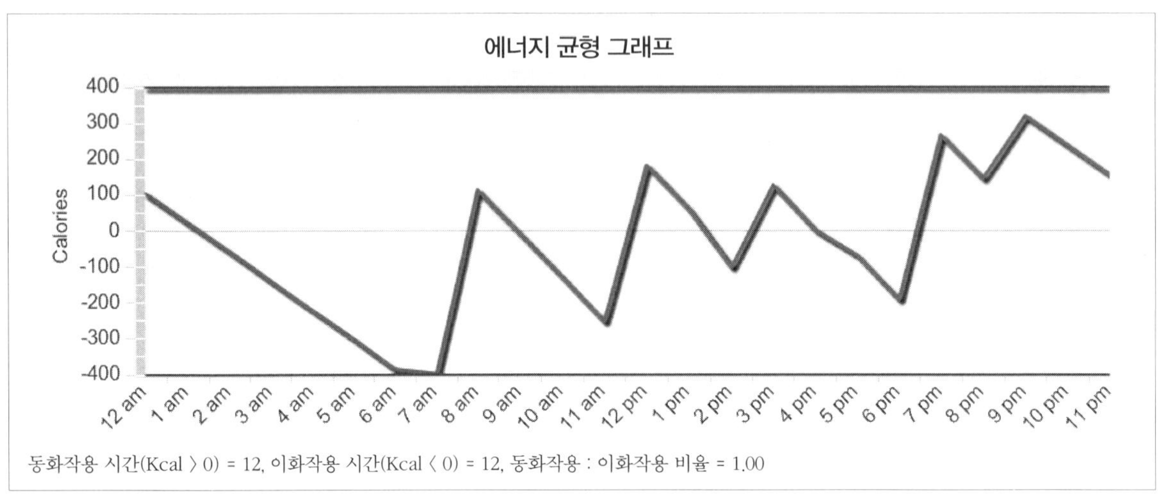

동화작용 시간(Kcal 〉 0) = 12, 이화작용 시간(Kcal 〈 0) = 12, 동화작용 : 이화작용 비율 = 1.00

에너지 기질 분포

총 칼로리: 2,630 탄수화물: 65% 단백질: 19% 지방: 16%

시간	활동	음식	양	칼로리
오전 6~7시	오늘은 아침 운동은 없고, 안정과 휴식만 있다.			
오전 7~8시	간식, 샤워와 착의. 혈당이 정상 범위로 유지되게 하는 것이 중요	오렌지 주스	240mL	110
오전 8~9시	편안한 식사	수란	큰 것 2개	142
		잡곡빵 토스트	큰 조각 2개	138
		잼	1작은술	56
		통곡물 시리얼	3/4컵	100
		1% 지방 우유	180mL	76
		켄탈로프 멜론	1컵, 네모난 것이나 둥근 것	60
		스포츠 음료	240mL	62
오전 9시~오후 12시	휴식	물	원하는 만큼	0
오전 9~11시	휴식	물	원하는 만큼	0
오전 11시~오후 12시	간식	바나나	중간 크기 1개	109

시간	활동	음식	양	칼로리
오후 12~1시	점심 식사	살코기 로스트비프	90g	157
		프랑스 빵	2조각	185
		스위스 치즈	30g	51
		베이비 당근	1컵	84
		짭짤한 하드 프레첼	30g	106
		물	원하는 만큼	0
오후 1~2시	휴식	물	원하는 만큼	0
오후 2~3시	간식	저지방 과일 요구르트	1컵	243
오후 3~5시	10~15분마다 스포츠 음료를 조금씩 마시면서 근처를 매우 편안하게 걷는다.	스포츠 음료	240mL	62
오후 5~6시	휴식, 수분 공급과 탄수화물 간식	적포도	2컵	208
		물	원하는 만큼	0
오후 6~7시	휴식	물	원하는 만큼	0
오후 7~8시	간식	바나나	중간 크기 1개	109
오후 8~9시	저녁 식사	껍질 없는 구운 감자	중간 크기 1개	145
		구운 닭가슴살	120g	196
		서양호박	1컵	51
		사워크림	5g	23
		물	원하는 만큼	0
오후 9~10시	휴식 활동	물	원하는 만큼	0
오후 10시	취침			

선택한 영양소의 총량							
총 칼로리	2,630	철(mg)	35	비타민 C(mg)	532	비타민 B_{12}(mcg)	12.90
탄수화물(g)	435	칼슘(mg)	2,005	비타민 B_1(mg)	3.73	엽산(DFE)	1,464
단백질(g)	124	아연(mg)	27	비타민 B_2(mg)	4.23	비타민 A(RAE)	1,003
지방(g)	50	마그네슘(mg)	553	나이아신(mg)	54.76	비타민 D(IU)	168
나트륨(mg)	3,176	칼륨(mg)	4,908	비타민 B_6(mg)	5.53	비타민 E(mg)	17

주: 이 예의 음식 섭취는 1일 2회의 운동 스케줄이 있는 86kg 운동선수의 요구를 충족한다. 이보다 체중이 더 나가거나 덜 나가는 운동선수들은 동일한 섭취 빈도를 유지하면서 비례적으로 더 많거나 더 적은 음식을 섭취하게 될 것이다.

경기 하루 전

경기 하루 전은 많은 안정(신체적으로도, 정신적으로도 모두)과 휴식을 그 특징으로 해야 한다. 운동선수들과 코치들은 전체 루틴을 여러 차례 예행연습하거나 전속력으로 달리거나 완전한 '경기 강도'로 연습하는 것을 삼가야 한다. 코스의 일부를 걷는 것이나 경기장에 익숙해지는 것이나 상대의 비디오를 보는 것은 괜찮은 활동이지만, 이런 것들이 조바심 나게 하고 긴장 이완을 할 수 없게 만들지 않을 거라는 것을 알 경우만이다. 스포츠 심리학자들은 상대보다 당신 자신의 성공적이었던 경기의 비디오를 보는 것이 대개는 더 낫다고 지적한다. 경기 전날쯤에 당신은 경기와 전략에 익숙해 있어야 한다.

이날은 글리코겐 저장이 최고치에 있게 하고 수분 공급이 다음 날 활동에 들어가기에 최적인 상태가 되게 할 수 있는 마지막 기회다(표 6.7 참조). 섭취하는 탄수화물은 전분질은 많고 섬유질은 상대적으로 적어야 한다. 파스타, 빵, 쌀과 씨나 껍질이 없는 과일이 훌륭한 선택이다. 채소와 콩과 식물은 섬유질이 많은 경향이 있지만, 가스를 만들어낼 수 있다(이로 인해 불편하거나 배에 가스가 차게 될 수도 있다). 양배추과의 채소들은 가스를 만들어 내는 능력으로 특히 악명이 높다.

표 6.7 경기 하루 전을 위한 운동 및 식사 일정 샘플

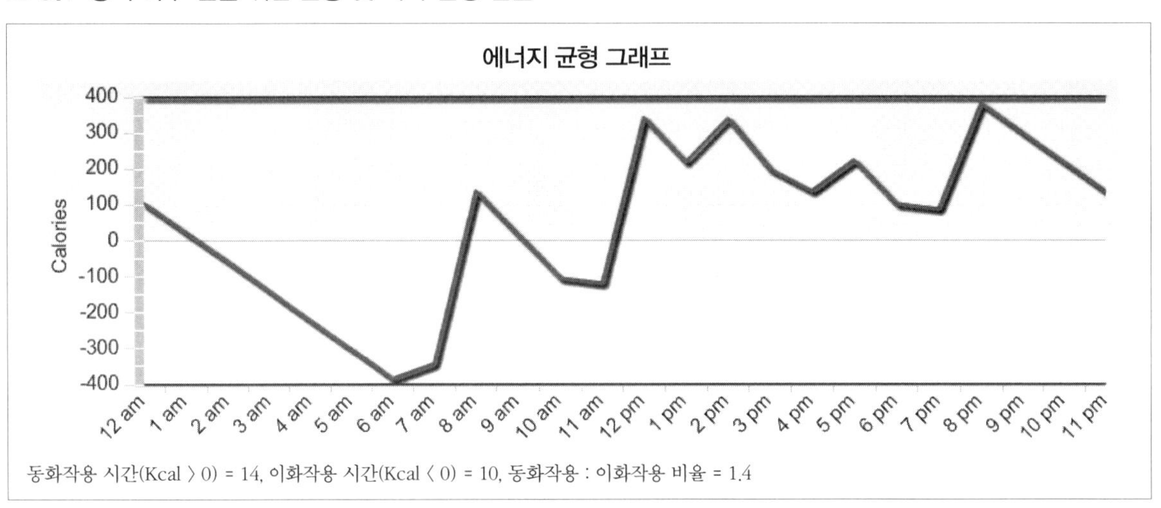

동화작용 시간(Kcal > 0) = 14, 이화작용 시간(Kcal < 0) = 10, 동화작용 : 이화작용 비율 = 1.4

에너지 기질 분포

총 칼로리: 2,499 탄수화물: 67% 단백질: 19% 지방: 14%

시간	활동	음식	양	칼로리
오전 7~8시	오늘은 운동 없음. 오렌지 주스가 기상 직후 정상 혈당 유지를 위해 중요함. 샤워와 착의	오렌지 주스	360mL	164
오전 8~9시	아침 식사	오트밀	1컵	159
		잡곡빵 토스트	2조각	138
		잼	1작은술	56
		블루베리	1컵	84
		호두	15g	93
		1% 지방 우유	180mL	76

시간	활동	음식	양	칼로리
오전 9~11시	휴식	물	원하는 만큼	0
오전 11시~ 오후 12시	간식	바나나	중간 크기 1개	109
오후 12~1시	점심 식사	살코기 로스트비프	90g	157
		프랑스 빵	2조각	185
		스위스 치즈	30g	51
		베이비 당근	1컵	84
		짭짤한 하드 프레첼	31g	106
		물	원하는 만큼	0
오후 1~2시	휴식	물	원하는 만큼	0
오후 2~3시	간식	저지방 과일 요구르트	1컵	243
오후 3~5시	10~15분마다 스포츠 음료를 조금씩 마시면서 근처를 매우 편안하게 걷는다.	스포츠 음료	240mL	62
오후 5~6시	휴식, 수분 공급과 탄수화물 간식	적포도	2컵	208
		물	원하는 만큼	0
오후 6~7시	휴식	물	원하는 만큼	0
오후 7~8시	간식	바나나	중간 크기 1개	109
오후 8~9시	저녁 식사	껍질 없는 구운 감자	중간 크기 1개	145
		구운 닭가슴살	120g	196
		서양호박	1컵	51
		사워크림	1작은술	23
		물	원하는 만큼	0
오후 9~10시	휴식 활동	물	원하는 만큼	0
오후 10시	취침			

선택한 영양소의 총량							
총 칼로리	2,499	철(mg)	31	비타민 C(mg)	305	비타민 B_{12}(mcg)	4.11
탄수화물(g)	441	칼슘(mg)	1,382	비타민 B_1(mg)	2.61	엽산(DFE)	743
단백질(g)	127	아연(mg)	17	비타민 B_2(mg)	2.84	비타민 A(RAE)	2,369
지방(g)	41	마그네슘(mg)	541	나이아신(mg)	42.54	비타민 D(IU)	94
나트륨(mg)	1,946	칼륨(mg)	6,414	비타민 B_6(mg)	5.24	비타민 E(mg)	4

주: 이 예의 음식 섭취는 1일 2회의 운동 스케줄이 있는 86kg 운동선수의 요구를 충족한다. 이보다 체중이 더 나가거나 덜 나가는 운동선수들은 동일한 섭취 빈도를 유지하면서 비례적으로 더 많거나 더 적은 음식을 섭취하게 될 것이다.

경기 당일

경기 당일에 운동선수들은 익숙하지 않은 것을 하거나 먹는 것을 피하는 것이 특히 중요하다. 운동선수들은 필요한 것이 무엇이고 어디에 있는지에 대한 체크리스트를 준비해 두어야 한다. 경기일은 "내 운동화를 어디다 두었지?" 하고 소리를 지르면서 집을 이러저리 뛰어다닐 때가 아니다. 어느 것도 운에 맡기지 말고 계획이 어긋날 수도 있는 모든 것에 대한 대안을 마련해 둔다.

경기 당일의 적절한 식사와 음용이 중요하기 때문에 올바른 음식과 음료를 즉시 이용할 수 있게 한다. 무엇이 필요한지 아는 것과 얻어내는 것에서 주도적이 되도록 된다. 연습하던 일 년 내내 한 가지 스포츠 음료수를 마셨는데 경기 당일 아침에 일어나 그것을 상점에서 찾을 수 없다는 것을 발견하고는 시험해 보지 않은 다른 스포츠 음료수를 대신 마셔야 하는 상황을 상상해 보라. 경기 당일에는 스트레스를 일으킬 수 있는 어떠한 상황도 만들지 않게 한다.

이른 오전의 경기. 경기가 아침 일찍 열리면, 두세 시간 전에 잠자리에서 일어나야 한다. 아침 일찍 일어나는 것이 어려우면, 경기 전 수일 동안 연습한다. 탄수화물을 섭취하고 수분을 마실 시간을 충분히 가진 다음에 경기에 임한다. 주로 전분질 탄수화물 음식을 먹고 있다면 경기가 시작되기 1시간 30분 전에는 먹는 것을 마친다. 선수마다 음식을 처리하는 방식이 다르기 때문에 먹는 시간과 경기 시간 차이를 아는 것이 중요하다. 어떤 운동선수들은 경기 2시간 전에 먹는 것을 마치는 것이 가장 좋다고 느끼고 다른 선수들은 3시간 전에 마치는 것이 가장 좋다고 느낀다. 어느 것이 당신을 위해 가장 좋은 작용을 하는지 알아내고 팀과 함께 먹을 경우 필요하면 어떤 작은 조정이라도 하도록 한다. 먹은 후에는 경기까지의 시간 내내 스포츠 음료를 조금씩 마시는 계획을 유지한다. 운동선수는 서둘러야 한다는 느낌을 갖지 않는 것이 좋다. 그런 일이 발생하면 불가피하게 식사를 서두르거나 거르게 되고 운동선수는 경기 중에 지구력 부족이나 아니면 위장통으로 고통을 받는다.

늦은 오전이나 이른 오후의 경기. 늦은 오전과 이른 오후가 되면 아침 식사로 먹은 음식이 에너지 공급을 중단하기 때문에 사람들은 이때쯤 피로와 공복을 흔히 느낀다. 그러므로 운동선수들이 2시간 반에서 3시간 반마다 무언가를 먹는 것이 중요하다. 오전 11시 경기의 경우, 오전 6시 30분에 기상하여 아침 식사를 한 다음 오전 9시에 다시 먹는다. 오전 9시 식사 이후에는 경기 시간까지 수분을 조금씩 계속 마시는 계획을 시작한다. 오후 1시 경기의 경우에는 마지막 식사를 오전 10시 30분에 한 다음에 수분을 조금씩 마시는 계획을 갖는다. 경기에 들어갈 때 공복은 실패의 분명한 공식이다.

오후 중반이나 이른 저녁의 경기. 특히 실외 스포츠이고 날씨가 더울 경우에는, 오전 중반이나 이른 저녁에 경기하기가 어렵다. 일반적으로 운동선수들은 오후 중반 경기는 계획이 없다. 할 수 있는 최선의 것은 평소처럼 먹고 마시면서 오전을 보낸 다음(아침 식사, 오전 중반 간식, 점심 식사), 경기 시작 약 1시간 30분~2시간 전에 전분질 탄수화물 식품(예를 들면, 바나나, 토스트나 크래커)과 수분을 조금 먹음으로써 경기를 준비한다. 그런 다음 수분을 조금씩 마시는 계획을 시작하여 경기 시간까지 지속한다. 경기의 열기 때문에 선수들은 배고프다는 것을 잊게 될 수 있다. 그러므로 예행연습을 잘한 식사, 간식 및 음용 스케줄을 개발하여 고수하는 것이 좋은 아이디어이다.

늦은 저녁 경기. 늦은 저녁 역시 경기하기에 어려운 시간이다. 몸은 잠들기를 원하지만 경기는 몸을 계속 깨어 있게 하고 있다. 그러므로 늦게 자고 2시간 반에서 3시간마다 무언가 먹는 것이 경기할 시간까지 에너지 수준이 내려가지 않게 하는 데 도움이 될 것이다. 수분 공급 상태를 계속 확인하도록 한다(기본적으로 소변 색이 투명해야 한다). 성공적인 늦은 저녁 경기는 달콤하고 야간에 편안한 숙면을 취할 수 있게 할 것이다.

7일간 영양 섭취 요약

경기를 준비할 때 주된 목표는 몸이 탄수화물과 수분으로 가득차게 하는 것이다. 근육과 정신은 충분한 휴식을 취해야 하고 운동선수는 코치로부터 분명한 자신감의 메시지를 받고 있어야 한다. 경기 전에 충분한 휴식을 취하는 것은 아무리 강조해도 지나치지 않다. 잘 휴식하지 못하게 하는 것은 무엇이든지 경기력에서 어려움을 초래할 것이다. 경기를 잘 준비하는 비결들 중에는 다음과 같은 것들이 포함된다.

- 충분한 휴식을 취한다.
- 경기 6~7일 전에 신체 활동 테이퍼링을 시작한다.
- 글리코겐 저장을 극대화하기 위해 충분한 탄수화물을 섭취한다.
- 수분 저장을 극대화하기 위해 충분한 수분을 마신다.
- 혈당 및 근육 글리코겐 수치를 유지하고 좋은 기분을 느끼기 위해 대략 3시간마다 1회꼴로 자주 먹는다.
- 활동을 지원하는 시스템 내에 충분한 에너지원이 존재하도록, 그리고 근육을 에너지원으로 연소하는 것을 피하기 위해 충분한 에너지를 섭취한다.
- 무엇이 당신의 기분을 좋게 만드는지 알기 위해 경기 날에 먹고 마시는 일정을 사전에 연습한다.
- 이전에 연습하지 않은 것은 무엇이든 경기 당일에는 하지 않는다.
- 경기 날 오래전부터 당신에게 필요한 모든 것(스포츠 음료, 간식 등)을 준비해 둔다.

공복과 갈증은 경기력을 감소시키는 문제들의 시작을 알리는 비상 감각들이다. 그러므로 그것들은 운동선수의 정규 훈련 일정과 생활방식에 포함된 계획적인 식사와 음용의 시간표를 통해서 피해야 한다. 아마도 건강과 경기력에 그토록 엄청난 긍정적인 영향을 미칠 잠재력을 지닌 다른 두 요인은 없을 것이다. 간단히 말해 단련된 능력과 기술 수준을 발휘하는 것에 관심이 있는 운동선수들은 결코 공복과 갈증을 느끼게 되어서는 안 된다.

중요 사항

- 자주 먹지 않으면 혈당이 떨어지고 그 결과 정신 기능과 근육 기능을 유지하기 위한 신체의 포도당 생성이 증가할 가능성을 높인다. 포도당은 제지방 조직(주로 근육)의 분해로부터 파생되어 간에 의해 포도당으로 변환되는 당생성 아미노산으로부터 파생될 수 있다. 혈당이 떨어질 때에는 아미노산인 알라닌이 중요한 포도당 원천이다. 그러므로 정상 혈당을 유지하지 못하는 방법으로 운동하는 것은 운동으로 강화하기로 한 조직(즉, 근육)이 필요한 포도당의 공급을 위해 분해되기 때문에 역효과를 일으킨다.
- 한 번의 식사에서 지나치게 많은 에너지를 섭취하는 것은 과다 인슐린 생성과 과잉 지방 저장을 촉진한다. 필요한 에너지를 제공할 식사 기회가 더 적은 사람은 동일한 에너지 요구를 가지면서 보다 많은 식사 기회가 있는 사람보다 각 식사에서 더 많이 먹지 않으면 안 된다.
- 자주 먹지 않는 패턴은 제지방 체중의 손실과 더 높은 체지방률과 관련성이 있다. 체지방이 많을수록 생성되는 인슐린이 많아서 지방량이 훨씬 더 많아지는 것이 확실하다. 섭식 억제는 공복을 유발하고 이는 스트레스 호르몬(코티솔) 생성과 관련이 있어 제지방 체중 및 골밀도의 손실 가능성을 더 높인다. 스포츠에서의 상대적 에너지 결핍(RED-S)은 운동선수가 섭식 억제를 실행하지 말아야 할 많은 데이터를 제공한다.[54]
- 특히 신체 활동 중 탄수화물 및 전해질 함유 수분의 불충분한 섭취는 탈수의 결과를 가져와 조기 운동 피로와 좋지 않은 경기력을 초래한다.
- 신체 활동은 열을 생성하는데, 열은 땀 생성을 통해 반드시 방산되어야 한다. 불충분한 수분 공급으로 인해 이 과잉 열을 제거하지 못하면 열 스트레스로 이어지게 된다. 운동선수는 목이 마르기 전에 자주 마시는 것을 실천해야 한다.
- 운동선수들은 운동 전, 운동 중, 운동 후에 에너지 사용과 역동적으로 일치하는 빈번한 소량 식사와 충분한 수분 섭취를 통해 에너지 균형과 수분 균형을 모두 유지할 수 있다.

PART III

영양 요구 사항에 미치는 요인

Chapter 7

여행

즐거움을 위한 것이든 경쟁을 위한 것이든 진지한 운동선수는 여행이 건강과 경기력 모두에 영향을 미칠 수 있음을 이해해야 한다. 그러나 좋은 영양 전략을 가지면 이 영향을 최소화하는 큰 차이를 만들 수 있다. 선수들은 세계 어디에 있든지, 익숙하지 않은 환경에서 식사와 관련된 영양 스트레스를 줄이고, GI 문제를 일으킬 가능성이 적은 음식을 선택하는 방법을 배우고, 일주기 리듬을 현지 시간대로 조정하는 등 새로운 환경에 더 빨리 적응할 수 있도록 핵심 원칙을 따르는 것이 중요하다. 다양한 스포츠에 참여하는 모든 운동선수에 대해 이 문제를 다룬 과학적 연구는 제한적이다. 그러나 이 장에서는 운동선수가 시차로 인한 피로, 음식 과민증, 안전하지 않은 설사 유발 식품 섭취 및 탈수와 관련된 경기력 문제를 피하기 위해 따를 수 있는 많은 검증된 실용적인 전략에 초점을 맞춘다. 여행 중 영양 고려 사항에 대한 개요가 포함된 재현 가능한 유인물은 부록 C에서 찾을 수 있다.

여행이 운동선수에게 미치는 영향

운동선수는 필연적으로 종종 집을 떠나 익숙하지 않은 음식이 있는 곳에서 경기를 하게 된다. 프로 스포츠 선수들은 전체 경쟁 시즌 동안 자주 장거리 여행을 해야 하며, 여행은 종종 여러 시간대를 넘나든다. 시차로 인한 피로, 정상적인 24시간 주기 리듬의 붕괴, 고도 변화, 수면 부족, 음식 소비 변화를 포함하여 여행의 여러 요인이 퍼포먼스에 영향을 미칠 수 있다.[19]

이동 거리에 관계없이 선수의 훈련된 능력과 최종 퍼포먼스가 일치하도록 미리 계획하는 것이 중요하다. 아쉽지만, 장거리 여행의 신체적, 심리적 영향을 최소화하기 위해 필요한 조치를 취하는 운동선수와 코치는 거의 없다. 아마도 많은 선수와 코치들이 홈 이점은 수정할 수 없는 요소로 구성되어 있고, 경기장의 친숙도와 관계자의 편견에 비해 여행의

일주기 리듬이란 무엇일까?

일주기 리듬은 하루 동안 발생하는 전형적인 일일 생물학적 주기를 말하며 일반적으로 일출과 일몰(밝음과 어둠) 주기와 동기화된다. 종종 생체 시계라고 하는 이 주기는 생물학적으로 명확하게 나타난다. 예를 들어 멜라토닌 생성은 빛에 의해 억제되어 어두울 때 분비되는 것으로 알려져 있으며, 이는 수면과 관련된 중요한 인자이다.

시간대를 변경하면 일주기 리듬이 변경되고 적응되지 않는 한 운동 능력 수준이 감소한다. 일주기 리듬의 변화는 밤에 음식 흡수율을 감소시킬 수 있으며, 많은 저녁 식사는 수면 변화와 불편한 팽만감을 유발한다.[22, 23] 이는 여행으로 인해 여러 시간대가 변경될 때 소비되는 음식의 유형, 양 및 타이밍을 모두 신중하게 고려해야 함을 시사한다.[24] 또한, 일부 리드미컬한 신체 컨트롤은 핵심 체온 유지와 같은 명암 주기에 의존하지 않을 수도 있다.[21] 이것은 새로운 명암 주기에 적응하는 것 외에도 새로운 환경 조건에 적응하는 것이 최적의 퍼포먼스를 내기 위해 필요함을 시사한다.

영향이 상대적으로 중요하지 않다고 생각하기 때문이다.[1] 다른 사람들은 특히 선수가 적응할 충분한 시간 없이 여러 시간대를 통과해야 하는 경우 홈 이점의 일부에 여행의 영향이 포함된다고 생각할 수도 있다.[2] 모든 그룹에 대해 잘 연구되지는 않았지만 여행이 장애인, 젊은이, 노인, 남성 및 여성을 포함한 모든 운동선수에게 영향을 줄 수 있다는 점에 유의하는 것도 중요하다.[20]

적시에 적절한 종류의 음식과 음료수를 이용할 수 있도록 하는 계획을 세우는 것은 홈 경기 때나 원정 경기를 할 때도 중요하다. 아마도 운동선수가 대회에 갈 때 저지를 수 있는 가장 큰 실수는 먹고 마시는 데 필요한 것이 기다리고 있을 것이라고 생각하는 것이다. 그런 가정을 해서는 안 된다. 운동선수가 자신의 훈련 및 식사 계획을 관리하지 않으면 다른 사람도 마찬가지다. 물론 영양에 대한 부적절한 지식은 특히 새로운 환경에서 새로운 음식이 제공되는 경우 운동선수가 올바른 식이 선택을 하는 것을 불가능하게 만든다. 최적의 운동 능력을 보장하는 완벽한 식품은 없지만 운동선수는 좋은 영양의 기본 요소를 알아야 한다.

원정 경기를 할 때는 여행 중에 적절한 음식과 음료를 이용할 수 있도록 신중하게 계획하는 것이 중요하다.

음식과 적응은 모두 중요한 고려 사항이다. 운동선수의 일주기 리듬이 새로운 장소에 적응하는 데 시간이 걸리기 때문에, 이러한 적응 변화가 일어나려면 새로운 장소에서 적절한 시간이 필요하다. 운동선수의 정상적인 리듬이 동기화되지 않으면 권태감, 식욕 부진, 피로 및 수면 장애를 초래하며 이 모든 것이 경기력에 영향을 줄 수 있다.[3] 장거리 여행에서 흔한 수면 부족은 근육 글리코겐 저장을 낮추고 간헐적 스프린트 퍼포먼스를 감소시킬 수 있다는 연구가 있다.[25] 이러한 영향의 심각성은 교차하는 시간대의 수, 비행 방향, 선수의 연령, 정상적인 리듬의 방해를 최소화하기 위해 여행 전에 선수가 취한 단계에 따라 크게 달라진다.[1, 4] 두 개의 시간대만 통과하는 비교적 짧은 항공 여행도 팀 퍼포먼스에 부정적인 영향을 미칠 수 있다.[5] 이것은 가능한 경우 선수들이 경기가 시작되기 전에 일주기 리듬이 정상으로 돌아올 수 있도록 충분히 일찍 경기에 도착해야 함을 분명히 시사한다.[6] 선수마다 적응 능력이 다르기 때문에 적응 전략은 최대한 개별화해야 한다.[7] 대만으로 여행하는 미국 여자 축구 대표팀, 서유럽으로 여행하는 북미 학생들, 북미로 여행하는 유럽 학생들에게 시차로 인한 피로가 미치는 영향을 평가한 연구에 따르면 기분 상태, 무산소 힘과 능력, 다이내믹 스트렝스가 모두 부정적인 것으로 나타났다. 이러한 퍼포먼스 측정에 대한 여행의 영향을 제거하는 데 3~4일이 걸렸다.[8]

일부 운동선수는 마사지 또는 추나, 카이로프랙틱 교정을 빠른 적응의 중요한 구성 요소로 간주한다. 그러나 이 접근 방식이 실질적으로 유용하다는 증거는 제한적이다. 수면 패턴과 기분 점수(POMS 기분 상태 설문지를 통해)를 살펴보면 카이로프랙틱 치료가 시차로 인한 피로에 영향을 미치지 않은 것으로 나타났다.[9]

적응은 일반적으로 훈련을 하는 곳보다 더 덥고 습한 곳으로 원정가는 운동선수에게 특히 중요하다. 열에 대한 생리학적 조정은 7~14일이 소요되며 적절한 열에 대한 적응이 없으면 퍼포먼스에 분명히 영향을 미친다.[1] 올바른 음식과 수분에 대한 최적의 접근을 보장하고 충분한 적응 시간을 허용하기 위해 미리 계획하는 것이 성공의 열쇠이다.

여행은 또한, 질병 위험이 증가하는 기간으로 간주되어야 한다. 여행하는 운동선수는 익숙하

Q&A

내가 고온다습한 환경에서 경쟁하기 위해 여행을 하고 있다. 적응하고 병에 걸리지 않도록 하기 위해 복용해야 하는 보충제가 있을까?

영양 보충제를 섭취하는 것이 운동선수가 고온 환경에 적응하는 데 도움이 된다는 과학적 증거는 거의 없다. 그러나 프로바이오틱 보충제를 복용하면 상기도 감염 위험을 줄이는 데 도움이 된다는 증거가 늘어나고 있다. 관련된 부작용이 없는지 확인하기 위해 여행 전에 시도해 본 프로바이오틱스를 가져가는 것이 좋다. 물론 상기도 감염은 종종 다른 사람에게서 감염의 결과로 발생하므로 병을 공유하거나 식기를 공유하는 데 주의하고 손을 자주 씻는 것이 모두 좋은 예방 전략이다. 그렇지 않으면, 열 적응을 위해 일찍 도착하고 식사 패턴이 신체 활동 요구 사항을 지원하는지 확인하는 것이 좋다. 특히 규칙적인 탄수화물 섭취, 적절한 수면, 충분한 수분 섭취가 필요하다. 이 모든 것은 계획이 필요하므로 여행을 미리 계획하여 이러한 모든 요구 사항을 충족할 수 있는지 확인해야 한다.

지 않은 병원체(즉, 신체가 아직 보호 시스템을 개발하지 못한 병원체)에 노출될 수 있다. 수면 부족, 정신적 스트레스 증가, 여행과 관련된 피로 증가는 감염 가능성을 높일 수 있다. 여행 전, 여행 중, 여행 직후에 적절하게 휴식하고 식사하는 방법에 대한 전략을 세우는 것은 건강을 유지하고 질병의 위험을 줄이는 데 중요한 요소다.[10] 개인 위생을 유지하고 손을 자주 씻는 것은 감염 위험을 줄일 수 있다. 이러한 습관은 건강을 유지하기 위한 여행 선수의 전략의 정기적인 구성 요소가 되어야 한다.[11]

여행 중 식사에 대한 일반 지침

대부분의 지침에는 사전 계획이 필요하다. 운동선수가 유니폼을 포장해야 하는 것처럼 요구 사항을 충족시키기 위해 올바른 음식과 음료를 어디서, 언제, 어떻게 얻을 수 있는지도 고려해야 한다. 다음은 여행 중 식사에 대한 몇 가지 일반적인 팁이다.[12]

- 간식을 직접 가져가라. 신선한 과일, 과일 주스, 크래커, 저지방 쌀과 파스타 샐러드, 저지방

표 7.1 여행 시 운동선수를 위한 휴대용 간식 옵션

	대략적인 에너지 기질 분포		
음식	탄수화물(%)	단백질(%)	지방(%)
베이글	76	14	10
막대빵	76	13	11
아침 시리얼, 무가당(예: 치리오스)	70	15	15
치즈[2]	7	37	56
쿠키(오트밀 등)	65	4	31
크래커(예: 솔틴 또는 그레이엄 크래커)	66	8	26
자른 채소(당근, 셀러리 등)	94	4	2
말린 과일(예: 살구)	93	6	1
에너지바, 브렉퍼스트 바, 그래놀라 바	91	4	5
신선한 과일(사과, 오렌지, 포도 등)	75	10	15
과일 주소(사과, 포도, 오렌지 등)	99	0	1
프레즐	78	10	12
스포츠 음료	100	0	0
트레일 믹스(견과류, 말린 과일, M&M 포함)	43	11	46
과일 요거트[2]	75	17	8

[1] 에너지 기질 분포는 브랜드 이름과 유형에 따라 다르다.
[2] 냉동이 필요할 수 있다.

에너지 바는 영양가가 높고 휴대가 간편하다(표 7.1 참조).

- 숨겨진 지방을 조심하라. 크림수프, 빵 모양의 바삭한 페이스트리, 마요네즈 기반 샐러드 드레싱, 샌드위치 소스는 음식에 불필요한 지방을 더한다. 그러나 좋은 대안이 있다. 크림 같은 수프 대신 맑은 국물을 베이스로 한 수프를 섭취하면 지방이 훨씬 적게 모든 영양소를 제공할 수 있다. 마요네즈 계열의 드레싱보다 레몬즙을 베이스로 한 샐러드 드레싱을 사용하면 지방이 줄어들고 샐러드를 더 많이 먹을 수 있다.
- 구운 식품, 삶은 식품. 튀긴 음식보다 더 많이 섭취하라. 메뉴에 설명된 대로 음식이 준비될 것이라는 가정하에 가능하면 저지방 유제품과 저지방 샐러드 드레싱을 요청하라.
- 원하는 것을 정확히 얻으려면 일품요리를 주문하라. 풀코스 저녁 식사는 종종 진지한 운동선수가 먹어야 하는 방식에 맞지 않다. 예를 들어 당신이 원하는 것이 생선구이라도 풀코스 저녁 식사에는 그레이비 소스 으깬 감자, 치즈 소스 브로콜리, 아이스크림을 곁들인 사과파이 한 조각이 함께 제공될 수 있다. 진지한 운동선수는 구운 생선, 일반 구운 감자, 레몬 주스를 곁들인 브로콜리, 후식으로 신선한 과일을 먹는 것이 좋다.
- 현지 일정에 적응한다. 시간대를 변경하는 경우 가능한 한 빨리 현지 일정을 따른다. 집에서 식사를 하는 시간보다는 현지인들이 식사를 하고 있을 때 저녁을 먹는다. 대회 준비가 완전히 되었는지 확인하려면 대회 장소에 일찍 도착해라.
- 비행기로 여행하는 경우 기내에서 먹을 것과 마실 것을 가지고 온다. 이륙한 시간과 첫 번째 음료를 받는 시간 사이에 상당한 지연이 있을 수 있다. 비행기 여행은 사람이 겪을 수 있는 가장 탈수되는 경험 중 하나이다. 이 때문에 승객들은 종종 인후염 및 기타 상기도 질환에 걸린다. 예방 조치로, 비행 중에 입과 목을 촉촉하게 유지하기 위해 물이나 스포츠 음료를 계속 마셔라. 좋은 음식을 선택하려면 복합 탄수화물이 상대적으로 높고 단백질이 적고 지방이 상대적으로 적은 음식을 추천한다(튀긴 음식은 좋은 선택이 아니다).
- 비행기로 여행하는 경우 여행사에 채식을 하고 싶다고 말하라. 탄수화물이 많고 지방이 적은 음식을 섭취할 가능성이 더 크다. 그러나 특별한 식단 요구 사항에 대한 공정한 경고가 필요하므로 최소 비행 24시간 전에 항공사에 알려야 한다.

시차증

시차증은 여러 시간대를 빠르게 이동하여 발생하는 정상적인 일주기 리듬(일주기 프로세스 비동기화라고도 함)의 변형이다. 시차와 여행 관련 피로는 여행 중에 발생하는 부정적인 생리적, 심리적, 환경적 요인으로 정의되며, 이는 여러 번의 장거리 원정경기가 있는 경쟁 시즌에 복합적으로 작용할 수 있다.[28] 시차로 인한 피로 중 가장 일반적으로 경험되는 증상으로는 집중력 저하, 과민성, 우울증, 피로, 불면, 방향 감각 상실, 식욕 부진 및 위장 장애 등이 있으며 비행기 여행은 또한 가벼운 저산소증, 기내 소음으로 인한 수면 억제 및 평소보다 높은 불안을 초래한다.[26]

항공 여행 관련 피로의 구체적인 원인은 다음과 같다.[29]

- 기내에서 가벼운 저산소증
- 비행기에서 움직일 수 없음(서기, 걷기 등), 이동성 및 유연성 감소
- 면역체계에 영향을 미치고 피로와 탈수를 유발할 수 있는 열악하거나 건조한 기내 공기질
- 불규칙한 식사 및 수면 습관
- 수면의 질 저하
- 불규칙한 여행으로 인해 기분 상태에 영향

장거리 여행에 적응할 수 있는 충분한 시간을 두는 것이 중요하다. 일반적으로 시차로 인한 피로의 영향이 나타나려면 세 개의 시간대에 걸쳐 여행을 해야 한다. 각 시간대에 적응하는 데 약 1일이 소요된다.[19, 21] 실전적인 관점에서 볼 때, 이는 두 팀이 각 팀의 3시간대 거리에 있는 먼 대회로 이동하는 경우 대회 4일 전에 도착하는 팀이 대회 전날에 도착하는 팀보다 분명한 경쟁 우위를 점한다는 것을 의미한다. 여러 시간대를 가로질러 동쪽으로 여행하는 운동선수는 서쪽으로 여행하는 운동선수보다 더 오래 지속되는 시차를 경험하게 된다는 점도 흥미롭다.[27] 이는 독일에서 미국으로 서쪽으로 비행한 후 정신운동 퍼포먼스 리듬을 재동기화하는 데 3일이 필요한 경우 반대(동쪽) 방향으로 8일이 필요함을 의미한다.[13]

가장 노련한 여행자라도 시차로 인해 고통을 받으며 대부분은 목적지에 도착했을 때 뛰거나, 치거나, 차거나, 뒤집거나, 수영할 필요가 없다. 시차로 인한 피로는 질병의 느낌, 식욕 감소 및 수면 장애를 유발할 수 있다.[14] 시차로 인한 피로는 두 가지 형태로 나타난다. (1) 단거리지만 연속되는 여행은 일반적인 식사 패턴에 여러 번의 작은 변화를 야기한다. 그리고 (2) 여러 시간대를 가로지르는 하나의 장거리 이동을 포함을 하는 여행은 식사와 수면 행동에 중대한 변화를 야기한다. 운동선수는 배고픔을 느낄 때 식사를 미루어서는 안 되며, 규칙적인 식사를 할 수 있을 때까지의 시간적 간격을 메우기 위해 간식은 항상 재빨리 제공되어야 한다. 위상 변화라고 하는 시간대 변경에 대한 다음 권장 사항은 시차의 영향을 완화하는 데 도움이 될 수 있다.[3]

작은 연속 위상 이동

- 새로운 목적지에 도착한 후 정해진 현지 시간에 식사를 한다. 이렇게 하면 현지 일정에 빠르게 적응하고 새 표준 시간대에 적응하는 데 도움이 된다.
- 많은 양의 액체를 마셔라. 기내는 건조하기로 악명이 높으며 탈수는 두통과 가벼운 변비를 비롯한 많은 불만의 원인이다.
- 비행 전에 가벼운 식사와 무거운 식사를 번갈아 하라. 여행의 스트레스는 단백질 요구량을 약간 증가시킬 수 있으므로 위상 변화 후에 고단백 아침 식사와 저단백, 고탄수화물 저녁 식사를 하라.
- 비행이 끝날 때까지 카페인을 피하라. 다량의 카페인 함유 음료는 이미 탈수 상태에 있는 환경에서 수분 손실을 증가시킬 수 있는 이뇨 효과를 가질 수 있다. 수분 상태를 유지하는 데 도움이 되는 액체를 섭취하라(물, 스포츠 음료, 과일 주스).
- 비행 중 및 비행 후에 술을 피하라. 알코올이 유발하는 부정적인 대사 변화 외에도 수분 손

실을 증가시킬 수 있는 이뇨제이기도 하다. 진지한 운동선수는 항상 알코올 음료를 마시는 것이 좋지 않다.

- 비행 후 사교 활동이나 운동을 하라. 이렇게 하면 현지 일정에 더 빨리 적응하고 여행과 관련된 스트레스를 줄이는 데 도움이 된다.

큰 위상 이동

- 각 시간대별로 최소 하루 일찍 목적지에 도착하라. 6개 이상의 시간대를 횡단하는 비행의 경우, 정상적인 24시간 주기 리듬과 웰빙 느낌으로 돌아가기 위해 최소 4일, 바람직하게는 1주일이 허용되어야 한다. 비용 및 일정 제한으로 인해 선수가 필요한 만큼 일찍 도착하지 못할 수 있으므로 가능한 한 빨리 현지 일정에 맞추되 최대한 휴식을 취하는 것이 중요하다.
- 새로운 장소에 도착하면 운동하고 사교 활동에 참여하라. 새로운 환경에 즉시 익숙해지는 데 도움이 된다. 운동과 사교 활동은 여행의 스트레스를 줄이고 현지 일정을 보다 쉽게 하는 데 도움이 된다.
- 새로운 목적지에 도착하면 규칙적인 수면 시간과 식사 시간을 유지하라. 새로운 목적지의 일정에 따라 빨리 먹고 잘수록 몸이 더 빨리 잘할 수 있다는 느낌이 들 것이다. 일정에 따라 규칙적으로 먹고 자는 것이 여행을 잘하기 위한 열쇠다.
- 여행 전, 여행 중, 여행 후에도 계속해서 자주 먹고 마신다. 좋은 고탄수화물 간식을 어디서 사야 할지 모를 수 있기 때문에 새 위치에서 간식 일정을 만드는 것이 어려울 수 있다. 그러나 자주 먹고 마시는 일정을 유지하는 것은 새로운 환경에 적응하는 데 도움이 되는 중요한 전략이다. 시작하기 위해 약간의 간식을 가져오고, 일단 도착하면 간식의 좋은 공급원을 찾아라.
- 글루텐 함유 식품과 같은 식이 제한이 있는 경우 여행하는 국가의 언어로 된 카드를 소지하라. 예를 들어 카드에는 "나는 밀이나 밀가루가 포함된 음식이나 글루텐이 포함된 기타 음식을 먹을 수 없다." 외식할 때 이 카드를 서버에 전달하면 무엇을 먹을 수 있을지 의문의 여지가 없다.
- 평소보다 더 많은 단백질을 섭취하라. 여행과 관련된 스트레스는 단백질 요구량을 약간 증가시킬 수 있으므로 매일 조금 더 많은 단백질을 섭취하도록 의식적으로 노력하라. 예를 들어 고단백 아침 식사(정상 섭취량에 삶은 계란 추가)를 섭취하는 것은 단백질 요구 사항을 충족하는 데 유용할 수 있다. 그러나 섭취의 초점은 계속 탄수화물에 있어야 한다.

운동선수가 시차로 인한 피로에 대처하고 새로운 환경에 더 빨리 적응하는 데 도움이 되는 여러 도구가 있다. 여기에는 아래 내용이 포함된다.

- 탄력 스타킹. 항공 여행자의 상당수(약 10%)가 여행자 혈전증이라고도 하는 심부 정맥 혈전증(DVT, 혈전의 한 형태 및 혈관 순환 불량의 징후)이 발생한다. 탄력 스타킹을 착용한 여행

자는 DVT가 발병할 가능성이 적다. 탄력 스타킹을 선택하는 경우 발목에서 가장 큰 압박을 받고 종아리로 갈수록 낮은 압축 수준으로 점진적인 압축이 있는지 확인하라.[30] 약한 압박은 혈류를 약간 수축시켜 혈류 속도를 증가시키며(즉, 더 좁은 '튜브'를 통해 이동하는 동일한 부피) 다음 두 가지 효과가 있다. (1) 부종(조직 주변, 혈액 외부의 체액 고임)을 유발하지 않고 혈액 순환을 유지하고, (2) 혈전 형성 가능성을 제한한다. 주의: 탄력 스타킹은 과도하게 조여서는 안 되며 스타킹의 전체 길이에 걸쳐 동일한 수준의 압력을 가하는 지지 호스와 혼동되어서는 안 된다.

- 멜라토닌. 10건의 연구 시험을 검토한 결과, 멜라토닌을 적절한 양(일반적으로 2~5mg)과 적절한 시기에 섭취하면 여러 시간대를 횡단하는 비행 시 시차 증상을 줄이는 데 현저하게 효과적임을 시사한다.[16, 31] 그러나 잘못된 시기에 멜라토닌을 복용하면 의도하지 않은 부정적인 결과가 나타날 수 있다.[32, 33] 이 연구 중 9개는 목적지의 목표 취침 시간(오후 10시에서 자정 사이)에 가장 근접한 시간에 멜라토닌을 섭취할 때 4개 이상의 시간대를 횡단하는 항공편이 시차로 인한 피로를 줄이는 것으로 나타났다. 0.5mg과 5mg 사이의 멜라토닌의 일일 복용량은 사람들이 더 많은 복용량으로 더 빨리 잠에 든다는 점을 제외하고는 유사하게 효과적인 것으로 나타났다. 5mg을 초과하는 용량의 명백한 이점은 없다. 멜라토닌의 이점은 더 많은 시간대를 넘을수록 더 클 가능성이 높지만 서쪽으로 가는 항공편(지연된 수면 시간)에서는 동쪽으로 가는 항공편(조기 취침 시간)보다 덜 효과적인 것으로 보인다. 보고에 따르면 멜라토닌은 간질이 있거나 와파린을 복용하는 사람들에게 금기이다.
- 카페인. 서방형 카페인(SRC)을 평가한 연구에서는 7개 시간대를 횡단하는 동쪽으로 비행한 후 주간 졸음을 퇴치하는 데 효과가 있다고 결론내었다. 이 이중 맹검, 무작위, 위약 대조 연구에서 피험자들은 비행 후 5일마다 300mg의 SRC를 시차로 인한 피로 증상에 긍정적인 영향을 미쳤다. 그러나 과도한 카페인 음료 섭취는 이뇨 효과를 주고 탈수를 유발할 수 있으므로 주의해야 한다.[34] 또한 현지 일정에 따라 잠자기를 어렵게 하여 현지 시간대에 적응하기 어렵게 만드는 역할을 할 수도 있다.[33, 35]
- 식사 시간과 구성. 이 분야에 대한 연구는 제한적이지만 특정 식품이 일주기 리듬 조정에 영향을 미치는 것으로 보인다.[18] 상대적으로 고탄수화물 및 저단백 식사는 트립토판에 대한 뇌 노출을 증가시키고 세로토닌으로의 전환을 통해 수면을 향상시킬 수 있다. 따라서 이것은 멜라토닌 섭취와 함께 발생해야 한다. 반면, 상대적으로 고단백 및 저탄수화물 식사는 뇌를 더 많은 티로신에 노출시킬 수 있으며, 이는 아드레날린으로의 전환을 통해 각성을 향상시킬 수 있다. 따라서 선수가 도착한 후에도 피로가 남아 있는 경우에 고단백 저탄수화물 식사를 해야 한다. 여기에 몇 가지 주의 사항이 있다. 운동선수는 글리코겐 저장과 혈당이 손상될 정도로 낮은 수준의 탄수화물을 섭취하지 않도록 주의해야 한다.
- 빛. 빛은 24시간 주기 리듬의 중요한 구성 요소이기 때문에 (이동 방향에 따라) 생체 시계를 지연시키거나 앞당기도록 빛 노출의 타이밍을 맞추는 것이 새로운 위치에 적응하기 위한 중요한 전략일 수 있다.[19] 위상 지연을 달성하려면(선수가 동쪽으로 여행한 경우 해가 더 일찍 뜨는 경우), 선수는 이른 저녁 시간에 빛에 노출되도록 하고 늦은 저녁과 이른 아침에는 노

출을 피해야 한다. 페이스 향상을 위해(선수가 서쪽으로 여행한 경우), 선수는 홈 타임에 비해 늦은 저녁에서 이른 아침에 빛 노출을 시작해야 한다.[32]

다른 전략이 실패할 경우 훈련된 의료 전문가가 감독하는 한 시차로 인한 피로 증상을 관리하기 위한 약리학적 접근이 유용할 수 있다.[36] 이러한 접근법에는 GI 문제에 대한 제산제 및 비스무트가 포함될 수 있다. 두통을 위한 아스피린 및 타이레놀과 같은 비스테로이드성 항염증제(NSAIDS) 및 수면 장애를 위한 약한 진정제.

여행 위치

미국, 캐나다, 서유럽 대부분의 지역을 여행할 때, 친숙한 음식이 나올 가능성이 높다. 예를 들어 아침 시리얼은 거의 모든 식료품점에서 찾을 수 있으며 가는 곳마다 빵이 있다. 그러나 많은 음식의 준비 과정은 다르다. 그리고 아침에 커피 한 잔을 마시는 것이 익숙하다면 다른 문화권에서 커피 원두를 다루는 다양한 방식에 놀랄 수 있다(아마도 충격을 받을 수도 있다!).

선수들은 평소 생활 습관과 절차에 갑작스러운 변화가 있을 경우 결과가 어떻게 될지 알 수 없기 때문에 식이 및 수면 습관을 유지하기 위해 할 수 있는 모든 일을 해야 한다. 특히 유용한 장치는 적절한 국제 전원 어댑터가 있는 컵형 전기온수기다. 이 작은 히터를 사용하면 익숙한 수프와 커피를 먹을 수 있다. 이는 여행하는 운동선수를 위한 최고의 발명품 중 하나다.

일부 국가는 안전하지 않은 물이나 식량 공급으로 유명하다. 식품 또는 물 공급의 안전성에 대해 의문이 있는 경우 가장 가까운 영사관 또는 여행사에 문의하라. 그 직원은 당신의 문의에 필요한 정보를 제공해 줄 것이다. 가고자 하는 위치에 대한 좋은 여행 책을 가져와라. 여기에는 사용할 수 있는 음식이 설명되어 있고 물 공급에 대해 설명되어 있다.

물 공급

여행지 어디에서나 운동선수는 물이 필요하다. 생소한 물 공급은 물 공급이 완벽하게 안전하더라도 위장(GI) 장애를 유발할 수 있다. 예를 들어 물 속의 브롬화물이나 불소의 농도가 다양하고 익숙하지 않으면 심한 장 통증을 유발할 수 있다. 물론, 생수나 스포츠 음료를 마시는 것이 가능한 경우 좋은 해결책이다. 그러나 병에 든 음료를 쉽게 구할 수 없다면 상황에 대처할 방법이 필요하다. 병에 든 음료수를 많이 가지고 여행하는 것은 사실상 불가능하지만 운동선수는 스포츠 음료 가루 패키지와 물을 정화하는 정수 필터를 가지고 여행해야 한다. 최고의 정수 필터는 미세한 기생충과 박테리아를 제거할 수 있는 필터다. 이 정수 필터는 또한 여행하는 운동선수를 위한 우수한 발명품 목록의 맨 위에 있다. 공간을 많이 차지하지 않고 매우 효율적으로 작동하므로 필요한 다른 긴급 문제를 처리할 수 있는 마음의 평화를 얻을 수 있다. 체중, 소변 색깔, 갈증 감각을 측정하여 정기적으로 수분 상태를 확인하는 것이 좋다.[38] 1lb는 450ml의 체수분이며 1.5L의 체수분이

여행 시 식중독 위험을 줄이기 위한 지침

- 개인 위생을 철저히 하라. 손을 얼굴에서 멀리하고, 손을 자주 씻고, 물병과 기타 개인 장비를 깨끗하게 유지하라.
- 여행 위생 문제에 대한 목적지별 조사를 수행하고 여행을 위한 목표 계획을 준비한다.
- 안전한 식수를 마신다. 의심되는 경우 밀봉된 생수를 사용하고 안전한 출처가 아닌 경우 얼음을 사용하지 마라.
- 현지 지식을 활용하여 최고의 레스토랑 및 케이터링 위치를 식별한다.
- 가능하면 식품 보관 시설 및 취사 장소의 관행을 확인한다(일반적인 청결 상태, 보관 과밀, 같은 선반에 날 음식과 조리된 음식이 섞이는지, 용기가 넘쳤는지 확인).
- 뷔페식 케이터링으로 각별한 주의를 기울여라. 미리 준비하고 다시 데운 식사(테이크아웃 포함)보다 신선하게 조리된 요리를 요청하라. 뜨거운 음식과 찬 음식 모두 음식을 보관하는 시간과 온도에 관한 관행을 확인하라. 식기, 도마, 서빙 접시와의 교차 오염에 주의하라.
- 식품 위생 관행에 대한 지식 부족으로 인해 현지 길거리 음식을 피한다.
- 자가 취사를 할 경우 식품 취급 및 보관에 주의한다.
- 식품 및 수질 위생에 대한 기준이 다른 국가에서는 아래의 고위험 식품을 피하거나 조심한다. 음용할 수 없는 수돗물(이 물로 만든 얼음 포함), 덜 익히고 날고기, 조개류, 해산물(스시 포함), 날달걀, 저온 살균되지 않은 유제품, 샐러드 및 생야채, 껍질을 벗길 수 없는 과일, 일정 시간 동안 따뜻하게 유지된 식품.
- 외국에 있는 경우 음식 과민증, 민감성 또는 알레르기가 표시된 카드를 현지 언어로 소지하고 푸드 서버에게 제공한다. 온라인 번역 프로그램을 사용하여 만들 수 있다.

Adapted by permission from S.L. Halson, L.M. Burke, and J. Pearce, "Nutrition for Travel: From Jet Lag to Catering," *International Journal of Sport Nutrition and Exercise Metabolism* 29 (2019): 232.

손실되고 보충되지 않는 한 일반적으로 갈증이 발생하지 않는다는 것을 기억하라. 어두운 소변은 또한 수분 부족을 암시한다.

음식 선택

여행은 불가피하게 선수들이 원하는 시간과 장소에서 식사를 하지 못하게 하므로 식당에 들어가기 전에 무엇을 선택할지 미리 계획해야 한다. 아직 식사 선택을 못했다면, 복잡한 메뉴를 보는 것이 주문에 영향을 준다. 공항에는 일반적으로 고지방 및 고당 식품을 제공하는 패스트푸드 레스토랑이 있다. 이것들은 올바른 선택을 하기가 쉬운 곳이 아니다. 일반적으로 운동선수는 튀기지 않은 음식을 섭취해야 한다. 하지만 선택의 여지가 없다면 튀긴(기름진) 음식을 최소화하고 탄수화물을 최대화하라. 예를 들어 더블 패티 햄버거 대신 일반 햄버거 2개를 주문하는 것이 빵(탄수화물)이 2배이기 때문에 좋다. 식사 시간은 여행 피로와 시차로 인한 피로 증상에 대한 중요한 고려

사항이며 가능한 한 빨리 현지 일정에 따라 식사를 하는 것이 일반적이다.[39]

레스토랑에서 파스타, 구운 감자, 빵, 채소, 샐러드를 찾아봐라. 대체품을 요청해야 할 수도 있지만(예: 감자튀김 대신 구운 감자) 요청하는 것을 두려워하지 마라. 공항이나 항구에 있는 레스토랑은 귀하(또는 귀하의 비즈니스)를 다시는 볼 수 없을 것임을 알기 때문에 귀하를 수용할 가능성이 낮을 수 있다. 그럼에도 불구하고, 선수들은 항상 그들이 원하는 것을 정확히 요구하는 것이 중요하다. 구운 감자를 주문할 때도 옆에 있는 건 다 달라고 하라. 메뉴를 볼 때 찾아야 할 키워드는 표 7.2를 참조해라.

성공적인 여행의 핵심은 사전 계획이다. 당신의 요구를 충족시킬 음식이나 음료의 가용성에 대해 가정하지 말라. 당신을 행복하게 하고 영양을 공급할 주요 음식과 음료가 있는지 확인하기 위해 여행할 때 몇 가지 품목을 가져와라. 운동 경기가 끝날 때까지 새로운 음식을 시도하지 말고 지역 호스트의 추천에 의해서만 시도하라. 스스로 실험하는 것은 위험할 수 있다. 서점이나 도서관을 방문하거나 인터넷 검색을 통해 목적지에 대해 최대한 많이 알아봐라. 여행사 및 인근 영사관도 훌륭한 정보 출처다.

요약하자면, 해외여행 시 식수는 안전하고 친숙하다고 생각되더라도 식수와 다음 품목을 지참하라(체류 기간에 따라 양 조절 가능).

- 적절한 전원 코드 어댑터 및 변환기
- 전기히터 컵
- 정수 필터 펌프

표 7.2 메뉴의 신중한 검토를 통한 항목 선택

요리	피해야 할 음식	찾는 음식
일반	튀김, 바삭함, 빵가루 입힌 것, 스캠피 스타일, 크림, 버터, 오 그라탕, 그레이비	마리나라, 찜, 삶은 것, 구이, 토마토 소스, 자체 주스, 데친 것, 숯불구이
멕시코 음식	튀긴 껍질, 튀긴 밀가루 또띠야, 튀긴 콩, 옥수수 칩, 사워크림, 과카몰리	저지방 튀긴 콩, 닭고기 또는 살코기 쇠고기 및 콩 부리토, 구운 소프트 옥수수 토르티아, 살사, 쌀, 구운 밀가루 또띠야
이탈리아식	튀긴 껍질, 튀긴 밀가루 또띠야, 튀긴 콩, 옥수수 칩, 사워크림, 과카몰리	마리나라 소스를 곁들인 파스타, 치즈 또는 채소-테이블 피자, 드레싱을 곁들인 샐러드, 저지방 이탈리안 아이스, 저지방 프로즌 요거트
중식	계란말이 튀김, 튀김 완탕, 탕수육, 튀김	볶음 및 찜 요리, 닭고기와 채소와 밥, 맑은 국물 수프
버거	샐러드 바의 고지방 드레싱, 마요네즈, 프렌치 프라이, 밀크 셰이크	샐러드 바의 저지방 드레싱, 구운 감자, 구운 식품
카페	버터가 들어간 제품, 과도한 커피 섭취	팬케이크, 토스트, 베이글, 와플, 과일, 과일 주스, 전곡 시리얼, 빵, 머핀

Adapted by permission from E.R. Burke and J.R. Berning, *Training Nutrition: The Diet and Nutrition Guide for Peak Performance* (Carmel, IN: I.L. Cooper, 1996), 134.

여행 팁

다음은 여행 전, 도중 및 도착 시 해야 할 일에 대한 몇 가지 여행 팁이다.[19, 26, 37]

여행 전

- 여행 중 근육통이 생길 위험을 줄이기 위해 여행 전날 격렬한 운동을 피해야 한다.
- 여행 전 2주 동안 매일 밤 8시간의 수면을 목표로 충분한 숙면을 취해야 한다.
- 어디에서 무엇을 먹을지 계획해야 한다.
- 어떤 식품이 안전하고 안전하지 않은지 알아야 한다.
- 언제 어디서 활동할 것인지 알 수 있어야 한다.
- 점진적인 하루 1시간 수면 예약을 통해 수면 시간을 새로운 시간대로 변경한다.
- 현지 일정에 따라 잠을 자고 비행기에서 잠을 자지 않도록 늦은 시간에 도착하는 긴 비행 일정을 잡아야 한다.
- 온라인 번역 시스템을 사용하여 모든 식단 제한 사항을 현지 언어로 인쇄하라. 당신에게 음식을 제공하는 사람에게 한 부를 줄 수 있도록 사본을 많이 가지고 있어야 한다.

여행 중

- 수분 상태를 유지하기 위해 충분한 양의 무알코올 음료를 마신다.
- 변비를 피하기 위해 과일과 채소를 많이 섭취해야 한다.
- 알코올 음료를 피해야 한다.
- 카페인이 함유된 음료를 습관적으로 섭취하지 않도록 해야 한다.
- 비행기에서 잘 수 있도록 소음 제거 귀마개와 마스크를 준비해야 한다.
- 부종을 줄이고 혈류를 촉진하기 위해 양질의 압박 스타킹을 착용해야 한다.

도착

- 가능한 한 빨리 현지 일정에 맞춰 가야 한다.
- 자주 과식하기보다는 소량으로 자주 먹어야 한다.
- 회복을 위해 필요한 만큼 짧게 20분 낮잠을 자야 한다.
- 술을 피해야 한다.
- 물을 자주 마셔야 한다(해외에서 병에 들지 않은 물은 마시지 마라).
- GI 장애와 가장 관련이 있는, 날 음식이나 최소한으로 조리된 음식 섭취를 피해야 한다.

- 가염 크래커 1상자
- 20L의 음료를 만들기 위한 분말 스포츠 음료 분말
- 생수 2L
- 중간 크기의 건포도(또는 기타 선호하는 말린 과일) 상자
- 개별 포장된 저지방 그래놀라 바 5개
- 무지방 분유 2팩
- 좋아하는 시리얼 작은 상자 1개

중요 사항

- 선수들은 적응할 시간을 가질 수 있도록 충분히 일찍 새로운 장소로 이동해야 한다. 현지 시간에 바로 먹고 자면 더 빨리 적응하는 데 도움이 된다. 가벼운 운동도 도움이 될 수 있다.
- 장거리 여행 시 압박 호스를 착용하면 혈액 순환을 유지하고 부종을 예방할 수 있으므로 도착했을 때 기분이 좋아지고 새로운 환경에 더 빨리 적응할 수 있다.
- 친숙한 음식을 가지고 여행하는 것은 좋은 아이디어다. 특히 대회가 당신을 낯선 나라와 문화로 데려가는 경우라면 더욱 그렇다. 이러한 핵심 필수품은 먹을 수 있는 현지 음식을 찾는 시간을 줄 수 있다.
- 어떤 종류의 식이 제한이 있는 경우, 먹을 수 없는 음식을 명확하게 설명하는 현지 언어로 만든 카드를 준비하라. 외식할 때 이 카드를 서버에 전달하면 무엇을 먹을 수 있을지 의문의 여지가 없다(Google 번역을 사용하면 55개 이상의 언어로 번역할 수 있다).
- 여행하는 동안 충분한 수분을 섭취하라. 지속적으로 수분을 섭취하면 상기도 질환에 걸릴 위험을 증가시키는 목구멍 건조를 방지하는 데 도움이 된다.
- 예방 조치로, 여행 중 상기도 감염 위험을 낮추기 위해 선수에게 안면 마스크를 지급하는 것도 적절할 수 있다.[40]
- 알코올 섭취를 피하라. 알코올은 탈수를 유발할 수 있는 이뇨제이며 위장 장애를 유발할 수도 있다.
- 새로운 장소에서 카페인을 섭취하면 적응을 더 빨리하는 데 도움이 될 수 있지만 카페인이 함유된 음료를 과도하게 섭취하면 이뇨 작용이 있어 탈수를 유발할 수 있다.
- 식품 안전에 대한 기회를 놓치지 마라. 당신이 먹는 모든 것(일반적으로 잘 익힌 것)과 마시는 것(일반적으로 병에 담긴 것)이 안전한지 확인해야 한다.

Chapter 8

높은 고도

높은 고도에서 육체노동을 수행하는 것은 엄청난 도전을 수반한다. 높은 고도는 종종 극도로 춥다. 공기의 산소 농도가 더 낮다. 그리고 지형이 매우 가혹하여 인체 시스템이 물리적 작업을 수행하기 위해 지속적인 긴장 상태에 있게 된다. 높은 고도는 다음과 같이 분류된다.

- 높은 고도: 1,500~2,500m
- 매우 높은 고도: 2,500~5,500m
- 극한 고도: 5,500m 이상

높은 고도에서 육체노동을 수행하는 것은 벅찬 일이지만, 통합된 영양 및 수분 공급 전략과 함께 적절한 적응 및 훈련은 사람들이 이 낯선 환경에서 목표를 달성하는 데 도움이 될 수 있다. 4,400m 높이의 레이니어 산을 3일 동안 등반하거나 또는 5,900m의 킬리만자로 산을 오르는 1주일간의 트레킹이든 상관없다. 영양학적으로 올바른 일을 하면 고도에서 훈련하는 운동선수가 적절한 생리학적 적응을 하는 데 도움이 될 수 있다. 이 장에서는 높은 고도에서 작업할 때 인체가 경험하는 생리적 및 영양적 스트레스를 검토하고 이러한 환경에 성공적으로 대처하기 위한 권장 사항을 제시한다.

고산병의 징후와 증상

사람들은 높은 고도에서 특정한 정상적인 변화를 기대할 수 있다. 여기에는 더 빠른 호흡, 증가된 숨가쁨, 더 높은 배뇨 빈도 및 변경된 수면 패턴이 포함된다. 높은 고도에서 더 낮은 기압은 모든 호흡의 산소 농도를 낮추어 동일한 수준의 산소를 끌어들이기 위해 더 빈번한 호흡 패턴을 강요한다. 그러나 호흡 패턴이 아무리 빨라도 해수면과 비교할 때 높은 고도에서 같은 수준의 산소를 받아들이는 것은 불가능하다. 이러한 이유

고지대 및 추운 환경은 대비해야 하는 독특한 수분 공급 문제를 일으킨다.

로 육체노동은 항상 더 힘들 것이고 피로가 더 빨리 발생한다. 고도에 적절히 적응하지 못하면 두통, 메스꺼움, 구토, 식욕 부진, 권태감 등의 추가 증상이 나타날 수 있다.[16]

콜로라도에서 열린 Primal Quest Expedition Adventure Race에 참가한 선수들을 평가한 결과, 5%는 레이스 시작 시 고산병을 앓고 있었다. 경주 동안 14.1%는 의학적 치료가 필요한 고산병을 앓았다(이 중 13.3%는 급성 산악병(AMS)이었다. 0.8%는 폐부종). 3%는 고도 관련 질병 때문에 레이스에서 기권했다.[19] 이 레이스는 2,900m보다 높은 고도에서 시작하여 4,100m 이상의 고도까지 올라간다. 높은 고도에서 발생하는 질병은 낮은 고도로 하강하고 가능한 경우 산소를 투여하여 치료해야 한다. 증상 악화가 있는 사람은 하강을 연기해서는 안 된다. 증상 악화가 생명을 위협하는 고지대 뇌부종(HACE) 또는 고지대 폐부종(HAPE)으로 진행될 수 있기 때문이다.[20]

고산병 발병 위험을 증가시킬 수 있는 요인은 다음과 같다.

- 빠른 상승 속도
- 고지방, 고단백, 저탄수화물 식단
- 고도에서 장기간 체류
- 높은 수준의 노력
- 더 높은 고도

높은 고도의 저산소 환경은 높은 고도에 적절하고 점진적으로 적응하지 못한 운동선수에게 심각한 건강 위험을 초래할 수 있다. 4,000m 이상의 고도를 오르는 사람, 여성, 중년 이하의 사람, 편두통 병력이 있는 사람은 고산병에 걸릴 위험이 더 크다.[64] 비만인 사람은 비만이지 않은 사람보다 급성 고산병(AMS)을 겪을 가능성이 더 크다.[24] 그러나 주기적으로 고도에 노출된 사람들은 AMS의 증상에 적응하고 감소시키는 것으로 보인다.[25] AMS를 줄이기 위해 마그네슘 보충제와 은행나무 보충제를 포함한 다른 전략이 시도되었지만 성공적이지 못했다.[26, 27]

해수면에 살고 있던 운동선수가 높은 고도로 이동하면 급성 고산병과 관련된 산화질소가 감소된다. 산화질소는 혈관 확장제이고 비트 뿌리 주스가 산화질소 생성을 향상시키는 것으로 밝혀졌기 때문에 비트 뿌리 주스를 섭취하면 운동선수가 고지대 환경에 갈 때 겪는 일부 문제를 개선하는 데 도움이 될 수 있다.[43] 일반적으로 고산병 또는 HAI(표 8.1 참조)라고 하는 이러한 건강 위험에는 세 가지 증후군이 포함된다.

급성 고산병(AMS)

AMS는 HAI 증후군 중 가장 흔하지만 가장 심각하지 않은 것으로, 일반적으로 2,000m를 초과하는 고도에서 발생하고 다음과 같은 증상을 나타낸다.[17, 18]

- 메스꺼움
- 운동 및 휴식 시 호흡 곤란
- 수면 부족
- 운동 실조
- 두통
- 변경된 정신 상태
- 나른함
- 체액 저류(항이뇨 호르몬 생산 증가)
- 기침

고지대 뇌부종(HACE$_{\text{High-Altitude Cerebral Edema}}$)

HACE는 정신 상태의 변화 및 협응 상실과 관련이 있다. 뇌의 모세혈관 누출이 이 부종의 원인이다. 빠르게 진행되어 몇 시간 이내에 사망에 이를 수 있는 HACE의 증상은 다음과 같다.[21]

- 보행 실조증(취한 사람처럼 걷다)
- 착란
- 다양한 정도의 정신과적 변화
- 깊은 혼수상태로 진행될 수 있는 의식 장애

고지대 폐부종(HAPE$_{\text{High-Altitude Pulmonary Edema}}$)

HAPE는 호흡 곤란, 기침, 쇠약, 흉부 압박감 또는 울혈과 관련이 있다. 폐의 모세혈관 누출이 이

높은 고도에서 훈련할 때의 위험 수준

높은 고도에서의 훈련에 대한 위험 요소는 다음과 같다.[44, 45]

낮은 위험
- 최대 2,800m까지 등반한 고산병 병력 없음
- 2,500~3,000m에 도달하는 데 2일 이상 소요되고 1,000m마다 1일 추가 순응

중간 위험
- 하루에 2,500~2,800m를 상승한 AMS 이력이 있는 사람
- AMS 이력이 없고 하루에 2,800m 이상 등정한 자
- 3,000m 이상의 고도에서 하루에 500m 이상을 오르지만 1,000m마다 적응을 위한 추가 하루가 있는 모든 개인

높은 위험
- 1일 2,800m 이상 등정한 AMS 이력이 있는 자
- HAPE 또는 HACE의 병력이 있는 모든 사람
- 하루에 3,500m 이상 올라가는 모든 사람
- 하루에 500m 이상 3,000m 이상을 올라가는 모든 사람과 적응을 위한 추가 일수
- 극도로 높은 고도에 대한 매우 빠른 상승

부종의 원인이다. HAPE는 잘 알려져 있지 않지만 2,400m 미만의 고도에서는 거의 발생하지 않는다. 일반적으로 즉시 하강으로 HAPE를 빨리 치료하지 않으면 사망에 이를 수 있다. HAPE의 증상은 낮은 산소-이산화탄소 교환으로 인해 발생하며 다음을 포함한다.[22]

- 극심한 피로
- 끙끙거리거나 덜거덕거리는 호흡
- 휴식 시 호흡 곤란
- 흉부 압박감, 충만감 또는 울혈
- 기침, 분홍색 가래가 있을 수 있음
- 파란색 또는 회색 입술 또는 손톱

고지대 환경에 적응하기

많은 숙련된 스키어와 산악 등반가는 고도가 높은 환경에서 메스꺼움, 혼란 및 쉽게 피로해지는 가능성을 알고 있다. 산소 농도는 더 높은 고도에서 더 낮기 때문에 운동선수는 훈련 요법 전에 어느 정도 적응을 거쳐야 하며, 특히 유산소(주로 지구력) 활동의 경우 성과가 해수면 수준의 기대치에 도달할 수 있다. 무산소 운동의 경우에도 훈련을 방해할 수 있는 고산병을 피하기 위해서는 어느 정도 적응이 필요하다. 산소 농도는 점진적으로 더 높은 고도에서 더 낮기 때문에 더 높고 더 높은 고도로 단계적으로 진행하는 것은 효율적이고 질병 없는 적응 반응을 허용하는 것이 합리적이다.

더 많은 적혈구가 산소 운반 능력 향상

고지대 훈련이 EPO(에리스로포이에틴) 생성을 통해 적혈구 형성에 긍정적인 영향을 미치므로 헤모글로빈, 헤마토크리트 및 VO_2max이 더 높아진다는 강력한 증거가 점점 더 많아지고 있다.[38] 이러한 이점은 자전거 선수, 장거리 달리기 선수, 마라토너, 팀 스포츠 선수를 포함한 다양한 운동선수에게서 볼 수 있다.[39] 이미 높은 헤모글로빈 수치를 가진 운동선수라도 적절한 시간과 영양 섭취가 제공된다면 헤모글로빈 증가를 경험할 수 있다.[40] 최근 데이터에 따르면 운동선수가 2,300m 이상의 고도에서 400시간 이상 보낼 때 헤모글로빈이 5~6% 증가할 수 있다[41](그림 8.1 참조). 선수는 자신이 훈련하는 대회보다 높은 고도에서 훈련해서는 안 된다. 대회 고도보다 300~1,000m 높은 곳에서 생활하면 경기력 문제를 최소화하는 데 필요한 적응 시간이 훨씬 더 길어질 수 있기 때문이다.[42]

더 높은 고도에서 훈련하는 선수는 더 빠른 호흡과 더 빠른 심박수를 기대할 수 있다. 운동선수는 심박출량, 호흡 빈도 및 혈액에서 세포로의 산소 확산의 변화와 함께 이런 저산소 환경에 적응할 수 있지만, 적혈구 수를 높이는 것이 산소 전달 및 스포츠 퍼포먼스를 개선하는 가장 효율적인 방법이다.[5]

혈액 도핑이나 EPO 주사를 포함하여 산소 전달을 개선하는 몇 가지 불법적인 방법이 있지만 적절한 칼로리, 철분, 엽산 및 비타민 B_{12} 섭취를 보장하는 것은 합법적이고 유익하다. 또한 산소의 일부를 걸러내는 텐트로 덮인 침대와 같이 고지대 환경을 모방할 수 있는 창의적인 장치가 있다. 이 장치는 더 높은 적혈구 생성을 촉진하여 더 효율적인 산소 흡수를 가능하게 한다.[46] 동일한 결과를 생성하기 위해 저산소실 및 마스크와 같은 다른 전략도 있다.[47] 건강한 식단은 이러한 요구사항의 대부분을 충족할 수 있지만 특히 하루에 약 18mg 수준의 철분을 섭취하도록 주의해야 한다. 에너지 소비가 제한되지 않도록 하는 것도 중요하다. 이는 높은 고도에서 새로운 적혈구의 정상적인 추가 생성을 손상시킬 수 있다.[48, 49] 에너지 섭취와 사용에 균형이 맞지 않는 상태인 운동선수의 경우, 고지대 훈련이 단백질 섭취량과 상관없이 무지방(즉, 근육) 질량을 감소시킨다는 분명한 증거가 있다.[50] 불충분한 에너지 소비가 운동선수의 면역에 부정적인 영향을 미친다는 증거도 있다.[51] 이러한 결과는 단백질 요구량뿐만 아니라 총 에너지 요구량을 충족시키는 것이 높은 고도

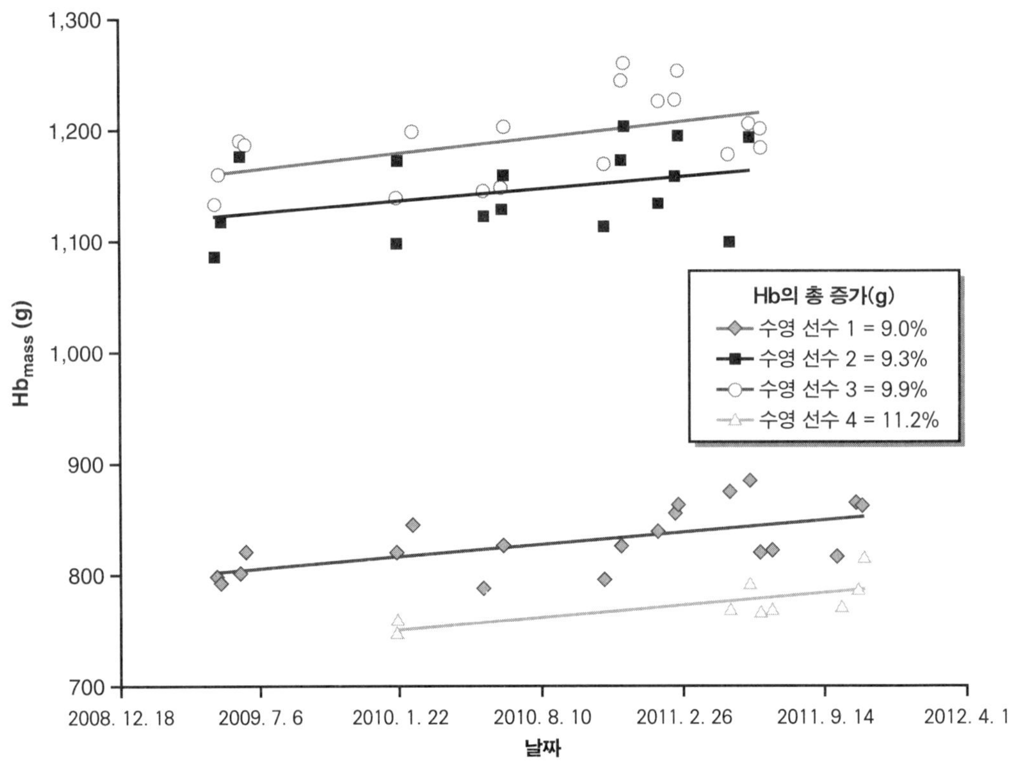

그림 8.1 높은 고도에서의 훈련으로 인한 헤모글로빈의 변화

Reprinted by permission from P.U. Saunders et al., "Special Environments: Altitude and Heat," *International Journal of Sport Nutrition and Exercise Metabolism* 29 (2019): 2010-2019.

에서 성능을 유지하거나 개선하고 운동선수가 병에 걸리는 것을 방지하는 데 중요하다는 것을 시사한다. 운동선수는 종종 높은 고도에서 식욕 부진을 호소하기 때문에 이것은 보이는 것보다 더 어려울 수 있다.

체온 조절

추운 환경은 대류와 전도를 통해 열 손실을 유발한다. 또한 고지대 공기의 낮은 산소 수준은 조기 피로를 유발하고 정상적으로 먹고 마시는 것이 어려워 체온을 유지하는 능력을 손상시켜 추위에 대한 내성을 감소시킬 수 있다. 운 좋게도 인간에게는 핵심 체온을 유지하고 열 생산을 증가시키는 시스템이 있다.[6] 이 온도 조절 과정은 말초 혈관 수축을 통한 열 손실의 양을 낮추어 추운 온도에 노출되었을 때 생존성을 보장하는 데 도움이 된다. 그러나 피부와 사지로 가는 혈류가 감소하면 특히 손가락과 발가락이 동상에 걸리기 쉽다. 이러한 위험에 대응하기 위해 신체는 약 10분 동안 추위에 노출된 후 한랭 유발 혈관 확장(CIVD)이라고 하는 과정을 시작한다. 말초 혈관 수축과 혈관 확장의 맥동은 중심 온도를 유지하지만 피부와 말초 조직의 온도 변화를 희생시킨다.[6]

인간은 주로 근육이 작동할 때 열을 생성한다. 일하는 근육이 사용하는 칼로리 중 약 30~40%

는 실제로 근육 운동을 일으키고 60~70%는 열로 손실된다. 간단히 말해서, 온혈 동물인 우리는 움직임보다 열을 더 효율적으로 생성한다. 우리는 또한 신체 온도가 3도에서 4도 하락할 때 유발되는 비자발적 중추 신경계 유도 메커니즘인 떨림을 통해 열을 생성할 수 있다.[7, 8] 떨림으로 인한 근육 수축의 증가는 총 에너지 소비의 2.5배 증가를 가져오며, 대부분은 탄수화물 산화 증가의 결과이다.[9] 한랭 스트레스는 또한 혈장 카테콜아민 증가의 결과로 근육 글리코겐 이용을 증가시킨다.[10] 따라서 한랭 스트레스와 떨림이 발생하는 환경에서 운동을 할 때는 충분한 양의 탄수화물을 섭취하는 것이 중요하다.[11] 어느 정도 근육 손실을 경험한 노인들은 추운 환경에서 잘 견디지 못한다. 주로 낮은 수준의 근육량이 일을 하거나 몸을 떨면서 열을 생산하는 능력을 감소시키기 때문이다.[12] 그러나 제지방량을 유지하기 위해 규칙적인 운동 프로그램이 시행된다면 연령이 증가한다고 자동으로 저체온 위험이 증가하는 것은 아니다.

LHTL 훈련

'높은 고도에서 생활하고, 낮은 고도에서 훈련'(LHTL) 트레이닝 패러다임은 20년 이상 우리와 함께해 왔으며, 너무 많은 어려움과 트레이닝을 제시했던 초기 '높은 고도에서 생활하고, 높은 고도에서 훈련'(LHTH) 패러다임의 인기를 능가했다. 사실, 높은 고도에서의 훈련은 속도 감소, 출력 감소, 산소 플럭스 감소로 이어지지만 그 어느 것도 훈련에 이점을 제공하지 않는다. 대조적으로, LHTL은 저산소 환경에 대한 경기력 향상 생리적 적응[1, 52]을 유도함으로써 모든 능력의 운동선수의 경기력을 향상시킨다. 여기에는 아래 내용이 포함된다.[4]

- 저산소 환기 반응이라고 하는 환기 증가(해수면에서의 동일한 활동과 비교하여 분당 14회에서 분당 20회 이상으로)
- 카테콜아민 매개 심박수 증가
- 카테콜아민 매개 심박출량 증가
- 폐, 혈액 및 조직 적응(고도 상승이 점진적인 경우, 적응 시간이 적절하지 않은 빠른 상승은 고산병의 높은 위험과 관련됨)

대부분의 인간은 고도에서 10일 후에 80%, 고도에서 45일 후에 약 95%가 순응하는 것으로 추정된다.[15] 고지대 질병을 예방하기 위한 최선의 전략은 적응 시간을 충분히 갖는 것이다. 일반적으로 제안되는 순응 프로토콜은 600~1,200m마다 휴식을 취하고 최종 고도까지 하루에 600m 이하의 점진적 상승을 유지하는 것이다(그림 8.2 참조)[3]. 궁극적으로 HAI를 방지하기 위해 선수는 고지대 훈련 프로그램이 저고도 훈련 프로그램을 모방할 수 없다는 것을 알아야 한다. 훈련 적응에는 경기나 훈련 중 어느 시점에서든 조기 과호흡이 발생하는 경우 속도를 늦추는 것(사지 움직임을 새로운 호흡 패턴과 동기화한다. 스프린트 이후에 충분한 회복 시간을 허용한다. 훈련의 총량을 줄인다)이 포함된다.[23]

LHTL 훈련 요법의 주요 목적은 산소 운반 능력을 향상시키는 조직 적응을 만들어 지방 대사

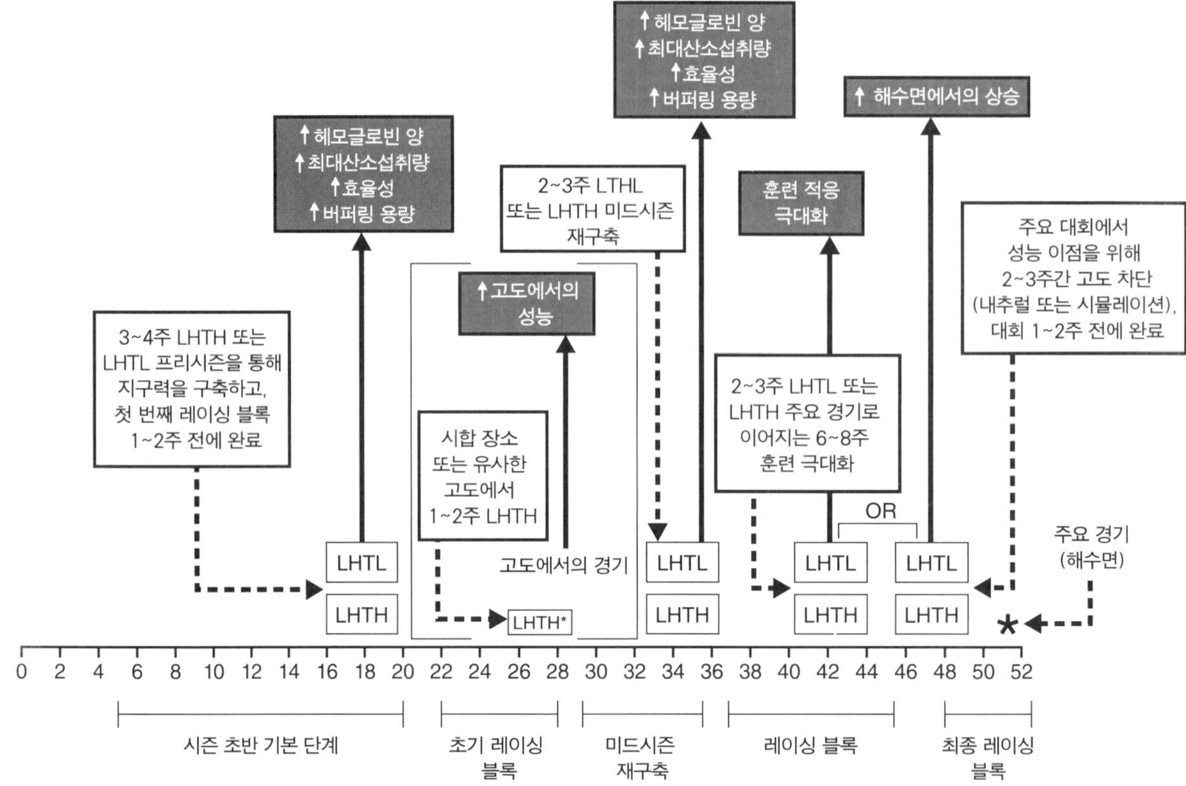

그림 8.2 시즌 내 높은 고도에서 권장되는 주기화 훈련

Reprinted by permission from P.U. Saunders et al., "Special Environments: Altitude and Heat," *International Journal of Sport Nutrition and Exercise Metabolism* 29 (2019): 2010-2019.

를 강화하고 결과적으로 연료로서의 탄수화물 의존도를 낮추어 지구력 수행능력을 향상시키는 것이다. 이 LHTL 전략을 최대한 활용하려면 선수가 최소 4주 동안 2,000~2,500m 고도에서 생활해야 한다.[2] 일반적으로 수행능력 저하와 관련된 고지대 생활의 초기 기간 이후에 더 오랜 시간 동안 고지대에서 생활하면 일반적으로 긍정적인 순응 반응이 더 크게 나타난다.[42, 53]

에너지 및 수분 요구 충족

고산병 증상은 종종 음식 및 수분의 감소와 함께 심각한 식욕 억제를 유발한다. 이것은 추운 날씨의 높은 칼로리 요구 사항과 결합하여, 높은 고도에서 훈련할 때 가장 심각한 두 가지 문제를 발생시킨다. 체중 및 체액 균형 유지.

고지대 영양소 요구 사항

정기적으로 높은 고도에 노출되는 운동선수조차도 일반적으로 충분한 칼로리를 섭취하지 못하여 체중 감소가 나타난다. 히말라야 트레킹에 참여하는 사람들에 대한 평가에 따르면 낮은 고도보다 높은 고도에서 에너지 섭취량이 현저히 낮았으며 트레킹이 끝날 무렵 체중이 크게 감소했다.[27] 에베레스트산을 오르는 인간의 에너지 소비량도 해수면보다 평균 2.5~3배 높은 것으로 밝혀졌다.[30] 음식 섭취량은 일반적으로 상승 속도에 따라 높은 고도에서 10~50% 낮다. 이것은 사람들이 심한 추위에 노출되지 않은 경우에도 사실인 것으로 보인다(저압실에서와 같이).[28] 설상가상으로 1,500m 고도가 올라갈 때마다 식사를 준비하는 시간이 두 배로 늘어난다. 더 많은 음식을 섭취하려는 의식적인 노력이 있을 때만 더 높은 고도에 있는 사람들은 생리학적 필요에 접근하는 에너지 섭취량을 갖게 된다.[29]

에너지 섭취 감소로 인한 체중 감소가 춥거나 고지대 환경에서의 운동의 일반적인 결과인 이유를 쉽게 이해할 수 있다.[31] 이러한 환경에서 운동을 하는 선수는 의식적으로 자주 식사를 해야 하며 지방이나 단백질보다 대사하는 데 산소가 덜 필요하고 저장한 글리코겐을 대체하는 데 도움이 되며 단백질 보존 효과가 있는 탄수화물에 집중해야 한다. 또한 탄수화물 섭취가 부족하면 결국 저혈당이 되어 정신적 혼란과 방향 감각 상실로 이어진다. 일부 보고서에 따르면 등산가는 탄수화물을 선호하고 지방을 싫어한다.[32] 그러나 이 결과는 일관되지 않다. 다른 연구에 따르면 고지대에 있는 운동선수는 음식 선택을 고지방 음식에서 고탄수화물 음식으로 바꾸지 않는다.[33]

고지대 환경이 미각을 무디게 하여 근력, 지구력 및 열 생성 능력에 부정적인 영향을 미치는

고지대 산화 스트레스

덥고 추운 환경뿐만 아니라 고지대 노출은 산화 스트레스를 증가시키며, 이는 더 많은 항산화제 섭취를 위해 필요한 영양소를 변경할 수 있다.[14] 신선한 과일 및 채소와 같은 항산화제 함유 식품의 섭취를 늘리거나 이러한 식품을 적절한 수준으로 섭취할 수 없는 경우 종합 비타민제 및 종합 무기질 보충제를 고려해야 한다.[34]

높은 고도에서 수행하는 울트라마라톤 주자에 대한 연구에서 조직 염증의 강력한 암시인 크레아틴 키나아제의 상당한 상승을 발견했다.[61] 항산화 물질이 풍부한 식품의 섭취를 늘리면 이러한 염증 표지자 중 일부를 약화시키기에 충분하다는 증거가 있으며, 이는 추가 보충제 없이 올바른 식품을 섭취하는 것이 만족스러운 전략임을 시사한다.[60] 이 효과는 적어도 식품이 광범위한 항산화제의 혼합물을 제공한다는 사실의 부분적 결과다. 고지대에 있는 인간의 산화 스트레스에 대한 연구에 따르면 항산화 혼합물을 섭취한 사람들은 단일 항산화 보충제를 섭취한 사람들에 비해 호흡 펜탄(산화 스트레스의 지표)이 더 낮았다. 아스코르브산, 베타카로틴, 셀레늄, 비타민 E(광범위한 식품에 존재하며 식품 섭취가 충분하지 않은 경우 보충제로도 사용 가능)와 같은 다양한 항산화제를 섭취하는 것이 단일 항산화제에 집중하는 것보다 더 나은 전략일 가능성이 높다.[35]

부적절한 에너지 섭취 및 체중 감소(근육 중량 포함)에 기여할 수 있다는 증거도 있다.[33] 따라서 목표는 에너지 기질의 분포를 취소하는 것보다 충분한 칼로리를 제공하기 위해 적절한 양의 음식을 섭취하는 것이어야 한다. 운동선수는 대량으로 먹을 수 있고 섭취 후 기분이 좋아지는 음식을 이용할 수 있어야 한다. 미리 포장된 고탄수화물 간식과 음식은 대부분의 식사에 대한 좋은 대안이며, 조리된 식사는 선수가 물과 시간을 사용할 수 있는 시간에 예약되어 있다. 선수들이 물과 시간을 이용할 수 있는 시간을 위해 제공되는 조리된 식사들의 좋은 대안으로 미리 포장된 고탄수화물 간식과 음식이 있다. 빠르게 접근할 수 있는 좋은 식품에는 저지방, 홀그레인 에너지 바 또는 그래놀라 바뿐만 아니라 다양성을 위한 고단백 바가 포함된다.

높은 고도에 노출되기 전에 충분한 비타민과 무기질 섭취를 고려해야 한다. 이 환경에서는 산소 운반 능력이 한계에 도달하기 때문에 고지대 트레킹을 시도하기 전에 특히 철분 상태가 우수해야 한다. 철분을 매일 보충하면 높은 고도에서, 특히 페리틴(즉, 저장된 철분)이 낮은 운동선수의 경우 헤모글로빈의 생산을 지원하는 데 도움이 될 수 있다는 증거가 있다.[54, 55] 그러나 이상적으로는 운동선수가 헤모글로빈 반응을 최적화하기 위해 높은 고도로 이동하기 전에 정상적인 페리틴 수치에 도달하려고 노력해야 한다.

추운 날씨 탈수 위험

추운 날씨에 노출되면 심각한 탈수 위험이 발생한다. 추운 환경에 있는 병사들은 일반적으로 탈수로 인해 체중의 최대 8%가 감소한다.[13] 여기에는 적절한 양의 식수를 얻기 어려움, 높은 수준의 수분 손실(특히 과도한 의복을 착용하거나 무거운 장비를 휴대하는 경우), 호흡 수분 손실, 감기에 의한 이뇨(CID)가 포함된다. 또한 극한의 추위에서 체액 균형을 유지하는 것은 덥고 습한 환경에서 체액 균형을 유지하는 것만큼이나 어렵다. 소변의 흐름이 증가하고 자발적인 탈수가 발생한다. 음료수를 얼지 않도록 하는 방법을 찾는 것만으로도 어려운 일이며, 물은 낮은 온도에서 끓기 때문에 더 많은 요리 연료를 필요로 하여 낮은 고도보다 높은 고도에서 요리하는 데 시간이 훨씬 오래 걸린다. 춥고 고도가 높은 환경에서 충분한 수분을 섭취하려면 이러한 모든 문제를 극복해야 한다.

음료수 가용성 보장

극도로 추운 환경에서의 땀 손실 수준은 덥고 습한 환경과 동일할 수 있다. 일반적으로 단열된 겨울옷을 입고 중등도에서 무거운 운동을 하면 시간당 거의 2L의 땀이 손실되는 것으로 추정된다.[13] 따라서 적절한 수분을 보장하기 위한 기본 전략은 충분한 수분을 즉시 사용할 수 있도록 하여 자주 적절한 양으로 섭취할 수 있도록 하는 것이다.

불행히도 액체는 무거우며 최상의 상황에서 운송하기 쉽지 않다. 추운 날씨와 위험한 고지대 지형에서는 액체 가용성이 훨씬 더 큰 문제가 된다. 카멜백 또는 이와 유사한 팩을 사용하는 것은 다른 유형의 용기에서 액체에 접근하는 것보다 훨씬 적은 에너지를 필요로 한다. 각 사람은 하루에 최소 2L, 바람직하게는 4L의 물을 필요로 한다. 춥고 고지대 환경에서 힘든 육체노동은 시간당

고지대에서의 알코올과 카페인

고지대 운동선수는 알코올(그들은 그것이 몸을 따뜻하게 하는 데 도움이 될 수 있다고 생각하지만 그렇지 않음)과 카페인(지구력 활동을 향상시키는 것으로 나타남)이 모두 포함된 음료를 마시도록 동기를 부여받을 수 있다. 그러나 알코올과 카페인의 조합은 건강에 좋지 않다. 알코올은 이뇨작용을 일으키고 탈수의 위험을 증가시키기 때문에 항영양소로 간주될 수 있다. 또한, 소량의 알코올 섭취로도 운동능력에 중요한 요소인 반응 시간이 단축될 수 있다는 증거가 있다. 알코올은 또한, 에너지 가용성에 부정적인 영향을 미칠 수 있는 B 비타민 코엔자임 생성을 방해한다. 카페인은 또한, 다량 섭취할 경우 이뇨 및 탈수를 유발할 수 있다. 그러나 권장량(4장 참조)을 복용하면 높은 고도에서 유용할 수 있는 두 가지 효과가 있다. (1) 비우호적인 환경에서 성능과 생존 모두에 중요한 요소인 중추 신경계 자극제다. (2) 혈관 확장제로 작용하여 조직으로의 혈액 전달을 향상시킨다.

2L의 수분 손실을 초래할 수 있기 때문에 2L는 진정 최소다. 현재 고지대에서 자전거 타는 훈련을 하는 사람을 위한 수분 섭취 권장량은 하루 7L로, 섭취하기 쉽지 않지만 반드시 실천해야 하는 수준이다.[56] 헬리콥터, 자동차 또는 동물 무리를 사용하여 많은 양의 식량, 물 및 기타 생활필수품을 가능한 가장 높은 고도로 옮기는 베이스캠프 전략은 논리적인 전략이다. 그런 다음 더 높은 고도로 등반하는 것이 베이스캠프에서 진행될 수 있으며, 등산가들은 베이스캠프에서 떨어져 있는 시간 동안 충분한 음식과 물을 운반할 수 있다. 녹은 눈이나 얼음을 액체 공급원으로 사용하는 것은 합리적인 계획 옵션이 아니다. 높은 고도에서 눈과 얼음을 녹이려면 많은 시간이 걸리고 연료, 냄비, 스토브에 상당한 무게가 추가된다. 한 사람이 필요한 수분을 공급하기에 충분한 얼음과 눈을 녹이려면 6시간 2L 이상의 가스가 필요할 수 있다.[13] 또한 사용 가능한 얼음과 눈이 깨끗하지 않아 소비하기에 적합하지 않을 수 있다. 설사를 유발하는 장내 기생충인 람블편모충은 고지대에 존재한다.[36] 물론 비상 상황에서는 사용 가능한 모든 액체를 섭취해야 하지만 정화 장치를 사용하지 않으면 감염 위험이 있다.

음료수 동결 방지

등반가는 결빙을 방지하기 위해 음료수를 몸 가까이에 휴대해야 하며 잠자는 동안 액체를 침낭 안에 넣어두는 것도 고려해야 한다. 얼어붙은 액체는 처리하기가 너무 어렵다. 액체가 얼지 않도록 하는 독특한 전략은 글리세롤을 추가하는 것이다(4장 참조). 이는 액체 저류를 개선하고 칼로리를 추가하며 어는점을 낮출 수 있다.[13] 글리세롤의 마지막 특성은 거의 고려되지 않지만 추운 환경에서 일하는 선수에게는 매우 중요하다. 추운 날씨와 높은 고도에서의 작업 모두 일반적으로 저칼로리 상태를 유발하기 때문에 추가된 칼로리는 글리세롤의 중요한 이점이다. 그러나 글리세롤은 또한 혈장 확장제로서 특정 위험을 수반하므로 주의해서 사용해야 한다.

자발적 탈수증 극복

운동선수는 자신의 장비에만 맡겨 두면 일반적으로 최적의 수분 상태를 유지하는 데 필요한 것보다 운동하는 동안 더 적은 양의 수분을 섭취한다. 자발적 탈수라고 하는 이 상태는 더운 곳보다 추운 곳에서 운동할 때 훨씬 더 큰 문제일 수 있다. 이에 대한 근거는 불분명하지만 하나는 생리학적이고 다른 하나는 실제적인 두 가지 이론이 가능한 원인으로 제시된다.[13] (1) 차가운 피부나 낮은 심부체온이 갈증을 조절할 가능성이 있고, (2) 자발적인 수분 제한이 늦은 시간에 가장 자주 발생하는 것으로 보이며, 이는 운동선수가 밤에 춥고 비우호적인 환경에서 소변을 보기위해 따뜻한 텐트를 떠나야 할 필요성을 무디게 만드는 행위이다. 자발적인 탈수를 피하기 위한 유일한 합리적인 해결책은 운동선수가 정해진 수분 섭취 일정을 잡는 것이다.[37] 일정한 간격으로 소량의 수분을 섭취하면 한 번에 많은 양의 수분을 섭취할 필요가 없다. 한 번에 많은 수분을 섭취 하면 소변을 보고 싶은 욕구를 자극할 수 있다. 물을 마시면 메스꺼움도 완화될 수 있다.

중요 사항

- 고산병(HAI)은 2,500m 이상의 고도로 올라가는 사람들에게서 볼 수 있는 드물지만 심각한 상태다. HAI 상태에는 급성 고산병(AMS), 고지대 뇌부종(HACE) 및 고지대 폐부종(HAPE)이 포함된다.[57] 증상은 메스꺼움과 현기증에서 더 심각한 협응력 상실 및 흉부 혼잡에 이르기까지 다양하다. 적당히 높은 고도에서 경기하는 선수는 고산병 발병 위험[57]을 최소화하기 위해 경기 최소 2주 전에 도착해야 하며 완전히 적응할 때까지 완전한 강도의 훈련을 시도해서는 안 된다는 데 일반적인 동의가 있다.
- 몸이 좋지 않은 사람은 AMS로 고통받을 가능성이 더 높지만 고지대 환경에 적응할 충분한 시간을 제공하지 않으면 컨디션이 좋은 운동선수라도 어려움을 겪을 수 있다.
- 고지대, 저산소 환경에 있는 운동선수는 철분이 결핍되면 잘 적응하지 못하며 단순히 철분 보충제를 섭취하는 것만으로는 즉시 식별할 수 있는 긍정적인 효과를 볼 수 없다. 테스트를 받은 선수의 철분 상태가 일치하지 않아 높은 고도에서 훈련하는 선수의 성능 결과가 다양했다.[63] 철분 결핍 운동선수를 정상 상태로 되돌리는 데는 몇 주가 걸리며 적혈구 질량을 개선하기 위한 장기 전략(그림 8.1 참조)이 필요하다. 흥미롭게도, 높은 고도에서 훈련할 때와 철분 및 관련 영양소 섭취가 만족스러울 때 경험한 개선된 헤모글로빈 농도는 해수면으로 복귀한 후 약 4주 후에 기준 수준으로 충분하게 회복한다.[62] 이러한 기준 수준으로의 복귀에도 불구하고 전달된 산소를 보다 최적으로 사용하는 조직의 능력은 지속되고 더 높은 성능 수준과 관련이 있는 것으로 보인다.[58]
- 수분 섭취는 더 덥고 습한 환경에서 훈련할 때만큼 탈수가 명확하지 않을 수 있는 고지대 환경에서 매우 중요하다.
- 고지대 환경은 종종 총 에너지(특히 탄수화물) 소비를 증가시키는 추운 환경이기도 하다. 따라서 충분한 에너지와 탄수화물 섭취가 중요하다. 높은 고도에서 훈련하는 사이클리스트에

대한 현재 권장 사항은 저혈당을 방지하고 글리코겐 저장을 유지하기 위해 1kg당 12~13g의 탄수화물을 섭취하는 것이다.[59] 이것은 높은 수준의 탄수화물로 운동 전, 운동 중, 운동 후에 섭취해야 하며 운동선수가 쉽게 섭취할 수 있도록 한다. 적절한 칼로리, 철분, 비타민 B_{12} 및 엽산의 섭취는 운동선수가 고지대 환경에 더 잘 적응하도록 돕지만 고지대 훈련 전에 이러한 영양소의 섭취를 잘 확립해야 한다.

- 고지대 환경에서의 알코올 섭취는 문제를 일으키고, 특히 카페인과 함께 섭취하면 건강에 해롭다. 카페인과 알코올을 모두 제공하는 음료는 피해야 한다.

Chapter 9

성별과 연령

선수가 최상의 컨디션을 유지하여 경기력(퍼포먼스)을 발휘하기 위한 성별과 연령에 따른 영양 권장 사항이 있다. 여성 선수는 건강을 유지하고 경기력(퍼포먼스)을 최적화하기 위해 해결해야 하는 특정 스트레스 요소들이 있다. 여성 선수들의 특정 스트레스의 3가지 요소(징후)로는 부적절한 에너지 섭취, 무월경, 그리고 낮은 골밀도로, 이는 장기적으로 건강에 영향을 미친다.[38] 모든 연령대의 여성 선수들은 매년 정기적으로 3가지 요소에 대한 신체적 평가를 받아야 한다.[39] 어린이는 성인보다 땀샘이 적어, 땀을 적게 배출하고, 수의탈수증에도 취약하다.[1] 이러한 이유로 어린이들에게 맞춰진 프로그램이 없이 스포츠 활동에 참여시키게 될 때는 체온이 과열될 수 있는 위험이 높아진다.

어린 선수들과 시니어 선수들은 서로 발달 단계의 양쪽 끝인 반대편에 위치해 있기에, 영양 요구 사항 및 위험 요소도 다르게 적용해야 한다. 게다가 성장에 필요한 영양 요구량은 많은 신체 활동으로 인해 복합적으로 작용된다. 주의 깊게 계획하지 않고서는, 어린이와 청소년의 운동과 성장에 필요한 복합적인 영양 요구량을 충족시키는 것은 거의 불가능하다. 또한 신체 활동만으로는 훗날 비만을 예방할 수 있다고 가정해서는 안 된다. 사실, 실시간으로 에너지 요구량을 충족하지 못하면, 나중에 비만이 될 수 있다.[2] 간단히 말해서, 에너지 요구량을 적절하게 충족하지 못하면 지방량이 증가할 가능성이 더 높아지는 논리적 적응이 발생하게 된다. 충분하지 못한 에너지 섭취에 대한 인체 반응으로 부족한 에너지에 적응하기 위해 조직에서 요구하는 칼로리를 낮추게 되어(즉, 체지방량) 나중에 비만의 위험을 증가시킨다. 열사병, 성장 및 발달 장애, 생리 불순, 섭식 장애, 부상 등의 위험 증가는 모두 운동선수들의 영양소 및 에너지 섭취 부족이 초래한 잠재적인 결과이다.[3]

나이가 많은 운동선수의 경우 특히 열 스트레스 위험 증가, 연령과 관련된 신체 구성의 변화, 격렬한 운동 후에 회복율 증가와 관련하여 다양한 고려 사항이 필요하다. 그러나 남녀노소를 불문하고 모든 집단에 적용이 되는 영양학적 사실은, 적절한 시기에 충분한 에너지를 공급하지 못하면, 대사량 손실, 지방량 증가, 경기력 저하, 고강도 운동 후에 빠르게 회복되지 못한다는 것이다.

여성 운동선수

영양 섭취 기준(DRIs)에 대한 검토를 해 보면, 여성이 남성과 다른 영양소 요구량을 가지고 있다는 것을 명확히 보여준다. 이러한 성별에 따른 차이는 신체 크기(남성이 일반적으로 여성보다 더 크다)와 신체 조성 차이(남성이 대사량이 더 높다)에 근거하기도 하지만, 일부 철분과 같이 뚜렷한 생리학적 차이에 기인한다(여성은 정상 월경과 관련하여 혈중 철분 손실이 2배 더 많다). 일반적으로 여성 선수들에게 발생하는 영양적 위험 요인으로는 철분, 칼슘, 비타민 D 부족을 포함하여, 에너지 소비량 부족이 있다.[40]

모든 선수들의 에너지 섭취량은 체중, 대사량, 기간, 운동 강도를 기준으로 한다. 여성 운동선수에 대한 설문조사를 보면 보통 에너지 소비 부족을 보고하는 것을 볼 수 있으며, 다수의 여성 운동선수들은 종목과 상관없이 섭식 장애 발병 위험이 높다는 결론을 내고 있다.[4] 게다가, 문헌들은 고충격운동(격렬한)이 여성의 생식계에 영향을 주게 되어, 무월경 또는 희발월경을 유발한다고 보고하고 있다. 이러한 보고들은 에너지 요구량이 높아진 만큼 에너지 섭취량을 증가시키는 것이 월경 기능 장애를 되돌리고, 골밀도의 감소를 멈출 수 있다는 것을 시사하고 있다.[5, 41] 여성 선수의 일일 최소 에너지 요구량은 제지방량 1kg당 45Kcal이며, 신체 활동량에 따라 이에 상응하는 필요 에너지 섭취량을 추가해 줘야 한다.[40] 이 정도 수준의 에너지를 소비하지 않을 경우, 무월경, 골밀도 감소 및 스트레스 골절 위험이 증가하게 된다. 중요한 것은 스트레스 골절에 대한 치료 프로토콜은 에너지 결핍 관련 평가가 포함되며, 이는 하루 종일 적절한 에너지 균형을 유지하지 않을 경우, 코티졸 생성이 감소되기 때문에 스트레스 골절 부위 뼈를 치료하는 데 훨씬 어렵기 때문이다.[42]

임상적으로 월경 장애로 인한 골량 감소는 여성 운동선수에게 스트레스 골절 위험이 높아지고 나중에 골다공증 위험이 높아지는 것과 관련이 있다. 결과적으로, 무월경과 희발월경이 있는 여성 선수는 골밀도가 낮아질 수 있는 위험이 높다. 46명의 여성 선수를 대상으로(다발성 스트레스골절 31명, 스트레스 골절이 없는 15명) 한 연구에서 스트레스 골절이 있는 모든 운동선수의 거의 절반이 월경을 불규칙하게 한 경험이 있으며, 특히 주간 트레이닝 거리가 많은 장거리 러너에게서 더 많이 발견되었다.[6] 칼로리와 칼슘을 섭취한다고 해서 스트레스 골절과 관련된 세로활 아치가 높거나, 다리 길이가 차이가 있는 등의 생체역학적 요인이 교정되지는 않지만, 영양 섭취가 여성의 정상적인 생리 기능을 회복하는 데 도움이 된다고 하면, 위험 요인을 상당히 줄일 수 있다.[7] 스트레스 골절 위험 요인에 대한 표 9.1을 참조해라.

여성 선수들 중 트라이어드(섭식 장애, 월경장애, 골밀도 저하)로 진단된 선수의 경기 복귀에 대한 결정 합의는 이와 관련된 심각한 건강 위험으로 인해, 상태가 호전되지 않는 한 경기를 하게 해서는 안 된다.[43, 44] 이러한 판단을 위해서는 식이 습관, 월경 상태, 골밀도에 대한 종합적인 평가가 포함되어야 한다. 위험 요인이 낮은 것으로 판단된 선수만이 완전한 경기 복귀가 가능하다.[44] 에너

표 9.1 스트레스 골절 위험 요인 표

위험 요인	영양 관련성?
유전	가능성 있음(식품 알러지 또는 과민증과 관련된 경우)
여성	없음
백인	없음
저체중	가능성 있음(유전적 소인과 관련 없는 경우)
체중 부하 운동 부족	없음
내적 및 외적 기계적 요인	없음
무월경	있음
희발월경	있음
칼슘 섭취 부족	있음
칼로리 섭취 부족	있음
섭식 장애	있음

Adapted from A. Nattiv and T.D. Armsey Jr., "Stress Injury to Bone in the Female Athlete," *Clinics in Sports Medicine* 16, no. 2 (1997): 197-224.

지 섭취가 부족한 것은 심리적인 요인이 있을 수 있기 때문에, 섭식 장애가 있거나 의심되는 경우 전문 심리치료사가 여성 선수를 평가하는 것이 좋다.[45]

여성 선수의 에너지 기질 분포에 대한 흥미있는 연구가 있다. 지구력 운동 동안에 여성 선수가 남성 선수에 비해 지질이 높고, 글리코겐(탄수화물)이 낮으며, 단백질 활용이 낮다는 연구가 있다.[8] 글리코겐 저장량은 제한이 있기 때문에, 글리코겐 활용률이 낮으면 장시간, 저강도 운동 종목에서 여성 선수가 남성 선수보다 유리하다.[9] 하지만 이것 또한 의문이 제기된다. 에너지 기질 활용의 차이가, 지구력 여성 선수는 남성보다 에너지 소비 패턴에 차이가 있을까? 섭취량에 있어 차이가 있어야 한다는 명확한 증거는 없으나, 지구력 및 고지구력 운동 경기에서 탄수화물 저장량은 경기력에 제한을 주는 기질로, 글리코겐이 고갈되면 선수는 경기력이 떨어지거나 경기 중단이 될 수 있다. 다양한 스포츠 종목의 여성 선수의 탄수화물 소비 패턴을 평가한 일련의 연구들에서는 섭취 범위가 폭넓게 나타났다(표 9.2 참조). 일반 종목 선수들은 하루 권장 탄수화물 섭취량인 5~7g/kg, 지구력 종목 선수들은 7~10g/kg 이지만 실험에 참여한 여성 선수 그룹 중 이를 충족한 사람은 거의 없었다.[10]

일반 성인(비선수)의 하루 단백질 섭취 권장량은 0.8g/kg이다. 지구력 활동에 참여하는 정도에 따라 선수의 일일 권장량은 1.2g/kg~2.0g/kg으로 일반인의 약 2배 정도이다. 이러한 권장 수준은 적정 총 에너지 소비량이 충족되는 경우 실제 필요한 양보다 클 수 있다.[11] 이는 여성 선수를 위한 특정 단백질 필요량에 대한 데이터가 없기 때문이며, 앞에 제시한 선수 일일 권장량의 경우

표 9.2 여성 선수의 탄수화물 소모 패턴

연구	탄수화물 양(g/kg/일)	스포츠 종목
Gabel 외, 1995a	18	울트라사이클(14~16시간/일)
Peter & goetzsche, 1997b	4	고강도 지구력(특정 활동 울트라마라톤, 수영, 크로스컨츄리 스키 등과 같은 6시간 초과)
Steen 외, 1995c	4.9	헤비급 대학 조정
Walberg-Rankin, 1995d	3.2~5.4	무산소성 종목(체조, 보디빌딩)
Walberg-Rankin, 1995e	4.4~6.2	유산소성 종목(달리기, 사이클, 트라이애슬론)

저체지방과 생식기 위험?

체지방률이 매우 낮은 여성에게 흔히 나타나는 불규칙한 월경으로 인해 생식기관 장애 발병의 위험이 있을 수 있다는 증거가 있다(월경주기와 관련된 일반적인 용어는 표 9.3 참조). 희발월경과 무월경은 에스트로겐 생성이 낮고, 골절 위험이 증가되는 것과 관련이 있으며, 후에 골다공증 발병 위험을 증가시킨다. 지난 연구들에서 밝혀진 증거를 보면, 정상적인 월경주기를 가진 대부분의 여성들은 17~22%의 체지방을 가지고 있다.[82] 그러나 체지방 수준은 낮지만, 에너지 균형 상태가 좋은 여성은 생리통이 발생할 위험이 없는 반면에, 체지방 수준이 높아도, 영양 균형 상태를 유지하지 못하는 경우에는 생리통이 발생할 위험이 더 높다.[83~85] 에너지 결핍을 피하고, 일일 에너지 균형을 유지할 수 있는 여성 선수는 날씬(즉, 체지방 수준이 낮음)하면서도 정상적인 월경 기능을 가진다. 여성은 제지방량 1kg당 하루 30Kcal 이하로 에너지 섭취를 할 경우 월경 기능 장애의 위험이 유의하게 더 높아진다.[79, 80] 게다가, 이런 자료는 제지방량 1kg당 하루 45Kcal를 섭취하는 여성이 체지방 수준이나 신체적 스트레스와 관계없이 월경 기능 장애에 저항력이 있다는 것을 강력하게 시사한다. 또한, 운동을 할 때 흔히 나타나는 심리적, 생리적 스트레스가 생식기관을 교란시키는 방아쇠 역할을 한다는 증거도 있다.[81]

표 9.3 생리주기와 관련된 일반적인 용어

용어	정의
무월경	6개월 또는 3주기 동안 월경이 없는 경우
원발성 무월경	18세 이상인데 초경을 하지 않은 여성(월경 지연)
속발성 무월경	정상 월경을 했었으나, 현재 일정 기간(몇 개월 또는 심지어 몇 년) 월경이 없는 경우
생리통	생리 기간이 불규칙하고 통증이 있는 경우
정상 월경	정상적인 월경 주기; 타이밍, 통증 이상 없음
희발월경	1년에 월경 횟수가 8번 미만 또는 월경 주기가 35일 이상 간격으로 월경 빈도가 드문 경우
배경	뇌 시상하부는 일정 기간 동안 혈류 내 감소된 에스트로겐과 프로게스테론 양을 감지하여 성선자극호르몬분비호르몬(GnRH)을 분비한다. GnRH는 뇌하수체를 자극하여 난포자극호르몬(FSH)을 분비하도록 자극한다. FSH 호르몬은 난소를 자극하여 에스트로겐이 자궁에 조직을 만들고 배란 때까지 이를 유지하게 하여 난포 내에서 난자를 성숙하게 하고, 황체형성호르몬(LH)은 난자의 방출을 자극한다(배란). 준비하기 위해 자궁에 축적된 조직을 성숙시키도록 프로게스테론을 생성한다. 착상이 되지 않으면, 호르몬 수치가 떨어지게 되어, 축적된 자궁 내막이 유지될 수가 없다. 자궁 내막이 탈피되는 것을 월경이라고 한다.

혼성 또는 남성을 대상으로 한 연구에서 파생된 것이기 때문에 유의해야 한다. 비록 여성의 특정 단백질 필요량이 확정되지는 않았지만, 여성 선수들은 현재 제시된 범위 내에서 단백질 섭취를 하도록 노력해야 한다.

무월경인 선수는 정상 월경 선수보다 지방 섭취량이 6% 낮다는 한 연구에서 보여준 결과와 같이, 체중을 줄이려는 여성 선수는 지방 섭취를 줄이는 경우가 많다.[12] 충분한 에너지 섭취를 위해서는 지방 섭취를 식이에서 배제해선 안 된다. 운동선수는 에너지 요구량이 높으며, 여기에 여성 운동선수는 지방을 에너지로 전환하는 탁월한 시스템을 가지고 있다는 사실을 감안한다면, 전체 에너지 섭취량의 20~25% 범위 내에서 지방을 섭취해야 한다.

여성 운동선수는 비타민 B_6의 섭취량이 충분하지 않은 것으로 보이며, 이는 절대값 또는 단백질 소비에 대한 비율로 평가된다.[13, 14] 비타민 B_6를 제외하고, 에너지 제한 식이 섭취를 하지 않는 여성 운동선수는 건강과 신체 활동을 유지하기 위해 적절한 비타민을 섭취하는 것으로 보인다.

여성 선수의 식이에서 칼슘과 철분 섭취가 우려되는 것은 의심의 여지가 없다. 충분한 칼슘 섭취는 골절 예방을 위해 높은 골밀도를 유지하거나 발달시키기 위해 필요하며, 철분은 일을 하는 세포에 산소를 전달하는 데 필요하다. 유제품 섭취를 꺼려 하는 선수들에겐 칼슘을 강화한 오렌지 주스를 섭취하는 것이 좋은 대안으로, 부피당 칼슘 농도는 우유와 같다. 모든 선수들에게 적절한 칼슘 섭취를 할 수 있도록 하는 것이 필요하나, 그렇다고 해서 칼슘 섭취 자체가 뼈 건강을 보장하지 않는다는 것을 알아야 한다. 칼슘, 비타민 D, 에스트로겐 그리고 신체적 자극 등 이 모든 요소들이 뼈 발달을 위해 필요하다.

한 연구에서 여성 러너들의 철분 저장이 낮은 것을 발견했으며, 다른 연구에서는 빈혈이 있는 여성 선수에게 철분 보충제 섭취 프로그램을 통해 유산소성 운동 능력이 상승된 것을 확인하였다.[15, 16] 그러나 철분 결핍이 없는 상태에서 불필요한 철분 섭취 또는 기타 보충제를 복용하는 것은 바람직하지 않다. 철분 부족은 실제 건강과 경기력에 영향을 미치는 위험 요인으로, 정기적으로 철분 상태를 평가하는 것이 매우 합리적이다.[46] 그렇기에 혈액 검사에 헤모글로빈 및 헤마토크릿, 페리틴을 포함하는 것이 중요하다.[47]

여성 운동선수의 철분 부족 상태는 발바닥 손상에 의한 용혈 근육 내 압박으로 인해 적혈구의 수명을 낮추는 고강고 트레이닝과 철분 섭취 부족의 결과일 가능성이 높다는 점도 고려되어야 한다.[48] 여성 선수가 철분 수치를 정상 상태로 되돌리거나 유지하려면, 충분한 철분 공급을 위해 체내 이용률이 높은 음식(예: 붉은 육류)을 섭취하는 식이 습관을 가져야 하고, 채소의 섭취를 통해 비타민 C(잘 소화되지 않는 산화철 제1철ferric iron을 채내 이용률이 더 높은 제2철로 전환시키는 환원제)를 섭취하여 철의 체내 이용률을 향상시키는 것도 중요하다.[48, 49] 신선한 진녹색 채소류와 레몬을 짠 주스로 간단히 해결할 수 있다. 진녹색 채소를 포함한 옥살산이 많이 함유된 음식들은 보통 철분이 많이 함유되어 있으나, 옥살산과 철분이 높은 친화성을 가지고 있어 철분은 잘 흡수되지 않는다는 것을 인식하는 것은 중요하다. 이에 대해 손쉽게 해결할 수 있는 방법은 녹색 채소들은 데쳐서 수용성이 높은 옥살산을 제거하는 것이다. 그러면 철분이 흡수가 잘되고, 특히 비타민 C가 첨가된 철분이 더 쉽게 흡수가 된다.[50] 일반적으로 곡물의 밀기울 부분에서 발견되는 피트산phytic acid이 많은 식품과 커피나 차에 있는 타닌류는 철분 및 다른 이가무기질(아연, 마그네슘, 칼슘 포함)과 높은 결합력을 보인다.[51] 따라서 이런 식품 및 음료는 철분이 많은 식품과 동시에 섭취하는 것을 삼가해야 하며, 특히 철분 상태가 우려되는 경우 더욱 주의해야 한다.

최근에는 임신 후에도 성공적으로 올림픽 경기에서 메달을 수상한 경우를 포함하여, 임신 중에도 훈련에 참가하는 여성 선수의 수가 증가하고 있다. 임신한 선수에 대한 영양 정보는 부족하긴 하나, 임신 중에는 보통 때보다는 많은 영양 섭취가 필요하기 때문에, 충분한 에너지와 영양소 섭취를 계획해야 한다. 일반적으로 임산부는 1분기에는 90Kcal, 2분기 287Kcal, 3분기 466Kcal 섭취가 추가로 필요하다고 알려져 있다. 임신 중 충분한 에너지를 섭취하지 못하게 되면, 입덧(임신 중 악성 구토), 빈혈, 자연유산, 조산, 제왕절개, 무릎 신전 감소, 족저굴곡 감소 등의 위험이 매우 증가된다.[52] 또한 오버히팅이나 기타 과도한 스트레스를 유발하지 않게 운동을 수행하는 형태에 충분히 익숙해질 수 있도록 고려해야 한다.[53] 게다가, 임신 중에는 외상 위험이 높은 특정 스포츠(예: 하키와 유도)를 피해야 하며, 중력이 증가되는 스포츠(예 스쿠버다이빙)도 피해야 한다.[52, 54]

여성 선수는 섭식 장애, 골밀도 부족, 철분 부족으로 인해 남성 선수보다 더 위험에 노출되어 있다. 비록 칼로리를 적게 섭취하는 것이 체중을 줄일 수는 있지만, 지방량보다 제지방량에 이화작용을 더 크게 일으킬 수 있다. 하지만 결국 선수가 원하는 신체 프로필을 달성하기 위해 여전히 음식 섭취를 줄이게 된다면, 영양실조와 관련된 질병의 발병 위험이 더 커지게 된다는 것을 이해해야 한다. 건강한 신체 조성 결과를 달성하기 위한 전략은 다음과 같다.[75]

- 선수의 신체 구성을 측정할 때는 한 번에 한 명씩만 있는 상태에서 한다. 이상적인 측정은 측정 장소에 다른 선수들이 결과를 볼 수 없어야 한다. 측정 결과는 개인 정보로 다뤄져야 한다.
- "당신의 체지방 수준은 18%이다"와 같이 실측값을 제시하는 대신 '표준 범위 내'와 같은 문구를 사용하여 선수에게 체성분에 대한 정보를 제공한다. 선수들은 서로 정보를 공유하는 경향이 있어, 동료보다 체지방 수치가 높은 선수는 체지방 수치를 조절하기 위하여 건강에 해가 되는 수단을 사용할 수 있기 때문이다.
- 현재 수치를 제공하는 대신 선수에게 평가하는 동안 어떻게 변화되었는지에 대한 정보(예: "지난번보다 근육량이 증가했다")를 제공한다. 중요한 건 선수가 올바른 방향으로 행동하는지에 대해 초점을 둬야 한다.
- 체지방 감소보다는 근육량 증가에 초점을 둔다. 운동선수에게 체지방 측정 결과가 높다고 말하는 것은 잘못된 식이습관을 초래하게 할 수 있다. 그러나 선수들에게 근육량을 늘리기 위한 전략을 세워야 할 필요를 말하게 되면, 선수들이 경청하게 되고 긍정적인 행동을 유도할 수 있다.
- 신체 조성 측정 결과 값은 객관적 성과를 설명하는 데 사용하면 도움이 된다. 만약 경기력이 향상되고 있다면, 근육량과 경기력 사이의 관계 또는 근육 대 지방 비율의 향상 정도를 제시하면 된다. 체중 비교에 중점을 두는 것은 긍정적인 결과를 나타내지 않는다.
- 긍정적인 변화를 유지하거나 부정적 변화를 되돌리기 위한 권장 일일 식이는 신체 구성의 변화에 초점을 맞춘다. 이는 변화에 초점을 두는 것이 최근 측정된 측정값보다 훨씬 더 중

여성 선수를 위한 일반 권장 사항

- 여성 선수는 월경 기능 장애와 발달에 있어 에너지 부족에 따른 부정적인 결과에 대하여 충분히 인식해야 한다.[17] 간단히 말해, 여성 선수는 신체에 필요량을 충족시키고, 월경 장애의 위험 요인을 제거하기 위해 충분한 에너지를 섭취해야 한다.
- 참가 전 신체검사는 전 종목, 모든 선수의 표준 항목을 측정한다. 여자 선수의 경우, 선별 검사에서 3대 증상의 존재 유무와 그 후유증에 대한 평가가 포함되어야 한다.[18]
- 비타민 D, 칼슘 및 철분 상태를 평가해야 하며, 부족한 경우 식이 프로그램을 바꾸거나, 의사가 권장하는 보충제 섭취를 하는 등 교정을 해야 한다. 칼슘 및 비타민 D 상태를 평가하는 합리적인 방법은 주기적으로 골밀도를 평가하는 것이다(골감소증이나 골다공증이 없을 시 3년에 한 번, 골 관련 질환이 있는 경우는 더 자주). 또한, 식이 섭취 분석을 통해 섭취 식품에 충분한 칼슘이 함유되어 있는지 확인할 수 있다. 철분 상태는 매년 평가해야 하며, 특히 저장된 철분(페리틴)에 관심을 기울여야 한다. 철 결핍의 경우, 혈액 검사와 함께 철 보충제 섭취 프로그램을 즉시 시행해야 한다.

요하기 때문이다.

- 측정값의 결과에 대한 징벌적 조치는 피한다. 측정값은 개인 자체가 아닌 과업에 기반을 두어야 한다. 선수 스스로 어떻게 더 좋게 만들 수 있는지를 보여주고(과업지향), 더 날씬하거나 더 빠른 다른 선수와 비교하지 마라.

젊은 선수

성장과 발달을 위한 에너지와 영양 권장량이 이 시기에는 매우 높기에, 특별한 조취가 취해지지 않는한 규칙적으 격렬하게 신체 활동을 하는 성장기 아이들이 어떻게 그들의 영양 요구량을 충족시킬 수 있을지 상상하기 어렵다.[19] 에너지 공급이 불충분하게 되면, 성장 잠재성에 도달하지 못하게 되고, 영양소가 부족하게 되면 기관계 발달이 나빠지게 된다. 예를 들면, 청소년의 성장기에 칼슘 섭취가 부족하면, 최적의 골밀도를 형성하지 못하게 되어 평생 건강에 영향을 미치게 된다. 청소년 스포츠가 건강한 결과를 보이려면 충분한 에너지와 영양 섭취에 세심한 주의를 기울여야 한다. 특히, 여성 체조 선수들처럼 어린 나이에 엘리트 등급을 획득한 선수들은 성장기에 트레이닝과 경기력에 대한 스트레스를 많이 받게 돼서 충분한 영양소 섭취를 못할 수 있다. 이런 선수는 건강한 상태를 유지하고 정상적인 성장 속도를 유지하기 위해 자주 평가를 해야 한다.

소녀들의 사춘기 때 성장은 10~11세에 시작되어 12세에 최고조에 도달하며, 일반적으로 15~16세에 성장을 멈추게 된다. 소년들의 사춘기 때 성장은 소녀보다 약 2년 후인 12~13세에 시작해서 14세에 최고조에 도달하고, 보통 19세에 성장을 멈춘다. 보통 5~10세 여아와 남아가 약

30cm 정도 키가 크게 된다. 그러나 소년들의 경우 사춘기 때는 매년 10cm 이상, 소녀들은 매년 9cm 이상 키가 큰다. 청소년기에 총 골량의 25%가 획득되는 것으로 추정된다.[20] 표 9.4는 아동 발달 주기의 연령을, 표 9.5는 아동기와 청소년기의 신장과 체중을 요약한 것이다.

비록 신체 활동을 통해 골격에 가해지는 자극이 뼈 발달에 중요하기는 하나, 이 시기에는 적절한 칼슘, 단백질 및 에너지 섭취 또한 중요하다.

소녀들의 청소년기는 초경을 하는 시기이기도 하다. 미국 여아의 10% 미만은 11세 이전, 90%는 13.75세 이전에 월경을 시작하며, 평균 월경 시작 연령은 12.43세이다.[20] 보통 운동을 하는 여

표 9.4 아동발달 주기

단계	정의	대략적인 연령(세)
성증 발생	사춘기 직전 부신 활동이 증가하는 기간	7
성선 기능 개시	사춘기가 초기 생식기 변화 시기 여아: 난소가 성장하고 에스트라디올 생산이 증가 남아: 고환이 성장하고, 테스토스테론이 증가	8
유방 발육 개시	여아들은 유방 발달이 사춘기가 시작되는 기간	11
음모 발생	음모가 처음 자라는 기간	12
초경(여성)	첫 월경 기간	12.5
첫 사정(남성)	정자 발육이 시작되는 기간	13.4

표 9.5 아동기와 청소년기의 남녀 신장과 체중

연령	신장		체중	
	여성(cm)	남성(cm)	여성(kg)	남성(kg)
1	68.6~78.7	71.1~81.3	6.8~9.1	7.7~9.5
2	80~91.4	81.3~94	10~14.5	10.9~15.4
3	87.6~101.6	90.2~102.9	11.8~17.2	11.8~17.2
4	94~108	95.3~109.2	12.7~20	13.6~20
6	106.7~124.5	106.7~124.5	16.3~27.2	16.3~27.2
8	119.4~137.2	119.4~137.2	20~36.3	20.9~35.4
10	127~149.9	128.3~149.9	24.5~48.1	24.5~46.3
12	139.7~162.6	137.2~161.3	30.8~61.7	29.9~59
14	149.9~171.5	149.9~176.5	38.1~72.6	38.1~72.6
16	152.4~172.7	160~185.4	42.6~78	47.2~84.4
18	152.4~174	165.1~188	45.4~80.7	52.6~91.6

출처: Centers for Disease Control and Prevention, National Center for Health Statistics, 2000, *CDC Growth Charts: United States*. [Online]. www.cdc.gov/growthcharts [October 13, 2011].

성은 운동을 하지 않는 여성보다 1~2년 늦게 월경을 시작한다.[21] 생리주기가 있는 소녀들은 4주마다 혈액을 손실하기에 이에 대한 영양적 고려사항은 매우 중요하다. 주기적인 출혈과 함께 철분 손실이 되기에 사춘기 소녀들은 철분 결핍 또는 철분 결핍성 빈혈에 걸릴 수 있으며, 이는 지구력에 상당한 영향을 미치게 된다. 비록 모든 청소년기 소녀들이 충분한 철분 섭취 중요성에 대해 인식해야 하겠지만, 특히 운동선수는 이러한 무기질 섭취에 노력을 해야만 한다. 14~18세 소녀의 경우 하루 철분 영양 섭취 기준은 15mg으로 9~13세 소녀의 하루 섭취 기준인 8mg보다 약 2배 증가된다. 선수들이 붉은색 육류를 섭취하더라도 하루에 15mg의 철분을 섭취한다는 것은 쉽지 않다.[15] 육식을 하지 않는 운동선수일 경우 매일 15mg의 철분을 규칙적으로 섭취한다는 건, 철분 보충제 없이는 거의 불가능하다.[22] 그러나 철분 결핍, 경기력 저하 및 면역 기능 손상의 위험이 있기에 운동선수들은 전략적으로 충분한 철분을 섭취할 수 있게 철분 섭취를 인내할 수 있는 동기부여가 필요하다.[23] 식품의 철분 함량표는 표 9.6을 참조해라.

표 9.6 철분 함유 음식

음식	철(mg)
사과(미디엄)	0.2
소고기 스테이크(90g)	2.7
흰색 빵(2조각)	1.4
브로콜리(1컵)	1.1
부리또, 콩	2.7
닭가슴살(90g)	1.8
치킨 필레 샌드위치	2.7
콜라(360mL)	0.4
감자튀김(중간 크기 감자 1개)	1.8
포도(신선한 포도 1컵)	0.5
구운 치즈 샌드위치	1.6
번이 포함된 햄버거(1/4lb, 120g)	4.5
롤빵이 있는 핫도그	2.3
우유(240mL)	–
오렌지 주스(240mL)	0.4
땅콩버터(1큰술)	0.4
치즈피자(큰 조각 1개)	0.9
밥(1컵)	1.9
소고기 타코	1.5

충분한 에너지 소비는 정상적인 성장과 발달을 보장하고, 신체 활동을 하는 데 매우 중요하다. 기질 분포는 성인보다는 어린 선수에게 덜 중요하다. 일반 성인의 권장량은 탄수화물 60%, 단백질 15%, 지방 25%이지만, 어린이의 에너지 사용 패턴은 지방에서 더 많은 칼로리 비율을 허용할 수 있다. 연구에 따르면, 아이들은 지구력 활동이나 고강도 활동을 하는 동안 어른들보다 지방은 더 많이 사용하고 탄수화물은 덜 사용하는 것으로 나타났다.[24, 25] 지방은 더 집중된 에너지원이기 때문에, 약간 더 높은 지방 섭취는 어린 선수들의 높은 칼로리 요구량을 더 쉽게 충족시킬 수 있다.

청소년 여성 운동선수를 포함한 청소년기의 여성들은 종종 성장과 관련된 신체 형태 및 체중의 변화를 조절하기 위해 식이요법을 한다. 다이어트는 특히 외모와 사이즈가 중요한 스포츠 종목(예: 다이빙, 싱크로나이즈드 수영, 체조)을 포함한 청소년 여성 선수에게 섭식 장애의 위험을 증가시킬 수 있으며, 주요 호르몬 생성이 바뀔 수 있다[55](표 9.7 참조). 과체중인 아이들에서 조기에 발생할 수 있는 조숙증 발생은 일반적으로 음모의 발달, 성인의 체취를 유발하는 땀 성분의 변화, 피부와 모발의 유분 증가, 약간의 가벼운 여드름과 관련이 있다. 대부분 소년들의 이러한 변화는 사춘기 시작과 밀접하게 일치한다. 소녀의 경우 부신 안드로겐 호르몬이 사춘기의 초기 징후(체취,

표 9.7 아동기 주요 호르몬

키스펩틴과 뉴로키닌 B	사춘기 시작될 때 gnRH를 자극하여 방출을 하는 시상하부 신경호르몬
성선자극호르몬	뇌하수체 전엽의 성선 자극 세포를 자극하는 시상하부 호르몬
황체형성호르몬	뇌하수체 전엽의 성선 자극 세포에서 분비. 주요 표적은 고환의 라이디히 세포와 난소의 난포막 세포이다. 사춘기가 시작되면 FSH의 2.5배 증가하는 것에 비해 LH 수준은 약 25배 증가.
난포자극호르몬	뇌하수체 전엽의 성선 자극 세포에서 분비. 주요 표적 세포는 난포와 고환의 세르톨리 세포와 정자 형성 조직.
인슐린 유사 성장 인자1	성장호르몬 증가에 반응해 사춘기 동안 증가. 사춘기의 성장 분출의 주요 중재자 역할.
테스토스테론	스테로이드 호르몬은 주로 고환, 난소의 난포막 세포, 부신피질에서 생성. 1차 안드로겐임.
에스트라디올	테스토스테론에서 생성되는 스테로이드 호르몬. 주요 에스트로겐이며, 에스트로겐 수용체에 작용함. 주로 난소과립 세포에서 생성되나, 고환과 부신 테스토스테론에서도 파생됨.
부신 안드로겐	남녀 모두 부신피질에서 생성되는 스테로이드. 주요 AAs는 디하이드로에피안드로스테론과 안드로스틴다이온(테스토스테론의 전구체), 디하이드로에피안드로스테론황산염(혈액에 다량 존재)이다. 초기 사춘기 소녀의 안드로겐 생성에 기여.
랩틴	지방 조직에서 생성되는 단백질 호르몬. 1차 표적은 시상하부. 랩틴 수치는 식욕과 에너지 대사를 조절하기 위한 목적으로 뇌에 대략적인 지방량 지표를 제공.

지성피부, 여드름)의 대부분을 생성한다. 여성에서 조기 사춘기가 시작되면 다모증(체모 증가) 또는 무배란으로 인한 불규칙한 월경이 발생할 수 있으며, 이를 다낭성난소증후군(PCOS)이라 한다. PCOS는 또한 과체중과 관련이 있다. 여성 청소년 운동선수들 사이에서는 외모가 중요한 역할을 하면서 영양보다는 '다이어트'에 초점을 맞추는 경우가 너무 많다.[56] 청소년 여성 운동선수는 외모와 경기력이 상호 배타적이지 않으며, 올바른 영양 전략이 두 가지 모두를 최적화할 수 있음을 이해하는 것이 중요하다.

외모를 중시하는 스포츠 종목의 여성 선수들은 다음과 같은 항목을 주기적으로 평가받아야 한다.[55]

- 예상되는 요구량을 만족시키는 양의 영양소가 조직에 공급될 수 있도록 음식과 음료 섭취량을 주기적으로 평가.
- 철분, 비타민 D 및 수분 상태를 평가하기 위해 혈액 및 소변 검사를 포함한 영양 결핍 또는 독성 징후를 찾는 연례 건강검진.
- 대사량과 지방량의 변화가 있는지, 그 변화가 긍정적인 변화인지를 확인하기 위해 체중 및 신체 조성을 주기적으로 평가.
- 주기적인 골밀도(BMD) 평가: 골감소증 또는 섭식 장애(ED)를 진단받은 선수의 경우 골밀도 검사를 더 자주 해야 함.

학교 급식 패턴에는 논리가 없다

미국의 아이들이 초등학교에 다닐 때, 종종 점심 전후 오전과 오후 사이에 간식이 제공된다. 그러나 아이들이 중학교로 진학하게 되면서 간식이 제공되지 않는데, 바로 사춘기인 이 시기에 급격한 성장을 위해서 엄청나게 많은 양의 영양소와 에너지가 필요하다. 이러한 상황은 전혀 말이 되지 않는다. 중학교 교사들은 종종 이 시기가 가장 다루기 힘든 학령기라고 불평한다(저혈당 증상이 있는 사람들과 함께 있으면 재미가 없다!). 하지만 학생들의 안정적인 혈당 수치 유지를 위해서 아무런 노력도 하지 않고 있다. 이는 학업의 성취, 행동, 그리고 건강 상태에 중요한 영향을 미칠 수 있다. 초, 중, 고등학교에서 간식 제공을 유지하는 것은 학생들의 에너지 요구량을 충족시키고 바람직하지 않은 행동 패턴을 통제하는 데 많은 도움이 될 수 있다.

외모를 중시하는 스포츠 종목의 어린 선수의 월경 회복을 위한 9개월간의 영양 처치가 건강 및 경기력의 위험 요소를 낮춘다는 좋은 증거가 있다.[76] 또한 현재 젊은 운동선수에 대한 영양 권장 사항은 필요한 에너지와 영양소를 모두 충족하기 위해 영양보충제를 사용하는 것보다 음식에서 우선적으로 얻는 것이다.[57] 충분한 에너지를 가지는 것이 모든 선수들과 특히, 성장기 어린 선수의 부상 위험을 낮춘다는 강력한 증거도 있다.[58]

팀 종목 스포츠 선수와 비교했을 때, 외모 중시 종목의 스포츠 선수들은 에너지, 단백질 및 칼슘과 철을 포함한 일부 미량 영양소를 부적절하게 섭취할 위험이 더 크다.[77] 이는 사소한 문제가 아니다. 부적절한 칼슘 섭취는 젊은 선수에게 스트레스 골절과 나중에 골다공증에 걸리기 쉬우며, 철분 결핍은 지구력 저하로 이어진다. 연구 결과, 남녀 청소년 운동선수의 에너지와 영양소 섭취량은 일반인보다 우수함에도 불구하고 권장 수준을 밑돌고 있으며, 이로 인해 부상과 질병 위험을 증가시키고 경기력을 감소시키는 것으로 나타났다.[3]

등교 전 아침 식사, 정오의 적절한 점심 식사, 운동 후 저녁 식사를 의무화하는 보통의 학교 일정은 에너지 불균형을 가져오는 환경을 만든다. 운동을 하는 어린이는 총 에너지와 영양소 섭취를 늘리고, 가장 필요할 때 충분한 에너지를 공급할 수 있도록 보장하며, 제지방 손실과 상대적으로 지방량 증가를 조장할 수 있는 에너지 결핍 노출을 줄여야 한다.

성장이 빠른 성장기에 선수들은 근골격계 부상을 입을 위험이 높다. 그렇다고 신체 활동이 아이들에게 나쁘다는 건 아니다. 반대로 적절한 양과 강도의 신체 활동은 근골격계 발달을 촉진한다. 그러나 충분한 휴식과 영양 섭취가 받쳐주지 않는 한 과도한 신체 활동은 건염, 오스굿슐라터병 및 피로 골절과 같은 과사용으로 인한 부상을 초래한다.[21] 영양 섭취 시기는 골격을 포함해 여러 인체 시스템에서 매우 중요하다. 젊은 선수들은 성장과 신체 활동에 필요한 충분한 에너지나 영양소를 공급하지 못하게 될 때 평생 문제에 노출된다. 실내 훈련으로 인해서, 햇빛에 노출이 충분하지 못해 비타민 D 수치가 낮아지고 뼈 발달이 저하될 수 있다.[26] 또한 이차성 무월경은 격렬한 신체 활동 기간 동안 종종 발생한다. 특정 근육군이나 골격 부위에 무리한 부하를 피하기 위해서 어린아이들은 다양한 스포츠에 참여하고 사춘기 이후에 특정 스포츠를 전문적으로 하는 것이 좋

어린 선수를 위한 일반 권장 사항

- 에너지 섭취 수준은 정상적인 성장과 발달, 신체 활동에 필요한 에너지 요구량을 지원하기에 충분해야 한다. 일반적인 가이드는 어린 선수의 나이별 신장과 체중, 신장별 체중(종종 소아과 의사가 사용)을 측정하는 차트에서 정상 여부를 관찰해야 한다. 성장 백분위가 평평해지는 것은 부적절한 에너지 섭취의 증표이다.
- 어린 선수의 신체 활동에 필요한 에너지 요구량을 추정하려면 어린이가 성인과 동일한 활동을 하기 위해서는 체중 단위당 더 많은 에너지를 사용한다는 것을 기억하는 것이 중요하다. 8~10세 어린이의 성인 에너지 소비량의 20~25%를 더해야 한다. 11~14세 어린이의 경우 10~15%를 추가해 주어야 한다.
- 에너지 기질의 분포도 중요하지만, 부모와 코치는 전체 에너지 섭취의 적절성이 식단에서 탄수화물이나 지방의 양보다 중요하다는 것을 이해해야 한다. 지방 섭취를 총 칼로리의 25~30%에서 약간 자유롭게 하면 젊은 운동선수가 필요한 칼로리를 더 쉽게 얻을 수 있다. 단백질 섭취는 중요하지만 총 에너지 섭취가 적절하다면 총 칼로리의 15% 또는 체중 1kg당 1.5g을 초과할 필요는 없다.
- 젊은 선수는 수분을 적게 섭취하는 경향이 있어 탈수를 일으키고 온열 질환의 위험이 높아진다. 선수들을 감독하는 코칭 스탭들은 신체적 활동 동안 수분의 섭취를 정기적으로 시행할 수 있도록 장려해야 한다. 이를 위해서 주변 온도와 습도에 따라서 10~20분마다 활동을 중단하고, 규칙적으로 수분의 섭취를 할 수 있는 패턴이 필요하다.
- 젊은 여성 선수는 1차 및 2차 무월경의 위험이 있으며, 둘 다 과도한 신체 활동, 부적절한 에너지 섭취 및 기타 요인들로 인해서 발생할 수 있다. 만약 14세 이상이 되어도 초경이 지연되면, 소아과 의사의 진단을 받아 기저 질환이 있는지 확인해야만 한다. 또한, 영양소와 에너지 섭취의 적절성 여부를 주의 깊게 평가해야 한다.
- 어린 선수는 칼로리 제한 다이어트를 해서는 안 된다. 식사 지연과 심한 저칼로리 섭취는 이상적인 체중과 신체 조성을 달성하는 데 오히려 역효과를 일으키고 성장과 발달에 부정적인 영향을 미치기 때문이다. 식이 계획은 대략 3시간마다 음식을 섭취할 수 있도록 해야 한다.
- 젊은 여성 선수가 충분한 철분을 섭취하는 것은 어려우며, 설문 조사에 따르면 칼슘 섭취도 미미한 것으로 나타났다. 따라서 어린 선수의 부모는 철분 또는 칼슘 보충제가 필요한지를 결정하기 위해 의사와 상의해야 한다.
- 운동 후 회복을 위해서 청소년 선수는 다음과 같은 수준의 탄수화물을 섭취해야 한다.[59]
  - 운동 후 바로 회복을 위해서 1~1.2g/kg/h, 매일 필요한 에너지 공급
  - 저강도 또는 기술 기반의 활동 후 회복을 위해 3~5g/kg
  - 일일 1~3시간의 중강도 운동 후 회복을 위해 6~10g/kg
  - 일일 4~5시간 고강도 운동 후 회복을 위해 8~12g/kg

다. 이러한 전략을 따르는 사람들은 초기에 단일 스포츠를 전문으로 하는 사람들보다 더 경기력이 좋고, 부상의 위험이 낮으며, 선수 생활을 더 오랫동안 지속할 수 있다.[27]

수분 섭취 및 보충과 관련하여 젊은 선수들은 성인 선수와 비교했을 때, 땀의 발생이 적고, 단위 체중당 열 발생이 높으며, 심부 체온이 더 빨리 상승하기에 때문에 탈수가 일어나기 쉽고, 따뜻한 환경에 빨리 적응하지 못하기에 여전히 걱정거리다.[28] 이러한 요인은 어린 선수의 열병 발병의 위험을 매우 증가시킬 수 있다. 결과적으로 코치와 부모는 탈수 및 열병의 징후를 충분히 인식하고 주변 온도 및 습도에 주의를 기울이고 위험을 줄이기 위한 적절한 조치를 취해야만 한다. 어린 선수가 자발적인 탈수 경향이 있다는 사실(즉, 수분의 섭취가 가능한 경우에도 불충분한 수분 상태를 유지하기 위해 수분을 섭취하지 않음)을 알고, 어른들은 어린 선수들에게 수분의 섭취를 권장하고 수분 섭취 패턴을 관찰하도록 설득해야 한다. 또한 어린 선수들이 더 많이 섭취할 수 있는 음료를 제공하는 것도 유용하다.[29] 여기에는 단맛이 있고 혈액량과 땀의 배출을 유지하는 데 도움이 되는 소량의 소금이 포함된 음료도 포함된다.

젊은 선수는 성장에 필요한 영양 요구량과 신체 활동 요구량을 모두 충족해야 하기 때문에 엄청난 영양 부담을 안고 있다. 젊은 선수는 영양 요구 사항을 충족할 수 있게 하루에 최소 6번은 먹어야 한다. 식사는 운동 3시간 전에, 간식은 운동 1~2시간 전에 섭취해야 한다. 회복을 위한 식품들은 운동 완료 후 30분 이내에 섭취하고, 운동 후 1시간 이내에 다시 섭취해 주어야 한다.[60] 탈수의 위험을 낮추기 위해선 수분 섭취를 계획해야 한다. 또한 소아과 의사는 어린 선수가 연례 신체검사에서 만족할 만한 정상 수준을 유지하는지 예측되는 성장 패턴을 보이는지를 확인해 볼 것을 권장한다. 청소년기의 여성 선수는 가능한 빨리 무월경 문제를 해결하기 위한 조치를 취해서 일차성 또는 이차성 무월경에 대해 평가를 해야만 한다.

시니어 선수

신발을 벗어야 할 시기(은퇴)라고 하기에는 시니어 선수들이 좋은 경기력을 보여주는 예가 실제로 너무 많다. 사실 나이와 경기력의 관계는 잘 정의되어 있지 않으며, 선수 생명을 정확하게 예측할 수 있는 명확한 지표도 없다. 55~79세 사이의 남성과 여성 사이클 선수의 VO_2max이 연령과 가장 밀접한 관련이 있는 요인으로 밝혀지긴 했으나, 측정값의 변동 폭도 넓다.[61] 같은 연구에서 이러한 피험자들에서 연령과 체지방율 및 제지방량 사이에 관계가 없음을 발견했다. 일부 스포츠 분야는 다른 분야보다 나이의 영향을 더 많이 받는 것으로 보인다. 예를 들면, 러너보다 사이클 선수의 연령별 경기력 차이가 적다.[62]

세계 마스터 선수 협회의 리스트에는 장애물 경주, 장대높이뛰기, 마라톤 및 10,000m 달리기를 포함해 거의 모든 종목에서 경기에 참여하는 60세 이상의 선수가 있다. 100세 그룹에서 남자 아웃도어 100m의 세계기록 보유자는 미국의 돈 펠만Don Pellmann으로 26.99초이고, 영국의 론 테일러Ron Taylor는 60세로 11.70초의 인상적인 기록을 보유하고 있다. 시니어 여성 또한 1994년 예카테리나 포드코파예바Yekaterina Podkopayeva(러시아)는 42세 나이로 1,500m에서 3분 59초 78로 마스터스에서 기록을 세웠고, 아웃도어 10,000m에서 80세 여자 그룹에서 일본의 나카노 요코Yoko Nakano가 51분 46초 65로 기록을 경신하며 마스터스 세계 기록을 세웠다. 분명한 건, 노화로 인해 운동을 중단할 필요는 없다는 것이다. 그럼에도 불구하고 노화 과정에도 운동이 건강한 활동으로 부인할 수 없는 변화를 가져온다. 특히 우려되는 것은 연령과 관련된 신체 구성 변화와 휴식 시 에너지 소비량에 미치는 영향, 장기간 또는 고강도 운동에 따른 빠른 회복 능력 저하, 점진적인 골량의 감소, 영양소 흡수에 영향을 줄 수 있는 소화계 기능의 변화, 그리고 점차적으로 열 내성이 낮아지는 가능성이다.[30, 31] 고령 선수는 비선수에 비해 특정 이점(치매, 당뇨, 우울증, 불안, 심혈관계 질환 및 허혈성 심장 질환으로 인한 사망 등의 낮은 위험)이 있기도 하지만 특정 위험도 존재한다. 심각한 위험으로는 허혈성 심장발작, 전해질 불균형과 열사병을 동반한 탈수, 근골격계 부상 등이다.[63]

고령 선수들의 전형적인 생리학적 변화로, 영양학적 요구도 이외에도 약간의 변화가 있다. 보통 젊은 선수들이 섭취하는 것보다 더 많은 식사를 제공하고 각각 더 적은 양의 단백질을 분배하는 식단을 계획해서 제공한다.[64] 또한 비타민 D, B_6, B_{12}, E, C 및 칼슘의 더 많은 섭취가 요구될 수도 있다.[63] 이러한 모든 영양소들은 음식 섭취가 변경되어야 하는가에 대한 여부를 결정하기 위해 등록된 영양사에 의해 평가되어야 한다. 영양소 요구를 충족시키기 위해 보충제 섭취보다는 식품 섭취를 우선으로 접근하는 것이 이상적이다.[64]

잠재적으로 열의 발산량이 연령과 관련하여 감소되기 때문이다.[32] 고령 선수들은 건조한 환경에서의 스트레스를 간과해서는 안 된다(사이드 바, 연령에 따른 열 스트레스 변화 요인 참조).

땀 생성과 열 발산(냉각 능력)의 중요한 요소는 피부로의 혈류를 증가시키는 능력으로 고령 선수는 이러한 능력이 감소된다.[33, 34] 게다가, 연령이 높아질수록 혈류량이 낮아지는 것은 수화 상태와는 별개이다. 비록 땀샘 동원은 젊은 선수와 유사하지만 고령 선수는 땀샘당 더 적은 땀을 발생하는 것으로 보인다.[35] 땀 발생은 유전적으로 다양한 변이가 있지만, 이러한 연구는 고령 선수가 땀 발생 능력을 최적화하기 위해 운동하는 동안 규칙적인 수분 섭취 계획을 따르는 것을 게을리 하지

연령 변화에 따른 열 스트레스 요인

다음은 연령에 따라 변하거나 연령에 관계없이 내열성에 영향을 줄 수 있는 요인들이다.

- 유산소 능력과 관련 변인이 낮음
- 좌식 생활
- 제지방량이 낮음. 상대적으로 지방량이 높음
- 낮은 수분 섭취, 신장에 의해 높은 수분 배출 또는 둘 다에 의한 만성 탈수증
- 고혈압, 당뇨, 심혈관계 질환을 포함한 만성 질환 유병률 증가
- 이뇨제, 아드레날린 차단제, 혈관 확장제, 항콜린제 등 약물 사용 증가

출처: W.L. Kenney, "The Older Athlete: Exercise in Hot Environments," *GSSI Sports Science Exchange* #44 6, no. 3 (1993). [Online]. Available: www.gssiweb.com/Article_Detail.aspx?articleid=17 [June 27, 2011].

않아야 한다고 제안했다. 고령 선수와 파트너는 일사병과 열사병의 증상을 인지하고 있어야 한다. 또한 대부분의 열사병은 열에 적응하기 전에 발생한다는 것을 알아야 한다. 따라서 선수는 새로운 환경에 적응할 때까지 처음 며칠 동안은 보통 때의 운동 강도와 시간보다 낮춰야 한다.

골밀도는 일반적으로 나이가 들수록 감소하며, 여성은 폐경 후 에스트로겐의 골 보호 작용이 상실되면서 더 빨리 감소하게 된다. 그러나 적절한 양의 영양소(비타민 D와 칼슘), 운동, 에너지 및 에스트로겐(여성의 경우)을 제공하면 운동을 통해 모든 연령대에서 골밀도를 향상시킨다는 좋은 증거가 있다.[65] 노화로 인한 골밀도의 감소는 연령과 관련한 것이 일차적인 이유이므로, 젊은 시절 성인기에 골밀도는 최대한 높게 달성하는 것이 매우 중요하며, 그렇게 하면 나중에 골밀도가 점진적으로 감소함에도 불구하고, 골다공증 골절 역치점에 도달하는 것을 막을 수 있을 정도의 충분한 골밀도가 유지될 수 있을 것이다. 일반적으로 노년기에 나타나는 골다공증은 젊은 시절 좋은 에너지 균형 상태를 적절하게 유지하지 못해 코티솔이 높고, 에스트로겐을 방해해 최대 골밀도를 달성하지 못한 결과로 시작된 질병으로 볼 수 있다.[41]

골밀도 변화율은 칼슘 섭취, 비타민 D를 위한 주기적인 햇볕 쬐기, 체중 부하 운동을 통한 규칙적인 골격 자극으로 변화시킬 수 있다. 또한 여성의 경우 에스트로겐 대체요법(ERT)을 받도록 의사가 처방할 수 있다. ERT는 골다공증 가족력이 있거나 장기간 무월경이 있는 경우, 또는 골밀도가 낮은 진단을 받은 여성에게 특히 유용하다. 통증 또는 골관절염 조절을 위해 복용하는 특정 코르티손 기반 약물은 뼈에 이화작용을 하는 것으로 보이기에, 이러한 약물의 주기적 복용은 남녀노소를 불문하고 선수의 골밀도가 낮아지는 위험에 노출될 것이고, 이로 인해 골절 위험이 50~80% 증가된다.[66] 고령 선수가 규칙적인 신체 활동을 통해 지속적인 골격계에 스트레스를 주게 되는 것은 골밀도를 높이는 활동을 유지하는 주요 보호 요소이다.

골밀도와 관련된 주요 요인은 다음과 같다.

- 신체 활동. 부적절한 신체 활동은 골 스트레스를 감소시켜, 골밀도를 유지하거나 증가시키는 자극을 감소시킨다. 이와 대조적으로, 골격에 추가적인 중력을 가하는 신체 활동(수영을 제외한 거의 대부분의 운동)은 골밀도를 높이는 자극이다. 뼈 건강에 대한 운동의 영향을 최적화하기 위해서는 운동이 동적이어야 하고, 골격에 부담이 가해지며, 다양한 하중 패턴이 있어야 한다.
- 비타민 D. 비타민 D는 식이와 햇빛 노출을 통해 생성되며, 칼슘 흡수에 필요하므로, 칼슘이 골밀도를 유지하거나 증가시키는 데 사용될 수 있다.
- 칼슘. 혈중 칼슘을 유지하고, 골 손실을 대체하며, 골밀도를 증가시키기 위해서는 충분한 칼슘 섭취가 필요하다.
- 에너지 균형. 충분히 자주 음식을 섭취해 줌으로서 좋은 에너지 균형을 유지하면, 에너지 요구를 충족시키기 위해 단백질을 이화해야 할 필요성이 낮아짐으로서 골밀도를 유지하는 데 도움이 된다(관련 질소 노폐물은 칼슘 손실을 증가시키고 낮은 골밀도와 연관됨). 또한 에너지 균형이 열악하게 되면 코티솔이 상승하여 에스트로겐 가용성을 억제하여 조골 세포 활성이 억제된다(조골세포는 골밀도를 증가시킴).

• 섭식 장애. 충분한 식이 섭취를 하지 않으면, 에너지 균형이 좋지 않고, 칼슘 섭취 부족, 코티솔 생성이 증가, 그리고 에스트로겐 분비가 적어져 골밀도가 낮아진다.
• 흡연과 음주. 규칙적인 흡연과 음주 모두 골밀도가 낮아지는 것과 관련이 있음. 연구에 따르면 흡연자에게 흔히 발생하는 폐쇄성 기도 질환은 낮은 골밀도와 유의한 연관 관계가 있다.[67] 보통 또는 높은 알코올 섭취량도 골밀도에 부정적인 영향을 미친다.[68] 흡연이나 알코올은 영양 요인과 직접적인 관련은 없으나, 골밀도에 영향을 줄 수 있는 흡연자와 애주가 모두 음식 섭취와 영양소 요구량이 변하게 되는 분명한 연관성이 있다.
• 약물. 일반적으로 골밀도에 영향을 미치는 약물은 다음과 같다.
  - 알루미늄 함유 제산제(칼슘 흡수 방해)
  - 항경련제
  - 아로마타제 억제제
  - 글루코코르티코이드
  - 헤파린
  - 양성자펌프 억제제
  - 과도한 갑상선 약물(씬지로이드)

고령 선수는 어느 정도 진행성 소화계 장애와 일부 영양 요구량의 변화가 예상되지만, 선수별 연구에서 이러한 변화가 실제로 발생한다는 것을 확인하기는 어렵다. 연령에 따라 소화계에 미치는 전형적인 영향은 운동성의 감소이다. 칼슘, 비타민 B_6, B_{12}의 흡수가 감소되고, 이러한 감소된 소화계 운동성을 상쇄하기 위해 체액과 섬유소가 더 많이 필요하게 된다. 또한 철과 아연의 흡수도 문제가 될 수 있다.[36] 에너지 소비량은 20세 이후 남성은 매년 약 10Kcal, 여성은 매년 약 7Kcal씩 감소한다. 그러나 제지방량을 적절하게 유지하는 건강한 사람은 일반적으로 에너지 대사를 유지할 수 있다. 따라서 에너지 대사의 전형적인 감소가 고령 선수에게 어떻게 영향을 미치는가도 명확하지는 않다. 자연 발생적으로 질산염 함량이 높은 짙은 녹색 채소나 비트 주스는 혈관 확장 효과 때문에 신진대사를 강화하는 데 유용할 수 있다는 근거가 있다.[69] 이는 보다 집중적인 훈련을 막 시작한 고령 선수에게 특히 유용할 수 있다.

면역 기능의 변화도 고려되어야 하지만 규칙적인 장기간의 운동은 일반적으로 노화에 따른 면역체계 변화를 약화시키는 것으로 보인다.[37] 비타민과 무기질 보충은 종종 면역체계를 강화하기 위한 방법으로 고령의 선수들 사이에 일반적인 방법이다. 이것이 유용한 전략이라는 근거는 거의 없지만, 잘 흡수되지 않는 영양소를 보충제를 활용한다면 이는 보증될 수 있다. 그러나 고령 선수는 추측하기보다는 의사와 상담을 하여 필요 영양소를 보충하기 위한 최적의 전략을 수립해야 한다. 또한 매일 50mg의 B_{12}를 경구 보충제로 섭취를 하면 B_{12}가 유의하게 증가하여 악성 빈혈 위험이 감소하는 것으로 나타났다.[70, 71] 주기적인 B_{12} 주사도 이러한 위험을 줄인다. 단백질 상태가 좋다는 것은 안정적인 면역 기능의 중요한 구성 요소이지만, 단백질 섭취가 선수에게 권장하는 섭취량(1.2~2.0g/kg/일) 이상으로 증가해야 한다는 근거는 없다. 반대로, 노화는 종종 신장 기능의 저하를 가져오므로 단백질 섭취를 줄이고, 저품질 단백질 대신 고품질 단백질로 대체하여 질소 노폐물의

고령 선수를 위한 권장 사항

- 고령 선수의 경우 탈수 위험을 줄이기 위한 조치를 취해야 한다. 고정적인 수분 섭취 계획을 수립하고, 열 스트레스 징후를 인식하는 것이 중요하다. 고령 선수는 젊은 선수에 비해 땀을 흘리는 비율이 낮을 가능성이 높기 때문이다.
- 소화계 기능을 위해서 추가적인 비타민과 무기질 섭취가 필요할 수 있다. 고령 선수는 특정 보충제가 필요한지를 결정하기 위해 정기적으로 의사와 상담하고 처방된 용량만 복용해야 한다. 특히 우려되는 비타민과 무기질은 칼슘, 철, 아연, 비타민 B_6, B_{12}이다.
- 장의 운동성을 감소시키려면 섬유소 섭취를 약간 늘려야 하지만, 이는 항상 추가적인 수분 섭취와 함께 이루어져야 한다. 신선한 과일과 채소, 통곡물 제품에 초점을 두는 것은 섬유소를 추가로 얻을 수 있는 좋은 방법이며, 이러한 식품은 필요한 탄수화물 에너지도 제공한다.
- 빈번한 질병은 면역 기능이 저하되었다는 신호일 수 있다. 면역 기능 저하를 해결할 수 있는 완벽한 방안은 없지만, 적절히 운동하고, 잘 먹고, 잘 쉬는 것이 유용한 전략이다. 식습관이 빈약한 고령 선수는 의사와 상의해야 한다.
- 고령 선수가 새로운 환경에 적응하는 데 시간이 더 오래 걸리기 때문에 여행 후 며칠 동안은 운동 강도와 빈도를 적절히 낮춰 과열과 질환을 예방하는 것이 좋다.

양을 줄이는 것이 필요하다.

고령 선수들은 대사율이 어느 정도 느려지는 것이 예상되며, 이로 인해 에너지 소비를 적절히 줄이지 않고는 바람직한 신체 조성과 체중을 유지하기가 더 어려워진다. 동시에, 영양소 요구량은 높은 영양소 밀도(즉, 더 높은 영양소 대 칼로리 비율)의 식단 섭취가 요구된다. 과훈련을 피하여 부상을 줄이고 면역 기능을 유지하는 것이 중요하다. 이는 부상과 질병 모두에 대한 회복 시간이 연령에 따라 늘어나기 때문에 특히 중요하다. 마지막으로, 노화로 인한 빈번한 배뇨는 수분 섭취를 억제할 수 있기 때문에 적절한 수분 섭취는 탈수를 예방하고 장 운동성을 유지하는 데 매우 중요하다.

중요 사항

- 월경 기능 장애는 여성 선수에게 만연하며, 장기간 또는 단기간 건강에 영향을 미칠 수 있다. 부적절한 에너지 섭취는 체지방 수준에 관계없이 여성 선수의 무월경과 매우 관련이 높다.
- 가임기 여성은 철분 결핍성 빈혈에 걸릴 위험이 더 높기 때문에 건강과 경기력 모두 저하될 수 있다. 여성 선수는 기능 및 저장된 철분 상태(헤모글로빈, 헤마토크릿, 페리틴)를 확인하기 위해 매년 검사를 실시해야 한다.

- 월경이 불규칙한 여성은 골감소증, 골다공증 및 골절의 위험을 판별하기 위해 골밀도 검사(일반적으론 이중 에너지 X선 흡수 측정법을 통해)를 받아야 한다. 골밀도가 낮을 경우, 골밀도 개선을 위한 전략을 반드시 의사와 상의해야 한다.
- 어린 선수는 성장과 신체 활동으로 필요한 에너지를 충당하기 위해 매우 높은 에너지 요구량을 가지고 있다. 필요한 에너지와 영양소를 공급받을 수 있도록 계획이 필요하다. 경기력에 미치는 영향 외에도 영양 부족은 어린 선수의 현재와 미래의 질병에 대한 발병 위험을 더 높일 수 있다.
- 어린 선수는 열 발산을 하는 신체 시스템이 완전히 발달되어 있지 않으므로 특히 덥고 습한 환경에서 열 스트레스에 대해 주의 깊게 모니터링 해야 한다.
- 낮은 에너지 대사 및 변경된 소화기 기능은 고령자에게 정상적인 변화이며, 스포츠에 참여하는 고령 선수는 반드시 이를 고려해야 한다.
- 고령자는 낯선 환경 조건에 적응하는 데 시간이 더 오래 걸리기 때문에 고도, 더위 또는 습도가 다르고, 다른 시간대로 이동한 후에는 도착 후 고강도의 운동을 피하고 운동 빈도도 너무 자주 해서는 안 된다.
- 선수들에게 최상의 영양 습관에 대해 교육해야 한다. 이는 개선된 식단의 질과 궁극적으로 남녀노소를 불문하고 선수로서의 더 좋은 성과와 긍정적인 영향과 관련이 있다.[72, 78] 더 좋은 영양 지식은, 특히 젊은 선수의 정서적 건강 개선으로도 이어진다.[73]

Chapter 10

신체 조성과 체중

체중당 힘의 비율은 스포츠와 연관된 저항(어려운 동작을 수행하는 것)을 극복하기 위한 핵심 요인이며, 여러 기술 스포츠(피겨스케이팅, 다이빙, 체조 등)의 성공 지표는 선수의 외형과 관련이 있다. 일반적으로 운동선수는 체중당 힘의 비율과 신체 프로필 향상을 위해 활동량 증가, 에너지 섭취 감소 또는 이를 동반한 체중 감량 전략에 의존한다. 비록 이 같은 전략은 일시적으로 체중 감소에 효과적일 수 있으나 체중 대 근력 비율에는 부정적인 영향을 미칠 수 있으며 신체 조성에 바람직하지 못한 변화를 초래할 수 있다. 선수들은 이상적인 환경에서 외형적인 모습을 개선해야 하고, 스포츠 특유의 저항을 극복해야 하며, 연습과 경기 동안 파워 생산성 유지 및 강화를 위해 통합적인 전략을 세워야 한다. 그러나 스포츠 환경에서 이러한 관습이 변화하기 어려우며, 이는 종종 운동선수들에게 불필요한 어려움을 만들어 낸다. 현실적이고 이론적인 이유로, 체중은 스포츠와 상관없이 운동선수 그리고 그들과 함께 일하는 사람들 사이에서 흔한 관심사이나, 운동선수의 목표로 체중을 사용하는 것은 지나치게 비특이적일 수 있기 때문에 체중이라는 단어를 명확히 이해하는 것이 필요하다.

스스로에게 질문해 보자. 체중이란 무엇인가? 근육의 무게? 뼈의 무게? 수분의 무게? 지방의 무게? 만약 체중 감소가 목표라면, 운동선수는 주로 체중을 지방의 무게로 생각할 수 있지만, 단순히 체중을 줄이는 전략과 근육과 뼈의 무게를 유지하면서 지방을 줄이는 전략은 완전히 다르기 때문에 체중의 의미를 명확히 이해해야 한다. 궁극적으로 운동선수는 스스로 체지방률의 증가 없이 근육과 파워를 유지하며 이상적인 체중을 달성하기 위한 기초 과학을 이해해야 한다. 또한 운동선수와 코치진은 경기 시즌 전 · 중 · 후 선수들이 흔히 경험하는 주기적인 체중 감소 패턴과 연관된 명확한 위험 요인을 이해해야 한다. 이러한 위험 요인에는 피로 골절을 포함한 높은 근골격계적 발생 위험과 이와 관련된 호르몬 환경의 변화 그리고 이상적인 체중과 신체 조성 유지를 어렵게 만드는 대사율의 변화를 포함한다. 부적절하게 달성된 '체중 감소'는 주로 근육량 감소와 지방량 증가를 초래하며 운동선수가 최고의 성과를 달성하는 것을 더욱 어렵게 한다. 이 장은 운동선수와 그들의 코치가 체중 감소 및 신체 조성 문제를 이해할 수 있도록 돕고, 이를 통해 자신의 스포츠에 적합한 체중당 힘의 비율을 달성하기 위한 적절한 전략을 적용하게 한다.

또한 이 장은 흔히 사용되는 신체 조성 측정법에 대한 최신 견해를 제공하며, 선수들이 이 같은 방법으로 산출된 값이 실제로 무엇을 의미하는지를 보다 잘 이해하도록 돕는 데 목적을 둔다. 마지막으로 이 장은 식이장애와 운동선수들이 주로 활용하는 주기적인 체중 조절 전략을 그들이 어떻게 발전시킬 수 있는가에 대해 논의하고자 한다.

체중 감소와 신체 조성

신체는 여러 요소(수분, 근육, 기관, 지방, 뼈, 신경 조직, 건, 기타)로 구성되어 있으며, 이러한 요소들은 각자 다른 밀도를 갖는다. 예를 들어 근육은 지방보다 밀도가 높으며 근육 0.5kg은 지방 0.5kg보다 적은 면적을 차지한다. 실질적으로 운동선수들은 체중을 조절해야 할 때, 근육과 뼈의 질량을 유지하면서 체지방량을 감량해야 한다. 그러므로 단순히 체중을 측정 기준으로 삼는 것은 잘못된 평가 방식이라고 할 수 있다. 한 예로 약 2kg을 감량해야 하는 운동선수가 있다고 상상해 보자. 그 선수는 체중 감량을 시도한 후, 2kg의 지방을 감량했으며 2kg의 근육을 증량했다. 이 선수의 체중은 전과 같지만 체중 대비 힘의 비율이 좋아졌으며, 외형적으로 날씬해지고 보다 많은 근육을 동원하여 운동수행력이 향상되었을 것이다. 그러나 만약 체중을 유일한 평가 기준으로 삼았다면, 이 선수는 체중 감량을 달성하지 못했기 때문에 실패한 것으로 간주할 수 있다. 이번에는 이 선수가 1.4kg의 근육을 감량하고, 0.45kg의 지방을 증량하여 목표 체중을 달성했다고 가정해 보자. 그 결과 이 선수는 근육량이 감소되고, 체중당 힘의 비율과 섭취한 열량을 소모하는 조직의 대사율이 저하되면서 지방량이 증가할 가능성이 높아졌다. 비록 이 선수는 체중 감량의 목표를 달성했지만 이 과정에서 운동수행력이 감소되었을 것이다. 다시 강조하지만 앞선 사례에서 살펴본 바와 같이 체중은 잘못된 평가 기준이라고 할 수 있다. 기능적인 관점에서 조직은 주로 무수(수분이 거의 없음)의 지방과 유수(수분이 많음)의 제지방(지방을 제외한 질량)으로 구성되어 있다.

제지방량은 주로 수분과 단백질로 구성되어 있으며, 소량의 무기질과 체내 저장된 탄수화물(글리코겐)을 포함하고 있다. 제지방량의 주요 구성 요소는 골격근, 심장, 뼈 그리고 그 외 장기들이다. 체중의 약 60%는 수분이지만 수분의 70%는 제지방량에 포함된다.[47] 이는 수분의 함량이 10% 미만인 지방량과 비교될 수 있다.[1] 간혹 제지방량은 지방을 제외한 체중lean mass으로 불리기도 하지만, 많은 사람들은 지방을 제외한 체중에는 수분이 포함되어 있기 때문에 이를 부정확한 설명으로 간주한다. 일반적으로 선수들은 선수가 아닌 사람들에 비해 높은 제지방량과 낮은 지방량을 갖고 있다. 최근 골량 측정을 포함한 광범위하고 정교한 기술로 신체 조성을 추정할 수 있지만 전통적으로 사용되어 온 신체 조성 측정 기술로도 지방량과 제지방량을 추정할 수 있다.

지방량의 두 가지 요소는 필수지방essential fat과 저장지방storage fat이다. 필수지방은 생명 유지를 위해 필수적인 뇌, 신경, 골수, 심장 조직, 세포벽의 필수 성분이다. 일반적으로 여자 운동선수들은 남자 운동선수들에 비해 다소 높은 체지방 수준을 보이는데, 여성은 동화 호르몬인 테스토스테론 testosterone의 일부가 가슴과 자궁 발달을 위해 에스트라디올estradiol로 전환되어 근육 발달 이용성이 낮기 때문이다.[48] 남성은 이 같은 여성의 생식기능(가슴 및 자궁 기능)을 갖지 않기 때문에 필수지방 수준이 낮다. 반면에 저장지방은 피하지방 및 내장지방과 같이 에너지 저장 역할을 하는 지방 조직을 의미한다. 또한 저장지방은 근육 세포(특히 유산소 근섬유인 Type 1 지근 세포)에 존재하면서 유산소성 대사를 위한 예비 에너지 저장고 역할을 한다. 건강한 남성과 여성은 총 체중에서 약 11~15%의 저장지방 수준을 보인다. 건강하고 상대적으로 날씬한 남성의 정상 체지방 비율은 필수지방과 저장지방 성분을 합쳐 약 15%(필수지방 3%, 저장지방 12%) 수준이며, 상대적으로 건강하고 날씬한 여성의 체지방 비율은 26% 수준이다(필수지방 15%, 저장지방 11%).[2, 49] 체중 및 체지방을 낮추기 위한 식단은 종종 에너지 결핍 문제를 야기하고 이는 생식 기능에 문제를 일으키는데 이와 연관된 정보를 자세히 살펴보기 위해 9장을 참고하길 바란다. 체지방량을 지나치게 낮추려고 하는 여자 운동선수들은 종종 많은 양의 에너지를 소모하기 위해 과도한 운동을 하는데, 이는 식이장애의 신호일 수 있다.

이 같은 문제는 여성 운동선수의 3징후인 섭식 장애, 무월경, 골밀도 저하(골감소증 또는 골다공증)를 야기할 수 있다. 또한 남성 운동선수를 대상으로 한 최근 한 연구는 실시간 에너지 요구량을 충족하지 않을 경우(상대적으로 낮은 에너지 가용성) 테스토스테론이 낮아지고 테스토스테론 대비 코티졸 비율이 증가한다고 밝혔다.[52] 최근 IOC(국제올림픽위원회)는 남성과 여성 운동선수 모두 실시간 에너지 요구량을 만족하지 못할 경우 신체 조성 문제를 포함한 운동수행력과 건강 문제로부터 고통받을 수 있다는 스포츠에서의 상대적인 에너지 섭취 부족 문제에 대한 강한 입장을 밝혔다.[50] 이러한 결과들은 불충분한 에너지를 섭취하는 남성 역시 여성 운동선수의 3가지 징후와 유사한 골밀도 및 근육 조직 문제를 가질 수 있다고 시사한다(여성 운동선수의 3가지 징후에 대한 보다 자세한 정보는 9장 참고).

체중

무게 또는 질량의 측정은 지방량과 제지방량을 구별할 수 없으므로 신체 조성 측정법으로 여길 수 없다. "나 체중이 늘었어. 지방이 점점 늘고 있어"라는 말을 흔히 사용하지만, 이는 항상 정확한 표현은 아니다. 운동선수들은 체지방량 증가 없이 제지방량이 증가할 수 있다. 그 결과 체지방 무게가 증가하지 않더라도 체중이 증가할 수 있다. 또한 운동선수들은 제지방량 또는 체지방량이 변화됨에도 체중을 유지할 수 있으나 이는 둘 중 어떤 요소가 증가하느냐에 따라 바람직하거나 그렇지 않을 수 있다. 스포츠와 상관없이 모든 운동선수들은 체중당 힘의 비율을 높일 수 있는 바람직한 방법을 찾아야 한다. 이 같은 방법에는 체지방량을 감소하면서 제지방량을 유지하는 것(체중 감소), 지방량을 유지하면서 제지방량을 증가하는 것(체중 증가), 체지방량을 감소하면서 제지방량을 증가하는 것(체중 감소), 또는 체지방량을 증가하면서 보다 많은 제지방량을 증가하는 것(체중 증가)을 포함한다. 앞서 살펴본 바와 같이, 체중 변화만을 관찰하는 것은 실질적인 문제를 이해하는 데 부적절하므로 신체 조성 요소의 변화를 관찰하는 것이 무엇보다 중요하다. 비록 체중을 추적하는 것은 선수의 에너지 균형을 확인할 수 있는 지표이지만, 체중을 구성하고 있는 요소가 바람직한 방향으로 변화하고 있는지는 설명할 수 없다. 이러한 이유로 신체 조성 평가는 체중 측정과 함께 선수 측정 프로토콜의 표준 구성 요소가 되어야 한다.

적정 체중을 판단하기 위한 측정 방법

이상 체중을 예측하기 위한 몇 가지 일반적인 방법이 있다. 이러한 공식은 초보 선수들의 초기 목표로 사용될 수 있지만 일반적으로 선수들은 키 대비 많은 제지방량을 가지고 있기 때문에 그들의 이상 체중을 초과할 가능성이 높다.

체질량지수(BMI)

체질량지수(BMI Body Mass Index)는 일반 집단에서 체중을 구분하는 데 유용한 도구이다. 그러나 일반적으로 운동선수들은 근육량이 많아 키 대비 체중의 비율이 높아지므로 BMI는 운동선수 집단에서 신체 조성을 판단하는 데 유용한 도구가 될 수 없다. BMI와 신체 조성 측정 방법을 비교한 최근 연구 결과, BMI는 성인 또는 어린 운동선수들에게 부적합한 측정 방법인 것으로 밝혀졌다.[53, 54, 80] BMI는 키와 체중의 상관관계를 고려한 다음 공식을 사용한다.

체질량지수(BMI) = 키(m)를 제곱한 값을 체중(kg)으로 나눈다.

$$BMI = kg/m^2$$

표 10.1은 BMI 수치와 이에 상응하는 분류 기준을 보여준다. 이 같은 분류 표준에 의하면, 건강한 운동선수는 비운동선수에 비해 키 대비 많은 제지방량을 보유하고 있기 때문에(체중이 많이 나감) 흔히 비만으로 분류된다. 또한 식이장애를 가지고 있는 날씬한 운동선수와 상대적으로 키 대비 제지방량이 적고, 체지방 수치가 높은 운동선수는 정상으로 분류될 수 있다.[55] 어린이를 대상으로 한 연구에서는 BMI 평가가 정상 체지방률을 초과한 어린이의 1/4 이상을 규명하는 데 실패한 것으로 밝혀졌다.[56]

표 10.1 BMI 분류

분류	BMI 수치
저체중	〈18.5
정상	18.5~24.9
과체중	25.0~29.9
비만	=30

체중과 신체 조성 문제

운동선수에게 있어 체중은 선수의 기술에 쉽게 영향을 미치기 때문에 중요한 문제이다. 아동과 청소년을 대상으로 신체 조성과 기본 움직임 기술의 상관성을 분석한 한 연구에서 건강하지 못한 체중 증가는 움직임 기술의 감소와 관련이 있는 것으로 나타났다.[2] 그러나 단순히 체중만 모니터링하는 것은 운동선수의 신체 조성에 대해 잘못된 판단을 야기할 수 있다.

많은 스포츠에서 운동선수들은 운동수행력을 높이기 위해 훈련 시간과 강도를 증가하기도 하지만, 성공과 실패의 기준으로 부적절한 체중의 변화를 사용하기도 한다. 코치가 항상 봐 온 모습과 다르게 체중이 증가해서 훈련 캠프에 복귀한 풋볼 선수가 있다고 상상해 보자. 이 선수는 근육량을 늘리기 위해 비시즌 동안 열심히 운동했는데, 만약 코치가 선수에게 체중을 감량하라고 했다면 이는 잘못된 것 아닌가? 체조 선수들은 종종 정상적인 생물학적 기대가 이루어지는 청소년 시기에 빠른 성장과 함께 경기력이 최고에 도달한다. 그럼에도 불구하고 체조 선수들과 다른 운동선수들은 그들의 체중을 유지하기 위해 일주일에 한 번 또는 그 이상 체중을 측정한다. 그들도 성장해야 하지 않을까? 그들이 수행하는 대부분의 훈련이 그들의 근육량을 증가시키므로 그들의 체중도 증가하지 않을까? 이는 선수들에게 체중이 얼마나 임의적이고 부정확한지 그리고 가혹한지 보여주는 예이다. 체중보다 체중의 구성 성분을 추적하는 것이 자연적으로 발생하는 신체 변화에 대해 가치 있는 정보를 제공한다.

에너지 열역학 원리는 항상 작용한다. 신체가 소모하는 칼로리보다 더 많은 양을 섭취하면 체지방은 증가한다. 신체가 소모하는 칼로리보다 더 적은 칼로리를 섭취하면 제지방량과 체지방량이 감소한다. 그리고 신체가 소모하는 칼로리와 섭취하는 칼로리가 정확히 동일하면 신체 조성의 안정성이 유지된다. 그러나 신체 조성의 변화는 앞서 살펴본 에너지 열역학 원리만큼 간단하지 않다.

흔히 저칼로리 식단은 효과적이라는 믿음이 있지만, 이는 그리 좋지 못한 체중 및 체지방 감소를 초래한다. 이론적으로 에너지 섭취량을 25% 줄이면, 체중의 25%가 감소할 것이다. 그러나 현실적으로 체중을 감량한 후의 에너지 소비는 감소된 체중에서 기대되는 양보다 적다.[7, 8, 9] 이 같은 현상을 대사 적응인 순응성 열 생성adaptive thermogenesis이라고 일컫는데, 이는 에너지 섭취를 감소해도 원래 체중으로 되돌아갈 수 있다는 것을 의미한다. 즉, 체중을 유지하기 위해 더 적게 먹어야 한다는 것을 의미한다. 불충분한 칼로리 섭취로 신체는 생존을 유지하기 위해 대사하는 부위(주로 제지방 부위)를 분해한다. 이로 인해 체지방량보다 더 많은 제지방량이 감소하며, 순응성 열 생성 반응으로 체지방량이 제지방량보다 빠르게 회복된다. 다시 말해, 체중 감량을 위한 식이 요법은 일반적으로 식이 요법을 시행하는 사람을 점점 뚱뚱하게 만든다.[57] 이렇게 뚱뚱해진 사람은 점점 더 먹는 것을 줄이면서 식이장애의 위험성이 높아진다. 게다가 불충분한 에너지 섭취로 제지방량과 골질량을 분해하는 체내 코티졸(스트레스 호르몬) 분비가 높아져 피로 골절stress fracture의 위험성 역시 증가한다.

또한 에너지 섭취를 25% 늘리면 체중이 25% 증가한다는 논리가 있다. 실제로 체중은 앞서 제시한 섭취 비율만큼 정확하게 증가하지 않지만 이와 비슷한 비율로 증가한다. 체중을 늘리기 위해 일부러 과식하게 되면, 과식의 양과 비례해서 체중이 증가하게 된다.[10~15] 이러한 연구들은 사람은 에너지 부족 기간 동안 체중을 유지하는 데 도움을 주는 항상성 메커니즘을 가지고 있다고 강하게 시사한다. 이 항상성 메커니즘은 인간이 기근 기간 동안 생존할 수 있도록 돕는다. 또한 우리는 에너지 과잉 시기 동안 효과적으로 에너지를 비축할 수 있다(지방으로 에너지 비축). 이는 우리가 이용할 수 있는 음식이 충분했을 때, 에너지를 비축할 수 있는 또 다른 생존 메커니즘일 수 있다.

주된 에너지 과잉과 부족이 항상성 메커니즘을 활성화하기 때문에 체중과 신체 조성에 바람직한 변화를 주기 위해서는 큰 에너지 균형 이동을 피해야 한다. 운동은 바람직한 신체 조성 변화의 핵심이 되어야 한다. 그러나 하루 동안 이루어진 에너지 부족과 과잉 폭이 그리 크지 않다면, 신체 조성 변화는 보다 쉽게 이루어질 수 있다. 식사 패턴이 신체 조성에 어떤 영향을 주는지 확인하기 위해 그림 10.1과 10.2를 보라.

완전한 에너지 균형선(제로, 0)의 위, 아래 변화로 에너지 과잉과 부족을 확인할 수 있다. 그림 10.2를 보면, 선수가 소모한 에너지보다 더 많은 에너지를 섭취했을 때 균형선이 0보다 올라가며, 선수가 섭취한 에너지보다 더 많은 에너지를 소모했을 때 균형선이 0보다 아래로 내려간 것을 확

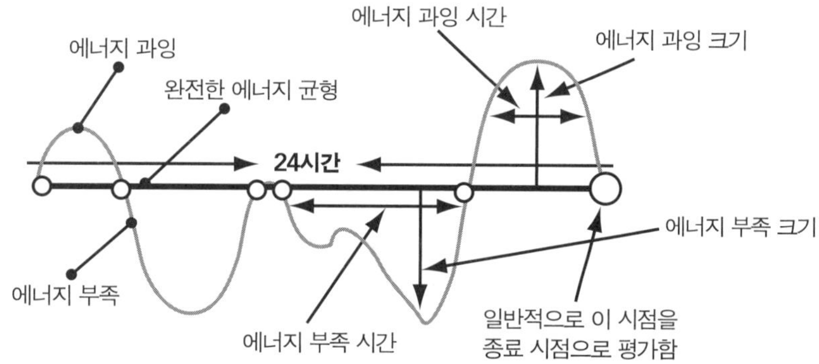

그림 10.1 하루 동안 에너지 균형의 급격한 편차는 신체 조성에 영향을 미칠 수 있다.

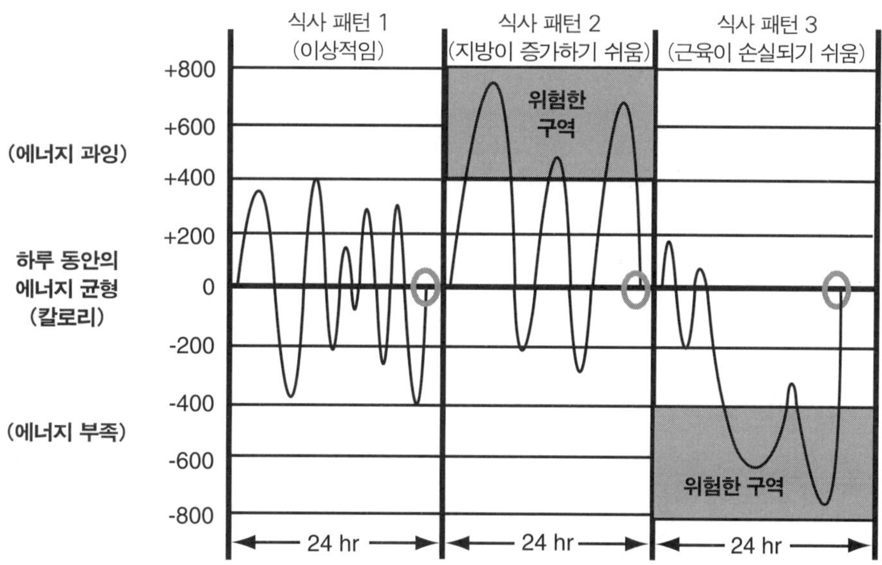

그림 10.2 한 사람의 식사 패턴은 잠재적으로 신체 조성에 상당한 영향을 미침

인할 수 있다. 식습관 패턴 1은 선수가 적은 양의 식사를 자주 섭취하는 것을 보여준다. 그리고 에너지 과잉과 부족이 400Kcal를 초과하지 않는다는 것을 나타낸다. 식습관 패턴 2는 섭취 빈도가 빈번하지는 않지만 매 끼니마다 과도한 칼로리를 섭취하는 것을 보여준다(고잉여 에너지 피크). 식습관 패턴 3은 운동선수가 에너지가 필요할 때 충분한 에너지를 섭취하지 않아 하루 동안 대부분의 시간을 에너지가 부족한 상태로 있다는 것을 보여주는데, 이러한 상태는 에너지 생성을 위한 근조직의 분해를 자극한다. 하루의 끝에 매우 과한 식사를 하면 운동선수를 에너지 균형으로 이끌지만, 이 식사의 대부분은 지방으로 저장될 것이다. 하루 동안 에너지 균형을 유지하는 것은 운동수행력과 신체 조성 모두에 중요하다.

신체 조성에 대한 평가는 섭취한 에너지가 적절한 양과 간격으로 소모되고 있는지 확인하는 데 도움을 준다. 하루 세 끼 식사는 매 끼니마다 많은 양의 에너지를 섭취하게 하므로, 보다 자주 섭취하는 식사 유형이 에너지 균형을 유지하는 데 더 쉽다. 일반적으로 하루 세 번 식사하는 패턴은 한 끼에 많은 양의 에너지를 섭취하게 하므로 이 방법보다 자주 섭취하는 식사 패턴이 에너지 균형을 유지하는 데 더 쉬운 방법이 될 수 있다. 일정한 에너지 흐름을 유지하기 위해서 작은 양을 자주 섭취하는 것은 원하는 신체 조성을 만드는 데 중요한 전략이 될 수 있다. 6장은 식사 시점meal timing의 중요성에 대해 논의한다. 식사 계획의 예를 위해 11장과 13장을 참고하라.

신체 조성

신체 조성 평가의 목적은 선수의 제지방량과 체지방량의 분포를 확인하는 것이다. 일반적으로 체지방량 대비 높은 제지방 비율은 체중 대비 높은 근력과 같은 의미를 가지며, 이는 운동에 있어 전형적으로 보다 큰 성과와 관련이 있다. 그러나 모든 스포츠에서 모든 선수들을 위한 단 하나의 이상적인 신체 조성은 없다. 개별 스포츠와 각 스포츠에 속한 개별 운동선수들은 스포츠와 연관된 이상적인 제지방량과 체지방량을 가진다. 자신에게 맞지 않는 신체 조성을 달성하고자 하는 선수들은 건강 문제에 놓일 수 있으며, 그들이 원하는 성과적 이익 달성에 실패할 수 있다. 사실, 운동선수들은 그들의 유전적인 요소 및 배경에 맞지 않은 체중 또는 신체 조성을 달성하고자 할 때 운동수행력이 낮아질 수 있다. 그러므로 신체 조성 평가의 중요한 요인은 개별 선수가 수용할 수 있는 범위를 설정하는 것이다.

제지방량의 유지 또는 증가와 체지방량의 감소 또는 적절한 유지를 확인하기 위해 정기적으로 신체 조성을 점검하는 것이 중요하다. 전통적으로 체지방률에 주의를 기울였던 것처럼 제지방량(무게 또는 비율) 변화에도 많은 관심을 가져야 한다. 또한 중재를 도입하기 전에 신체 조성의 변화 양상을 이해하는 것이 중요하다. 예를 들어 신체 지방 수준이 당신이 예상했던 것보다 높은 운동선수를 상상해 보자. 아마도 당신은 그 선수의 식습관과 컨디셔닝 변화를 중재하고 싶은 동기가 생길 것이다. 그러나 운동선수의 체지방 수준이 한 달 전과 그 한 달 전에 더 높았다면 어떻게 할 것인가? 이 같은 체지방 수준의 감소 추세는 이미 이 운동선수가 올바른 과정으로 신체 조성을 관리하고 있다는 것을 의미하며, 새로운 개입은 선수가 경험했던 성공을 혼란스럽게 만들 수 있다.

이제 당신이 예상했던 체지방 수준을 가진 운동선수의 신체 조성을 평가한다고 상상해 보자. 당신은 이 선수를 이대로 두고자 할 것이다. 그러나 만약 이 선수의 체지방 수준이 한 달 전에 더 낮았고, 그 한 달 전에는 더 낮았다면 어떻게 할 것인가? 이 추세는 잘못된 방향으로 가고 있으며, 운동선수가 바람직하지 못한 체지방 수준으로 가기 전에 중재가 필요하다. 간단히 말해서 중재가 시작되기 전에 신체 조성의 변화 추세를 파악해야 한다. 단순한 신체 조성 평가는 모든 필요한 정보를 제공하지 않는다.

신체 조성 평가 모델은 체지방량과 제지방량을 합한 무게를 총 체중으로 가정한다. 일반적으로 신체 조성 평가를 통해 체중에서 지방으로 구성된 비율 또는 체지방률을 예측할 수 있다. 한 예로, 몸무게가 68kg이고 체지방률이 20%인 운동선수의 지방 무게는 13.6kg(68×.20=13.6)이며, 제지방 무게는 54.4kg이다. 만약 이 운동선수가 체중을 유지하면서 체지방률을 15%로 줄였다면, 체지방 무게는 10.2kg(68×.15=10.2)이 되며, 제지방 무게는 57.8kg이 된다. 지방 무게의 3.4kg의 변화로 이 선수는 보다 날씬해졌으며, 이는 체지방보다 제지방 밀도가 높아져 같은 체중임에도 이전보다 더 빠르고 효율적으로 움직일 수 있게 되었다는 것을 의미한다. 그러나 만약 이 선수가 68kg의 체중을 유지했지만 제지방량이 감소하고 체지방량이 증가했다면, 잠재적으로 움직임 속도와 효율은 감소했을 것이다. 체중의 구성 요소에 대한 지식이 없다면 운동선수의 성과를 예측하기 어렵다.

신체 조성과 운동수행력

운동선수의 수행능력은 대부분 파워(유산소와 무산소 파워)를 지속할 수 있는 능력과 모든 형태의 신체 활동과 연관된 저항 또는 항력을 극복하는 능력에 달려 있다. 이 두 요인 모두 신체 조성과 관련이 있다. 날씬한 체형이 요구되는 스포츠(수영, 다이빙, 체조, 피겨스케이팅)에서 종종 이상적인 체중을 달성하는 것이 훈련의 주된 요인이 되지만, 오히려 이상적인 신체 조성을 달성하는 것이 보다 나은 목표가 될 수 있다. 최적의 신체 조성을 달성하고자 하는 이유에는 미와 운동수행력 그리고 안전이 포함된다. 과도한 체지방을 갖고 있는 선수는 이상적인 신체 조성을 갖고 있는 선수에 비해 어려운 기술 동작 수행 시 부상의 위험이 높아질 수 있다.

체지방을 감량하고 신체 조성을 개선하고자 하는 선수들은 이 같은 목표를 달성하기 위한 최상의 신체 활동을 인지해야 한다. 일반적인 믿음과 달리, 체지방 감량을 위해 주로 활용되는 저강도 유산소 운동은 체지방 감량에 특별히 효과적이지 않다. 다른 형태의 신체 활동이 체지방 감량에 미치는 영향에 대해 살펴본 연구 결과에 따르면, 저강도 유산소 훈련보다 고강도 운동 훈련이 복부지방과 피하지방 감소에 보다 유의한 효과가 있는 것으로 나타났다.[16, 58] 이러한 연구는 총량은 적지만 고강도로 운동하는 것은(주 3회, 1회 4분) 지방 대사와 혈압 개선에 영향을 주고, 시간 대비 VO_2max을 효율적으로 향상시킨다고 밝혔다.[59] 일례로 이는 고강도의 겨울 스포츠가 낮은 체지방량 및 높은 제지방량과 연관이 있다는 것을 알 수 있다.[17] 그러나 고강도 운동을 하는 동안, 반드시 코티졸 생성 증가에 의한(제지방량과 골량 감소에 의한 체지방률 증가의 원인이 될 수 있다) 저혈당을 주의해야 한다.[18] 특히 혈당을 유지하기 위해 활동 중에 일정한 간격으로 탄수화물 공급원(일반적으로 탄수화물이 포함된 음료)을 섭취하려는 의식적인 노력이 필요하다.

많은 운동선수들은 파워를 유지하기 위해 충분한 에너지를 갖는 것과 저항(항력)을 극복하는 것 사이에 마음 속 내재된 갈등이 있을 것이다. 선수들은 체중 감량을 저항을 극복하는 데 효과적인 수단으로 생각할 것이다(사이클 선수 또는 스피드스케이팅 선수가 항력을 줄이기 위해 갖추는 외형적인 모습을 생각해 보라). 그리고 일반적으로 체중 감량을 달성하기 위해 에너지 섭취를 줄일 것이다. 그러나 파워 생산성을 지속하기 위해서는 에너지 균형 상태를 유지해야 한다. 그럼에도 불구하고 많은 운동선수들은 파워 생산성을 유지하는 것보다 저항을 감소하는 것이 중요하다 믿고 불충분한 에너지를 섭취한다.

많은 사람들은 음식의 형태 및 양과 상관없이 음식은 '지방을 생성하는 것'이라는 건강치 못한 생각을 갖고 있다. 그러나 음식에 대한 보다 건강한 생각(운동선수의 관점에서 보다 적절한 생각)은 음식은 근육 에너지와 관련된 영양소의 원천이며 연료라는 것이다. 여행 중 자동차에 연료를 넣는 것과 같이, 운동선수는 결코 연료가 마르지도, 가득차지도 않게 해야 한다. 각기 다른 스포츠에서 일반적으로 사용되는 체지방률 범위가 있으며, 운동선수들은 스포츠 특유의 체지방률 범위에서 벗어나는 것은 괜찮다.

어느 정도 합리적인 범위 내에서, 상대적으로 낮은 체지방률을 갖는 것은 무게 대비 힘의 비율를 개선함으로써 운동수행력 향상에 도움을 줄 수 있다. 또한 작은 체형일수록 저항이 줄어드는 것과 같이 상대적으로 낮은 체지방률은 공기 중의 움직임, 물 안에서의 수영, 빙판 위의 스케이팅

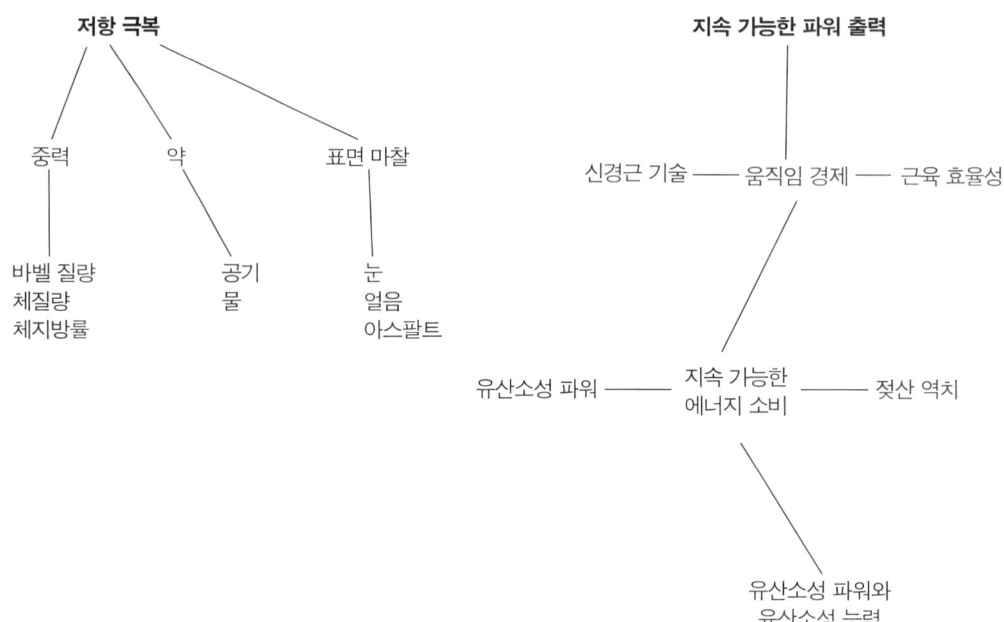

그림 10.3 성공적으로 훈련하고 경쟁하려면 운동선수는 항력을 극복하는 데 필요한 힘을 유지할 수 있는 충분한 에너지가 있어야 한다.

참고: D.R. Lamb, "Basic Principles for Improving Sport Performance," *GSSI Sports Science Exchange* #55 8, no. 2 (1995). [Online]. Available: www.gssiweb.com/Article_Detail.aspx?articleid=28 [June 27, 2011].

과 같은 환경에서 선수들의 저항을 낮추는 데 도움을 준다. 이뿐만 아니라 일반적으로 빠른 이동을 위해 항력 감소가 강조되는 특정 스포츠에서 저항을 줄이는 것은 매우 중요하기 때문에, 해당 스포츠에서 수행능력을 위한 기술은 항력 감소에 기초를 둔다.

예를 들어 스피드스케이팅 선수들은 공기 저항을 줄이기 위해 출발 직후부터 전 경기 동안 구부린 자세를 취한다. 사이클 선수들은 특수한 유선형 헬멧과 옷을 착용하며 자전거에 자신의 몸을 밀착시켜 항력을 줄인다. 심지어 그들은 선두로 달리면 동일한 속도에서 공기 저항이 높아져 보다 많은 에너지(약 12~17%)가 소모될 수 있고, 이는 조기 탈진의 원인이 될 수 있으므로 이에 대한 전략으로 앞에 있는 선수를 언제 따라잡을 것인가에 대한 최적의 시간을 계획한다. 체조 선수의 예로, 키 152cm, 체중 50kg, 체지방률 15%인 선수는 키와 체중은 같지만 체지방률이 20%인 선수에 비해 덤블링 시 더 낮은 공기 저항을 가질 수 있다. 피겨스케이팅 선수들은 경쟁력을 갖추기 위해 공중에서 회전과 점프를 수행해야 한다. 회전 횟수가 많을수록 무게가 많이 나가는 피겨스케이팅 선수는 점프를 완성하기 더 어려울 것이다. 이를 수학적으로 간단히 설명할 수 있다. 트리플 루프triple loop를 수행하는 피겨스케이팅 선수를 상상해 보자. 엉덩이 둘레가 76cm인 선수는 트리플 루프 기술을 수행하기 위해 엉덩이를 76×3, 즉 약 2m 이동해야만 한다. 반면 엉덩이 둘레가 64cm인 선수는 이 기술을 완성하기 위해 엉덩이를 64×3, 즉 약 1.9m만 이동하면 된다.

그러나 특정 스포츠에서 항력은 거의 차이가 없거나 전혀 없을 수도 있다. 일례로 풋볼 팀의 라인맨이 공기 저항에 대해 걱정하는 것은 상상하기 어려울 것이다. 그럼에도 불구하고 라인맨이 체중 대비 더 높은 힘을 갖는다면, 빠르고 강한 움직임을 통해 느리게 움직이는 상대팀 라인맨을 넘어뜨릴 수 있는 차이를 만든다. 심지어 파워리프트 선수의 경우 체급 선택 시, 근육이 많고 지방이 적은 신체 조성일수록 이점이 있다. 공기 역학이 도움이 되는 스포츠에서 지방은 제지방 조직보다 밀도가 낮고 부피가 크기 때문에 신체 조성의 차이를 만든다.

신체 조성의 평가

단순히 외형 또는 체중을 통해 한 사람의 신체 조성을 정확히 판단하는 것은 매우 어렵다. 실제로 날씬하지만 상대적으로 높은 체지방률을 가진 사람들이 많으며, 덩치가 크지만 상대적으로 날씬한 사람들도 많다. 심지어 현대식 측정 장비와 정확한 계산식을 이용하더라도 때론 체지방률을 정확히 측정하는 것과 반복 측정하여 일관된 결과를 얻는 것이 어려울 수 있다. 신체 조성을 직접적으로 측정할 수 없기 때문에(직접 측정하려면 대상자가 생존한 상태가 아니어야 함), 우리가 이용하는 모든 기술은 체지방량 또는 제지방량을 가능한 정확하게 추정하도록 고안되었다. 하지만 신체 조성을 추정하기 위한 각각의 기술들은 서로 다른 수단을 사용하므로 교차하여 비교할 수 없다.

예를 들어 여자 아이스하키 선수에게 있어 피부 두겹법skinfold technique은 DEXA의 합리적인 대안으로 알려져 있지만, 이 방법으로 측정된 체지방률은 이중 에너지 X-ray 흡수율 측정(DEXA)가 측정된 값에 비해 유의하게 낮다.[61] 또한 동일한 대상으로 신체 조성을 측정하더라도 생체 전기 임피던스 측정(BIA)에 비해 DEXA으로 더 높은 체지방률을 보일 수 있다. 그러므로 초기 기준 값으로 DEXA를 사용하고 4주 후에 BIA로 측정한 값을 비교한다면, 체지방의 실질적인 변화가 아닌 측정법에 의한 변화이므로 측정 결과를 잘못 해석할 수 있다. 만약 신체 조성의 실질적 변화를 판단하고자 한다면, 선수는 변화 추세를 판단하고 장비 표준 측정 오류에서 벗어난 추세를 명확히 하기 위해 동일한 전략으로 여러 번 측정한 신체 조성 값을 갖고 있어야 한다. 신체 조성을 측정하기 위한 일반적은 방법은 다음과 같다.

- 수중 체중 측정법
- 추정 방정식을 활용하는 피부 두겹 측정법
- 생체 전기 임피던스 측정법(BIA)
- 이중 에너지 X-ray 흡수율 측정법(DEXA)
- 공기 변위 가압계

수중 체중 측정법

수중 체중 측정법은 신체 조성을 예측하기 위한 전통적인 방법이다. 이 방법은 물체가 동일한 무게일 때 낮은 밀도의 물체가 밀도가 높은 물체에 비해 보다 큰 표면적을 가지며 많은 양의 물을 이동시킨다는 아르키메데스의 원리[19]를 사용한다. 신체 조성 관점에서 이 원리는 다음과 같은 방식으로 적용된다.

1. 지상에서의 체중 값을 측정하기 위해 평지에서 표준 체중계로 체중을 측정한다.
2. 호기량(호흡을 내쉴 때의 공기 양)을 측정하는 장비를 통해 피험자의 폐활량을 측정한다.
3. 피험자는 수중 위에 놓인 체중계가 부착된 의자에 앉는다.
4. 의자를 천천히 물 안으로 이동시킨다.
5. 피험자의 턱 밑까지 물이 차오를 수 있도록 피험자의 몸을 천천히 수중 아래로 이동하게 한다.
6. 피험자에게 호흡을 완전히 내쉬도록 한 후 피험자의 머리를 포함하여 몸 전체가 물속에 잠기도록 한다.
7. 피험자의 몸이 물속에 완전히 잠긴 상태에서 피험자의 수중 무게를 측정한다(저울 무게는 제외함).

피험자의 무게는 체지방의 부력으로 인해 수중 밖보다 안에서 더 낮게 측정된다. 이러한 수중 안과 밖의 체중 차이는 체지방 수준을 반영하며 체지방이 더 높을수록 더 큰 차이를 보이게 된다. 이 방법에서 폐활량 측정을 조정하는 것은 수중 안과 밖 체중 차의 정확성을 높이기 위함이다. 비록 피험자가 물속으로 완전히 잠기기 전 최대 호기 상태를 유지하지만 피험자의 폐에 일부 공기가 남아 있는데 이를 잔류량residual volume이라고 한다.

이러한 점을 고려할 때, 수중 체중 측정법에서의 일발적인 오류는 피실험자의 수화 상태(수화 불량=낮은 밀도) 및 잔류량 측정과 연관이 있다. 또한 피험자가 가지고 있는 장내 가스의 부피(장내 가스=부력 증가=체지방 증가) 역시 오차 발생에 영향을 준다. 그럼에도 불구하고 이 기술은 정확한 절차로 반복된다면 시간에 따른 신체 조성 변화를 확인하는 데 유용하다. 또한 이 방법은 측정 기술과 관련된 오차가 다회 측정에 의해 평균화될 수 있어 모집단의 신체 조성을 결정하는 데 유용한 수단이 된다.

피부 두겹법

피부 두겹법은 캘리퍼를 이용하여 손으로 잡은 피하지방층의 두께를 측정하는 방법이다. 일반적으로 피하지방층은 체지방량의 약 50%를 차지한다. 따라서 피하지방층을 추정하는 것은 총 지방량을 예측하는 데 도움을 준다. 피부 두겹법에서 사용되는 일반적인 추정 방정식은 수중 체중법에 의해 도출된 신체 조성 결과에 기초를 두며 종종 운동선수에게 권장되지 않는다.[60] 하지만 운동선수를 위한 몇몇 방정식을 포함하여 특정 집단을 위해 새롭게 적용된 정확한 방정식도 있다. 일반적으로 특정 집단에 맞는 방정식을 사용하는 것은 보다 정확한 결과를 도출한다. 또한 많은 신체 부위의 피부 두겹을 측정한 방정식을 이용하는 것이 더 정확하다.

그러나 피부 두겹법과 관련해서 중요한 점은 운동선수에게 사용되는 많은 방정식들이 사실 운동선수가 아닌 집단을 위한 방정식이라는 것이다. 일반적으로 운동선수들이 운동선수가 아닌 사람들에 비해 날씬하기 때문에 피부 두겹 방정식으로 도출된 결과는 비현실적으로 낮을 수 있고 단일의 피부 두겹 측정값은 완벽하게 정확하지 않을 수 있다. 이전의 피부 두겹 예측에 따르면 운동선수들의 체지방률이 5% 미만으로 믿는 경우가 있었다. 하지만 체지방률이 그렇게 낮은 사람은 많지 않을 것이다. 간혹 어떤 선수들은 그들의 체지방 수준에 대해 보다 정확한 평가가 주어졌을 때(정확한 기술 또는 특정 집단에 적합한 방정식 사용을 통해), 주로 긍정적으로 반응하지 않는다. 운동선수의 정확한 신체 조성 측정을 위해 DEXA를 권하지만, 간혹 이동 시에는 피부 두겹 캘리퍼의 휴대성으로 피부 두겹법이 권장된다. 단, 피부 두겹법은 주로 동일한 기법, 동일한 측정자, 동일한 방정식을 사용하여 측정하기 전후 비교를 위한 기준으로 사용될 수 있다(전후 비교 시, 다른 피부 두겹 세트와 방정식을 사용하여 측정된 비교는 적절하지 않다). 한 가지 고려해야 할 사항은 피부 두겹법은 체지방률을 예측하기 위해 사용하기보다 값을 저장하는 데 사용해야 한다는 것이다. 이 방법은 시간에 따른 체지방의 변화를 관찰하는 데 효과적이다. 피부 두겹 캘리퍼는 400~500달러 범위의 보다 정확한 캘리퍼를 포함하여 가격대가 다양하다.

생체 전기 임피던스 측정법

만약 당신이 수영장 안에 있고 근처에서 천둥소리가 들렸을 때 무엇을 해야 할지 알고 있다면, 당신은 이미 생체전기 임피던스 측정법의 원리에 대해 알고 있다는 걸 의미한다. 물은 우수한 전기 전도체이며, 대부분의 체수분은 제지방에서 발견된다. 반면, 지방은 수분이 거의 없어 전기 전도체로서의 역할을 하지 못하며 실제로 전기 흐름을 방해한다.

BIA 장비는 몇 가지 기본적인 형태로 제공된다. 각 형태는 신체의 다른 부위를 측정하며, 가장 많은 신체 부위를 측정하는 형태가 가장 높은 정확도를 나타낸다. 새로운 BIA 모델은 보다 정확한 측정을 위해 서로 다른 강도의 다중 전류를 유도한다. BIA 버전을 검토할 때 전기는 두 지점 사이의 가장 짧은 거리를 찾는다는 것을 고려해야 한다. 즉, 만약 누군가가 BIA 도구에 서 있다면 다리의 신체 조성은 한쪽 발에서 다른 발로 흐르는 전기 흐름에 의해 측정된다. 다음은 BIA의 다양한 형태이다.

1. 대상자가 누운 상태에서 우측 손목과 발목에 전극을 부착한다. 이 전극은 우측 손목에서 발목까지 신체 부위 한쪽에 전류를 발생시킨다. 이 전략은 상체와 하체를 포함한 신체 한쪽에서의 전기 저항(즉, 상대적인 체지방)을 측정한다.
2. 대상자가 맨발로 BIA의 측정대에 올라선다. 이때 전류는 우측 발에서 우측 다리, 좌측 다리에서 좌측 발로 흐른다. 이 전략은 하체 부위(다리 및 골반 하부)에서의 전기 저항(즉, 상대적인 체지방)을 측정한다.
3. 대상자가 양손으로 기기를 잡는다. 이때 전류는 한 손에서 다른 손으로 흐른다. 이 전략은 상체 부위(팔과 가슴)의 전기 저항만을 측정한다.
4. 대상자가 BIA의 측정대 위에 선 상태에서 두 개의 손잡이를 잡는다. 이때 전류는 다리, 팔 그리고 몸통을 포함하여 몸 전체를 교차한다. 이러한 다주파 생체 전기 임피던스 측정법은 대학 여성 운동선수를 대상으로 한 DEXA와의 비교 연구에서 제지방량 평가에 유사한 결과를 얻었으며, 여성 운동선수들을 위한 빠르고 비침습적인 대안이 될 수 있을 것으로 밝혀졌다.[62]

중요한 것은 연령과 성별 특이적 BIA 추정식과 DEXA 결과의 일치성을 높이는 새로운 연구를 통해 BIA의 정확성이 개선되고 있다는 것이다.[47] 사용된 BIA 장비 형태와 상관없이 기술의 이론은 항상 동일하다. 시스템에 들어오는 에너지(전기)의 시작 수준을 알고 시스템을 빠져나가는 에너지 수준을 측정할 수 있다면 시스템에서 얼마나 많은 에너지가 차단되었는지 알 수 있다. 근육은 효율적인 전기 전도체이고 지방은 효율적인 전기 절연체이기 때문에 전기 저항 값이 클수록 지방이 높은 수준임을 추정할 수 있다.

체지방을 예측하기 위해서는 여러 조정이 필요하다. 전류는 키가 큰 사람일수록 더 긴 거리로 흘러야 하므로 키가 클수록 자동적으로 더 높은 전기 저항 값을 가지게 된다. 또한 전류가 조직의 성분을 통과하고, 조직을 통과하는 거리를 예측하기 위해 키와 체중의 비율도 중요하다. 일반적으로 신체 조성은 연령에 따라 변화하기 때문에(신체 조성은 노화에 의해 더 적은 제지방과 더 많은 체지방을 갖게 됨), 연령 역시 신체 조성의 중요한 예측 인자가 된다. 또한 성별도 신체 조성을 예측하는 데 중요한 고려 사항이 된다. 그 이유는 청소년기에 급격한 성장 이루어지면서 남성과 여성의 신체 조성에 차이가 나타나며 여성이 남성보다 상대적으로 더 많은 지방을 갖게 되기 때문이다. 따라서 일반적으로 BIA의 체지방률 예측 방정식에는 연령, 키, 체중 그리고 성별을 포함한다.

BIA는 신체 조성 예측을 위한 훌륭한 이론적 근거를 가지고 있지만, 결과가 정확하고 반복 가능하려면 몇 가지 중요한 프로토콜을 따라야 한다. 이 기술은 제지방량을 통한 전기 전도성에 의존하기 때문에, 만약 대상자가 적절한 수화 상태가 아니라면 실제보다 더 많은 체지방을 가지고 있는 것으로 측정될 수 있다. 그러므로 대상자가 구형의 단일 전류 시스템을 이용할 경우, 정확한 측정을 위해 적절한 수화 상태를 유지해야 한다. BIA를 측정하기 전 24시간 이내에 음주, 운동, 많은 양의 커피 섭취 그리고 덥고 습한 야외 환경에 장시간 노출되어 있는 것은 탈수를 유발할 수 있어 부정확한 결과를 초래할 수 있다. 운동선수는 거의 모든 날 운동을 수행하기 때문에, 운동선수가 BIA를 통해 체성분을 측정해야 한다면 하루 동안 휴식을 취한 후 충분한 수화 상태에서 측정이 이루어져야 한다.

새로운 특정 BIA 측정 장비는 신체 분절(팔, 다리, 몸통 등)의 구성을 측정할 수 있다. 다리나 팔의 균형이 깨져 있는 경우(예: 좌, 우 근육량 차이가 큰 경우 등) 운동선수의 부상 위험이 높아질 수 있어 해당 장비를 통해 근육 대칭을 측정하는 것이 유용할 수 있다. InBody 270(InBody Co., Ltd)은 신체 분절 측정을 위해 8전극 BIA 기술을 사용한 장비의 예이다. 이 장비는 비록 제한된 경험적 데이터를 가지고 있지만 측정 시 다중 주파수를 사용한다는 특징이 있다. 이러한 새로운 BIA 장비는 서로 다른 강도의 다중 전류를 유도하여 측정을 수행하므로 결과의 정확도가 크게 향상되고 결과 값에 있어 수화 상태에 영향을 적게 받는다.

어린이를 대상으로 한 다중 분할 BIA와 DEXA를 사용한 연구에서 두 방법 간의 체지방 추정에 큰 차이가 없다는 것이 밝혀졌다.[20] 그러나 체지방이 높은 사람은 DEXA보다 BIA를 사용한 체성분 추정에서 더 큰 오류를 경험할 수 있어 주의가 필요하다.[21]

이중 에너지 X-ray 흡수율 측정(DEXA)

이중 에너지 X-ray 흡수율 측정(DEXA)은 신체 조성을 결정하는 가장 정확한 수단으로 간주된다. 그러나 이 방법조차 연조직의 경우 약 1.5%, 뼈 조직의 경우 1.0%의 표준 오차가 있으므로,[64] 신체 조성 변화를 정확히 평가하기 위해 표준 오차를 최소화해야 한다. 또한 이 측정법은 신체 조성을 측정하는 데 가장 많은 비용이 드는 방법이다. 전신 스캔을 통해 도출된 골밀도, 체지방률, 제지방량, 체지방량, 팔, 몸통 및 다리의 체지방 및 제지방 분포 값은 연령별 표준과 비교함에 있어 매우 유용한 정보가 된다.

또한 DEXA의 결과는 신체 좌우측의 제지방량과 체지방량의 차이를 포함하는데, 이는 좌우 대칭 균형을 유지하거나, 좌우 팔과 다리에 동일한 파워를 생산해야 하는 특정 스포츠 선수들에게 특히 중요하다. DEXA는 두 개의 X선 빔beam이 대상자의 몸을 통과하고, 통과한 조직에 의해 흡수된 X선의 비율을 측정하여 신체 조성을 평가한다. 한 빔은 상대적으로 높은 강도이고 다른 빔은 상대적으로 낮은 강도이므로 각 빔의 상대적인 흡광도는 빔이 통과한 조직의 밀도를 의미한다. 조직 밀도가 높을수록 조직을 완전히 통과하지 못한 X선의 비율이 커지게 된다. DEXA에서 사용된 방사선 에너지의 양은 매우 적으며, 보통 사람이 의학적으로 방사선에 노출되는 경우를 제외하고 비의학적인 환경에서 하루 동안 노출되는 방사선 에너지 양에 비해 낮다. X선은 치과용 X선 튜브를 사용하여 생성되고 K-엣지 필터를 통해 여과된다. DEXA의 방사선은 충분히 낮은 수준이기 때문에 FDA에 의해 신체 조성을 예측하는 검사 장비로 승인되었다. 일반적으로 X선 장비는 방사선 때문에 진단 기기로 사용되지만, 운동선수의 경우 표준 흉부 X선으로부터 받은 방사선의 양과 동일한 양에 노출되기 전에 약 800개의 전신 DEXA 스캔을 필요로 한다.

본래 골밀도를 측정하기 위해 개발된 DEXA의 측정 방법은 비교적 간단하다. 대상자는 DEXA 측정 테이블에 15초 동안 누운 상태를 유지해야 한다. 이때, DEXA의 펜슬 빔 X선이 대상자를 통과하며 대상자 위에 있는 측정 도구를 통해 신체 조성 값이 해석된다. DEXA를 측정할 때에는 금속 밀도를 고려하여 금속을 포함한 장신구를 제거하거나 금속이 없는 복장을 착용해야 한다. DEXA의 결과 값은 골질량, 제지방량, 체지방량의 밀도 값으로 변환된다. 조직 밀도의 직접적인 평가로 도출된 밀도 값은 가장 정확한 값이 될 수 있다. 최근 한 연구에서 DEXA를 통해 측정된 근육의 변화는 운동 수행 테스트(반동 점프, 다리 프레스 테스트 등)와 유의한 상관성이 있는 것으로 밝혔으며, 이는 상대적으로 어렵고 시간 제한적인 근력 테스트와 같이 기능적 변화를 측정하는 데 DEXA의 사용이 가능할 수 있음을 말해 주었다.[65]

공기이동 체적변화기록법

이 방법은 수중 체중측정법과 동일한 전신 측정 원리를 사용하지만, 물 변위 대신 공기 변위를 사용한다. 보드 포드Bod Pod는 대상자의 전신 밀도를 통해 질량과 부피를 측정할 수 있으며, 이 같은 데이터를 사용하여 체지방과 제지방량을 계산할 수 있다. 이 방법은 신체 조성 측정에 있어 유효하고 신뢰할 수 있는 것으로 밝혀졌지만, 체지방 수치를 2~3% 정도 약간 과소 평가할 수 있다.[22]

이 보드 포드 시스템은 운동선수의 신체 조성을 측정하는 데 사용되며, 정확한 측정을 위해 최소한의 기술적 훈련이 필요하다. 이 방법은 대학 미식축구 선수들을 대상으로 한 초기 연구에서 DEXA나 수중 체중측정법에 비해 낮은 체지방률을 보이는 것으로 밝혀졌다.[23] 보다 최근에 이루어진 대학 남자 하키 선수들을 대상으로 한 연구에서 보드 포드 방법은 DEXA에 비해 하체 지방률에 편향되어 있는 것으로 확인되었다.[66] 또한 보드 포드 방법으로 측정된 결과는 다중 분할 생체전기 임피던스 결과와 차이가 있으므로, 각각을 운동선수에게 적용할 수 있어도 그 결과를 비교해서는 안 된다.[67] 성인 여성의 경우 4구획 모델에 비해 보드 포드 방법 시 체지방률이 과소 추정될 수 있다.[24] NCAA Division III 레스링 선수를 대상으로 보드 포드와 BIA(하체 부분) 그리고 피부 두겹법을 비교한 연구 결과 모든 측정 방법이 서로 상관관계가 있으며, 보드 포드와 피부 두겹법 모두 레슬링 선수의 신체 조성 측정을 위해 권장될 수 있는 것으로 나타났다.[67] 젊은 여성을 대상으로 보드 포드와 DEXA를 평가한 연구에서는 두 가지 기술 모두 해당 집단의 체지방률을 예측하는 데 유효한 것으로 나타났다.[26]

신체 조성의 변화

신체 조성은 변한다. 우리가 어떤 음식을 섭취하고 어떤 운동을 하느냐에 따라 신체 조성 변화에 영향을 미칠 수 있다. 사람은 놀라울 정도로 적응력이 뛰어나며, 환경과 활동에 빠르게 적응한다. 예를 들어 우리는 우주 환경의 무중력 상태에서 튼튼한 골격은 무의미하기 때문에 우주 비행사의 뼈가 빠르게 소실된다는 것을 알고 있다.[68] 우주 환경이 우주 비행사의 몸에 미치는 영향이 매우 크므로, 우주 비행사는 뼈에 스트레스를 가하는 운동에 많은 시간을 투자해야 한다. 부상을 당해 병상에 누워 있는 경우에도 이와 유사한 현상이 발생한다. 오랜 시간 누워 있는 상태에서 뼈와 근육의 역할이 줄어들기 때문에 해당 부위의 질량은 빠르게 감소한다. 신체 조직에 대해 기억해야 할 중요한 사항은 조직은 살아있고 그들이 처한 현재 상황에 적응하기 위해 필요한 무언가를 한다는 것이다. 제지방량(뼈 질량 포함)의 일반적인 규칙은 제지방량을 '사용하느냐 또는 잃느냐'이다. 심지어 뼈는 일반적인 관찰자에게 그저 단단한 적응이 필요 없는 구조로 보이지만, 뼈 역시 살아있고 대부분의 시간 동안 무기질이 이동하면서 변화하고 있다. 다음 부문에서는 신체 조성 변화의 영향에 대해 설명한다.

유전적 경향

유전적 경향은 모든 사람에 있어 바꿀 수 없는 불변의 결론이다. 사람들은 서로 다른 체형을 가지고 있으며, 각 체형은 신체의 다른 부위에 보다 많거나 적은 지방 축적 유형을 가진다. 내배엽(큰 몸통, 짧은 손가락, 짧은 다리) 유형은 체지방률이 높은 경향을 보이고, 외배엽(긴 다리, 긴 손가락, 짧은 몸통) 유형은 체지방률이 낮고 날씬한 경향을 보인다. 중배엽(일반적으로 운동선수 체격) 유형은 근육량이 많고 체지방이 적은 경향을 보인다. 유전적인 체형은 변화할 수 없지만, 주어진 신체를 최적화할 수 있다.

연령

사람은 일반적으로 30세 이후에 적은 제지방량과 높은 체지방량을 가진다. 그러나 비록 연령과 관련된 신체 조성의 변화가 일반적이지만 불가피하지는 않다. 좋은 식습관과 규칙적인 활동을 통해 날씬한 체형을 유지할 수 있다는 것이 명백하게 밝혀졌다. 30세 이후에는 10년마다 에너지 대사가 약 2% 감소하기 때문에 이상적인 체중과 신체 조성을 유지하는 것이 점차 어려워진다. 신체 조성을 유지하기 위해서는 30세 이후 매 10년마다 점진적으로 감소되는 에너지 대사에 맞춰 에너지 소비를 2% 증가하거나, 에너지 섭취를 2% 감소해야 한다. 비록 이 차이는 작아 보일지라도 삶에 큰 영향을 미칠 수 있다. 일반적인 사람이 하루에 약 2,500Kcal를 섭취한다고 가정하자. 2%의 감소는 매일 50Kcal가 될 것이다. 365일 동안 아무런 변화가 없다면, 이는 18,250Kcal의 초과를 나타낸다! 1년 동안 이 작은 50Kcal의 오차는 현저한 체지방 증가로 나타날 수 있고, 5년 후에는 상당한 체지방 증가로 이어질 수 있다.

성별

다른 모든 것이 동일하다면, 여성은 남성에 비해 높은 체지방률을 가진다. 이러한 차이는 잘못된 것이 아니며, 이러한 차이를 바꾸는 것은 의미가 없다. 신체 조성에 있어 성별의 차이는 단지 남성과 여성의 다른 생물학적 특징을 보여준다. 그러나 여성들 중에도 많은 운동량과 적절한 음식 섭취를 통해 일부 남성들에 비해 적은 체지방률을 가진 경우도 많다. 따라서 성별의 기본적인 차이에도 불구하고, 성별과 상관없이 올바른 방법을 수행하는 것은 스포츠를 위한 신체 조성을 최적화하는 데 도움을 준다.

폐경

최근 연구들은 폐경이 체지방 변화에 유의미한 영향을 미치며 에스트로겐, 체지방, 폐경 모두 여성의 에너지 균형에 지대한 영향을 받는다고 강력히 주장한다. 건강한 여성을 대상으로 한 연구 결과, 에스트라디올(자궁 발달에 관여하는 난소에서 생성되는 주된 형태의 에스트로겐)과 체지방이 강한 연관성이 있는 것으로 밝혀졌다. 체지방이 매우 낮은 여성과 매우 높은 여성 둘 다 에스트라디올 수치가 감소했고, 에스트라디올과 체지방 모두 에너지 균형에 상당한 영향을 받는 것으로 나타났다.[27] 또한 폐경기 여성의 경우 체지방과 체중 모두 크게 증가하는 것으로 나타났다. 이는 대부분의 여성들은 나이가 들어감에 따라 복부의 피하 지방이 증가하는 경향을 보이지만, 단지 폐경을 경험한 여성만이 내장지방의 현저한 증가를 경험한다는 것을 보여준다.[28]

활동의 형태

활동 형태의 차이는 시스템에 다른 스트레스를 주고, 예상하는 바와 같이 신체는 이러한 스트레스에 다르게 반응한다. 체지방률을 줄이기 위한 전략으로 유산소 운동이 주로 사용되지만, 모든 형태의 활동이 체지방률 감소에 효과적이라는 좋은 증거가 있다. 고강도 활동(단거리 육상 선수나 역도 선수들이 수행하는 활동)은 비록 전체 체중에 미치는 영향은 적지만 체지방량을 감소시키고 제지방량을 증가시킨다. 비록 지방이 제지방 질량보다 밀도가 낮기 때문에 이러한 신체 조성의 변화는 여전히 그 사람을 약간 더 작게 보이게 할 가능성이 있다. 에너지 소비(열량 연소)가 같다면 무산소와 유산소 활동 모두 동일한 수준의 체지방 감소를 보이지만, 유산소 활동의 경우 같은 에너지를 연소하는 데 보다 긴 시간이 소요된다. 또한 유산소 활동은 제지방량 증가와 같은 이점을 보이지 않는다.

활동의 양

분명히 운동을 더 많이 한 사람일수록 신체 조성 변화에 잠재적인 이점이 크다는 것은 사실이다. 그러나 활동 시 에너지를 공급하기 위해서는 제때 적절한 에너지 섭취가 이루어져야 한다. 에너지 섭취를 늘리지 않고 활동량을 늘리게 되면 에너지 요구를 충족하기 위해 제지방량이 줄어들게 된다. 이러한 변화는 분명히 운동선수에게 있어 부적절한 신체 조성 변화이다. 또한 과도한 훈련이 제지방 감소로 이어지지 않더라도 이는 근육통 증가와 근력 및 근지구력 감소의 원인이 된다. 따라서 활동량은 근육량 유지 및 운동선수의 운동수행력 유지를 위해 적절한 에너지 섭취와 함께 적당한 휴식과 세심한 균형을 이루어야 한다.

영양

과다한 영양 섭취 또는 과다한 영양 제한은 신체 조성에 부정적인 영향을 미칠 수 있다. 하루 또는 한 번에 과도한 음식을 섭취하는 것은 지방 저장을 증가시킬 수 있는 반면 과도하게 음식을 제한하는 것은 제지방량과 체지방량을 감소시킨다. 또한 특정 영양소는 대사 과정에 중요한데, 적정 수준의 영양소를 섭취하지 못하면 연료의 연소 능력이 저하되어 운동을 통한 지방 연소 능력이 제한된다.

신체 조성 평가 문제

신체 조성은 운동선수 평가에서 중요한 부분이 되었다. 운동선수가 가지고 있는 근육과 지방량을 통해 선수의 운동수행력을 예측할 수 있으며, 골량 평가를 통해 현재 선수의 발달에 문제가 있는지 또는 현재와 미래에 골절 위험성 있는지 이해할 수 있다. 또한 주기적인 신체 조성 측정은 선수의 훈련 방법이 원하는 신체적 변화를 초래하는지 이해하는 데 도움을 준다. 그러나 신체 조성을 평가할 때 유의해야 할 몇 가지 중요한 사항이 있다.

신체 조성은 식이와 운동을 통해 변할 수 있으며, 신체 변화를 추구할 때 두 가지 요인을 고려해야 한다는 것이다. 어느 한 방향으로 극적인 변화를 만드는 것은 신체 조성에 예상치 못한 문제를 야기할 수 있다. 만약 훈련의 양이 증가했다면, 증가된 에너지 소비를 보충하기 위해 에너지 섭취를 늘려야 한다. 에너지 섭취를 유지하거나 낮추면서 운동량을 증가하면 에너지 결핍 상태가 지속되어 기초대사율이 낮아지고 지방의 저장량이 증가한다. 또한 신체는 에너지 수요를 지원하고 불충분한 에너지 섭취에 적응하기 위해 근육을 분해할 수 있다. 반면, 과도한 음식 섭취는 체내 지방 저장을 증가시킬 수 있다. 따라서 하루 동안 에너지 균형을 유지하는 것이 가장 좋은 방법이므로, 선수는 하루의 마지막에 부족한 에너지를 보충하기보다 운동을 위한 충분한 에너지를 섭취하는 것에 주의를 기울여야 한다.

하지만 대부분의 운동선수들은 가능한 체지방 수치를 낮게 유지하고자 한다. 선수들은 종종 자신이 생각한 낮은 수준의 체지방을 유지하고자 노력하는데(스포츠의 표준 수치 또는 그들의 체지방 성향과 무관하게 낮은 임의의 체지방 수준), 이는 질병의 빈도를 높이고 부상의 위험을 증가시키며 부상 회복을 더디게 할 수 있다. 이와 더불어 성과를 떨어뜨리고 섭식 장애 위험을 증가시킨다. 신체 조성 값은 연속선상 위에 놓인 숫자로 간주해야 한다. 만약 선수의 신체 조성이 연속선상에서 벗어났다면, 신체 조성이 아닌 다른 요인(예: 훈련, 기술 습득)이 운동수행능력에 대한 성공의 주요 예측 변수가 될 것이다. 임의로 낮은 체지방 수준 또는 체중을 추구하는 것은 주로 체중과 연관된 스포츠에서 문제가 된다.

그러나 체급 경기에서 빠르게 체중을 감소하는 것은 심리적, 신체적 건강에 부정적인 영향을 미친다는 분명한 증거가 있다.[69] 특히, 레슬링 선수들은 경쟁력을 높이기 위해 때때로 사망에 이를 수 있는 수준의 낮은 체지방과 체중을 추구하고자 위험한 노력을 한다. 종합격투기(MMA) 선수들은 종종 비교적 짧은 시간 내에 큰 체중 감량을 시도한다.[70] 코치, 운동선수, 의료진은 선수를 낮은 체급으로 분류하는 최선의 방법을 전략화하는 데 많은 시간과 에너지를 투자한다고 보고되고 있다.[71] 2013년도에 브라질 종합격투기 선수가 7일 만에 체중의 20%를 감량하려다 사우나에서 사망했다.[72] 이처럼 빠른 체중 감량 전략은 해로운 호르몬 및 혈액 변화를 초래해 근육 손상을 야기하고 앞선 예와 같이 사망에 이르게 한다.[73] 급격한 체중 감량 전략이 위험함에도 불구하고, 스포츠 환경에서 이러한 문제를 완전히 이해하고 있지 않으므로 경쟁적 요소로 이를 제거하는 규칙이 마련되어야 한다.[71, 74~76] 이상적으로는 젊은 운동선수에게 일반적으로 따르는 체중 조절 관행이 건강에 좋지 않으며, 운동에 관한 성과를 감소시킬 수 있을 뿐만 아니라 심각한 장단기 생리적, 심리적 문제로 이어질 수 있다는 것을 일찍부터 가르쳐야 한다. 미국 소아과학회에 따르면, 건강한 체중

감량에 대한 수칙에 다음 사항을 포함한다.[76]

- 체지방이 과다한 성장기 운동선수의 경우에는 주당 0.5kg 이하의 점진적인 체중 감소를, 성인 운동선수의 경우 주당 1kg 이하의 체중 감소를 권장함
- 체중 감량은 근육량이 아닌 과다한 체지방이어야 함
- 운동은 스포츠에 적절한 수준이어야 함
- 식단은 탄수화물(6~10g/kg/일), 단백질(0.85g/kg/일) 그리고 지방(1g/kg/일)을 포함한 균형 잡힌 식단이어야 함
- 운동선수는 양호한 수분 상태를 유지해야 함
- 가능한 선수는 비수기에 지방 무게를 줄여야 함
- 칼로리 섭취는 생활, 성장, 스포츠의 에너지 소비를 충족해야 함

앞서 권고한 체중 감소 비율(일주일에 0.5kg 이하의 체중 감량)에 관한 연구에 따르면, 이 같은 비율은 약간의 탄수화물 섭취 감소와 충분한 단백질 공급과 함께 파워, 제지방 또는 호르몬 균형에 부정적인 영향을 미치지 않는 것으로 밝혔다.[77] 다른 연구 결과에서는 천천히 체중을 감량하는 기간에 충분히 단백질을 섭취한다면(체중당 1.0g보다 많은 체중당 2.3g 이상), 제지방량 유지에 도움을 주는 것으로 나타났다.[78] 최근 체중 감량 기간 동안 권고하는 단백질 섭취량은 하루에 체중당 1.6~2.4g이다.[79] 비록 이 상위 수준은 높게 보일 수 있지만, 대다수의 운동선수들은 이 범위 내에서 단백질을 섭취한다. 케톤식(지방과 단백질이 많고 탄수화물이 적은 식단)에 대한 문헌이 많이 있지만 운동선수는 케톤식을 따르는 것에 주의를 기울여야 한다. 일부 연구에서는 케톤식이 체중 감량에 도움을 줄 수 있지만, 탄수화물 섭취 자체가 인간 활동에 제한을 미치는 요인이므로 탄수화물 섭취를 줄이는 케톤식이 운동수행능력에 미치는 영향에는 일관된 결론을 보이지 않다고 밝혔다.[80] 또한 수분 섭취 역시 운동수행능력에 매우 중요한 영향을 미침에도 불구하고, 대부분 급격한 체중 감량을 위해 체수분을 줄이려고 노력한다. 따라서 급격한 체중 감량을 요구하는 특정 스포츠에 속한 경우, 선수의 수분 상태에 큰 관심을 기울이는 것이 중요하다.[81] 또한 급격한 체중 감소는 적혈구 형성에 부정적인 영향을 미친다는 증거가 있으며, 이를 지속할수록 운동수행력 감소를 동반한 빈혈을 초래할 수 있다고 시사한다.[81]

신체 조성을 자주 측정하는 운동선수는 그 결과가 평가 또는 처벌의 수단으로 사용될 수 있어 신체 조성 결과에 대한 두려움을 갖는다. 그러나 신체 조성 변화는 천천히 일어나기 때문에 매일 또는 매주 신체 조성을 평가할 필요는 없다. 일반적으로 건강하고 적절한 운동 성과를 내고 있는 선수라면, 연 2~4회 신체 조성을 검사하는 것으로 충분하다. 반면 부상을 입었거나 흡수장애, 발열, 설사, 거식증과 같은 질병을 앓고 있는 상황에서는 의학 전문가를 통해 빈번히 제지방 변화를 관찰하는 것을 권고한다. 체중 또는 신체 조성을 빈번하게(예: 일별, 주기별, 월별) 평가하는 코치의 경우, 평가의 초점을 운동 수행과 관련된 평가로 바꾸는 것을 권장한다.

운동선수의 병리학적 체중 조절: 섭식 장애

운동선수들이 운동선수가 아닌 사람에 비해 섭식 장애의 위험성이 큰지는 불분명하다. 운동선수와 비운동선수를 대상으로 한 연구에서 대상자의 섭식 장애 발병 위험은 선수 여부와는 관련이 없다고 밝혔다.[3] 이와 비슷하게 운동선수들의 섭식 장애 위험성이 크지 않다는 연구 결과가 다양한 인종을 포함한 여성 청소년 운동선수와 비운동선수를 대상으로 한 연구에서 관찰되었다.[29] 반면 이 연구는 히스패닉과 백인 여성 청소년이 흑인 여성 청소년보다 섭식 장애에 걸릴 위험이 더 높다고 밝혔다. 하지만 외모를 강조하거나 체중 관리를 중요시하는 스포츠 선수들은 분명히 섭식 장애에 걸릴 위험이 높으며, 이는 남성 선수에 비해 여성 선수에게 높은 경향을 보인다.[30, 50] 예를 들어 유도의 경우 심각한 체중 감소에 대한 심리적 영향은 남성보다 여성에게 더 많은 스트레스를 초래하는 것으로 나타났으며, 체중 감소를 달성하기 위해 섭식 장애를 채택하는 여성의 비율이 더 높은 것으로 밝혀졌다.[77] 태권도의 경우, 선수들은 체중 감량을 위해 일반적으로 식사를 거르고, 금식하며, 수분을 제한함으로써 체중의 3~7%를 감량하는 것으로 보고되었다. 또한 상위 레벨 선수들보다 하위 레벨 선수들이 건강을 위협하는 체중 감량 방법을 더 많이 사용하는 것으로 나타났다.[78]

섭식 장애에서 볼 수 있듯이 에너지 결핍을 초래하는 음식 섭취의 감소는 여러 기관계에 심각한 영향을 미친다. 연구에 따르면 음의 에너지 균형은 렙틴을 감소시키고 정상적인 식욕 조절을 방해하는 그렐린 생성을 증가시킨다. 이는 제지방 분해를 촉진하는 코르티솔cortisol을 증가시켜 중추신경계 기능에 영향을 주는 혈장 포도당을 감소시킨다. 이러한 결과는 제지방량 동화 작용과 연관된 인슐린 유사 성장 인자 1(IGF-1)을 감소시킨다(IGF-1이 적게 분비될수록 제지방량이 낮고 제지방량을 합성하는 능력이 낮아진다). 이는 IGF-1과 역상관관계가 있는 인슐린 유사 성장 인자 결합 단백질 1(IGFBP-1)을 증가시킨다(IGFBP-1이 높을수록 제지방량 분해가 증가된다). 그 결과 혈장 포도당과 관련된 공복 인슐린이 감소되고, 신체는 부적절한 에너지 섭취에 직면하여 대사를 낮추기 위해 갑상선 호르몬(총 T3)을 감소시킨다.[31~35] 혈장 포도당과 인슐린이 낮은 상태에서 음식을 섭취하면 고인슐린혈증hyperinsulinemic을 일으켜 섭취한 음식이 지방으로 전환되기 쉬워진다. 즉, 음의 에너지 균형은 긍정적인 측면이 없다. 표 10.2는 음의 에너지 균형이 호르몬에 미치는 영향을 요약한 표이다. 이를 참고하라.

남성 및 여성 예술 체조 선수에서 에너지 섭취의 적정성과 관련된 2차 성징에는 분명한 차이가 있다. 비록 여성 체조 선수는 초경 또는 2차 성징이 지연되긴 하지만, 남성 체조 선수의 발달 유형은 정상인 것으로 보인다.[36] 그러나 영국 여성 싱크로나이즈 스위밍 선수(외모가 주관적인 점수로 매겨지는 스포츠)에 대한 연구 결과, 해당 그룹이 상대적으로 섭식 장애와 관련된 월경 장애가 없는 것으로 밝혀졌다. 연구에서 23명의 대표팀 선수 중 무월경 환자는 한 명도 없었고, 23명 중 3명만이 과소월경(희발월경) 환자인 것으로 나타났다.[37] 이러한 예외에도 불구하고, 외모가 중시되는 스포츠 선수들은 섭식 장애 발생 위험이 높은 우려가 있다.

섭식 장애에 대한 전통적인 관점은 유전적, 사회적, 심리적 요인의 조합이 발달의 기초를 만든다고 시사한다(그림 10.6 참고). 그러나 운동선수의 경우, 섭식 장애 발달에 있어 운동을 잘하려는

표 10.2 부적절한 에너지 섭취가 호르몬에 미치는 영향

조직/기관	호르몬/복합체	예상되는 변화
지방세포와 시상하부	렙틴(leptin)	감소
부신	코르티솔(cortisol)	증가
위장관	그렐린(ghrelin)	증가
간	혈장 포도당(plasmaglucose) 인슐린 유사 성장 인자 1(IGF−1[1]) 인슐린 유사 성장 인자 결합 단백질 1(IGFBP−1[2])	감소 감소 증가
췌장	인슐린(insulin)	감소(공복) 증가(식후)
갑상선	총 T3[3]	감소

[1] Insulin−likegrowth factor 1
[2] Insulin−likegrowth factor binding protein 1
[3] Triiodothyronine
SOURCES: Stafford[31]; Laughlin and Yen[32]; Loucks et al.[33];
Loucks and Callister[34]; Loucks and Heath.[35]

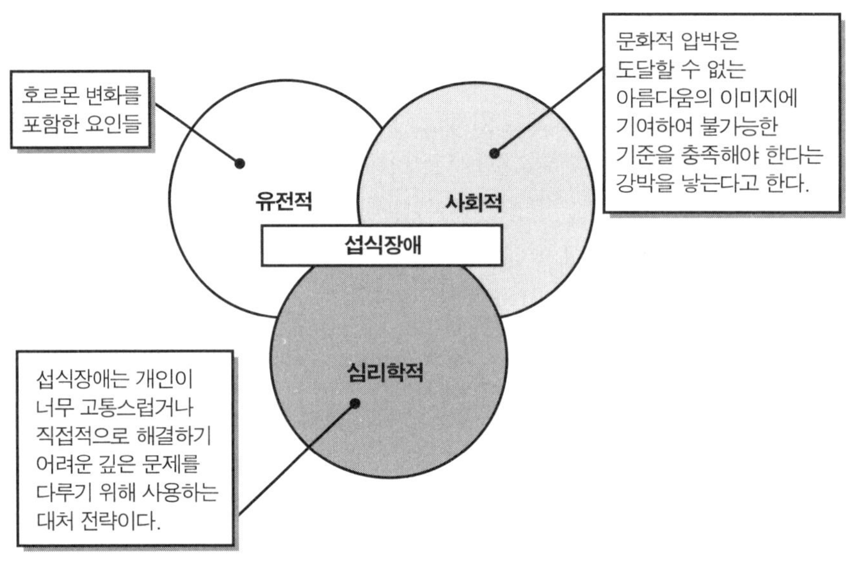

그림 10.6 섭식 장애에 영향을 미치는 다양한 원인

욕구와 관련된 또 다른 중요한 요인이 존재할 수 있다. 이상적인 체중 및 신체 조성을 얻는 것은 높은 수준의 운동수행능력에 매우 중요하므로 많은 운동선수들은 제한적인 섭취에 집중하는 경향이 있다. 흔히 여성 선수들이 음식을 제한하여 섭취하는 경향이 있지만 대개 그 기준이 불분명하다. 여성 운동선수들을 대상으로 한 연구 결과, 평소 에너지 요구량에 맞는 적절한 영양 섭취가 이루어졌더라도 일정 기간 동안 극단적인 에너지 부족을 야기하기 위해 영양 섭취를 제한한 경우,

생리 이상과 높은 코르티솔 수치를 보이는 것으로 나타났다.[51] 비록 이러한 결과는 상대적으로 심각한 것으로 받아들여지지 않을 수 있지만, 영양 섭취 제한에 의한 지방량 증가와 제지방량 감소는 보다 심각한 식사 제한에 영향을 미치는 요인이 될 수 있다. 대학의 남녀 운동선수를 대상으로 한 연구에서 남성의 23%와 여성의 62%가 체중 감소를 위해 부적절한 에너지 섭취를 시도한 것으로 밝혔다.[38] 그러나 이러한 제한적인 영양 섭취는 대사량을 낮추며 이는 체중 유지를 위한 정상적인 섭취를 어렵게 한다. 즉 체중 유지를 위해 점점 칼로리 섭취량을 낮춰 결국 섭식 장애를 유발한다. 이 같은 문제를 겪는 운동선수의 대표적 섭식 장애는 신경성 식욕 부진, 폭식증, 운동성 식욕 부진이며, 여성 운동선수에게서 종종 나타나는 이러한 섭식 장애와 낮은 골밀도 그리고 무월경은 여성 운동선수의 3가지 징후라고 일컫는다. 운동선수와 코치는 다음을 포함한 섭식 장애에 대한 위험 요인에 대해 민감하게 받아들여야 한다.[39]

- 음식에 대한 집착
- 체중에 대한 집착
- 비만해지는 것에 대한 빈번한 염려
- 팀원들의 식사 방법에 대한 빈번한 비판
- 식사 중 또는 식사 후 화장실에 가는 것
- 추위에 민감한 것
- 변비약과 같은 완하제의 사용
- 주로 혼자서 식사하는 것
- 정상적인 훈련 이외에 추가로 운동하는 것

신경성 식욕 부진증과 스포츠성 식욕 부진증

살이 찌는 것에 대한 두려움으로 식사를 제한하는 것이 특징인 신경성 식욕 부진증과 스포츠성 식욕 부진증은 운동선수들의 건강을 위협한다. 1994년에 처음 기술된 바와 같이, 스포츠성 식욕 부진증을 보이는 운동선수는 비정상적으로 높은 운동량을 가지며, 부상 동안에도 운동하려는 강한 욕구를 나타내는 등 정상적인 운동 방법을 넘어 강박적인 운동 행태를 보인다.[82] 강박적인 운동과 함께 제한된 열량 섭취를 보이는 스포츠성 식욕 부진증은 종종 구토제, 설사제, 이뇨제 등 비우기와 연관이 있으며, 이는 스포츠에서 상대적인 에너지 결핍(RED-S)의 위험 요소로 간주된다.[83, 84]

신경성 식욕 부진증의 제한된 열량 섭취는 낮은 골밀도와 연관이 있으며, 청소년기에 최대 골밀도 도달 실패로 인한 피로 골절 위험을 높인다.[40] 비록 이러한 상황들은 그 자체로도 심각하지만, 신경성 식욕 부진증에 의한 사망률은 18%로 보고되고 있다. 또한 일반적으로 신경성 식욕 부진증은 체액과 전해질 이상 또는 자살의 원인이 될 수 있음을 기억해야 한다(그림 10.8의 에너지 결핍과 불규칙한 식사의 상관성 참고).[41, 42]

호르몬 대체요법(에스트로겐 대체요법)은 무월경 후유증을 개선하기 위한 방법이 될 수 있지만, 운동선수를 에너지 균형 상태로 되돌리기 위해서는 운동 강도 및 지속 시간의 감소, 열량 섭취의 증가 또는 이 두 가지를 모두 실행하는 것이 보다 논리적인 것으로 판단된다. 이를 성공적으로 달성하기 위해, 선수들은 적절한 영양 섭취가 근육량을 높이는 대신 체지방량 증가를 제한하여 보다 나은 경기력과 외모를 갖추게 한다는 점을 이해해야 한다. 운동선수는 '마름'을 원하는 것과 '탄탄함'을 갖추는 것의 차이를 이해하는 게 중요하다.

신경성 폭식증

신경성 폭식증은 일정 기간 동안 엄청난 양의 음식 섭취 후 섭취한 음식을 제거하기 위해 구토 또는 완하제를 복용하는 등 통제 불가능한 폭식을 특징으로 한다. 신경성 폭식증에서 폭식과 제거를 반복하는 사이클을 종종 식욕 이상 항진증binge-purge syndrome이라고 일컫는다. 신경성 폭식증을 갖고 있는 운동선수들은 종종 정상 또는 정상과 가까운 체중을 유지하기 때문에 신경성 식욕 부진증을 가진 선수에 비해 식별이 어렵다. 신경성 폭식증과 관련된 몇 가지 증상이 있는데, 이는 치아와 잇몸 부식, 구토, 부종, 전해질 이상, 탈수, 우울증 및 과도한 화장실 이용 등이 있다.[25]

섭식 장애와 스포츠 성과

비록 많은 운동선수들이 초기에 스포츠 수행의 향상과 체중 감소를 경험하지만 만약 이러한 경험이 급격한 음식 섭취의 결과라면 일반적으로 이 결과는 길게 유지될 수 없다. 음식 섭취의 주된 감소는 에너지 결핍을 유발하고 이는 섭식 장애의 원인이 될 수 있다. 혈장 부피 감소, 체온 조절 장애, 글리코겐 저장 감소는 모두 섭식 장애와 관련이 있으며 무산소 및 유산소성 지구력 수치를 낮출 수 있다.[44, 45]

또한 낮은 음식 섭취는 다양한 미량 영양소 결핍의 원인이 되며, 이는 운동선수들의 운동 경기력을 낮추고 부상의 위험을 높일 수 있다. 섭식 장애를 동반한 비정상적인 월경 패턴은 앞선 결과의 증거가 될 수 있다. 월경을 중단한 여성의 경우, 뼈의 칼슘 수치가 감소하여 스트레스성 골절 위험이 높아진다. 월경 이상은 음의 에너지 균형과 상관관계가 있으며, 전형적으로 제지방량 감소와 대사율 감소에 의한 안정 시 에너지 대사 저하와 연관이 있다.[46]

중요 사항

- 에너지 열역학의 원리는 항상 작용한다. 연소되는 에너지보다 더 많은 에너지를 섭취하면 체중이 증가하고(초과 에너지의 저장), 연소되는 에너지보다 적은 에너지를 섭취하면 체중이 감소한다(에너지 차이를 보충하기 위해 일부 조직이 연소).
- 체중 감소를 초래하는 다이어트 방법은 궁극적으로 운동선수가 소비하는 에너지보다 더 적은 에너지 섭취를 요구한다. 이 같은 극심한 다이어트는 지방량 감소보다 더 큰 제지방량 감소를 초래하여 체지방률을 증가하게 한다.

- 간헐적 섭취는 끼니당 많은 양의 음식 섭취, 인슐린 분비 증가, 지방 저장량 증가, 코르티솔 생산 증가와 연관이 있으며, 이러한 신체적 변화는 궁극적으로 근육량과 골질량 감소를 초래할 수 있다.
- 반면, 식사와 식사 사이 간격을 길지 않게 유지하는 것은frequent eating 식욕 조절, 인슐린 반응 저하, 지방 저장량 감소, 근육량 증가와 연관이 있다.
- 선수들이 높은 근육량과 낮은 지방 수준을 유지한다면, 많은 음식과 영양분을 섭취하면서 보다 쉽게 체내 지방 축적을 방지할 수 있다.
- 신체 조성을 평가할 때에는 각 측정 방법마다 오차 범위가 다를 수 있으므로, 체성분 변화를 정확히 판단하기 위해 서로 다른 측정 방법을 교차해서 사용하면 안 된다.
- 운동선수와 코치에게 있어 신체 조성은 훈련과 영양 섭취에 따른 변화를 이해하는 데 유용한 도구가 될 수 있다. 신체 조성 데이터 분석과 관련된 건강 전문가는 시간에 따른 유효한 비교 데이터를 도출하기 위해 동일한 기법과 예측 방적식을 사용하는 데 초점을 맞추어야 한다.
- 많은 운동선수들은 체지방에 민감할 수 있어 일반적인 훈련 계획의 성과적 부분으로 신체 조성 결과를 사용하는 것은 주의를 기울여야 한다.
- 젊은 운동선수들이 이상적인 신체 프로필, 체중, 힘, 지구력을 얻기 위한 방안으로 적절한 영양 전략을 이해하게 하는 것은 추후 섭식 장애를 예방할 수 있게 돕는다.
- 한 가지의 신체 조성을 측정하는 것보다 근육량과 지방량의 변화를 모두 살펴보는 것이 더 중요하다. 또한 운동선수는 다른 선수와 비교하기보다 스스로를 비교해야만 한다.

PART

IV

영양 전략 및 계획

Chapter 11

파워 운동선수

역도, 체조, 야구, 소프트볼, 축구, 해머던지기, 스프린트, 포환던지기 등 파워 종목의 선수들은 근력, 스피드, 파워를 향상시켜 성공 가능성을 극대화해야 한다. 파워의 발달은 근육이 빠르게 생산할 수 있는 최대 에너지의 기능이며 IIa형과 IIb형 근섬유의 분포와 훈련 상태에 크게 의존한다. 이러한 근육 형태는 지구력 스포츠와 더 관련이 있는 I형 섬유보다 더 많은 섬유를 동시에 동원함으로써 빠르게 힘을 생산할 수 있다. 파워 스포츠의 운동선수들은 근육량을 증가시키는 훈련법을 따르기 때문에, 그들은 근육량을 유지하거나 증가시키기 위해 독특한 영양 요구 사항을 가진다. 추가적으로, 식사 전략은 세심하게 계획되어야 하며, 그래야 소비되는 에너지가 근육에 가장 필요한 시기에 이용될 수 있다.

파워 운동선수들의 영양소 및 에너지 섭취를 최적화하는 주요 초점은 다음과 같다.

- 근육 구조의 강화, 파워의 향상 및 무산소성 연료(크레아틴인산 및 글리코겐)의 저장 강화를 포함한 트레이닝의 이점을 최적화하도록 하는 영양 전략의 보장
- 최적의 트레이닝과 경기 수행력을 위한 실시간 연료 및 수분 공급 요건 충족
- 근육 단백질 합성을 최적화하고 글리코겐 저장을 강화하며 훈련이나 경기의 다음 날에 대한 수분 상태를 회복하는 회복 전략의 개발

파워 운동선수들을 위한 영양 전략

다양한 활동들은 근육 시스템에 특별한 신진대사를 요구하며, 이러한 차이들은 다양한 종류의 스포츠에 참여하는 운동선수들의 영양 요구 사항을 변화시킨다. 단거리에 걸쳐 높은 수준의 힘과 스피드를 필요로 하는

스포츠는 높은 무산소성 요소를 가지고 있다. 이러한 스포츠의 선수들은 긴 시간 동안 장거리를 효율적으로 이동하는 능력에 관심이 없다. 그들은 단거리에 먼저 도달하기를 원한다. 야구 선수가 도루를 하면 유산소성 효율이 필요한 4~5초 이상의 능력은 사실상 아무것도 아니다. 다음 베이스로의 질주는 무산소성 물질대사에 전적으로 의존하며, 이는 연료로서 크레아틴인산과 글리코겐에 거의 전적으로 의존한다. 보디빌더는 훈련을 위해 폭발적인 힘이 필요하지만, 무산소 활동의 시간 제한인 약 1분 30초 이상 근육에 지속적인 스트레스를 주는 일은 거의 없다.

일반적인 생각과는 달리, 고강도 파워 활동은 글리코겐(탄수화물)에 크게 의존한다.

최고의 운동 성적을 뒷받침하기 위해 운동선수들이 먹는 방식은 진화되어왔다. 서기 200년경, 디오게네스 라에르티우스Diogenes Laertius는 그 당시 그리스 선수들의 훈련 식단은 말린 무화과, 촉촉한 치즈, 그리고 밀 생산품으로 구성되었다고 썼다.[5] 1936년 베를린 올림픽에서 5명의 미국 올림픽 선수들은 매일 소고기 스테이크, 버터, 계란 3개, 커스터드, 우유 1.5L, 흰 빵, 디너롤, 신선한 채소, 샐러드를 섭취했다. 올림픽이 연이어 열리면서 선수들은 당시 영양 지식 상태에 따라 특정 음식을 섭취하고 다른 음식을 피해 왔다. 그러나 1960년대부터 운동선수들이 필요로 하는 것과 왜 그것이 필요한지를 배우기 위한 목적의 과학적 노력이 있어 왔다. 이러한 과학적 노력은 근육이 파워를 위해 어떻게 작용하고 속도를 위해 어떻게 작용하는지에 대한 훨씬 향상된 이해로 이어졌다. 스포츠 영양 과학은 또한 우리가 다양한 종류의 활동과 관련된 다른 영양 요구들을 이해하는 데 도움을 주었다. 활동의 영양적 영향을 고려하지 않는 것은 트레이닝의 문제와 선수의 능력 이하의 수행력으로 이어질 것이 분명하다.

무산소성 활동을 위한 영양 요구량에 대한 우리의 현재 지식은 이러한 유형의 활동에 어떤 근육이 사용되는지 명확하게 이해하는 데 중요하다. 무산소 활동에 참여하는 운동선수들이 필요로 하는 더 큰 근육량을 얻고 유지하기 위해서는 더 많은 칼로리가 필요하다. 그러나 이러한 사실들의 잘 확립된 특성에도 불구하고, 무산소성 운동선수들은 이러한 요구를 충족시키기 위해 단백질 섭취에 완고하게 초점을 둔다.

단백질 섭취는 모든 운동선수들의 초점이 되었지만, 파워 운동선수들에게는 높은 수준의 단백질 섭취는 중요하다. 파워 운동선수들에 대한 최근의 평가에 따르면 운동선수들은 현재 권장된 단백질 섭취를 충족하거나 초과하는 경향이 있지만, 그렇게 함으로써 탄수화물 권장 섭취량을 충족시키지 못하는 경우가 많다.[114] 탄수화물이 파워 활동의 주요 연료이기 때문에, 이러한 식습관 패턴은 근육의 강화뿐만 아니라 경기력 저하에도 기여할 수 있다. 또한 많은 파워 운동선수들이 경기 결과를 향상시키기를 바라는 마음으로 보조제나 보충제를 복용하는 것이 일반적이다(표 11.1 참조). 결과의 변동성이 크지만, HMB beta-hydroxy beta-methylbutyrate와 같은 일부 근육 강화 보조제는 저항성 훈련과 결합할 때 근육량 개선에 도움이 될 수 있지만, 훈련되지 않은 피험자와 노약자의 개선이 더 클 수 있다.[115] 개별 운동선수의 보조제에 대한 변동성은 크다. 게다가, 어떤 것들은 역효과를 낼 수 있고, 어떤 것들은 세계반도핑기구(WADA)가 금지한 물질을 라벨에 기재하지 않고 포함할 수도 있다. 섭취 전략도 변화를 가져온다. 예를 들어 카페인 반응은 개인, 스포츠, 섭취 시기, 섭취량에 따라 크게 다르다.[116] 중요하고 더 나은 전략은 영양 섭취에 초점을 맞추는 것으로, 원하는 결과를 최적화하기 위해 적절한 양, 적절한 시간, 적절한 유형의 에너지와 영양소가 제공된다. 파워 운동선수들은 종종 필요 이상으로 훨씬 더 많은 단백질을 섭취하며, 단백질 섭취가 그들이 추구하는 제지방량의 추가적인 증가를 촉진한다는 증거가 없기 때문에 파워 운동선수들이 원하는 수행력의 혜택을 얻기 위해 단백질을 가장 잘 섭취하는 방법을 이해할 수 있도록 돕는 것이 좋은

표 11.1 근육 형성과 관련된 보충제

효과와 상대적 안전성의 근거	보충제
높음	HMB 크레아틴 모노하이드레이트 필수 아미노산 단백질
제한적	ATP BCAAs 포스파디드산
약간 혹은 전무	아그마틴(Agmatine sulfate) 알파 케토글루타르산 아르기닌 붕소 크롬 공액리놀레산(CLA) D-아스파트산 엑디스테론 호로파 추출물 감마 오리자놀(페룰산) 글루타민 성장호르몬 방출 펩타이드(GHRP) 이소플라본 오르니틴 알파 케토글루타르산 바나딜 황산염 ZMA(Zinc-magnesium aspartate)

참고: 아나볼릭 효과를 높이기 위해 물질은 적절한 시간, 적절한 양, 적절한 에너지 균형 상태에서 섭취되어야 한다. 미량 영양소, 에너지, 탄수화물, 단백질을 적시에 권장하는 균형 잡힌 식단을 섭취하면 이러한 물질들로부터 얻을 수 있는 잠재적인 이익은 제한된다.

출처: C.M. Kerksick et al., "ISSN Exercise & Sports Nutrition Review Update: Research & Recommendations," *Journal of the International Society of Sports Nutrition* 15 (2018): 38. This article is under the terms of Creative Commons Attribution 4.0.

출발점이다.[115] 보조제에 대한 자세한 정보는 4장을 참조하라.

일부 운동선수들은 체중을 늘리기 위한 전략으로 채식주의에 의지하며, 이는 고지방 고기의 감소와 과일과 채소 섭취 증가로 인한 확실한 건강상의 이점이 있을 수 있다. 그러나 채식주의로 전향하는 운동선수들은 또한 섭식 장애와 연관될 수 있는 다른 건강하지 않은 체중 감량 전략으로 인해 더 높은 위험에 처할 수 있다.[1] 다수의 파워스포츠에서 흔히 볼 수 있듯이 '호리호리함'이 필요한 종목의 선수 비율이 상대적으로 높았고 마름이 문제가 되지 않는 종목(~20%)보다 임상적 섭식 장애(~47%)에 걸릴 위험이 높았다.[117] 국제대회에서 체중 감량을 시도하는 선수들은 좋지 않은 종류의 음식을 섭취하고, 불충분한 에너지, 다량 영양소, 미량 영양소를 섭취하는데 이는 운동수행력과 건강을 모두 위태롭게 할 수 있다.[118] 이러한 어려움 중 일부는 운동선수들이 의존하는 영양 정보의 원천에 있다. 높은 수준의 영양소와 에너지 그리고 낮은 수준의 체지방 모두를 필요로 하는 선수들에게 적절한 영양 조언을 제공하는 가장 유능한 전문가들(스포츠 영양을 전문으로 하는 등록된 영양사들)은 복잡한 문제를 다루기 위해 장비를 갖추지 못한 코치들과 운동 트레이너들에게 종종 뒷전으로 밀려난다.[2]

이러한 경고는 제쳐 두고, 체중 관련 스포츠와 파워 스포츠를 하는 청소년들이 운동을 하지 않는 청소년들보다 더 잘 먹고 더 나은 영양 섭취를 해야 한다는 것을 암시하는 좋은 증거가 있다.[3] 간단히 말해서, 스포츠에 관여하는 것은 특정한 영양상의 위험을 수반할 수 있지만, 비참여는 청소년들에게 훨씬 더 높은 위험을 수반한다. 프로 선수들은 종목에 따라 다른 위험에 직면할 수 있다. 최근 한 보고서는 69명의 프로 미식축구와 야구 선수들을 평가하여 심혈관계와 신진대사의 위험 요소를 판단하였다. 야구 선수들은 미식축구 라인맨보다 비만, 고혈당, 대사증후군 비율이 낮았다.[4] 이 모든 요소들은 선수들과 스포츠와 관련된 사람들이 그들이 먹는 방식이 그들의 수명을 단축시킬 수 있는지 신중하게 고려하도록 해야 하는 영양적인 영향을 가지고 있다. 분명히, 영양학적으로 올바른 결과를 얻는 것은 미식축구를 향상시키고 질병률과 사망 위험을 줄인다. 이 장에서는 강력한 선수들이 스포츠의 특정한 요구를 충족시키기 위해 사용할 수 있는 영양 전술의 전체 스펙트럼을 제시한다. 이는 미식축구 팀에서 더 경쟁력 있는 라인맨이 되기 위해 또는 레슬링 경기를 위해 체중을 늘리기 위해서이다.

무산소성 대사 경로

운동선수는 산소 없이 제한된 양의 에너지를 빠르게 얻을 수 있는 능력이 있다. 주로 무산소성인 경기(즉, 제한된 시간 동안 최대 파워와 에너지가 필요)는 무산소성 에너지 공급이 소진되기 때문에 90초 이상 지속되지 않는다. 복싱과 같은 일부 무산소성 경기에서, 각 라운드는 세포가 격렬한 다음 한 판을 준비할 수 있도록 하기 위해 휴식 기간이 뒤따른다. 다음은 무산소성 대사 경로에 대한 설명이다.

크레아틴인산(인원질) 시스템

무산소성 대사 과정은 산소 없이 크레아틴인산(PCr)과 해당과정으로부터 ATP를 공급한다. 근육 내 ATP의 농도는 PCr 농도의 25~33%이다. 크레아틴 키네이스는 PCr을 무기 인산 및 크레아틴으로 분해하여 에너지를 방출할 수 있다. 유리 무기 인산염은 ATP를 재구성하기 위해 ADP와 결합한다. PCr의 분해는 에너지가 (주로 산화적 대사 과정을 통해) 다른 원천으로부터 얻어질 때까지 되돌릴 수 없다. PCr이 분해되면서 공급할 수 있는 에너지 부피는 방대하고, 순간적으로 생산할 수 있다. 그러나 조직에 저장되는 PCr의 양이 제한적이기 때문에 이 많은 양의 에너지가 공급될 수 있는 시간은 10초보다 길지 않다. PCr 분해로 인한 에너지의 형성은 운동의 강도와 직접적으로 관련이 있다. 운동 강도가 높을수록 에너지원으로서의 PCr 분해 의존도가 커진다. 최대 운동을 8초에서 10초(스프린트, 도약, 점프) 동안 하는 선수는 최대 운동을 다시 시작하기 전에 PCr의 재생을 위해 2분에서 4분 정도 휴식을 취해야 한다. 크레아틴 일수화물 보충제Creatine monohydrate supplementation가 인기 있는 이유는 운동선수들이 능력과 파워를 모두 높이길 바라며 PCr의 저장량을 늘리고 싶어하기 때문이다.

해당과정(혈당 시스템)

해당과정은 에너지를 위한 포도당 또는 글리코겐의 무산소성 분해를 의미한다. 해당과정 시스템이 작동 조직에 에너지를 공급할 수 있을 때까지 활성 시작 후 5~10초의 지연이 있다. 6탄소 포도당 분자는 인산화되어 두 개의 3탄소 분자로 분해된다(3-인글리세르산, G3P). G3P의 각 분자는 ATP의 형성과 함께 피루브산으로 전환된다. 글리코겐이 초기 기질이라면, 포도당 1분자당 2분자의 ATP를 생성한다. 피루브산은 나중에 지방으로 저장되거나 젖산으로 전환되기 위해 아세틸-CoA로 전환될 수 있다. 두 경우 모두 피루브산으로부터 생성된 지방 또는 젖산은 산화적 에너지원이 될 수 있다. 해당과정은 PCr 시스템보다 에너지를 생성할 수 있는 파워는 절반이지만 용량은 3배이다. PCr과 해당과정의 조합은 주로 약 90초 동안 무산소성 최대 작업을 지원할 수 있으며, 종종 무산소성 최대 작업이라고 한다.

무산소성 대사와 관련된 스포츠

무산소성 스포츠는 비교적 짧은 시간 동안 최대의 노력을 필요로 한다. 야구 선수가 방망이를 휘두르거나 1루로 달려간다고 상상해 보자. 체조 선수가 도약을 하기 위해 런웨이를 질주한다고 상상하자. 이 두 경우 모두 운동선수는 제한적이고 쉽게 고갈되는 기존 에너지 저장소를 주로 사용하고 있다. 똑같은 힘과 스피드를 가지고 30분 동안 1루로 달리고, 홈으로 돌아오고, 1루로 돌아오는 야구 선수는 상상도 할 수 없었다. 또한 체조 선수에게 쉬지 않고 마루 운동을 반복해서 하라고 요청할 수도 없다. 왜냐하면 그것은 불가능할 것이기 때문이다. 이어지는 내용은 이러한 특별한 특징들을 가진 스포츠의 표본이다. 극한의 강도, 격렬한 노력의 매 경기 사이에 휴식.

야구와 소프트볼

야구와 소프트볼은 팀워크와 개인의 노력의 거의 동등한 조합을 필요로 한다. 그것들은 또한 선수들이 올바른 플레이를 위해 순간순간 판단을 내리기 위해 지속적으로 정신을 차려야 하는 고도의 정신 게임이기도 하다. 신체적으로 지친 야구와 소프트볼 선수들도 정신적으로 피곤할 가능성이 높고(포도당은 뇌와 근육 모두에 연료다), 잘못된 판단과 신체 능력 저하에 빠지기 쉽다.

데이비드 할버스탐David Halberstam은 그의 책 『49년의 여름』에서 1949년 레드삭스와 양키스 간의 페넌트 레이스를 묘사하고 있다.[6] 이 책의 중심 주제는 어떻게 선수들이 긴 야구 시즌 동안 지쳐 가는가 하는 것이다. 분명 잦은 여행, 힘든 경기, 끊임없는 시간대의 변화를 포함한 많은 요인들이 긴 시즌 동안 선수들을 지치게 한다.[7]

영양 요소도 작용한다. 연료와 수분을 공급받는 경기장에 온 선수들은 더 나은 경기를 할 뿐만 아니라 더 오랜 시간 동안 더 좋은 경기를 할 수 있을 것이다.[8] 긴 여름과 가을 시즌에 섭취한 음식과 수분이 결과에 차이를 만든다. 과거 많은 야구 선수들이 흔히 겪었던 것처럼 스테이크와 맥주가 끊임없이 메뉴에 오른다면 결국 육체적, 정신적 피로가 타격을 입게 될 것이 뻔하다. 알코올은 비타민 B의 신진대사를 방해하고 탈수 위험을 높인다. 붉은 고기는 양질의 단백질, 철분, 아연을 공급하는 유용한 수단이지만, 그것이 야구 선수의 식단의 초점이 되어서는 안 된다. 야구 선수들이 정말로 필요로 하는 것은 그들의 근육량을 지탱할 충분한 칼로리뿐만 아니라, 빠르고 강력한 경기에서 사용되는 글리코겐을 대체하기 위해 지속적으로 탄수화물을 공급하기 위한 충분한 빵, 시리얼, 과일, 그리고 채소다.

소프트볼 선수들은 음식과 음료 섭취가 역학적으로 요구 조건에 부합하는지 또한 심각하게 고려해야 한다. 대학 여자 소프트볼 선수들이 최적의 성적을 떨어뜨릴 수 있는 수많은 식습관을 가지고 있다는 증거가 있다. 한 연구는 식사를 거르는 것, 지연된 식사, 그리고 마침내 식사를 할 때 과식하는 것이 일반적인 관행이라는 것을 발견했다.[9] 이 선수들은 또한 고지방 음식을 과도하게 많이 섭취했고 고강도 활동에 사용되는 연료를 보충하기 위한 탄수화물 섭취가 부족했다. 남성과 여성 소프트볼 선수들을 대상으로 한 최근의 조사는 여성 선수들이 상당히 높은 체지방 수치를 가지고 있고, 남성들은 상당히 더 많은 제지방 수치를 가지고 있다는 것을 발견했다.[119] 일반적으로 여성이 남성보다 체지방 수치가 약간 높지만, 이러한 연구 결과는 예상된 차이를 넘어섰고, 이는 남성과 여성 선수들의 식단 차이가 중요한 역할을 한다는 것을 시사한다.

소프트볼과 야구는 글리코겐 저장을 지속하고 보충하기 위해 탄수화물 섭취에 크게 의존하는 간헐적인 활동으로 특징지어진다.[120] 글리코겐 저장 전략은 비교적 적은 양의 탄수화물을 자주 섭취하고 탄수화물을 포함하는 운동 후 회복 전략을 갖는 것이기 때문에, 식사 거르기 및 지연 섭취는 최적의 글리코겐 저장을 유지하기 위해 금지된다. 따라서 소프트볼 환경이 조성되어 선수들이 올바른 일을 더 쉽게 할 수 있도록 하는 것이 중요하다. 스포츠 영양사를 팀에 두는 것도 해결책 중 하나다. 최근 한 연구는 팀 계열 스포츠 영양사를 둔 대학 야구 선수들이 고칼로리, 저영양 식품을 적게 섭취하고, 운동 시작 전에 더 건강한 음식을 섭취하며, 팀 여행 중에 더 잘 먹는다는 것을 발견했는데, 이 모든 것이 운동선수의 경기력과 회복을 향상시킨다.[121] 대학 야구 선수들의 영양 상태, 신체 조성 및 운동수행능력에 대한 스포츠 영양 교육 개입의 영향을 평가하는 연구는 운동 노력에 스포츠 영양사를 포함시키는 것에 또 다른 중요성을 더한다.[122, 123]

이 모든 요소들을 염두에 두고, 야구 선수들은 그들의 스포츠에 영양학적으로 관련된 다음의 문제들을 고려해야 한다.

대부분의 여름 스포츠처럼 야구와 소프트볼은 종종 덥고 습한 환경에서 치러진다.
최적으로 수분을 공급받은 근육은 70% 이상의 물로 구성되어 있고, 이 상태를 유지하는 것이 운동선수의 목표가 되어야 한다. 그렇게 하지 않으면 체내 총수분이 점진적으로 감소하고 그에 따른 경기력 저하로 이어진다. 수분이 부족하면 정신적 기능이 저하되고(수분이 부족하면 심부 온도가 높아질 수 있고 이는 조정력 저하와 관련이 있음) 근육의 복원력이 떨어짐으로써 운동선수가 부상을 입기 쉽다는 증거가 있다(근육의 찢어짐 및 좌상 위험성 증가).

야구 선수(특히 투수)는 시즌 전이나 포스트 시즌 사이에 팔 근력의 최대 토크가 줄어드는 것으로 알려져 있는데, 이러한 힘의 감소는 투구하는 팔의 과사용 부상에 기인한다.[10] 하체 근력의 감소로 인한 투구 파워의 감소는 투구 동작을 부정적으로 변화시키고 부상의 위험을 악화시킬 수 있다.[11] 점진적으로 파워 감소가 발생하는 정도는 최적화된 수화 및 에너지 섭취로 개선될 수 있을 것으로 보인다.[12]

야구 선수들에 대한 연구는 선수들이 최적의 수분 상태를 유지하는 능력이 컨디셔닝이 중요한 역할을 한다는 것을 강하게 시사한다. 고정된 운동 강도에서는 컨디션이 좋은 야구 선수들이 체력이 떨어지는 선수들에 비해 땀이 적게 나고 체온을 유지할 수 있었다.[13] 또 다른 연구에서는 투구팔(투수)로 가는 혈류가 투구수 40개까지 증가했지만 그 이후 꾸준히 감소했다는 결과가 나왔다. 100구째가 되자 투구 팔로 가는 혈류가 기준치보다 30% 낮았다.[14] 투구 팔로 가는 혈류가 줄어든 것은 투수들의 일반적인 수분 상태가 줄어든 것과 일치한다. 경기력 유지에는 혈액량이 핵심 요소이기 때문에 투수들의 수분 유지 능력에 따라 경기력이 크게 좌우될 수 있다.

야구와 소프트볼 선수들은 덥고 습한 환경에 자주 노출될 가능성을 고려해 수분 상태를 유지하기 위해 다음과 같은 전략을 고려해야 한다.

1. 프리시즌 때는 매 경기 전후로 몸무게를 재어 경기 중 체중을 유지하기 위해 얼마나 살이 빠졌는지, 체중을 유지하기 위해 얼마만큼의 수분을 섭취해야 하는지 판단한다(±0.5kg). 480g(480mL)의 액체는 0.5kg의 체중과 같다는 것을 기억하자. 사람마다 땀 분비량이 달라서 팀 동료들과 물을 마시는 일정이 다를 수 있다.
2. 경기 1시간 전에 최소 480mL를 마시고, 이어서 물을 계속 조금씩 마신다.
3. 이닝 사이에 틈틈이 액체를 섭취한다. 야구와 소프트볼은 모두 고강도 운동을 많이 하기 때문에 저장된 글리코겐의 유출이 크다. 6~7%의 탄수화물 용액을 함유한 액체는 탄수화물을 대체하고 빠른 액체의 흡수를 촉진하는 데 가장 좋다.

4. 경기 직후, 글리코겐 저장과 체내 수분을 회복시키기 위해 충분한 탄수화물을 먹고 마시자.
5. 술과 카페인이 들어간 음료의 소비를 피하거나 제한한다. 알코올과 카페인 모두 운동선수를 부정적인 수분 균형에 놓이게 할 수 있는 이뇨작용을 가지고 있다.

야구와 소프트볼은 힘과 속도의 조합을 필요로 하는데, 둘 다 근육 연료로 크레아틴인산과 탄수화물(주로 글리코겐)에 크게 의존한다.

크레아틴인산은 3개의 아미노산(단백질로부터)으로부터 합성되므로 충분한 크레아틴인산을 생산하기 위해서는 적절한 단백질 섭취가 필요하다. 그러나 단백질 소비는 적절한 전체 에너지 섭취의 일부여야 한다. 완전히 성장한 야구와 소프트볼 선수들은 충분한 에너지를 얻기 쉽다(야구 선수들은 28세 정도에 절정에 도달한다).[15] 하지만, 어린 선수들은 성장뿐만 아니라 활동을 지원하기 위해 충분한 에너지를 공급해야 한다. 부적절한 에너지 섭취는 단백질을 연료로 연소시켜 크레아틴과 같은 다른 물질의 제조를 위한 기질로 사용할 수 없게 만든다. 충분한 에너지로, 1kg당 1.2~2.0g의 적당한 단백질 섭취만으로도 크레아틴 합성을 지원하고 안정적이거나 성장하는 근육량을 지원하기에 충분하다. 적절한 에너지 섭취의 맥락에서 선수들은 에너지의 60~65%를 탄수화물에서, 에너지의 20~25%를 지방으로부터, 15%를 단백질에서 얻는 식단을 섭취해야 한다.

매주 여러 경기가 열리는 등 시즌 동안 많은 경기가 열린다. 이러한 경기와 연습의 빈도는 피로, 약화, 그리고 질병의 위험 증가와 관련된는 과훈련$_{\text{overtraining}}$으로 쉽게 이어질 수 있다. 과도한 훈련의 영향을 제한하는 열쇠는 적절한 휴식과 근육의 글리코겐 수치를 유지하기 위한 고탄수화물 식단의 섭취이다. 매일의 연습이나 시합은 근육의 글리코겐 저장량을 점진적으로 감소시키고, 이와 관련된 지구력 및 성과 감소로 이어질 것으로 나타났다. 야구 선수들은 근육 글리코겐을 연료로 많이 의존하기 때문에, 부적절한 탄수화물 섭취로 인한 글리코겐의 감소는 시간이 지남에 따라 경기력을 현저하게 떨어뜨릴 것이다.

경기는 보통 2~3시간 지속된다.

식사가 끝난 시점부터 혈당은 약 3시간 동안 정상 범위에 머무른다. 이후 혈당은 정상 범위(80~120mg/dL) 이하로 떨어지는데, 이는 일반적으로 배고픔과 관련된 생리학적 증상이다. 운동하는 사람은 혈당이 정상 범위 아래로 더 빨리 떨어질 가능성이 높다. 혈당은 정상적인 정신 기능을 유지하고 저장된 탄수화물이 소진된 근육에 연료를 전달하는 중요한 요소이기 때문에 야구 선수들은 기회가 있을 때마다 탄수화물이 풍부한 음료를 섭취해 경기 내내 혈당을 유지하는 단계를 밟아야 한다.

투수들이 팀 내 다른 선수들보다 더 열심히 하기 때문에 3~5경기에 한 번씩만 효과적으로 투구할 수 있다.

투수들은 매 경기 전과 경기 중에 글리코겐 저장과 수분 상태를 극대화함으로써 (다리와 팔에 있는) 근력을 더 잘 유지할 수 있다. 탄수화물 로딩(높은 탄수화물 및 유체 섭취와 결합된 일반적인 활동 테이퍼링. 더 자세한 정보는 6장 참조)의 원칙은 일반적으로 선발 사이에 며칠의 기간이 있는 선발 투수에게 적용할 수 있다.

포수가 착용하는 장비의 무게와 보호 효과는 포수의 에너지 및 유체 요구량을 증가시킨다. 포수들은 계속해서 움직이며 투수와 함께 일하고 있고, 그들은 선발 투수들보다 더 자주 로테이션으로 경기를 하는 경향이 있기 때문에, 포지션 중에서 가장 높은 에너지와 유체 요구량을 가지고 있다고 해도 무방하다.

보디빌딩

보디빌더는 저항 운동, 심혈관 운동, 에너지 제한 및 무지방 질량을 증가시키기 위한 물질의 보충을 결합하여 높은 근육량과 낮은 체지방의 극치를 추구한다.[124] 낮은 체지방은 퍼포먼스에 꼭 필요한 부가물로, 높은 점수를 얻기 위해서는 높은 수준의 근육 데피니션이 필요하다. 체지방 수치가 높으면 기저에 형성된 근육이 가려진다. 모든 체지방의 약 50%가 피하에 존재하기 때문이다. 근육량을 달성하기 위해 보디빌더는 (일반적으로 프리 웨이트와 근육 저항 장비를 통해) 각 근육 그룹에 높은 수준의 반복적인 스트레스를 가해야 한다. 이는 유산소성으로는 절대 실시되지 않는다(예: 장기간에 걸친 저강도의 근력 운동). 대신 보디빌더는 가끔 고강도의 반복을 근육군당 30초 이상 지속하는데 이는 절대로 1분 30초은 넘기지 않는다. 대회에 대비하여, 보디빌더들은 근육량을 늘리거나 지방량을 줄이기 위해 힘든 근육 훈련과 남는 에너지의 소비를 결합한다.[16] 보디빌더의 식단은 단백질 및 단백질 관련 보충제와 크레아틴 함량이 높은 경우가 많다.[17] 그러나 대회에 앞서 탄수화물을 더 많이 섭취한 경쟁자가 탄수화물 섭취량이 낮은 경쟁자보다(5.1g/kg 대 3.7g/kg) 더 많은 이점을 가지는 것으로 최근 밝혀졌다.[124] 탄수화물 섭취가 높을수록 탄수화물 욕구를 충족시키기 위해 근육을 이화시킬 필요성을 제한함으로써 시합 중 근육량 유지 효과가 더 좋아진다고 가정했다.

일단 근육량이 커지면, 보디빌더는 적은 유산소성 요소와 결합된 에너지 감소를 수반하는 두 번째 훈련 단계로 들어간다.[18] 이 두 번째 단계는 시각적으로 더 큰 근육 데피니션을 만들기 위해 체지방 수준(특히 피하지방)을 줄이는 것을 목표로 한다. 경기 전 일주일 동안 보디빌더는 일반적으로 총 에너지 섭취량을 줄이고 탄수화물 섭취량을 증가시켜 근육에 글리코겐을 주입한다. 체액과 나트륨은 일반적으로 근육의 데피니션을 위해 제한된다. 특히 젊은 보디빌더에서 칼륨과 인이 모두 적게 관찰된 경우 유체 제한이 위험하다는 증거가 있다.[19] 경기 직전 에너지 제한이 제지방 체중의 손실을 초래하고, 이는 궁극적으로 역효과를 낳는다는 증거도 있다.[17] 체중 관련 스포츠를 하는 운동선수는 그렇지 않은 선수보다 구토, 완화제 남용, 이뇨제 및 스테로이드 복용률이 훨씬 높다.[20] 아마도 보디빌딩만큼 영양학적으로 잘못된 정보들에 노출된 스포츠는 없을 것이다.

보디빌딩 잡지의 광고를 평가하는 연구에서, 유익한 영양 섭취를 주장하는 제품의 42%에 대한 과학적 증거는 제시되지 않았다. 광고된 제품 중 21%만이 그들의 주장을 뒷받침하는 적절한 문서를 가지고 있었고, 일부 과학적 설명서가 있는 제품의 32%는 오해의 소지가 있는 방식으로 판매되었다.[21] 남성과 여성 보디빌더에 대한 연구는 대상자의 40%에 이르는 광범위한 약물 남용이 발견되었고, 보디빌더들 중 대다수는 심각한 탈수증을 유발하는 요법을 따른다고 보고했다.[22]

이 같은 연구에서 여성 보디빌더들은 칼슘 섭취와 영양 섭취가 매우 적어서 집단적으로 건강을 해칠 위험이 높았다. 뉴욕시 소비자부는 인기 보디빌딩 잡지에 실린 영양제 전면 광고의 절반 이상이 가치가 없고 유해한 제품이라고 지적했다.[23] 대학 운동선수는 영양 보충제에 매달 400달러나 소비할 수 있는데, 그렇지 않았다면 신선한 음식에 훨씬 더 현명하게 소비할 수 있었을 것이다(전문직 수준의 운동선수에 대한 소비자 데이터로는 충분하지 않다).[24]

이러한 모든 요소들을 염두에 두고, 보디빌더들은 그들의 스포츠에 영양학적으로 관련된 다음의 문제들을 고려해야 한다.

보디빌더들은 높은 수준의 근육량을 위해 노력하는데, 이것은 더 높은 에너지 수요를 요구하는 목표이다.

더 많은 근육량을 유지하기 위해 필요한 단백질의 총량은 안정적인 근육량을 가진 운동선수가 필요로 하는 것보다 약간 더 많지만, 일반적으로 소비되는 식품에 의해 제공되는 단백질의 비율은 이러한 수요를 만족시킬 가능성이 있다. 이상적으로는 보디빌더는 몸무게 1kg당 1.5~2.0g의 단백질을 섭취해야 하지만, 적절한 총 에너지 소비의 맥락에서 섭취해야 한다. 여기서 에너지의 대부분은 탄수화물로부터 유래된다.

보디빌더에 대한 연구에 따르면 단백질 섭취는 일반적으로 단백질이 동화적으로 사용되는(즉, 조직을 만드는 데 사용하는) 신체의 용량보다 훨씬 더 많다고 한다. 그러므로 과잉 단백질은 단순히 연료로 연소되거나, 초과된 총 에너지 소비의 경우 지방으로 저장된다. 이것은 한 연구에서 보디빌더가 호리호리한 대조군 피험자보다 단백질 섭취량이 상당히 높았으며 근육의 에너지 요구량을 충족시키기 위해 연료로 단백질에 더 많이 의존한다는 것을 알아낸 것으로 확인되었다.[25] 과도한 단백질이 근육을 만드는 데 필요한 요소라는 믿음은 보디빌더들 사이에 널리 퍼져 있지만, 사실, 이 여분의 단백질은 비질소성 에너지 기질을 통해 더 효율적으로 공급될 수 있는 필요한 칼로리의 원천일 뿐이다. 근육량을 만드는 열쇠는 더 큰 양을 지탱할 수 있는 충분한 에너지를 섭취하는 것이다. 그러나 칼로리의 증가는 단백질에서만 오는 것이 아니라, 단백질, 탄수화물, 지방의 비례적인 증가에도 영향을 받는다. 여기서 탄수화물은 에너지의 주요 원천으로 남아 있다. 성공한 보디빌더들의 데이터에 따르면 다이어트의 이상적인 구성은 탄수화물(섭취량의 55~60%)을 강조하고 지방(섭취량의 15~25%)은 상대적으로 낮아야 하며, 나머지는 단백질(섭취량의 25~30%)에서 오는 것으로 나타났다.[26]

보디빌더들은 극도로 낮은 지방량을 위해 노력한다.

체지방률은 사람의 유전자 구성에 의해 결정되지만, 식이요법과 운동 습관에 의해 영향을 받을 수도 있다. 식이요법적 관점에서 과도한 에너지 섭취는 지방으로 저장될 것이 분명하기 때문에 생리적 욕구를 충족시킬 만큼의 에너지만 섭취하는 것이 가장 중요하다. 식이 지방은 가장 농축된 에너지원이기 때문에 과도한 지방은 총 섭취량을 증가시키기 쉽다. 탄수화물은 고강도 근육 운동을 위한 연료로는 더 효율적으로 연소되지만 저장을 위한 지방으로는 비효율적으로 전환된다. 이러한 이유로 지방 섭취는 상대적으로 낮게 유지되어야 한다(총 칼로리의 15~25%). 이 정도 수준의 섭취량은 지방으로부터 공급받는 칼로리가 총 칼로리의 30% 이하인 일반 대중의 권장량보다도 낮다. 식사를 적게 자주 하는 것도 음식에 대한 인슐린 반응을 낮춰 지방 생성을 억제하는 데 도움이 된다. 한 끼에 1,500Kcal를 섭취한다면, 한 번에 그렇게 많은 에너지를 정상적으로 처리하면 필연적으로 이 섭취량의 상당 부분이 지방으로 저장될 수밖에 없다. 이 1,500Kcal의 식사를 3시간 간격의 두 끼 식사(식사당 750Kcal)에 소비한다면, 상당한 부분을 지방으로 저장하지 않고도 에너지를 더 효과적으로 처리할 수 있을 것이다. 따라서 에너지 균형 상태(저지방 식단에서 더 쉬움)를 유지하기 위해 작지만 자주 먹는 식사에서는 적정량의 칼로리를 섭취하는 것이 낮은 체지방 비율을 얻기 위한 중요한 전략이다.

보디빌더들은 근육을 만들고 나서 체지방 수치를 줄이기 위해 체중 증가와 체중 감소의 반복적인 패턴을 겪는다.

경기 시즌 동안 평균 체중 감소는 15lb(6.8kg), 평균 체중 증가량은 14lb(6.3kg)이다. 이러한 주기적인 다이어트는 보디빌더들에게 심리적 스트레스는 물론 대회 후 폭식으로 이어지는 음식 집착을 남긴다.[27] 근육을 안전하게 만들기 위한 훨씬 더 논리적인 접근은 근육의 성장을 장려하기 위해 충분히 스트레스를 주는 활동과 함께 복합 탄수화물로부터 칼로리를 적당히 초과하여 섭취하는 것이다.

보디빌더들은 원하는 체성분을 얻기 위해 영양 및 준영양 제품과 보조제에 과도하게 의존하는 것으로 보인다.

남성과 여성 선수는 단백질 파우더, 종합 비타민, BCAAs, 크레아틴 일수화물 등을 포함한 5~7가지 보충제 또는 보조제를 섭취하는 것이 일반적이다. 보조제와 영양 제품에 대한 자가 실험은 많은 스포츠에서 흔하다. 그러나 보디빌더들은 특히 이러한 제품들에 대한 마케팅의 대상이 된다. 설상가상으로, 영양에서의 플라시보 효과는 매우 현실적이다. 즉, 운동선수가 제품이 특정 목표를 달성하는 데 도움을 준다고 믿는다면, 이러한 개선에 대한 생리학적 근거가 없더라도 그것은 아마도 어느 정도의 이점을 가질 것이다. 이상적으로, 운동선수는 목표를 달성하기 위한 생리적, 생물학적 기반이 있는 상품과 음식만 섭취해야 한다.

보디빌더들이 원하는 커팅을 얻기 위해 체수분 손실을 늘리는 전략에 의존하는 것도 일반적이다. 그러나 탈수를 통해 이를 달성하는 것은 좋지 않은 운동수행력, 장기 기능 저하, 사망을 초래할 수 있기 때문에 받아들일 수 없는 전략이다. 보디빌더들은 앞서 논의한 전략들을 통해 성실한 운동과 상대적으로 낮은 수준의 체지방으로 원하는 외형을 달성해야 한다.

영양소 섭취는 많은 보디빌더들에게 불충분한 것으로 보인다. 영양소가 풍부한 음식보다는 영양 제품(단백질 파우더와 셰이크, 아미노산 보충제, 크레아틴 일수화물 보충제 등)에 집중하는 것은 보디빌더를 영양학적으로 위험에 빠뜨릴 수 있다. 적절한 에너지(Kcal)를 제공하는 저지방, 고탄수화물, 적당한 단백질의 음식을 섭취하는 것은 좋은 영양 섭취를 보장할 것이다. 보충제에 과도하게 의존하는 것은 불필요하게 높은 단백질 섭취를 제공하는 것으로 보이며, 이러한 선수들의 식단에서는 가장 부족한 영양소를 만족시키지 못할 수도 있다. 운동선수들이 어떤 특정한 영양소가 가장 필요한지 거의 알지 못하기 때문에 맹목적으로 개별 비타민과 무기질 보충제를 섭취하는 것 또한 유용한 전략이 아니다. 이러한 운동선수들을 모든 영양소에 노출시키는 넓은 범위의 음식을 섭취하는 것은 최고의 전략이며, 보충제는 에너지 기질이나 영양소의 적절한 섭취가 불가능한 경우에만 역할을 한다.

미식축구

미식축구는 무산소성 스포츠의 전형으로, 경기 시간이 거의 15초를 넘지 않고, 경기 사이에 잠깐의 휴식이 뒤따른다. 하지만 경기 중일 때, 선수들은 공을 움직이거나 멈추기 위해 근육의 힘을 최대한으로 준다. 미식축구 선수들은 또한 무거운 장비들과 같은 추가적인 중량을 짊어지고 있는데, 이것은 에너지와 유체 요구량을 증가시킨다. 이러한 유형의 활동에 가장 많이 사용되는 연료는 크레아틴인산과 근육 글리코겐으로, 전통적인 스테이크와 감자 식단은 단백질에 대한 상대적 과민증과 탄수화물(감자)에 대한 상대적 불감증으로 인해 근육 글리코겐의 최적의 저장에 적합하지 않다.

미식축구 선수들은 영양 교육, 특히 식이 보충제에 대한 교육이 필요하다.[28] 대학 미식축구 선수들을 대상으로 한 설문조사에 따르면 단백질 파우더는 일반적으로 사용되었지만, 신선한 과일과 채소를 규칙적으로 섭취하는 비율은 50% 미만이었다. 이러한 식습관과 잠재적으로 부적절한 보조제의 사용은 건강상의 위험을 증가시킬 수 있다. 이 연구에서 운동선수가 영양 문제와 관련해 주로 코치와 운동 트레이너에 의존한다고 밝힌 것을 고려하면, 등록된 영양사를 고용하는 것이 얼마나 중요한지 알 수 있다. 중요한 것은, 영양에 대해 더 잘 알고 있는 선수들이 덜 알고 있는 선수들보다 필요량에 더 가까운 칼로리 섭취량을 가진다는 것이다.[30]

대학 미식축구 선수들을 대상으로 한 연구에서 크레아틴을 보충하면 리프팅의 양과 반복적인 스프린트 수행력이 향상돼 경기력 향상 효과가 있는 것으로 나타났다.[31] 미식축구 선수들에 대한 또 다른 연구는 크레아틴 보충제가 최대 힘peak force과 최대 근력을 향상시키는 데 유용하다는 것을 발견했다.[32] 그러나 이러한 연구와 다른 연구의 발견은 보충제를 사용하기 전에 주의 깊게 검토되어야 한다. 왜냐하면 이러한 연구의 주체에 대한 총 에너지 섭취의 적절성이 평가되지 않았기 때문이다. 따라서 총 에너지 섭취가 적절하다면 보충제의 명백한 이점이 지속될지는 불분명하다. 낮 시간 동안 큰 결손을 피하는 잘 유지된 에너지 균형을 달성하는 것은 소비되는 단백질을 크레아틴과 같은 작은 단백질을 합성하는 데 더 많이 이용 가능하게 만든다. 조직의 에너지 요구 사항을 충족시키기 위해 분해되는 것과는 반대되는 상황이다.

장기 크레아틴 보충제의 안전성을 평가하는 몇 안 되는 연구 중 하나에서 크레아틴 일수화물은 다른 보충제가 없을 때 신장 또는 간 기능에 해로운 영향을 장기적으로 주지는 않았다.[33] 운동 경기력에 대한 영양 보충을 평가하는 또 다른 연구에서, 9주 동안 크롬 보충제chromium picolinate를 섭취한 미식축구 선수들은 보충하지 않은 선수 그룹에 비해 체성분이나 체력이 향상되지 않았다.[34]

경기 중 최대한의 노력과 휴식이 자주 바뀌는 미식축구의 가다 서다를 반복(Stop-and-Go)하는 특성은 높은 수준의 체수분 손실과 관련이 있으며, 이는 냉각 능력, 운동 경기력, 집중력에 부정적인 영향을 미친다.[35] 미식축구 선수들 사이에서 탄수화물을 함유한 음료의 섭취에 대한 연구는 이러한 음료들이 물만 마시는 것보다 혈장량을 더 잘 유지할 수 있다는 것을 보여주었다.[36] 혈장량의 유지는 운동 경기력과 밀접한 관련이 있기 때문에, 축구 선수들은 지구력과 경기력을 유지하기 위해 잘 디자인된 스포츠 음료를 섭취하는 것을 고려해야 한다. 경기 전, 경기 중, 경기 후 그리고 연습 후에 적절한 수분 섭취는 훈련 요법의 중요한 부분이다.

각급 미식축구 선수들은 매년 몸집이 커지고 강해지고 있으며 다른 남자 선수들에 비해 상대적으로 긍정적인 신체 외형을 가지고 있다.[37] 1963년부터 1971년까지, 1972년부터 1989년까지의 고등학교 미식축구 팀을 대상으로 한 조사에서 1970년대와 1980년대 이전에는 존재하지 않았던 체중 대 키(체질량지수, BMI)의 비율이 크게 증가한 것으로 나타났다.[38] 다른 말로 하자면, 미식축구 선수들은 1963년 이전에 존재했던 것보다 훨씬 더 높은 비율로 (자신의 키에 비해) 무거워지고 있다.

몸무게가 늘어난 것 자체가 미식축구 선수들에게 좋은 일은 아닐 수 있다. 한 연구는 체지방 비율이 높고 체질량 지수가 높은 미식축구 선수들이 더 높은 하체 부상 비율을 보인다는 것을 발견했다.[39] 또 다른 연구에서는, 체지방 수치가 높은 축구 선수들은 체지방 수치가 낮은 선수들보다 부상을 입을 위험이 2.5배가 더 높았다.[40] 게다가, 청소년 미식축구 선수들 사이에서 예상외로 높은 비만율이 발견되었다. 신체 외형은 남성 운동선수의 체지방 비율과 반비례하기 때문에(즉, 체지방이 높을수록 좋지 않은 신체 외형과 연관됨), 높은 체중을 원하는 경우 체중을 늘리는 방법을 운동선수가 이해할 수 있도록 돕는 것이 중요하다.[41] 종합하면, 이러한 발견들은 단순히 체중을 증가시키는 것보다 제지방량을 증가시키는 것이 미식축구 선수들에게 우선순위가 되어야 한다는 것을 강하게 시사한다. 체질량에 비해 라인맨이 아닌 선수가 에너지, 탄수화물, 단백질 섭취 비중이 높았고, 무지방 질량 섭취 비율도 높은 것으로 나타났다.[126] 이 발견은 총 에너지 및 에너지 기질 요건을 만족시키는 것의 중요성을 강조한다. 그렇지 않으면 에너지를 필요로 하는 조직(제지방량)이 하향 조정될 가능성이 있다. 이 연구는 미식축구 선수들이 프리시즌 동안 경험했던 것과 같은 강도 높은 훈련 기간 동안 제지방량의 감소와 체지방량의 증가를 함께 경험할 위험이 있다는 결론을 내렸다. 신체 조성의 이러한 수행력 감소의 변화는 24시간 및 일일 에너지 요구 사항을 완전히 충족시키지 못한 결과일 가능성이 높다.[126]

많은 사람들은 선수 체구의 증가가 몸집이 큰 사람들을 끌어들이는 스포츠에서 향상된 사전 선택 때문인지, 영양 향상 때문인지, 아니면 동화성 스테로이드 호르몬에 대한 의존도 증가 때문인지 의문을 제기해 왔다. 물론, 이 요소들의 전부 또는 어떤 조합이 기여하는 것은 가능하다. 미식축구 선수들은 미식축구를 하지 않는 선수들보다 더 잘 먹는 것처럼 보인다. 중학교와 고등학교 미식축구 선수들을 대상으로 한 연구에서, 일반적으로 그들의 영양분과 에너지 섭취량이 미국의 같은 나이대 인구에서 볼 수 있는 것보다 94% 가까이 더 좋은 것으로 밝혀졌다.[42] 그러나 이 연구에서 낮은 영양소 한 가지는 아연이었다. 미식축구 선수에 대한 또 다른 연구에서는 낮은 아연 수준이 최대 작업 부하에 부정적인 영향을 미쳤다. 아연은 붉은 고기를 섭취함으로써 가장 쉽게 얻을 수 있기 때문에, 축구 선수들은 규칙적인 고기 섭취를 고려해야 한다. 다만 육류 섭취가 가다 서다를 반복하는stop-and-go 활동에서 성과를 유지하는 데 필수적인 탄수화물 식품 섭취를 방해하거나 대체해서는 안 된다. 채식주의자들은 불충분한 아연 섭취에 대한 위험이 더 높을 수 있으므로, 아연 보충제가 보장되는지 결정하기 위해 자격을 갖춘 의료 전문가의 평가를 받아야 한다.

체중 감량은 종종 경량급 미식축구 선수들에게 문제가 된다. 경기에 출전할 자격을 얻기 위해 주어진 임계값 이하로 체중을 유지해야 하는 이 선수들은 종종 건강에 좋지 않은 식습관을 보인다. 한 연구에서, 20%는 체중 조절이 그들의 사고와 다른 활동을 자주 방해한다고 믿었고, 42%는 제대로 식이장애를 가지고 있었다. 조사된 사람들 중 거의 10%는 폭식을 하고 있었다.[43]

다른 프로 스포츠의 운동선수들과 마찬가지로, 시간대의 변화는 운동수행력 결과에 차이를 만든다. 예를 들어 야간에 경기가 열릴 경우 동부나 중부 표준시보다 서해안 지역 원정팀이 확실히 유리한 것으로 나타났다.[44] 서해안 팀들은 다른 팀들에 비해 이른 시간에 경기를 하는 느낌이 들기 때문에 다른 팀들처럼 일과 이후의 피로에 시달리지 않는다. 서해안 팀은 홈에서 중부와 동해안 팀과 경기를 할 때 각각 75%, 68%의 승률을 보이고 있으며, 원정 경기(약 68%)에서도 여전히 높은 승률을 유지하고 있다. 이 자료들은 시간대를 넘나드는 미식축구 선수들이 정상적인 일주기 리듬으로 돌아가기 위해 무슨 일이든 해야 한다는 것을 강력히 시사한다(7장 참고).

이 모든 요소들을 염두에 두고, 미식축구 선수들은 그들의 스포츠에 영양학적으로 관련된 다음의 문제들을 고려해야 한다.

미식축구는 높은 수준의 힘과 짧은 지속 시간의 스피드를 필요로 하지만 높은 빈도의 반복을 필요로 한다.

축구 선수들은 휴식 시간 사이에 고된 노력을 반복해야 하는 활동에 관여한다. 이러한 활동에서 근육에 적절히 연료를 공급하기 위해서는 높은 수준의 탄수화물이 필요하다. 그러므로 미식축구 선수들은 근육의 글리코겐 수치를 가득 채우고 경기에 참가해야 한다. 그러나 근육 글리코겐 저장량이 최고조에 달하더라도 특정 근육 그룹의 근육 글리코겐을 고갈시키지 않고는 경기 전체를 뛸 수 없기 때문에 휴식 시간에 탄수화물이 함유된 음료를 섭취할 수 있는 기회를 가져야 한다.

라인맨은 높은 질량을 필요로 한다.

질량이 크면 라인맨들에게 확실한 이점을 제공하지만, 빠르게 이동할 수 있는 능력도 마찬가지로 중요하다. 그러므로 라인맨들은 단지 높은 체중보다는 높은 수준의 근육량을 위해 노력해야 한다. 이를 위해서는 근육에 스트레스를 주는 운동과 함께 상대적으로 적은 지방 섭취(총 칼로리의 25% 미만), 적당한 단백질 섭취(총 칼로리의 12~15% 또는 약 1.5g/kg)와 함께 에너지 요구량에 맞는 식단에 300~500Kcal를 더해야 한다. 지방이 많은 음식 섭취를 통해 총 에너지 섭취량을 늘리면 지방 저장량이 크게 증가하지만 지방은 근력에 기여하지 않는다. 따라서 기름진 음식은 힘 대 무게의 비율을 부정적으로 변화시키고 라인맨이 라인에서 벗어나 빠르고 강력하게 움직이는 것을 더 어렵게 만든다. 24명의 미식축구 선수들의 음식 섭취를 평가하는 연구는 고강도 작업을 지원하는 데 이상적이지 않은 에너지 기질의 분포를 발견했다. 총 칼로리에서 탄수화물 45%, 단백질 17%, 지방 38%.[45]

백필드 수비 포지션과 패스 리시버는 높은 민첩성과 스피드, 빠른 반응 시간이 필요하다.
빠른 속도와 민첩성을 위해서는 상대적으로 낮은 수준의 체지방이 필요하다. 따라서 이러한 미식축구 선수들은 지방 저장을 제한하는 식습관(즉, 적은 양의 빈번한 식사로 섭취되는 높은 탄수화물, 낮은 지방의 섭취)을 가져야 한다. 긴 패스를 잡기 위해(아니면, 수비하기 위해) 40야드를 질주하면 근육의 글리코겐 저장소가 빠르게 고갈되기 때문에 경기 중 자연 휴식 시간에 탄수화물이 함유된 음료를 섭취하는 것이 바람직하다. 덥고 습한 날에는 이러한 음료를 마시는 것이 바람직한 수분 상태를 유지하는 능력도 향상시킬 것이다.

장비(예: 패드, 헬멧)를 착용하는 동안 고강도 활동을 반복하면 땀이 많이 손실된다.
최적의 운동수행력을 유지하려면 땀 속의 유체를 대체해야 한다. 탄수화물 용액이 6~7% 함유된 스포츠 음료는 체내 수분 수준을 유지하고 탄수화물 연료를 보충하는 데 유용하다. 선수들은 전형적으로 자발적인 수분 부족 상태에 놓이기 때문에, 미식축구 선수들이 경기에서 가능한 모든 휴식 시간 동안 의식적으로 수분을 섭취하도록 하는 전략을 세울 충분한 이유가 있다.

체조

체조는 몇 가지 종목을 포함한다. 체조 선수들은 각각의 종목과 시합에서 경쟁한다. 예를 들어 기계체조에서는 남자 선수들은 안마나 철봉에서 경쟁하는 반면 여자 선수들은 평행봉과 평균대에서도 경쟁한다. 이러한 종목별 차이에도 불구하고, 스포츠의 본질은 무산소성 물질대사에 크게 의존하면서 그들 모두를 순발력power의 범주에 둔다. 신진대사의 유사성에도 불구하고, 리듬체조의 특성(클럽, 후프, 로프, 리본, 볼)은 기계체조보다 체중 대비 강도가 낮다.[127] 특히 기술을 완성하기 위해 높은 수준의 파워 발생이 필요한 기계체조에서는 체중을 1lb 더 늘릴 때마다 큰 파워의 증가가 필요하기 때문에 체구가 작은 체조 선수들에게 유리하다. 현재의 매우 경쟁력 있는 기계체조 선수들로부터 분명히 알 수 있듯이, 가장 성공한 선수들은 체구가 작고 근육질이다.

특히 어린 체조 선수들의 수가 계속 증가하고 있는 만큼 성장, 체중, 뼈 건강, 식습관 등 발달적으로 중요한 요소들을 주의 깊게 관찰하는 것이 중요하다. 체조에서, 작은 운동선수들은 표준이 되었고, 체조 선수들은 일반적으로 이 작은 신체 이미지를 이상적인 것으로 본다. 그러나 기계체조와 리듬체조 모두에서 체구에 상관없이 소년기와 청소년기 체조 선수들은 에너지, 칼슘, 철분, 엽산, 비타민 D, 아연의 섭취 부족에 대한 위험이 높은 것으로 판단된다.[128] 체중은 훈련법에 상관없이 체조에서 널리 사용되는 주제이다. 남자 체조에서도 체중을 줄이기 위해 에너지 섭취를 조절하는 것이 성공을 거두기 위한 적절하고 바람직한 접근법이라는 의견이 제시되고 있다.[46] 체조 코치들은 보통 이러한 작은 외모가 이상적인 체조 체격이며 경기 성공의 예측 변수라고 믿기에 체중 감량에 대한 이야기를 체조 선수들에게 전달한다.[129] 다만 아동의 성장이 예상되기 때문에, 이에 수반되는 체중 증가에 따른 예측이 있어야 한다. 이 사실을 인지하지 못한 채, 많은 젊은 체조 선수들은 건강에 좋지 않은 수단을 통해 저체중을 달성하려고 노력하게 된다. 여성 체조 선수에서 발견되는 지연된 사춘기와 성장이 부적절한 칼로리 섭취와 관련이 있다는 증거가 있다.[47, 48] 물론 부적절한 칼로리 섭취는 부적절한 영양소 섭취와 관련이 있으며, 여성 체조 선수들은 특히 비빈혈성 철분 결핍의 위험이 높아 건강과 경기력이 저하될 수 있다.[49] 비록 과도한 체지방을 낮추는 것이 체중을 줄이고 관절에 외상성 부상을 줄일 가능성이 있는 것은 사실이지만, 부적절한 수단을 통해 이것을 달성하려고 하는 것은 체조 선수를 위험에 처하게 할 수도 있다.[50]

엘리트 체조 선수가 체조 연습에 소비하는 총 시간은 많지만(매주 최대 30시간 연습), 실제 컨디셔닝과 기술훈련에 소비하는 시간은 상당히 적다. 체조 선수들은 일련의 스트레칭으로 연습을 시작하고 워밍업 루틴의 일환으로 플로어 매트에서 일련의 기본 기술을 시작한다. 준비 운동 후에, 각 체조 선수들은 돌아가면서 종목들 중 하나를 연습한다. 훈련에서 기술을 수행하는 시간은 경기 최대 시간을 초과하지 않으며, 보통 그중에서 적은 부분을 차지한다. 연습은 매우 강렬하고 짧은 시간의 반복적인 활동을 수반하기 때문에, 체조 선수들은 각각의 연습 경기 사이에 힘을 재생하기 위해 휴식을 취한다(즉, 크레아틴인산을 재생한다).

리듬체조 단체전을 제외하고 90초 이상 지속되는 체조 종목은 없다. 이 최대의 노력과 짧은 지속 시간은 체조를 고강도 무산소성 스포츠로 분류하게 한다. 무산소성으로 체조 선수들은 IIb형(순수 fast twitch)과 IIa형(중간 정도의 fast twitch) 근육 섬유에 크게 의존한다.[51] 이러한 섬유는 많은 힘을 생산할 수 있지만, 일반적으로 90초 이상 최대 강도로 기능할 수 없다. II형 섬유는 유산소성 능력이 낮아 체조 활동 시 에너지 기질로서의 지방 사용을 제한하고, 모세혈관 공급이 원활하지 않아 강도 높은 활동 시 이들 섬유에 영양소, 산소, 이산화탄소 교환이 차단된다. 이러한 요인들 때문에 체조는 활동을 위한 연료로 크레아틴인산과 탄수화물(포도당과 글리코겐 모두)에 크게 의존한다.

엘리트 체조 선수들의 영양소 섭취를 평가하는 많은 연구에서 에너지, 철분, 칼슘 섭취가 부적절하다는 것이 밝혀졌다.[52, 53, 54] 과중한 체조 훈련과 부적절한 영양 섭취는 많은 젊은 체조 선수들이 경험하는 1차 무월경의 원인과 연관되며, 또한 나이 든 체조 선수들이 경험하는 2차 무월경에도 기여할 수 있다. 부적절한 철분 섭취는 무월경 발생의 또 다른 위험 요소인 빈혈과 관련이 있다.[55] 부적절한 칼슘 섭취는 뼈 발달 불량 및 스트레스 골절 위험 증가와 관련이 있다.

이 모든 요소들을 염두에 두고, 체조 선수들은 그들의 스포츠에 영양학적으로 관련된 다음의 문제들을 고려해야 한다.

체조 선수들은 어려운 텀블링과 곡예 기술을 연기해야 한다. 이는 작은 사람들이 하기 더 쉽다.
기계체조는 보통 작지만(신장 대 연령 비율 하위 30%), 매우 근육질이다(팔 근육 둘레 상위 10%).[52] 이러한 작은 신장의 경향은 스포츠에서 스스로 선택하는 것(즉, 그들이 더 성공적인 경향이 있기 때문에 선천적으로 작은 사람들만 경쟁적으로 스포츠에 남아 있는 것) 또는 영양소 섭취가 불충분하기 때문일 수 있다. 이 두 가지 요소는 함께든 개별적으로든 가능하다. 체조 선수와 코치들은 정상급 선수들이 작은 경향이 있다는 것을 알고 있기 때문에 많은 사람들이 음식 섭취를 줄임으로써 이 작은 크기를 달성하려고 한다. 이 전략에는 수많은 문제점이 있는데, 그중 가장 중요한 것은 성장이 지연되고 골격 발달이 제대로 이루어지지 않을 가능성이다. 상대적으로 적은 경우에 지나치게 열정적인 코치나 음식 섭취를 심각하게 줄인 체조 선수 때문에 이러한 현상이 발생하는데, 이에 대한 결과는 암울할 수 있으며, 건강이나 생명을 위협하는 섭식 장애로 이어질 수 있다. 이는 외모가 점수의 주관적인 요소인 스포츠에 관련된 운동선수들이 외모를 따지지 않는 스포츠 선수들보다 섭식 장애에 걸릴 위험이 더 높다는 연구 결과와 일치한다.[117] 하지만 다행히도 대다수의 체조 선수들이 이 스포츠를 매우 잘하고, 자존감이 높으며, 어른으로서 잘 성장하고, 건강한 가정을 꾸리고 있다.

건강하지 않은 운동선수들은 경쟁력을 유지하지 못하기 때문에 건강과 성장을 지속할 수 있도록 충분히 먹는 것이 모두의 관심사다. 이를 위해 체조 선수들은 제멋대로 낮은 체중을 얻기보다는 체성분의 최적화에 더 많은 고민을 해야 한다. 저칼로리 다이어트로 인한 어려움은 지방 감소보다 근육 감소로 체중이 더 많이 줄어든다는 것이다. 어느 시점에선가 근육 감소가 필요한 기술을 수행하는 체조 선수들의 능력을 저해할 것이고, 근육 대 지방 비율의 하향곡선은 체조 선수들이 음식 섭취를 더욱 줄이도록 할 수 있다. 음식 섭취의 점진적인 감소는 결국 이것이 수반하는 모든 위험한 영향과 함께 섭식 장애로 이어질 수 있다.

체조 선수들은 외모와 경기력 면에서 근력 대 몸무게의 비율에 민감하다.

기술점수가 얼마나 높게 기록되는지에 외모가 한 가지 요인이라는 현실은 피할 수 없다. 높은 근력은 체조 선수들이 필요한 기술을 더 쉽게 성취할 수 있게 하고, 수월하게 수행하는 모습은 점수의 요소이다(예: 예술 체조 선수가 더 '예술적'으로 보이도록 한다). 충분히 컨디션을 조절하고 강하게 해서 여유롭게 스킬을 완성할 수 있도록 하는 것이 관건이다.

체조 선수들이 컨디셔닝에 집중해야 할 시기에 너무 일찍 기술을 배우기 시작한다는 우려가 있다. 건강한 운동선수는 더 빨리 기술을 배울 수 있고 부상의 위험도 낮다. 하지만 코치들에게는 체조 선수들이 발전하고 있다는 것을 증명해야 한다는 엄청난 압박이 있는데, 이를 위한 가장 좋은 방법은 그들을 주니어 대회에 투입하는 것이다. 특정 기술의 도입을 미루면서 체조 선수 경력 초기에 주로 컨디셔닝에 초점을 맞추는 보다 균형 잡힌 접근은 차후에 기술 습득 학습 곡선을 향상시킬 수 있다. 컨디션을 개선하기 위해, 체조 선수들은 성장, 유지, 근육의 개선의 복합적인 요구를 충족시키기 위해 충분한 에너지와 영양분을 소비해야 한다. 체조 훈련의 초점은 상대적으로 낮은 체지방 비율을 유지하는(혹은 점점 작아지는) 것이 아니라 체력이 강해지는 데 맞춰져야 한다.

체조 선수들과 다른 많은 여성 운동선수들은 뼈 건강에 중요한 역할을 할 수 있는 초경을 지연시키고 있다.

16세까지 월경을 하지 못한 체조 선수들은 의사를 만나 원인을 파악하고 필요하다면 치료법을 찾아야 한다. 월경의 지연이나 중단에는 여러 원인이 있을 수 있다.

- 낮은 체지방
- 철분 상태 불량
- 높은 육체적 스트레스
- 높은 심리적 스트레스
- 높은 코르티솔 수치(혈당이 정상 수준 이하로 떨어졌을 때 발생하는 활동에서 발생하는 쓰림을 억

제하기 위해 신체에서 생성되는 호르몬. 운동선수에게 일반적으로 높고 에스트로겐 생성을 방해함)
- 낮은 에너지 섭취량

체조 선수들은 이 모든 요소들을 가지고 있다고 생각할 수 있다. 원인과 상관없이 생리 발병이 늦어지면 뼈 건강에 부정적인 영향을 미치고 조기 골다공증 발병 위험이 높아질 수 있다. 생리 지연의 위험을 줄이기 위해, 체조 선수들은 철분 상태와 신체 조성 모두를 주기적으로 평가하여 나이가 들어가면서 근육량이 유지되고 증가하는지 확인해야 한다.

여자 체조 선수들의 기량 최고점은 보통 16~18세 사이이다.
피겨스케이팅과 다이빙을 제외하면 이렇게 어린 나이에 이 정도의 성취를 이루는 선수는 거의 없다. 이것이 일어나기 위해서는 운동선수가 청소년기의 성장을 촉진하는 동안 컨디셔닝과 기술 습득에 엄청난 시간이 소비되어야 한다. 이 기간 동안의 훈련과 성장의 결합은 운동선수에게 엄청나게 높은 영양 부담을 준다. 그러나 적절한 영양 계획으로 성장, 신체 활동 및 조직 유지의 복합적인 요구를 충족시킬 수 있다. 건강한 영양 프로그램을 따르는 체조 선수들은 더 좋아 보이고, 더 잘 하고, 스포츠를 더 즐기고, 스포츠에 더 오래 머무른다.

아이스하키

남녀 상관없이, 아이스하키는 치열한, 고강도의 최대한의 노력을 요하는 운동이다. 아이스하키를 자세히 보면 선수들이 교대로 경기를 하는데, 거의 1분 이상 연속으로 스케이트를 타지 않고, 다음 교대조가 얼음을 차지하기 전까지 1분 30초 이상 얼음 위에 머무르는 일은 거의 없다. 이 시스템은 아이스하키 선수들이 얼음 위에 있는 동안 내내 전력으로 경기를 할 수 있게 하고, 벤치에서는 크레아틴인산의 재생을 가능하게 하여 선수들이 얼음으로 돌아왔을 때 더 빠른 폭발 활동을 할 수 있게 한다. 이러한 강력한 활동은 강한 무산소성이며, 따라서 크레아틴인산과 글리코겐 저장에 매우 의존한다. 아이스하키 선수들이 오프 시즌 동안 체중을 유지하고 시즌 동안 무산소성 지구력을 향상시키는 데 도움을 줄 수 있도록 식단에 긍정적인 변화를 줄 수 있다.[56]

스웨덴의 엘리트 아이스하키 선수들에 대한 연구에서 스케이트를 탄 거리, 스케이트 교대 횟수, 교대 시간에 스케이트를 탄 시간, 스케이팅 속도가 모두 탄수화물 로딩에 따라 향상된다는 것을 발견했다.[57] 또 다른 연구도 탄수화물 섭취에 의해 아이스하키의 운동수행력이 향상될 것이라는 비슷한 결론에 도달했다.[58] 아이스하키 선수들의 개인 간 경기력 차이는 근육 글리코겐 대사와 직결된다는 결론이 7명의 프로 아이스하키 선수들을 대상으로 한 연구에서 확인됐다. 이 연구에서 한 경기 동안 대퇴사두근의 근육 글리코겐의 60%가 연소되었다.[59] 아이스하키 선수들은 날마다 훈련과 시합으로 자주 스케이트를 타기 때문에, 부족한 탄수화물 섭취는 근육 글리코겐의 고갈로 연결될 가능성이 있다. 이 연구의 데이터는 대부분의 선수들이 단백질이 많고 탄수화물이 적은 식단을 섭취한다는 것을 보여주는데, 이는 무산소적으로 작동하는 근육에 연료 공급 문제를 일으킬 것이 확실하다. 또 다른 연구는 많은 아이스하키 선수들이 칼로리가 부족하고 에너지 기질이 잘 분배되지 않으며 비타민 A, D, E, 칼슘, 마그네슘, 아연을 포함한 많은 비타민과 무기질이 부족하다는 것을 확인했다.[60] 아이스하키 선수들이 특별히 고안된 저지방, 저단백질, 고탄수화물 섭취한 연구에서 총 에너지 섭취량이 불충분하다는 결과가 나왔다.[61] 따라서 고지방 식단에서 지방이 적고 탄수화물이 많은 식단으로 전환할 경우 총 에너지 섭취량이 운동선수의 요구에 충분히 부합하는지 주의해야 한다.

이 모든 요소들을 염두에 두고, 아이스하키 선수들은 그들의 스포츠에 영양학적으로 관련된 다음의 문제들을 고려해야 한다.

잦은 시합은 근육의 글리코겐에 대한 높은 수요를 요구하며, 글리코겐 보충을 위해 탄수화물(전체 에너지의 60~65%)**이 많은 음식을 섭취해야 한다.**

글리코겐 저장을 최적화하기 위한 전략이 고려되어야만 한다. 게임 전 식사는 거의 전적으로 파스타, 감자, 쌀, 빵, 시리얼과 같은 녹말 기반의 탄수화물 음식으로 구성되어야 한다. 장에서 가스 생산을 증가시킬 수 있는 과일, 채소, 그리고 고지방 식품(예: 높은 조섬유)은 경기 전 식사에서는 주로 피해야 한다. 경기 중 쉬는 시간이나 피리어드 사이에 탄수화물이 함유된 음료를 제공할 수 있는 기회가 주어져야 한다. 경기 후 탄수화물 섭취는 순환 글리코겐 생성 효소를 이용하기 위해 첫 한 시간에 매우 중요하다.[62] 경기나 훈련과 관련이 없을 때의 일반적인 음식 섭취는 녹말 기반의 복합 탄수화물에 초점을 맞춰야 하지만 경기 중 섭취와 경기 직후 섭취는 당분 기반의 단순 탄수화물이어야 한다.

운동선수의 탄수화물 섭취에는 큰 변동성이 있으며, 최근 밝혀진 바에 따르면 1kg당 1.0~9.0g의 범위이다. 탄수화물 섭취량이 가장 낮은 선수의 경우, 과일과 채소의 부적절한 섭취는 수많은 비타민과 무기질의 섭취를 저해할 수 있다.[118] 아이스하키 선수들에 대한 조사는 일반적인 에너지 섭취가 지방 함량이 높고, 단백질 함량이 높으며, 에너지 기질 분포인 탄수화물 함량이 낮은 경향이 있다는 것을 강하게 시사한다. 이는 아이스하키와 관련된 에너지 대사 과정의 유형을 적절하게 지원하지 않는다. 하지만 지방의 높은 에너지 농도 때문에, 이러한 식단을 하는 아이스하키 선수들은 그들이 필요로 하는 총 에너지 획득이 더 쉽다. 동일한 무게의 음식에서 지방은 탄수화물의 두 배 이상의 칼로리를 제공한다(9Kcal/g 대 4Kcal/g). 따라서 같은 섭취 빈도를 유지하면서 지방이 적고 탄수화물이 많은 음식으로 바꾸는 것은 부정적인 에너시 균형을 반들어낼 수 있으며, 이것은 또한 운동수행력에 해로울 수 있다.[63] 가능한 해결책은 아이스하키 선수들이 지방을 줄이고 탄수화물을 늘리면서 하루 6회까지 식사 빈도를 높이도록 하는 것이다.

고강도 활동은 체온을 빠르게 상승시키고 그에 따라 땀이 나는 속도를 증가시킨다.

이 사실과 더불어 아이스하키 선수들이 착용하는 장비의 양은 그들을 탈수 위험에 빠뜨린다. 좋은 수분 공급 계획을 따르는 것은 성공을 위해 매우 중요하다. 아이스하키 선수들은 경기 전에 수분을 충분히 섭취하고 경기 중과 경기 후에 수분을 섭취할 수 있는 기회를 항상 가져야 한다. 탄수화물의 필요성과 수분의 요구를 고려할 때, 탄수화물이 함유된 음료를 가능한 한 섭취하는 것이 좋은 전략이다(수화 프로토콜에 대한 자세한 내용은 3장 참고).

육상(스프린트, 점프 및 던지기)

육상경기는 무산소성 에너지를 통한 파워에 의존하는 시간이 짧은 많은 종목을 포함한다. 스프린트와 허들 종목은 최대 400m까지 경기를 포함하며 필드 종목은 시간이 짧은 최대 노력의 점프와 던지기를 포함한다. 남녀 단거리 선수, 점프 선수, 그리고 던지기 선수들이 적어도 하나의 비타민이나 무기질 섭취량을 기준 이하로 섭취하면서, 최적의 영양 습관을 가지고 있지 않다는 증거가 있다.[64] 부적절한 에너지와 칼슘 섭취의 결과로 여겨지는 피로 골절 위험이 육상 선수들에게 높다는 증거도 있다.[65]

과체중의 단거리 선수를 상상하기 힘들다. 이는 신체 지방을 낮추기 위해 유산소 활동이 필요하지 않다는 것을 강력히 시사한다. 고강도와 저강도 활동의 지방 감소 효과를 평가하는 연구는 체지방 감소 효과가 동등하다는 것을 발견했다.[66] 스프린트는 많은 스포츠에서 인터벌 트레이닝의 일반적인 구성 요소로 권장되어 왔다. 훈련을 위해 이루어졌든 스포츠 자체를 구성하는 것이든 상관없이, 스프린트는 최적으로 수행되기 위해 고려되고 만족되어야 하는 특정한 에너지 요구 사항을 가지고 있다. 스프린트는 본래 10초 이상 지속되는 경우가 드물며, 주로 크레아틴인산과 글리코겐을 연료로 사용한다. 크레아틴인산이 적절히 저장된 근육은 8~10초 동안 고강도 운동을 지원할 수 있으며, 크레아틴 일수화물 보충제를 섭취하면 크레아틴인산의 근육 저장량이 증가하고, 제지방 질량(즉, 근육)의 증가를 촉진하며, 스프린트 수행능력을 향상시킬 수 있다.[67] 이것은 비슷한 발견을 한 다른 스포츠의 많은 연구와 일치한다.[68] 탄수화물 섭취도 스프린트 수행능력에 차이를 만든다. 높은 탄수화물, 중간 탄수화물, 낮은 탄수화물 섭취의 영향을 평가하는 연구에서 높은 탄수화물 섭취는 낮은 탄수화물 섭취보다 초기 스프린트 수행능력이 더 우수했다[69](단거리 스프린트 선수의 일일 에너지, 탄수화물, 단백질 및 지방 섭취 보고는 표 11.2 참고). 부적절한 탄수화물 섭취는 부적절한 근육 글리코겐 저장으로 인해 30초 스프린트 수행능력을 손상시킬 수 있다는 증거가 있다.[130]

단백질 섭취는 항상 우려의 대상인데, 이는 주로 일일 단백질 섭취를 분배하는 최선의 전략에 대한 관심이 불충분하기 때문이다. 남녀 선수 모두 비교적 높은(1.5~2.1g/kg) 단백질 섭취를 하고 있다. 그러나 소비된 단백질의 동화 가능성을 최대화하기 위해 매 3시간에서 5시간마다 1kg당 약 0.4g의 생물학적 가치가 높은 단백질을 함유하는 식사를 하는 것 또한 중요하다.[131] 총 일일 단백질 수치는 종종 논의되지만, 이러한 단백질의 최적 분포에 대한 대화가 이루어지는 것은 드문 일이다.

대부분의 시간이 낮은 강도의 활동을 하는 데 소비되는 스포츠에서도 스프린트가 승패의 차이일 수 있다. 예를 들어 10K 달리기 선수와 마라토너들은 그들이 유산소성 대사 과정을 유지할 수 있는 가장 높은 속도로 거의 모든 거리를 달린다. 그러나 이러한 레이스의 후반부가 되면 선수들은 산화 능력을 초과하는 전력질주(일명 '더 킥')를 하게 된다. 무산소성 킥에 이은 이 고속 유산소 달리기를 모방한 연구에서 더 높은 탄수화물 섭취가 성능에 도움이 된다는 것을 발견했다. 4일 연속 높은 탄수화물 섭취는 적당한 탄수화물 섭취와 비교했을 때 높은 강도의 유산소 용량(VO_2max의 약 75%)으로 운동하는 운동선수에서 근육 글리코겐을 유지할 수 있는 능력이 더 높았다.[70]

표 11.2 1980년 이후 스프린트 선수들의 일일 에너지 및 다량에너지 섭취량 보고

성별	모집단	체중 (kg)	에너지 MJ	에너지 kJ/kg	탄수화물 g	탄수화물 g/kg	단백질 g	단백질 g/kg	지방 g	지방 %E	조사 방법	참고문헌
남성	22.4±2.6세 국가대표 수준 (n=10)	67	11.1 ±1.5	167 ±33	340 ±57	5.1 ±1.0	102 ±20	1.5 ±0.4	90 ±16	30 ±3	3일 일지	Sugiura 외 (1999)
	12~18세 청소년(n=30)	61	11.1 ±1.5	182	362 ±54	6.0 ±0.9	92 ±17	1.5 ±0.3	91 ±21	30 ±5	7일 일지	Aerenhouts 외 (2008)
	국가대표 수준 (n=7)	74	8.5	154 ±33	311	4.2 ±1.5	155	2.1 ±0.5	96	42	4일 일지	Huovinen 외 (2015)
	20~35세 국가대표 수준 (n=8)	80	11.9	149 ±23	368	4.6 ±0.6	168	2.1 ±0.7	72	22	4일 일지	Huovinen 외 (2015)
여성	20.5±3.2세 국가대표 수준 (n=11)	54	10.0 ±2.2	191 ±46	305 ±79	5.8 ±1.6	89 ±25	1.7 ±0.5	86 ±17	33 ±4	3일 일지	Sugiura 외 (1999)
	12~18세 청소년(n=26)	55	8.4 ±1.6	153	273 ±54	5.1 ±1.1	78 ±15	1.5 ±0.3	69 ±17	30 ±5	7일 일지	Aerenhouts 외 (2008)

Adapted by permission from G.J. Slater, J. Sygo, and M. Jorgensen, "SPRINTING-Dietary Approaches to Optimize Training Adaptation and Performance," *International Journal of Sport Nutrition and Exercise Metabolism* 29 (2019): 85-94.

이 모든 요소들을 염두에 두고, 육상 선수들은 그들의 스포츠에 영양학적으로 관련된 다음의 문제들을 고려해야 한다.

전력질주는 많은 양의 크레아틴인산과 탄수화물 연료를 필요로 한다.

정의상으로는, 단거리 달리기는 짧은 규정 거리를 최대한 빨리 이동해야 한다. 신진대사 제한은 인간이 달릴 수 있는 최대 거리를 조절하며, 단거리 달리기는 1분 30초 이상 지속되지 않는다. 짧은 단거리 달리기에서는 연료로 크레아틴인산에 일차적으로 의존한다. 크레아틴 형태의 보충제로서 추가 크레아틴의 섭취가 크레아틴인산 저장을 향상시킬 수 있다는 가설이 제기되었다. 이것은 운동선수가 수행할 수 있는 짧은 전력질주의 수를 증가시킬 수 있고 또한 근육들이 주로 연료로 크레아틴인산에 의존할 수 있는 최대 시간을 향상시킬 수 있다. 크레아틴을 보충하면 실제로 스프린트 빈도와 거리 모두 향상된다는 증거가 있다. 그러나 이러한 연구는 선수들의 에너지 섭취 적정성을 평가하지 않았기 때문에 적절한 에너지 없이 크레아틴을 합성하는 내재적 한계가 경기력을 저해했을 수 있다. 더 많은 에너지 섭취를 통해 더 쉽고 저렴하게 해결될 수 있는 문제, 가급적 탄수화물로부터 해결할 수 있는 문제이다. 또한 빈번하고 장기적인 크레아틴 섭취의 안전성은 아직 적절히 다루어지지 않았다(이 보충제에 대한 자세한 내용은 4장 참고).

크레아틴은 식단의 일반적인 구성 요소이며 쇠고기, 돼지고기, 가금류 및 생선에 풍부하다. 따라서 고탄수화물 식단의 맥락에서, 단거리 주자는 소량의 살코기를 규칙적으로 섭취하는 것이 유

갑작스러운 힘의 폭발은 크레아틴인산을 필요로 하는데, 이것은 에너지와 단백질의 요구를 모두 만족시키는 식단에서 가장 잘 얻을 수 있다.

용하다. 고기를 먹지 않는 사람들은 크레아틴 합성이 체내에서 일어날 수 있도록 충분한 단백질과 칼로리를 섭취하도록 주의해야 한다. 그러나 단백질 섭취보다 더 중요한 것은 총 에너지 요구량을 만족시키는 것이기 때문에 운동선수는 최적의 운동수행력을 유지하기 위해 필요한 모든 크레아틴을 합성할 수 있다. 순수 스프린터는 탄수화물 초과 보상에 의해 저해될 수 있는 반면, 지구력 운동선수는 레이스 후반부의 킥을 지원하기 위해 탄수화물 초과 보상이 필요할 수 있다(스프린터와 스프린트 허들 선수에게 도움이 될 수 있는 보조제는 표 11.3 참조. 참고: 보조제는 주의 깊게 사용해야 하며, 교육을 받은 적절한 자격을 갖춘 보건 전문가의 직접적인 감독하에 사용해야 한다. 잘 분포된 균형 잡힌 식단은 보조제로부터 얻을 수 있는 잠재적인 이익을 감소시킬 수 있다).

순수 스프린터들은 그들의 체중을 짧은 거리 동안 빠르게 움직여야 한다. 그리고 이동해야 하는 체중의 양은 그것이 얼마나 빨리 이동될 수 있는지에 대한 요소이다.

근력 대 체중 비율이 높은 단거리 선수는 비율이 낮은 선수에 비해 장점이 있다. 탄수화물 로딩(또는 초과 보상)의 효과 중 하나는 근육에 더 많은 탄수화물(글리코겐)을 공급하여 근육 활동에 사용할 수 있도록 하는 것이다. 글리코겐은 물과 함께 1대 3의 비율로 저장된다. 탄수화물 로딩 요법을 받는 선수들은 종종 뻣뻣하고 무겁다고 느낀다. 탄수화물 로딩 요법은 장거리 달리기 선수들에게는 받아들여지지만 단거리 선수들에게는 그렇지 않다. 따라서 순수 스프린터는 충분한 총 칼로리를 제공하는 높은 탄수화물 섭취를 정기적으로 섭취해야 하지만, 추가적인 글리코겐과 수분을 근육에 주입할 수 있는 탄수화물 로딩 식이요법은 피해야 한다.

표 11.3 단거리 선수 및 스프린트 허들러의 가능한 보조제

보충제 이름	세부 사항	종목	훈련	시합	참고문헌
크레아틴 일수화물	• 고에너지 인산염의 빠른 재인산화를 돕고 근육 이완 시간을 단축 • 단일 및 반복 스프린트 수행능력 개선 가능 • 작업 능력 증가, 스프린트 및 보조 훈련(웨이트룸, 플라이오메트릭)에 대한 훈련 적응력 향상	모든 스프린트, 짧은 스프린트에 가장 큰 이점 존재(100m, 200m)	가능(yes); 최대 및 반복 스프린트 활동과 웨이트 룸 활동 모두에 이점 제공 가능	아마도; 스프린터는 크레아틴 일수화물 보충과 함께 발생할 수 있는 추가적인 체중과 유체 보유와 관련된 에너지 비용 대비 잠재적인 운동수행력의 이점을 평가해야 한다.	Bemben과 Lamount(2005), Haff 외(2000) Skare 외(2001)
탄산 수소 나트륨	산-염기 장애에 대한 완충제 역할, 60초 이하의 지속 시간 동안 스프린트 수행능력 향상 제공	400m, 400m 허들; 짧은 스프린트에 미치는 영향은 알려지지는 않았지만 긴 스프린트에서 관찰된 것보다 작을 가능성이 높음	가능(yes); 반복 스프린트에 추가 완충 능력 제공 가능	아마도; 잠재적으로 바람직하지 않은 위장 부작용과 체액 보유를 통한 급성 체중 증가를 고려해야 한다.	Carr 외(2000) Edge 외(2006) Zabala 외(2011)
베타-알라닌	• 근육 카르노신을 증가시킴으로써 생화학 완충제 역할 • 근육 카르노신 농도는 30초 스프린트 동안, 특히 스프린트의 후반부에 증가된 파워 출력과 관련	400m, 400m 허들	가능(yes); 1~10분 길이의 종목에서 가장 큰 이점, 스프린트 선수의 경기 대비 훈련에서 가장 큰 이점이 관찰될 수 있음을 시사	가능(yes), 고도로 훈련된 스프린트 선수의 이점은 더 적을 수 있다.	Blancquaert 외(2015) Hobson 외(2013) Saunders 외(2017) Suzuki 외(2002)
식이 질산염	• 근육 산소 공급 향상 • 근육 대사 효율성 향상 • 수축성 기능 향상	400m, 400m 허들; 아마도 100m, 200m, 단거리 허들	아마도; 스프린트 인터벌 훈련을 한 선수에서 강화된 최대 및 간헐적 스프린트 수행능력	아마도; 장거리 스프린트(400m, 400m 허들)에서 운동수행력 이점이 가장 클 수 있다.	Jones(2014) Thompson 외(2016)
카페인	아데노신 길항제, 피로 감소, 경각심 및 동기 부여 증가	모든 종목	아마도; 스프린트 수행능력에 대한 영향은 잘 설명되지 않으며 모순될 수 있다. 내성, 지나친 경계심, 심계항진을 고려해야 한다.	아마도; 일부 증거는 체중당 5mg/kg이 단일 및 다중 스프린트 수행능력을 향상시킬 수 있음을 시사한다.	Astorino와 Roberson(2010) Glaister 외(2008)

Adapted by permission from G.J. Slater, J. Sygo, and M. Jorgensen, "SPRINTING-Dietary Approaches to Optimize Training Adaptation and Performance," *International Journal of Sport Nutrition and Exercise Metabolism* 29 (2019): 85-94.

수영(100~400m)

아마도 수영 이외에 점진적으로 작은 수준의 향상을 얻기 위해 그렇게 많은 시간을 연습하는 데 소비해야 하는 스포츠는 없을 것이다. 수영 선수들은 항력을 극복하고 유산소 및 무산소성 에너지 생산을 유지할 능력을 향상시키는 기술을 완벽하게 하기 위해 물속에서 상당한 시간을 보낸다. 레이스의 길이가 일반적으로 2분 미만인 짧은 (스프린트) 거리에서는 높은 수준의 출력을 유지하는 데 필요한 에너지의 양이 엄청나게 높다. 그리고 이 에너지의 대부분은 글리코겐과 크레아틴인산으로부터 나와야 한다(표 11.4 참고). 훈련에 소요되는 시간은 에너지 및 영양 비용이 높은데 이는 훈련 계획을 세울 때 반드시 고려되어야 한다.

국가대표 훈련 캠프의 수영 선수들을 대상으로 한 연구에 따르면 평균적인 영양소와 에너지 섭취량(남성 5,221Kcal, 여성 3,573Kcal)이 적당하지만 수영 선수들 사이에 큰 차이가 있는 것으로 나타났다.[71] 과도한 양의 지방과 불충분한 양의 탄수화물을 섭취하는 경향을 보면, 수영 선수들의 많은 비율이 훈련과 경기 수요를 최적으로 지원하지 않는 식습관을 가진다는 것을 암시한다. 또한 여자 대학 수영 선수들 사이에서 철분 상태가 좋지 않다는 증거가 있는데, 이는 훈련과 운동수행력를 떨어뜨릴 수 있다.[72] 고기와 유제품 등 고지방 음식의 욕구에 대한 연구가 남성 수영 선수들에게서 시험되었는데, 그들은 심지어 높은 수준의 운동을 할 때도 지방을 함유한 동물 제품을 좋아하는 경향이 있다는 것을 발견했다.[73]

보통 고등학생과 대학생 연령의 수준 높은 수영 선수들은 수영장에서 많은 시간을 보내야만 속도를 높일 수 있는데, 이것은 보통 트레이닝의 효과로 해석된다. 수영 선수들은 보통 이른 아침

표 11.4 운동 길이에 따른 유산소 및 무산소성 에너지원의 상대적 기여도

시간	무산소성(%)	유산소성(%)
0~30초	80	20
30~60초	60	40
60~90초	42	58
90~120초	36	64
120~180초	30	70
누적치		
0~60초	70	30
0~90초	61	39
0~120초	55	45
0~180초	45	55

참고: 운동 시간이 증가함에 따라, 파워 생산은 감소하고 더 많은 양의 에너지가 유산소성으로 발생한다. 유산소성 대사는 지방을 에너지로 대사하는 능력 때문에 글리코겐과 크레아틴인산에 덜 의존한다.

Adapted by permission from Adapted by permission from D.R. Lamb, "Basic Principles for Improving Sport Performance," *GSSI Sports Science Exchange* #55 8, no. 2 (1995). [Online]. Available: www.gssiweb.com/Article_Detail.aspx?articleid=28 [June 27, 2011].

과 늦은 오후에 연습을 하고 종종 수업이 시작되기 전에 한두 바퀴를 돈다. 따라서 문제는 수영 선수들이 훈련 계획을 뒷받침할 수 있도록 적절한 시간과 형태로 충분한 에너지를 소비하도록 하는 것이다. 이상적으로, 수영 선수들은 물에 들어가기 전에 위가 비어 있도록 하면서 상당한 양의 고탄수화물 음식을 섭취하기 위해 연습 사이와 연습 중에 시간을 내야 한다. 이것은 연습과 경기 동안 탄수화물이 함유된 스포츠 음료에 초점을 맞추어야 한다는 것을 의미한다. 물에 들어가기 직전에 많은 양의 고체 음식을 섭취하는 것은 체액이 근육에서 떨어져 위장관으로 이동하게 하고 이는 근육 경련을 일으킬 수 있다.

이 모든 요소들을 염두에 두고, 수영 선수들은 그들의 스포츠와 관련된 다음과 같은 영양학적 문제들을 고려해야 한다.

수영 선수들은 많은 시간 동안 훈련하고 강도 높은 훈련 프로토콜을 가지고 있다.

경쟁력 있는 수영 선수들은 더 나아지기 위해 열심히 그리고 오래 일하며, 그 모든 일은 엄청나게 높은 열량 요구로 해석된다. 수영 선수들은 종종 이른 아침 훈련을 하기 때문에, 훈련 전에 음식이나 음료가 위에서 소화될 수 있는 충분한 시간을 주기 위해 기상 즉시 약간의 탄수화물을 섭취하는 것이 중요하다. 훈련 전에 최소 100~200Kcal의 탄수화물을 섭취하지 못하면 선수가 훈련에서 얻을 수 있는 이점이 제한될 수 있다. 수영장 훈련 중에 음료수(사과 · 포도 주스, 스포츠 음료)를 조금씩 마시면 좋다. 아침 훈련 후, 선수들은 즉시 고탄수화물 아침 식사(시리얼, 토스트, 베이글)를 섭취해야 한다. 이것은 에너지를 보충하고 오후 연습을 위해 더 많은 에너지를 저장해 줄 것이다. 또한 매우 많은 에너지가 필요하기 때문에, 고등학교 수영 선수들은 200Kcal에서 400Kcal의 중간 간식을 섭취하기 위해 학교 관리자로부터 승인을 받아야 한다.

수영장에서 스프린트를 연습하는 수영 선수들은 크레아틴인산(스프린트의 주요 연료)이 근세포에서 고갈될 가능성이 높고, 다음 스프린트 전까지 재생에 시간이 걸린다는 점을 알아야 한다. 총 전력질주 시간이 2분이거나 이를 초과할 때, 세포들이 고갈된 크레아틴인산을 보충할 수 있도록 4분의 회복 시간을 가져야 한다. 이 회복 시간을 허용하지 않을 경우, 수영 선수는 다음 스프린트에서는 더 낮은 강도로 더 짧은 시간 동안 운동해야 한다. 만약 그렇게 된다면, 그 수영 선수는 기록에 악영향을 미칠 수 있는 방식으로 전력질주하는 법을 배우게 될 것이다.[74]

일부 수영 선수들은 수영복의 외관을 개선하고 항력을 줄이기 위해 체중 감량이 필요하다고 믿고 있다.

경기용 수영복에 사용되는 종이처럼 얇은 재질은 수영 선수들이 그들의 체격을 숨기는 것을 불가능하게 만들고, 많은 사람들에게 몸무게를 줄이도록 동기를 부여한다. 하지만 많은 수영 선수들은 체중 감소가 근육 감소를 야기해 경기력이 감소되는 경험을 쉽게 할 수 있다. 항력를 줄이는 방식으로 체중을 감량하면 운동수행력상 이득이 있을 수 있지만 대부분의 체중 감량 전략은 역효과를 내며 경기력을 저해한다. 따라서 더 좋아 보이거나 더 빨리 가기 위해(또는 둘 다) 살을 빼기를 원하는 수영 선수들은 반드시 자격을 갖춘 건강 전문가의 직접적인 감독 아래에서 해야 한다. 또한 체중 감량보다는 지방 감량과 근육 유지에 초점을 맞춰야 한다.

수영 선수들은 글리코겐과 크레아틴인산에 크게 의존한다.

탄수화물에 초점을 맞춘 충분한 총 에너지 섭취(최소 30Kcal/kg)와 적절한 양의 단백질(약 1.2~2.0g/kg)을 포함하면 운동선수가 충분한 글리코겐을 저장하고 근육에 적절한 연료를 공급하기 위한 충분한 크레아틴인산을 만든다고 믿을 만한 충분한 이유가 있다. 그러나 운동선수들이 경쟁 우위를 점하기 위해 크레아틴 일수화물 보충제(크레아틴인산의 전구체)를 섭취하는 데에는 엄청난 동기가 있다. 비록 크레아틴 일수화물 보충제가 수영 선수가 할 수 있는 고강도 단거리 달리기 횟수를 향상시킬 수 있지만, 수영 선수는 규칙적인 크레아틴 섭취가 체중 증가와 관련이 있다는 것을 알아야 한다. 이러한 무게 증가는 수분에서 기인할 가능성이 높기 때문에 부력을 줄이고 항력을 증가시킬 수 있다. 따라서 최적의 총 에너지 섭취를 보장하기 위해 먹는 시간을 만드는 것이 더 큰 이익을 얻을 수 있는 길이다.

수영 선수들은 수분을 섭취해야 한다.

주변에 많은 물이 있기 때문에 수영 선수들이 탈수 위험에 처할 수 있다는 것을 상상하는 것은 어렵다. 수영 선수들이 저체온 환경(물이 보통 공기 온도보다 차갑다)에서 일한다는 사실은 근육 운동으로 인해 발생하는 과도한 열을 더 쉽게 분산시킬 수 있게 한다. 하지만 수영 선수들이 수분 상태가 적절한지를 고려해야 하는 이유들이 있다. 수분이 부족한 운동선수는 혈액량이 낮아질 수 있다. 그것은 심장이 세포에 산소와 영양분을 공급하기 위해 더 열심히 일하도록 만들고, 신진대사 부산물을 넣을 부피가 적다는 것을 의미한다. 또한 많은 대회가 밖에서 열리는데, 야외에서는 수영 선수들이 경기를 기다리는 데 많은 시간을 보내면서 쉽게 과열될 수 있다. 과도한 수분량은 분명히 체중과 항력을 증가시켜 수영 선수들에게 문제를 일으킬 수 있다. 그러나 부족한 체수분은 경기력과 집중력에 영향을 미칠 수 있다. 따라서 과도한 수분량을 만들 수 있는 전략을 피하면서 소량의 물이나 스포츠 음료를 지속적으로 조금씩 마시는 것이 좋은 방법이다.

레슬링

레슬링은 수천 년 동안 스포츠로 존재해 왔다. 프랑스, 이집트, 그리고 고대 바빌론의 초기 조각 유물들과 그림들은 현재 사용되는 것과 본질적으로 동일한 레슬링 선수들을 보여준다. 초기 그리스 올림픽에서는 레슬링 경기가 최고의 종목으로 여겨졌다고 한다.[75] 지금까지도 기본 전략은 변하지 않았다. 레슬링 선수들은 경기에서 이기기 위해 상대편의 어깨를 매트에 닿게 하려고 한다. 만일 어떤 선수도 상대를 넘어뜨리지 못해 득점을 못 하면, 승자는 심판에 의해 결정되는데, 그들은 거의 넘어졌을 때의 점수, 상대의 등에 가까이 붙었을 때의 점수, 그리고 상대방을 통제하는 시간의 점수를 포함한다.

레슬링 선수들이 체중을 만드는 기술(즉, 가능한 한 가장 낮은 체급에서 경쟁하는 기술)은 오랫동안 문제가 있다고 여겨져 왔다. 1996년 미국스포츠의학회(ACSM)는 레슬링 선수의 체중 감량에 대한 입장을 발표했다.[76]

이러한 행동을 경고하는 증거가 증가하고 있음에도 불구하고, 레슬링 선수들 사이에 체중 커팅(급격한 체중 감량)이 여전히 만연해 있다. 체중 감량은 시합 수행력, 신체적 건강, 정상적인 성장과 발달에 영향을 미칠 수 있는 중대한 부작용을 초래한다. ACSM은 참가자들의 교육 경험을 향상시키고 건강상의 위험을 줄이기 위해 코치들과 레슬링 선수들에게 건전한 영양과 체중 조절 행동을 교육하고, 체중 감량을 줄이고, 체중 감량을 제한하는 규칙을 제정할 것을 권고하고 있다.

ACSM의 경고에도 불구하고, 1997년에 공통적인 체중 감량 전략을 수행하던 세 명의 대학 레슬링 선수들이 죽는 비극적인 일이 발생했다. 미시간 대학 3학년생 제프 리스Jeff Reese는 체중을 낮추기 위해 화씨 92도(섭씨 33도)로 가열된 방에서 고무 슈트를 입고 운동하던 중 심부전으로 사망했다. 미국 캠벨 대학의 빌리 세일러Billy Saylor(19세, 플로리다주 3회 챔피언)와 미국 위스콘신 대학의 조셉 라로사Joseph LaRosa(22세)도 체급을 낮추려다 사망했다.

이러한 죽음으로 인한 분노는 정상 체중의 조절을 장려하는 규칙과 낮은 체급을 얻기 위해 사용된 기술(보조식품, 탈수, 단식)에 대한 진지한 검토로 이어졌다. 이후 레슬링 코치들은 체중 감량, 스포츠 영양, 훈련 식단, 탈수, 그리고 신체 조성에 대한 자신들의 생각과 지식을 개선했다. 미국대학체육협회(NCAA)는 또한 레슬링 선수들에게서 흔히 볼 수 있는 건강하지 못한 방법들을 줄이는 것을 목표로 하는 프로그램을 시작했다. 그러나 NCAA 규정을 따르는 선수들도 NCAA 규정에 따르지 않는 국제 경기에서는 훨씬 더 공격적으로 건강하지 못한 행동을 하는 것으로 밝혀졌다.[132] 분명 이 분야에서 해야 할 일이 더 많으며, 레슬링 선수들이 원하는 체급을 달성할 수 있는 더 건강한 전략을 찾기 위한 작업이 여러 국가에서 추진되고 있다. 18세 이하 스페인 레슬링 선수들에 대한 영양 개입 프로그램은 그것이 레슬링 선수들의 체중 조절과 위험성에 대한 지식을 증가시키는 데 효과적이라는 것을 발견했고, 영양 교육이 좋은 출발점임을 시사했다.[133] 레슬링 코치가 영양과학에 대해 더 많이 배워야 하는 경우에도 유용할 것이다. 왜냐하면 그들의 영양 지식을 평가하는 연구에 따르면, 그들 중 상당수는 영양 지식 수준이 바람직한 수준보다 낮기 때문이다.[134]

NCAA는 대학 레슬링을 규제하고 있으며, 미국대학체육협회(NAIA), 미국전문대학체육협회(NJCA), 미국대학레슬링협회(NCWA)가 체급 분류를 조직하기 위해 채택한 규칙을 만들었다. 이러한 규칙들은 체중을 만드는 데 대한 동기를 크게 감소시켰고, 따라서 건강 위험을 줄이는 데 영향을 미쳤다. 체중 분류 규칙에는 다음이 필요하다.[77]

- 레슬링 선수는 첫 번째 공식 팀 연습 전에 기관의 경기 의료진(의사, 운동 트레이너 또는 등록된 영양사)에 의해 체중을 평가받아야 한다.
- 이 체중은 레슬링 선수의 최소 체급으로 간주되며, 이 체급 이하로는 출전할 수 없고 측정된 최소 체급보다 높은 체급에서만 출전할 수 있다.
- 만약 레슬러가 레슬링 시즌 동안 살이 찌고 최소 체중보다 두 단계 높은 레벨에서 레슬링을 한다면, 선수는 이전에 설정된 최소 체급에서 더 이상 레슬링을 할 수 없다.
- 선수가 탈수되지 않도록 하기 위해 운동선수는 또한 정상적인 수화 상태를 가져야 한다. 탈

레슬링 선수의 체중 감량에 대한 ACSM의 권고안

다른 스포츠들이 살을 찌우는 것에 중점을 두는 반면, 일부 파워 스포츠는 '체중 만들기'를 요구한다. 그러나 결과적인 체중 감소나 증가는 항상 체중 자체보다는 근육량의 유지나 증가를 중요하게 여겨야 한다. 체중을 빼거나 찌우는 전략은 제지방량을 빼거나 찌우는 전략과 완전히 다르기 때문에, 체중을 바꾸려고 노력하는 운동선수들은 스스로에게 "어떤 무게인가?"라고 물어보면 좋을 것이다. 대부분의 경우, 체중 감량 전략은 제지방량의 감소와 지방량의 상대적 증가를 초래한다. 그리고 체중 증가 전략은 그 반대의 결과를 낳는다. 이러한 결과 중 어떤 것도 중요한 체중 대비 근력 비율을 개선하지 못하므로 경기력을 개선하지 못한다.

미국스포츠의학회는 다음과 같은 권고안을 제시한다.

- 코치와 레슬링 선수에게 장기간의 단식과 탈수가 신체적 운동수행력과 건강에 미치는 악영향에 대해 교육해야 한다.
- 무게를 만들기 위해 고무 슈트, 찜질방, 사우나, 설사제, 이뇨제를 사용하지 않는다.
- 체중 감소와 탈수를 관찰하기 위해 연습 전후로 매일 체중 측정 일정을 잡는다. 연습 중 감량된 체중은 적절한 음식과 수분 섭취를 통해 회복되어야 한다.
- 모집단을 위한 유효한 방법을 사용하여 시즌 전에 각 레슬링 선수의 신체 조성을 평가한다. 체지방이 7% 이하인 16세 이하 남성이나 체지방이 5% 이하인 16세 이상 남성은 의료 허가를 받아야 출전할 수 있다. 여자 레슬링 선수들은 12~14%의 체지방이 필요하다.
- 탄수화물(칼로리의 55% 이상)이 많고 지방이 적은(30% 미만) 균형 잡힌 식단에서 섭취하는 일일 칼로리 섭취의 필요성을 강조하며, 적절한 단백질(칼로리의 15~20%, 몸무게의 1kg당 1.2~2.0g)은 RDA 지침과 신체 활동 수준에 따라 결정된다. 고등학교와 대학교 연령의 선수들은 몸무게에 따라 하루에 최소 1700~2500Kcal를 섭취해야 한다. 혹독한 훈련은 하루에 1,000Kcal까지 추가로 요구량을 증가시킬 수 있다. 레슬링 선수들의 코치, 부모님, 학교 관계자, 그리고 의사들은 그들이 최소 일일 필요량보다 적게 소비하는 것을 단념시켜야 한다. 이러한 최소한의 칼로리 섭취는 운동과 함께 점진적인 체중 감량을 가능하게 할 것이다. 최소 체중에 도달한 후에는 어린 레슬링 선수의 정상적인 발달 요구를 지원하기 위해 칼로리 섭취량을 충분히 늘려야 한다.

Reprinted by permission from R.A. Oppliger et al., "ACSM Position Stand: Weight Loss in Wrestlers," *Medicine & Science in Sports & Exercise* 28, no. 10 (1996): 135-138.

수의 가능성을 더욱 줄이기 위해 NCAA는 사우나와 고무 슈트의 사용을 금지했다. 또한 각 등급의 중량 허용량이 0.5kg에서 1kg으로 증가했다.

- 체중 측정 시간이 경기 24시간 전에서 경기 2시간 전으로 옮겨졌다. 이러한 짧은 회복 시간은 운동선수가 경기 전에 회복되기를 바라며 탈수를 통해 체중을 줄이는 것을 훨씬 더 어렵게 만든다.

대학 레슬링 선수들의 체중 감량 관행을 평가한 결과 40%의 선수들이 새로운 NCAA 규정을 따르고 있으며 위험한 체중 감량 관행을 억제하고 있는 것으로 나타났다.[78] 비록 이것이 긍정적인 결과이지만, 여전히 많은 레슬링 선수들은 위험한 체중 감량 행동을 유지해 왔다. 미시건주의 고등학교 레슬링 선수 대부분은 단식, 탈수 등 레슬링 시즌 동안 매주 최소 한 가지 이상의 해로운 체중 감량 방법을 사용하고 있는 것으로 밝혀졌다.[79] 레슬링 선수들이 여전히 흔히 행하는 체중 감량 기술에 대한 여러 단계의 우려가 있다. 영양실조가 성장호르몬 생성의 변화로 이어질 수 있으며, 이는 여러 시즌에 걸쳐 나타날 경우 영구적인 성장장애로 이어질 수 있다는 일부 증거도 있다.[80] 또 다른 연구는 식단 제한이 단백질 영양과 근육 성능을 감소시킨다는 것을 알아냈다.[81] 이러한 데이터는 에너지 제한에 의한 체중 감소가 레슬링 선수의 무산소성 운동수행력을 현저히 감소시켰다는 것을 나타내는 발견에 의해 확인된다. 탄수화물 섭취량이 적은 사람들은 그렇지 않은 반면, 고탄수화물 섭취 다이어트를 한 사람들은 그들의 운동수행력을 회복하는 경향이 있었다.[82]

급격한 체중 감소로 인한 명백한 생리학적 변화 외에도, 대학 레슬링 선수들의 급격한 체중 감소가 단기 기억력의 저하를 야기한다는 증거가 있는데, 이는 학생 선수들의 학업 성취도에 영향을 미칠 수 있다는 근거이다.[83] 예상된 최소 레슬링 체중보다 낮은 무게로 경기를 하는 것이 더 큰 성공과 관련이 있다는 증거가 있다.[84] 하지만 이 짧은 기간 동안 성공적인 체중 증가가 성공을 위해 중요하다는 증거도 있다. 레슬링 선수들의 상대적 체중 증가를 평가하는 한 연구에 따르면, 몸무게가 더 나가는 레슬링 선수는 57%의 성공률을 보였다.[85] 3%의 탈수 현상이 무산소성 지구력과 무산소성 파워를 해치고, 상대적으로 4%의 체중 감소도 레슬링 수행능력을 해친다는 증거도 있다. 그러므로 레슬링 선수들이 고탄수화물 식단을 섭취한 후, (글리코겐 저장을 최적화하기 위해) 충분한 수분 상태에서 운동 테이퍼 후에 시합을 한다면 가장 잘할 것이라고 권고되어 왔다.[86]

이 모든 요소들을 염두에 두고, 레슬링 선수들은 그들의 스포츠와 관련된 다음의 영양학적 문제들을 고려해야 한다.

체중을 만드는 것은 경기력과 건강 모두에 위험하다.

체중 순환(예를 들어 몸무게를 만들기 위한 체중 감소 후 경기력 향상을 위한 체중 회복)이 위험하며 글리코겐 고갈, 근육량 감소, 휴식 에너지 소비 감소 및 체지방 증가로 이어질 수 있음을 시사하는 근거는 충분하다.[87] 만약 이런 일이 자주 일어난다면 휴식 에너지 소비의 감소로 운동선수가 식이 제한을 통해 원하는 체중을 얻는 것을 더 어렵게 만들 수 있고, 이는 레슬링 선수가 원하는 체중을 얻기 위해 더 엄격한(그리고 더 위험한) 조치를 취하도록 이끌었다. 레슬링 선수와 코치는 건강과 경기력의 장애를 피하기 위해 위스콘신 대학 체육 협회에서 제공하는 체중 달성을 위한 합리적인 모델을 따라야 한다.[88] 이 프로그램은 체중에 대한 합리적인 목표를 개발하고, 레슬링 선수들이 원하는 체중을 합리적으로 달성할 수 있도록 영양 교육 정보를 제공하며, 부적절한 체중 감량 방법이 시사하는 바를 이해할 수 있도록 한다. 이번 체중 감량 지침에는 한 시즌 동안 발생할 수 있는 최대 체중 변화량에 상한선을 두고, 시즌 어느 시점에서든 갑작스럽고 극적인 체중 변화가 일어나지 않도록 모니터링 시스템을 추가했다.

레슬링의 무산소성 특성은 탄수화물을 저장하기 위해 충분한 수분이 필요하다는 것을 의미한다.
비록 올림픽 레슬링에는 유산소적 요소가 있지만(휴식 없이 5분간 경기 지속), 고등학교 레슬링은 주로 무산소성 스포츠이다(2분 3회전). 이런 종류의 활동에서 탄수화물에 대한 요구는 매우 높다. 레슬링 선수들이 탄수화물을 많이 섭취했을 때 더 잘한다는 증거가 있다. 레슬링 선수들이 보통 원하는 몸무게를 얻기 위한 수단으로 탈수에 의존한다는 것 또한 큰 걱정거리이다. 레슬링 선수들은 탄수화물 저장을 억제하는 것 외에도 장기 기능 상실, 열사병, 사망을 포함한 명확한 위험 때문에 탈수를 유발하는 것을 참아야 한다.

레슬링 선수들과 코치들은 부적절한 영양 섭취의 잠재적인 위험에 대해 더 잘 교육받아야 한다.
성장하는 운동선수들이 임의로 저체중을 달성하기 위해 노력하는 것은 건강 증진(스포츠의 궁극적인 목표)보다는 질병을 유발할 것이다. 잘못된 저체중 목표를 달성하기 위해 어린 운동선수를 위험에 빠뜨리는 것은 용납될 수 없다. 특히 레슬링 선수가 실제로 이 체중에서 경쟁하지 않기 때문이다. 스포츠에 관련된 모든 사람들은 레슬링 선수들에게 합리적으로 적용될 수 있는 널리 받아들여진 신장 대비 체중 기준의 개발을 지지해야 한다. 또한 식생활의 과감하고 위험한 변화를 허용하는 시간을 주기보다 경기 직전에 체중을 재야 한다. 규정이 바뀔 때까지, 레슬러와 코치는 현재의 체중 조절 절차와 관련된 위험성을 인지해야 한다.

보충제 및 보조제는 음식 및 음료의 충분한 섭취로 영양상의 요구를 만족시키는 것의 적절한 대체제가 아니다.
비록 계획이 필요하고 단순히 약을 먹는 것보다 더 불편할 것 같지만, 식품 우선 접근법이 필요한 영양소를 얻는 최선의 방법이라는 증거가 점점 명확해지고 있다. 젖산과 관련된 산성도를 완충시키고 레슬링 선수들이 더 오래 경기를 할 수 있도록 하기 위한 탄산수소나트륨과 같은 일반적이고 비교적 양성인 보충제조차도 문제를 초래할 수 있다. 표준 권장 용량으로 탄산수소나트륨을 섭취하는 것은 종종 GI 이상과 관련이 있다. 그리고 부정적인 GI 효과를 제한하기 위해 복용량을 낮춘다면, 레슬링 선수들은 이점을 확신할 수 없을 것이다.[135]

스피드 스케이팅

스피드 스케이팅은 1924년부터 남자, 1960년부터 여자 종목에서 올림픽 종목이 되었다. 쇼트트랙 경기는 1992년 올림픽에서 처음으로 정식 종목으로 채택되었다. 스피드 스케이팅 선수들은 보통 경기를 준비할 때 일주일에 30시간에서 35시간 동안 훈련한다.[89] 이러한 훈련량은 경쟁 거리에 관계없이 높은 에너지 요건과 관련이 있다. 더 긴 마라톤 스피드 스케이팅 경기의 혹한 환경은 에너지 요구량을 10~40% 더 높이는 데 기여할 수 있다.[90] 쇼트트랙이든 롱트랙이든 충분한 에너지의 소비는 경기력 저하나 질병 위험 증가를 방지하기 위해 중요하다. 특히 스피드 스케이팅 선수가 상대적으로 빈번한 감염을 가지고 있다는 증거가 있기 때문이다.[137~139]

높은 에너지 요구량을 만족시킬 만큼 자주 먹는 것의 어려움은 많은 스피드 스케이팅 선수들이 식이보충제를 섭취하도록 영향을 미친다. 27개 종목의 엘리트 운동선수들을 대상으로 식이 보충제 섭취를 평가한 연구에 따르면 쇼트트랙과 롱트랙 스피드 스케이팅 선수들이 식이 보충제 섭취율이 가장 높은 것으로 나타났다.[92] 이 연구에서 가장 높은 수준의 운동선수들은 트레이너, 팀 동료, 그리고 가족 또는 친구들이 보충에 관한 정보의 상위 세 가지 원천이라고 보고했다. 그러나 이러한 출처로부터 받은 조언의 대부분은 선수들의 필요와 무관한 것으로 보인다. 게다가, 많은 보충제에서 발견되는 불법적인 물질은 양성 도핑 테스트의 위험을 증가시킬 수 있다.[93] 롱트랙 스피드 스케이팅 선수들에 의해 사용된 식이 보충제에 대한 최근 메타 분석 결과 높은 수준의 효과 가변성이 발견되었다. 선수들은 정규 훈련 프로토콜의 일부로 보충제를 포함시키기 전에 자격을 갖춘 직원의 감독하에 보충제의 효능을 테스트해야 한다.[140] 스케이트 선수들은 형편없는 식단으로 인해 생긴 결핍만을 목표로 하는 영양 보충제의 잘 확립되지 않은 혜택에 의존하기보다는, 더 좋은 음식을 더 자주 먹는 것이 훨씬 낫다.

대회를 준비하는 스피드 스케이팅 선수들의 훈련은 에어로빅 능력 향상에 힘쓰는 장거리 주자들의 훈련과 비슷하다.[94] 스피드 스케이팅 선수 훈련의 40%는 장거리달리기, 사이클링, 20%는 고강도 인터벌 트레이닝, 15%는 지구력이나 저항력 트레이닝, 25%는 스피드 스케이팅 특유의 동작을 모방한 트레이닝을 포함한다.

스피드 스케이팅 거리가 짧을수록(즉, 500~1500m) 무산소성 대사의 비율이 높아지는 반면, 거리가 길수록(즉, 5,000~10,000m) 유산소성 대사가 더 많이 필요하다.[95] 특히 산소 공급이 더 많이 필요한 거리의 경우 철분 상태가 매우 중요하다. 일부 운동선수들은 새로운 적혈구의 발달을 자극하기 위해 고지대에 살면서 철분 상태를 최적화하려고 하지만, 이 전략은 철분 저장소가 충분히 있을 때만 유용하다.[96]

과거 자료는 엘리트 스피드 스케이팅 선수의 영양 섭취가 크게 향상되었음을 시사한다. 1983년 스피드 스케이팅 선수들은 에너지 밀도가 높은 식단을 소비했는데, 칼로리의 50%는 지방으로, 30%는 탄수화물로 섭취했다. 보다 최근의 식이요법 분석에 따르면 탄수화물 섭취는 총 칼로리의 60%까지 증가했으며 이는 발표된 권장 사항과 더 근접한 수준이다.[97, 98] 새로운 전략은 계획적이고 빈번한 소비로 에너지 요구를 역학적으로 충족시킬 필요성을 강조한다.[141] 이 전략은 중요한 글리코겐 저장을 유지하고, 더 나은 근육 회복을 가능하게 하며, 증가된 체지방 저장을 제한한다.

이 모든 요소들을 염두에 두고, 스피드 스케이팅 선수들은 그들의 스포츠와 관련된 다음의 영양학적 문제들을 고려해야 한다.

스피드 스케이팅 선수는 에너지 요구를 만족시켜야 한다.

충분한 에너지가 없다면, 스피드 스케이팅 선수들은 적절한 근육량을 유지하는 데 어려움을 겪을 것이고 글리코겐 저장을 손상시킬 것이다. 이상적으로, 이 높은 에너지 요구는 전략적으로 계획된 여러 번의 식사 기회를 통해 충족되어야 한다. 스피드 스케이팅의 힘과 지구력 요소 모두 높은 탄수화물 연료를 요구하는데, 이것은 체중 1kg당 8~10g, 즉 소비되는 총 칼로리의 약 65%의 수준에서 전달되어야 한다.

스피드 스케이팅 선수는 수분 요구 사항이 충족되도록 해야 한다.

땀의 손실은 모든 온도에서 발생하지만, 차가운 환경은 또한 저온으로 인한 이뇨증을 유발하여 수분 보충 상태를 더 생성할 수 있다. 진한 소변, 빈번한 소변, 낮은 소변량은 모두 탈수를 암시한다. 스피드 스케이팅 선수들은 훈련 전 마지막 식사 직후 스포츠 음료(탄수화물 6%, 컵당 나트륨 150~200mg)로 조금씩 마시는 프로토콜을 시작하는 것이 이상적이다. 선수들은 훈련 10~15분마다 1~2회씩 한 입씩 먹고, 훈련 중에는 편한 간격으로 자주 한 입씩 마셔야 한다.

스피드 스케이팅 선수들은 글리코겐 저장을 최적화하는 방식으로 먹고 마셔야 한다.

글리코겐은 탄수화물과 액체의 정확한 시기의 섭취를 통해 가장 잘 유도된다. 탈수는 글리코겐을 저장하는 것을 훨씬 더 어렵게 만든다. 스피드 스케이팅 선수들은 간 글리코겐과 근육 글리코겐 둘 다에 대해 걱정해야 한다. 간 글리코겐은 주로 혈당을 유지하는 역할을 하며, 운동을 하지 않을 때 약 3시간 내에 소멸된다. 그러나 운동을 하면 혈당 요구량이 급격히 증가해 간 글리코겐 저장량이 고갈되고 30분 안에 혈당이 낮아져 피로감이 생긴다. 간의 글리코겐 저장을 유지하기 위해서는 운동 전이나 운동 중에 탄수화물 섭취(스포츠 음료를 마시는 것이 좋은 전략)를 최대한 많이 하는 것이 중요하다.

최적의 근육 글리코겐 저장을 위해서는 다음이 필요하다. (1) 저강도 및 단기간 훈련을 통한 근육 글리코겐 사용 감소 (2) 근육 글리코겐 저장을 지원하기 위한 잘 정제되고 적절한 탄수화물 및 유체 섭취. 운동 후 즉시 탄수화물을 섭취하는 것이 유용하다. 운동 중 탄수화물을 섭취하는 것도 근육의 글리코겐 저장 정도를 줄이는 데 도움이 돼 운동하는 날마다 더 높은 글리코겐 저장을 유지하는 것이 쉬워진다.

스피드 스케이팅 선수는 정상적인 철분 상태를 유지해야 한다.

스피드 스케이팅 선수들의 신진대사 산소 요구량은 특히 1,000m가 넘는 경주 거리에서 높다. 대부분의 스피드 스케이팅 선수들의 긴 훈련 프로토콜 때문에, 그들이 경주하는 거리에 상관없이, 산소 운반 능력은 매우 중요하다. 스피드 스케이팅에서 철분의 중요성과 철분 결핍이 가장 흔한 영양소 결핍이라는 사실을 고려할 때, 스피드 스케이팅 선수들이 매년 철분 상태를 평가하는 것은 타당하다. 스피드 스케이팅 선수가 철분 상태가 위태로운 상황에서 최고의 훈련을 하거나 경쟁할 수 있을 것 같지는 않다.

스피드 스케이팅 선수들은 먹고 쉴 충분한 시간을 가져야 한다.

스피드 스케이팅 선수들은 많은 시간을 훈련하는 데 보낸다. 아직 먹고 쉬는 것이 훈련 요법의 필수적인 요소로 여겨지지는 않고 있다. 불충분한 음식 섭취, 불충분한 식사 기회(한 끼에 과도한 음식 섭취를 강요함), 불충분한 휴식은 모두 운동 향상 가능성을 감소시킨다. 스피드 스케이팅 선수들은 식음료 소비와 운동을 역동적으로 통합하는 방식으로 훈련일을 계획해야 한다.

올림픽 역도

국제역도연맹(IWF)은 남자 55kg에서 109kg 이상, 여자 45kg에서 87kg 이상까지 10개의 체급을 만들었다. 경기는 인상(스내치, 한 동작에 팔을 똑바로 펴서 머리 위로 바벨을 들어 올리는 것)과 용상(클린 앤 저크, 두 개의 다른 동작으로 머리 위로 바벨을 들어 올리는 것)을 포함한다. 종합 우승자는 인상과 용상에서 가장 무거운 무게를 들어 올린 선수다. 다른 파워 운동선수들과 비교했을 때, 올림픽 역도 선수들은 단거리 선수들보다 상당히 강하며 파워리프터보다 훨씬 더 높은 최대 힘과 파워 출력을 생성한다.[99]

역도 선수의 주요 영양 목표는 훈련과 회복을 촉진하기 위해 충분한 에너지와 영양분을 소비하고 훈련과 관련된 적응력을 향상시키는 것이다.[142] 역도 선수는 높은 수준의 단백질(2.5g/kg 이상)을 섭취하는 경향이 있으며, 전체 에너지(Kcal) 요구량을 부분적으로 지원하기 위해 이 큰 단백질 섭취를 사용할 가능성이 높다. 연구원들은 에너지 균형 상태에 있는 역도 선수들에게는 하루에 1.0g/kg이면 충분하며, 이 수준 이상을 섭취하는 선수들은 기분 상태에 부정적인 영향을 미칠 수 있다고 제안했다.[100] 높은 수준의 단백질 섭취는 또한 탈수 위험을 증가시키고 시간이 지남에 따라 신장 세관에 손상을 줄 수 있는 높은 수준의 대사 질소 폐기물을 초래할 수 있다.[101]

크레아틴, 단백질, 탄수화물의 혼합물을 평가하는 연구는 이 혼합물이 근비대와 근력 향상에 단백질과 탄수화물 보충제보다 우수하다는 것을 발견했다(근력의 40%가 근비대에서 기인).[102] 또 다른 연구는 유청단백질이 근비대와 근력을 돕는 데 있어 크레아틴 일수화물과 동등하다는 것을 발견했는데, 이는 크레아틴 그 자체가 근력 증가와 관련이 있을 수 있다는 것을 시사한다.[103] 단백질 보충제(출처 미상)를 자체적으로 평가한 연구는 이 보충제의 소비가 근육 성능 향상과 명확하게 연관될 수 없다고 결정했다.[104] 또한 이 연구는 혈중 코르티솔 수치(이화 호르몬)가 위약 그룹보다 단백질 보충 그룹에서 유의미하게 높다는 것을 발견했다. 이것은 지방량을 줄이면서 근육량, 근력, 파워를 유지해야 하는 역도 선수들에게 문제가 될 수 있다.[114] 높은 코르티솔 수치는 근육 파괴와 관련이 있기 때문에, 이 단백질 보충 전략은 역효과를 낼 수 있다.

카페인 섭취는 운동선수가 피로점까지 운동할 때 단기 저항 운동의 성과를 높이는 것으로 나타났고, 위약군보다 더 긍정적인 기분 상태를 초래할 수 있다.[105] 그러나 개인 간 반응의 차이가 크므로, 시합 기간에 사용하기 전, 각 개인별로 신중하게 테스트해야 한다.[116] (아미노산 글리신에서 유래한) 베타인 보충제 또한 역도 선수들에게 시험되었다. 2주간의 베타인 보충은 근지구력을 향상시키고 근피로를 낮췄다.[106] 하지만, 이러한 이점은 통곡물, 조개, 그리고 신선한 채소를 섭취해서 선천적으로 높은 글리신과 베타인 농도를 가지고 있는 운동선수들에게서는 관찰될 것 같지 않다.

체성분은 역도 경기에서 중요한 요소이고, 제지방량은 인상과 용상에서 모두 경기력과 밀접한 관련이 있다. 대조적으로, 체지방률은 인상과 용상 모두의 운동수행력과 부정적으로 연관된다.[109] 이러한 결과는 역도 선수들이 어떻게 그리고 무엇을 섭취하는가에 분명히 영향을 미친다. 그리고 왜 그렇게 많은 역도 선수들이 원하는 신체 프로필을 얻기 위해 잠재적으로 위험한 보조 수단을 찾는지를 강조한다. 이러한 보조수단에는 심각한 심장학적, 신경학적 문제를 일으킬 수 있는 에페드라 함유 식이 보충제가 포함된다.[107]

음식에서 충분한 에너지를 섭취하는, 특히 소량의 식사를 빈번하게 하는 운동선수에게는 대부분 보충제의 잠재적인 이점이 사라진다. 올림픽 역도 선수들의 식습관에 대한 리뷰는 일부 불안한 추세를 보여준다.[108] 이 운동선수들은 동물에서 유래한 단백질을 가장 중요한 음식으로 여긴다. 그리고 트라이애슬론 경기 선수들보다 두 배 이상의 고기와 계란을 먹었다. 리프터는 보충제의 주요 소비자인데, 에르고제닉 효과를 뒷받침할 만한 증거가 없다. 그리고 그들은 종종 체중을 줄이기 위해 경기 전에 음식 섭취를 줄이고, 아마도 더 낮은 체급으로 경쟁할 것이다.

이 모든 요소들을 염두에 두고, 올림픽 역도 선수들은 그들의 스포츠와 관련된 다음의 영양학적 문제들을 고려해야 한다.

경쟁적인 체성분으로 체중을 유지하는 것이 경기 전에 체중을 감량했다가 다시 체중을 회복하는 것보다 낫다.

운동선수는 원하는 체급을 얻기 위해 체중 감량 사이클을 거치지 않고 경쟁력 있는 체중과 체성분을 유지하는 전략을 찾아야 한다. 체중의 주기적인 감소는 최고 역량을 발휘하기 위해 높은 수준의 근육과 낮은 수준의 지방에 의존하는 운동선수들에게 잘못된 영향을 미칠 가능성이 높다. 총 에너지 요구를 만족시키고 에너지 섭취와 소비를 역학적으로 일치시키는 소량의 빈번한 식사는 높은 제지방량 및 낮은 체지방량과 가장 밀접한 관련이 있다.

음식 섭취는 보충제에 의존하는 것보다 항상 우월하다.

음식은 필요한 영양소와 에너지를 폭넓게 제공할 가능성이 높고, 가격이 저렴하며, 잠재적으로(많은 보충제의 라벨에 나열되지 않는) 불법적인 물질과 관련이 없다. 어떤 이유로든 충분한 음식과 영양분을 섭취하지 못하는 운동선수들에게는 보충제가 중요한 역할을 한다. 하지만 그것들이 좋은 음식을 대신할 수는 없다.

단백질은 중요하지만, 그것이 전부는 아니다.

역도 선수들에 대한 조사는 단백질에 대한 과도한 의존과 섭취를 강하게 시사한다. 선수의 체중 1kg당 2g 이하의 단백질과 체중 1kg당 6g 이상의 탄수화물을 포함하는 식단을 통해 에너지 요구량을 충족시키는 것이 훨씬 더 좋고 안전할 것이다. 이러한 수준의 에너지 기질 분포는 글리코겐의 수요를 충족시키고 근육량을 유지하거나 증가시키기 위한 충분한 단백질 그 이상을 제공한다.

시합에서는 에너지를 크레아틴인산에 높게 의존할 수 있지만, 훈련은 장시간이고 근육의 글리코겐에 크게 의존한다.

운동선수들은 종종 시합의 대사적 요구를 훈련의 요구과 혼동한다. 역도에서 선수는 좋은 성적을 내기 위해 높은 양의 크레아틴인산을 필요로 한다. 크레아틴인산은 적절한 에너지와 단백질 섭취를 통해 근육에서 최적화될 수 있다. 그것은 낮 동안 에너지의 큰 결핍을 피하게 해줄 수 있다. 그러나 체육관에서 많은 반복과 긴 시간의 훈련은 필요한 에너지를 공급하기 위한 크레아틴인산의 용량을 훨씬 초과한다. 따라서 반복적인 고강도 활동에 대해 글리코겐 저장이 점점 더 중요해지고 있다. 글리코겐 저장을 최적화하려면 훈련 전, 중, 후에 전략적으로 타이밍을 맞춘 비교적 높은 탄수화물 섭취가 필요하다.

파워와 속도가 필요한 스포츠를 위한 실용적인 영양 가이드

파워 운동선수들은 당연히 체중 대비 근력 비율을 최대화하는 데 집중한다. 이는 가능한 가장 낮은 체지방율에서 근육량을 유지하거나 증가시킬 수 있는 식습관 전략을 필요로 한다. 이상적으로, 파워 운동선수들은 체중 1kg당 1.2~2.0g의 단백질 섭취를 유지해야 한다. 근육량을 유지하려는 선수의 경우는 낮은 수치로, 근육량을 증가시키려는 선수의 경우는 높은 수치로 유지한다. 대부분의 운동선수들(채식주의자는 예외)은 음식만으로도 충분한 양의 단백질을 섭취하며, 종종 권장치를 훨씬 웃도는 수준으로 섭취한다. 이러한 섭취는 에너지 수요를 충족시킬 만큼의 충분한 에너지와 결합되지 않다면, 더 큰 근육량에는 기여하지 않을 것이다. 많은 운동선수들이 단백질 섭취를 통해 총 에너지 요구량을 충족시킨다. 하지만 이는 동화작용에 사용될 수 있는 수치보다 훨씬 높은 수치다. 운동선수들은 또한 하루 종일 에너지 균형과 아미노산 풀을 유지하는 방식으로 칼로리와 단백질을 분배해야 하며, 어느 순간에도 과잉되거나 결핍되지 않게 방지해야 한다. 본질적으로, 운동선수들은 현재의 체중과 근육량을 유지하기에 충분한 칼로리를 섭취해야 하며, 지방량을 늘리지 않으면서도 더 큰 근육량을 지지할 수 있는 충분한 추가 칼로리를 섭취해야 한다. 이러한 추가 칼로리는 더 큰 근육량을 자극하기 위한 충분한 저항 운동과 결합되면 보통 하루에 300~400Kcal 정도이다. 인간은 에너지 우선 시스템이라는 것을 고려하는 것이 중요하다. 그래서 합리적으로 좋은 에너지 균형 상태를 유지하지 못하면 단백질의 대량 섭취에도 불구하고 근육량을 증가시키는 것이 어렵거나 불가능하게 된다.

많은 스포츠는 특정 체급(예: 복싱, 레슬링, 경마)을 달성해야 하는 반면, 다른 스포츠는 외모와 성과 요소(예: 체조, 피겨스케이팅, 다이빙)를 위해 가능한 한 낮은 체중으로 높은 수준의 파워를 생산해야 한다. 이러한 운동선수들이 종종 원하는 체중을 달성하기 위해 칼로리를 제한하거나 탈수를 유발한다는 증거가 있는데, 이것은 더 심각한 섭식 장애를 초래할 수 있는 위험하고 경기력을 저하시키는 관행이다. 대신, 선수들은 소량의 빈번한 식사(1일 6회)와 빈번한 수분 섭취를 통해 경기력과 수분 상태를 최적화해야 한다.

표 11.5~11.11은 2,100, 2,300, 2,700, 3,100, 3,400, 3,700, 4,100Kcal의 섭취에 대한 7가지 식사 계획을 제공한다. 운동선수들이 식사 계획을 운동 일정에 가장 잘 통합하는 방법을 이해하도록 돕기 위해, 그 계획에는 다른 시간대의 훈련 시간이 포함된다. 이 음식들은 하루 동안 에너지 균형을 유지(±400Kcal)하고 단백질과 다른 영양소를 분배하는 데 도움이 되는 방식으로 훈련 시간 동안 소비된다. 하루의 끝에서만 에너지 균형을 보는 것이 아니라 식사 계획에는 이화 상태(즉, 에너지 균형이 0 미만) 또는 동화 상태(즉, 에너지 균형이 0 이상)에서 보낸 시간에 대한 정보가 포함된다. 동화-이화 비율이 1이면 체중과 체성분이 안정화된다. 비율이 1보다 크면 선수가 근육량을 늘릴 수 있다. 그리고 1 미만의 비율은 운동선수가 체지방 비율을 낮추는 데 도움이 될 것이다. 목적은

운동선수들이 필요에 맞는 최고의 식사 전략을 개발할 수 있는 출발점을 제공하는 것이다.

이러한 식단의 칼로리 수치는 설명만을 위한 것이며 누구에게나 완벽하지는 않다는 것을 유념하는 것이 중요하다. 체중 안정과 건강한 체지방 수치는 적절한 칼로리를 적절한 시기에 소비하는 최고의 지침이다. 운동선수들은 개인에게 맞는 칼로리 섭취량과 패턴을 찾아야 한다. 또한 유체 섭취량은 나열된 유체보다 훨씬 더 높을 수 있다. 운동선수들은 식사와 함께 충분한 양의 물을 소비해야 하며, 또한 신체 활동을 하는 동안 더 많은 스포츠 음료를 소비해야 할 수도 있다. 운동선수는 최적의 체내 수분을 유지할 수 있도록 충분히 마셔야 하며, 이는 소변이 거의 맑다는 것을 의미한다.

계획 1

표 11.5의 요법은 점프 능력 향상을 목표로 파워를 높이기 위해 강도 높은 훈련을 하는 400m 허들 선수의 전형일 수 있다. 에너지 균형 그래프를 검토한 결과, 이 정도 수준의 체력 훈련을 받는 체중과 키를 가진 선수들은 하루 종일 에너지 균형 상태를 유지할 수 있다. 설명된 에너지 균형 프로파일은 근육 구조를 유지하거나 개선하면서 상대적으로 낮은 체지방 비율을 유지하는 능력과 관련이 있다.

표 11.5 152cm, 45kg의 17세 여성 허들 선수용 2,100Kcal 계획

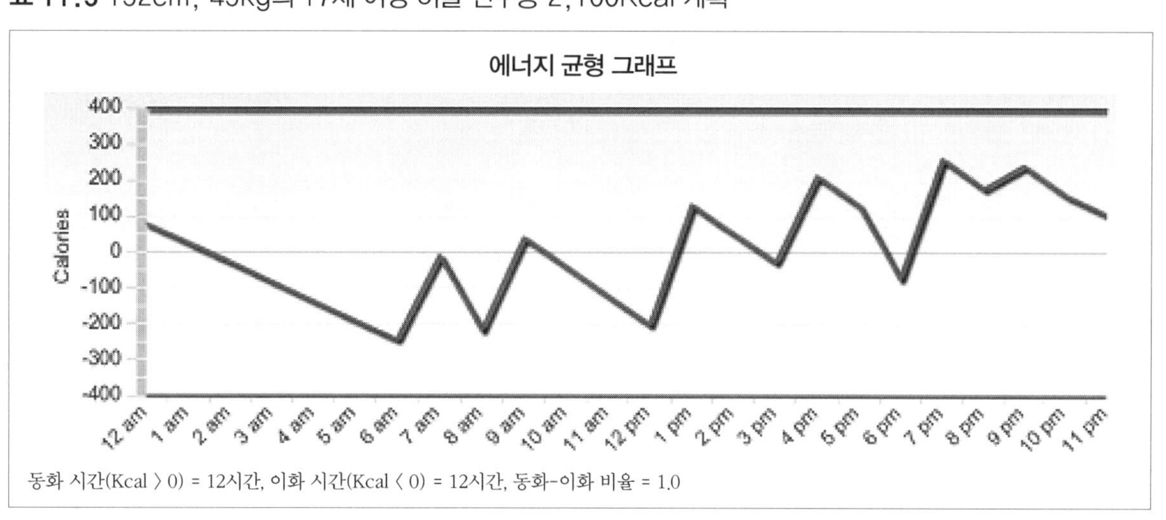

에너지 기질 분배

총 칼로리: 2,127 탄수화물: 69% 단백질: 15% 지방: 16%

시간	활동	음식	양	칼로리
오전 7~8시	운동 전 탄수화물 간식은 운동 전에 간 글리코겐과 혈당을 유지하는 데 중요하다.	계피 건포도 베이글	소형 1개(7.5cm)	156
		잼	1큰술	56
		포도 주스	240mL	102

시간	활동	음식	양	칼로리
오전 8~9시	격렬한 고강도 운동. 혈류량과 혈당을 유지하기 위해 운동 중에 스포츠 음료를 섭취하는 것이 중요하다. 60분	스포츠 음료	240mL	62
오전 9~10시	아침 식사는 운동 후 쿨 다운 이후 바로 섭취해야 한다.	콘플레이크 시리얼	1컵	101
		올 브랜 시리얼	1/4컵	25
		블루베리	1컵	84
		아마 씨 가루	1큰술	53
		1% 지방 우유	240mL	102
		물	원하는 대로	0
오전 10시~ 오후 1시	편안한 산책, 앉아 있기, 가정 생활 또는 학교 활동.	물	원하는 대로	0
오후 1~2시	점심은 충분한 양의 탄수화물과 수분을 제공해야 한다.	무지방 리프라이드 빈	1/4컵	46
		체다 치즈	1큰술	61
		살사 소스	1/4컵	17
		부드러운 타코(밀가루 토르티야) 20cm	1 토르티야	146
		작은 생당근	1/2컵	42
		배	중간 크기 1개	103
		물	원하는 대로	0
오후 2~4시	편안한 산책, 앉아 있기, 가정 생활 또는 학교 활동.	물	원하는 대로	0
오후 4~5시	간식은 에너지 균형이 과도하게 떨어지지 않도록 하기 위해 중요하다.	딱딱한 프레첼, 소금 간	23g	79
		저지방 과일 요거트	1컵	243
오후 5~6시	편안한 산책, 앉아 있기, 가정 생활 또는 학교 활동.	물	원하는 대로	0
오후 6~7시	탄수화물과 나트륨이 함유된 스포츠 음료는 다음 날 운동 전에 정상 수분 상태로 되돌리는 데 유용하다.	스포츠 음료	240mL	62

시간	활동	음식	양	칼로리
오후 7~9시	저녁 식사는 다양한 채소와 지방이 적은 단백질로 영양을 공급해야 한다.	껍질이 없는 구운 닭가슴살	90g	147
		껍질이 없는 구운 감자	중간 크기 1개	145
		사워크림	2큰술	46
		삶은 녹두	1컵	44
		생 양배추	1컵	18
		식물성 기름(카놀라)	1큰술	41
		식초	1큰술	3
		물	원하는 대로	0
오후 9~10시	취침 전 간식은 다음 날 바람직한 에너지 균형 범위 내에서 시작되도록 하는 데 유용하다.	바닐라 푸딩	125g	143
		물	원하는 대로	0

선택 영양소 합계							
총 칼로리	2,127	철분(mg)	19.4	비타민 C(mg)	176.7	비타민 B_{12}(mcg)	7.39
탄수화물(g)	381	칼슘(mg)	1,243	비타민 B_1(mg)	1.87	엽산(DFE)	621.5
단백질(g)	82	아연(mg)	9.05	비타민 B_2(mg)	2.46	비타민 A(RAE)	1,457
지방(g)	39	마그네슘(mg)	365.7	니아신(mg)	28.4	비타민 D(IU)	156
나트륨(mg)	3,242	칼륨(mg)	3,831	비타민 B_6(mg)	3.65	비타민 E(mg)	4.91

계획 2

표 11.6의 식이요법은 200m 또는 400m 달리기 선수가 새벽에 훈련을 하고 늦은 오후에 훈련을 하는 것을 나타내며, 둘 다 같은 강도이다. 이 계획이 설명하는 식음료 소비는 선수가 하루 종일 좋은 에너지 균형 상태를 유지하면서 이화 상태보다 동화 상태에서 더 많은 시간을 보내게 할 것이다. 동화 상태에서의 더 많은 시간은 격렬한 훈련과 함께 이 선수가 근육량을 확대하는 것을 돕기 위해 필요하다.

표 11.6 165cm, 57kg 17세 스프린터용 2,300Kcal 계획

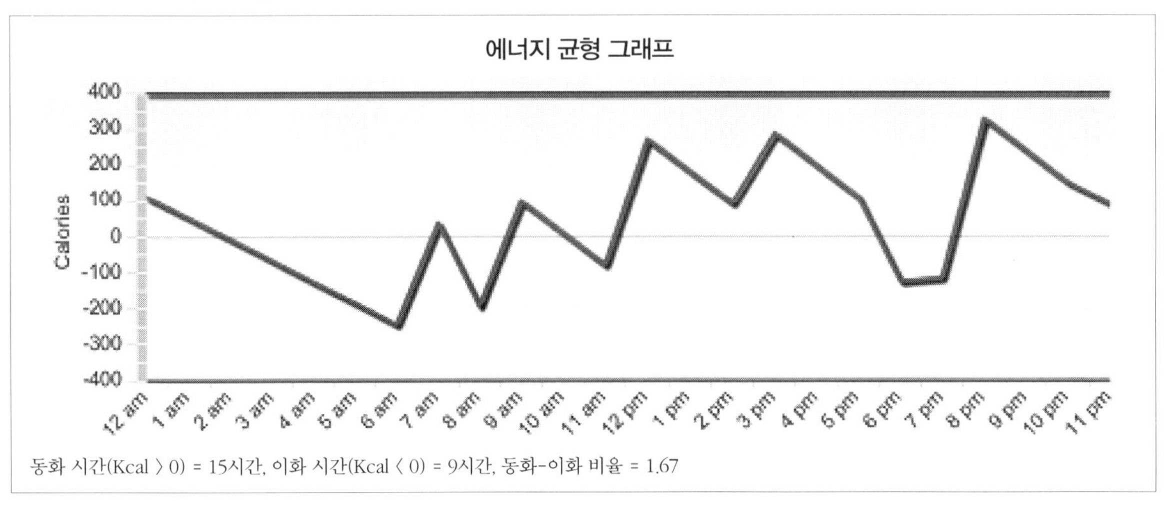

동화 시간(Kcal > 0) = 15시간, 이화 시간(Kcal < 0) = 9시간, 동화-이화 비율 = 1.67

에너지 기질 분배

총 칼로리: 2,316 탄수화물: 69% 단백질: 17% 지방: 18%

시간	활동	음식	양	칼로리
오전 7~8시	운동 전 탄수화물 간식은 아침 운동 세션 중 간 글리코겐과 혈당을 유지하는 데 중요하다.	구운 건포도 빵	2장	172
		잼	1큰술	48
		비타민 C 함유 포도 주스	240mL	152
오전 8~9시	격렬한 60분 운동. 혈당과 혈액량을 유지하기 위해 최소 240g의 탄수화물과 나트륨 스포츠 음료를 섭취하는 것이 중요하다.	스포츠 음료	240mL	62
오전 9~10시	고탄수화물 아침 식사는 운동 후 쿨 다운 이후 바로 섭취해야 한다.	오트밀 시리얼	조리 후 1컵	159
		1% 지방 우유	240mL	102
		호두	10g	61
		씨 없는 건포도	2큰술	90
오전 10시 ~오후 12시	사무 업무, 산책, 학교, 가벼운 집안일 등의 일반적인 일상 활동.	물	원하는 대로	0

시간	활동	음식	양	칼로리
오후 12~1시	점심은 양질의 단백질과 신선한(고탄수화물) 채소의 균형을 제공해야 한다. 수분을 충분히 섭취해야 한다.	흰살 칠면조 로티세리	90g	95
		잡곡 빵	2장	189
		머스타드 소스	1큰술	3
		로메인 상추	내면 1장	1
		작은 생당근	1컵	84
		사과	중간 크기 1개	65
		물	원하는 대로	0
오후 1~3시	사무 업무, 산책, 학교, 가벼운 집안일 등의 일반적인 일상 활동.	물	원하는 대로	0
오후 3~4시	오후 간식은 혈당을 유지하고 오후 운동 전에 간 글리코겐을 정상화 하기 위해 중요하다.	모짜렐라 치즈, 저지방 우유	30g	72
		호밀 크래커	30g	108
		포도(씨 없이)	1컵	104
오후 4~5시	사무 업무, 산책, 학교, 가벼운 집안일 등의 일반적인 일상 활동.	물	원하는 대로	0
오후 5~6시	운동 세션 전에 30분간의 웜업이 바람직하다.	물	원하는 대로	0
오후 6~7시	격렬한 60분 운동. 혈당과 혈액량을 유지하기 위해 최소 240g의 탄수화물과 나트륨 스포츠 음료를 섭취하는 것이 중요하다.	스포츠 음료	240mL	62
오후 7~8시	운동 후 수분 보충. 초코우유가 글리코겐 회복과 근육통 감소에 좋은 운동 후 음료라는 근거가 있다.	저지방 초코우유	240mL	158
오후 8~9시	균형 잡힌 저녁 식사는 운동 후 쿨 다운 이후 바로 섭취해야 한다.	삶은 시금치	조리 후 1컵	41
		장립 현미	3/4컵	162
		삶은 연어	125g	234
		토마토, 체리	1컵	27
		오렌지	중간 크기 1개	65
		물	원하는 대로	0
오후 9~10시	사무 업무, 산책, 학교, 가벼운 집안일 등의 일반적인 일상 활동.			

선택 영양소 합계							
총 칼로리	2,316	철분(mg)	33.8	비타민 C(mg)	232.2	비타민 B_{12}(mcg)	5.52
탄수화물(g)	393	칼슘(mg)	1,645	비타민 B_1(mg)	2.5	엽산(DFE)	819.4
단백질(g)	101	아연(mg)	12.8	비타민 B_2(mg)	3.1	비타민 A(RAE)	3,483
지방(g)	47	마그네슘(mg)	626	니아신(mg)	31.34	비타민 D(IU)	126.9
나트륨(mg)	3,040	칼륨(mg)	5,245	비타민 B_6(mg)	3.78	비타민 E(mg)	6.19

All analyses were derived using NutriTiming®. The energy balance graphs and associated information are copyrighted by NutriTiming LLC and are used with permission.

계획 3

표 11.7의 계획은 어려운 스케이트 기술(스핀, 점프)을 관리할 수 있을 만큼 충분히 작으면서도 52kg의 파트너와 함께 다중 리프트를 할 수 있을 만큼 강한 균형을 맞춰야 하는 젊은 페어 스케이터를 위한 것이다. 이 식단은 하루 종일 좋은 에너지 균형을 유지하며, 또한 근육량과 체중을 유지할 수 있는 시간당 동화-이화 비율을 1.4로 유지한다. 음식과 활동을 학교 생활에서도 수행하는 것은 어린 선수들에게 특히 어렵고 계획을 필요로 한다.

표 11.7 178cm, 68kg 19세 남자 페어 스케이팅 선수용 2,700Kcal 식품 계획

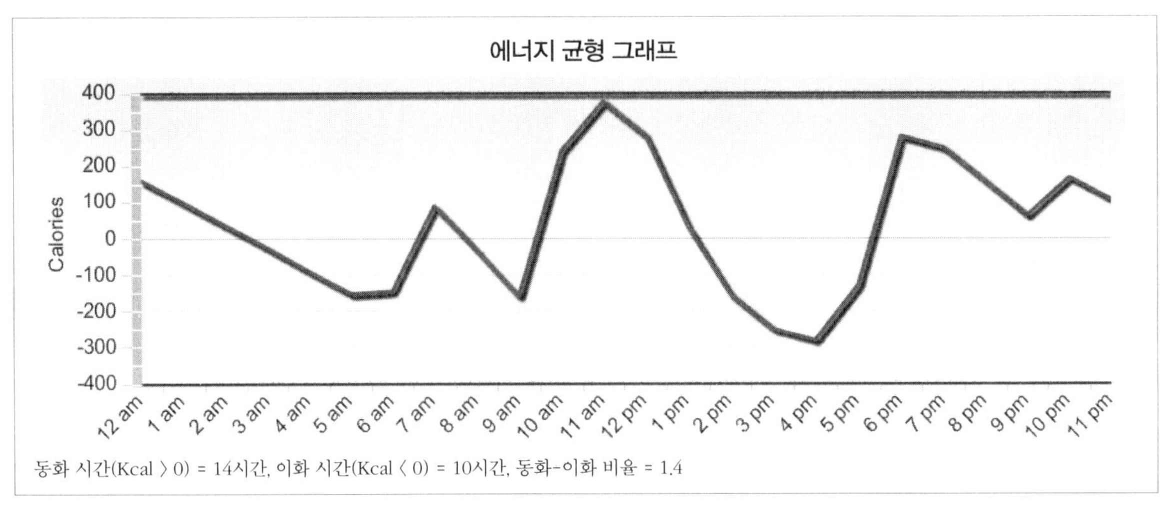

에너지 기질 분배

총 칼로리: 2,704 탄수화물: 62% 단백질: 13% 지방: 25%

시간	활동	음식	양	칼로리
오전 6~7시	주스는 저혈당을 예방하기 위해 일어나자마자 섭취하는 것이 중요하다.	오렌지 주스	360mL	164
오전 7~8시	하루의 활동을 시작하기 위한 간단한 아침 식사.	슈레드 위트 시리얼, 설탕 포함	1.5컵	275
		1% 지방 우유	1컵	102
		커피	240mL	2
		1% 지방 우유(커피)	30mL	13
오전 8~10시	일상적인 학교 생활.	물	원하는 대로	0
오전 10~11시	간식은 에너지 균형과 혈당을 유지하는 데 중요하다.	초콜릿 칩, 소금에 절인 견과류, 씨앗이 들어간 트레일 믹스	3/4컵	530

시간	활동	음식	양	칼로리
오전 11시 ~오후 12시	점심은 집에서 준비해 학교에 가져온다.	껍질이 없는 칠면조 가슴살	90g	134
		머스타드 소스	1작은술	3
		토마토 슬라이스	2장	16
		통밀 빵	표준 슬라이스 2장	138
		물	원하는 대로	0
오후 12~1시	일상적인 학교 생활	물	원하는 대로	0
오후 1~2시	루틴을 검토하기 위한 스포츠 특성 아이스 훈련. 파트너를 자주 들어 올리고 여러 번 점프와 스핀을 한다.	스포츠 음료	360mL	94
오후 2~3시	오프 아이스 훈련은 파트너와 코치와 함께 점프, 점프, 리프트를 포함한 안무를 검토하는 것을 포함한다.	스포츠 음료	360mL	94
오후 3~4시	선수가 목표에 집중할 수 있도록 30분 정도 가벼운 조깅	스포츠 음료	240mL	62
오후 4~5시	쿨 다운. 조깅 후 스포츠 음료를 즉시 섭취하라.	스포츠 음료	240mL	62
오후 5~6시	운동 후 간식. 밀크셰이크는 다음 날을 위해 근육을 준비하고 근육통을 줄이며 에너지 균형을 유지하기 위해 단백질과 탄수화물을 공급한다.	바닐라 밀크셰이크	240mL	246
오후 6~7시	저녁은 선수들이 원하는 음식과 물로 구성되어 있다.	소고기 스튜	1컵	215
		삶은 당근	1컵	55
		껍질이 없는 삶은 감자	중간 크기 1개	118
		크렌베리 주스	240mL	118
		물	원하는 대로	0
오후 7~10시	숙제, 친구나 가족과의 대화, 가사 등 여유로운 활동.	스포츠 음료	240mL	62
		물	원하는 대로	0
오후10~11시	취침 전 간식은 혈당과 에너지 균형을 유지하기 위해 중요하다.	허니듀 멜론	1컵	64
		바닐라 아이스크림	1/2컵	137

선택 영양소 합계							
총 칼로리	2,704	철분(mg)	14.96	비타민 C(mg)	230	비타민 B_{12}(mcg)	5.23
탄수화물(g)	436	칼슘(mg)	980	비타민 B_1(mg)	2.48	엽산(DFE)	538.83
단백질(g)	92	아연(mg)	14.4	비타민 B_2(mg)	3.41	비타민 A(RAE)	1,982
지방(g)	76	마그네슘(mg)	544.9	니아신(mg)	32.88	비타민 D(IU)	142.5
나트륨(mg)	3,113	칼륨(mg)	5,403	비타민 B_6(mg)	3.64	비타민 E(mg)	6.74

계획 4

표 11.8의 계획은 늦은 오후 2시간 동안 강도 높은 연습을 하는 월 클라이머의 운동과 음식 섭취를 나타냅니다. 에너지 섭취량은 에너지 소비와 맞춰서 선수가 이화 상태보다 동화 상태에서 더 많은 시간을 보낼 수 있는 좋은 하루 동안의 에너지 균형을 유지한다. 이러한 섭취와 에너지 지출은 운동선수가 상대적으로 낮은 체지방 수준을 유지하면서 제지방량을 향상할 수 있도록 해야 한다.

표 11.8 180cm, 77kg 27세 남성 클라이머용 3,100Kcal 식품 계획

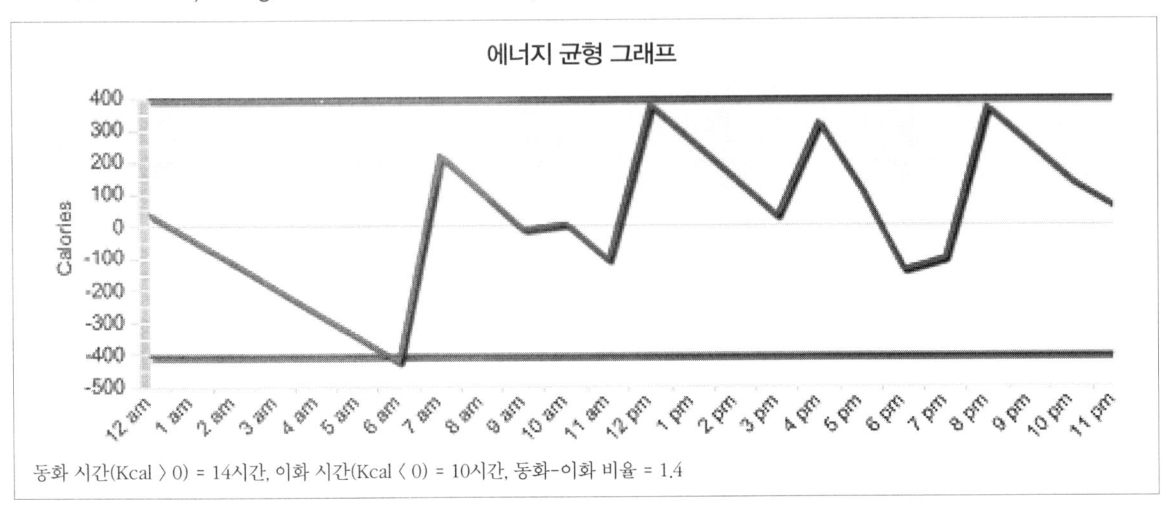

동화 시간(Kcal > 0) = 14시간, 이화 시간(Kcal < 0) = 10시간, 동화-이화 비율 = 1.4

에너지 기질 분배

총 칼로리: 3,065 탄수화물: 59% 단백질: 19% 지방: 22%

시간	활동	음식	양	칼로리
오전 7~8시	충분한 글리코겐 저장(근육과 간 모두)을 보장하고 전날 글리코겐 손실을 보충하고 저녁 연습을 준비하기 위해 충분한 아침 식사가 필요하다.	치리오스 시리얼	1.5컵	154
		딸기	1컵	49
		1% 지방 우유	240mL	102
		잡곡 잉글리시 머핀 토스트	머핀 1개	156
		피넛 버터, 두툼하게	2큰술	188
		오렌지 주스	240mL	110
오전 8~10시	심박수를 올리지 않는 규칙적인 주간 활동.	물	원하는 대로	0
오전10~11시	아침 간식은 하루 동안의 에너지 균형을 유지하는 데 중요하다.	바나나	중간 크기 1개	134
오전 11시 ~오후 12시	심박수를 올리지 않는 규칙적인 주간 활동.	물	원하는 대로	0

시간	활동	음식	양	칼로리
오후 12~1시	영양이 풍부한 점심: 운동선수는 음식을 먹을 때마다 물을 충분히 섭취해야 한다.	얇게 썬 구운 소고기	125g	133
		잡곡 빵	3장	207
		머스타드 소스	1작은술	3
		마요네즈	1/2작은술	52
		로메인 상추	2방	2
		딱딱한 프레첼	30g	106
		사과	큰 것 1개	98
오후 1~4시	심박수를 올리지 않는 규칙적인 주간 활동.	물	원하는 대로	0
오후 4~5시	활동 전 간식 섭취 후 준비 운동. 간식은 이른 시간에 먹어야 하며 늦은 오후의 훈련을 위해 준비 운동을 시작해야 한다.	구운 아몬드	30g	163
		저지방 과일 요거트	240g	243
오후 5~7시	격렬한 훈련. 탄수화물, 나트륨, 칼륨을 제공하는 액체는 고강도 활동을 지속하는 데 중요하다.	스포츠 음료	960mL	250
		코코넛 워터	720mL	137
오후 7~8시	운동 회복을 위해서는 양질의 단백질을 함유한 탄수화물 음료를 섭취하는 것이 중요하다.	저지방 초코우유	240mL	190
오후 8~9시	저녁. 물은 모든 음식 소비와 함께 충분히 소비되어야 한다.	껍질이 없는 구운 닭가슴살	150g	245
		껍질 채 구운 고구마	큰 것 1개	162
		마가린	1큰술	85
		생 주키니호박	1컵	20
		통밀 디너 롤	1롤	76
		물	원하는 대로	0
오후 9~10시	심박수를 올리지 않는 규칙적인 주간 활동.	물	원하는 대로	0

선택 영양소 합계							
총 칼로리	3,065	철분(mg)	32.16	비타민 C(mg)	310	비타민 B_{12}(mcg)	8.23
탄수화물(g)	462	칼슘(mg)	1,799	비타민 B_1(mg)	2.99	엽산(DFE)	1,234
단백질(g)	146	아연(mg)	22.6	비타민 B_2(mg)	4.32	비타민 A(RAE)	2,529
지방(g)	79	마그네슘(mg)	790	니아신(mg)	53.57	비타민 D(IU)	226.9
나트륨(mg)	4,692	칼륨(mg)	7,577	비타민 B_6(mg)	4.81	비타민 E(mg)	15.82

All analyses were derived using NutriTiming®. The energy balance graphs and associated information are copyrighted by NutriTiming LLC and are used with permission.

계획 5

표 11.9의 계획은 늦은 오후 2시간 동안 훈련하는 미식축구 선수의 섭취량을 나타낸다. 음식 섭취는 에너지 소비와 맞춰서 선수가 양호한 일일 에너지 균형(±400Kcal)을 유지하고 이화 상태보다 동화 상태에서 더 많은 시간을 유지할 수 있도록 한다. 이런 종류의 섭취는 선수가 근육량을 유지하며 낮은 체지방율을 유지할 수 있게 도와준다.

표 11.9 188cm, 91kg 21세 남자 축구 선수용 3,400Kcal 식품 계획

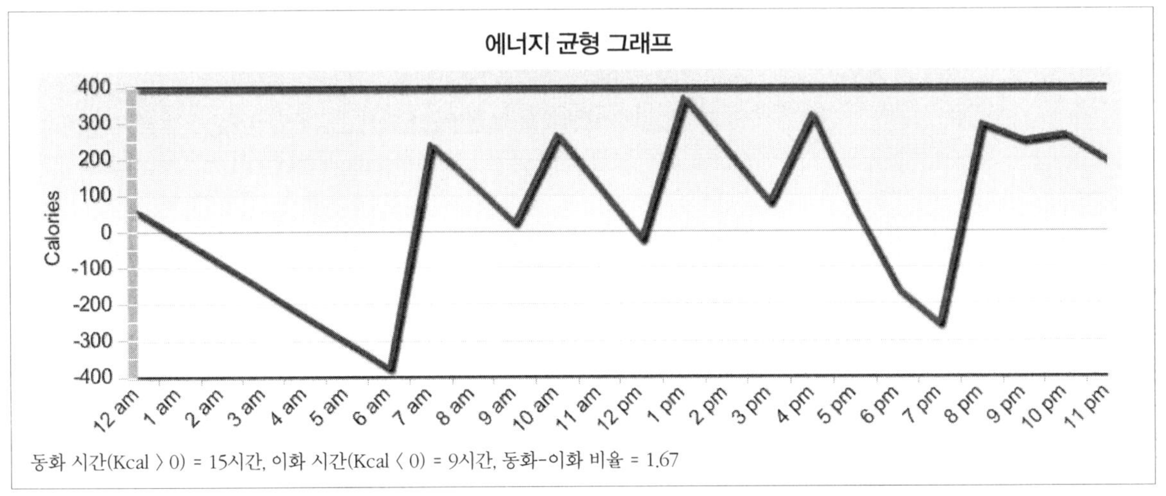

동화 시간(Kcal > 0) = 15시간, 이화 시간(Kcal < 0) = 9시간, 동화-이화 비율 = 1.67

에너지 기질 분배

총 칼로리: 3,397 탄수화물: 62% 단백질: 19% 지방: 16%

시간	활동	음식	양	칼로리
오전 7~8시	근육 글리코겐과 근육 회복을 지원하는 칼로리, 단백질, 탄수화물을 제공하는 아침 식사.	스크램블 에그	큰 크기 2개	199
		계란 베이글	90g	240
		캐나다식 베이컨	60g	69
		오렌지 주스	480mL	219
오전 8~10시	편안한 산책, 앉아 있기, 가정 생활 또는 학교 활동.	물	원하는 대로	0
오전 10~11시	아침 간식은 혈당을 유지하고 지속적인 탄수화물 공급원을 제공하기 위해 중요하다.	칸탈루프 메론	1컵	60
		딸기	1컵	49
		저지방 과일 요거트	240g	243
오전 11시 ~오후 1시	편안한 산책, 앉아 있기, 가정 생활 또는 학교 활동.	물	원하는 대로	0

시간	활동	음식	양	칼로리
오후 1~2시	비교적 지방이 적고 영양가 있는 점심으로, 빠르게 위가 비워지도록 한다.	소고기, 홍두깨살 구이	60g	120
		장립 백미	1/4컵	49
		리프라이드 빈	1/2컵	108
		체다 치즈	30g	114
		부드러운 타코(밀가루 토르티야) 20cm	1 토르티야	146
오후 2~4시	편안한 산책, 앉아 있기, 가정 생활 또는 학교 활동.	물	원하는 대로	0
오후 4~5시	오후 간식 및 웜업. 이 시기의 간식은 빠른 시간에 먹어야 하고 마지막 15분에는 웜업이 시작되어야 한다.	모짜렐라 치즈, 저지방 우유	60g	142
		딱딱한 프레첼, 소금 간	30g	106
		포도	1컵	104
오후 5~7시	땀을 통해 대량의 체액이 손실되는 강도 높은 훈련. 음료는 근육 글리코겐과 체액의 균형을 유지하는 데 도움이 된다. 코코넛 워터는 많은 스포츠 음료보다 나트륨과 탄수화물과 약간 더 많은 칼륨을 가지고 있으며 상업적인 스포츠 음료의 좋은 대안이다.	스포츠 음료	960mL	250
		코코넛 워터	720mL	137
오후 7~8시	초콜릿 우유는 운동 후 효과적인 음료이다.	저지방 초코우유	240mL	158
오후 8~9시	영양이 풍부하고 균형 잡힌 저녁 식사.	새우찜	180g	168
		장립 현미	1컵	216
		삶은 콜라드, 소금 간	1컵	49
		통밀 디너 롤	1롤	114
		마가린(약 48% 지방)	2작은술	42
		망고	1컵	107
오후 9~10시	편안한 산책, 앉아 있기, 가정 생활 또는 학교 활동.	스포츠 음료	240mL	63
오후 10~11시	야식은 간 글리코겐이 밤새 혈당을 유지할 수 있도록 도와준다.	바닐라 아이스크림(저지방)	1/2컵	125

선택 영양소 합계							
총 칼로리	3,397	철분(mg)	28.70	비타민 C(mg)	457	비타민 B_{12}(mcg)	7.55
탄수화물(g)	530	칼슘(mg)	2,315	비타민 B_1(mg)	2.70	엽산(DFE)	759.4
단백질(g)	167	아연(mg)	19.78	비타민 B_2(mg)	3.39	비타민 A(RAE)	1,884
지방(g)	73	마그네슘(mg)	725.71	니아신(mg)	27.49	비타민 D(IU)	67.3
나트륨(mg)	5,709	칼륨(mg)	7,031	비타민 B_6(mg)	3.07	비타민 E(mg)	9.17

All analyses were derived using NutriTiming®. The energy balance graphs and associated information are copyrighted by NutriTiming LLC and are used with permission.

계획 6

단거리 수영 선수를 위한 표 11.10의 계획은 매일 오전 6시에 1시간 훈련과 늦은 오후에 2시간 훈련, 두 가지를 지원한다. 영양 섭취의 적절한 양과 타이밍에 따라 이 정도의 강도를 영양학적으로 뒷받침하지 못하면 선수의 과훈련과 실패를 피할 수 없다. 이 계획에는 음식과 음료 섭취가 포함되어 있어 두 가지 훈련을 모두 지원하며 주간 에너지 균형을 잘 유지한다. 중요한 것은, 이 식사 계획은 선수가 이화 상태보다 동화 상태에서 더 많은 시간을 보낼 수 있게 해주는데, 이것은 상대적으로 낮은 체지방 비율을 유지하면서 근육을 잘 지지할 수 있게 해 줄 것이다. 물은 하루 종일, 특히 음식 소비와 함께 자유롭게 소비되어야 한다.

표 11.10 183cm, 86kg 22세 남자 수영 선수용 3,700Kcal 식품 계획

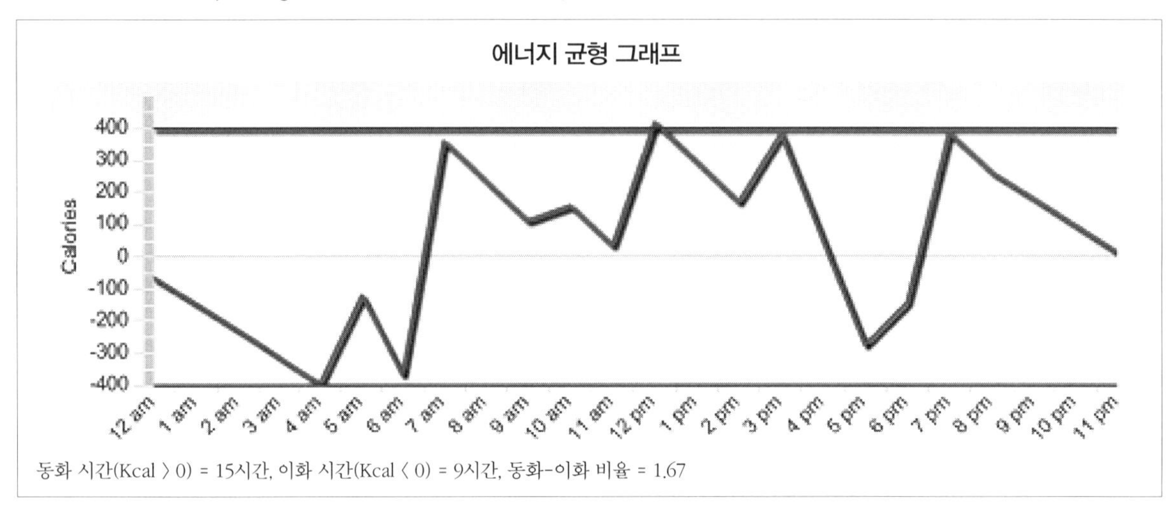

동화 시간(Kcal > 0) = 15시간, 이화 시간(Kcal < 0) = 9시간, 동화-이화 비율 = 1.67

에너지 기질 분배

총 칼로리: 3,676 탄수화물: 61% 단백질: 15% 지방: 24%

시간	활동	음식	양	칼로리
오전 5~6시	운동 전 간식은 선수가 일어나자마자 먹어야 한다.	비타민 C 함유 사과 주스	360mL	171
		통밀 빵 토스트	2장	171
		잼	1큰술	56
오전 6~7시	중간 강도의 수영 훈련.	스포츠 드링크	480mL	125
오전 7~8시	선수가 쿨 다운 하는 즉시 아침 식사가 제공되어야 한다.	그래놀라 시리얼	1컵	443
		1% 지방 우유	240mL	102
		통밀 잉글리시 머핀	1 머핀	156
		블루베리	1컵	84
		오렌지 주스	240mL	110
		피넛 버터, 두툼하게, 소금 간	1큰술	94
		통밀 빵 토스트	1장	77

시간	활동	음식	양	칼로리
오전 8시 ~오후 12시	편안한 산책, 앉아 있기, 가정 생활 또는 학교 활동.	물	원하는 대로	0
오후 12~1시	푸짐한 점심은 운동선수가 하루 동안 에너지 균형을 유지하는 데 도움을 줄 것이다.	구운 살코기 햄	90g	140
		스위스 치즈	30g	108
		머스타드 소스	1작은술	3
		잘게 썬 로메인 상추	1/2컵	4
		카이저식 롤	1롤	167
		사과	큰 것 1개	85
오후 1~3시	편안한 산책, 앉아 있기, 가정 생활 또는 학교 활동.	물	원하는 대로	0
오후 3~4시	운동 전 간식은 이른 시간에 먹어야 한다.	포도	1컵	62
		표준 밀 크래커	30g	134
		모짜렐라 치즈, 저지방 우유	60g	142
오후 4~6시	수영 훈련은 높은 에너지 소비를 유발하며, 선수가 물 속에 있더라도 상당한 양의 수분 손실이 발생한다. 스포츠 음료는 이 오랜 연습 동안 혈류량과 혈당을 유지하는 데 중요하다.	스포츠 음료	960mL	250
오후 6~7시	운동 후 탄수화물은 훈련 중에 사용되는 근육 글리코겐을 보충하는 데 중요하다.	저지방 초코우유	240mL	190
		표준 바닐라 웨이퍼	5개	147
오후 7~8시	푸짐한 저녁 식사는 운동선수가 연습 중에 사용하는 에너지를 보충하고 다음 날을 준비하는 데 도움을 줄 것이다.	기름기가 적은 살코기 포터하우스 스테이크	125g	321
		구운 감자	중간 크기 1개	145
		사워크림	1큰술	23
		삶은 브로콜리	큰 줄기 1개	84
		신선한 파인애플	1컵 가득	82
오후 8~9시	편안한 산책, 앉아 있기, 가정 생활 또는 학교 활동.	물	원하는 대로	0

선택 영양소 합계							
총 칼로리	3,676	철분(mg)	21.4	비타민 C(mg)	543	비타민 B_{12}(mcg)	6.40
탄수화물(g)	572	칼슘(mg)	1,848	비타민 B_1(mg)	3.07	엽산(DFE)	716.2
단백질(g)	142	아연(mg)	18.6	비타민 B_2(mg)	3.10	비타민 A(RAE)	777
지방(g)	101	마그네슘(mg)	479.2	니아신(mg)	32.45	비타민 D(IU)	227
나트륨(mg)	4,431	칼륨(mg)	5,507	비타민 B_6(mg)	3.2	비타민 E(mg)	7.7

All analyses were derived using NutriTiming®. The energy balance graphs and associated information are copyrighted by NutriTiming LLC and are used with permission.

계획 7

표 11.11의 계획은 매일 두 번의 훈련을 하는 대학생 미식축구 선수(라인맨)를 위한 것이다. 이러한 훈련은 에너지를 소모시키고 두 번째 연습 전에 수분 보충 상태로 돌아갈 시간이 거의 없기 때문에 운동선수들이 탈수 증상을 일으키기 쉽다. 이 다이어트 계획은 바람직한 에너지 균형을 제공하고, 운동선수가 이화 상태보다 동화 상태에서 더 많은 시간을 보내기 때문에 근육량을 늘릴 수 있다.

표 11.11 193cm, 104kg 20세 남성 라인맨용 4,100Kcal 식품 계획

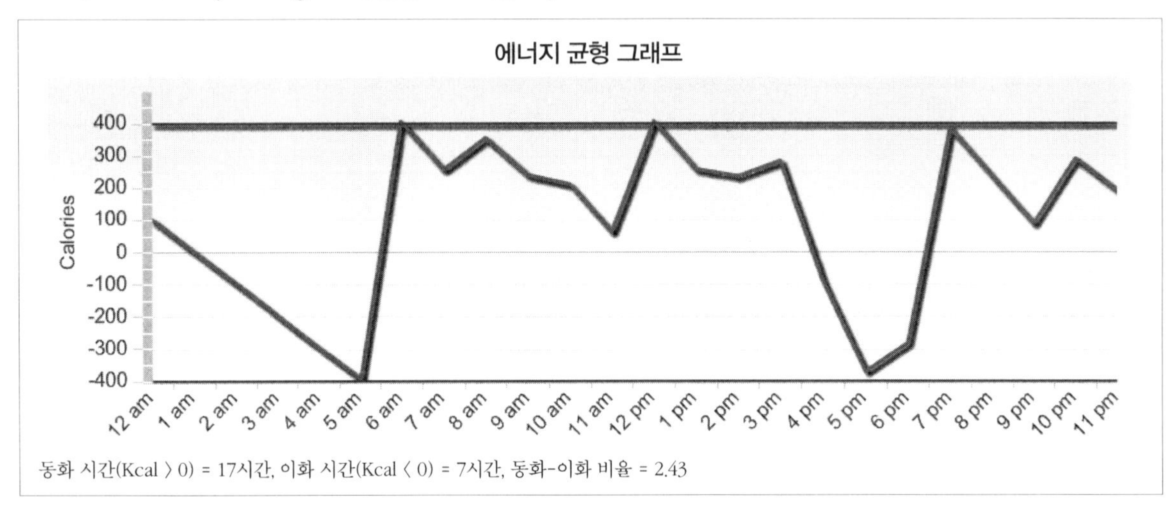

동화 시간(Kcal > 0) = 17시간, 이화 시간(Kcal < 0) = 7시간, 동화-이화 비율 = 2.43

에너지 기질 분배

총 칼로리: 4,056 탄수화물: 64% 단백질: 15% 지방: 21%

시간	활동	음식	양	칼로리
오전 6~8시	선수가 일어나자마자 아침을 먹는 것이 중요하다.	저지방 과일 요거트	240g	243
		잡곡 토스트	4장	276
		딸기 잼	2큰술	111
		계란 완숙	큰 것 2개	156
		오렌지 주스	360mL	164
		물	원하는 대로	0
오전 8~9시	웜업. 빠른 시간 내에 섭취해야 한다.	단백질/에너지 바	1개	322
		물	원하는 대로	0
오전 9~11시	1시간 45분의 격렬한 훈련, 마지막 15분은 쿨다운. 스포츠 음료는 연습 내내 조금씩 자주 마셔야 한다.	스포츠 음료	1.5L	381

시간	활동	음식	양	칼로리
오전 11시 ~오후 12시	푸짐한 점심 식사는 운동선수가 하루 동안 좋은 에너지 균형을 유지하도록 도울 것이다. 운동선수는 점심과 함께 많은 물을 소비하도록 장려되어야 한다.	구운 살코기 햄	90g	140
		스위스 치즈	30g	108
		머스타드 소스	1작은술	3
		잘게 썬 로메인 상추	1/2컵	4
		카이저식 롤	1롤	167
		사과	큰 것 1개	85
		물	원하는 대로	0
오후 12~1시	여유로운 활동	물	원하는 대로	0
오후 1~3시	편안한 산책, 공부, 앉아 있기 또는 가사 활동.	포도	1컵	62
		밀 크래커	30g	134
오후 3~5시	아침 훈련보다 약간 덜 강한 강도. 스포츠 음료는 연습 내내 정기적으로 마셔야 한다.	스포즈 음료	960mL	250
오후 5~6시	운동 후 영양 섭취. 연습 후 바로 섭취하는 것이 중요하다.	저지방 초코우유	480mL	190
오후 6~7시	간식은 에너지 균형을 유지하고 글리코겐 저장을 보충하는 중요한 전략이다.	표준 바닐라 웨이퍼	5개	93
		물	원하는 대로	0
오후 7~8시	푸짐한 저녁 식사는 선수가 훈련 동안 사용된 에너지를 보충하고 다음 날을 준비하는 데 도움을 줄 것이다.	기름기가 적은 살코기 포터하우스 스테이크	175g	481
		구운 감자	중간 크기 1개	145
		사워크림	1큰술	23
		삶은 브로콜리	큰 줄기 1개	84
		신선한 파인애플	1컵 가득	82
오후 8~9시	편안한 산책, 공부, 앉아 있기 또는 가사 활동.	물	원하는 대로	0
오후 9~10시	이른 아침 훈련을 위해 간식을 먹고 일찍 잔다.	공기로 튀긴 팝콘	4컵	124
		사과 주스	480mL	228

선택 영양소 합계							
총 칼로리	4,056	철분(mg)	30.6	비타민 C(mg)	661	비타민 B_{12}(mcg)	15.9
탄수화물(g)	649	칼슘(mg)	2,410	비타민 B_1(mg)	4.9	엽산(DFE)	1,345
단백질(g)	152	아연(mg)	28.4	비타민 B_2(mg)	5.8	비타민 A(RAE)	1,085
지방(g)	95	마그네슘(mg)	707	니아신(mg)	54.8	비타민 D(IU)	306
나트륨(mg)	4,720	칼륨(mg)	6,901	비타민 B_6(mg)	59	비타민 E(mg)	107

All analyses were derived using NutriTiming®. The energy balance graphs and associated information are copyrighted by NutriTiming LLC and are used with permission.

중요 사항

- 운동 강도가 높을수록 탄수화물에 대한 연료 의존도가 높아진다.
- 탄수화물(글리코겐)과 크레아틴인산(PCr)의 저장 용량은 지방 저장에 비해 작다. 따라서 빠른 파워의 발현을 필요로 하는 고강도 스포츠에 종사하는 선수들은 탄수화물 저장을 최적화하는 전략과 PCr 가용성을 최적화하는 운동과 식사 패턴을 가져야 한다.
- 비록 파워 운동선수들이 종종 높은 단백질 섭취가 성공을 위해 필수적이라고 믿지만, 그들은 단백질 섭취를 큰 근육량을 지탱하는 데 필요한 칼로리 요구량과 착각할 수 있다.
- 많은 스포츠가 운동 경기당 90초 미만으로 진행하고 있지만, 이러한 스포츠의 훈련은 종종 몇 시간 동안 지속된다. 탄수화물이 함유된 스포츠 음료를 섭취하는 것은 글리코겐 저장소가 고갈되지 않도록 하기 위해 훈련 동안 유용하다.
- 짧고 강도 높은 운동을 여러 번 해야 하는 경기에서, 선수들은 탄수화물과 전해질이 함유된 음료를 섭취함으로써 자연스러운 휴식을 취해야 한다.
- 신속하게(운동 후 30분 이내), 좋은 단백질 공급원(예: 100Kcal의 분리 유청단백질), 탄수화물(약 100Kcal), 전해질(충분한 재수화)을 제공하는 회복 전략을 개발한다. 그러면 선수는 일반적인 식사 패턴으로 돌아가 실시간 일일 총 요구량을 충족시킬 수 있다.

Chapter 12

지구력 운동선수

지구력 운동선수의 경기력을 위해서는 경기 전에는 체내 탄수화물의 저장을 최적화해야 하며 경기 중에는 탄수화물의 공급이 원활하게 이루어져야 한다. 또한 최상의 퍼포먼스를 달성하기 위해서는 경기 내내 수분 공급을 지속적으로 유지하는 것이 중요하다. 지구력 운동선수와 관련된 연구를 살펴보면 선수들은 일반적으로 칼로리 섭취가 부적절하고, 단백질과 지방에 과도하게 의존하지만 탄수화물에 대한 의존은 낮은 경향을 나타낸다. 더욱이 지구력 운동선수들은 하루의 훈련이 종료된 후 근육의 회복을 유도하는 영양적인 요소만을 고려하고 있다(근육 회복을 향상시키는 영양 요소만을). 또한 이들은 훈련 시 종종 경쟁을 고려하지 않는 방식으로 훈련을 실시하지만 이는 지구력 운동선수들이 경쟁적인 환경에 완벽히 적응하는 것을 어렵게 만든다. 이 장에서는 혈액량과 땀의 배출을 조절하는 수분 공급 전략을 포함하여 체내에 탄수화물의 저장을 최적화할 수 있는 전략을 제시할 것이다. 또한 지구력 운동선수들이 다양한 훈련과 경기 환경에서 최적의 영양 보조물을 선택할 수 있도록 공통적으로 사용할 수 있는 음료 및 영양물에 대한 리뷰를 제공할 것이다.

지구력 운동선수들을 위한 영양 전략

로드 사이클, 장거리 수영, 마라톤, 트라이애슬론, 10km 달리기와 같은 경기들은 모두 높은 수준의 지구력을 필요로 하지만 상대적으로 낮은 수준의 무산소성 파워를 필요로 한다. 이러한 경기들은 선수들이 최대 유산소성 능력의 한계점에서 경기를 수행하도록 한다. 훈련과 지구력 스포츠 시합 내에서의 영양 공급의 발전으로 지구력 종목의 기록은 계속 향상되고 있다. 2019년, 케냐의 브리지드 코스게이Brigid Kosgei는 2시간 14분 4초의 놀라운 기록으로 시카고 마라톤에서 우승하였으며, 이는 기존의 여자 마라톤 기록을 81초 단축한 기록이다. 또한 2019년 비엔나에서 열린 대회에서, 케냐의 엘리우드 킵초게Eliud Kipchoge 선수는 34세의 나이로 놀랍게도 1시간 59분 40초의 기록으로 마라톤을 완주하였다. 이것은 42km의 거리를 2시간 이내로 완주한 최초의 기록이다. 이 기록은 1.6km당 약 4분 30초의 페이스로 놀라운 속도이다! 이러한 놀라운 속도에도 불구하고, 마라톤 선수들은 유산소성으로 근육 대사를 지속하기에 충분한 수준으로 산소가 섭취될 수 있도록 유지해야만 하는데 그것은 대부분의 근육의 대사는 산소가 있는 곳에서 에너지를 사용한 상태에서 이루어졌다는 것이다. 이것은 에너지를 얻는 효율적인 수단이며, 운동선수의 근육이 오랜 시간 동안 운동을 지속할 수 있게 해 준다. 지구력에 기반하는 운동에 있어서 적절한 시기에 적절한 유형의 음식을 섭취하는 것은 높아진 위장 투과성과 관련이 있을 수 있기에 복잡하다. 그 결과 생기는 위장의 스트레스는 글루텐이나 발효성 올리고당류를 함유한 특정 탄수화물을 일부 운동선수가 섭취하기 어렵게 만들 수 있으며, 탄수화물 욕구를 충족시키기 위한 음식을 선택하는 폭을 좁게 하며 부적절한 탄수화물을 섭취할 수 있는 위험을 증가시킨다.[109] 표 12.1에 제시한 바와 같이, 위장병의 문제를 해결하는 것을 포함하여 다양한 이유로 지구력 운동선수들이 실시하는 많은 종류의 식이요법들이 존재한다.

소아지방변증과 같이 글루텐이나 글리아딘에 민감한 운동선수, 장과 관련된 병증 진단을 받지 않았지만 증상을 피하기 위해 글루텐이 없는 식단을 고수하는 운동선수들은 발효되기 쉬우며 올리고당류, 이당류, 그리고 단당류와 당알콜류(포드맵FODMAPS)를 포함하는 식품의 섭취를 감소시키거나 제한하는 방법을 고려해야 한다.[110] 저포드맵 식단은 다음과 같다.

- 고기 및 생선
- 글루텐이 함유되지 않은 전곡(현미, 메밀, 옥수수, 귀리, 퀴노아),
- 신선한 과일(바나나, 블루베리, 키위, 라임, 만다린, 오렌지, 파인애플)
- 채소(콩나물, 피망, 가지, 케일, 시금치, 애호박),
- 견과류(아몬드, 마카다미아, 땅콩, 피칸),
- 씨앗류(호박씨, 참깨, 해바라기),
- 유제품(체다 치즈, 유당이 없는 우유)
- 오일(올리브 오일, 코코넛 오일)

유신소성 훈련은 운동선수의 신소 사용 능력을 향상시키는 데 놀라운 몇 가지의 일을 한다. 지근 섬유(type I)보다는 속근 섬유(type IIb 유형)에 더 가까운 중간 섬유(IIa 유형)는 산화적 대사에 관여하는 미토콘드리아 함량이 많은 근육에서 극적으로 증가한다. 산소를 사용하는 훈련에 대한 영향은 잘 알려져 있다. 혈중 젖산 농도에 관한 연구에서, 훈련을 받은 선수는 동일한 강도의 작업을 하는 훈련 받지 않은 피험자보다 더 높은 수준의 혈중 젖산을 견딜 수 있다. 근섬유의 중간 섬유로의 전환은 운동선수의 유산소성 지구력을 향상시킨다. 산소를 사용하는 능력의 증가는 주요 연료로서 지방을 연소하는 능력을 향상시키고, 탄수화물에 대한 의존도를 감소시킨다.

크로스컨트리 스키나 장거리 달리기와 같은 유산소성 스포츠의 선수들은 역도나 단거리 스피드스케이팅과 같은 무산소성 스포츠 선수들(60mL/kg/min)보다 훨씬 더 높은 최대산소섭취량을(80mL/kg/min)을 가지고 있다.[1] 슬림한 선수들도 지방으로 저장된 에너지가 많기 때문에 지방을

표 12.1 1년 이내에 하프, 풀 또는 울트라마라톤을 완주한 지구력 선수의 식단 다양성

	울트라마라톤 선수 (n = 125)	하프 및 풀 마라톤 선수(n = 297)	그룹 간 차이[a]
참가자들의 식습관은 현재 다음과 같이 보고됨			
특별한 식단이 없음	23(18%)	51(17%)	N/A
일반 건강식	58(46%)	155(52%)	N/A
극단 채식주의자Vegan	8(6%)	12(4%)	N/A
채식주의자Vegetarian	15(12%)	19(6%)	N/A
페스코 채식주의자Pesco vegetarian (동물 알, 유제품 섭취)	7(6%)	14(5%)	N/A
세미 채식주의자semivegetarian	6(5%)	12(4%)	N/A
팔레오(paleo, 구석기 시대 식이요법)	3(3%)	20(7%)	N/A
저탄수화물	5(4%)	14(5%)	N/A
육류 설문지에 대한 인식, PMQ(점수 범위 12~60)	39.7±8.7	38.3±9.0	p = .16
REAP 식이 점수(± SD)	33.9±4.9	33.3±4.8	p = .30
다이어트를 선택한 이유[b]			
건강 상태 때문에	14(11%)	33(11%)	p = .98
기분 상태를 좋게 만들기 때문에	65(52%)	171(58%)	p = .29
부상 예방을 위해	12(10%)	25(8%)	p = .70
운동 능력 향상을 위해	48(38%)	92(31%)	p = .14
운동 시 위장 문제를 줄이거나 예방하기 위해	14(11%)	47(16%)	p = .22
동물 복지에 대한 우려	20(16%)	40(14%)	p = .50
환경 문제	25(20%)	36(12%)	p = .04
일반적인 건강 증진	47(38%)	104(35%)	p = .61
비용	9(7%)	17(6%)	p = .57
체중 감소 또는 유지	30(24%)	106(36%)	p = .02
종교적 이유	1(1%)	3(1%)	p = .84
이유 없음	24(19%)	53(18%)	p = .74
기타	7(6%)	7(2%)	p = .14
			X2 = 46.9, p 〈 .01
장기간에 걸쳐 사용되는 1차 영양 공급원[c]			
없음	6(5%)		19(6%)
젤 또는 츄잉류(씹어 먹는)	50(42%)		176(59%)
집에서 만든 음식	20(15%)		2(1%)
기타	49(24%)		100(34%)

[a] 분산 검정(연속 변수) 또는 카이-제곱(범주형 변수) 분석을 위한 p-값
[b] 참가자가 현재 식단을 따르고 있는 여러 이유를 선택함
[c] 참가자들은 한 가지 선택만 함

Reprinted by permission from G.M. Turner-McGrievy, W.J. Moore, and D. Barr-Anderson, "The Interconnectedness of Diet Choice and Distance Running: Results of the Research Understanding the Nutrition of Endurance Runners (RUNNER) Study," *International Journal of Sport Nutrition and Exercise Metabolism* 26 (2016): 205-211.

연소하는 능력은 극적으로 증가한다. 하지만 지방의 완전한 연소를 위해서는 탄수화물이 필요하고 운동선수들은 상대적으로 낮은 탄수화물 저장소를 가지고 있기 때문에, 이것은 여전히 지구력을 위한 제한적인 에너지원이다. 고지방 식단을 섭취하는 운동선수들의 최대 지구력이 57분이라는 사실에 의해 이것은 명백하게 입증된다. 정상적인 혼합 식단에서, 그들의 최대 지구력은 114분으로 증가하며 고탄수화물 식단에서는, 그들의 최대 지구력은 167분으로 증가한다.[2] '취침-낮음' 전략으로 불리는, 탄수화물 섭취를 주기적으로 하는 비교적 새로운 전략 또한 지구력을 강화하는 것으로 보인다. 이 전략은 식이요법과 운동을 다음과 같은 방법으로 조절하는 3주간의 전략이다.

- 고강도 훈련: 높은 탄수화물 가용성과 함께 저녁에 고강도 간격 훈련
- 취침-낮음: 야간 탄수화물 섭취 제한
- 저강도 훈련: 탄수화물 가용성이 낮은 훈련 세션

낮은 수면 시간과 낮은 강도의 훈련 기간에는 탄수화물 제한이 없었던 선수들과 비교했을 때, 주기화된 탄수화물 섭취를 따르는 선수들은 최대하 강도의 사이클링의 효율성과, 최대초과 사이클링 능력, 그리고 10K 러닝 타임에서 현저한 향상을 보였다.[111]

오늘날에는 스포츠와 영양 사이의 상호 관계에 대해 더 많은 것이 밝혀지면서, 그동안 고려되지 않았던 영양소들이 주목을 받고 있다. 이들 중 하나인 콜린(그리고 이것의 전구체인 베타인)은 만성적으로 활동적인 사람들에게 잠재적으로 문제가 있는 것으로 보인다. 신경전달물질 아세틸콜린의 합성에 중요한 콜린은 세포막 신호전달, 지질전달, 호모시스테인 환원 등에 관여한다. 현재의 결과를 살펴보면 지구력 활동은 자연스럽게 순환하는 혈액 내 콜린의 일시적 감소를 초래할 수 있다는 것을 보여준다.[3] 콜린은 또한 바이애슬론(크로스컨트리 스키와 라이플 사격)에서 특히 중요한 요소인 시각적인 운동 기능의 성능을 향상시키는 것으로 밝혀졌다.[112] 통계적으로 유의미한 것은 아니지만, 최근의 한 연구는 베타인 섭취가 매주 더 많은 훈련을 실시하도록 하는 데 도움을 줄 수 있다는 사실을 발견하였으며, 베타인의 섭취는 더 낮은 지방 질량과 유의미하게 관련이 있지만 저항력 훈련과 관련된 여성과는 관련이 없다고 보고하였다.[113] 그러나 또 다른 연구는 급성으로 베타인 보충제를 섭취하는 것은 혈관 확장 및 심혈관 기능을 개선하는 데 실패하였다고 보고하였다.[114] 표 12.2에 나타난 바와 같이, 마라톤 혹은 장거리 지구력 운동은 혈액 내 콜린을 현저하게 감소시키는 것으로 보인다.

과거에 자주 그리고 많이 소비되었던 간이나 계란과 같은 음식들은 현재는 점점 더 많은 운동선수들이 섭취를 기피하고 있다. 그러나 이러한 음식들은 식단에서 콜린을 공급하는 데 도움을 주는 음식이기 때문에, 이러한 음식을 기피하는 지구력 운동선수들은 콜린 결핍의 위험이 더욱더 증가하고 있다. 채식 위주의 지구력 운동선수들은 여성 성인의 경우 하루에 425mg, 남성 성인의 경우 550mg의 영양소 섭취 기준Dietary Reference Intake을 충족시키는 충분한 콜린을 얻는 데 어려움을 겪을 것이다. 콜린이 함유된 보충제는 격렬한 지구력 활동에 정기적으로 참여하는 운동선수들의 지구력을 향상시킬 수 있다.[1] 표 12.3은 콜린의 좋은 공급원인 식품의 요약을 제공하고 콜린 보충제의 선택을 확인할 수 있다.

표 12.2 혈중 콜린이 지구력에 미치는 영향

연구	실험 성별	활동	기간(분)	강도(%VO_2)	안정 시[t]/전[tt] vs. 후(nmol/mL)	ρ (통계적 유의차)
Buchman 외, 1999	23M + F	마라톤	알 수 없음	최대 노력	19.2[t] vs. 7.0	.005
Buchman 외, 2000	6M + F	마라톤	156~348	최대 노력	9.6[t] vs. 7.0	.09
Burns 외, 1988	10M	사이클	120	70%(105분) + 최대 노력(15분)	알 수 없음	〉.05
Conlay 외, 1986	17*M	마라톤	알 수 없음	최대 노력	10.1[tt] vs. 6.2	〈.001
Deuster 외, 2002	13M	짐 싣기	~110	70%	8.5[tt] vs. 6.5	〉.05
Pierard 외, 2004	21M	전투 코스	7,200	~35%	2.95% 감소	〈.01
Spector 외, 1995	10M	사이클	72	70%	8.5[t] vs. 10.0	〉.05
Von Allwšrden 외, 1993	4M, 6F	사이클	120	35km/hr	12.08[tt] vs. 10.04	〈.01
Von Allwšrden 외, 1993	10M, 4F	크로스컨트리	30~60	최대 노력	14.51[tt] vs. 14.95	〉.05
Warber 외, 2000	14M	짐 싣기	240	38%	8.14[tt] vs. 7.98	〉.05

* 일부 연구는 끝나지 않았음(DNF).

Reprinted by permission from J.T. Penry and M.M. Manore, "Choline: An Important Micronutrient for Maximal Endurance-Exercise Performance?" *International Journal of Sport Nutrition and Exercise Metabolism* 8, no. 2 (2008): 191-203.

점점 더 많은 연구 결과들이 골격근의 손실이 지구력 훈련이나 지구력 운동 한 번으로 나타날 수 있다는 사실을 강력하게 시사하고 있다. 지구력 활동 직후에 음식을 섭취하는 운동선수들은 골격근 단백질의 유리한 합성을 촉진할 수 있으며, 이것은 근육 성장 계획을 위한 중요한 시기이다.[4] 탄수화물은 운동 후 몇 시간 동안 시간당 몸무게 1kg당 1.2g의 비율로 섭취되어야 하며, 양질의 단백질을 포함하는 것은 또한 운동 회복에 유용한 것으로 보인다.[5] 단백질의 양과 시기가 동등하게 중요하다는 많은 증거가 제시되고 있다. 운동선수를 위한 일반적인 단백질 권장량은 하루 1.2~2.0g/kg이다(비운동선수의 약 2배[6, 7]). 그러나 한 번에 많은 단백질을 섭취하여 총량이 권장량을 충족하더라도 체내에서는 적절하게 처리될 수 없다. 시간당 최대 30g의 단백질을 섭취하는 지침을 따르면, 한 번에 적절하게 처리될 수 있는 단백질의 양을 충족시키기에는 쉽지만 하루에 섭취해야 하는 총 단백질 양에는 미치지 못하기 때문이다(그림 12.1 참조).

단백질이나 아미노산의 섭취는 지구력 향상에 역할을 할 수 있다. 한 연구는 식단에 아미노산인 베타 알라닌을 첨가하는 것(포도당 용액에 4번 1.5g씩 희석하여 총 6g)이 대학생 남성들의 지구력 향상과 유산소성 대사에 현저한 향상을 가져왔다는 것을 보고하였다.[8] 후속 연구에서는 4주 동안 매일 베타 알라닌 4~6g을 복용하는 것은 건강한 일반인 운동 능력을 짧은 시간 내에 안전하게 향상시키는 것으로 나타났다. 그러나 지구력 종목에 있어서는 베타 알라닌의 섭취가 어떠한 이점이 있다는 결론을 내리기에는 충분한 데이터가 확보되지 않았다.[115] 유청단백질을 평가하는 연구는 근육 회복과 성능에 이로운 영향이 발견되었다. 유청 및 기타 양질의 단백질의 훌륭한 공급원인 우유는 일반적인 탄수화물 및 전해질 스포츠 음료에 버금가는 운동 능력 향상의 효과를 유도하는 것으로 보인다.[9] 최근에는 우유가 회복에 미치는 영향을 메타 분석을 통해 평가한 결과, 회복 음료로서 우유는 탄수화물 및 전해질 대체물과 비교할 때 근육 단백질 합성, 글리코겐 보충, 수분 보충, 후속 지구력 운동의 경기력에 동등하거나 우수할 수 있다고 보고하였다.[116] 현재까지 단백질과 지구력 능력 간에는 논란이 지속되고 있는데, 과학자들은 적절한 양의 탄수화물 섭취를 막는 과도한 수준의 단백질의 섭취가 지구력 능력을 어떻게 증가시킬 수 있는지에 대해 의문을 제기하고 있다.[10]

운동 전 식사에서 소비되는 탄수화물의 양은 섭취되는 탄수화물의 종류(일반적으로 많을수록 좋다)보다 지구력 수행에 대한 면역 반응을 개선하는 데 더 큰 요인이 될 가능성이 높다.[11] 가장 좋은 유형의 탄수화물(즉, 저혈당지수 복합 탄수화물 대 고혈당지수 정제 탄수화물)에 대한 최근의 연구에서는 총 탄수화물 에너지 소비가 동등하고 최종적인 차이가 없을 때 운동 전 식사에 저혈당지수

표 12.3 선별한 식품 및 보충제 콜린 및 베타인 함유량

식품 또는 보충제	총 콜린(mg)	총 베타인(mg)
팬에 튀긴 닭의 간(60g)	176	13
완숙된 큰 계란	158	.4
팬에 구운 돼지고기 조각(125g)	112	3
구운 닭가슴살(125g)	75	9
파인트 맥주(480mL)	47	38
탈지유(240mL)	37	4
구운 중간 사이즈의 흰 감자	22	.3
단단한 두부(60g)	16	.2
조리되지 않은 시금치(60g)	13	385
슬라이스 통밀 빵(30g)	7	98
준비된 트윈랩 콜린 칵테일(콜린 비타르레이트), 240mL	1,500	0
트윈랩 콜린 비타르레이트, 1 정	300	0
자로우 메가-PC 35 레시틴, 1gel	114	0
준비된 울티마 보충기, 600mL	1	0
트윈랩 베타인 HCl, 1정	0	648
종합 멀티 비타민,	0	0

참고: USDA 데이터베이스에서 일반 식품의 콜린 함량 및 포함된 보충제의 제품 라벨에 적용됨. (www.nal.usda.gov/fnic/foodcomp/Data/Choline/Choline.pdf; June 23, 2007).

Reprinted by permission from J.T. Penry and M.M. Manore, "Choline: An Important Micronutrient for Maximal Endurance-Exercise Performance?," *International Journal of Sport Nutrition and Exercise Metabolism* 8, no. 2 (2008): 191-203; Adapted from J.C. Howe, J.R. Williams, and J.M. Holden, 2004, USDA database for the choline content of common foods (www.nal.usda.gov/fnic/foodcomp/Data/Choline/Choline.pdf) and product labels of included supplements.

탄수화물을 섭취하는 것에서 지구력 운동 능력의 미미한 이점만이 발견되었다.[117, 118] 탄수화물의 혼합 공급원(예: 포도당 단독보다는 포도당+과당)이 운동 중에 더 나을 수 있지만, 포도당 산화가 정체되는 동안 혼합 탄수화물 산화는 섭취량이 증가함에 따라 계속된다.[9] 최대 2시간 30분간 지속되는 지구력 운동에 대한 현재 권장 탄수화물 섭취량은 시간당 30~60g(120~240Kcal/hr)이며, 그 이상 지속되는 초지구력 운동의 경우 시간당 최대 90g(360Kcal/hr)이다.[119] 이것만큼 중요한 것은 연구에 따르면 초지구력 선수가 충분한 수준의 탄수화물 섭취를 하지 못한다는 것이다.[120] 이것은 적어도 부분적으로는 경기가 길어질수록 현저히 감소하는 음료 섭취 때문일 수 있다. 음료는 초지구력 경기에서 전형적인 탄수화물의 주요 공급원이기 때문에, 음료량이 낮아지는 것은 부적절한 탄수화물 소비와 관련이 있을 수 있다. 지구력 육상 선수들은 탈수 위험이 높은 것으로 분류되어 왔으며 경기 전에 적절한 수분 공급을 보장하고 이러한 전략을 실천하기 위해 세심한 계획을 세워야 한다.[121] 연구들은 적절한 일일 탄수화물 섭취와 초지구력 운동 동안의 탄수화물 섭취(1인당 30~110g/hr)는 경기력을 향상 시킬 수 있다는 것을 밝혀냈다.[122]

신선한 과일과 채소를 통한 탄수화물의 섭취는 장내 미생물에 영향을 미쳐 지구력 운동에 도

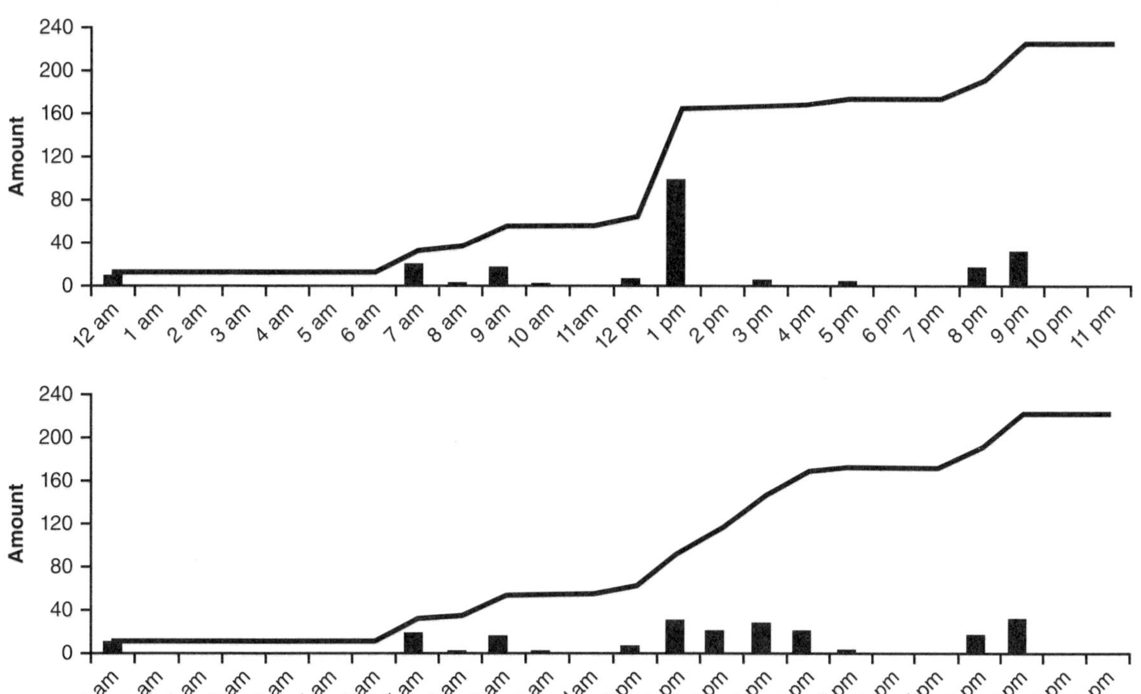

그림 12.1 한 번에 섭취되는 단백질의 시기와 양은 총 일일 단백질 요구량을 충족시키는 것만큼이나 중요하다. (a) 하루에 2.4g/kg의 단백질을 섭취하는 선수가 지구력을 유지한 후 오후 1시에 단백질 섭취량이 98.22g인 것을 나타낸다. 총 단백질 섭취는 충분 이상이지만, 그러한 높은 복용량의 전달은 효율적으로 사용되지 않을 것이고 근육량이 회복되는 데 최적으로 도움이 되지 않을 것이다. (b) 동일한 총 단백질 소비량을 나타내지만, 98.22g의 섭취량이 몇 시간에 걸쳐 섭취되었으며, 단일 공급에서 최대 섭취량이 30g을 초과해서는 안 된다. 이 전략은 단백질을 더 효율적으로 사용하고 골격근을 유지하는 것을 도울 것이다.

움을 준다. 장내 건강한 유산균은 운동선수의 면역체계를 강화시키고 운동으로 인한 스트레스에 대한 생리학적 반응을 향상시킬 수 있다.[123] 현재까지 확인된 연구들을 살펴보면 이러한 잠재적 이점들은 모든 탄수화물이 동일하지 않다는 것이 강조되고 있어 운동선수들이 가공되지 않은 신선한 과일과 채소를 정기적으로 섭취하는 것을 포함하여 다양한 종류의 음식을 먹도록 격려해야 할 것이다. 또한 최근의 연구들은 운동 빈도(매일과 전혀 하지 않은 것과 비교하여)가 더 많은 쪽이 장내 유산균의 다양성과 더 건강한 소화기와 관련이 있다는 것을 발견했다.[124, 125]

운동 전 수분 및 단백질 섭취에 대한 권장 사항은 선수들은 수분을 충분히 섭취한 상태에서 운동을 시작해야 된다는 것이다. 현재의 권장 사항은 운동 시작 2시간 전에 체중 1kg당 5~10mL(2~4mL/lb)를 섭취하는 것이다. 비록 단백질에 대한 현재의 권고 사항은 운동 후 최적 섭취(운동 종료 직후 10g의 고품질 단백질) 및 운동하지 않을 때(매 3~5시간마다 ~0.3g/kg) 더 많은 양에 초점을 맞추고 있지만,[119] 최근 연구는 운동 전 섭취하는 양질의 단백질의 영향을 평가하였다. 최근 a-락트알부민(인간 모유에 있는 단백질의 약 22%를 차지하는 필수 아미노산이 잘 분포되어 있는 고품질 단백질)을 평가한 연구들은 탄수화물과 a-락트알부민 병행 섭취가 통증의 역치를 높이고 피로감을 감소시키며, 지구력 운동 후에 코티솔을 감소시키는 것으로 보고하였다.[126, 127]

운동선수가 훈련에 얼마나 잘 적응하는지 역시 영양 섭취의 중요한 고려 사항이다. 근육 글리코겐 저장량이 상대적으로 낮거나 운동 중 탄수화물 섭취가 제한되는 3~10주 지구력 훈련 프로그램을 실시하는 것은 산소를 사용할 수 있는 세포 용량을 더 빠르게 향상시킬 수 있다는 주장이 증가하고 있다(따라서 지방을 기질로 연소하는 것을 도울 수 있다). 지방의 가용성이 저장된 글리코겐을 통한 탄수화물의 가용성(저장된 글리코겐을 통한)보다 훨씬 더 크기 때문에, 향상된 지방 대사를 위한 이러한 빠른 적응은 선수들이 보다 더 빠른 세포 적응의 향상을 이루도록 도울 수 있는 잠재력을 가지고 있다.[12]

음료의 섭취는 지구력 활동에서 주된 능력을 향상시키는 물질로써 간과되어서는 안 된다. 케냐의 엘리트 지구력 달리기 선수들에 대한 연구를 보면, 그들은 자유로운 음료 섭취로 아침부터 밤까지 그리고 낮 동안 수분(체질량, 소변 삼투압도, 총 체수량 및 일일 수분 섭취량으로 측정)을 잘 유지한다는 것을 발견하였으며[13] 그 결과, 어떤 선수도 연구 기간 동안 열 스트레스를 받는 징후를 보이지 않았다.

그러나 잠재적으로 도움을 받기 위해서는 좋은 보충제라도 과용하지 않도록 주의해야 한다. 하루에 비타민 C 1g(1,000mg)을 경구 용량으로 복용한 남성들은 비타민 C가 훈련을 개선할 수 있는 운동에 대한 주요 세포 적응을 방해할 수 있기 때문에 지구력이 상당 부분 감소하였다.[14] 운동으로 인한 염증은 철분 조절 단백질인 헵시딘의 양을 증가시켜 위장관의 철분 흡수에 부정적인 영향을 미친다. 한 연구에서는 운동선수의 철분 섭취가 외관상 적절하였음에도 불구하고, 헤피딘은 장거리 달리기 선수에게서 증가하는 것으로 나타났다.[129] 최근의 연구에서는 단백질, 탄수화물, 비타민 D_3, 그리고 비타민 K_2와 함께 운동 후 보충제로 섭취한 뒤 헤피딘 반응을 평가했다. 예상과는 달리, 이러한 영양소들의 섭취는 고도로 훈련된 운동선수들에게서 있어 헤피딘 반응을 무디게 하는 데 도움을 주지 못하였다.[130] 다시 한 번 말하자면 필요량 이상의 에너지를 얻는 것은 도움이 되지 않는다. 반면에, 적정량의 영양소들과 에너지를 섭취하는 것은 경기력과 건강에 모두 매우 중요하다. 엘리트 여성 지구력 선수들의 제한된 식사 패턴은 낮은 골질량의 가장 큰 단일 요인이며, 칼로리 제한이 길수록, 근육량과 포도당 내성의 회복과 관련된 문제들이 더 커지게 된다.[15,16] 많은 지구력 선수들은 훈련에 최대한 활용하거나 부상의 위험을 줄일 수 있는 충분한 영양이나 에너지를 얻지 못한다. 트라이애슬론 경기, 모험적인 경주, 그리고 울트라 사이클 경기를 평가하는 대부분의 연구들은 참가 선수들에게 있어 심각한 영양 부족을 발견했다.[17~19] 하루 종일 에너지 가용성을 유지하는 것은 지구력 선수들이 경기력을 유지하고 과도한 훈련의 위험을 줄이는 데 매우 중요하다.[128]

유산소성 대사 경로

유산소성 대사 경로는 산소와 함께 영양소로부터(탄수화물, 단백질 그리고 지방) 에너지를 발생하는 대사이다. 유산소성 대사 동안 조절되는 에너지의 방출은 포도당에 있는 많은 양의 에너지가 ATP로 저장되도록 한다. 포도당의 완전한 산화를 위한 화학 반응은 에너지, 이산화탄소 및 물을 생산한다.

$$\text{Glucose} + 6O_2 + 38\text{ADP} + 39\text{phosphate} = \rangle\ 6CO_2 + 6H_2O + 38\text{ATP}$$
$$[\text{glucose} = C_6H_{12}O_6]$$

무산소성 대사에서 피루브산은 젖산으로 전환된다. 그러나 유산소성 대사에서 피루브산은 에너지를 위해 산화된다. 6탄소 분자인 포도당은 3탄소 분자인 피루브산 2분자로 전환된다. 피루브산은 세포의 미토콘드리아로 들어가 아세틸 조효소 A로 전환된다.[20] 아세틸-CoA는 또한 지방산의 베타 산화로부터 직접 생성될 수 있다. 피루브산이나 지방의 베타 산화로부터 새로 생성된 아세틸-CoA는 충분한 연료와 산소가 있다면 계속해서 ATP 에너지를 생산하기 위해 산화될 수 있다. 아세틸-CoA의 과잉 생산(즉, 에너지를 위해 아세틸-CoA를 처리하기에 불충분한 산화 효소 또는 불충분한 산소 전달)이 있을 경우에는 초과분을 저장하기 위해 지방 또는 아미노산(알라닌)으로 전환된다. 알라닌은 간에 의해 포도당으로 전환되거나 더 큰 단백질 구조의 일부가 될 수 있다(그림 12.2 참조).

무산소성 대사 과정은 ATP 에너지를 즉시 제공할 수 있는 능력을 가지고 있는 반면, 유산소성 대사 과정은 세포에 충분한 에너지원(기질)과 산소가 있다면 더 느리지만 긴 시간 동안 ATP 에너지를 제공할 수 있다. 우리의 신체는 근육 활동을 위한 ATP 에너지를 생성하도록 요청할 수 있는 에너지 저장소를 많이 가지고 있다.

우리가 이용할 수 있는 영양소 중 지방은 가장 효율적으로 저장되며 가장 많은 ATP 에너지를 제공한다. 왜냐하면 그것은 본질적으로 무수(수분을 함유하지 않거나 제거시킨 상태) 상태이기 때문이다(글리코겐은 약 3g의 물을 필요로 한다). 지방은 유산소성으로만 대사될 수 있는 반면 근육과 간에 저장된 글리코겐은 지방에 저장된 에너지의 작은 부분을 차지하지만, 무산소성 또는 유산소성

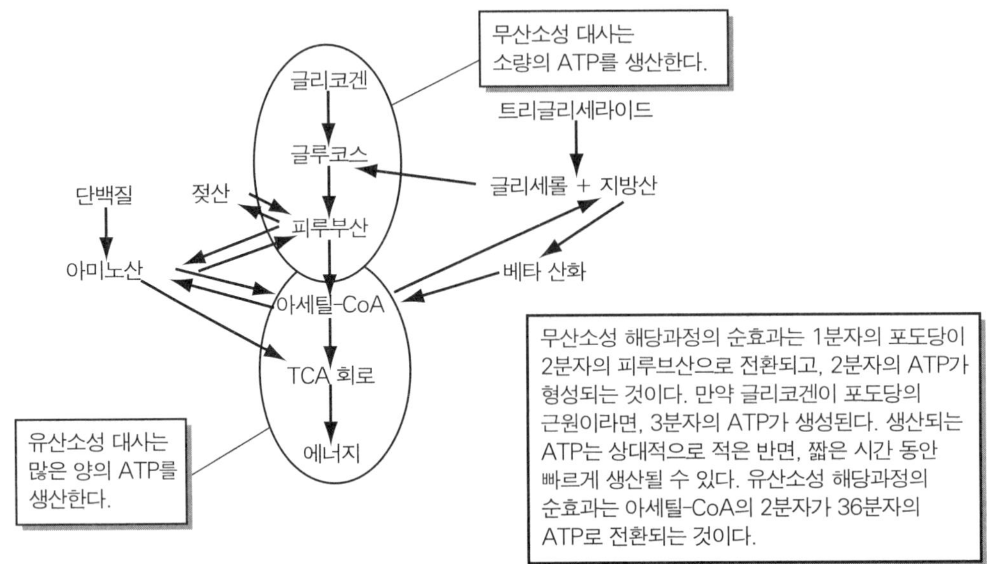

그림 12.2 에너지 경로에서의 기질 사용

으로 모두 대사될 수 있는 장점이 있다. 이상적인 조건하에서 단백질은 에너지원으로 이화되지 않는 기능적 조직이다. 그럼에도 소량의 단백질(총 에너지 필요량의 약 5%)은 대부분의 활동에서 에너지 요구량을 충족시키기 위해 대사되는 것으로 보인다. 탄수화물이 없을 때, 단백질은 포도당의 근원물질(아미노산 알라닌은 간에 의해 포도당으로 전환될 수 있음)과 아세틸-CoA 및 산화적 신진대사의 근원물질을 제공하기 위해 더 빠른 속도로 이화된다. 하지만 이러한 단백질의 이화작용은 바람직하지 않으며 탄수화물의 규칙적인 공급과 적절한 총 에너지 소비로 예방될 수 있다.

운동을 시작할 때, 대부분의 ATP는 무산소성 대사로 유도된다. 강도 높은 최대 노력 활동의 경우, 대량의 에너지를 위해서는 무산소성 대사에 대한 지속적인 의존을 요구한다. 그러나 낮은 강도의 활동을 위해서는 대부분의 ATP가 처음에는 무산소성 대사로 제공되지만, 그다음에는 대부분의 ATP 요구를 충족시키기 위해 유산소성 대사로 전환된다. 무산소성 대사 과정과 유산소성 대사 과정은 ATP의 공급을 위한 주요 대사 경로를 결정하는 강도의 활동과 함께 동시에 진행되는 것으로 여겨져야 한다. 고강도 최대 노력 활동은 무산소성 대사에 더 의존하는 반면 저강도 활동은 유산소성 대사에 더 의존한다. 지방을 통한 유산소성 대사로 우리는 훨씬 더 많은 에너지를 제공받을 수 있기 때문에, 지구력 선수들의 높은 에너지 요구는 그들이 유산소성 대사에 더 능숙해질 수 있도록 근육을 훈련할 것을 요구한다. 잘 훈련된 유산소성 운동선수들의 세포는 더 많은 미토콘드리아와 더 많은 유산소성 효소를 가지고 있는데, 이것은 유산소성 대사로 에너지를 이끌어낼 수 있는 더 큰 능력을 발휘하게끔 한다.

지구력 스포츠에 대한 고려 사항

지구력 운동은 에너지 대사의 주요 형태가 산화적인 운동이다. 이 운동은 사람의 최대 작업 능력 이하의 강도에서 발생한다. 더 높거나 최대 용량에서 작업하는 것은 산소 요구를 충족시키는 운동선수의 용량을 초과한다. 최대 능력으로 뛰는 단거리 선수는 매우 빨리 달릴 수 있지만 비교적 짧은 거리에서만 뛸 수 있다. 지구력 선수들은 단거리 선수만큼 빨리 달릴 수 없지만 훨씬 더 먼 거리를 달릴 수 있다. 왜냐하면 그들은 더 효율적인 에너지 산화 시스템을 사용하여 에너지를 대사하기 때문이다. 지구력 선수들의 에너지 산화 시스템의 효율성을 유지하기 위해서는 과도한 훈련, 과도한 부상, 그리고 식생활의 적절성과 함께 그들의 유산소성 능력에 영향을 미칠 수 있는 요소들을 고려해야 한다.

과훈련 증후군(OTS)

세계적인 달리기 선수가 다음과 같은 이메일을 보냈다. "나는 3주간의 특별히 강도 높은 훈련을 막 끝냈다. 일주일에 4일을 '힘든 강도'로 훈련하였다. 나는 훈련에 내 몸이 적응하도록 잠시 쉬고 있지만 여전히 약간 무기력하다. 잠은 잘 자지만 피곤하다. 코치는 내가 빈혈이 있는 것 같다고 걱정한다. 아시다시피, 나의 영양 상태 분석은 항상 잘 나왔다. 혈액 검사를 받아야 하는지? 철을 섭취해야 하는가? 다른 건? 걱정이 된다." 이러한 징후들은 지나친 훈련 이후에 부작용을 겪는 운동선수의 전형적인 모습이다. 과도한 훈련은 근육통 증가, 근육 회복 지연, 이전 훈련 부하에서 수행할 수 없는 몸 상태, 질 나쁜 수면, 활력 저하, 림프절 붓기, 높은 질병 빈도 및 식욕 감퇴를 포함하는 뚜렷한 경고 신호를 가지고 있다.[131] 이러한 증상들은 적절하게 회복할 수 있는 신체의 능력보다 더 힘든 수준에서 일한 결과이며, 일반적으로 불충분한 에너지 섭취, 부족한 수면, 그리고 더 높은 심리적 스트레스의 결과이다.

과훈련 증후군(OTS)은 낮은 수분 상태, 높은 체지방 수준 및 나쁜 심리 상태와 유의하게 관련이 있다.[131] 불충분한 에너지 섭취가 높은 체지방 수준과 관련이 있는 것은 이상하게 보일 수 있지만 열 발생의 적응으로 인한 높은 에너지 효율은 체지방보다 제지방을 더 낮출 가능성이 있다.[132] 지구력 선수들에게 있어 흔하지만, 과도한 훈련은 경기력을 감소시키고 선수가 아프거나 다칠 가능성을 증가시킨다. 건강한 남성 선수들에 비해, OTS를 가진 남성 선수들은 높은 크레아틴 키나아제, 젖산, 에스트라디올, 총 카테콜아민, 도파민, 그리고 낮은 테스토스테론을 포함한 더 많은 생물학적 스트레스 표지를 가지고 있었고 면역체계에 부정적인 영향을 미쳤다. 그들은 또한 일반적으로 건강한 운동선수와 관련된 긍정적인 생리학적 변화를 보여주지 못했다.[133] 중요한 것은, 이 연구에서 OTS 운동선수들은 건강한 운동선수들보다 50% 낮은 테스토스테론-에스트라디올 비율, 즉 근육을 만들고 회복시키는 호르몬 변화의 낮은 수치를 나타내었다.

또 다른 예를 보자. 좀 더 경쟁력 있는 팀으로 이적한 26세의 선수가 훈련량을 200% 늘렸다. 그 후 두 달 동안 선수는 계속되는 피로와 이명, 긴장, 불면증을 겪었다. 그는 3개월 동안 이를 계속 유지했지만, 불면증과 심각한 정신 우울증으로 건강을 완전히 잃게 되었다.[22] 이것은 일어나서는 안 되는 일로써 과도한 훈련은 수개월 동안 경기력 저하를 초래할 수 있으며 선수 생활의 종말을 초래할 수 있다.[134]

과도한 훈련은 집중적으로 훈련하는 운동선수들 중 10~20% 정도에서 문제가 될 수 있으며, 많은 선수들이 과훈련 증후군의 촉발제인 탄수화물과 음료의 욕구를 자제하지 못하기 때문에 지구력 선수들은 특히 과훈련 증후군이 상대적으로 흔한 것으로 보인다. 과훈련 증후군은 일반적으로 치료가 필요하지 않은 상태이지만, 계속 지속될 경우, 이와 관련된 질병 위험이 증가하여 의학적 치료가 필요할 수 있다.

과훈련 증후군의 발병과 관련된 요인은 다음과 같다.[134]

- 특히 많은 노력이 필요한 빈번한 경쟁
- 충분한 휴식이 없는 단조로운 훈련
- 불충분한 회복 전략과 과도한 연습
- 보유하고 있는 의학적 스트레스(예: 감기 또는 알레르기)
- 불량한 식단, 특히 부적절한 탄수화물 섭취
- 탈수
- 환경 스트레스(예: 고도, 고온 및 습도)
- 심한 심리적 스트레스와 관련된 심리적 스트레스 요인(예: 직장 또는 학교 갈등)

미국스포츠의학회에 따르면, 과훈련 증후군은 적절한 영양과 수분 공급으로 충분한 휴식과 회복을 허용하는 훈련 프로그램을 통해 효과적으로 제거될 수 있다고 한다.[23] 마라톤 선수들에 대한 연구에서는 고탄수화물 다이어트를 실시하는 선수들은 근육 글리코겐을 시합 전 수준으로 되돌리기 위해서는 시합 후 7일이 필요하다고 보고하였다.[24] 완전한 근육 글리코겐 재합성이 이루어지기 전에 정기적으로 훈련을 계속하는 것은 반드시 경기력의 저하로 이어질 것이다. 선수들은 훈련 시간을 잃는 것을 두려워하며 충분한 휴식을 취하는 것을 거부할 수 있기 때문에, 선수의 훈련과 관계된 모든 사람들(가족, 코치, 운동 트레이너)은 과도한 훈련이 경기력 감소와 관련이 있다는 개념을 인지해야 한다.

운동선수, 코치, 그리고 그들과 함께 일하는 스포츠의학 동료들은 선수생명이 끝날 수 있는 상황을 피하기 위해서 과훈련 증후군의 초기 징후를 확인할 수 있는 것이 중요하다. 지구력 스포츠에서 과훈련 증후군의 일반적인 징후는 다음과 같다.[135]

- 피로
- 우울감
- 서맥(불규칙 심장박동)
- 동기부여 감소
- 식욕 부진
- 근육량 감소

- 낮은 집중력
- 근육통
- 불안
- 기상 시 피로감과 함께 수면 부족

코치와 선수 모두가 알아야 할 과훈련 증후군의 주요 징후는 경기력 향상으로 이어지지 않는 강화 훈련이다. 과훈련 증후군의 진단을 위해서는 선수에게 다음과 같은 평가 사항이 포함된다.[134]

- 낮은 테스토스테론-코르티솔 비율
- 야간의 비뇨기 코르티솔-코르티손
- 최대 젖산 농도 감소
- 빈혈
- 면역 결핍증
- 만성피로증후군
- 우울감

과사용 부상

과도한 사용으로 인한 부상은 선수가 만성적으로 동일한 신체적인 일을 반복할 때 발생한다. 그것들은 빠른 성장을 경험하는 청소년 선수들에게 특히 문제가 될 수 있다.[25] 가장 단순한 예로, 발뒤꿈치 물집은 몸에 맞지 않는 운동화를 착용하면서 생기는 과도한 손상이다. 더 심각한 예로는 단단한 포장도로에서 다리에 지속적으로 충격을 주는 것은 뼈에 스트레스를 발생시켜 스트레스 골절을 유발한다. 이는 철사 옷걸이를 가져다가 같은 자리에서 반복해서 구부리는 것과 유사하며, 시간이 지나면 옷걸이에 균열이 생겨 결국 부러진다. 지구력 선수들이 너무 많은 시간을 훈련하는 데 사용하기 때문에, 과도한 부상은 선수에게 있어 걱정거리이다.

트라이애슬론 선수들을 대상으로 한 연구에서 일부 선수들이 경기 초반에 골격 부상을 입었고, 이것은 경기가 진행될수록 더 악화되었다는 것이 발견됐다. 근육에 대한 이러한 부상은 트라이애슬론 경기가 진행되면서 그리고 경기 후 신체가 치유되면서 에너지원의 사용을 변화시킬 수 있다.[26] 비록 경기 중에 단백질 분해와 근육 손상이 발생하더라도, 잘 훈련된 선수는 영양 상태가 유지된다면 체력의 변화를 경험하지 않는다.[27] 적절한 영양을 섭취한 선수는 훈련과 경기 중에 발생하는 경미한 조직 손상을 치유하는 데 더 나은 능력을 가지고 있다. 게다가, 운동하는 동안 탄수화물과 체액의 수치를 유지할 수 있는 선수들은 더 나은 뇌 기능을 가질 가능성이 높으며, 이것은 부상을 덜 당하기 쉬운 부드러운 달리기 스타일로 전환된다. 탄수화물이나 수분 저장 부족과 함께 쉽게 발생하는 정신적 능력의 상실은 구조적 스트레스를 증가시켜 부상을 초래할 수 있는 조정력 저하를 유발한다.

크로스컨트리 엘리트 남녀 스키 선수들을 대상으로 한 부상률 연구를 살펴보면 이전의 부상

뿐만 아니라 과도한 훈련으로 인한 부상도 높게 나타났다.[136] 이 연구에서는 1,000시간의 훈련 당 3.81명의 부상률을 보고하였다. 비록 크로스컨트리 스키 선수들의 영양학적 요인과 부상 위험의 연관성을 평가하는 연구는 없지만, 다른 그룹의 선수들에 대한 또 다른 연구는 상대적인 에너지 부족은 부상 위험의 중요한 예측 변수라는 것을 강력히 시사한다.[137]

또한 청소년 선수들과 관련된 연구에서는 훈련(주로 달리기)이 전체 부상의 73%를 차지하는 등 과도한 부상과 관련이 있는 것으로 나타나 청소년 선수들에 훈련에 의한 부상 우려도 제기된다.[138] 이러한 선수들은 성장기에 있기 때문에, 어린 선수들이 훈련의 효과를 경험할 수 있도록 천천히 충분한 에너지와 영양소 섭취로 훈련 방법에 적응하는 것이 중요하다. 스포츠에 참여하는 것은, 바라건대, 평생의 건강과 즐거움과 연관되어야 한다. 성장에 대한 극도로 높은 영양소 요구와 스포츠의 추가 요구 때문에, 어린 선수들은 과도한 부상과 과훈련 증후군의 위험이 더 높다. 코치는 훈련에서 발생하는 이런 실수를 피하도록 노력해야 하며, 특히 적절한 회복 계획이 없는 경우 어린 선수들이 극도로 지칠 정도로 훈련을 하지 않도록 해야 한다.[139]

식생활의 적정성

지구력 선수들은 일반적으로 경기 중보다 훈련 중에 더 높은 강도의 훈련을 경험한다. 이것은 산화적 대사를 강화시켜 대사의 적응을 달성하기 위한 것으로 이러한 산화적 대사는 탄수화물보다 지방에 더 많이 의존한다. 이러한 유형의 훈련 방법은 글리코겐 저장에 대한 높은 요구 사항을 제시하며 선수는 규칙적인 탄수화물 섭취 패턴을 가져야 한다.[140] 많은 연구들은 높은 지방 섭취가 그 자체로 원하는 대사의 적응을 달성하는지를 결정하는 데 관심이 있었지만, 지구력 선수에 대한 사실상 모든 연구에서 탄수화물 가용성은 지구력 수행에서 에너지 기질을 제한하는 것으로 보인다.[141] 낮은 수준의 글리코겐 저장은 운동선수가 운동을 지속할 수 있는 시간을 줄이는데, 이는 근육의 글리코겐 저장을 유지하거나 대체하기 위해 탄수화물을 규칙적으로 섭취해야 한다는 사실을 의미한다.[28] 이를 위해서는 하루에 몸무게 1kg당 7~10g의 탄수화물 섭취가 필요하며 45kg 운동선수도 표 12.4와 같이 상당한 양의 탄수화물 칼로리 섭취가 필요하다.

탄수화물 섭취의 시기 또한 중요한데 이는 글리코겐 저장과 재합성에도 영향을 미칠 수 있다.

표 12.4 지구력 선수들을 위한 에너지 섭취량

	하루 체중(kg)당 필요량(g)	하루 체중(lb)당 필요량(g)	45kg 선수의 하루 필요 칼로리	90kg 선수의 하루 필요 칼로리
탄수화물	7.0~10.0	3.18~4.55	1,260~1,800	2,520~3,600
단백질	1.2~2.0	0.55~0.77	216~306	432~612
지방	0.8~1.3	0.36~0.59	324~527	648~1,053
하루당 전체 칼로리			1,800~2,633	3,600~5,265

참고: 총 체중과 상관없이, 각 에너지원당 낮은 범위로는 탄수화물로부터 약 70%, 단백질로부터 약 12%, 지방으로부터 약 18%의 칼로리를 공급함. 상위 범위는 탄수화물로부터 약 68%, 단백질로부터 약 12%, 지방으로부터 20%의 칼로리를 공급함.

고도로 훈련된 남자 크로스컨트리 선수들을 대상으로 한 연구는, 경기 후 기간을 제외하면 음식 섭취는 일반적인 타이밍에 섭취하는 것이 적절하다고 보고하였다. 비록 지구력 선수들은 글리코겐 저장의 회복을 돕기 위해 경기 직후 탄수화물을 섭취하는 것이 권장되지만, 이 선수들은 경기 후 평균 2시간 30분까지 탄수화물 음식을 먹는 것을 미루었다.[29] 이 정도의 섭취 지연은 글리코겐의 대체가 제대로 이루어지지 않게 하고, 그 이후의 운동에서 지구력 감소의 부정적인 효과를 나타냈다.

마라톤 선수를 대상으로 한 연구에 따르면, 총 에너지 섭취량의 상당 부분이 가장 필요한 시간대는 오후 4시가 아닌 4시 이후에 발생하는 것으로 나타났다.[30] 지연된 섭취는 훈련된 지구력 선수들이 운동 후 근육의 글리코겐 저장을 극대화할 기회를 놓친 것을 의미한다.[31, 32] 지구력 경기를 위해서는 충분한 에너지와 탄수화물을 섭취하는 것이 중요하다. 보충제와 에르고제닉 보조제는 효과가 없는 것으로 보인다. 효과적이며 유일한 전략은 부족한 근육에 에너지를 전달하거나 글리코겐 저장을 최대화하기 위해 한 번에 충분히 섭취하는 것이다. 지구력 선수는 주요 경기 약 1주 전에 글리코겐을 저장시키는 활동에 집중해야 한다.[33] 그렇게 하지 않으면 지구력에 부정적인 영향을 미칠 수 있다.

훈련과 시합에 소비된 시간 때문에, 지구력 선수들은 활동 중에 에너지와 수분을 얻기 위한 그들 자신의 전략을 개발해야 한다. 잘못된 음식이나 수분을 섭취하거나 잘못된 시간에 섭취하는 것은 경기력을 저하시킬 수 있기에 전략을 개발하는 것은 쉽지 않다. 많은 운동선수들이 경기 직전에 경험하는 '긴장된 위장'은 이것을 훨씬 더 어렵게 만들고, 그래서 운동선수들은 어떤 음료와 에너지와 영양분이 함유된 음식이 효과가 있는지 실험해야 한다. 일반 선수들을 위해 권장되는 전략은 효과가 있을 수 있지만, 힘든 경쟁 분야에서 승리를 거두기에는 충분하지 않다.

경기의 유형에 따라 연료로 연소되는 탄수화물과 지방의 비율은 약간씩 변화한다(강도가 높을수록 탄수화물이 많아지고 낮을수록 지방이 많아짐). 그러나 궁극적으로 운동선수가 '벽에 부딪히는'지 여부를 결정하는 것은 탄수화물 수치이다. 저장된 글리코겐이 고갈되면 선수는 더 이상 충분히 강한 페이스를 유지할 수 없게 되므로, 가능한 모든 기회를 이용하여 경주를 계속할 수 있는 충분한 에너지를 확보하고 다음 날 경기를 잘 치를 수 있는 충분한 에너지를 저장해야 한다.

선수들은 충분한 에너지와 영양분을 섭취하기 위해 필요한 모든 것을 해야 한다(회의에 음식을 가득 담은 가방을 들고 가기, 수업에 걸어가면서 먹기, 자동차로 가면서 간식을 먹기). 그렇지 않으면 훈련에서 얻은 효과들이 낭비될 것이다. 효과적으로 먹지 않는 운동선수는 쉽게 피로해지고 다치기 쉬우며 검증되지 않은 에르고제닉 제품을 섭취할 가능성이 높다. 최적의 생리학적 효율 수준에서 작동하기 위해서는 수분을 잘 보충하는 것이 중요하다. 지구력 운동선수는 탈수 가능성을 줄이기 위해 갈증이 없는 상황에서도 수분을 자주 섭취하는 연습을 해야 한다. 소량의 나트륨과 함께 탄수화물을 함유한 음료를 섭취하는 것은 체액 흡수와 음료의 욕구를 충족시키는 데 유용하다. 그러나 고용량의 나트륨 보충은 체온 조절이나 신체 성능을 향상시키지 못하고 고혈압을 포함한 부작용을 초래할 수 있기 때문에 액체 1L당 나트륨 약 460~690mg의 현재 지침을 신중하게 따라야 한다.[142] 목표는 운동 중 땀으로 인한 나트륨 손실을 대체하는 것이어야 하지만, 섭취량이 그러한 손실을 초과해서는 안 된다.

영양 보충제

충분한 탄수화물이나 총 에너지를 섭취하지 못하는 운동선수는 비타민 C, 티아민, 리보플라빈, 나이아신, 칼슘, 마그네슘, 철분 결핍증에 걸릴 가능성이 높다.[34] 마라톤 선수를 대상으로 한 연구에서 보충제(특히 비타민 C와 E, 칼슘, 아연) 사용은 일반적으로 실시되고 있는 것이 보고되었다. 질문을 받은 선수들의 48%는 로스앤젤레스 마라톤 기간인 3일 동안 최소한 하나의 보충제를 섭취했다고 보고하였다.[35] 다른 연구들은 보충제를 섭취하지 않은 마라톤 선수, 축구 선수, 레슬링 선수, 그리고 농구 선수가 비타민 C와 비타민 B_6의 적절한 혈청 농도를 가지고 있다는 것을 확인하였다. 따라서 이러한 비타민의 보충은 보증되지 않는 것으로 보인다.[36, 37] 마라톤 선수를 대상으로 마그네슘 보충제의 효과를 평가하는 연구에서 보충제가 경주 중 근육 손상에 대한 저항력을 향상시키지 못했고, 경주 후 근육 회복을 강화하지 않았으며, 달리기 경기력도 향상되지 않는다고 보고했다.[38]

여성 지구력 선수들의 영양 문제

여성 지구력 선수들은 무 월경을 피하기 위해 충분한 에너지와 영양분을 섭취해야 한다. 무월경은 높은 신체적 또는 심리적 스트레스, 불충분한 에너지 섭취, 나쁜 철분 상태, 높은 코티솔 수치, 낮은 체지방 수치를 포함하여 많은 이유로 발생한다. 특히 여성 선수들은 적혈구 파괴가 여성 일반인들에 비해 높아 철분 결핍과 철분 결핍에 따른 빈혈의 위험이 상당히 높다.[143] 여성 지구력 선수에 대한 조사에 따르면 90% 이상의 선수가 철분 섭취가 부족하다고 보고하였다.[144] 비록 몇몇 요인들은 분명히 여성이 통제하기가 어렵겠지만, 여성 선수는 건강을 유지하기 위해 균형 잡힌 영양 섭취와 함께 충분한 총 에너지를 소비하기 위해 노력해야 한다.

여성 지구력 운동선수를 위한 일반적인 권고 사항은 다음과 같다.[119, 145]

- 에너지 소비량은 제지방 체중 1kg당 45Kcal 이상이어야 하며, 물리적 활동의 에너지 비용을 완전히 충족하기에 충분한 추가 에너지를 포함해야 한다.
- 일일 단백질 섭취량은 하루 1.2~1.6g/kg 범위 내에 있어야 하며, 하루 동안 20g 용량으로 분배하여 섭취해야 한다. 운동 직후에는 탄수화물과 수분을 포함한 회복을 위한 단백질 섭취가 중요히다.
- 비교적 높은 수준의 탄수화물을 유지하는 것은 탄수화물의 저장을 유지하는 데 유용하다. 경기 전날 높은 수준의 탄수화물(>8g/kg/일)을 섭취하는 것은 유용할 수 있다.
- 여성 선수는 철분 결핍의 위험이 높으며, 식품에서 양질의 철분을 정기적으로 섭취하도록 해야 한다. 여성 지구력 운동선수들은 헤모글로빈, 헤마토크리트, 그리고 페리틴을 포함하여 매년 정기적으로 혈액 검사를 받아야 한다.

고지구력 운동 종목에 대한 영양 문제

고지구력 운동 종목은 동등한 올림픽 종목에서 지속 시간 또는 거리를 초과하는 모든 경기 종목을 의미하거나 지속 시간이 4시간 혹은 6시간을 초과하는 종목 등 여러 가지 정의가 있다.[40, 41] 고지구력 운동에는 뚜르 드 프랑스와 같은 사이클 경기, 하와이 철인대회와 같은 수영, 사이클 및 달리기 종목, 남아프리카 마라톤과 같은 초장거리 달리기 대회, 그리고 영국 해협 수영과 같은 장거리 수영 이벤트 등이 포함된다. 어떤 정의를 사용하든 고지구력 종목에 참여하는 선수는 컨디션이 좋아야 하고, 성공을 위해서는 장기 영양 및 수분 공급 계획을 가지고 있어야 한다.

고지구력 종목은 8,500~11,500Kcal의 칼로리를 소모할 수 있으며, 이는 식단 계획을 만족시키기 위해 많은 양을 필요로 하는 수준이다.[42] 고지구력 종목 선수들은 인종에 따른 에너지 요구를 충족시키기 위한 충분한 에너지를 거의 소비하지 않으며, 높은 코티솔과 조직 이화작용을 유발한다는 것이 입증되었다. 그들은 에너지 부족을 줄이기 위해 스포츠 음료와 잘 견딜 수 있는 음식을 먹는 연습을 하도록 권장되어야 한다.[146] 고지구력 종목을 포함한 지구력 종목은 동일한 영양 원리를 적용하는 것이 참가한 대회에서 좋은 성과를 내는 데 중요하다.

- 적절한 에너지 섭취,
- 경기 전과 경기 중 혈당과 근육의 탄수화물 저장 상태를 유지하기 위한 충분한 탄수화물 섭취
- 땀 손실에 여유 있게 대처하는 수분 및 전해질 전략
- 운동 후 회복 계획은 반복된 고지구력 시합에서 신속하게 복구할 수 있게 한다.

배출되는 땀의 양은 시간당 0.3에서 2.4리터까지 다양하기 때문에 운동선수 주변의 온도와 습도, 체중을 증가시키지는 않지만, 경기력을 지속시키기 위해 충분한 액체를 섭취해야 한다는 사실 이외는 고지구력 선수에게 권고할 수 있는 수분 섭취 권고안은 많지 않다. 고지구력 종목의 수분 섭취는 몸무게의 2% 이상 줄어드는 체액의 부족을 예방하는 것이 목표로, 이는 성능과 열 스트레스 위험의 측정이 가능한 수준이다.[43] 6~8%의 탄수화물과 240mL당 150~200mg의 나트륨을 포함한 음료는 저나트륨혈증(세럼 나트륨 농도 〈130mmol/L)을 지속적으로 예방하는 데 유용하다. 운동 후 기간 동안, 고지구력 선수들은 활동 중에 빠진 체중을 1lb(0.5kg)당 510~720mL의 수분을 보충하는 데 집중해야 한다.

고지구력 종목 선수들은 일반적으로 충분한 탄수화물을 섭취하지 못한다. 여성 울트라 트라이애슬론 선수들에 대한 연구에서는 선수들의 평균 탄수화물 섭취(3.15g/kg)가 권장량의 절반이라는 것을 보고하였다.[44] 선수들이 적절하게 수분을 공급하지 못한다는 증거도 보고되었다. 고지구력 자전거를 타는 사람들을 대상으로 한 연구에서는 경기 동안 약 4%의 체중 감소(권장된 최대 변화량의 2배 이상)를 발견했다.[45] 이러한 연구로부터의 분명한 결론은 많은 고지구력 선수들이 적절한 에너지와 수분을 제공하는 방식으로 훈련하거나 경쟁하지 않다는 것이다.

유산소성 대사에 의존하는 스포츠

유산소성 스포츠는 오랜 기간 최대하의 활동을 지속해야 한다. 이러한 활동의 유산소 특성은 운동

하는 근육에서 ATP 에너지를 지속적으로 생성하게 하여, 충분한 연료가 있는 한, 그리고 신체가 과열되지 않는 한 운동을 계속할 수 있게 한다(수분 상태가 중요하다). 지방 의존도가 높고 탄수화물(글리코겐) 의존도가 낮은 운동선수는 저장량이 제한된 글리코겐 연료보다 지방 연료가 많아 지구력이 좋다. 지방은 효율적인 신진대사를 위해 많은 양의 산소를 필요로 하기에, 최고의 산소 체계(예: 대부분의 산화 효소, 작동 중인 세포로 산소를 운반하는 최상의 능력)를 가진 지구력 운동선수가 최고의 지구력을 가지고 있다.

다음은 지구력 스포츠와 그들의 특별한 영양 고려 사항의 표본이다.

장거리 달리기

장거리 달리기는 일반적으로 10,000m 또는 그 이상의 거리로 간주된다. 이러한 거리를 달리기 위해, 선수들은 그들의 무한하지 않은 저장된 탄수화물의 사용을 제한하고 지방을 사용하는 것을 가능하게 하는 유산소성 대사 경로에 주로 의존한다. 지방에 대한 높은 의존도는 이 선수들이 매우 먼 거리를 달릴 수 있게 하고 그들이 빠른 가속을 필요로 하는 순간 동안 탄수화물을 보존할 수 있게 한다. 한 연구에 따르면, 유산소성 활동에서 연소된 총 에너지의 2~7%만이 무산소성으로 유도된다.[46] 적은 양의 탄수화물은 무산소성 활동을 유지할 때에도 사용되므로, 장거리 달리기 선수들은 달리기 동안 탄수화물을 보존하는 전략을 개발해야 한다. 그렇게 하지 않으면 저혈당이나 저근육 글리코겐이 생기는데, 둘 다 근육 피로를 조기에 유발하여 지구력을 손상시킨다. 케냐를 포함한 동아프리카의 일부 국가에서 온 장거리 달리기 선수들이 역사적으로 성공할 수 있었던 요인으로 개선된 달리기 효율성 문제가 제기되었다. 비록 효율적인 달리기 운영이 장거리 달리기 성공에 있어 확실한 요소일지라도, 성공적인 달리기 선수들은 많은 것을 올바르게 하고 있다는 것을 명심해야 한다.[147, 148] 중요한 것은, 경쟁력 있는 마라톤 선수들을 대상으로 한 연구에서 35.6%가 적절한 영양 섭취가 있다면 마라톤의 기록을 8% 또는 그 이상 향상시킬 수 있다고 생각하고 있는 것이 나타났다. 그들은 적절한 영양 섭취 전략을 도입하기에 좋은 그룹이다.[149]

이 모든 요소들을 염두에 두고, 장거리 달리기 선수들은 그들의 종목과 관련하여 다음의 영양적 문제들을 고려해야 한다.

장거리 달리기 선수들은 무월경, 낮은 골밀도, 피로 골절의 위험에 처해 있다.

선수들이 매주 훈련을 위해 달리는 거리는 골격량에 잠재적으로 자극을 줄 수 있음에도 불구하고 스트레스 골절에 취약할 수 있다.[47] 스트레스 골절은 남성보다 여성에게서 더 자주 발생하지만, 모든 달리기 선수들은 골절의 위험을 줄이기에 칼슘 섭취가 적절한지 확인해야 한다. 힘든 지구력 훈련은 종종 무월경과 낮은 골밀도와 관련이 있기 때문에 여성 달리기 선수들은 스트레스 골절의 위험이 더 높다. 그러므로 1차 또는 2차 무월경 중 하나를 경험하는 여자 선수들은 정상적인 생리 상태로 돌아가기 위해 적절한 의학적 조언을 구해야 한다.[48] 여성 달리기 선수들은 골다공증의 위험을 줄이기 위해 다음과 같은 조치를 취해야 한다.

- 식품 또는 식품과 보충제의 조합으로 칼슘(1,500mg/일)을 섭취한다.
- 단백질 과다 섭취는 요중 칼슘 손실 증가와 관련이 있다.
- 운동 중 수분과 혈당을 유지하여 스트레스 호르몬(특히 코티솔)의 생성을 조절한다.
- 무월경과 관련된 과도한 훈련을 피하라.

무월경, 희발월경(월경의 간격이 35~40일 이상으로 길어지는 증상) 또는 월경 중에 훈련을 받은 여성 달리기 선수들 간의 영양 섭취를 비교한 연구에서 키, 체중, 훈련 거리 및 체지방의 비율이 일치함에도 불구하고 이러한 그룹들 간에 분명한 영양의 차이가 발견됐다.[49] 월경을 하지 않은 선수들은 권장량보다 훨씬 낮은 양의 아연을 섭취하고 있었다. 게다가, 정상적인 월경을 한 선수들은 더 많은 지방을 섭취하고 더 적절하게 총 에너지를 소비하였다. 흥미롭게도, 매우 활동적인 여성 운동선수들은 주요 비타민 B(엽산, 비타민 B_6, 비타민 B_{12})를 적절히 섭취한 것으로 밝혀졌는데, 이것은 여성 운동선수들이 경험하는 영양 관련 문제들이 부적절한 비타민 B보다는 부적절한 에너지와 더 관련이 있을 수 있다는 것을 시사한다.[150] 이는 탄수화물 식품이 고지방 식품에 비해 칼로리 밀도가 낮기 때문에 성능에 가장 적합한 고탄수화물 식단이 필요한 수준의 에너지 소비를 더욱 어렵게 만든다는 것을 시사한다. 그러므로 선수들은 탄수화물을 주요 에너지원으로 구성할 때 영양소의 보충적인 섭취에 집중하기보다는 더 많은 음식을 섭취하는 것에 집중해야 한다. 여성 달리기 선수는 에너지와 영양 섭취의 적정성에 대해 충분히 인지할 만한 충분한 이유가 있는데, 이는 어떠한 부상도 빈번하게 발생하는 스트레스 골절의 발생보다 더 좌절감을 주거나 잠재적으로 선수 생활을 끝낼 수 없기 때문이다. 지구성 달리기는 엄청난 양의 에너지를 필요로 한다. 마라톤은 약 2,900Kcal를 필요로 한다. 그들은 총 에너지 소비를 위해 적절하게 훈련되거나 달릴 수 없다. 운동 전, 중, 후에 간식을 먹고 간식이나 스포츠 음료를 섭취하는 등 음식 섭취 전략과 연료 소비가 매치될 수 있도록 하는 것이 중요하다. 장거리 경기에서 선수를 위한 영양 전략 요약은 표 12.5에서 확인할 수 있다.

경기 전에 테이퍼링(훈련량을 점차 줄여 나가는 과정) 활동을 하는 것은 경기력을 향상시킨다.[53] 글리코겐의 저장을 늘림으로써 경기력을 향상시킬 뿐만 아니라, 달리기 선수를 진정시키며 달리기 동작을 개선하여 효율성을 높이고 지구력을 강화시킨다. 중요한 시합 전에 테이퍼링과 탄수화물 로딩의 중요성은 아무리 강조해도 지나치지 않다.

수분 섭취는 매우 중요하다.

수분 부족과 갈증을 방지하기 위해 정해진 시간(10~15분마다)에 따라 수분을 섭취해야 한다. 아마도 장거리 달리기 선수의 성공을 보장하는 데 최적의 수분 상태를 유지하는 것보다 더 중요한 요소는 없을 것이다. 시간당 0.5~1L의 수분 섭취는 보통 가벼운 환경 조건에서 대부분의 운동선수의 심각한 탈수를 예방하기에 충분하지만, 열 스트레스를 피하기 위해 더 높은 강도 또는 더 심각한 환경 조건에서 뛰는 운동선수의 경우 더 많은 양의 수분 섭취가 필요하다.[55] 수분 및 전해질에 대한 자세한 내용은 3장을 참조.

표 12.5 장거리 경기 선수들을 위한 영양 전략

이슈와 일반 지침	10,000m 트랙 경주	10km 크로스컨트리	21.1km 하프마라톤	20km 걷기 경주	42.2km 마라톤	50km 걷기 경주
경기 전 에너지 보충 • 글리코겐 정상화 = 7~12g · kg−1 · day−1 for 24hr • 탄수화물 로딩 = 10~12g · kg−1 · day−1 for 36~48hr	글리코겐 정상화	글리코겐 정상화	글리코겐 정상화	강조되는 글리코겐 정상화	탄수화물 로딩 특히 낮은 식이섬유와 같이	탄수화물 로딩 특히 낮은 식이섬유와 같이
경기 전 음식 • 경기 1~4시간 전 체중당 1~4g · kg−1 탄수화물 • 경기 동안 발생할 수 있는 위험을 줄이기 위해 단백질, 지방, 섬유질 섭취 감소	경기 전과 유사한 식사	경기 전과 유사한 식사	경기 전과 유사한 식사 + 준비 운동 후 탄수화물 섭취	경기 전과 유사한 식사 + 준비 운동 후 탄수화물 섭취	경기 전과 유사한 식사 + 준비 운동 후 탄수화물 섭취	경기 전과 유사한 식사 + 준비 운동 후 탄수화물 섭취
경기 중 영양 섭취의 기회(수분 보충 가능)	None(만약 극한의 더운 환경의 경우 트랙 밖에서 수분의 공급이 필요함	None	일반적으로 경기 중 매 km(경기마다 빈도는 다름)	매번 2km마다 (때로는 1km마다)	일반적으로 경기 중 매 5km(경기마다 빈도는 다름. 매 2~3km 마다)	매번 2km마다
경기 중 섭취 목표 • 45~75분: 적은 양의 탄수화물 가글링 • 1~2시간 30분: 시간당 30~60g 섭취 • 2시간 30분 이상: 시간당 최대 90g 섭취	N/A	N/A	탄수화물 음료 또는 젤/제과에서 최대 30~60g의 섭취	탄수화물 음료 또는 젤/제과에서 최대 30~60g의 섭취	30~60g/hr 탄수화물. 탄수화물 음료와 더 농축된 젤/과자의 혼합으로 최대 90g/hr의 시험 섭취를 고려함	경기 계획의 수분 섭취 목표에 따라 탄수화물 음료 또는 더 농축된 젤/제과 혼합물의 60~90g/hr 섭취를 목표로 함

CHO = Carbohydrate

Reprinted by permission from L.M. Burke et al., "Contemporary Nutrition Strategies to Optimize Performance in Distance Runners and Race Walkers," *International Journal of Sport Nutrition and Exercise Metabolism* 29 (2019): 117-129.

장거리 달리기 선수들은 일반적으로 상대적으로 낮은 체지방 수치를 가지고 있다.

성공적인 장거리 달리기 선수들은 일반적으로 말랐고, 이러한 신체 프로필은 그들에게 장기 달리기 동안 열을 발산하는 데 유리할 수 있다.[56] 하지만 일부 운동선수들은 많은 다른 어려움들과 관련이 있는 심각한 다이어트를 통해 낮은 체지방 수치를 달성하려고 할 수도 있다. 낮은 체지방 수준은 실시간 에너지 균형에서 적은 에너지 섭취와 많은 에너지 소비를 통해 가장 잘 달성된다.

모든 지구력 선수들의 경기력에 있어서 중요한 요소는 철분의 상태이다.
지구력 선수들은 근력과 복합 훈련을 실시하는 선수들과 비교하여 헤모글로빈, 헤마토크리트, 적혈구 수치가 감소했다는 증거가 있다.[57] 철분 상태는 매우 중요하여 지구력이 강한 선수에 의해 사용되는 가장 흔한 에르고제닉 보조제 중 하나는 적혈구의 생성을 자극하여 산소 운반 능력을 증가시키는 에리트로포이에틴(EPO)이다. 그러나 이 불법적인 보충제는 위험할 정도로 높은 혈액 점도를 증가시킬 수 있으며 여러 명의 사망자와 관련이 있다.

달리기 선수들에게 있어 가장 흔한 부적절한 식이 섭취인 붉은 고기를 먹지 않는 것 외에도, 철분이 부족한 몇 가지 다른 흔한 원인이 있다.[58~60]

- 땀의 과도한 철분 손실
- 소화계를 통한 과다한 혈액 손실
- 소변에서 과다한 혈액 손실(혈뇨)
- 여성 주자의 월경혈 과다 손실
- 철분 흡수 불량
- 혈관 내 용혈

헌혈을 희망하는 달리기 선수들은 우선 철분 상태를 평가해야 한다. 5일간의 고된 훈련 후 mL당 60ng을 넘는 정상 헤모글로빈과 페리틴 수치가 안전한 헌혈을 위한 최소한의 수치이다.[61] 또한 헌혈을 하는 달리기 선수는 혈액량과 철분 상태가 정상으로 돌아올 수 있는 충분한 시간을 갖도록 헌혈 후 3~6주 동안은 정상적인 강도로 운동하지 말아야 한다.

트라이애슬론

상체와 하체 근육의 균형은 성공적인 트라이애슬론 선수들에게 중요하다. 왜냐하면 트라애슬론의 각각의 종목은 서로 다른 근육에 초점을 두고 있기 때문이다. 예를 들어 수영 선수들은 자전거 선수들보다 훨씬 더 높은 상체 근력이 요구되는 반면, 트라이애슬론 경기 선수들은 양쪽 모두에 균형 잡힌 근력을 필요로 한다.[62] 아마도 모든 근육의 사용은 트라이애슬론 경기에서 선호되는 체형이나 몸매를 만들고, 이 세 종목 모두에서 열심히 훈련하려는 사람이라면 누구나 접근할 수 있게 될 것이다.[63] 모든 주요 근육들이 트라이애슬론에서 사용되기 때문에, 선수들은 각 작동 근육의 연료 용량이 가득 차도록 확실히 하기 위해 충분한 총 에너지를 소비해야 한다.

트라이애슬론은 장소와 스폰서에 따라 길이가 다르다. 올림픽 트라이애슬론 경기는 1.5km의 수영, 40km의 사이클, 그리고 10km의 달리기로 구성된다. 하와이에서 가장 잘 알려진 아이언맨 대회는 3.8km 수영, 180km 자전거 경주, 그리고 42km 달리기를 포함한다. 한 조사에 따르면, 일주일에 평균 8.8km의 수영, 270km의 자전거, 그리고 58.2km의 달리기를 수행하는 비엘리트 트라이애슬론 선수들도 대부분의 사람들이 불가능하다고 느끼는 훈련 강도를 가지고 있다.[64] 아직까지, 선수들에게는 경기 전에 훈련을 줄이는 것이 중요하다. 한 연구는 트라이애슬론 선수들이 경기 전에 훈련에 소비한 총 시간을 줄였을 때 통계적으로 유의한 성과 향상을 보여주었다.[65] 다시 말하지만, 경기 전 휴식은 훈련에 효과적인 방법임이 증명되었다.

스포츠 종목에 따라 운동선수들은 다른 음식을 섭취하도록 유도되고, 따라서 다른 수준의 영양소를 섭취한다. 칼슘 섭취량은 배구 농구 등 단체 스포츠에 참가하는 선수보다 트라이애슬론 종목에서 낮은 것으로 나타났다. 10,373명의 피 실험자를 대상으로 한 프랑스의 대규모 연구에서 조사된 선수들의 칼슘 섭취량은 트라이애슬론 참가자들이 권장치보다 낮았고, 특히 여성들은 남성들보다 칼슘 섭취량이 낮았다.[66] 이것은 골격에 너무 많은 반복적인 스트레스를 가하는 운동선수들에게 나쁜 소식이며, 이것은 그들의 스트레스 골절의 위험성을 증가시킨다.

이 모든 요소들을 염두에 두고, 트라이애슬론 선수들은 그들의 스포츠에 영양학적으로 관련된 다음의 문제들을 고려해야 한다.

정상적인 수분 상태를 유지하는 것은 어렵다.

아마도 트라이애슬론 선수들에게 가장 중요한 훈련 성과는 힘든 경기 동안 수분을 유지하는 것이다. 선수들은 잘 견딜 수 있는 탄수화물과 전해질 음료를 찾고 대회가 끝날 때까지 가능한 가장 작은 체중 감량을 초래하는 수분 섭취 방법을 개발해야 한다. 많은 연구들은 수분 섭취가 성공적인 시합를 위한 두 가지 열쇠 중 하나라고 주장한다. 그럼에도 불구하고, 선수들은 보통 4%를 넘는 수분 관련 체중 감소와 함께 경기 동안 좋은 수분 상태를 유지하는 데 거의 성공하지 못하는 것으로 보인다.[68]

트라이애슬론의 수영 단계에서 수영복을 입은 선수들은 기온이 따뜻할 경우 사이클과 달리기 부분에서 더위에 대한 스트레스를 받을 수 있다. 그러나 이 문제를 평가한 연구에서 운동선수가 좋은 수분 상태를 유지한다면 수영복이 체온에 부정적인 영향을 미치지 않다는 것을 발견했다.[67] 선수들은 전해질이 함유되지 않은 음료(일반적인 생수)를 섭취하면 저나트륨혈증(혈중 나트륨 수치가 낮음)에 걸릴 수 있다.[69, 70]

트라이애슬론 경기를 마친 선수들을 평가한 결과 선수들이 평균 몸무게가 2.5kg를 감량된다는 것을 발견했다. 그리고 저나트륨혈증을 가진 선수는 약간의 수분 섭취에도 불구하고 체액 과부하를 보였다.[71] 이러한 결과는 나트륨이 함유되지 않은 음료를 적당히 섭취하는 것만으로는 저나트륨혈증의 위험을 증가시킬 수 있다는 것을 의미한다. 따라서 선수의 안전과 경기력을 위해서는 체중과 체형별로 음료를 교체하는 것이 매우 중요하다.[72]

충분한 에너지의 소비가 필요하다.

트라이애슬론 경기 동안 탄수화물에 대한 에너지 요구량은 그것을 저장하는 신체의 능력을 초과하므로, 선수와 관련자들은 경기 중에 탄수화물을 적절히 섭취하기 위한 전략(일반적으로 1~1.5g/kg/hr)을 개발해야 한다.[73] 선수들은 충분히 견딜 수 있는 형태와 농도의 탄수화물을 함유한 스포츠 음료를 찾아야 한다. 일부 선수들은 경기의 사이클 동안 탄수화물 젤, 바나나 또는 크래커를 섭취한다. 고지구력 선수들의 에너지 균형을 평가한 최근 연구에서 충분한 수분과 에너지를 섭취하지 못하면 수분과 관련된 체중 감소가 크고 에너지 부족이 크다는 것을 발견했다. 연구 결과 경기력이 상당히 저하되었음을 시사한다.[152] 분명한 것은 선수들에게 수분 및 에너지 섭취에 대한 전략을 실행한다면 경기력은 향상되고 부상 위험이 낮아질 수 있다.

트라이애슬론 선수들은 과도한 훈련의 위험성을 갖고 있다.

경기 전에 충분한 휴식과 강도를 줄이면서 운동을 하는 것은 트라이애슬론 선수가 취할 수 있는 최고의 훈련 전략이다. 이에 비해 중요한 시합을 앞두고 훈련 빈도를 높이는 트라이애슬론 선수들은 최상의 경기력을 발휘할 수 없다. 충분한 훈련 못지않게 경기력을 위해서는 충분한 휴식이 중요하다.

식사 일정을 계획하는 것이 중요하다.

트라이애슬론 경기는 단거리, 올림픽, 하프, 풀코스 등 전체 거리에 따라 다양한 거리를 운영한다. 경기는 종종 10시간 이상 걸리는 반면, 단거리를 완주하는 데는 45분 정도밖에 걸리지 않는다. 거리에 상관없이, 선수들은 열심히 훈련하며 그들이 직장이나 학교에서 열심히 훈련하는 것을 깨닫는다. 먹고 마시는 것은 종종 삶의 다른 모든 요구에 뒤처지지만, 그것들은 성공에 있어 매우 중요하다. 성공적인 해결 방안은 일하는 것, 훈련하는 것, 먹는 것, 마시는 것, 쉬는 것을 포함하는 일정을 개발하는 것이다. 모든 것은 동등한 중요성을 갖는 것으로 취급되어야 한다.

많은(대부분은 아니더라도) 트라이애슬론 선수들은 매일 한 가지 이상의 운동을 하고 일부는 매주 또는 2주마다 레이스를 펼친다. 이는 일반적으로 충족되지 않는 엄청난 에너지를 운동선수에게 요구한다. 운동선수가 훈련에 더 많은 시간을 할애할수록, 먹는 시간은 더 적어진다. 이 문제는 훈련 시간을 계획하는 것만큼이나 식사 시간을 계획하는 것에 대한 명확한 사례가 된다.

장거리 수영

장거리 수영 선수들은 아주 작은 시간의 단축을 실현하기 위해 엄청난 시간을 물 속에서 보내야 한다. 경기 수행의 핵심은 혈중 젖산 수치의 증가 없이 낮은 비율의 유산소성 대사를 사용하면서 속도를 향상시키는 것이다.[75] 지구력 수영 선수는 주로 유산소성(산화성) 대사 경로를 유지하면서 더 열심히 운동을 수행할 수 있다.

이것은 효율적인 에너지 연소를 보장하기 위해 시스템에 충분한 글리코겐과 산소를 유지하는 능력을 가진 훌륭한 유산소성 과정으로 해석된다. 낮은 혈중 젖산 농도를 유지하는 것도 충분한 혈액량을 유지하는 기능일 수 있다(큰 부피의 젖산은 낮은 젖산 농도와 같다). 물론, 이것은 적절한 수분 공급과 좋은 전해질 상태에 크게 좌우된다(나트륨은 혈액량을 유지하는 데 도움이 된다). 또한 나트륨 섭취 부족으로 인한 운동 관련 저나트륨성 뇌병증(즉, 뇌의 부종)의 위험이 더 높다는 증거가 있다.[153] 비록 수영 선수가 땀을 통해 나트륨을 잃는 것을 상상하기 어렵지만, 실제로 일어나고 있고, 이러한 선수에게서 혈당과 혈중 나트륨 함량을 유지하는 전략은 중요하다.

장거리 수영 선수들은 이 모든 요소들을 염두에 두고 그들의 스포츠와 관련된 다음의 영양학적 문제들을 고려해야 한다.

수영하는 사람들은 종종 골밀도가 낮다.

수영 선수들은 다른 선수들에 비해 골밀도가 낮은 경향이 있다.[76] 그 이유는 이해하기 쉽다. 수영은 달리기보다 충격 스트레스를 덜 받기 때문이다. 또한 수영은 햇빛에 노출이 적은 실내 수영장에서 많은 시간을 보내는 것과 관련이 있을 수 있으며, 따라서 비타민 D는 뼈의 발달에 영향을 미치기에 충분한 원인일 수 있다. 야외 수영장이 있을 정도로 충분히 따뜻한 지역에 거주하는 운이 좋은 장거리 수영 선수들에게 이것은 문제가 되지 않는다. 여성 수영 선수들을 대상으로 한 연구에서는 골밀도를 낮추는 데 분명히 기여할 수 있는 요소인 칼슘 섭취가 선수들에게 부적절하다는 사실이 밝혀졌다.[77] 충분한 칼슘 섭취(1,500mg/일)는 뼈를 튼튼하게 유지하는 데 매우 중요하지만, 햇빛에 노출될 기회가 적다면, 수영하는 사람들은 비타민 D의 요구를 충족시키기 위해 노력해야 한다.

하루 종일 진행되는 경기에서는 수분을 섭취하는 것이 매우 중요하다.

하루 종일 경기에 참가하는 수영 선수들은 혈액량을 유지하고 탄수화물의 일정한 공급원을 제공하기 위해 적절한 수분을 섭취해야 한다. 탈수에 기여하는 것은 수영하는 시간이 아니라, 종종 태양 아래에서 경쟁할 차례를 기다리면서 물 밖으로 나오는 시간이 될 수도 있다. 이유와 상관없이 충분한 수분을 섭취하지 않으면 심각한 경기력 저하를 초래할 수 있다.

장시간 경기 중 탄수화물 섭취는 경기력 유지에 매우 중요하다.

간식을 먹는 계획은 배고픔을 예방하는 데 중요하다. 수영 경기는 많은 시간이 걸리고, 배고픈 상태에서 지구력 경기를 시작하는 것은 나쁜 전략이다. 운동선수들은 시합을 기다리는 동안 체내로 탄수화물의 지속적인 유입을 얻기 위해 스포츠 음료와 크래커 등 다른 간단한 탄수화물(주로 녹말성) 음식들을 섭취하여야 한다.

장거리 수영 선수들은 그 활동을 지지할 만큼 충분히 먹어야 한다.

장거리 수영은 엄청난 양의 에너지를 소모하는데, 소모된 에너지는 음식으로부터 적절한 에너지 전달과 일치해야 한다. 수영 선수들은 종종 긴 시합 시즌 동안 체중을 유지할 수 없다고 불평하는데, 이것은 그들이 그들의 요구를 충족시키기 위해 근육을 불태우고 있다는 것을 의미한다.

사이클링

많은 지구력 사이클 종목은 며칠간에 걸쳐 경기가 열린다. 뚜르 드 프랑스는 극한의 인내력을 요구하는 것으로 유명하며, 각 시합 단계마다 자전거 타는 사람들에게 각기 다른 생리적 반응을 요구한다. 어떤 날은 길고 험난한 언덕이 있는 반면, 어떤 날은 평평한 도로가 있다. 자전거를 타는 사람들은 단 하루의 휴식만 허락된 채 3주 동안 약 4,000km 거리를 페달을 밟는다! 에너지 소비는 7일보다 긴 기간 동안 활동하는 운동선수 중 가장 많이 소비를 한다.[78] 자전거를 타는 사람들은 에너지의 약 62%를 탄수화물, 15%는 단백질, 23%는 지방으로부터 소비한다. 전체 에너지 소비의 49%가 이 식사 사이에 발생한다. 현저하게 높은 비율(44.7%)의 자전거 이용자들이 RED-S(스포츠 상황에서의 상대적인 영양 결핍)에 걸릴 위험이 있으며, 이와 관련된 경기력 저하를 경험하였다.[154] 단언하는데, 자전거 타는 사람들은 자전거 활동 동안을 포함하여, 하루 종일 상당히 좋은 에너지 균형 상태를 유지하기 위한 전략을 개발할 필요가 있다. 뚜르 드 프랑스 사이클 선수들에 대한 연구에서 그들은 하루 총 에너지 섭취량의 약 30%를 탄수화물이 풍부한 음료의 형태로 소비한다는 것을 보고하였다.[79] 하루 중 많은 시간이 자전거를 타는 데 쓰이고, 에너지를 충분히 소비할 수 있는 다른 방법은 아마도 없을 것이다.

자전거 타기와 천식 사이에는 연관성이 있을 수 있다. 1996년 미국 애틀랜타 올림픽에서 사이클과 산악자전거에 참가한 선수들은 천식 발병률(45%)이 가장 높았다.[80] 대조적으로, 미국 팀의 20%가 천식을 앓고 있다고 보고했다. 이것은 천식이 운동선수가 참가하기로 선택한 스포츠를 결정하는 데 기여하는 요인이 될 수 있다는 것을 암시한다. 일부 운동선수들에게 천식은 알레르기 반응에 의해 유발될 수 있다. 자전거를 타는 사람들 중에 천식을 앓고 있는 경우 천식 반응을 일으킬 수 있는 음식이나 다른 물질들을 피하는 것에 극도로 주의해야 한다.

이러한 모든 요소들을 포함하여, 자전거를 타는 사람들은 그들의 스포츠와 관련된 다음의 영양학적 문제들을 고려해야 한다.

경기력을 지속하기 위해서는 매일매일 경기가 끝날 때 회복하는 것이 필요하다.
여러 날에 걸쳐 수행되는 사이클 경기의 에너지 소비량은 어마어마하며, 식사 계획은 승패를 좌우할 수 있다. 탄수화물의 에너지 밀도는 지방에 비해 상대적으로 낮기 때문에 에너지에 대한 엄청난 요구와 상충되는 탄수화물에 대한 분명한 요구 사항이 있다. 따라서 녹말이 많은 탄수화물 음식(예: 파스타, 빵, 쌀, 감자)에 초점을 맞추어 많은 양의 탄수화물을 자주 섭취해야 한다.

긴 경기 동안 음식과 수분의 섭취는 중요하다.
운동선수들이 더 오래 훈련할수록, 더 많은 에너지가 필요하지만, 그것을 소비할 수 있는 시간은 더 적다. 자전거를 타는 사람들은 그들이 자전거 프레임이나 저지 포켓에 쉽게 음료와 음식을 가지고 다닐 수 있다는 점에서 다른 지구력 선수들보다 유리하다. 달리는 동안보다 타는 동안 충격이 덜하기 때문에, 자전거를 타는 사람들은 위장병을 겪지 않고도 단단한 음식을 먹을 수 있다. 자전거를 타는 사람들은 스포츠 음료와 크래커, 바나나, 탄수화물 젤, 또는 빵을 가지고 다니면서 이 점을 이용해야 한다. 이러한 고탄수화물 음식에 잘 견뎌야 하며 일하는 근육에 탄수화물의 전달을 현저하게 증가시킬 수 있다.

크로스컨트리 스키

크로스컨트리 스키(XC skiing)는 단일 종목 또는 스키 점프와 라이플 표적 사격 등 다양한 조합으로 실시될 수 있다. 크로스컨트리 스키와 스키 점프 결합은 노르딕 복합으로, 크로스컨트리 스키와 표적 사격 결합은 바이애슬론으로 불린다. 크로스컨트리 스키 선수들의 엄청나게 높은 산화 능력은 이 스포츠가 모든 지구력 스포츠 중 가장 격렬한 스포츠 중 하나임을 나타내며, 선수들은 높은 최대산소섭취량과 높은 무산소성 역치를 요구한다.[81] 일반적인 시합의 거리는 1~30km이며, 54~160km에 이르는 크로스컨트리 스키 마라톤도 있다.

크로스컨트리 스키의 시간당 에너지 소비는 분당 9~13Kcal를 요구하며 모든 운동 종목 중 가장 높은 수준이다.[82] 남성의 경우, 일반적인 30km 추격을 위한 에너지 요구량은 평균 8,500Kcal로 이는 트라이애슬론 경기와 고지구력 달리기(예: 600마일 경주)에 버금가는 수준이다.[83] 크로스컨트리 스키 선수들은 에너지 요구량을 완전히 만족시키는 만성적인 일일 에너지 섭취량을 의도적으로 유지하지 않고는 어떠한 수준의 경쟁력도 유지한다는 것은 상상하기 어렵다. 크로스컨트리 스키 경기 중의 에너지 소비는 너무 커서 선수들은 운동 강도를 낮추기 위한 방법을 찾으려 한다. 한 연구는 드래프팅(다른 스키 선수 뒤에서 스키를 타는 것)이 경주 중 심박수와 에너지 소비를 상당히 줄인다는 것을 발견했다.[84] 이 스포츠에 필요한 엄청난 에너지 요구량을 고려할 때, 그러한 전략은 선수들이 종종 결승선을 향해 질주할 때 경주 마지막에 충분한 양의 글리코겐을 보존하는 것이 필수적이라고 여겨져야 한다.

크로스컨트리 스키어들의 신체 조성과 성능을 평가한 연구에 따르면, 마른 체형일수록 더 빠른 레이스를 만들어냈고, 더 느린 레이스는 더 높은 체지방 수치와 연관되어 있었다.[85] 충분한 에너지를 소비하지 않는 선수는 군살 때문에 어려움을 겪으며 일반적으로 체지방 수치가 높다.

경기 후 스키 선수에게 스트레스 호르몬인 코티솔은 크게 증가하는데,[86] 이는 총 에너지 섭취량과 부정적인 관련이 있다(에너지 섭취량이 많을수록 스트레스 호르몬 생산량이 감소함). 예상과 마찬가지로 코티솔과 비타민 B 그리고 비타민 C 사이에는 음의 상관관계가 발견되었다. 경기 동안 영양분의 섭취가 가장 적은 스키어들은 가장 큰 세포 손상과 가장 높은 코티솔을 가지고 있었으며 둘 다 경기력에 부정적인 영향을 미치고 부상 위험을 증가시킬 수 있다. 또 다른 연구는 크로스컨트리 스키 선수의 엄청난 산화 대사를 고려할 때 철분 상태가 매우 중요하다는 것을 확인했다. 그러나 철분 보충제가 철분 결핍이나 철분 결핍성 빈혈을 성공적으로 되돌릴 수 있다고 기대해서는 안 된다.[87] 철분 상태는 장기적으로 적절한 식사를 통해 보존되어야 하며, 일단 바뀌면, 교정하는 데 매우 오랜 시간이 걸린다.

크로스컨트리 스키 선수들의 경기력은 운동 전 탄수화물 섭취에 의해 매우 향상된다.[88] 또 다른 연구는 훈련 중 엘리트 대학 스키어들에게 탄수화물과 전해질 스포츠 음료가 미치는 영향을 생수와 비교하였다.[89] 생수는 수분의 균형을 조절할 수 없었고 혈장을 희석시켰으며 소변 배출량 증가로 이어졌다. 그러나 탄수화물과 전해질 음료는 혈장의 용적을 더 잘 유지할 수 있었고, 결과적으로 소변의 생산량을 낮췄다. 이러한 연구 결과는 탄수화물 가용성을 극대화하는 것의 중요성을 강조하며, 땀 속도, 근육에 대한 에너지 전달, 근육에서 대사 부산물 제거를 유지하기 위해 신체 활동 중 전해질(특히 나트륨) 소비의 중요성을 입증한다.

이러한 모든 요소들을 염두에 두어, 크로스컨트리 스키 선수들은 그들의 스포츠와 관련된 다음의 영양학적 문제들을 고려해야 한다.

크로스컨트리 스키의 에너지 요구량은 어떤 스포츠보다도 높다.

크로스컨트리 스키 선수들은 충분한 식사 기회와 이 스포츠의 에너지 요구량을 충족시키기 위해서 필요한 양의 음식을 소비할 수 있는 충분한 영양 섭취 계획 없이는 훈련과 경쟁을 계속할 수 없다. 또한 에너지를 동적으로 요구되는 조건과 일치하는 방식으로 분배하는 것(즉, 일일 에너지 균형)이 중요하다. 왜냐하면 이 전략은 희박하게 체중을 유지하거나 증가시키며 지방 질량을 낮추는 데 도움이 되기 때문이다.

크로스컨트리 스키어는 수분 균형을 유지해야 한다.

물만으로는 수분 균형과 혈액량을 만족스럽게 유지할 수 없다. 경기와 훈련의 지속 시간과 강도를 감안할 때, 이상적인 음료는 혼합 탄수화물(즉, 포도당과 자당)의 6~7% 탄수화물 용액과 240mL(1컵)당 150에서 200mg 사이의 나트륨 농도를 포함될 가능성이 높다. 선수들은 수분 공급 상태가 좋은 상태에서 경기와 훈련을 시작해야 하며, 가능하면 훈련과 경기 중에 추가 수분을 섭취해야 한다. 또한 크로스컨트리 스키 선수들은 운동 후에 대량의 스포츠 음료와 기타 음료를 흡수할 수 있도록 준비해야 한다. 운동 전의 체중과 깨끗한 소변으로 돌아가는 것은 수분 보충 상태가 정상화되었다는 신호이다.

크로스컨트리 스키 선수들은 철분 상태가 정상인지 확인해야 한다.

철분 상태가 좋지 않으면 작동하는 세포에 최적의 산소 공급을 억제하고 에너지 기질로서 지방의 신진대사를 저해한다. 지방 대사가 잘 되지 않으면 연료로서의 탄수화물에 대한 의존도가 높아지며, 탄수화물이 잘 저장되지 않기 때문에, 이러한 신진대사의 변화는 조기 피로를 초래한다. 철분 상태가 좋지 않은 상태에서 회복하는 것은 매우 오랜 시간이 걸리며, 그 기간 동안 선수들은 수준 이하의 성적이 나올 수 있다. 이 때문에 크로스컨트리 스키 선수들은 실제로 철분 부족이 발생하기 전에 철분 상태(헤모글로빈, 헤마토크리트, 페리틴)를 매년 평가해야 한다. 이것은 철분 결핍 위험이 더 높은 여성 크로스컨트리 스키 선수들에게 중요하다.

운동 전이나 운동 중에 탄수화물을 섭취하는 것은 크로스컨트리 스키 경기력을 향상시킨다.

크로스컨트리 스키 선수들은 글리코겐 저장을 최적화하기 위해 하루에 최소 6번 이상 식사를 해야 하며, 매 끼니마다 충분한 시간이 있어야 에너지 수요에 크게 기여할 수 있다. 크로스컨트리 스키 전에 탄수화물을 섭취하면 경기력은 향상되고, 크로스컨트리 스키 중에 탄수화물과 전해질 음료의 섭취 역시 경기력을 향상시킨다.

조정

조정은 수년 동안 인기 있는 경쟁 스포츠였고 성장하고 있는 스포츠로 인식되고 있다. 세계 선수권 대회에서의 경주 거리는 2,000m이며, 완주하는 데 보통 6분에서 8분이 걸린다. 미국 고등학교의 조정 경기는 일반적으로 1,500m이고 마스터스 경기(27세 이상)는 1,000m이다. 또한 경량 남자 등급(72.7kg 또는 75kg)과 경량 여자 등급(59.1kg)이 있다.[90]

조정 선수들의 지구력은 선수들 중 가장 높은 수준이다. 유능한 조정 선수들은 또한 엄청난 힘을 발휘한다. 조정은 부드러운 반복 동작을 포함하기 때문에 뼈, 힘줄, 근육에 부상을 입는 경우는 드물다. 그러나 반복적인 동작은 염증과 지연성 근육통(DOMS)을 증가시키고 2,000m 거리에서 노를 젓는 것은 상당한 혈액 산화 스트레스를 유발한다.[91] 이 높은 스트레스는 경험이 많고 컨디션이 좋은 선수에게서도 발견된다.

조정 선수의 보충제 섭취가 산화 스트레스와 젖산 농도의 정도를 최소화할 수 있는지를 확인하기 위해 연구가 실시되었지만, 어떠한 이점도 나타나지 않았다.[92] 탄수화물 섭취 또한 스트레스 인자를 감소시킬 수 있는지 연구되었다. 15명의 엘리트 여성 조정 선수들을 대상으로, 선수들은 연속된 날에 2시간 간격으로 행해지는 두 번의 조정 경기 전, 도중, 그리고 후에 탄수화물이나 위약을 제공받았다. 혈액은 노를 젓기 전, 직후에, 그리고 노를 젓고 나서 1시간 30분 후에 채취되었다. 연구는 탄수화물이 특정 스트레스 인자(호중구, 단핵구, 식세포, 림프구 및 혈장 인터루킨-1)의 수준을 감소시켰다는 것을 발견했다.[93, 94] 1995년 세계조정선수권대회를 준비하는 엘리트 조정 선수를 대상으로 훈련 중에 두 번 제공된 탄수화물 보충제의 소비가 유용한지를 판단하기 위한 평가를 실시했다. 이 보충제는 혈당을 유지하는 데 도움을 주고, 회복 심박수를 향상시켜주는 것으로 밝혀졌다.[95] 하루 10g/kg, 단백질 2g/kg의 고탄수화물 섭취량으로 조성 선수들을 대상으로 실험한 결과 이러한 유형의 식단은 하루 5g/kg의 탄수화물을 포함하는 식단보다 훈련 중 근육 글리코겐 저장과 더 많은 파워의 발휘를 촉진한다는 결론을 내렸다.[96]

많은 선수들은 여전히 수분을 보충하기 위해 탄수화물과 전해질 음료 대신 생수를 선택한다. 경량급 조정 선수를 대상으로 한 연구는 최대 조정 노 젓기 동안 수분 보충 음료로서 생수의 효과를 평가했다. 생수는 혈장량을 낮추고 근육의 글리코겐 활용도를 낮추며 조정 성능에 부정적인 영향을 미치는 것으로 나타났다.[97]

두 개의 다른 연구들은 잘 훈련된 남성과 여성 선수들에게 카페인이 미치는 영향을 평가하였다. 남자 조정 선수에게 고강도의 로잉 운동 시작 60분 전(조정 에르고미터 2,000m) 체중 1kg당 6mg 또는 9mg 수준의 카페인이 공급됐다. 두 카페인 섭취 그룹 모두 위약의 효과와 비교할 때 성능을 향상시켰다.[98, 99] 그러나 카페인이 경기력에 미치는 영향에 대한 또 다른 연구는 덜 명확한 결과를 나타냈다. 낮은 수준의 카페인(2, 4, 6mg/kg)을 사용했을 때 카페인 민감도의 개인차에 따라 경기력의 향상을 입증할 수 없다는 것을 발견했다.[100] 이 결과는 운동선수의 카페인 내성에 따라 적절한 투여량이 결정되어야 함을 시사한다.

신체 조성은 일반적으로 조정 선수, 특히 체중이 가벼운 선수에게 중요한 요소이다. 이상적으로, 조정 선수들은 상대적으로 낮은 체지방과 상대적으로 높은 제지방을 위해 노력해야 한다. 조정 선수의 파워는 근육량과 밀접하게 연관되어 있으며 이는 경기력과 연관된다.[101~103] 그러나 체중이 가벼운 많은 조정 선수들은 원하는 체중 감소를 달성하기 위해 식이 제한에 관여하고 있으며, 이는 원하는 근육량 성장을 제한한다.[104]

이러한 모든 요소들을 염두에 두어, 조정 선수들은 그들의 스포츠에 영양학적으로 관련된 다음의 문제들을 고려해야 한다.

조정 선수들은 경기력을 유지하기 위해 높은 에너지의 요구량을 만족시켜야 한다.

훈련에 필요한 에너지로 인해 조정 선수들은 에너지 요구량이 매우 높다. 이러한 에너지 요구를 충족시키기 위해 더 많은 양의 식사를 하는 것이 일반적이지만, 더 나은 전략은 식사의 기회를 늘리는 것이다. 이것은 조정 선수들에게 익숙하지 않을 수도 있는 식사 계획을 요구하지만, 더 자주 먹는 것은 여러 이점을 가지고 있다. 여기에는 향상된 글리코겐 저장량, 낮은 체지방 수치, 더 높은 근육량(특히 식사 및 간식 전체에 단백질이 함유되어 있는 경우)이 포함된다.

조정 선수들과의 상담에 따르면 보통 오전 6시 이전에 이루어지는 전통적인 새벽 훈련은 종종 식사 없이 이루어지며, 경기 중에 제공되는 음식은 훈련 중에는 거의 제공되지 않는다. 이는 조정 선수들이 훈련에 의해 악화되는 저혈당 상태에서 운동을 하고 있다는 것을 의미한다. 결과적으로 더 높은 코티솔 반응은 훈련이 정상 혈당으로 이루어졌을 때 얻을 수 있는 이점을 상당히 떨어뜨린다. 간단한 전략은 조정 선수들이 깨어났을 때 소화가 잘되는 탄수화물(250~400Kcal)을 최소한 충분히 섭취해 정상 혈당 상태로 훈련장에 도착하도록 유도하는 것이다. 흰빵 토스트 두 조각을 곁들인 사과 주스 한 잔이면 충분할 것이고, 운동선수들이 기상 후 바로 식사를 한다면 이 음식들의 간단한 설탕과 전분은 운동할 때쯤이면 소화가 되어 있을 것이다. 또한 선수들은 훈련 장소에 즉시 섭취할 수 있는 간식과 음료(예: 초콜릿 우유, 트레일 믹스, 에너지 바)를 구비해야 한다.

조정 선수들은 수분 균형을 정상적으로 유지해야 한다.

선행 연구들은 조정 선수들을 포함한 운동선수들은 탄수화물과 전해질이 포함된 음료를 섭취하는 것이 생수보다 더 낫다는 것을 보고하였다. 물은 혈장 부피를 낮추는 부정적인 효과를 가지고 있는데, 이것은 땀샘으로의 수분의 전달을 제한하고 냉각을 방해한다. 혈장 부피가 낮아지면 운동하는 근육에 필요한 영양분의 전달이 감소하고 이러한 근육에서 신진대사의 노폐물이 제거된다. 물은 또한 뇌의 주요 연료이자 근육의 중요한 연료원인 혈당을 유지하는 데 아무런 도움이 되지 않다. 혈당을 유지하지 못하면 정신적 피로가 초래되며, 이는 운동하는 근육이 사용할 수 있는 연료와 관계없이 근육의 피로를 초래한다. 조정 선수들은 수분을 섭취하는 데 있어 목이 마르기를 기다리지 말고 연습 전과 연습 중에 스포츠 음료를 자주 마시는 것이 중요하다.

조정 선수들은 높은 수준의 탄수화물을 섭취해야 한다.

탄수화물 섭취는 조정 선수들에게 매우 중요하다. 체중 1kg당 탄수화물 권장치 10g은 모든 선수 중에서 가장 높은 수준이지만 단백질 요구량(2g/kg)은 다른 선수들과 비슷하다. 조정 선수들은 영양가 있는 식사를 몇 번 하는 것보다 자주 하는 것이 가장 좋다. 작고 빈번한 식습관은 글리코겐의 저장을 최적화하는 데 도움을 주고 신체 조성에 부정적인 영향을 미치지 않는다.

조정 선수들은 철분의 상태가 정상인지 확인해야 한다.

훈련과 조정 경기 중에는 산소 사용량이 높기 때문에 조정 선수들은 철분 상태가 우수해야 한다. 나쁜 철분 상태를 다시금 회복하는 데 많은 시간이 걸리기 때문에, 나쁜 철분 상태를 가진 조정 선수들은 식이 섭취가 요구 사항을 충족하는지 평가하기 위해 철분 테스트(헤모글로빈, 헤마토크리트,

페리틴)를 매년 받아야 한다. 1dl당 20ng 미만의 페리틴 수치는 선수가 부적합한 벼랑 끝에 서게 되는 수준으로 간주되어야 한다. 철분이 낮은 선수들은 철분 가치를 향상시키기 위한 최선의 전략을 의사와 상의해야 한다.

지구력이 필요한 스포츠를 위한 실용적인 영양 가이드

지구력 운동선수들은 긴 시간을 훈련과 시합에서 보내며 활동에 필요한 충분한 에너지와 땀 배출과 체온을 유지할 수 있는 충분한 수분을 필요로 한다. 지구력 훈련을 받은 선수들은 지구력 경기 동안 주요 에너지원으로 지방을 연소시키는 탁월한 능력을 가지고 있지만, 수분을 잘 유지하고 지구력 경기에서 중요한 요소인 글리코겐으로 탄수화물을 저장하는 것은 그들의 능력이다. '체중이 적은' 선수들을 포함한 모든 선수들은 지방을 저장할 수 있는 높은 능력을 가지고 있지만(그리고 그것을 대사하는 데 필요한 모든 호기성 효소가 있어야 함), 탄수화물을 저장할 수 있는 양에는 선천적으로 한계가 있다. 이 저장된 탄수화물은 에너지를 위해 지방의 더 완전한 산화를 가능하게 하며 고강도 작업의 주요 연료이기 때문에(예: 성공적인 지구력 주자들은 경주가 끝날 때 사용), 지구력 선수들은 글리코겐이 고갈되도록 내버려둬서는 안 된다. 세포가 과잉 흡수된 포도당을 글리코겐으로 전환하여 저장하는 데에는 한계가 있기 때문에, 지구력 선수들은 경기 전날 고통을 주는 고탄수화물 식사에만 의존하기보다 며칠 동안 자주 탄수화물을 섭취하는 것에 집중해야 한다.

표 12.6~12.9는 1,900(락토-오보 채식주의자), 2,000(글루텐 프리), 2,800 및 4,000Kcal 섭취에 대한 네 가지 식습관을 제공한다. 선수들이 식사 계획을 운동 일정에 가장 잘 통합하는 방법을 이해할 수 있도록 돕기 위해, 계획들은 다른 시간대의 연습 세션을 포함하고 있다. 제시된 음식들은 하루 종일 에너지 균형을 유지하고(±400cal) 단백질과 다른 영양분을 하루 종일 분배하는 방식으로 연습 시간 즈음에 소비된다. 하루의 끝에만 에너지 균형을 보기보다는, 섭취 계획에는 이화 상태(즉, 에너지 균형이 0 미만) 또는 동화 상태(즉, 에너지 균형이 0 이상)에서 보내는 시간에 대한 정보가 포함된다. 단백질의 동화-이화 비율이 1이면 체중과 체성분은 안정화되며 1보다 크면 근육량을 늘릴 수 있고, 1보다 작으면 체지방의 비율을 낮출 수 있다. 이 표들의 목표는 선수들이 건강을 위해 가능한 최고의 식사 전략을 개발할 수 있도록 식사 가이드를 제공하는 것이다.

이러한 식단의 칼로리 수치는 단지 설명을 위한 것일 뿐이고 누구에게나 완벽하지 않다는 것에 주의해야 한다. 체중의 안정성과 건강한 체지방 수치는 적절한 양의 칼로리가 적절한 시기에 소비되고 있다는 것을 보여주는 가장 좋은 지침이다. 운동선수는 개인에게 맞는 칼로리 섭취 수준과 패턴을 찾아야 한다. 또한 수분의 섭취량은 여기에 나열된 수분 섭취량보다 훨씬 높을 수 있다. 운동선수는 식사와 함께 충분한 양의 물을 섭취해야 하며, 또한 신체 활동을 하는 동안 더 많은 스포츠 음료를 섭취해야 할 수도 있다. 운동선수는 최적의 체내 수분을 유지하기 위해 충분한 양의 물을 마셔야 하는데, 이는 거의 투명한 소변을 나타낸다.

계획 1

표 12.6의 계획은 락토-오보 채식주의 식단(즉, 유제품과 계란 포함)을 따르는 지구력 달리기 선수를 위한 것이다. 오전에 90분 정도 집중적인 러닝을 한 뒤 오후에는 짧고 덜 집중적인 트레이닝을 실시한다. 이것은 균형 잡힌 칼로리 식단 계획이지만 그녀가 동화(합성) 상태보다 이화(분해) 작용에 더 많은 시간을 보내게 할 것이며 그녀의 목표 중 하나인 체지방을 감량시키는 결과를 가져올 것이다. 중요한 것은, 매일의 식단이 그녀를 하루 동안의 에너지 균형을 잘 유지시켜 주며, 이것은 또한 그녀의 제지방을 유지하는 데 도움을 줄 것이다. 그녀의 단백질 섭취는 적당한 수준이긴 하지만, 몸무게 1kg당 1.33g의 단백질 섭취는 충분히 그녀의 요구를 충족시킨다.

표 12.6 신장 157cm, 체중 54kg인 18세 여성 장거리 달리기 선수용 1,900Kcal 락토-오보 채식주의 식단 계획

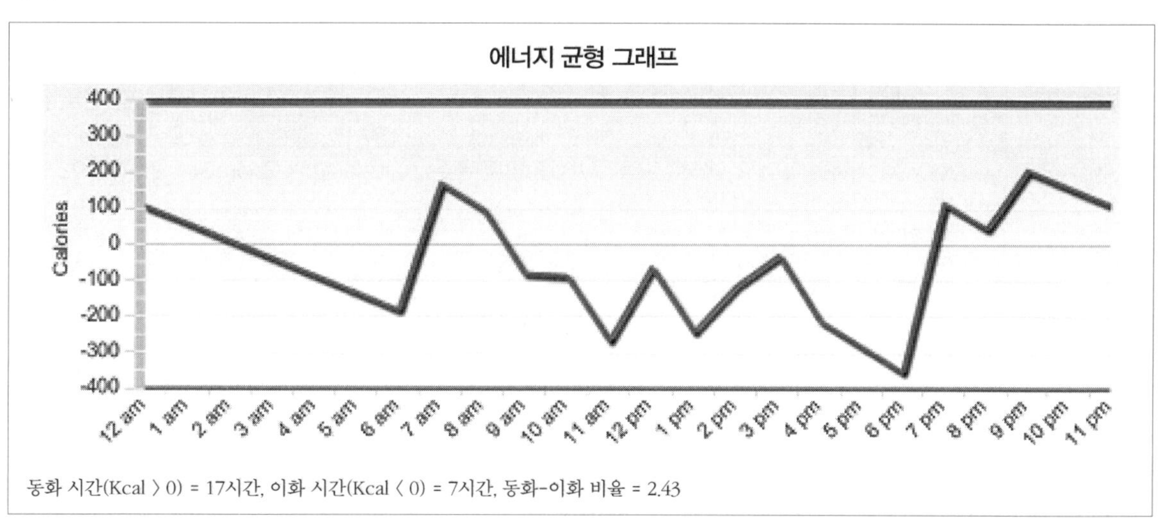

동화 시간(Kcal 〉 0) = 17시간, 이화 시간(Kcal 〈 0) = 7시간, 동화-이화 비율 = 2.43

에너지 기질 분배

총 칼로리: 1,902 탄수화물: 62% 단백질: 15% 지방: 23%

시간	활동	음식	양	칼로리
오전 7~8	샤워를 하고 옷을 입기 전에 아침을 먹는 것이 중요.	크랜베리 쥬스	240mL	111
		스크렘블 에그	큰 계란 1개	100
		1% 지방 우유	240mL	102
		씨리얼, 멀티그레인 치리오스	1컵	114
오전 8~9	준비 운동.	생수	원하는 만큼	0
오전 9~11	훈련 중 스포츠 음료는 혈당과 중추신경계 기능을 유지하며, 일하는 근육에 에너지를 공급하고, 혈액량과 땀 속도를 유지하는 데 도움을 줌.	스포츠 음료	240mL	65
		생수	원하는 만큼	0

시간	활동	음식	양	칼로리
오전 11~ 오후 12	정리 운동.	생수	원하는 만큼	0
오후 12~1	간식은 운동 후에 가능한 한 빨리 섭취해야 함. 물은 음식이 소비될 때마다 자유롭게 섭취해야 함.	과일이 함유된 뉴트리 그레인 씨리얼 바	1바	139
		탈지유 플레인 요구르트	1컵	137
오후 1~2	여유로운 활동.	생수	원하는 만큼	0
오후 2~3	에너지 균형을 유지하고 글리코겐 저장소를 계속 보충하기 위해 한낮의 간식이 필요함.	랜치 드레싱	60g	172
		미니 생당근	5개	26
		무지방 파운드케이크	60g	158
오후 3~4		생수	원하는 만큼	0
오후 4~5	선수가 활동하지 않고 기술을 익힐 수 있도록 도와주는 가벼운 기술 훈련. 필요에 따라 수분을 섭취할 수 있음.	생수	원하는 만큼	0
오후 5~7	걷기, 가벼운 집안일, 책상에서 일을 포함한 모든 편안한 활동.	생수	원하는 만큼	0
오후 7~9	푸짐한 저녁 식사는 에너지 수요를 충족시키는 데 중요하며 탄수화물을 많이 포함해야 함.	1% 지방 우유	240mL	102
		샐러드 드레싱	1작은술	72
		채소 샐러드	1.5컵	33
		조리된 파스타	175g	224
		마리나라 소스	1/2컵	111
오후 9~10		저지방 초콜릿 우유	360mL	236

선택된 전체 영양소							
총 칼로리	1,902	철분(mg)	29.35	비타민 C(mg)	106	비타민 B_{12}(mcg)	11.84
탄수화물(g)	295	칼슘(mg)	2,005	비타민 B_1(mg)	2.92	엽산(DFE)	1,185
단백질(g)	72	아연(mg)	26.29	비타민 B_2(mg)	5.31	비타민 A(RAE)	1,683
지방(g)	49	마그네슘(mg)	296.6	니아신(mg)	35.8	비타민 D(IU)	285.7
나트륨(mg)	2,428	칼륨(mg)	3,494	비타민 B_6(mg)	3.76	비타민 E(mg)	18.8

All analyses were derived using NutriTiming®. The energy balance graphs and associated information are copyrighted by NutriTiming LLC and are used with permission.

계획 2

표 12.7의 계획은 셀리악병을 앓고 있는 여성 사이클 선수를 위한 것으로, 처음에는 진단을 받지 않았으며 근육량의 상당한 손실이 있었다. 진단 후, 선수는 글루텐이 없는 식단을 유지해 왔고 근육량을 늘릴 수 있도록 운동과 식사 일정을 조정했다. 단백질의 동화(합성) 상태에서 더 많은 시간을 보내(이화/분해에 사용되는 시간은 0시간) 근육량을 증가시키고자 하는 사람을 위한 에너지 균형 프로필이다. 이 선수는 매우 이른 시간에 1시간 동안 운동을 하고, 나머지 하루 동안 전형적인 일상 활동을 하며, 하루 종일 단백질의 합성이 유지될 수 있는 여러 번의 식사 기회를 가지고 있다.

표 12.7 신장 155cm, 체중 50kg인 18세 여성 사이클 선수용 2,000Kcal 글루텐 프리 식단 계획

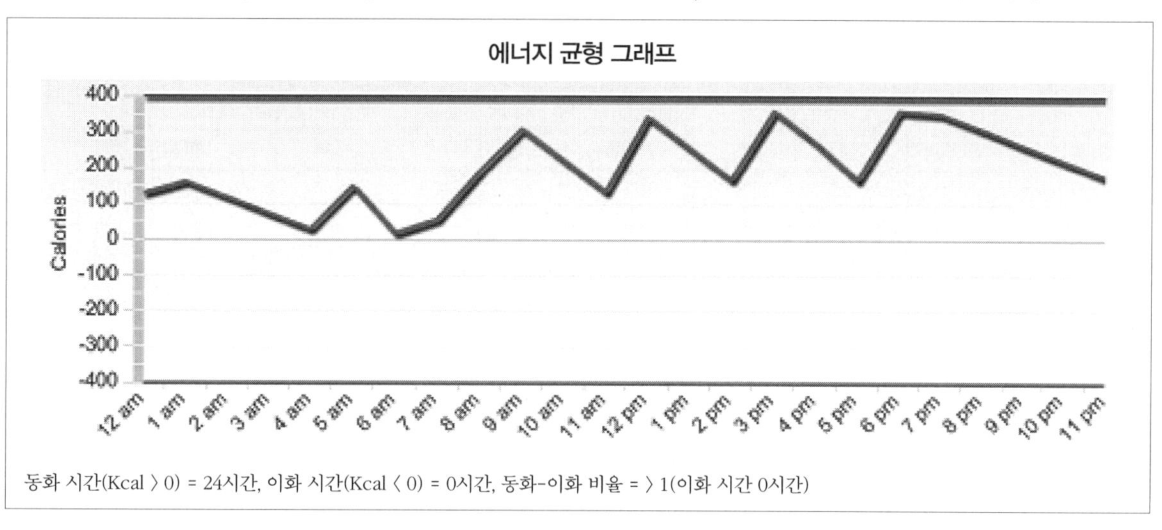

동화 시간(Kcal 〉 0) = 24시간, 이화 시간(Kcal 〈 0) = 0시간, 동화-이화 비율 = 〉 1(이화 시간 0시간)

에너지 기질 분배

총 칼로리: 2,019 탄수화물: 61% 단백질: 18% 지방: 21%

시간	활동	음식	양	칼로리
오전 6~7	아침 일찍, 스트레칭 30분, 자전거 타기 30분. 활동을 만족시키에 충분한 칼로리로 하루를 시작하는 것이 중요함.	'Food for Life' 현미 글루텐 프리 빵	2조각	219
		Cytomax(보충제 브랜드)	2.25스쿱	226
오전 7~8	30분 정도 자전거를 타고 스트레칭 운동을 한 뒤 저항성 운동과 양질의 단백질을 소량 섭취하면 근육량이 늘어남.	분리 유청단백질(글루텐 프리)	1스쿱	78
오전 8~9	푸짐한 아침 식사. 글루텐이 없는 식사를 유지하기 위해 소비되는 비전통적인 음식들에 주목해야 함.	삶은 계란	1개	70
		껍질이 있는 구운 감자	작은 것 1개	116
		날것의 빨간 단맛의 고추	1컵	30
		생시금치	25g	5.75
		탈지유 플레인 요구르트	175g	95

시간	활동	음식	양	칼로리
오전 9~10	오전 9시 50분에 간식을 먹고 활동 시작.	신선한 생딸기	1/3컵	18
		신선한 생블루베리	1/4컵	20
		신선한 생망고	1/4컵	26
		채썬 코코넛	1큰술	47
오전 10~ 오후 12	활동.	생수	원하는 만큼	0
오후 12~1	점심. 글루텐이 없는 점심은 직장에서 먹기 어렵기 때문에, 미리 계획해서 준비하는 것이 필요함.	중국산 남방개	4개	44
		생브로콜리	3/4컵	24
		미니 생당근	1/6컵	16
		구운 담백한 닭고기	30g	49
		아몬드	2작은술(10g)	58
		'Food for Life' 현미 글루텐 프리 빵	1조각	110
		생수	원하는 만큼	0
오후 1~3	활동.	생수	원하는 만큼	0
오후 3~4	오후 간식. 활동 동안 에너지 균형과 혈당 유지를 위해 중요한 간식임.	Amy's 검정콩 채소스프	1캔	279
오후 4~5	집으로 운전, 스트레칭과 활기찬 활동.	생수	원하는 만큼	0
오후 5~6	저녁 식사 전 간식은 근육을 만드는 데 필요한 영양분을 얻기 위한 동화 상태를 유지하는 데 중요함.	생시금치	50g	12
		생당근	8개(100g)	41
오후 6~8	전통적인 저녁 식사는 전적으로 글루텐이 없는 음식들로 구성되어 있음. 글루텐이 없는 음식 섭취를 유지하는 데 예외가 있을 수 없음.	레드체리 토마토	1/2컵	14
		핑크 연어 통조림	60g	79
		글루텐 프리 시저 드레싱	1큰술	75
		'Food for Life' 현미 글루텐 프리 빵	3/4조각	82
		날것의 빨간 단맛의 고추	1/2컵(75g)	23
		Amy's 렌틸콩 스프	1/4캔	89
오후 8~9	여유로운 활동.	생수	원하는 만큼	0
오후 9~10	저녁 간식은 밤새 혈당을 유지하는 데 중요함.	날것의 빨간 단맛의 고추	1/3컵(60g)	19
		가염 구운 캐슈넛	10g	57

선택된 전체 영양소							
총 칼로리	2,019	철분(mg)	15.78	비타민 C(mg)	659	비타민 B_{12}(mcg)	4.11
탄수화물(g)	313	칼슘(mg)	935	비타민 B_1(mg)	0.70	엽산(DFE)	461
단백질(g)	92	아연(mg)	6.15	비타민 B_2(mg)	1.54	비타민 A(RAE)	2,777
지방(g)	47	마그네슘(mg)	324	니아신(mg)	16.08	비타민 D(IU)	355
나트륨(mg)	1,019	칼륨(mg)	3,662	비타민 B_6(mg)	2.32	비타민 E(mg)	14.9

All analyses were derived using NutriTiming®. The energy balance graphs and associated information are copyrighted by NutriTiming LLC and are used with permission.

계획 3

표 12.8의 계획은 오전 및 오후 이후 달리기를 하는 지구력 선수의 요구를 충족시킨다. 이 달리기 선수는 정상적인 에너지 역학을 보장하기 위해 아침 달리기 전에 작고 소화하기 쉬운 아침 식사를 먹는 것이 매우 중요하다. 동화-이화(합성-분해) 에너지 균형은 선수가 근육량을 쉽게 유지하거나 증가시킬 수 있도록 해야 한다. 물은 원하는 대로 하루 종일 섭취해야 하며, 특히 음식과 함께 섭취해야 한다.

표 12.8 신장 175cm, 체중 64kg인 27세 남성 지구력 선수용 2,800Kcal 식단 계획

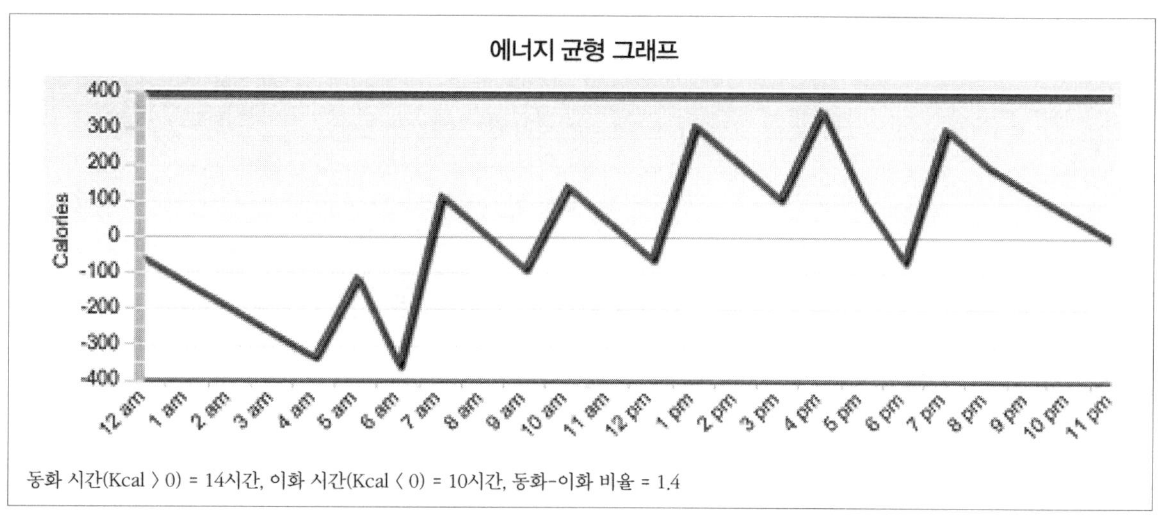

동화 시간(Kcal 〉 0) = 14시간, 이화 시간(Kcal 〈 0) = 10시간, 동화-이화 비율 = 1.4

에너지 기질 분배

총 칼로리: 2,799　탄수화물: 66%　단백질: 19%　지방: 15%

시간	활동	음식	양	칼로리
오전 5~6	운동 전 식사(깨어난 직후 섭취) 아침 운동 전에 에너지를 섭취하지 않는 것은 낮은 에너지 균형 상태에 이르게 하며 저혈당을 유발하고 근육량의 유지를 어렵게 만들 수 있음.	구운 통밀 빵	2조각	171
		잼	1큰술	39
		비타민 C 가 함유된 달지 않은 사과 주스	240mL	114
오전 6~7	아침 달리기, 60분.	스포츠 음료	360mL	94
오전 7~8	가능한 한 빨리 정리 운동과 스트레칭하는 동안에 글리코겐을 보충하고 더 나은 근육 회복을 위해 수분(오렌지 주스와 우유)을 섭취해야 함.	오렌지 주스	240mL	109
		조리된 오트밀 씨리얼	1컵	159
		1% 지방 우유	240mL	102
		딸기	1컵	49
		삶은 계란	큰 것 1개	71
		구운 통밀 빵	1조각	88
		80% 지방 함유 소프트 마가린	5g	34
		생수	원하는 만큼	0

시간	활동	음식	양	칼로리
오전 8~9	일할 준비.	생수	원하는 만큼	0
오전 9~10	정상적인 활동.	생수	원하는 만큼	0
오전 10~11	아침 간식. 소량의 잦은 빈도의 식사는 좋은 에너지 균형을 유지하게 하며 체지방 비율을 낮출 수 있음.	베이글, 계란	작은 것 1개	192
		저지방 크림치즈	1큰술	30
		크랜베리 칵테일 주스	240mL	111
오전 11~오후 1	정상적인 업무 활동.	생수	원하는 만큼	0
오후 1~2	점심 식사. 점심은 직장에서 이용할 수 없을 수도 있으므로, 사전에 계획을 세우고 직장에 가져오도록 함.	라이트 참치 통조림	90g	97
		기름과 식초 드레싱	1큰술	72
		샐러리	1/4컵	4
		로메인 상추	2컵	16
		생토마토	1/2컵	13
		옥수수 통조림	1/2컵	83
		콩 통조림	1/4컵	54
		디너롤 빵	1롤	76
		칸달루프 멜론 조각	1컵	60
		생수	원하는 만큼	0
오후 2~4	정상적인 업무 활동.	생수	원하는 만큼	0
오후 4~5	한낮의 스낵은 좁은 범위 내에서 에너지 균형을 유지하는 데 중요함.	저지방 과일 요구르트	1컵	243
		가염 딱딱한 프렛젤	30g	106
오후 5~7	오후 달리기, 90분.	스포츠 음료	540mL	139
오후 7~8	푸짐한 저녁 식사지만 지방이 적기 때문에 든든한 식사를 할 때 원하는 에너지를 전달하기가 더 쉬움.	껍질 없이 구운 연한 닭고기	125g	196
		삶은 브로콜리	1컵	84
		삶은 당근	1/4컵	14
		샐러리	1/2컵	8
		날것의 빨간 단맛의 고추	1/2컵	23
		날것의 단맛이 나는 양파	1/2컵	39
		조리된 중간 도정 현미밥	1/2컵	109
		생수	원하는 만큼	0
오후 8~9	여유로운 활동	생수	원하는 만큼	0

선택된 전체 영양소							
총 칼로리	2,799	철분(mg)	33.3	비타민 C(mg)	689	비타민 B_{12}(mcg)	5.91
탄수화물(g)	473	칼슘(mg)	1,424	비타민 B_1(mg)	2.97	엽산(DFE)	1,173
단백질(g)	136	아연(mg)	13.74	비타민 B_2(mg)	3.23	비타민 A(RAE)	2,151
지방(g)	46	마그네슘(mg)	561	니아신(mg)	53.7	비타민 D(IU)	143.88
나트륨(mg)	3,101	칼륨(mg)	5,613	비타민 B_6(mg)	4.11	비타민 E(mg)	10.38

All analyses were derived using NutriTiming®. The energy balance graphs and associated information are copyrighted by NutriTiming LLC and are used with permission

계획 4

표 12.9의 계획은 두 번의 길고 강도 높은 훈련과 웨이트 트레이닝을 실시하는 경쟁력 있는 장거리 선수를 위한 것이다. 높은 에너지를 요구하는 이 수준의 칼로리 섭취를 위해서는 잦은 식사와 간식 그리고 일정한 수분 섭취가 필요하다. 선수는 경기 후 스프린트를 개선하기 위해 근육량을 늘리고 싶어하며, 그의 동화-이화 비율이 1보다 크면 이러한 식습관과 운동 패턴으로 이를 달성할 수 있다.

표 12.9 신장 180cm, 체중 73kg인 24세 남성 장거리 달리기 선수용 4,000Kcal 식단 계획

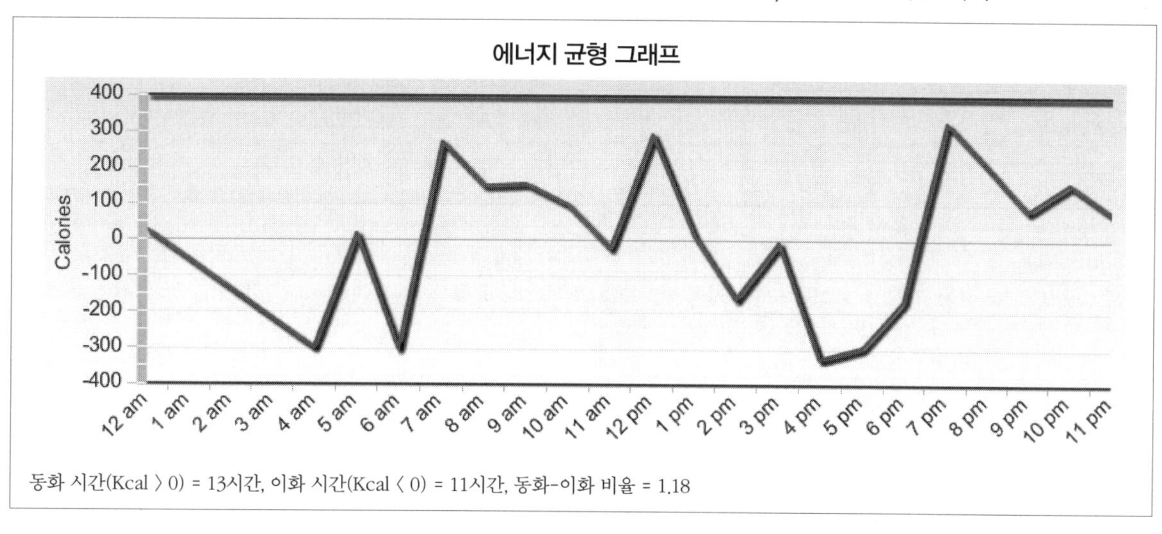

동화 시간(Kcal 〉 0) = 13시간, 이화 시간(Kcal 〈 0) = 11시간, 동화-이화 비율 = 1.18

에너지 기질 분배

총 칼로리: 4,000　　탄수화물: 64%　　단백질: 17%　　지방: 19%

시간	활동	음식	양	칼로리
오전 5~6	기상. 달리기 전에 위가 비워지는 시간을 확보하기 위해 잠에서 깬 후 가능한 한 빨리 영양분을 섭취해야 함.	구운 통밀 빵	2조각	153
		잼	1큰술	56
		사과 주스	360mL	171
오전 6~7	한 시간 내내 강도 높은 달리기.	스포츠 음료	480mL	125
오전 7~9	정리 운동 후 아침 식사는 탄수화물이 풍부하고 수분을 많이 포함해야 함.	통곡물 그래놀라 씨리얼	1컵	443
		1% 지방 우유	240mL	102
		구운 잉글리쉬 머핀	1/2 머핀	78
		블루베리	1컵	86
		오렌지 주스	240mL	110
오전 9~ 오후 12	정상적인 일상 활동. 음료는 수분을 원래의 상태로 돌리고 글리코겐을 회복하고, 혈당을 유지하는 것을 돕기 위해 일정한 간격으로 한 모금 마실 수 있도록 쉽게 이용할 수 있어야 함.	스포츠 음료	720mL	189

시간	활동	음식	양	칼로리
오후 12~1	이른 시간에 점심. 충분한 양의 물은 음식과 함께 섭취되어야 함.	로스트비프	150g	316
		일반적인 아메리칸 치즈	30g	106
		상추	1잎	4
		마요네즈	1/2큰술	51
		생수	원하는 만큼	0
오후 1~2	30분 동안 웨이트 트레이닝(반복 횟수가 많은 중간 무게)	스포츠 음료	480mL	127
오후 2~4	몸을 식히고 스트레칭을 한 후 정상적인 활동. 오후 중간 간식은 에너지 균형과 혈당을 유지하는 데 중요함.	껍질이 있는 사과	중간 크기 1개	65
		밀 크래커	30g	134
		부분 탈지유 모짜렐라 치즈	60g	142
		생수	원하는 만큼	0
오후 4~5	격렬한 1시간 달리기. 스포츠 음료를 마시는 빈도는 경기에서 실제 마시는 빈도를 반영하여 섭취.	스포츠 음료	480mL	125
오후 5~6	운동 후 열을 식히고 보충. 운동 후 단백질과 탄수화물 음료는 근육통을 줄이고 글리코겐을 보충하는 것을 도움.	초콜릿 우유	480mL	315
오후 6~7	가정 활동과 간식. 에너지 균형을 유지하며 충분한 에너지를 공급하기 위해 빈번한 간식이 필요함.	가염 크래커	9 크래커	177
		1% 지방 우유	360mL	154
오후 7~10	영양분과 에너지 수요를 충족시키기 위한 푸짐한 저녁 식사는 오후 7시에서 8시 사이에 섭취되어야 함.	구운 담백한 닭고기	175g	363
		구운 감자	중간 크기 1개	145
		사우어 크림	1큰술	23
		삶은 브로콜리	1컵	84
		생수	원하는 만큼	0
오후 10~11	취침 전 간식은 밤에 저혈당을 예방하고 에너지 균형을 유지하기 위해 중요함.	신선한 포도	1.5컵	156

선택된 전체 영양소							
총 칼로리	4,000	철분(mg)	24.64	비타민 C(mg)	491	비타민 B_{12}(mcg)	7.65
탄수화물(g)	640	칼슘(mg)	2,403	비타민 B_1(mg)	2.72	엽산(DFE)	747.8
단백질(g)	170	아연(mg)	19.0	비타민 B_2(mg)	4.25	비타민 A(RAE)	1,130
지방(g)	84	마그네슘(mg)	513.3	니아신(mg)	52.01	비타민 D(IU)	317
나트륨(mg)	4,948	칼륨(mg)	6,581	비타민 B_6(mg)	4.3	비타민 E(mg)	6.6

All analyses were derived using NutriTiming®. The energy balance graphs and associated information are copyrighted by NutriTiming LLC and are used with permission.

중요 사항

- 글리코겐의 저장은 칼로리가 적당해야 하며 탄수화물 함량이 높고, 단백질 함량이 적당하며, 지방이 적은 식단과 잦은 수분 섭취를 통해 가장 잘 달성된다.
- 지구력 경기 전에 연습을 줄이지 못하면 글리코겐 저장과 수분 상태가 모두 손상되어 최상의 경기력을 발휘하기 어려워진다.
- 선수는 최적의 경기력을 달성하기 위해 모의 경기 방식으로 스스로 수분을 공급하고 에너지를 공급하는 연습을 해야 한다.
- 과도한 훈련은 일반적으로 수면 부족, 질병 빈도 증가, 에너지 소비 부족, 최적의 수분 상태를 달성하는 것을 방해하기 때문에 경기력을 저하시킨다.
- 지구력 선수는 수분을 공급받을 수 있는 시점을 손실된 수분, 나트륨 및 탄수화물을 보충할 수 있는 중요한 기회로 고려해야 한다. 시합 중에 충분한 양의 수분을 섭취하지 못하면 선수의 경기력이 저하된다.
- 지구력 경기 전, 중, 후의 영양 전략은 지속적으로 높은 수준의 경기력을 달성하는 데 매우 중요하다. 예를 들어 지구력 활동 직후 탄수화물과 단백질 혼합물은 글리코겐의 보충을 돕고 근육의 통증을 감소시킨다.

Chapter 13

파워 및 지구력 선수 (팀 스포츠 선수)

농구, 축구, 아이스하키, 테니스, 럭비, 배구를 포함한 많은 팀 스포츠 종목은 파워와 지구력의 조합을 요구한다. 아이스하키와 같은 일부 팀 스포츠 종목은 주로 무산소성 운동이며, 다른 스포츠 종목은 유산소와 무산소 요소가 혼재되어 있다고 할 수 있다. 이러한 스포츠는 운동 강도의 간헐적 변동으로 인해 고유한 에너지 시스템 활용 패턴이 나타나며, 이는 각 경기마다 다를 수 있다. 팀 스포츠 선수의 경기력은 다음을 포함한 여러 영양적 요인에 의해 저하될 수 있다.[86]

- 땀 손실을 보충하기 위한 충분한 수분 섭취의 실패
- 시합 전, 시합 중 및 시합 후 글리코겐 보충 및 사용 능력 저하
- 저혈당으로 인한 정신 기능 저하
- 혈액량이 적어 땀 흘리는 비율을 유지하기 어렵게 되며, 필요한 세포에 영양소를 전달하기 어렵게 됨
- 잘못된 식이습관으로 인한 크레아틴인산의 사용 능력 저하로 순간적인 파워와 스피드 저하

모든 운동선수와 마찬가지로 팀 스포츠 선수도 최적의 영양 섭취를 달성하는 데 공통적인 어려움이 있다. 그 내용은 다음과 같다.[87]

- 음식 준비를 위한 부족한 시간
- 금전적 한계
- 부족한 요리 기술(실력)
- 어려운 생활 방식
- 과체중을 우려하는 코치

시합 중에 적절한 에너지와 수분 섭취를 보장하기 어려운 이유 중

하나는 시합 중에 먹고 마실 수 있는 기회가 많지 않기 때문이다. 예를 들어 배구 선수는 세트 사이에 두 번의 휴식 시간 동안 음료를 마실 수 있지만, 선수 교체 시간과 타임아웃 시간은 제한되어 있다. 이와 대조적으로, 농구, 축구, 아이스하키를 포함한 다른 팀 스포츠 선수들은 경기를 중단하고 쿼터 또는 전반과 후반 사이의 휴식 시간에 더 많은 영양 및 수분을 섭취할 수 있다.[88] 아이스하키 선수의 경우 자주 휴식을 취하면 시합 중에 일반적인 수분 섭취와 관련하여 체중의 손실이 약 1.8%로 나타나며, 이는 최대 권장 체중 손실인 2% 미만이다. 그 결과, 아이스하키 선수들은 수분과 관련된 경기력 저하는 나타나지 않았다.[89] 그러나 다른 팀 스포츠의 경우 영양 및 수분의 요구를 충족시키기 위한 많은 기회가 있지 않을 수 있으며, 이는 가능한 모든 기회를 활용하여 영양 공급을 해야 한다는 것을 의미한다.

팀 스포츠 운동선수를 대상으로 한 연구는 선수들의 탄수화물 섭취가 높으면(총 칼로리의 65%) 경기력이 향상된다고 보고하고 있다. 팀 스포츠에서 흔히 볼 수 있는 반복적인 간헐적 스프린팅은 글리코겐 의존도가 높기 때문에 충분한 탄수화물이 특히 중요하다.[90] 그럼에도 불구하고 다른 연구에 의하면, 이러한 종목의 운동선수는 일반적으로 권장 수준 이하로 탄수화물을 섭취한다고 보고하고 있다.[91] 또한 스포츠에서 주기적으로 수행하는 높은 강도의 활동은 크레아틴인산(PCr)에 대한 의존도가 높기 때문에 단백질과 총 칼로리 섭취도 크레아틴을 합성하기에 충분한 양으로 섭취되어야 한다. 그러나 설문 조사에 따르면 운동선수 중 대다수가 단백질 섭취는 충분하지만 Kcal는 충분하지 않아 크레아틴의 합성을 방해할 수 있다는 것을 알 수 있다.[92] 연구에 따르면, 팀 스포츠의 경기력은 더 나은 수분 공급 전략으로 향상될 수 있다. 예를 들어 축구 선수는 종종 시합이 종료될 때까지 체온 조절을 위해 땀 손실이 3~4L에 이를 수 있다.[1] 이러한 수준의 체액 손실을 보충하기 위해서는 체계적인 수화 전략이 반드시 필요하다. 그러나 대부분의 팀 스포츠 선수는 측정된 땀 손실에 비하여 필요한 수분의 약 절반만 섭취하고 있다.[2]

비타민 보충제에 과도하게 의존하는 일반적인 습관은 이러한 심각한 식이적 약점을 해결할 수 있는 방법은 아니다. 2002년(81%)과 2009년(73%) 사이에 올림픽 수준의 운동선수에서 보충제 사용이 감소한 것으로 보고되었다. 아마도 선수가 도핑 검사에서 적발될 수 있는 물질을 섭취할 것이라는 두려움 때문일 것이다. 그럼에도 불구하고 대다수의 운동선수는 지속적으로 영양 보충제에 과도하게 의존한다.[3,4] 축구와 같은 일부 스포츠에서는 보충제 사용이 증가하는 것으로 보인다.[5] 그러나 보충제에 지나치게 의존하는 것보다 더 나은 영양 전략에 초점을 맞추는 것이 훨씬 나은 선택이라고 할 수 있다. 이 장에서는 글리코겐의 저장을 최적화하고 수화 상태를 유지하기 위한 기술과 함께 팀 스포츠 선수의 영양 요구 사항에 대한 정보를 제공한다. 또한 시합 전 · 중 · 후 기간 동안 최적의 영양소 섭취를 달성하기 위한 전략을 제시한다.

스포츠를 위한 영양 전략: 파워 및 지구력

농구, 배구, 럭비, 핸드볼, 축구와 같은 팀 스포츠는 모두 경기 전반에 걸쳐 고강도 활동과 저강도 활동이 혼재되어 있다. 이러한 팀 스포츠 선수들은 3~4초 동안 전력질주 한 후 동일한 시간의 휴식을 갖는 것이 일반적이다.[95] 피겨스케이팅과 테니스와 같은 특정 개인 스포츠 종목의 혼재된 활동도 이 범주에 포함된다. 이러한 경기 패턴은 주로 지구력이나 파워 또는 스피드에 중점을 두는 다른 스포츠와는 다르다. 예를 들어 리듬체조 훈련이나 시합은 우수한 유산소 지구력을 요구하지 않는다. 반대로 마라톤 선수는 체조 선수가 보여주는 폭발적인 힘이 거의 필요하지 않다. 팀 스포츠 선수는 스피드, 파워, 지구력에 중점을 두어야 한다. 축구 선수는 통제된 속도로 경기장을 달리다가 갑작스런 찬스가 생기면 빠른 스피드와 폭발적인 움직임을 수행해야 한다. 농구 선수는 일정한 속도로 전후로 움직이는 조깅을 할 수 있지만, 각 선수는 강력한 점프로 리바운드를 잡거나 빠른 스프린팅을 통해 수비적인 플레이를 할 수 있는 능력이 있어야 한다. 체계적 문헌 고찰 연구에 의하면, 프로 및 세미프로 팀 스포츠 선수들은 일반적으로 총 에너지 및 탄수화물을 부적절하게 섭취하고 있으며, 동시에 최적의 영양 요구 사항을 만족하지 못하고 있다.[96] 다른 연구에서도 축구, 농구, 테니스, 라크로스 선수와 같은 많은 팀 스포츠 선수들의 50% 이상이 운동 중에 충분한 탄수화물을 섭취하지 못하고 있어 이와 유사한 영양적 문제가 있다고 제시하고 있다.[97] 또한 대부분의 여자 팀 스포츠 선수들이 일일 탄수화물 권장 섭취량과 운동 후 탄수화물과 단백질 섭취량을 모두 충족하지 못하는 것으로 나타났다.

팀 스포츠의 간헐적인 고강도 및 저강도 활동은 유산소 및 무산소 시스템의 조합에 의하여 에너지가 제공되어야 한다. 무산소 대사과정은 ATP, 크레아틴인산(PCr) 및 근육 글리코겐의 기존 저장량에만 의존하지만, 유산소 시스템은 근육 글리코겐, 혈당, 지방 및 약간의 단백질에서 에너지를 제공받는다. 팀 스포츠 시합 동안 대부분의 에너지는 근육 글리코겐에 크게 의존하며, 나머지 에너지는 대부분 지방과 혈당에 거의 동등하게 의존한다. 지방은 거의 공급되지 않는다. 그러나 혈액 내 포도당 에너지의 양은 적기 때문에 시합 중에 지속적인 포도당 공급원을 확보하기 위해 선수의 지속적인 주의가 필요하다.

운동 중인 근육의 에너지 요구를 충족시키기 위해 근육 글리코겐과 혈당에 대한 의존도가 높기 때문에 운동 전에는 높은 수준의 탄수화물 보충이 필요하고 운동 중에는 탄수화물을 함유한 스포츠 음료 섭취가 필요하다. 중간 정도(총 칼로리의 39%)와 높은(총 칼로리의 65%) 탄수화물 섭취의 수행 결과에 대한 연구에서 고탄수화물 식단은 간헐적인 운동수행력을 유의하게 개선하였다.[6]

반복적인 스프린트 수행은 탄수화물과 전해질 음료를 섭취함으로써 향상된다.[7] 이러한 음료를 섭취하면 축구와 농구에서 볼 수 있는 것과 같이 고강도, 단기 노력형 운동 중에 나타나는 이점과 함께 최대하의 지구력 수행능력이 향상된다는 것이 오랫동안 확립되었다. 한 예로, 피실험자들은 6%의 탄수화물과 전해질 음료를 섭취했을 때 물 위약과 비교하여 VO_2max의 120%에서 130%로 7번의 추가적인 1분간의 사이클 단거리 주행을 수행했다. 이러한 결과는 선수들이 스포츠 음료를 체계적으로 섭취한다면 농구 경기의 마지막 5~10분 동안 스프린팅 능력의 극적인 향상이 가능함을 시사한다. 유사한 연구에서는 스포츠 음료가 간헐적 스프린팅, 달리기 및 조깅으로 구성된 고강도 활동을 유지하는 데 도움이 될 수 있다고 밝혔다.[8] 다시 말하지만, 이러한 결과는 일반적인 농구 또는 축구 시합 중에 활동을 지속하는 데 강력하고 긍정적인 영향을 미친다.

스포츠 음료의 각 구성 요소(전해질, 물 또는 탄수화물)와 모든 구성 요소의 조합에 대한 효과도 평가되었다. 전해질만 사용한 실험과 비교할 때 물만 사용한 실험과 탄수화물만 사용한 실험에서 운동수행력이 약 6% 더 빠르게 나타났다. 그러나 탄수화물과 물을 조합하였을 때 전해질 실험보다 약 12% 더 빠른 운동 수행을 보였고, 물만 또는 탄수화물만 섭취했을 때보다 5~6% 더 빠른 운동 수행을 보였다.[9] 이러한 발견은 탄수화물이 수분 흡수를 향상시킨다는 이론과 탄수화물의 저장이 제한되었다면 운동 중 탄수화물 섭취를 해야 한다는 주장을 뒷받침한다. 고강도 운동 시 순환 및 저장된 탄수화물에 대한 높은 요구는 적절하고 신속한 보충을 위한 지속적인 주의를 필요로 한다. 이 연구는 탄수화물 섭취 수준이 높을수록 운동수행력 이 크게 향상된다는 초기 연구를 기반으로 한다.[10] 또한 운동 중 섭취하는 탄수화물 농도의 최적 수준은 6~7%의 용액이지만 그 이상은 아니라는 것이 밝혀졌다. 이 농도는 수분 흡수에 가장 적합하며 탄수화물을 효율적으로 전달하는 것에도 도움이 된다. 8%의 탄수화물 용액은 더 느린 체액 흡수를 유발한다.[11]

공을 향해 뛰어드는 농구 선수와 공을 차기 위해 전력질주하고 높이 점프하는 축구 선수의 활동 형태는 특정 유형의 근력 훈련에 버금가는 활동이다. 저항 훈련을 받은 운동선수를 대상으로 한 연구에 따르면 운동선수는 물 위약보다 탄수화물을 섭취했을 때 같은 무게로 더 많은 반복을 수행하는 경향이 있었다. 혈당과 젖산 농도는 탄수화물 실험에서 더 높았는데, 이는 더 많은 탄수화물이 이용 가능하고 고강도 운동을 지속하는 데 사용되었음을 시사한다.[12] 게토레이Gatorade, 파워에이드Powerade 및 올 스포츠All Sport 음료의 일대일 비교 연구에 따르면 게토레이는 파워웨이드 또는 올 스포츠보다 빠르게 체액 흡수를 자극한다.[13] 이 차이는 탄수화물의 종류와 음료의 탄수화물 농도 모두에 의한 것일 수 있다. 게토레이는 거의 모든 연구(6%)에서 긍정적인 결과와 일치하는 탄수화물 수준을 가지고 있으며 자당과 포도당의 동일한 혼합물을 함유하고 있다. 파워웨이드 및 올 스포츠는 주로 과당에서 탄수화물 농도가 더 높다. 유리 과당은 위장장애를 일으키는 것으로 나타났으며, 흡수 후 간에서 2차 전환이 필요하기 때문에 혈당 유지에 덜 효율적이다.

반복적이거나 지속적인 높은 파워의 운동을 수행하는 선수는 탈수될 때 수행능력의 감소를 경험한다.[14] 탄수화물의 농도가 6%인 용액은 수분 공급에 도움이 되며, 이는 팀 스포츠 선수가 수분 보충 음료를 선택할 때 고려해야 할 사항이다. 미국스포츠의학회에서 제정한 수분 섭취 지침은 표 13.1에 요약되어 있다.[15]

영양 회복 전략은 또한 운동선수가 이미 수행한 훈련에 대한 이점을 얻고 회복하는 데 있어서 중요하다. 운동 후에 탄수화물, 양질의 단백질 및 나트륨이 함유된 용액을 섭취하는 것이 유익한 것으로 밝혀졌다.[98, 99] 팀 스포츠 선수들은 또한 자연적으로 항산화제가 풍부하고 좋은 탄수화물

표 13.1 ACSM 수분 섭취 지침

섭취 시기	양	권장량까지 조정
훈련 2시간 전	500mL(0.5L)를 마신다.	없음
훈련 중	시간당 600~1,200mL(0.6~1.2L)를 마신다.	15~20분마다 150~300mL를 마신다.
훈련 후	운동 전후 체중 변화에 따라 체중을 회복할 수 있을 만큼 충분한 수분을 섭취한다 (480g의 수분=체중 1lb, 수분 1L=체중 1kg).	체중을 회복하고 운동 후 필요한 수분을 충족시키는 데 필요한 양의 150%를 마신다. 이 양은 체중 대체 섭취의 100%만 소모될 때 저수분을 유발할 수 있는 소변 손실에 대해 보상한다.

표 13.2 팀 스포츠 선수를 위한 일반적인 회복 권장 사항

영양소	섭취량	섭취 근거
단백질	운동 후 최대한 빨리 0.3g/kg(훈련 또는 시합 완료 후 1시간 이내) 및 0.3g/kg/ 식사를 통해 총 단백질 요구량 충족(~1.4~2.0g/kg)	근육 단백질 합성, 근육 복구 및 근육 회복(통증 감소)
탄수화물	운동 후 가능한 빨리 1~1.2g/kg(훈련 완료 후 1시 간 이내)	근육과 간 글리코겐 보충, 면역 기능 개선, 코티솔 생성 제한, 과훈련 위험 감소
수분 보충	체중 1kg 손실 시 1.0~1.5L(체중 손실 1lb당 480~720g)	체액에는 혈액량과 수화 상태를 회복하기 위해 240mL(컵당) 기준 컵에 110~200mg의 나트륨이 포함되어야 한다.

출처: Thomas et al.[98]; Poulios et al.[99]; Heaton et al.[100]

표 13.3 간헐적 고강도 활동의 스포츠 선수 일반적 지침

일반적인 영양 섭취	• 고강도 운동을 여러 번 수행하는 능력은 글리코겐 저장량에 크게 의존한다. 따라서 운동선수는 일반적으로 약 7~8g/kg의 탄수화물을 제공하는 음식을 섭취해야 한다. • 단백질 상태는 최적의 근육 회복 및 크레아틴 합성을 보장하는 데 중요하다. 따라서 운동선수는 약 1.5g/kg의 단백질을 섭취해야 한다. • 근육 기능과 글리코겐 저장을 모두 유지하려면 수분을 충분히 섭취해야 한다. • 적절한 칼로리는 글리코겐 저장을 최적화하고 최적의 근육 기능과 회복을 가능하게 하는 데 필수적이다.
훈련 전 또는 시합 전 식사	• 양질의 단백질을 함유하고 상대적으로 지방이 적은 비교적 고탄수화물 식사는 운동하기 약 2.5~3.0시간 전에 완료해야 한다. 이상적으로 탄수화물은 전분(빵, 파스타, 감자 등)이어야 하고, GI 장애를 피하기 위해 섬유질이 낮아야 한다. • 식사와 함께 수분을 충분히 섭취해야 한다. 식사 종료와 운동 시작 사이에 운동선수는 수분 상태와 혈당을 유지하기 위해 스포츠 음료(10~15분마다 1~2모금)를 마셔야 한다.
훈련 중 또는 시합 중 수분 공급	6~7% 탄수화물 용액과 나트륨 농도가 240mL 기준 약 100~150mg인 스포츠 음료는 혈당을 유지하기 위해 시간당 약 50g의 탄수화물을 제공하는 것을 목표로 자유롭게 섭취해야 한다. 선수는 기회가 있을 때마다 약간의 스포츠 음료를 마셔야 하며, 이는 선수가 음료 섭취 허용 한도를 완전히 인식하도록 연습해야 한다.
운동 후 또는 경기 후 섭취	운동 직 후 선수는 약 200~400Kcal(활동 후 처음 30분 동안 체중 1kg당 약 1.5g 또는 0.7g/lb의 탄수화물)를 섭취해야 한다. 이러한 섭취는 몇 시간 동안 2시간마다 반복해야 한다. 탄수화물에 추가된 양질의 단백질(예: 유청단백질)이 근육통을 줄이고 근육 회복을 향상시킨다는 근거가 있다. 따라서 운동 후 처음 몇 시간 동안 약 100~200Kcal의 단백질(25~50g)을 포함하는 것이 바람직하다. 다시 운동하기 전에 활동 전 체중으로 돌아갈 수 있도록 충분한 수분을 섭취해야 한다. 운동 후 섭취하는 초코우유는 필수 성분(수분, 탄수화물, 단백질)을 섭취하기 쉽고 섭취하기 좋은 형태로 제공하기 때문에 권장되고 있다.

공급원인 신선한 과일과 채소를 충분히 포함한 균형 잡힌 식단의 섭취가 강조되어야 한다.[100] 문헌에 의해 권장되는 일반적인 팀 스포츠 회복 권장 사항은 표 13.2에 제시되어 있다.

표 13.3은 간헐적으로 최대 강도의 운동을 하는 선수를 위한 일반적인 영양 지침을 제시한다. 이 지침에서 두 가지 핵심적인 내용은 일반적으로 다양한 식단에서 수분과 탄수화물의 섭취 지침이다. 선수는 기회가 있을 때마다 두 가지 모두 섭취가 가능한 실행 전략을 모색해야 한다. 최근

팀 스포츠의 주기화

훈련과 영양의 주기화는 운동수행력 향상을 위해 자주 언급되는 주제이다. 선수가 가장 중요한 시기에 최고의 성과를 달성할 수 있도록 훈련 프로토콜을 점진적으로 조정해야 한다. 팀 스포츠에 대한 영양 관련 주기화 계획은 표 13.4를 참조해라.

표 13.4 팀 스포츠를 위한 영양 주기화 계획

일반 준비기	• 제지방량 증가 및 과도한 체지방 감소를 포함한 체성분 목표를 지원하기 위한 적절한 에너지 및 미량 영양소 섭취 • 훈련 세션 중 훈련 및 회복에 대한 전반적인 지원(세션 전후의 전략적 섭취 타이밍 포함) • 유산소 훈련에 대한 적응력을 높이기 위해 탄수화물 가용성이 낮은 훈련 수행에 대한 잠재력 • 더운 환경에서 훈련 시 수분 공급에 초점
특수 준비기/시합 전	• 일반 준비기의 영양 목표의 지속 • 시합기 영양 연습 및 보충 전략 실천
주요 시합기/정규 시즌	• 각 선수의 포지션 또는 경기 스타일의 특정 요구 사항을 해결하기 위한 영양 및 시합 중의 전략 • 경기 후 회복 • 일반 준비기 및 특수 준비기 단계에서 달성한 신체 조성 유지 • 원정 경기를 위한 여행용 영양
플레이오프/결승	• 주요 시합기/정규 시즌 단계와 동일 • 뜨거운/ 더운 날씨에 대한 잠재적인 고려 사항 포함
전이기/오프시즌/부상	• 신체 조성의 부정적인 변화 최소화 • 해당되는 경우 부상 관리/재생을 위한 사전 영양 공급

Based on Mujika et al.[132]

연구 결과는 탄수화물 함유한 음료가 60분 이상 지속되는 유산소 활동에만 유용하다는 전통적인 이론과 모순되는 경향이 있다. 운동 능력의 가장 좋은 예측 인자는 혈액량의 유지와 글리코겐과 포도당의 유지이다.

무산소성 및 유산소성 대사의 조합에 의존하는 스포츠

특정 스포츠는 유산소성 대사 과정과 무산소성 대사 과정의 조합을 필요로 한다. 이러한 운동선수는 종종 최대 강도(무산소)로 운동하는 반면, 다른 때에는 최대하강도(유산소)로 운동을 수행한다. 축구 공격수가 기회를 얻기 위해 자신의 영역에서 조깅하고 있는 것을 상상해 볼 수 있다. 공이 그에게 패스되는 순간, 최대한의 노력으로 공을 향해 질주한다. 이러한 무산소 운동과 유산소 운동의 조합은 다음 내용에 나와 있는 특별한 영양적 고려 사항이 있다.

농구

농구는 가드 2명, 포워드 2명, 센터 1명 등 팀 협력 및 개인의 노력이 필요한 경기로서, 모두 32분(고등학교), 40분(대학) 또는 48분(프로)의 시간 동안 수비와 공격을 병행해야 한다. 농구는 1936년 베를린올림픽 이후 전 세계적으로 남녀 모두가 하는 경기이며, 올림픽 경기에서도 관심을 받는 종목이 되었다. 농구에서 가장 인상적인 연승 행진에는 UCLA 남자팀의 88연승과 UConn 여자팀의 90연승이었다. 몇 년 후, 존 우든John Wooden의 UCLA팀 선수들 중 한 명인 우든이 자신의 팀이 경기장에서 최고의 컨디션을 갖추도록 하는 데 탁월했으며, 그 컨디셔닝 방법의 일부는 선수들이 어떤 상대 팀과의 경기에서든 필요한 것보다 더 열심히 훈련하도록 하는 것이었다고 말했다. 그러나 그는 또한 모든 선수들이 100% 노력을 기울일 수 있도록 충분히 잘 먹고 쉬도록 대처했다.

간헐적 고강도 스포츠에 대한 연구는 경기 전 · 중 · 후에 올바른 음식과 수분을 섭취하는 것은 농구 선수에게 명백한 경기력 향상 보조제(에르고제닉)의 효과가 있다는 것을 보여준다. 농구 운동수행력 차이를 비교하는 연구에 따르면, 6%의 탄수화물과 전해질 용액을 섭취한 선수가 비슷한 맛의 칼로리가 없는 위약을 섭취한 선수보다 피로 시간이 37% 더 지연되었다고 보고하였다.[102] 높은 수준의 주니어 농구 선수를 대상으로 한 설문 조사에 따르면, 56%의 선수가 탄수화물 섭취량이 권장량의 최소인 체중 1kg당 6g 미만인 반면, 단백질 섭취량은 선수의 51%에서 권장되는 체중 1kg당 1.7g 이상인 것으로 나타났다.[103] 비록 이 연구에서 많은 선수가 게임을 하지 않는 동료 선수보다 더 많은 총 에너지를 섭취한다는 사실을 발견했지만, 최고의 경기력을 발휘하는 데 어떤 음식이 도움이 되는지에 대한 교육이 필요한 것은 분명하다. 일부 운동선수는 바람직한 방식으로 식사를 하고 있었기 때문에 영양 교육은 개인과 선수들이 살고 있는 개별적인 가정 및 학교 환경에 초점을 맞춰야 한다. 또한 스포츠 영양사가 팀에 소속되어 있으면 모든 선수들에게 더 나은 영양 습관이 생긴다는 증거도 있다.[104] 여기에는 더 영양이 풍부한 음식을 섭취하고 운동 후 회복을 위해 영양 행동을 개선하는 것이 포함된다.

대학 농구 및 기타 스포츠 감독의 영양 지식을 조사한 연구에 따르면 33%만 이 영양과 관련된 질문에 올바르게 응답했다고 확신한다는 것을 발견하였다.[16] 또한 이 설문 조사는 감독들이 대학생 운동선수들이 정크 푸드 섭취와 함께, 일반적으로 나쁜 식습관을 갖고 있으며, 일반적으로 불균형적인 식단을 섭취한다고 믿고 있다는 것을 발견하였다. 이러한 질이 좋지 않은 식단은 비타민과 무기질 섭취에 영향을 준다. 남녀 농구 선수 모두 철분 결핍, 빈혈 및 철 결핍성 빈혈의 유병률이 높다.[17] 철분 상태가 좋지 않으면 유산소 운동 능력에 부정적인 영향을 미치므로 농구 경기력에도 부정적인 영향을 미치게 된다. 한 조사에 따르면 여자 농구 선수들의 식단에는 여러 영양소가 부족하고 영양제에 대한 과도한 의존도가 있는 것으로 나타났다.[18] 이러한 조사 결과는 농구 선수들이 경쟁을 위한 요구대로 적절한 조치를 취하고 있지 못한다는 것을 알 수 있다.

회복은 복합적이며 비영양적 요인에 의해 부정적인 영향을 받을 수 있다. 예를 들어 팀 스포츠에서 흔히 볼 수 있는 근육 냉각은 근육 글리코겐 재합성에 부정적인 영향을 미칠 수 있으며, 이는

이후의 고강도 운동 수행에 부정적인 영향을 미칠 수 있다.[105]

격렬한 신체 활동은 세포간 지질의 산화로 생성되는 과산화물과 같은 활성산소의 증가와 관련이 있다. 많은 연구들은 알파-토코페롤(비타민 E), 베타-카로틴(프로 비타민 A) 및 아스코르브산(비타민 C)을 포함한 항산화 보충제의 섭취가 시즌 동안 농구 선수에게 나타나는 전형적인 과산화지질 생성을 줄이는 데 유용한지를 계속 평가하고 있다.[19, 20] 약간의 이점이 있는 것처럼 보이지만 고용량의 항산화제 보충제를 복용하는 것도 몇 가지 우려되는 점이 있다. 가장 현실적인 우려는 운동선수가 자신도 모르게 금지 물질을 섭취할 위험이 있는 보충제의 섭취라고 할 수 있다.[21] 활성산소의 생성을 줄이는 가장 좋은 방법은 탄수화물과 항산화 물질 모두 높은 농도로 함유된 신선한 과일과 채소를 규칙적으로 섭취하는 것이다.

이러한 모든 요소들을 염두에 두고, 농구 선수들은 다음과 같은 영양학적 문제들을 고려해야 한다.

선수들은 하프 타임의 휴식을 통해 수분과 탄수화물을 보충해야 한다.

10~20분의 하프 타임 휴식 시간은 손실된 수분과 탄수화물을 보충하기 위해 스포츠 음료를 마실 수 있는 좋은 기회이다. 일부 운동선수는 일반 크래커를 먹고 물을 마시는 것이 좋다. 그러나 경기를 뛰는 선수는 캔디바 및 기타 지방 함량이 높은 음식을 섭취하지 않도록 주의해야 한다. 경기를 뛰는 선수는 탄수화물과 물이 매우 요구되며, 다른 것을 섭취하면 가장 필요한 것을 섭취하는 능력이 저하된다(표 13.5 참조).

선수는 수화 상태를 유지하기 위해 교체 타임과 경기중 휴식 시간을 사용해야 한다.

선수들은 교체 타임을 사용하고 필요 여부에 관계없이 스포츠 음료를 홀짝이며 공식 작전타임이나 선수 교체로 인한 휴식 시간을 활용해야 한다. 탄수화물이 함유된 음료를 마시는 것은 올바른 수비 또는 공격 플레이를 하는 것만큼 중요한 게임 전략의 일부가 되어야 한다. 엘리트 농구 선수에 대한 연구에 따르면 총 에너지 섭취는 요구를 충족시키는 것으로 보이지만 탄수화물 섭취와 수분 섭취 패턴은 운동 능력을 유지하는 데 도움이 되지 않았다.[106] 이 연구에서 특히 우려되는 점은 이러한 플레이어의 상당 부분이 갈증을 수분 섭취 시점의 주요 지표로 사용한다는 사실이었다. 갈증은 물을 마셔야 하는 최적의 지표라기보다는 수분 상태가 좋지 않다는 긴급 상황으로 간주되어야 한다. 이상적으로, 농구 선수들이 경기 중 좋은 수화 상태를 유지하기 위해서는 갈증이 느껴지기 전에 물을 마시는 습관을 가져야 한다.

잦은 연습과 게임은 선수들을 지치게 할 수 있다.

농구 선수들은 일반적으로 매주 6일을 연습하며 하루에 두 번 연습하는 경우가 많다. 여기에 주중에 적어도 한 게임의 경기 일정이 추가되면 정규 농구 시즌이 선수를 지치게 하는 이유를 쉽게 알 수 있다. 일반적으로 선수는 적절한 총 에너지 섭취를 보장하고 최적의 글리코겐 저장을 지원하기 위해 충분한 탄수화물을 섭취해야 한다. 코치들의 공통된 불만은 많은 선수들의 체중을 원하는 만큼 높게 유지하기 어렵다는 것인데, 이는 선수들이 격렬한 연습과 시합을 지원할 만큼 충분히 먹

표 13.5 농구 선수의 탄수화물 및 수분 요구 충족

훈련강도		권장 탄수화물 섭취량	권장 수분 섭취량
고강도 훈련	매일 열심히 훈련하고 매일 근육 글리코겐 회복을 극대화해야 하는 농구 선수	매일 체중당 7~10g 또는 체중 1lb당 3.2~4.5g, 또는 70kg(155lb) 선수의 경우 ~500~700g/일	최소 하루 10~12컵(~2.5~3L)과 운동 전, 중, 후에 수분 섭취
중강도 훈련	적당한 강도로 매일 1시간 미만으로 훈련하는 농구 선수의 경우	매일 체중 1kg당 5~7g 또는 매일 체중 1lb당 2.3~3.2g/lb	하루 10~12컵(~2.5~3L)과 운동 전, 중, 후에 수분 섭취
훈련 전	연습이나 시합을 위한 연료 사용 능력을 높이고 미리 수분을 공급하기 위함	1시간 전 체중 1kg당 1g, 2시간 전 체중 1kg당 2g, 3시간 전 체중 1kg당 3g, 4시간 전 체중 1kg당 4g	운동 2시간 전 480g 또는 2컵(~0.5L) (무카페인, 무알코올)
훈련 중	중강도 및 고강도 농구 훈련 및 시합 중 탄수화물의 추가 공급원 제공	시간당 30~60g	땀 손실을 대체하기 위해 15분마다 150~300mL
회복	힘든 훈련이나 경기 후, 특히 연속적인 시합과 훈련이 있는 시즌에 조기 회복 및 재수화 속도를 높이기 위함	운동 직후와 운동 후 2시간마다 체중 1kg당 1~1.5g의 고혈당 탄수화물 음료 및 식품. 다음 24시간 동안의 총 탄수화물 섭취량은 체중 1kg당 7~9g/kg 또는 24시간 동안 약 500~600g	운동 중 손실된 체중 1lb당 ~3컵

출처: Adapted by permission from J. Burns, J.M. Davis, D.H. Craig, and Y. Satterwhite, "Conditioning and Nutrition Tips for Basketball," *GSSI Roundtable* #38 10, no. 4 (1999). [Online]. Available: www.gssiweb.com/Article_Detail.aspx?articleid=2 [June 27, 2011].

지 않고 있다는 확실한 신호이다. 근육량을 유지하면서 시즌을 버틸 수 있는 팀이 그렇지 않은 팀보다 더 강하고 지구력이 좋다.

전반전과 동일하게 후반전에도 경기력을 발휘하면 게임에서 승리한다.
경기 후반 동안 근력과 지구력을 유지할 수 있는 팀은 그렇지 않은 팀보다 더 좋은 성적을 거두는 경향이 있다. 이를 위해서는 선수들이 물만 마시거나 전혀 마시지 않을 때보다 근력과 지구력을 더 오래 유지할 수 있도록 탄수화물이 함유된 음료를 자주 마시는 패턴을 만들어야 한다.

피겨스케이팅

피겨스케이팅 선수는 부드럽고, 우아하고, 예술적이며 아름다운 동작을 연기하는 것을 목표로 한다. 스케이트의 짧고 구부러진 날과 토 픽(스케이트 날 앞쪽의 톱날 부분)은 선수들이 다양한 회전을 수행하고 폭발적인 점프를 할 수 있도록 도와준다. 이 스포츠에는 4개의 세부 종목이 있으며 훈련은 각 종목에 대해 전문화되어 있다. 싱글 스케이팅은 남녀 단일 경기이며(즉, 남성은 남성과, 여성은

여성과 경쟁), 페어 스케이팅과 아이스 댄싱은 혼성 경기다. 싱크로나이즈드 스케이팅은 여성 팀이 서로 경쟁하는 여성 전용 스포츠다.

피겨스케이팅 개인전에서는 우아함과 무난함에 대한 기대도 있지만, 더 강하고 작은 운동선수들이 선호하는 어려운 회전과 점프를 달성할 경우 전체 점수 획득에 유리하게 된다. 체격이 큰 선수는 체격이 작은 선수보다 얼음 저항이 더 크고 상대적으로 공기 저항이 더 크기 때문에 작은 선수와 같은 기술을 하려면 훨씬 더 큰 힘이 필요하다.

페어 스케이팅에서 남자 파트너는 일반적으로 여자 선수보다 훨씬 크고 강하다. 페어 경기를 본 사람이라면 그 이유를 알 수 있다. 남자 선수는 반드시 시합 중에 여자 파트너에 대해 드로우 점프와 리프트 동작을 수행하게 된다. 이 동작은 남자 선수가 작은 선수를 들어 올릴 때 더 쉽게 수행할 수 있다. 선수 자신의 체격에 맞는 파트너를 찾기는 어려우며, 파트너가 맞지 않는 페어 스케이팅 선수는 뛰어난 개인 스케이팅 선수라 할지라도 최고 수준의 성과를 내는 데 어려움을 겪는다.

아이스댄싱에서는 드로우 점프나 오버헤드 리프트가 없기 때문에 큰 남자 선수와 작은 여자 선수에 대한 이점이 훨씬 적으며, 체격이 비슷할수록 어려운 댄스 기술을 동시에 수행하는 데 도움이 된다. 아이스댄싱에서 볼 수 있는 복잡한 발놀림과 우아함을 고려하면, 이 종목의 명칭은 비교적 잘 지어졌다. 낮은 파워의 요구와 결합된 지속적인 움직임은 이 세부 종목을 4가지 스케이팅 종목 중 가장 유산소적으로 만든다.

한 연구에 의하면, 피겨스케이팅 선수는 평균적인 유산소 능력을 가지고 있지만 높은 최고 파워를 생성할 수 있는 능력이 있다.[22] 다른 연구에 의하면, 어린 여성 스케이팅 선수들은 주로 지방과 단백질의 섭취는 상대적으로 높았고, 탄수화물, 칼슘, 철분의 섭취는 상대적으로 적은 것으로 확인되었다.[23] 피겨스케이팅 선수의 식이 보충제 섭취는 남자 선수의 65%와 여자 선수의 76%가 정기적인 보충제 섭취(주로 종합 비타민과 종합 무기질)를 보고하여 높은 보충제 섭취 수준을 보였다.[24] 보충제를 복용하는 상위 세 가지 이유로는 질병 예방과 더 많은 에너지 제공 및 부적절한 식단 보충이라고 보고하였다.

비록 피겨스케이팅 선수가 충분한 에너지를 섭취하지 않는다는 오랜 우려가 있었지만 최근 연구에 따르면, 이러한 우려는 대부분의 선수에게 해당되지 않을 수 있다.[25] 그러나 특정 무질서한 섭식 패턴의 위험에 처할 수 있는 스케이팅 선수들이 남아 있으며, 이러한 선수들은 영양소 섭취량이 낮을 가능성이 높다. 피겨스케이트 선수의 일일 총 칼로리 분포는 문제가 있는 것으로 보이며, 이는 선수들이 경기력과 집중력을 최상으로 발휘하기 위해 바로잡아야 할 문제이다.[26]

모든 엘리트 스포츠와 마찬가지로 부상은 발생한다. 페어 스케이팅 선수들의 부상 비율은 특히 많은 것으로 보고되고 있다. 한 연구에서 여자 시니어 페어 스케이팅 선수는 9개월 동안 평균 1.4건의 중상이 보고된 반면, 같은 기간 다른 선수들은 0.5건의 중상을 입었다고 보고했다.[27] 이러한 하지 부상의 대부분은 스케이트 부츠 디자인과 관련이 있을 수 있지만 다른 연구자들은 부상이 좋지 않은 컨디션과 관련이 있을 수 있다고 제안하고 있다.[28]

이러한 모든 요소를 염두에 두고 피겨스케이팅 선수는 다음과 같은 스포츠 관련 영양 문제를 고려해야 한다.

대부분의 스케이팅 선수들은 빙판에서의 연기(외모)가 중요하기 때문에 칼로리를 제한한다.

가장 적합한 체중은 저지방, 중간 정도의 단백질, 높은 복합탄수화물로 구성된 식단과 운동 및 컨디셔닝 프로그램을 통해 가장 잘 달성할 수 있다. 비록 다이어트가 역효과를 낳지만, 연구에 따르면 이러한 방법이 스케이팅 선수들이 선택하는 체중 관리의 전략이다. 최근 연구에 따르면, 여자 피겨스케이팅 선수는 여자 운동선수의 3징후(부적절한 에너지 섭취, 낮은 골밀도, 무월경)가 발생할 위험이 있지만 이 문제를 아는 사람은 거의 없었다.[107] 분명히 감독, 선수의 부모, 선수 자신 사이에서 이 문제에 대한 인식을 높이기 위한 노력이 있어야 한다. 탄수화물에서 적절한 에너지를 섭취하는 것은 바람직한 신체 조성과 운동수행력의 달성 모두에 중요하다. 부적절한 에너지 섭취는 스케이팅 선수의 영양적 결핍, 낮은 에너지 소비, 부상 위험 증가, 건강 악화, 높은 체지방 축적, 경기력 저하 등의 부정적인 결과를 초래할 수 있다 .

피겨스케이팅 점프는 충분한 인산 크레아틴과 근육 글리코겐의 저장이 필요하다.

(크레아틴을 제공하거나 크레아틴을 만들기에 충분한 단백질을 제공하기 위해) 정기적인 육류 섭취와 함께 탄수화물을 통한 적절한 에너지 섭취는 스케이팅 선수에게 중요하다. 채식주의자 스케이터의 경우 근육량을 유지하고 크레아틴을 합성하기 위해 적절한 총 단백질과 총 에너지 소비를 보장하는 것이 중요하다. 피겨스케이팅에서 요구되는 점프와 관련된 근육의 빠른 순발력은 크레아틴인산과 근육 글리코겐의 충분한 저장 없이는 불가능하다. 아이스댄싱 경기의 경우 에너지 대사 요구사항에는 크레아틴인산보다 더 많은 근육 글리코겐이 포함되기 때문에 이 종목의 선수는 약간 적은 단백질(또는 고기) 섭취로 연기를 더 잘할 수 있지만, 여전히 좋은 경기를 위해서는 적절한 총 에너지 섭취를 필요로 한다.

훈련은 경기보다 훨씬 길다.

스케이팅 공연은 몇 분 동안 지속되지만 연습은 1시간 이상 지속될 수 있고 하루에 한 번 이상 수행될 수 있으며, 매우 이른 아침이나 매우 늦은 저녁(경기장 대관 시간 불규칙적)이 될 수 있다. 훈련 일정에 따라 스케이팅 선수는 훈련 요구 사항을 만족시키기 위해 식사 패턴을 변경해야 한다. 아주 이른 아침 훈련의 경우, 선수는 근육에 연료 공급을 위해 훈련장에 가기 전에 무언가를 먹고 마셔야 한다(토스트 한 조각과 주스 한잔이 아무것도 먹지 않는 것보다 낫다). 늦은 저녁 훈련의 경우, 연습 2시간 전에 간단한 저녁 식사를 하고, 훈련 직후에 또 다른 간단한 저녁 식사를 하면 근육에 충분한 연료를 보충하는 데 도움이 된다. '공복 상태'에서의 스케이팅 훈련은 근육 컨디션에 도움이 되지 않으며 실제로 훈련 효과를 유도하는 데 역효과가 날 수 있다. 최소한 선수들은 마지막 식사와 훈련 사이에 스포츠 음료를 마셔야 하며, 기회가 있으면 훈련 중에도 한 모금씩 마셔야 한다. 정상적인 수화 상태를 유지하는 데에는 분명한 이점이 있다. 엘리트 피겨스케이팅 선수에 대한 연구에서는 혈장 전해질 농도가 낮은 수화 상태를 시사한다는 것을 발견했다.[29]

축구, 라크로스, 필드하키

세계적으로 축구의 인기는 엄청나며, 미국에서도 축구의 인기가 높아지고 있다. 축구는 한 경기 동안 일반적인 선수가 이동하는 평균 거리가 약 10km이기 때문에 체력 향상을 위한 훌륭한 스포츠라고 할 수 있다.[30] 또한 축구 선수는 연령 및 체중이 비슷한 대조군보다 모든 형태의 달리기 스트레스로 인해 골밀도가 훨씬 더 높은 것으로 보인다.[31, 32] 비록 대부분의 활동이 유산소 운동에 속하지만 선수가 공을 향해 전력질주할 때에는 많은 부분이 무산소 운동에 속한다고 할 수 있다. 이러한 생리학적 문제는 축구 선수의 일반적인 식이 섭취량과 일치하지 않는 것으로 보인다. 일반적인 축구게임의 후반전은 전반전에 비해 활동량이 적다. 이는 근육 글리코겐이 낮게 저장된 결과일 수 있다. 시합 직전, 시합 중, 시합 직후에 탄수화물을 섭취하면 근육이 활동하는 데 사용이 가능한 포도당과 글리코겐을 유지하고 선수의 피로를 줄일 수 있다고 오래전부터 알려져 왔다.[30] 여자 대학 축구 선수에 대한 연구에 따르면 대다수가 부적 에너지 균형을 경험했으며 경기 중 탄수화물 섭취 부족이 이러한 결핍의 주요 원인이었다.[108] 에너지 균형과 탄수화물 섭취를 위한 식이요법의 개입이 축구시합 결과를 향상시키는 것으로 밝혀졌기 때문에 이 발견은 중요하다.[109] 또한 축구 경기 전과 경기 중 탄수화물 섭취가 정신적 피로를 현저히 감소시켜 패스, 슈팅과 같은 축구 종목 특이적 기술에 긍정적인 영향을 줄 수 있다는 증거도 있다.[110]

탄수화물의 이점을 얻기 위해서는 반드시 탄수화물을 섭취해야 한다. 탄수화물과 카페인(혼합 또는 개별 섭취)의 운동수행력 효과를 평가한 남자 라크로스 선수에 대한 연구에 따르면 구강 헹굼mouth rinsing이 달리기 수행능력에 영향을 미치지 않는 것으로 나타났다.[111] 라크로스 선수들과 대부분의 운동선수들은 탄수화물의 필요성을 과소평가하고 실제로 탄수화물을 어느 정도 섭취하고 있는지 완전히 이해하지 못한다.[112] 이상적으로는 운동선수가 영양 전문가에게 자신이 얼마나 섭취하고 있는지, 적절한 시기에 충분히 섭취하기 위해 필요한 식이 변화를 만드는 방법을 정확하게 보여주어야 한다.[113]

연구에 따르면 프로 축구 선수의 에너지 및 영양소 섭취량은 훨씬 높은 요구량에도 불구하고 일반인과 큰 차이가 없다는 연구 결과가 나왔다.[33, 34] 축구 선수들에게 권장되는 훈련 식단은 탄수화물 55~65%, 단백질 12~15%, 지방 30% 미만이 포함되어야 하지만,[35] 다른 연구에 참여한 선수들은 탄수화물이 상당히 적고 지방이 많은 음식을 섭취했다.[36] NCAA Division I 여자 축구 선수를 대상으로 한 조사에 따르면 단백질과 지방 섭취는 권장 수준 이상이었지만 탄수화물 섭취는 글리코겐 보충을 촉진하기 위한 최소권장량(7~10g/kg)을 충족하지 못했으며,[37] 경기 중 조기 피로와 경기력 저하를 유발할 가능성이 있는 것으로 나타났다.[38] 축구 선수들의 저탄수화물 식단(30%)과 고탄수화물 식단(65%)을 비교한 연구에 따르면 고탄수화물 식단에서 글리코겐 저장량이 28% 더 높다는 것을 발견했다. 또한 선수들은 고탄수화물 식단에서 고강도 달리기를 30% 더 많이 한 것으로 나타났다.[90] 한편, 축구 선수들의 적절한 에너지 섭취와 휴식을 보장하는 것에 대한 우려가 있다. 여자 축구 선수 및 필드하키 선수를 대상으로 한 설문조사에서 철분 결핍, 높은 코티솔, 높은 크레아틴 키나아제가 발견되었으며, 이는 이 인구가 합리적인 에너지 균형 상태를 유지하는 방식으로 식사를 하지 않을 수 있음을 시사한다(음식이 충분하지 않거나 식사 빈도가 부족함), 이는 과훈

련 증후군, 더 낮은 골밀도, 더 높은 지방-근육 비율, 더 큰 질병 위험의 예측 요인이다.[114]

간헐적 고강도 운동 시 탄수화물과 크롬 섭취가 피로에 미치는 복합적 및 개별적 이점을 평가한 연구를 통하여 축구와 같은 스포츠에 대한 탄수화물의 에르고 제닉의 효과가 확인되었다. 이 연구의 데이터는 탄수화물의 이점을 확인했지만 크롬의 장점을 지지하지는 않았다.[39] 물론 남성은 약 4,000Kcal, 여성은 3,200Kcal 정도로 추정되는 적절한 에너지 섭취도 중요하다. 충분한 에너지 섭취가 이뤄지지 않는다면 식단 구성에 관계없이 글리코겐이 고갈된다. 또한 열량 섭취가 충분하지 않으면 크레아틴인산(순간적이고 빠른 폭발적 동작에 필요)의 적절한 합성이 어려워진다. 이는 어린 축구 선수들에게 크레아틴 보충제를 섭취하게 하여 운동수행력에서 이점을 입증한 연구에서 강조되는데, 적절한 에너지 섭취로는 얻기 힘든 결과이다.[40] 엘리트 필드하키 선수의 카페인을 함유한 음료를 평가한 최근 연구에 따르면, 고속 스프린트를 수행하는 동안 주행 거리가 증가하는 것으로 나타났다.[115] 이러한 개선은 또한 글리코겐의 저장을 최적화하기 위해 충분한 탄수화물을 섭취하지 못한 실패를 극복하는 것과 관련이 있을 수 있지만, 이 카페인 함유 음료도 불면증을 유발하는 것으로 밝혀졌기 때문에 과훈련 증후군에 기여하는 요인이 될 수 있다. 따라서 잠재적으로 위험할 수 있는 고용량 카페인과 설탕 보충 섭취에 의존하기보다는 적절한 시간에 충분한 탄수화물을 섭취하는 것이 논리적인 권장 사항이라고 할 수 있다.

선수의 영양 지식은 보다 나은 에너지원의 섭취와 상관이 있었고, 높은 제지방량과도 정적인 상관이 있었는데,[116] 두 가지 모두 운동수행력의 향상과 관련이 나타났다. 경기력에서 영양의 중요성이 잘 정립되어 있다는 것을 고려할 때, 팀 스포츠 선수와 감독 사이에 영양 지식을 향상시키기 위해서 잘 설계된 개입이 있어야 한다.[117] 아직까지 영양학적 관점에서 많이 연구되지는 않았지만 라크로스와 필드하키의 경기 특성은 축구와 충분히 유사하기 때문에 영양 요구량과 문제점이 유사하다고 볼 수 있다. 이는 열량과 탄수화물 섭취가 부적절한 것으로 밝혀진 여성 대학 라크로스 선수들에 대한 최근 논문에 의해 확인되었으며, 이러한 선수들과 함께 일하는 운영진은 더 나은 에너지원 공급 전략을 권장해야 한다고 권고했다.[118] 그러나 선수의 지식과 섭취 습관은 스포츠에 따라 매우 다른 경향이 있기 때문에 이러한 종목의 선수들이 더 높은 영양 섭취 위험을 갖고 있는지 또는 낮은 위험을 갖고 있는지는 분명하지 않다.

다음을 포함하여 선수와 함께 일하는 전문가들이 고려해야 할 많은 요소가 있다.[119]

- 스포츠 영양 전문가는 선수들의 지식의 차이를 바탕으로 구체적이고 표적화된 영양 교육을 실시함으로써 올바른 영양 지식을 갖고 향상시키는 것을 목표로 해야 한다. 이는 식이 섭취와 신체 구성에 변화를 줄 수 있다.
- 스포츠 영양 전문가는 광범위한 영양 권장 사항을 달성하기 위해 노력하는 것 외에도 다량영양소 섭취의 시기와 분배를 극대화하는 데 중점을 두어야 한다.
- 스포츠 영양 전문가는 팀 식사를 제공하기 위해 팀과 계약된 식품 서비스 업체와 긴밀히 협력해야 한다. 이것은 선수들이 무엇을 먹어야 하는지에 대한 과학적 방법을 실천에 옮기는 귀중한 방법이다.

이러한 모든 요소를 염두에 두고 축구 선수는 스포츠에 다음과 같은 영양학적 문제를 고려해야 한다.

축구경기는 계속되기 때문에 선수들이 수분 섭취를 하기 어렵다.

축구 선수는 시합 중에 규칙적으로 수분을 섭취할 기회가 없을 수 있으므로 경기 전 수분 상태가 특히 중요하다. 가능한(전후반 및 공식적인 휴식 시간 동안) 선수들은 수분을 보충하고 탄수화물을 대체하기 위해 스포츠 음료를 섭취해야 한다. 축구 선수를 대상으로 한 연구에서는 자발적인 수분 섭취 패턴의 큰 차이를 발견하였는데, 대부분의 선수들이 충분한 수분 섭취를 하지 못하고 있다는 결론을 내렸다.[41] 높은 수준의 경기력을 보장하기 위해서는 총 칼로리 섭취의 55~65%를 탄수화물로 섭취해야 하지만 실제 축구 선수들의 섭취량은 최적에 미치지 못한다는 연구 결과가 보고되었다. 선수들은 탄수화물 섭취를 개선하기 위해 의식적인 노력을 기울여야 한다.

필드하키 선수들을 대상으로 한 연구에 따르면, 선수들의 땀 손실은 축구와 유사하게 나타났지만, 수분 섭취에 대한 요구는 더 적절하게 보충하는 경향이 있었다. 선수들은 규칙적인 교체와 적절한 수화 방법에 대한 명확한 이해로 수화 상태를 유지할 수 있었다.[42]

시합 전 글리코겐의 저장이 중요하다.

축구 선수들은 근육 글리코겐을 엄청나게 소모하면서 많은 시간 동안 경기장에서 활동한다. 저장된 글리코겐을 더 많이 가지고 시합을 시작하는 선수는 지구력 우위를 경험할 것이다. 보다 높은 글리코겐 저장을 위해 선수는 지속적으로 많은 양의 탄수화물과 수분을 섭취해야 하며 시합 전 식사 동안 주로 탄수화물에 집중해야 한다.

럭비

럭비는 럭비풋볼, 오스트레일리아 풋볼, 럭비 유니언, 또는 단순히 세계의 많은 지역에서 풋볼이라고도 불리는데(이것은 세계 많은 지역에서 축구라고도 하는 풋볼과 혼동될 수 있지만), 전통적인 럭비의 변형인 미식축구나 캐나다축구보다 더 이른 기원을 가지고 있다. 럭비는 리그에 따라 선수 인원(일반적으로 한 팀당 7~15명)이 다르게 진행된다. 선수들은 공을 갖고 뛰거나 차야만 미식축구처럼 그라운드를 선점할 수 있다. 럭비는 풋볼보다 지속적인 경기로 지구력을 중요시한다. 특히, 경기 특성상 높은 근력은 태클 후의 'ruck' 또는 'maul'에서와 같은 상황에서 필요하다. 고강도의 반복적인 동작들과 중강도와 고강도의 운동 조합이 결합된 럭비 운동은 지구력과 힘의 조합을 요구하는 스톱 앤 고(stop-and-go) 라는 스포츠적 특이성을 가지고 있다. 럭비 선수들은 높은 유산소 능력을 갖추어야 하지만, 해당과정 능력과 크레아틴인산을 사용하고 재합성하는 능력이 잘 발달되어야만 한다.

특히 우려되는 점은 선수들에게 제공되는 많은 영양 권고 사항이 영양에 대한 지식이 부족한 감독으로부터 나온다는 점이다. 뉴질랜드 최고의 럭비 감독들을 대상으로 한 연구에 따르면 대부분의 감독들이 선수에게 영양 조언을 제공했지만(83.8%), 영양 지식에 대한 질문에는 55.6%만 올바르게 응답했다.[57] 분명히 감독들은 경기력을 향상하고 부상 위험을 줄이며 건강을 유지할 수 있는 적절한 정보를 선수에게 제공하기 위한 보다 나은 방법을 찾아야 한다. 럭비 선수의 영양 지식을 조사한 연구에 따르면, 영양에 대한 지식이 많을수록 보다 나은 영양소 섭취와 경기력을 보였다는 것을 발견하였다.[120] 그러나 다른 많은 운동선수와 마찬가지로 럭비 선수는 근력을 최적화하고 상대적으로 낮은 체지방 수준을 달성하기 위해 단백질 섭취를 과도하게 강조한다. 단백질 섭취가 많을수록 신체 조성이 향상된다는 증거는 없다. 훈련 후 상대적으로 적은 양의 고품질 단백질 섭취(20~25g 또는 80~100Kcal)를 통해 근육 합성이 일어난다.[43] 오히려 럭비에서 파워와 지구력의 조합은 탄수화물 섭취에 대한 요구를 높인다. 연구에 따르면 럭비 경기 중 근육 글리코겐이 상당히 고갈되었으며, 많은 운동선수가 부적절한 글리코겐 저장으로 인해 경기 후반부에 수준 이하의 경기력을 보였다.[44, 45] 약 8g/kg/일의 더 높은 탄수화물 섭취는 간헐적 달리기에서 피로까지 운동수행력을 향상시키는 것으로 나타났다.[46]

선수가 경기 후에 적절한 영양 보충 전략을 수행하면 이후 경기나 훈련에서 향상된 경기력을 경험할 수 있다. 이는 경기 간격이 짧을 때 특히 중요하다. 한 연구는 경기 후 고탄수화물 식단의 섭취가 성공적으로 글리코겐 저장량을 보충하였다는 것을 보여주었다.[47] 경기 후 영양의 중요성에도 불구하고 엘리트 럭비 선수의 훈련 및 경기 후 회복을 개선하기 위해 가장 많이 사용되는 전략은 스트레칭과 얼음찜질 또는 냉수 침지이다.[48] 이상적으로 이러한 전략들은 수분, 탄수화물 및 단백질 섭취와 결합되어야 한다.

일부 증거는 상대적으로 낮은 근육 글리코겐 함량으로 훈련하는 것이 에너지(연료) 대사 적응을 향상시킨다는 것을 시사한다.[49] 이 훈련 프로토콜 이후에 근육 글리코겐 저장소가 가득 찬 상태에서 경기를 하는 것은 경기력 향상 효과를 가져올 수 있고, 적은 훈련으로 높은 효과를 내는 경기 전략이라고도 불린다. 그러나 이 프로토콜(글리코겐은 저장을 위해 물이 필요함)을 사용하면 근육통과 탈수가 더 커질 가능성이 있으므로 잠재적인 이점이 저하될 수 있다.

수분 상태는 럭비 선수에게 분명히 중요하며 조기 피로 및 축구 관련 기술 저하와 관련이 있는 것으로 나타났다.[50] 럭비 선수는 경기 중 휴식 시간 및 선수 교체 시 수분을 섭취할 기회가 있다. 사실, 트레이너는 게임이 일시 중지되는 동안 음료를 들고 필드의 선수에게 달려가는 것이 허용된다. 적절한 수분 공급의 중요성과 선수가 수분을 섭취할 수 있는 충분한 기회에도 불구하고 충분히 마시지 못할 수 있다는 증거가 있다.[51, 52] 자료에 따르면, 럭비 경기 중 수분 손실은 시간당 600~1,400mL 범위지만 섭취 수준은 이 수준에 거의 도달하지 않는다.[53]

많은 운동선수들이 에르고제닉 보조제에 관심을 가지고 있으며, 럭비 선수들도 다르지는 않다. 팀 스포츠 선수들에게 평가된 에르고제닉 보조제 중 어느 정도 효과가 있을 수 있는 두 가지는 모노 크레아틴creatine monohydrate과 카페인이다.[54, 55, 121] 그러나 4장에서 언급한 바와 같이 충분한 탄수화물과 함께 적절한 칼로리 섭취는 크레아틴 보충의 효과를 감소시킬 수 있다. 중탄산나트륨 보조제가 럭비 선수들을 대상으로 젖산 완충을 개선하여 무산소성 능력을 향상시키는지를 확인하기 위해 테스트를 진행하였다. 보조제를 섭취한 럭비 선수 그룹에서 혈중 젖산 농도는 개선되었지만 운동수행력에는 큰 영향이 없었다.[56] 또한 선수들 중 상당수는 중탄산나트륨 섭취 후 심각한 GI 증상을 호소했는데, 이는 이 보충제가 가질 수 있는 잠재적인 효과를 무효화시키는 것이다.

남자 청소년 럭비 선수의 경우에도 어떤 음식을 섭취하는 것이 효과가 있는지에 대한 인식이 선수들의 음식 섭취에 영향을 미친다는 것을 고려하는 것이 중요하다.[122] 분명한 것은, 긍정적인 역할 모델과 경기력에 더 중점을 두는 것이 어린 선수들이 더 나은 선수로 발전하는 데 도움이 될 수 있다는 것이다. 이상적으로, 운동선수들은 스포츠 요구를 충족시키기 위한 최선의 전략이 외모에 대한 목표와 장기적인 건강을 위해서도 도움이 된다는 것을 이해해야 한다.

이러한 모든 요소를 염두에 두고 럭비 선수는 자신의 스포츠에 대해 다음과 같은 영양학적 관련 문제를 고려해야 한다.

영양 권장 사항의 기초를 배우는 것은 선수와 감독이 건전한 영양 습관을 따르도록 격려할 것이다.
선수와 감독 사이의 부족한 영양 지식은 잘못된 음식 선택을 초래한다. 선수들이 좋은 스포츠 영양의 기본 요소를 이해할 수 있도록 교육 기회가 설정되어야 하며, 각 선수의 식단 계획을 개별화하는 상담이 함께 진행되어야 한다.[58] 선수는 보충제와 에르고제닉 보조제가 규칙적으로 좋은 음식을 섭취하는 것을 대신할 수 없다는 점을 이해해야 한다.

탄수화물 및 나트륨을 함유한 스포츠 음료는 경기력에 중요하다.
선수들은 기술과 정신력을 유지하고 중추신경(CNS) 유발 근육의 피로를 예방하기 위해 글리코겐 저장량을 완전히 보충한 상태로 훈련 및 시합에 참여해야 한다. 훈련 및 시합 중 탄수화물 및 나트륨 함유 음료를 섭취할 수 있는 기회를 놓쳐서는 안 된다. 스포츠 음료를 규칙적으로 섭취하면 혈당과 혈액량을 유지하고 조기 피로를 최소화하는 데 도움이 된다.

다음 날 최적의 경기력을 보장하기 위해서는 경기 후 회복이 중요하다.
훈련 및 경기 후 음식 섭취는 경기 종료와 음식 및 음료 섭취 사이에 공백 시간이 거의 없도록 잘 계획되어야 한다. 전분을 기반으로 한 탄수화물, 고품질 단백질(예: 유청단백질) 및 충분한 수분 보충에 초점을 맞춰야 한다.

알코올 섭취는 최적의 경기력을 방해하므로 피해야 한다.
일부 럭비 선수들의 알코올 섭취가 운동 능력을 저하시킬 만큼 충분히 높고 빈번할 수 있다는 증거가 문헌으로 기록되어 있다. 또한 알코올 섭취는 최적의 글리코겐 회복을 방해할 수 있다. 선수들은 특히 시합 시즌 동안 알코올 섭취를 최소화하기 위해 모든 노력을 기울여야 한다.

테니스

테니스는 유산소와 무산소의 특성을 모두 가지고 있지만, 대부분의 에너지 공급은 무산소 시스템에서 제공된다.[59, 60] 무산소 시스템에 대한 이러한 높은 의존도는 탄수화물 보충이 테니스 경기의 마지막 단계에서 스트로크의 질을 향상시키는 이유일 가능성이 높다.[61] 오래 지속되는 고강도 운동은 연료로 탄수화물에 크게 의존하기 때문에 테니스 선수가 탄수화물을 근육에 사용할 수 있도록 하는 것이 일리가 있다.

어린 테니스 선수들에 대한 조사는 다른 스포츠(체조 및 수영) 선수보다 테니스 선수들이 에너지 섭취를 적절하게 하고 있다는 것을 시사한다. 에너지 섭취가 부족한 여자 선수는 초경 연령이 최대 2년까지 지연될 수 있다(일반적으로 13세에 시작). 그러나 테니스 선수는 초경 연령이 다른 선수에 비해 약간 지연(13.2세)한 것에 불과해 에너지 섭취 수준이 좋은 것으로 나타났다.[63] 테니스의 경우 체중보다는 컨디셔닝에 중점을 두기 때문에 체중 증가에 대한 큰 우려는 적으며, 여대생 테니스 선수는 다른 젊은 여성보다 섭식 장애에 걸릴 위험이 크지 않다는 증거가 있다.[64] 또한 대학 테니스 선수(디비전 I)는 더운 환경에서 충분한 수분을 섭취하도록 잘 지도된 것으로 보인다. 더운 환경에서 여러 날 경기를 치르는 동안 체액과 전해질 균형을 평가한 연구에서 선수들은 전체적인 균형을 성공적으로 유지하여 열질환이 발생하지 않았다.[62] 테니스 선수의 영양 습관은 탄수화물이 함유된 음식과 음료에 중점을 두어야 하고, 경기 전 식사와 경기 중에 탄수화물 섭취가 중요하다는 것을 시사한다.[123] 그러나 테니스 선수의 영양 회복 습관이 매우 다양하다는 사실이 밝혀져 이러한 부분이 개선의 주요 영역임을 시사한다.

이러한 모든 요소를 염두에 두고, 테니스 선수들은 다음과 같은 영양학적 문제를 고려해야 한다.

테니스는 일반적으로 코트의 반사 온도가 주위 온도보다 높은 야외에서 진행된다.
테니스의 고강도 간헐적 스프린트와 결합된 과도한 주위 온도는 체온을 빠르게 상승시킬 수 있다. 테니스의 전형적인 간헐적 운동은 더운 환경에서 플레이할 때 시원한 환경에 비해 지구력이 21% 감소하는 것으로 나타났으며, 이는 회복되지 않은 탄수화물 사용과 땀 손실의 비율이 더 높음을 시사한다.[124] 선수들은 열 장애의 징후(갈증, 피로, 시력 문제, 정상적으로 말할 수 없음)를 인지하고 자신, 파트너 또는 상대가 열 관련 증상을 보이는 경우 빠른 조치를 취해야 한다(열 장애에 대한 자세한 내용은 3장 참조).

테니스 선수는 자연스러운 휴식을 이용하여 수분과 탄수화물을 보충해야 한다.
테니스 경기에서 이러한 자연스러운 휴식은 테니스 선수가 경기 중과 후에 비교적 좋은 수분 상태를 유지하는 이유일 것이다. 그러나 선수들은 고강도 활동을 더 오래 유지할 수 있도록 음료에 탄수화물이 포함되어 있는지 확인해야 한다.

배구

일반적으로 배구 경기는 평균 1시간 15분에서 2시간 동안 진행된다. 배구에 사용되는 기술로는 높고 빈번한 수직 점프, 급격한 방향 전환, 숙련된 패스, 재치 있고 저돌적인 수비, 그리고 공이 코트에 닿지 않도록 하기 위한 초인적인 수비 동작이 필요하다. 세트의 지속 시간과 빠른 움직임은 모든 에너지 대사 시스템이 작동한다는 것을 의미한다. [고강도, 빠른 폭발적인 움직임을 위한 ATP-PC 시스템(크레아틴인산 시스템), 각 포인트가 진행되는 10~15초 동안 파워 생산을 연장하기 위한 무산소성 활동, 포인트 사이의 에너지 요구 사항을 충족시키는 유산소성 대사] 배구의 빠르고 폭발적인 파워의 요구는 글리코겐과 크레아틴 저장을 최적화할 필요성을 강력하게 암시하며, 두 가지 모두 높은 탄수화물 섭취로 인한 총 에너지 요구 사항을 규칙적으로 만족시켜야 한다.[125] 그러나 최근 남녀 배구 선수들을 대상으로 한 설문 조사는 선수들의 스포츠 영양 지식이 부족하다는 것을 밝혀냈으며, 선수들이 종목에 특화된 영양상의 필요성을 완전히 이해한다면 더 좋은 성적을 거둘 수 있을 것이라고 제안했다.

배구 선수에 대한 한 연구에 따르면 훈련 기간이 길수록 산화 스트레스가 더 많이 발생하는 것으로 나타났다.[65] 다른 연구에 따르면 청소년기에 일반적인 배구 훈련은 조직 분해 효과(즉, 이화작용)보다 더 큰 조직 합성 효과(즉, 동화작용)와 관련이 있었지만, 산화 스트레스와 관련된 염증인자(특히 인터루킨-6)를 더 많이 생성하는 것으로 나타났다.[66] 특정 식단 변경이 산화적 스트레스의 가능성을 줄일 수 있는지 확인하기 위해 배구 선수를 대상으로 전형적인 지중해 식단(채소, 생선, 올리브유 함량이 높은 식단)과 하루 3g의 어유가 보충된 고단백, 저칼로리 식단을 섭취하도록 하였다.[67] 어유는 일부 연구에서 항염증 효과가 있는 것으로 밝혀졌다. 2개월 후, 저칼로리, 고단백 어유 식단을 섭취한 그룹은 세포에 해를 끼칠 가능성이 더 높아져 전통적인 지중해 식단이 더 나은 선택임을 시사했다. 본질적으로 저칼로리 섭취는 품질에 관계없이 선수에게 장애를 유발한다.

여자 배구 국가대표팀에 대한 연구에 의하면, 선수들의 체지방은 최적 수준보다 높았으며, 탄수화물 및 단백질의 섭취가 불충분한 에너지 균형, 높은 식이지방의 섭취, 부족한 비타민 C, 비타민 B_{12} 및 니아신을 포함한 여러 미량영양소의 섭취를 발견했다.[127] 이러한 선수들 중 다수는 월경 기능 장애의 위험이 있으며, 경기력이 저하될 수 있는 수준의 에너지와 영양소를 섭취하고 있었다.[70] 이러한 우려는 국가를 가리지 않고 일관된 것으로 보인다. 에너지 부족이 클수록 여자 선수의 생리 불순 가능성이 커진다.[71, 72] 또 다른 연구에서는, 평가 대상자의 3분의 1이 혈청 페리틴 수치가 낮아 빈혈 발생 위험이 높다는 것을 발견했다.[73] 이러한 모든 결과들은 배구 선수들이 건강과 경기력 모두를 손상시킬 수 있는 식이 섭취를 하고 있다는 것을 시사한다.

그러나 배구 선수의 식이 섭취를 개선하려는 시도는 잘 이뤄지지 않았다.[68, 69] 일반적인 권장 사항은 바람직한 일일 에너지 균형과 최적의 영양 섭취를 보장하기 위해 하루 중 특정 시간에 섭취를 수정하는 방법에 대한 피드백만큼 유용하지 않을 수 있다. 이러한 연구는 선수 환경의 전반적인 현실을 다루지 않고 변화를 위한 개별적인 권고를 하는 것이 어렵다는 것을 보여준다. 대부분의 선수들은 짧은 기간 동안 식단을 수정할 수 있지만, 식단에 대한 환경적 영향(예: 훈련 일정, 식사 일정)도 변화시켜야 한다. 선수들은 자신이 속한 집단과 환경에서 가장 전형적인 식습관을 가질 수밖에 없기 때문에 궁극적으로 운동선수가 좋은 식단을 가질 수 있도록 환경이 구조화되어야 한다.

배구 선수들의 식이 섭취 문제는 스포츠 영양에 대한 정식 교육을 받지 않은 감독들에게 중요한 시사점을 준다. 설상가상으로 많은 감독들이 선수의 체중을 재거나 체성분을 평가하고 이 정보를 선수들이 체중을 감량하도록 장려하기 위해 사용하고 있다.[74] 결과적으로 선수들은 종종 에너지 및 영양소 섭취를 줄이고, 생리통 위험을 증가시키며, 스트레스 골절 위험을 증가시키고, 체지방을 증가시키는 제한적인 섭취를 한다. 한 연구에 따르면, 배구 선수들의 체지방이 높은 것을 발견하였는데, 이는 제한된 식이 섭취 때문일 수 있다.[75] 체중에만 초점을 맞추는 것은 처방전 없이 체중 감량 제품을 사용하는 것과도 관련이 있다. 대학 운동선수를 대상으로 한 연구는 배구 선수(23.6%)가 소프트볼 선수(3.6%)나 농구 선수(1.0%)보다 더 많은 이뇨제를 사용하는 것을 발견했다.[76] 이 연구는 또한 배구 선수가 이러한 종목의 선수보다 더 많은 완화제laxatives를 사용한다는 것을 발견했다(배구 선수 18.8%, 소프트볼 선수 1.8%, 농구 선수 1.0%).

수분 섭취는 모든 운동선수에게 중요하지만 특히, 덥고 습한 야외 환경에서 활동하는 선수에게 중요하다. 따라서 비치발리볼 선수는 땀의 양을 유지하고 심혈관 역학의 변화를 방지하기 위해 충분한 수분을 섭취해야 한다. 공식 토너먼트 기간 동안 비치발리볼 선수의 자발적인 수분 섭취에 대한 한 연구에서는 수분 섭취량의 큰 편차를 발견했으며 결과적으로 평균 수분 섭취량이 불충분했다.[77] 운동 후 수분과 탄수화물의 회복은 배구에서 중요한 고려 사항이며, 특히 연속해서 여러 경기를 치르는 경우에는 더욱 중요하다. 여자 배구 선수를 대상으로 한 연구에 따르면, 운동 후 초콜릿 우유 섭취는 전통적인 스포츠 음료만큼 근육 글리코겐 회복에 효과적이었고, 운동 후 재수화를 달성하는 데는 전통적인 스포츠 음료보다 더 효과적이라는 것을 발견했다.[128]

이러한 모든 요소를 염두에 두고 배구 선수는 다음과 같은 영양학적 문제를 고려해야 한다.

배구 훈련과 시합은 산화 스트레스를 증가시킨다.

항산화 보충제는 산화 스트레스를 잠재적으로 감소시키기 때문에 이에 대한 선수들의 관심이 증가하고 있다. 그러나 여러 환경과 다양한 피험자를 대상으로 항산화제를 사용한 실험은 혼합된 결과를 제공하고 있다. 음식에 포함된 항산화 영양소는 산화 스트레스를 줄이는 데 도움이 된다. 비타민 C, 비타민 E, 베타카로틴(즉, 신선한 과일과 채소)을 전달하는 식품을 더 많이 섭취하는 것이 최선의 전략일 것이다. 이러한 식품은 수분 함량, 섬유소 및 탄수화물이 높기 때문에 보충제와 비교할 수 없는 다른 이점을 식단에 제공한다.

배구 선수의 높은 체지방 수치는 우려되는 사항이다.

많은 배구 선수들이 다른 종목의 선수보다 체지방이 많다는 증거가 있다. 산화체지방 수치가 높으면 산화 스트레스에 영향을 미칠 뿐만 아니라 상대 근력과 점프 및 민첩하게 움직이는 능력에 부정적인 영향을 미친다. 많은 배구 선수들이 따르는 일반적인 전략은(코치의 격려를 통해 또는 스스로) 에너지와 영양소가 모두 심하게 부족한 식단을 섭취하는 것이다. 이러한 식단의 결과는 제지방량의 점진적인 감소, 체지방 증가, 생리통 위험 증가, 스트레스 골절 위험 증가가 있다. 가장 좋은 방법은 제지방을 유지하거나 늘리면서 지방을 줄이는 것이다. 이것은 일일 에너지와 영양소를 적절히 분배함으로써 달성할 수 있으며, 이를 통해 지방의 저장과 근육의 손실을 유발하는 과식 또는 금식을 피할 수 있다. 소량의 식사를 자주 실시하는 것은 저칼로리 다이어트보다 훨씬 효과적이다.

수분 공급은 자연스럽고 계획된 활동이 되어야 한다.

이상적으로는 배구 선수들이 자신에게 맞는 스포츠 음료를 찾아 일정한 간격으로 섭취할 수 있는 양을 시행착오를 통해 배워야 한다. 비치발리볼 선수는 훈련과 경기 내내 갈증을 예방하는 방식으로 음료를 섭취하는 것이 특히 중요하다. 글리코겐 저장을 최대화하고 근육통을 줄이기 위해 운동 후에는 일부 단백질이 포함된 탄수화물 음료를 섭취하도록 특별한 노력을 기울여야 한다. 선수는 식사와 함께 물을 많이 마셔야 하며, 가능하면 항상 식사 사이에 마실 수 있는 스포츠 음료를 준비해 두어야 한다.

배구 선수들은 훈련과 경기 전, 중, 후에 어떻게 식사하고 있는지 살펴봐야 한다.
음식을 대체할 수 있는 것은 없다. 보충제는 영양소의 부적절한 섭취를 보충할 수 없다. 비록 실제 음식을 먹는 것은 계획과 시간이 걸리지만 그만한 가치가 있다. 배구 경기의 특성상 근육 조직이 단백질을 이용하여 크레아틴을 합성할 수 있도록 높은 탄수화물 섭취량(총 칼로리의 60~65%)과 충분한 총 칼로리 섭취가 필요하다. 부족한 에너지 섭취는 조직을 분해하고 조직의 회복을 억제하며 글리코겐 저장을 어렵게 하고 근육의 회복을 억제하는 이화작용을 촉진한다.

골프

일반적인 18홀 골프 라운드는 선수들이 최소 9km를 걸어야 하고, 약 4시간 동안 지속되는데, 이는 저혈당과 탈수증을 유발해 협응력과 집중력에 부정적인 영향을 미칠 수 있다. 덥고 습한 환경에서 골프 라운딩을 할 경우 수분 공급이 특히 중요하다.

탈수의 부정적인 영향에 대응하기 위한 전략들이 테스트되었다. 남자 골퍼 20명은 카페인, 탄수화물 및 전해질 음료가 포함된 음료를 섭취했다. 카페인이 함유된 탄수화물 및 전해질 스포츠 음료는 퍼팅 능력을 크게 향상시키고 각성을 높이는 것으로 나타났다.[79] 또 다른 연구에서는 18홀 골프 시뮬레이션 경기 동안 적절한 양의 수분을 섭취하는 것이 정신적, 생리학적 기능에 분명한 효과를 보인다는 것을 발견했다.[80]

일부 문헌에 의하면, 카페인은 신체적, 인지적 및 정신적 운동 기능에 유익한 영향을 미치는 것으로 인식되고 있다. 장기간의 활동 중 신체적, 인지적 성과를 살펴본 연구에 따르면, 카페인은 운동 중과 후에 지구력 수행과 복합 인지 능력을 향상시켰다.[81] 이는 골프와 같이 집중력이 성공에 큰 역할을 하는 종목에서 특히 중요한 발견이다. 또 다른 연구는 카페인과 모노크레아틴을 모두 함유한 보충제가 위약에 비해 주행 거리를 향상시켰다는 것을 발견했다. 그러나 동등한 열량의 위약이 없다면 이 조합이 탄수화물 단독 섭취보다 더 효과적이었을 것인지에 대한 의문이 남아 있다.[129] 기본적으로 어떤 것은 거의 항상 아무것도 없는 것보다 더 나은 효과가 있다.

탈수가 일어나고 혈당이 떨어지면 환경에 대한 인식이 감소하여 골퍼의 부상 위험이 증가할 수 있다.[82] 골프 부상을 줄이는 것은 중요한 문제이다. 2007년 미국 소비자 제품안전위원회US Consumer Product Safety Commission에 따르면 52, 861명의 골퍼가 부상으로 응급실에 입원했으며, 또 다른 연구에서는 매년 프로 선수의 60%와 아마추어 선수의 40%가 부상을 당하는 것으로 추정했다.[83] 이러한 부상의 대부분은 골프 스윙에서 발생해 영양이 중요한 역할을 하지 않는다고 생각할 수 있다. 하지만 예를 들면 탈수는 운동선수가 근육 부상을 유발할 수 있는 유연성 감소와 관련이 있다. 골프 문헌에서 적게 보고되고 있지만, 갈비뼈의 피로 골절은 주로 골퍼의 리드 스윙 쪽에서 발생하는데, 이 역시 영양 성분과 관련이 있는 것으로 알려져 있다.[84] 칼슘과 비타민 D를 더 많이 보유한 선수는 골밀도가 높아 피로 골절을 보다 잘 견딘다.

캐나다 왕립 골프 협회Royal Canadiangolf Association는 선수들이 일반적인 18홀 라운드 동안 2,000~2,500Kcal를 소비하는 것으로 추정한다.[85] 이상적으로, 합리적으로 분배된 식사 계획에 의해 라운드 동안 적어도 필요 에너지의 일부가 제공되어야 한다.

이러한 모든 요소를 염두에 두고 골퍼는 다음과 같은 영양학적 문제를 고려해야 한다.

에너지 결핍을 피하기 위해 적절한 에너지 섭취가 필요하다.

골프 선수들은 집중력을 떨어뜨리고 스윙을 약화시킬 수 있는 에너지 부족 현상을 예방할 방법을 찾아야 한다. 이상적으로는 골프 선수는 경기 약 2~3시간 전에 탄수화물 함량이 높은 소량에서 중간 정도 양의 식사를 마치는 것이 좋다. 마지막 식사와 경기 사이의 시간 동안, 골프 선수는 혈당을 유지하기 위해 스포츠 음료나 과일 주스를 조금씩 마셔야 한다. 경기 전 식사 후 약 90분 후에 물과 함께 에너지바를 섭취하는 것이 대안이 될 수 있다. 경기 후 식사는 에너지 보충과 글리코겐 저장을 충족시키기 때문에 중요하다. 클럽하우스로 향하기 전에 200~400Kcal의 간식을 먹고, 라커룸 일과 후에 자주 소량의 식사를 하는 것도 좋은 방법이다. 목표는 식사 기회(간식 또는 식사) 사이에 3시간의 간격을 두지 않도록 계획을 세우는 것이다.

간식과 스포츠 음료를 섭취하는 방식은 혈당을 유지하고 탈수를 예방하는 데 도움이 될 수 있다.

골프라운딩은 오래 지속되며 종종 직사광선 아래에서 진행된다. 체액은 혈액량, 발한 속도 및 정신 기능을 유지하는 데 필요하다. 가장 좋은 액체는 나트륨(~50~100mg/컵)과 설탕(~6~7% 탄수화물)을 함유하고 있으며, 탈수를 방지하기 위해 정해진 일정에 따라 마셔야 한다. 물은 일반적으로 섭취되지만 나트륨이 포함되어 있지 않고(혈액량과 땀 속도가 떨어짐) 당분이 포함되어 있지 않기 때문에(중추신경계 기능이 떨어짐) 최상의 음료는 아니다. 이제 소량의 카페인(~1.9mg/kg, 또는 체중 100kg 골퍼의 경우 약 2잔의 커피에 해당)이 골프 고유의 경기력을 향상시키고 골퍼의 피로를 감소시킨다는 증거가 있다.[121]

골프 선수는 라운드 동안 알코올 섭취를 피해야 한다.

알코올은 골프 코스에서 일반적으로 섭취되지만 골프를 치는 사람들이 진지하게 게임을 한다면 아마도 최악의 물질이 될 것이다. 알코올은 혈당을 빠르게 낮추고, 중추신경계 기능에 부정적인 영향을 미치며, 소변 생성을 증가시키고, 이는 탈수의 위험을 높인다. 골프 선수는 알코올이 중추신경계에 미치는 영향이 음주 후 며칠 동안 계속될 수 있다는 것을 알아야 한다.

규칙적인 탄수화물 섭취는 글리코겐 저장을 최적화한다.

골프 스윙의 에너지 제공은 대체로 글리코겐에 의존한다. 글리코겐 저장소는 비교적 고탄수화물 식품과 충분한 수분을 규칙적으로 섭취하고, 글리코겐을 고갈시키는 활동(예: 골프라운딩 전날 격렬한 운동)을 피함으로써 가장 최적화된다.

운동 직후 섭취하는 음식은 중요하며 탄수화물 함유량이 높아야 한다. 파워와 지구력의 조합이 필요한 스포츠는 최근에야 지구력 스포츠가 수년 동안 받았던 것과 같은 수준의 과학적 관심을 받고 있다. 전통적으로 물은 1시간 미만의 활동에 적합한 수분 음료라고 생각했지만, 이제는 더 짧은 활동의 경우에도 탄수화물 섭취가 수행능력을 향상시킨다는 것을 알고 있다. 이러한 스포츠의 대부분은 엄청난 칼로리를 소모하기 때문에 운동선수는 길고 힘든 시즌 동안 근육량을 유지하도록 장려하는 식이 섭취 전략을 개발해야 한다.

파워 및 지구력이 필요한 스포츠를 위한 실용적인 영양 지침

파워와 지구력의 조합이 필요한 종목의 선수는 높은 수준의 컨디셔닝과 종목 특이적 기술을 필요로 한다. 이러한 선수들은 영양에 대한 요구가 높은데 즉, 잦은 훈련을 견디기 위해 충분한 칼로리의 섭취와 수화 상태를 유지할 수 있도록 충분한 수분 섭취가 필요하다. 다른 많은 스포츠와 달리 팀 스포츠는 종종 훈련과 경기 중에 자연스럽게 휴식을 가지는데, 이는 탄수화물 저장과 수분을 보충할 절호의 기회로 여겨야 한다. 이상적인 훈련 방법은 지속적인 연습을 통해 선수들이 휴식 시간 동안 얼마나 많은 수분을 마실 수 있는지 이해하는 것이며, 이는 경기 중에 음료를 섭취하는 것은 경기력을 저하시키기보다 경기력을 향상시키는 것이라는 점을 강조한다.

표 13.6에서 13.11은 2,300, 2,500, 2,400(상처 회복), 2,800, 3,800, 2,200Kcal의 섭취에 대한 6가지 식사 계획을 제공한다. 운동선수들이 식사 계획을 훈련 일정에 가장 잘 통합하는 방법을 이해할 수 있도록 전체 스케줄에 다양한 훈련 세션 시간을 포함하였다. 음식은 하루 동안의 에너지 균형(±400Kcal)을 유지하도록 하고, 단백질 및 기타 영양소는 하루에 전체적으로 고르게 분배하는 방식으로 훈련 세션 동안 섭취한다. 하루가 끝날 때만 에너지 균형을 보는 것이 아니라 식사계획에는 이화 상태(즉, 에너지 균형이 0 미만) 또는 동화 상태(즉, 에너지 균형이 0이상)에서 보낸 시간에 대한 정보가 포함된다. 동화-이화 비율이 1이면 체중과 신체 조성이 안정화되고, 1보다 크면 근육량을 늘릴 수 있으며, 1보다 작으면 체지방을 낮추는 데 도움이 된다. 주된 목표는 선수들에게 개인의 필요에 맞게 최적의 식사 전략을 개발할 수 있는 방법에 대한 지침을 제공하는 것이다.

이러한 식단 칼로리 수준은 단지 설명을 위한 것일 뿐이며, 누구에게나 완벽하지 않을 수 있다는 점에 유의해야 한다. 안정적인 체중과 건강한 체지방 수치는 적절한 시간에 적절하게 칼로리를 섭취하고 있다는 가장 좋은 지침이다. 선수들은 개인에게 맞는 칼로리 섭취 수준과 방식을 찾아야 한다. 또한 수분 섭취량은 여기에서 제시한 것보다 훨씬 많은 양이 요구될 수 있다. 선수들은 식사와 함께 충분한 양의 수분을 섭취해야 하며, 운동을 수행하는 동안 보다 많은 음료를 섭취해야 할 수도 있다. 선수는 최적의 체내 수분 상태를 유지하기 위해 충분한 수분을 섭취해야 하며, 묽은 색의 소변을 보인다면 충분한 수분을 섭취하고 있다는 것으로 볼 수 있다.

계획 1

표 13.6의 계획은 여름 농구 캠프에 참가하는 청소년 여자 농구 선수의 일반적인 훈련 일정과 섭취량을 나타낸 것이다. 수분 섭취는 수분 상태를 유지하기에 충분한 양을 섭취해야 한다. 동화-이화 작용의 에너지 균형 비율은 2.0 정도일 때 체지방률의 증가를 피하면서 근육량과 근력을 증가시킬 수 있다.

표 13.6 신장 170cm, 체중 60kg 19세 여자 농구 선수용 2,300Kcal 식단 계획

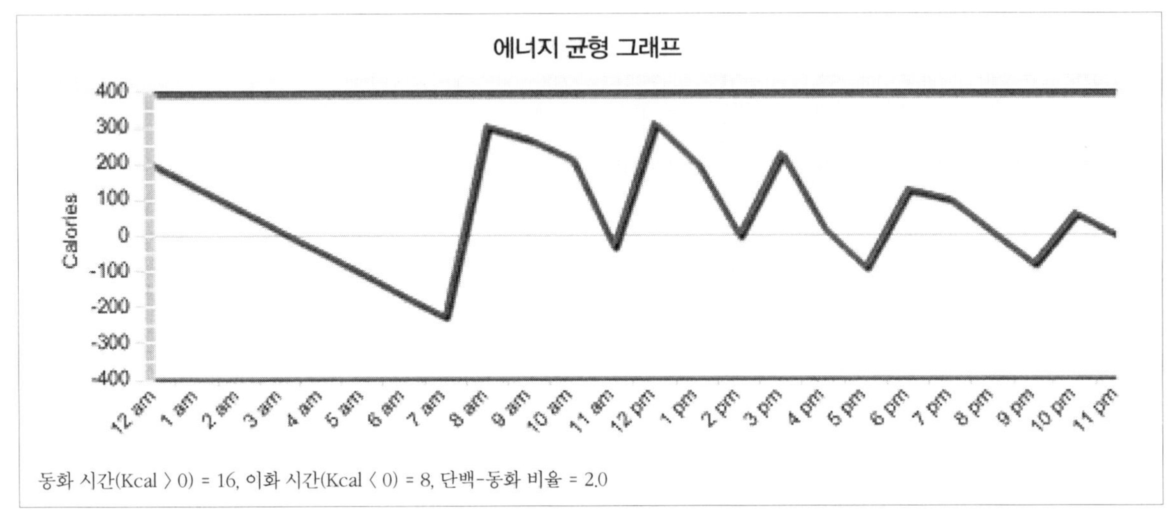

동화 시간(Kcal > 0) = 16, 이화 시간(Kcal < 0) = 8, 단백-동화 비율 = 2.0

에너지 기질 분배

총 칼로리: 2,295 탄수화물: 49% 단백질: 22% 지방: 29%

시간	활동	음식	양	칼로리
오전 8~9시	기상 후 활동(샤워, 옷 입기). 아침 식사는 혈당과 에너지 균형을 유지하는 데 중요하다.	계란, 스크램블	계란 2개	199
		빵, 밀, 토스트	2조각	150
		땅콩버터, 소프트, 가염	2큰술	188
		우유, 무지방(탈지우유)	240mL	83
오전 9~10시	훈련을 위한 준비.	물	원하는 대로	0
오전 10시~12시	준비 운동 후 45분간 훈련. 선수는 기회가 있을 때마다 스포츠 음료를 마셔야 한다.	스포츠 음료	240mL	63
오후 12~2시	점심은 오후 연습 시간에 공복 상태를 확보하기 위해 이른 시간에 먹는다.	참치샐러드 (참치 통조림, 마요네즈 포함)	1컵	383
		크래커, 밀, 저염low salt	30g	134
		샐러드, 채소	1.5컵	33
		물	원하는 대로	0

시간	활동	음식	양	칼로리
오후 2~3시	준비 운동 후 오후 2시 15분에 시작되는 45분의 훈련.	스포츠 음료	240mL	63
오후 3~4시	편안한 활동. 에너지바와 물은 수분을 보충하고 글리코겐 및 근육 회복에 중요하다.	마라톤바	1개	322
		물	원하는 대로	0
오후 4~5시	45분 동안 적당한 운동.	스포츠 음료	240mL	63
오후 5~6시	오후 6시에 15분간 스트레칭 후 웨이트리프팅 실시.	물	원하는 대로	0
오후 6~7시	정각에 15분간 가벼운 웨이트 리프팅 후 저녁 식사.	우유, 무지방(탈지우유)	240mL	83
		닭가슴살, 구운	15g	66
		버터를 바른 옥수수	1개	155
		샐러드, 채소	2.5컵	58
		크림 시저 드레싱	1큰술	48
		물	원하는 대로	0
오후 7~10시	편안한 가정 내 활동.	물	원하는 대로	0
오후 10~11시	편안한 가정 내 활동. 저녁 간식은 밤새 에너지 균형을 유지하고 저혈당을 예방하는 데 중요하다.	팝콘	3컵	93
		크랜베리 주스 칵테일	240mL	111

선택한 영양소의 총계							
총 칼로리	2,295	철(mg)	22.23	비타민 C(mg)	198	비타민 B_{12}(mcg)	12.02
탄수화물(g)	282	칼슘(mg)	1,408	비타민 B_1(mg)	2.76	엽산(DFE)	982
단백질(g)	126	아연(mg)	15.4	비타민 B_2(mg)	3.89	비타민 A(RAE)	796
지방(g)	77	마그네슘(mg)	489	니아신(mg)	49.71	비타민 D(IU)	271.22
나트륨(mg)	3,273	칼륨(mg)	3,369	비타민 B_6(mg)	3.85	비타민 E(mg)	108.1

All analyses were derived using NutriTiming®. The energy balance graphs and associated information are copyrighted by NutriTiming LLC and are used with permission.

계획 2

표 13.7은 대학 필드하키 선수의 비시즌 훈련 시 일반적인 훈련 및 음식 섭취 계획을 나타낸 것이다. 이 계획표는 단백질 섭취량이 비교적 높지만 조직에서 단백질 활용을 최적화하기 위해 하루 전반에 걸쳐 고르게 분포되어 있다. 또한 적절한 시간에 필요한 음식을 분배함으로써, 선수는 하루 종일 에너지 균형을 양호하게 유지할 수 있다. 동화 및 이화 작용 시간은 현재 체중과 신체 조성을 유지할 수 있는 사람을 나타낸다.

표 13.7 신장 157cm, 체중 50kg 20세 여자 필드하키 선수용 2,500Kcal 식단 계획

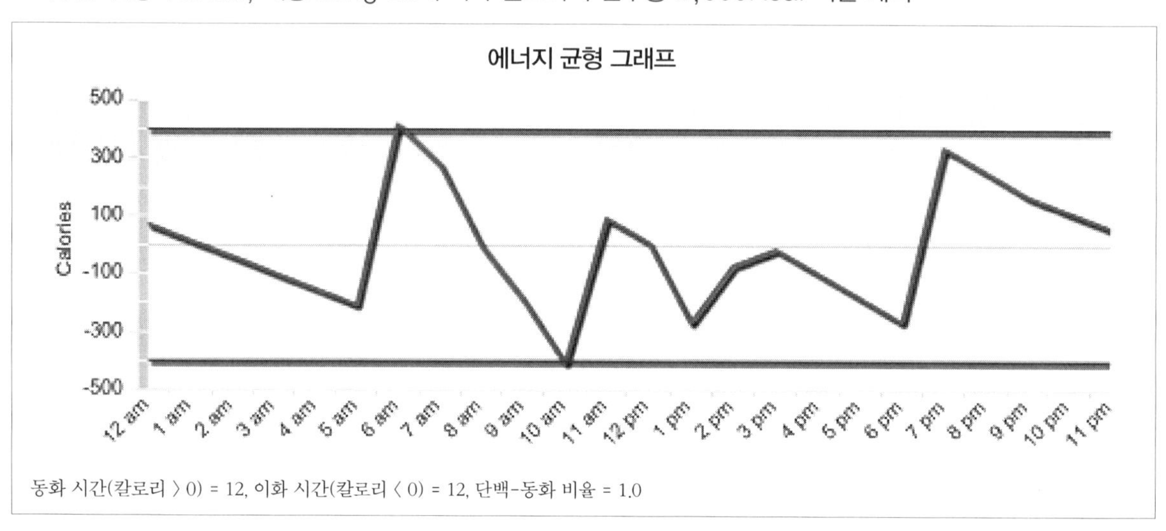

에너지 기질 분배

총 칼로리: 2,513　　탄수화물: 42%　　단백질: 33%　　지방: 25%

시간	활동	음식	양	칼로리
오전 6~7시	아침 식사는 오전 훈련 전에 섭취하는 것이 중요하다. 에너지 균형을 유지하고 저혈당을 예방하기 위해 충분한 음식을 섭취할 수 있도록 기상 시간을 조정해야 한다.	블루베리	1컵	84
		소시지 패티	90g	348
		조리된 계란 흰자	1컵	117
		초코우유, 저지방	240mL	158
		물	원하는 대로	0
오전 7~8시	기상 활동(샤워, 옷 입기) 후 25분간 준비 운동.	따뜻한 차(무설탕)	270mL	3
오전 8~9시	60분간 중강도의 운동(팀 훈련). 코코넛 음료는 실내(즉, 온도 조절) 환경에 적합한 스포츠 음료 대용품(나트륨, 칼륨 및 탄수화물 함유)이다.	코코넛 음료	240mL	47
오전 9~10시	45분간 중강도의 운동(팀 훈련).	코코넛 워터	240mL	47
오전 10~11시	30분간 중강도의 운동(기술 연습).	물	원하는 대로	0

시간	활동	음식	양	칼로리
오전 11시 ~오후 12시	점심은 탄수화물과 단백질의 균형이 잘 잡혀 있지만 지방은 비교적 적은 것을 제공한다.	코티지 치즈, 1% 지방	1컵	163
		잼(무설탕)	1큰술	18
		콩 단백질 분말	30g	106
		바나나	작은 것 1개	134
		딸기	1컵	49
		두유	240mL	70
		구운 닭가슴살	60g	44
		물	원하는 대로	0
오후 12시~1시	편안한 활동.	물	원하는 대로	0
오후 1~2시	15분간 준비 운동 후 45분 동안 저항 운동 진행.	코코넛 음료	240mL	47
오후 2~4시	오후 2시 30분에 오후 간식. 충분한 탄수화물과 단백질을 제공하지만 필요를 충족시키기 위해 상대적으로 낮은 지방을 제공한다.	땅콩버터, 부드러운, 소금	1큰술	94
		통밀빵	1조각	69
		케첩	2큰술	10
		햄패티, 구이	30g	98
		삶은 옥수수(단맛, 소금 곁들임)	1귀	96
		신선한 토마토	1컵	27
		물	원하는 대로	0
오후 4~7시	숙제 및 회의 참석을 포함한 일반적인 학교 활동.	물	원하는 대로	0
오후 7~8시	저녁 식사는 필요한 탄수화물과 비교적 저지방 단백질 식품을 혼합한다.	닭고기(살고기, 구이, 껍질 없음)	1컵	242
		크래커, 통밀	크래커 10개	178
		요구르트, 과일, 저지방	125g	135
		과일 주스	300mL	129
오후 8~9시	숙제와 다음 날 계획 등 편안한 활동.	물	원하는 대로	0

선택한 영양소의 총계							
총 칼로리	2,513	철(mg)	16.1	비타민 C(mg)	1,519	비타민 B_{12}(mcg)	10.21
탄수화물(g)	272	칼슘(mg)	1,572	비타민 B_1(mg)	1.82	엽산(DFE)	329
단백질(g)	216	아연(mg)	27.7	비타민 B_2(mg)	8.30	비타민 A(RAE)	3,861
지방(g)	72	마그네슘(mg)	557	니아신(mg)	87.27	비타민 D(IU)	119
나트륨(mg)	5,071	칼륨(mg)	6,586	비타민 B_6(mg)	7.77	비타민 E(mg)	5.28

All analyses were derived using NutriTiming®. The energy balance graphs and associated information are copyrighted by NutriTiming LLC and are used with permission.

계획 3

표 13.8은 부상에서 회복 중인 테니스 선수의 운동 및 음식 섭취 계획을 나타낸 것이다. 신체 활동의 수준이 급격히 감소하므로 그에 맞게 에너지 섭취도 감소한다. 단백질 섭취량이 일반적인 요구량보다 약간 높을 수 있지만, 추가적인 단백질 섭취는 부상 치유 및 근육 회복에 도움이 될 수 있다. 동화-이화 작용 비율(1.67)은 근육 회복을 가능하게 해야 한다.

표 13.8 부상 회복 중인 신장 188cm, 체중 85kg 29세 남자 테니스 선수용 2,400Kcal 식단 계획

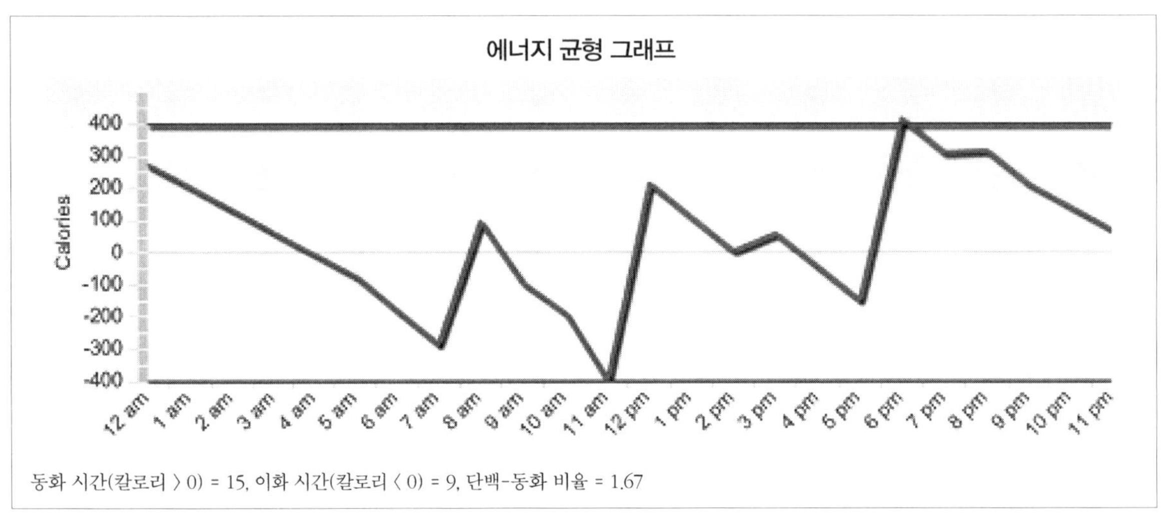

동화 시간(칼로리 〉 0) = 15, 이화 시간(칼로리 〈 0) = 9, 단백-동화 비율 = 1.67

에너지 기질 분배

총 칼로리: 2,456 탄수화물: 30% 단백질: 34% 지방: 36%

시간	활동	음식	양	칼로리
오전 8~9시	아침 식사는 오전 훈련 전에 섭취하는 것이 중요하다. 에너지 균형을 유지하고 혈당을 유지하기 위해 중요하다.	베이글, 귀리밀기울	작은 것 1개	145
		버터, 가염	1작은술	36
		감자, 해시브라운	1인분	63
		계란후라이	3대	270
		물	원하는 대로	0
오전 9~10시	기상 활동(샤워, 옷 입기) 후 오전 9시 30분에 30분간 준비 운동을 실시한다.	물	원하는 대로	0
오전 10~11시	45분간 가벼운 테니스 드릴 훈련에 이어 간식 제공.	클리프바(모조 땅콩버터와 젤리)	1바	220
		물	원하는 대로	0
오전 11시~오후 12시	30분간 가벼운 테니스 스트로크 연습.	필요한 경우 스포츠 음료	240mL	63

시간	활동	음식	양	칼로리
오후 12시~1시	점심은 단백질이 비교적 높지만 지방은 적은 식사. 소화와 수분 공급을 돕기 위해 많은 양의 수분을 섭취해야 한다.	치즈, 모짜렐라, 부분 탈지 우유	30g	72
		치즈, 무지방	3.25조각	101
		소고기 안심(구이)	125g	234
		토르티아	4개	200
		아보카도	1/2개	114
		물	원하는 대로	0
오후 1~3시	편안한 활동.	물	원하는 대로	0
오후 3~4시	오후 간식은 에너지 균형을 유지하는 데 중요하다. 양질의 단백질을 하루 종일 분배하면 근육 회복에도 도움이 될 수 있다.	초콜릿 유청단백질과 우유	360g	160
오후 4~6시	편안한 활동 및 저녁 식사 준비.	물	원하는 대로	0
오후 6~7시	칼로리와 지방은 낮지만 푸짐하고 배 부른 저녁 식사.	잘게 썬 애호박	1컵	20
		쌀, 현미, 요리	1/3컵	32
		구운 닭고기(살고기, 껍질 없음)	60g	98
		삶은 계란(큰 것)	1/2개	36
		완두콩, 준비	1/2컵	95
		쇠고기 안심 구이	125g	350
		닭고기 육수	240mL	36
		물	원하는 대로	0
오후 7~9시	편안한 활동.	물	원하는 대로	0
오후 9시~10시	저녁 간식. 간식은 밤 동안 혈당을 유지하기 위해 저녁 9시에서 10시 사이에 섭취해야 한다.	키위	2개	111

선택한 영양소의 총계							
총 칼로리	2,456	철(mg)	18.1	비타민 C(mg)	225.1	비타민 B_{12}(mcg)	8.44
탄수화물(g)	178	칼슘(mg)	1,540	비타민 B_1(mg)	1.28	엽산(DFE)	679
단백질(g)	200	아연(mg)	26.1	비타민 B_2(mg)	2.60	비타민 A(RAE)	612
지방(g)	98	마그네슘(mg)	407.6	니아신(mg)	41.41	비타민 D(IU)	62.8
나트륨(mg)	3,711	칼륨(mg)	3,557	비타민 B_6(mg)	3.41	비타민 E(mg)	13.5

All analyses were derived using NutriTiming®. The energy balance graphs and associated information are copyrighted by NutriTiming LLC and are used with permission.

계획 4

표 13.9는 엘리트 남자 피겨스케이팅 선수의 경기를 위한 훈련 및 섭취 계획을 나타낸 것이다. 비록 이 선수는 키는 크지 않지만, 고강도 훈련은 에너지 요구량을 상당히 증가시킨다. 이러한 수준의 훈련을 받는 선수에게 탄수화물과 단백질 섭취는 적절하며 근육량과 체지방률을 유지하기 위해 분배된다. 또한 상대적으로 훈련장이 부족하기 때문에 스케이팅 선수는 이른 아침이나 늦은 밤에 훈련을 해야 하는 경우가 많다.

표 13.9 신장 173cm, 체중 66kg 21세 남자 피겨 스케이팅 선수용 2,800Kcal 식단 계획

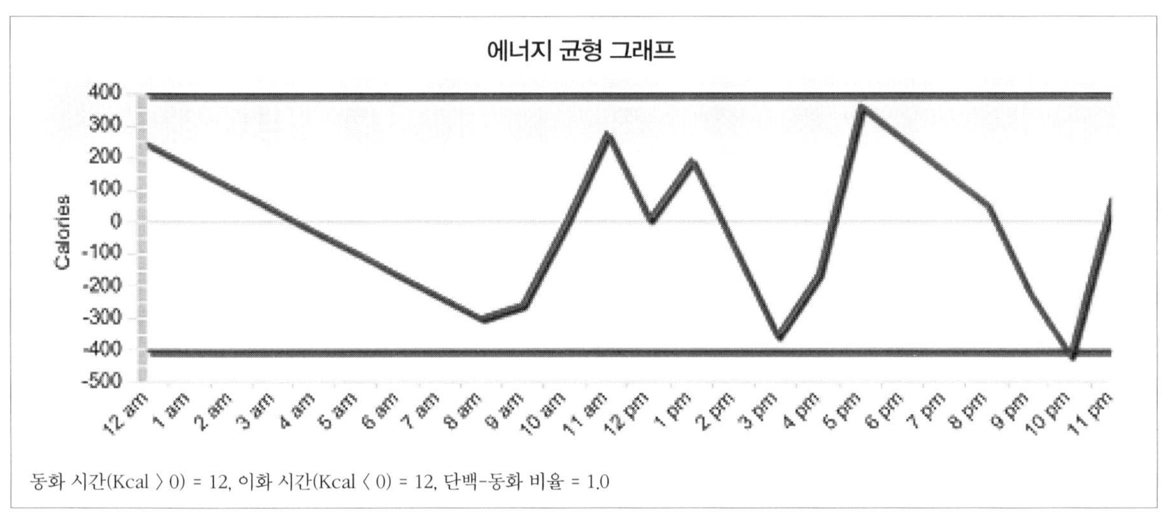

에너지 기질 분배

총 칼로리: 2,630 탄수화물: 65% 단백질: 16% 지방: 21%

시간	활동	음식	양	칼로리
오전 9~10시	기상 활동(샤워, 옷 입기). 바람직한 에너지 균형을 유지하기 위해 기상하자마자 오렌지 주스를 섭취한다.	오렌지 주스	240mL	110
오전 10~11시	아침 식사는 샤워와 환복 후 바로 시작한다.	시리얼, 오트밀	1.75컵	271
		우유(탈지우유)	240mL	83
오전 11시~오후 12시	이른 시간에 섭취하는 운동 전 간식은 필요한 에너지를 공급하는 데 도움이 된다.	마라톤 바	1개	322
		스포츠 음료	240mL	63
오후 12시~1시	준비 운동 및 가벼운 운동.	물	원하는 대로	0
오후 1~2시	30분간 중강도 훈련을 한 후 점심을 먹는다.	구운 통밀 빵	2조각	153
		땅콩버터, 소프트, 가염	2큰술	188
		물	원하는 대로	0

시간	활동	음식	양	칼로리
오후 2~3시	60분간 전체 훈련(고강도). 비록 연습은 비교적 시원한 환경(아이스링크)에서 이루어지지만 선수는 여전히 땀을 흘리며 혈당을 에너지 기질로 사용한다. 스포츠 음료는 정신력을 손상시키고 조기 근육 피로를 유발할 수 있는 저혈당을 예방하는 데 도움이 된다.	스포츠 음료	240mL	63
오후 3~4시	추가로 30분(총 90분) 동안 전체 훈련(고강도)을 한 후 정리 운동을 실시한다.	스포츠 음료	240g	63
오후 4~5시	편안한 가정 내 활동.	물	원하는 대로	0
오후 5~6시	저녁 식사는 비교적 높은 탄수화물과 소량의 고품질 단백질로 균형 잡힌 식사를 제공한다.	스파게티	1컵	220
		토마토 바질소스	1/2컵	111
		갈은 파마산 치즈	1/3컵	81
		립 스테이크, 살코기, 구이	90g	299
		핸드드립 커피	1컵	2
		커피크림	2큰술	50
		설탕	1작은술	15
		사과	큰 것 1개	130
		물	원하는 대로	0
오후 6~9시	편안한 가정 활동과 다음 날을 위한 준비.	물	원하는 대로	0
오후 9시~10시	워밍업 및 가벼운 온아이스 운동.	물	원하는 대로	0
오후 10~11시	20분간 중강도로 기술을 연습한 후 간식을 먹는다.	젤라틴 디저트	2컵	299
		배	큰 것 1개	155
		적포도	1컵	104
		물	원하는 대로	0

선택한 영양소의 총계							
총 칼로리	2,782	철(mg)	32.7	비타민 C(mg)	220	비타민 B_{12}(mcg)	9.84
탄수화물(g)	438	칼슘(mg)	1,147	비타민 B_1(mg)	3.79	엽산(DFE)	261.8
단백질(g)	111	아연(mg)	29.3	비타민 B_2(mg)	4.83	비타민 A(RAE)	2,822
지방(g)	62	마그네슘(mg)	447	니아신(mg)	57.82	비타민 D(IU)	106.9
나트륨(mg)	2,930	칼륨(mg)	4,167	비타민 B_6(mg)	5.3	비타민 E(mg)	105.5

All analyses were derived using NutriTiming®. The energy balance graphs and associated information are copyrighted by NutriTiming LLC and are used with permission.

계획 5

표 13.10은 오전 웨이트 운동과 오후 2시간 팀 훈련을 수행하는 여자 대학 배구 선수를 위한 섭취 계획을 나타낸 것이다. 동화-이화 작용 비율은 1.0이므로 키가 크고 강력한 운동선수가 근육량을 유지할 수 있다. 식단의 중점은 배구 특유의 폭발적인 근육 활동에 사용되는 탄수화물(총 섭취량의 66%)에 맞추어져 있으며, 근육 글리코겐 보충에 도움이 되도록 충분한 수분 섭취를 계획하고 있다.

표 13.10 신장 191cm, 체중 86kg 21세 여자 대학 배구 선수용 3,800Kcal 식단 계획

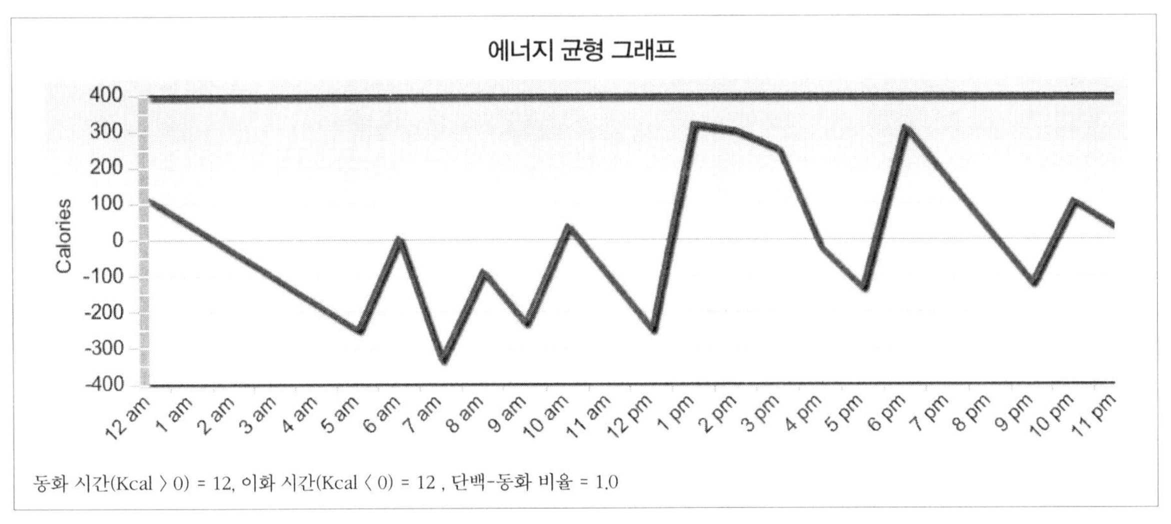

에너지 기질 분배

총 칼로리: 3,807 탄수화물: 66% 단백질: 14% 지방: 20%

시간	활동	음식	양	칼로리
오전 6~7시	7시에 시작하는 오전 운동을 준비하기 위해 기상 후 가능한 한 빨리 식사를 하는 것이 중요하다.	건포도 토스트	2조각	172
		허니듀 멜론	2컵	127
		스포츠 음료	240mL	63
오전 7~8시	웨이트 운동. 운동 중 스포츠 음료를 마시는 것은 혈당과 수분 상태를 유지하는 데 중요하다.	스포츠 음료	360mL	94
오전 8~9시	정리 운동 후 아침 식사. 초콜릿 우유는 운동 직후 섭취해야 한다.	초콜릿 우유(저지방)	240mL	158
		커피	2컵	5
		구운 빵(잡곡)	2조각	138
		마가린	1스푼	36
		잼	1큰술	39
		삶은 달걀	1개	105

시간	활동	음식	양	칼로리
오전 9~10시	정상적인 주간활동.	물	원하는 대로	0
오전 10~11시	아침 식사는 혈당과 에너지 균형을 유지하는 데 중요하다.	스포츠 음료	480mL	127
		베이글, 계란	중간 크기 1개	288
오전 11시~오후 1시	정상적인 주간 활동.	물	원하는 대로	0
오후 1~2시	점심은 탄수화물이 많고 단백질은 적당하며 지방이 적게 포함된다. 선수는 식사와 함께 충분한 양의 물을 마셔야 한다.	우유(탈지우유)	240mL	83
		시리얼, 통곡물	1컵	175
		베이글, 계란	작은 것 1개	192
		치킨, 살코기(껍질 없는)	90g	156
		오렌지 주스	240mL	110
		물	원하는 대로	0
오후 2~4시	배구 훈련 동안 수분을 충분히 섭취할 수 있도록 스포츠 음료를 지속적으로 마셔야 한다.	스포츠 음료	840mL	221
오후 4~6시	강렬한 2시간 연습. 스포츠 음료를 마실 수 있는 모든 기회를 가져야 한다. 초콜릿 우유는 연습 직후에 섭취해야 한다.	스포츠 음료	960mL	250
		초콜릿우유(저지방)	240mL	158
오후 6~7시	저녁 식사의 총 칼로리는 높을 수 있지만, 에너지 균형 그래프는 좋은 에너지 균형을 달성하는 데 필요하다는 것을 보여준다.	소고기 스테이크(구이)	125g	381
		구운 감자	중간 크기 1개	160
		사워크림	1큰술	23
		강낭콩	1컵	25
		버터	1큰술	100
		물	원하는 대로	0
오후 7~10시	숙제 및 학교 활동.	스포츠 음료	180mL	47
오후 10~11시	저녁 간식은 에너지 균형을 유지하고 밤 동안 혈당을 유지하는 데 필요하다.	팝콘(기름 없이)	5컵	155
		오렌지 주스	480mL	219

선택한 영양소의 총계							
총 칼로리	3,807	철(mg)	25.8	비타민 C(mg)	375	비타민 B_{12}(mcg)	8.01
탄수화물(g)	635	칼슘(mg)	1,375	비타민 B_1(mg)	3.3	엽산(DFE)	804.3
단백질(g)	132	아연(mg)	17.9	비타민 B_2(mg)	4.0	비타민 A(RAE)	1,078
지방(g)	88	마그네슘(mg)	555.6	니아신(mg)	31.1	비타민 D(IU)	108.3
나트륨(mg)	4,257	칼륨(mg)	6,621	비타민 B_6(mg)	3.25	비타민 E(mg)	3.35

All analyses were derived using NutriTiming®. The energy balance graphs and associated information are copyrighted by NutriTiming LLC and are used with permission.

계획 6

표 13.11은 준비 운동, 스케이팅, 점프와 리프트, 웨이트 트레이닝을 포함하는 여러 스케이팅 세션이 있는 경쟁적인 피겨스케이팅 선수를 위한 것이다. 근육량을 잘 유지하고 체지방률을 낮추기 위해 운동선수가 일일 에너지 균형을 잘 유지할 수 있도록 음식 섭취량을 조절한다. 이 식사 및 운동 계획은 높은 동화-이화 작용 비율을 가져오므로 이 운동선수는 체지방률 증가 가능성을 줄이면서 근육량을 유지하거나 증가시킬 수 있다.

표 13.11 신장 152cm, 체중 45kg 22세 여자 피겨 스케이팅 선수용 2,200Kcal 식단 계획

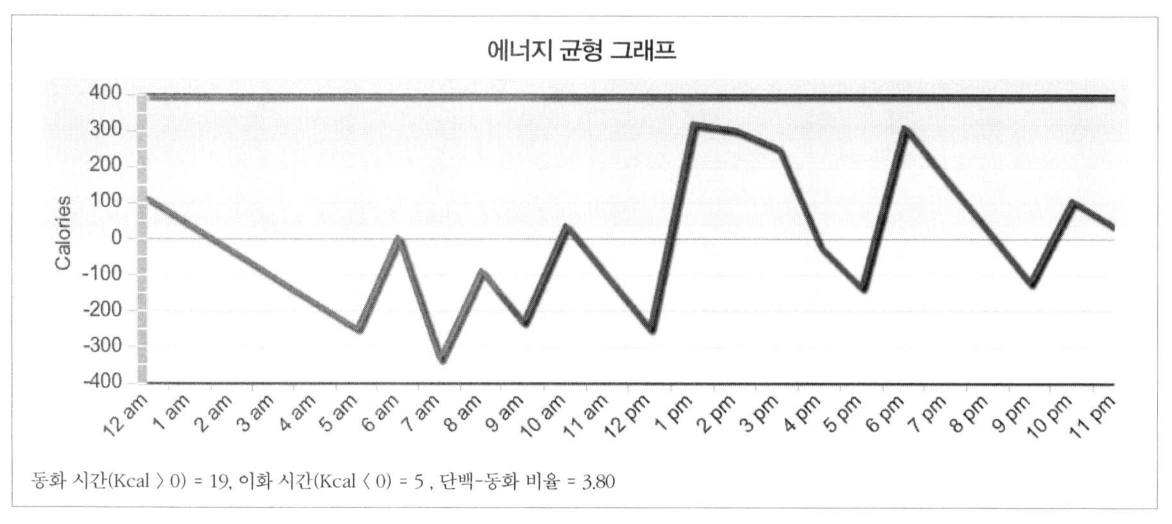

에너지 기질 분배

총 칼로리: 2,171 탄수화물: 68% 단백질: 10% 지방: 22%

시간	활동	음식	양	칼로리
오전 6~8시	아침 운동 전 식사는 혈당과 에너지 균형을 유지하는 데 매우 중요하다.	통밀 토스트	2조각	90
		계란 후라이	1개	97
		저지방 아메리칸 치즈	30g	51
		레몬 가당 아이스티	360mL	126
오전 8~9시	준비 운동 30분.	물	원하는 대로	0
오전 9~10시	간식 후 50분 운동.	포도	1컵	104
		스포츠 음료	240mL	63
오전 10~11시	정리 운동, 운동 후 수분 보충 음료를 마시는 것은 수분과 글리코겐 저장을 보충하는 데 중요하다.	스포츠 음료	240mL	63

시간	활동	음식	양	칼로리
오전 11시~ 오후 12시	기술 연습 전에 위를 비울 수 있는 충분한 시간을 허용하기 위해 점심은 이른 시간에 섭취한다.	건조 냉동 두부, 고야두부	1조각(20g)	82
		녹색 삶은 콩(소금)	1/2컵	22
		과일 요거트(저지방)	125g	135
		적포도	1컵	104
		자두	중간 크기 1개	30
		물	원하는 대로	0
오후 12시~1시	50분 동안 기술 연습.	물	원하는 대로	0
오후 1~2시	잦은 훈련 일정으로 인해 선수는 가능한 모든 기회에 간식과 수분을 섭취해야 한다.	과일을 곁들인 그래놀라 바	70g	264
		물	원하는 대로	0
오후 2~3시	60분간 웨이트 트레이닝.	스포츠 음료	240mL	63
오후 3~4시	운동 후 간식, 특히 탄수화물과 양질의 단백질은 글리코겐 회복과 근육통 감소에 중요하다.	통밀빵	2조각	133
		가공 치즈	1조각	105
		사과 껍질째	중간 크기 1개	57
		물	원하는 대로	0
오후 4~6시	저녁 식사 준비.	물	원하는 대로	0
오후 6~7시	저녁 식사는 고탄수화물로 섭취한다. 이 식사는 다음 날 훈련을 위해 글리코겐을 회복해야 하는 선수에게 바람직하다.	스파게티	1.25컵	275
		미트볼	60g	60
		마리나라소스	1/3컵	39
오후 7~9시	편안한 활동.	물	원하는 대로	0
오후 9시~10시	저녁 간식. 휴식.	적포도	2컵	208

선택한 영양소의 총계							
총 칼로리	2,171	철(mg)	15.9	비타민 C(mg)	93	비타민 B_{12}(mcg)	1.91
탄수화물(g)	369	칼슘(mg)	837	비타민 B_1(mg)	1.82	엽산(DFE)	369
단백질(g)	54	아연(mg)	7.59	비타민 B_2(mg)	2.36	비타민 A(RAE)	757
지방(g)	53	마그네슘(mg)	2.71	니아신(mg)	17.85	비타민 D(IU)	0.00
나트륨(mg)	3,508	칼륨(mg)	3,165	비타민 B_6(mg)	2.03	비타민 E(mg)	2.50

중요 사항

- 복합 탄수화물 함량이 높고 단백질이 적당하며 지방이 적은 식단을 유지하는 것이 글리코겐 저장과 유지에 도움이 될 수 있다. 수분은 좋은 수화 상태를 달성하고 글리코겐을 저장하는 데 필요하다.
- 경기 전 식사에서 선수는 크래커와 같이 녹말이 많고 소화가 잘되는 간식을 물과 함께 섭취해야 한다. 크래커 섭취가 적응이 안 되는 경우 스포츠 음료를 자주 마셔야 한다.
- 경기 중 선수는 나트륨 100~200mg과 함께 6~7%의 탄수화물이 함유된 스포츠 음료를 섭취해야 한다. 덥고 습한 환경에서 훈련할 때 땀 배출과 혈액량 비율을 유지하기 위해서 보다 높은 수준의 나트륨과 추가적인 수분을 섭취해야 한다.
- 모든 휴식 시간을 수분과 탄수화물을 보충할 수 있는 기회로 사용해야 한다. 각 선수는 개인 식별이 가능한 음료 용기를 준비하고 쉽게 섭취할 수 있도록 한다. 이것은 운동이 거의 멈추지 않고 지속되는 축구와 같은 종목에서 특히 중요하다.
- 글리코겐 합성 효소는 신체 활동 후에 증가하므로 선수는 글리코겐 저장을 보충하고 근육의 회복을 돕기 위해 즉시 수분과 탄수화물 및 단백질 혼합물을 섭취해야 한다.
- 식사 빈도를 늘리는 것은 영양소의 적절한 섭취를 보장하는 데 유용할 수 있으며, 상대에너지결핍(RED-S) 발생의 위험을 줄임으로써 바람직한 신체 조성을 유지하는 데에도 도움이 될 수 있다.
- 영양 보충제는 거의 필요하지 않으며, 과거에 진단된 결핍이 없는 한 일반적으로 섭취할 필요가 없다. 선수는 경기력과 건강 요구 사항을 모두 만족시키는 영양 섭취를 달성하기 위해 음식을 통한 섭취 방식을 우선적으로 고려할 수 있도록 노력해야 한다. 보다 높은 수준의 경기력을 보여야 한다는 압박감이 커짐에 따라 건강 보조식품의 사용이 증가하는 것으로 보이며, 이는 선수들의 좋은 식습관이 가장 안전하고 최상의 경기 전략이라는 것을 이해하기 위해서 적절한 행동을 조기에 확립시켜야 한다는 것을 시사한다.[130] 사실, 양질의 영양 섭취 연습은 팀 스포츠 선수의 경기력을 보다 뛰어나게 할 수 있다.[131]
- 덥고 습한 환경에서 경기가 진행되는 경우 선수들은 열질환 증상이 나타날 수 있는데, 이때 선수들은 신속하게 체온을 저하시키는 시스템을 갖춰야 한다. 이것은 복잡할 필요가 없는데, 얼음물로 채워진 작은 욕조 정도면 충분히 체온을 신속히 떨어뜨릴 수 있다.

부록

부록 A

식이 참조 섭취량 및 허용 가능한 상한 섭취량 수준

식이 참조 섭취(DRI): 권장 식이 허용량 및 적절한 섭취 – 비타민

참고: 이 표(DRI 보고서에서 가져옴, www.nap.edu 참조)는 **굵은 글꼴**로 권장 식이 허용량(RDA)을 표시하고 별표(*)가 뒤따르는 일반 유형으로 적정 섭취량(AI)을 나타낸다. RDA는 그룹 내 거의 모든(97~98%) 건강한 개인의 영양소 요구량을 충족하기에 충분한 일일 평균 식이 섭취 수준이다. 예상 평균 요구 사항(EAR)으로 계산된다. EAR을 설정하고 RDA를 계산하기에 충분한 과학적 증거가 없으면 일반적으로 AI가 개발된다. 건강한 모유 수유아의 경우 AI는 평균 섭취량이다. 다른 생애 단계 및 성별 그룹에 대한 AI는 해당 그룹의 모든 건강한 개인의 요구를 충족하는 것으로 여겨지지만 데이터의 부족 또는 데이터의 불확실성으로 인해 이 섭취에 포함되는 개인의 비율을 자신 있게 지정할 수 없다.

[a] 레티놀 활성 등가물(RAE). 1 RAE = 1μg 레티놀, 12μg β-카로틴, 24μg α-카로틴 또는 24μg β-크립토잔틴. 식이 프로비타민 A 카로티노이드에 대한 RAE는 레티놀 당량(RE)보다 2배 더 큰 반면, 미리 형성된 비타민 A에 대한 RAE는 RE와 동일하다.

[b] 콜레칼시페롤. 1μg 콜레칼시페롤 = 40IU 비타민 D.

[c] 최소한의 햇빛을 필요로 한다.

[d] α-토코페롤로. α-토코페롤에는 식품에서 자연적으로 발생하는 α-토코페롤의 유일한 형태인 RRR-α-토코페롤과 α-토코페롤의 2R-입체이성질체 형태(RRR-, RSR-, RRS- 및 RSS-α-토코페롤)가 포함된다. 강화식품 및 보충제에서 발생한다. 강화식품 및 보충제에서도 발견되는 2S-입체 이성질체 형태의 α-토코페롤(SRR-, SSR-, SRS- 및 SSS-α-토코페롤)은 포함되지 않는다.

[e] 니아신 등가물(NE). 1mg의 니아신 = 60mg의 트립토판 0~6개월 = 미리 형성된 니아신(NE 아님).

[f] 식이 엽산 등가물(DFE). 1 DFE = 식품 엽산 1μg = 강화식품 또는 식품과 함께 섭취하는 보충제의 엽산 0.6μg = 공복에 섭취한 보충제 0.5μg.

[g] AI가 콜린에 대해 설정되었지만, 생활 주기의 모든 단계에서 콜린의 식이 공급이 필요한지를 평가하는 데이터는 거의 없으며, 이러한 단계 중 일부에서 내인성 합성을 통해 콜린 요구량을 충족할 수 있다.

[h] 영아의 생애 단계 그룹은 0~5.9개월 및 6~11.9개월이었다.

[i] 고령자의 10~30%가 음식에 결합된 B_{12}의 흡수를 방해할 수 있으므로 50세 이상의 사람들은 주로 B_{12}가 강화된 식품이나 B_{12}가 포함된 보충제를 섭취하여 RDA를 충족하는 것이 좋다.

[j] 엽산 섭취와 태아의 신경관 결손을 연결하는 증거를 고려할 때, 임신할 수 있는 모든 여성은 다양한 식단을 통한 식품 엽산 섭취와 함께 보충제나 강화식품으로 400μg을 섭취하는 것이 좋다.

[k] 여성은 임신이 확인되고 일반적으로 신경관 형성의 결정적 시기인 임신 초기 기간이 끝난 후 발생하는 산전 관리에 들어갈 때까지 보충제나 강화식품에서 400μg을 계속 섭취할 것으로 권장한다.

식이 참조 섭취(DRI): 권장 식이 허용량 및 적절한 섭취 – 비타민

식품영양위원회, 국립과학, 공학, 의학 아카데미

연령	비타민 A (μg/d)[a]	비타민 C (mg/d)	비타민 D (μg/d)[b,c]	비타민 E (mg/d)[d]	비타민 K (μg/d)	티아민 (mg/d)	리보플라빈 (mg/d)	니아신 (mg/d)[e]	비타민 B_6 (mg/d)	엽산 (μg/d)[f]	비타민 B_{12} (μg/d)	판토텐산 (mg/d)	비오틴 (μg/d)	콜린 (mg/d)[g]
유아														
0~6개월	400*	40*	10[h]	4*	2.0*	0.2*	0.3*	2*	0.1*	65*	0.4*	1.7*	5*	125*
7~12개월	500*	50*	10[h]	5*	2.5*	0.3*	0.4*	4*	0.3*	80*	0.5*	1.8*	6*	150*
아동														
1~3세	300	15	15	6	30*	0.5	0.5	6	0.5	150	0.9	2*	8*	200*
4~8세	400	25	15	7	55*	0.6	0.6	8	0.6	200	1.2	3*	12*	250*
남성														
9~13세	600	45	15	11	60*	0.9	0.9	12	1.0	300	1.8	4*	20*	375*
14~18세	900	75	15	15	75*	1.2	1.3	16	1.3	400	2.4	5*	25*	550*
19~30세	900	90	15	15	120*	1.2	1.3	16	1.3	400	2.4	5*	30*	550*
31~50세	900	90	15	15	120*	1.2	1.3	16	1.3	400	2.4	5*	30*	550*
51~70세	900	90	15	15	120*	1.2	1.3	16	1.7	400	2.4[i]	5*	30*	550*
> 70세	900	90	20	15	120*	1.2	1.3	16	1.7	400	2.4[i]	5*	30*	550*
여성														
9~13세	600	45	15	11	60*	0.9	0.9	12	1.0	300	1.8	4*	20*	375*
14~18세	700	65	15	15	75*	1.0	1.0	14	1.2	400[j]	2.4	5*	25*	400*
19~30세	700	75	15	15	90*	1.1	1.1	14	1.3	400[j]	2.4	5*	30*	425*
31~50세	700	75	15	15	90*	1.1	1.1	14	1.3	400[j]	2.4	5*	30*	425*
51~70세	700	75	15	15	90*	1.1	1.1	14	1.5	400	2.4[i]	5*	30*	425*
> 70세	700	75	20	15	90*	1.1	1.1	14	1.5	400	2.4[i]	5*	30*	425*
임산부														
14~18세	750	80	15	15	75*	1.4	1.4	18	1.9	600[k]	2.6	6*	30*	450*
19~30세	770	85	15	15	90*	1.4	1.4	18	1.9	600[k]	2.6	6*	30*	450*
31~50세	770	85	15	15	90*	1.4	1.4	18	1.9	600[k]	2.6	6*	30*	450*
수유기														
14~18세	1,200	115	15	19	75*	1.4	1.6	17	2.0	500	2.8	7*	35*	550*
19~30세	1,300	120	15	19	90*	1.4	1.6	17	2.0	500	2.8	7*	35*	550*
31~50세	1,300	120	15	19	90*	1.4	1.6	17	2.0	500	2.8	7*	35*	550*

식이 참조 섭취(DRI): 권장 식이 허용량 및 적절한 섭취 – 요소

참고: 이 표(DRI 보고서에서 가져옴. www.nap.edu 참조)는 **굵은 글꼴**로 권장 식이 허용량(RDA)을 표시하고 별표(*)가 뒤따르는 일반 유형으로 적정 섭취량(AI)을 나타낸다. RDA는 그룹 내 거의 모든(97~98%) 건강한 개인의 영양소 요구량을 충족하기에 충분한 일일 평균 식이 섭취 수준이다. 예상 평균 요구 사항(EAR)으로 계산된다. EAR을 설정하고 RDA를 계산하기에 충분한 과학적 증거가 없으면 일반적으로 AI가 개발된다. 건강한 모유 수유아의 경우 AI는 평균 섭취량이다. 다른 생애 단계 및 성별 그룹에 대한 AI는 해당 그룹의 모든 건강한 개인의 요구를 충족하는 것으로 여겨지지만 데이터의 부족 또는 데이터의 불확실성으로 인해 이 섭취에 포함되는 개인의 비율을 자신 있게 지정할 수 없다.

[a] 영아의 생애 단계 그룹은 0~5.9개월 및 6~11.9개월이었다.

National Academies of Sciences, Engineering, and Medicine. 2019. Dietary Reference Intakes for Sodium and Potassium. https://doi.org/10.17226/25353. Reproduced with permission from the National Academy of Sciences, Courtesy of the National Academies Press, Washington, D.C.

식이 참조 섭취(DRI): 권장 식이 허용량 및 적절한 섭취 – 요소

식품영양위원회, 국립과학, 공학, 의학 아카데미

연령	칼슘 (mg/d)	크롬 (μg/d)	구리 (μg/d)	불소 (mg/d)	요오드 (μg/d)	철 (mg/d)	마그네슘 (mg/d)	망간 (mg/d)	몰리브덴 (μg/d)	인 (mg/d)	셀렌 (μg/d)	아연 (mg/d)	칼륨 (mg/d)	나트륨 (mg/d)	염화물 (g/d)
유아															
0~6개월	200*[a]	0.2*	200*	0.01*	110*	0.27*	30*	0.003*	2*	100*	15*	2*	400*	110*	0.18*
7~12개월	260*[a]	5.5*	220*	0.5*	130*	**11**	75*	0.6*	3*	275*	20*	**3**	860*	370*	0.57*
아동															
1~3세	**700**	11*	**340**	0.7*	**90**	**7**	**80**	1.2*	**17**	**460**	**20**	**3**	2,000*	800*	1.5*
4~8세	**1,000**	15*	**440**	1*	**90**	**10**	**130**	1.5*	**22**	**500**	**30**	**5**	2,300*	1,000*	1.9*
남성															
9~13세	**1,300**	25*	**700**	2*	**120**	**8**	**240**	1.9*	**34**	**1,250**	**40**	**8**	2,500*	1,200*	2.3*
14~18세	**1,300**	35*	**890**	3*	**150**	**11**	**410**	2.2*	**43**	**1,250**	**55**	**11**	3,000*	1,500*	2.3*
19~30세	**1,000**	35*	**900**	4*	**150**	**8**	**400**	2.3*	**45**	**700**	**55**	**11**	3,400*	1,500*	2.3*
31~50세	**1,000**	35*	**900**	4*	**150**	**8**	**420**	2.3*	**45**	**700**	**55**	**11**	3,400*	1,500*	2.3*
51~70세	**1,000**	30*	**900**	4*	**150**	**8**	**420**	2.3*	**45**	**700**	**55**	**11**	3,400*	1,500*	2.0*
> 70세	**1,200**	30*	**900**	4*	**150**	**8**	**420**	2.3*	**45**	**700**	**55**	**11**	3,400*	1,500*	1.8*
여성															
9~13세	**1,300**	21*	**700**	2*	**120**	**8**	**240**	1.6*	**34**	**1,250**	**40**	**8**	2,300*	1,200*	2.3*
14~18세	**1,300**	24*	**890**	3*	**150**	**15**	**360**	1.6*	**43**	**1,250**	**55**	**9**	2,300*	1,500*	2.3*
19~30세	**1,000**	25*	**900**	3*	**150**	**18**	**310**	1.8*	**45**	**700**	**55**	**8**	2,600*	1,500*	2.3*
31~50세	**1,000**	25*	**900**	3*	**150**	**18**	**320**	1.8*	**45**	**700**	**55**	**8**	2,600*	1,500*	2.3*
51~70세	**1,200**	20*	**900**	3*	**150**	**8**	**320**	1.8*	**45**	**700**	**55**	**8**	2,600*	1,500*	2.0*
> 70세	**1,200**	20*	**900**	3*	**150**	**8**	**320**	1.8*	**45**	**700**	**55**	**8**	2,600*	1,500*	1.8*
임산부															
14~18세	**1,300**	29*	**1,000**	3*	**220**	**27**	**400**	2.0*	**50**	**1,250**	**60**	**12**	2,600*	1,500*	2.3*
19~30세	**1,000**	30*	**1,000**	3*	**220**	**27**	**350**	2.0*	**50**	**700**	**60**	**11**	2,900*	1,500*	2.3*
31~50세	**1,000**	30*	**1,000**	3*	**220**	**27**	**360**	2.0*	**50**	**700**	**60**	**11**	2,900*	1,500*	2.3*
수유기															
14~18세	**1,300**	44*	**1,300**	3*	**290**	**10**	**360**	2.6*	**50**	**1,250**	**70**	**13**	2,500*	1,500*	2.3*
19~30세	**1,000**	45*	**1,300**	3*	**290**	**9**	**310**	2.6*	**50**	**700**	**70**	**12**	2,800*	1,500*	2.3*
31~50세	**1,000**	45*	**1,300**	3*	**290**	**9**	**320**	2.6*	**50**	**700**	**70**	**12**	2,800*	1,500*	2.3*

식이 참조 섭취(DRI):
권장 식이 허용량 및 적절한 섭취 – 총 수분 및 다량 영양소

참고: 이 표(DRI 보고서에서 가져옴. www.nap.edu 참조)는 **굵은 글꼴**로 권장 식이 허용량(RDA)을 표시하고 별표(*)가 뒤따르는 일반 유형으로 적정 섭취량(AI)을 나타낸다. RDA는 그룹 내 거의 모든(97~98%) 건강한 개인의 영양소 요구량을 충족하기에 충분한 일일 평균 식이 섭취 수준이다. 예상 평균 요구 사항(EAR)으로 계산된다. EAR을 설정하고 RDA를 계산하기에 충분한 과학적 증거가 없으면 일반적으로 AI가 개발된다. 건강한 모유 수유아의 경우 AI는 평균 섭취량이다. 다른 생애 단계 및 성별 그룹에 대한 AI는 해당 그룹의 모든 건강한 개인의 요구를 충족하는 것으로 여겨지지만 데이터의 부족 또는 데이터의 불확실성으로 인해 이 섭취에 포함되는 개인의 비율을 자신 있게 지정할 수 없다.

[a] 총 물량에는 음식, 음료 및 식수에 포함된 모든 물이 포함된다.

[b] 체중의 경우 체중 1kg당 단백질 g을 기준으로 한다(예: 성인의 경우 참조 체중의 경우 체중 1kg당 0.8g).

[c] 절대적이지는 않다.

National Academies of Sciences, Engineering, and Medicine. 2019. Dietary Reference Intakes for Sodium and Potassium. https://doi.org/10.17226/25353. Reproduced with permission from the National Academy of Sciences, Courtesy of the National Academies Press, Washington, D.C.

식이 참조 섭취(DRI): 권장 식이 허용량 및 적절한 섭취 – 총 수분 및 다량 영양소

식품영양위원회, 국립과학, 공학, 의학 아카데미

연령	총량 물[a] (L/d)	탄수화물 (g/d)	총량 섬유질 (g/d)	지방 (g/d)	리놀렌산 (g/d)	α-리놀렌산 (g/d)	프로틴[b] (g/d)
유아							
0~6개월	0.7*	60*	ND	31*	4.4*	0.5*	9.1*
7~12개월	0.8*	95*	ND	30*	4.6*	0.5*	**11.0**
아동							
1~3세	1.3*	**130**	19*	ND[c]	7*	0.7*	**13**
4~8세	1.7*	**130**	25*	ND	10*	0.9*	**19**
남성							
9~13세	2.4*	**130**	31*	ND	12*	1.2*	**34**
14~18세	3.3*	**130**	38*	ND	16*	1.6*	**52**
19~30세	3.7*	**130**	38*	ND	17*	1.6*	**56**
31~50세	3.7*	**130**	38*	ND	17*	1.6*	**56**
51~70세	3.7*	**130**	30*	ND	14*	1.6*	**56**
> 70세	3.7*	**130**	30*	ND	14*	1.6*	**56**
여성							
9~13세	2.1*	**130**	26*	ND	10*	1.0*	**34**
14~18세	2.3*	**130**	26*	ND	11*	1.1*	**46**
19~30세	2.7*	**130**	25*	ND	12*	1.1*	**46**
31~50세	2.7*	**130**	25*	ND	12*	1.1*	**46**
51~70세	2.7*	**130**	21*	ND	11*	1.1*	**46**
> 70세	2.7*	**130**	21*	ND	11*	1.1*	**46**
임산부							
14~18세	3.0*	**175**	28*	ND	13*	1.4*	**71**
19~30세	3.0*	**175**	28*	ND	13*	1.4*	**71**
31~50세	3.0*	**175**	28*	ND	13*	1.4*	**71**
수유기							
14~18세	3.8*	**210**	29*	ND	13*	1.3*	**71**
19~30세	3.8*	**210**	29*	ND	13*	1.3*	**71**
31~50세	3.8*	**210**	29*	ND	13*	1.3*	**71**

식이 참조 섭취(DRI): 허용 가능한 다량 영양소 분포 범위

[a] 전체의 약 10%는 더 긴 사슬 n-3 또는 n-6 지방산에서 올 수 있다.

National Academies of Sciences, Engineering, and Medicine. 2019. Dietary Reference Intakes for Sodium and Potassium. https://doi.org/10.17226/25353. Reproduced with permission from the National Academy of Sciences, Courtesy of the National Academies Press, Washington, D.C.

식이 참조 섭취(DRI): 허용 가능한 다량 영양소 분포 범위

식품영양위원회, 국립과학, 공학, 의학 아카데미

다량 영양소	범위(에너지 비율)		
	아동, 1~3세	아동, 4~18세	성인
지방	30~40	25~35	20~35
n-6 다가불포화지방산[a](리놀렌산)	5~10	5~10	5~10
n-3 다가불포화지방산[a](α-리놀렌산)	0.6~1.2	0.6~1.2	0.6~1.2
탄수화물	45~65	45~65	45~65
단백질	5~20	10~30	10~35

식이 참조 섭취(DRI): 허용 가능한 상한 섭취 수준 – 비타민

참고: 허용 가능한 상한 섭취 수준(UL)은 일반 인구의 거의 모든 개인에게 건강에 악영향을 미칠 위험이 없는 일일 영양소 섭취의 최고 수준이다. 달리 명시되지 않는 한, UL은 음식, 물 및 보충제의 총 섭취량을 나타낸다. 적절한 데이터가 없기 때문에 비타민 K, 티아민, 리보플라빈, 비타민 B_{12}, 판토텐산, 비오틴 및 카로티노이드에 대한 UL을 설정할 수 없다. UL이 없는 경우 권장 섭취량을 초과하는 수준을 섭취하는 경우 각별한 주의가 필요할 수 있다. 일반 인구의 구성원은 일상적으로 UL을 초과하지 않도록 조언해야 한다. UL은 의료인의 감독하에 해당 영양소로 치료를 받는 개인이나 영양소에 대한 민감도를 수정하는 소인이 있는 조건을 가진 개인에게 적용하기 위한 것이 아니다.

[a] 미리 형성된 비타민 A로만.

[b] α-토코페롤로서 모든 형태의 보조 α-토코페롤에 적용된다.

[c] 비타민 E, 니아신 및 엽산 대한 UL은 보충제, 강화식품 또는 이 둘의 조합에서 얻은 합성 형태에 적용된다.

[d] β-카로틴 보충제는 비타민 A 결핍 위험이 있는 개인을 위한 프로비타민 공급원으로만 사용하는 것이 좋다.

[e] ND = 이 연령대의 부작용에 대한 데이터가 부족하고 초과량을 처리하는 능력 부족에 대한 우려로 인해 결정할 수 없다. 섭취원은 높은 수준의 섭취를 방지하기 위해 식품에서만 이루어져야 한다.

[f] 영아의 생애 단계 그룹은 0~5.9개월 및 6~11.9개월이었다.

National Academies of Sciences, Engineering, and Medicine. 2019. Dietary Reference Intakes for Sodium and Potassium. https://doi.org/10.17226/25353. Reproduced with permission from the National Academy of Sciences, Courtesy of the National Academies Press, Washington, D.C.

식이 참조 섭취(DRI): 권장 식이 허용량 및 적절한 섭취 – 요소

식품영양위원회, 국립과학, 공학, 의학 아카데미

연령	비타민 A (μg/d)[a]	비타민 C (mg/d)	비타민 D (μg/d)	비타민 E (mg/d)[b,c]	비타민 K	티아민 (mg/d)	리보플라빈 (mg/d)	니아신 (mg/d)[c]	비타민 B_6 (mg/d)	엽산 (μg/d)[c]	비타민 B_{12} (μg/d)	판토텐산 (mg/d)	비오틴 (μg/d)	콜린 (g/d)	카로티노이드[d]
유아															
0~6개월	600	ND[e]	25[f]	ND	ND	ND	ND	ND	ND	ND	ND	ND	ND	ND	ND
7~12개월	600	ND	38[f]	ND	ND	ND	ND	ND	ND	ND	ND	ND	ND	ND	ND
아동															
1~3세	600	400	63	200	ND	ND	ND	10	30	300	ND	ND	ND	1.0	ND
4~8세	900	650	75	300	ND	ND	ND	15	40	400	ND	ND	ND	1.0	ND
남성															
9~13세	1,700	1,200	100	600	ND	ND	ND	20	60	600	ND	ND	ND	2.0	ND
14~18세	2,800	1,800	100	800	ND	ND	ND	30	80	800	ND	ND	ND	3.0	ND
19~30세	3,000	2,000	100	1,000	ND	ND	ND	35	100	1,000	ND	ND	ND	3.5	ND
31~50세	3,000	2,000	100	1,000	ND	ND	ND	35	100	1,000	ND	ND	ND	3.5	ND
51~70세	3,000	2,000	100	1,000	ND	ND	ND	35	100	1,000	ND	ND	ND	3.5	ND
> 70세	3,000	2,000	100	1,000	ND	ND	ND	35	100	1,000	ND	ND	ND	3.5	ND
여성															
9~13세	1,700	1,200	100	600	ND	ND	ND	20	60	600	ND	ND	ND	2.0	ND
14~18세	2,800	1,800	100	800	ND	ND	ND	30	80	800	ND	ND	ND	3.0	ND
19~30세	3,000	2,000	100	1,000	ND	ND	ND	35	100	1,000	ND	ND	ND	3.5	ND
31~50세	3,000	2,000	100	1,000	ND	ND	ND	35	100	1,000	ND	ND	ND	3.5	ND
51~70세	3,000	2,000	100	1,000	ND	ND	ND	35	100	1,000	ND	ND	ND	3.5	ND
> 70세	3,000	2,000	100	1,000	ND	ND	ND	35	100	1,000	ND	ND	ND	3.5	ND
임산부															
14~18세	2,800	1,800	100	800	ND	ND	ND	30	80	800	ND	ND	ND	3.0	ND
19~30세	3,000	2,000	100	1,000	ND	ND	ND	35	100	1,000	ND	ND	ND	3.5	ND
31~50세	3,000	2,000	100	1,000	ND	ND	ND	35	100	1,000	ND	ND	ND	3.5	ND
수유기															
14~18세	2,800	1,800	100	800	ND	ND	ND	30	80	800	ND	ND	ND	3.0	ND
19~30세	3,000	2,000	100	1,000	ND	ND	ND	35	100	1,000	ND	ND	ND	3.5	ND
31~50세	3,000	2,000	100	1,000	ND	ND	ND	35	100	1,000	ND	ND	ND	3.5	ND

식이 참조 섭취(DRI): 허용 가능한 상한 섭취 수준 – 요소

참고: 허용 가능한 상한 섭취 수준(UL)은 일반 인구의 거의 모든 개인에게 건강에 악영향을 미칠 위험이 없는 일일 영양소 섭취의 최고 수준이다. 달리 명시되지 않는 한, UL은 음식, 물 및 보충제의 총 섭취량을 나타낸다. 적절한 데이터가 없기 때문에 비소, 크롬, 칼륨, 규소, 황산염 또는 나트륨에 대한 UL을 설정할 수 없다. UL이 없는 경우 권장 섭취량을 초과하는 수준을 섭취하는 경우 각별한 주의가 필요할 수 있다. 일반 인구의 구성원은 일상적으로 UL을 초과하지 않도록 조언해야 한다. UL은 의료인의 감독하에 해당 영양소로 치료를 받는 개인이나 영양소에 대한 민감도를 수정하는 소인이 있는 조건을 가진 개인에게 적용하기 위한 것이 아니다.
비소에 대한 UL이 결정되지는 않았지만 식품이나 보충제에 비소를 첨가하는 것에 대한 정당성은 없다. 마그네슘에 대한 UL은 약리학적 제제의 섭취만을 나타내며 음식과 물을 통한 섭취는 포함하지 않는다.

[a] 규소가 인간에게 부작용을 일으키는 것으로 밝혀지지는 않았지만 보충제에 규소를 첨가하는 것에 대한 정당성은 없다.

[A] 비소에 대한 UL이 결정되지는 않았지만 식품이나 보충제에 비소를 첨가하는 것에 대한 정당성은 없다.

[B] 마그네슘에 대한 UL은 약리학적 제제의 섭취만을 나타내며 음식과 물을 통한 섭취는 포함하지 않는다.

[C] 규소가 인간에게 부작용을 일으키는 것으로 밝혀지지는 않았지만 보충제에 규소를 첨가하는 것에 대한 정당성은 없다.

[D] 식품에 함유된 바나듐이 인체에 유해한 영향을 미치는 것으로 나타나지는 않았지만 식품에 바나듐을 첨가하는 것에 대한 정당성은 없으며 바나듐 보충제는 주의해서 사용해야 한다. UL은 실험 동물의 부작용을 기반으로 하며 이 데이터는 성인에 대한 UL을 설정하는 데 사용할 수 있지만 어린이와 청소년은 설정할 수 없다.

[E] 만성 질환 위험 감소를 특징짓는 충분한 증거가 있는 최저 섭취 수준을 사용하여 나트륨 만성 질환 위험 감소 섭취(CDRR) 값을 도출했다.

[F] ND = 이 연령대에서 부작용에 대한 데이터가 부족하고 초과량을 처리하는 능력 부족에 대한 우려로 인해 결정할 수 없다. 섭취원은 높은 수준의 섭취를 방지하기 위해 식품에서만 이루어져야 한다.

[G] 영아의 생애 단계 그룹은 0~5.9개월 및 6~11.9개월이었다.

[H] ND = 특정 독성 효과가 없기 때문에 결정할 수 없다.

[f] ND = 이 연령대에서 부작용에 대한 데이터가 부족하고 초과량을 처리하는 능력 부족에 대한 우려로 인해 결정할 수 없다. 섭취원은 높은 수준의 섭취를 방지하기 위해 식품에서만 이루어져야 한다.

[g] 영아의 생애 단계 그룹은 0~5.9개월 및 6~11.9개월이었다.

[h] ND = 특정 독성 효과가 없기 때문에 결정할 수 없다.

National Academies of Sciences, Engineering, and Medicine. 2019. Dietary Reference Intakes for Sodium and Potassium. https://doi.org/10.17226/25353. Reproduced with permission from the National Academy of Sciences, Courtesy of the National Academies Press, Washington, D.C.

식이 참조 섭취(DRI): 권장 식이 허용량 및 적절한 섭취 – 요소

식품영양위원회, 국립과학, 공학, 의학 아카데미

Life-Stage Group	Arsenic[a]	Boron (mg/d)	Calcium (mg/d)	Chromium	Copper (μg/d)	Fluoride (mg/d)	Iodine (μg/d)	Iron (mg/d)	Magnesium (mg/d)[b]	Manganese (mg/d)	Molybdenum (μg/d)	Nickel (mg/d)	Phosphorus (g/d)	Potassium	Selenium (μg/d)	Silicon[c]	Sulfate	Vanadium (mg/d)[d]	Zinc (mg/d)	Sodium[e]	Chloride (g/d)
Infants																					
0–6 mo	ND[f]	ND	1,000[g]	ND	ND	0.7	ND	40	ND	ND	ND	ND	ND	ND[h]	45	ND	ND	ND	4	ND[h]	ND
7–12 mo	ND	ND	1,500[g]	ND	ND	0.9	ND	40	ND	ND	ND	ND	ND	ND[h]	60	ND	ND	ND	5	ND[h]	ND
Children																					
1–3 y	ND	3	2,500	ND	1,000	1.3	200	40	65	2	300	0.2	3	ND[h]	90	ND	ND	ND	7	ND[h]	2.3
4–8 y	ND	6	2,500	ND	3,000	2.2	300	40	110	3	600	0.3	3	ND[h]	150	ND	ND	ND	12	ND[h]	2.9
Males																					
9–13 y	ND	11	3,000	ND	5,000	10	600	40	350	6	1,100	0.6	4	ND[h]	280	ND	ND	ND	23	ND[h]	3.4
14–18 y	ND	17	3,000	ND	8,000	10	900	45	350	9	1,700	1.0	4	ND[h]	400	ND	ND	ND	34	ND[h]	3.6
19–30 y	ND	20	2,500	ND	10,000	10	1,100	45	350	11	2,000	1.0	4	ND[h]	400	ND	ND	1.8	40	ND[h]	3.6
31–50 y	ND	20	2,500	ND	10,000	10	1,100	45	350	11	2,000	1.0	4	ND[h]	400	ND	ND	1.8	40	ND[h]	3.6
51–70 y	ND	20	2,000	ND	10,000	10	1,100	45	350	11	2,000	1.0	4	ND[h]	400	ND	ND	1.8	40	ND[h]	3.6
> 70 y	ND	20	2,000	ND	10,000	10	1,100	45	350	11	2,000	1.0	3	ND[h]	400	ND	ND	1.8	40	ND[h]	3.6
Females																					
9–13 y	ND	11	3,000	ND	5,000	10	600	40	350	6	1,100	0.6	4	ND[h]	280	ND	ND	ND	23	ND[h]	3.4
14–18 y	ND	17	3,000	ND	8,000	10	900	45	350	9	1,700	1.0	4	ND[h]	400	ND	ND	ND	34	ND[h]	3.6
19–30 y	ND	20	2,500	ND	10,000	10	1,100	45	350	11	2,000	1.0	4	ND[h]	400	ND	ND	1.8	40	ND[h]	3.6
31–50 y	ND	20	2,500	ND	10,000	10	1,100	45	350	11	2,000	1.0	4	ND[h]	400	ND	ND	1.8	40	ND[h]	3.6
51–70 y	ND	20	2,000	ND	10,000	10	1,100	45	350	11	2,000	1.0	4	ND[h]	400	ND	ND	1.8	40	ND[h]	3.6
> 70 y	ND	20	2,000	ND	10,000	10	1,100	45	350	11	2,000	1.0	3	ND[h]	400	ND	ND	1.8	40	ND[h]	3.6
Pregnancy																					
14–18 y	ND	17	3,000	ND	8,000	10	900	45	350	9	1,700	1.0	3.5	ND[h]	400	ND	ND	ND	34	ND[h]	3.6
19–30 y	ND	20	2,500	ND	10,000	10	1,100	45	350	11	2,000	1.0	3.5	ND[h]	400	ND	ND	ND	40	ND[h]	3.6
31–50 y	ND	20	2,500	ND	10,000	10	1,100	45	350	11	2,000	1.0	3.5	ND[h]	400	ND	ND	ND	40	ND[h]	3.6
Lactation																					
14–18 y	ND	17	3,000	ND	8,000	10	900	45	350	9	1,700	1.0	4	ND[h]	400	ND	ND	ND	34	ND[h]	3.6
19–30 y	ND	20	2,500	ND	10,000	10	1,100	45	350	11	2,000	1.0	4	ND[h]	400	ND	ND	ND	40	ND[h]	3.6
31–50 y	ND	20	2,500	ND	10,000	10	1,100	45	350	11	2,000	1.0	4	ND[h]	400	ND	ND	ND	40	ND[h]	3.6

부록 B

주요 영양소의 식품 공급원

이 부록에는 운동선수가 종종 결핍 위험에 처할 수 있는 특정 영양소의 식품 공급원에 대한 정보가 포함되어 있다. 각 영양소에 대한 두 개의 표가 있으며 첫 번째 표에는 영양소 기여도가 높은 것부터 낮은 순서로 구성된 식품 목록이 포함되어 있다. 두 번째 표는 다른 스포츠에서 실제 남성과 여성 운동선수의 식이 분석에서 파생된 영양소 섭취량을 나타내며 영양 성분 함량이 높은 것부터 낮은 것 순으로 정리되어 있다. 또한 두 번째 표에는 운동선수가 달성한 권장 섭취량의 백분율도 포함되어 있다(DRI가 없는 베타카로틴 제외). 분명한 메시지는 다음과 같다. 단일 식품이 모든 영양소의 좋은 공급원이 될 수는 없다. 따라서 운동선수가 필요한 모든 영양소에 조직을 노출시키기 위해 다양한 식단을 섭취하는 것이 중요하다. 이 부록에는 다음 영양소에 대한 정보가 포함되어 있다.

마그네슘
베타카로틴
비타민 C
비타민 D
비타민 E
철
칼슘
콜린

칼슘

음식	소비량	칼슘(mg)
두부(황산칼슘 함유)	1/2컵	434
요거트(저지방 플레인)	240g	415
정어리(통조림, 뼈 포함)	112.5g	351
저지방 우유(1% 지방)	240g(1컵)	305
우유(3.5% 지방)	240g(1컵)	276
탈지유(무지방)	240g(1컵)	250
연어(통조림, 뼈 포함)	97.5g	202
체다 치즈	1조각(30g)	200
아메리칸 치즈	1슬라이스(30g)	200
시금치(신선한 것, 생수, 소금간)	1/2컵	100
아몬드(구운)	30g(22개)	83

음식	소비량	칼슘(mg)
흰 콩(조리된)	1/2컵	81
청경채(요리)	1/2컵	79
시금치(통조림)	1/2컵	40

출처: USDA FoodData Central(https://fdc.nal.usda.gov)

음식	소비량	칼슘(mg)
네이처스 패스 옵티멈 시리얼	1컵	250.25
그릭 요거트(플레인, 무지방)	180g	187.11
클리프 바(크런치 피넛 버터)	0.66바	165
브로콜리, 콜리플라워, 당근(익힌)	2컵	160
스위스 차드(조리, 삶은, 물 빼기)	1컵, 잘게 썬	101.5
비트(주스 통조림)	1컵	44.28
브로콜리	3/4컵, 잘게 썬	32.08
코코넛 워터(농축 무가당, 천연 및 과일 향, 비타민 첨가)	255g	30
계란(삶은)	큰 것 1개	25
딸기	1컵, 반으로	24.32
퀘이커 인스턴트 오트밀(오가닉, 레귤러)	1패키지	21.32
네이처스 밸리 프로틴 바(피넛 버터 다크 초콜릿)	1바	20
현미(익힌 곡물)	1컵	19.50
땅콩 버터(크림, 소금 포함)	1작은술	7.84
버섯(갈색, 신선한, 이탈리아산)	0.33컵	5.17
대구(무처리, 조리)	29.7g	4.77
훈제 치누크 연어	30g	3.08
블루베리(생것)	0.33컵	2.93
코코넛 고기(생고기)	1/4컵, 갈린 고기	2.80
스타벅스 차이티 라떼(그란데 사이즈)	1	0
총량		**1,106.95**
% 권장량		**110.7%**

체중 64kg, 162cm의 여성 운동선수가 2,000Kcal를 소모하는 일반적인 음식 섭취량의 칼슘 함량.

Athlete intake assessed via USDA food database value; created using NutriTiming®, which accesses the USDA database, and which is meant to analyze diets and provide assessments, such as the table provided.

철

음식	소비량	철(mg)
태평양 굴(요리)	중간 크기 6개	13.8
올 - 브랜 시리얼	1컵	10.9
콘 플레이크 시리얼	1컵	9.0
두부(생것)	1/2컵	6.6
시금치(신선한 것, 조리된 것)	1컵	6.4
홍합(찜)	90g	6.03
콩(흰색, 익힌 것)	1/2컵	3.3
렌즈콩(요리)	1/2컵	3.3
자두 주스	180g	2.3
캐슈넛	30g	1.9
소고기 스테이크	90g	1.6
참치(통조림)	90g	1.3
헤이즐넛(구운)	30g	1.3
양상추	1컵	0.34
토마토	작은 크기 1개	0.25

출처: USDA FoodData Central(https://fdc.nal.usda.gov)

음식	소비량	철(mg)
클리프 바(혼합 맛)	1.25바	5.63
햄 치즈 샌드위치(패스트푸드)	샌드위치 1개	3.24
백미(조리)	1컵	1.90
구운 닭고기(브로일러, 또는 프라이어, 다진 고기)	1컵	1.69
치즈 데니시	1	1.28
토스트 샐러드(드레싱 없이 야채만)	3/4컵	0.66
잡곡 또는 통곡물 빵(구운 것)	1슬라이스	0.65
닭고기 또는 쇠고기 훈제 소시지	3.0개	0.58
혼합 야채(물기를 빼고, 소금을 넣지 않고 조리한)	0.375컵	0.56
네이블 오렌지	중간 크기 3개	0.55
구운 감자(소금간 한)	중간 크기 1개	0.55
적포도 또는 녹포도(신선한 유럽산)	포도 30개	0.53
V8 스플래시 스무디(피치 망고)	240g	0.37
베이컨	2조각	0.21

음식	소비량	철(mg)
사과(껍질 포함 4등분 또는 잘게 썬)	1컵	0.15
뉴먼스랜치 드레싱	30g	0.07
체다 치즈	30g	0.05
커피(가루)	30g	0
게토레이 파이어스	240g	0
게토레이 익스트림	240g	0
분리 유청단백질	2.5순가락	0
분리 유청단백질	1순가락	0
총량		**18.67**
% 권장량		**233.2%**

체중 77kg, 3,100Kcal를 소비하는 156cm 남성 운동선수의 일반적인 음식 섭취량의 철분 함량.

Athlete intake assessed via USDA food database value; created using NutriTiming®, which accesses the USDA database, and which is meant to analyze diets and provide assessments, such as the table provided.

마그네슘

음식	소비량	마그네슘(mg)
브라질 땅콩	30g(6알)	107
오아 트란 시리얼	1/2컵	96
현미(익힌, 중간 곡물)	1컵	86
캐슈넛	30g(16알)	83
고등어(조리)	90g	82
시금치(냉동, 다진, 조리)	1/2컵	78
아몬드(구운)	30g(23알)	77
스위스 샤드(요리)	1/2컵	75
리마콩(요리)	1/2컵	63
밀 시리얼	비스킷 2개	61
아보카도	중간 크기 1개	58
올브랜 시리얼	1/2컵	57
땅콩	30g(28알)	48
헤이즐넛	30g(21알)	46
병아리콩(익힌)	1/2컵	39
저지방 우유(1% 지방)	240g	39
바나나	중간 크기 1개	32

출처: USDA FoodData Central(https://fdc.nal.usda.gov)

음식	소비량	마그네슘(mg)
아몬드(데치지 않은 구운)	30g	67.20
검은콩	1/2컵	60.20
허니넛 체리 시리얼	1.5컵	50.40
초코 우유(저지방, 칼슘 첨가)	1컵	35
발사믹 식초	1컵	30.60
탈지유(무지방, 비타민 A, D 첨가)	1컵	26.95
클리프 바(화이트 초콜릿 마카다미아 넛)	0.75바	23.25
토스트 샐러드(드레싱 없이 야채만)	1.5컵	22.88
구운 닭고기(브로일러, 또는 프라이어, 다진 고기)	1/2컵	18.90
백미(조리)	1컵	14.88
아보카도	2.5작은술	10.90
양상추	1컵	4.68
올리브유(샐러드 요리)	1작은술	0
통밀 토르티아	1토르티아	0
총량		**365.84**
% 권장량		**118.0%**

체중 56kg, 2,000Kcal를 소비하는 158cm 여성 운동선수의 일반적인 음식 섭취량의 마그네슘 함량.

Athlete intake assessed via USDA food database value; created using NutriTiming®, which accesses the USDA database, and which is meant to analyze diets and provide assessments, such as the table provided.

비타민 C

음식	소비량	비타민 C(mg)
핑크 자몽 주스(신선한)	3/4컵(180g)	94
오렌지 주스(신선한)	3/4컵(180g)	93
딸기	1컵	85
자몽 주스	3/4컵(180g)	70
키위	중간 크기 1개	69
오렌지	중간 크기 1개	65
달콤한 고추(다진 것)	1/2컵	59
브로콜리(요리)	1/2컵	51
자몽	중간 크기 1/2개	44
브뤼셀 콩나물(요리)	1/2컵	37
구운 감자	중간 크기 1개	22
토마토	중간 크기 1개	17

음식	소비량	비타민 C(mg)
바나나	중간 크기 1개	10
사과	중간 크기 1개	8
시금치	1컵	8
통밀빵	2슬라이스	0

출처: USDA FoodData Central(https://fdc.nal.usda.gov)

음식	소비량	비타민 C(mg)
오렌지 주스	360g	186
델리 터키(화이트, 로티세리)	202.5g	19.20
단호박	1.5컵	14.85
블루베리	1컵	14.36
바나나	중간 크기 1개	11
상추	2컵	3.76
초바니 그릭 요거트(무지방)	180g	3.60
오이(신선한, 잘게 썬)	1/2컵	2.13
저지방 발사믹 비네그레트 드레싱	60g	1.88
피스타치오	1/2컵	1.85
아기 당근	1컵	0.39
버거킹 해시 브라운	0.25서빙	0.05
게토레이 익스트림	240g	0
칙필 치킨 블랙퍼스트 부리또	1개	0
체다 치즈	22.5g	0
백미	2컵	0
구운 닭고기(데리야끼 소스)	1컵	0
데리야끼 소스	2작은술	0
디너 롤(밀)	1롤(30g)	0
오트밀(귀리)	1/2컵	0
통밀빵	2슬라이스	0
게토레이 단백질 셰이크	1개	0
계란	큰 것 4개	0
총량		**259.07**
% 권장량		**287.9%**

체중 128kg, 3,550Kcal를 소비하는 189cm 남성 운동선수의 일반적인 식품 섭취량의 비타민 C 함량.

Athlete intake assessed via USDA food database value; created using NutriTiming®, which accesses the USDA database, and which is meant to analyze diets and provide assessments, such as the table provided.

콜린

음식	소비량	콜린(mg)
밀배우(구운 것)	1컵	202
계란	큰 것 1개	147
소고기(다진 것, 익힌 것)	90g	97
가리비(찜)	90g	94
연어(통조림)	90g	75
닭가슴살(구운 것)	90g	73
대구(요리)	90g	71
새우(통조림)	90g	69
브뤼셀 콩나물(삶은 것)	1컵	63
브로콜리(삶은 것, 다진 것)	1컵	63
탈지유(무지방)	240g	38
땅콩버터(크림)	2작은술	20
초콜릿 우유	45g	20
땅콩	30g	15
감자칩(일반, 소금)	45g	5
양상추	1/2컵	0

출처: USDA FoodData Central(https://fdc.nal.usda.gov)

음식	소비량	콜린(mg)
연어(조리)	240g	255.60
라이트 맥주	1.44kg	122.50
구운 닭고기(브로일러, 또는 프라이어, 다진 고기)	120g	95.26
시금치(통조림)	1컵	39.38
저지방 요거트(바닐라, 고단백)	180g	25.86
모든 베이글(구운, 프로피온산 칼슘 강화)	작은 것 1개	10.66
체다 치즈(다진 것)	0.33컵	6.14
토마토	1/2컵	6.03
토르티아 칩	30g	5.43
감자 칩	45g	5.08
헤비 휘핑크림	1작은술	2.53
양상추	1/2컵	2.33
오징어	1컵	0

음식	소비량	콜린(mg)
통밀 토르티아	1토르티아	0
시금치와 아티초크 딥	3작은술	0
바나나	중간 크기 1개	0
총량		**576.80**
% 권장량		**104.9%**

체중이 98kg이고 2,850Kcal를 소비하는 198cm 남성 운동선수의 일반적인 음식 섭취량의 콜린 함량.

Athlete intake assessed via USDA food database value; created using NutriTiming®, which accesses the USDA database, and which is meant to analyze diets and provide assessments, such as the table provided.

비타민 D

음식	소비량	비타민 D(mcg)
연어(조리)	90g	11.6
고등어 통조림	90g	5.3
정어리	90g	4.1
인스턴트 오트밀	1패키지	3.9
1% 우유(저지방, 비타민 D 강화)	240g(1컵)	2.5
오렌지 주스(비타민 D 강화)	240g(1컵)	2.5
시리얼(비타민 D 강화)	1컵	1.2
계란 노른자	큰 것 1개	0.9
시금치(익힌 것)	1컵	0
통밀빵	2슬라이스	0

출처: USDA FoodData Central(https://fdc.nal.usda.gov)

음식	소비량	비타민 D(mg)
1% 우유(저지방, 비타민 A 및 D 강화)	1컵	2.93
모짜렐라 치즈(파트스킴)	30g	0.08
아기 당근	1컵	0
게토레이 시리즈 퍼폼	240g	0
퀵오트	1/2컵	0
건포도(구운, 농축)	2슬라이스	0
서양 호두	9.9g	0
건포도	2작은술	0
델리터키	90g	0
통곡물 잡곡빵	2슬라이스	0

음식	소비량	비타민 D(mg)
엘로우 머스타드	1작은술	0
상추	1컵	0
포도 주스(무가당, 비타민 C 포함)	1컵	0
사과	중간 크기 1개	0
잼	1작은술	0
호밀빵	3컵	0
청포도	1컵	0
초콜릿 우유(저지방, 칼슘 첨가)	1컵	0
시금치	1컵	0
현미(익힌 것)	3/4컵	0
훈제 연어(조리)	90g	0
오렌지	중간 크기 1개	0
방울토마토	1컵	0
총량		**3.01**
% 권장량		**20.1%**

체중 125파운드, 3,025Kcal를 소비하는 167cm 여성 운동선수의 일반적인 음식 섭취량의 비타민 D 함량.

Athlete intake assessed via USDA food database value; created using NutriTiming®, which accesses the USDA database, and which is meant to analyze diets and provide assessments, such as the table provided.

비타민 E

음식	소비량	비타민 E(mg)
해바라기씨	30g	7.4
아몬드	30g	7.3
해바라기유	1작은술	5.6
홍화유	1작은술	4.6
헤이즐넛	30g	4.3
토마토소스(통조림)	1컵	3.5
땅콩버터(크림)	2작은술	3.2
크린베리 주스	1컵	3.0
아보카도	중간 크기 1개	2.7
옥수수 식용유	1작은술	1.9
콩기름	1작은술	1.1
브로콜리	1/2컵	1.1
블랙베리	1/2컵	0.8

출처: USDA FoodData Central(https://fdc.nal.usda.gov)

음식	소비량	비타민 E(mg)
아몬드 버터(소금 무첨가)	2작은술	7.75
시금치	1.5컵	5.62
아몬드 버터(소금 무첨가)	1작은술	3.87
고린 크런치- 허니 아몬드	1컵	2.13
고추(다진, 볶은)	1/4컵	0.82
구운 고구마(소금간)	중간 크기 1개	0.81
닭가슴살	135g	0.69
브뤼셀 콩나물(소금간)	1컵	0.67
시금치	1컵	0.61
퀴노아(요리)	1/2컵	0.58
사과	중간 크기 1개	0.33
들소 고기(구이)	90g	0.31
바나나	중간 크기 1개	0.30
방울토마토	1/4컵	0.20
칠면조 구이(패티)	135g	0.17
칠면조 구이(크럼블)	90g	0.15
치아씨드	15g	0.07
양상추	1컵	0.06
파인애플	1.5컵	0.05
콜리플라워(조리)	1.25컵	0.05
저지방 발사믹 비네그레트 드레싱	60g	0
작은 양파	1작은술	0
연어(익힌)	90g	0
캐피어(1% 지방, 무가당)	2컵	0
표고버섯(조리된)	1컵	0
게토레이 익스트림	240g	0
총량		**25.24**
% 권장량		**168.3%**

체중 94kg, 3,450Kcal를 소비하는 186cm 남성 운동선수의 일반적인 음식 섭취량의 비타민 E 함량.

Athlete intake assessed via USDA food database value; created using NutriTiming®, which accesses the USDA database, and which is meant to analyze diets and provide assessments, such as the table provided.

베타카로틴

음식	소비량	베타카로틴(mcg)
당근 주스(통조림)	1컵	22.0
호박(통조림)	1컵	17.0
시금치(냉동, 조리)	1컵	13.8
구운 고구마	중간 크기 1개	13.1
당근(요리)	1컵	13.0
콜라드(냉동, 조리)	1컵	11.6
케일(냉동, 조리)	1컵	11.5
순무 채소(냉동, 조리)	1컵	10.6
호박 파이	1 조각	7.4
겨울호박(조리)	1컵	5.7
당근	중간 크기 1개	5.1
민들레 나물	1컵	4.1
멜론	1컵	3.2
통밀빵	2슬라이스	1.3

출처: USDA FoodData Central(https://fdc.nal.usda.gov)

음식	소비량	베타카로틴(mcg)
망고	1컵	1,056.0
토마토	1컵	808.20
망고	1/2컵	528.0
아보카도	0.66컵	61.38
스크램블 에그(조리)	큰 것 2개	31.72
통밀빵	1슬라이스	0.64
멀티 그레인 크래커	2개	0.14
시금치(요리)	1/2컵	0
트라이 팁 로스트(0% 지방으로 손질)	100g	0
탄수화물, 단백질 바	1바	0
고추(단맛, 통조림, 반으로 자른)	1/4컵, 반으로 자른	0
카놀라유	1작은술	0
BCAAs	1스푼	0
V8 주스	120g	0
바나나	중간 크기 1개	0
총량		**2,486.08**

체중 68kg, 1,630Kcal(자체 처방 칼로리 제한 섭취량)를 소비하는 174cm 여성 운동선수의 일반적인 음식 섭취량의 베타카로틴 함량.

Athlete intake assessed via USDA food database value; created using NutriTiming®, which accesses the USDA database, and which is meant to analyze diets and provide assessments, such as the table provided.

부록 C

실용 영양 가이드

이 부록에는 코치와 선수들에게 빠른 정보 소스와 토론에 필요한 수단을 제공하기 위해 재현 가능한 유인물이 포함되어 있다. 유인물은 운동선수와 운동선수에게 유용한 다양한 영양 정보와 관련된 주제를 다룬다. 이 양식의 전자 버전을 보려면 www.humankinetics.com/AdvancedSportsNutrition을 활용한다.

- 선수 영양에 대한 기본 지침
- 다량 영양소 섭취에 대한 요약 지침
- 영양 및 신체 활동에 대한 주요 고려 사항
- 선수 영양 문제, 필요 및 목표
- 운동선수를 위한 수분 섭취 지침
- 일반적인 영양 실수를 수정하는 방법
- 일반적인 영양 오해
- 하루 에너지 균형
- 운동 후 회복 영양
- 고탄수화물 식사 및 간식
- 영양 전략: 경기 전부터 경기 시간까지
- 여행 시 영양 고려 사항
- 뇌진탕에 대한 영양

선수 영양에 대한 기본 지침

충분한 섭취 이상의 과다 섭취는 좋지 않다.	• 최적의 건강을 보장하기 위해 소량의 영양소가 필요한 경우 이 양보다 많은 것이 반드시 더 좋은 것은 아니며 다른 필수 영양소의 섭취를 줄여 문제를 일으킬 수 있다. • 비타민 보충제 섭취가 해결하는 것보다 더 많은 문제를 야기한다는 증거가 증가하고 있다. 왜냐하면 총 섭취량이 과도할 가능성이 있고 용량당 섭취량이 실시간 세포 용량을 초과할 가능성이 있기 때문이다. • 특히 알려진 생물학적 영양소 결핍이 없는 경우 식품 우선 접근 방식을 취하는 것이 더 나을 수 있다.
필요한 영양소에 대한 결핍을 예방하기 위해 다양한 음식을 섭취해야 한다.	세포의 필요에 완벽한 비율로 모든 영양소를 포함하는 완벽한 식품은 없다. 최적의 영양소 노출을 위해서는 다양한 식품을 섭취해야 한다.
에너지, 수분 및 영양소 요구 사항을 실시간으로 충족할 만큼 충분히 먹어야 한다.	에너지와 영양소의 요구량과 에너지와 영양소의 소비 사이에는 역동적인 관계가 있어야 한다. 탱크를 넘치게 채우거나 비우지 말아야 한다. 한 번에 모든 연료를 탱크에 넣고 뉴욕에서 샌프란시스코까지 운전하는 것은 불가능하고 인체도 그렇게 할 수 없다. 너무 많은 운동선수들이 음식 섭취를 나누어서 필요한 에너지를 소비해야 한다.

출처: D. Benardot, *Advanced Sports Nutrition,* 3rd ed.(Champaign, IL: Human Kinetics, 2021).

다량 영양소 섭취에 대한 요약 지침

탄수화물

- 운동선수의 일반적인 권장 탄수화물 섭취량은 약 6~8g/kg/일이다. 권장 범위는 3~12g/kg/일이며, 저강도 활동을 수행하는 운동선수의 경우 낮은 수준으로 하루 4시간 이상 지속되는 극도로 고강도인 활동을 수행하는 운동선수의 경우 높은 수준이다.
- 글리코겐 고갈은 운동선수가 운동 전 글리코겐 저장을 최적화하고 운동 중 고갈을 피하고 운동 후 글리코겐을 회복하는 패턴으로 식사를 하도록 권장해야 하는 문제이다.
  - 운동 전: 운동 1~4시간 전 1~4g/kg
  - 운동 중: 운동 시간에 따라 30~90g/hr
  - 운동 후: 초콜릿 우유 및 기타 회복 음료에 포함된 360~480g의 탄수화물, 단백질, 수분 및 전해질 혼합물
- 신체 활동을 하지 않을 때 혈당이 3시간 정도면 정상에서 저혈당으로 떨어질 수 있으므로 운동을 하지 않을 때도 하루 종일 소량의 탄수화물 스포츠 음료, 과일 조각 등을 자주 섭취하는 전략을 세워야 한다.

단백질

- 운동선수의 일반적인 권장 단백질 섭취량은 1.2~2.0g/kg/일이다. 제지방량을 유지하면서 체지방 감량을 원하는 운동선수는 1.6~2.4g/kg/일을 섭취해야 한다.
- 식사당 최적의 단백질 분포는 0.3~0.4g/kg이다. 예를 들면 2g/kg/일을 섭취하는 100kg 운

동선수는 하루에 200g의 단백질이 필요하다. 식사당 0.4g/kg에서, 이 100kg 운동선수는 이 요구 사항을 충족하기 위해 각각 40g의 5번의 식사가 필요하다(즉, 아침, 오전 간식, 점심, 오후 간식 및 저녁 식사).

지방

- 지방 섭취는 지용성 비타민(A, D, E, K)과 필수 지방산의 전달에 필수적이다. 운동선수는 탄수화물과 단백질의 권장 섭취량을 얻는 데 집중해야 하며 나머지는 총 에너지 요구 사항을 충족시키기 위해 지방에서 나온다. 운동선수의 일반적인 권장 지방 섭취량은 총 칼로리의 약 25~30%이다.
- 트랜스 지방산(일반적으로 기름에서 수소화된 버터와 마가린쇼트닝으로 조리되는 튀긴 음식) 및 높은 수준의 오메가-6 지방산(일반적으로 옥수수유, 홍화유, 해바라기유, 붉은 고기 및 가금류)은 염증을 일으키므로 피해야 한다.
- 오메가-3 지방산(일반적으로 찬물 생선, 계란, 아마씨, 호두, 카놀라유)은 항염증제이며 면역 건강을 촉진한다.

출처: D. Benardot, *Advanced Sports Nutrition*, 3rd ed. (Champaign, IL: Human Kinetics, 2021).

영양 및 신체 활동에 대한 주요 고려 사항

스포츠(힘, 팀, 지구력)에 관계없이 가장 큰 영양 문제는 최적의 에너지 요구량, 수분 요구량, 비타민 및 미네랄 요구량을 양적, 질적, 적시에 충족시키는 것이다. 인간 시스템은 실시간으로 작동하며 에너지 및 영양소 소비에 대한 적절한 내분비 반응을 결정하기 위해 하루가 끝날 때까지 기다리지 않는다. 질문하는 것이 중요하다. 얼마나 필요하며 언제 필요할까

신체 활동으로 인한 영양 변화

- 변경된 에너지 요구 사항. 활동이 많을수록 더 많은 에너지가 필요하다.
- 변경된 에너지 기판 요구 사항. 활동에 따라 필요한 탄수화물, 단백질, 지방의 상대적인 양이 다르다.
- 변경된 비타민 요구 사항. 에너지 기질 대사는 비타민에 의존한다. 예를 들면 대사되는 에너지가 많을수록 더 많은 비타민 B가 필요하다.
- 변경된 미네랄 요구 사항. 운동과 관련된 산소 요구량 및 혈액 확장은 철분 요구량을 증가시키고 골격 강도 요구량 증가는 칼슘 요구량을 증가시킨다.
- 체액 손실 증가. 땀 생성의 증가는 체액 교체의 필요성을 증가시킨다.

영양 상태에 영향을 미치는 상태

- 에너지, 미량 영양소 및 수분의 부적절한 섭취

- 에너지, 영양소 및 체액의 부적절한 흡수
- 에너지, 영양소 및 체액의 잘못된 사용
- 섭취한 음식과 체액의 배설 증가
- 연령, 성별, 상태(상해, 성장, 임신 등)에 따른 요구 사항 증가

운동선수의 영양 부족에 대한 주요 요인

조직적 장벽

- 잘못된 규칙은 적절한 음식과 음료를 쉽게 구할 수 없도록 한다.
- 공급자는 불필요하거나 유해한 보충제를 광고한다.
- 운동선수를 교육할 영양 전문가 부족, 주변 사람들의 나쁜 조언

지식 부족

- 부적절한 모델링(예: 존경하는 운동선수의 모방)
- 영양을 과학이 아닌 신념 체계로 인지된 이점 생각하기(특정 음식을 섭취하는 것이 도움이 될 수 있지만 그들이 믿는 이유는 아님)
- 마법의 총알처럼 '좋은' 음식과 '나쁜' 음식을 지나치게 단순화(간단한 해결 방법을 찾고 있음)

나쁜 전통

- 코치 또는 스포츠 유발 영양 관련 문제의 지속화
- 부적절한 체중 집중(체성분과 체중 대비 근력 비율에 중점을 두어야 함)
- 고단백 섭취가 모든 문제를 해결할 수 있다는 일반적 오해
- 보충제에 대한 과도한 의존은 음식 섭취를 줄이고 WADA 문제를 일으킴

식품 제한

- 알레르기: 잠재적으로 생명을 위협하는 알레르기 반응을 일으킬 수 있는 음식 피하기
- 과민증: 불충분한 소화 효소로 인해 불편함을 유발하는 음식 피하기
- 과민성: 위장 염증, 불편함 및 팽만감을 유발하는 음식 피하기
- 제한적인 체중 감량 다이어트: 지방이 적은 운동선수와 단순히 체중이 적은 운동선수는 다르다.

식이 지침의 잘못된 해석

- 당분이 함유된 스포츠 음료는 신체 활동 시 섭취하기에 적합
- 땀을 통한 나트륨 손실은 권장 섭취량을 초과할 수 있지만 완전히 대체되어야 함
- 선수에 대한 DRI/RDA 값은 평균 요구 사항보다 높은 두 가지 표준편차

출처: D. Benardot, *Advanced Sports Nutrition*, 3rd ed. (Champaign, IL: Human Kinetics, 2021).

선수 영양 문제의 필요성 및 목표

일반적인 문제

- 음식에 대한 지식이 부족하고 요리 기술이 부족
- 스포츠 영양에 대한 열악하거나 오래된 지식
- 영양사, 영양 전문가 또는 기타 신뢰할 수 있는 자원에 대한 접근 부족
- 불충분한 재정
- 적절한 음식을 얻거나 섭취할 시간이 충분하지 않은 바쁜 생활 방식
- '체중을 늘리는' 위험한 전략
- 좋은 음식 선택의 열악한 가용성
- 잦은 여행
- 무분별한 보조제 사용 또는 근거 기반 보조제 및 스포츠 식품의 적절한 사용 실패
- 스포츠별 제한 사항

공통 요구 사항

- 영양소 부족(철 결핍성 빈혈 코티솔 등의 생물학적 측정)
- 영양 관련 상태 평가(음식 알레르기, 음식 과민증, GI 문제, 당뇨병, 스트레스 골절 등)
- 영양소 섭취에 대한 부담 없는 평가(질병 및 수행 위험을 낮추기 위한 RED-S 및 WIDEB 결정)
- 통합 운동 및 영양 전략 수립(경기력 향상 또는 부상 회복)
- 훈련 효과와 성과를 최적화하기 위한 모든 영양 요구 사항(행사 전 · 중 · 후)을 충족

공통 목표

- 엘리트 수준에서 훈련하고 수행하기에 적합한 종류, 적절한 양, 적절한 시기에 충분한 연료
- 교육 프로그램에서 최적의 이점을 얻어야 함
- 운동 간 및 이벤트 간 회복 개선
- 이상적인 체중과 체격의 달성과 유지
- 부상, 과도한 훈련, 피로 및 질병의 위험 감소
- 경쟁에 직면할 준비가 잘 되어 있다는 자신감
- 높은 수준의 경쟁 성과 달성을 위한 일관성
- 집과 여행 중 음식과 사교적인 식사의 즐거움

출처: Nutrition Working Group of the Medical and Scientific Commission of the International Olympic Committee, *Nutrition for Athletes: A Practical Guide to Eating for Health and Performance*, Revised and Updated June 2016; R. Reale, G. Slater, and L.M. Burke, "Individualized Dietary Strategies for Olympic Combat Sports: Acute Weight Loss, Recovery and Competition Nutrition," *European Journal of Sport Science* 17, no. 6 (2017): 727-740.

D. Benardot, *Advanced Sports Nutrition*, 3rd ed. (Champaign, IL: Human Kinetics, 2021).

운동선수를 위한 수분 섭취 지침

수화 문제

- 운동선수는 체액을 대체할 수 있는 것보다 더 빨리 체액을 잃을 수 있으므로 신체 활동을 탈수 상태로 만든다.
- 인간의 시스템은 연습을 통해 더 많은 수분 섭취에 적응할 수 있다. 따라서 이상적으로는 운동선수는 훈련 중에 경기 중 수행하는 것과 동일한 수분 공급 전략을 연습해야 한다.
- 신체 활동 중에 수분은 운동과 관련된 열 생성 및 환경의 열과 습도로 인해 필요한 증발 냉각을 제공하기 위해 땀으로 손실된다. 전해질, 주로 염화나트륨(소금)은 땀으로 손실되고 혈당이 급격히 떨어진다.
- 수분이 충분히 공급된 상태에서 운동을 시작하고 운동 중 수분 섭취 습관을 잘 실천한 운동선수는 그렇지 않은 운동선수보다 수행상의 이점이 있다.
- 체중을 증가시키는 과도한 양의 수분을 섭취하면, 특히 수분에 염분이 포함되지 않은 경우 고위험 상태인 저나트륨혈증이 발생할 위험이 높아진다.

수분 공급 목표

- 운동선수는 대체할 수 있는 것보다 더 빨리 체액을 잃을 수 있으므로 모든 스포츠의 운동선수는 운동 능력이 손상되지 않도록 수분 부족 정도를 줄이기 위해 잘 연습된 수분 공급 계획을 세워야 한다.
- 물, 전해질, 당분은 신체 활동 중에 급격히 저하되기 때문에 운동선수는 전해질(소금)과 당분이 포함된 수분을 섭취해야 한다. 간단히 말해서 근육과 신경 기능을 정상으로 유지하려면 손실된 모든 것을 대체해야 한다. 물 그 자체로는 일반적으로 충분하지 않는다.
- 설탕과 전해질의 양과 유형이 다른 다양한 음료가 있다. 일반적으로 권장되는 권장량은 6~7%의 탄수화물 용액과 나트륨 1컵당 100~200mg이지만 내성에는 개인차가 있을 수 있으므로 운동선수는 자신에게 잘 맞는 수분 음료를 찾아야 한다.
- 선수는 신체 활동을 시작하기 전에 최적의 수분 상태를 유지하기 위해 모든 노력을 기울여야 한다. 좋은 수분의 지표 중 하나는 투명하거나 밝은 색의 소변이다. 수분이 부족한 상태에서 운동을 시작하면 운동선수는 성능이 저하된다.
- 운동선수는 땀으로 손실되는 수분과 일치하도록 신체 활동 중에 충분한 수분을 섭취해야 한다. 운동선수는 신체 활동 중에 얼마나 많은 수분이 손실되었는지 이해하기 어렵고 일반적으로 목이 마르면 물을 마시게 된다. 그러나 갈증은 운동선수가 이미 약 1.5L의 물(체중의 1~2%)을 잃었을 때 발생하므로 물을 마셔야 할 시기를 잘 알 수 없다. 땀 손실은 체액을 대체하고 흡수하는 능력을 초과하므로 갈증이 발생하기를 기다리면 운동선수가 탈수 상태에 빠지게 된다.
- 높은 열과 습도는 땀의 비율을 증가시키므로 더 많은 양의 수분을 섭취해야 한다. 이것은 미리 연습해야 한다. 적응하지 않고 갑자기 많은 양의 액체를 마시려고 하는 운동선수는 GI

고통을 경험할 가능성이 높다.

- 체중을 2% 이상 낮추면 성능이 저하될 수 있다. 다양한 환경 조건에서 운동하는 동안 섭취한 수분의 양을 모니터링하면서 운동 전후에 체중을 측정하는 것은 올바른 양의 수분이 섭취되었는지 이해하는 데 좋은 전략이다(체중 1lb는 수분 480g에 해당).
- 운동 후에도 선수는 여전히 수분을 잃고 있으며 즉시 스포츠 음료로 수분 보충 프로토콜을 시작해야 한다. 일반적으로 운동 중 손실된 1lb당 600~720g의 체액 회복이 필요하므로 섭취한 체액의 양은 손실된 체중(480g/lb)과 계속 손실되는 체액을 회복하기에 충분해야 한다.

출처: D. Benardot, *Advanced Sports Nutrition*, 3rd ed. (Champaign, IL: Human Kinetics, 2021).

일반적인 영양 실수를 수정하는 방법

공통된 실수	기능에 미치는 영향	수정 방법
운동 전 에너지 및 수분 부족 운동선수는 신체 활동 중에 포만감을 느끼고 싶지 않기 때문에 연습이나 경기 전에 충분히 먹지 않을 수 있다. 이것은 혈당을 손상시킬 수 있다.	• 글리코겐 저장과 혈당을 최적화하기 위한 부적절한 에너지로 신체 활동과 정신력이 저하된다. • 운동선수는 수행 오류, 부상 및 낮은 고강도 지구력의 위험이 증가한다.	• 탄수화물과 단백질이 결합된 소화하기 쉬운 저지방 음식을 섭취해야 한다. • 활동하기 약 90분 전에 단단한 음식의 섭취를 중단한다. • 활동 전 90분 동안 스포츠 음료를 마신다.
운동 후 회복 부족 운동 직후에 단백질, 탄수화물 및 수분을 섭취하지 않으면 운동의 잠재적 이점이 감소하고 운동 후 다음 날의 수행능력이 저하된다.	• 운동 후 잘 구성된 수분을 충분히 제공하지 못하면 근육 회복과 글리코겐 저장이 손상된다. • 글리코겐 저장이 불량하면 이후의 당일 또는 익일 성능이 저하된다.	• 약 100Kcal의 분리유청단백, 탄수화물 및 전해질을 포함하는 양질의 음료 연령을 이용할 수 있다. • 음료는 운동 후 가능한 한 빨리 마셔야 한다(이상적으로는 처음 15분 이내). • 운동 후 처음 4시간 동안은 1~2시간마다 소량의 저지방 음식을 섭취해야 하며 이후에는 정상적인 음식 패턴으로 돌아가야 한다.
탈수 많은 선수들이 훈련이나 경기에 탈수된 상태로 도착하는데, 이는 종종 계획이 잘못되었거나 스포츠 음료를 섭취하면 '살이 찐다'는 두려움 때문이다.	• 집중력 저하 • 감소된 기술 • 조기 피로 • 훈련 및 경쟁에서 높은 인지도 • 근육 회복 불량 • 근육 경련이나 부상의 위험이 높음	• 내성을 향상시키기 위해 스포츠 음료를 마시는 연습을 한다. • 갈증을 피하는 데 도움이 되는 빈도로 마시는 법을 배워야 한다. • 깨끗한 소변을 유지하고 신체 활동 중 체중 감소를 2% 미만으로 줄이기 위해 운동 전 · 중 · 후에 충분히 마시는 법을 배워야 한다.

공통된 실수	기능에 미치는 영향	수정 방법
운동 전후 간식 • 탈지유, 두유 또는 아몬드 우유가 함유된 저섬유질 시리얼 • 바나나, 오렌지 또는 사과와 작은 땅콩버터 1개 • 신선한 과일을 곁들인 그릭 요거트 • 과일 및 단백질(유청) 스무디 • 단백질 바 운동 중 간식 • 스포츠 음료		쉬는 시간 간식(물 또는 스포츠 음료와 함께 섭취) • 바나나 • 요구르트 덮인 레이즈 • 말린 과일(건포도, 크린베리, 바나나, 사과 등) • 사과 소스 • 저섬유질/고탄수화물/저지방/저–중단백 스포츠 바
수분 공급 팁 • 운동 직전, 운동 중, 운동 직후에 섭취한 물 외에 깨끗한 소변을 유지할 수 있도록 충분한 물을 마신다. 물, 희석한 과일 주스, 차, 커피, 스포츠 음료 및 우유는 모두 수분으로 간주되지만 운동 중에는 스포츠 음료를 섭취해야 한다. • 목이 마르도록 두지 마라. 갈증은 탈수 상태를 나타내는 긴급한 감각이다. 갈증을 피하기 위해 계속 수분을 섭취하고 한 번에 많은 양의 수분 섭취는 위장 장애를 일으킬 수 있으므로 피해야 한다. • 마지막 고형식 섭취 후 운동 1~1시간 30분 전에 30~480mL의 스포츠 음료를 마신다. • 연습 및 시합 중에는 기회가 있을 때마다(최소 10~15분 간격으로) 스포츠 음료를 마시는 연습을 한다. • 맑은 소변과 운동 전과 동일한 체중을 얻을 수 있도록 운동 후에 충분히 마신다. • 구강 건조를 방지하기 위해 여행하는 동안 수분을 섭취한다(10~15분마다 1~2입).		

출처: D. Benardot, *Advanced Sports Nutrition*, 3rd ed.(Champaign, IL: Human Kinetics, 2021).

영양에 관한 일반적인 오해

오해 1: 체중은 건강과 웰빙의 좋은 지표이다.
현실: 무게는 일반적으로 사용되는 거의 모든 것에 대한 잘못된 측정이다. 중요한 문제는 체중, 제지방 또는 지방량을 구성하는 요소를 아는 것이다. 왜냐하면 칼로리 제한을 통해 체중을 감량하는 운동선수는 지방량보다 제지방량이 더 많이 줄어들 수 있고 이는 경기력에 상당히 부정적인 영향을 미칠 수 있기 때문이다.

오해 2: 운동의 에너지 비용은 항상 동일하다.
현실: 인간은 항상 에너지 효율을 높이는 방법을 찾고 있다. 더 많은 운동을 하면 결국 이 운동을 하기 위해 에너지를 덜 소모하는 방법을 찾는다. 운동은 세포의 미토콘드리아 함량과 기능을 증가시키고 산소 전달 및 활용을 향상시켜 에너지 효율성을 높인다.

오해 3: 많이 먹으면 살이 찐다.
현실: 인간은 놀랍도록 효과적인 지방 생산 기계이다. 음식을 너무 많이 먹으면 살이 찐다. 음식을 너무 적게 먹으면 근육이 줄어들고 상대적인 지방량이 증가한다.

오해 4: 저칼로리 다이어트는 효과적인 체중 감량 전략이다.
현실: 저칼로리 다이어트는 실패할 운명이다. 적응형 열 생성은 낮은 에너지 섭취량으로 동일한 체중을 유지하게 하지만, 결과 체중은 더 큰 비율의 지방량으로 구성되어 더 커 보이게 하고 심장대사 위험을 증가시킨다.

오해 5: 보충제는 영양 상태를 개선하는 효과적인 수단이다.
현실: 영양 보충제의 고용량은 종종 조직 민감도를 낮추고 독성 위험을 높인다. 단순히 충분히 얻는 것이 아니다. 셀룰러 탱크가 고갈되지 않도록 하고 넘치도록 두지 않는 것이다.

오해 6: '완벽한 식품'에 초점을 맞추면 좋은 영양 상태가 보장된다.
현실: 이 음식이 '건강에 좋다'와 같은 믿음 때문에 같은 몇 가지 음식을 계속 먹는 사람들은 영양실조의 위험이 있다. 완벽한 음식은 없다.

오해 7: 설탕만 먹으면 살이 찐다.
현실: 정제된 탄수화물(즉, 설탕)을 섭취하는 것 외에도 정말 배고프게 하거나 과식을 하는 것을 포함하여 인슐린을 증가시키고 더 많은 지방을 만드는 방법이 많이 있다. 운동을 하지 않는다면 많은 양을 섭취해서는 안 되지만, 운동 중 당분이 함유된 전해질 음료만큼 열심히 운동하는 운동선수에게 주는 것보다 더 좋은 것은 찾기 어려울 것이다.

오해 8: 다이어트는 체지방 감소에 도움이 된다.
현실: 부적절한 에너지 섭취에 대한 신체의 논리적 적응은 에너지를 필요로 하는 조직인 제지방량을 줄이는 것이다.

오해 9: 3,500Kcal는 1파운드의 신체 조직과 같다.
현실: 인간의 경우 3,500Kcal는 1파운드와 다르다. 인간은 생존을 위해 불규칙한 칼로리 섭취에 적응하는 적응 기전을 가지고 있다. 이 칼로리 대 체중 관계가 확립된 폭탄 열량계는 그렇지 않다.

오해 10: 매일 소비하는 칼로리$_{\text{Kcal out}}$와 같은 칼로리$_{\text{Kcal in}}$를 섭취하면 체중이 유지된다.
현실: 일반적으로 언급되는 '칼로리 인, 칼로리 아웃' 패러다임은 24시간 단위로 적용되는 방식으로 작동하지 않는다. 인간은 실시간으로 반응하는 내분비 시스템을 가지고 있다.

출처: D. Benardot, *Advanced Sports Nutrition*, 3rd ed. (Champaign, IL: Human Kinetics, 2021).

하루 중 에너지 균형

하루 중 에너지 균형을 유지하는 것은 운동선수에게 중요하다. 현재 스포츠에서 상대 에너지 결핍(RED-S)이라고 하는 실시간 에너지 균형 결핍 상태에서 시간을 보내는 것이 여러 건강 및 수행 문제를 유발한다는 증거가 증가하고 있다. 종종 24시간 단위로 표현되는 '칼로리 인, 칼로리 아웃' 패러다임은 신체가 실시간으로 작동하기 때문에 오해의 소지가 있다. 운동선수가 전반적인 24시간 에너지 균형에 있더라도 에너지 결핍 상태에서 보내는 시간이 여러 문제를 일으킬 가능성이 있다는 연구 결과가 점점 더 많아지고 있다. 연료(에너지) 용량이 유한하다고 상상해 보자. 너무 적으면 문제가 발생하고 너무 많아도 문제가 발생한다. 운동선수의 목표는 연료 탱크가 과도하게 채워지거나 너무 비워지지 않도록 하는 것이다. 에너지 부족 및 초과와 관련된 문제는 다음의 표에 나와 있다.

다음 샘플 에너지 균형 그래프에서 이 운동선수의 에너지 균형은 하루가 끝날 때 거의 완벽하지만 낮 동안의 심각한 에너지 결핍은 경기력과 건강 문제를 모두 일으킬 수 있다.

에너지 부족	에너지 과잉
교육 혜택이 좋지 않음	높은 체질량
기존 제지방 유지 문제	높은 체지방률
신진대사율 저하	심부전
정상적인 식사에 어려움이 증가함	제2형 당뇨병 위험 증가
영양소 섭취 감소	고혈압 위험 증가
골밀도 감소	질병 저항성 감소
더 높은 코티솔(스트레스 호르몬)	식이 매개 적응
운동 능력 감소	에너지 열역학 운동 능력 감소
부상 위험 증가	부상 위험 증가
섭식 장애/섭식 장애의 위험 증가	섭식 장애/섭식 장애의 위험 증가

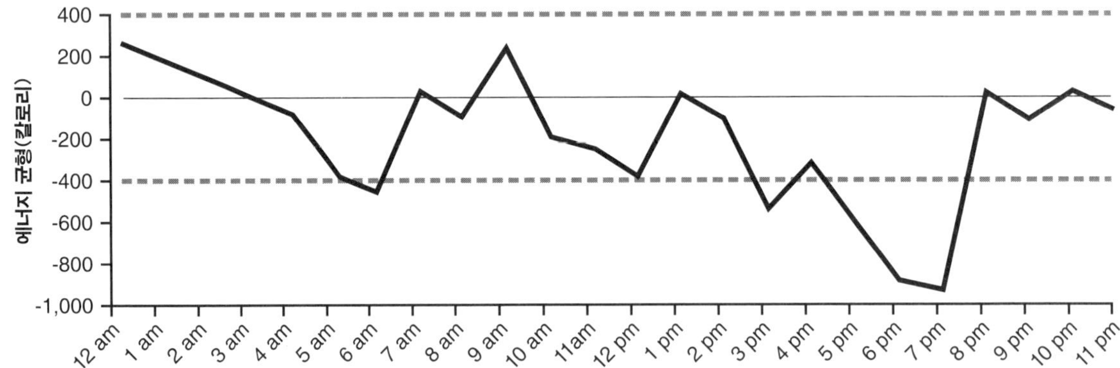

출처: I.L. Fahrenholtz et al., "Within-Day Energy Deficiency and Reproductive Function in Female Endurance Ath- letes," *Scandinavian Journal of Medicine & Science in Sports* 28, no. 3(2018): 1139-1146; M.K. Torstveit et al., "Within-Day Energy Deficiency and Metabolic Perturbation in Male Endurance Athletes," *International Journal of Sport Nutrition and Exercise Metabolism* 28, no. 4(2018): 1-28.

D. Benardot, *Advanced Sports Nutrition*, 3rd ed.(Champaign, IL: Human Kinetics, 2021).

운동 후 회복을 위한 영양

목표

- 수분 보충
- 글리코겐 저장소 복구
- 근육 단백질 합성 강화
- 운동 관련 근육통 감소

운동 후 영양 전략

30~60분 이내

- 땀을 흘려 손실된 체중 1lb를 600~720mL의 수분으로 대체한다. 탄수화물과 단백질의 비율은 4대 1이 가장 좋다.

운동 후 60~90분

- 수분을 계속 공급한다.
- 탄수화물과 단백질의 비율이 4대 1인 회복 식품(스낵, 셰이크 또는 바)을 섭취한다.

3시간 이내

- 혼합 식사(단백질, 탄수화물 및 지방의 조합)를 섭취한다.
- 수분을 계속 공급한다.
- 탄산음료, 알코올 또는 에너지 음료를 피해야 한다(카페인과 설탕이 과도하게 높은 것은 아님).

버스나 비행기로 귀가

- 지속적인 수분 공급.
- 음식과 함께 물을 충분히 섭취해야 한다. 음식 없이 마시는 경우에는 스포츠 음료(탄수화물 용액 6~7%, 나트륨 100mg/컵)를 마신다.
- 소변을 보기 위해 화장실에서 자주 쉬는 것(약 1시간에 한 번)은 충분한 수분을 섭취하고 있다는 신호이다.

집

- 가능한 한 빨리 정상적인 식사 패턴으로 돌아간다.
- 고탄수화물, 저지방, 중간 단백질 식품에 중점을 둔다.
- 식사와 함께 물을 많이 섭취해야 한다.
- 가능한 한 빨리 정상적인 수면 주기로 돌아가도록 노력해야 한다.

24시간 이내

- 알코올, 소다, 고카페인, 고당 에너지 음료의 섭취를 엄격히 제한하라.

출처: D. Benardot, *Advanced Sports Nutrition*, 3rd ed. (Champaign, IL: Human Kinetics, 2021).

고탄수화물 식사 및 간식

탄수화물(%)	식사
65	치킨 햄버거(빵 90g=252Kcal), 프레즐(60g=215Kcal), 바나나(1=109Kcal), 과일 주스(1컵=112Kcal)
66	구운 감자(1개=278Kcal), 옥수수(1/2컵=86Kcal), 슈레드 체다치즈(1/4컵=114Kcal)
67	파스타(1컵=316Kcal), 토마토소스(1/2컵=70Kcal), 다진 고기(30g= 47Kcal), 사이드 롤(1=90Kcal)
69	햄(90g=105Kcal), 통밀빵(2슬라이스=155Kcal), 사과(95Kcal), 바나나(1=109Kcal)
70	밥(1.5컵= 325Kcal), 채소(1컵=145Kcal), 살고기(60g=95Kcal)
71	토스트(2슬라이스=155Kcal), 너트 버터(1작은술=96Kcal), 젤리(2작은술=111Kcal), 바나나(1=109Kcal)
73	햄(90g=105Kcal), 빵(2슬라이스=155Kcal), 100% 과일 주스(1컵=112Kcal)
73	와플의 계란(2=195Kcal), 사과 소스(1/2컵=82Kcal), 무지방 요구르트(180g=162Kcal)
79	허니 넛 치리오스(1.5컵=220Kcal), 무지방 우유(1컵=82Kcal), 바나나(1=109Kcal)
79	저지방 블루베리 머핀(1=181Kcal), 저지방 요거트(1컵=215Kcal)
81	쌀(1컵=216Kcal) 또는 토마토(1개=278Kcal), 강낭콩(1/2컵=153Kcal), 바나나(1=109Kcal)
85	오트밀(0.66컵=204Kcal), 마른 과일(1/4컵=180Kcal), 바나나(1=109Kcal)
86	구운 감자(1개=278Kcal) 필요시 가볍게 버터 추가, 사이드로 채소(1컵=145Kcal)
87	바나나 과일 셰이크(1=109Kcal), 딸기(1/2컵=24Kcal), 100% 과일 주스(240g=118Kcal), 무지방 요거트(180g=162Kcal)

출처: D. Benardot, Advanced Sports Nutrition, 3rd ed. (Champaign, IL: Human Kinetics, 2021).

영양 전략: 경기 전부터 경기 시간까지

경기 전 식사는 경기 5시간 전에 제공되는 경우가 많으며 적시에 적절한 음식과 음료를 섭취하지 않으면 낮은 혈액량, 저혈당 및 고갈된 간 글리코겐 상태로 경기장에 도착할 수 있다. 혈당은 뇌의 주요 연료이다. 혈당이 떨어지면 정신적 피로가 발생하여 근육에 에너지가 가득 차 있어도 근육 피로로 이어질 수 있다. 그러나 뱃속에 음식을 넣고 게임을 시작하면 속이 더부룩하고 메스꺼움을 느끼므로 성능이 저하된다. 당신의 목표는 경기 전 식사와 경기 시간 사이에 충분한 에너지와 수분을 섭취하여 최적의 수분을 공급하고 정상 혈당으로 운동장에 발을 디딜 수 있도록 하는 것이다.

다음 표에 있는 전략은 수분과 혈당이 모두 최적으로 만족되고 최상의 수행을 방해하는 요소가 없도록 하는 데 도움이 된다.

출처: D. Benardot, *Advanced Sports Nutrition*, 3rd ed. (Champaign, IL: Human Kinetics, 2021).

경기 전 식사	경기 4시간 전	경기 3시간 전	경기 2시간 전	경기 1시간 전	게임 시간
탄수화물이 많고 단백질이 적당하며 지방이 적고 수분이 많은 친숙한 음식. 섬유질이 많은 음식을 피해야 한다. 또한 염분 섭취 또한 제한한다.	때때로 고탄수화물, 저단백질, 저지방 고형 간식. 스포츠 음료를 계속 소량씩 섭취한다(15분마다 한두 모금 정도).	때때로 고탄수화물, 저단백질, 저지방 고형 간식. 스포츠 음료를 계속 소량씩 섭취한다(10~15분마다 한두 모금 정도).	고탄수화물, 고단백 저지방 고형 간식을 가끔 먹는다. 스포츠 음료를 계속 소량씩 섭취한다(10분마다 한두 모금 정도).	제한된 고형 식품 및 스포츠 음료를 소량씩 섭취한다(7~10분마다 한두 모금 정도).	기회가 있을 때마다 스포츠 음료를 섭취한다. 일반 물의 소비를 제한한다. 하프타임에는 제한된 음식을 먹는다.
예시					
껍질을 벗기지 않고 구운 닭가슴살, 기름기와 소스가 없는 구운 살코기 스테이크, 오븐이나 그릴에 구운 생선	소량의 살코기 델리 컷 고기(살코기 칠면조, 살코기 로스트비프 등)	소량의 델리 컷 고기(린 칠면조, 린 로스트비프 등) 또는 델리 샌드위치(소형)	소량의 델리 컷 고기(린 칠면조, 린 로스트비프 등) 또는 린 델리 샌드위치(소형)	저지방 요거트(경기 30분 전까지 허용)	하프타임: 30g 살코기 델리미트가 들어간 아주 작은 샌드위치 또는 잘 견디는 에너지바
으깬 감자(버터), 구운 고구마 또는 흰색 감자, 껍질 없음(버터와 사워크림, 쌀, 밀가루, 빵 또는 파스타	베이글, 토스트 또는 빵, 소금에 절인 크래커	베이글, 토스트 또는 빵, 소금에 절인 크래커	일반 빵, 리츠 크래커, 프레첼, 짠 크래커 또는 탈지유를 곁들인 차가운 저섬유 시리얼	소량의 일반 빵, 리츠 크래커, 프레첼 또는 소금에 절인 크래커	하프타임: 일반 크래커, 일반 빵 또는 사이토카브 복합물
익힌 당근, 녹두, 단호박, 호박, 콜라드(생야채 또는 샐러드 제외)	바나나, 사과, 포도(익힌 야채, 생야채, 콩을 모두 피한다)	바나나, 사과, 포도(익힌 야채, 생야채, 콩을 모두 피한다)	바나나, 사과, 포도(익힌 야채, 생야채, 콩을 모두 피한다)	바나나 또는 포도(경기 전 30분 이내)	하프타임: 바나나, 포도 또는 요구르트를 얹은 건포도

여행을 위한 영양 고려 사항

운동선수는 일반적으로 대회 때문에 여행하며 여러 시간대를 넘어 다른 국가 또는 다른 환경 조건으로 여행하는 것은 모두 운동선수의 영양에 영향을 줄 수 있다. 다음과 같은 일반적인 영양 규칙을 고려해야 한다.

- 보관이 용이한 것으로 알려진 간식, 스포츠 바 및 스포츠 음료 패킷(병에 든 물에 희석)을 가져간다.
- 과도한 지방 섭취를 피하기 위해서는 튀긴 음식, 기름에 부친 음식, 볶은 음식보다는 오븐에 구운 음식, 그릴에 구운 음식, 삶은 음식, 구운 음식을 주문하는 것이 좋다.
- 가능하다면 선수들은 그들이 원하는 음식을 정확히 먹기 위해 일품요리를 주문해야 한다. 비행기로 여행하는 경우 선수는 최소 24시간 전에 항공사에 특별 식단 요구 사항(글루텐 프리, 채식주의자 등)에 대한 내용을 제공해야 한다.
- 채식주의 식단은 정기적으로 제공되는 음식보다 지방 함량이 낮고 탄수화물 함량이 높기 때문에 채식주의 식단을 따르지 않더라도 비행기 여행에 좋은 선택이 될 수 있다.
- 비행기 여행은 탈수 상태를 유발하므로 운동선수는 비행기에 물이나 스포츠 음료를 가져와야 한다.
- 시간대를 변경하는 선수는 가능한 한 빨리 현지 일정에 맞추기 위해 모든 노력을 기울여야 한다. 일반적으로 시간대가 변경될 때마다 생체리듬이 조정되는 데 1일이 소요된다(즉, 5개 시간대를 건너면 적응하는 데 약 5일이 소요됨). 시차로 인한 피로는 수면 부족, 식욕 부진, 피로, 다리 힘의 상실, 힘의 상실 및 속도 감소와 관련이 있으므로 적응할 수 있을 만큼 일찍 목적지에 도착하는 것이 성능 최적화에 중요하다.
- 안전 및 위생 기준은 전 세계적으로 다양하므로 다른 국가로 여행하는 운동선수는 섭취하는 음식에 주의하지 않으면 탈수와 관련된 설사가 발생할 위험이 증가할 수 있다. 이상적으로는 선수가 가능한 식품 안전 위험에 대해 미리 배워야 한다. 선수가 어디를 여행하든 일반적으로 날 음식이나 덜 익힌 음식을 피하는 것이 좋다.
- 음식에 민감하거나 알레르기가 있거나 과민증이 있는 선수는 목적지 국가의 언어로 된 3×5 카드를 만들어야 한다. 이것은 웹 기반 번역 시스템을 사용하여 쉽게 수행 가능하다. 식당에 갈 때 식이 제한 사항을 완전히 이해할 수 있도록 카드를 서버에 전달해야 한다.
- 여행을 떠나기 며칠 전 목적지의 시간대에서 빛에 노출되는 것을 모방하여 수면 시간을 점차적으로 변경하는 것이 좋다.
- 20~30분의 짧은 낮잠은 운동선수가 여행 중에 발생하는 전형적인 수면 부족에서 회복하는 데 도움이 될 수 있다.
- 간식을 쉽게 구할 수 있고 무알코올 음료를 충분히 섭취한다(병에 든 것이 좋다).
- 정규 시간에 식사를 하는 것을 포함하여 도착 후 가능한 한 빨리 현지 일정에 맞추도록 노력한다.

출처: D. Benardot, *Advanced Sports Nutrition*, 3rd ed. (Champaign, IL: Human Kinetics, 2021).

뇌진탕에 대한 영양

뇌진탕은 심각한 상태이며 뇌진탕이 있는 운동선수는 회복을 도울 수 있는 특정 영양 패턴을 따라야 함을 시사하는 증거가 증가하고 있다. 여기에는 다음이 포함된다.

일반적인 영양

- 의료팀은 스포츠 영양학을 전문으로 하는 등록된 영양사와 상담해야 한다.
- 뇌진탕 직후 영양 계획을 시작해야 한다.
- 음식은 일반적으로 제한되어서는 안 된다.
- 뇌진탕 후 가능한 빨리 무언가를 먹는 것이 바람직하다.
- 메스꺼움이 있는 뇌진탕 운동선수에게는 바나나, 쌀, 밀 토스트와 같은 맵지 않고 소화하기 쉬운 저지방 음식을 제공해야 한다.
- 단백질 섭취는 정상으로 유지되어야 하며 제한되어서는 안 된다.
- 조기 뇌진탕은 수면 장애, 과민성, 무관심, 피로, 메스꺼움, 쉬운 산만, 방향 감각 상실, 혼란 또는 낮은 집중력을 포함하여 음식 섭취에 부정적인 영향을 미칠 수 있는 여러 상태와 관련이 있다.

식이 수정

- 오메가-3 지방산의 섭취를 약간 늘리면 회복에 도움이 될 수 있다는 증거가 있다. 이러한 지방산은 염증을 감소시켜 손상 부위로의 혈류를 개선할 수 있다.
- 오메가-3 지방산의 최고의 식품 공급원은 ALA와 EPA를 모두 포함하는 어패류이다. 그러나 견과류와 씨앗이 포함된 다른 식품에도 오메가-3 지방산이 포함되어 있다. 붉은 고기는 오메가-3 지방산의 좋은 공급원으로 간주되지 않는다.
- 연구에 따르면, 비타민 D와 E 섭취는 모두 정상보다 약간 높아야 한다. 정상적인 식사를 통해 제공할 수 없는 경우 추가 섭취를 고려해야 한다.

식사 빈도

- 뇌진탕 운동선수는 조직 복구를 개선할 수 있도록 만성 영양소와 에너지 가용성을 제공할 수 있도록 평소보다 적은 양의 식사로 균형 잡힌 식단을 섭취하도록 노력해야 한다.
- 단백질 섭취도 중요하지만 하루 종일 잘 분배되는 더 작지만 규칙적인 섭취량을 제공하는 식사와 함께 섭취해야 한다. 예를 들면 식사당 50g의 단백질을 함유한 세 끼 식사보다 25g의 단백질이 함유된 여섯 끼 식사를 하는 것이 더 좋다.

출처: B.P. Lucke-Wold et al., “Supplements, Nutrition, and Alternative Therapies for the Treatment of Traumatic Brain Injury,” *Journal of Nutritional Neuroscience* 21, no. 2 (2018): 79-91; K. Casazza and E. Swanson, “Nutrition as Medicine to Improve Outcomes in Adolescents Sustaining a Sports-Related Concussion,” *Exploratory Research and Hypothesis in Medicine* 2, no. 4 (2017): 122; M.D. Lewis, “Concussions, Traumatic Brain Injury, and the Innovative Use of Omega-3s,” *Journal of the American College of Nutrition* 35, no. 5 (2016): 469-475.

D. Benardot, *Advanced Sports Nutrition*, 3rd ed. (Champaign, IL: Human Kinetics, 2021).

미주

Chapter 1. 에너지 영양소

1. Hultman E, Nilsson LH. Liver glycogen in man: Effects of different diets and muscular exercise. In: Pernow B, Saltin B, eds. *Muscle Metabolism During Intense Exercise*. London, United Kingdom: Plenum Press; 1971:143-151.
2. Hultman E, Greenhaff PL. Carbohydrate metabolism in exercise. In: Maughan RJ, ed. *Nutrition in Sport*. London, United Kingdom: Blackwell Science; 2000:90-91.
3. Glucogenic amino acids have carbon chains that can be converted to glucose. In humans, the glucogenic amino acids are glycine, serine, valine, histidine, arginine, cysteine, proline, alanine, glutamate, glutamine, aspartate, asparagines, and methionine. Amino acids that are both glucogenic and ketogenic included isoleucine, threonine, phenylalanine, tyrosine, and tryptophan. (The ketogenic amino acids produce ketones rather than glucose.)
4. Pate TD, Brunn JC. Fundamentals of carbohydrate metabolism. In: Hickson JF, Wolinsky I, eds. *Nutrition in Exercise and Sport*. Boca Raton, FL: CRC Press; 1989:37-49.
5. Karlsson J, Saltin B. Diet, muscle glycogen, and endurance. *Journal of Applied Physiology*. 1971;31(2):203-206.
6. Felig P, Wahren J. Amino acid metabolism in exercising man. *Journal of Clinical Investigation*. 1971;50:2703-2714.
7. Sahlin K, Katz A, Broberg S. Tricarboxylic cycle intermediates in human muscle during submaximal exercise. *American Journal of Physiology*. 1990;259:834C-841C.
8. Fitts RH. Cellular mechanisms of muscle fatigue. *Physiological Reviews*. 1994;74:49-94.
9. The branched-chain amino acids are leucine, isoleucine, and valine.
10. Newsholme EA, Catell LM. Amino acids, fatigue and immunodepression in exercise. In: Maughan RJ, ed. *Nutrition in Sport*. London, United Kingdom: Blackwell Science; 2000:156-158.
11. Davis JM, Alderson NL, Welsh RS. Serotonin and central nervous system fatigue: Nutritional considerations. *American Journal of Clinical Nutrition*. 2000;72(2)(suppl):573S-578S.
12. Davis JM, Zhao Z, Stock HS, Mehl KA, Buggy J, Hand GA. Central nervous system effects of caffeine and adenosine on fatigue. *American Journal of Physiology: Regulatory, Integrative and Comparative Physiology*. 2003;284(2):399R-404R.
13. Institute of Medicine. *Dietary reference intakes for energy, carbohydrate, fiber, fat, fatty acids, cholesterol, protein and amino acids*. Food and Nutrition Board. Washington, DC: National Academies Press; 2002.
14. Position of the American Dietetic Association, Dietitians of Canada, and the American College of Sports Medicine. Nutrition and athletic performance. *Journal of the American Dietetic Association*. 2000;100:1543-1556.
15. USDA/HHS. Nutrition and your health: Dietary Guidelines for Americans. *Home and Garden Bulletin*. no. 232. Washington, DC: Government Printing Office; 2000.
16. Costill DL, Sherman WM, Fink WJ, Maresh C, Witten M, Miller JM. The role of dietary carbohydrate in muscle glycogen synthesis after strenuous running. *American Journal of Clinical Nutrition*. 1981;34:1831-1836.
17. Sherman WM. Metabolism of sugars and physical performance. *American Journal of Clinical Nutrition*. 1995;62(suppl):228S-241S.
18. Burke LM, Kiens B, Ivy JL. Carbohydrates and fat for training and recovery. *Journal of Sports Sciences*. 2004;22:15-30.
19. Liu S, Willett WC. Dietary glycemic load and atherothrombotic risk. *Current Atherosclerosis Reports*. 2002;4(6):454-461.
20. Coutts A, Reaburn P, Mummery K, Holmes M. The effect of glycerol hyperhydration on Olympic distance triathlon performance in high ambient temperatures. *International Journal of Sport Nutrition and Exercise Metabolism*. 2002;12(1):105-119.
21. Magal M, Webster MJ, Sistrunk LE, Whitehead MT, Evans RK, Boyd JC. Comparison of glycerol and water hydration regimens on tennis-related performance. *Medicine and Science in Sports and Exercise*. 2003;35(1):150-156.
22. Bucci L. *Nutrients as Ergogenic Aids for Sports and Exercise*. Boca Raton, FL: CRC Press; 1993:20.
23. Mickleborough TD, Murray RL, Ionescu AA, Lindley MR. Fish oil supplementation reduces severity of exercise-induced bronchoconstriction in elite athletes. *American Journal of Respiratory and Critical Care Medicine*. 2003;168:1181-1189.
24. Brilla LF, Landerholm TE. Effect of fish oil supplementation and exercise on serum lipids and aerobic fitness. *Journal of Sports Medicine*. 1990;30(2):173.
25. Huffman DM, Altena TS, Mawhinney TP, Thomas TR. Effect of n-3 fatty acids on free tryptophan and exercise fatigue. *European Journal of Applied Physiology*. 2004;92(4/5):584-591.
26. Lenn J, Uhl T, Mattacola C, Boissonneault G, Yates J, Ibrahim W, Bruckner G. The effects of fish oil and iso-

flavones on delayed onset muscle soreness. *Medicine and Science in Sports and Exercise.* 2002;34(10):1605-1613.

27. Simopoulos AP. Omega-3 fatty acids and athletics. *Current Sports Medicine Reports.* 2007;6:230-236.
28. Coyle EF. Fat metabolism during exercise. *Sports Science Exchange.* 1995;8(6):59-65.
29. Kiens B, Helge JW. Adaptations to a high fat diet. In: Maughan RJ, ed. *Nutrition in Sport.* London, United Kingdom: Blackwell Science; 2000:192-202.
30. Bach AS, Babayan VK. Medium-chain triglycerides: An update. *American Journal of Clinical Nutrition.* 1982;36(5):950-962.
31. Seaton TB, Welle SL, Warenko MK, Campbell RG. Thermic effect of medium-chain and long-chain triglycerides in man. *American Journal of Clinical Nutrition.* 1986;44(5):630-634.
32. Geliebter A, Torbay N, Bracco EF, Hashim SA, Van Itallie TB. Overfeeding with medium-chain triglyceride diet results in diminished deposition of fat. *American Journal of Clinical Nutrition.* 1983;37(1):1-4.
33. Scalfi L, Coltorti A, Contaldo F. Postprandial thermogenesis in lean and obese subjects after meals supplemented with medium-chain and long-chain triglycerides. *American Journal of Clinical Nutrition.* 1991;53(5):1130-1133.
34. Angus DJ, Hargreaves M, Dancey J, Febbraio MA. Effect of carbohydrate or carbohydrate plus medium-chain triglyceride ingestion on cycling time trial performance. *Journal of Applied Physiology.* 2000;88(1):113-119.
35. Lambert EV, Goedecke JH, Zyle C, Murphy K, Hawley JA, Dennis SC, Noakes TD. High-fat diet versus habitual diet prior to carbohydrate loading: Effects of exercise metabolism and cycling performance. *International Journal of Sport Nutrition and Exercise Metabolism.* 2001;11(2):209-225.
36. Misell LM, Lagomarcino ND, Schuster V, Kern M. Chronic medium-chain triacylglycerol consumption and endurance performance in trained runners. *Journal of Sports Medicine and Physical Fitness.* 2001;41(2):210-215.
37. Kern M, Lagomarcino ND, Misell LM, Schuster V. The effect of medium-chain triacylglycerols on the blood lipid profile of male endurance runners. *Journal of Nutritional Biochemistry.* 2000;11(5):288-292.
38. Kasai M, Nosaka N, Maki H, Suzuki Y, Takeuchi H, Aoyama T, Ohra A, Harada Y, Okazaki M, Kondo K. *Journal of Nutritional Science and Vitaminology.* 2002;48(6):536-240.
39. St-Onge MP, Ross R, Parsons WD, Jones PJ. Mediumchain triglycerides increase energy expenditure and decrease adiposity in overweight men. *Obesity Research.* 2003;11(3):395-402.
40. Jukendrup AE, Saris WHM, Schrauwen P, Brouns F, Wagermakers AJM. Metabolic availability of medium-chain triglycerides coingested with carbohydrate during prolonged exercise. *Journal of Applied Physiology.* 1995;79:756-762.
41. Cwik, V. Disorders of lipid metabolism in skeletal muscle. *Neurologic Clinics.* 2000;18:167-184.
42. Meredith CN, Zackin MJ, Frontera WR, Evans WJ. Dietary protein requirements and body protein metabolism in endurance-trained men. *Journal of Applied Physiology.* 1989;66(6):2850-2856.
43. Butterfield GE, Calloway DH. Physical activity improves protein utilization in young men. *British Journal of Nutrition.* 1984;51:171-184.
44. Butterfield G, Cady C, Moynihan S. Effect of increasing protein intake on nitrogen balance in recreational weight lifters. *Medicine and Science in Sports and Exercise.* 1992;24:71S.
45. Hoffman JR, Falvo MJ. Protein: Which is best? *Journal of Sports Science and Medicine.* 2004;3(3):118-130.
46. Schaafsma G. The protein digestibility-corrected amino acid score. *Journal of Nutrition.* 2000;130:1865S-1867S.
47. USDA/HHS. *Dietary Guidelines for Americans, 2010.* Washington, DC: Government Printing Office; 2010.
48. Tarnopolsky MA, MacDougall JD, Atkinson SA. Influence of protein intake and training status on nitrogen balance and lean body mass. *Journal of Applied Physiology.* 1988;64(1):187-193.
49. Position of the American Dietetic Association, Dietitians of Canada, and the American College of Sports Medicine. Nutrition and Athletic Performance. *Journal of the American Dietetic Association.* 2009;109:509-527.
50. Steen SN. Precontest strategies of a male bodybuilder. *International Journal of Sport Nutrition.* 1991;1:69-78.
51. Kleiner SM, Bazzarre TL, Ainsworth BE. Nutritional status of nationally ranked elite body-builders. *International Journal of Sport Nutrition.* 1994;4:43-69.
52. Gibala M. Regulation of skeletal muscle amino acid metabolism during exercise. *International Journal of Sport Nutrition and Exercise Metabolism.* 2001;11:87-108.
53. Gibala MJ. Dietary protein, amino acid supplements, and recovery from exercise. *GSSI Sports Science Exchange.* 2002;15(4):1-4.
54. Kumar V, Atherton P, Smith K, Rennie MJ. Human muscle protein synthesis and breakdown during and after exercise. *Journal of Applied Physiology.* 2009;106:2026-2039.
55. Paddon-Jones D, Rasmussen BB. Dietary protein recommendations and the prevention of sarcopenia: Protein amino acid metabolism and therapy. *Current Opinions in Clinical Nutrition and Metabolic Care.* 2009;12(1):86-90.
56. Tipton KD, Elliott TA, Cree MG, Aarsland AA, Sanford AP, Wolfe RR. Stimulation of net muscle protein synthesis by whey protein ingestion before and after exercise. *American Journal of Physiology and Endocrinological Metabolism.* 2007;292:71E-76E.
57. Cermak NM, Solheim AS, Gardner MS, Tarnopolsky

MA, Gibala MJ. Muscle metabolism during exercise with carbohydrate ingestion. *Medicine and Science in Sport and Exercise*. 2009;41(12):2158-2164.

58. Howarth KR, Moreau NA, Phillips SM, Gibala MJ. Coingestion of protein with carbohydrate during recovery from endurance exercise stimulates skeletal muscle protein synthesis in humans. *Journal of Applied Physiology*. 2009;106:1394-1402.

59. Howarth KR, Phillips SM, MacDonald MJ, Richards D, Moreau NA, Gibala MJ. Effect of glycogen availability on human skeletal muscle protein turnover during exercise and recovery. *Journal of Applied Physiology*. 2010;109(2):431-438.

60. Burd NA, West DWD, Staples AW, Atherton PJ, Baker JM, Moore DR, Holwerda AM, Parise G, Rennie MJ, Baker SK, Phillips SM. Low-load high volume resistance exercise stimulates muscle protein synthesis more than high-load low volume resistance exercise in young men. *PloS ONE*. 2010;5(8):12033E.

61. Key TJ, Appleby PN, Rosell MS. Health effects of vegetarian and vegan diets. *Proceedings of the Nutrition Society*. 2006;65:35-41.

62. Craig WJ, Mangels AR. Position of the American Dietetic Association: Vegetarian diets. *Journal of the American Dietetic Association*. 2009;109(7):1266-1282.

63. Venderley AM, Campbell WW. Vegetarian diets: Nutritional considerations for athletes. *Sports Medicine*. 2006;36(4):293-305.

64. Borrione P, Grasso L, Quaranta F, Parisi A. Vegetarian diet and athletes. *Sport- und Präventivmedizin*. 2009;20-24.

65. Nichols DL, Sanborn CF, Essery EV. Bone density and young athletic women: An update. *Sports Medicine*. 2007;37(11):1001-1014.

66. Renda M, Fischer P. Vegetarian diets in children and adolescents. *Pediatrics in Review*. 2009;30:1E-8E.

67. Lemon PW. Effects of exercise on dietary protein requirements. *International Journal of Sport Nutrition*.1998;8(4):426-447.

68. Maughan R. The athlete's diet: Nutritional goals and dietary strategies. *Proceedings of the Nutrition Society*. 2002;6(1):87-96.

69. Zawadzki KM, Yaspelkis BB, Ivy JL. Carbohydrate-protein complex increases the rate of muscle glycogen storage after exercise. *Journal of Applied Physiology*. 1992;72(5):1854-1859.

70. Roy BD. Milk, the new sports drink? A review. *Journal of the International Society of Sports Nutrition*. 2008;5:15.

71. Shirreffs SM, Watson P, Maughan RJ. Milk as an effective post-exercise rehydration drink. *British Journal of Nutrition*. 2007;98:173-180.

72. Thomas K, Morris P, Stevenson E. Improved endurance capacity following chocolate milk consumption compared with 2 commercially available sports drinks. *Applied Physiology and Nutrition Metabolism*. 2009;34:78-82.

73. Cockburn E, Hayes PR, French DN, Stevenson E, St. Clair Gibson A. Acute milk-based protein-CHO supplementation attenuates exercise-induced muscle damage. *Applied Physiology and Nutrition Metabolism*. 2008;33(4):775-783.

74. Hartman JW, Tang JE, Wilkinson SB, Tarnopolsky MA, Lawrence RL, Fullerton AV, Phillips SM. Consumption of fat-free fluid milk after resistance exercise promotes greater lean mass accretion than does consumption of soy or carbohydrate in young, novice, male weightlifters. *American Journal of Clinical Nutrition*. 2007;86:37.

75. Philp A, Hargreaves M, Baar K. More than a store: Regulatory roles for glycogen in skeletal muscle adaptation to exercise. *American Journal of Physiology, Endocrinology and Metabolism*. 2012;302(11):E1343-E1351.

76. Bhupathiraju SN, Wedick NM, Pan A, Manson JE, Rexrode KM, Willett WC, Rimm EB, Hu FB. Quantity and variety in fruit and vegetable intake and risk of coronary heart disease. *American Journal of Clinical Nutrition*, 2013;98(6):1514-1523. doi:10.3945/ajcn.113.066381

77. Wang M, Qin S, Zhang T, Song X, Zhang S. The effect of fruit and vegetable intake on the development of lung cancer: A meta-analysis of 32 publications and 20 414 cases. *European Journal of Clinical Nutrition*. 2015;69:1184-1192.

78. Burke LM. Energy needs of athletes. *Canadian Journal of Applied Physiology*. 2001;26(suppl):S202-S219.

79. Jentjens RL, Moseley L, Waring RH, Harding LK, Jeukendrup AE. Oxidation of combined ingestion of glucose and fructose during exercise. *Journal of Applied Physiology*. 2004;96:1277-1284.

80. van Hall G, Shirreffs SM, Caleb JAL. Muscle glycogen synthesis during recovery from cycle exercise: No effect of additional protein ingestion. *Journal of Applied Physiology*. 2000;88(5):1631-1636.

81. van Loon LJC, Saris WHM, Kruijshoop M, Wagenmakers AJM. Maximizing post exercise muscle glycogen synthesis: carbohydrate supplementation and the application of amino acid or protein hydrolysate mixtures. *American Journal of Clinical Nutrition*. 2000;72(1):106-111.

82. Thomas DT, Erdman KA, Burke LM, MacKillop M. American College of Sports Medicine joint position statement: Nutrition and athletic performance. *Medicine and Science in Sports and Exercise*. 2016;48(3):543-68.

83. Institute of Medicine, Food and Nutrition Board. *Dietary Reference Intakes for Energy, Carbohydrate, Fiber, Fat, Fatty Acids, Cholesterol, Protein, and Amino Acids*. Washington, DC: National Academies Press; 2005. doi:10.17226/10490

84. Luca F, Perry GH, Di Rienzo A. Evolutionary adaptations to dietary changes. *Annual review of*

nutrition. 2010;30:291-314. doi:10.1146/annurev-nutr-080508-141048

85. Burkitt DP, Trowell HS. *Refined Carbohydrate Foods and Disease: Some Implication of Dietary Fibre*. London, United Kingdom: Academic Press; 2012.

86. Cherbut C. Role of gastrointestinal motility in the delay of absorption by dietary fibre. *European Journal of Clinical Nutrition*. 1995;49:S74-S80.

87. Burke LM, Hawley JA, Wong SH, Jeukendrup AE. Carbohydrates for training and competition. *Journal of Sports Sciences*. 2011;29(suppl 1):S17-S27.

88. Burke LM. Re-examining high-fat diets for sports performance: Did we call the "nail in the coffin" too soon? *Sports Medicine*. 2015;45(suppl 1):33-49.

89. Vogt M, Puntschart A, Howald H, Mueller B, Mannhart C, Gfeller-Tuescher L, Mullis P, Hoppeler H. Effects of dietary fat on muscle substrates, metabolism, and performance in athletes. *Medicine and Science in Sports and Exercise*. 2003;35(6):952-960.

90. Zajac A, Poprzecki S, Maszczyk A, Czuba M, Michalczyk M, Zydek G. The effects of a ketogenic diet on exercise metabolism and physical performance in off-road cyclists. *Nutrients*. 2014;6(7):2493-2508.

91. Paoli A, Grimaldi K, D'Agostino D, Cenci L, Moro T, Bianco A, Palma A. Ketogenic diet does not affect strength performance in elite artistic gymnasts. *Journal of the International Society of Sports Nutrition*. 2012;9(34). doi:10.1186/1550-2783-9-34

92. Phinney SD, Bistrian BR, Wolfe RR, Blackburn GL. The human metabolic response to chronic ketosis without caloric restriction: Physical and biochemical adaptation. *Metabolism*. 1983;32(8):757-768.

93. Boutcher SH. High-intensity intermittent exercise and fat loss. *Journal of Obesity*. 2011. doi:10.1155/2011/868305

94. Burke LM, Castell LM, Casa DJ, Close GL, Costa RJS, Desbrow B, Halson Sh, Lis DM, Melin AK, Peeling P, Saunders PU, Slater GJ, Sygo J, Witard OC, Bermon S, Stellingwerff T. International Association of Athletics Federations consensus statement 2019: Nutrition for athletics. *International Journal of Sport Nutrition and Exercise Metabolism*. 2019;29:73-84.

95. Conquer JA, Holub BJ. Dietary docosahexaenoic acid as a source of eicosapentaenoic acid in vegetarians and omnivores. *Lipids*. 1997;32(3):341-345.

96. Zheng J, Huang T, Yu Y, Hu X, Yang B, Li D. Fish consumption and CHD mortality: An updated meta-analysis of seventeen cohort studies. *Public Health Nutrition*. 2012;15(4):725-737.

97. Sacks FM, Lichtenstein AH, Wu JHY, Appel LJ, Creager MA, Kris-Etherton PM, Miller M, Rimm EB, Rudel LL, Robinson JG, Stone NJ, Van Horn LV. Dietary fats and cardiovascular disease: A presidential advisory from the American Heart Association. *Circulation*. 2017;136:e1-e23. doi:10.1161/CIR.0000000000000510

98. Simopoulos AP. An increase in the omega-6/omega-3 fatty acid ratio increases the risk for obesity. *Nutrients*. 2016;8(3):129. doi:10.3390/nu8030128

99. Żebrowska A, Mizia-Stec K, Mizia M, Gasior Z, Poprzęcki S. Omega-3 fatty acids supplementation improves endothelial function and maximal oxygen uptake in endurance-trained athletes. *European Journal of Sport Science*. 2015;15(4):305-314.

100. Maughan R, ed. *IOC Encyclopedia of Sports Medicine: Nutrition and Exercise*. Chichester, United Kingdom: Wiley Blackwell; 2000.

101. Tjønna AE, Leinan IM, Bartnes AT, Jenssen BM, Gibala MJ, Winett RA, Wisløff U. Low- and high-volume of intensive endurance training significantly improves maximal oxygen update after 10-weeks of training in healthy men. *PLoS*. 2013;8(5):e65382. doi:10.1371/journal.pone.0065382

102. Martin WH, Dalsky GP, Hurley BF, Matthews DE, Bier DM, Hagberg JM, Rogers MA, Kink DS, Holloszy JO. Effect of endurance training on plasma free fatty acid turnover and oxidation during exercise. *American Journal of Physiology: Endocrinology and Metabolism*. 1993;265(5):E708-E714.

103. Saltin B, and Astrand PO. Free fatty acids and exercise. *American Journal of Clinical Nutrition*. 1993;57(5):7525-7575.

104. Kimber NE, Heigenhauser GJ, Spriet LL, Dyck DJ. Skeletal muscle fat and carbohydrate metabolism during recovery from glycogen-depleting exercise in humans. *Journal of Physiology*. 2003;548(3):919-927.

105. Purdom T, Kravitz L, Dokladny K, Mermier C. Understanding the factors that effect maximal fat oxidation. *Journal of the International Society of Sports Nutrition*. 2018;15(3). doi:10.1186/s12970-018-0207-1

106. Burke LM, Hawley JA. Effects of short-term fat adaptation on metabolism and performance of prolonged exercise. *Medicine and Science in Sports and Exercise*. 2002;34(9):1492-1498.

107. Burke LM, Ross ML, Garvican-Lewis LA, Welvaert M, Heikura IA, Forbes SG, Mirtschin JG, Cato LE, Strobel N, Sharma AP, Hawley JA. Low carbohydrate, high fat diet impairs exercise economy and negates the performance benefit from intensified training in elite race walkers. *Journal of Physiology*. 2017;595(9):2785-2807.

108. De Souza RJ, Mente A, Maroleanu A, Cozma AI, Ha V, Kishibe T, Uleryk E, Budylowski P, Schünemann H, Beyene J, Anand SS. Intake of saturated and trans unsaturated fatty acids and risk of all cause mortality, cardiovascular disease, and type 2 diabetes: Systematic review and meta-analysis of observational studies. *British Medical Journal*. 2015;351:H3978. doi:10.1136/bmj.h3978

109. Morton RW, Murphy KT, McKellar SR, Schoenfeld BJ, Henselmans M, Helms E, Aragon AA, Devries MC, Banfield L, Krieger JW, Phillips SM. A systematic review,

meta-analysis and meta-regression of the effect of protein supplementation on resistance training-induced gains in muscle mass and strength in healthy adults. *British Journal of Sports Medicine*. 2018;52(6):376-384. doi:10.1136/bjsports-2017-097608

110. Tipton KD, Elliott TA, Cree MG, Aarsland AA, Sanford AP, Wolfe RR. Stimulation of net muscle protein synthesis by whey protein ingestion before and after exercise. *American Journal of Physiology. Endocrinology and Metabolism*. 2007;292(1):E71-E76.

111. Betts JA, Williams C. Short-term recovery from prolonged exercise: Exploring the potential for protein ingestion to accentuate the benefits of carbohydrate supplements. *Sports Medicine*. 2010;40(11):941-959.

112. Sousa M, Teixeira VH, Soares J. Dietary strategies to recover from exercise-induced muscle damage. *International Journal of Food Sciences and Nutrition*. 2014;65(2):151-163.

113. van Essen M, Gibala MJ. Failure of protein to improve time trial performance when added to a sports drink. *Medicine and Science in Sports and Exercise*. 2006;38(8):1476-1483.

114. Elango R, Ball RO, Pencharz PB. Tolerability of leucine in humans. In: Rajendram R, Preedy V, Patel V, eds. *Branched Chain Amino Acids in Clinical Nutrition*. New York NY: Humana Press; 2015. doi:10.1007/978-1-4939-1914-7_1

115. Mountjoy M, Sundgot-Borgen JK, Burke LM, Ackerman KE, Blauwet C, Constantini N, Lebrun C, Luncy B, Melin AK, Meyer NL, Sherman RT, Tenforde AS, Torstveit MK, Budgett R. IOC consensus statement on relative energy deficiency in sport (RED-S): 2018 update. *British Journal of Sports Medicine*. 2018;52:687-697.

116. Lecoultre V, Egli L, Theytaz F, Despland C, Schneiter P, Tappy,L. Fructose-induced hyperuricemia is associated with a decreased renal uric acid excretion in humans. *Diabetes Care*. 2013;36(9):e149-e150.

117. Jeukendrup AE. Carbohydrate ingestion during exercise. In: Maughan RJ, ed. *Sports Nutrition: The Encyclopedia of Sports Medicine*. West Sussex, United Kingdom: Wiley-Blackwell; 2014.

118. Augustin LSA, Kendall CWC, Jenkins DJA, et al. Glycemic index, glycemic load and glycemic response: An international scientific consensus summit from the International Carbohydrate Quality Consortium (ICQC). *Nutrition, Metabolism, and Cardiovasc Diseases*. 2015;25(9):795-815.

119. Beelen M, Burke LM, Gibala MJ, van Loon LJ. Nutritional strategies to promote postexercise recovery. *International Journal of Sport Nutrition and Exercise Metabolism*. 2010;20(6):515-532.

Chapter 2. 비타민과 무기질

1. Osmolality is the number of particles per unit of water. The greater the number of particles, the greater the osmolality. High-osmolar solutions slow gastric emptying and may also cause an infusion of fluids into the intestines to lower the osmolar concentration before absorption. Both of these effects impede efficient delivery of fluid and fluid contents to working muscles. Some sports beverages control osmolality by including carbohydrate at a concentration that does not exceed 7 percent and by keeping sodium chloride concentration at 200 milligrams per cup or less.

2. Maughan RJ, Depiesse F, Geyer H. The use of dietary supplements by athletes. *Journal of Sports Sciences*. 2007:103S-113S.

3. Gleeson M, Nieman DC, Pedersen BK. Exercise, nutrition and immune function. *Journal of Sports Sciences*. 2004;22:115-125.

4. Nieman DC. Marathon training and immune function. *Sports Medicine*. 2007;37(4/5):412-415.

5. Nieman DC, Henson DA, McAnulty SR, McAnulty LS, Morrow JS, Ahmed A, Heward CB. Vitamin E and immunity after the Kona Triathlon World Championship. *Medicine and Science in Sports and Exercise*. 2004;36(8):1328-1335.

6. Maughan RJ. Contamination of dietary supplements and positive drug tests in sport. *Journal of Sports Sciences*. 2005;23(9):883-889.

7. Miller ER, Pastor-Barriuso R, Dalal D, Riemersma RA, Appel LJ, Guallar E. Meta-analysis: High-dosage vitamin E supplementation may increase all-cause mortality. *Annals of Internal Medicine*. 2005;142:37-46.

8. Bernstein AL. Vitamin B6 in clinical neurology. *Annals of the New York Academy of Sciences*. 1990;585:250-260.

9. Institute of Medicine. *Dietary Reference Intakes: The Essential Guide to Nutrient Requirements*. Washington, DC: National Academies Press; 2006.

10. Loosli Ar, Benson J, Gillien DM, Bourdet K. Nutritional habits and knowledge in competitive adolescent female gymnasts. *The Physician and Sports Medicine*. 1986;14:18.

11. Short SH, Short WR. Four-year study of university athletes' dietary intake. *Journal of the American Dietetic Association*. 1983;82:632.

12. Steen SN, McKinney S. Nutritional assessment of college wrestlers. *The Physician and Sports Medicine*. 1986;14:101.

13. Keys A, Henschel AF, Michelsen O, Brozek JM. The performance of normal young men on controlled thiamin intakes. *Journal of Nutrition*. 1943;26:399.

14. Chen JD, Wang JF, Li KJ, Zhao YW, Wang SW, Jiao Y, Hou XY. Nutritional problems and measures in elite and amateur athletes. *American Journal of Clinical Nutrition*. 1989;49:1084-1089.

15. Zaleman I, Guarita HV, Juzwiak CR, Crispim CA, Antunes HKM, Edwards B, Tufik S, de Mello MT. Nutritional status of adventure racers. *Nutrition*. 2007;(23):404-411.

16. Diaz E, Ruiz F, Hoyos I, Zubero J, Gravina L, Gil J, Irazusta J, Gil SM. Cell damage, antioxidant status, and cortisol levels related to nutrition in ski mountaineering during a two-day race. *Journal of Sports Science and Medicine*. 2010;(9):338-346.

17. Belko AZ, Obarzanek E, Kalkwarf JH, Rotter MA, Bogusz S, Miller D, Haas JD, Roe DA. Effects of exercise on riboflavin requirements of young women. *American Journal of Clinical Nutrition*. 1983;37:509-517.

18. Belko AZ, Obarzanek MP, Rotter BS, Urgan G, Weinberg S, Roe DA. Effects of aerobic exercise and weight loss on riboflavin requirements of moderately obese, marginally deficient young women. *American Journal of Clinical Nutrition*. 1984;40:553.

19. Belko AZ, Meredith MP, Kalkwarf HJ, Obarzanek E, Weinberg S, Roach R, McKeon G, Roe DA. Effects of exercise on riboflavin requirements: Biological validation in weight-reducing young women. *American Journal of Clinical Nutrition*. 1985;41:270.

20. Tremblay A, Boiland F, Breton M, Bessette H, Roberge AG. The effects of a riboflavin supplementation on the nutritional status and performance of elite swimmers. *Nutrition Research*. 1984;4:201.

21. Manore M, Thompson J. *Sports Nutrition for Health and Performance*. Champaign, IL: Human Kinetics.

22. Borrione P, Grasso L, Quaranta F, Parisi A. FIMS position statement: Vegetarian diet and athletes. *Sport- und Präventivmedizin*. 2009:20-24.

23. Lukaski HC. Vitamin and mineral status: Effects on physical performance. *Nutrition*. 2004;20:632-644.

24. Carlson LA, Havel RJ, Ekelund LG, Holmgren A. Effect of nicotinic acid on8 the turnover rate and oxidation of the free fatty acids of plasma in man during exercise. *Metabolism: Clinical and Experimental*. 1963;12:837.

25. Bergstrom J, Hultman E, Jorfeldt L, Pernow B, Wahnen J. Effect of nicotinic acid on physical working capacity and on metabolism of muscle. *Journal of Applied Physiology*. 1969;26:170.

26. Hilsendager D, Karpovich PV. Ergogenic effect of glycine and niacin separately and in combination. *Research Quarterly*. 1964;35:389.

27. Huskisson E, Maggini S, Ruf M. The role of vitamins and minerals in energy metabolism and well-being. *Journal of International Medical Research*. 2007;35:277-289.

28. Dalton K, Dalton MJT. Characteristics of pyridoxine overdose neuropathy syndrome. *Acta Neurologica Scandinavica*. 1987;76:8-11.

29. Schaumberg H, Kaplan J, Windebank A, Vick N, Ragmus S, Pleasure D, Brown MJ. Sensory neuropathy from pyridoxine abuse. *New England Journal of Medicine*. 1983;309:445-448.

30. Manore MM. Vitamin B-6 and exercise. *International Journal of Sport Nutrition*. 1994;4:89-103.

31. Fogelholm M, Ruokonen I, Laakso JT, Vuorimaa T, Himberg JJ. Lack of association between indices of vitamin B-1, B-2, and B-6 status and exercise-induced blood lactate in young adults. *International Journal of Sport Nutrition*. 1993;3:165-176.

32. Guilland JC, Penarand T, Gallet C, Boggio V, Fuchs F, Klepping J. Vitamin status of young athletes including the effects of supplementation. *Medicine and Science in Sports and Exercise*. 1989;21:441-449.

33. Telford RD, Catchpole EA, Deakin V, McLeay AC, Plank AW. The effect of 7 to 8 months of vitamin/mineral supplementation on the vitamin and mineral status of athletes. *International Journal of Sport Nutrition*. 1992;2:123-134.

34. Suboticanec K, Stavljenic A, Schalch W, Buzina R. Effects of pyridoxine and riboflavin supplementation on physical fitness in young adolescents. *International Journal for Vitamin and Nutrition Research*. 1990;60:81-88.

35. Delitala G, Masala A, Alagna S, Devilla L. Effect of pyridoxine on human hypophyseal trophic hormone release: A possible stimulation of hypothalamic dopaminergic pathway. *Journal of Clinical Endocrinology and Metabolism*. 1976;42:603-606.

36. Dunton N, Virk R, Young J, Leklem J. Effect of vitamin B-6 supplementation and exhaustive exercise on vitamin B-6 metabolism and growth hormone. Abstract. *FASEB Journal*. 1992;6:1374A.

37. Moretti C, Fabbri A, Gnessi L, Bonifacio V, Fraioli F, Isidori A. Pyridoxine (B6) suppresses the rise in prolactin and increases the rise in growth hormone induced by exercise. *New England Journal of Medicine*. 1982;307(7):444-445.

38. Dreon DM, Butterfield GE. Vitamin B-6 utilization in active and inactive young men. *American Journal of Clinical Nutrition*. 1986;43:816-824.

39. Albert MJ, Mathan VI, Baker SJ. Vitamin B-12 synthesis by human small intestinal bacteria. *Nature*. 1980;283:781-782.

40. Ryan A. Nutritional practices in athletics abroad. *The Physician and Sports Medicine*. 1977;5:33.

41. U.S. Senate. *Proper and Improper Use of Drugs by Athletes*. June 18 and July 12-13 hearings. Washington, DC: U.S. Government Printing Office; 1973.

42. Montoye HJ, Spata PJ, Pincney V, Barron L. Effects of vitamin B-12 supplementation on physical fitness and growth of young boys. *Journal of Applied Physiology*. 1955;7:589.

43. Tin-May Than, Ma-Win-May, Khin-Sann-Aung, Mya-Tu M. The effect of vitamin B-12 on physical performance capacity. *British Journal of Nutrition*.1978;40:269.

44. Read M, McGuffin S. The effect of B-complex supplementation on endurance performance. *Journal of Sports Medicine and Physical Fitness*. 1983;23:178.

45. Sharabi A, Cohen E, Sulkes J, Garty M. Replacement therapy for vitamin B12 deficiency: Comparison between

the sublingual and oral route. *British Journal of Clinical Pharmacology.* 2003;56(6):635-638.

46. McNulty, H. 1995. Folate requirements for health in different population groups. *British Journal of Biomedical Science.* 52:110-112.

47. Baily LB. Folate requirements and dietary recommendations. In: Baily LB, ed. *Folate in Health and Disease.* New York, NY: Dekker; 1995:123.

48. Wycoff KF, Ganji V. Proportion of individuals with low serum vitamin B-12 concentrations without macrocytosis is higher in the post folic acid fortification period than in the pre folic acid fortification period. *American Journal of Clinical Nutrition.* 2007;86(4):1187-1192.

49. Figueriredo JC, Grau MV, Haile RW, Sandler RS, Summers RW, Bresalier RS, Burke CA, McKeown-Eyssen GE, Baron JA. Folic acid and risk of prostate cancer: Results from a randomized clinical trial. *Journal of the National Cancer Institute.* 2009;101(6):432-435.

50. Mason JB, Dickstein A, Jacques PF, Haggarty P, Selhub J, Dallal G, Rosenberg IH. A temporal association between folic acid fortification and an increase in colorectal cancer rates may be illuminating important biological principles: A hypothesis. *Cancer Epidemiology, Biomarkers and Prevention.* 2007;16(7):1325-1329.

51. Matter M, Stittfall T, Graves J, Myburgh K, Adams B, Jacobs P, Noakes TD. The effect of iron and folate therapy on maximal exercise performance in female marathon runners with iron and folate deficiency. *Clinical Science.* 1987;72Z:415-420.

52. Weight LM, Noakes TD, Labadarios D, Graves J, Jacobs P, Berman PA. Vitamin and mineral status of trained athletes including the effects of supplementation. *American Journal of Clinical Nutrition.* 1988;47:186-192.

53. Davies MB, Austin J, Pantridge DA. *Vitamin C: Its Chemistry and Biochemistry.* Cambridge, United Kingdom: Royal Society of Chemistry; 1991.

54. Institute of Medicine. *Dietary Reference Intakes for Vitamin C, Vitamin E, Selenium, and Carotenoids.* Food and Nutrition Board. Washington, DC: National Academies Press; 2000.

55. Hickson JF, Wolinsky I, eds. *Nutrition in Exercise and Sport.* Boca Raton, FL: CRC Press; 1989:121.

56. Bramich K, McNaughton L. The effects of two levels of ascorbic acid on muscular endurance, muscular strength, and V̇O2max. *International Clinical Nutrition Revue.* 1987;7:5.

57. Schwartz PL. Ascorbic acid in wound healing: A review. *Journal of the American Dietetic Association.* 1970;56:497.

58. Kanter MM. Free radicals, exercise, and antioxidant supplementation. *International Journal of Sport Nutrition.* 1994;4:205-220.

59. Herbert V. Does mega-C do more good than harm, or more harm than good? *Nutrition Today.* January/February 1993:28-32.

60. Peake JM. Vitamin C: Effects of exercise and requirements with training. *International Journal of Sport Nutrition and Exercise Metabolism.* 2003;13:125-151.

61. Institute of Medicine. *Dietary Reference Intakes for Vitamin A, Vitamin K, Arsenic, Boron, Chromium, Copper, Iodine, Iron, Manganese, Molybdenum, Nickel, Silicon, Vanadium, and Zinc.* Food and Nutrition Board. Washington, DC: National Academies Press; 2002.

62. Institute of Medicine. *Dietary Reference Intakes for Calcium, Phosphorus, Magnesium, Vitamin D, and Fluoride.* Food and Nutrition Board. Washington, DC: National Academies Press; 2000.

63. Benson J, Gillien DM, Bourdet K, Loosli AR. Inadequate nutrition and chronic calorie restriction in adolescent ballerinas. *The Physician and Sports Medicine.* 1985;13-79.

64. Cohen JL, Potosnak L, Frank O, Baker H. A nutritional and hematological assessment of elite ballet dancers. *The Physician and Sports Medicine.* 1985;13:43.

65. Welsh PK, Zager KA, Endres J, Poon SW. Nutrition education, body composition and dietary intake of female college athletes. *The Physician and Sports Medicine.* 1987;15:63.

66. Nelson-Steen S, Mayer K, Brownell KD, Wadden TA. Dietary intake of female collegiate heavy weight rowers. *International Journal of Sports Nutrition.* 1995;5:225.

67. Neuman I, Nahum H, Ben-Amotz A. Prevention of exercise-induced asthma by a natural isomer mixture of beta-carotene. *Annals of Allergy and Asthma Immunology.* 1999;82:549-553.

68. Khanna S, Atalay M, Laaksonen DE, Gul M, Roy S, Sen CK. Alpha-lipoic acid supplementation: Tissue glutathione homeostasis at rest and after exercise. *Journal of Applied Physiology.* 1999;86:1191-1196.

69. Murray R, Horsun CA II. Nutrient requirements for competitive sports. In: Ira Wolinsky, ed. *Nutrition in Exercise and Sport.* 3rd ed. Boca Raton, FL: CRC Press; 1998:550.

70. Schubert L, DeLuca HF. Hypophosphatemia is responsible for skeletal muscle weakness of vitamin D deficiency. *Archives of Biochemistry and Biophysics.* 2010;500(2):157-161.

71. Cannell JJ, Hollis BW, Sorenson MB, Taft TN, Anderson JJ. Athletic performance and vitamin D. *Medicine and Science in Sports and Exercise.* 2009;41(5):1102-1110.

72. Hamilton B. Vitamin D and human skeletal muscle. *Scandinavian Journal of Medicine and Science in Sports.* 2010;20(2):182-190.

73. Williams MH. Dietary supplements and sports performance: Minerals. *Journal of the International Society of Sports Nutrition.* 2005;2:43-49.

74. Williams MH. Dietary supplements and sports performance: Introduction and vitamins. *Journal of the International Society of Sports Nutrition.* 2004;1:1-6.

75. Barr SI, Prior JC, Vigna YM. Restrained eating and ovu-

latory disturbances: Possible implications for bone health. *American Journal of Clinical Nutrition.* 1994;59:92-97.

76. Chesnut CH. Theoretical overview: Bone development, peak bone mass, bone loss, and fracture risk. *American Journal of Medicine.* 1991;91(suppl 5B):2-4.

77. Heaney RP. Effect of calcium on skeletal development, bone loss, and risk of fractures. *American Journal of Medicine.* 1991;91(suppl 5B):23-28.

78. Benardot D. 1997. Unpublished data from USOC research project on national-team gymnasts. Georgia State University. Laboratory for Elite Athlete Performance.

79. Neville HE, Ringel SP, Guggenheim MA, Wehling CA, Starcevich JM. Ultra-structural and histochemical abnormalities of skeletal muscle in patients with chronic vitamin E deficiency. *Neurology.* 1983;33:483.

80. Miller ER III, Pastor-Barriuso RP, Dalal D, Riemersma RA, Appel LJ, Guallar E. Meta-analysis: High-dosage vitamin E supplementation may increase all-cause mortality. *Annals of Internal Medicine.* 2005;142(1):37-46.

81. Talbot D, Jamieson J. An examination of the effect of vitamin E on the performance of highly trained swimmers. *Canadian Journal of Applied Sport Sciences.* 1977;2:67.

82. Bunnell RH, DeRitter E, Rubin SH. Effect of feeding polyunsaturated fatty acids with a low vitamin E diet on blood levels of tocopherol in men performing hard physical labor. *American Journal of Clinical Nutrition.* 1975;28:706.

83. Sharman IM, Down MG, Sen RN. The effect of vitamin E and training on physiological function and athletic performance in adolescent swimmers. *British Journal of Nutrition.* 1971;26:265.

84. Sharman IM, Down MB, Norgan NG. The effects of vitamin E on physiological function and athletic performance of trained swimmers. *Journal of Sports Medicine.*1976;16:215.

85. Brady PS, Brady LJ, Ullrey DE. Selenium, vitamin E, and the response to swimming stress in the rat. *Journal of Nutrition.* 1979;109:1103.

86. Dillard CJ, Liton RE, Savin WM, Dumelin EE, Tappel AL. Effects of exercise, vitamin E, and ozone on pulmonary function and lipid peroxidation. *Journal of Applied Physiology.* 1978;45:927.

87. Shephard RJ, Campbell R, Pimm P, Stuart D, Wright GR. Vitamin E, exercise, and the recovery from physical activity. *Journal of Applied Physiology.* 1974;33:119-126.

88. Bügel S. Vitamin K and bone health. *Proceedings of the Nutrition Society.* 2003;62:839-843.

89. Weber P. Vitamin K and bone health. *Nutrition.* 2001;17:880-887.

90. Feskanich D, Weber P, Willett WC, Rockett H, Booth SL, Colditz GA. Vitamin K intake and hip fractures in women: A prospective study. *American Journal of Clinical Nutrition.* 1999;69:74-79.

91. Booth SL, Tucker KL, Chen H, Hannan MT, Gagnon DR, Cuppled LA, Wilson PWF, Ordovas J, Schaefer EJ, Dawson-Hughes B, and Kiel DP. Dietary vitamin K intakes are associated with hip fracture but not with bone mineral density in elderly men and women. *American Journal of Clinical Nutrition.* 2000;71:1201-1208.

92. Booth SL, Pennington JA, Sadowski JA. Food sources and dietary intakes of vitamin K-1 (phylloquinone) in the American diet: Data from the FDA Total Diet Study. *Journal of the American Dietetic Association.* 1996;96:149-154.

93. Lukaski HC. Micronutrients (magnesium, zinc, and copper): Are mineral supplements needed for athletes? *International Journal of Sport Nutrition.* 1995;5:74S-83S.

94. Benardot D. Nutrition for gymnasts. In: Marshall NT, ed. *The Athlete Wellness Book.* Indianapolis, IN: USA Gymnastics; 1999:12-13.

95. Lotz M, Zisman E, Bartter FC. Evidence for a phosphorusdepletion syndrome in man. *New England Journal of Medicine.* 1968;278:409-415.

96. National Research Council. *Recommended Dietary Allowances.* 10th ed. Washington, DC: National Academy of Sciences; 1989.

97. Bucci L. *Nutrients as Ergogenic Aids for Sports and Exercise.* Boca Raton, FL: CRC Press; 1993.

98. Keller WD, Kraut HA. Work and nutrition. *World Review of Nutrition and Dietetics.* 1959;3:65.

99. Cade R, Conte M, Zauner C, Mars D, Peterson J, Lunne D, Hommen N, Packer D. Effects of phosphate loading on 2,3-diphosphoglycerate and maximal oxygen uptake. *Medicine and Science in Sports and Exercise.* 1984;12:263.

100. Duffy DJ, Conlee RK. Effects of phosphate loading on leg power and high intensity treadmill exercise. *Medicine and Science in Sports and Exercise.* 1986;18:674.

101. Shils ME. Magnesium. In: Shils ME, Olson JA, Shike M, eds. *Modern Nutrition in Health and Disease.* 8th ed. Philadelphia, PA: Lea & Febiger; 1993:164-184.

102. Steinacker JM, Grunert-Fuchs M, Steininger K, Wodick RE. Effects of long-time administration of magnesium on physical capacity. *International Journal of Sports Medicine.* 1987;8:151.

103. Golf SW, Bohmer D, Nowacki PE. Is magnesium a limiting factor in competitive exercise? A summary of relevant scientific data. In: Golf S, Dralle D, Vecchiet L, eds. *Magnesium.* London, United Kingdom: Libbey; 1993:209-220.

104. Brilla LR, Haley TF. Effect of magnesium supplementation on strength training in humans. *Journal of the American College of Nutrition.* 1992;11:326-329.

105. Terblanche S, Noakes TD, Dennis SC, Marais D, Eckert M. Failure of magnesium supplementation to influence marathon running performance or recovery. *International Journal of Sport Nutrition.* 1992;2(2):154-164.

106. Hickson JF, Schrader J, Trischler LC. 1986. Dietary

intake of female basketball and gymnastics athletes. *Journal of the American Dietetic Association*. 86:251-254.

107. Lukaski HC. Prevention and treatment of magnesium deficiency in athletes. In: Vecchiet L, ed. *Magnesium and Physical Activity*. Carnforth, United Kingdom: Parthenon; 1995:211-226.
108. Volpe SL. Magnesium and athletic performance. *ACSM's Health & Fitness Journal*. 2008;12(1):33-35.
109. Table salt is 40 percent sodium and 60 percent chloride. To obtain 1.5 grams of sodium, a person would require an intake of approximately 3.8 grams of table salt.
110. Institute of Medicine. *Dietary Reference Intakes: Electrolytes and Water*. Washington, DC: National Academies Press; 2010.
111. Pivarnik JM. Water and electrolytes during exercise. In: Hickson JF, Wolinsky I, eds. *Nutrition in Exercise and Sport*. Boca Raton, FL: CRC Press; 1989:185-200.
112. Maughan RJ, ed. *IOC Encyclopaedia of Sports Medicine: Nutrition in Sports*. Oxford, United Kingdom: Blackwell Science Ltd; 2000.
113. Clarkson P. Vitamins, iron, and trace minerals. In: Lamb D, Williams M, eds. *Ergogenics: Enhancement of Performance in Exercise and Sport*. Indianapolis, IN: Benchmark Press; 1991.
114. Shaskey DJ, Green GA. Sports haematology. *Sports Medicine*. 2000;29(1):27-38.
115. Selby GB, Eichner ER. Endurance swimming, intravascular hemolysis, anemia, and iron depletion. *American Journal of Medicine*. 1986;81:791-794.
116. Waller M, Haymes E. The effects of heat and exercise on sweat iron loss. *Medicine and Science in Sports and Exercise*. 1996;28:197-203.
117. Brune M, Magnusson B, Persson H, Hallberg L. Iron losses in sweat. *American Journal of Clinical Nutrition*. 1986;43:438-443.
118. Baska RS, Moses FM, Graeber G, Kearney G. Gastrointestinal bleeding during an ultramarathon. *Digestive Diseases and Sciences*. 1990;35:276-279.
119. Balaban EP. Sports anemia. *Clinical Sports Medicine*. 1992;11(2):313-325.
120. Gleeson M, Nieman DC, Pedersen BK. Exercise, nutrition and immune function. *Journal of Sports Sciences*. 2004;22(1):115-125.
121. Cook JD, Finch CA, Smith NJ. Evaluation of the iron status of a population. *Blood*. 1976;48:449-455.
122. Wolinsky I, Driskell JA. *Sports Nutrition: Vitamins and Trace Elements*. Boca Raton, FL: CRC Press; 1997:148.
123. Lampe JW, Slavin JL, Apple FS. Iron status of active women and the effect of running a marathon on bowel function and gastrointestinal blood loss. *International Journal of Sports Medicine*. 1991;12:173-179.
124. Haymes EM, Spillman DM. Iron status of women distance runners, sprinters, and control women. *International Journal of Sports Medicine*. 1989;10:430-433.
125. Stephenson LS. Possible new developments in community control of iron-deficiency anemia. *Nutrition Reviews*. 1995;53(2):23-30.
126. Zoller H, Vogel W. Iron supplementation in athletes: First do no harm. *Nutrition*. 2004;20(7/8):615-619.
127. Zotter H, Robinson N, Zorzoli M, Schattenberg L, Saugy M, Mangin P. Abnormally high serum ferritin levels among professional road cyclists. *British Journal of Sports Medicine*. 2004;38(6):704-708.
128. Gleeson M, Lancaster GI, Bishop NC. Nutritional strategies to minimize exercise-induced immunosuppression in athletes. *Canadian Journal of Applied Physiology*. 2001;26(suppl):23S-35S.
129. Dressendorfer RH, Sockolov R. Hypozincemia in runners. *The Physician and Sports Medicine*. 1980;8:97-100.
130. Haralambie G. Serum zinc in athletes during training. *International. Journal of Sports Medicine*. 1981;2:135-138.
131. Singh A, Deuster PA, Moser PB. Zinc and copper status of women by physical activity and menstrual status. *Journal of Sports Medicine and Physical Fitness*. 1990:30:29-35.
132. Krotkiewski M, Gudmundsson M, Backstrom P, Mandroukas K. Zinc and muscle strength and endurance. *Acta Physiologica Scandinavica*. 1982;116:309-311.
133. Koury JC, de Olilveria AV Jr., Portella ES, de Olilveria CF, Lopes GC, Donangelo CM. Zinc and copper biochemical indices of antioxidant status in elite athletes of different modalities. *International Journal of Sport Nutrition and Exercise Metabolism*. 2004;14(3):358-372.
134. Brun JF, Dieu-Cambrezy C, Charpiat A, Fons C, Fedou C, Micallef JP, Fussellier M, Bardet L, Orsetti A. Serum zinc in highly trained adolescent gymnasts. *Biological Trace Element Research*. 1995;47(1-3):273-278.
135. Fischer PWF, Giroux A, L'Abbe MR. Effect of zinc supplementation on copper status in adult man. *American Journal of Clinical Nutrition*. 1984;40:743-746.
136. Hooper PL, Visconti L, Garry PJ, Johnson GE. Zinc lowers high-density lipoprotein cholesterol levels. *Journal of the American Medical Association*. 1980;244:1960-1961.
137. Spencer H. 1986. Minerals and mineral interactions in human beings. *Journal of the American Dietetic Association*. 86:864-867.
138. Wilborn CD, Kerksick CM, Campbell BI, Taylor LW, Marcello BM, Rasmussen CJ, Greenwood MC, Almada A, Kreider RB. Effects of zinc magnesium aspartate (ZaMA) supplementation on training adaptations and markers of anabolism and catabolism. *Journal of the International Society of Sports Nutrition*. 2004;1(2):12-20.
139. Zamora AJ, Tessier F, Marconnet P, Margaritis I, Marini JF. Mitochondria changes in human muscle after prolonged exercise, endurance training, and selenium supplementation. *European Journal of Applied Physiology*. 1995;71(6):505-511.

140. Tessier F, Margaritis I, Richard M-J, Moynot C, Marconnet P. Selenium and training effects on the glutathione system and aerobic performance. *Medicine and Science in Sports and Exercise.* 1995;27(3):390-396.

141. Lukaski HC, Hoverson BS, Gallagher SK, Bolonchuk WW. Physical training and copper, iron, and zinc status of swimmers. *American Journal of Clinical Nutrition.* 1990;53:1093-1099.

142. Evans GW. The effect of chromium picolinate on insulin controlled parameters in humans. *International Journal of Biosocial Research.* 1989;11:163.

143. Clancy SP, Clarkson PM, DeCheke ME, Nosaka K, Freedson PS, Cunningham JJ, Valentine JJ. Effects of chromium picolinate supplementation on body composition, strength, and urinary chromium loss in football players. *International Journal of Sport Nutrition.* 1994;4:142.

144. Hasten DL, Rome EP, Franks BD, Hegsted M. Effects of chromium picolinate on beginning weight training students. *International Journal of Sport Nutrition.* 1992;2:343.

145. Stearns D, Wise J, Paterno S, Wetterhahn. Chromium (III) picolinate produces chromosome damage in Chinese hamster ovary cells. *FASEB Journal.* 1995;9:1643-1648.

146. Kim YI. Folate: A magic bullet or a double-edged sword for colorectal cancer prevention? *Gut.* 2006;55(10):1387-1389.

147. Ulrich CM, Potter JD. Folate supplementation: too much of a good thing? *Cancer Epidemiology, Biomarkers and Prevention.* 2006;15(2):189-193.

148. Mason JB. Unraveling the complex relationship between folate and cancer risk. *Biofactors.* 2011;37(4):253-260.

149. Lee JE, Willett WC, Fuchs CS, Smith-Warner SA, Wu K, Ma J, Giovannucci E. Folate intake and risk of colorectal cancer and adenoma: Modification by time. *American Journal of Clinical Nutrition.* 2011;93(4):817-825.

150. Figueriedo JC, Grau MV, Haile RW, Sandler RS, Summers RW, Bresalier RS, Burke CA, McKeown-Eyssen GE, Baron JA. Folic acid and risk of prostate cancer: Results from a randomized clinical trial. *Journal of the National Cancer Institute.* 2009;101(6):432-435.

151. Winston AP, Jamieson CP, Madira W, Gatward NM, Palmer RL. Prevalence of thiamin deficiency in anorexia nervosa. *International Journal of Eating Disorders.* 2000;28(4):451-454.

152. Sato A, Shimoyama Y, Ishikawa T, Murayama N. Dietary thiamin and riboflavin intake and blood thiamin and riboflavin concentrations in college swimmers undergoing intensive training. *International Journal of Sport Nutrition and Exercise Metabolism.* 2011;21:195-204.

153. Larson-Meyer DE, Woolf K, Burke L. Assessment of nutrient status in athletes and the need for supplementation. *International Journal of Sport Nutrition and Exercise Metabolism.* 2018;38:139-158.

154. Carlson LA, Havel RJ, Ekelund LG, Holmgren A. Effect of nicotinic acid on the turnover rate and oxidation of the free fatty acids of plasma in man during exercise. *Metabolism.* 1963;12:837-845.

155. Bergstrom J, Hultman E, Jorfeldt L, Pernow B, Wahnen J. Effect of nicotinic acid on physical working capacity and on metabolism of muscle. *Journal of Applied Physiology.* 1969;26(2):170-176.

156. Langan RC, Goodbred AJ. Vitamin B12 deficiency: Recognition and management. *American Family Physician.* 2017;96(6);384-389.

157. Bauerly K, Rucker RB. Pantothenic acid. In: Zempleni J, Rucker RB, McCormick DB, Suttie JW, eds. *Handbook of Vitamins.* 4th ed. Boca Raton: CRC Press; 2007:289-314.

158. Hodges RE, Ohlson MA, Bean WB. Pantothenic acid deficiency in man. *Journal of Clinical Investigation.* 1958;37(11):1642-1657.

159. Chirapu SR, Rotter CJ, Miller EL, Varma MV, Dow RL, Finn MG. High specificity in response of the sodium-dependent multivitamin transporter to derivatives of pantothenic acid. *Current Topics in Medicinal Chemistry.* 2013;13(7):837-842.

160. Institute of Medicine, Food and Nutrition Board. *Dietary Reference Intakes for Thiamin, Riboflavin, Niacin, Vitamin B6, Folate, Vitamin B12, Pantothenic Acid, Biotin, and Choline.* Washington, DC: National Academy Press; 1998:390-422.

161. U.S. Department of Agriculture, Agricultural Research Service. Nutrient intakes from food and beverages: Mean amounts consumed per individual, by gender and age. *What We Eat in America, NHANES 2013-2014.* Beltsville, MD: USDA; 2016.

162. Zeisel SH. Choline. In: Ross AC, Caballero B, Cousins RJ, Tucker KL, Ziegler TR, eds. *Modern Nutrition in Health and Disease.* 11th ed. Baltimore, MD: Lippincott Williams & Wilkins; 2014:416-426.

163. Bertoia ML, Pai JK, Cooke JP, Joosten MM, Mittleman MA, Rimm EB, Mukamal KJ. Plasma homocysteine, dietary B vitamins, betaine, and choline and risk of peripheral artery disease. *Atherosclerosis.* 2014;235:94-101.

164. Corbin KD, Zeisel SH. Choline metabolism provides novel insights into nonalcoholic fatty liver disease and its progression. *Current Opinion in Gastroenterology.* 2012;28:159-165.

165. Hollenbeck CB. An introduction to the nutrition and metabolism of choline. *Central Nervous System Agents in Medicinal Chemistry.* 2012;12:100-113.

166. Leermakers ET, Moreira EM, Kiefte-de Jong JC, Darweesh SK, Visser T, Voortman T, Bautista PK, Chowdhury R, Gorman D, Bramer WM, Felix JF, Franco OH. Effects of choline on health across the life course: A systematic review. *Nutrition Revews.* 2015;73:500-522.

167. Curhan GC, Willett WC, Rimm EB, Stampfer MJ. A prospective study of the intake of vitamins C and B6,

and the risk of kidney stones in men. *Journal of Urology.* 1996;155(6):1847-1851.

168. Curhan GC, Willett WC, Speizer FE, Stampfer MJ. Intake of vitamins B6 and C and the risk of kidney stones in women. *Journal of the American Society of Nephrology.* 1999;10(4):840-845.

169. Taylor EN, Stampfer MJ, Curhan GC. Dietary factors and the risk of incident kidney stones in men: New insights after 14 years of follow-up. *Journal of the American Society of Nephrology.* 2004;15(12):3225-3232.

170. Thomas LD, Elinder CG, Tiselius HG, Wolk A, Akesson A. Ascorbic acid supplements and kidney stone incidence among men: A prospective study. *JAMA Internal Medicine.* 2013;173(5):386-388.

171. Enstrom JE. Kanim LE, Klein MA. Vitamin C intake and mortality among a sample of the United States population. *Epidemiology.* 1992;3(3):194-202.

172. Blumberg JB, Frei BB, Fulgoni III VL, Weaver CM, Zeisel SH. Impact of frequency of multi-vitamin/multi-mineral supplement intake on nutritional adequacy and nutrient deficiencies in U.S. adults. *Nutrients.* 2017;9:849. doi:10.3390/nu9080849

173. Frei B, Birlouez-Aragon I, Lykkesfeldt J. Authors' perspective: What is the optimum intake of vitamin C in humans? *Critical Revews in Food Science and Nutrition.* 2012;52(9):815-829.

174. Food and Nutrition Board, Institute of Medicine. Iron. *Dietary Reference Intakes for Vitamin A, Vitamin K, Boron, Chromium, Copper, Iodine, Iron, Manganese, Molybdenum, Nickel, Silicon, Vanadium, and Zinc.* Washington, DC: National Academy Press; 2001:290-393.

175. Holick MF. Vitamin D: The underappreciated D-lightful hormone that is important for skeletal and cellular health. *Current Opinion in Endocrinology, Diabetes, and Obesity.* 2002;9:87-98.

176. Chen TC, Chimeh F, Lu Z, Mathieu J, Person KS, Zhang A, Kohn N, Martinello S, Berkowitz R, Holick MF. Factors that influence the cutaneous synthesis and dietary sources of vitamin D. *Archives of Biochemistry and Biophysics.* 2007;460(2):213-217.

177. Terushkin V, Bender A, Psaty EL, Engelsen O, Wang SQ, Halpern AC. Estimated equivalency of vitamin D production from natural sun exposure versus oral vitamin D supplementation across seasons at two US latitudes. *Journal of the American Academy of Dermatology.* 2010;62(6):929.

178. Vieth R, Chan PC, MacFarlane GD. Efficacy and safety of vitamin D3 intake exceeding the lowest observed adverse effect level. *American Journal of Clinical Nutrition.* 2001;73(2):288-294.

179. Bescós García R, Rodríguez Guisado FA. Low levels of vitamin D in professional basketball players after wintertime: Relationship with dietary intake of vitamin D and calcium. *Nutricion Hospitalaria.* 2011;26(5):945-951.

180. Traber MG. Vitamin E. In: Ross AC, Caballero B, Cousins RJ, Tucker KL, Ziegler TR, eds. *Modern Nutrition in Health and Disease.* 11th ed. Philadelphia, PA: Lippincott Williams & Wilkins; 2014:293-304.

181. Olson RE. Vitamin K. In: Shils M, Olson JA, Shike M, Ross AC, eds. *Modern Nutrition in Health and Disease.* 9th ed. Baltimore, MD: Lippincott Williams & Wilkins; 1999:363-380.

182. Gundberg CM, Lian JB, Booth SL. Vitamin K-dependent carboxylation of osteocalcin: Friend or foe? *Advances in Nutrition.* 2012;3(2):149-157.

183. Jagannath VA, Fedorowicz Z, Thaker V, Chang AB. Vitamin K supplementation for cystic fibrosis. *Cochrane Database of Systematic Reviews.* 2013;4:CD008482.

184. Nakajima S, Iijima H, Egawa S, Shinzake S, Kondo J, Inoue T, Hayashi Y, Ying J, Mukai A, Akasaka T, Nishida T, Kanto T, Tsujii M, Hayashi N. Association of vitamin K deficiency with bone metabolism and clinical disease activity in inflammatory bowel disease. *Nutrition.* 2011;27(10):1023-1028.

185. Nowak JK, Grzybowska-Chlebowczyk U, Landowski P, Szaflarska-Poplawska A, Klincewicz B, Adamczak D, Banasiewicz T, Plawski A, Walkowiak J. Prevalence and correlates of vitamin K deficiency in children with inflammatory bowel disease. *Scientific Reports.* 2014;4:4768.

186. Lewis JR, Zhu K, Prince RL. Adverse events from calcium supplementation: Relationship to errors in myocardial infarction self-reporting in randomized controlled trials of calcium supplementation. *Journal of Bone and Mineral Research.* 2012;27(3):719-722.

187. Corte-Real J, Bohn T. Interaction of divalent minerals with lipsoluble nutrients and phytochemicals during digestion and influences on their bioavailability: A review. *Food Chemistry.* 2018;252(30):285-293.

188. Weaver CM, Gordon CM, Janz KF, Kalwarf HJ, Lappe JM, Lewis R, O'Karma M, Wallace TC, Zemel BS. The National Osteoporosis Foundation's position statement on peak bone mass development and lifestyle factors: A systematic review and implementation recommendations. *Osteoporosis International.* 2016;27(4):1281-1386.

189. Krolner B, Pors Nielsen S. Bone mineral content of the lumbar spine in normal and osteoporotic women: Cross-sectional and longitudinal studies. *Clinical Science.* 1982;62(3):329-336.

190. Mountjoy M, Sundgot-Borgen JK, Burke LM, Ackerman KE, Blauwet C, Constantini N, Lebrun C, Lundy B, Melin AK, Meyer NL, Sherman RT, Tenforde AS, Torstveit MK, Budgett R. IOC consensus statement on relative energy deficiency in sport (RED-S): 2018 update. *British Journal of Sports Medicine.* 2018;52:687-697.

191. Loucks AB, Thuma JR. Luteinizing hormone pulsatility is disrupted at a threshold of energy availability in regularly menstruating women. *Journal of Clinical Endocrinology and Metabolism.* 2003;88:297-311.

192. Hanninen SA, Darline PB, Sole MJ, Barr A, Keith ME. The prevalence of thiamin deficiency in hospitalized patients with congestive heart failure. *Journal of the American College of Cardiology*. 2006;47(2):354-361.

193. Heffernan SM, Horner K, De Vito G, Conway GE. The role of mineral and trace element supplementation in exercise and athletic performance: A systematic review. *Nutrients*. 2019;11:696. doi:10.3390/nu11030696

194. Moore-Schiltz L, Albert JM, Singer ME, Swain J, Nock NL. Dietary intake of calcium and magnesium and the metabolic syndrome in the National Health and Nutrition Examination (NHANES) 2001-2010 data. *British Journal of Nutrition*. 2015;114(6):924-935.

195. Han H, Fang X, Wei X, Liu Y, Jin Z, Chen Q, Fan Z, Aaseth J, Hiyoshi A, He J, Cao Y. Dose-response relationship between dietary magnesium intake, serum magnesium concentration and risk of hypertension: A systematic review and meta-analysis of prospective cohort studies. *Nutr Journal*. 2017;16(1):26. doi:10.1186/s12937-017-0247-4

196. Bailey JL, Sands JM, Franch HA. Water, electrolytes, and acid-base metabolism. In: Ross AC, Caballero B, Cousins RJ, Tucker KL, Ziegler TR, eds. *Modern Nutrition in Health and Disease*. 11th ed. Lippincott Williams & Wilkins; 2014:102-132.

197. Thomas DT, Erdman KA, Burke LM, MacKillop M. American College of Sports Medicine joint position statement: Nutrition and athletic performance. *Medicine and Science in Sports and Exercise*. 2016;48(3):543-68.

198. Urso C, Brucculeri S, Caimi G. Physiopathological, epidemiological, clinical and therapeutic aspects of exercise-associated hyponatremia. *Journal of Clinical Medicine*. 2014;3(4):1258-1275.

199. Giuliani C, Peri A. Effects of hyponatremia on the brain. *Journal of Clinical Medicine*. 2014;3(4):1163-1177.

200. Turner MJ, Avolio AP. Does replacing sodium excreted in sweat attenuate the health benefits of physical activity? *International Journal of Sport Nutrition and Exercise Metabolism*. 2016;26(4):377-389.

201. U.S. Department of Health and Human Services and U.S. Department of Agriculture. *2015-2020 Dietary Guidelines for Americans*. 8th ed. http://health.gov/dietaryguidelines/2015/guidelines. Published December 2015.

202. Centers for Disease Control and Prevention. *High Blood Pressure Facts*. www.cdc.gov/bloodpressure/facts.htm. Published November 2016.

203. Vinceti M, Filippini T, Crippa A, de Sesmaisons A, Wise LA, Orsini N. Meta-analysis of potassium intake and the risk of stroke. *Journal of the American Heart Association*. 2016;5(10). doi:10.1161/JAHA.116.004210

204. Ferraro PM, Mandel EI, Curhan GC, Gambaro G, Taylor EN. Dietary protein and potassium, diet-dependent net acid load, and risk of incident kidney stones. *Clinical Journal of the American Society of Nephrology*. 2016;11(10):1834-1844.

205. Kong SH, Kim JH, Hong AR, Lee JH, Kim SW, Shin CS. Dietary potassium intake is beneficial to bone health in a low calcium intake population: The Korean National Health and Nutrition Examination Survey (KNHANES) (2008-2011). *Osteoporos International*. 2017;28(5):1577-1585.

206. Food and Nutrition Board, Institute of Medicine. Potassium. *Dietary Reference Intakes for Water, Potassium, Sodium, Chloride, and Sulfate*. Washington, DC: National Academies Press; 2005:186-268.

207. Winter WE, Bazydlo LA, Harris NS. The molecular biology of human iron metabolism. *Laboratory Medicine*. 2014;45(2):92-102.

208. Aggett PJ. Iron. In: Erdman JWJ, Macdonald IA, Zeisel SH, eds. *Present Knowledge in Nutrition*. 10th ed. Ames, IA: Wiley-Blackwell; 2012:506-520.

209. Institute of Medicine, Food and Nutrition Board. Vitamin A. *Dietary Reference Intakes for Vitamin A, Vitamin K, Arsenic, Boron, Chromium, Copper, Iodine, Iron, Manganese, Molybdenum, Nickel, Silicon, Vanadium, and Zinc*. Washington, DC: National Academy Press; 2001:65-126.

210. Johnston CS. Vitamin C. In: Erdman JWJ, Macdonald IA, Zeisel SH, eds. *Present Knowledge in Nutrition*. 10th ed. Ames, IA: Wiley-Blackwell; 2012:248-260.

211. Zava TT, Zava DT. Assessment of Japanese iodine intake based on seaweed consumption in Japan: A literature-based analysis. *Thyroid Research*. 2011;4:14.

212. Institute of Medicine, Food and Nutrition Board. Vitamin D. *Dietary Reference Intakes for Calcium, Phosphorus, Magnesium, Vitamin D, and Fluoride*. Washington, DC: National Academies Press; 1999:250-287.

213. de Oliveira DCX, Rosa FT, Simões-Ambrósia L, Jordao AA, Deminice R. Antioxidant vitamin supplementation prevents oxidative stress but does not enhance performance in young football athletes. *Nutrition*. 2019;63-64:29-35.

214. Contró V, Mancuso EP, Proia P. DOMS management: The state of the art. *Central European Journal of Sport Sciences and Medicine*. 2016;15(3):5-14. doi:10.18276/cej.2016.3-01

Chapter 2. 산소 운반 및 이용 섹션

1. Maughan RJ. Role of micronutrients in sport and physical activity. *British Medical Bulletin*. 1999;55(3):683-690.

2. Weiler JM, Metzger WJ, Donnelly AL, Crowley ET, Sharath MD. Prevalence of bronchial hyperresponsiveness in highly trained athletes. *Chest*. 1986;90(1):23-28.

3. Larsson K, Ohlsen P, Larsson L, Malmberg P, Rydstrom PO, Ulriksen H. High prevalence of asthma in cross country skiers. *British Medical Journal*. 1993;307(6915):1326-1329.

4. Columbini L. Exercise-induced asthma in children. *Canadian Journal of Continuing Medical Education*. 1998;10(8):67-81.
5. Carlsen KH, Anderson SD, Bjermer L, Bonini S, Brusasco V, Canonica W, Cummiskey J, Delgado L, DelGiacco SR, Drobnic F, Haahtela T, Larsson K, Palange P, Popov T, van Cauwenberge P. Exercise-induced asthma, respiratory and allergic disorders in elite athletes: Epidemiology, mechanisms and diagnosis: Part I of the report from the Joint Task Force of the European Respiratory Society (ERS) and the European Academy of Allergy and Clinical Immunology (EAACI) in cooperation with GALEN. *Allergy*. 2008;63:387-403.
6. Schumacher YO, Schmid A, Grathwohl D, Bultermann D, Berg A. Hematological indices and iron status in athletes of various sports and performances. *Medicine and Science in Sports and Exercise*. 2002;34(5):869-875.
7. Beard J, Tobin B. Iron status and exercise. *American Journal of Clinical Nutrition*. 2000;72(2):594S-597S.
8. Portal S, Epstein M, Dubnov G. Iron deficiency and anemia in female athletes: Causes and risks. *Harefuah*. 2003;142(10):698-703, 717.
9. Lukaski HC. Vitamin and mineral status: Effects on physical performance. *Nutrition*. 2004;20(7/8):632-644.
10. Jones GR, Newhouse I. Sport-related hematuria: A review. *Clinical Journal of Sport Medicine*. 1997;7(2):119-125.
11. Fallon KE, Bishop G. Changes in erythropoiesis assessed by reticulocyte parameters during ultralong distance running. *Clinical Journal of Sport Medicine*. 2002;12(3):172-178.
12. Shaskey DJ, Green GA. Sports haematology. *Sports Medicine*. 2000;29(1):27-38.
13. Opara EC. Oxidative stress, micronutrients, diabetes mellitus and its complications. *Journal of the Royal Society of Health*. 2002;122(1):28-34.
14. Shephard RJ, Shek PN. Immunological hazards from nutritional imbalance in athletes. *Exercise Immunology Review*. 1998;4:22-48.
15. Van der Zwaard S, Brocherie F, Kom BLG, Millet GP, Deldicque L, van der Laarse WJ, Girard O, Jaspers RT. Adaptations in muscle oxidative capacity, fiber size, and oxygen supply capacity after repeated-sprint training in hypoxia combined with chronic hypoxic exposure. *Journal of Applied Physiology*. 2018;124:1403-1412.
16. Park H-Y, Hwang H, Park J, Lee S, Lim K. The effects of altitude/hypoxic training on oxygen delivery capacity of the blood and aerobic exercise capacity in elite athletes: A meta-analysis. *Journal of Exercise Nutrition Biochemistry*. 2016;20(1):15-22.
17. Dhami PS, Chopra G, and Shrivastava HN. *A Textbook of Biology*. Jalandhar, India: Pradeep Publications; 2015:101.
18. Hawley JA, Lundby C, Cotter JD, Burke LM. Maximizing cellular adaptation to endurance exercise in skeletal muscle. *Cell Metabolism*. 2018;27:692-697. doi:10.1016/j.cmet.2018.04.014
19. Hawley JA. Adaptations of skeletal muscle to prolonged, intense endurance training. *Clinical and Experimental Pharmacology and Physiology*. 2002;29:218-222.
20. Lundby C, Jacobs RA. Adaptations of skeletal muscle mitochondria to exercise training. *Experimental Physiology*. 2016;101:17-22.
21. Lucıa A, Hoyos J, Perez M, Santalla A, Chicharro JL. Inverse relationship between VO2max and economy/efficiency in world-class cyclists. *Medicine and Science in Sports and Exercise*. 2002;34:2079-2084.
22. Anderson SD, Holzer K. Exercise-induced asthma: Is it the right diagnosis in elite athletes? *Immunology*. 2000;106(3):419-428.
23. Boulet L-P, O'Byrne PM. Asthma and exercise-induced bronchoconstriction in athletes. *New England Journal of Medicine*. 2015;372:641-648. doi:10.1056/NEJMra1407552
24. Minto G, Struthers RA. It's not about the bike: Enhancing oxygen delivery. *British Journal of Anaesthesia*. 2017;118(5):655-657. doi:10.1093/bja/aex079
25. McKay AKA, Peeling P, Pyne DB, Welvaert M, Tee N, Leckey JJ, Sharma AP, Ross MLR, Garvican-Lewis LA, Swinkels DW, Laarakkers CM, Burke LM. Chronic adherence to a ketogenic diet modifies iron metabolism in elite athletes. *Medicine and Science in Sports and Exercise*. 2019;51:548-555.
26. Parks RB, Hetzel SJ, Brooks MA. Iron deficiency and anemia among collegiate athletes: A retrospective chart review. *Medicine and Science in Sports and Exercise*. 2017;49(8):1711-1715.
27. Coates A, Mountjoy M, Burr J. Incidence of iron deficiency and iron deficient anemia in elite runners and triathletes. *Clinical Journal of Sport Medicine*. 2016;9:1-6.
28. McDonald C, Erb NJ, Aguilar-Alvarez D. Effects of NCAA division 1 cross-country training on serum ferritin, monocytes, TNF-α, and DKK1 (P18-126-19). *Current Developments in Nutrition*. 2019;3(suppl 1):1691-1693. doi:10.1093/cdn/nzz039.P18-126-19
29. Omidi M, Abbasi M, Eftekharian MM, Shishean B, Zamani A. Hematological indices in elite wrestlers. *Avicenna Journal of Medicine and Biochemistry*. 2016;4(1):e31726. doi:10.17795/ajmb-31726
30. Goldstein ER. Exercise-associated iron deficiency: A review and recommendations for practice. *Strength and Conditioning Journal*. 2016;38(2):24-34.
31. Lippi G, Sanchis-Gomar F. Epidemiological, biological and clinical update on exercise-induced hemolysis. *Annals of Translational Medicine*. 2019;7(12):270. doi:10.21037/atm.2019.05.41
32. Marshall G, Jarial D, Durbin JL. The evaluation of exercise-induced hematuria in endurance athletes. *The Sport Journal*. 2017. http://thesportjournal.org/article/

the-evaluation-of-exercise-induced-hematuria-in-endurance-athletes

33. Reid MB. Reactive oxygen species as agents of fatigue. *Medicine and Science in Sports and Exercise.* 2016;48(11):2239-2246.

34. Burnett DM, Burns S, Merritt S, Wick J, Sharpe M. Prevalence of exercise-induced bronchoconstriction measured by standardized testing in healthy college athletes. *Respiratory Care.* 2016;61(5):571-576.

35. Enclyclopaedia Britannica. Humidity. www.britannica.com/science/humidity. Accessed July 25, 2019.

36. Wasserman K. Coupling of external to cellular respiration during exercise: The wisdom of the body revisited. *American Journal of Physiology: Endocrinology and Metabolism.* 1994;266(29):E519-E539.

Chapter 2. 항염증 및 근육계 컨디션 전략 섹션

1. Cleary MA, Sweeney LA, Kendrick ZV, Sitler MR. Dehydration and symptoms of delayed-onset muscle soreness in hyperthermic males. *Journal of Athletic Training.* 2005;40(4):288-297.

2. Parr JJ, Yarrow JF, Garbo CM, Borsa PA. Symptomatic and functional responses to concentric-eccentric isokinetic versus eccentric-only isotonic exercise. *Journal of Athletic Training.* 2009;44(5):462-468.

3. Frey-Law LA, Evans S, Knudston J, Nus S, Scholl K, Sluka K. Massage reduces pain perception and hyperalgesia in experimental muscle pain: A randomized, controlled trial. *Journal of Pain.* 2008;9(8):714-721.

4. Mayer JM, Mooney V, Matheson LN, Erasala GN, Verna JL, Udermann BE, Leggett S. Continuous low-level heat wrap therapy for the prevention and early phase treatment of delayed-onset muscle soreness of the low back: A randomized controlled trial. *Archives of Physical Medicine and Rehabilitation.* 2006;87(10):1310-1317.

5. Cheung K, Hume P, Maxwell L. Delayed onset muscle soreness: Treatment strategies and performance factors. *Sports Medicine.* 2003;33(2):145-164.

6. Prasartwuth O, Taylor JL, Gandevia SC. Maximal force, voluntary activation and muscle soreness after eccentric damage to human elbow flexor muscles. *Journal of Physiology.* 2005;567(1):337-348.

7. Ayilavarapu S, Kantarci A, Fredman G, Turkoglu O, Omori K, Liu H, Iwata T, Yagi M, Hasturk H, Van Dyke TE. Diabetes-induced oxidative stress is mediated by Ca^{2+}- independent phospholipase A2 in neutrophils. *Journal of Immunology.* 2010;184(3):1507-1515.

8. Allen DG, Whitehead NP, Yeung EW. Mechanisms of stretch-induced muscle damage in normal and dystrophic muscle: Role of ionic changes. *Journal of Physiology.* 2005;567(3):723-735.

9. Erikson L. Does dietary supplementation of cod liver oil mitigate musculoskeletal pain? *European Journal of Clinical Nutrition.* 1996;50:689-693.

10. Lenn J, Uhl T, Mattacola C, Boissonneault G, Yates J, Ibrahim W, Bruckner G. The effects of fish oil and isoflavones on delayed onset muscle soreness. *Medicine and Science in Sports and Exercise.* 2002;34(10):1605-1613.

11. Tartibian B, Maleki BH, Abbasi A. The effects of ingestion of omega-3 fatty acids on perceived pain and external symptoms of delayed onset muscle soreness in untrained men. *Clinical Journal of Sport Medicine.* 2009;19(2):115-119.

12. Stupka N, Lowther S, Chorneyko K, Bourgeois JM, Hogben C, Tarnopolsky MA. Gender differences in muscle inflammation after eccentric exercise. *Journal of Applied Physiology.* 2000;89:2325-2332.

13. Benson J, Wilson A, Stocks N, Moulding N. Muscle pain as an indicator of vitamin D deficiency in an urban Australian Aboriginal population. *Medical Journal of Australia.* 2006;85(2):76-77.

14. Houston DK, Cesari M, Ferrucci L, Cherubini A, Maggio D, Bartali B, Johnson MA, Schwartz GG, Kritchevsky SB. Association between vitamin D and physical performance: The InCHIANTI study. *Journal of Gerontology, Series A, Biological Sciences and Medical Sciences.* 2007;62(4):440-446.

15. Silva LA, Pinho CA, Silveira PCL, Tuon T, De Souza, CT, Dal-Pizzol F, Pinho RA. Vitamin E supplementation decreases muscular and oxidative damage but not inflammatory response induced by eccentric contraction. *Journal of Physiological Sciences.* 2010;60(1):51-57.

16. Bryer SC, Goldfarb AH. Effect of high dose vitamin C supplementation on muscle soreness, damage, function, and oxidative stress to eccentric exercise. *International Journal of Sport Nutrition and Exercise Metabolism.* 2006;16(3):270-280.

17. Connolly DA, Lauzon C, Agnew J, Dunn M, Reed B. The effects of vitamin C supplementation on symptoms of delayed onset muscle soreness. *Journal of Sports Medicine and Physical Fitness.* 2006;46(3):462-467.

18. Shimomura Y, Murakami T, Nakai N, Nagasaki M, Harris RA. Exercise promotes BCAA catabolism: Effects of BCAA supplementation on skeletal muscle during exercise. *Journal of Nutrition.* 2004;134:1583S-1587S.

19. Shimomura Y, Yamamoto Y, Bajotto G, Sato J, Murakami T, Shimomura N, Kobayashi H, Mawatari K. Nutraceutical effects of branched-chain amino acids on skeletal muscle. *Journal of Nutrition.* 2006;136(suppl 1):529S-532S.

20. Evans WJ. Muscle damage: Nutritional considerations. *International Journal of Sport Nutrition.* 1991;1(3):214-224.

21. Dugan KM, McAdams M, Lewing M, Foster C, Wilborn C, Taylor LW IV. The effects of pre-and post-exercise whey vs. casein protein consumption on body composition and performance measures in collegiate female ath-

letes. *International Journal of Exercise Science: Conference Abstract Submissions*. 2010;2(2). https://digitalcommons.wku.edu/ijesab/vol2/iss2/24

22. Pritchett K, Bishop P, Pritchett R, Green M, Katica C. Acute effects of chocolate milk and a commercial recovery beverage on postexercise recovery indices and endurance cycling performance. *Applied Physiology, Nutrition, and Metabolism*. 2009;34(6):1017-1022.

23. Ferguson-Stegall L, McCleave E, Doerner PG, Ding Z, Dessard B, Kammer L, Wang B, Liu Y, Ivy JL. Effects of chocolate milk supplementation on recovery from cycling exercise and subsequent time trial performance. *International Journal of Exercise Science: Conference Abstract Submissions*. 2010;2(2). https://digitalcommons.wku.edu/ijesab/vol2/iss2/25

24. Zamboanga BL, Rodriguez L, Horton NJ. Athletic involvement and its relevance to hazardous alcohol use and drinking game participation in female college athletes: A preliminary investigation. *Journal of American College Health*. 2008;56(6):651-656.

25. Yusko DA, Buckman JF, White HR, Pandina RJ. Alcohol, tobacco, illicit drugs, and performance enhancers: A comparison of use by college student athletes and nonathletes. *Journal of American College Health*. 2008;57(3):281-290.

26. Shirreffs SM, Maughan RJ. The effect of alcohol on athletic performance. *Current Sports Medicine Reports*. 2006;5:192-196.

27. Clarkson PM, Reichman F. The effect of ethanol on exercise-induced muscle damage. *Journal of Studies on Alcohol*. 1990;51:19-23.

28. Burke LM, Collier GR, Broad EM, Davis PG, Martin DT, Sanigorski AJ, Hargreaves M. Effect of alcohol intake on muscle glycogen storage after prolonged exercise. *Journal of Applied Physiology*. 2003;95:983-990.

29. Shirreffs SM, Maughan RJ. Restoration of fluid balance after exercise-induced dehydration: Effects of alcohol consumption. *Journal of Applied Physiology*. 1997;83:1152-1158.

30. Bloomer RJ. The role of nutritional supplements in the prevention and treatment of resistance exercise-induced skeletal muscle injury. *Sports Medicine*. 2007;37(6):519-532.

31. Valle X, Alentorn-Geli E, Tol JL, Hamilton B, Garrett WE, Pruna R, Til L, Gutierrez JA, Alomar X, Balius R, Malliaropoulos N, Monllau JC, Whiteley R, Witvrouw E, Samuelsson K, Rodas G. Muscle injuries in sports: A new evidence-informed and expert consensus-based classification with clinical application. *Sports Medicine*. 2017;47(7):1241-1253.

32. Contró V, Mancuso EP, Proia P. DOMS management: The state of the art. *Central European Journal of Sport Sciences and Medicine*. 2016;15(3):5-14. doi:10.18276/cej.2016.3-01

33. Kim J, Lee J. A review of nutritional intervention on delayed onset muscle soreness: Part 1. *Journal of Exercise Rehabilitation*. 2014;10(6):349-356. doi:10.12965%2Fjer.140179

34. Gligor S, Gligor R. The potential role of omega-3 fatty acids supplements in increasing athletic performance. *Timisoara Physical Education and Rehabilitation Journal*. 2016;9(16). doi:10.1515/tperj -2016-0004

35. De Oliveira DCX, Rosa FT, Simões-Ambrósio L, Jordao AF, Deminice R. Antioxidant vitamin supplementation prevents oxidative stress but does not enhance performance in young football athletes. *Nutrition*. 2019;63-64:29-35.

36. Doherty R, Madigan S, Warrington G, Ellis J. Sleep and nutrition interactions: Implications for athletes. *Nutrients*. 2019;11. doi:10.3390/nu11040822

37. Benson L, Mushtaq S. Dietary supplementation with n-3 fatty acids (n-3 FA) for 4 weeks reduces post-exercise fatigue and delayed onset muscle soreness (DOMS) in trained male athletes. *Proceedings of the Nutrition Society*. 2015;74:E280. doi:10.1017/S0029665115003274

38. Owens DJ, Tang JCY, Bradley WJ, Sparks AS, Fraser WD, Morton JP, Close GL. Efficacy of high-dose vitamin D supplements for elite athletes. *Medicine and Science in Sports and Exercise*. 2017;49(2):349-356.

39. Ranchordas MK, Rogerson D, Soltani H, Costello JT. Antioxidants for preventing and reducing muscle soreness after exercise. *Cochrane Database of Systematic Reviews*. 2017;12:CD009789.

40. Calleja-González J, Mielgo-Ayuso J, Ostojic SM, Jones MT, Marques-Jiménez D, Caparros T, Terrados N. Evidence-based post-exercise recovery strategies in rugby: A narrative review. *The Physician and Sportsmedicine*. 2019;47(2):137-147. doi:10.1080/00913847.2018.1541701

41. Calleja-González J, Terrados N, Mielgo-Ayuso J, Delextrat A, Jukic I, Vaquera A, Torres L, Schelling X Stojanovic M, Ostojic SM. Evidence-based post-exercise recovery strategies in basketball. *The Physician and Sportsmedicine*. 2016;44(1):74-78. doi:10.1080/00913847.2016.1102033

42. Waldron M, Whelan K, Jeffries O, Burt D, Howe L, Patterson SD. The effects of acute branched-chain amino acid supplementation on recovery from a single bout of hypertropy exercise in resistance-trained athletes. *Applied Physiology, Nutrition, and Metabolism*. 2017;42(6):630-636.

43. Shimomura Y, Inaguma A, Watanabe S, Yamamoto Y, Muramatsu Y, Bajotto G, Sato J, Shimomura N, Kobayashi H, Mawatari K. Branched-chain amino acid supplementation before squat exercise and delayed-onset muscle soreness. *International Journal of Nutrition and Exercise Metabolism*. 2010;20(3):236-244.

44. Owens DJ, Twist C, Cobley JN, Howatson G, Close GL. Exercise-induced muscle damage: What is it, what causes it and what are the nutritional solutions? *European Journal*

of Sport Science. 2019;19(1):71-85. doi:10.1080/17461391.2018.1505957

45. Arciero PJ, Miller VJ, Ward E. Performance enhancing diets and the PRISE protocol to optimize athletic performance. *Journal of Nutrition and Metabolism*. 2015;715853. doi:10.1155/2015/715859
46. Nakhostin-Roohi B, Aghdam ZM. The effect of L-arginine supplementation on delayed onset muscle soreness (DOMS) after eccentric heavy exercise. *Homozgan Medical Journal*. 2017;21(3):169-176.
47. Marquet L-A, Hausswirth C, Hays A, Vettoretti F, Brisswalter J. Comparison of between-training-sessions recovery strategies for world-class BMX pilots. *International Journal of Sports Physiology and Performance*. 2015;10:219-223.
48. Seeram NP, Aviram M, Zhang Y, Henning SM, Feng L, Dreher M, Heber D. Comparison of antioxidant potency of commonly consumed polyphenol-rich beverages in the United States. *Journal of Agricultural and Food Chemistry*. 2008;56(4):1415-1422.
49. Traustadottir T, Davies SS, Stock AA, Su Y, Heward CB, Roberts LJ, Harman SM. Tart cherry juice decreases oxidative stress in healthy older men and women. *Journal of Nutrition*. 2009;139(10):1896-1900.
50. Bondesen BA, Mills ST, Kegley KM, Pavlath GK. The COX-2 pathway is essential during early stages of skeletal muscle regeneration. *American Journal of Physiology: Cell Physiology*. 2004;287(2):C475-C483.
51. Trombold JR, Reinfeld AS, Casler JR, Coyle EF. The effect of pomegranate juice supplementation on strength and soreness after eccentric exercise. *Journal of Strength and Conditioning Research*. 2011;25(7):1782-1788.
52. Connolly DA, McHugh MP, Padilla-Zakour OI, Carlson L, Sayers SP. Efficacy of a tart cherry juice blend in preventing the symptoms of muscle damage. *British Journal of Sports Medicine*. 2006;40(8):679-683.
53. Harty PS. Cottet ML, Malloy JK, Kerksick CM. Nutritional and supplemental strategies to prevent and attenuate exercise-induced muscle damage: A brief review. *Sports Medicine*. 2019;5(1). doi:10.1186/s40798-018-0176-6
54. Rawson ES, Miles MP, Larson-Meyer DE. Dietary supplements for health, adaptation, and recovery in athletes. *International Journal of Sport Nutrition and Exercise Metabolism*. 2018;28:188-199.
55. Nakhostin-Roohi B, Moradlou AN, Hamidabad SM, Ghanivand B. The effect of curcumin supplementation on selected markers of delayed onset muscle soreness (DOMS). *Annals of Applied Sport Science*. 2016;4(2):25-31.
56. Terrados N, Mielgo-ayuso J, Delextrat A, Ostojic SM, Calleja González J. Dietetic-nutritional, physical and physiological recovery methods post-competition in team sports: A review. *Journal of Sports Medicine and Physical Fitness*. 2018. doi:10.23736/S0022-4707.18.08169-0
57. Heaton LE, Davis JK, Rawson ES, Nuccio RP, Witard OC, Stein KW, Baar K, Carter JM, Baker LB. Selected in-season nutritional strategies to enhance recovery for team sport athletes: A practical overview. *Sports Medicine*. 2017;47:2201-2218.
58. Cannell JJ, Hollis BW, Sorenson MB, Taft TN, and Anderson JJB. Athletic performance and vitamin D. *Medicine and Science in Sports and Exercise*. 2009; 41(5): 1102-1110.
59. Cannell JJ. (2011) *Athlete's Edge: Faster Quicker Stronger with Vitamin D*. San Dimas: Here and Now Books, Inc.
60. Roth AD (2014). Vitamin D: An opportunity for improving athletic performance. *AMAA Journal*. Winter/Spring. https://pdfs.semanticscholar.org/6d0d/23be9de2492ce940b111d285a708ae338757.pdf
61. Richard S, Lacout J-C, Frotscher B, Enea A, Mione G, and Ducrocq X. Report of a recurrent cerebral venous thrombosis in a young athlete. *BMC Neurology*; 2014; 14(182): http://www.biomedcentral.com/1471-2377/14/182
62. Dahlquist DT, Dieter BP, Koehle MS. Plausible ergogenic effects of vitamin D on athletic performance and recovery. *Journal of the International Society of Sports Nutrition*. 2015;12(33): doi:10.1186/s12970-015-0093-8

Chapter 3. 체액 및 전해질

1. Poortmans J. Exercise and renal function. *Sports Medicine*. 1984;1:125-153.
2. Zambraski EJ. Renal regulation of fluid homeostasis during exercise. In: Gisolfe CV, Lamb CV, eds. *Perspectives in Exercise Science and Sports Medicine, Volume 3: Fluid Homeostasis During Exercise*. Carmel, IN: Benchmark Press; 1990:247-280.
3. It is necessary to excrete metabolic by-products. This excretion can take place via the production of dilute or concentrated urine, depending on hydration state.
4. Sawka MN, Latzka WA, Montain SJ. Effects of dehydration and rehydration on performance. In: Maughan RJ, ed. *Nutrition in Sport*. London, United Kingdom: Blackwell Science; 2000:216-217.
5. Maughan RJ. Water and electrolyte loss and replacement in exercise. In: Maughan RJ, ed. *Nutrition in Sport*. London, United Kingdom: Blackwell Science; 2000:226.
6. Leithead CS, Lind AR. *Heat Stress and Heat Disorders*. London, United Kingdom: Casell; 1964.
7. Maughan RJ. Thermoregulation and fluid balance in marathon competition at low ambient temperature. *International Journal of Sports Medicine*. 1985;6:15-19.
8. Costill DL. Sweating: Its composition and effects on body fluids. *Annals of the New York Academy of Sciences*. 1977;301:160-174.

9. Kenney WL. Body fluid and temperature regulation as a function of age: In: Lamb DR, Gisolfi CV, Nadel ER, eds. *Perspectives in Exercise Science and Sports Medicine, Volume 8: Exercise in Older Adults*. Indianapolis, IN: Benchmark Press; 1995:305-352.
10. Hubbard RW, Szlyk PC, Armstrong LE. Influence of thirst and fluid palatability on fluid ingestion during exercise. In: Gisolfi CV, Lamb DR, eds. *Perspectives in Exercise Science and Sports Medicine, Volume 3: Fluid Homeostasis During Exercise*. Indianapolis, IN: Benchmark Press; 1990:39-95.
11. Fitzsimons JT. Evolution of physiological and behavioural mechanism in vertebrate body and homeostasis. In: Ramsay DJ, Booth DA, eds. *Thirst: Physiological and Psychological Aspects*. ILSI Human Nutrition Reviews. London, United Kingdom: Springer-Verlag; 1990:3-22.
12. Rehrer NJ. Factors influencing fluid bioavailability. *Australian Journal of Nutrition and Dietetics*. 1996;53(suppl 4):8S-12S.
13. Davis JM, Burgess WA, Slentz CA, Bartoli WP, Pate RR. Effects of ingesting 6% and 12% glucose-electrolyte beverages during prolonged intermittent cycling in the heat. *European Journal of Applied Physiology*. 1988;57:563-569.
14. Rehrer JN, Beckers EJ, Brouns F, ten Hoor F, Saris WHM. Exercise and training effects on gastric emptying of carbohydrate beverages. *Medicine and Science in Sports and Exercise*. 1989;21:540-549.
15. American College of Sports Medicine. Position paper: Nutrition and athletic performance. *Medicine and Science in Sports and Exercise*. 2009;41(3):709-731.
16. Rehrer JN, Brouns F, Beckers EJ, Saris WHM. The influence of beverage composition and gastrointestinal function on fluid and nutrient availability during exercise. *Scandinavian Journal of Medicine and Science in Sports*. 1994;4:159-172.
17. Noakes TD, Rehrer NJ, Maughan RJ. The importance of volume in regulating gastric emptying. *Medicine and Science in Sports and Exercise*. 1991;23:307-313.
18. Sun WM, Houghton LA, Read NW, Grundy DG, Johnson AG. Effect of meal temperature on gastric emptying of liquids in man. *Gut*. 1988;29:302-305.
19. Costill DL, Saltin B. Factors limiting gastric emptying. *Journal of Applied Physiology*. 1974;37:679-683.
20. Ryan AJ, Navarne AE, Gisolfi CV. Consumption of carbonated and noncarbonated sports drinks during prolonged treadmill exercise in the heat. *International Journal of Sport Nutrition*. 1991;1:225-239.
21. Lambert GP, Bleiler TL, Chang R, Johnson AK, Gisolfi CV. Effects of carbonated and noncarbonated beverages at specific intervals during treadmill running in the heat. *International Journal of Sport Nutrition*. 1993;3:177-193.
22. Wolf S. The psyche and the stomach. *Gastroenterology*. 1981;80:605-614.
23. Bar-Or O. Children's responses to exercise in hot climates: Implications for performance and health. *GSSI Sports Science Exchange*. 1994;7(2):1-4.
24. Gisolfi CV, Summers R, Schedl H. Intestinal absorption of fluids during rest and exercise. In: Gisolfi CV, Lamb DR, eds. *Perspectives in Exercise Science and Sports Medicine, Volume 3: Fluid Homeostasis During Exercise*. Carmel, IN: Benchmark Press; 1990:39-95.
25. Maughan RJ, Noakes TD. Fluid replacement and exercise stress: A brief review of studies on fluid replacement and some guidelines for the athlete. *Sports Medicine*. 1991;12:16-31.
26. Kenney WL. Heat flux and storage in hot environments. *International Journal of Sports Medicine*. 1998;19:92S-95S.
27. Kenefick R, Mahmood NV, Mattern CQ, Kertzer R, and Quinn TJ. Hypohydration adversely affects lactate threshold in endurance athletes. *Journal of Strength and Conditioning Research*. 2002;16:38-43.
28. Naghii M. The significance of water in sport and weight control. *Nutrition and Health*. 2000;14:127-132.
29. Bergeron M. Averting muscle cramps. *The Physician and Sportsmedicine*. 2002;30(11):14.
30. Bergeron M. Sodium: The forgotten nutrient. *GSSI Sports Science Exchange*. 2000;13(3):1-4.
31. Wharam PC, Speedy DB, Noakes TD, Thompson J, Reid SA, Holtzhausen L-M. NSAID use increases the risk of developing hyponatremia during an Ironman triathlon. *Medicine and Science in Sports and Exercise*. 2006;38(4):618-622.
32. Craig S. Hyponatremia in emergency medicine. *eMedicine Journal*. www.emedicine.com/EMERG/topic275.htm. Accessed January 20, 2005.
33. Bergeron MF. Exertional heat cramps: Recovery and return to play. *Journal of Sport Rehabilitation*. 2007;16:190-196.
34. USA Track & Field is the national governing body (NGB) for the following events: track and field, long-distance running, and race walking.
35. Noakes T. The hyponatremia of exercise. *International Journal of Sport Nutrition*. 1992;2:205-228.
36. Gisolfi C. Fluid balance for optimal performance. *Nutrition Revue*. 1996;54:159S-168S.
37. Rehrer N. Fluid and electrolyte balance in ultra-endurance sport. *Sports Medicine*. 2001;31:701-715.
38. Speedy D, Noakes TD, Schneider C. Exercise-associated hyponatremia: A review. *Emergency Medicine*. 2001;13:17-27.
39. Low blood sodium in endurance athletes. Mayo Clinic website. www.mayoclinic.com. Accessed July 28, 2003.
40. Hargreaves M. Physiological benefits of fluid and energy replacement during exercise. *Australian Journal of Nutrition and Dietetics*. 1996;53(suppl 4):3S-7S.
41. Burke LM. Rehydration strategies before and after exercise. *Australian Journal of Nutrition and Dietetics*.

1996;53(suppl 4):22S-26S.

42. Nadel ER, Mack GW, Nose H. Influence of fluid replacement beverages on body fluid homeostasis during exercise and recovery. In: Gisolfi CV, Lamb DR, eds. *Perspectives in Exercise Science and Sports Medicine, Volume 3: Fluid Homeostasis During Exercise.* Carmel, IN: Benchmark Press; 1990:181-205.

43. Kristal-Boneh E, Glusman JG, Shitrit R, Chaemovitz C, Cassuto Y. Physical performance and heat tolerance after chronic water loading and heat acclimation. *Aviation, Space and Environmental Medicine.* 1995;66:733-738.

44. Sawka MN, Montain SJ, Lazka WA. Body fluid balance during exercise: Heat exposure. In: Buskirk ER, Puhl SM, eds. *Body Fluid Balance: Exercise and Sport.* Boca Raton, FL: CRC Press; 1996:143-161.

45. Lyons TP, Riedesel ML, Meuli LE, Chick TW. Effects of glycerol-induced hyperhydration prior to exercise in the heat on sweating and core temperatures. *Medicine and Science in Sports and Exercise.* 1990;22:477-483.

46. Montner P, Stark DM, Riedesel ML, Murata G, Robergs R, Timms M, Chick TW. Pre-exercise glycerol hydration improves cycling endurance time. *International Journal of Sports Medicine.* 1996;17:27-33.

47. Shirreffs SM, Armstrong LE, Cheuvront SN. Fluid and electrolyte needs for preparation and recovery from training and competition. *Journal of Sports Sciences.* 2004;22(1):57-63.

48. Lyle DM, Lewis PR, Richards DAB, Richards R, Bauman AE, Sutton JR, Cameron ID. Heat exhaustion in the Sun-Herald City to Surf fun run. *Medical Journal of Australia.* 1994;161:361-365.

49. McConnell G, Burge CM, Skinner SL, Hargreaves M. Ingested fluid volume and physiological responses during prolonged exercise in a mild environment. Abstract. *Medicine and Science in Sports and Exercise.* 1995;27:19S.

50. Walsh RM, Noakes TD, Hawley JA, Dennis SC. Impaired high-intensity cycling performance time at low levels of dehydration. *International Journal of Sports Medicine.* 1994;15:392-398.

51. Maughan RJ, Fenn CE, Leiper JB. Effects of fluid, electrolyte and substrate ingestion on endurance capacity. *European Journal of Applied Physiology.* 1989;58:481-486.

52. Mitchell JB, Costill DL, Houmard JA, Fink WJ, Pascoe DD, Pearson DR. Influence of carbohydrate dosage on exercise performance and glycogen metabolism. *Journal of Applied Physiology.* 1989;67:1843-1849.

53. Tsintzas OK, Liu R, Williams C, Campbell I, Gaitanos G. The effect of carbohydrate ingestion on performance during a 30-km race. *International Journal of Sport Nutrition.* 1993;3:127-139.

54. Coggan AR, Coyle EF. Reversal of fatigue during prolonged exercise by carbohydrate infusion or ingestion. *Journal of Applied Physiology.* 1987;63:2388-2395.

55. Coyle EF, Hagberg JM, Hurley BF, Martin WH, Ehami AA, Holloszy JO. Carbohydrate feeding during prolonged strenuous exercise can delay fatigue. *Journal of Applied Physiology.* 1983;55:230-235.

56. Coyle EF, Coggan AR, Hemmert MK, Ivy JL. Muscle glycogen utilization during prolonged, strenuous exercise when fed carbohydrate. *Journal of Applied Physiology.* 1986;61:165-172.

57. Tsintzas OK, Williams C, Boobis L, Greenhaff P. Carbohydrate ingestion and glycogen utilization in different muscle fibre types in man. *Journal of Physiology.* 1995;489:243-250.

58. Hargreaves M, Costill DL, Coggan AR, Fink WJ, Nishibata I. Effect of carbohydrate feedings on muscle glycogen utilization and exercise performance. *Medicine and Science in Sports and Exercise.* 1984;16:219-222.

59. Yaspelkis BB, Patterson JG, Anderla PA, Ding Z, Ivy JL. Carbohydrate supplementation spares muscle glycogen during variable-intensity exercise. *Journal of Applied Physiology.* 1993;75:1477-1485.

60. Below PR, Mora-Rodriquez R, Gonzalez-Alonso J, Coyle EF. Fluid and carbohydrate ingestion independently improve performance during 1 h of intense exercise. *Medicine and Science in Sports and Exercise.* 1995;27:200-210.

61. Nicholas CW, Williams C, Lakomy HKA, Phillips G, Nowitz A. Influence of ingesting a carbohydrate-electrolyte solution on endurance capacity during intermittent, high intensity shuttle running. *Journal of Sports Sciences.* 1995;13:283-290.

62. Simard C, Tremblay A, Jobin M. Effects of carbohydrate intake before and during an ice hockey match on blood and muscle energy substrates. *Research Quarterly for Exercise and Sport.* 1988;59:144-147.

63. Coyle EF, Coggan AR, Hemmert MK, Ivy JL. Muscle glycogen utilization during prolonged, strenuous exercise when fed carbohydrate. *Journal of Applied Physiology.* 1986;61:165-172.

64. Murray R, Paul GL, Seifert JG, Eddy DE, Halaby GA. The effects of glucose, fructose, and sucrose ingestion during exercise. *Medicine and Science in Sports and Exercise.* 1989;21:275-282.

65. Owen MD, Kregel KC, Wall PT, Gisolfi CV. Effects of ingesting carbohydrate beverages during exercise in the heat. *Medicine and Science in Sports and Exercise.* 1986;18:568-575.

66. Murray R, Paul GL, Seifert JG, Eddy DE, Halaby GA. The effects of glucose, fructose, and sucrose ingestion during exercise. *Medicine and Science in Sports and Exercise.* 1989;21:275-282.

67. Bjorkman O, Sahlin K, Hagenfeldt L, Wahren J. Influence of glucose and fructose ingestion on the capacity for longterm exercise in well-trained men. *Clinical Physiology.* 1984;4:483-494.

68. Mason WL, McConell GK, Hargreaves M. Carbohydrate ingestion during exercise: Liquid vs. solid

feedings. *Medicine and Science in Sports and Exercise.* 1993;25:966-969.

69. A 1 percent carbohydrate solution is 1 gram of carbohydrate per 100 milliliters of water. One liter of water is 1,000 milliliters, so consumption of 1 liter of a 6 percent carbohydrate solution will provide 240 calories from carbohydrate (6 × 4 kilocalories per gram × 10).
70. Coggan AR, Coyle EF. Reversal of fatigue during prolonged exercise by carbohydrate infusion or ingestion. *Journal of Applied Physiology.* 1987;63:2388-2395.
71. Coyle EF, Montain SJ. Benefits of fluid replacement with carbohydrate during exercise. *Medicine and Science in Sports and Exercise.* 1992;24(suppl):324S-330S.
72. Wagenmakers AJM, Brouns F, Saris WHM, Halliday D. Oxidation rates of orally ingested carbohydrates during prolonged exercise in men. *Journal of Applied Physiology.* 1993;75:2774-780.
73. Broad EM, Burke LM, Gox GR, Heeley P, Riley M. Body weight changes and voluntary fluid intakes during training and competition sessions in team sports. *International Journal of Sport Nutrition.* 1996;6:307-320.
74. Noakes TD, Adams BA, Myburgh KH, Greff C, Lotz T, Nathan M. The danger of inadequate water intake during prolonged exercise. *European Journal of Applied Physiology.* 1988;57:210-219.
75. Rothstein A, Adolph EF, Wills JH. Voluntary dehydration. In: Adolph EF, ed. *Physiology of Man in the Desert.* New York, NY: Interscience; 1947:254-270.
76. Carter JE, Gisolfi CV. Fluid replacement during and after exercise in the heat. *Medicine and Science in Sports and Exercise.* 1989;21:532-539.
77. Gonzalez-Alonso J, Heaps CL, Coyle EF. Rehydration after exercise with common beverages and water. *International Journal of Sports Medicine.* 1992;13:399-406.
78. Maughan RJ, Leiper JB. Sodium intake and post-exercise rehydration in man. *European Journal of Applied Physiology.* 1995;71:311-319.
79. Maughan RJ, Leiper JB, Shirreffs SM. Restoration of fluid balance after exercise-induced dehydration: Effects of food and fluid intake. *European Journal of Applied Physiology* 1996;73:317-325.
80. Osmolarity is largely determined by the number of molecules contained in a given volume of fluid. The size of the molecules does not have an impact on osmolarity. A polymer contains many carbohydrate units in a single molecule, thereby giving it a lower osmolar impact than the same number of carbohydrate units dispersed in the solution individually.
81. Triplett D, Doyle JA, Rupp JC, Benardot D. An isocaloric glucose-fructose beverage's effect on simulated 100-km cycling performance compared with a glucose-only beverage. *International Journal of Sport Nutrition and Exercise Metabolism.* 2010;20:122-131.
82. Pfeiffer B, Stellingwerff T, Zaltas E, Jeukendrup AE. Carbohydrate oxidation from a carbohydrate gel compared to a drink during exercise. *Medicine and Science in Sports and Exercise.* 2011;43(2):327-334.
83. Peake J, Peiffer JJ, Abbiss CR, Nosaka K, Laursen PB, Suzuki K. Carbohydrate gel ingestion and immunoendocrine responses to cycling in temperate and hot conditions. *International Journal of Sport Nutrition and Exercise Metabolism.* 2008;18:229-246.
84. Maughan RJ, Shirreffs SM. Dehydration and rehydration in competitive sport. *Scandinavian Journal of Medicine & Science in Sports.* 2010;20(suppl 3):40-47.
85. Sawka MN, Cheuvront SN, Kenefick RW. Hypohydration and human performance: Impact of environment and physiological mechanisms. *Sports Medicine.* 2015;45(suppl 1):51-60.
86. Hughes F, Mythen M, Montgomery H. The sensitivity of the human thirst response to changes in plasma osmolality: A systematic review. *Perioperative Medicine* 2018;7(1). doi:10.1186/s13741-017-0081-4
87. Ayotte Jr D, Corcoran MP. Individualized hydration plans improve performance outcomes for collegiate athletes engaging in in-season training. *Journal of the International Society of Sports Nutrition.* 2018;15(27). doi:10.1186/s12970-018-0230-2
88. Paintal A. Study of gastric stretch receptors. Their role in the peripheral mechanism of satiation of hunger and thirst. *Journal of Physiology.* 1954;126:255-270.
89. Minami H, McCallum RW. The physiology and pathophysiology of gastric emptying in humans. *Gastroenterology.* 1984;86:1592-1610.
90. Hunt JN, Knox MT. Regulation of gastric emptying. In: CF Code, ed. *Handbook of Physiology. Section 6, Alimentary Canal, Vol. IV, Motility.* Washington, DC: American Physiological Society; 1968:917-1935.
91. Miller LJ, Malagelada JR, Taylor WF, Go VLW. Intestinal control of human postprandial gastric function: The role of components of jejunoileal chyme in regulating gastric secretion and gastric emptying. *Gastroenterology.* 1981;80:763-769.
92. Leiper JB. Fate of ingested fluids: Factors affecting gastric emptying and intestinal absorption of beverages in humans. *Nutrition Reviews.* 2015;73(suppl 2):57-72.
93. Burke LM, Castell LM, Casa DJ, Close GL, Costa RJS, Desbrow B, Halson SL, Lis DM, Melin AK, Peeling P, Saunders PU, Slater GJ, Sygo J, Witard OC, Bermon S, Stellingwerff T. International Association of Athletics Federations consensus statement 2019: Nutrition for athletics. *International Journal of Sport Nutrition and Exercise Metabolism.* 2019;29:73-84. doi:10.1123/ijsnem.2019-0065
94. Casa D, Cheuvront S, Galloway S, Shirreffs S. Fluid needs for training, competition, and recovery in track-and-field athletes. *International Journal of Sport Nutrition and Exercise Metabolism.* 2019;29(2):175-180. doi:10.1123/

ijsnem.2018-0374

95. Casa DJ, DeMartini JK, Berjeron MF, Csillan D, Eichner ER, Lopez RM, Ferrara MS, Miller KC, O'Connor F, Sawka MN, Yeargin SW. National Athletic Trainers' Association position statement: Exertional heat illnesses. *Journal of Athletic Training.* 2015;50(9):986-1000. doi:10.4085/1062-6050-50.9.07

96. Nybo L, Rasmussen P, Sawka MN. Performance in the heat: Physiological factors of importance for hyperthermia-induced fatigue. *Comprehensive Physiology.* 2014;4(2):657-689. doi:10.1002/cphy.c130012

97. Casa DJ, Armstrong LE, Ganio MS, Yeargin S. Exertional heat stroke in competitive athletes. *Current Sports Medicine Reports.* 2005;4(6):309-317.

98. Thomas DT, Erdman KA, Burke LM. Joint position statement of the American College of Sports Medicine, the Academy of Nutrition and Dietetics, and the Dietitians of Canada: Nutrition and athletic performance. *Medicine and Science in Sports and Exercise.* 2016;48(3):543-568. doi:10.1249/MSS.0000000000000852

99. Barsony J, Kleess L, Verbalis JG. Hyponatremia is linked to bone loss, osteoporosis, fragility and bone fractures. In: Peri A, Thompson CJ, Verbalis JG, eds. *Disorders of Fluid and Electrolyte Metabolism.* Frontiers of Hormone Research, vol 52. Basel, Switzerland: Karger; 2019:49-60. doi:10.1159/000493237

100. Theodoropoulou A, Markou KB, Vagenakis GA, Benardot D, Leglise M, Kourounis G, Vagenakis AG, Georgopoulos NA. Delayed but normally progressed puberty is more pronounced in artistic compared with rhythmic elite gymnasts due to the intensity of training. *Journal of Clinical Endocrinology and Metabolism.* 2005;90(11):6022-6027.

101. Georgopoulos NA, Markou KB, Theodoropoulou A, Benardot D, Leglise M, Vagenakis AG. Growth retardation in artistic compared with rhythmic elite female gymnasts. *Journal of Clinical Endocrinology & Metabolism.* 2002;87(7):3169-3173.

102. Yagmur R, Isik O, Kilic Y, Akyuz M. The hydration status and thyroid hormone levels among elite wrestlers. *Progress in Nutrition.* 2019;21(4). doi:10.23751/pn.v21i4.8041

103. Owens DS. Lifestyle modification: Diet, exercise, sports, and other issues. In: Naidu S, ed. *Hypertrophic Cardiomyopathy.* Philadelphia, PA: Springer; 2019.

104. Triplett D, Doyle JA, Rupp JC, Benardot D. An isocaloric glucose-fructose beverage's effect on simulated 100-km cycling performance compared with a glucose-only beverage. *International Journal of Sport Nutrition and Exercise Metabolism.* 2010;20:122-131.

Chapter 4. 보충제

1. Greenhaff PL, Casey A, Short AH, Harris R, Soderlund K, Hultman E. Influence of oral creatine supplementation of muscle torque during repeated bouts of maximal voluntary exercise in man. *Clinical Science.* 1993;84:565-571.

2. Harris RC, Soderlund K, Hultman E. Elevation of creatine in resting and exercised muscle of normal subjects by creatine supplementation. *Clinical Science.* 1992;83:367-374.

3. Maughan RJ. Creatine supplementation and exercise performance. *International Journal of Sport Nutrition.* 1995;5:94-101.

4. Campbell WW. Synergistic use of higher-protein diets or nutritional supplements with resistance training to counter sarcopenia. *Nutrition Reviews.* 2007;65(9):416-422.

5. Paddon-Jones D, Sheffield-Moore M, Urban RJ, Sanford AP, Aarsland A, Wolfe RR, Ferrando AA. Essential amino acid and carbohydrate supplementation ameliorates muscle protein loss in humans during 28 days bedrest. *Journal of Clinical Endocrinology and Metabolism.* 2004;89:4351-4358.

6. Butterfield G, Cady C, Moynihan S. Effect of increasing protein intake on nitrogen balance in recreational weight lifters. *Medicine and Science in Sports and Exercise.* 1992;24:71S.

7. Maughan RJ, Depiesse F, Geyer H. The use of dietary supplements by athletes. *Journal of Sports Sciences.* 2007;25(1):103S-113S.

8. Ahrendt DM. Ergogenic aids: Counseling the athlete. *American Family Physician.* 2001;63(5):913-922.

9. Gurley BJ, Gardner SF, White LM, Wang PL. Ephedrine pharmacokinetics after the ingestion of nutritional supplements containing ephedra sinica (ma huang). *Therapeutic Drug Monitoring.* 1998;20:439-445.

10. Watson S. How to evaluate vitamins and supplements. WebMD Medical Reference. WebMD.com. Accessed May 1, 2011.

11. Maughan RJ. Dietary supplements: Contamination may cause failed drug tests. Gatorade Sport Science Institute Hot Topic. May 2001.

12. Nagle FJ, Bassett DR. Energy metabolism. In: Hickson JF, Wolinsky I, eds. *Nutrition in Exercise and Sport.* Boca Raton, FL: CRC Press; 1989:87-106.

13. Costill DL, Hargreaves M. Carbohydrate nutrition and fatigue. *Sports Medicine.* 1992;13(2):86.

14. Valeriani A. The need for carbohydrate intake during endurance exercise. *Sports Medicine.* 1991;12(6):349.

15. Tarnopolsky MA, Atkinson SA, Phillips SM, MacDougall JD. Carbohydrate loading and metabolism during exercise in men and women. *Journal of Applied Physiology.* 1995;78:1360-1368.

16. Coyle EF. Effects of glucose polymer feedings on fatigability and the metabolic response to prolonged strenuous exercise. In: Fox EL, ed. *Ross Symposium on Nutrient Utilization During Exercise.* Columbus, OH: Ross Laboratories; 1983:4-11.

17. Berning JR, Leenders MM, Ratliff K, Clem KL, Troup JP. The effects of a high carbohydrate pre-exercise meal on the consumption of confectioneries of different glycemic indices. *Medicine and Science in Sports and Exercise.* 1993;25(5):125S.
18. Anantaraman R, Carmines AA, Gaesser GA, Weltman A. The effects of carbohydrate supplementation on maximal effort endurance performance. *Medicine and Science in Sports and Exercise.* 1994;26(5):34S.
19. Coyle EF. Timing and method of increased carbohydrate intake to cope with heavy training, competition and recovery. *Journal of Sports Sciences.* 1991;9:18-37.
20. Roy BD, Tamopolsky MA, MacDougall JD, Fowles J, Yarasheski KE. The effect of oral glucose supplements on muscle protein synthesis following resistance training. *Medicine and Science in Sports and Exercise.* 1996;28(5):769S.
21. Branch JD, Schwarz WD, Van Lunen B. Effect of creatine supplementation on cycle ergometer exercise in a hyperthermic environment. *Journal of Strength and Conditioning Research.* 2007;21(1):57-61.
22. Watson G, Casa DJ, Fiala KA, Hile A, Roti MW, Healy JC, Armstrong LE, Maresh CM. Creatine use and exercise heat tolerance in dehydrated men. *Journal of Athletic Training.* 2006;41(1):18-29.
23. Greenhaff PL. Creatine and its application as an ergogenic aid. *International Journal of Sport Nutrition.* 1995;5:100S-110S.
24. Greenhaff PL, Casey A, Short AH, Harris R, Soderlund K, Hultman E. Influence of oral creatine supplementation on muscle torque during repeated bouts of maximal voluntary exercise in man. *Clinical Science.* 1993;84:565-571.
25. Tarnopolsky MA. Caffeine and creatine use in sport. *Annals of Nutrition and Metabolism.* 2010;57(suppl 2):1S-8S.
26. Becque MD, Lochmann JD, Melrose DR. Effects of oral creatine supplementation on muscular strength and body composition. *Medicine and Science in Sports and Exercise.* 2000;32:654-658.
27. Volek JS, Rawson ES. Scientific basis and practical aspects of creatine supplementation for athletes. *Nutrition.* 2004;20:609-614.
28. Engelhardt M, Neumann G, Berbalk A, Reuter I. Creatine supplementation in endurance sports. *Medicine and Science in Sports and Exercise.* 1998;30(7):1123-1129.
29. Kozak CJ, Benardot D, Cody M, Doyle JA, Thompson WR. The Effect of Creatine Monohydrate Supplementation on Anaerobic Power and Anaerobic Endurance in Elite Female Gymnasts [master's thesis]. Georgia State University; 1996.
30. Koenig C, Benardot D, Cody M, Thompson W. The influence of creatine monohydrate and carbohydrate supplements on repeated jump height. *Medicine and Science in Sports and Exercise.* 2004;36(5):347S.
31. Koenig CA, Benardot D, Cody M, Thompson WR. Comparison of creatine monohydrate and carbohydrate supplementation on repeated jump height performance. *Journal of Strength and Conditioning Research.* 2008;22(4):1081-1086.
32. Harris RC, Soderlund K, Hultman E. Elevation of creatine in resting and exercised muscle of normal subjects by creatine supplementation. *Clinical Science.* 1992;83:367-374.
33. Walker JB. Creatine biosynthesis, regulation, and function. *Advanced Enzymology.* 1979;50:117-142.
34. Robergs RA. Glycerol hyperhydration to beat the heat? *Sportscience Training and Technology.* January 1988.
35. Montner P, Stark DM, Riedesel ML, Murata G, Robergs RA, Timms M, Chick TW. Pre-exercise glycerol hydration improves cycling endurance time. *International Journal of Sports Medicine.* 1996;17:27-33.
36. Montgomery DL, Beaudin PA. Blood lactate and heart rate response of young females during gymnastic routines. *Journal of Sports Medicine.* 1982;22:358-365.
37. Hyland PJ, MacConnie SE, Meigs RA. The effect of sodium bicarbonate ingestion on work output during a 2,000 meter rowing ergometer time trial. *Medicine and Science in Sports and Exercise.* 1993;25(5):1085S.
38. Webster MJ, Webster MN, Crawford RE, Gladden LB. Effect of sodium bicarbonate ingestion on exhaustive resistance exercise performance. *Medicine and Science in Sports and Exercise.* 1993;25(5):1086S.
39. Avedisian L, Guerra A, Wilcox A, Fox S. The effect of selected buffering agents on performance in the competitive 1600 meter run. *Medicine and Science in Sports and Exercise.* 1995;27(5):133S.
40. Butterfield G, Cady C, Moynihan S. Effect of increasing protein intake on nitrogen balance in recreational weight lifters. *Medicine and Science in Sports and Exercise.* 1992;24:71S.
41. Tarnopolsky MA, MacDougall JD, Atkinson SA. Influence of protein intake and training status on nitrogen balance and lean body mass. *Journal of Applied Physiology.* 1988;64(1):187-193.
42. Spriet LL. Caffeine and performance. *International Journal of Sport Nutrition.* 1995;5:84S-99S.
43. Bucci L. *Nutrients as Ergogenic Aids for Sports and Exercise.* Boca Raton, FL: CRC Press; 1993.
44. Ganio MS, Klau JF, Casa DJ, Armstrong LE, Maresh CM. Effect of caffeine on sport-specific endurance performance: A systematic review. *Journal of Strength and Conditioning Research.* 2009;23(1):315-324.
45. Cox GR, Desbrow B, Montgomery PG, Anderson ME, Bruce CR, Macrides TA, Martin DT, Moquin A, Roberts A, Hawley JA, Burke LM. Effect of different protocols of caffeine intake on metabolism and endurance performance. *Journal of Applied Physiology.* 2002;93:990-999.
46. Graham TE, Spriet LL. Performance and metabolic

responses to a high caffeine dose during prolonged exercise. *Journal of Applied Physiology*. 1991;71:2292-2298.

47. Silver MD. Use of ergogenic aids by athletes. *Journal of the American Academy of Orthopaedic Surgeons*. 2001;9(1):61-70.

48. Kalmar JM, Cafarelli E. Effects of caffeine on neuromuscular function. *Journal of Applied Physiology*. 1999;87:801-808.

49. Graham TE, Battram DS, Dela F, El-Sohemy A, Thong FSL. Does caffeine alter muscle carbohydrate and fat metabolism during exercise? *Applied Physiology and Nutrition Metabolism*. 2008;33:1311-1318.

50. Tarnopolsky MA. Caffeine and endurance performance. *Sports Medicine*. 1994;18:109-125.

51. Jackman M, Wendling P, Friars D, Graham J. Metabolic catecholamine, and endurance responses to caffeine during intense exercise. *Journal of Applied Physiology*. 1996;81:1658-1663.

52. Armstrong LE, Douglas C, Maresh CM, Ganio MS. Caffeine, fluid-electrolyte balance, temperature regulation, and exercise-heat tolerance. *Exercise and Sport Sciences Reviews*. 2007;35(3):135-140.

53. Paluska SA. Caffeine and exercise. *Current Sports Medicine Reports*. 2003;2(4):213-219.

54. Kanter MM, Williams MH. Antioxidants, carnitine, and choline as putative ergogenic aids. *International Journal of Sport Nutrition*. 1995;5:120S-131S.

55. Clarkson PM. Nutrition for improved sports performance: Current issues on ergogenic aids. *Sports Medicine*. 1996;21:393-401.

56. Juhnson WA, Landry GL. Nutritional supplements: Fact vs. fiction. *Adolescent Medicine*. 1998;9:501-513.

57. Oostenbrug GS, Mensink RP, Hardeman MR, DeVries T, Brouns F, Hornstra G. Exercise performance, red blood cell deformability, and lipid peroxidation: Effects of fish oil and vitamin E. *Journal of Applied Physiology*. 1997;83(3):746-752.

58. Raastad T, Hostmark AT, Stromme SB. Omega-3 fatty acid supplementation does not improve maximal aerobic power, anaerobic threshold and running performance in well-trained soccer players. *Scandinavian Journal of Medicine and Science in Sports*. 1997;7:25-31.

59. Tartibian B, Maleki BH, Abbasi A. The effects of ingestion of omega-3 fatty acids on perceived pain and external symptoms of delayed onset muscle soreness in untrained men. *Clinical Journal of Sport Medicine*. 2009;19(2):115-119.

60. Babayan VK. Medium-chain triglycerides: Their composition, preparation, and application. *Journal of the American Oil Chemists' Society*. 1967;45:23.

61. Bach AS, Babayan VK. Medium-chain triglycerides: An update. *American Journal of Clinical Nutrition*. 1982;36:950.

62. Misell LM, Lagomarcino ND, Schuster V, Kern M. Chronic medium-chain triacylglycerol consumption and endurance performance in trained runners. *Journal of Sports Medicine and Physical Fitness*. 2001;41(2):210-215.

63. Horowitz JF, Mora-Rodriguez R, Byerley LO, Coyle EF. Preexercise medium-chain triglyceride ingestion does not alter muscle glycogen use during exercise. *Journal of Applied Physiology*. 2000;88(1):219-225.

64. Goedecke JH, Elmer-English R, Dennis SC, Schloss I, Noakes TD, Lambert EV. Effects of medium-chain triacylglycerol ingested with carbohydrate on metabolism and exercise performance. *International Journal of Sport Nutrition*. 1999;9(1):35-47.

65. Avakian EV, Sugimoto BR. Effect of Panax ginseng extract on blood energy substrates during exercise. *Federal Proceedings*. 1980;39:287.

66. Morris AC, Jacobs I, Klugerman A, McLellan, TM. No ergogenic effect of ginseng extract ingestion. *Medicine and Science in Sports and Exercise*. 1994;26(5):35S.

67. Egert S, Wolffram S, Bosy-Westphal A, Boesch-Saadatmandi C, Wagner AE, Frank J, Rimbach G, Mueller MJ. Daily quercetin supplementation dose-dependently increases plasma quercetin concentrations in healthy humans. *Journal of Nutrition*. 2008;138:1615-1621.

68. Jin F, Nieman DC, Shanely RA, Knab AM, Austin MD, Sha W. The variable plasma quercetin response to 12-week quercetin supplementation in humans. *European Journal of Clinical Nutrition*. 2010;64:692-697.

69. Davis JM, Carlstedt CJ, Chen S, Carmichael MD, Murphy EA. The dietary flavonoid quercetin increases $\dot{V}O2max$ and endurance capacity. *International Journal of Sport Nutrition and Exercise Metabolism*. 2010;20:56-62.

70. Davis JM, Murphy EA, Carmichael MD, Davis B. Quercetin increases brain and muscle mitochondrial biogenesis and exercise tolerance. *American Journal of Physiology: Regulatory, Integrative and Comparative Physiology*. 2009;65:1071R-1077R.

71. MacRae HSH, Mefferd KM. Dietary antioxidant supplementation combined with quercetin improves cycling time trial performance. *International Journal of Sport Nutrition and Exercise Metabolism*. 2006;16(4):405-419.

72. Quindry JC, McAnulty SR, Hudson MB, Hosick P, Dumke C, McAnulty LS, Henson D, Morrow JD, Nieman D. Oral quercetin supplementation and blood oxidative capacity in response to ultramarathon competition. *International Journal of Sport Nutrition and Exercise Metabolism*. 2008;18:601-616.

73. Utter AC, Nieman DC, Kang J, Dumke CL, Quindry JC, McAnulty SR, McAnulty LS. Quercetin does not affect rating of perceived exertion in athletes during the Western States Endurance Run. *Research in Sports Medicine*. 2009;17:71-83.

74. Dumke CL, Nieman DC, Utter AC, Rigby MD, Quindry JC, Triplett NT, McAnulty SR, McAnulty

LS. Quercetin's effect on cycling efficiency and substrate utilization. *Applied Physiology, Nutrition and Metabolism*. 2009;34:993-1000.

75. Wade N. Red wine ingredient increases endurance, study shows. *New York Times*. NYTimes.com. Accessed November 17, 2006.

76. Lagouge M, Argmann C, Gerhart-Hines Z, Meziane H, Lerin C, Daussin F, Messadeq N, Milne J, Lambert P, Elliott P, Geny B, Laakso M, Puigserver P, Auwerx J. Resveratrol improves mitochondrial function and protects against metabolic disease by activating SIRT1 and PGC-1a. *Cell*. 2006;127(6):1109-1122.

77. Baur JA, Sinclair DA. Therapeutic potential of resveratrol: The in vivo evidence. *Nature Reviews: Journal of Drug Discovery*. 2006;5(6):493-506.

78. Wallerath T, Deckert G, Ternes T, Anderson H, Li H, Witte K, Förstermann U. Resveratrol, a polyphenolic phytoalexin present in red wine, enhances expression and activity of endothelial nitroc oxide synthase. *Circulation*. 2002;106(13):1652-1658.

79. Stervbo U, Vang O, Bonnesen C. A review of the content of the putative chemopreventive phytoalexin resveratrol in red wine. *Food Chemistry*. 2007;101(2):449-457.

80. Farina A, Ferranti C, Marra C. An improved synthesis of resveratrol. *Natural Product Research*. 2006;20(3):247-252.

81. Trantas E, Panopoulos N, Ververidis F. Metabolic engineering of the complete pathway leading to heterologous biosynthesis of various flavonoids and stilbenoids in Saccharomyces cerevisiae. *Metabolic Engineering*. 2009;11(6):355-366.

82. Pervaiz S. Resveratrol: From grapevines to mammalian biology. *FASEB Journal*. 2003;17:1975-1985.

83. Elmali N, Baysal O, Harma A, Esenkaya I, Mizrak B. Effects of resveratrol in inflammatory arthritis. *Inflammation*. 2007;30(1/2):1-6.

84. WADA. *World Anti-Doping Code, 2010*. www.wada-ama.org. Accessed August 6, 2011.

85. Maughan RJ, Burke LM, Dvorak J, Larson-Meyer DE, Peeling P, Phillips SM, Rawson ES, Walsh NP, Garthe I, Geyer H, Meeusen R, van Loon LJ, Sherreffs SM, Spriet LL, Stuart M, Vernec A, Currell K, Ali VM, Budgett RGM, Ljungqvist A, Mountjoy M, Pitsiladis YP, Soligard T, Erdener U, Engebretsen L. IOC consensus statement: Dietary supplements and the high-performance athlete. *British Journal of Sports Medicine* 2018;52:439-455. doi:10.1136/bjsports-2018-099027

86. United States Department of Health and Human Services, National Institutes of Health. Public Law 103-417. 103rd Congress. Dietary supplement Health and Education Act of 1994.

87. Jówko E, Dlugolęcka B, Makaruk B, Cieśliński I. The effect of green tea extract supplementation on exercise-induced oxidative stress parameters in male sprinters. *European Journal of Nutrition*. 2015;54:783-791.

88. Higgins JP, Babu K, Peuster PA, Shearer J. Energy drinks: A contemporary issues paper. *Current Sports Medicine Reports*. 2018;17(2):65-72.

89. Reid K. Performance food: Promoting foods with a functional benefit in sports performance. *British Nutrition Foundation Nutrition Bulletin*. 2013;38:429-437.

90. Barkoukis V, Lazuras L, Lucidi F, Tsorbatzoudis H. Nutritional supplement and doping use in sport: Possible underlying social cognitive processes. *Scandinavian Journal of Medicine & Science in Sports*. 2015;25:e582-e588.

91. Wardenaar FC, Ceelen IJM, Van Dijk J-W, Hangelbroek RWJ, Van Roy L, Van der Pouw B, De Vries JHM, Mensink M, Witkamp RF. Nutritional supplement use by Dutch elite and sub-elite athletes: Does receiving dietary counseling make a difference? *International Journal of Sport Nutrition and Exercise Metabolism*. 2017;27:32-42.

92. Maughan RJ. Contamination of dietary supplements and positive drug tests in sport. *Journal of Sports Science* 2005;23:883-889.

93. Geyer H, Parr MK, Mareck U, Reinhart U, Schrader Y, Schänzer W. Analysis of non-hormonal nutritional supplements for anabolic-androgenic steroids: Results of an international study. *International Journal of Sports Medicine*. 2004;25(2):124-129.

94. Geyer H, Parr MK, Koehler K, Mareck U, Schänzer W, Thevis M. Nutritional supplements cross-contaminated and faked with doping substances. *Journal of Mass Spectrometry* 2008;43(7):892-902.

95. Martínez-Sanz JM, Sospedra I, Ortiz CM, Baladía E, Gil-Izquierdo A, Ortiz-Moncada R. Intended or unintended doping? A review of the presence of doping substances in dietary supplements used in sports. *Nutrients* 2017;9(10):1093. doi:10.3390/nu9101093

96. Ward WE, Chilibeck PD, Comelli EM, Duncan AM, Phillips SM, Robinson LE, Stellingwerff T. Research in nutritional supplements and nutraceuticals for health, physical activity, and performance: Moving forward. *Applied Physiology, Nutrition and Metabolism*. 2019;44:455-460.

97. Thomas DT, Erdman KA, Burke LM. Joint position statement of the American College of Sports Medicine, the Academy of Nutrition and Dietetics, and the Dietitians of Canada: Nutrition and athletic performance. *Medicine and Science in Sports and Exercise*. 2016:48(3):543-568. doi:10.1249/MSS.0000000000000852

98. Kleisiaris CF, Sfakianakis C, Papathanasiou IV. Health care practices in ancient Greece: The Hippocratic ideal. *Journal of Medical Ethics and History of Medicine*. 2014;7(6):1-5.

99. Sell S. Eating was no idle game in ancient Greece. *USA Today*. August 13, 2004.

100. Walker C. Ancient Olympians followed "Atkins" diet, scholar says. *National Geographic News*. August 10, 2004.

101. Grandjean AC. Diets of elite athletes: Has the discipline of sports nutrition made an impact? *Journal of Nutrition*. 1997;127:874S-877S.

102. Grivetti LE, Applegate EA. From Olympia to Atlanta: A cultural-historical perspective on diet and athletic training. *Journal of Nutrition*. 1997;127(5):860S-868S.

103. Lun V, Erdman KA, Fung TK, Reimer RA. Dietary supplementation practices in Canadian high-performance athletes. *International Journal of Sport Nutrition and Exercise Metabolism*. 2012;22:31-37.

104. Morente-Sánchez J, Zabala M. Supplements use in elite athletes in relation to attitudes, beliefs and knowledge. *Medicina Sportiva*. 2014;18(4):134-140.

105. Buell JL, Franks R, Ransone J, Powers ME, Laquale KM, Carlson-Phillips A. National Athletic Trainer's Association position statement: Evaluation of dietary supplements for performance nutrition. *Journal of Athletic Training*. 2013;48(1):124-136.

106. Larson-Meyer DE, Woolf K, Burke LM. Assessment of nutrient status in athletes and the need for supplementation. *International Journal of Sport Nutrition and Exercise Metabolism*. 2018;28(2):139-158. doi:10.1123/ijsnem.2017-0338

107. Todd JJ, Pourshahidi LK, McSorley EM, Madigan SM, Magee PJ. Vitamin D: Recent advances and implications for athletes. *Sports Medicine*. 2015;45:213-229.

108. Owens DJ, Allison R, Close GL. Vitamin D and the athlete: Current perspectives and new challenges. *Sports Medicine*. 2018;48(suppl):S3-S16. doi:10.1007/s40279-017-0841-9

109. Stellingwerff T, Cox GR. Systematic review: Carbohydrate supplementation on exercise performance or capacity of varying durations. *Applied Physiology, Nutrition, and Metabolism*. 2014;39(9):998-1011.

110. Delk-Licata A, Behrens CE, Benardot D, Bertrand BM, Chandler-Laney PC, Fernandez JR, Plaisance EP. The association between dietary protein intake frequency, amount, and state of energy balance on body composition in a women's collegiate soccer team. *International Journal of Sports and Exercise Medicine*. 2019;5(3). doi:10.23937/2469-5718/1510123

111. Bellissimo MP, Licata AD, Nucci A, Thompson W, Benardot D. Relationships between estimated hourly energy balance and body composition in professional cheerleaders. *Journal of Science in Sport and Exercise* 2019. doi:10.1007/s42978-019-0004-9

112. Stamler JS, Meissner G. Physiology of nitric oxide in skeletal muscle. *Physiology Reviews*. 2001;81:209-237.

113. Lundberg JO, Govoni M. Inorganic nitrate is a possible source for systemic generation of nitric oxide. *Free Radical Biology and Medicine*. 2004;37(3):395-400. doi:10.1016/j.freeradbiomed.2004.04.027

114. Moncada S, Higgs A. The L-arginine-nitric oxide pathway. *New England Journal of Medicine*. 1993;329:2002-2012. doi:10.1056/NEJM199312303292706

115. Duncan C, Dougall H, Johnston P, Green S, Brogan R, Leifert C, Smith L, Golden M, Benjamin N. Chemical generation of nitric oxide in the mouth from the entero-salivary circulation of dietary nitrate. *Nature Medicine*. 1995;1:546-551.

116. Larsen FJ, Weitzberg E, Lundberg JO, Ekblom B. Effects of dietary nitrate on oxygen cost during exercise. *Acta Physiologica*. 2007;191(1):59-66. doi:10.1111/j.1748-1716.2007.01713.x

117. Bailey SJ, Winyard P, Vanhatalo A, Blackwell JR, DiMenna FJ, Wilkerson DP, Tarr J, Benjamin N, Jones AM. Dietary nitrate supplementation reduces the O_2 cost of low-intensity exercise and enhances tolerance to high-intensity exercise in humans. *Journal of Applied Physiology*. 2009;107(4):1144-1155. doi:10.1152/japplphysiol.00722.2009

118. Bailey SJ, Fulford J, Vanhatalo A, Winyard PG, Blackwell JR, DiMenna FJ, Wilkerson DP, Benjamin N, Jones AM. Dietary nitrate supplementation enhances muscle contractile efficiency during knee-extensor exercise in humans. *Journal of Applied Physiology*. 2010;109(1):135-148. doi:10.1152/japplphysiol.00046.2010

119. Kapil V, Haydar SMA, Pearl V, Lundberg JO, Weitzverg E, Ahluwalia A. Physiological role for nitrate-reducine oral bacteria in blood pressure control. *Free Radical Biology and Medicine*. 2013;55:93-100. doi:10.1016/j.freeradbiomed.2012.11.013

120. Lundberg JO, Larsen FJ, Weitzberg E. Supplementation with nitrate and nitrite salts in exercise: A word of caution. *Journal of Applied Physiology*. 2011;111:616-617. doi:10.1152/japplphysiol.00521.2011

121. Trexler ET, Smith-Ryan AE, Stout JR, Hoffman JR, Wilborn CD, Sale C, Kreider RB, Jäger R, Earnest CP, Bannock L, Campbell B, Kalman D, Ziegenfuss TN, Antonio J. International Society of Sports Nutrition position stand: Beta-alanine. *Journal of the International Society of Sports Nutrition*. 2015;12(30). doi:10.1186/s12970-015-0090-y

122. Wang J, Qiu J, Yi L, Hou Z, Benardot D, Cao W. Effect of sodium bicarbonate ingestion during 6 weeks of HIIT on anaerobic performance of college students. *Journal of the International Society of Sports Nutrition*. 2019;16(18). doi:10.1186/s12970-019-0285-8

123. World Anti-Doping Agency. Prohibited list Q&A. www.wada-ama.org/en/questions-answers/prohibited-list-qa-#item-390. Accessed January 31, 2020.

124. Wilkinson DJ, Hossain T, Hill DS, Phillips BE, Crossland H, Williams J, Loughna P, Churchward-Venne TA, Breen L, Phillips SM, Etheridge T, Rathmacher JA, Smith K, Szewczyk NJ, Atherton PJ. Effects of leucine and its metabolite βhydroxy-β-methylbutyrate on human skeletal muscle protein metabolism. *Journal of Physiology*. 2013;591:2911-23.

125. Wiciński M, Leis K, Szyperski P, Węclewicz MM,

Mazur E, Pawlak-Osińska K. Impact of resveratrol on exercise performance: A review. *Science & Sports.* 2018;33(4):207-212.

126. A+E Networks. The Olympic Marathon's outlandish early history. http://history.com/news/the-olympic-marathons-outlandish-early-history. Published August 19, 2016. Updated August 30, 2018.

127. Diehl K, Thiel A, Zipfel S, Mayer J, Schnell A, Schneider S. Elite adolescent athletes' use of dietary supplements: Characteristics, opinions, and sources of supply and information. *International Journal of Sport Nutrition and Exercise Metabolism.* 2012;22:165-174.

128. Maughan RJ, Burke LM, Dvorak J, Larson-Meyer DE, Peeling P, Phillips SM, Rawson ES, Walsh NP, Garthe I, Geyer H, Meeusen R, van Loon LJ, Sherreffs SM, Spriet LL, Stuart M, Vernec A, Currell K, Ali VM, Budgett RGM, Ljungqvist A, Mountjoy M, Pitsiladis YP, Soligard T, Erdener U, Engebretsen L. IOC consensus statement: Dietary supplements and the high-performance athlete. *British Journal of Sports Medicine.* 2018;0:1-17. doi:10.1136/bjsports-2018-099027

Chapter 5. 운동선수의 위장(GI) 기능과 에너지 공급

1. Shi X, Bartoli W, Horn M, Murray R. Gastric emptying of cold beverages in humans: Effect of transportable carbohydrates. *International Journal of Sport Nutrition and Exercise Metabolism.* 2000;10:394-403.

2. Maughan RJ, Leiper JB. Limitations to fluid replacement during exercise. *Canadian Journal of Applied Physiology.* 1999;24(2):173-187.

3. Gorham ED, Garland CF, Garland FC, Grant WB, Mohr SB, Lipkin M, Newmark HL, Giovannucci E, Wei M, Holick MF. Optimal vitamin D status for colorectal cancer prevention: A quantitative meta analysis. *American Journal of Preventive Medicine.* 2007;2(3):210-216.

4. Fasano A, Berti I, Gerarduzzi T, Not T, Colletti RB, Drago S, Elitsur Y, Green PHR, Guandalini S, Hill ID, Pietzak M, Ventura A, Thorpe M, Kryszak D, Fornaroli E, Wasserman SS, Murray JA, Horvath K. Prevalence of celiac disease in at-risk and not-at-risk groups in the United States. *Archives of Internal Medicine.* 2003;163(3):268-292.

5. Van der Windt D, Jellema P, Mulder CJ, Knupkins CMF, van der Horst HE. Diagnostic testing for celiac disease among patients with abdominal symptoms. *Journal of the American Medical Association.* 2010;203(17);1738-1746.

6. Rothstein M. Running over medical obstacles. *The Journal Gazette.* August 9, 2008.

7. Leone JE, Gray KA, Massie JE, Rossi JM. Celiac disease symptoms in a female collegiate tennis player: A case report. *Journal of Athletic Training.* 2005;40(4):365-369.

8. Eberman LE, Cleary MA. Celiac disease in an elite female collegiate volleyball athlete: A case report. *Journal of Athletic Training.* 2005;40(4):360-364.

9. Lomer MCE, Parkes GC, Sanderson JD. Review article: Lactose intolerance in clinical practice—Myths and realities. *Alimentary Pharmacology and Therapeutics.* 2008;27:93-103.

10. Mathews SB, Waud JP, Roberts AG, Campbell AK. Systemic lactose intolerance: A new perspective on an old problem. *Postgraduate Medicine Journal.* 2005;81:167-173.

11. Wells RW, Blennerhassett MG. The increasing prevalence of Crohn's disease in industrialized societies: The price of progress? *Canadian Journal of Gastroenterology.* 2005;19(2):89-95.

12. Nayar M, Rhodes JM. Management of inflammatory bowel disease. *Postgraduate Medical Journal.* 2004;80(942):206-213.

13. Ikeuchi H, Yamamura T, Nakano H, Kosaka T, Shimoyama T, Fukuda Y. Efficacy of nutritional therapy for perforating and non-perforating Crohn's disease. *Hepatogastroenterology.* 2004;51(58):1050-1052.

14. Faloon WW, Paes IC, Woolfolk D, Nankin H, Wallace K, Haro EN. Effect of neomycin and kanamycin upon intestinal absorption. *Annals of the New York Academy of Sciences.* 1966;132(2):879-887.

15. Mahan LK, Escott-Stump S, eds. *Krause's Food, Nutrition, and Diet Therapy.* Philadelphia, PA: Saunders; 2000:403.

16. Faucheron JL, Parc R. Non-steroidal anti-inflammatory drug induced colitis. *International Journal of Colorectal Disease.* 1996;11:99.

17. Haber P. Magnesium update. *Acta Medica Austriaca.* 2004;31(2):37-39.

18. El-Sayed MS, Ali N, El-Sayed Ali Z. Interaction between alcohol and exercise: Physiological and haematological implications. *Sports Medicine.* 2005;35(3):257-269.

19. Leo A, Lieber CS. Review article: Alcohol, vitamin A, and beta-carotene: Adverse interactions, including hepatotoxicity and carcinogenicity. *American Journal of Clinical Nutrition.* 1999;69(6):1071-1085.

20. Peretti-Watel P, Guagliardo V, Verger P, Pruvost J, Mignon P, Obadia Y. Sporting activity and drug use: Alcohol, cigarette and cannabis use among elite student athletes. *Addiction.* 2003;98(9):1249-1256.

21. Miller KE, Hoffman JH, Barnes GM, Farrell MP, Sabo D, Melnick MJ. Jocks, gender, race, and adolescent problem drinking. *Journal of Drug Education.* 2003;33(4):445-462.

22. Lorente FO, Souville M, Griffet J, Grelot L. Participation in sports and alcohol consumption among French adolescents. *Addictive Behaviors.* 2004;29(5):941-946.

23. Keefe EB, Lowe DK, Goss JR, Wayne R. Gastrointestinal symptoms of marathon runners. *West Journal of Medicine.* 1984;141:481-484.

24. Wilhite J, Mellion MB. Occult gastrointestinal bleeding in endurance cyclists. *Physician and Sportsmedicine.* 1990;18(8):75-78.

25. Strauss RH, Lanese RR, Leizman DJ. Illness and absence among wrestlers, swimmers, and gymnasts at a large university. *American Journal of Sports Medicine.* 1988;16:653-655.

26. McCabe ME 3rd, Peura DA, Kadakia SC, Bocek Z, Johnson LF. Gastrointestinal blood loss associated with running a marathon. *Digestive Disease Science.* 1986;31:1229-1232.

27. Butcher JD. Runner's diarrhea and other intestinal problems of athletes. *American Family Physician.* 1993;48(4):623-627.

28. Mündel T, Jones DA. The effects of swilling an L(-)-menthol solution during exercise in the heat. *European Journal of Applied Physiology.* 2010;109:59-65.

29. Ho GWK. Lower gastrointestinal distress in endurance athletes. *Current Sports Medicine Reports.* 2009;8(2):85-91.

30. Maughan RJ, Burke LM. Practical nutritional recommendations for the athlete. In: Maughan RJ, Burke LM, eds. *Sports Nutrition: More Than Just Calories—Triggers for Adaptation.* Basel, Switzerland: Karger/Nestlé Nutrition Institute; 2011:131-149.

31. Kapil V, Haydar SMA, Pearl V, Lundberg JO, Weitzberg E, Ahluwalia A. Physiological role for nitrate-reducing oral bacteria in blood pressure control. *Free Radical Biology and Medicine* 2013;55:93-100.

32. Burleigh MC, Liddle L, Monaghan C, Muggeridge DJ, Sculthorpe N, Butcher JP, Henriquez FL, Allen JD, Easton C. Salivary nitrite production is elevated in individuals with a higher abundance of oral nitrate-reducing bacteria. *Free Radical Biology and Medicine.* 2018;120:80-88.

33. Bailey SJ, Vanhatalo A, Winyard PG, Jones AM. The nitrate-nitrite-nitric oxide pathway: Its role in human exercise physiology. *European Journal of Sport Science.* 2012;12(4):309-320.

34. Richter JE, Rubenstein JH. Presentation and epidemiology of gastroesophageal reflux disease. *Gastroenterology.* 2018;154(2):267-276.

35. De Vries DR, van Herwaarden MA, Smout AJPM, Samsom M. Gastroesophageal pressure gradients in gastroesophageal reflux disease: Relations with hiatal hernia, body mass index, and esophageal acid exposure. *American Journal of Gastroenterology.* 2008;103:1349-1354.

36. Parnell JA, Lafave H, Wagner-Jones K, Madden RF, Erdman KA. Development of a questionnaire to assess dietary restrictions runners use to mitigate gastrointestinal symptoms. *Journal of the International Society of Sports Nutrition.* 2019;16:11. doi:10.1186/s12970-019-0278-7

37. de Oliveira EP, Burini RC, Jeukendrup A. Gastrointestinal complaints during exercise: Prevalence, etiology, and nutritional recommendations. *Sports Medicine.* 2014;44(suppl 1):S79-S85.

38. Waterman JJ, Kapur R. Upper gastrointestinal issues in athletes. *Current Sports Medicine Reports.* 2012;11:99-104.

39. Snipe RMJ, Khoo A, Kitic CM, Gibson PR, Costa RJS. The impact of mild heat stress during prolonged running on gastrointestinal integrity, gastrointestinal symptoms, systemic endotoxin and cytokine profiles. *International Journal of Sports Medicine.* 2018;39:255-263.

40. Lamy E, Capela-Silva F, Tvarijonaviciute A. Editorial: Research on saliva secretion and composition. *BioMed Research International.* 2018;7406312. doi:10.1155/2018/7406312

41. Pandy RK, Dahal S, Fadlalla KFEJ, Bhagat S, Bhattarai B. Case report: Acquired thrombotic thrombocytopenic purpura in a patient with pernicious anemia. *Case Reports in Hematology.* 2017;1923607. doi:10.1155/2017/1923607

42. Elseweidy MM. Brief review on the causes, diagnosis and therapeutic treatment of gastritis disease. *Alternative and Integrative Medicine.* 2017;6(1). doi:10.4172/2327-5162.1000231

43. Lis DM, Gaskell SK. Chapter 23: Gastrointestinal disturbances in athletes. In: Belski R, Forsyth A, Mantzioris E, eds. *Nutrition for Sport, Exercise, and Performance: A Practical Guide for Students, Sports Enthusiasts and Professionals.* Crows Nest, Australia: Allen & Unwin; 2019.

44. Tack J, Carbone F, Rotondo A. Gastroparesis. *Current Opinion in Gastroenterology.* 2015;31(6):499-505.

45. Bestetti A, Capozza A, Lacerenza M, Manfredi L, Mancini F. Delayed gastric emptying in advanced Parkinson disease. *Clinical Nuclear Medicine.* 2017;42(2):83-87.

46. McCubbin A. Gut feeling: Recent research sheds more light on the causes and solutions for gastrointestinal issues during exercise. *Sport Health.* 2017;35(2):32-37.

47. Horner KM, Schubert MM, Desbrow B, Byrne NM, King NA. Acute exercise and gastric emptying: A meta-analysis and implications for appetite control. *Sports Medicine.* 2015;45:659-678.

48. Peña-Rosas JP, De-Regil LM, Dowswell T, Viteri FE. Intermittent oral iron supplementation during pregnancy (review). *Cochrane Systematic Review.* 2014;7:CD009997. doi:10.1002/14651858.CD009997

49. Fernández-Gaxiola AC, De-Regil LM. Intermittent iron supplementation for reducing anaemia and its associated impairments in adolescent and adult menstruating women. *Cochrane Database Systematic Review.* 2019;1. doi:10.1002/14651858.CD009218.pub3

50. Schultink W, Gross R, Gliwitzki M, Karyadi D, Matulessi P. Effect of daily vs twice weekly iron supplementation in Indonesian preschool children with low iron status. *The American Journal of Clinical Nutrition.* 1995;61(1):111-115.

51. Wahlström A, Sayin SI, Marschall H-U, Bäckhed F.

Intestinal crosstalk between bile acids and microbiota and its impact on host metabolism. *Cell Metabolism*. 2016;24(1):41-50.

52. Conlon MA, Bird AR. The impact of diet and lifestyle on gut microbiota and human health. *Nutrients*. 2015;7:17-44.

53. Lutgendorff F, Akkermans LMA, Soderholm JD. The role of microbiota and probiotics in stress-induced gastrointestinal damage. *Current Molecular Medicine*. 2008;8:282-298.

54. Grenham S, Clarke G, Cryan JF, Dinan TG. Brain-gut-microbe communication in health and disease. *Frontiers in Physiology*. 2011;2:94. doi:10.3389/fphys.2011.00094

55. Farimani RH, Najafi MBH, Bazzaz BSF, Edalatian MR, Bahrami AR, Flórez AB, Mayo B. Identification, typing and functional characterization of dominant lactic acid bacteria strains from Iranian traditional yoghurt. *European Food Research and Technology*. 2016;242(4):517-526.

56. David LA, Weil A, Ryan ET, Calderwood SB, Harris JB, Chowdhury F, Begum Y, Qadri F, LaRocque RC, Turnbaugh PJ. Gut microbial succession follows acute secretory diarrhea in humans. *mBio*. 2015;6(3). doi:10.1128/mBio.00381-15

57. Ashmore JH, Rogers CJ, Killeher SL, Lesko SM, Hartman TJ. Dietary iron and colorectal cancer risk: A review of human population studies. *Critical Reviews in Food Science and Nutrition*. 2016;56(6):1012-1020.

58. Canziani BC, Uestuener P, Fossali EF, Lava SAG, Bianchetti MG, Agostoni C, Milani GP. Clinical practice: Nausea and vomiting in acute gastroenteritis: Physiopathology and management. *European Journal of Pediatrics*. 2018;177(1):1-5.

59. Van Cutsem E, Arends J. The causes and consequences of cancer-associated malnutrition. *European Journal of Oncology Nursing*. 2005;9(2):S51-S63.

60. Carfagno DG, Hendrix JC. Overtraining syndrome in the athlete: Current clinical practice. *Current Sports Medicine Reports*. 2014;13(1):45-51.

61. Meeusen R, Duclos M, Foster C, Fry A, Gleeson M, Nieman D, Raglin J, Rietjens S, Steinacker J, Urhausen A. Prevention, diagnosis, and treatment of the overtraining syndrome: Joint consensus statement of the European College of Sport Science and the American College of Sports Medicine. *Medicine and Science in Sports and Exercise*. 2013;45:186-205.

62. Green PHR, Cellier C. Celiac disease. *The New England Journal of Medicine*. 2007;357:1731-1743.

63. Catassi C, Fasano A. Celiac disease diagnosis: Simple rules are better than complicated algorithms. *American Journal of Medicine*. 2010;123(8):691-693.

64. Pelly FE, Burkhart SJ. Dietary regimens of athletes competing at the Delhi 2010 Commonwealth Games. *International Journal of Sport Nutrition & Exercise Metabolism*. 2014;24(1):28-36.

65. Hart AL, Ng SC. Crohn's disease. *Medicine*. 2015;43(5):282-290.

66. Tursi A, Giorgetti GM, Brandimarte G, Elisei W. High prevalence of celiac disease among patients affected by Crohn's disease. *Inflammatory Bowel Diseases*. 2005;11(7):662-666.

67. GBD 2016 Alcohol Collaborators. Alcohol use and burden for 195 counties and territories, 1990-2016: A systematic analysis for the Global Burden of Disease Study 2016. *The Lancet*. 2018;392(10152):1015-1035.

68. Lis DM, Stellingwerff T, Kitic CM, Fell JW, Ahuja KDK. Low FODMAP: A preliminary strategy to reduce gastrointestinal distress in athletes. *Medicine and Science in Sports and Exercise* 2018;50(1):116-123.

69. Stanford Health Care. Low FODMAP diet. https://stanfordhealthcare.org/medical-treatments/l/low-fodmap-diet.html. Accessed July 10, 2019.

70. Food and Drug Administration. "Food Facts", June 2018. https://www.fda.gov/media/91945/download

71. Burke LM, Maughan RJ. Alcohol in sport. In: Maughan RJ, ed. *Nutrition in Sport*. Oxford: Blackwell Science; 2000:405-414.

Chapter 6. 영양소와 수분 섭취 타이밍

1. Ziegler PJ, Jonnalagadda SS, Nelson JA, Lawrence C, Baciak B. Contribution of meals and snacks to nutrient intake of male and female elite figure skaters during peak competitive season. *Journal of the American College of Nutrition*. 2002;21(2):115-119.

2. Burke LM. Energy needs of athletes. *Canadian Journal of Applied Physiology*. 2001;26(suppl):202S-219S.

3. Hubbard RW, Szlyk PC, Armstrong LE. Influence of thirst and fluid palatability on fluid ingestion during exercise. In: Gisolfi CV, Lamb DR, eds. *Perspectives in Exercise Science and Sports Medicine, Volume 3: Fluid Homeostasis During Exercise*. Carmel, IN: Benchmark Press; 1990:39-95.

4. Hawley JA, Burke LM. Meal frequency and physical performance. *British Journal of Nutrition*. 1997;77:91S-103S.

5. Deutz B, Benardot D, Martin D, Cody M. Relationship between energy deficits and body composition in elite female gymnasts and runners. *Medicine and Science in Sports and Exercise*. 2000;32(3):659-668.

6. Iwao S, Mori K, Sato Y. Effects of meal frequency on body composition during weight control in boxers. *Scandinavian Journal of Medicine and Science in Sports*. 1996;6(5):265-272.

7. Dulloo AG, Girardier C. Adaptive changes in energy expenditure during refeeding following low-calorie intake: Evidence for a specific metabolic component favoring fat storage. *American Journal of Clinical Nutri-*

tion. 1990;52:415-420.

8. Saltzman E, Roberts SB. The role of energy expenditure in regulation: Findings from a decade of research. *Nutrition Reviews*. 1995;53(8):209-220.

9. Benardot D, Thompson WR. Energy: The importance of getting enough and getting it on time. *ACSM's Health and Fitness Journal*. 1999;3(4):14-18.

10. Heshka S, Yank M-U, Wang J, Burt P, Pi-Sunyer FX. Weight loss and change in resting metabolic rate. *American Journal of Clinical Nutrition*. 1990;52:981-986.

11. Bishop NC, Blannin AK, Walsh NP, Robson PJ, Gleeson M. Nutritional aspects of immunosuppression in athletes. *Sports Medicine*. 1999;3:151-176.

12. Nieman DC, Johansen LM, Lee JW. Infectious episodes in runners before and after the Los Angeles Marathon. *Journal of Sports Medicine and Physical Fitness*. 1990;30:316-328.

13. Chandra RK. Nutrition and the immune system: An introduction. *American Journal of Clinical Nutrition*. 1997;66:460S-463S.

14. Richter EA, Kiens B, Raben A, Tvede N, Pedersen BK. Immune parameters in male athletes after a lacto-ovo vegetarian diet and a mixed Western diet. *Medicine and Science in Sports and Exercise*. 1991;23(5):517-521.

15. Coggan AR. Plasma glucose metabolism during exercise in humans. *Sports Medicine*. 1991;11(2):102-124.

16. Gleeson M, Bishop NC. Elite athlete immunology: Importance of nutrition. *International Journal of Sports Medicine*. 2000;21(suppl 1):44S-50S.

17. Cunningham-Rundles S, McNeeley DF, Moon A. Mechanisms of nutrient modulation of the immune response. *Journal of Allergy and Clinical Immunology*. 2005;115:1119-1128.

18. Costa RJS, Oliver SJ, Laing SJ, Walters R, Bilzon JLJ, Walsh NP. *International Journal of Sport Nutrition and Exercise Metabolism*. 2009;19(4):366-484.

19. Burke L. Fasting and recovery from exercise. *British Journal of Sports Medicine*. 2010;44:502-508.

20. Walsh NP, Gleeson M, Pyne DB, Nieman DC, Dhabhar FS, Shephard RJ, Oliver SJ, Bermon S, Kajeniene A. Position statement. Part two: Maintaining immune health. *Exercise Immunology Review*. 2011;17:64-103.

21. Symons T, Sheffield-Moore M, Wolfe R, Paddon-Jones D. A moderate serving of high-quality protein maximally stimulates protein synthesis in young and elderly subjects. *Journal of the American Dietetic Association*. 2009;109:1582-1586.

22. Benardot D. Timing of energy and fluid intake: New concepts for weight control and hydration. *American College of Sports Medicine Health and Fitness Journal*. 2007;11:13-19.

23. Farshchi HR, Taylor M, MacDonald, I. Decreased thermic effect of food after an irregular compared with a regular meal pattern in healthy lean women. *International Journal of Obesity*. 2004;28:653-660.

24. LeBlanc J, Diamond P. Effect of meal size and frequency on postprandial thermogenesis in dogs. *American Physiological Society*. 1986;250:144-147.

25. Hawley JA, Burke LM. Meal frequency and physical performance. *British Journal of Nutrition*. 1997;77:91S-103S.

26. Jenkins DJA, Wolever TM, Vuksan V, Brighenti F, Cunnane SC, Rao AV, Jenkins AL, Buckley G, Patten R, Singer W, Corey P, Josse RG. Nibbling versus gorging: Metabolic advantages of increased meal frequency. *New England Journal of Medicine*. 1989;321(14):929-934.

27. Metzner HL, Lamphiear DE, Wheeler NC, Larkin FA. The relationship between frequency of eating and adiposity in adult men and women in the Tecumseh Community Health Study. *American Journal of Clinical Nutrition*. 1977;30:712-715.

28. Steen SN, Oppliger RA, Brownell KD. Metabolic effects of repeated weight loss and regain in adolescent wrestlers. *Journal of the American Medical Association*. 1988;260(1):47-50.

29. Benardot D, Martin DE, Thompson WR, Roman S. Between-meal energy intake effects on body composition, performance, and total caloric consumption in athletes. *Medicine and Science in Sports and Exercise*. 2005;37(5):339S.

30. deCastro JM. Genetic influences on daily intake and meal patterns of humans. *Physiology and Behavior*. 1993;53(4):777-782.

31. LeBlanc J, Mercier I, Nadeau A. Components of postprandial thermogenesis in relation to meal frequency in humans. *Canadian Journal of Physiology and Pharmacology*. 1993;71(12):879-883.

32. Luke A, Schoeller DA. Basal metabolic rate, fat-free mass, and body cell mass during energy restriction. *Metabolism*. 1992;41(4):450-456.

33. Tuschl RJ, Platte P, Laessle RG, Stichler W, Pirke KM. Energy expenditure and everyday eating behavior in healthy young women. *American Journal of Clinical Nutrition*. 1990;52(1):81-86.

34. Heshka S, Yang MU, Wang J, Burt P, Pi-Sunyer FX. Weight loss and change in resting metabolic rate. *American Journal of Clinical Nutrition*. 1990;52(6):981-986.

35. Kassab SE, Abdul-Ghaffar T, Nagalla DS, Sachdeva U, Nayar U. Serum leptin and insulin levels during chronic diurnal fasting. *Asia Pacific Journal of Clinical Nutrition*. 2003;12(4):483-487.

36. Friel AJ, Benardot D. The relationship between within-day energy balance and menstrual status in active females. *Medicine and Science in Sports and Exercise*. 2011;43(5):47S-48S.

37. Sandor RP. Heat illness: On-site diagnosis and cooling. *The Physician and Sportsmedicine*. 1997;25(6).

38. Benardot D. *Nutrition for Serious Athletes: An Advanced Guide to Foods, Fluids, and Supplements for Training and Performance.* Champaign, IL: Human Kinetics; 2000:77-78.

39. Williams MH. *Nutrition for Health, Fitness and Sport.* 5th ed. Boston, MA: WCB McGraw-Hill; 1999:276-277.

40. Maughan RJ, Noakes TD. Fluid replacement and exercise stress: A brief review of studies on fluid replacement and some guidelines for the athlete. *Sports Medicine.* 12:16-31.

41. Levey JM. Runner's diarrhea. *American Medical Association Quarterly.* 2000;14(1):6-7.

42. Blom PCS, Hostmark AT, Vaage O, Kardel KR, Maehlum S. Effect of different post-exercise sugar diets on the rate of muscle glycogen synthesis. *Medicine and Science in Sports and Exercise.* 1987;19:491-496.

43. Welsh RS, Davis JM, Burke JR, Williams HG. Carbohydrates and physical/mental performance during intermittent exercise to fatigue. *Medicine and Science in Sports and Exercise.* 2002;34:723-731.

44. Walberg-Rankin J, Ocel JV, Craft LL. Effect of weight loss and refeeding diet composition on anaerobic performance in wrestlers. *Medicine and Science in Sports and Exercise.* 1996;28:1292-1299.

45. Conley M, Stone M. Carbohydrate ingestion/supplementation for resistance exercise and training. *Sports Medicine.* 1996;21:7-17.

46. Jeukendrup A, Brouns F, Wagenmakers AJ, Saris WH. Carbohydrate-electrolyte feedings improve 1 h time trial cycling performance. *International Journal of Sports Medicine.* 1997;18(2):125-129.

47. Davis JM, Jackson DA, Broadwell MS, Queary JL, Lambert CL. Carbohydrate drinks delay fatigue during intermittent, high-intensity cycling in active men and women. *International Journal of Sport Nutrition.* 1997;7:261-273.

48. Kimber N, Ross JJ, Mason SL, Speedy DB. Energy balance during an Ironman triathlon in male and female triathletes. *International Journal of Sport Nutrition and Exercise Metabolism.* 2002;12:47-62.

49. Sherman WM, Costill DL, Fink W, Hagerman F, Armstrong L, Murray T. Effect of a 42.2-km footrace and subsequent rest or exercise on muscle glycogen and enzymes. *Journal of Applied Physiology.* 1983;55:1219-1224.

50. Bergstrom J, Hermansen L, Hultman E, Saltin B. Diet, muscle glycogen and physical performance. *Acta Physiologica Scandinavica.* 1967;71:140-150.

51. Coutinho LAA, Porto CPM, Pierucci APTR. Critical evaluation of food intake and energy balance in young modern pentathlon athletes: A cross-sectional study. *Journal of the International Society of Sports Nutrition.* 2016;13(15). doi:10.1186/s12970-016-0127-x

52. Papadopoulou SD. Impact of energy intake and balance on the athletic performance and health of top female volleyball athletes. *Medicina Sportiva.* 2015;11(1):2477-2481.

53. Burke LM, Close GL, Lundy B, Mooses M, Morton JP, Tenforde AS. Relative energy deficiency in sport in male athletes: A commentary on its presentation among selected groups of male athletes. *International Journal of Sport Nutrition and Exercise Metabolism.* 2018;28(4):364-374.

54. Mountjoy M. Sundgot-Borgen JK. Burke LM, Ackerman KE, Blauwet C, Constantini N, Lebrun C, Lundy B, Melin AK, Meyer NL, Sherman RT, Tenforde AS, Torstveit MK, Budgett R. IOC consensus statement on relative energy deficiency in sport (RED-S): 2018 update. *British Journal of Sports Medicine.* 2018;52:687-697. doi:10.1136/bjsports-2018-099193

55. Casazza GA, Tovar AP, Richardson CE, Cortez AN, Davis BA. Energy availability, macronutrient intake, and nutritional supplementation for improving exercise performance in endurance athletes. *Current Sports Medicine Reports.* 2018;17(6):215-223.

56. Burke LM, Castell LM, Casa DJ, Close GL, Costa RJS, Desbrow B, Halson SL, Lis DM, Melin AK, Peeling P, Saunders PU, Slater GJ, Sygo J, Witard OC, Bermon S, Stellingwerff T. International Association of Athletics Federations Consensus Statement 2019: Nutrition for Athletics. *International Journal of Sport Nutrition and Exercise Metabolism.* 2019;29(2):73-84.

57. Maughan RJ, Burke LM, Dvorak J, Larson-Meyer DE, Peeling P, Phillips SM, Rawson ES, Walsh NP, Garthe I, Geyer H, Meeusen R, van Loon LJC, Shirreffs SM, Spriet LL, Stuart M, Vernec A, Currell K, Ali VM, Budgett RGM, Ljungqvist A, Mountjoy M, Pitsiladis YP, Soligart T, Erdener U, Engebretsen L. IOC consensus statement: Dietary supplements and the high-performance athlete. *British Journal of Sports Medicine.* 2018;0:1-17. doi:10.1136/bjsports-2018-099027

58. Fahrenholtz IL, Sjödin A, Benardot D, Tornberg ÅB, Skouby S, Faber J, Sundgot-Borgen J, Melin A. Within-day energy deficiency and reproductive function in female endurance athletes. *Scandinavian Journal of Medicine & Science in Sports.* 2018:1-8. doi:10.1111/sms.13030

59. Torstveit MK, Fahrenholtz I, Stenqvist TB, Sylta Ø, Melin A. Within-day energy deficiency and metabolic perturbation in male endurance athletes. *International Journal of Sport Nutrition and Exercise Metabolism.* 2018;28(4):419-427. doi:10.1123/ijsnem.2017-0337

60. Mor A, Kayacan Y, Ipekoglu G, Arslanoglu E. Effect of carbohydrate-electrolyte consumption on insulin, cortisol hormones and blood glucose after high-intensity exercise. *Archives of Physiology and Biochemistry.* 2018. doi:10.1080/13813455.2018.1465098

61. Martin-Rincon M, Perez-Suarez I, Pérez-López A, Ponce-González JG, Morales-Alamo D, dePablos-Velasco P, Holmberg H-C, Calbet JAL. Protein synthesis signaling in skeletal muscle is refractory to whey protein ingestion during a severe energy deficit evoked by prolonged exercise and caloric restriction. *International Journal of Obesity.* 2019;43:872-882.

62. Duloo AG, Montani JP. Dieting and cardiometabolic risks. *Obesity Reviews*. 2015:16(suppl 1):1-6.

63. Rosenbaum M, Leibel RL. Adaptive thermogenesis in humans. *International Journal of Obesity*. 2010;34(1):S47-S55. doi:10.1038/ijo.2010.184

64. Westmoreland P, Krantz MJ, Mehler PS. Medical complications of anorexia nervosa and bulimia. *American Journal of Medicine*. 2016;129:30-37.

65. Walsh NP. Recommendations to maintain immune health in athletes. *European Journal of Sport Science*. 2018;18(6):820-831. doi:10.1080/17461391.2018.1449895

66. Nieman DC, Mitmesser SH. Potential impact of nutrition on immune system recovery from heavy exertion: A metabolomics perspective. *Nutrients*. 2017;9(513). doi:10.3390/nu9050513

67. Coobey C, Cox AJ, Pyne DB, Zhang P, Cripps AW, West NP. Upper respiratory symptoms, gut health and mucosal immunity in athletes. *Sports Medicine*. 2018;48(suppl 1):65-77.

68. Calder PC. Feeding the immune system. *Proceedings of the Nutrition Society*. 2013;72(3):299-309. doi:10.1017/S0029665113001286

69. Rawson ES, Miles MP, Larson-Meyer DE. Dietary supplements for health, adaptation, and recovery in athletes. *International Journal of Sport Nutrition and Exercise Metabolism*. 2018;28(2):188-199. doi:10.1123/ijsnem.2017-0340

70. Thomas DT, Erdman KA, Burke LM. Nutrition and athletic performance: Joint position statement of the American College of Sports Medicine, the Academy of Nutrition and Dietetics, and the Dietitians of Canada. *Medicine and Science in Sports and Exercise*. 2016;48(3):543-568. doi:10.1249/MSS.0000000000000852

71. Logue D, Madigan SM, Delahunt E, Heinen M, McDonnell S-J, Corish CA. Low energy availability in athletes: A review of prevalence, dietary patterns, physiological health, and sports performance. *Sports Medicine*. 2018;48(1):73-96.

72. Bellissimo MP, Licata AD, Nucci A, Thompson W, Benardot D. Relationships between estimated hourly energy balance and body composition in professional cheerleaders. *Journal of Science in Sport and Exercise*. 2019;1:69-77.

73. Delk-Licata A, Behrens CE, Benardot D, Bertrand B, Chandler-Laney PC, Fernandez JR, Plaisance EP. The association between dietary protein intake frequency, amount, and state of energy balance on body composition in a women's collegiate soccer team. *International Journal of Sports and Exercise Medicine*. 2019;5(3):123. doi:10.23937/2469-5718/1510123

74. Benardot D. Energy thermodynamics revisited: Energy intake strategies for optimizing athlete body composition and performance. *Pensar en Movimiento: Revista de Ciencias del Ejercicio y la Salud (Journal of Exercise Science and Health)*. 2013;11(2):1-13.

75. Mergenthaler P, Lindauer U, Dienel GA, Meisel A. Sugar for the brain: The role of glucose in physiological and pathological brain function. *Trends in Neuroscience*. 2013;36(10):587-597.

76. Robertson TM, Clifford MN, Penson S, Chope G, Robertson MD. A single serving of caffeinated coffee impairs postprandial glucose metabolism in overweight men. *British Journal of Nutrition*. 2015;114:1218-1225.

77. Beaudoin M-S, Allen B, Mazzetti G, Sullivan PJ, Graham TE. Caffeine ingestion impairs insulin sensitivity in a dose-dependent manner in both men and women. *Applied Physiology, Nutrition, and Metabolism*. 2013;38(2):140-147.

78. Tai MM, Castillo P, and Pi-Sunyer FX. Meal size and frequency: Effect on the thermic effect of food. *American Journal of Clinical Nutrition*. 1991;54(5):783-787.

79. Schoenfeld BJ, Aragon AA, Kreiger JW. Effects of meal frequency on weight loss and body composition: A meta-analysis. *Nutrition Reviews*. 2015;73(2):69-82.

80. Deutz B, Benardot D, Martin D, Cody M. Relationship between energy deficits and body composition in elite female gymnasts and runners. *Medicine and Science in Sports and Exercise*. 2000;32(3):659-668.

81. Fabry P, Hejl Z, Fodor J, Braun T, Zvolankova K. The frequency of meals: Its relation to overweight, hypercholesterolaemia, and decreased glucose-tolerance. *Lancet*. 1964;2:614-615.

82. Hutchison AT, Heilbronn LK. Metabolic impacts of altering meal frequency and timing: Does when we eat matter? *Biochimie*. 2016;124:187-197.

83. McDermott BP, Anderson SA, Armstrong LE, Casa DJ, Cheuvront SN, Cooper L, Kenney WL, O'Connor FG, Roberts WO. National Athletic Trainers' Association position statement: Fluid replacement for the physically active. *Journal of Athletic Training*. 2017;52(9):877-895.

84. Smith C, Johnson J. Responses to hyperthermia. Optimizing heat dissipation by convection and evaporation: Neural control of skin blood flow and sweating in humans. *Autonomic Neuroscience: Basic and Clinical*. 2016;196:25-36. doi:10.1016/j.autneu.2016.01.002

85. Baker LB. Sweating rate and sweat sodium concentration in athletes: A review of methodology and intra/interindividual variability. *Sports Medicine*. 2017;47(suppl 1):S111-S128.

86. Casa DJ, DeMartini JK, Bergeron MF, Csilan D, Eichner ER, Lopez RM, Ferrara MS, Miller KC, O'Connor F, Sawka MN, Yeargin SW. National Athletic Trainers' Association position statement: Exertional heat illnesses. *Journal of Athletic Training*. 2015;50(9):986-1000.

87. Casa DJ, Cheuvront SN, Galloway SD, Shireffs SM. Fluid needs for training, competition, and recovery in

track-and-field athletes. *International Journal of Sport Nutrition and Exercise Metabolism*. 2019;29:175-180.

88. Racinais S, Alonso JM, Coutts AJ, Flouris AD, Girard O, González-Alonso J, Hausswirth C, Jay O, Lee JKW, Mitchell N, Nassis GP, Nybo L, Pluim BM, Roelands B, Sawka MN, Wingo JE, Périard JD. Consensus recommendations on training and competing in the heat. *Scandinavian Journal of Medicine in Science and Sports*. 2015;25(suppl 1):6-19. doi:10.1111/sms.12467
89. Kreher JB. Diagnosis and prevention of overtraining syndrome: An opinion on education strategies. *Open Access Journal of Sports Medicine*. 2016;7:115-122.
90. Weinberg R, Freysinger V, Mellano K, Brookhouse E. Building mental toughness: Perceptions of sport psychologists. *The Sport Psychologist*. 2016;30(3):231-241.
91. Triplett D, Doyle JA, Rupp JC, Benardot D. An isocaloric glucose-fructose beverage's effect on simulated 100-km cycling performance compared with a glucose-only beverage. *International Journal of Sport Nutrition and Exercise Metabolism*. 2010;20:122-131.
92. Horner KM, Schubert MM, Desbrow B, Byrne NM, King NA. Acute exercise and gastric emptying: A meta-analysis and implications for appetite control. *Sports Medicine*. 2015;45(5):659-678.
93. Soligard T, Erdener U, Engebretsen L. IOC consensus statement: Dietary supplements and the high-performance athlete. *British Journal of Sports Medicine*. 2018;0:1-17. doi:10.1136/bjsports-2018-099027
94. Montani JP, Schutz Y, Duloo AG. Dieting and weight cycling as risk factors for cardiometabolic diseases: Who is really at risk? *Obesity Reviews*. 2015;16(suppl 1):7-18.

Chapter 7. 여행

1. Gayton WF, Broida J, Elgee L. An investigation of coaches' perceptions of the causes of home advantage. *Perceptual Motor Skills*. 2001;92(3):933-936.
2. Nevill AM, Holder RL. Home advantage in sport: An overview of studies on the advantage of playing at home. *Sports Medicine*. 1999;28(4):221-236.
3. Loat E, Rhodes EC. Jet-lag and human performance. *Sports Medicine*. 1989;8(4):226-238.
4. Pace A, Carron AV. Travel and the home advantage. *Canadian Journal of Sport Sciences*. 1992;17(1):60-64.
5. Bishop D. The effects of travel on team performance in the Australian national netball competition. *Journal of Science and Medicine in Sport*. 2004;7(1):118-122.
6. Reilly T, Atkinson G, Waterhouse J. Travel fatigue and jetlag. *Journal of Sports Sciences*. 1997;15(3):365-369.
7. Atkinson G, Reilly T. Circadian variation in sports performance. *Sports Medicine*. 1996;21(4):292-312.
8. Hill DW, Hill CM, Fields KL, Smith JC. Effects of jet lag on factors related to sport performance. *Canadian Journal of Applied Physiology*. 1993;18(1):91-103.
9. Straub WF, Spino MP, Alattar MM, Pfleger B, Downes JW, Belizaire MA, Heinonen OJ, Vasankari T. The effect of chiropractic care on jet lag of Finnish junior elite athletes. *Journal of Manipulative and Physiological Therapeutics*. 2001;24(3):191-198.
10. Nieman DC. Current perspective on exercise immunology. *Current Sports Medicine Reports*. 2003;5:239-242.
11. So SC, Ko J, Yuan YW, Lam JJ, Louie L. Severe acute respiratory syndrome and sport: Facts and fallacies. *Sports Medicine*. 2004;34(15):1023-1033.
12. Gatorade Sports Nutrition Advisory Board. *Eating on the Road*. Chicago, IL: Gatorade Sports Science Institute; 1996.
13. Klein K, Wegmann H. The resynchronization of human circadian rhythms after transmeridian flights as a result of flight direction and mode of activity. In: Scheving LE, ed. *Chronobiology*. Tokyo, Japan: Igaku-Shoin; 1974:564-570.
14. Mielcarek J, Kleiner S. Time zone changes. In: Benardot D, ed. *Sports Nutrition: A Guide for Professionals Working With Active People*. Chicago, IL: American Dietetic Association; 1993.
15. Scurr J, Machin S, Bailey-King S, Mackie I, McDonald S, Smith P. Frequency and prevention of symptomless deep-vein thrombosis in long-haul flights: A randomised trial. *The Lancet*. 357(9267):1485-1489.
16. Herxheimer A, Petrie KJ. Melatonin for the prevention and treatment of jet lag. *Cochrane Database of Systematic Reviews*. 2003;2.
17. Beaumont M, Batejat D, Pierard C, Van Beers P, Denis JB, Coste O, Doireau P, Chauffard F, French J, Lagarde D. *Journal of Applied Physiology*. 2004;96:50-58.
18. Manfredini R, Manfredini F, Fersini C, Conconi F. Circadian rhythms, athletic performance, and jet lag. *British Journal of Sports Medicine*. 1998;32:101-106.
19. Leatherwood WE, Dragoo JL. Effect of airline travel on performance: A review of the literature. *British Journal of Sports Medicine*. 2013;47:561-567. doi:10.1136/bjsports-2012-091449
20. Van Rensburg DCJ, Schwellnus M, Derman W, Webborn N. Illness among Paralympic athletes: Epidemiology, risk markers, and preventative strategies. *Physical Medicine & Rehabilitation Clinics*. 2018;29(2):185-203.
21. Loat CE, Rhodes EC. Jet-lag and human performance. *Sports Medicine* (NZ). 1989;8:226-238.
22. Reilly T, Waterhouse J, Burke LM, Alonso JM. Nutrition for travel. *Journal of Sports Sciences*. 2007;25(suppl 1):S125-S134.
23. Sanders SW, Moore JG. Gastrointestinal chronopharmacology: Physiology, pharmacology and therapeutic implications. *Pharmacology & Therapeutics*. 1992;54(1):1-15.
24. Heaton LE, Davis JK, Rawson ES, Nuccio RP, Witard OC, Stein KW, Baar K, Carter JM, Baker LB. Selected

in-season nutritional strategies to enhance recovery for team sport athletes: A practical overview. *Sports Medicine*. 2017;47:2201-2218. doi:10.1007/s40279-017-0759-2

25. Williams B, Clarke R, Rodrigo AR, Cole M, Hughes J. Managing performance throughout periods of travel. *Strength and Conditioning Journal*. 2017;39(4):22-29. doi:10.1519/SSC.0000000000000317
26. Halson SL, Burke LM, Pearce J. Nutrition for travel: From jet lag to catering. *International Journal of Sport Nutrition and Exercise Metabolism*. 2019;29:228-235. doi:10.1123/ijsnem.2018-0278
27. Lemmer B, Kern R-I, Nold G, and Lohrer H. Jet lab in athletes after eastward and westward time-zine transition. *Chronobiology International*. 2002;19(4):743-764.
28. Stellingwerff T, Pyne DB, Burke LM. Nutrition considerations in special environments for aquatic sports. *International Journal of Sport Nutrition and Exercise Metabolism*. 2014;24:470-479. doi:10.1123/ijsnem.2014-0014
29. Huyghe T, Scanlan AT, Dalbo VJ, Calleja-González J. The negative influence of air travel on health and performance in the national basketball association: A narrative review. *Sports*. 2018;6(89). doi:10.3390/sports6030089
30. Reilly T, Atkinson G, Edwards B, Waterhouse J, Åkerstedt T, Davenne D, Lemmer B, Wirz-Justice A. Coping with jet-lag: A position statement for the European College of Sport Science. *European Journal of Sport Science*. 2007;7(1):1-7.
31. Morgenthaler TI, Lee-Chiong T, Alessi C, Friedman L, Aurora RN, Boehlecke B, Brown T, Chesson AL, Kapur V, Maganti R, Owens J, Pancer J, Swick TJ, Zak R, Standards of Practice Committee of the AASM. Practice parameters for the clinical evaluation and treatment of circadian rhythm sleep disorders: An American Academy of Sleep Medicine report. *Sleep*. 2007;30(11):1445-1459.
32. Forbes-Robertson S, Dudley E, Vadgama P, Cook C, Drawer S, Kilduff L. Circadian disruption and remedial interventions: Effects and interventions for jet lag for athletic peak performance. *Sports Medicine*. 2012;42(3):185-208.
33. Reilly T, Waterhouse J, Edwards B. Jet lag and air travel: Implications for performance. *Clinical Sports Medicine*. 2005;24:367-380.
34. Reilly T. How can travelling athletes deal with jet-lag? *Kinesiology*. 2009;41:128-135.
35. Zee PC, Goldstein CA. Treatment of shift work disorder and jet lag. *Current Treatment Options in Neurology*. 2010;12(5):396-411.
36. Samuels CH. Jet lag and travel fatigue: A comprehensive management plan for sport medicine physicians and high-performance support teams. *Clinical Journal of Sports Medicine*. 2012;22(3):268-273.
37. Reilly T, Atkinson G, Edwards B, Waterhouse J, Åkerstedt T, Davenne D, Lemmer B, Wirz-Justice A. Coping with jet-lag: A position statement for the European College of Sport Science. *European Journal of Sport Science*. 2007;7(1):1-7.
38. Casa DJ, Cheuvront SN, Galloway SD, Shirreffs SM. Fluid needs for training, competition, and recovery in track-and-field athletes. *International Journal of Sport Nutrition and Exercise Metabolism*. 2019;29:175-180. doi:10.1123/ijsnem.2018-0374
39. Stellingwerff T, Bovin IM, Whitfield J. Contemporary nutrition interventions to optimize performance in middle-distance runners. *International Journal of Sport Nutrition and Exercise Metabolism*. 2019;29:106-116. doi:10.1123/ijsnem.2018-0241
40. Keaney LC, Kilding AE, Merien F, Dulson DK. The impact of sport related stressors on immunity and illness risk in team-sport athletes. *Journal of Science and Medicine in Sport*. 2018;21(12):1192-1199. doi:10.1016/j.jsams.2018.05.014

Chapter 8. 높은 고도

1. Levine BD, Stray-Gundersen J. The effects of altitude training are mediated primarily by acclimatization, rather than by hypoxic exercise. *Advances in Experimental Medicine and Biology*. 2001;502:75-88.
2. Wilber RL, Stray-Gundersen J, Levine BD. Effect of hypoxic "dose" on physiologic responses and sea-level performance. *Medicine and Science in Sports and Exercise*. 2007;39(9):1590-1599.
3. Gallagher SA, Hackett PH. High-altitude illness. *Emergency Medicine Clinics of North America*. 2004;22:329-55.
4. Derby R, deWeber K. The athlete and high altitude. *Current Sports Medicine Reports*. 2010:79-85.
5. Cooper CE. The biochemistry of drugs and doping methods used to enhance aerobic sport performance. *Essays in Biochemistry*. 2008;44:63-83.
6. Marriott BM, Carlson SJ, eds. *Nutritional Needs in Cold and High-Altitude Environments: Applications for Military Personnel in Field Operations*. Washington, DC: National Academy Press; 1996:9.
7. Horvath SM. Exercise in a cold environment. *Exercise Sport Science Review*. 1981;9:221-263.
8. Webb P. Temperature of skin, subcutaneous tissue, muscle and core in resting men in cold, comfortable and hot conditions. *European Journal of Applied Physiology*. 1992;64:471-476.
9. Vallerand AL, Jacobs I. Rates of energy substrates utilization during human cold exposure. *European Journal of Applied Physiology*. 1989;58:873-878.
10. Young AJ, Muza SR, Sawka MN, Gonzalez RR, Pandolf KB. Human thermoregulatory responses to cold air are altered by repeated cold water immersion. *Journal of Applied Physiology*. 1986;60:1542-1548.
11. Febbraio MA. Exercise in climatic extremes. In:

Maughan RJ, ed. *Nutrition in Sport*. London, United Kingdom: Blackwell Science; 2000:498.

12. Young AJ. Effects of aging on human cold tolerance. *Experimental Aging Research*. 1991;17(3):205-213.
13. Freund BJ, Sawka MN. Influence of cold stress on human fluid balance. In: Marriott BM, Carlson SJ, eds. *Nutritional Needs in Cold and High Altitude Environments*. Washington, DC: National Academy Press; 1996:161.
14. Jefferson JA, Simoni J, Escudero E, Hurtado ME, Swenson ER, Wesson DE, Schreiner GF, Schoene RB, Johnson RJ, Hurtado A. Increased oxidative stress following acute and chronic high altitude exposure. *High Altitude Medicine and Biology*. 2004;5(1):61-69.
15. Altitude illness. NOLS Wilderness First Aid. www.elbrus.org/eng1/high_altitude1.htm. Accessed March 21, 2005.
16. Askew EW. Nutrition at high altitude. Wilderness Medical Society. www.wms.org/news/altitude.asp. Accessed July 12, 2011.
17. Rodway GW, Hoffman LA, Sanders MH. High-altitude-related disorders, part I: Pathophysiology, differential diagnosis, and treatment. *Heart Lung*. 2003;32(6):353-359.
18. Leppk JA, Icenogle MV, Maes D, Riboni K, Hinghofer-Szalkay H, Roach C. Early fluid retention and severe acute mountain sickness. *Journal of Applied Physiology*. 2005;98(2):591-597.
19. Talbot TS, Townes DA, Wedmore IS. To air is human: Altitude illness during an expedition length adventure race. *Wilderness and Environmental Medicine*. 2004;15(2):90-94.
20. Gallagher SA, Hackett PH. High-altitude illness. *Emergency Medicine Clinics of North America*. 2004;22(2):329-355.
21. Hackett PH, Roach RC. High altitude cerebral edema. *High Altitude Medicine and Biology*. 2004;5(2):136-146.
22. High altitude medicine guide. www.ismmed.org/np_altitude_tutorial.htm. Accessed August 8, 2011.
23. Shephard RJ. The athlete at high altitude. *Canadian Medical Association Journal*. 1973;109:207-209.
24. Ri-Li G, Chase PJ, Witkowski S, Wyrick BL, Stone JA, Levine BD, Babb TG. Obesity: Associations with acute mountain sickness. *Annals of Internal Medicine*. 2003;139(4):253-257.
25. Beidleman BA, Muza SR, Fulco CS, Cymerman A, Ditzler D, Stulz D, Staab JE, Skrinar GS, Lewis SF, Sawka MN. Intermittent altitude exposures reduce acute mountain sickness at 4300 m. *Clinical Science*. 2004;106(3):321-328.
26. Dumont L, Lysakowski C, Tramer MR, Junod JD, Mardirosoff C, Tassonyi E, Kayser B. Magnesium for the prevention and treatment of acute mountain sickness. *Clinical Science*. 2004;106(3):269-277.
27. Bartsch P, Bailey DM, Berger MM, Knauth M, Baumgartner RW. Acute mountain sickness: Controversies and advances. *High Altitude Medicine and Biology*. 2004;5(2):110-124.
28. Rose MS, Houston CS, Fulco CS, Coates G, Sutton JR, Cymerman A. Operation Everest II: Nutrition and body composition. *Journal of Applied Physiology*. 1988;65:2545.
29. Butterfield GE. Maintenance of body weight at altitude: In search of 500 Kcal/day. In: Marriott BM, Carlson SJ, eds. *Nutritional Needs in Cold and High Altitude Environments*. Washington, DC: National Academy Press; 1996:357.
30. Reynolds RD, Lickteig JA, Deuster PA, Howard MP, Conway JM, Pietersma A, deStoppelaar J, Deurenberg P. Energy metabolism increases and regional body fat decreases while regional muscle mass is spared in humans climbing Mt. Everest. *Journal of Nutrition*. 1999;129(7):1307-1314.
31. Westerterp-Plantenga MS. Effects of extreme environments on food intake in human subjects. *Proceedings of the Nutrition Society*. 1999;58(4):791-798.
32. U.S. Army Research Institute of Environmental Medicine. *Nutrition for Health and Performance: Nutritional Guidance for Military Operations in Temperate and Extreme Environments*. 1993:24-39. www.dtic.mil/dtic/tr/fulltext/u2/a261392.pdf. Accessed August 8, 2011.
33. Reynolds RD, Lickteig JA, Howard MP, Deuster PA. Intakes of high fat and high carbohydrate foods by humans increased with exposure to increasing altitude during an expedition to Mt. Everest. *Journal of Nutrition*. 1998;128(1):50-55.
34. Askew EW. Environmental and physical stress and nutrient requirements. *American Journal of Clinical Nutrition*. 1995;61(3):632S-637S.
35. Chao WH, Askew EW, Roberts DE, Wood SM, Perkins JB. Oxidative stress in humans during work at moderate altitude. *Journal of Nutrition*. 1999;129(11):2009-2012.
36. Kupper T, Schoffl V, Milledge JS. Traveller's diarrhea: Prevention and treatment in the mountains. *Medicina Sportiva*. 2010;14(3):157-160.
37. Murray R. Fluid needs in hot and cold environments. *International Journal of Sport Nutrition*. 1995;5:62S-73S.
38. Park H-Y, Hwang H, Park J, Lee S, Lim K. The effects of altitude/hypoxic training on oxygen delivery capacity of the blood and aerobic exercise capacity in elite athletes: A meta-analysis. *Journal of Exercise Nutrition Biochemistry*. 2016;20(1):15-22.
39. Hamlin MJ, Lizamore CA, Hopkins WG. The effect of natural or simulated altitude training on high-intensity intermittent running performance in team-sport athletes: A meta-analysis. *Sports Medicine*. 2018;48:431-446. doi:10.1007/s40279-017-0809-9
40. Hauser A, Troesch S, Steiner T, Brocherie F, Girard O, Saugy JJ, Schmitt L, Millet G, Wehrlin JP. Do male athletes with already high initial haemoglobin mass benefit

from "live high-train low" altitude training? *Experimental Physiology*. 2018;103(1):68-76.

41. Wehrlin JP, Marti B, Hallén J. Hemoglobin mass and aerobic performance at moderate altitude in elite athletes. *Advances in Experimental Medicine and Biology*. 2016;903:357-374. doi:10.1007/978-1-4899-7678-9_24

42. Chapman RF, Karlsën T, Ge R-L, Stray-Gundersen J, Levine BD. Living altitude influences endurance exercise performance change over time at altitude. *Journal of Applied Physiology*. 2016;120:1151-1158.

43. Domínguez R, Cuenca E, Maté-Muñoz JL, García-Fernández, Garnacho-Castaño MV. Effects of beetroot juice supplementation on cardiorespiratory endurance in athletes: A systematic review. *Nutrients*. 2017;9(43). doi:10.3390/nu901004344

44. Campbell AD, McIntosh SE, Nyberg A, Powell AP, Schoene RB, Hackett P. Risk stratification for athletes and adventurers in high-altitude environments: Recommendations for preparticipation evaluation. *Wilderness & Environmental Medicine*. 2015;26:S30-S39.

45. Luks AM, McIntosh SE, Grissom CK, Auerbach PS, Rodway GW, Schoene RB, Zafren K, Hackett PH. Wilderness Medical Society practice guidelines for the prevention and treatment of acute altitude illness: 2014 update. *Wilderness Environmental Medicine*. 2014;25(suppl 4):S4-S14.

46. Carr AJ, Saunders PU, Vallance BS, Garvican-Lewis LA, Gore CJ. Increased hypoxic dose after training at low altitude with 9 h per night at 3000m normobaric hypoxia. *Journal of Sports Science & Medicine*. 2015;14(4):776-782.

47. Park H-Y, Hwang H, Park J, Lee S, Lim K. The effects of altitude/hypoxic training on oxygen delivery capacity of the blood and aerobic exercise capacity in elite athletes: A meta-analysis. *Journal of Exercise Nutrition Biochemistry*. 2016;20(1):15-22.

48. Heikura IA, Burke LM, Bergland D, Uusitalo ALT, Mero A, Stellingwerff T. Impact of energy availability, health and sex on hemoglobin mass responses following live-high-train-high altitude training in elite female and male distance athletes. *International Journal of Sports Physiology and Performance*. 2018;13(8):1090-1096. doi:10.1123/ijspp.2017-0547

49. McLean BD, Buttifant D, Gore CJ, White K, Kemp J. Year-to-year variability in haemoglobin mass response to two altitude training camps. *British Journal of Sports Medicine*. 2013;47(suppl 1):i51-i58.

50. Berryman CE, Young A, Karl JP, Kenefick RW, Margolis LM, Cole RE, Carbone JW, Lieberman HR, Kim I-Y, Ferrando AA, Pasiokos SM. Severe negative energy balance during 21 d at high altitude decreases fat-free mass regardless of dietary protein intake: A randomized controlled trial. *The FASEB Journal*. 2018;32:894-905.

51. Walsh NP. Recommendations to maintain immune health in athletes. *European Journal of Sport Science*. 2018;18(6):820-831.

52. Saunders PU, Garvican-Lewis LA, Chapman RF, Périard JD. Special environments: Altitude and heat. *International Journal of Sport Nutrition and Exercise Metabolism*. 2019;29:2010-2019. doi:10.1123/ijsnem.2018-0256

53. Fulco CS, Rock PB, Cymerman A. Maximal and submaximal exercise performance at altitude. *Aviation, Space, and Environmental Medicine*. 1998;69(8):793-801.

54. Garvican-Lewis LA, Govus AD, Peeling P, Abbiss CR, Gore CJ. Iron supplementation and altitude: Decision making using a regression tree (Letter to the Editor). *Journal of Sports Science and Medicine*. 2016;15:204-205.

55. Govus AD, Garvican-Lewis LA, Abbiss CR, Peeling P, Gore CJ. Pre-altitude serum ferritin levels and daily oral iron supplement dose mediate iron parameter and hemoglobin mass responses to altitude exposure. *PLoS ONE*. 2015;10(8):e0135120. doi:10.1271/journal.pone.0135120

56. Michalczyk M, Czuba M, Zydek G, Zajac A, Langfort J. Dietary recommendations for cyclists during altitude training. *Nutrients*. 2016;8:377. doi:10.3390/nu8060377

57. Khodaee M, Grothe HL, Seyfert JH, VanBaak K. Athletes at high altitude. *Primary Care*. 2016;8(2):126-132.

58. McLean BD, Buttifant D, Gore CJ, White K, Liess C, Kemp J. Physiological and performance responses to a preseason altitude-training camp in elite team-sport athletes. *International Journal of Sports Physiology and Performance*. 2013;8(4):391-399.

59. Michalczyk M, Czuba M, Zydek G, Zajac A, Langfort J. Dietary recommendations for cyclists during altitude training. *Nutrients*. 2016;8:377. doi:10.3390/nu8060377

60. Koivisto AE, Olsen T, Paur I, Paulsen G, Bastani NE, Garthe I, Raastad T, Matthews J, Blomhoff R, Bøhn K. Effects of antioxidant-rich foods on altitude-induced oxidative stress and inflammation in elite endurance athletes: A randomized controlled study. *PLoS ONE*. 2019;14(6):e0217895. doi:10.1371/journal.pone.0217895

61. Magrini D, Khodaee M, San-Millán I, Hew-Butler T, Provance AJ. Serum creatine kinase elevations in ultramarathon runners at high altitude. *The Physician and Sportsmedicine*. 2017;45(2):129-133. doi:10.1080/00913847.2017.1280371

62. Prommer N, Thoma S, Quecke L, Gutekunst T, Völzke C, Wachsmuth N, Niess A, Schmidt W. Total hemoglobin mass and blood volume of elite Kenyan runners. *Medicine and Science in Sports and Exercise*. 2010;42(4):791-797.

63. Płoszczyca K, Langfort J, Czuba M. The effects of altitude training on erythropoietic response and hematological variables in adult athletes: A narrative review. *Frontiers in Physiology*. 2018;9(375). doi:10.3389/fphys.2018.00375

64. Simancas-Racines D, Arevalo-Rodriguez I, Osorio D, Franco JVA, and Xu Y. Interventions for treating acute high altitude illness. *Cochrane Database for Systematic Reviews*. 2018; 6: doi: 10.1002/14651858.CD009567.pub2

Chapter 9. 성별 및 연령

1. Unnithan VB, Goulopoulou S. Nutrition for the pediatric athlete. *Current Sports Medicine Reports*. 2004;3(4):206-211.
2. Casazza K, Thomas O. Do dietary modifications made prior to pubertal maturation have the potential to decrease obesity later in life? A developmental perspective. *Infant, Child, and Adolescent Nutrition*. 2009;1:271-281.
3. Petrie HJ, Stover EA, Horswill CA. Nutritional concerns for the child and adolescent competitor. *Nutrition*. 2004;20(7/8):620-631.
4. Bass M, Turner L, Hunt S. Counseling female athletes: Application of the stages of change model to avoid disordered eating, amenorrhea, and osteoporosis. *Psychological Reports*. 2001;88(3):1153-1160.
5. Warren MP, Perlroth NE. The effects of intense exercise on the female reproductive system. *Journal of Endocrinology*. 2001;170(1):3-11.
6. Korpelainen R, Orava S, Karpakka J, Siira P, Hulkko A. Risk factors for recurrent stress fractures in athletes. *American Journal of Sports Medicine*. 2001;29(3):304-310.
7. Nattiv A. Stress fractures and bone health in track and field athletes. *Journal of Science and Medicine in Sport*. 2000;3(3):268-279.
8. Tarnopolsky LJ, MacDougall JD, Atkinson SA, Tarnopolsky MA, Sutton JR. Gender differences in substrate for endurance exercise. *Journal of Applied Physiology*. 1990;68:302-308.
9. Gabel KA. The female athlete. In: Maughan RJ, ed. *Nutrition in Sport*. London, United Kingdom: Blackwell Science; 2000:417-428.
10. Burke LM, Cox GR, Culmmings NK, Desbrow B. Guidelines for daily carbohydrate intake: Do athletes achieve them? *Sports Medicine*. 2001;31(4):267-299.
11. Lemon PWR. Do athletes need more dietary protein and amino acids? *International Journal of Sport Nutrition*. 1995;5:39S-61S.
12. Perry AC, Crane LS, Applegate B, Marquez-Sterling S, Signorile JF, Miller PC. Nutrient intake and psychological and physiological assessment in eumenorrheic and amenorrheic female athletes: A preliminary study. *International Journal of Sport Nutrition*. 1996;6:3-13.
13. Manore MM. Vitamin B6 and exercise. *International Journal of Sport Nutrition*. 1994;4:89-103.
14. Huang YC, Chen W, Evans MA, Mitchell ME, Shultz TD. Vitamin B-6 requirement and status assessment of young women fed a high-protein diet with various levels of vitamin B-6. *American Journal of Clinical Nutrition*. 1998;67:208-220.
15. Pate RR, Miller BJ, Davis JM, Slentz CA, Kling-Shirn LA. Iron status of female runners. *International Journal of Sport Nutrition*. 1993;6:3-13.
16. Fogelholm M. Indicators of vitamin and mineral status in athletes' blood: A review. *International Journal of Sport Nutrition*. 1995;5:267-284.
17. Dueck CA, Manore MM, Matt KS. Role of energy balance in athletic menstrual dysfunction. *International Journal of Sport Nutrition*. 1996;6(2):165-190.
18. Van de Loo DA, Johnson MD. The young female athlete. *Clinical Sports Medicine*. 1995;14(3):687-707.
19. Nelson Steen S. Nutrition for the school-aged child athlete. In: Bar-Or O, ed. *The Child and Adolescent Athlete*. Oxford, United Kingdom: Blackwell Science; 1996:260-273.
20. Chumlea WC, Schubert CM, Roche AF, Kulin HE, Lee PA, Himes JH, Sun SS. Age at menarche and racial comparisons in US girls. *Pediatrics*. 2003;111(1):110-113.
21. American Academy of Pediatrics, Committee on Sports Medicine and Fitness. Intensive training and sports specialization in young athletes. *Pediatrics*. 2000;106(1):154-157.
22. Kurz KM. Adolescent nutritional status in developing countries. *Proceedings of the Nutrition Society*. 1996;55:321-331.
23. Beard J, Tobin B. Iron status and exercise. *American Journal of Clinical Nutrition*. 2000;72(2):594S-597S.
24. Hebestreit H, Meyer F, Htay-Htay, Heigenhauser GJF, Bar-Or O. Plasma metabolites, volume and electrolytes following 30-s high-intensity exercise in boys and men. *European Journal of Applied Physiology*. 1996;72:563-569.
25. Martinez LR, Haymes EM. Substrate utilization during treadmill running in prepubertal girls and women. *Medicine and Science in Sports and Exercise*. 1992;24:975-983.
26. Eliakim A, Beyth Y. Exercise training, menstrual irregularities, and bone development in children and adolescents. *Journal of Pediatric and Adolescent Gynecology*. 2003;16(4):201-206.
27. Bompa T. *From Childhood to Champion Athlete*. Toronto, Canada: Veritas; 1995.
28. Bar-Or O, Dotan R, Inbar O, Rothstein A, Zonder H. Voluntary hypohydration in 10- to 12-year-old boys. *Journal of Applied Physiology*. 1980;48:104-108.
29. Bar-Or O. Nutrition for child and adolescent athletes. *Sports Science Exchange*. 2000;13(2).
30. Campbell WW, Geik RA. Nutritional considerations for the older athlete. *Nutrition*. 2004;20(7/8):603-608.
31. Miller KK. Mechanisms by which nutritional disorders cause reduced bone mass in adults. *Journal of Women's Health*. 2003;12(2):145-150.
32. Kenney WL. The older athlete: Exercise in hot environments. *Sports Science Exchange*. 1993;6(3).
33. Kenney WL, Hodgson JL. Heat tolerance, thermoregulation and aging. *Sports Medicine*. 1987;4:446-456.
34. Kenney WL, Tankersley CG, Newswanger DL, Hyde DE, Turner NL. Age and hypohydration independently influence the peripheral vascular response to heat stress.

Journal of Applied Physiology. 1990;68:1902-1908.

35. Kenney WL, Fowler SR. Methylcholine-activated eccrine sweat gland density and output as a function of age. *Journal of Applied Physiology*. 1988;65:1082-1086.

36. Thompson J, Manore M. *Nutrition: An Applied Approach*. New York, NY: Pearson-Benjamin Cummings; 2005:600.

37. Nieman DC. Exercise immunology: Future directions for research related to athletes, nutrition, and the elderly. *International Journal of Sports Medicine*. 2000;21(suppl 1):61S-68S.

38. Łagowska K, Kapczuk K, Friebe Z, Bajerska J. Effects of dietary intervention in young female athletes with menstrual disorders. *Journal of the International Society of Sports Nutrition*. 2014;11(21). www.jissn.com/content/11/1/21

39. Thein-Nissenbaum, J. Long term consequences of the female athlete triad. *Maturitas*. 2013;75:107-112.

40. Deldicque L, Francaux M. Recommendations for healthy nutrition in female endurance runners: An update. *Frontiers in Nutrition*. 2015. www.frontiersin.org/articles/10.3389/fnut.2015.00017/full

41. Mountjoy M, Sundgot-Borgen JK, Burke LM, Ackerman KE, Blauwet C, Constantini N, Lebrun C, Lundy B, Melin AK, Meyer NL, Sherman RT, Tenforde AS, Torstveit MK, Budgett R. IOC consensus statement on relative energy deficiency in sport (RED-S): 2018 update. *British Journal of Sports Medicine*. 2018:52:687-697.

42. Chen Y-T, Tenforde AS, Fredericson M. Update on stress fractures in female athletes: Epidemiology, treatment, and prevention. *Current Reviews of Musculoskeletal Medicine*. 2013;6:173-181.

43. De Souza MJ, Nattiv A, Joy E, Misra M, Williams NI, Mallinson RJ, Gibbs JC, Olmsted M, Goolsby M, Matheson G, Expert Panel. 2014 female athlete triad coalition consensus statement on treatment and return to play of the female athlete triad. *British Journal of Sports Medicine*. 2014;48(289). doi:10.1136/bjsports-2013-093218

44. Female athlete issues for the team physician: A consensus statement—2017 update. *Medicine and Science in Sports and Exercise*. 2018:1113-1122. doi:10.1249/MSS.0000000000001603

45. Márquez S, Molinero O. Energy availability, menstrual dysfunction and bone health in sports: An overview of the female athlete triad. *Nutrición Hospitalaria*. 2013;28(4):1010-1017.

46. McClung JP, Gaffney-Stomberg E, Lee JJ. Female athletes: A population at risk of vitamin and mineral deficiencies affecting health and performance. *Journal of Trace Elements in Medicine and Biology*. 2014;28(4):388-392.

47. Pate RR, Miller BJ, Davis JM, Slentz CA, Klingshirn LA. Iron status of female runners. *International Journal of Sport Nutrition and Exercise Metabolism*. 1993;3:222-231.

48. Alaunyte L, Stojceska V, Plunkett A. Iron and the female athlete: A review of dietary treatment methods for improving iron status and exercise performance. *Journal of the International Society of Sports Nutrition*. 2015;12(35). doi:10.1186/s12970-015-0099-2

49. Burke DE, Johnson JV, Vukovich MD, Kattelmann KK. Effects of lean beef supplementation on iron status, body composition and performance of collegiate distance runners. *Food and Nutrition Science*. 2012;3:810-821.

50. He W, Li X, Ding K, Li Y, Li W. Ascorbic acid can reverse the inhibition of phytic acid, sodium oxalate and sodium silicate on iron absorption in caco-2 cells. *Journal of Vitamin and Nutrition Research*. 2018;88:65-72.

51. Minihane AM, Rimbach G. Iron absorption and the iron binding and anti-oxidant properties of phytic acid. *International Journal of Food Science & Technology*. 2002;37(7):741-748.

52. Bø K, Artal R, Barakat R, Brown W, Davies GAL, Dooley M, Evenson KR, Haakstad LAH, Henriksson-Larsen K, Kayser B, Kinnunen TI, Mottola MF, Nygaard I, van Poppel M, Stuge B, Khan KM. Exercise and pregnancy in recreational and elite athletes: 2016 evidence summary from the IOC expert group meeting, Lausanne. Part 1—exercise in women planning pregnancy and those who are pregnant. *British Journal of Sports Medicine*. 2016;50:571-589.

53. Saeed DS, Abdulateef ST. Nutrition and physical activity for pregnant women. *World Journal of Pharmaceutical Research*. 2019;8(5):509-523.

54. Camporesi EM. Diving and pregnancy. *Seminars in Perinatology*. 1996;20:292-302.

55. Robertson S, Benardot D, Mountjoy M. Nutritional recommendations for synchronized swimming. *International Journal of Sport Nutrition and Exercise Metabolism*. 2014;24:404-413.

56. Spencer RA, Rehman L, Kirk SFL. Understanding gender norms, nutrition, and physical activity in adolescent girls: A scoping review. *International Journal of Behavioral Nutrition and Physical Activity*. 2015;12(6). doi:10.1186/s12966-015-0166-8

57. Smith JW. Holmes ME, McAllister MJ. Nutritional considerations for performance in young athletes. *Journal of Sports Medicine*. 2015;734649. doi:10.1155/2015/734649

58. Paterno MV, Taylor-Haas JA, Myer GD, Hewett TE. Prevention of overuse sports injuries in the young athlete. *Orthopedic Clinics of North America*. 2013;44(4):553-564.

59. Desbrow B, McCormack J, Burke LM, Cox GR, Fallon K, Hislop M, Logan R, Marino N, Sawyer SM, Shaw G, Star A, Vidgen H, Leveritt M. Sports Dietitians Australia position statement: Sports nutrition for the adolescent athlete. *International Journal of Sport Nutrition and Exercise Metabolism*. 2014;24:570-584.

60. Purcell LK. Sport nutrition for young athletes. *Paediatrics & Child Health*. 2013;18(4):200-202.

61. Pollock RD, Carter S, Velloso CP, Duggal NA, Lord JM, Lazarus NR, Harridge SDR. An investigation into the relationship between age and physiological function in highly active older adults. *Journal of Physiology.* 2015;593(3):657-680.

62. Rüst C, Knechtle B, Knechtle P, Pfeifer S, Rosemann T, Lepers R, Senn O. Gender difference and age-related changes in performance at the long-distance duathlon. *Journal of Strength and Conditioning Research.* 2013;27(2):293-301.

63. Brun SP. Clinical considerations for the ageing athlete. *The Royal Australian College of General Practitioners.* 2016;45(7):478-483.

64. Haub MD, Wells AM, Tarnopolsky MA, Campbell WW. Effect of protein source on resistive-training-induced changes in body composition and muscle size in older men. *American Journal of Clinical Nutrition.* 2002;76(3):511-517.

65. Goolsby MA, Boniquit N. Bone health in athletes: The role of exercise, nutrition, and hormones. *Primary Care: Sports Health.* 2017;9(2):108-117.

66. Nordstrom A, Karlsson C, Nyquist F, Olsson T, Nordstrom P, Karlsson M. Bone loss and fracture risk after reduced physical activity. *Journal of Bone Mineral Research.* 2005;20:202-207.

67. Sin DD, Man JP, Man SF. The risk of osteoporosis in Caucasian men and women with obstructive airways disease. *American Journal of Medicine.* 2003;114:10-14.

68. Paccou J, Edwards MH, Ward K, Majeson K, Moon R, Dennison E, Cooper C. Relationships between bone geometry, volumetric bone mineral density and bone microarchitecture of the distal radius and tibia with alcohol consumption. *Bone.* 2015;78:122-129.

69. Burke LM. Practical issues in evidence-based use of performance supplements: Supplement interactions, repeated use and individual responses. *Sports Medicine.* 2017;47(suppl 1):S79-S100.

70. Seal EC, Metz J, Flicker L, Melny J. A randomized, double-blind, placebo-controlled study of oral vitamin B12 supplementation in older patients with subnormal or borderline serum vitamin B12 concentrations. *Journal of the American Geriatrics Society.* 2002;50(1):146-151.

71. Moleiro J, Mão de Ferro S, Ferreira S, Serrano M, Silveira M, Dias Pereira A. Efficacy of long-term oral vitamin B12 supplementation after total gastrectomy: Results from a prospective study. *Portuguese Journal of Gastroenterology.* 2018;25(3):117-122.

72. Spronk I, Heaney Se, Prvan T, O'Connor HT. Relationship between general nutrition knowledge and dietary quality in elite athletes. *International Journal of Sport Nutrition and Exercise Metabolism.* 2015;25;243-251.

73. Sabato TM, Walch TJ, Caine DJ. The elite young athlete: Strategies to ensure physical and emotional health. *Open Access Journal of Sports Medicine.* 2016;7:99-113.

74. Dahlquist DT, Dieter BP, Koehle MS. Plausible ergogenic effects of vitamin D on athletic performance and recovery. *Journal of the International Society of Sports Nutrition.* 2015;12(33): doi:10.1186/s12970-015-0093-8

75. Benardot D. Guideline 2e: Assessment of body composition. In: *NCAA Sports Medicine Handbook.* 14th ed. 2002:34-38. Indianapolis, IN: National Collegiate Athletic Association.

76. Łagowska K, Kapuczuk K, Jeszka J. Nine-month nutritional intervention improves restoration of menses in young female athletes and ballet dancers. *Journal of the International Society of Sports Nutrition.* 2014;11(52). www.jissn.com/content/11/1/52

77. Baker LB, Heaton LE, Nuccio RP, Stein KW. Dietitian-observed macronutrient intakes of young skill and team-sport athletes: Adequacy of pre, during, and postexercise nutrition. *International Journal of Sport Nutrition and Exercise Metabolism.* 2014;24:166-176.

78. Devlin BL, Belski R. Exploring general and sports nutrition and food knowledge in elite male Australian athletes. *International Journal of Sport Nutrition and Exercise Metabolism.* 2015;25(3):225-232.

79. Loucks AB. Energy availability, not body fatness, regulates reproductive function in women. *Exercise and Sport Sciences Reviews.* 2003;31(3):144-148.

80. Hilton LK, Loucks AB. Low energy availability, not exercise stress, suppresses the diurnal rhythm of leptin in healthy young women. *American Journal of Physiology: Endocrinology and Metabolism.* 2000;278:43E-49E.

81. Rivier C, Rivest S. Effect of stress on the activity of the hypothalamic-pituitary-gonadal axis: Peripheral and central mechanisms. *Biology of Reproduction.* 1991;45:523-532.

82. Augestad LB, Saether B, Gotestam KG. The relationship between eating disorders and personality in physically active women. *Scandinavian Journal of Medicine and Science in Sports.* 1999;9:304-312.

83. Mountjoy M, Sundgot-Borgen JK, Burke LM, Ackerman KE, Blauwet C, Constantini N, Lebrun C, Luncy B, Melin AK, Meyer NL, Sherman RT, Tenforde AS, Torstveit MK, Budgett R. IOC consensus statement on relative energy deficiency in sport (RED-S): 2018 Update. *British Journal of Sports Medicine.* 2018;52:687-697.

84. Fahrenholtz IL, Sjödin A, Benardot D, Tornberg ÅB, Skouby S, Faber J, Sundgot-Borgen J, Melin A. Within-day energy deficiency and reproductive function in female endurance athletes. *Scandinavian Journal of Medicine & Science in Sports* 2018:1-8 doi:10.1111/sms.13030

85. Torstveit MK, Fahrenholtz I, Stenqvist TB, Sylta Ø, Melin A. Within-day energy deficiency and metabolic perturbation in male endurance athletes. *International Journal of Sport Nutrition and Exercise Metabolism.* 2018;28(4):419-427. doi:10.1123/ijsnem.2017-0337

Chapter 10. 체성분과 체중

1. Williams MH. *Nutrition for Health, Fitness, and Sport.* New York, NY: WCB McGraw-Hill; 1999:317-318.
2. Okely AD, Booth ML, Chey T. Relationships between body composition and fundamental movement skills among children and adolescents. *Research Quarterly for Exercise and Sport.* 2004;75(3):238-247.
3. Augestad LB, Saether B, Gotestam KG. The relationship between eating disorders and personality in physically active women. *Scandinavian Journal of Medicine and Science in Sports.* 1999;9:304-312.
4. Rivier C, Rivest S. Effect of stress on the activity of the hypothalamic-pituitary-gonadal axis: Peripheral and central mechanisms. *Biology of Reproduction.* 1991;45:523-532.
5. Loucks AB. Energy availability, not body fatness, regulates reproductive function in women. *Exercise and Sport Sciences Reviews.* 2003;31(3):144-148.
6. Hilton LK, Loucks AB. Low energy availability, not exercise stress, suppresses the diurnal rhythm of leptin in healthy young women. *American Journal of Physiology: Endocrinology and Metabolism.* 2000;278:43E-49E.
7. Moriguti JC, Das SK, Saltzman E, Corrales A, McCrory MA, Greenberg AS, Roberts SB. Effects of a 6-week hypocaloric diet on changes in body composition, hunger, and subsequent weight regain in healthy young and older adults. *Journals of Gerontology: Series A: Cognition, Health, and Aging.* 2000;55(12): B580-B587.
8. Saltzman E, Roberts SB. The role of energy expenditure in energy regulation: findings from a decade of research. *Nutrition Reviews.*1995;53 209-220.
9. Das SK, Moriguti JC, McCrory MA, Saltzman E, Mosunic C, Greenberg AS, Roberts SB. An underfeeding study in healthy men and women provides further evidence of impaired regulation of energy expenditure in old age. *Journal of Nutrition.* 2000;131:1833-1838.
10. Forbes GF, Brown MR, Welle SL, Lipinski BA. Deliberate overfeeding in women and men: Energy cost and composition of the weight gain. *British Journal of Nutrition.* 1986;56:1-9.
11. Roberts SB, Fuss P, Dallal GE, Atkinson A, Evans WJ, Joseph L, Fiatarone MA, Greenberg AS, Young VR. Effects of age on energy expenditure and substrate oxidation during experimental overfeeding in healthy men. *Journal of Gerontology.* 1996;51A:B148-B157.
12. Roberts SB, Young VR, Fuss P, Fiatarone MA, Richard B, Rasmussen H, Wagner D, Joseph L, Holehouse E, Evans WJ. Body weight regulation in young men: effects of overfeeding on energy expenditure and subsequent nutrient intakes. *American Journal of Physiology.* 1990;259:R461-R469.
13. Diaz EO, Prentice AM, Goldberg GR, Murgatroyd PR, Coward WA. Metabolic response to experimental overfeeding in lean and overweight healthy volunteers. *American Journal of Clinical Nutrition.* 1992;56:641-655.
14. Leibel RL, Rosenbaum M, Hirsch J. Changes in energy expenditure resulting from altered body weight. *New England Journal of Medicine.* 1995;332:621-628.
15. McCrory MA, Fuss PJ, Saltzman E, Roberts SB. Dietary determinants of energy intake and weight regulation in healthy adults. *Journal of Nutrition.* 2000;130:276S-279S.
16. Irving BA, Davis CK, Brock DW, Weltman JY, Swift D, Barrett EJ, Gaesser GA, Weltman A. Effect of exercise training intensity on abdominal visceral fat and body composition. *Medicine and Science in Sports and Exercise.* 2008;40(11):1863-1872.
17. Meyer NL, Shaw JM, Manore MM, Dolan SH, Subudhi AW, Shultz BB, Walker JA. Bone mineral density of Olympiclevel female winter sport athletes. *Medicine and Science in Sports and Exercise.* 2004;36(9):1594-1601.
18. Misra M, Prabhakaran R, Miller KK, Tsai P, Lin A, Lee N, Herzog DB, Klibanski A. Role of cortisol in menstrual recovery in adolescent girls with anorexia nervosa. *Pediatric Research.* 2006;59:598-603.
19. Archimedes was a Greek mathematician, engineer, and physicist. He developed formulas for determining the density of different shapes and determined that buoyancy equals the weight of the displaced fluid. This is the principle used to determine body density via both hydrodensitometry and air displacement plethysmography.
20. Yu O-K, Rhee Y-K, Park T-S, Cha Y-S. Comparisons of obesity assessments in over-weight elementary students using anthropometry, BIA, CT, and DEXA. *Nutrition Research and Practice.* 2010;4(2):128-135.
21. Neovius M, Hemmingsson E, Freyschuss B, Udden J. Bioelectrical impedance underestimates total and truncal fatness in abdominally obese women. *Obesity.* 14(10):1731-1738.
22. Position of the American Dietetic Association, Dietitians of Canada, and the American College of Sports Medicine: Nutrition and Athletic Performance. *Journal of the American Dietetic Association.* 2009;109:509-527.
23. Collins MA, Millard-Stafford ML, Sparling PB, Snow TK, Rosskopf LB, Webb SA, Omer J. Evaluation of the Bod Pod for assessing body fat in collegiate football players. *Medicine and Science in Sports and Exercise.* 1999;31(9):1350-1356.
24. Fields DA, Wilson GD, Gladden LB, Hunter GR, Pascoe DD, Goran MI. Comparison of the Bod Pod with the fourcompartment model in adult females. *Medicine and Science in Sports and Exercise.* 2001;33(9):1605-1610.
25. Dixon CB, Deitrick RW, Pierce JR, Cutrufello PT, Drapeau LL. Evaluation of the Bod Pod and leg-to-leg bioelectrical impedance analysis for estimating percent body fat in National Collegiate Athletic Association Division III collegiate wrestlers. *Journal of Strength and Conditioning Research.* 2005;19(1):92-97.

26. Maddalozzo GF, Cardinal BJ, Snow CM. Concurrent validity of the Bod Pod and dual energy X-ray absorptiometry techniques for assessing body composition in young women. *Journal of the American Dietetic Association*. 2002;102:1677-1679.

27. Ziomkiewicz A, Ellison PT, Lipson SF, Thune I, Jasienska G. Body fat, energy balance and estradiol levels: A study based on hormonal profiles from complete menstrual cycles. *Human Reproduction*. 2008;23(11):2555-2563.

28. Lovejoy JC, Champagne CM, de Jonge L, Xie H, Smith SR. Increased visceral fat and decreased energy expenditure during the menopausal transition. *International Journal of Obesity*. 2008;32:949-958.

29. Rhea DJ. Eating disorder behaviors of ethnically diverse urban female adolescent athletes and non-athletes. *Journal of Adolescence*. 1999;22(3):379-388.

30. Sundgot-Borgen J, Torstveit MK. Prevalence of eating disorders in elite athletes is higher than in the general population. *Clinical Journal of Sport Medicine*. 2004;14(1):25-32.

31. Stafford DEJ. Altered hypothalamic-pituitary-ovarian axis function in young female athletes: Implications and recommendations for management. *Treatments in Endocrinology*. 2005;4(3):147-154.

32. Laughlin GA, Yen SSC. Nutritional and endocrinemetabolic aberrations in amenorrheic athletes. *Journal of Clinical Endocrinology and Metabolism*. 1996;81(12):4301-4309.

33. Loucks AB, Verdun M, Heath EM. Low energy availability, not stress of exercise alters LH pulsatility in exercising women. *Journal of Applied Physiology*. 1998;84(1):37-46.

34. Loucks AB, Callister R. Induction and prevention of low-T3 syndrome in exercising women. *Journal of Applied Physiology*. 1993;264:924R-930R.

35. Loucks AB, Heath EM. Dietary restriction reduces luteinizing hormone (LH) pulse frequency during waking hours and increases LH pulse amplitude during sleep in young menstruating women. *Journal of Clinical Endocrinology and Metabolism*. 1994;78:910-915.

36. Weimann E. Gender-related differences in elite gymnasts: The female athlete triad. *Journal of Applied Physiology*. 2002;92(5):2146-2152.

37. Ramsay R, Wolman R. Are synchronized swimmers at risk of amenorrhoea? *British Journal of Sports Medicine*. 2001;35(4):242-244.

38. Hinton PS, Sanford TC, Davidson MM, Yakushko OF, Beck NC. Nutrient intakes and dietary behaviors of male and female collegiate athletes. *International Journal of Sport Nutrition and Exercise Metabolism*. 2004;14(4):389-405.

39. Sundgot-Borgen J. Eating disorders in athletes. In: Maughan RJ, ed. *Nutrition in Sport*. London, United Kingdom: Blackwell Science; 2000:510-522.

40. Warren MP, Goodman LR. Exercise-induced endocrine pathologies. *Journal of Endocrinology Investigation*. 2003;26(9):873-878.

41. Thompson RA, Trattner-Sherman R. *Helping Athletes With Eating Disorders*. Champaign, IL: Human Kinetics; 1993.

42. Brownell KD, Rodin J. Prevalence of eating disorders in athletes. In: Brownell KD, Rodin J, Wilmore JH, eds. *Eating, Body Weight and Performance in Athletes: Disorders of Modern Society*. Philadelphia: Lea & Febiger; 1992:128-143.

43. Manore MM. Dietary recommendations and athletic menstrual dysfunction. *Sports Medicine*. 2002;32(14):887-901.

44. Fogelholm GM, Koskinen R, Lasko J. Gradual and rapid weight loss: Effects on nutrition and performance in male athletes. *Medicine and Science in Sports and Exercise*. 1993;25(3):371-377.

45. Fogelholm M. Effects of bodyweight reduction on sports performance. *Sports Medicine*. 1994;18(4):249-267.

46. Reading KJ, McCarger LI, Harber VJ. Energy balance and luteal phase progesterone levels in elite adolescent aesthetic athletes. *International Journal of Sport Nutrition and Exercise Metabolism*. 2002;12(1):93-104.

47. Koury JC, Ribeiro MA, Massarani FA, Vieira F, Marini E. Fat-free mass in adolescent athletes: accuracy of bioimpedance equations and identification of new predictive equations. *Nutrition*. 2019;60:59-65.

48. Casto KV, Edwards DA. Before, during, and after: How phases of competition differentially affect testosterone, cortisol, and estradiol levels in women athletes. *Adaptive Human Behavior and Physiology*. 2016;2(1):11-25.

49. Roelofs EJ, Smith-Ryan AE, Melvin MN, Wingfield HL, Trexler ET, Walker N. Muscle size, quality, and body composition: Characteristics of Division I cross-country runners. *Journal of Strength and Conditioning Research*. 2015;29(2):290-296.

50. Mountjoy M, Sundgot-Borgen JK, Burke LM, Ackerman KE, Blauwet C, Constantini N, Lebrun C, Luncy B, Melin AK, Meyer NL, Sherman RT, Tenforde AS, Torstveit MK, Budgett R. IOC consensus statement on relative energy deficiency in sport (RED-S): 2018 Update. *British Journal of Sports Medicine*. 2018;52:687-697.

51. Fahrenholtz IL, Sjödin A, Benardot D, Tornberg ÅB, Skouby S, Faber J, Sundgot-Borgen J, Melin A. Within-day energy deficiency and reproductive function in female endurance athletes. *Scandinavian Journal of Medicine & Science in Sports* 2018:1-8 doi:10.1111/sms.13030

52. Torstveit MK, Fahrenholtz I, Stenqvist TB, Sylta Ø, Melin A. Within-day energy deficiency and metabolic perturbation in male endurance athletes. *International Journal of Sport Nutrition and Exercise Metabolism*. 2018;28(4):419-427. doi:10.1123/ijsnem.2017-0337

53. Houska CL, Kemp JD, Niles JS, Morgan AL, Tucker RM, Ludy M-J. Comparison of body composition mea-

surements in lean female athletes. *International Journal of Exercise Science.* 2018;11(4):417-424.

54. Provencher MT, Chahla J, Sanchez G, Cinque ME, Kennedy NI, Whalen J, Price MD, Moatshe G, LaPrade RF. Body Mass Index versus body fat percentage in prospective national football league athletes: Overestimation of obesity rate in athletes at the national football league scouting combine. *Journal of Strength and Conditioning Research.* 2018;32(4):1013-1019.
55. Mridha S, Barman P. Comparison of height-weight matched young-adult female athletes and non-athletes in selected anthropometric measurements. *International Journal of Science and Research.* 2014;3(1):265-268.
56. Javed A, Jumean M, Murad MH, Okorodudu D, Kumar S, Somers VK, Sochor O, Lopez-Jimenez F. Diagnostic performance of body mass index to identify obesity as defined by body adiposityin children and adolescents: a systematic review and meta-analysis. *Pediatric Obesity.* 2015;10(3):234-244.
57. Duloo AG, Montani JP. Dieting and cardiometabolic risks. *Obesity Reviews.* 2015:16(suppl 1):1-6.
58. Maillard F, Pereira B, Boisseau N. Effect of high-intensity interval training on total, abdominal and visceral fat mass: A meta-analysis. *Sports Medicine.* 2018;48(2):269-288.
59. Tjønna AE, Leinan IM, Bartnes AT, Jenssen BM, Gibala MJ, Winett RA, Wisløff U. Low-and high-volume of intensive endurance training significantly improves maximal oxygen update after 10-weeks of training in healthy men. *PLoS One.* 2013;8(5):e65382. doi:10.1371/journal.pone.0065382
60. Fonseca-Junior SJ, Oliveira AJ, Loureiro LL, Pierucci APT. Validity of skinfold equations, against dual-energy x-ray absorptiometry, in predicting body composition in adolescent pentathletes. *Pediatric Exercise Science.* 2016;29(2):285-293.
61. Gilenstam K, Geithner C. Body composition of women's ice hockeyplayers: Comparison of estimates using skinfolds and iDXA. *Journal of Strength and Conditioning Research.* 2017;33(9):2496-2502.
62. Esco MR, Snarr RL, Leatherwood MD, Chamberlain NA, Redding ML, Flatt AA, Moon JR, Williford HN. Comparison of total and segmental body composition using DXA and multifrequency bioimpedance in collegiate female athletes. *Journal of Strength and Conditioning Research.* 2015;29(4):918-925.
63. Sommerfield LM, McAnulty SR, McBride JM, Zwetsloot JJ, Austin MD, Mehlhorn JD, Calhoun MC, Young JO, Haines TL, Utter AC. Validity of urine specific gravity when compared to plasma osmolality as a measure of hydration status in male and female NCAA collegiate athletes. *Journal of Strength and Conditioning Research.* 2016;30(8):2219-2225.
64. Zemski AJ, Hind K, Keating SE, Broad EM, Marsh DJ, Slater GJ. Same-day vs consecutive-day precision error of dual-energy x-ray absorptiometry for interpreting body composition change in resistance-trained athletes. *Journal of Clinical Densitometry.* 2019;22(1):104-114.
65. Colyer SL, Roberts SP, Robinson JB, Thompson D, Stokes KA, Bilzon JLJ, Salo AIT. Detecting meaningful body composition changes in athletes using dual-energy x-ray absorptiometry. *Physiological Measurement.* 2016;37(4):596. doi:10.1088/0967-3334/37/4/596
66. Delisle-Houde P, Reid RER, Insogna JA, Prokop NW, Buchan TA, Fontaine SL, Andersen RE. comparing DXA and Air Displacement Plethysmography to assess body composition in male collegiate hockey players. *Journal of Strength and Conditioning Research.* 2019;33(2):474-478.
67. Coufalová K, Komarc M, Cochrane DJ. Comparison of Bioelectrical Impedance Analysis and Air Displacement Plethysmography. *International Journal of Morphology.* 2019;37(3):985-990.
68. Pletser V. Physiological effect of microgravity. In: Gravity, Weight and Their Absence. SpringerBriefs in Physics. Springer, Singapore. 2018:67-84.
69. Isacco L, Degoutte F, Ennequin G, Pereira B, Thivel D, Filaire E. Rapid weight loss influences the physical, psychological and biological responses during a simulated competition in national judo athletes. *European Journal of Sport Science.* 2019. doi:10.1080/17461391.2019.1657503
70. Matthews JJ, Nicholas C. Extreme rapid weight loss and rapid weight gain observed in UK mixed martial arts athletes preparing for competition. *International Journal of Sport Nutrition and Exercise Metabolism.* 2016;27(2):122-129.
71. Kim K-S, Park KJ, Lee J, Kang BY. Injuries in national Olympic level judo athletes: An epidemiological study. *British Journal of Sports Medicine.* 2015;49:1144-1150.
72. Crighton B, Close GL, Morton JP. Alarming weight cutting behaviours in mixed martial arts: A cause for concern and a call for action. *British Journal of Sports Medicine.* 2016;50:446-447.
73. Coswig VS, Fukuda DH, Del Vecchio FB. Rapid weight loss elicits harmful biochemical and hormonal responses in mixed martial arts athletes. *International Journal of Sport Nutrition and Exercise Metabolism.* 2014;25(5):480-486.
74. Malliaropoulos N, Rachid S, Korakakis V, Fraser SA, Bikos G, Maffulli N, Angioli M. Prevalence, techniques and knowledge of rapid weight loss amongst adult British judo athletes: A questionnaire based study. *Muscles, Ligaments and Tendons Journal.* 2017;7(3):459-466.
75. Hillier M, Sutton L, James L, Mojtahedi D, Keay N, Hind K. High prevalence and magnitude of rapid weight loss in mixed martial arts athletes. *International Journal of Sport Nutrition and Exercise Metabolism.* 2019;29(5):512-517.
76. Carl RL, Johnson MD, Martin TJ, Council on

Sports Medicine and Fitness. Promotion of healthy weight-control practices in young athletes. *Pediatrics*. 2017;140(3):e20171871.

77. Huovinen HT, Hulmi JJ, Isolehto J, Kyröläinen H, Puurtinen R, Karila T, Mackala K, Mero AA. Body composition and power performance improved after weight reduction in male athletes without hampering hormonal balance. *Journal of Strength and Conditioning Research*. 2015;29(1):29-36.
78. Mettler S, Mitchell N, Tipton KD. Increased protein intake reduces lean body mass during weight loss in athletes. *Medicine and Science in Sports and Exercise*. 2010;42(2):326-337.
79. Hector AJ, Phillips SM. Protein recommendations for weight loss in elite athletes: A focus on body composition and performance. *International Journal of Sport Nutrition and Exercise Metabolism*. 2018;28:170-177.
80. Kiens B, Astrup A. Ketogenic diets for fat loss and exercise performance: Benefits and safety? *Exercise and Sport Sciences Reviews*. 2015;43(3):109. doi:10.1249/JES.0000000000000053
81. Webb MC. Monitoring hydration status pre-and post-training among university athletes using urine color and weight loss indicators. *Journal of American College Health*. 2016;64(6). doi:10.1080/07448481.2016.1179195
82. Artioli GG, Saunders B, Iglesias RT, Franchini E. It is time to ban rapid weight loss from combat sports. *Sports Medicine*. 2016;46:1579-1584.
83. Escobar-Molina R, Rodriguez-Ruiz S, Gutiérrez-Garcia C, and Franchini E. Weight loss and psychological-related states in high-level judo athletes. *International Journal of Nutrition and Exercise Metabolism*. 2015; 25(2): 110-118. doi: 10.1123/ijsnem.2013-0163.
84. da Silva Santos JF, Takito MY, Artioli GG, Franchine E. Weight loss practices in taekwondo athletes of different competitive levels. *Journal of Exercise Rehabilitation*. 2016;12(3):202-208.
85. Tenforde AS, Barrack MT, Nattiv A, Fredericson M. Parallels with the female athlete triad in male athletes. *Sports Medicine*. 2016;46:171-182.
86. Petri C, Mascherine G, Bini V, Ananaia G, Calá P, Toncelli L, Galanti G. Integrated total body composition versus body mass index in young athletes. *Minerva Pediatrica*. April 2016.
87. Reljic D, Feist J, Jost J, Kieser M, Briedmann-Bette B. Rapid body mass loss affects erythropoiesis and hemolysis but does not impair aerobic performance in combat athletes. *Scandinavian Journal of Medicine & Science in Sports*. 2016;26:507-517.
88. J. Sundgot-Borgen, 1994, "Risk factors for the development of eating disorders in female elite athletes," *Medicine & Science in Sports & Exercise* 26(4): 414-419.
89. McPherson P, Scott HK, Joshi A, and Gandhi R. Eating Disorders. In: Matson JL (Ed.) "Handbook of Childhood Psychopathology and Developmental Disabilities Assessment". Springer, 2018. PP: 391-413.
90. Mountjoy M, Sundgot-Borgen JK, Burke LM, Ackerman KE, Blauwet C, Constantini N, Lebrun C, Lundy B, Melin AK, Meyer NL, Sherman RT, Tenforde AS, Torstveit MK, and Budgett R. IOC consensus statement on relative energy deficiency in sport (RED-S): 2018 Update. *British Journal of Sports Medicine*. 2018;52:687-697.

Chapter 11. 파워 선수

1. Robinson-O'Brien R, Perry CL, Wall MM, Story M, Neumark-Sztainer D. Adolescent and young adult vegetarianism: Better dietary intake and weight outcomes but increased risk of disordered eating behaviors. *Journal of the American Dietetic Association*. 2009;109:648-655.
2. Burns RD, Schiller MR, Merrick MA, Wolf KN. Intercollegiate student athlete use of nutritional supplements and the role of athletic trainers and dietitians in nutrition counseling. *Journal of the American Dietetic Association*. 2004;104:246-249.
3. Croll JK, Neumark-Sztainer D, Story M, Wall M, Perry C, Harnack L. Adolescents involved in weight-related and power team sports have better eating patterns and nutrient intakes than non-sport-involved adolescents. *Journal of the American Dietetic Association*. 2006;106:707-717.
4. Jelzberg JH, Waeckerle JF, Camilo J, Selden MA, Tang F, Joyce SA, Browne JE, O'Keefe JH. Comparison of cardiovascular and metabolic risk factors in professional baseball players versus professional football players. *American Journal of Cardiology*. 2010;106(5);664-667.
5. Grivetti LE, Applegate EA. From Olympia to Atlanta: A cultural-historical perspective on diet and athletic training. *Journal of Nutrition*. 1997:127(5):860S-868S.
6. Halberstam, David. *Summer of '49*. New York, NY: W. Morrow; 1989.
7. Recht LD, Lew RA, Schwartz WJ. Baseball teams beaten by jet lag. *Nature*. 1995;377(6550):583.
8. Bonci L. Performance eating for baseball. *Strength and Conditioning Journal*. 2009;31(2):59-63.
9. YenHsuan C, YuLin S, LingYu T. Nutrition knowledge and dietary practices of female softball players. *Nutritional Sciences Journal*. 2009;34(4):133-141.
10. Whitley JD, Terrio T. Changes in peak torque arm-shoulder strength of high school baseball pitchers during the season. *Perceptual Motor Skills*. 1998;86:1361-1362.
11. MacWilliams BA, Choi T, Perezous MK, Chao EY, McFarland EG. Characteristic ground-reaction forces in baseball pitching. *American Journal of Sports Medicine*. 1998;26:66-71.
12. Palumbo CM, Clark N. Case problem: Nutrition concerns related to the performance of a baseball team. *Journal of the American Dietetic Association*. 2000;100(6):704-707.

13. Yoshida T, Nakai S, Yorimoto A, Kawabata T, Morimoto T. Effect of aerobic capacity on sweat rate and fluid intake during outdoor exercise in the heat. *European Journal of Applied Physiology*. 1995;71:235-239.
14. Bast SC, Perry JR, Poppiti R, Vangsness CT, Weaver FA. Upper extremity blood flow in collegiate and high school baseball pitchers: A preliminary report. *American Journal of Sports Medicine*. 1996;24(6):847-851.
15. Schulz R, Curnow C. Peak performance and age among superathletes: Track and field, swimming, baseball, tennis, and golf. *Journal of Gerontology*. 1988;43(5):113-120.
16. van der Ploeg GE, Brooks AG, Withers RT, Dollman J, Leaney F, Chatterton BE. Body composition changes in female bodybuilders during preparation for competition. *European Journal of Clinical Nutrition*. 2001;55(4):268-277.
17. Morrison LJ, Gizis F, Shorter B. Prevalent use of dietary supplements among people who exercise at a commercial gym. *International Journal of Sport Nutrition and Exercise Metabolism*. 2004;14(4):481-492.
18. Hickson JF, Johnson TE, Lee W, Sidor RJ. Nutrition and the precontent preparations of a male bodybuilder. *Journal of the American Dietetic Association*. 1990;90(2):264-267.
19. Britschgi F, Zund G. Bodybuilding: Hypokalemia and hypophosphatemia. *Schweizerische Medizinische Wochenschrift*. 1991;121(33):1163-1165.
20. Vertalino M, Eisenberg M, Story M, Neumark-Sztainer D. Participation in weight-related sports is associated with higher use of unhealthful weight-control behaviors and steroid use. *Journal of the American Dietetic Association*. 2007;107:434-440.
21. Barron RL, Vanscoy GJ. Natural products and the athlete: Facts and folklore. *Annals of Pharmacotherapy*. 1993;27(5):607-615.
22. Kleiner SM, Bazzarre TL, Litchford MD. Metabolic profiles, diet, and health practices of championship male and female bodybuilders. *Journal of the American Dietetic Association*. 1990;90(7):962-967.
23. New York City Department of Consumer Affairs. *Magic muscle pills! Health and fitness quackery in nutrition supplements*. New York, NY: New York City Department of Consumer Affairs; 1992.
24. Short SH. Health quackery: Our role as professionals. *Journal of the American Dietetic Association*. 1994;94(6):607-611.
25. Bosselaers I, Buemann B, Victor OJ, Astrup A. Twenty-four hour energy expenditure and substrate utilization in body builders. *American Journal of Clinical Nutrition*. 1994;59:10-12.
26. Lambert CP, Frank LL, Evans WJ. Macronutrient considerations for the sport of bodybuilding. *Sports Medicine*. 2004;34(5):317-327.
27. Andersen RE, Barlett SJ, Morgan GD, Brownell KD. Weight loss, psychological, and nutritional patterns in competitive male body builders. *International Journal of Eating Disorders*. 1995;181(1):49-57.
28. Jonnalagadda SS, Rosenbloom CA, Skinner R. Dietary practices, attitudes, and physiological status of collegiate freshman football players. *Journal of Strength and Conditioning Research*. 2001;15(4):507-513.
29. Akers JA, Wagner TL, Brevard PB, Flohr JA, Yesilcay Y. Health risks associated with nutritional ergogenic aid use in high school football players. *Journal of the American Dietetic Association*. 2003;103(suppl 9):107-108.
30. Vanata DF, Sanders GJ, Peacock SC. Nutritional knowledge relating to actual caloric intake of NCAA Division II collegiate football players. *Journal of the American Dietetic Association*. 2009;109(suppl 9):95A.
31. Kreider RB, Ferreira M, Wilson M, Grindstaff P, Plisk S, Reinardy J, Cantler E, Almada AL. Effects of creatine supplementation on body composition, strength, and sprint performance. *Medicine and Science in Sports and Exercise*. 1998;30(1):73-82.
32. Stone MH, Sanborn K, Smith LL, O'Bryant HS, Hoke T, Utter AC, Johnson RL, Boros R, Hruby J, Pierce KC, Stone ME, Garner B. Effects of in-season (5 weeks) creatine and pyruvate supplementation on anaerobic performance and body composition in American football players. *International Journal of Sport Nutrition*. 1999;9(2):146-165.
33. Mayhew DL, Mayhew JL, Ware JS. Effects of long-term creatine supplementation on liver and kidney functions in American college football players. *International Journal of Sport Nutrition and Exercise Metabolism*. 2002;12(4):453-460.
34. Clancy SP, Clarkson PM, DeCheke ME, Nosaka K, Freedson PS, Cunningham JJ, Valentine B. Effects of chromium picolinate supplementation on body composition, strength, and urinary chromium loss in football players. *International Journal of Sport Nutrition*. 1994;4(2):142-153.
35. Burke LM, Hawley JA. Fluid balance in team sports: Guidelines for optimal practices. *Sports Medicine*. 1997;24(1):38-54.
36. Criswell D, Powers D, Lawler J, Tew J, Dodd S, Iryiboz Y, Tulley R, Wheeler K. Influence of a carbohydrate-electrolyte beverage on performance and blood homeostasis during recovery from football. *International Journal of Sport Nutrition*. 1991;1(2):178-191.
37. Parks PS, Read MH. Adolescent male athletes: Body image, diet, and exercise. *Adolescence*. 1997;32(127):593-602.
38. Wang MQ, Downey GS, Perko MA, Yesalis CE. Changes in body size of elite high school football players: 1963-1989. *Perceptual Motor Skills*. 1993;76(2):379-383.
39. Gomez JE, Ross SK, Calmbach WL, Kimmel RB, Schmidt DR, Dhanda R. Body fatness and increased

injury rates in high school football linemen. *Clinical Journal of Sport Medicine*. 1998;8(2):115-120.

40. Kaplan TA, Digel SL, Scavo VA, Arellana SB. Effect of obesity on injury risk in high school football players. *Clinical Journal of Sport Medicine*. 1995;5(1):43-47.

41. Huddy DC, Nieman DC, Johnson RL. Relationship between body image and percent body fat among college male varsity athletes and nonathletes. *Perceptual Motor Skills*. 1993;77(3):851-857.

42. DePalma MT, Koszewski WM, Case JG, Barile RJ, DePalma BF, Oliaro SM. Weight control practices of lightweight football players. *Medicine and Science in Sports and Exercise*. 1993;25(6):694-701.

43. Hickson JF Jr., Duke MA, Risser WL, Johnson CW, Palmer R, Stockton JE. Nutritional intake from food sources of high school football athletes. *Journal of the American Dietetic Association*. 1987;87(12):1656-1659.

44. Jehue R, Street D, Huizenga R. Effect of time zone and game time changes on team performance: National Football League. *Medicine and Science in Sports and Exercise*. 1993;25(1):127-131.

45. Springer RL, Dodson WL, Chromiak JA, Byrd SH. Food composition and nutrient analysis of diets of pre-selected football players. *Journal of the American Dietetic Association*. 2003;103(suppl 9):14A.

46. Maddux GT. *Men's Gymnastics*. Pacific Palisades, CA: Goodyear; 1970:9.

47. Weimann E, Blum WF, Witzel C, Schwidergall S, Bohles HJ. Hypoleptinemia in female and male elite gymnasts. *European Journal of Clinical Investigation*. 1999;29(10):853-860.

48. Weimann E, Witzel C, Schwidergall S, Bohles HJ. Peripubertal perturbations in elite gymnasts caused by sport specific training regimes and inadequate nutritional intake. *International Journal of Sports Medicine*. 2000;21(3):210-215.

49. Constantini NW, Eliakim A, Zigel L, Yaaron M, Falk B. Iron status of highly active adolescents: Evidence of depleted iron stores in gymnasts. *International Journal of Sport Nutrition and Exercise Metabolism*. 2000;10(1):62-70.

50. Houtkooper LB, Going SB. Body composition: How should it be measured? Does it affect sport performance? *Sports Science Exchange*. 1994;52:7(5S).

51. Bortz S, Schoonen JC, Kanter M, Kosharek S, Benardot D. Physiology of anaerobic and aerobic exercise. In: Benardot D, ed. *Sports Nutrition: A Guide for the Professional Working With Active People*. Chicago, IL: American Dietetic Association; 1993.

52. Benardot D, Czerwinski C. Selected body composition and growth measures of junior elite gymnasts. *Journal of the American Dietetic Association*. 1991;91(1):29-33.

53. Benardot D, Schwarz M, Heller DW. Nutrient intake in young, highly competitive gymnasts. *Journal of the American Dietetic Association*. 1989;89:401-403.

54. Benardot D. Working with young athletes: Views of a nutritionist on the sports medicine team. *International Journal of Sport Nutrition*. 1986;6(2):110-120.

55. Loosli AR. Reversing sports-related iron and zinc deficiencies. *The Physician and Sportsmedicine*. 1993;21(6):70-78.

56. Burns J, Dugan L. Working with professional athletes in the rink: The evolution of a nutrition program for an NHL team. *International Journal of Sport Nutrition*. 1994;4(2):132-134.

57. Akermark C, Jacobs I, Rasmussen M, Karlsson J. Diet and muscle glycogen concentration in relation to physical performance in Swedish elite ice hockey players. *International Journal of Sport Nutrition*. 1996;6(3):272-284.

58. Davis JM, Welsh RS, Alerson NA. Effects of carbohydrate and chromium ingestion during intermittent high-intensity exercise to fatigue. *International Journal of Sport Nutrition and Exercise Metabolism*. 2000;10(4):476-485.

59. Houston ME. Nutrition and ice hockey performance. *Canadian Journal of Applied Sport Science*. 1979;4(1):98-99.

60. Ferguson NL. An assessment of the dietary habits of college hockey players. *Journal of the American Dietetic Association*. 1999;99(suppl 9):39A.

61. Tegelman R, Aberg T, Pousette A, Carlstrom K. Effects of a diet regimen on pituitary and steroid hormones in male ice hockey players. *International Journal of Sports Medicine*. 1992;13(5):424-430.

62. Glycogen synthase is a hormone that is elevated as glycogen storage becomes depleted. After a game or training session, the higher-circulating glycogen synthase enables an efficient replacement of glycogen if carbohydrate and fluids are consumed.

63. Horswill CA, Hickner RC, Scott JR, Costill DL, Gould D. Weight loss, dietary carbohydrate modifications, and high intensity, physical performance. *Medicine and Science in Sports and Exercise*. 1990;22(4):470-476.

64. Sugiura K, Suzuki I, Kobayashi K. Nutritional intake of elite Japanese track-and-field athletes. *International Journal of Sport Nutrition*. 1999;9(2):202-212.

65. Nattiv A. Stress fractures and bone health in track and field athletes. *Journal of Science and Medicine in Sport*. 2000;3(3):268-279.

66. Grediagin MA, Cody M, Rupp J, Benardot D, Shern R. Exercise intensity does not effect body composition change in untrained, moderately overfat women. *Journal of the American Dietetic Association*. 1995;(95)6:661-665.

67. Kreider RB, Ferreira M, Wilson M, Grindstaff P, Plisk S, Reinardy J, Cantler E, Almada AL. Effects of creatine supplementation on body composition, strength, and sprint performance. *Medicine and Science in Sports and Exercise*. 1998;30(1):73-82.

68. Chwalbinska-Moneta J. Effect of creatine supplementation on aerobic performance and anaerobic capacity in elite rowers in the course of endurance training. *International Journal of Sport Nutrition and Exercise Metabolism.* 2003;13(2):173-183.

69. Nevill ME, Williams C, Roper D, Slater C, Nevill AM. Effect of diet on performance during recovery from intermittent sprint exercise. *Journal of Sports Science.* 1993;11(2):119-126.

70. Sherman WM, Doyle JA, Lamb DR, Strauss RH. Dietary carbohydrate, muscle glycogen, and exercise performance during seven days of training. *American Journal of Clincial Nutrition.* 1993;57(1):27-31.

71. Berning JR, Troup JP, VanHandel PJ, Daniels J, Daniels N. The nutritional habits of young adolescent swimmers. *International Journal of Sport Nutrition.* 1991;1(3):240-248.

72. Braun WA, Flynn MG, Carl DL, Carroll KK, Brickman T, Lambert CP. Iron status and resting immune function in female collegiate swimmers. *International Journal of Sport Nutrition and Exercise Metabolism.* 2000;10(4):425-433.

73. Guinard JX, Seador K, Beard JL, Brown PL. Sensory acceptability of meat and dairy products and dietary fat in male collegiate swimmers. *International Journal of Sport Nutrition.* 1995;5(4):315-328.

74. Lamb DR. Basic principles for improving sport performance. *Sports Science Exchange.* 1995;8(2).

75. Microsoft. Wrestling. *Encarta 97 Encyclopedia.* CD-ROM: Microsoft Corporation; 1993-1996.

76. Oppliger RA, Case HS, Horswill CA, Landry GL, Shelter AC. American College of Sports Medicine position stand: Weight loss in wrestlers. *Medicine and Science in Sports and Exercise.* 1996;28(6):ix-xii.

77. National Collegiate Athletic Association. *2010 and 2011 NCAA Wrestling Rules Book.* www.ncaapublications.com. Accessed August 9, 2011.

78. Oppliger RA, Steen SA, Scott JR. Weight loss practices of college wrestlers. *International Journal of Sport Nutrition and Exercise Metabolism.* 2003;13(1):29-46.

79. Kiningham RB, Gorenflo DW. Weight loss methods of high school wrestlers. *Medicine and Science in Sports and Exercise.* 2001;33(5):810-813.

80. Roemmich JN, Sinning WE. Weight loss and wrestling training: Effects on growth-related hormones. *Journal of Applied Physiology.* 1997;82(6):1760-1764.

81. Roemmich JN, Sinning WE. Weight loss and wrestling training: Effects on nutrition, growth, maturation, body composition, and strength. *Journal of Applied Physiology.* 1997;82(6):1751-1759.

82. Rankin JW, Ocel JV, Craft LL. Effect of weight loss and refeeding diet composition on anaerobic performance in wrestlers. *Medicine and Science in Sports and Exercise.* 1996;28(10):1292-1299.

83. Choma CW, Sforzo GA, Keller BA. Impact of rapid weight loss on cognitive function in collegiate wrestlers. *Medicine and Science in Sports and Exercise.* 1998;30(5):746-749.

84. Wroble RR, Moxley DP. Weight loss patterns and success rates in high school wrestlers. *Medicine and Science in Sports and Exercise.* 1998;30(4):625-628.

85. Wroble RR, Moxley DP. Acute weight gain and its relationship to success in high school wrestlers. *Medicine and Science in Sports and Exercise.* 1998;30(6):949-951.

86. Lambert C, Jones B. Alternatives to rapid weight loss in U.S. wrestling. *International Journal of Sports Medicine.* 2010;31(8):523-528.

87. Horswill CA. Weight loss and weight cycling in amateur wrestlers: Implications for performance and resting metabolic rate. *International Journal of Sport Nutrition.* 1993;3:245-260.

88. Oppliger RA, Harms RD, Herrmann DE, Streich CM, Clark RR. The Wisconsin wrestling minimum weight project: A model for weight control among high school wrestlers. *Medicine and Science in Sports and Exercise.* 1995;27(8):1220-1224.

89. Pollock ML, Foster C, Anholm J, Hare J, Farrell P, Maksud M, Jackson AS. Body composition of Olympic speed skating candidates. *Research Quarterly.* 1982;53:150-155.

90. Castellani JW, Young AJ, Ducharme MB, Giesbrecht GG, Glickman E, Sallis RE. ACSM position stand: Prevention of cold injuries during exercise. *Medicine and Science in Sports and Exercise.* 2006;38(11):2012-2029.

91. Webster BL, Barr SI. Calcium intakes of adolescent female gymnasts and speed skaters: Lack of association with dieting behavior. *International Journal of Sport Nutrition.* 1995;5(1):2-12.

92. Erdman KA, Fung TK, Reimer RA. Influence of performance level on dietary supplementation in elite Canadian athletes. *Medicine and Science in Sports and Exercise.* 2006;38(2):349-356.

93. de Hon O, Coumans B. The continuing story of nutritional supplements and doping infractions. *British Journal of Sports Medicine.* 2007;41:800-805.

94. Snyder AC, Foster C. Skating. In: Maughan RJ, ed. *Nutrition in Sport: Volume VII of the Encyclopedia of Sports Medicine.* London, United Kingdom: Blackwell Science; 2000:647.

95. van Ingen Schenau GJ, Bakker FC, de Groot G, de Loning JJ. Supramaximal cycle tests do not detect seasonal progression in performance in groups of elite speed skaters. *European Journal of Applied Physiology.* 1992;64:292-297.

96. Pauls DW, van Duijnhoven H, Stray-Gundersen J. Iron insufficient erythropoiesis at altitude-speed skating. *Medicine and Science in Sports and Exercise.* 2002;34(5):252S.

97. Snyder AC, Foster C. Physiology and nutrition for

skating. In: Lamb DR, Knuttgen HG, Murray R, eds. *Perspectives in Exercise Science and Sports Medicine, Volume 7. Physiology and Nutrition for Competitive Sport*. Carmel, IN: Cooper Publishing; 1994:181-219.

98. Snyder AC, Schulz LO, Foster C. Voluntary consumption of a carbohydrate supplement by elite speed skaters. *Journal of the American Dietetic Association*. 1989;89:1125-1127.

99. McBride JM, Triplett-McBride T, Davie A, Newton RU. A comparison of strength and power characteristics between power lifters, Olympic lifters, and sprinters. *Journal of Strength and Conditioning Research*. 1999;13(1):58-66.

100. Mettler S, Mitchell N, Tipton KD. Increased protein intake reduces lean body mass loss during weight loss in athletes. *Medicine and Science in Sports and Exercise*. 2010;42(2):326-337.

101. Abbate M, Zoja C, Remuzzi G. How does proteinuria cause progressive renal damage? *Journal of the American Society of Nephrology*. 2006;17:2974-2984.

102. Cribb PJ, Williams AD, Hayes A. A creatine-protein-carbohydrate supplement enhances responses to resistance training. *Medicine and Science in Sports and Exercise*. 2007;39(11):1960-1968.

103. Cribb PJ, Williams AD, Stathis CG, Carey MF, Hayes A. Effects of whey isolate, creatine, and resistance training on muscle hypertrophy. *Medicine and Science in Sports and Exercise*. 2007;39(2):298-307.

104. Hoffman JR, Ratamess NA, Kang J, Falvo MJ, Faigenbaum AD. Effects of protein supplementation on muscular performance and resting hormonal changes in college football players. *Journal of Sports Sciences and Medicine*. 1007;6:85-92.

105. Duncan MJ, Oxford SW. The effect of caffeine ingestion on mood state and bench press performance to failure. *Journal of Strength and Conditioning Research*. 2011;25(1):178-185.

106. Hoffman JR, Ratamess NA, Kang J, Rashti SL, Faigenbaum AD. Examination of a pre-exercise, high energy supplement on exercise performance. *Journal of the International Society of Sports Nutrition*. 2009;6:7.

107. Schaefer MP, Smith J, Dahm DL, Sorenson MC. Ephedra use in a select group of adolescent athletes. *Journal of Sports Science and Medicine*. 2006;5:407-414.

108. Burke LM, Read RSD. Food use and nutritional practices of elite Olympic weightlifters. In: Truswell AS, Wahlqvist ML, eds. *Food Habits in Australia*. Melbourne, Australia: Rene Gordon; 1988:112-121.

109. Siahkouhian M, Hedaatneja M. Correlations of anthropometric and body composition variables with the performance of young elite weightlifters. *Journal of Human Kinetics*. 2010;25:125-131.

110. Burke DG, Silver S, Holt LE, Smith Palmer T, Culligan CJ, Chilibeck PD. The effect of continuous low dose creatine supplementation on force, power, and total work. *International Journal of Sport Nutrition and Exercise Metabolism*. 2000;10(3):235-244.

111. Ronsen O, Sundgot-Borgen J, Maehlum S. Supplement use and nutritional habits in Norwegian elite athletes. *Scandinavian Journal of Medicine and Science in Sports*. 1999;9(1):28-35.

112. Juzwiak CR, Ancona-Lopez F. Evaluation of nutrition knowledge and dietary recommendations by coaches of adolescent Brazilian athletes. *International Journal of Sport Nutrition and Exercise Metabolism*. 2004;14(2):222-235.

113. Coyle EF. Fluid and fuel intake during exercise. *Journal of Sports Sciences*. 2004;22(1):39-55.

114. Wardenaar F, Brinkmans N, Ceelen I, Rooij BV, Mensink M, Witkamp R, De Vries J. Macronutrient intakes in 553 Dutch elite and sub-elite endurance, team, and strength athletes: Does intake differ between sport disciplines? *Nutrients*. 2017;9:119. doi:10.3390/nu9020119

115. Kerksick CM, Wilborn CD, Roberts MD, Smith-Ryan A, Kleiner SM, Jäger R, Collings R, Cooke M, Davis JN, Galvan E, Greenwood M, Lowery LM, Wildman R, Antonio J, Kreider RB. ISSN exercise & sports nutrition review update: Research & recommendations. *Journal of the International Society of Sports Nutrition*. 2018;15:38. doi:10.1186/s12970-018-0242-y

116. Pickering C, Kiely J. Are the current guidelines on caffeine use in sport optimal for everyone? Inter-individual variation in caffeine ergogenicity, and a move towards personalized sports nutrition. *Sports Medicine*. 2018;48:7-16.

117. Torstveit MK, Rosenvinge JH, Sundgot-Borgen J. Prevalence of eating disorders and the predictive power of risk models in female elite athletes: A controlled study. *Scandinavian Journal of Medicine and Science in Sports*. 2008;19:108-118.

118. Burkhart SJ, Pelly FE. Dietary intake of athletes seeking nutrition advice at a major international competition. *Nutrients*. 2016;8:638. doi:10.3390/nu8100638

119. Singh M, Bedi SP. Study of body composition among male and female softball players. *European Journal of Physical Education and Sport Science*. 2019;5(10):10-18. doi:10.5281/zenodo.3246913

120. Holway FE, Spriet LL. Sport-specific nutrition: Practical strategies for team sports. *Journal of Sports Sciences*. 2011;1-11. doi:10.1080/02640414.2011.605459

121. Hull MV, Neddo J, Jagim AR, Oliver JM, Greenwood M, Jones MT. Availability of a sports dietitian may lead to improved performance and recovery of NCAA division I baseball athletes. *Journal of the International Society of Sports Nutrition*. 2017;14:29. doi:10.1186/s12970-017-0187-6

122. Rossi FE, Landreth A, Beam S, Jones T, Norton L, Cholewa JM. The effects of a sports nutrition education intervention on nutritional status, sport nutrition

knowledge, body composition, and performance during off season training in NCAA Division I baseball players. *Journal of Sports Science and Medicine*. 2017;16:60-68.

123. Cholewa JM, Landreth A, Beam S, Jones T, MacDonald CJ. The effects of a sports nutrition education intervention on nutritional status, sport nutrition knowledge, body composition, and performance in NCAA Division I baseball players. *Journal of the International Society of Sports Nutrition*. 2015;12(suppl 1):P44. www.jissn.com/content/12/S1/P44

124. Chappell AJ, Simper T, Barker ME. Nutritional strategies of high level natural bodybuilders during competition preparation. *Journal of the International Society of Sports Nutrition*. 2018;15:4. doi:10.1186/s12970-018-0209-z

125. Abbey EL, Wright CJ, Kirkpatrick CM. Nutritional practices and knowledge among NCAA division III football players. *Journal of the International Society of Sports Nutrition*. 2017;14:13. doi:10.1186/s12970-017-0170-2

126. Jagim AR, Wright GA, Kisiolek J, Jones MT, Oliver JM. Position specific changes in body composition, hydration status and metabolism during preseason training camp and nutritional habits of division III football players. *The Open Sports Sciences Journal*. 2017;10(suppl 1):17-26.

127. Benardot D. Gymnastics. In: Maughan R, ed. *Sports Nutrition: The Encyclopaedia of Sports Medicine*. West Sussex, United Kingdom: Wiley Blackwell; 2014.

128. Dallas GC, Dallas CG, Simatos EJ, and Simatos JE. Nutritional recommendations and guidelines for women in gymnastics: Current aspects and critical interventions. *Science of Gymnastics Journal*. 2017;9(1):27-40.

129. Stewart C, Schiavon LM, Bellotto ML. Knowledge, nutrition and coaching pedagogy: A perspective from female Brazilian Olympic gymnasts. *Sport, Education and Society*. 2017;22(4):511-527.

130. Langfort J, Zarzeczny R, Pilis W, Nazar K, Kaciuba-Uscitko H. The effect of a low-carbohydrate diet on performance, hormonal and metabolic responses to a 30-s bout of supramaximal exercise. *European Journal of Applied Physiology and Occupational Physiology*. 1997;76(2):128-133.

131. Slater GJ, Sygo J, Jorgensen M. Sprinting: Dietary approaches to optimize training adaptation and performance. *International Journal of Sport Nutrition and Exercise Metabolism*. 2019;29:85-94.

132. Artioli GG, Franchini E, Solis MY, Tritto AC, Lancha AH. Nutrition in combat sports. In: *Nutrition and Enhanced Sports Performance*. Elsevier; 2013:115-127.

133. Visiedo A, Palao JM. Effect of educational training on nutrition and weight control in under-18 Spanish wrestlers. *Motriz: Revista de Educação Física*. 2017;23(1):76-80.

134. Couture S, Lamarche B, Morissette E, Provencher V, Valois P, Goulet C, Drapeau V. Evaluation of sports nutrition knowledge and recommendations among high school coaches. *International Journal of Sport Nutrition and Exercise Metabolism*. 2015;25:326-334.

135. Durkalec-Michalski K, Zawieja EE, Podgórski T, Zawieja BE, Michałowska P, Łoniewski I, Jeszka J. The effect of a new sodium bicarbonate loading regimen onanaerobic capacity and wrestling performance. *Nutrients*. 2018;10:697. doi:10.3390/nu10060697

136. Ekelund U, Yngve A, Westerterp K, Sjöström M. Energy expenditure assessed by heart rate and doubly labeled water in young athletes. *Medicine and Science in Sports and Exercise* 2002;34(8):1360-1366.

137. Meyer NL. Winter sports. In: Maughan RJ, ed. *Sports Nutrition: The Encyclopaedia of Sports Medicine*. West Sussex, United Kingdom: Wiley Blackwell; 2014:619-628.

138. Meyer NL, Manore MM, Helle C. Nutrition for winter sports. *Journal of Sports Sciences*. 2011;29(suppl 1):S127-S136.

139. Foster C, DeKoning JJ. Physiological perspectives in speed skating. In: Gemser H, DeKoning JJ, Van Ingen Schenau GJ, eds. *Handbook of Competitive Speed Skating*. Netherlands: International Skating Union; 1999:117-137.

140. Noordhof DA. Dietary supplements to improve energy metabolism during long-track speed skating. *Sport & Geneeskunde*. 2015;3;6-18.

141. Huang Y. Research on the speed skaters rational nutrition based on scientific training. *The Open Cybernetics & Systemic Journal*. 2015;9:1950-1955.

142. Tumnark P, Cardoso P, Cabral J, Conceição F. An ontology to integrate multiple knowledge domains of training-dietary-competition in weightlifting: A nutritional approach. *ECTI Transactions on Computer and Information Technology*. 2018;12(2):140-152.

Chapter 12. 지구력 선수

1. Katch FI, Katch VL, McArdle WD. *Introduction to Nutrition, Exercise, and Health*. 4th ed. Philadelphia, PA: Lea & Febiger; 1993:179.

2. Sizer F, Whitney E. *Nutrition: Concepts and Controversies*. 7th ed. Albany, NY: West/Wadsworth; 1997:383.

3. Penry JT, Manore MM. Choline: An important micronutrient for maximal endurance-exercise performance? *International Journal of Sport Nutrition and Exercise Metabolism*. 2008;18(2):191-203.

4. Rodriguez NR, Vislocky LM, Courtney GP. Dietary protein, endurance exercise, and human skeletal-muscle protein turnover. *Current Opinion in Clinical Nutrition and Metabolic Care*. 2007;10(1):40-45.

5. Millard-Stafford M, Childers WL, Conger SA, Kampfer AJ, Rahnert JA. Recovery nutrition: Timing and composition after endurance exercise. *Current Sports Medicine Reports*. 2008;7(4):193-201.

6. Campbell B, Kreider RB, Ziegenfuss T, LaBounty P, Roberts M, Burke D, Landis J, Lopez H, Antonio J.

International Society of Sports Nutrition position stand: Protein and exercise. *Journal of the International Society of Sports Nutrition*. 2007;4(8):1-7.

7. Position of the American Dietetic Association, Dietitians of Canada, and the American College of Sports Medicine: Nutrition and athletic performance. *Journal of the American Dietetic Association*. 2009;109:509-527.
8. Smith AE, Walter AA, Graef JL, Kendall KL, Moon JR, Lockwood CM, Fukuda DH, Beck TW, Cramer JT, Stout JR. Effects of β-alanine supplementation and high-intensity interval training on endurance performance and body composition in men: A double-blind trial. *Journal of the International Society of Sports Nutrition*. 2009;6(5):1-9.
9. Lee JKW, Maughan RJ, Shirreffs SM, Watson P. Effects of milk ingestion on prolonged exercise capacity in young, healthy men. *Nutrition*. 2008;24:340-347.
10. Jeukendrup A, Tipton KD. Legal nutritional boosting for cycling. *Current Sports Medicine Reports*. 2009;8(4):186-191.
11. Chen Y-J, Wong SH-S, Wong C-K, Lam C-W, Huang Y-J, Siu PM-F. The effect of a pre-exercise carbohydrate meal on immune responses to an endurance performance run. *British Journal of Nutrition*. 2008;100:1260-1268.
12. Hawley JA, Burke LM. Carbohydrate availability and training adaptation: Effects on cell metabolism. *Exercise and Sport Science Reviews*. 2010;38(4):152-160.
13. Fudge BW, Easton C, Kingsmore D, Kiplamai FK, Onywera VO, Westerterp KR, Kayser B, Noakes TD, Pitsiladis YP. Elite Kenyan endurance runners are hydrated day-to-day with ad libitum fluid intake. *Medicine and Science in Sports and Exercise*. 2008;40(6):1171-1179.
14. Gomez-Cabrera M-C, Domenech E, Romagnoli M, Arduini A, Borras C, Pallardo FV, Sastre J, Viña J. Oral administration of vitamin C decreases muscle mitochondrial biogenesis and dampers training-induced adaptations in endurance performance. *American Journal of Clinical Nutrition*. 2008;87:142-149.
15. Barrack MT, Rauth MJ, Barkai H-S, Nichols JF. Dietary restraint and low bone mass in female adolescent endurance runners. *American Journal of Clinical Nutrition*. 2008;87:36-43.
16. Fontana L, Klein S, Holloszy JO. Effects of long-term caloric restriction and endurance exercise on glucose tolerance, insulin action, and adipokine production. *Age*. 2010;32:97-108.
17. Zimberg IZ, Crispim CA, Juzwiak CR, Antunes HKM, Edward B, Waterhouse J, Tufik S, deMello MT. Nutritional intake during a simulated adventure race. *International Journal of Sport Nutrition and Exercise Metabolism*. 2008;18:152-168.
18. Robins A. Nutritional recommendations for competing in the Ironman triathlon. *Current Sports Medicine Reports*. 2007;6:241-248.
19. Havemann L, Goedecke JH. Nutritional practices of male cyclists before and during an ultraendurance event. *International Journal of Sport Nutrition and Exercise Metabolism*. 2008;18:551-566.
20. Pyruvate has been studied as an ergogenic aid to determine if supplemental doses improve performance. Since pyruvate infusion is a self-limiting pathway, it has not been found to be ergogenic. (Juhn MS. Ergogenic aids in aerobic activity. *Current Sports Medicine Reports*. 2002;1(4):233-238.)
21. The tricarboxylic acid cycle is commonly referred to as the *Krebs cycle*, named for Hans Krebs, who first described the oxidative metabolic reactions. It is also referred to as the *citric acid cycle* because citric acid is required for one of the first reactions. Therefore, *tricarboxylic acid cycle*, *Krebs cycle*, and *citric acid cycle* are all referring to the same energy-yielding reactions.
22. Uusitalo AL, Valkonen-Korhonen M, Helenius P, Vanninen E, Bergström KA, Kuikka JT. Abnormal serotonin reuptake in an overtrained, insomniac and depressed team athlete. *International Journal of Sports Medicine*. 2004;25(2):150-53.
23. American College of Sports Medicine. Overtraining: Consensus statement. *Sports Medicine Bulletin*. 1999;31(1):29.
24. Asp S, Rohde T, Richter EA. Impaired muscle glycogen resynthesis after a marathon is not caused by decreased muscle GLUT-4 content. *Journal of Applied Physiology*. 1997;83(5):1482-1485.
25. Naughton G, Farpour-Lambert NJ, Carlson J, Bradney M, Van Praagh E. Physiological issues surrounding the performance of adolescent athletes. *Sports Medicine*. 2000;30(5):309-325.
26. Farber HW, Schaefer EJ, Franey R, Grimaldi R, Hill NS. The endurance triathlon: Metabolic changes after each event and during recovery. *Medicine and Science in Sports and Exercise*. 1991;23(8):959-965.
27. Dressendorfer RH, Wade CE. Effects of a 15-d race on plasma steroid levels and leg muscle fitness in runners. *Medicine and Science in Sports and Exercise*. 1991;23(8):954-958.
28. Sherman WM, Maglischo EW. Minimizing chronic athletic fatigue among swimmers: Special emphasis on nutrition. *Sports Science Exchange*. 1991:4(35):1-5.
29. Niekamp RA, Baer JT. In-season dietary adequacy of trained male cross-country runners. *International Journal of Sport Nutrition*. 1995;5:45-55.
30. Butterworth DE, Nieman DC, Butler JV, Herring JL. Food intake patterns of marathon runners. *International Journal of Sport Nutrition*. 1994;4(1):1-7.
31. Houtkooper L. Food selection for endurance sports. *Medicine and Science in Sports and Exercise*. 1992;24(9):349S-359S.
32. Hickner RC, Fisher JS, Hansen PA, Racette SB,

Mier CM, Turner MJ, Holloszy JO. Muscle glycogen accumulation after endurance exercise in trained and untrained individuals. *Journal of Applied Physiology*. 1997;83(3):897-903.

33. Helmich P, Christensen SW, Darre E, Jahnsen F, Hartvig T. Non-elite marathon runners: Health, training, and injuries. *British Journal of Sports Medicine*. 1989;23(3):177-178.
34. Fogelholm M, Tikkanen H, Naveri H, Harkonen M. High-carbohydrate diet for long distance runners: A practical view-point. *British Journal of Sports Medicine*. 1989;23(2):94-96.
35. Nieman DC, Gates JR, Butler JV, Pollett LM, Dietrich SJ, Lutz RD. Supplementation patterns in marathon runners. *Journal of the American Dietetic Association*. 1989;89(11):1615-1619.
36. Rokitzki L, Hinkel S, Klemp C, Cufi D, Keul J. Dietary, serum, and urine ascorbic acid status in male athletes. *International Journal of Sports Medicine*. 1994;15(7):435-440.
37. Rokitzki L, Sagredos AN, Reuss F, Buchner M, Keul J. Acute changes in vitamin B6 status in endurance athletes before and after a marathon. *International Journal of Sport Nutrition*. 1994;4(2):154-165.
38. Terblanche S, Noakes TD, Dennis SC, Marais D, Eckert M. Failure of magnesium supplementation to influence marathon running performance or recovery in magnesium-replete subjects. *International Journal of Sport Nutrition*. 1992;2(2):154-164.
39. Barnett DW, Conlee RK. The effects of a commercial dietary supplement on human performance. *American Journal of Clinical Nutrition*. 1984;40(3):586-590.
40. Zaryski C, Kin M, Smith DJ. Training principles and issues for ultra-endurance athletes. *Current Sports Medicine Reports*. 2005;4:165-170.
41. Wein D. Nutrition for ultra endurance events: Energy and macronutrient guidelines. *NSCA's Performance Training Journal*. 2011;6(4):17-18.
42. Francescato MP, Di Prampero PE. Energy expenditure during an ultra-endurance cycling race. *Journal of Sports Medicine and Physical Fitness*. 2002;42:1-7.
43. American College of Sports Medicine position statement. Nutrition and athletic performance. *Medicine and Science in Sports and Exercise*. 2009;709-731.
44. McCowan KA, Edelstein S. Are female ultra-endurance triathletes getting a sufficient daily carbohydrate intake? *Topics in Clinical Nutrition*. 2006;21(2):139-144.
45. Linderman J, Demchak T, Dallas J, Buckworth J. Ultraendurance cycling: A field study of human performance during a 12-hour mountain bike race. *Journal of Exercise Physiology*. 2003;6(3):10-19.
46. Sloniger MA, Cureton KJ, O'Bannon PJ. One-mile run-walk performance in young men and women: Role of anaerobic metabolism. *Canadian Journal of Applied Physiology*. 1997;22(4):337-350.
47. Penn IW, Wang ZM, Buhl KM, Allison DB, Burastero SE, Heymsfield SB. Body composition and two-compartment model assumptions in male long-distance runners. *Medicine and Science in Sports and Exercise*. 1994;26:392-397.
48. Reeder MT, Dick BH, Atkins JK, Pribis AB, Martinez JM. Stress fractures: Current concepts of diagnosis and treatment. *Sports Medicine*. 1996;22(3):198-212.
49. Deuster PA, Kyle SB, Moser PB, Vigersky RA, Singh A, Schoomaker EB. Nutritional intakes and status of highly trained amenorrheic and eumenorrheic women runners. *Fertility and Sterility*. 1986;46(4):636-643.
50. Beidleman BA, Puhl JL, DeSouza MJ. Energy balance in female distance runners. *American Journal of Clinical Nutrition*. 1995;61:303-311.
51. Rontoyannis GP, Skoulis T, Pavlou KN. Energy balance in ultramarathon running. *American Journal of Clinical Nutrition*. 1989;49:976-979.
52. Eden BD, Abernethy PJ. Nutritional intake during an ultraendurance running race. *International Journal of Sport Nutrition*. 1994;4:166-174.
53. Millard-Stafford ML, Sparling PB, Rosskopf LB, DiCarlo LJ. Carbohydrate-electrolyte replacement improves distance running performance in the heat. *Medicine and Science in Sports and Exercise*. 1992;24(8):934-940.
54. Hedley AM, Climstein M, Hansen R. The effects of acute heat exposure on muscular strength, muscular endurance, and muscular power in the euhydrated athlete. *Journal of Strength and Conditioning Research*. 2002;16(3):353-358.
55. Noakes TD, Adams BA, MyburghKH, Greeff C, Lotz T, Nathan M. The danger of an inadequate water intake during prolonged exercise: A novel concept re-visited. *European Journal of Applied Physiology*. 1988;57(2):210-219.
56. Dennis SC, Noakes TD. Advantages of a smaller body mass in humans when distance-running in warm, humid conditions. *European Journal of Applied Physiology*. 1999;79(3):280-284.
57. Schumacher YO, Schmid A, Grathwohl D, Bultermann D, Berg A. Hematological indices and iron status in athletes of various sports and performances. *Medicine and Science in Sports and Exercise*. 2002;34(5):869-875.
58. Lamanca JJ, Haymes EM, Daly JA, Moffatt RJ, Waller MF. Sweat iron loss of male and female runners during exercise. *International Journal of Sports Medicine*. 1988;9(1):52-55.
59. Selby GB, Eichner ER. Endurance swimming, intravascular hemolysis, anemia, and iron depletion: New perspective on athlete's anemia. *American Journal of Medicine*. 1986;81(5):791-794.
60. Ehn L, Carlmark B, Hoglund S. Iron status in athletes involved in intense physical activity. *Medicine and Science in Sports and Exercise*. 1980;12(1):61-64.

61. Noakes T. *Lore of Running*. Champaign, IL: Human Kinetics; 1991:695.

62. Bentley DJ, Wilson GJ, Davie AJ, Zhou S. Correlations between peak power output, muscular strength, and cycle time trial performance in triathletes. *Journal of Sports Medicine and Physical Fitness*. 1998;38(3):201-207.

63. Laurenson NM, Fulcher KY, Korkia P. Physiological characteristics of elite and club level female triathletes during running. *International Journal of Sports Medicine*. 1993;14(8):455-459.

64. Gulbin JP, Gaffney PT. Ultraendurance triathlon participation: Typical race preparation of lower-level triathletes. *Journal of Sports Medicine and Physical Fitness*. 1999;39(1):12-15.

65. Banister EW, Carter JB, Zarkadas PC. Training theory and taper: Validation in triathlon athletes. *European Journal of Applied Physiology*. 1999;79(2):182-191.

66. Guezennec CY, Chalabi H, Bernard J, Fardellone P, Krentowski R, Zerath E, Meunier PJ. Is there a relationship between physical activity and dietary calcium intake? A survey in 10,373 young French subjects. *Medicine and Science in Sports and Exercise*. 1998;30(5):732-739.

67. Kerr CG, Trappe TA, Starling RD, Trappe SW. Hyperthermia during Olympic triathlon: Influence of body heat storage during the swimming stage. *Medicine and Science in Sports and Exercise*. 1998;30(1):99-104.

68. Rogers G, Goodman C, Rosen C. Water budget during ultra-endurance exercise. *Medicine and Science in Sports and Exercise*. 1997;29(11):1477-1481.

69. O'Toole ML, Douglas PS, Laird RH, Hiller DB. Fluid and electrolyte status in athletes receiving medical care at an ultradistance triathlon. *Clinical Journal of Sport Medicine*. 1995;5(2):116-122.

70. Speedy DB, Faris JG, Hamlin M, Gallagher PG, Campbell RG. Hyponatremia and weight changes in an ultradistance triathlon. *Clinical Journal of Sport Medicine*. 1997;7(3):180-184.

71. Speedy DB, Noakes TD, Kimber NE, Rogers IR, Thompson JM, Boswell DR, Ross JJ, Campbell RG, Gallagher PG, Kuttner JA. Fluid balance during and after an Ironman triathlon. *Clinical Journal of Sport Medicine*. 2001;11(1):44-50.

72. Rehrer NJ, van Kemenade M, Meester W, Brouns F, Saris WH. Gastrointestinal complaints in relation to dietary intake in triathletes. *International Journal of Sport Nutrition*. 1992;2(1):48-59.

73. Clark N, Tobin J Jr., Ellis C. Feeding the ultraendurance athlete: Practical tips and a case study. *Journal of the American Dietetic Association*. 1992;92(10):1258-1262.

74. Frentsos JA, Baer JT. Increased energy and nutrient intake during training and competition improves elite triathletes' endurance performance. *International Journal of Sport Nutrition*. 1997;7(1):61-71.

75. Ribeiro JP, Cadavid E, Baena J, Monsalvete E, Barna A, DeRose EH. Metabolic predictors of middle-distance swimming performance. *British Journal of Sports Medicine*. 1990;24(3):196-200.

76. Lee EJ, Long KA, Risser WL, Poindexter HB, Gibbons WE, Goldzieher J. Variations in bone status of contralateral and regional sites in young athletic women. *Medicine and Science in Sports and Exercise*. 1995;27(10):1354-1361.

77. Berning JR, Troup JP, VanHandel PJ, Daniels J, Daniels N. The nutritional habits of young adolescent swimmers. *International Journal of Sport Nutrition*. 1991;1(3):240-248.

78. Saris WH, Schrijver J, van Erp Baart MA, Brouns F. Adequacy of vitamin supply under maximal sustained workloads: The Tour de France. *International Journal for Vitamin and Nutrition Research*. 1989;30:205-212.

79. Brouns F, Saris WH, Stroecken J, Beckers E, Thijssen R, Rehrer JN, ten Hoor F. Eating, drinking, and cycling: A controlled Tour de France simulation study, Part II. Effect of diet manipulation. *International Journal of Sports Medicine*. 1989;10(suppl 1):41S-48S.

80. Weiler JM, Layton T, Hunt M. Asthma in United States Olympic athletes who participated in the 1996 Summer Games. *Journal of Allergy and Clinical Immunology*. 1998;102(5):722-726.

81. Hoffman MD, Clifford PS. Physiological aspects of competitive cross-country skiing. *Journal of Sports Sciences*. 1992;10(1):3-27.

82. McArdle WD, Katch FI, Katch VL. *Exercise Physiology: Energy, Nutrition and Human Performance*. 5th ed. Philadelphia, PA: Lippincott, Williams & Wilkins; 2006.

83. Coulston AM, Boushey CJ, eds. *Nutrition in the Prevention and Treatment of Disease*. 2nd ed. London, United Kingdom: Elsevier; 2008.

84. Bilodeau B, Roy B, Boulay MR. Effect of drafting on work intensity in classical cross-country skiing. *International Journal of Sports Medicine*. 1995;16(3):190-195.

85. Larsson P, Henriksson-Larsen K. Body composition and performance in cross-country skiing. *International Journal of Sports Medicine*. 2008;29(12):971-975.

86. Diaz E, Ruiz F, Hoyos I, Zubero J, Gravina L, Gil J, Irazusta J, Gil SM. Cell damage, antioxidant status, and cortisol levels related to nutrition in ski mountaineering during a two-day race. *Journal of Sports Science and Medicine*. 2010;9:338-346.

87. Haymes EM, Puhl JL, Temples TE. Training for cross-country skiing and iron status. *Medicine and Science in Sports and Exercise*. 1986;18(2):162-167.

88. Francescato MP, Puntil I. Does a pre-exercise carbohydrate feeding improve a 20-km cross-country ski performance? *Journal of Sports Medicine and Physical Fitness*. 2006;46(2):248-256.

89. Seifert JG, Luetkemeier MJ, White AT, Mino LM. The physiological effects of beverage ingestion during cross country ski training in elite collegiate skiers. *Canadian*

Journal of Applied Physiology. 1998;23(1):66-73.

90. Rowing Classifications. www.usrowing.org/About/Rowing101/RowingClassifications.aspx. Accessed August 8, 2011.

91. Kyparos A, Vrabas I, Nikolaidis MG, Riganas C, Kouretas D. Increased oxidative stress blood markers in well-trained rowers following two-thousand-meter rowing ergometer race. *Journal of Strength and Conditioning Research*. 2009;23(5):1418-1426.

92. Martins AN, Artioli GG, Franchini E. Sodium citrate ingestion increases glycolytic activity but does not enhance 2000 m rowing performance. *Journal of Human Sport and Exercise*. 2010;5(3):411-417.

93. Henson DA, Nieman DC, Nehlsen-Cannarella SL, Fagoaga OR, Shannon M, Bolton MR, Davis JM, Gaffney CT, Kelln WJ, Austin MD, Hjertman JM, Schilling BK. Influence of carbohydrate on cytokine and phagocytic responses to 2 h or rowing. *Medicine and Science in Sports and Exercise*. 2000;32(8):1384-1389.

94. Sellar CM, Syrotuik DG, Field CJ, Bell GJ. The effect of dietary control and carbohydrate supplementation on the immune and hormonal responses to rowing exercise. *Applied Physiology and Nutrition Metabolism*. 2006;31:588-596.

95. Xia G, Chin MK, Girandola RN, Liu RY. The effects of diet and supplements on a male world champion lightweight rower. *Journal of Sports Medicine and Physical Fitness*. 2001;41(2):223-228.

96. Simonsen JC, Sherman WM, Lamb DR, Dernbach AR, Doyle JA, Strauss R. Dietary carbohydrate, muscle glycogen, and power output during rowing training. *Journal of Applied Physiology*. 1991;70(4):1500-1505.

97. Burge CM, Carey MF, Payne WR. Rowing performance, fluid balance, and metabolic function following dehydration and rehydration. *Medicine and Science in Sports and Exercise*. 1993;25(12):1358-1364.

98. Bruce CR, Anderson ME, Fraser SF, Stepto NK, Klein R, Hopkins WG, Hawley JA. Enhancement of 2000-m rowing performance after caffeine ingestion. *Medicine and Science in Sports and Exercise*. 2000;32:1958-1963.

99. Anderson ME, Bruce CR, Fraser SF, Stepto NK, Klein R, Hopkins WG, Hawley JA. Improved 2000-meter rowing performance in competitive oarswomen after caffeine ingestion. *International Journal of Sport Nutrition and Exercise Metabolism*. 2000;10:464-475.

100. Skinner TL, Jenkins DG, Coombes JS, Taaffe DR, Leveritt MD. Dose response of caffeine on 200 m rowing performance. *Medicine and Science in Sports and Exercise*. 2003;3:571-576.

101. Mikulic P. Anthropometric and metabolic determinants of 6,000-m rowing ergometer performance in internationally competitive rowers. *Journal of Strength and Conditioning Research*. 2009;23(6):1851-1857.

102. Cosgrove MJ, Wilson J, Watt D, Grant SF. The relationship between selected physiological variables of rowers and rowing performance as determined by a 2000 m ergometer test. *Journal of Sports Sciences*. 1999;17(11):845-852.

103. Izquierdo-Gabarren M, Gonzalez de Txabarri Exposito R, de Villarreal ESS, Izquierdo M. Physiological factors to predict on traditional rowing performance. *European Journal of Applied Physiology*. 2010;108:83-92.

104. Morris FL, Payne WR. Seasonal variations in the body composition of lightweight rowers. *British Journal of Sports Medicine*. 1996;30(4):301-304.

105. Brown RC. Nutrition for optimal performance during exercise: Carbohydrate and fat. *Current Sports Medicine Reports*. 2002;1(4):222-229.

106. Miller SL, Wolfe RR. Physical exercise as a modulator of adaptation to low and high carbohydrate and low and high fat intakes. *European Journal of Clinical Nutrition*. 1999;53(suppl 1):112S-119S.

107. Graham TE. Caffeine and exercise: Metabolism, endurance and performance. *Sports Medicine*. 2001;31(11):785-807.

108. Hunter AM, St. Clair Gibson A, Collins M, Lambert M, Noakes TD. Caffeine ingestion does not alter performance during a 100-km cycling time-trial performance. *International Journal of Sport Nutrition and Exercise Metabolism*. 2002;12(4):438-452.

109. Lis DM, Fell JW, Ahuja KDK, Kitic CM, Stellingwerff T. Commercial hype versus reality: Our current scientific understanding of gluten and athletic performance. *Current Sports Medicine Reports*. 2016;15(4):262-268.

110. Lis DM. Exit gluten-free and enter low FODMAPs: A novel dietary strategy to reduce gastrointestinal symptoms in athletes. *Sports Medicine* 2019;49(suppl 1):S87-S97.

111. Marquet LA, Brisswalter J, Louis J, Trollier E, Burke L, Hawley J, Hausswirth C. Enhanced endurance performance by periodization of CHO intake: "Sleep low" strategy. *Medicine and Science in Sports and Exercise*. 2016;48(4):663-672.

112. Naber M, Hommel B, Colzato LS. Improved human visuomotor performance and pupil constriction after choline supplementation in a placebo-controlled double-blind study. *Scientific Reports*. 2015;5:13188. doi:10.1038/srep13188

113. Cholewa JM, Hudson A, Cicholsi T, Cervenka A, Barreno K, Broom K, Barch M, Craig SAS. The effects of chronic betaine supplementation on body composition and performance in collegiate females: A double-blind, randomized, placebo controlled trial. *Journal of the International Society of Sports Nutrition*. 2018;15(37). doi:10.1186/s12970-018-0243-x

114. Pryor JL, Wolf ST, Sforzo G, Swensen T. The effect of betaine on nitrate and cardiovascular response to exercise. *International Journal of Exercise Science*. 2017;10(4):550-

559.

115. Trexler ET, Smith-Ryan AE, Stout JR, Hoffman JR, Wilborn CD, Sale C, Kreider RB, Jäger R, Earnest CP, Bannock L, Campbell B, Kalman D, Ziegenfuss TN, Antonio J. International Society of Sports Nutrition position stand: Beta-alanine. *Journal of the International Society of Sports Nutrition*. 2015;12:30. doi:10.1186/s12970-015-0090-y

116. Russo I, Camões-Costa V, Gaskell SK, Porter J, Burke LM, Costa RJS. Systematic literature review: The effect of dairy milk on markers of recovery optimization in response to endurance exercise. *International Journal of Sports Science*. 2019;9(4):69-85.

117. Burdon CA, Spronk I, Cheng HL, O'Connor HT. Effect of glycemic index of a pre-exercise meal on endurance exercise performance: A systematic review and meta-analysis. *Sports Medicine*. 2017;47(6):1087-1101.

118. Chua MT, Balasekaran G, Ihsan M, Aziz AR. Effects of pre-exercise high and low glycaemic meal on intermittent sprint and endurance exercise performance. *Sports*. 2019;7:188. doi:10.3390/sports7080188

119. Thomas DT, Erdman KA, Burke LM. Nutrition and athletic performance: Joint position statement of the American College of Sports Medicine, the Academy of Nutrition and Dietetics, and Dietitians of Canada. *Medicine and Science in Sports and Exercise*. 2016:543-568. doi:10.1249/MSS.0000000000000852

120. Martinez S, Aguilo A, Rodas L, Lozano L, Moreno C, Tauler P. Energy, macronutrient and water intake during a mountain ultramarathon event: The influence of distance. *Journal of Sports Sciences*. 2018;36(3):333-339.

121. Casa DJ, Cheuvront SN, Galloway SD, Shirreffs SM. Fluid needs for training, competition, and recovery in track-and-field athletes. *International Journal of Sport Nutrition and Exercise Metabolism*. 2019;29:175-180.

122. Costa RJS, Hoffman MD, Stellingwerff T. Considerations for ultra-endurance activities: Part 1—nutrition. *Research in Sports Medicine*. 2018. doi:10.1080/15438627.2018.1502188

123. Mach N, Fuster-Botella D. Endurance exercise and gut microbiota: A review. *Journal of Sport and Health Science*. 2017;6(2):179-197.

124. Clarke SF, Murphy EF, O'Sullivan O, Lucey AJ, Humphreys M, Hogan A, Hayes P, O'Reilly M, Jeffery IB, Wood-Martin R, Kerins DM, Quigley E, Ross RP, O'Toole PW, Molloy MG, Falvey E, Shanahan F, Cotter PD. Exercise and associated dietary extremes impact on gut microbial diversity. *Gut*. 2014;63(12):1913-1920.

125. McFadzean R. Exercise can help modulate human gut microbiota [Dissertation]. Boulder, CO: University of Colorado; 2014.

126. Qin L, Sun F-H, Huang Y, Sheridan S. Effect of pre-exercise ingestion of α-lactalbumin on subsequent endurance exercise performance and mood states. *British Journal of Nutrition*. 2019;121(1):22-29.

127. Layman DK, Lönnerdal B, Fernstrom JD. Applications for α-lactalbumin in human nutrition. *Nutrition Reviews*. 2018;76(6):444-460.

128. Casazza GA, Tovar AP, Richardson CE, Cortez AN, Davis BA. Energy availability, macronutrient intake, and nutritional supplementation for improving exercise performance in endurance athletes. *Current Sports Medicine Reports* 2018;17(6):215-223.

129. Ishibashi A, Maeda N, Sumi D, Goto K. Elevated serum hepcidin levels during an intensified training period in well-trained female long-distance runners. *Nutrients*. 2017;9:277. doi:10.3390/nu9030277

130. Dahlquist DT, Stellingwerff T, Dieter BP, McKenzie DC, Koehle MS. Effects of macro- and micronutrients on exercise-induced hepcidin response in highly trained endurance athletes. *Applied Physiology, Nutrition, and Metabolism*. 2017;42(10):1036-1043.

131. Cadegiani FA, Kater CE. Body composition, metabolism, sleep psychological and eating patterns of overtraining syndrome: Results of EROS study (EROS-PROFILE). *Journal of Sports Sciences*. 2018; doi:10.1080/02640414.2018.1424498

132. Meeusen R, Duclos M, Foster C, Fry A, Gleeson M, Nieman D, Urhausen A. Prevention, diagnosis, and treatment of the overtraining syndrome: Joint consensus statement of the European College of Sport Science and the American College of Sports Medicine. *Medicine and Science in Sports and Exercise*. 2013;45(1):186-205.

133. Cadegiani FA, Kater CE. Basal hormones and biochemical markers of overtraining syndrome in male athletes: The EROS-BASAL study. *Journal of Athletic Training*. 2019;54(8):906-914.

134. Kreher JB. Diagnosis and prevention of overtraining syndrome: An opinion on education strategies. *Open Access Journal of Sports Medicine*. 2016;7:115-122.

135. Kreher JB, Schwartz JB. Overtraining syndrome: A practical guide. *Sports Health*. 2012;4(2):128-138.

136. Worth SGA, Reid DA, Howard AB, Henry SM. Injury incidence in competitive cross-country skiers: A prospective cohort study. *International Journal of Sports Physical Therapy*. 2019;14(2):237-252.

137. Mountjoy M, Sundgot-Borgen JK, Burke LM, Ackerman KE, Blauwet C, Constantini N, Lebrun C, Lundy B, Melin AK, Meyer NL, Sherman RT, Tenforde AS, Torstveit MK, Budgett R. IOC consensus statement on relative energy deficiency in sport (RED-S): 2018 update. *British Journal of Sports Medicine*. 2018;52:687-697.

138. Martínez-Silván D, Díaz-Ocejo J, Murray A. Predictive indicators of overuse injuries in adolescent endurance athletes. *International Journal of Sports Physiology and Performance*. 2017;12(S2):S153-S156.

139. Solomon ML, Briskin SM, Sabatina N, Steinhoff JE. The pediatric endurance athlete. *Current Sports Medicine*

Reports. 2017;16(6):428-434.

140. Hawley JA, Leckey JJ. Carbohydrate dependence during prolonged, intense endurance exercise. *Sports Medicine* 2015;45(suppl 1):S5-S12.

141. Hawley JA, Morton JP. Ramping up the signal: Promoting endurance training adaptations in skeletal muscle by nutrition manipulation. *Proceedings of the Australian Physiological Society*. 2013;44:109-115.

142. Earhart EL, Weiss EP, Rahman R, Kelly PV. Effects of oral sodium supplementation on indices of thermoregulation in trained, endurance athletes. *Journal of Sports Science and Medicine*. 2015;14:172-178.

143. Yasui Y, Kubota M, Nagai A, Matsumoto N. Anemia in female collegiate athletes: Association with hematological variables, physical activity and nutrition. *British Journal of Medicine & Medical Research*. 2015;7(10):801-808.

144. Clement DB, Asmundson RC. Nutritional intake and hematological parameters in endurance runners. *The Physician and Sportsmedicine*. 1982;10(3):37-43.

145. Deldicque L, Francaux M. Recommendations for healthy nutrition in female endurance runners: An update. *Frontiers in Nutrition*. 2015;2(17). doi:10.3389/fnut.2015.00017

146. Nikolaidis PT, Veniamakis E, Rosemann T, Knechtle B. Nutrition in ultra-endurance: State of the art. *Nutrients*. 2018;10:1995. doi:10.3390/nu10121995

147. Santos-Concejero J, and Tucker R. Comment on dissociation between running economy and running performance in elite Kenyan distance runners. *Journal of Sports Sciences*. 2016;34(1):96-98.

148. Skovgaard C, Christiansen D, Christensen PM, Almquist NW, Thomassen M, Bangsbo J. Effect of speed endurance training and reduced training volume on running economy and single muscle fiber adaptations in trained runners. *Physiological Reports*. 2018;6(3):e13601. doi:10.14814/phy2.13601

149. Wilson PB. Nutrition behaviors, perceptions, and beliefs of recent marathon finishers. *The Physician and Sportsmedicine*. 2016;44(3):242-251.

150. Woolf K, Hahn NL, Christensen MM, Carlson-Phillips A, Hansen CM. Nutrition assessment of b-vitamins in highly active and sedentary women. *Nutrients*. 2017;9:329. doi:10.3390/nu9040329

151. Armstrong LE, Johnson EC, Bergeron MF. Counterview: Is drinking to thirst adequate to appropriately maintain hydration status during prolonged endurance exercise? No. *Wilderness & Environmental Medicine*. 2016;27(2):195-197.

152. Barrero A, Erola P, Bescós R. Energy balance of triathletes during an ultra-endurance event. *Nutrients*. 2015;7:209-222. doi:10.3390/nu7010209

153. Rogers IR, Grainger S, Nagree Y. Exercise-associated hyponatremic encephalopathy in an endurance open water swimmer. *Wilderness & Environmental Medicine*. 2015;26;59-61.

154. Jurov I, Rauter S. Greater risk for relative energy deficiency syndrome negatively affects cycling performance. *Trends in Sport Sciences*. 2019;3(26):123-127.

155. Burke LM, Millet G, Tarnopolsky MA. Nutrition for distance events. *Journal of Sports Sciences*. 2007;25(S1):S29-S38.

156. Jeukendrup AE. Nutrition for endurance sports: Marathon, triathlon, and road cycling. *Journal of Sports Sciences*. 2011;29(S1):S91-S99.

157. Andrus SE, Andrus BW. Optimal nutrition for endurance exercise: A systematic review. *Journal of Nutritional Health and Food Science*. 2017;5(4):1-9.

Chapter 13. 파워 및 지구력 선수

1. Maughan RJ, Sherriffs SM. Nutrition for soccer players. *Current Sports Medicine Reports*. 2007;6:279-280.

2. Montain SJ. Hydration recommendations for sport 2008. *Current Sports Medicine Reports*. 2008;7(4):187-192.

3. Heikkinen A, Alaranta A, Helenius I, Vasankari T. Use of dietary supplements in Olympic athletes is decreasing: A follow-up study between 2002 and 2009. *Journal of the International Society of Sports Nutrition*. 2011;8:1. www.jissn.com/content/8/1/1. Accessed August 9, 2011.

4. Van der Merwe PJ, Grobbelaar E. Unintentional doping through the use of contaminated nutritional supplements. *South African Medical Journal*. 2005;95:510-511.

5. Tscholl P, Junge A, Dvorak J. The use of medication and nutritional supplements during FIFA World Cups 2002 and 2006. *British Journal of Sports Medicine*. 2008;42:725-730.

6. Bangsbo J. Team sports. In: Maughan R, ed. *Nutrition in Sport*. London, United Kingdom: Blackwell Science; 2000:574-587.

7. Davis M. Repeated sprint work is enhanced with consumption of a carbohydrate-electrolyte beverage. *Medicine and Science in Sports and Exercise*. 1995;27:223S.

8. Nicholas CW, Williams C, Phillips G, Nowitz A. Influence of ingesting a carbohydrate-electrolyte solution on endurance capacity during intermittent, high intensity shuttle running. *Journal of Applied Sports Science Research*. 1996;13:282-290.

9. Below PR, Mora-Rodrigues R, Gonzalez-Alonso J, Coyle EF. Fluid and carbohydrate ingestion independently improve performance during one hour of intense exercise. *Medicine and Science in Sports and Exercise*. 1995;27(2):200-210.

10. Murray R, Paul GL, Seifert JG, Eddy DE. Responses to varying rates of carbohydrate ingestion during exercise. *Medicine and Science in Sports and Exercise*. 1991;23(6):713-718.

11. Gisolfi CV, Summers RW, Schedl HP, Bleiler TL. Intestinal water absorption from select carbohydrate

solutions in humans. *Journal of Applied Physiology.* 1992;73:2142-2150.

12. Lambert CP. Effects of carbohydrate feeding on multiple-bout resistance exercise. *Journal of Applied Sports Science Research.* 1991;5:192-197.
13. Ryan AJ, Lambert GP, Shi X, Chang RT, Summers RW, Gisolfi CV. Effect of hypohydration on gastric emptying and intestinal absorption during exercise. *Journal of Applied Physiology.* 1998;84(5):1581-1588.
14. Horswill CA. Effective fluid replacement. *International Journal of Sport Nutrition.* 1998;8:175-195.
15. American College of Sports Medicine. Position stand on exercise and fluid replacement. *Medicine and Science in Sports and Exercise.* 1996;28:i-vii.
16. Corley G, Demarest-Litchford M, Bazzarre TL. Nutrition knowledge and dietary practices of college coaches. *Journal of the American Dietetic Association.* 1990;90(5):705-709.
17. Dubnov G, Constantini NW. Prevalence of iron depletion and anemia in top-level basketball players. *International Journal of Sport Nutrition and Exercise Metabolism.* 2004;14(1):30-37.
18. Nowak RK, Knudsen KS, Schulz LO. Body composition and nutrient intakes of college men and women basketball players. *Journal of the American Dietetic Association.* 1988;88(5):575-578.
19. Schroder H, Navarro E, Mora J, Galiano D, Tramullas A. Effects of alpha-tocopherol, beta-carotene and ascorbic acid on oxidative, hormonal and enzymatic exercise stress markers in habitual training activity of professional basketball players. *European Journal of Nutrition.* 2001;40(4):178-184.
20. Schroder H, Navarro E, Tramullas A, Mora J, Galiano D. Nutrition antioxidant status and oxidative stress in professional basketball players: Effects of a three compound antioxidative supplement. *International Journal of Sports Medicine.* 2000;21(2):146-150.
21. Maughan R. Contamination of supplements: An interview with professor Ron Maughan by Louise M. Burke. *International Journal of Sport Nutrition and Exercise Metabolism.* 2004;14(4):493.
22. Mannix ET, Healy A, Farber MO. Aerobic power and supramaximal endurance of competitive figure skaters. *Journal of Sports Medicine and Physical Fitness.* 1996;36(3):161-168.
23. Delistraty DA, Reisman EJ, Snipes M. A physiological and nutritional profile of young female figure skaters. *Journal of Sports Medicine and Physical Fitness.* 1992;32(2):149-155.
24. Ziegler PJ, Nelson JA, Jonnalagadda SS. Use of dietary supplements by elite figure skaters. *International Journal of Sport Nutrition and Exercise Metabolism.* 2003;13(3):266-276.
25. Ziegler P, Hensley S, Roepke JB, Whitaker SH, Craig BW, Drewnowski A. Eating attitudes and energy intakes of female skaters. *Medicine and Science in Sports and Exercise.* 1998;30(4):583-586.
26. Ziegler PJ, Jonnalagadda SS, Nelson JA, Lawrence C, Baciak B. Contribution of meals and snacks to nutrient intake of male and female elite figure skaters during peak competitive season. *Journal of American Collegiate Nutrition.* 2002;21(2):114-119.
27. Smith AD, Ludington R. Injuries in elite pair skaters and ice dancers. *American Journal of Sports Medicine.* 1989;17(4):482-488.
28. Kjaer M, Larsson B. Physiological profile and incidence of injuries among elite figure skaters. *Journal of Sports Science.* 1992;10(1):29-36.
29. Ziegler PJ, Nelson JA, Jonnalagadda SS. Nutritional and physiological status of U.S. national figure skaters. *International Journal of Sport Nutrition.* 1999;9(4):345-360.
30. Tumilty D. Physiological characteristics of elite soccer players. *Journal of Sports Medicine.* 1993;16(2):80-96.
31. Wittich A, Mautalen CA, Oliveri MB, Bagur A, Somoza F, Rotemberg E. Professional football (soccer) players have a markedly greater skeletal mineral content, density, and size than age- and BMI-matched controls. *Calcified Tissue International.* 1998;63(2):112-117.
32. Duppe H, Gardsell P, Johnell O, Ornstein E. Bone mineral density in female junior, senior, and former football players. *Osteoporosis International.* 1996;6(6):437-441.
33. Rico-Sanz J. Body composition and nutritional assessments in soccer. *International Journal of Sport Nutrition.* 1998;8(2):113-123.
34. Maughan RJ. Energy and macronutrient intakes of professional football (soccer) players. *British Journal of Sports Medicine.* 1997;31(1):45-47.
35. Clark K. Nutritional guidance to soccer players for training and competition. *Journal of Sports Science.* 1994;12:43S-50S.
36. Kirkendall DT. Effects of nutrition on performance in soccer. *Medicine and Science in Sports and Exercise.* 1993;25(12):1370-1374.
37. Clark M, Reed DB, Crouse SF, Armstrong RB. Pre- and post-season dietary intake, body composition, and performance indices of NCAA Division I female soccer players. *International Journal of Sport Nutrition and Exercise Metabolism.* 2003;13(3):303-319.
38. Hargreaves M. Carbohydrate and lipid requirements of soccer. *Journal of Sports Science.* 1994;12:13S-16S.
39. Davis JM, Welsh RS, Alerson NA. Effects of carbohydrate and chromium ingestion during intermittent high-intensity exercise to fatigue. *International Journal of Sport Nutrition and Exercise Metabolism.* 2000;10(4):476-485.
40. Ostojic SM. Creatine supplementation in young soccer players. *International Journal of Sport Nutrition and Exercise Metabolism.* 2004;14(1):95-103.

41. Maughan RJ, Merson SJ, Broad NP, Shirreffs SM. Fluid and electrolyte intake and loss in elite soccer players during training. *International Journal of Sport Nutrition and Exercise Metabolism*. 2004;14(3):333-346.

42. MacLeod H, Sunderland C. Fluid balance and hydration habits of elite female field hockey players during consecutive international matches. *Journal of Strength and Conditioning Research*. 2009;23(4):1245-1251.

43. Moore DR, Robinson MJ, Fry JL, Tang JE, Glover EI, Wilkinson SB, Prior T, Tarnopolsky MA, Phillips SM. Ingested protein dose response of muscle and albumin protein synthesis after resistance exercise in young men. *American Journal of Clinical Nutrition*. 2009;89:161-168.

44. Saltin B. Metabolic fundamentals in exercise. *Medicine and Science in Sports*. 1973;5:137-146.

45. Krustrup P, Mohr M, Steensberg A, Bencke J, Kjaer M, Bangsbo J. Muscle and blood metabolites during a soccer game: Implications for sprint performance. *Medicine and Science in Sports and Exercise*. 2006;38:1165-1174.

46. Bangsbo J, Norregaard L, Thorsoe F. The effect of carbohydrate diet on intermittent exercise performance. *International Journal of Sports Medicine*. 1992;13:152-157.

47. Zehnder M, Rico-Sanz J, Kuhne G, Boutellier U. Resynthesis of muscle glycogen after soccer specific performance examined by 13C-magnetic resonance spectroscopy in elite players. *European Journal of Applied Physiology*. 2001;84:443-447.

48. Van Wyk DV, Lambert MI. Recovery Strategies Implemented by Sport Support Staff of Elite Rugby Players in South Africa [unpublished thesis]. South Africa: University of Cape Town; 2008.

49. Baar K, McGee SL. Optimizing training adaptations by manipulating glycogen. *European Journal of Sport Science*. 2008;8:97-106.

50. Burke LM, Hawley JA. Fluid balance in team sports. Guidelines for optimal practices. *Sports Medicine*. 1997;24:38-54.

51. Maughan RJ, Merson SJ, Broad NP, Shirreffs SM. Fluid and electrolyte intake and loss in elite soccer players during training. *International Journal of Sport Nutrition and Exercise Metabolism*. 2004;14:333-346.

52. Maughan RJ, Watson P, Evans GH, Broad N, Shirreffs SM. Water balance and salt losses in competitive football. *International Journal of Sport Nutrition and Exercise Metabolism*. 2007;17:583-594.

53. Broad EM, Burke LM, Cox GR, Heeley P, Riley M. Body weight changes and voluntary fluid intakes during training and competition sessions in team sports. *International Journal of Sports Nutrition*. 1996;6:307-320.

54. Cox G, Mujika I, Tumilty D, Burke L. Acute creatine supplementation and performance during a field test simulating match play in elite female soccer players. *International Journal of Sport Nutrition and Exercise Metabolism*. 2002;12:33-46.

55. Ostojic SM. Creatine supplementation in young soccer players. *International Journal of Sport Nutrition and Exercise Metabolism*. 2004;14:95-103.

56. Cameron SL, McLay-Cooke RT, Brown RC, Gray AR, Fairbairn KA. Increased blood pH but not performance with sodium bicarbonate supplementation in elite rugby union players. *International Journal of Sport Nutrition and Exercise Metabolism*. 2010;20(4):307-321.

57. Zinn C, Schofield G, Wall C. Evaluation of sports nutrition knowledge of New Zealand premier club rugby coaches. *International Journal of Sport Nutrition and Exercise Metabolism*. 2006;16(2):214-225.

58. Mujika I, Burke LM. Nutrition in team sports. *Annals of Nutrition and Metabolism*. 2010;57(suppl 2):26-35.

59. Groppel JL, Roetert EP. Applied physiology of tennis. *Journal of Sports Medicine*. 1992;14(4):260-268.

60. Bergeron MF, Maresh CM, Kraemer WJ, Abraham A, Conroy B, Gabaree C. Tennis: A physiological profile during match play. *International Journal of Sports Medicine*. 1991;12(5):474-479.

61. Vergauwen L, Brouns F, Hespel P. Carbohydrate supplementation improves stroke performance in tennis. *Medicine and Science in Sports and Exercise*. 1998;30(8):1289-1295.

62. Bergeron MF, Maresh CM, Armstrong LE, Signorile JF, Castellani JW, Kenefick RW, LaGasse KE, Riebe DA. Fluidelectrolyte balance associated with tennis match play in a hot environment. *International Journal of Sport Nutrition*. 1995;5(3):180-193.

63. Baxter-Jones AD, Helms P, Baines-Preece J, Preece M. Menarche in intensively trained gymnasts, swimmers, and tennis players. *Annals of Human Biology*. 1994;21(5):407-415.

64. Harris MB. Weight concern, body image, and abnormal eating in college women tennis players and their coaches. *International Journal of Sport Nutrition and Exercise Metabolism*. 2000;10(1):1-15.

65. Martinovic J, Dopsaj MJ, Kotur-Stevuljevic J, Vujovic A, Stefanovic A, Nesic G. Long-term effects of oxidative stress in volleyball players. *International Journal of Sports Medicine*. 2009;30(12):851-856.

66. Eliakim A, Portal S, Zadik Z, Rabinowitz J, Adler-Portal D, Cooper DM, Zaldivar F, Memet D. The effect of a volleyball practice on anabolic hormones and inflammatory markers in elite male and female adolescent players. *Journal of Strength and Conditioning Research*. 2009;23(5):1553-1559.

67. Malaguti M, Baldini M, Angeloni C, Biagi P, Hrelia S. High-protein-PUFA supplementation, red blood cell membranes, and plasma antioxidant activity in volleyball athletes. *International Journal of Sport Nutrition and Exercise Metabolism*. 2008;18(3):301-312.

68. Peerkhan N, Srinivasan V. Nutrition knowledge, attitude, and practice of college sportsmen. *Sport, Exercise,*

Medicine. 2010;1(2):93-100.

69. Anderson DE. The impact of feedback on dietary intake and body composition of college women volleyball players over a competitive season. *Journal of Strength and Conditioning Research*. 2010;24(8):2220-2226.

70. Beals KA. Eating behaviors, nutritional status, and menstrual function in elite female adolescent volleyball players. *Journal of the American Dietetic Association*. 2002;102(9):1293-1296.

71. Hassapidou MN, Manstrantoni A. Dietary intakes of elite female athletes in Greece. *Journal of Human Nutrition and Dietetics*. 2001;14:391-396.

72. Papadopoulou SK, Papadopoulou SD, Gallos GK. Macro- and micro-nutrient intake of adolescent Greek female volleyball players. *International Journal of Sport Nutrition and Exercise Metabolism*. 2002;12(1):73-80.

73. Ahmadi A, Enayatizadeh N, Akbarzadeh M, Asadi S, Tabatabaee SHR. Iron status in female athletes participating in team ball-sports. *Pakistan Journal of Biological Sciences*. 2010:13(2):93-96.

74. Heffner JL, Ogles BM, Gold E, Marsden K, Johnson M. Nutrition and eating in female college athletes: A survey of coaches. *Eating Disorders*. 2003:11:209-220.

75. de Hoyo M. Sanudo B, Carrasco L. Body composition and prevalence of overweight in young volleyball players. *International Journal of Medicine and Science of Physical Activity and Sport*. 2008;8:32:256-269.

76. Martin M, Schlabach G, Shibinski K. The use of nonprescription weight loss products among female basketball, softball, and volleyball athletes from NCAA Division I institutions: Issues and concerns. *Journal of Athletic Training*. 1998;33(1):41-44.

77. Zetou E, Giatsis G, Mountake F, Kominakidou A. Body weight changes and voluntary fluid intakes of beach volleyball players during an official tournament. *Journal of Science and Medicine in Sport*. 2008;11(2):139-145.

78. Associated Press release. Golf, rugby make Olympic roster for 2016, 2020. October 9, 2009.

79. Stevenson EJ, Hayes PR, Allison SJ. The effect of a carbohydrate-caffeine sports drink on simulated golf performance. *Applied Physiology, Nutrition, and Metabolism*. 2009;34(4):681-688.

80. Chen SC, Davis JM, Nguyen RM, Smith SH. *Medicine and Science in Sports and Exercise*. 2005;37(5):445S-446S.

81. Hogervorst E, Bandelow S, Schmitt J, Jentjens R, Oliveira M, Allgrove J, Carter T, Gleeson M. Caffeine improves physical and cognitive performance during exhaustive exercise. *Medicine and Science in Sports and Exercise*. 2008;40(10):1841-1851.

82. Ng CP, Chung CH. Golf-related injuries: Case series and reports. *Hong Kong Journal of Emergency Medicine*. 2004;11:220-225.

83. Brandon B, Pearch PZ. Training to prevent golf injury. *Current Sports Medicine Reports*. 2009;8(3):142-146.

84. Lee AD. Golf-related stress fractures: A structured review of the literature. *Journal of the Canadian Chiropractic Association*. 2009;53(4):290-299.

85. Wells GD, Collier D. Golf nutrition: What to eat before and after you practice and play. Royal Canadian Golf Association National Player Development Program. www.rcga.org/_uploads/documents/Greg%20Wells%20-%20Golf%20Nutrition.pdf. Accessed August 9, 2011.

86. Mujika I, Burke LM. Nutrition in team sports. *Annals of Nutrition & Metabolism*. 2010;57(suppl 2):26-35.

87. Heaney S, O'Connor H, Naughton G, Gifford J. Towards an understanding of the barriers to good nutrition for elite athletes. *International Journal of Sports Science & Coaching*. 2008;3(2):391-401.

88. Burke LM, Hawley JA. Fluid balance in team sports. Guidelines for optimal practices. *Sports Medicine*. 1997;24:38-54.

89. Palmer MS, Heigenhauses GJF, Duong ML, Spriet LL. Mild dehydration does not influence performance or skeletal muscle metabolism during simulated ice hockey exercise in men. *International Journal of Sport Nutrition and Exercise Metabolism*. 2017;26:169-177.

90. Williams C, Rollo I. Carbohydrate nutrition and team sport performance. *Sports Medicine*. 2015;45(suppl 1):S13-S22.

91. Wardenaar F, Brinkmans N, Ceelen I, Rooij BV, Mensink M, Witkamp R, De Vries J. Macronutrient intakes in 553 Dutch elite and sub-elite endurance, team, and strength athletes: Does intake differ between sport disciplines? *Nutrients*. 2017;9:119. doi:10.3390/nu9020119

92. Mountjoy M, Sundgot-Borgen JK, Burke LM, Ackerman KE, Blauwet C, Constantini N, Lebrun C, Lundy B, Melin AK, Meyer NL, Sherman RT, Tenforde AS, Torstveit MK, Budgett R. IOC consensus statement on relative energy deficiency in sport (RED-S): 2018 update. *British Journal of Sports Medicine*. 2018;52:687-697.

93. Salinero JJ, Lara B, Del Coso J. Effects of acute ingestion of caffeine on team sports performance: A systematic review and meta-analysis. *Research in Sports Medicine*. 2018. doi:10.1080/15438627.2018.1552146

94. Roberts S, Stokes K, Trewartha G, Doyle J, Hogben P, Thompson D. Effects of carbohydrate and caffeine ingestion on performance during a rugby union simulation protocol. *Journal of Sports Science*. 2010;28(8):833-842.

95. Spencer M, Bishop D, Dawson B, Goodman C. Physiology and metabolic responses of repeated-sprint activities. *Sports Medicine*. 2005;35(12):1025-1044.

96. Jenner SL, Budkley GL, Belski R, Devlin BL, Forsyth AK. Dietary intakes of professional and semi-professional team sport athletes do not meet sport nutrition recommendations: A systematic literature review. *Nutrients*. 2019;11:1160. doi:10.3390/nu11051160

97. Baker LB, Heaton LE, Nuccio RP, Stein KW. Dieti-

tian-observed macronutrient intakes of young skill and team-sport athletes: Adequacy of pre, during, and postexercise nutrition. *International Journal of Sport Nutrition and Exercise Metabolism*. 2014;24:166-176.

98. Thomas DT, Erdman KA, Burke LM. Position of the Academy of Nutrition and Dietetics, Dietitians of Canada, and the American College of Sports Medicine: Nutrition and athletic performance. *Journal of the Academy of Nutrition and Dietetics*. 2016;116:501-528.
99. Poulios A, Georgakouli K, Draganidis D, Deli CK, Tsimeas PD, Chatzinikolaou A, Papanikolaou K, Batrakoulis A, Mohr M, Jamurtas AZ, Fatouros IG. Protein-based supplementation to enhance recovery in team sports: What is the evidence? *Journal of Sports Science and Medicine*. 2019;18:523-536.
100. Heaton LE, Davis JK, Rawson ES, Nuccio RP, Witard OC, Stein KW, Baar K, Carter JM, Baker LB. Selected in-season nutritional strategies to enhance recovery for team sport athletes: A practical overview. *Sports Medicine*. 2017;47:2201-2218.
101. Kampouri D, Kotopoulea-Nikolaidi M, Daskou S, Giannopoulou I. Prevalence of disordered eating in elite female athletes in team sports in Greece. *European Journal of Sport Science*. 2019;19(9):1267-1275.
102. Welsh RS, Davis JM, Burke JR, Williams HG. Carbohydrates and physical/mental performance during intermittent exercise to fatigue. *Medicine and Science in Sports and Exercise*. 2002;34(4):723-731.
103. Nikić M, Jakovljević S, Pedišić Ž, Venus D. Adequacy of nutrient intakes in elite junior basketball players. *International Journal of Sport Nutrition and Exercise Metabolism*. 2014;24:516-523.
104. Hull MV, Neddo J, Jagim AR, Oliver JM, Greenwood M, Jones MT. Availability of a sports dietitian may lead to improved performance and recovery of NCAA division I baseball athletes. *Journal of the International Society of Sports Nutrition*. 2017;14:29. doi:10.1186/s12970-017-0187-6
105. Tucker TJ, Silvka DR, Cuddy JS, Hailes WS, Ruby BC. Effect of local cold application on glycogen recovery. *Journal of Sports Medicine and Physical Fitness*. 2012;52(2):158-164.
106. Schröder H, Navarro E, Mora J, Seco J, Torregrosa JM, Tramullas A. Dietary habits and fluid intake of a group of elite Spanish basketball players: A need for professional advice? *European Journal of Sport Science*. 2004;4(2):1-15.
107. Tosi M, Maslyanskaya S, Dodson NA, Coupey SM. The female athlete triad: A comparison of knowledge and risk in adolescent and young adult figure skaters, dancers, and runners. *Journal of Pediatric and Adolescent Gynecology*. 2019;32:165-169.
108. Yli-Piipari S. Energy expenditure and dietary intake of female collegiate tennis and soccer players during a competitive season. *Kinesiology*. 2019;51(1):70-77.
109. Bonnici DC, Akubat I, Greig M, Sparks A, McNaughton LR. Dietary habits and energy balance in an under 21 male international soccer team. *Research in Sports Medicine*. 2018;26(2):168-177.
110. Smith M, Coutts A, Merlini M, Deprez D, Lenoir M, Marcora S. Mental fatigue impairs soccer-specific physical and technical performance. *Medicine and Science in Sports and Exercise*. 2016;48(2):267-276.
111. Dolan P, Witherbee KE, Peterson KM, Kerksick CM. Effect of carbohydrate, caffeine, and carbohydrate + caffeine mouth rinsing on intermittent running performance in collegiate male lacrosse athletes. *Journal of Strength and Conditioning Research*. 2017;31(9):2473-2479.
112. Jagim AR, Zabriskie H, Currier B, Harty PS, Stecker R, Kerksick CM. Nutrient status and perceptions of energy and macronutrient intake in a group of collegiate female lacrosse athletes. *Journal of the International Society of Sports Nutrition*. 2019;16:43. doi:10.1186/s12970-019-0314-7
113. Andrews MC, Itsiopoulos C. Room for improvement in nutrition knowledge and dietary intake of male football (soccer) players in Australia. *International Journal of Sport Nutrition and Exercise Metabolism*. 2016;26;55-64.
114. Howard S. Biomarkers in athletes: A meta-analysis in female soccer and field hockey players. *HIM 1990-2015*. 2015;1714. https://stars.library.ucf.edu/honorstheses1990-2015/1714
115. Del Coso J, Portillo J, Salinero JJ, Lara B, Abian-Vicen J, Areces F. Caffeinated energy drinks improve high-speed running in field hockey players. *International Journal of Sport Nutrition and Exercise Metabolism*. 2016;26:26-32.
116. Devlin BL, Leveritt MD, Kingsley M, Belski R. Dietary intake, body composition, and nutrition knowledge of Australian football and soccer players: Implications for sports nutrition professionals in practice. *International Journal of Sport Nutrition and Exercise Metabolism*. 2016;27;130-138.
117. Spronk I, Heaney SE, Prvan T, O'Connor HT. Relationship between general nutrition knowledge and dietary quality in elite athletes. *International Journal of Sport Nutrition and Exercise Metabolism*. 2015;25:243-251.
118. Zabriskie HA, Currier BS, Harty PS, Stecker RA, Jagim AR, Kerksick CM. Energy status and body composition across a collegiate women's lacrosse season. *Nutrients*. 2019;1:470. doi:10.3390/nu11020470
119. Devlin BL, Leveritt MD, Kingsley M, Belski R. Dietary intake, body composition, and nutrition knowledge of Australian football and soccer players: Implications for sports nutrition professionals in practice. *International Journal of Sport Nutrition and Exercise Metabolism*. 2016;27;130-138.
120. Alaunyte I, Perry JL, Aubrey T. Nutrition knowledge and eating habits of professional rugby league players: Does knowledge translate into practice? *Journal of the*

International Society of Sports Nutrition. 2015;12:18. doi:10.1186/s12970-015-0082-y

121. Mumford PW, Tribby AC, Poole CN, Dalbo VJ, Scanlan AT, Moon JR, Roberts MD, Young KC. Effect of caffeine on golf performance and fatigue during a competitive tournament. *Medicine and Science in Sports and Exercise*. 2015;48(1):132-138.

122. Stokes EG, Hughes R, Shaw DM, O'Connor HT, Beck KL. Perceptions and determinants of eating for health and performance in high-level male adolescent rugby union players. *Sports*. 2018;6:49. doi:10.3390/sports6020049

123. Fleming JA, Naughton RJ, Harper LD. Investigating the nutritional and recovery habits of tennis players. *Nutrients*. 2018;10:443. doi:10.3390/nu10040443

124. Morris J, Nevill M, Thompson D, Collie J, Williams C. The influence of a 6.5% carbohydrate-electrolyte solution on performance of prolonged intermittent high intensity running at 30°C. *Journal of Sports Sciences*. 2003;31(5):371-381.

125. Holden SL, Forester BE, Keshock CM, Williford HN. Sports nutrition knowledge of volleyball players. *International Journal of Kinesiology in Higher Education*. 2018;3(2):58-65.

126. Silvestre JC, Gianoni R, Esteves G, Lambertucci R, Zagatto AM, Azevedo P. Beta-alanine supplementation neither reduce the oxidative stress nor improve physical performance of volleyball athletes. *SportRxiv*. 2019. doi:10.31236/osf.io/zs9qk

127. Nikiforos G, George K, Ilias A, Onur O, Eleftherios T, Fares S, John K. Dietary intakes and nutritional status of a Greek team of female volleyball players. *Arab Journal of Nutrition and Exercise*. 2017;1(1):1-14.

128. Dow K, Pritchett R, Roemer K, Pritchett K. Chocolate milk as a post-exercise recovery aid in division II collegiate volleyball players. *Women in Sport and Physical Activity Journal*. 2018;27(1):45-51.

129. Ziegenfuss TN, Habowski SM, Lemieux R, Sandrock JE, Kedia AW, Kerksick CM, Lopez HL. Effects of a dietary supplement on golf drive distance and functional indices of golf performance. *Journal of the International Society of Sports Nutrition*. 2015;12:4;doi:10.1186/s12970-014-0065-4

130. Giannopoulou I, Noutsos K, Apostolidis N, Bayios I, Nassis GP. Performance level affects the dietary supplement intake of both individual and team sports athletes. *Journal of Sports Science and Medicine*. 2013;12:190-196.

131. Debnath M, Chatterjee S, Bandyopadhyay A, Datta G, Dey SK. Prediction of athletic performance through nutrition knowledge and practice: A cross-sectional study among young team athletes. *SportMont*. 2019;17(3):13-20.

132. Mujika I, Halson S, Burke LM, Balagué G, Farrow D. An integrated, multifactorial approach to periodization for optimal performance in individual and team sports. *International Journal of Sports Physiology and Performance*. 2018;13:538-561.

저자에 대하여

단 베나르도트 Dan Benardot, PhD, DHC, RD, LD, FACSM은 조지아 주립대학(GSU)의 명예교수이자 에모리 대학의 인간 건강 연구 센터Center for the Study of Human Health의 교수이다. 그는 GSU의 영양학 교수이자 운동 생물학 및 건강 교수였으며, 그곳에서 엘리트 운동 수행 연구소를 공동 설립하고 지휘했다.

베나르도트는 신체 구성과 운동 능력을 향상시키기 위해 에너지 균형에 대한 실행 가능한 실시간 조언을 제공하는 NutriTiming® 웹 기반 및 Apple iOS 소프트웨어의 발명가이다. 그는 여러 권의 책과 수많은 저널의 저자이다. 베나르도트는 미국 체조 국가대표 팀 영양사로서 1996년 애틀랜타올림픽에서 금메달을 딴 여자 체조 팀과 함께 일했고, 2004년 아테네올림픽에서 메달을 획득한 미국 마라톤 선수들의 영양사이기도 했으며 2008년 베이징올림픽에서 미국 대표 마라톤 선수들과 함께 일했다. 그는 수년 동안 USA 피겨 스케이팅의 영양사로도 봉사했으며 2017 NFC 챔피언십까지 5년 동안 Atlanta Falcons 팀의 영양사로 일했다.

베나르도트는 코넬 대학에서 인간 서비스 연구 및 영양 과학 박사학위를 받았다. 그는 미국 영양 등록 위원회의 인증을 받은 공인된 영양사(RD)이며 조지아주의 공인 영양사(LD)이기도 하다. 그는 스포츠 영양 분야의 연구로 메리우드 대학에서 명예박사학위를 받았으며 미국 스포츠 의학 대학의 강사이다. 베나르도트의 주요 전문 분야는 실시간 에너지 균형 및 경쟁 스포츠와 관련된 영양 문제에 중점을 둔 스포츠 영양학이다. 그의 연구는 미국올림픽위원회United States Olympic Committee와 미국암학회American Cancer Society를 포함한 여러 조직의 연구 지원을 받았다.

역자에 대하여

| 대표 역자 |

김주영
- 현: 건국대학교 글로컬캠퍼스 자연과학계열 조교수
- 전: 카이스트 인문사회과학부 대우교수
- 전: 경북대학교 의과대학 임상오믹스연구소 박사후연구원

백형진
- 동국대학교 산학협력단 겸임교수
- 가천대학교 특수치료대학원 겸임교수
- 대한예방운동협회 협회장(의학박사)

| 공동 역자 |

김성언
- 프리미엄 피트니스 펄스짐 대표
- 건강운동연구소 펄스랩 연구소장
- 세종대학교 산업대학원 스포츠산업학과 교수

김신애
- 경희대학교 일반대학원 체육학과 석사 (스포츠영양생화학 전공)
- 현: 앨리스헬스케어 운동처방 연구원
- 전: 서울아산병원 스포츠의학센터 임상운동사

박원일
- 중앙대학교 산학협력단 전임연구원
- 현: 중앙대학교 학교체육연구소 선임연구원
- 현: 건국대학교 일반대학원 스포츠의학과 강사

박찬우
- 자연치유교육연구소 소장, (주)푸드닥터 대표
- 글로벌사이버대학교 스포츠건강학과 교수
- 차의과학대학교 통합의학 박사

박호연
- 피트니스 한의원 대표원장
- 대한스포츠한의학회 공인 팀닥터
- NUMSS Doctor of Osteopathy

서민섭
- 엠에스피지컬 대표
- NSCA-CSCS
- EXOS Performance Specialist

양지혜
- 국민대학교 평생교육원 외래교수
- KBS스포츠예술과학원 외래교수
- 차의과학대학교 의학(통합의학) 박사과정

우연준

- 경희대학교 체육대학원 스포츠의과학 석사
- 현: 알파인스노보드국가대표팀 의무 트레이너
- 전: 보람할렐루야탁구단 의무, 체력 트레이너

이기혁

- 일본체육대학교 대학원 건강스포츠과학 석/박사(운동생리학전공)
- 현: 동국대학교 스포츠과학융합대학원 연구초빙교수
- 전: 한국스포츠정책과학원 초빙연구원

임승택

- 현: 강원대학교 올림픽연구센터 연구교수
- 현: 와세다 대학 스포츠과학연구소 연구원
- 전: 동아대학교 산학협력단 연구교수

전박근

- (주)스포츠패나틱 대표
- 바디메카닉 자문이사
- 경희대학교 체육학 석사

전병오

- 현: 명지대학교 대학원 체육학과 조교수
- 전: 한국스포츠정책과학원 차세대스포츠과학지원팀 분석연구원

주혜리

- 건국대학교 식품영양학
- 한국한의학연구원 맞춤 운동 영상 콘텐츠 자문위원
- 글로벌웰니스데이(Globalwellnessday) 통역사

홍광석

- 중앙대학교 체육교육과 부교수
- 현: 세계바이오융합스포츠공학회 운영위원
- 현: 한국운동생리학회 이사

제3판

고급 스포츠 영양학

Advanced Sports Nutrition

1판 1쇄 펴냄: 2022년 11월 8일

지은이: 단 베나르도트
옮긴이: 김성언, 김신애, 김주영, 박원일, 박찬우, 박호연, 백형진, 서민섭,
양지혜, 우연준, 이기혁, 임승택, 전박근, 전병오, 주혜리, 홍광석
펴낸이: 권오현
펴낸곳: 대성의학사

출판등록 2009년 6월 22일(제301-2013-095호)
서울특별시 중구 을지로 126-1 (을지로3가, 3층)
전화 02)2279-3444 / 팩스 02)2285-0108
Homepage www.medibook.co.kr

값 55,000원

ISBN 979-11-90868-27-3(13690)